2024년 대비
변리사 · 변호사시험

포인트 민 법
OX지문집

류호권 편저

고시계사

Preface

이번 개정판에서도 2023년도에 시행된 변리사, 변호사 시험문제를 해설하여 추가하였고 변경된 판례 및 최신판례 등을 반영하였습니다. 그리고 기존의 문제 및 해설도 필요한 부분은 매끄럽게 다듬었고, 혼동되기 쉬운 판례 등을 비교하기 쉽게 배열하였습니다.

민법을 처음 접하는 수험생들이 만만치 않은 민법 객관식 기출문제에 최대한 쉽게 접근할 수 있는 교재를 만들어보고 싶다는 생각이 이 책을 만들게 된 계기였습니다. 저는 기본강의를 하면서도 기출문제를 제공하고 진도 나간 만큼 다음 수업시간에 30분 정도 할애하여 같이 풀어보는 시간을 가져왔는데, 기존의 두꺼운 문제집은 기본강의 때 기본서와 병행하기에는 그 양이 너무나 방대하고, 원형 그대로의 기출문제는 지문의 순서가 뒤죽박죽이어서 처음 민법을 접하는 수험생들에게는 어렵게 느껴질 수밖에 없기 때문에 기출문제를 OX지문의 형태로 변형하고 기본서의 순서대로 배열하여 민법을 처음 접하는 수험생들이 조금 더 쉽게 기출문제를 풀어 볼 수 있도록 하기 위해 이 교재를 출간하게 된 것입니다.

이러한 기본적 목적에 충실하기 위하여 기출문제의 범위는 2014년(51회)부터 2023년(60회)까지(10년분)의 변리사 기출문제와 2017년(6회)부터 2023년(12회)까지(7년분)의 변호사 기출문제로 한정하였습니다.

이 교재의 특장점은 다음과 같습니다.

- **조합형이나 사례형의 경우처럼 지문의 분리가 불가능한 경우에는 문제의 형태를 그대로 유지하여 각 단원의 마지막 부분에 실었습니다.**
- **해설을 같이 하는 지문들은 예컨대 27-1, 27-2처럼 번호를 표기하고 공통적으로 해설하였습니다. 같은 판례를 가지고 출제하여도 문제의 뉘앙스가 달라지는 경우가 있으므로 일단은 모두 풀어보시되, 3회독 이상이 되었을 때 불필요한 중복지문으로 판단되는 지문은 지우셔도 되겠습니다.**

두꺼운 객관식 문제집을 택하여 제대로 정리하지 못하고 어설프게 보는 수준에 그친다면 차라리 본 교재만이라도 확실하고 정확하게 정리한 수험생이 더 좋은 결과를 얻을 수 있을 것입니다. 많은 양을 어설프게 아는 것보다 꼭 필요한 만큼을 더 정확하게 아는 것이 고득점의 지름길입니다. 수험생활은 첫째도, 둘째도 시간과의 싸움입니다. 본 교재와 제 강의가 수험생 여러분들의 수험기간을 단축시키는데 도움이 될 수 있다면 그것이 본 교재와 민법강사로서의 저의 존재 가치일 것입니다. 아무쪼록 본 교재를 효율적으로 잘 활용하셔서 합격의 기쁨을 누리시기를 간절히 기원합니다.

시험에서는 평소의 공부도 중요하지만, 최종마무리 정리를 얼마나 잘 하느냐에 따라 당락이 좌우되고 마는 냉철한 현실을 보건대, 시험을 앞두고 그동안 공부했던 내용을 전반적으로 단기간에 총정리할 수 있는 교재가 반드시 필요합니다. 이 교재는 그런 방향으로 집필되었습니다.

어려운 환경에서도 국내 유일무이한 법률전문잡지인 『考試界』의 전통을 꿋꿋이 지키고 계시며 본 교재에 대한 애착을 가지고 매년 본 교재를 꾸준히 출간해 주시는 『考試界』 정상훈 사장님, 각종 자료 수집 및 조언과 함께 꼼꼼하게 교정을 봐 주신 전병주 편집국장님, 멋진 편집으로 책을 꾸며주신 신아름 디자인 팀장님께 깊은 감사를 드립니다.

부디 이 교재가 수험생들에게 한 알의 밀알이 되었으면 합니다.

2023년 11월

편저자 류 호 권

Contents

민법총칙

민법총칙

제1장 민법일반
제2장 권리 · 의무(법률관계)
제3장 권리의 주체
제4장 권리의 객체
제5장 권리의 변동
제6장 대 리
제7장 법률행위의 무효와 취소
제8장 조건 · 기한
제9장 기 간
제10장 소멸시효

CHAPTER

1 민법 일반

POINT

Ⅰ. 민법의 의의

Ⅱ. 민법의 법원

1 **관습법은 사회의 거듭된 관행과 법적 확신이 없어도 성립된다. ( )** (2018 변리사)

> **해 설** 관습법이란 사회의 거듭된 관행으로 생성한 사회생활규범이 사회의 법적 확신과 인식에 의하여 법적 규범으로 승인·강행되기에 이르른 것을 말한다(대판 1983. 6. 14, 80다3231).

2 **관습법이 사회생활규범으로 승인되었다면 사회를 지배하는 기본적 이념이나 사회질서의 변화로 인하여 그 관습법을 적용하여야 할 시점에 있어서의 전체 법질서에 부합하지 않게 되었더라도 그 법규범으로서의 효력이 인정된다. ( )** (2018 변리사)

> **해 설** 사회의 거듭된 관행으로 생성된 사회생활규범이 관습법으로 승인되었다고 하더라도 사회 구성원들이 그러한 관행의 법적 구속력에 대하여 확신을 갖지 않게 되었다거나, 사회를 지배하는 기본적 이념이나 사회질서의 변화로 인하여 그러한 관습법을 적용하여야 할 시점에 있어서의 전체 법질서에 부합하지 않게 되었다면 그러한 관습법은 법적 규범으로서의 효력이 부정될 수밖에 없다[대판(전합) 2005. 7. 21, 2002다1178].

3 **관습법은 법원(法源)으로서 법령에 저촉되지 않는 한, 법칙으로서의 효력이 있다. ( )** (2017 변리사)

> **해 설** 관습법은 법원(法源)으로서 법령에 저촉되지 아니하는 한 법칙으로서의 효력이 있는 것이다[대판(전합) 2005. 7. 21, 2002다13850].

1(×) 2(×) 3(○) 《 정답

4 관습은 당사자의 주장·입증을 기다림이 없이 법원이 직권으로 이를 확정하여야 한다. ( )

(2018 변리사)

> **해설** 법령과 같은 효력을 갖는 관습법은 당사자의 주장 입증을 기다림이 없이 법원이 직권으로 이를 확정하여야 하고 사실인 관습은 그 존재를 당사자가 주장 입증하여야 하나, 관습은 그 존부자체도 명확하지 않을 뿐만 아니라 그 관습이 사회의 법적 확신이나 법적 인식에 의하여 법적 규범으로까지 승인되었는지의 여부를 가리기는 더욱 어려운 일이므로, 법원이 이를 알 수 없는 경우 결국은 당사자가 이를 주장입증할 필요가 있다(대판 1983. 6. 14, 80다3231).

5 공동선조와 성과 본을 같이하는 후손이면 미성년자라도 성별의 구별 없이 당연히 종중의 구성원이 된다. ( )

(2018 변리사)

> **해설** 종중이란 공동선조의 분묘수호와 제사 및 종원 상호간의 친목 등을 목적으로 하여 구성되는 자연발생적인 종족집단이므로, 종중의 이러한 목적과 본질에 비추어 볼 때 공동선조와 성과 본을 같이 하는 후손은 성별의 구별 없이 성년이 되면 당연히 그 구성원이 된다고 보는 것이 조리에 합당하다[대판(전합) 2005. 7. 21, 2002다1178].

Ⅲ. 민법의 기본원리

정답 4(×) 5(×)

CHAPTER

2 권리 · 의무(법률관계)

POINT

Ⅰ. 법률관계

Ⅱ. 신의성실원칙

6 **신의성실의 원칙에 반하는 것 또는 권리남용은 강행규정에 위배되는 것이므로 당사자의 주장이 없더라도 법원은 직권으로 판단할 수 있다. ( )** (2016 변리사)

> **해설** 신의성실의 원칙에 반하는 것 또는 권리남용은 강행규정에 위배되는 것이므로 당사자의 주장이 없더라도 법원은 직권으로 판단할 수 있다(대판 1989. 9. 29, 88다카17181).

7 **강행법규에 위반한 자가 스스로 그 약정의 무효를 주장하는 것은 특별한 사정이 없는 한 신의성실의 원칙에 반하는 것으로서 허용되지 않는다. ( )** (2016 변리사)

> **해설** 강행법규에 위반한 자가 스스로 그 약정의 무효를 주장하는 것이 신의칙에 위반되는 권리의 행사라는 이유로 그 주장을 배척한다면, 이는 오히려 강행법규에 의하여 배제하려는 결과를 실현시키는 셈이 되어 입법 취지를 완전히 몰각하게 되므로 달리 특별한 사정이 없는 한 위와 같은 주장은 신의칙에 반하는 것이라고 할 수 없고, 한편 신의성실의 원칙에 위배된다는 이유로 그 권리의 행사를 부정하기 위해서는 상대방에게 신의를 공여하였다거나 객관적으로 보아 상대방이 신의를 가짐이 정당한 상태에 있어야 하며, 이러한 상대방의 신의에 반하여 권리를 행사하는 것이 정의관념에 비추어 용인될 수 없는 정도의 상태에 이르러야 한다(대판 2004. 10. 28, 2004다5556).

8 **법령에 위반되어 무효임을 알면서도 법률행위를 한 자가 강행법규 위반을 이유로 그 무효를 주장하는 것은 신의칙에 반한다. ( )** (2022 변리사)

> **해설** 법령에 위반되어 무효임을 알고서도 그 법률행위를 한 자가 강행법규 위반을 이유로 무효를 주장한다 하여 신의칙 또는 금반언의 원칙에 반하거나 권리남용에 해당한다고 볼 수는 없다(대판 2003. 4. 22, 2003다2390, 2406).

9 **「국토의 계획 및 이용에 관한 법률」이 정하는 거래허가를 받지 않고 토지매매계약을 체결한 당사자가 스스로 그 계약의 무효를 주장하는 것은, 특별한 사정이 없으면, 신의성실의 원칙에 위반하는 권리행사로 허용되지 않는다. ( )** (2014 변리사)

6(○) 7(×) 8(×) 9(×) 《 정답

해설 강행법규인 국토이용관리법 제21조의3 제1항, 제7항을 위반하였을 경우에 있어서 위반한 자 스스로가 무효를 주장함이 신의성실의 원칙에 위배되는 권리의 행사라는 이유로서 이를 배척한다면 투기거래계약의 효력발생을 금지하려는 국토이용관리법의 입법취지를 완전히 몰각시키는 결과가 되므로, 거래당사자 사이의 약정내용과 취득목적대로 관할관청에 토지거래허가신청을 하였을 경우에 그 신청이 국토이용관리법 소정의 허가기준에 적합하여 허가를 받을 수 있었으나 다른 급박한 사정으로 이러한 절차를 회피하였다고 볼만한 특단의 사정이 엿보이지 아니하는 한, 그러한 주장이 신의성실의 원칙에 반한다고는 할 수 없다(대판 1993. 12. 24, 93다44319, 93다44326).

10 **취득시효 완성 후에 그 사실을 모르고 당해 토지에 관하여 어떠한 권리도 주장하지 않기로 하였다가 이후에 취득시효 주장을 하는 것은 특별한 사정이 없는 한 신의성실의 원칙상 허용되지 않는다. ( )** (2020, 2022 변리사)

해설 취득시효완성 후에 그 사실을 모르고 당해 토지에 관하여 어떠한 권리도 주장하지 않기로 하였다면 후에 이에 반하여 시효주장을 하는 것은 특별한 사정이 없는 한 신의칙상 허용되지 않는다(대판 1998. 5. 22, 96다24101).

11 **채권자가 채권을 확보하기 위하여 제3자의 부동산을 채무자에게 명의신탁 하도록 한 다음 그 부동산에 대하여 강제집행을 하는 행위는 신의칙상 허용되지 않는다. ( )** (2019 변리사)

해설 채권자가 채권을 확보하기 위하여 제3자의 부동산을 채무자에게 명의신탁하도록 한 다음 동 부동산에 대하여 강제집행을 하는 따위의 행위는 신의칙에 비추어 허용할 수 없다(대판 1981. 7. 7, 80다2064).

12 **채권자가 유효하게 성립한 계약에 따른 급부의 이행을 청구하는 때에 법원이 급부의 일부를 감축하는 것은 원칙적으로 허용되지 않는다. ( )** (2022 변리사)

해설 유효하게 성립한 계약상의 책임을 공평의 이념 또는 신의칙과 같은 일반원칙에 의하여 제한하는 것은 사적 자치의 원칙이나 법적 안정성에 대한 중대한 위협이 될 수 있으므로, 채권자가 유효하게 성립한 계약에 따른 급부의 이행을 청구하는 때에 법원이 급부의 일부를 감축하는 것은 원칙적으로 허용되지 않는다(대판 2016. 12. 1, 2016다240543).

Ⅲ. 실효의 원칙

13 **실효의 법리는 법의 일반원리인 신의성실의 원칙에 바탕을 둔 파생원칙이다. ( )** (2020 변리사)

해설 실권 또는 실효의 법리는 신의성실의 원칙에 바탕을 둔 파생적인 원리로서 이는 본래 권리행사의 기회가 있음에도 불구하고 권리자가 장기간에 걸쳐 그 권리를 행사하지 아니하였기 때문에 의무자인 상대방은 이미 그의 권리를 행사하지 아니할 것으로 믿을 만한 정당한 사유가 있게 되거나 행사하지 아니할 것으로 추인케 할 경우에 새삼스럽게 그 권리를 행사하는 것이 신의성실의 원칙에 반하는 결과가 될 때 그 권리행사를 허용하지 않는 것을 의미한다(대판 1994. 6. 28, 93다26212).

정답 10(○) 11(○) 12(○) 13(○)

14 **매도인의 해제권이 장기간 행사되지 아니하고 매매대금도 거의 전부가 지급되어 있는 등 해제권이 더 이상 행사되지 아니할 것으로 매수인이 신뢰하는 데에 정당한 사유가 있는 경우, 매도인이 해제권을 행사하는 것은 신의성실의 원칙에 반한다. ( )** (2020 변리사)

> **해설** 해제의 의사표시가 있은 무렵을 기준으로 볼 때 무려 1년 4개월 가량 전에 발생한 해제권을 장기간 행사하지 아니하고 오히려 매매계약이 여전히 유효함을 전제로 잔존채무의 이행을 최고함에 따라 상대방으로서는 그 해제권이 더이상 행사되지 아니할 것으로 신뢰하였고 또 매매계약상의 매매대금 자체는 거의 전부가 지급된 점 등에 비추어 보면 그와 같이 신뢰한 데에는 정당한 사유도 있었다고 봄이 상당하다면, 그 후 새삼스럽게 그 해제권을 행사한다는 것은 신의성실의 원칙에 반하여 허용되지 아니한다(대판 1994. 11. 25, 94다12234).

Ⅳ. 사정변경의 원칙

15 **사정변경을 이유로 계약의 해제가 인정되는 경우는 계약준수 원칙의 예외에 해당한다. ( )** (2019 변리사)

> **해설** 사정변경을 이유로 한 계약 해제는 계약 성립 당시 당사자가 예견할 수 없었던 현저한 사정의 변경이 발생하였고 그러한 사정의 변경이 해제권을 취득하는 당사자에게 책임 없는 사유로 생긴 것으로서, 계약 내용대로의 구속력을 인정한다면 신의칙에 현저히 반하는 결과가 생기는 경우에 계약준수 원칙의 예외로서 인정된다[대판(전합) 2013. 9. 26, 2012다13637].

16 **계약 성립의 기초가 되지 않는 사정이 그 후 변경되어 일방 당사자가 계약 당시 의도한 계약 목적을 달성할 수 없게 됨으로써 손해를 입은 경우, 특별한 사정이 없는 한 사정변경을 이유로 한 계약 해제가 인정되지 않는다. ( )** (2016 변리사)

> **해설** 사정변경을 이유로 한 계약 해제는 계약 성립 당시 당사자가 예견할 수 없었던 현저한 사정의 변경이 발생하였고 그러한 사정의 변경이 해제권을 취득하는 당사자에게 책임 없는 사유로 생긴 것으로서, 계약 내용대로의 구속력을 인정한다면 신의칙에 현저히 반하는 결과가 생기는 경우에 계약준수 원칙의 예외로서 인정된다. 그리고 여기서 말하는 사정이라 함은 계약의 기초가 되었던 객관적인 사정으로서, 일방 당사자의 주관적 또는 개인적인 사정을 의미하는 것은 아니다. 따라서 계약의 성립에 기초가 되지 아니한 사정이 그 후 변경되어 일방 당사자가 계약 당시 의도한 계약 목적을 달성할 수 없게 됨으로써 손해를 입게 되었다 하더라도 특별한 사정이 없는 한 그 계약 내용의 효력을 그대로 유지하는 것이 신의칙에 반한다고 볼 수 없다. 이러한 법리는 계속적 계약관계에서 사정변경을 이유로 계약의 해지를 주장하는 경우에도 마찬가지로 적용된다[대판(전합) 2013. 9. 26, 2013다26746].

17 **경제상황 등의 변동으로 당사자에게 손해가 생기더라도 합리적인 사람의 입장에서 사정변경을 예견할 수 있었다면 사정변경을 이유로 계약을 해제할 수 없다. ( )** (2022 변리사)

14 (○) 15 (○) 16 (○) 17 (○) 《 정답

해설 계약 성립의 기초가 된 사정이 현저히 변경되고 당사자가 계약의 성립 당시 이를 예견할 수 없었으며, 그로 인하여 계약을 그대로 유지하는 것이 당사자의 이해에 중대한 불균형을 초래하거나 계약을 체결한 목적을 달성할 수 없는 경우에는 계약준수 원칙의 예외로서 사정변경을 이유로 계약을 해제하거나 해지할 수 있다. 여기에서 말하는 사정이란 당사자들에게 계약 성립의 기초가 된 사정을 가리키고, 당사자들이 계약의 기초로 삼지 않은 사정이나 어느 일방당사자가 변경에 따른 불이익이나 위험을 떠안기로 한 사정은 포함되지 않는다. 경제상황 등의 변동으로 당사자에게 손해가 생기더라도 합리적인 사람의 입장에서 사정변경을 예견할 수 있었다면 사정변경을 이유로 계약을 해제할 수 없다. 특히 계속적 계약에서는 계약의 체결 시와 이행 시 사이에 간극이 크기 때문에 당사자들이 예상할 수 없었던 사정변경이 발생할 가능성이 높지만, 이러한 경우에도 위 계약을 해지하려면 경제적 상황의 변화로 당사자에게 불이익이 발생했다는 것만으로는 부족하고 위에서 본 요건을 충족하여야 한다(대판 2017. 6. 8, 2016다249557).

18 **사정변경을 이유로 한 계약의 해제나 해지에서 사정변경에 대한 예견가능성이 있었는지는 개별적 사정을 고려하지 않고 추상적·일반적으로 판단하여야 한다. ( )** (2023 변리사)

해설 계약 성립의 기초가 된 사정이 현저히 변경되고 당사자가 계약의 성립 당시 이를 예견할 수 없었으며, 그로 인하여 계약을 그대로 유지하는 것이 당사자의 이해에 중대한 불균형을 초래하거나 계약을 체결한 목적을 달성할 수 없는 경우에는 계약준수 원칙의 예외로서 사정변경을 이유로 계약을 해제하거나 해지할 수 있다. 여기에서 말하는 사정이란 당사자들에게 계약 성립의 기초가 된 사정을 가리키고, 당사자들이 계약의 기초로 삼지 않은 사정이나 어느 일방당사자가 변경에 따른 불이익이나 위험을 떠안기로 한 사정은 포함되지 않는다. 사정변경에 대한 예견가능성이 있었는지는 **추상적·일반적으로 판단할 것이 아니라, 구체적인 사안에서** 계약의 유형과 내용, 당사자의 지위, 거래경험과 인식가능성, 사정변경의 위험이 크고 구체적인지 등 여러 사정을 종합적으로 고려하여 **개별적으로 판단하여야 한다**. 이때 합리적인 사람의 입장에서 볼 때 당사자들이 사정변경을 예견했다면 계약을 체결하지 않거나 다른 내용으로 체결했을 것이라고 기대되는 경우 특별한 사정이 없는 한 예견가능성이 없다고 볼 수 있다. 경제상황 등의 변동으로 당사자에게 손해가 생기더라도 **합리적인 사람의 입장에서 사정변경을 예견할 수 있었다면** 사정변경을 이유로 계약을 해제하거나 해지할 수 없다. 특히 계속적 계약에서는 계약의 체결 시와 이행 시 사이에 간극이 크기 때문에 당사자들이 예상할 수 없었던 사정변경이 발생할 가능성이 높지만, 이러한 경우에도 계약을 해지하려면 경제상황 등의 변동으로 당사자에게 불이익이 발생했다는 것만으로는 부족하고 위에서 본 요건을 충족하여야 한다(대판 2021. 6. 30, 2019다276338).

19 **회사의 이사가 채무액과 변제기가 특정되어 있는 회사 채무에 대하여 보증계약을 체결한 경우, 이사직 사임이라는 사정변경을 이유로 일방적으로 보증계약을 해지할 수 있다. ( )**

(2016, 2018 변리사)

해설 회사의 이사가 채무액과 변제기가 특정되어 있는 회사 채무에 대하여 보증계약을 체결한 경우에는 근보증과는 달리, 이사직 사임이라는 사정변경을 이유로 일방적으로 보증계약을 해지할 수 없다(대판 2006. 7. 27, 2004다30675).

정답 18(×) 19(×)

Ⅴ. 권리남용금지의 원칙

20 **권리행사로 권리행사자가 얻을 이익보다 상대방이 잃을 손해가 현저히 크다는 사정만으로는 이를 권리남용이라 할 수 없다. ( )** (2014 변리사)

> **해설** 권리행사가 권리의 남용에 해당한다고 할 수 있으려면, 주관적으로 그 권리행사의 목적이 오직 상대방에게 고통을 주고 손해를 입히려는 데 있을 뿐 행사하는 사람에게 아무런 이익이 없는 경우이어야 하고, 객관적으로는 그 권리행사가 사회질서에 위반된다고 볼 수 있어야 한다. 이와 같은 경우에 해당하지 않는 한 비록 그 권리의 행사에 의하여 권리행사자가 얻는 이익보다 상대방이 잃을 손해가 현저히 크다고 하여도 그러한 사정만으로는 이를 권리남용이라 할 수 없다(대판 2010. 2. 25, 2009다58173). ☞ 권리남용에 있어서 객관적 요건뿐만 아니라 주관적 요건도 필요하다는 것이 판례의 기본적인 태도이다. 다만 객관적 요건이 갖추어지면 주관적 요건은 추인될 수 있다는 판례, 주관적 요건은 필요 없다는 판례도 존재한다는 점을 주의할 것이다.

21 **상표권의 행사가 권리행사의 외형을 갖추었다 하더라도 상표제도의 목적을 일탈하여 공정한 경쟁질서와 상거래 질서를 어지럽히고 수요자 사이에 혼동을 초래하여 법적으로 보호받을 만한 가치가 없다고 인정되는 경우, 이는 등록상표에 관한 권리의 남용으로서 허용되지 않는다. ( )** (2014 변리사)

> **해설** 상표권자가 당해 상표를 출원·등록하게 된 목적과 경위, 상표권을 행사하기에 이른 구체적·개별적 사정 등에 비추어, 상대방에 대한 상표권의 행사가 상표사용자의 업무상의 신용유지와 수요자의 이익보호를 목적으로 하는 상표제도의 목적이나 기능을 일탈하여 공정한 경쟁질서와 상거래 질서를 어지럽히고 수요자 사이에 혼동을 초래하거나 상대방에 대한 관계에서 신의성실의 원칙에 위배되는 등 법적으로 보호받을 만한 가치가 없다고 인정되는 경우에는, 그 상표권의 행사는 비록 권리행사의 외형을 갖추었다 하더라도 등록상표에 관한 권리를 남용하는 것으로서 허용될 수 없고, 상표권의 행사를 제한하는 위와 같은 근거에 비추어 볼 때 상표권 행사의 목적이 오직 상대방에게 고통을 주고 손해를 입히려는 데 있을 뿐 이를 행사하는 사람에게는 아무런 이익이 없어야 한다는 주관적 요건을 반드시 필요로 하는 것은 아니다(대판 2007. 1. 25, 2005다67223).

22 **거래당사자가 유치권을 자신의 이익을 위하여 고의적으로 작출하여 유치권의 최우선순위담보권으로서의 지위를 부당하게 이용함으로써 신의성실의 원칙에 반한다고 평가되는 경우에는 유치권의 남용이 된다. ( )** (2021 변리사)

> **해설** 유치권제도와 관련하여서는 거래당사자가 유치권을 자신의 이익을 위하여 고의적으로 작출함으로써 유치권의 최우선순위담보권으로서의 지위를 부당하게 이용하고 전체 담보권질서에 관한 법의 구상을 왜곡할 위험이 내재한다. 따라서 개별 사안의 구체적인 사정을 종합적으로 고려할 때 신의성실의 원칙에 반한다고 평가되는 유치권제도 남용의 유치권 행사는 허용될 수 없다(대판 2014. 12. 11, 2014다53462).

20 (○) 21 (○) 22 (○) 《 정답

23 **권리남용으로 인정되는 경우, 남용의 구체적 효과는 권리의 종류와 남용의 결과에 관계없이 권리의 박탈이라는 점에서는 동일하다. ( )** (2021 변리사)

> **해설** 권리의 행사가 남용으로 판단되면 일반적으로 권리자가 의도한 효과는 생기지 않게 된다. 그러나 법에서 특별히 권리를 소멸(박탈)시키는 것이 아닌 한 원칙적으로 권리자가 권리를 의도하는 대로 행사할 수 없게 될 뿐, 권리 자체가 박탈되는 것이 아니다. 극히 예외적으로 권리가 박탈되는 경우로는 친권남용의 경우 친권상실선고를 들 수 있다(제924조 참조).

24 **권리남용금지의 원칙은 당사자의 주장이 없더라도 법원은 직권으로 판단할 수 있다. ( )**

(2020, 2021 변리사)

> **해설** 신의성실의 원칙에 반하는 것 또는 권리남용은 강행규정에 위배되는 것이므로 당사자의 주장이 없더라도 법원은 직권으로 판단할 수 있다(대판 1989. 9. 29, 88다카17181).

정답 》 **23** (×) **24** (○)

CHAPTER

3 권리의 주체

POINT

Ⅰ. 권리능력의 의의

Ⅱ. 태아의 권리능력

Ⅲ. 권리능력의 소멸

Ⅳ. 의사능력과 행위능력

25-1 의사능력이란 자신의 행위의 의미나 결과를 정상적인 인식력과 예기력을 바탕으로 합리적으로 판단할 수 있는 정신적 능력 내지 지능을 말한다. ( ) (2018 변리사)

25-2 의사능력의 유무는 구체적인 법률행위와 관련하여 개별적으로 판단되어야 한다. ( ) (2018 변리사)

25-3 의사능력 없이 한 법률행위는 무효인데, 의사능력의 유무는 구체적인 법률행위와 관련하여 개별적으로 판단되어야 한다. ( ) (2022 변호사)

25-4 어떤 법률행위에 그 일상적인 의미만을 이해하여서는 알기 어려운 특별한 법률적인 의미나 효과가 부여되어 있는 경우에도 의사능력이 인정되기 위하여 그 행위의 일상적인 의미에 대한 이해만으로 족하고 법률적인 의미나 효과에 대한 이해는 요구되지 않는다. ( ) (2018 변리사)

> **해설** 의사능력이란 자신의 행위의 의미나 결과를 정상적인 인식력과 예기력을 바탕으로 합리적으로 판단할 수 있는 정신적 능력 내지는 지능을 말하는 것으로서, 의사능력의 유무는 구체적인 법률행위와 관련하여 개별적으로 판단되어야 하므로, 특히 어떤 법률행위가 그 일상적인 의미만을 이해하여서는 알기 어려운 특별한 법률적인 의미나 효과가 부여되어 있는 경우 의사능력이 인정되기 위하여는 그 행위의 일상적인 의미뿐만 아니라 법률적인 의미나 효과에 대하여도 이해할 수 있을 것을 요한다(대판 2009. 1. 15, 2008다58367).

26 제한능력자인지 여부가 연령에 의하여 획일적으로 또는 법원의 심판에 의하여 정해지기 때문에, 행위능력제도의 근본적인 입법취지는 제한능력자의 보호보다 거래의 안전을 확보함에 있다고 보아야 한다. ( ) (2022 변호사)

25-1 (○) 25-2 (○) 25-3 (○) 25-4 (×) 26 (×) 《 정답

> **해설** 민법은 행위능력제도를 두어 **획일적 기준**(연령 또는 법원의 심판)을 통하여 표의자의 의사능력의 유무를 묻지 않고 표의자는 일정한 범위 내의 법률행위에 관해서 무조건적으로 취소할 수 있게 하여 표의자(제한능력자)를 보호하고 그 획일적 기준을 외부에서 인식할 수 있는 표지를 갖추어 객관화 함으로써 상대방 및 제3자로 하여금 미리 알게 하거나 예방할 수 있도록 하였다. 이러한 행위능력제도의 성격으로서 **주(主)는 제한능력자보호**이며, **부차적으로는 거래의 안전을 보호**하는 것이다(통설).

27 **법정대리인의 동의 없이 신용구매계약을 체결한 미성년자는 특별한 사정이 없는 한 그 동의 없음을 이유로 위 계약을 취소할 수 있다. ( )** (2016 변리사)

> **해설** 민법 제5조(미성년자의 능력), 제140조(법률행위의 취소권자)

28 **법정대리인의 동의 없이 계약을 체결한 미성년자는 단독으로 그 계약을 취소할 수 있다. ( )** (2014 변리사)

> **해설** 민법 제140조 ☞ 민법 제140조는 제한능력자도 취소권자로 규정하고 있다.

29-1 **법정대리인의 동의 없이 신용구매계약을 체결한 미성년자가 그 동의 없음을 이유로 계약을 취소하는 것은 신의칙에 반한다. ( )** (2015 변리사)

29-2 **미성년자 甲이 법정대리인 乙의 동의 없이 신용카드회사 丙과 신용카드 이용계약을 체결하고 그 카드를 이용하여 丁으로부터 구입한 물품의 대금을 丙이 지급한 이후에 甲이 丙과의 신용카드 이용계약을 취소하더라도 이는 신의칙에 위배되지 않으며, 이 경우 甲이 丁과의 매매계약을 취소하지 않고 위 물품을 모두 소비하였다면 더 이상 현존이익이 존재하지 않으므로 甲은 丙에게 부당이득반환의무를 부담하지 않는다. ( )** (2018 변호사)

29-3 **법정대리인의 동의 없이 신용구매계약을 체결한 미성년자가 나중에 법정대리인의 동의 없음을 사유로 들어 이를 취소하는 것은 신의성실의 원칙에 반한다. ( )** (2020 변리사)

> **해설** 미성년자의 법률행위에 법정대리인의 동의를 요하도록 하는 것은 강행규정인데, 위 규정에 반하여 이루어진 신용구매계약을 미성년자 스스로 취소하는 것을 신의칙 위반을 이유로 배척한다면, 이는 오히려 위 규정에 의해 배제하려는 결과를 실현시키는 셈이 되어 미성년자 제도의 입법 취지를 몰각시킬 우려가 있으므로, 법정대리인의 동의 없이 신용구매계약을 체결한 미성년자가 사후에 법정대리인의 동의 없음을 사유로 들어 이를 취소하는 것이 신의칙에 위배된 것이라고 할 수 없다(대판 2007. 11. 16, 2005다71659,71666,71673).
>
> 미성년자가 신용카드발행인과 사이에 신용카드 이용계약을 체결하여 신용카드거래를 하다가 신용카드 이용계약을 취소하는 경우 미성년자는 그 행위로 인하여 받은 이익이 현존하는 한도에서 상환할 책임이 있는바, 신용카드 이용계약이 취소됨에도 불구하고 신용카드회원과 해당 가맹점 사이에 체결된 개별적인 매매계약은 특별한 사정이 없는 한 신용카드 이용계약취소와 무관하게 유효하게 존속한다 할 것이고, 신용카드발행인이 가맹점들에 대하여 그 신용카드사용대금을 지급한 것은 신용카드 이용계약과는 별개로 신용카드발행인과 가맹점 사이에 체결된 가맹점 계약에 따른 것으로서 유효하므로,

정답 27 (○) 28 (○) 29-1 (×) 29-2 (×) 29-3 (×)

신용카드발행인의 가맹점에 대한 신용카드이용대금의 지급으로써 신용카드회원은 자신의 가맹점에 대한 매매대금 지급채무를 법률상 원인 없이 면제받는 이익을 얻었으며, 이러한 이익은 금전상의 이득으로서 특별한 사정이 없는 한 현존하는 것으로 추정된다(대판 2005. 4. 15, 2003다60297,60303, 60310,60327).

30 미성년자가 법정대리인의 동의 없이 법률행위를 하면서 특약에 의하여 미성년을 이유로 한 취소를 하지 않기로 한 경우에는 미성년을 이유로 그 법률행위를 취소할 수 없다. ( )

(2018 변리사)

해설 미성년자의 법률행위에 법정대리인의 동의를 요하도록 하는 것은 강행규정이다(대판 2007. 11. 16, 2005다71659,71666,71673).

31 법정대리인의 동의 없이 미성년자가 자신을 수증자로 하는 부담부 증여계약을 체결한 경우, 이는 확정적으로 유효한 법률행위이다. ( ) (2014 변리사)

해설 부담부 증여계약은 권리만을 얻는 경우가 아니기 때문에 법정대리인의 동의 없이 체결하였다면 확정적으로 유효한 법률행위가 아니라 취소할 수 있다.

32 미성년자가 법률행위를 함에 있어서 요구되는 법정대리인의 동의는 언제나 명시적이어야 하는 것은 아니고 묵시적으로도 가능하다. ( ) (2016 변리사)

해설 미성년자가 법률행위를 함에 있어서 요구되는 법정대리인의 동의는 언제나 명시적이어야 하는 것은 아니고 묵시적으로도 가능하다(대판 2007. 11. 16, 2005다71659).

33-1 미성년자가 법정대리인으로부터 허락을 얻은 특정한 영업에 관하여는 성년자와 동일한 행위능력을 갖는다. ( ) (2015 변리사)

33-2 법정대리인이 미성년자에게 영업을 허락함에는 반드시 영업의 종류를 특정하여야 한다. ( ) (2014 변리사)

해설 민법 제8조(영업의 허락)

34 미성년자가 법정대리인으로부터 재산처분의 허락을 받았지만 그 재산을 처분하기 전이라면, 법정대리인은 그 허락을 취소할 수 있다. ( ) (2015 변리사)

해설 민법 제7조(동의와 허락의 취소) 법정대리인은 미성년자가 아직 법률행위를 하기 전에는 전2조의 동의와 허락을 취소할 수 있다.

30 (×) 31 (×) 32 (○) 33-1 (○) 33-2 (○) 34 (○) 《 정답

35 법정대리인이 미성년자에게 영업을 허락한 후 그 허락을 취소한 경우에 미성년자는 그 영업 허락의 취소 전에 그 영업을 위하여 한 상품주문행위를 미성년임을 이유로 취소할 수 없다. ( ) (2018 변리사)

> **해설** 민법 제8조 제2항의 영업 허락의 "취소"는 실질적으로는 소급효가 없고 장래효만 있는 "철회"이다. 따라서 미성년자가 영업허락의 취소(=본질은 철회) 전에 한 법률행위는 영업의 허락이 있는 상태에서 한 행위로서 유효한 행위이고 취소할 수 없다.

36 법정대리인은 미성년자에게 한 특정한 영업의 허락을 제한할 수 있으나, 이러한 제한을 가지고 미성년자와 거래한 선의의 상대방에게 대항할 수 없다. ( ) (2015 변리사)

> **해설** 법정대리인은 미성년자에게 한 특정의 영업의 허락을 제한할 수 있으나, 이러한 제한을 가지고 미성년자와 거래한 선의의 상대방에게 대항할 수 없다(제8조 제2항).

37 미성년자의 법정대리인은 그를 대리하여 근로계약을 체결할 수 있다. ( ) (2014 변리사)

> **해설** 친권자나 후견인은 미성년자의 근로계약을 대리할 수 없다(근로기준법 제67조 제1항). 따라서 근로계약은 미성년자 자신이 스스로 체결하여야 한다. 이때 법정대리인의 동의를 얻어야 하는지에 대해서는 견해대립이 있으나 법정대리인의 동의를 얻어야 한다는 견해가 다수설이다.

38 혼인한 미성년자는 법정대리인의 동의 없이 확정적으로 이혼할 수 있다. ( ) (2014 변리사)

> **해설** 민법 제826조의2(성년의제) 미성년자가 혼인을 한 때에는 성년자로 본다.

39 질병, 장애, 노령, 그 밖의 사유로 인한 정신적 제약으로 사무를 처리할 능력이 지속적으로 결여된 자를 피성년후견인이라 한다. ( ) (2015 변리사)

> **해설** 제한능력자 중 미성년자는 법원의 선고가 필요 없으나, 피성년후견과 피한정후견은 법원의 선고(심판)이 필요하다. 따라서 질병, 장애, 노령, 그 밖의 사유로 인한 정신적 제약으로 사무를 처리할 능력이 지속적으로 결여된 자가 모두 피성년후견인인 것이 아니라, 법원의 심판에 의하여 비로소 피성년후견인이 되는 것이다(제9조).

40 가정법원은 질병, 장애, 노령, 그 밖의 사유로 인한 정신적 제약으로 사무를 처리할 능력이 지속적으로 결여된 사람에 대하여 한정후견개시의 심판을 한다. ( ) (2014 변리사)

> **해설** 민법 제9조 제1항 ☞ 한정후견개시가 아니라 성년후견개시의 심판을 한다.

41 가정법원은 일정한 자의 청구에 의하여 질병, 장애, 노령, 그 밖의 사유로 인한 정신적 제약으로 사무를 처리할 능력이 부족한 사람에 대하여 성년후견개시의 심판을 한다. ( ) (2020 변리사)

정답 35 (○) 36 (○) 37 (×) 38 (○) 39 (×) 40 (×) 41 (×)

해설 한정후견개시의 심판을 한다(제12조 제1항).

42 피성년후견인이 성년후견인의 동의를 얻어 재산상의 법률행위를 한 경우, 성년후견인은 이를 취소할 수 없다. ( ) (2015 변리사)

해설 피성년후견인이 성년후견인의 동의를 얻어 재산상의 법률행위를 한 경우에도, 피한정후견인과는 달리 성년후견인은 이를 취소할 수 있다(제10조 제1항).

43 성년후견개시의 심판을 받은 자가 취소할 수 없는 범위에 속하는 법률행위를 성년후견인의 동의 없이 한 경우에는 유효한 법률행위가 성립한다. ( ) (2016 변리사)

해설 성년후견개시의 심판을 받은 자가 취소할 수 없는 범위에 속하는 법률행위를 성년후견인의 동의 없이 한 경우에는 유효한 법률행위가 성립한다(민법 제10조 제1항, 제2항).

44-1 가정법원은 취소할 수 없는 피성년후견인의 법률행위의 범위를 정한 경우에도 본인의 청구에 의해 그 범위를 변경할 수 있다. ( ) (2015 변리사)

44-2 가정법원은 피성년후견인의 청구에 의하여 취소할 수 없는 법률행위의 범위를 변경할 수 있다. ( ) (2014 변리사)

해설 민법 제10조 제3항.

45-1 피성년후견인이 성년후견인의 동의 없이 일용품의 구입 등 일상생활에 필요하고 그 대가가 과도하지 아니한 법률행위를 한 경우, 성년후견인이 이를 취소할 수 없다. ( ) (2016 변리사)

45-2 성년후견인은 일용품의 구입 등 일상생활에 필요하고 그 대가가 과도하지 않은 피성년후견인의 법률행위를 취소할 수 없다. ( ) (2014 변리사)

해설 [민법 제10조 제4항] 제1항에도 불구하고 일용품의 구입 등 일상생활에 필요하고 그 대가가 과도하지 아니한 법률행위는 성년후견인이 취소할 수 없다.

46-1 가정법원이 한정후견개시의 심판을 할 때에는 성년후견개시의 심판을 할 때와 달리 본인의 의사를 고려하지 않는다. ( ) (2015 변리사)

46-2 가정법원은 한정후견개시의 심판을 할 때 본인의 의사를 고려하여야 한다. ( ) (2014 변리사)

해설 가정법원은 한정후견이나 성년후견 모두 심판을 할 때 본인의 의사를 고려하여야 한다(제9조 제2항, 제12조 제2항).

42 (×) 43 (○) 44-1 (○) 44-2 (○) 45-1 (○) 45-2 (○) 46-1 (×) 46-2 (○) 《 정답

47 가정법원은 피한정후견인이 한정후견인의 동의를 받아야 하는 행위의 범위를 정할 수 있다. ( ) (2020 변리사)

> **해설** 민법 제13조 제1항

48 한정후견인의 동의가 있어야 하는 법률행위에 있어서 동의가 없으면 피한정후견인의 이익이 침해될 염려가 있음에도 동의하지 않는 경우, 피한정후견인이 동의 없이 법률행위를 하였다면 한정후견인은 이를 취소할 수 없다. ( ) (2016 변리사)

> **해설** 한정후견인의 동의가 있어야 하는 법률행위에 있어서 동의가 없으면 피한정후견인의 이익이 침해될 염려가 있음에도 동의하지 않는 경우에는 가정법원으로부터 한정후견인의 동의를 갈음하는 허가를 얻어 법률행위를 할 수 있다(민법 제13조 제3항). ☞ 피한정후견인의 이익이 침해될 염려가 있음에도 한정후견인이 동의하지 않는 경우라고 해서 동의 없이 단독으로 유효한 법률행위를 할 수 있는 것은 아니고 가정법원의 허가를 얻어야 한다. 따라서 지문의 경우 취소할 수 있다.

49 피특정후견인의 법률행위는 가정법원에 의해 취소할 수 있는 법률행위로 정해진 경우에만 취소할 수 있다. ( ) (2020 변리사)

> **해설** 피특정후견인은 제한능력자가 아니다(제14조의 2 참조).

50 미성년후견인은 특정후견의 심판을 청구할 수 있다. ( ) (2023 변호사)

> **해설** 가정법원은 질병, 장애, 노령, 그 밖의 사유로 인한 정신적 제약으로 일시적 후원 또는 특정한 사무에 관한 후원이 필요한 사람에 대하여 본인, 배우자, 4촌 이내의 친족, 미성년후견인, 미성년후견감독인, 검사 또는 지방자치단체의 장의 청구에 의하여 특정후견의 심판을 한다(민법 제14조의 2 제1항).

51-1 특정후견은 본인의 의사에 반하여 할 수 없다. ( ) (2020 변리사)

51-2 가정법원은, 한정후견 개시 심판을 할 때는 본인의 의사를 고려하여야 하고, 특정후견의 심판을 할 때는 본인의 의사에 반하지 않아야 한다. ( ) (2023 변호사)

> **해설** 한정후견개시의 경우에 "가정법원은 성년후견개시의 심판을 할 때 본인의 의사를 고려하여야 한다."는 제9조 제2항을 준용한다(민법 제12조 제2항). 특정후견은 본인의 의사에 반하여 할 수 없다(민법 제14조의 2 제2항).

52 특정후견의 심판을 하는 경우에는 그 기간 또는 사무의 범위를 정하여야 한다. ( ) (2014 변리사)

> **해설** 민법 제14조의 2 제3항

정답 47 (○) 48 (×) 49 (×) 50 (○) 51-1 (○) 51-2 (○) 52 (○)

53 가정법원이 피한정후견인에 대하여 성년후견개시의 심판을 할 때에는 종전의 한정후견의 종료 심판을 할 필요가 없다. ( ) (2015 변리사)

> **해설** 가정법원이 피한정후견인에 대하여 성년후견개시의 심판을 할 때에는 종전의 한정후견의 종료 심판을 할 필요가 있다(민법 제14조의 3).

54 법정대리인의 동의가 있었다는 점에 대한 증명책임은 그 법률행위의 유효를 주장하는 자에게 있다. ( ) (2015 변리사)

> **해설** 법정대리인의 동의가 있었다는 점에 대한 증명책임은 그 법률행의의 유효를 주장하는 자(상대방)에게 있다(대판 1970. 2. 24, 69다1568).

55 甲이 乙과 계약을 체결할 당시 乙이 미성년자임을 알고 계약했더라도 甲은 철회권을 행사할 수 있다. ( ) (2018 변리사)

> **해설** 제한능력자가 맺은 계약은 추인이 있을 때까지 상대방이 그 의사표시를 철회할 수 있다. 다만, 상대방이 계약 당시에 제한능력자임을 알았을 경우에는 그러하지 아니하다(민법 제16조 제1항).

56 17세인 甲은 乙소유의 자전거를 법정대리인의 동의를 얻지 않고 100만원에 구입하기로 乙과 매매계약을 체결하고, 다음 달 대금지급과 동시에 자전거를 건네받기로 하였다. 이에 관한 설명으로 옳지 않은 것은? (다툼이 있으면 판례에 따름) (2019 변리사)

① 甲의 법정대리인은 특별한 사정이 없는 한 매매계약을 취소할 수 있다.
② 甲은 법정대리인의 동의가 없었다는 이유로 자신이 체결한 매매계약을 원칙적으로 취소할 수 없다.
③ 乙은 매매계약을 체결할 당시 甲이 17세라는 것을 알았던 경우에도 甲의 법정대리인에게 매매계약을 추인할 것인지 여부의 확답을 촉구할 수 있다.
④ 甲이 매매계약에 대하여 법정대리인의 동의서를 위조하였고, 乙이 이를 믿고 계약을 체결한 경우, 甲의 법정대리인도 매매계약을 취소할 수 없다.
⑤ 매매계약을 체결할 당시 甲이 17세라는 것을 乙이 알았던 경우, 乙은 매매계약과 관련한 자신의 의사표시를 철회할 수 없다.

> **해설** ① (○) : 민법 제5조 제2항. 그리고 법정대리인은 제140조에 따라 취소권자이고, 나아가 고유의 취소권이 있으므로 임의대리인과 달리 취소의 특별수권을 얻을 필요도 없다.
> ② (×) : 제한능력자인 미성년자도 단독으로 취소할 수 있다. 민법 제140조가 제한능력자도 취소권자로 규정하고 있기 때문이다. 그리고 미성년자 자신이 한 법률행위를 스스로 취소하는 것이 신의칙에 반하는 것도 아니다. [판례] 미성년자의 법률행위에 법정대리인의 동의를 요하도록 하는 것은 강행규정인데, 위 규정에 반하여 이루어진 신용구매계약을 미성년자 스스로 취소하는 것을 신의칙 위반을 이유로 배척한다면, 이는 오히려 위 규정에 의해 배제하려는 결과를 실현시키는 셈이 되어 미성년자 제도의 입법 취지를 몰각시킬 우려가 있으므로, 법정대리인의 동의 없이 신용구매계약을 체결한 미성년자가 사후에 법정대리인의 동의 없음을 사유로 들어 이를 취소하는 것이 신의칙에 위배된 것이라고 할 수 없

53 (×) 54 (○) 55 (×) 56 ② 《 정답

다(대판 2007. 11. 16, 2005다71659,71666,71673).
③ (○) : 민법 제15조 제1항. 최고권의 행사는 상대방의 선악을 불문하고 가능하다.
④ (○) : 민법 제17조 제2항. ☞ 여기서 제한능력자뿐만 아니라 법정대리인의 취소권도 박탈된다는 것이 통설이다.
⑤ (○) : 민법 제16조 제1항. 철회권의 행사는 상대방이 선의인 경우에만 가능하다.

57 **성년인 甲은 질병으로 인한 정신적 제약으로 사무를 처리할 능력이 부족한 상태이다. 이에 관한 설명으로 옳지 않은 것은? (다툼이 있으면 판례에 따름)** (2022 변리사)

① 甲은 스스로 한정후견개시의 심판을 청구할 수 있다.
② 가정법원은 甲에 대한 한정후견개시의 심판을 할 때 甲의 의사를 고려해야 한다.
③ 甲의 배우자가 甲에 대한 성년후견개시의 심판을 청구한 경우에도 가정법원은 필요하다면 한정후견개시의 심판을 할 수 있다.
④ 가정법원은 甲에 대한 한정후견개시의 심판을 할 때 취소할 수 없는 甲의 법률행위의 범위를 정할 수 있다.
⑤ 甲에 대한 한정후견개시의 심판이 있은 후 한정후견개시의 원인이 소멸된 경우, 甲은 한정후견종료의 심판을 청구할 수 있다.

해설 ① (○) : 민법 제12조 제1항. 청구권자에 "본인"도 포함된다.
② (○) : 민법 제12조 제2항에 의하여 준용되는 제9조 제2항.
③ (○) : 성년후견이나 한정후견 개시의 청구가 있는 경우 가정법원은 청구 취지와 원인, 본인의 의사, 성년후견 제도와 한정후견 제도의 목적 등을 고려하여 어느 쪽의 보호를 주는 것이 적절한지를 결정하고, 그에 따라 필요하다고 판단하는 절차를 결정해야 한다. 따라서 한정후견의 개시를 청구한 사건에서 의사의 감정 결과 등에 비추어 성년후견 개시의 요건을 충족하고 본인도 성년후견의 개시를 희망한다면 법원이 성년후견을 개시할 수 있고, 성년후견 개시를 청구하고 있더라도 필요하다면 한정후견을 개시할 수 있다고 보아야 한다(대결 2021. 6. 10.자 2020스596).
④ (×) : 민법 제13조 제1항. "한정후견인의 동의를 받아야 하는" 법률행위의 범위를 정할 수 있다. "취소할 수 없는" 법률행위의 범위를 정할 수 있는 것은 피성년후견인의 경우이다(제10조 제2항).
⑤ (○) : 민법 제14조.

58 **법정대리인을 모두 고른 것은? (정답 2개)** (2022 변리사)

ㄱ. 성년후견인　　ㄴ. 법원이 선임한 부재자재산관리인　　ㄷ. 친권자　　ㄹ. 배우자

① ㄱ, ㄹ　　② ㄴ, ㄷ　　③ ㄱ, ㄴ, ㄷ　　④ ㄴ, ㄷ, ㄹ　　⑤ ㄱ, ㄴ, ㄷ, ㄹ

정답 57 ④ 58 ③, ⑤

해설 ㄱ. (○) : 성년후견인은 피후견인의 법정대리인이 된다(민법 제938조 제1항).
ㄴ. (○) : 법원의 선임한 부재자 재산관리인은 부재자 본인의 의사에 의하는 것이 아니라 법률에 규정된 자의 청구로 법원에 의하여 선임되는 일종의 법정대리인으로서 법정위임 관계가 있다(대결 1976. 12. 21.자 75마551).
ㄷ. (○) : 친권을 행사하는 부 또는 모는 미성년자인 자의 법정대리인이 된다(민법 제911조).
ㄹ. (△) : 가답안은 배우자도 법정대리인이라는 취지에서 ⑤번이 정답이었다. 출제자의 의도는 "부부는 일상의 가사에 관하여 서로 대리권이 있다."는 민법 제827조 제1항을 근거로 출제한 것으로 보인다. 그런데 ⅰ) 이 일상가사대리권을 배제하고 생각하면 배우자라고 무조건 상대 배우자의 법정대리인이 되는 것은 아니라는 점에서 출제자의 의도가 일반적인 법정대리인을 물어보는 것인지 일상가사대리권까지 포함해서 물어보는 것인지 분명하지 않았고, ⅱ) 일상가사대리권까지 포함해서 생각하는 경우에도 일상가사대리권의 법적 성질에 대하여 법정대리권이라는 견해가 다수설이나 임의대리권이라는 소수의 견해도 존재한다는 점에서 ③번도 정답으로 인정되어 복수정답으로 처리되었다.

59 2022. 1. 12. 당시 18세 1개월이었던 甲은 법정대리인 丁의 동의 없이, 자신이 소유하는 상가건물을 乙에게 매도하는 매매계약을 체결하였다. 그 후 甲은 2022. 3. 12. 丙과 혼인하였으나, 6개월 후인 2022. 9. 12. 이혼을 하였다. 이에 관한 설명 으로 옳지 않은 것은? (다툼이 있으면 판례에 따름) (2023 변리사)

① 2023. 2. 18. 현재 甲은 이미 성년이 되었으므로, 매매계약을 취소할 수 없다.
② 만일 甲이 2022. 2. 17. 丁의 동의 없이 매매계약을 추인하였더라도, 甲은 위 매매계약을 취소할 수 있다.
③ 만일 甲이 2022. 5. 15. 丁의 동의 없이 매매계약을 추인한 경우, 그 추인은 유효하다.
④ 만일 甲이 2022. 10. 5. 아무런 이의를 제기하지 않고 乙로부터 매매대금을 수령한 경우, 매매계약을 취소할 수 없다.
⑤ 2023. 2. 18. 현재 甲은 위 매매계약을 丁의 동의 없이 유효하게 추인할 수 있다.

해설 ① (×) : 미성년자가 법정대리인의 동의 없이 한 법률행위는 취소할 수 있다(민법 제5조 제2항). 그리고 취소할 수 있는지 여부는 행위당시를 기준으로 하므로, 행위당시에 미성년이었다면 성년이 된 이후에도 취소할 수 있다. 다만 민법 제146조에 따라 추인할 수 있는 날로부터 3년내, 법률행위를 한 날로부터 10년내에 행사하여야 하는데, 사안에서 甲은 성년의제된 2022. 3. 12.부터 추인할 수 있으므로 그로부터 3년이 지나지 않은 2023. 2. 18.에는 매매계약을 취소할 수 있다.
② (○), ③ (○) : 추인은 취소의 원인이 소멸된 후에 하여야만 효력이 있다(민법 제144조 제1항). 2022. 2. 17. 甲은 아직 미성년이고 성년의제도 되기 전이기 때문에 추인할 수 없다(②번 지문). 반면에 미성년자가 혼인을 한 때에는 성년자로 보므로(민법 제826조의 2), 甲이 혼인을 한 2022. 3. 12.부터 甲은 성년으로 의제되고 따라서 2022. 5. 15.에는 유효하게 추인할 수 있다(③번 지문).
④ (○) : 취소할 수 있는 법률행위에 관하여 전조의 규정에 의하여 추인할 수 있는 후에 다음 각호의 사유가 있으면 추인한 것으로 본다. 그러나 이의를 보류한 때에는 그러하지 아니하다(민법 제145조). 지문에서 甲은 성년으로 의제된 이후인 2022. 10. 5. 아무런 이의를 제기하지 않고 乙로부터 매매대금을 수령하였는데, 1호 사유인 "전부나 일부의 이행"에는 취소권자가 이행하거나 상대방의 이행을 취

59 ① 《 정답

소권자가 수령하는 것도 포함하므로 甲의 수령행위는 제145조 제1호에 해당하여 법정추인이 되고 따라서 더 이상 취소할 수 없다.

[참고사항] 지문에서 甲이 매매대금을 수령한 날짜는 2022. 10. 5.이다. 사안에서 甲이 성년이 되기 전인 2022. 9. 12. 이혼을 하였다고 나와있는데, 성년이 되기 전에 혼인이 해소된 경우 제한능력자로 돌아가는지 아니면 성년의제의 효과가 유지되는지가 문제된다. 여기서 이혼에도 불구하고 성년의제의 효과는 소멸하지 않고 유지된다는 것이 통설이고, 이러한 통설에 따르면 이혼 후인 2022. 10. 5.에도 성년의제의 효과가 유지되므로 법정추인도 가능하다. 정확하게 풀려면 이 점까지 고려했어야 하는데, 이 쟁점은 가족법상 쟁점으로 변리사 시험에서는 범위 외의 출제라고 생각된다.

⑤ (○) : 2023. 2. 18. 현재 甲은 19세 2개월이 넘어 성년이 되었으므로 성년의제 여부를 떠나서도 단독으로 유효하게 추인할 수 있다(민법 제144조).

Ⅴ. 민법상 주소

Ⅵ. 부재자제도

60 외국에 장기체류하고 있는 甲은 당분간 국내에 돌아올 가능성이 없다. 이에 관한 설명으로 옳지 않은 것은? (다툼이 있는 경우에는 판례에 의함) (2014 변리사)

① 甲의 법정대리인 乙이 甲의 재산을 관리하는 경우, 부재자의 재산관리에 관한 규정이 적용되지 않는다.
② 甲이 丙에게 자신의 재산을 관리할 것을 부탁한 때에는, 특별한 사정이 없으면 법원은 이해관계인의 청구로 새로운 재산관리인을 정할 수 없다.
③ 법원이 丁을 甲의 재산관리인으로 선임결정하기 전에 이미 甲이 사망하였음이 확인된 때에도 그 결정이 취소되지 않으면 甲의 재산에 대한 丁의 처분행위는 유효하다.
④ 법원이 선임한 재산관리인 丁이 법원의 명령으로 甲의 재산을 보전하기 위하여 필요한 처분을 한 경우, 법원은 甲의 재산으로 그 비용을 지급한다.
⑤ 법원이 선임한 甲의 재산관리인 丁이 甲의 재산에 대한 법원의 매각처분허가를 얻은 때에도 甲의 채무를 담보하기 위하여 甲의 부동산에 저당권을 설정하려면 다시 법원의 허가를 얻어야 한다.

해설 ① (○) : 甲의 법정대리인 乙이 甲의 재산을 관리하는 경우, 부재자의 재산관리에 관한 규정이 적용되지 않는데, 이는 법정대리인은 당연히 재산관리권한이 있기 때문이다(제916조 참조).
② (○) : 甲이 丙에게 자신의 재산을 관리할 것을 부탁한 경우에는 특별한 사정이 없으면 법원은 이해관계인의 청구로 새로운 재산관리인을 정할 필요가 없다(제22조 참조).
③ (○) : 법원에 의하여 일단 부재자의 재산관리인 선임결정이 있었던 이상, 가령 부재자가 그 이전에 사망하였음이 위 결정 후에 확실하여졌다 하더라도 법에 정하여진 절차에 의하여 결정이 취소되지 않는 한, 부재자재산관리인의 권한이 당연히 소멸되지 않는다. 따라서 법원이 丁을 甲의 재산관리인으로 선임결정하기 전에 이미 甲이 사망하였음이 확인된 때에도 그 결정이 취소되지 않으면 甲의 재산에 대한 丁의 처분행위는 유효하다(대판 1970. 1. 27, 69다719).

정답 》 60 ⑤

④ (○) : 부재자와 법원이 선임한 재산관리인 사이는 위임에 관한 규정이 준용되기 때문에 법원이 선임한 재산관리인 丁이 법원의 명령으로 甲의 재산을 보전하기 위하여 필요한 처분을 한 경우, 법원은 甲의 재산으로 그 비용을 지급한다(제687조 참조).
⑤ (×) : 재산의 매각에 관해 허가를 얻은 경우, 그 재산을 담보로 제공할 때에 다시 허가를 얻어야 하는 것은 아니다(대판 1957. 3. 23, 4289민상677)(김준호 제22판 p.111 참조). ☞ 이른바 "대는 소를 포함한다"는 법리이다.

Ⅶ. 실종선고

61 **실종선고를 받은 자가 생존하여 새로운 주소에서 체결한 부동산 매매계약은 실종선고가 취소되지 않았더라도 유효하다. ( )** (2015 변리사)

해설 실종선고는 종래의 주소지에서 사망한 것으로 간주하고, 권리능력을 일반적으로 박탈하는 것은 아니기 때문에 실종선고를 받은 자가 생존하여 새로운 주소에서 체결한 부동산 매매계약은 실종선고가 취소되지 않았더라도 유효하다.

62 **가정법원은 실종선고를 취소하기 위해서는 6개월 이상 공고를 하여야 한다. ( )** (2015 변리사)

해설 가정법원은 실종선고시에는 6개월 이상의 공시최고를 요하나, 실종선고 취소의 경우에는 공고를 요하지 않는다. 왜냐하면 실종선고의 취소의 경우에는 조속히 사망간주효를 제거해 주어야 하기 때문이다.

63 **2013년 4월 16일 제주도행 여객선이 침몰하여 행방불명된 甲에 대하여 2015년 2월 11일 실종선고가 내려진 경우, 甲은 2014년 4월 16일 24시에 사망한 것으로 간주된다. ( )** (2015 변리사)

해설 특별실종기간은 최후소식 후 1년이다(제27조 제2항). 따라서 甲은 2014년 4월 16일 24시에 사망한 것으로 간주된다.

64 **해녀인 甲이 해산물을 채취하다가 행방불명되었다면, 이는 특별실종선고를 위한 '사망의 원인이 될 위난'이라고 할 수 없다. ( )** (2015 변리사)

해설 민법 제27조의 문언이나 규정의 체계 및 취지 등에 비추어, 그 제2항에서 정하는 "사망의 원인이 될 위난"이라고 함은 화재·홍수·지진·화산 폭발 등과 같이 일반적·객관적으로 사람의 생명에 명백한 위험을 야기하여 사망의 결과를 발생시킬 가능성이 현저히 높은 외부적 사태 또는 상황을 가리킨다. 따라서 해녀인 甲이 해산물을 채취하다가 행방불명되었다면, 이는 특별실종선고를 위한 「사망의 원인이 될 위난」이라고 할 수 없다(대결 2011. 1. 31, 자 2010스165).

61 (○) 62 (×) 63 (○) 64 (○) 《 정답

65 **실종자를 당사자로 한 판결이 특별한 조건 없이 선고되어 확정된 후에 실종선고가 확정되고 그로 인한 사망간주의 시점이 소 제기 전으로 소급하는 경우, 위 판결은 당사자능력이 없는 사망한 사람에 대한 것이므로 무효이다. ( )** (2018 변호사)

> **해설** 실종선고의 효력이 발생하기 전에는 실종기간이 만료된 실종자라 하여도 소송상 당사자능력을 상실하는 것은 아니므로 실종선고 확정 전에는 실종기간이 만료된 실종자를 상대로 하여 제기된 소도 적법하고 실종자를 당사자로 하여 선고된 판결도 유효하며 그 판결이 확정되면 기판력도 발생한다고 할 것이고, 이처럼 판결이 유효하게 확정되어 기판력이 발생한 경우에는 그 판결이 해제조건부로 선고되었다는 등의 특별한 사정이 없는 한 그 효력이 유지되어 당사자로서는 그 판결이 재심이나 추완항소 등에 의하여 취소되지 않는 한 그 기판력에 반하는 주장을 할 수 없는 것이 원칙이라 할 것이며, 비록 실종자를 당사자로 한 판결이 확정된 후에 실종선고가 확정되어 그 사망간주의 시점이 소 제기 전으로 소급하는 경우에도 위 판결 자체가 소급하여 당사자능력이 없는 사망한 사람을 상대로 한 판결로서 무효가 된다고는 볼 수 없다(대판 1992. 7. 14, 92다2455).

Ⅷ. 실종선고취소의 효과

66 **실종선고가 취소된 경우, 실종선고를 직접원인으로 하여 재산을 취득한 자가 선의인 경우에는 그 받은 이익이 현존하는 한도에서 반환할 의무가 있다. ( )** (2015 변리사)

> **해설** 민법 제29조 제2항.

67 **甲은 2014. 5. 20. 항공기 추락으로 실종된 후, 2015. 12. 20. 실종선고가 청구되어 2016. 7. 20. 실종선고가 되었다. 甲에게는 가족으로 배우자 乙외에 어머니 丙, 아들 丁이 있었고, 유산으로 X건물을 남겼다. 이에 관한 설명으로 옳지 않은 것을 모두 고른 것은? (다툼이 있으면 판례에 따름)** (2017 변리사)

> ㄱ. 특별한 사정이 없는 한 乙, 丙, 丁은 모두 甲의 실종선고에 대하여 이해관계가 있는 자로서 실종선고를 청구할 수 있다.
> ㄴ. 乙의 甲에 대한 이혼판결이 2016. 5. 10. 확정되었더라도, 그 후 甲에 대한 실종선고로 사망간주시점이 소급되면, 이혼판결은 사망자를 상대로 한 것이므로 무효가 된다.
> ㄷ. 甲에 대한 실종선고로 X건물은 이미 상속되었는데, 2015. 6. 10. 甲의 생존사실이 밝혀진 경우, 실종선고가 취소되기 전에는 위 상속은 효력이 있다.

① ㄱ ② ㄴ ③ ㄱ, ㄴ ④ ㄴ, ㄷ ⑤ ㄱ, ㄴ, ㄷ

> **해설** ㄱ. (×) : 부재자가 사망할 경우 제1순위의 상속인이 따로 있어 제2순위의 상속인에 불과한 청구인은 특별한 사정이 없는 한 위 부재자에 대하여 실종선고를 청구할 수 있는 신분상 또는 경제상의 이해관계를 가진 자라고 할 수 없다(대결 1992. 4. 14, 자 92스4). 사안에서 배우자 乙과 아들 丁이 제1

정답 》 65 (×) 66 (○) 67 ③

순위의 상속인이고 어머니 丙은 제2순위의 상속인에 불과하다(민법 제1000조, 1003조 참조).
ㄴ. (×) : 실종선고의 효력이 발생하기 전에는 실종기간이 만료된 실종자라 하여도 소송상 당사자능력을 상실하는 것은 아니므로 실종선고 확정 전에는 실종기간이 만료된 실종자를 상대로 하여 제기된 소도 적법하고 실종자를 당사자로 하여 선고된 판결도 유효하며 그 판결이 확정되면 기판력도 발생한다고 할 것이고, 이처럼 판결이 유효하게 확정되어 기판력이 발생한 경우에는 그 판결이 해제조건부로 선고되었다는 등의 특별한 사정이 없는 한 그 효력이 유지되어 당사자로서는 그 판결이 재심이나 추완항소 등에 의하여 취소되지 않는 한 그 기판력에 반하는 주장을 할 수 없는 것이 원칙이라 할 것이며, 비록 실종자를 당사자로 한 판결이 확정된 후에 실종선고가 확정되어 그 사망간주의 시점이 소 제기 전으로 소급하는 경우에도 위 판결 자체가 소급하여 당사자능력이 없는 사망한 사람을 상대로 한 판결로서 무효가 된다고는 볼 수 없다(대판 1992. 7. 14, 92다2455).
ㄷ. (○) : 실종선고로 인하여 실종기간 만료시를 기준으로 하여 상속이 개시된 이상 설사 이후 실종선고가 취소되어야 할 사유가 생겼다고 하더라도 실제로 실종선고가 취소되지 아니하는 한, 임의로 실종기간이 만료하여 사망한 때로 간주되는 시점과는 달리 사망시점을 정하여 이미 개시된 상속을 부정하고 이와 다른 상속관계를 인정할 수는 없다(대판 1994. 9. 27, 94다21542).

68 가상화폐 투자에 실패한 甲은 부인 乙을 볼 면목이 없어 2015. 9. 15. 지리산으로 들어가 누구와도 연락을 하지 않았다. 甲의 생사를 알지 못한 乙은 2021. 9. 7. 법원에 실종선고를 청구하여 2022. 3. 10. 실종선고가 되었다. 甲의 실종선고로 甲에 대한 사망보험금 5억 원을 수령한 乙은 주식에 투자하여 큰 손실을 보았다. 지리산에서 삶의 새로운 목표를 찾은 甲은 2023. 2. 5. 집으로 돌아왔다. 이에 관한 설명으로 옳은 것은? (다툼이 있으면 판례에 따름)

(2023 변리사)

① 실종선고로 甲의 사망이 의제된 시점은 2022. 3. 10.이다.
② 甲의 실종선고가 취소되지 않더라도 甲이 살아 있는 것이 증명되었으므로, 보험회사는 乙을 상대로 한 사망보험금 반환소송에서 승소할 수 있다.
③ 甲에 대한 실종선고가 취소되면, 선의인 乙은 현존이익 한도에서 보험금을 반환하면 된다.
④ 실종선고를 취소하지 않는 한, 甲은 공직선거권이 없다.
⑤ 법원에 의해 甲의 실종선고가 취소되면, 그 때부터 장래를 향하여 甲에 대한 실종선고의 효력이 부정된다.

해설 ① (×) : 실종선고를 받은 자는 전조의 기간이 만료한 때에 사망한 것으로 본다(민법 제28조). 따라서 2020. 9. 15. 24시에 사망한 것으로 의제된다.
② (×) : 민법 제28조는 "실종선고를 받은 자는 민법 제27조 제1항 소정의 생사불명기간이 만료된 때에 사망한 것으로 본다"고 규정하고 있으므로 실종선고가 취소되지 않는 한 반증을 들어 실종선고의 효과를 다툴 수는 없다(대판 1995. 2. 17, 94다52751).
③ (○) : 실종선고의 취소가 있을 때에 실종의 선고를 직접원인으로 하여 재산을 취득한 자가 선의인 경우에는 그 받은 이익이 현존하는 한도에서 반환할 의무가 있고 악의인 경우에는 그 받은 이익에 이자를 붙여서 반환하고 손해가 있으면 이를 배상하여야 한다(민법 제29조 제2항).
④ (×) : 실종선고는 실종자의 사법상 법률관계에서만 사망한 것으로 다룬다. 선거권 등 공법상 법률관계에는 영향을 미치지 않는다.

68 ③ 《 정답

⑤ (×) : 실종선고가 취소되면 실종선고에 기한 법률관계는 소급적으로 무효가 된다. 즉 실종선고는 처음부터 없었던 것으로 되어 실종자의 재산관계와 가족관계는 이전의 상태로 회복되는 것이 원칙이다.

Ⅸ. 법인일반

Ⅹ. 법인의 설립(정관작성과 허가)

69 **이사와 감사의 성명 · 주소는 등기사항이다. ( )** (2021 변리사)

해설 민법 제49조(법인의 등기사항) ② 전항의 등기사항은 다음과 같다. 8. 이사의 성명, 주소 ☞ 감사의 성명, 주소는 등기사항이 아니다.

70 **「민법」상 사단법인과 재단법인의 정관의 변경은 주무관청의 허가를 얻지 못하면 그 효력이 없다. ( )** (2023 변호사)

해설 정관의 변경은 주무관청의 허가를 얻지 아니하면 그 효력이 없다(민법 제45조 제2항, 제45조 제3항).

Ⅺ. 재단법인

71 **민법상 재단법인은 비영리법인이다. ( )** (2019 변리사)

해설 민법 제32조. 나아가 이익을 분배받을 사원이 없는 재단법인은 성질상 영리법인이 될 수 없다는 것이 통설이다. 따라서 재단법인은 항상 비영리법인이며, 사단법인은 영리법인이 될 수도 있고 비영리법인이 될 수도 있다. 재단법인 및 영리를 목적으로 하지 않는 사단법인은 비영리법인이고 민법의 규율을 받는다.

72 **사원자격의 득실에 관한 규정은 재단법인 정관의 필요적 기재사항에 해당한다. ( )** (2019 변리사)

해설 민법 제43조. 동조는 민법 제40조의 제1호 내지 제5호의 사항만을 재단법인 정관의 필요적 기재사항으로 하고 있다. 특히 민법 제40조의 제6호인 "사원자격의 득실에 관한 규정"은 사원이 없는 재단법인의 성질상 재단법인 정관의 필요적 기재사항이 될 수 없음은 당연한 것이다.

73 **재단법인의 설립자가 그 명칭, 사무소소재지 또는 이사임면의 방법을 정하지 아니하고 사망한 때에는 이해관계인 또는 검사의 청구에 의하여 법원이 이를 정한다. ( )** (2023 변리사)

정답 》 69 (×) 70 (○) 71 (○) 72 (×) 73 (○)

해설 재단법인의 설립자가 그 명칭, 사무소소재지 또는 이사임면의 방법을 정하지 아니하고 사망한 때에는 이해관계인 또는 검사의 청구에 의하여 법원이 이를 정한다(민법 제44조).

74 **재단법인의 목적을 달성할 수 없는 때에는 설립자나 이사는 주무관청의 허가를 얻어 설립의 취지를 참작하여 그 목적 기타 정관의 규정을 변경할 수 있다. ( )** (2023 변리사)

해설 재단법인의 목적을 달성할 수 없는 때에는 설립자나 이사는 주무관청의 허가를 얻어 설립의 취지를 참작하여 그 목적 기타 정관의 규정을 변경할 수 있다(민법 제46조).

75 **생전처분으로 재단법인을 설립하는 때에는 증여에 관한 규정을 준용한다. ( )** (2023 변리사)

해설 생전처분으로 재단법인을 설립하는 때에는 증여에 관한 규정을 준용한다(민법 제47조 제1항).

76 **유언으로 재단법인을 설립하는 때에는 출연재산(지명채권)은 유언의 효력이 발생한 때로부터 법인에 귀속한 것으로 본다. ( )** (2023 변리사)

해설 유언으로 재단법인을 설립하는 때에는 출연재산은 유언의 효력이 발생한 때로부터 법인에 귀속한 것으로 본다(민법 제48조 제2항). ☞ 출연재산이 성립요건주의가 적용되어 등기가 필요한 부동산이었다면 제186조와의 충돌이 문제되지만, 지문은 출연재산이 대항요건주의에 불과한 지명채권이라고 하였으므로 이러한 충돌문제는 생기지 않고 제48조에서 정한 시기에 귀속된다.

XII. 법인의 능력

77 **법인의 불법행위능력은 사단법인뿐만 아니라 재단법인에 대하여도 적용된다. ( )** (2022 변리사)

해설 법인은 이사 기타 대표자가 그 직무에 관하여 타인에게 가한 손해를 배상할 책임이 있다(민법 제35조 제1항). 사단법인이나 재단법인이나 마찬가지이다.

78 **민법 제35조 제1항의 규정은 법인 아닌 사단에 유추적용된다. ( )** (2022 변리사)

해설 주택조합과 같은 비법인사단의 대표자가 직무에 관하여 타인에게 손해를 가한 경우 그 사단은 민법 제35조 제1항의 유추적용에 의하여 그 손해를 배상할 책임이 있다(대판 2003. 7. 25, 2002다27088).

79-1 **법인의 불법행위는 대표권이 없는 이사가 제3자에 대하여 행한 불법행위에 의해서도 성립한다. ( )** (2016, 2022 변리사)

74 (○) 75 (○) 76 (○) 77 (○) 78 (○) 79-1 (×) 《 정답

79-2 **대표권 없는 이사도 법인의 기관이므로 그의 행위로 인하여 민법 제35조 소정의 법인의 불법행위가 성립할 수 있다. ( )** (2018 변리사)

> **해설** 법인의 불법행위는 이사 기타 대표자의 행위이어야 한다. 따라서 대표권이 없는 이사가 제3자에 대하여 행한 불법행위에 의해서는 성립하지 아니한다(대판 2005. 12. 23, 2003다30159).

80 **법인의 불법행위는 법인을 실질적으로 운영하면서 법인을 사실상 대표하여 법인의 사무를 집행하는 자가 법인사무에 관하여 제3자에 대하여 행한 불법행위에 대해서는 성립하지 않는다. ( )** (2016 변리사)

> **해설** '법인의 대표자'에는 그 명칭이나 직위 여하, 또는 대표자로 등기되었는지 여부를 불문하고 당해 법인을 실질적으로 운영하면서 법인을 사실상 대표하여 법인의 사무를 집행하는 사람을 포함한다고 해석함이 상당하다.(대판 2011. 4. 28, 2008다15438).

81 **법인의 불법행위는 감사의 행위에 의해서도 성립한다. ( )** (2016 변리사)

> **해설** 감사는 이사 기타 대표자가 아니기 때문에 법인의 불법행위가 성립하지 않는다.

82 **법인의 불법행위는 대표기관이 법인의 목적범위 외의 행위로 인하여 타인에게 손해를 가한 때에도 인정된다. ( )** (2016 변리사)

> **해설** 법인의 불법행위는 대표기관이 법인의 목적범위 외의 행위로 인하여 타인에게 손해를 가한 때에는 인정되지 않는다(제35조 제2항).

83 **주식회사 대표이사의 대표권 남용행위의 상대방이 그와 같은 사정을 알았던 경우에 회사는 상대방의 악의를 증명하여 행위의 효과를 부인할 수 있다. ( )** (2018 변리사)

> **해설** 주식회사의 대표이사가 그 대표권의 범위내에서 한 행위는 설사 대표이사가 회사의 영리목적과 관계없이 자기 또는 제3자의 이익을 도모할 목적으로 그 권한을 남용한 것이라 할지라도 일응 회사의 행위로서 유효하고 다만 그 행위의 상대방이 그와 같은 정을 알았던 경우에는 그로 인하여 취득한 권리를 회사에 대하여 주장하는 것이 신의칙에 반하므로 회사는 상대방의 악의를 입증하여 그 행위의 효과를 부인할 수 있을 뿐이다(대판 1987. 10. 13, 86다카1522). ☞ 대표권 남용에 관하여 신의칙설에 따른 판례이다. 아래 참조판례와 같이 107조 제1항 단서 유추적용설에 따른 판례도 있다.
>
> [참조판례] 주식회사의 대표이사가 그 대표권의 범위 내에서 한 행위는 설사 대표이사가 회사의 영리목적과 관계없이 자기 또는 제3자의 이익을 도모할 목적으로 그 권한을 남용한 것이라 할지라도 일단 회사의 행위로서 유효하고, 다만 그 행위의 상대방이 대표이사의 진의를 알았거나 알 수 있었을 때에는 회사에 대하여 무효가 되는 것이다(대판 1997. 8. 29, 97다18059).

정답 79-2 (×) 80 (×) 81 (×) 82 (×) 83 (○)

84 **법인의 불법행위책임의 성립요건으로 요구되는 대표기관의 직무관련성은 행위의 외형을 기준으로 객관적으로 판단하여야 한다. ( )** (2016 변리사)

> **해설** (비)법인사단의 대표자의 행위가 대표자 개인의 사리를 도모하기 위한 것이었거나 혹은 법령의 규정에 위배된 것이었다 하더라도 외관상, 객관적으로 직무에 관한 행위라고 인정할 수 있는 것이라면 민법 제35조 제1항의 직무에 관한 행위에 해당한다(대판 2003. 7. 25, 2002다27088).

85 **대표자의 행위가 법령의 규정에 위배된 것이라도 외관상, 객관적으로 직무에 관한 행위라고 인정될 수 있는 것이라면 민법 제35조 제1항의 직무에 관한 행위에 해당한다. ( )** (2022 변리사)

> **해설** 법인이 그 대표자의 불법행위로 인하여 손해배상의무를 지는 것은 그 대표자의 직무에 관한 행위로 인하여 손해가 발생한 것임을 요한다 할 것이나, 그 직무에 관한 것이라는 의미는 행위의 외형상 법인의 대표자의 직무행위라고 인정할 수 있는 것이라면 설사 그것이 대표자 개인의 사리를 도모하기 위한 것이었거나 혹은 법령의 규정에 위배된 것이었다 하더라도 위의 직무에 관한 행위에 해당한다고 보아야 한다(대판 2004. 2. 27, 2003다15280).

86 **대표자의 행위가 직무에 관한 행위에 해당하지 아니함을 피해자가 알았던 경우에도 법인의 불법행위책임이 인정된다. ( )** (2022 변리사)

> **해설** 법인의 대표자의 행위가 직무에 관한 행위에 해당하지 아니함을 피해자 자신이 알았거나 또는 중대한 과실로 인하여 알지 못한 경우에는 법인에게 손해배상책임을 물을 수 없다(대판 2004. 3. 26, 2003다34045).

87 **甲법인의 대표이사 乙은 그 직무에 관하여 丙에게 불법행위를 하였다. 법인의 불법행위책임(민법 제35조)에 관한 설명으로 옳은 것은? (다툼이 있으면 판례에 따름)** (2020 변리사)

① 乙의 행위가 乙 자신의 사익을 도모하기 위한 것이라도 甲법인은 불법행위책임을 진다.
② 甲법인은 乙의 선임 및 그 사무감독에 상당한 주의를 다하였음을 증명하면 불법행위책임을 면한다.
③ 丙에 대한 甲법인의 불법행위책임이 인정되는 경우 이중배상을 금지하기 위하여 乙의 丙에 대한 불법행위책임은 성립하지 않는다.
④ 乙이 甲법인을 실질적으로 운영하고 사실상 대표하여 사무를 집행하지만 대표이사로 등기되어 있지 않은 경우, 乙의 불법행위에 대해 甲법인은 손해배상책임이 없다.
⑤ 甲이 비법인사단이라면 乙이 직무수행에 관해 불법행위를 하였어도 丙에 대하여 甲의 불법행위책임은 성립하지 않는다.

> **해설** ① (○) : 행위의 외형상 법인의 대표자의 직무행위라고 인정할 수 있는 것이라면 설사 그것이 대표자 개인의 사리를 도모하기 위한 것이었거나 혹은 법령의 규정에 위반된 것이었다 하더라도 직무에 관한 행위에 해당된다(대판 2004. 2. 27, 2003다15280).
> ② (×) : 민법 제35조의 법인의 불법행위책임은 민법 제756조의 사용자책임과 달리 면책조항이 없다.
> ③ (×) : 제35조 제1항. 법인은 이사 기타 대표자가 그 직무에 관하여 타인에게 가한 손해를 배상할 책

84 (○) 85 (○) 86 (×) 87 ① 《 정답

임이 있다. 이사 기타 대표자는 이로 인하여 자기의 손해배상책임을 면하지 못한다.
④ (×) : 민법 제35조 제1항에서 '법인의 대표자'에는 그 명칭이나 직위 여하, 또는 대표자로 등기되었는지 여부를 불문하고 당해 법인을 실질적으로 운영하면서 법인을 사실상 대표하여 법인의 사무를 집행하는 사람을 포함한다고 해석함이 상당하다(대판 2011. 4. 28, 2008다15438).
⑤ (×) : 주택조합과 같은 비법인사단의 대표자가 직무에 관하여 타인에게 손해를 가한 경우 그 사단은 민법 제35조 제1항의 유추적용에 의하여 그 손해를 배상할 책임이 있다(대판 2003. 7. 25, 2002다27088).

XIII. 법인의 기관

88 **재단법인은 이사를 둘 필요가 없다. ( )** (2022 변리사)

해설 법인은 이사를 두어야 한다(민법 제57조). 사단법인이든 재단법인이든 이사는 필수기관이다.

89-1 **감사는 재단법인에서는 필요기관이지만 사단법인에서는 임의기관이다. ( )** (2015 변리사)

89-2 **재단법인은 정관의 규정에 따라 감사를 둘 수 있다. ( )** (2022 변리사)

해설 법인은 정관 또는 총회의 결의로 감사를 둘 수 있다(민법 제66조). ☞ 감사는 사단법인, 재단법인을 불문하고 임의기관이다.

90 **대표권 있는 이사가 다른 이사의 정당한 이사회 소집을 거절하는 경우, 법원이 이사회 소집을 허가할 수 있다. ( )** (2022 변리사)

해설 [1] 민법 제58조 제1항은 민법상 법인의 사무집행은 이사가 하도록 규정하고 있고, 같은 조 제2항은 이사가 수인인 경우에는 이사의 과반수로써 결정하되 정관에 다른 규정이 있으면 이에 따르도록 규정하고 있다. 그러므로 이사가 수인인 민법상 법인의 정관에 대표권 있는 이사만 이사회를 소집할 수 있다고 규정하고 있다고 하더라도 이는 과반수의 이사가 본래 할 수 있는 이사회 소집에 관한 행위를 대표권 있는 이사로 하여금 하게 한 것에 불과하다. 따라서 정관에 다른 이사가 요건을 갖추어 이사회 소집을 요구하면 대표권 있는 이사가 이에 응하도록 규정하고 있는데도 대표권 있는 이사가 다른 이사의 정당한 이사회 소집을 거절하였다면, 대표권 있는 이사만 이사회를 소집할 수 있는 규정은 적용될 수 없다. 이 경우 이사는 정관의 이사회 소집권한에 관한 규정 또는 민법에 기초하여 법인의 사무를 집행할 권한에 의하여 이사회를 소집할 수 있다. [2] 민법상 법인의 필수기관이 아닌 이사회는 이사가 사무집행권한에 의해 소집하는 것이므로, 과반수에 미치지 못하는 이사는 특별한 사정이 없는 한 민법 제58조 제2항에 반하여 이사회를 소집할 수 없다. 반면 과반수에 미치지 못하는 이사가 정관의 특별한 규정에 근거하여 이사회를 소집하거나 과반수의 이사가 민법 제58조 제2항에 근거하여 이사회를 소집하는 경우에는 법원의 허가를 받을 필요 없이 본래적 사무집행권에 기초하여 이사회를 소집할 수 있다. 법원은 민법상 법인의 이사회 소집을 허가할 법률상 근거가 없고, 다만 이사회 결의의 효력에 관하

정답 88 (×) 89-1 (×) 89-2 (○) 90 (×)

여 다툼이 발생하면 소집절차의 적법 여부를 판단할 수 있을 뿐이다. [3] 사단법인의 소수사원이 이사에게 요건을 갖추어 임시총회의 소집을 요구하였으나 2주간 내에 이사가 총회소집의 절차를 밟지 아니한 경우 법원의 허가를 얻어 임시총회를 소집할 수 있도록 규정한 민법 제70조 제3항은, 사단법인의 최고의결기관인 사원총회의 구성원들이 사원권에 기초하여 일정한 요건을 갖추어 최고의결기관의 의사를 결정하기 위한 회의의 개최를 요구하였는데도 집행기관인 이사가 절차를 밟지 아니하는 경우에 법원이 후견적 지위에서 소수사원의 임시총회 소집권을 인정한 법률의 취지를 실효성 있게 보장하기 위한 규정이다. 따라서 위 규정을 구성과 운영의 원리가 다르고 법원이 후견적 지위에서 관여하여야 할 필요성을 달리하는 민법상 법인의 집행기관인 이사회 소집에 유추적용할 수 없다(대결 2017. 12. 1, 자 2017그661).

91 **이사가 수인인 경우 정관에 다른 규정이 없으면 법인의 사무에 관하여 이사의 과반수로써 법인을 대표한다.** (2022 변리사)

해설 이사는 법인의 사무에 관하여 각자 법인을 대표한다(민법 제59조 제1항). ☞ "이사가 수인인 경우에는 정관에 다른 규정이 없으면 법인의 사무집행은 이사의 과반수로써 결정한다"는 민법 제58조 제2항과의 혼동을 유도한 출제이다.

92 **정관으로 정한 이사의 수가 여럿인 경우, 특별한 사정이 없는 한 공동으로 법인을 대표한다. ( )** (2015 변리사)

해설 민법상 대표는 대리에 관한 규정을 준용한다(제59조 제2항). 그러므로 특별한 사정이 없는 한 이사는 각자 법인을 대표한다(민법 제119조).

93 **이사의 성명과 주소는 등기사항이지만, 그 변경등기가 경료되기 전이라도 신임이사가 한 직무행위는 법인에 대하여 유효하다. ( )** (2015 변리사)

해설 이사의 성명, 주소는 법인의 등기사항이다(제49조 제8호). 그러나 법인에서 설립등기 이외의 등기는 대항요건에 불과하다(민법 제54조). 따라서 "변경등기"는 그 등기 후가 아니면 제삼자에게 대항하지 못할 뿐이고, 법인에 대하여는 신임이사의 직무행위는 변경등기가 경료되기 전이라도 유효한 것이다.

94 **비법인사단의 대표자의 임기가 만료된 때에도 구 대표자가 비법인사단의 업무를 수행함이 부적당하다고 인정할 만한 특별한 사정이 없고 구 대표자에게 종전직무를 처리하게 할 필요가 있는 경우, 그 후임자가 선임될 때까지 구 대표자는 업무수행권이 있다. ( )** (2014 변리사)

해설 비법인사단의 대표자의 임기가 만료된 때에도 구 대표자가 비법인사단의 업무를 수행함이 부적당하다고 인정할 만한 특별한 사정이 없고 구 대표자에게 종전 직무를 처리하게 할 필요가 있는 경우, 그 후임자가 선임될 때까지 구 대표자는 업무수행권이 있다(대판 1982. 3. 9, 81다614).

91 (×) 92 (×) 93 (○) 94 (○) 《 정답

95 **이사의 임기가 만료되었더라도 아직 임기가 만료되지 아니한 다른 이사들로 법인이 정상적인 활동을 할 수 있는 경우에는 임기만료된 이사로 하여금 이사로서직무를 행사하게 할 필요가 없고, 법인의 정상적인 활동이 가능한지 여부는 이사의 임기만료시뿐만 아니라 이후의 사정까지도 종합적으로 고려하여 판단하여야 한다. ( )** (2018 변리사)

> **해설** 임기만료된 이사의 업무수행권은 이사에 결원이 있음으로써 법인이 정상적인 활동을 할 수 없는 사태를 방지하자는 데 취지가 있으므로, 이사 중 일부의 임기가 만료되었더라도 아직 임기가 만료되지 아니한 다른 이사들로 정상적인 활동을 할 수 있는 경우에는 임기만료된 이사로 하여금 이사로서 직무를 행사하게 할 필요가 없고, 이러한 경우에는 임기만료로서 당연히 퇴임하며, 법인의 정상적인 활동이 가능한지는 이사의 임기만료 시를 기준으로 판단하여야 하지 그 이후의 사정까지 고려할 수는 없다(대결 2014. 1. 17, 자 2013마1801).

96 **법인과 이사의 법률관계는 신뢰를 기초로 한 고용 유사의 관계이다. ( )** (2022 변리사)

> **해설** 법인과 이사의 법률관계는 신뢰를 기초로 한 위임 유사의 관계로 볼 수 있다(대판 2013. 11. 28, 2011다41741).

97 **법인과 이사의 법률관계는 신뢰를 기초로 한 위임 유사의 관계이고, 위임계약은 원래 해지의 자유가 인정되어 쌍방 누구나 정당한 이유 없이도 언제든지 해지할 수 있으며, 다만 불리한 시기에 부득이한 사유 없이 해지한 경우에 한하여 상대방에게 그로 인한 손해배상책임을 부담할 뿐이다. ( )** (2018 변리사)

> **해설** 법인과 이사의 법률관계는 신뢰를 기초로 한 위임 유사의 관계이고, 위임계약은 원래 해지의 자유가 인정되어 쌍방 누구나 정당한 이유 없이도 언제든지 해지할 수 있으며, 다만 불리한 시기에 부득이한 사유 없이 해지한 경우에 한하여 상대방에게 그로 인한 손해배상책임을 질 뿐이다(대결 2014. 1. 17, 자 2013마1801).

98-1 **법인은 언제든지 이사를 해임할 수 있지만, 법인의 정관에 이사의 해임사유에 관한 규정이 있는 경우에는 법인은 이사의 중대한 의무위반 또는 정상적인 사무집행 불능 등의 특별한 사정이 없는 한 정관에서 정하지 아니한 사유로는 이사를 해임할 수 없다. ( )** (2019 변호사, 2021 변리사)

98-2 **법인의 정관에 이사의 해임사유에 관한 규정이 있는 경우에는 이사의 중대한 의무위반이 있더라도 법인은 정관에서 정하지 아니한 사유로 이사를 해임할 수 없다. ( )** (2018 변리사)

> **해설** 법인과 이사의 법률관계는 신뢰를 기초로 한 위임 유사의 관계로 볼 수 있는데, 민법 제689조 제1항에서는 위임계약은 각 당사자가 언제든지 해지할 수 있다고 규정하고 있으므로, 법인은 원칙적으로 이사의 임기 만료 전에도 이사를 해임할 수 있지만, 이러한 민법의 규정은 임의규정에 불과하므로 법

정답 95 (×) 96 (×) 97 (○) 98-1 (○) 98-2 (×)

인이 자치법규인 정관으로 이사의 해임사유 및 절차 등에 관하여 별도의 규정을 두는 것도 가능하다. 그리고 이와 같이 법인이 정관에 이사의 해임사유 및 절차 등을 따로 정한 경우 그 규정은 법인과 이사와의 관계를 명확히 함은 물론 이사의 신분을 보장하는 의미도 아울러 가지고 있어 이를 단순히 주의적 규정으로 볼 수는 없다. 따라서 법인의 정관에 이사의 해임사유에 관한 규정이 있는 경우 법인으로서는 이사의 중대한 의무위반 또는 정상적인 사무집행 불능 등의 특별한 사정이 없는 이상, 정관에서 정하지 아니한 사유로 이사를 해임할 수 없다(대판 2013. 11. 28, 2011다41741).

99 **이사의 대표권에 대한 제한은 이를 등기하지 아니하면 그 효력이 없다. ( )** (2023 변리사)

해설 이사의 대표권에 대한 제한은 등기하지 아니하면 제삼자에게 대항하지 못한다(민법 제60조). ☞ 등기는 대항요건에 불과하다(민법 제60조). 정관 기재가 효력요건이다(민법 제41조).

100-1 **법인의 정관에 법인 대표권의 제한에 관한 규정이 있다면, 그러한 취지가 등기되어 있지 않은 경우에도 법인은 그 제한으로써 악의의 제3자에게 대항할 수 있다. ( )** (2018, 2021 변리사)

100-2 **민법상 법인의 이사의 대표권에 대한 제한은 이를 등기하지 않으면, 제3자가 악의이더라도 대항하지 못한다. ( )** (2019 변리사)

100-3 **법인의 정관에 대표권의 제한에 관한 규정이 있으나 그와 같은 취지가 등기되어 있지 않다면, 법인은 그와 거래한 상대방이 그와 같은 정관의 규정에 대하여 선의냐 악의냐에 관계없이 그 상대방에 대하여 위 대표권 제한 사실로써 대항할 수 없다. ( )** (2019 변호사)

100-4 **정관에 의한 법인 이사에 대한 대표권 제한 규정은 등기하지 아니하면 정관 규정에 대한 선의, 악의에 관계없이 제3자에게 대항할 수 없다. ( )** (2020 변호사)

100-5 **재단법인의 대표자가 법인이 채무를 부담하게 되는 계약을 체결하기 위해서는 이사회의 결의를 거치도록 하는 정관의 규정이 등기되어 있지 않은 경우에도 그 법인은 이러한 제한을 알면서 법인의 대표자와 위 제한에 해당하는 계약을 체결한 상대방에 대해서는 계약의 무효를 주장할 수 있다. ( )** (2018 변호사)

해설 법인의 정관에 법인 대표권의 제한에 관한 규정이 있으나 그와 같은 취지가 등기되어 있지 않다면 법인은 그와 같은 정관의 규정에 대하여 선의냐 악의냐에 관계없이 제3자에 대하여 대항할 수 없다(대판 1992. 2. 14, 91다24564).

101 **법원의 가처분명령에 의해 선임된 이사직무대행자는 그 명령에 다른 정함이 있는 경우 외에는 법원의 허가없이 법인의 통상사무에 속하지 아니한 행위를 하지 못하고, 만약 위 직무대행자가 그에 위반한 행위를 한 경우 법인은 선의의 제3자에 대하여 책임을 진다. ( )** (2019 변호사)

99 (×) 100-1 (×) 100-2 (○) 100-3 (○) 100-4 (○) 100-5 (×) 101 (○) 《 정답

해설 민법 제60조의2(직무대행자의 권한) ① 제52조의2의 직무대행자는 가처분명령에 다른 정함이 있는 경우 외에는 법인의 통상사무에 속하지 아니한 행위를 하지 못한다. 다만, 법원의 허가를 얻은 경우에는 그러하지 아니하다. ② 직무대행자가 제1항의 규정에 위반한 행위를 한 경우에도 법인은 선의의 제3자에 대하여 책임을 진다.

102 **권리능력 없는 사단의 대표자는 필요한 경우에 자신의 업무를 타인에게 포괄적으로 위임할 수 있다. ( )** (2018 변리사)

해설 비법인사단에 대하여는 사단법인에 관한 민법 규정 가운데서 법인격을 전제로 하는 것을 제외하고는 이를 유추적용하여야 할 것인바, 민법 제62조의 규정에 비추어 보면 비법인사단의 대표자는 정관 또는 총회의 결의로 금지하지 아니한 사항에 한하여 타인으로 하여금 특정한 행위를 대리하게 할 수 있을 뿐 비법인사단의 제반 업무처리를 포괄적으로 위임할 수는 없다 할 것이므로, 비법인사단 대표자가 행한 타인에 대한 업무의 포괄적 위임과 그에 따른 포괄적 수임인의 대행행위는 민법 제62조의 규정에 위반된 것이어서 비법인사단에 대하여는 그 효력이 미치지 아니한다(대판 1996. 9. 6, 94다18522).

103 **이사가 없거나 결원이 생겨서 이로 인하여 법인에 손해가 생길 염려있는 경우뿐만 아니라 법인과 이사의 이익이 상반하는 사항이 생긴 경우에, 법원은 이해관계인이나 검사의 청구에 의하여 특별대리인을 선임하여야 한다. ( )** (2019 변호사)

해설 민법 제63조(임시이사의 선임) 이사가 없거나 결원이 있는 경우에 이로 인하여 손해가 생길 염려 있는 때에는 법원은 이해관계인이나 검사의 청구에 의하여 임시이사를 선임하여야 한다.
제64조(특별대리인의 선임) 법인과 이사의 이익이 상반하는 사항에 관하여는 이사는 대표권이 없다. 이 경우에는 전조의 규정에 의하여 특별대리인을 선임하여야 한다.

104-1 **법인과 이사의 이익이 상반되는 경우, 법원은 이해관계인이나 검사의 청구에 의하여 임시이사를 선임하여야 한다. ( )** (2015 변리사)

104-2 **법인과 이사의 이익이 상반되는 경우, 법원이 선임한 특별대리인은 그 사항에 대하여 법인을 대표한다. ( )** (2021 변리사)

해설 임시이사가 아니라 특별대리인을 선임하여야 한다(제64조).

105 **정관에 달리 정함이 없으면 총사원 10분의 1이 회의의 목적사항을 제시하여 청구한 경우, 이사는 임시총회를 소집하여야 한다. ( )** (2015 변리사)

해설 이른바 소수사원권이다. 총사원의 5분의 1 이상으로부터 회의의 목적사항을 제시하여 청구한 때에는 이사는 임시총회를 소집하여야 한다. 이 정수는 정관으로 증감할 수 있다(제70조 제2항).

정답 102 (×) 103 (×) 104-1 (×) 104-2 (○) 105 (×)

106 **법인 아닌 사단의 총회 소집권자가 총회 소집을 철회하는 경우 반드시 총회 소집과 동일한 방식으로 통지해야 할 필요는 없고, 총회 구성원들에게 소집 철회의 결정이 있었음이 알려질 수 있는 적절한 조치를 취하는 것으로 충분하다. ( )** (2017 변호사)

> **해설** 법인이나 법인 아닌 사단의 총회에 있어서 총회의 소집권자가 총회의 소집을 철회·취소하는 경우에는 반드시 총회의 소집과 동일한 방식으로 그 철회·취소를 총회 구성원들에게 통지하여야 할 필요는 없고, 총회 구성원들에게 소집의 철회·취소결정이 있었음이 알려질 수 있는 적절한 조치가 취하여지는 것으로써 충분히 그 소집 철회·취소의 효력이 발생한다(대판 2007. 4. 12, 2006다77593).

107 **법인 아닌 사단의 총회에서 회의 소집 통지에 목적 사항으로 기재하지 않은 사항에 관하여 결의한 경우, 구성원 전원이 회의에 참석하여 해당 사항에 관하여 의결하였더라도 그 결의는 효력이 없다. ( )** (2023 변호사)

> **해설** 법인 아닌 사단의 총회에서 회의 소집 통지에 목적 사항으로 기재하지 않은 사항에 관하여 결의한 때에는 구성원 전원이 회의에 참석하여 그 사항에 의하여 의결한 경우가 아닌 한 그 결의가 원칙적으로 무효라고 할 것이다(대판 2015. 2. 16, 2011다101155).

108 **「민법」상 사단법인은 총 사원 4분의 3 이상의 동의가 없으면 해산을 결의하지 못하고, 정관에 다른 규정이 있더라도 마찬가지이다. ( )** (2023 변호사)

> **해설** 사단법인은 총사원 4분의 3 이상의 동의가 없으면 해산을 결의하지 못한다. 그러나 정관에 다른 규정이 있는 때에는 그 규정에 의한다(민법 제78조).

109 **「민법」상 법인이 채무를 완제하지 못하게 된 때에는 이사는 지체없이 파산신청을 하여야 한다. ( )** (2023 변호사)

> **해설** 법인이 채무를 완제하지 못하게 된 때에는 이사는 지체없이 파산신청을 하여야 한다(민법 제79조).

110 **사단법인 甲의 이사 乙은 甲을 대표하여 매수인 丙과 매매계약을 체결하였다. 이에 관한 설명 중 옳지 않은 것은? (각 지문은 독립적이며, 다툼이 있는 경우 판례에 의함)** (2023 변호사)

① 매매계약이 乙의 적법한 대표권 범위 내에서 체결된 것이라면 매매계약의 불이행에 따른 채무불이행책임은 甲이 직접 부담한다.
② 매매계약이 乙의 적법한 대표권 범위 내에서 체결되었다고 하더라도 매매계약이 乙 자신만을 위한 것이고, 丙이 이러한 사실을 알았거나 알 수 있었던 경우가 아니라면 甲과 丙 사이의 매매계약은 유효하다.
③ 甲이 丙에 대하여 매매계약에 따른 채무불이행책임을 지는 경우, 甲의 고의·과실은 乙의 고의·과실 여부를 기준으로 결정한다.
④ 甲이 丙에 대하여 매매계약에 따른 채무불이행책임을 지는 경우, 乙에게 불법행위책임 등이 별도로 성립하지 않더라도 乙은 대표기관 개인으로서 丙에 대해 손해배상책임을 부담하여야 한다.
⑤ 丙이 매수하는 것에 관하여 乙의 이익과 甲의 이익이 상반되는 경우, 乙은 위 매매계약 체결에 대해 甲을 대표할 권한이 없다.

106 (○) 107 (×) 108 (×) 109 (○) 110 ④ 《 정답

해설 ① (○), ③ (○), ④ (×) : 법인이 대표기관을 통하여 법률행위를 한 때에는 대리에 관한 규정이 준용된다(민법 제59조 제2항). 따라서 적법한 대표권을 가진 자와 맺은 법률행위의 효과는 대표자 개인이 아니라 본인인 법인에 귀속하고, 마찬가지로 그러한 법률행위상의 의무를 위반하여 발생한 채무불이행으로 인한 손해배상책임도 대표기관 개인이 아닌 법인만이 책임의 귀속주체가 되는 것이 원칙이다. 또한, 민법 제391조는 법정대리인 또는 이행보조자의 고의·과실을 채무자 자신의 고의·과실로 간주함으로써 채무불이행책임을 채무자 본인에게 귀속시키고 있는데, **법인의 경우도 법률행위에 관하여 대표기관의 고의·과실에 따른 채무불이행책임의 주체는 법인으로 한정된다.** 따라서 법인의 적법한 대표권을 가진 자가 하는 법률행위는 성립상 효과뿐만 아니라 위반의 효과인 채무불이행책임까지 법인에 귀속될 뿐이고, 다른 법령에서 정하는 등의 특별한 사정이 없는 한 **법인이 당사자인 법률행위에 관하여 대표기관 개인이 손해배상책임을 지려면 민법 제750조에 따른 불법행위책임 등이 별도로 성립하여야 한다.** 이때 법인의 대표기관이 법인과 계약을 체결한 거래상대방인 제3자에 대하여 자연인으로서 민법 제750조에 기한 불법행위책임을 진다고 보기 위해서는, 대표기관의 행위로 인해 법인에 귀속되는 효과가 대외적으로 제3자에 대한 채무불이행의 결과를 야기한다는 점만으로는 부족하고, 법인의 내부행위를 벗어나 제3자에 대한 관계에서 사회상규에 반하는 위법한 행위라고 인정될 수 있는 정도에 이르러야 한다. 그와 같은 행위에 해당하는지는 대표기관이 의사결정 및 그에 따른 행위에 이르게 된 경위, 의사결정의 내용과 절차과정, 침해되는 권리의 내용, 침해행위의 태양, 대표기관의 고의 내지 해의의 유무 등을 종합적으로 평가하여 개별적·구체적으로 판단하여야 한다(대판 2019. 5. 30, 2017다53265).

② (○) : 주식회사의 대표이사가 그 대표권의 범위 내에서 한 행위는 설사 대표이사가 회사의 영리목적과 관계없이 자기 또는 제3자의 이익을 도모할 목적으로 그 권한을 남용한 것이라 할지라도 일단 회사의 행위로서 유효하고, 다만 그 행위의 상대방이 대표이사의 진의를 알았거나 알 수 있었을 때에는 회사에 대하여 무효가 되는 것이다(대판 1997. 8. 29, 97다18059).

⑤ (○) : 법인과 이사의 이익이 상반하는 사항에 관하여는 이사는 대표권이 없다. 이 경우에는 전조의 규정에 의하여 특별대리인을 선임하여야 한다(민법 제64조).

XIV. 법인의 소멸(해산과 청산)

111 해산한 법인은 청산의 목적범위 내에서만 권리가 있고 의무를 부담한다. ( ) (2019 변리사)

해설 민법 제81조

112 청산종결의 등기가 마쳐졌더라도 청산사무가 종료되지 않은 경우에는 그 범위 내에서 청산법인으로서 존속한다. ( ) (2019 변리사)

해설 법인에 대한 청산종결등기가 경료되었다고 하더라도 청산사무가 종결되지 않는 한 그 범위 내에서는 청산법인으로서 존속한다(대판 2003. 2. 11, 99다66427, 73371).

정답 111 (○) 112 (○)

113 청산종결등기가 이루어졌다 하더라도 청산사무가 종료되지 않았다면 청산법인은 당사자능력을 가진다. ( ) (2018 변호사)

> **해설** 법인에 관하여 청산종결등기가 경료된 경우에도 청산사무가 종료되었다고 할 수 없는 경우에는 청산법인으로서 당사자능력이 있다(대판 1997. 4. 22, 97다3408).

114-1 법인 아닌 사단의 사원이 존재하지 않게 된 경우에도 그 법인 아닌 사단은 청산사무가 완료될 때까지 청산의 목적범위 내에서 권리의무의 주체가 된다. ( ) (2017 변호사)

114-2 권리능력 없는 사단에 구성원이 없게 되었다면 그 사단은 바로 소멸하여 소송상의 당사자능력을 상실한다. ( ) (2018 변리사)

> **해설** 법인 아닌 사단에 대하여는 사단법인에 관한 민법규정 가운데서 법인격을 전제로 하는 것을 제외하고는 이를 유추적용하여야 할 것인바, 사단법인에 있어서는 사원이 없게 된다고 하더라도 이는 해산사유가 될 뿐 막바로 권리능력이 소멸하는 것이 아니므로 법인 아닌 사단에 있어서도 구성원이 없게 되었다 하여 막바로 그 사단이 소멸하여 소송상의 당사자능력을 상실하였다고 할 수는 없고 청산사무가 완료되어야 비로소 그 당사자능력이 소멸하는 것이다(대판 1992. 10. 9, 92다23087).

XV. 권리능력 없는 사단

115 어떤 사단법인의 하부조직이 스스로 법인 아닌 사단으로서의 실체를 갖추고 독자적인 활동을 하고 있다면, 그 하부조직은 그 사단법인과는 별개의 독립된 법인 아닌 사단으로서의 당사자능력을 가진다. ( ) (2018 변호사)

> **해설** 사단법인의 하부조직의 하나라 하더라도 스스로 단체로서의 실체를 갖추고 독자적인 활동을 하고 있다면 사단법인과는 별개의 독립된 비법인사단으로 볼 수 있다(대판 2009. 1. 30, 2006다60908).

116 법률에 근거하여 구성되는 공동주택의 입주자대표회의는 동별대표자를 사원으로 하는 비법인사단이다. ( ) (2014 변리사)

> **해설** 법률에 근거하여 구성되는 공동주택의 입주자대표회의는 동별대표자를 사원으로 하는 비법인사단이다(대판 2007. 6. 15, 2007다6307).

117 종중의 명칭사용이 그에 관한 관습에 어긋난다고 하여도, 그러한 사실만으로 그 종중의 실체를 부인할 수는 없다. ( ) (2017 변리사)

> **해설** 원래 소종중이나 지파종중의 명칭은 중시조의 관직이나 시호 다음에 지파종중 등 시조의 관직이나 시호 등을 붙여 부르는 것이 일반적인 관행 내지 관습이라고 할 것이나, 그 실체는 명칭여하에 불구하고 공동선조의 제사, 종중의 재산관리 및 종원의 친목 등을 위하여 자연발생적으로 형성된 종족집단

113 (○) 114-1 (○) 114-2 (×) 115 (○) 116 (○) 117 (○) 《 정답

체라고 할 것이므로 어느 종중의 명칭사용이 위에서 본 관습에 어긋난다는 점만 가지고 바로 그 실체를 부인할 수는 없다(대판 1989. 12. 26, 89다카14844).

118-1 **대표자가 있는 비법인사단이 소유하는 부동산의 등기는 그 대표자를 등기권리자 또는 등기의무자로 하여야 한다. ( )** (2014 변리사)

118-2 **비법인사단은 부동산소유권에 관하여 등기의무자가 될 수 없다. ( )** (2021 변리사)

해설 부동산등기법 제26조(법인 아닌 사단 등의 등기신청) ① 종중(宗中), 문중(門中), 그 밖에 대표자나 관리인이 있는 법인 아닌 사단(社團)이나 재단(財團)에 속하는 부동산의 등기에 관하여는 그 사단이나 재단을 등기권리자 또는 등기의무자로 한다.

119 **대표자가 있는 비법인사단은 사단의 이름으로 소송에서 원고가 될 수 있다. ( )** (2014 변리사)

해설 법인이 아닌 사단이나 재단은 대표자 또는 관리인이 있는 경우에는 그 사단이나 재단의 이름으로 당사자가 될 수 있다(민사소송법 제52조).

120 **비법인사단에서는 이사의 결원으로 인하여 손해가 생길 염려가 있더라도 이해관계인은 법원에 임시이사의 선임을 청구할 수 없다. ( )** (2021 변리사)

해설 이사가 없거나 결원이 있는 경우에 이로 인하여 손해가 생길 염려 있는 때에는 법원은 이해관계인이나 검사의 청구에 의하여 임시이사를 선임하여야 한다(민법 제63조). 그리고 민법 제63조는 법인의 조직과 활동에 관한 것으로서 법인격을 전제로 하는 조항이 아니고, 법인 아닌 사단이나 재단의 경우에도 이사가 없거나 결원이 생길 수 있으며, 통상의 절차에 따른 새로운 이사의 선임이 극히 곤란하고 종전 이사의 긴급처리권도 인정되지 아니하는 경우에는 사단이나 재단 또는 타인에게 손해가 생길 염려가 있을 수 있으므로, 민법 제63조는 법인 아닌 사단이나 재단에도 유추 적용할 수 있다[대판(전합) 2009. 11. 19, 자 2008마699].

121 **비법인사단의 해산에 따른 청산절차에는 사단법인의 청산인에 관한 민법 규정을 유추적용할 수 있다. ( )** (2021 변리사)

해설 비법인사단에 대하여는 사단법인에 관한 민법규정 중 법인격을 전제로 하는 것을 제외한 규정들을 유추적용하여야 할 것이므로 비법인사단인 교회의 교인이 존재하지 않게 된 경우 그 교회는 해산하여 청산절차에 들어가서 청산의 목적범위 내에서 권리·의무의 주체가 되며, 이 경우 해산 당시 그 비법인사단의 총회에서 향후 업무를 수행할 자를 선정하였다면 민법 제82조 제1항을 유추하여 그 선임된 자가 청산인으로서 청산 중의 비법인사단을 대표하여 청산업무를 수행하게 된다(대판 2003. 11. 14, 2001다32687).

정답 118-1 (×) 118-2 (×) 119 (○) 120 (×) 121 (○)

122 **어떤 단체가 소 제기 당시에는 법인 아닌 사단으로서의 실체를 갖추지 못하였으나 사실심 변론종결 시 법인 아닌 사단으로서의 실체를 갖추었다면 그 소는 적법하다. ( )** (2018 변호사)

> **해설** 민사소송법 제48조가 비법인사단의 당사자능력을 인정하는 것은 법인이 아니라도 사단으로서의 실체를 갖추고 그 대표자 또는 관리인을 통하여 사회적 활동이나 거래를 하는 경우에는 그로 인하여 발생하는 분쟁은 그 단체가 자기 이름으로 당사자가 되어 소송을 통하여 해결하도록 하기 위한 것이므로, 여기서 말하는 사단이라 함은 일정한 목적을 위하여 조직된 다수인의 결합체로서 대외적으로 사단을 대표할 기관에 관한 정함이 있는 단체를 말하고, 어떤 단체가 비법인사단으로서 당사자능력을 가지는가 하는 것은 소송요건에 관한 것으로서 사실심의 변론종결일을 기준으로 판단하여야 한다(대판 1997. 12. 9, 97다18547).

123 **권리능력 없는 사단의 사원의 지위는 규약에 의해서라도 양도나 상속될 수 없다. ( )** (2018 변리사)

> **해설** 사단법인의 사원의 지위는 양도 또는 상속할 수 없다고 규정한 민법 제56조의 규정은 강행규정이라고 할 수 없으므로, 비법인사단에서도 사원의 지위는 규약이나 관행에 의하여 양도 또는 상속될 수 있다(대판 1997. 9. 26, 95다6205).

124-1 **권리능력 없는 사단의 사원이 집합체로서 물건을 소유한 경우에는 합유로 한다. ( )** (2018 변리사)

124-2 **비법인사단의 사원이 집합체로서 물건을 소유한 때에는 사원의 총유로 한다. ( )** (2014 변리사)

> **해설** 민법 제275조 제1항.

125 **비법인사단의 채무는 구성원의 지분비율에 따라 귀속한다. ( )** (2021 변리사)

> **해설** 비법인사단의 채무는 사단 자체의 재산으로 책임을 지는 것이고 구성원은 따로 책임을 부담하지 않는다(유한책임의 원칙).

126 **법인 아닌 사단의 대표자가 정관에 규정된 대표권 제한에 위반하여 법률행위를 한 경우, 그 상대방이 대표권 제한 및 그 위반 사실을 알았거나 과실로 인해 알지 못한 때에는 그 법률행위는 무효이다. ( )** (2017 변호사)

> **해설** 비법인사단의 경우에는 대표자의 대표권 제한에 관하여 등기할 방법이 없어 민법 제60조의 규정을 준용할 수 없고, 비법인사단의 대표자가 정관에서 사원총회의 결의를 거쳐야 하도록 규정한 대외적 거래행위에 관하여 이를 거치지 아니한 경우라도, 이와 같은 사원총회 결의사항은 비법인사단의 내부적 의사결정에 불과하다 할 것이므로, 그 거래 상대방이 그와 같은 대표권 제한 사실을 알았거나 알 수 있었을 경우가 아니라면 그 거래행위는 유효하다고 봄이 상당하고, 이 경우 거래의 상대방이 대표권 제한 사실을 알았거나 알 수 있었음은 이를 주장하는 비법인사단측이 주장·입증하여야 한다(대판 2003. 7. 22, 2002다64780).

122 (○) **123** (×) **124-1** (×) **124-2** (○) **125** (×) **126** (○) 《 **정답**

127-1 법인 아닌 사단의 정관에 특별한 규정이 없는 경우 법인 아닌 사단의 대표자가 타인 간의 금전채무를 보증하기 위해 사원총회 결의를 거칠 필요는 없다. ( ) (2017 변호사)

127-2 법인 아닌 사단의 대표자가 당해 법인 아닌 사단이 채무를 부담하게 되는 보증계약을 체결하는 경우에도 이로 인해 총유물에 대한 관리·처분이 따르지 않는 이상 사원총회의 결의를 거치지 않았다는 이유로 그 계약이 무효가 되지는 않는다. ( ) (2018 변호사)

127-3 비법인사단이 타인 간의 금전채무를 보증하는 행위는 총유물의 관리·처분행위에 해당하지 않으므로, 사원총회의 결의를 거치지 않았더라도 그것만으로 그 보증계약이 무효가 되는 것은 아니다. ( ) (2019 변호사)

127-4 법인 아닌 사단의 대표자가 대표권을 행사함에 있어서는 사원총회의 결의를 거쳐야 한다는 정관의 규정이 있는 경우, 이에 대해 과실로 알지 못하고 대표자와 계약을 체결한 상대방에 대해서는 그 법인 아닌 사단은 당해 계약의 체결에 있어 사원총회의 결의가 없었음을 이유로 계약이 무효임을 주장할 수 있다. ( ) (2018 변호사)

해설 민법 제275조, 제276조 제1항에서 말하는 총유물의 관리 및 처분이라 함은 총유물 그 자체에 관한 이용·개량행위나 법률적·사실적 처분행위를 의미하는 것이므로, 비법인사단이 타인 간의 금전채무를 보증하는 행위는 총유물 그 자체의 관리·처분이 따르지 아니하는 단순한 채무부담행위에 불과하여 이를 총유물의 관리·처분행위라고 볼 수는 없다. 따라서 비법인사단인 재건축조합의 조합장이 채무보증계약을 체결하면서 조합규약에서 정한 조합 임원회의 결의를 거치지 아니하였다거나 조합원 총회 결의를 거치지 않았다고 하더라도 그것만으로 바로 그 보증계약이 무효라고 할 수는 없다. 다만, 이와 같은 경우에 조합 임원회의의 결의 등을 거치도록 한 조합규약은 조합장의 대표권을 제한하는 규정에 해당하는 것이므로, 거래 상대방이 그와 같은 대표권 제한 및 그 위반 사실을 알았거나 과실로 인하여 이를 알지 못한 때에는 그 거래행위가 무효로 된다고 봄이 상당하며, 이 경우 그 거래 상대방이 대표권 제한 및 그 위반 사실을 알았거나 알지 못한 데에 과실이 있다는 사정은 그 거래의 무효를 주장하는 측이 이를 주장·입증하여야 한다[대판(전합) 2007. 4. 19, 2004다60072,60089].

128 고유 의미의 종중이란 공동선조의 분묘 수호와 제사, 종원 상호 간 친목 등을 목적으로 하는 자연발생적인 관습상 종족집단체로서 특별한 조직행위를 필요로 하는 것이 아니다. ( ) (2021 변호사)

해설 고유의 의미의 종중이란 공동선조의 분묘수호와 제사 및 종중원 상호간의 친목등을 목적으로 하는 자연발생적인 관습상의 종족집단체로서 특별한 조직행위를 필요로 하는 것이 아니고, 공동선조의 후손 중 성년 이상의 남자는 당연히 그 구성원(종원)이 되는 것이며 그 중 일부를 임의로 그 구성원에서 배제할 수 없으므로, 특정지역 내에 거주하는 일부 종중원이나 특정 항렬의 종중원만을 그 구성원으로 하는 단체는 종중 유사의 단체에 불과하고 고유의 의미의 종중은 될 수 없다(대판 2002. 5. 10, 2002다4863).

정답 127-1 (○) 127-2 (○) 127-3 (○) 127-4 (○) 128 (○)

129 종중 소유의 재산은 그 관리 및 처분에 관하여 먼저 종중 규약에 정하는 바가 있으면 이에 따라야 하고, 그 점에 관한 규약이 없으면 종중총회의 결의에 의하여야 하므로 종중 대표자에 의한 종중 재산의 처분이라고 하더라도 그러한 절차를 거치지 아니한 채 한 행위는 무효이다. ( ) (2021 변호사)

> **해설** 종중 소유의 재산은 종중원의 총유에 속하는 것이므로 그 관리 및 처분에 관하여 먼저 종중 규약에 정하는 바가 있으면 이에 따라야 하고, 그 점에 관한 종중 규약이 없으면 종중 총회의 결의에 의하여야 하므로 비록 종중 대표자에 의한 종중 재산의 처분이라고 하더라도 그러한 절차를 거치지 아니한 채 한 행위는 무효이다(대판 2000. 10. 27, 2000다22881).

130 종중 토지 매각대금의 분배는 정관 기타 규약에 달리 정함이 없는 한 종중총회의 결의에 의하여만 할 수 있고, 이러한 분배결의가 없으면 종원이 종중에 대하여 직접 분배청구를 할 수 없다. ( ) (2021 변호사)

> **해설** 총유물인 종중 토지 매각대금의 분배는 정관 기타 규약에 달리 정함이 없는 한 종중총회의 결의에 의하여만 처분할 수 있고 이러한 분배결의가 없으면 종원이 종중에 대하여 직접 분배청구를 할 수 없다(대판 2010. 9. 9, 2007다42310,42327).

131 공동 선조의 자손인 성년 여자를 종중원으로 인정한 대법원 전원합의체 판결 이후에는 종중총회 개최를 위하여 남자 종중원들에게만 소집통지를 하고, 여자 종중원들에게 소집통지를 하지 않는 경우 그 종중총회에서의 결의는 효력이 없다. ( ) (2021 변호사)

> **해설** 종중 총회를 개최함에 있어서는, 특별한 사정이 없는 한 족보 등에 의하여 소집통지 대상이 되는 종중원의 범위를 확정한 후 국내에 거주하고 소재가 분명하여 통지가 가능한 모든 종중원에게 개별적으로 소집통지를 함으로써 각자가 회의와 토의 및 의결에 참가할 수 있는 기회를 주어야 하므로, 일부 종중원에 대한 소집통지 없이 개최된 종중 총회에서의 결의는 그 효력이 없다. 대법원 2005. 7. 21. 선고 2002다1178 전원합의체 판결 이후에는 공동 선조의 자손인 성년 여자도 종중원이므로, 종중 총회 당시 남자 종중원들에게만 소집통지를 하고 여자 종중원들에게 소집통지를 하지 않은 경우 그 종중 총회에서의 결의는 효력이 없다(대판 2010. 2. 11, 2009다83650).

132 종중의 임원은 종중 재산의 관리·처분에 관한 사무를 처리함에 있어 종중 규약 또는 종중총회의 결의에 따라야 할 의무는 있으나 선량한 관리자로서의 주의를 다하여야 할 의무는 없다. ( ) (2021 변호사)

> **해설** 종중과 위임에 유사한 계약관계에 있는 종중의 임원은 종중재산의 관리·처분에 관한 사무를 처리함에 있어 종중규약 또는 종중총회의 결의에 따라야 함은 물론 선량한 관리자로서의 주의를 다하여야 할 의무가 있다(대판 2017. 10. 26, 2017다231249).

129 (○) 130 (○) 131 (○) 132 (×) 《 정답

133 **비법인사단인 A종중과 그 대표자 甲, 그리고 乙사이의 법률관계에 관한 설명으로 옳은 것을 모두 고른 것은? (다툼이 있으면 판례에 따름)** (2017 변리사)

ㄱ. 甲이 乙에게 한 A의 업무에 대한 포괄적 위임과 그에 따른 乙의 대행행위는 A에게 그 효력이 미친다.
ㄴ. 비법인사단은 자연인과 달리 명예권을 가질 수 없으므로, A의 명예를 훼손한 乙에 대하여 A가 손해배상을 청구할 수는 없다.
ㄷ. 甲의 불법행위로 乙에게 손해가 발생한 경우, 甲의 행위가 직무에 관한 것이 아님을 乙이 알았다면, 乙은 A에 대하여 민법 제35조 제1항에 따른 불법행위책임을 물을 수 없다.
ㄹ. 甲의 불법행위로 乙에게 손해가 발생한 경우, 甲의 행위가 법령의 규정에 위배되더라도 외관상 객관적으로 직무에 관한 행위라고 인정된다면, A는 乙에 대하여 민법 제35조 제1항에 따른 불법행위책임을 진다.

① ㄱ ② ㄷ ③ ㄱ, ㄴ ④ ㄷ, ㄹ ⑤ ㄱ, ㄴ, ㄹ

해설 ㄱ. (×) : 민법 제62조의 규정에 비추어 보면 비법인사단의 대표자는 정관 또는 총회의 결의로 금지하지 아니한 사항에 한하여 타인으로 하여금 특정한 행위를 대리하게 할 수 있을 뿐 비법인사단의 제반 업무처리를 포괄적으로 위임할 수는 없다 할 것이므로, 비법인사단 대표자가 행한 타인에 대한 업무의 포괄적 위임과 그에 따른 포괄적 수임인의 대행행위는 민법 제62조의 규정에 위반된 것이어서 비법인사단에 대하여는 그 효력이 미치지 아니한다(대판 1996. 9. 6, 94다18522).

ㄴ. (×) : 민법 제764조에서 말하는 명예라 함은 사람의 품성, 덕행, 명예, 신용 등 세상으로부터 받는 객관적인 평가를 말하는 것이고 특히 법인의 경우에는 그 사회적 명예, 신용을 가리키는 데 다름없는 것으로 명예를 훼손한다는 것은 그 사회적 평가를 침해하는 것을 말하고 이와 같은 법인의 명예가 훼손된 경우에 그 법인은 상대방에 대하여 불법행위로 인한 손해배상과 함께 명예 회복에 적당한 처분을 청구할 수 있고, 종중과 같이 소송상 당사자능력이 있는 비법인사단 역시 마찬가지이다(대판 1997. 10. 24, 96다17851).

ㄷ. (○) : 대표자의 행위가 직무에 관한 행위에 해당하지 아니함을 피해자 자신이 알았거나 또는 중대한 과실로 인하여 알지 못한 경우에는 비법인사단에게 손해배상책임을 물을 수 없다(대판 2008. 1. 18, 2005다34711).

ㄹ. (○) : 행위의 외형상 법인의 대표자의 직무행위라고 인정할 수 있는 것이라면 설사 그것이 대표자 개인의 사리를 도모하기 위한 것이었거나 혹은 법령의 규정에 위배된 것이었다 하더라도 위의 직무에 관한 행위에 해당한다(대판 1969. 8. 26, 68다2320).

134 **甲 종중(이하 '甲'이라 함)은 비법인사단이고 그 대표자는 丙이다. 甲의 대표자 丙은 乙과 종중회관 신축에 관한 도급계약을 체결하였다. 이에 관한 설명 중 옳지 않은 것은? (다툼이 있는 경우 판례에 의함)** (2020 변호사)

① 甲은 자기 명의로 신축건물의 소유권보존등기를 마칠 수 있다.
② 丙이 甲의 대표자로서 乙의 제3자에 대한 채무를 보증하는 행위는 甲의 재산 그 자체의 관리·처분이 따르지 아니하는 단순한 채무부담행위에 불과하므로 종중총회의 결의가 필요한 총유물의 관리·처분행위라

정답 》 133 ④ 134 ④

고 할 수 없다.

③ 甲으로부터 도급계약상의 보수(報酬)를 받지 못한 乙은 甲에 대한 집행권원을 얻어 甲의 재산에 대해 강제집행을 할 수 있다.

④ 丙이 甲의 직무를 행하면서 타인에게 손해를 가하였더라도 甲은 권리의무의 주체가 아니므로 불법행위로 인한 손해배상책임을 부담하지 않는다.

⑤ 甲의 정관에서 대표자가 건물신축에 관한 도급계약을 체결할 때에는 임원회의 결의를 거치도록 하였으나, 丙이 임원회의 결의를 거치지 않았다 하더라도 乙이 그 사실을 알았거나 알 수 있었을 경우가 아니라면 위 계약은 유효하다.

해설 ① (○) : 부동산등기법 제26조는 비법인사단 또는 재단의 등기능력을 인정한다. ☞ 종중(宗中), 문중(門中), 그 밖에 대표자나 관리인이 있는 법인 아닌 사단(社團)이나 재단(財團)에 속하는 부동산의 등기에 관하여는 그 사단이나 재단을 등기권리자 또는 등기의무자로 한다(부동산등기법 제26조).

② (○) : 민법 제275조, 제276조 제1항에서 말하는 총유물의 관리 및 처분이라 함은 총유물 그 자체에 관한 이용·개량행위나 법률적·사실적 처분행위를 의미하는 것이므로, 비법인사단이 타인 간의 금전채무를 보증하는 행위는 총유물 그 자체의 관리·처분이 따르지 아니하는 단순한 채무부담행위에 불과하여 이를 총유물의 관리·처분행위라고 볼 수는 없다. 따라서 비법인사단인 재건축조합의 조합장이 채무보증계약을 체결하면서 조합규약에서 정한 조합 임원회의 결의를 거치지 아니하였다거나 조합원총회 결의를 거치지 않았다고 하더라도 그것만으로 바로 그 보증계약이 무효라고 할 수는 없다. 다만, 이와 같은 경우에 조합 임원회의의 결의 등을 거치도록 한 조합규약은 조합장의 대표권을 제한하는 규정에 해당하는 것이므로, 거래 상대방이 그와 같은 대표권 제한 및 그 위반 사실을 알았거나 과실로 인하여 이를 알지 못한 때에는 그 거래행위가 무효로 된다고 봄이 상당하며, 이 경우 그 거래 상대방이 대표권 제한 및 그 위반 사실을 알았거나 알지 못한 데에 과실이 있다는 사정은 그 거래의 무효를 주장하는 측이 이를 주장·입증하여야 한다[대판(전합) 2007. 4. 19, 2004다60072,60089].

③ (○) : 권리능력 없는 사단이 부담한 채무에 대해서는 사단 자체의 재산이 집행의 대상이 된다. 구성원인 사원은 개인적으로 따로 책임을 부담하지 않는 것이 원칙이다(유한책임의 원칙).

④ (×) : 비법인사단의 대표자가 직무에 관하여 타인에게 손해를 가한 경우 그 사단은 민법 제35조 제1항의 유추적용에 의하여 그 손해를 배상할 책임이 있다(대판 2008. 1. 18, 2005다34711).

⑤ (○) : 비법인사단의 경우에는 대표자의 대표권 제한에 관하여 등기할 방법이 없어 민법 제60조의 규정을 준용할 수 없고, 비법인사단의 대표자가 정관에서 사원총회의 결의를 거쳐야 하도록 규정한 대외적 거래행위에 관하여 이를 거치지 아니한 경우라도, 이와 같은 사원총회 결의사항은 비법인사단의 내부적 의사결정에 불과하다 할 것이므로, 그 거래 상대방이 그와 같은 대표권 제한 사실을 알았거나 알 수 있었을 경우가 아니라면 그 거래행위는 유효하다고 봄이 상당하고, 이 경우 거래의 상대방이 대표권 제한 사실을 알았거나 알 수 있었음은 이를 주장하는 비법인사단측이 주장·입증하여야 한다(대판 2003. 7. 22, 2002다64780).

135 **비법인사단 A의 대표자 甲의 대표행위에 관한 설명 중 옳은 것은? (다툼이 있는 경우 판례에 의함)** (2022 변호사)

① 甲이 자기의 업무를 乙에게 포괄적으로 위임하고 그에 따라 乙이 포괄적 수임인으로서 행한 대행행위는 A에 대하여 그 효력이 있다.

② A가 총유재산에 관한 권리를 행사하지 아니하고 있어 A의 채권자 乙이 채권자대위권에 기하여 A의 총유재산에 관한 권리를 대위행사하는 경우, 사원총회의 결의 등 A의 내부적인 의사결정절차를 거칠 필요가 없다.

③ 甲이 A 소유 부동산에 관하여 乙과 매매계약을 체결하는 행위가 외관상·객관적으로 직무에 관한 행위로 인정될 수 있더라도 甲 자신의 개인적 이익을 도모하기 위한 것이거나 혹은 법령에 위반된 것이라면, A의 불법행위책임 요건인 직무에 관한 행위에 해당하지 않는다.

④ A 소유 부동산에 관한 乙과의 매매계약으로 A가 乙에게 소유권이전의무를 부담하는 경우, 甲이 그러한 채무의 존재를 인식하고 있다는 뜻을 표시하는 소멸시효 중단사유로서의 승인은 총유물의 관리행위나 처분행위에 해당한다.

⑤ 甲이 乙의 丙에 대한 채무를 담보하기 위하여 丙과 보증계약을 체결하면서 사원총회의 결의를 거치지 아니하였다면, 그 보증계약은 A에게 효력이 없다.

해설 ① (×) : 비법인사단에 대하여는 사단법인에 관한 민법 규정 가운데 법인격을 전제로 하는 것을 제외하고는 이를 유추적용하여야 하는데, 민법 제62조에 비추어 보면 비법인사단의 대표자는 정관 또는 총회의 결의로 금지하지 아니한 사항에 한하여 타인으로 하여금 특정한 행위를 대리하게 할 수 있을 뿐 비법인사단의 제반 업무처리를 포괄적으로 위임할 수는 없으므로, 비법인사단 대표자가 행한 타인에 대한 업무의 포괄적 위임과 그에 따른 포괄적 수임인의 대행행위는 민법 제62조를 위반한 것이어서 비법인사단에 대하여 그 효력이 미치지 않는다(대판 2011. 4. 28, 2008다15438).

② (○) : 비법인사단이 총유재산에 관한 소를 제기할 때에는 정관에 다른 정함이 있는 등의 특별한 사정이 없는 한 사원총회의 결의를 거쳐야 하지만, 이는 비법인사단의 대표자가 비법인사단 명의로 총유재산에 관한 소를 제기하는 경우에 비법인사단의 의사결정과 특별수권을 위하여 필요한 내부적인 절차이다. 채권자대위권은 채무자가 스스로 자기의 권리를 행사하지 아니하는 때에 채권자가 채무자에 대한 채권을 보전하기 위하여 채무자의 의사와는 상관없이 채무자의 권리를 대위하여 행사할 수 있는 권리로서 그 권리행사에 채무자의 동의를 필요로 하는 것은 아니므로, 비법인사단이 총유재산에 관한 권리를 행사하지 아니하고 있어 비법인사단의 채권자가 채권자대위권에 기하여 비법인사단의 총유재산에 관한 권리를 대위행사하는 경우에는, 사원총회의 결의 등 비법인사단의 내부적인 의사결정절차를 거칠 필요가 없다(대판 2014. 9. 25, 2014다211336).

③ (×) : 법인이 그 대표자의 불법행위로 인하여 손해배상의무를 지는 것은 그 대표자의 직무에 관한 행위로 인하여 손해가 발생한 것임을 요한다 할 것이나, 그 직무에 관한 것이라는 의미는 행위의 외형상 법인의 대표자의 직무행위라고 인정할 수 있는 것이라면 설사 그것이 대표자 개인의 사리를 도모하기 위한 것이었거나 혹은 법령의 규정에 위배된 것이었다 하더라도 위의 직무에 관한 행위에 해당한다고 보아야 한다(대판 2004. 2. 27, 2003다15280).

④ (×) : 비법인 사단이 총유물에 관한 매매계약에 의하여 부담하고 있는 채무의 존재를 인식하고 있다는 뜻을 표시하는 소멸시효의 중단사유로써 승인은 총유물의 관리·처분행위에 해당하지 않는다(대판 2009. 11. 26, 2009다64383).

정답 》 135 ②

⑤ (×) : 민법 제275조, 제276조 제1항에서 말하는 총유물의 관리 및 처분이라 함은 총유물 그 자체에 관한 이용·개량행위나 법률적·사실적 처분행위를 의미하는 것이므로, 비법인사단이 타인 간의 금전채무를 보증하는 행위는 총유물 그 자체의 관리·처분이 따르지 아니하는 단순한 채무부담행위에 불과하여 이를 총유물의 관리·처분행위라고 볼 수는 없다. 따라서 비법인사단인 재건축조합의 조합장이 채무보증계약을 체결하면서 조합규약에서 정한 조합 임원회의 결의를 거치지 아니하였다거나 조합원총회 결의를 거치지 않았다고 하더라도 그것만으로 바로 그 보증계약이 무효라고 할 수는 없다. 다만, 이와 같은 경우에 조합 임원회의의 결의 등을 거치도록 한 조합규약은 조합장의 대표권을 제한하는 규정에 해당하는 것이므로, 거래 상대방이 그와 같은 대표권 제한 및 그 위반 사실을 알았거나 과실로 인하여 이를 알지 못한 때에는 그 거래행위가 무효로 된다고 봄이 상당하며, 이 경우 그 거래 상대방이 대표권 제한 및 그 위반 사실을 알았거나 알지 못한 데에 과실이 있다는 사정은 그 거래의 무효를 주장하는 측이 이를 주장·입증하여야 한다[대판(전합) 2007. 4. 19, 2004다60072,60089].

CHAPTER 4

권리의 객체

POINT

136 사람의 유체·유골은 매장·관리·제사·공양의 대상이 될 수 있는 유체물에 해당한다. ( ) (2015 변리사)

해설 사람의 유체·유골은 매장·관리·제사·공양의 대상이 될 수 있는 유체물에 해당한다[대판(전합) 2008. 11. 20, 2007다27670].

137 관공서의 건물과 같이 국가나 공공단체의 소유로서 공적 목적에 사용되는 공용물은 불융통물의 일종이다. ( ) (2015 변리사)

해설 국유재산 중 행정재산이므로 불융통물의 일종이다.

138 특정물과 불특정물의 구별은 당사자의 의사에 따른 주관적인 구별이다. ( ) (2018 변리사)

해설 통설이다. 따라서 대체물이라도 당사자의 의사에 의해 특정물로 할 수 있다.

139 토지의 정착물은 부동산이다. ( ) (2022 변리사)

해설 토지 및 그 정착물은 부동산이다(민법 제99조 제1항).

140 관리할 수 있는 전기는 동산이다. ( ) (2018 변리사)

해설 민법 제99조 제2항. 부동산 이외의 물건은 동산이다.

141-1 임시로 심어놓은 수목은 동산이다. ( ) (2014 변리사)

141-2 토지에서 분리된 수목은 동산이다. ( ) (2014 변리사)

해설 민법상 부동산은 토지 및 그 정착물을 말한다(제99조 제1항). 따라서 수목은 원칙적으로는 토지의 정착물로서 부동산이다. 그러나 임시로 심어놓은 수목과 토지에서 분리된 수목은 정착물로 볼 수 없기 때문에 동산이다.

정답 136 (○) 137 (○) 138 (○) 139 (○) 140 (○) 141-1 (○) 141-2 (○)

142-1 **어떤 토지가 지적공부상 1필의 토지로 등록되면 특별한 사정이 없는 한, 그 경계는 지적도상의 경계에 의하여 특정된다. ( )** (2017 변리사)

142-2 **일정한 토지가 지적공부에 1필의 토지로 등록된 경우, 그 토지의 지적 및 경계는 일응 그 등록으로써 특정된다. ( )** (2022 변리사)

142-3 **건물의 경계는 사회통념상 독립한 건물로 인정되는 건물 사이의 현실의 경계에 의하여 특정된다.** (2022 변리사)

> **해설** [1] 토지는 인위적으로 구획된 일정범위의 지면에 사회관념상 정당한 이익이 있는 범위 내에서의 상하를 포함하는 것으로서, 토지의 개수는 지적법에 의한 지적공부상의 필수, 분계선에 의하여 결정되는 것이고, 어떤 토지가 지적공부상 1필의 토지로 등록되면 그 지적공부상의 경계가 현실의 경계와 다르다 하더라도 다른 특별한 사정이 없는 한 그 경계는 지적공부상의 등록, 즉 지적도상의 경계에 의하여 특정되는 것이므로 이러한 의미에서 토지의 경계는 공적으로 설정 인증된 것이고, 단순히 사적관계에 있어서의 소유권의 한계선과는 그 본질을 달리하는 것으로서, 경계확정소송의 대상이 되는 '경계'란 공적으로 설정 인증된 지번과 지번과의 경계선을 가리키는 것이고, 사적인 소유권의 경계선을 가리키는 것은 아니다. [2] 건물은 일정한 면적, 공간의 이용을 위하여 지상, 지하에 건설된 구조물을 말하는 것으로서, 건물의 개수는 토지와 달리 공부상의 등록에 의하여 결정되는 것이 아니라 사회통념 또는 거래관념에 따라 물리적 구조, 거래 또는 이용의 목적물로서 관찰한 건물의 상태 등 객관적 사정과 건축한 자 또는 소유자의 의사 등 주관적 사정을 참작하여 결정되는 것이고, 그 경계 또한 사회통념상 독립한 건물로 인정되는 건물 사이의 현실의 경계에 의하여 특정되는 것이므로, 이러한 의미에서 건물의 경계는 공적으로 설정 인증된 것이 아니고 단순히 사적관계에 있어서의 소유권의 한계선에 불과함을 알 수 있고, 따라서 사적자치의 영역에 속하는 건물 소유권의 범위를 확정하기 위하여는 소유권확인소송에 의하여야 할 것이고, 공법상 경계를 확정하는 경계확정소송에 의할 수는 없다(대판 1997. 7. 8, 96다36517).

143 **토지등기부에 분필등기가 되면 「공간정보의 구축 및 관리 등에 관한 법률」이 정하는 바에 따른 분할절차를 밟지 않아도 분필의 효과가 발생한다. ( )** (2017 변리사)

> **해설** 1필지의 토지를 수필의 토지로 분할하여 등기하려면 지적법(현 공간정보의 구축 및 관리 등에 관한 법률)이 정하는 바에 따라 먼저 지적공부 소관청에 의하여 지적측량을 하고 그에 따라 필지마다 지번, 지목, 경계 또는 좌표와 면적이 정하여진 후 지적공부에 등록되는 등 분할의 절차를 밟아야 되고, 가사 등기부에만 분필의 등기가 이루어졌다고 하여도 이로써 분필의 효과가 발생할 수는 없다(대판 1995. 6. 16, 94다4615).

144 **1필의 토지 일부는 분필을 하지 않는 한 그 일부의 토지 위에 용익물권을 설정할 수 없다. ( )** (2015 변리사)

> **해설** 토지의 일부 소유권양도는 분필을 하지 않는 한 불가하나, 용익물권의 설정은 토지의 일부에도 가능하다.

142-1 (○) 142-2 (○) 142-3 (○) 143 (×) 144 (×) 《 정답

145 **특별한 사정이 없으면, 권원 없이 타인 소유의 토지에 심어놓은 수목은 그 타인에게 속한다. ( )** (2014 변리사)

> **해설** 민법 제256조는 "부동산의 소유자는 그 부동산에 부합한 물건의 소유권을 취득한다. 그러나 타인의 권원에 의하여 부속된 것은 그러하지 아니하다."라고 규정하고 있다. 위 조항 단서에서 말하는 '권원'이라 함은 지상권, 전세권, 임차권 등과 같이 타인의 부동산에 자기의 동산을 부속시켜서 부동산을 이용할 수 있는 권리를 뜻하므로, 그와 같은 권원이 없는 자가 타인의 토지 위에 나무를 심었다면 특별한 사정이 없는 한 토지소유자에 대하여 나무의 소유권을 주장할 수 없다(대판 2018. 3. 15, 2015다69907).

146 **입목에 관한 법률에 의하여 소유권보존등기가 마쳐진 입목은 토지와 분리하여 양도될 수 있으나, 저당권의 객체는 될 수 없다. ( )** (2021 변리사)

> **해설** 이 법에서 "입목"이란 토지에 부착된 수목의 집단으로서 그 소유자가 이 법에 따라 소유권보존의 등기를 받은 것을 말한다(입목에 관한 법률 제2조 제1항 제1호), 이러한 입목의 소유자는 토지와 분리하여 입목을 양도하거나 저당권의 목적으로 할 수 있다(동법 제3조 제2항).

147-1 **입목등기를 하지 않은 수목은 명인방법을 갖추더라도 독립된 물건이 될 수 없다. ( )** (2017 변리사)

147-2 **명인방법을 갖춘 미분리의 과실은 토지나 수목과는 별개의 독립한 물건이다. ( )** (2014 변리사)

147-3 **미분리의 과실은 독립한 물건이 아니지만, 명인방법을 갖춘 경우에는 타인 소유권의 객체가 될 수 있다. ( )** (2019 변리사)

> **해설** 입목에관한법률에 따라 등기된 입목이나 명인방법을 갖춘 수목의 경우에는 독립하여 거래의 객체가 되므로 토지 평가에 포함되지 아니한다(대결 1998. 10. 28, 자 98마1817). ☞ 명인방법은 관습법상의 공시방법으로서 입목등기를 하지 않은 수목이더라도 명인방법만 갖추면 토지와 독립된 거래의 객체가 된다. 명인방법을 갖춘 미분리의 과실도 마찬가지이다.

148 **적법한 경작권 없이 타인의 토지를 경작하였다면 그 경작한 입도(立稻)가 성숙한 경우에도 경작자는 그 입도의 소유권을 갖지 못한다. ( )** (2021 변리사)

> **해설** 적법한 경작권 없이 타인의 토지를 경작하였더라도 그 경작한 입도가 성숙하여 독립한 물건으로서의 존재를 갖추었으면 입도의 소유권은 경작자에게 귀속한다(대판 1979. 8. 28, 79다784).

149 **어느 건물이 주된 건물의 종물이기 위해서는 주된 건물의 경제적 효용을 보조하기 위하여 계속적으로 이바지하는 관계가 있어야 한다. ( )** (2015 변리사)

> **해설** 어느 건물이 주된 건물의 종물이기 위해서는 그 요건으로서 주된 건물의 경제적 효용을 보조하기 위하여 계속적으로 이바지하는 관계가 있어야 한다(제100조 제1항; 대판 1993. 8. 13, 92다43142).

정답 》 **145** (○) **146** (×) **147-1** (×) **147-2** (○) **147-3** (○) **148** (×) **149** (○)

150 **주물 소유자의 사용에 공여되고 있는 물건은 주물 자체의 효용과 관계없는 물건이라도 종물이 된다. ( )** (2016, 2017, 2022 변리사)

> **해설** 주물의 소유자나 이용자의 사용에 공여되고 있더라도 주물 그 자체의 효용과 직접 관계가 없는 물건은 종물이 아니다(대결 2000. 11. 2, 자 2000마3530).

151 **주택에 부속하여 지어진 연탄창고는 그 주택에서 떨어져 지어진 것일지라도 그 주택의 종물이다. ( )** (2016 변리사)

> **해설** 낡은 가재도구 등의 보관장소로 사용되고 있는 방과 연탄창고 및 공동변소가 본채에서 떨어져 축조되어 있기는 하나 본채의 종물이라고 본 사례이다(대판 1991. 5. 14, 91다2779).

152 **종물은 주물의 일부이거나 구성부분이어야 한다. ( )** (2018 변리사)

> **해설** 종물은 주물로부터 독립된 별개의 물건이어야 한다.
>
> [참조판례] 정화조는 건축법시행령 제47조 , 오수, 분뇨 및 축산폐수의 처리에 관한 법률 제2조 제5호에 따라 수세식 화장실에서 배출하는 오수의 정화처리를 위하여 필수적으로 설치되어야 하고, 또 기록에 의하면, 이 사건 정화조가 위 3층건물의 대지가 아닌 인접한 다른 필지의 지하에 설치되어 있기는 하지만 위 3층건물 화장실의 오수처리를 위하여 위 건물옆 지하에 바로 부속하여 설치되어 있음을 알 수 있어 독립된 물건으로서 종물이라기 보다는 위 3층 건물의 구성부분으로 보아야 할 것이다(대판 1993. 12. 10, 93다42399).

153 **주물과 종물의 관계에 관한 법리는 특별한 사정이 없는 한 권리 상호 간의 관계에도 적용된다. ( )** (2016 변리사)

> **해설** 주물과 종물의 관계에 관한 법리는 특별한 사정이 없는 한 권리 상호 간의 관계에도 적용된다(대판 1992. 7. 14, 92다527).

154-1 **주물을 처분할 때에 특약으로 종물을 제외할 수 있고, 종물만을 별도로 처분할 수도 있다. ( )** (2016 변리사)

154-2 **종물은 주물의 처분에 따르므로, 당사자의 특약으로 종물만을 별도로 처분할 수 없다. ( )** (2021 변리사)

> **해설** 종물은 주물의 처분에 수반된다는 민법 제100조 제2항은 임의규정이므로, 당사자는 주물을 처분할 때에 특약으로 종물을 제외할 수 있고 종물만을 별도로 처분할 수도 있다(대판 2012. 1. 26, 2009다76546).

150 (×) 151 (○) 152 (×) 153 (○) 154-1 (○) 154-2 (×) 《 정답

155 저당권의 효력은 특별한 사정이 없는 한 당해 저당부동산의 종물에도 미친다. ( ) (2016 변리사)

> **해설** 저당권의 효력은 특별한 사정이 없는 한 당해 저당부동산의 종물에도 미친다(민법 제358조).

156 물건의 용법에 의하여 수취하는 산출물은 천연과실이다. ( ) (2019 변리사)

> **해설** 민법 제101조(천연과실, 법정과실) 제1항

157 천연과실은 그 원물로부터 분리하는 때에 이를 수취할 권리자에게 속한다. ( ) (2019 변리사)

> **해설** 민법 제102조(과실의 취득) 제1항

158 소유권이전의 대가, 노동의 대가는 법정과실이다. ( ) (2019 변리사)

> **해설** 민법 제101조 제2항. "물건의 사용대가로 받는 금전 기타의 물건"이 법정과실이므로 소유권이전의 대가, 노동의 대가는 법정과실이 아니다.

159-1 법정과실은 수취할 권리의 존속기간일수의 비율로 취득할 수 있는 것이지만, 당사자가 그와 다르게 약정할 수도 있다. ( ) (2019 변리사)

159-2 특별한 사정이 없는 한 법정과실은 수취할 권리의 존속기간일수의 비율로 취득한다. ( ) (2022 변리사)

> **해설** 민법 제102조 제2항. 그리고 이 규정은 임의규정이라는 것이 통설이다.

160 동일소유자에게 속하는 다음 물건 중 주물과 종물의 관계로 보기 어려운 것은?(다툼이 있으면 판례에 따름) (2023 변리사)

① 배와 노　② 자물쇠와 열쇠　③ 주유소건물과 주유기
④ 횟집과 수족관　⑤ 주유소부지와 그 지하에 매설된 유류저장탱크

> **해설** ① (○), ② (○) : 교과서 상에서 주물과 종물의 예로 자주 들어지는 것들이다.
> ③ (○) : 주유기는 계속해서 주유소 건물 자체의 경제적 효용을 다하게 하는 작용을 하고 있으므로 주유소건물의 상용에 공하기 위하여 부속시킨 종물이라고 본 사례(대판 1995. 6. 29, 94다6345).
> ④ (○) : 횟집으로 사용할 점포 건물에 거의 붙여서 횟감용 생선을 보관하기 위하여 즉 위 점포 건물의 상용에 공하기 위하여 신축한 수족관 건물은 위 점포 건물의 종물이라고 해석할 것이다(대판 1993. 2. 12, 92도3234).
> ⑤ (×) : 주유소의 지하에 매설된 유류저장탱크를 토지로부터 분리하는 데 과다한 비용이 들고 이를 분리하여 발굴할 경우 그 경제적 가치가 현저히 감소할 것이 분명하다는 이유로, 그 유류저장탱크는 토지에 부합되었다고 본 사례(대판 1995. 6. 29, 94다6345).

정답 》 155 (○) 156 (○) 157 (○) 158 (×) 159-1 (○) 159-2 (○) 160 ⑤

CHAPTER

5 권리의 변동

POINT

Ⅰ. 법률사실과 법률행위

161 의사무능력자의 법률행위에 있어서는 그 행위의 무효를 주장하는 자가 의사능력이 없었음을 증명하여야 한다. ( ) (2018 변리사)

> **해 설** 당사자가 능력(권리능력·의사능력·행위능력)을 갖출 것은 법률행위의 일반적 효력요건에 해당하는데, 일반적 효력요건의 부존재는 법률행위의 무효를 주장하는 당사자가 그 입증책임(증명책임)을 진다.

Ⅱ. 법률행위의 해석

162-1 사실인 관습은 사적 자치가 인정되는 분야의 제정법이 임의규정인 경우에는 법률행위의 해석기준이 되므로, 이를 재판의 자료로 할 수 있다. ( ) (2017 변리사)

162-2 사적 자치가 인정되는 분야의 제정법이 임의규정인 경우, 사실인 관습은 법률행위의 해석기준이 될 수 있다. ( ) (2020 변리사)

> **해 설** 사실인 관습은 사적 자치가 인정되는 분야 즉 그 분야의 제정법이 주로 임의규정일 경우에는 법률행위의 해석기준으로서 또는 의사를 보충하는 기능으로서 이를 재판의 자료로 할 수 있다(대판 1983. 6. 14, 80다3231).

163 제정법규와 배치되는 사실인 관습의 효력을 인정하려면, 그러한 관습을 인정할 수 있는 당사자의 주장과 입증이 있어야 할 뿐만 아니라 그 관습이 임의규정에 관한 것인지 여부를 심리·판단해야 한다. ( ) (2017 변리사)

> **해 설** 가족의례준칙 제13조의 규정과 배치되는 사실인 관습의 효력을 인정하려면 그와 같은 관습을 인정할 수 있는 당사자의 주장과 입증이 있어야 할 뿐만 아니라 이 관습이 사적 자치가 인정되는 임의규정에 관한 것인지 여부를 심리판단하여야 한다(대판 1983. 6. 14, 80다3231).

164 법률행위의 해석은 당사자가 그 표시행위에 부여한 객관적인 의미를 명백하게 확정하는 것으로서, 당사자의 내심의 의사가 어떤지에 관계없이 그 문언의 내용에 의하여 당사자가 그 표시행위에 부여한 객관적 의미를 합리적으로 해석하여야 하는 것이다. ( ) (2017 변호사)

161 (○) 162-1 (○) 162-2 (○) 163 (○) 164 (○) 《 정답

해설 법률행위의 해석은 당사자가 그 표시행위에 부여한 객관적인 의미를 명백하게 확정하는 것으로서, 사용된 문언에만 구애받는 것은 아니지만, 어디까지나 당사자의 내심의 의사가 어떤지에 관계없이 그 문언의 내용에 의하여 당사자가 그 표시행위에 부여한 객관적 의미를 합리적으로 해석하여야 한다(대판 2009. 5. 14, 2008다90095).

165 계약당사자 사이에 계약내용이 처분문서로 작성된 경우 문언의 객관적인 의미가 명확하다면 특별한 사정이 없는 한 문언대로 의사표시의 존재와 내용을 인정하여야 한다. ( )

(2017 변호사)

해설 계약당사자 사이에 계약 내용을 처분문서인 서면으로 작성한 경우에 문언의 객관적인 의미가 명확하다면, 특별한 사정이 없는 한 문언대로 의사표시의 존재와 내용을 인정하여야 한다. 그러나 문언의 객관적인 의미가 명확하게 드러나지 않는 경우에는 문언의 내용, 계약이 이루어지게 된 동기와 경위, 당사자가 계약으로 달성하려고 하는 목적과 진정한 의사, 거래의 관행 등을 종합적으로 고찰하여 논리와 경험의 법칙, 그리고 사회일반의 상식과 거래의 통념에 따라 계약 내용을 합리적으로 해석하여야 한다. 특히 당사자 일방이 주장하는 계약의 내용이 상대방에게 중대한 책임을 부과하게 되는 경우에는 문언의 내용을 더욱 엄격하게 해석하여야 한다(대판 2016. 12. 15, 2016다238540).

166 문서의 기재내용과 다른 명시적, 묵시적 약정이 있는 사실이 인정될 경우에는 그 기재내용과 다른 사실을 인정할 수 있다. ( ) (2020 변리사)

해설 처분문서라 할지라도 그 기재 내용과 다른 명시적, 묵시적 약정이 있는 사실이 인정될 경우에는 그 기재 내용과 다른 사실을 인정할 수는 있다(대판 2011. 1. 27, 2010다81957).

167 법률행위의 자연적 해석이 행해지는 경우, 표시상의 착오는 문제될 여지가 없다. ( )

(2023 변리사)

해설 자연적 해석은 표시된 문자 또는 언어의 의미에 구속되지 아니하고 표의자의 내심적 효과의사를 밝히는 것이므로 표시상의 착오는 문제될 여지가 없다.

168-1 부동산의 매매계약에 있어 쌍방당사자가 모두 토지 X를 계약의 목적물로 삼았으나 그 목적물의 지번에 관하여 착오를 일으켜 계약서상 그 목적물을 X와는 별개인 토지 Y로 표시하였다 하여도 X를 매매의 목적물로 한다는 쌍방당사자의 의사합치가 있은 이상 위 매매계약은 X에 관하여 성립한 것으로 보아야 한다. ( ) (2017 변호사)

168-2 甲과 乙이 X토지를 매매하기로 합의하였으나 Y토지로 매매계약서를 잘못 작성한 경우 X토지에 관하여 매매계약이 성립된 것으로 보아야 한다. ( ) (2020 변리사)

해설 부동산의 매매계약에 있어 쌍방당사자가 모두 특정의 甲 토지를 계약의 목적물로 삼았으나 그 목적물의 지번 등에 관하여 착오를 일으켜 계약을 체결함에 있어서는 계약서상 그 목적물을 甲 토지와

정답 165 (○) 166 (○) 167 (○) 168-1 (○) 168-2 (○)

는 별개인 乙 토지로 표시하였다 하여도 甲 토지에 관하여 이를 매매의 목적물로 한다는 쌍방당사자의 의사합치가 있은 이상 위 매매계약은 甲 토지에 관하여 성립한 것으로 보아야 할 것이고 乙 토지에 관하여 매매계약이 체결된 것으로 보아서는 안 될 것이며, 만일 乙 토지에 관하여 위 매매계약을 원인으로 하여 매수인 명의로 소유권이전등기가 경료되었다면 이는 원인이 없이 경료된 것으로서 무효이다(대판 1993. 10. 26, 93다2629).

169 **계약서를 작성하면서 계약상 지위에 관하여 당사자들의 합치된 의사와 달리 착오로 잘못 기재하였는데 오류를 인지하지 못한 채 계약상 지위가 잘못 기재된 계약서에 그대로 기명날인이나 서명을 한 경우, 당사자들의 합치된 의사에 따라 계약이 성립한 것으로 보아야 한다. ( )** (2020 변리사)

해설 [1] 일반적으로 계약을 해석할 때에는 형식적인 문구에만 얽매여서는 안 되고 쌍방당사자의 진정한 의사가 무엇인가를 탐구하여야 한다. 계약 내용이 명확하지 않은 경우 계약서의 문언이 계약 해석의 출발점이지만, 당사자들 사이에 계약서의 문언과 다른 내용으로 의사가 합치된 경우에는 의사에 따라 계약이 성립한 것으로 해석하여야 한다. 계약당사자 쌍방이 모두 동일한 물건을 계약 목적물로 삼았으나 계약서에는 착오로 다른 물건을 목적물로 기재한 경우 계약서에 기재된 물건이 아니라 쌍방 당사자의 의사합치가 있는 물건에 관하여 계약이 성립한 것으로 보아야 한다. 이러한 법리는 계약서를 작성하면서 계약상 지위에 관하여 당사자들의 합치된 의사와 달리 착오로 잘못 기재하였는데 계약 당사자들이 오류를 인지하지 못한 채 계약상 지위가 잘못 기재된 계약서에 그대로 기명날인이나 서명을 한 경우에도 동일하게 적용될 수 있다. [2] 甲이 乙 주식회사로부터 신주인수권부사채를 인수하기로 하고, 그에 따라 乙 회사가 甲에게 부담하는 채무를 담보하기 위하여 丙 등은 연대보증을 하고 丁 등은 근질권을 설정해 주었는데, 乙회사가 甲에게 사채원금 지급기한의 유예를 요청하자, 甲과 乙 회사가 기존의 변제기한을 유예하고 이율을 변경하는 내용의 합의서를 작성하면서 丙 등은 근질권설정자로 丁 등은 연대보증인으로 기명날인한 사안에서, 丙과 丁 등을 비롯한 합의서에 기명날인한 당사자들은 모두 인수계약 당시와 마찬가지로 원래의 연대보증인 또는 근질권설정자의 지위를 유지하는 의사로 기명날인한 것이고, 위 합의서에 따른 합의는 작성 당사자 모두 인수계약에서 정한 지위를 그대로 유지하면서 기존의 변제기한과 이율에 관한 사항만 변경하는 내용으로 유효하게 성립하였다고 판단한 사례(대판 2018. 7. 26, 2016다242334).

170 **계약의 당사자가 누구인지는 계약에 관여한 당사자의 의사해석 문제로서, 당사자들의 의사가 일치하는 경우에는 그 의사에 따라 계약의 당사자를 확정해야 한다. ( )** (2021 변리사)

해설 타인의 이름을 임의로 사용하여 계약을 체결한 경우에는 누가 그 계약의 당사자인가를 먼저 확정하여야 할 것으로서, 행위자 또는 명의인 가운데 누구를 당사자로 할 것인지에 관하여 행위자와 상대방의 의사가 일치한 경우에는 그 일치하는 의사대로 행위자의 행위 또는 명의자의 행위로서 확정하여야 할 것이지만, 그러한 일치하는 의사를 확정할 수 없을 경우에는 계약의 성질, 내용, 체결경위 및 계약체결을 전후한 구체적인 제반사정을 토대로 상대방이 합리적인 인간이라면 행위자와 명의자 중 누구를 계약 당사자로 이해할 것인가에 의하여 당사자를 결정하고, 이에 터잡아 계약의 성립 여부와 효력을 판단함이 상당하다(대판 1995. 9. 29, 94다4912).

169 (○) 170 (○) 《 정답

171 계약을 체결하는 행위자가 타인의 이름으로 법률행위를 한 경우에 행위자 또는 명의인 가운데 누구를 계약의 당사자로 볼 것인가에 관하여, 행위자와 상대방의 의사가 일치하지 않으면 그 계약 체결 전후의 구체적인 제반 사정을 토대로 상대방이 합리적인 사람이라면 누구를 계약당사자로 이해할 것인가에 의하여 당사자를 결정하여야 한다. ( ) (2017 변호사)

> **해설** 계약을 체결하는 행위자가 타인의 이름으로 법률행위를 한 경우에 행위자 또는 명의인 가운데 누구를 계약의 당사자로 볼 것인가에 관하여는, 우선 행위자와 상대방의 의사가 일치한 경우에는 그 일치한 의사대로 행위자 또는 명의인을 계약의 당사자로 확정해야 하고, 행위자와 상대방의 의사가 일치하지 않는 경우에는 그 계약의 성질·내용·목적·체결 경위 등 그 계약 체결 전후의 구체적인 제반 사정을 토대로 상대방이 합리적인 사람이라면 행위자와 명의자 중 누구를 계약 당사자로 이해할 것인가에 의하여 당사자를 결정하여야 한다(대판 2009. 7. 23, 2008다76426).

172 계약당사자 쌍방이 계약의 전제나 기초가 되는 사항에 관하여 같은 내용으로 착오를 하고 이로 인하여 그에 관한 구체적 약정을 하지 않은 경우, 당사자가 그러한 착오가 없을 때에 약정하였을 것으로 보이는 실제 의사 내지 주관적 의사의 내용으로 당사자의 의사를 보충하여 계약을 해석해야 한다. ( ) (2017 변호사)

> **해설** 계약당사자 쌍방이 계약의 전제나 기초가 되는 사항에 관하여 같은 내용으로 착오가 있고 이로 인하여 그에 관한 구체적 약정을 하지 아니하였다면, 당사자가 그러한 착오가 없을 때에 약정하였을 것으로 보이는 내용으로 당사자의 의사를 보충하여 계약을 해석할 수 있는바, 여기서 보충되는 당사자의 의사는 당사자의 실제 의사 또는 주관적 의사가 아니라 계약의 목적, 거래관행, 적용법규, 신의칙 등에 비추어 객관적으로 추인되는 정당한 이익조정 의사를 말한다(대판 2006. 11. 23, 2005다13288).

173 매매계약사항에 이의가 생겼을 때에는 매도인의 해석에 따른다는 약정을 한 경우, 법원은 매도인의 해석과 다르게 법률행위를 해석할 권한이 없다. ( ) (2020 변리사)

> **해설** 매매계약서의 계약사항에 대한 이의가 생겼을 때에는 매도인의 해석에 따른다는 조항은 법원의 법률행위 해석권을 구속하는 조항이라 볼 수 없다(대판 1974. 9. 24, 74다1057).

Ⅲ. 민법상 불능

Ⅳ. 내용의 적법성(강행법규문제)

Ⅴ. 법률행위내용의 사회적 타당성

174 도박자금에 제공할 목적으로 금전을 대차한 때에 그 대차계약으로 인한 금전의 반환을 청구할 수 없다. ( ) (2018 변리사)

정답 171 (○) 172 (×) 173 (×) 174 (○)

> **해설** 민법 제746조 ☞ 통상적인 도박자금의 대차계약은 민법 제746조가 적용되어 반환청구가 부정되는 대표적인 예이다. 다만 사기도박의 피해자의 경우에는 불법성비교론에 따라 반환청구 할 수 있음을 주의할 것이다. [판례] 급여자가 수익자에 대한 도박 채무의 변제를 위하여 급여자의 주택을 수익자에게 양도하기로 한 것이지만 내기바둑에의 계획적인 유인, 내기바둑에서의 사기적 행태, 도박자금 대여 및 회수 과정에서의 폭리성과 갈취성 등에서 드러나는 수익자의 불법성의 정도가 내기바둑에의 수동적인 가담, 도박 채무의 누증으로 인한 도박의 지속, 도박 채무 변제를 위한 유일한 재산인 주택의 양도 등으로 인한 급여자의 불법성보다 훨씬 크다고 보아 급여자로서는 그 주택의 반환을 구할 수 있다(대판 1997. 10. 24, 95다49530,49547).

175 **반사회질서행위의 무효는 이를 주장할 이익이 있는 자라면 누구든지 그 무효를 주장할 수 있다. ( )** (2018 변리사)

> **해설** 거래 상대방이 배임행위를 유인·교사하거나 배임행위의 전 과정에 관여하는 등 배임행위에 적극 가담하는 경우에는 실행행위자와 체결한 계약이 반사회적 법률행위에 해당하여 무효로 될 수 있고, 선량한 풍속 기타 사회질서에 위반한 사항을 내용으로 하는 법률행위의 무효는 이를 주장할 이익이 있는 자는 누구든지 무효를 주장할 수 있다. 따라서 반사회질서 법률행위를 원인으로 하여 부동산에 관한 소유권이전등기를 마쳤더라도 그 등기는 원인무효로서 말소될 운명에 있으므로 등기명의자가 소유권에 기한 물권적 청구권을 행사하는 경우에, 권리 행사의 상대방은 법률행위의 무효를 항변으로서 주장할 수 있다(대판 2016. 3. 24, 2015다11281).

176 **양도소득세의 일부를 회피할 목적으로 매매계약서에 실제로 거래한 가액을 매매대금으로 기재하지 아니하고 그보다 낮은 금액을 매매대금으로 기재하였더라도 그 매매계약을 사회질서에 반하는 법률행위로서 무효라고 할 수는 없다. ( )** (2023 변호사)

> **해설** 양도소득세의 일부를 회피할 목적으로 매매계약서에 실제로 거래한 가액을 매매대금으로 기재하지 아니하고 그보다 낮은 금액을 매매대금으로 기재하였다 하여, 그것만으로 그 매매계약이 사회질서에 반하는 법률행위로서 무효로 된다고 할 수는 없다(대판 2007.6.14, 2007다3285).

177 **법률행위의 성립과정에 강박이라는 불법적 방법이 사용된 데에 불과한 때에는 반사회질서행위로서 무효라고 할 수는 없다. ( )** (2018 변리사)

> **해설** 단지 법률행위의 성립과정에 강박이라는 불법적 방법이 사용된 데에 불과한 때에는 강박에 의한 의사표시의 하자나 의사의 흠결을 이유로 효력을 논의할 수는 있을지언정 반사회질서의 법률행위로서 무효라고 할 수는 없다(대판 2002. 12. 27, 2000다47361).

178 **본처가 남편의 과거 부첩(夫妾)관계를 용서한 때에는 그것이 손해배상청구권의 포기라고 해석되는 한 그대로의 법적 효력이 인정될 수 있다. ( )** (2018 변리사)

175 (○) 176 (○) 177 (○) 178 (○) 《 정답

해설 소위 첩계약은 본처의 동의 유무를 불문하고 선량한 풍속에 반하는 사항을 내용으로 하는 법률행위로서 무효일 뿐만 아니라 위법한 행위이므로, 부첩관계에 있는 부 및 첩은 특별한 사정이 없는 한 그로 인하여 본처가 입은 정신상의 고통에 대하여 배상할 의무가 있고, 이러한 손해배상책임이 성립하기 위하여 반드시 부첩관계로 인하여 혼인관계가 파탄에 이를 필요까지는 없고, 한편 본처가 장래의 부첩관계에 대하여 동의하는 것은 그 자체가 선량한 풍속에 반하는 것으로서 무효라고 할 것이나, 기왕의 부첩관계에 대하여 용서한 때에는 그것이 손해배상청구권의 포기라고 해석되는 한 그대로의 법적 효력이 인정될 수 있다(대판 1998. 4. 10, 96므1434).

179 **법률행위가 반사회질서행위로 무효인지 여부는 그 효력이 발생한 때를 기준으로 판단하여야 한다. ( )** (2018 변리사)

해설 선량한 풍속 기타 사회질서는 부단히 변천하는 가치관념으로서 어느 법률행위가 이에 위반되어 민법 제103조에 의하여 무효인지는 법률행위가 이루어진 때를 기준으로 판단하여야 하고, 또한 그 법률행위가 유효로 인정될 경우의 부작용, 거래자유의 보장 및 규제의 필요성, 사회적 비난의 정도, 당사자 사이의 이익균형 등 제반 사정을 종합적으로 고려하여 사회통념에 따라 합리적으로 판단하여야 한다[대판(전합) 2015. 7. 23, 2015다200111].

180 **민법 제103조의 반사회적 법률행위에 해당하지 않는 것을 모두 고른 것은? (다툼이 있으면 판례에 따름)** (2017 변리사)

ㄱ. 강제집행을 면할 목적으로 부동산에 허위의 근저당권을 설정하는 행위
ㄴ. 의무의 강제에 의하여 얻어지는 채권자의 이익에 비하여 과도하게 중한 위약벌의 약정
ㄷ. 뇌물로 받은 금전을 소극적으로 은닉하기 위하여 이를 임치하는 약정
ㄹ. 해외연수 후 그 비용과 관련하여 일정기간 동안 소속회사에서 근무해야 한다는 사규나 약정
ㅁ. 공무원의 직무에 관한 사항에 대하여 특별한 청탁을 하게 하고, 그에 대한 보수로 금전을 지급하기로 하는 약정

① ㄱ, ㄴ, ㄷ ② ㄱ, ㄷ, ㄹ ③ ㄴ, ㄹ, ㅁ ④ ㄷ, ㄹ, ㅁ ⑤ ㄱ, ㄴ, ㄷ, ㅁ

해설 ㄱ. 강제집행을 면할 목적으로 부동산에 허위의 근저당권설정등기를 경료하는 행위는 민법 제103조의 선량한 풍속 기타 사회질서에 위반한 사항을 내용으로 하는 법률행위로 볼 수 없다(대판 2004. 5. 28, 2003다70041).

ㄴ. 위약벌의 약정은 채무의 이행을 확보하기 위하여 정하는 것으로서 손해배상의 예정과 다르므로 손해배상의 예정에 관한 민법 제398조 제2항을 유추 적용하여 그 액을 감액할 수 없고, 다만 의무의 강제로 얻는 채권자의 이익에 비하여 약정된 벌이 과도하게 무거울 때에는 일부 또는 전부가 공서양속에 반하여 무효로 된다(대판 2016. 1. 28, 2015다239324).

ㄷ. 이미 반사회적 행위에 의하여 조성된 재산을 소극적으로 은닉하기 위하여 이 사건 임치에 이른 것만으로는 그것이 곧바로 사회질서에 반하는 법률행위라고 볼 수는 없다(대판 2001. 4. 10, 2000다49343).

정답 179 (×) 180 ②

ㄹ. 해외파견된 근로자가 귀국일로부터 일정기간 소속회사에 근무하여야 한다는 사규나 약정은 민법 제103조 또는 제104조에 위반된다고 할 수 없다(대판 1982. 6. 22, 82다카90).
ㅁ. 당사자의 일방이 상대방에게 공무원의 직무에 관한 사항에 관하여 특별한 청탁을 하게 하고 그에 대한 보수로 돈을 지급할 것을 내용으로 한 약정은 사회질서에 반하는 무효의 계약이다(대판 1995. 7. 14, 94다51994).

181 **선량한 풍속 기타 사회질서에 반하는 행위를 모두 고른 것은? (다툼이 있으면 판례에 따름)**

(2020 변리사)

ㄱ. 수사기관에서 참고인으로서 허위진술을 해주는 대가로 금원을 지급하기로 한 약정
ㄴ. 강제집행을 면할 목적으로 부동산에 허위의 근저당권설정등기를 경료하는 행위
ㄷ. 전통사찰의 주지직을 거액의 금품을 대가로 양도·양수하기로 하는 약정이 있음을 알고도 이를 묵인 혹은 방조한 상태에서 한 종교법인의 주지임명행위
ㄹ. 부동산을 매도인이 이미 제3자에게 매각한 사실을 매수인이 단순히 알고 있었던 경우에 매도인의 요청으로 그 부동산을 매수하기로 한 계약

① ㄱ ② ㄱ, ㄴ ③ ㄴ, ㄷ ④ ㄱ, ㄷ, ㄹ ⑤ ㄴ, ㄷ, ㄹ

해설 ㄱ. (반한다) : 수사기관에서 참고인으로 진술하면서 자신이 잘 알지 못하는 내용에 대하여 허위의 진술을 하는 경우에 그 급부의 상당성 여부를 판단할 필요 없이 허위 진술의 대가로 작성된 각서에 기한 급부의 약정은 민법 제103조 소정의 반사회적질서행위로 무효이다(대판 2001. 4. 24, 2000다71999).
ㄴ. (반하지 않는다) : 강제집행을 면할 목적으로 부동산에 허위의 근저당권설정등기를 경료하는 행위는 민법 제103조의 선량한 풍속 기타 사회질서에 위반한 사항을 내용으로 하는 법률행위로 볼 수 없다(대판 2004. 5. 28, 2003다70041).
ㄷ. (반하지 않는다) : 전통사찰의 주지직을 거액의 금품을 대가로 양도·양수하기로 하는 약정이 있음을 알고도 이를 묵인 혹은 방조한 상태에서 한 종교법인의 주지임명행위는 민법 제103조 소정의 반사회질서의 법률행위에 해당하지 않는다(대판 2001. 2. 9, 99다38613)
ㄹ. (반하지 않는다) : 이중매매를 사회질서에 반하는 법률행위로서 무효라고 하기 위하여서는 양수인이 이중양도 사실을 알았다는 사실만으로서는 부족하고 양도인의 배임행위에 적극가담하여 그 양도가 이루어져야 한다(대판 1995. 2. 10, 94다2534).

182 **반사회적 법률행위에 해당하지 않는 것을 모두 고른 것은? (다툼이 있으면 판례에 따름)**

(2022 변리사)

ㄱ. 강제집행을 면할 목적으로 부동산에 허위의 근저당권설정등기를 경료하는 행위
ㄴ. 오로지 보험사고를 가장하여 보험금을 취득할 목적으로 생명보험계약을 체결하는 행위
ㄷ. 매도인의 배임행위에 제2매수인이 적극 가담하여 행해진 부동산이중매매
ㄹ. 도박자금에 제공할 목적으로 금전을 대차하는 행위

181 ① 182 ① 《 정답

① ㄱ ② ㄹ ③ ㄱ, ㄴ ④ ㄴ, ㄷ ⑤ ㄷ, ㄹ

> **해설** ㄱ. (×) : 강제집행을 면할 목적으로 부동산에 허위의 근저당권설정등기를 경료하는 행위는 민법 제103조의 선량한 풍속 기타 사회질서에 위반한 사항을 내용으로 하는 법률행위로 볼 수 없다(대판 2004. 5. 28, 2003다70041).
> ㄴ (○) : 당초부터 오로지 보험사고를 가장하여 보험금을 취득할 목적으로 생명보험계약을 체결한 경우에는 사람의 생명을 수단으로 이득을 취하고자 하는 불법적인 행위를 유발할 위험성이 크고, 이러한 목적으로 체결된 생명보험계약에 의하여 보험금을 지급하게 하는 것은 보험계약을 악용하여 부정한 이득을 얻고자 하는 사행심을 조장함으로써 사회적 상당성을 일탈하게 되므로, 이와 같은 생명보험계약은 사회질서에 위배되는 법률행위로서 무효이다(대판 2000. 2. 11, 99다49064).
> ㄷ (○) : 매수인이 매도인에게 2중매도할 것을 적극 권유하는 등 그의 배임행위에 적극 가담하여 이루어진 매매계약은 사회정의 관념에 위반된 민법 103조 소정 반사회적 법률행위에 해당하여 무효이다(대판 1977. 1. 11, 76다2083).
> ㄹ (○) : 도박자금에 제공할 목적으로 금전의 대차를 한 때에는 그 대차계약은 민법 제103조의 반사회질서의 법률행위로 무효이다(대판 1973. 5. 22, 72다2249).

Ⅵ. 불공정한 법률행위(폭리행위)

183-1 아무런 대가관계나 부담 없이 당사자 일방이 상대방에게 일방적인 급부를 하는 법률행위는 불공정한 법률행위가 아니다. ( ) (2016 변리사)

183-2 불공정한 법률행위에 관한 규정은 부담 없는 증여의 경우에도 적용된다. ( ) (2021 변리사)

183-3 행정기관에 진정서를 제출하여 상대방을 궁지에 빠뜨린 다음 이를 취하하는 조건으로 거액의 급부를 제공받기로 약정한 것은 불공정한 법률행위에 해당한다. ( ) (2023 변리사)

> **해설** [1] **민법 제104조**가 규정하는 현저히 공정을 잃은 법률행위라 함은 자기의 급부에 비하여 현저하게 균형을 잃은 반대급부를 하게 하여 부당한 재산적 이익을 얻는 행위를 의미하는 것이므로, 증여계약과 같이 아무런 대가관계 없이 당사자 일방이 상대방에게 일방적인 급부를 하는 법률행위는 그 공정성 여부를 논의할 수 있는 성질의 법률행위가 아니다. [2] 행정기관에 진정서를 제출하여 상대방을 궁지에 빠뜨린 다음 이를 취하하는 조건으로 거액의 급부를 제공받기로 약정한 경우, **민법 제103조** 소정의 반사회질서의 법률행위에 해당한다고 본 사례(대판 2000. 2. 11, 99다56833).

184 경매에서 경매부동산의 매각대금이 시가에 비하여 현저히 저렴한 경우, 불공정한 법률행위에 해당하여 무효이다. ( ) (2021 변리사)

> **해설** 경매에 있어서는 불공정한 법률행위 또는 채무자에게 불리한 약정에 관한 것으로서 효력이 없다는 민법 제104조, 제608조는 적용될 여지가 없다(대결 1980.3.21, 자 80마77).

정답 183-1 (○) 183-2 (×) 183-3 (×) 184 (×)

185 급부와 반대급부 사이의 현저한 불균형은 구체적, 개별적 사안에서 거래행위 당사자의 의사를 기준으로 결정하여야 한다. ( ) (2014 변리사)

> **해설** 급부와 반대급부 사이의 '현저한 불균형'은 단순히 시가와의 차액 또는 시가와의 배율로 판단할 수 있는 것은 아니고 구체적·개별적 사안에 있어서 일반인의 사회통념에 따라 결정하여야 한다. 그 판단에 있어서는 피해 당사자의 궁박·경솔·무경험의 정도가 아울러 고려되어야 하고, 당사자의 주관적 가치가 아닌 거래상의 객관적 가치에 의하여야 한다(대판 2010. 7. 15, 2009다50308).

186-1 계약체결 당시 불공정한 법률행위가 아니더라도 사후에 외부 환경의 급격한 변화로 계약당사자 일방에게 큰 손실이, 상대방에게는 그에 상응하는 큰 이익이 발생할 수 있는 계약은 불공정한 계약에 해당한다. ( ) (2016 변리사)

186-2 계약체결시를 기준으로 불공정한 행위가 아니라면 그 후 외부환경의 급격한 변화로 계약당사자 일방에게 큰 손실이 발생하고 상대방에게 그에 상응하는 큰 이익이 발생한다 하더라도 불공정한 법률행위가 되지 않는다. ( ) (2014 변리사)

186-3 법률행위의 성립시에는 존재하지 않았던 급부간의 현저한 불균형이 그 이후 외부적 사정의 급격한 변화로 인하여 발생하였다면 다른 요건이 충족되는 한 그때부터 불공정한 법률행위가 인정된다. ( ) (2023 변리사)

> **해설** 어떠한 법률행위가 불공정한 법률행위에 해당하는지는 법률행위시를 기준으로 판단하여야 하기 때문에 계약 체결 당시를 기준으로 전체적인 계약 내용을 종합적으로 고려한 결과 불공정한 것이 아니라면 사후에 외부적 환경의 급격한 변화로 인하여 계약당사자 일방에게 큰 손실이 발생하고 상대방에게는 그에 상응하는 큰 이익이 발생할 수 있는 구조라고 하여 그 계약이 당연히 불공정한 계약에 해당한다고 말할 수 없다[대판(전합) 2013. 9. 26, 2013다26746].

187 궁박, 경솔, 무경험은 모두 구비되어야 하는 요건이 아니라 그 중 일부만 갖추어져도 충분하다. ( ) (2017 변리사)

> **해설** 당사자 일방의 궁박, 경솔, 무경험은 모두 구비하여야 하는 요건이 아니고 그중 어느 하나만 갖추어져도 충분하다(대판 1993. 10. 12, 93다19924).

188 궁박은 경제적인 것에 한정하지 않으며 정신적, 신체적인 원인에 기인하는 것을 포함한다. ( ) (2017 변리사)

> **해설** '궁박'이라 함은 '급박한 곤궁'을 의미하는 것으로서 경제적 원인에 기인할 수도 있고 정신적 또는 심리적 원인에 기인할 수도 있다(대판 2002. 10. 22, 2002다38927).

189-1 무경험은 생활체험의 부족을 의미하는 것으로, 거래일반에 대한 경험부족이 아니라 특정영역에 있어서의 경험부족을 의미한다. ( ) (2017 변리사)

185 (×) 186-1 (×) 186-2 (○) 186-3 (×) 187 (○) 188 (○) 189-1 (×) 《 정답

189-2 불공정한 법률행위의 성립요건으로 요구되는 무경험이란 일반적인 생활체험의 부족이 아니라 해당 법률행위가 행해진 바로 그 영역에서의 경험 부족을 의미한다. ( )

(2023 변리사)

> **해설** '무경험'이라 함은 일반적인 생활체험의 부족을 의미하는 것으로서 어느 특정영역에 있어서의 경험부족이 아니라 거래일반에 대한 경험부족을 뜻한다(대판 2002. 10. 22, 2002다38927).

190-1 대리인이 매매계약을 체결한 경우, 무경험은 그 대리인을 기준으로 판단하고 궁박 상태에 있었는지의 여부는 본인의 입장에서 판단해야 한다. ( ) (2016 변리사)

190-2 대리인에 의한 법률행위에서 무경험과 궁박은 대리인을 기준으로 판단하여야 한다. ( )

(2014 변리사)

> **해설** 대리인이 매매계약을 체결한 경우, 경솔과 무경험은 그 대리인을 기준으로 판단하고 궁박상태에 있었는지의 여부는 본인의 입장에서 판단해야 한다(대판 2002. 10. 22, 2002다38927).

191-1 급부와 반대급부 사이에 현저한 불균형이 있으면 당사자의 궁박, 경솔 또는 무경험으로 인한 법률행위가 추정된다. ( ) (2014 변리사)

191-2 법률행위가 현저하게 공정을 잃은 경우, 특별한 사정이 없는 한 그 법률행위는 궁박·경솔·무경험으로 인해 이루어진 것으로 추정된다. ( ) (2021 변리사)

> **해설** 본조의 불공정한 법률행위를 주장하는 자는 스스로 궁박, 경솔, 무경험으로 인하였음을 증명하여야 하고, 그 법률행위가 현저하게 공정을 잃었다 하여 곧 그것이 경솔하게 이루어졌다고 추정하거나 궁박한 사정이 인정되는 것이 아니다(대판 1969. 7. 8, 69다594).

192-1 당사자 중 일방이 상대방의 궁박, 경솔 또는 무경험을 알면서 이를 이용하려는 의사가 있어야 한다. ( ) (2017 변리사)

192-2 법률행위가 현저히 공정을 잃었고, 어느 한 당사자에게 궁박의 사정이 존재한다고 하여도 그 상대방에게 이러한 사정을 이용하려는 폭리행위의 악의가 없었다면 불공정한 법률행위는 인정되지 않는다. ( ) (2023 변리사)

> **해설** 피해 당사자가 궁박, 경솔 또는 무경험의 상태에 있었다고 하더라도 그 상대방 당사자에게 그와 같은 피해 당사자측의 사정을 알면서 이를 이용하려는 의사, 즉 폭리행위의 악의가 없었다거나 또는 객관적으로 급부와 반대급부 사이에 현저한 불균형이 존재하지 아니한다면 불공정 법률행위는 성립하지 않는다(대판 2002. 10. 22, 2002다38927).

193 폭리행위의 악의가 없거나 급부와 반대급부 사이에 현저한 불균형이 존재하지 않으면 불공정한 법률행위가 인정되지 않는다. ( ) (2016 변리사)

정답 189-2 (×) 190-1 (○) 190-2 (×) 191-1 (×) 191-2 (×) 192-1 (○) 192-2 (○) 193 (○)

> **해설** 폭리행위의 악의가 없었다거나 또는 객관적으로 급부와 반대급부 사이에 현저한 불균형이 존재하지 아니한다면 불공정 법률행위는 성립하지 않는다(대판 2002. 10. 22, 2002다38927).

194-1 **불공정한 법률행위로 인한 무효는 절대적 무효이므로 그 법률행위에는 무효행위의 전환에 관한 민법 제138조가 적용될 수 없다. ( )** (2014 변리사)

194-2 **매매계약이 약정된 매매대금의 과다로 불공정한 법률행위에 해당하여 무효인 경우에 무효행위의 전환에 관한 민법 제138조가 적용될 수 있다. ( )** (2016 변리사)

194-3 **불공정한 법률행위로서 무효인 경우, 추인에 의하여 무효인 법률행위가 유효로 될 수는 없지만, 무효행위의 전환에 관한 민법 제138조는 적용될 수 있다. ( )** (2017 변리사)

194-4 **불공정한 법률행위는 절대적 무효이므로 무효행위의 전환이 인정되지 않는다. ( )** (2017 변호사)

194-5 **불공정한 법률행위에도 무효행위 전환의 법리가 적용될 수 있다. ( )** (2021 변리사)

194-6 **매매계약이 약정된 매매대금의 과다로 말미암아 「민법」 제104조에서 정하는 '불공정한 법률행위'에 해당하여 무효인 경우에도 무효행위의 전환에 관한 같은 법 제138조가 적용될 수 있어, 당사자 쌍방이 위와 같은 무효를 알았더라면 대금을 다른 액으로 정하여 매매계약에 합의하였을 것이라고 예외적으로 인정되는 경우에는, 그 대금액을 내용으로 하는 매매계약이 유효하게 성립한다. ( )** (2021, 2022 변호사)

> **해설** 매매계약이 약정된 매매대금의 과다로 말미암아 민법 제104조에서 정하는 '불공정한 법률행위'에 해당하여 무효인 경우에도 무효행위의 전환에 관한 민법 제138조가 적용될 수 있다. 따라서 당사자 쌍방이 위와 같은 무효를 알았더라면 대금을 다른 액으로 정하여 매매계약에 합의하였을 것이라고 예외적으로 인정되는 경우에는, 그 대금액을 내용으로 하는 매매계약이 유효하게 성립한다(대판 2010. 7. 15, 2009다50308).

195 **불공정한 법률행위를 할 때 당사자간에 그 법률행위의 불공정성을 이유로 하여 법률행위의 효력을 다툴 수 없다는 합의가 함께 행해졌다면 그러한 합의는 유효하다. ( )** (2023 변리사)

> **해설** 매매계약과 같은 쌍무계약이 급부와 반대급부와의 불균형으로 말미암아 민법 제104조에서 정하는 '불공정한 법률행위'에 해당하여 무효라고 한다면, 그 계약으로 인하여 불이익을 입는 당사자로 하여금 위와 같은 불공정성을 소송 등 사법적 구제수단을 통하여 주장하지 못하도록 하는 부제소합의 역시 다른 특별한 사정이 없는 한 무효이다(대판 2010. 7. 15, 2009다50308).

194-1 (×) 194-2 (○) 194-3 (○) 194-4 (×) 194-5 (○) 194-6 (○) 195 (×) 《 정답

Ⅶ. 의사표시해석에 대한 입법태도

Ⅷ. 비진의표시

196 **공무원 甲이 사직의 의사표시를 하는 것과 같은 사인의 공법행위에도 진의 아닌 의사표시에 관한 민법 규정이 적용된다. ( )** (2019 변리사)

> **해설** 공무원이 사직의 의사표시를 하여 의원면직처분을 하는 경우 그 사직의 의사표시는 그 법률관계의 특수성에 비추어 외부적·객관적으로 표시된 바를 존중하여야 할 것이므로, 비록 사직원제출자의 내심의 의사가 사직할 뜻이 아니었다고 하더라도 진의 아닌 의사표시에 관한 민법 제107조는 그 성질상 사직의 의사표시와 같은 사인의 공법행위에는 준용되지 아니하므로 그 의사가 외부에 표시된 이상 그 의사는 표시된 대로 효력을 발한다(대판 1997. 12. 12, 97누13962).

197 **甲이 상대방 乙에게 진의 아닌 의사표시의 무효를 주장하는 경우, 乙의 악의나 과실 유무는 甲이 증명해야 한다. ( )** (2019 변리사)

> **해설** 어떠한 의사표시가 비진의 의사표시로서 무효라고 주장하는 경우에 그 입증책임은 그 주장자에게 있다(대판 1992. 5. 22, 92다2295).

Ⅸ. 허위표시

198 **차명(借名)으로 대출받으면서 명의대여자에게는 법률효과를 귀속시키지 않기로 하는 합의가 대출기관과 실제 차주 사이에 있었다면 명의대여자의 명의로 작성된 대출계약은 통정허위표시이다. ( )** (2023 변리사)

> **해설** 동일인에 대한 대출액 한도를 제한한 법령이나 금융기관 내부규정의 적용을 회피하기 위하여 실질적인 주채무자가 실제 대출받고자 하는 채무액에 대하여 제3자를 형식상의 주채무자로 내세우고, 금융기관도 이를 양해하여 제3자에 대하여는 채무자로서의 책임을 지우지 않을 의도하에 제3자 명의로 대출관계서류를 작성받은 경우, 제3자는 형식상의 명의만을 빌려 준 자에 불과하고 그 대출계약의 실질적인 당사자는 금융기관과 실질적 주채무자이므로, 제3자 명의로 되어 있는 대출약정은 그 금융기관의 양해하에 그에 따른 채무부담의 의사 없이 형식적으로 이루어진 것에 불과하여 통정허위표시에 해당하는 무효의 법률행위이다(대판 2001. 5. 29, 2001다11765).

199-1 **동일인 여신한도의 제한을 회피하기 위하여 실질적 주채무자 아닌 제3자가 은행에 알리지 않고 주채무자로 서명·날인하여 은행과 소비대차계약을 체결한 경우, 이 계약은 통정허위표시로서 무효이다. ( )** (2014 변리사)

정답 196 (×) 197 (○) 198 (○) 199-1 (×)

199-2 甲이 실제 차주인 丙에 대한 여신제한 등의 규정을 회피하기 위하여 甲 자신 명의로 금융기관 乙과의 소비대차계약서에 서명날인했다 하더라도, 乙과 소비대차에 따른 법률효과를 丙에게 귀속시키기로 약정하거나 乙이 이를 양해하는 등 특별한 사정이 없는 이상, 甲과 乙 사이의 소비대차계약은 통정허위표시가 아니며 甲이 이 소비대차계약에 따른 채무를 부담한다. ( ) (2018 변호사)

> **해설** 통정허위표시가 성립하기 위해서는 의사표시의 진의와 표시가 일치하지 아니하고 그 불일치에 관하여 상대방과 사이에 합의가 있어야 하는데, 제3자가 금전소비대차약정서 등 대출관련 서류에 주채무자 또는 연대보증인으로서 직접 서명·날인하였다면 제3자는 자신이 그 소비대차계약의 채무자임을 금융기관에 대하여 표시한 셈이고, 제3자가 금융기관이 정한 여신제한 등의 규정을 회피하여 타인으로 하여금 제3자 명의로 대출을 받아 이를 사용하도록 할 의사가 있었다거나 그 원리금을 타인의 부담으로 상환하기로 하였더라도, 특별한 사정이 없는 한 이는 소비대차계약에 따른 경제적 효과를 타인에게 귀속시키려는 의사에 불과할 뿐, 그 법률상의 효과까지도 타인에게 귀속시키려는 의사로 볼 수는 없으므로 제3자의 진의와 표시에 불일치가 있다고 보기는 어렵다고 할 것인바, 구체적 사안에서 위와 같은 특별한 사정의 존재를 인정하기 위해서는, 금융기관이 명의대여자와 사이에 당해 대출에 따르는 법률상의 효과까지 실제 차주에게 귀속시키고 명의대여자에게는 그 채무부담을 지우지 않기로 약정 또는 양해하였음이 적극적으로 입증되어야 한다(대판 2015. 2. 12, 2014다41223).

200-1 통정허위표시로 무효가 된 법률행위도 채권자취소권의 대상이 될 수 있다. ( ) (2014 변리사)

200-2 채무자 甲의 법률행위가 통정허위표시로서 무효인 경우에도 그 법률행위가 채권자취소권의 요건을 갖추었다면, 甲의 채권자 乙은 채권자취소권을 행사할 수 있다. ( ) (2019 변리사)

200-3 통정허위표시에 의한 법률행위도 채권자취소권의 대상인 사해행위가 될 수 있다. ( ) (2023 변리사)

> **해설** 채무자의 법률행위가 통정허위표시인 경우에도 채권자취소권의 대상이 되고, 한편 채권자취소권의 대상으로 된 채무자의 법률행위라도 통정허위표시의 요건을 갖춘 경우에는 무효라고 할 것이다(대판 1998. 2. 27, 97다50985).

201 통정한 허위의 의사표시는 무효이나, 허위표시의 당사자와 포괄승계인 이외의 자로서 허위표시에 의하여 외형상 형성된 법률관계를 토대로 실질적으로 새로운 법률상 이해관계를 맺은 선의의 제3자에 대하여는 허위표시의 당사자뿐만 아니라 그 누구도 허위표시의 무효로 대항하지 못한다. ( ) (2021 변호사)

> **해설** 상대방과 통정한 허위의 의사표시는 무효이고 누구든지 그 무효를 주장할 수 있는 것이 원칙이나, 허위표시의 당사자 및 포괄승계인 이외의 자로서 허위표시에 의하여 외형상 형성된 법률관계를 토대로 실질적으로 새로운 법률상 이해관계를 맺은 선의의 제3자에 대하여는 허위표시의 당사자뿐만 아니라 그 누구도 허위표시의 무효를 대항하지 못하고, 따라서 선의의 제3자에 대한 관계에 있어서는 허위표시도 그 표시된 대로 효력이 있다(대판 1996. 4. 26, 94다12074).

199-2 (○) 200-1 (○) 200-2 (○) 200-3 (○) 201 (○) 《 정답

202 **통정허위표시에 따른 선급금 반환채무 부담행위에 기하여 선의로 그 채무를 보증한 자는 보증채무의 이행 여부와 상관없이 허위표시의 무효로부터 보호받는 제3자에 해당한다. ( )**

(2023 변리사)

> **해설** 보증인이 주채무자의 기망행위에 의하여 주채무가 있는 것으로 믿고 주채무자와 보증계약을 체결한 다음 그에 따라 보증채무자로서 그 채무까지 이행한 경우, 그 보증인은 주채무자에 대한 구상권 취득에 관하여 법률상의 이해관계를 가지게 되었고 그 구상권 취득에는 보증의 부종성으로 인하여 주채무가 유효하게 존재할 것을 필요로 한다는 이유로 결국 그 보증인은 주채무자의 채권자에 대한 채무 부담행위라는 허위표시에 기초하여 구상권 취득에 관한 법률상 이해관계를 가지게 되었다고 보아 민법 제108조 제2항 소정의 '제3자'에 해당한다고 한 사례(대판 2000. 7. 6, 99다51258).

203-1 **임대차보증금반환채권이 양도된 후에 양수인의 채권자가 임대차보증금반환채권에 대하여 채권압류 및 추심명령을 받은 경우 위 채권양도계약이 통정허위표시로서 무효인 때에는, 양수인의 채권자는 이로 인해 외형상 형성된 법률관계를 기초로 실질적으로 새로운 이해관계를 맺은 「민법」 제108조 제2항 소정의 제3자에 해당한다. ( )** (2020 변호사)

203-2 **임대차보증금반환채권이 양도된 후 양수인의 채권자가 임대차보증금반환채권에 대하여 채권압류 및 추심명령을 받았는데, 임대차보증금반환채권 양도계약이 통정허위표시로서 무효인 경우 양수인의 채권자는 채권의 추심권능만을 부여받은 자여서 통정허위표시에 관한 「민법」 제108조 제2항의 제3자에 해당하지 않는다. ( )** (2021 변호사)

> **해설** 임대차보증금 반환채권이 양도된 후 그 양수인의 채권자가 보증금반환채권에 대해 채권압류 및 추심명령을 받았는데 그 임대차보증금반환채권 양도계약이 허위표시로서 무효인 경우, 그 채권자는 외형상 형성된 법률관계를 기초로 실질적으로 새로운 법률상 이해관계를 맺은 제3자에 해당한다(대판 2014. 4. 10, 2013다59753). ☞ 채권의 가장양도에 있어서 양수인의 채권에 대해 채권압류 및 추심명령을 받은 자는 제3자에 해당한다.
>
> [참고판례] 민법 제108조 제2항에서 말하는 제3자는 허위표시의 당사자와 그의 포괄승계인 이외의 자 모두를 가리키는 것이 아니고 그 가운데서 허위표시행위를 기초로 하여 새로운 이해관계를 맺은 자를 한정해서 가리키는 것으로 새겨야 할 것이므로 통정허위표시인 채권양도계약이 체결된 경우 채무자는 민법 제108조 제2항 소정의 제3자에 해당되지 않는다(대판 1983. 1. 18, 82다594). ☞ 채권의 가장양도에 있어서 채무자는 제3자에 해당되지 않는다.

204 **차주와 통정하여 금전소비대차를 체결한 금융기관으로부터 계약을 인수한 자는 법률상 새로운 이해관계를 가지게 된 제3자에 해당한다. ( )** (2014 변리사)

> **해설** "계약을 인수한 자"는 당사자의 지위를 이전받는 것이므로 법률상 새로운 이해관계를 가지게 된 제3자에 해당하지 않는다.

정답 》 202 (×) 203-1 (○) 203-2 (×) 204 (×)

205 甲이 부동산의 매수자금을 乙로부터 차용하고 그 담보조로 乙에게 가등기를 해 주기로 약정하였으나 그 부동산에 대한 자신의 다른 채권자들의 강제집행을 우려하여 丙에게 이 부동산을 가장양도한 다음 丙이 乙에게 가등기를 경료해 준 경우, 乙은 통정허위표시에서의 제3자에 해당하지 않는다. ( ) (2018 변호사)

> **해설** 통정허위표시의 무효를 대항할 수 없는 제3자란 허위표시의 당사자 및 포괄승계인 이외의 자로서 허위표시에 의하여 외형상 형성된 법률관계를 토대로 새로운 법률원인으로써 이해관계를 갖게 된 자를 말한다. 따라서 甲이 부동산의 매수자금을 乙로부터 차용하고 담보조로 가등기를 경료하기로 약정한 후 채권자들의 강제집행을 우려하여 丙에게 가장양도한 후 乙 앞으로 가등기를 경료케 한 경우에 있어서 乙은 형식상은 가장 양수인으로부터 가등기를 경료받은 것으로 되어 있으나 실질적인 새로운 법률원인에 의한 것이 아니므로 통정허위 표시에서의 제3자로 볼 수 없다(대판 1982. 5. 25, 80다1403).

206-1 파산채무자가 통정한 허위의 의사표시를 통하여 가장채권을 보유하고 있다가 파산이 선고된 경우 그 가장채권도 일단 파산재단에 속하게 되고, 파산관재인은 파산채무자의 포괄승계인이어서 「민법」 제108조 제2항의 통정허위표시의 제3자에 해당하지 않는다. ( ) (2021 변호사)

206-2 甲 은행이 乙과의 통정허위표시에 의한 가장의 대출채권을 보유하던 중 파산한 경우, 법원에 의해 선임된 파산관재인 丙은 통정허위표시에서의 제3자에 해당하며, 丙의 선의·악의는 丙을 기준으로 하는 것이 아니라 총 파산채권자를 기준으로 하여야 하므로, 파산채권자 모두가 악의가 아닌 이상 乙은 丙을 상대로 자신에게 대출채무가 존재하지 않는다고 주장할 수 없다. ( ) (2018 변호사)

206-3 파산관재인은 그가 비록 통정허위표시에 대해 악의였다고 하더라도 파산채권자 모두가 악의로 되지 않는 한 선의의 제3자로 인정된다. ( ) (2023 변리사)

> **해설** 파산자가 상대방과 통정한 허위의 의사표시를 통하여 가장채권을 보유하고 있다가 파산이 선고된 경우 그 가장채권도 일단 파산재단에 속하게 되고, 파산선고에 따라 파산자와는 독립한 지위에서 파산채권자 전체의 공동의 이익을 위하여 직무를 행하게 된 파산관재인은 그 허위표시에 따라 외형상 형성된 법률관계를 토대로 실질적으로 새로운 법률상 이해관계를 가지게 된 민법 제108조 제2항의 제3자에 해당하고, 그 선의·악의도 파산관재인 개인의 선의·악의를 기준으로 할 수는 없고, 총파산채권자를 기준으로 하여 파산채권자 모두가 악의로 되지 않는 한 파산관재인은 선의의 제3자라고 할 수밖에 없다. 그리고 이와 같이 파산관재인이 제3자로서의 지위도 가지는 점 등에 비추어, 특별한 사정이 없는 한 파산관재인은 사기에 의한 의사표시에 따라 외형상 형성된 법률관계를 토대로 실질적으로 새로운 법률상 이해관계를 가지게 된 민법 제110조 제3항의 제3자에 해당하고, 파산채권자 모두가 악의로 되지 않는 한 파산관재인은 선의의 제3자라고 할 수밖에 없다(대판 2014. 8. 20, 2014다206563; 대판 2010. 4. 29, 2009다96083). ☞ 판례(대판 2003. 6. 24, 2002다48214)는 파산관재인은 파산자의 포괄승계인과 같은 지위를 가지게 되지만, 민법 제108조 제2항의 제3자에 해당한다고 하였음을 주의할 것이다.

205 (○) 206-1 (×) 206-2 (○) 206-3 (○) 《 정답

207-1 통정허위표시의 무효는 선의의 제3자에게 대항하지 못하며, 이때 제3자는 선의이면 족하고 무과실을 요하지 않는다. ( ) (2019 변리사)

207-2 「민법」 제108조 제2항의 통정한 허위의 의사표시의 무효로 대항할 수 없는 제3자는 선의이면 족하고 무과실은 요건이 아니다. ( ) (2021 변호사)

> **해설** 민법 제108조 제2항에 규정된 통정허위표시에 있어서의 제3자는 그 선의 여부가 문제이지 이에 관한 과실 유무를 따질 것이 아니다(대판 2006. 3. 10, 2002다1321).

208-1 甲이 통정허위표시로 乙에게 甲 소유의 부동산에 관한 전세권설정등기를 해 준 이후 丙이 이 전세권을 목적으로 한 근저당권설정등기를 마친 다음 丁이 丙의 전세권근저당권부 채권을 가압류한 경우, 설사 丁이 선의라 하더라도 丙이 악의인 이상 甲은 丁에게 위 전세권이 무효임을 주장할 수 있다. ( ) (2018, 2022 변호사)

208-2 통정허위표시의 제3자가 악의라도 그 전득자가 통정허위표시에 대하여 선의인 때에는 전득자에게 허위표시의 무효를 주장할 수 없다. ( ) (2019 변리사)

> **해설** [1] 실제로는 전세권설정계약을 체결하지 아니하였으면서도 임대차계약에 기한 임차보증금반환채권을 담보할 목적 또는 금융기관으로부터 자금을 융통할 목적으로 임차인과 임대인 사이의 합의에 따라 임차인 명의로 전세권설정등기를 경료한 경우에, 위 전세권설정계약이 통정허위표시에 해당하여 무효라 하더라도 위 전세권설정계약에 의하여 형성된 법률관계에 기초하여 새로이 법률상 이해관계를 가지게 된 제3자에 대하여는 그 제3자가 그와 같은 사정을 알고 있었던 경우에만 그 무효를 주장할 수 있다. 그리고 여기에서 선의의 제3자가 보호될 수 있는 법률상 이해관계는 위 전세권설정계약의 당사자를 상대로 하여 직접 법률상 이해관계를 가지는 경우 외에도 그 법률상 이해관계를 바탕으로 하여 다시 위 전세권설정계약에 의하여 형성된 법률관계와 새로이 법률상 이해관계를 가지게 되는 경우도 포함된다. [2] 甲이 乙의 임차보증금반환채권을 담보하기 위하여 통정허위표시로 乙에게 전세권설정등기를 마친 후 丙이 이러한 사정을 알면서도 乙에 대한 채권을 담보하기 위하여 위 전세권에 대하여 전세권근저당권설정등기를 마쳤는데, 그 후 丁이 丙의 전세권근저당권부 채권을 가압류하였다가 이를 본압류로 이전하는 압류명령을 받은 사안에서, 丙의 전세권근저당권부 채권은 통정허위표시에 의하여 외형상 형성된 전세권을 목적물로 하는 전세권근저당권의 피담보채권이고, 丁은 이러한 丙의 전세권근저당권부 채권을 가압류하고 압류명령을 얻음으로써 그 채권에 관한 담보권인 전세권근저당권의 목적물에 해당하는 전세권에 대하여 새로이 법률상 이해관계를 가지게 되었으므로, 丁이 통정허위표시에 관하여 선의라면 비록 丙이 악의라 하더라도 허위표시자는 그에 대하여 전세권이 통정허위표시에 의한 것이라는 이유로 대항할 수 없음에도, 이와 달리 본 원심판결에 법리오해의 위법이 있다고 한 사례(대판 2013. 2. 15, 2012다49292).

209 통정허위표시는 반사회적 행위가 아니므로, 통정허위표시로 인한 채무를 이행한 때에도 불법원인급여가 되지 않는다. ( ) (2014 변리사)

정답 207-1 (○) 207-2 (○) 208-1 (×) 208-2 (○) 209 (○)

> **해설** 부당이득의 반환청구가 금지되는 사유로 민법 제746조가 규정하는 불법원인이라 함은 그 원인되는 행위가 선량한 풍속 기타 사회질서에 위배되는 경우를 말하는 것이다(대판 2010. 5. 27, 2009다12580). 따라서 통정허위표시는 반사회적 행위가 아니므로, 통정허위표시로 인한 채무를 이행한 때에도 불법원인급여가 되지 않는다.

210 **허위표시의 무효로 대항할 수 없는 선의의 제3자에 관한 설명으로 옳은 것은? (다툼이 있으면 판례에 따름)** (2022 변리사)

① 파산관재인은 파산채권자 모두가 악의가 아닌 한 선의의 제3자이다.
② 가장근저당권설정계약이 유효하다고 믿고 그 피담보채권을 가압류한 자는 선의의 제3자로 보호될 수 없다.
③ 가장소비대차의 계약상 지위를 선의로 이전받은 자는 선의의 제3자로 보호될 수 있다.
④ 악의의 제3자로부터 선의로 전득한 자는 선의의 제3자로 보호받지 못한다.
⑤ 선의의 제3자로 보호받기 위해서는 선의뿐만 아니라 무과실도 인정되어야 한다.

> **해설** ① (○) : [1] 파산자가 상대방과 통정한 허위의 의사표시에 의해 성립된 가장채권을 보유하고 있다가 파산이 선고된 경우, 파산관재인은 그 허위표시에 따라 외형상 형성된 법률관계를 토대로 실질적으로 새로운 법률상 이해관계를 가지게 된 민법 제108조 제2항의 '제3자'에 해당한다. [2] 파산관재인이 민법 제108조 제2항의 경우 등에 있어 제3자에 해당하는 것은 파산관재인은 파산채권자 전체의 공동의 이익을 위하여 선량한 관리자의 주의로써 그 직무를 행하여야 하는 지위에 있기 때문이므로, 그 선의·악의도 파산관재인 개인의 선의·악의를 기준으로 할 수는 없고 총파산채권자를 기준으로 하여 파산채권자 모두가 악의로 되지 않는 한 파산관재인은 선의의 제3자라고 할 수밖에 없다(대판 2006. 11. 10, 2004다10299).
> ② (×) : 통정한 허위표시에 의하여 외형상 형성된 법률관계로 생긴 채권을 가압류한 경우, 그 가압류권자는 허위표시에 기초하여 새로운 법률상 이해관계를 가지게 되므로 민법 제108조 제2항의 제3자에 해당한다고 봄이 상당하다(대판 2004. 5. 28, 2003다70041). ☞ 가장근저당권설정계약이 유효하다고 믿고 그 피담보채권에 대하여 가압류하였음을 전제로 민법 제108조 제2항의 선의의 제3자에 해당한다고 한 사안.
> ③ (×) : 구 상호신용금고법(2000. 1. 28. 법률 제6203호로 개정되기 전의 것) 소정의 계약이전은 금융거래에서 발생한 계약상의 지위가 이전되는 사법상의 법률효과를 가져오는 것이므로, 계약이전을 받은 금융기관은 계약이전을 요구받은 금융기관과 대출채무자 사이의 통정허위표시에 따라 형성된 법률관계를 기초로 하여 새로운 법률상 이해관계를 가지게 된 민법 제108조 제2항의 제3자에 해당하지 않는다(대판 2004. 1. 15, 2002다31537).
> ④ (×) : 甲이 乙의 임차보증금반환채권을 담보하기 위하여 통정허위표시로 乙에게 전세권설정등기를 마친 후 丙이 이러한 사정을 알면서도 乙에 대한 채권을 담보하기 위하여 위 전세권에 대하여 전세권근저당권설정등기를 마쳤는데, 그 후 丁이 丙의 전세권근저당권부채권을 가압류하고 압류명령을 받은 사안에서, 丁이 통정허위표시에 관하여 선의라면 비록 丙이 악의라 하더라도 허위표시자는 그에 대하여 전세권이 통정허위표시에 의한 것이라는 이유로 대항할 수 없다(대판 2013. 2. 15, 2012다49292).
> ⑤ (×) : 민법 제108조 제2항의 제3자는 선의이면 족하고 무과실은 요건이 아니다(대판 2004. 5. 28, 2003다70041).

210 ① 《 정답

X. 착오에 의한 의사표시

211 **대리인의 표시 내용과 본인의 의사가 다른 경우, 본인은 착오를 이유로 의사표시를 취소할 수 없다. ( )** (2015 변리사)

> **해설** 대리인의 의사표시의 착오는 대리인을 기준으로 하기 때문에 대리인의 표시 내용과 본인의 의사가 다른 경우라도, 본인은 착오를 이유로 의사표시를 취소할 수 없다(제116조 참조).

212 **착오로 인한 의사표시의 취소에 관한 민법 제109조 제1항은 당사자의 합의로 그 적용을 배제할 수 없다. ( )** (2021 변리사)

> **해설** 민법 제109조의 법리는 적용을 배제하는 취지의 별도 규정이 있거나 당사자의 합의로 적용을 배제하는 등의 특별한 사정이 없는 한 원칙적으로 모든 사법상 의사표시에 적용된다(대판 2014. 11. 27, 2013다49794).

213 **착오를 이유로 의사표시를 취소하면 그 법률행위는 소급하여 무효로 된다. ( )** (2015 변리사)

> **해설** 취소된 법률행위는 처음부터 무효인 것으로 본다(제141조).

214 **착오의 존재여부는 의사표시 당시를 기준으로 판단하므로, 장래의 불확실한 사실은 착오의 대상이 되지 않는다. ( )** (2015 변리사)

> **해설** 「민법」 제109조의 의사표시에 착오가 있다고 하려면 법률행위를 할 당시에 실제로 없는 사실을 있는 사실로 잘못 깨닫거나 아니면 실제로 있는 사실을 없는 것으로 잘못 생각하듯이 표의자의 인식과 그 대조사실이 어긋나는 경우라야 할 것이므로, 표의자가 행위를 할 당시에 장래에 있을 어떤 사항의 발생이 미필적임을 알아 그 발생을 예기한 데 지나지 않는 경우는, 표의자의 심리상태에 인식과 대조에 불일치가 있다고 할 수 없어 착오로 다룰 수는 없다(대판 2010. 5. 27, 2009다94841). 그러나 부동산의 양도가 있은 경우에 그에 대하여 부과될 양도소득세 등의 세액에 관한 <u>착오가 미필적인 장래의 불확실한 사실에 관한 것이라도 민법 제109조 소정의 착오에서 제외되는 것은 아니다</u>(대판 1994. 6. 10, 93다24810). ☞ 지문에서 쉼표의 앞부분은 맞지만, 쉼표의 뒷부분이 틀렸다.

215 **법률에 관한 착오는 그것이 법률행위 내용의 중요부분에 관한 것이라 하더라도 착오를 이유로 취소할 수 없다. ( )** (2021 변리사)

> **해설** 법률에 관한 착오(양도소득세가 부과될 것인데도 부과되지 아니하는 것으로 오인)라도 그것이 법률행위의 내용의 중요부분에 관한 것인 때에는 표의자는 그 의사표시를 취소할 수 있다(대판 1981. 11. 10, 80다2475).

정답 》 211 (○) 212 (×) 213 (○) 214 (×) 215 (×)

216-1 상대방이 동기를 제공한 경우에도 그 동기가 표시되지 않으면 착오를 이유로 취소할 수 없다. ( ) (2014 변리사)

216-2 동기의 착오가 상대방에 의하여 제공되거나 유발된 경우에는 착오를 이유로 취소할 수 없다. ( ) (2019 변리사)

216-3 시(市)의 개발사업을 위한 토지매수협의를 진행하면서 토지 전부가 대상에 편입된다는 시 공무원의 말을 믿고 매매계약을 체결한 경우, 동기의 착오를 이유로 의사표시를 취소할 수 있다. ( ) (2015 변리사)

> **해설** 동기가 상대방에 의하여 제공되거나 유발된 경우에 동기의 표시 여부와 무관하게 취소를 할 수 있다는 것이 판례의 태도이다. [판례] 시가 산업기지개발사업을 실시하기 위해 토지를 취득함에 있어 일부가 그 사업대상토지에 편입된 토지는 무조건 잔여지를 포함한 전체토지를 협의매수하기로 하여 지주들에게는 잔여지가 발생한 사실 등을 알리지 아니한 채 전체토지에 대한 손실보상협의요청서를 발송하고 매수협의를 진행함에 따라 지주들이 그 소유 토지전부가 사업대상에 편입된 것 등으로 잘못 판단하고 시의 협의매수에 응한 것에 대하여 그 의사표시의 동기에 착오가 있었음을 이유로 취소할 수 있다고 본 사례(대판 1991. 3. 27, 90다카27440).

217 보험회사가 설명의무를 위반하여 고객이 보험계약의 중요사항에 관하여 제대로 이해하지 못한 채 착오에 빠져 보험계약을 체결한 경우, 그 착오가 동기의 착오에 불과하더라도 착오가 없었다면 보험계약을 체결하지 않았거나 적어도 동일한 내용으로 보험계약을 체결하지 않았을 것임이 명백하다면 이를 이유로 보험계약을 취소할 수 있다. ( ) (2020 변호사)

> **해설** 보험회사 또는 보험모집종사자가 설명의무를 위반하여 고객이 보험계약의 중요사항에 관하여 제대로 이해하지 못한 채 착오에 빠져 보험계약을 체결한 경우, 그러한 착오가 동기의 착오에 불과하다고 하더라도 그러한 착오를 일으키지 않았더라면 보험계약을 체결하지 않았거나 아니면 적어도 동일한 내용으로 보험계약을 체결하지 않았을 것이 명백하다면, 위와 같은 착오는 보험계약의 내용의 중요부분에 관한 것에 해당하므로 이를 이유로 보험계약을 취소할 수 있다(대판 2018. 4. 12, 2017다229536).

218-1 법률행위의 중요부분의 착오를 판단하는 기준은 표의자의 내심의 의사이다. ( ) (2014 변리사)

218-2 법률행위 내용의 중요부분에 대한 착오를 판단할 때, 의사표시자의 경제적인 불이익 여부는 문제되지 않는다. ( ) (2019 변리사)

> **해설** 착오가 법률행위 내용의 중요 부분에 있다고 하기 위하여는 표의자에 의하여 추구된 목적을 고려하여 합리적으로 판단하여 볼 때 표시와 의사의 불일치가 객관적으로 현저하여야 하고, 만일 그 착오로 인하여 표의자가 무슨 경제적인 불이익을 입은 것이 아니라고 한다면 이를 법률행위 내용의 중요부분의 착오라고 할 수 없다(대판 1999. 2. 23, 98다47924).

219 부동산매매에서 목적물의 시가에 관한 착오는 법률행위의 중요부분에 관한 착오에 해당하지 않는다. ( ) (2015 변리사)

216-1 (×) 216-2 (×) 216-3 (○) 217 (○) 218-1 (×) 218-2 (×) 219 (○) 《 정답

> **해 설** 부동산매매에서 목적물의 시가에 관한 착오는 법률행위의 중요부분에 관한 착오에 해당하지 않는다(대판 1992. 10. 23, 92다29337).

220 **착오에 있어서 목적물의 객관적인 가격이나 예상된 수량 및 범위와 현저하게 큰 차이는 법률행위 내용의 중요부분에 해당한다. ( )** (2014 변리사)

> **해 설** 착오에 의한 법률행위의 취소가 인정되려면 착오가 법률행위 내용의 중요부분에 있어야 할 것인데(민법 제109조 제1항), 착오가 법률행위 내용의 중요부분에 있다고 하기 위하여는 표의자에 의하여 추구된 목적을 고려하여 합리적으로 판단하여 볼 때 표시와 의사의 불일치가 객관적으로 현저하여야 하고, 보통 일반인이 표의자의 입장에 섰더라면 경제적인 불이익을 입게 되는 결과 등을 가져오게 됨으로써 그와 같은 의사표시를 하지 아니하였으리라고 여겨져야 한다(대판 2013. 9. 26, 2013다40353,40360). ☞ 차이가 현저하다면 중요부분에 해당될 수 있다.
>
> [비교판례1] 부동산의 매매에 있어 시가에 관한 착오는 그 동기의 착오에 불과할 뿐 법률행위의 중요부분에 관한 착오라고는 할 수 없다(대판 1991. 2. 12, 90다17927).
> [비교판례2] 특정된 토지 전부를 매수하였으나 표시된 지적이 실제면적보다 적은 경우라도 그 매매계약의 중요부분에 착오가 있다고 할 수 없다(대판 1969. 5. 13, 69다196).

221 **착오한 표의자의 중대한 과실 유무에 관한 증명책임은 의사표시의 효력을 부인하는 착오자에게 있다. ( )** (2021 변리사)

> **해 설** 착오의 존재 및 그 착오가 법률행위 내용의 중요부분에 관한 것이라는 점은 표의자가 입증책임을 진다. 반면에 표의자에게 중과실이 있다는 점에 대해서는 표의자의 상대방이 입증책임을 진다(대판 2008.1.17, 2007다74188).

222-1 **착오가 의사표시자의 중대한 과실로 인한 경우에는 상대방이 그 착오를 알고 이를 이용하였더라도 의사표시자는 착오를 이유로 의사표시를 취소할 수 없다. ( )** (2019 변리사)

222-2 **의사표시의 착오가 표의자의 중대한 과실로 발생하였으나 상대방이 표의자의 착오를 알고 이용한 경우, 표의자는 의사표시를 취소할 수 있다. ( )** (2020 변호사)

222-3 **상대방이 표의자의 착오를 알고 이용한 경우, 그 착오가 표의자의 중대한 과실로 인한 것이라고 하더라도 표의자는 착오에 의한 의사표시를 취소할 수 있다. ( )** (2021 변리사)

> **해 설** 민법 제109조 제1항 단서는 의사표시의 착오가 표의자의 중대한 과실로 인한 때에는 그 의사표시를 취소하지 못한다고 규정하고 있는데, 위 단서 규정은 표의자의 상대방의 이익을 보호하기 위한 것이므로, 상대방이 표의자의 착오를 알고 이를 이용한 경우에는 착오가 표의자의 중대한 과실로 인한 것이라고 하더라도 표의자는 의사표시를 취소할 수 있다.(대판 2014.11.27, 2013다49794). ☞ 전문가인 미래에셋증권이 착오로 0.8원을 80원으로 청약하자 상대방인 유안타증권이 이를 알면서도 승낙한 사안에서 표의자에게 중과실이 있지만 상대방이 표의자의 착오를 알고 이용하였다는 이유로 표의자는 그 의사표시를 취소할 수 있다고 한 사례.

정답 》 220 (○) 221 (×) 222-1 (×) 222-2 (○) 222-3 (○)

223 **소의 취하 등과 같은 공법행위도 착오를 이유로 하는 취소가 허용된다. ( )** (2014 변리사)

> **해설** 소의 취하는 원고가 제기한 소를 철회하여 소송계속을 소멸시키는 원고의 법원에 대한 소송행위이고 소송행위는 일반 사법상의 행위와는 달리 내심의 의사보다 그 표시를 기준으로 하여 효력 유무를 판정할 수밖에 없는 것인바, 원고 소송대리인으로부터 소송대리인 사임신고서 제출을 지시받은 사무원은 원고 소송대리인의 표시기관에 해당되어 그의 착오는 원고 소송대리인의 착오라고 보아야 하므로, 사무원의 착오로 원고 소송대리인의 의사에 반하여 소를 취하하였다고 하여도 이를 무효라고 볼 수는 없다(대판 1997. 10. 24, 95다11740). ☞ 판례는 무효라고 볼 수 없다고 하는데(민사소송법상의 논의에 따른 것임), 민법 제109조에 의한 취소도 할 수 없음은 물론이다.
>
> [비교판례] 소취하합의의 의사표시 역시 민법 제109조에 따라 법률행위의 내용의 중요 부분에 착오가 있는 때에는 취소할 수 있을 것이다(대판 2020. 10. 15, 2020다227523, 227530). ☞ 소취하합의의 법적 성질은 소송계약이 아니라 사법계약이라는 것이 판례의 태도이다.

224-1 **경과실에 의한 착오를 이유로 의사표시를 취소한 자는 상대방이 그 의사표시의 유효를 믿었음으로 인하여 발생한 손해에 대해 불법행위 책임을 진다. ( )** (2020 변호사)

224-2 **표의자가 착오를 이유로 의사표시를 취소한 경우, 취소로 인하여 손해를 입은 상대방은 표의자에게 불법행위로 인한 손해배상을 청구할 수 있다. ( )** (2021 변리사)

> **해설** 불법행위로 인한 손해배상책임이 성립하기 위하여는 가해자의 고의 또는 과실 이외에 행위의 위법성이 요구되므로, 전문건설공제조합이 계약보증서를 발급하면서 조합원이 수급할 실제 도급금액을 확인하지 아니한 과실이 있다고 하더라도, 민법 제109조에서 중과실이 없는 착오자의 착오를 이유로 한 의사표시의 취소를 허용하고 있는 이상, 전문건설공제조합이 과실로 인하여 착오에 빠져 계약보증서를 발급한 것이나 그 착오를 이유로 보증계약을 취소한 것이 위법하다고 할 수는 없다. 따라서 취소한 자에게 불법행위를 이유로 손해배상을 청구할 수 없다(대판 1997. 8. 22, 97다13023).

225 **甲은 乙의 기망에 의해 신원보증 서류에 서명날인한다는 착각에 빠져 乙의 丙에 대한 채무를 보증하는 서면에 서명날인하였다. 이에 관한 설명 중 옳은 것(○)과 옳지 않은 것(×)을 올바르게 조합한 것은? (각 지문은 독립적이며, 다툼이 있는 경우 판례에 의함)** (2018 변호사)

> ㄱ. 丙이 乙의 기망사실을 알았거나 알 수 있었다면 甲은 사기에 의한 의사표시를 이유로 丙과의 보증계약을 취소할 수 있다.
> ㄴ. 乙과 丙이 공모하여 甲을 기망하였다면 甲은 상대방에 의해 유발된 동기의 착오를 이유로 丙과의 보증계약을 취소할 수 있다.
> ㄷ. 甲이 착각에 빠진 점에 관하여 설사 중과실이 있다 하더라도 丙이 이를 알고 이용한 경우에는 甲은 착오를 이유로 丙과의 보증계약을 취소할 수 있다.
> ㄹ. 甲이 착각에 빠진 점에 관하여 경과실이 있는 경우, 甲의 착오를 이유로 한 취소가 허용되어 이로 인해 丙이 손해를 입었다면, 丙은 甲을 상대로 불법행위에 의한 손해배상을 청구할 수 있다.

223 (×) 224-1 (×) 224-2 (×) 225 ⑤ 《 정답

① ㄱ(○), ㄴ(×), ㄷ(×), ㄹ(○)
② ㄱ(○), ㄴ(○), ㄷ(×), ㄹ(×)
③ ㄱ(×), ㄴ(○), ㄷ(×), ㄹ(○)
④ ㄱ(×), ㄴ(○), ㄷ(○), ㄹ(×)
⑤ ㄱ(×), ㄴ(×), ㄷ(○), ㄹ(×)

해설 ㄱ.(×), ㄴ.(×) : 사기에 의한 의사표시란 타인의 기망행위로 말미암아 착오에 빠지게 된 결과 어떠한 의사표시를 하게 되는 경우이므로 거기에는 의사와 표시의 불일치가 있을 수 없고, 단지 의사의 형성과정 즉 의사표시의 동기에 착오가 있는 것에 불과하며, 이 점에서 고유한 의미의 착오에 의한 의사표시와 구분되는데, 신원보증서류에 서명날인한다는 착각에 빠진 상태로 연대보증의 서면에 서명날인한 경우, 결국 위와 같은 행위는 강학상 기명날인의 착오(또는 서명의 착오), 즉 어떤 사람이 자신의 의사와 다른 법률효과를 발생시키는 내용의 서면에, 그것을 읽지 않거나 올바르게 이해하지 못한 채 기명날인을 하는 이른바 표시상의 착오에 해당하므로, 비록 위와 같은 착오가 제3자의 기망행위에 의하여 일어난 것이라 하더라도 그에 관하여는 사기에 의한 의사표시에 관한 법리, 특히 상대방이 그러한 제3자의 기망행위 사실을 알았거나 알 수 있었을 경우가 아닌 한 의사표시자가 취소권을 행사할 수 없다는 민법 제110조 제2항의 규정을 적용할 것이 아니라, 착오에 의한 의사표시에 관한 법리만을 적용하여 취소권 행사의 가부를 가려야 한다(대판 2005. 5. 27, 2004다43824).

ㄷ.(○) : 민법 제109조 제1항 단서는 의사표시의 착오가 표의자의 중대한 과실로 인한 때에는 그 의사표시를 취소하지 못한다고 규정하고 있는데, 위 단서 규정은 표의자의 상대방의 이익을 보호하기 위한 것이므로, 상대방이 표의자의 착오를 알고 이를 이용한 경우에는 착오가 표의자의 중대한 과실로 인한 것이라고 하더라도 표의자는 의사표시를 취소할 수 있다(대판 2014. 11. 27, 2013다49794).

ㄹ.(×) : 불법행위로 인한 손해배상책임이 성립하기 위하여는 가해자의 고의 또는 과실 이외에 행위의 위법성이 요구되므로, 전문건설공제조합이 계약보증서를 발급하면서 조합원이 수급할 공사의 실제 도급금액을 확인하지 아니한 과실이 있다고 하더라도 민법 제109조에서 중과실이 없는 착오자의 착오를 이유로 한 의사표시의 취소를 허용하고 있는 이상, 전문건설공제조합이 과실로 인하여 착오에 빠져 계약보증서를 발급한 것이나 그 착오를 이유로 보증계약을 취소한 것이 위법하다고 할 수는 없다(대판 1997. 8. 22, 97다13023).

226 매수인 甲과 매도인 乙은 진품임을 전제로 하여 乙 소유의 그림 1점의 매매계약 을 체결하였는데, 그림이 위작이라는 사실을 나중에 알게 된 甲은 중도금 지급일에 중도금을 지급하지 않았다. 이에 관한 설명으로 옳지 않은 것은? (다툼이 있으면 판례에 따름) (2020 변리사)

① 위조된 그림을 진품으로 알고 매수한 것은 법률행위 내용의 중요부분의 착오에 해당한다.
② 甲은 매매계약에 따른 하자담보책임을 乙에게 물을 수 있으므로 착오를 이유로 의사표시를 취소할 수 없다.
③ 乙이 甲의 중도금지급채무불이행을 이유로 매매계약을 해제한 후라도 甲은 착오를 이유로 의사표시를 취소할 수 있다.
④ 乙의 기망행위로 인해 매매계약을 체결하였다면 甲은 착오를 이유로 의사표시를 취소할 수 있을 뿐만 아니라 사기를 이유로도 의사표시를 취소할 수 있다.
⑤ 甲이 그림을 진품으로 믿은 것에 중대한 과실이 있는 경우에는 착오를 이유로 의사표시를 취소할 수 없다.

정답 》 226 ②

해설 ① (○) : 만약 위조된 그림인 줄 알았더라면 매매계약을 체결하지 않았을 것이므로 중요부분의 착오에 해당한다.

② (×) : 민법 제109조 제1항에 의하면 법률행위 내용의 중요 부분에 착오가 있는 경우 착오에 중대한 과실이 없는 표의자는 법률행위를 취소할 수 있고, 민법 제580조 제1항, 제575조 제1항에 의하면 매매의 목적물에 하자가 있는 경우 하자가 있는 사실을 과실 없이 알지 못한 매수인은 매도인에 대하여 하자담보책임을 물어 계약을 해제하거나 손해배상을 청구할 수 있다. 착오로 인한 취소 제도와 매도인의 하자담보책임 제도는 취지가 서로 다르고, 요건과 효과도 구별된다. 따라서 매매계약 내용의 중요부분에 착오가 있는 경우 매수인은 매도인의 하자담보책임이 성립하는지와 상관없이 착오를 이유로 매매계약을 취소할 수 있다(대판 2018. 9. 13, 2015다78703).

③ (○) : 매도인이 매수인의 중도금 지급채무 불이행을 이유로 매매계약을 적법하게 해제한 후라도 매수인으로서는 상대방이 한 계약해제의 효과로서 발생하는 손해배상책임을 지거나 매매계약에 따른 계약금의 반환을 받을 수 없는 불이익을 면하기 위하여 착오를 이유로 한 취소권을 행사하여 매매계약 전체를 무효로 돌리게 할 수 있다(대판 1996. 12. 6, 95다24982, 24999).

④ (○) : 기망에 의해 법률행위 내용의 중요부분에 착오가 발생한 경우에는 표의자는 착오에 의한 의사표시의 취소권과 사기를 이유로 한 의사표시의 취소권을 선택적으로 행사할 수 있다(경합인정설 : 통설, 대판 1985. 4. 9, 85도167 참조).

⑤ (○) : 민법 제109조

227 **자신이 소유한 조선시대 유명화가의 고서화(古書畵)를 진품으로 알고 있던 甲은 乙에게 위 고서화를 1억 원에 매도하는 내용의 매매계약을 체결하면서, 당해 고서화가 위작인 경우 乙이 매매계약을 해제하고 매매대금을 반환받기로 하는 특약도 함께 체결하였다. 乙도 고서화를 진품으로 알고 甲에게 1억 원을 지급하고 고서화를 인도받았다. 이후 감정결과 고서화는 진품이 아닌 시가 50만 원 상당의 위작으로 판명되었다. 이에 관한 설명 중 옳은 것을 모두 고른 것은? (다툼이 있는 경우 판례에 의함)** (2021 변호사)

ㄱ. 착오로 인한 취소의 요건이 갖추어져 乙이 이를 이유로 매매계약을 취소한 후 부당이득반환청구를 하는 경우, 甲은 고서화의 반환을 동시이행할 것을 항변할 수 있다.
ㄴ. 착오로 인한 취소의 요건이 갖추어진 경우, 甲의 乙에 대한 하자담보책임이 성립하는지 여부와 관계없이 乙은 착오를 이유로 한 매매계약 취소를 할 수 있다.
ㄷ. 乙의 착오는 동기의 착오에 해당하여 착오를 이유로 한 매매계약 취소를 할 수 없다.
ㄹ. 乙은 자신의 중대한 과실로 착오에 빠진 경우 착오를 이유로 한 매매계약 취소를 할 수 없다.

① ㄱ, ㄹ ② ㄴ, ㄷ ③ ㄱ, ㄴ, ㄹ ④ ㄱ, ㄷ, ㄹ ⑤ ㄱ, ㄴ, ㄷ, ㄹ

해설 ㄱ. (○) : 매매계약이 취소된 경우에 당사자 쌍방의 원상회복의무는 동시이행의 관계에 있다(대판 2001. 7. 10, 2001다3764).

ㄴ. (○) : 민법 제109조 제1항에 의하면 법률행위 내용의 중요 부분에 착오가 있는 경우 착오에 중대한 과실이 없는 표의자는 법률행위를 취소할 수 있고, 민법 제580조 제1항, 제575조 제1항에 의하면

227 ③ 《 정답

매매의 목적물에 하자가 있는 경우 하자가 있는 사실을 과실 없이 알지 못한 매수인은 매도인에 대하여 하자담보책임을 물어 계약을 해제하거나 손해배상을 청구할 수 있다. 착오로 인한 취소 제도와 매도인의 하자담보책임 제도는 취지가 서로 다르고, 요건과 효과도 구별된다. 따라서 매매계약 내용의 중요 부분에 착오가 있는 경우 매수인은 매도인의 하자담보책임이 성립하는지와 상관없이 착오를 이유로 매매계약을 취소할 수 있다(대판 2018. 9. 13,2015다78703).

ㄷ. (×) : 원고가 이 사건 매매계약 체결 당시에 서화가 진품이라고 믿은 것은 이 사건 매매계약과 관련하여 동기의 착오라고 할 것이지만, 원고와 피고 사이에 매매계약의 내용으로 표시되었고, 나아가 일반인이라도 원고의 입장에서라면 서화가 진품이 아니라는 것을 알았다면 위 각 서화를 고가에 매수하지 아니하였을 것이므로, 결국 원고는 위 각 서화에 관한 매매계약을 체결함에 있어 그 내용의 중요부분에 관한 착오가 있었다고 봄이 타당하다. 따라서 원고의 착오를 이유로 한 취소의 의사표시가 피고에게 송달되었으므로, 이 사건 매매계약은 적법하게 취소되었다(서울고등법원 2015. 12. 3. 선고 2015나4841 판결).

ㄹ. (○) : 의사표시는 법률행위의 내용의 중요부분에 착오가 있는 때에는 취소할 수 있다. 그러나 그 착오가 표의자의 중대한 과실로 인한 때에는 취소하지 못한다(제109조 제1항).

228 甲이 착오에 빠진 乙과 甲 소유 X 토지에 관하여 매매계약을 체결하였다. 이에 관한 설명 중 옳은 것(○)과 옳지 않은 것(×)을 올바르게 조합한 것은? (다툼이 있는 경우 판례에 의함)

(2022 변호사)

ㄱ. 甲이 乙의 채무불이행을 이유로 매매계약을 해제하였다면 그 후 乙은 착오를 이유로 매매계약을 취소할 수 없다.

ㄴ. X 토지에 하자가 있는 경우, 乙은 甲의 하자담보책임의 성립 여부와 관계없이 착오를 이유로 매매계약을 취소할 수 있다.

ㄷ. X 토지의 현황과 경계에 관한 乙의 착오가 중요부분의 착오로 인정되기 위해서는, 乙이 계약체결 전에 이를 알았다면 계약의 목적을 달성할 수 없음이 명백하여 계약을 체결하지 않았을 것으로 평가될 수 있어야 한다.

ㄹ. 甲과 乙은 甲 소유 Y 토지를 매매목적물로 하는 의사를 가졌으나 甲과 乙 모두 지번에 착오를 일으켜 계약서에 매매목적물을 X 토지로 표시한 경우, X 토지에 관한 매매계약이 성립한 것으로 본다.

① ㄱ(○), ㄴ(○), ㄷ(○), ㄹ(○)
② ㄱ(○), ㄴ(○), ㄷ(×), ㄹ(○)
③ ㄱ(×), ㄴ(×), ㄷ(×), ㄹ(○)
④ ㄱ(×), ㄴ(○), ㄷ(○), ㄹ(×)
⑤ ㄱ(×), ㄴ(○), ㄷ(×), ㄹ(×)

해설 ㄱ. (×) : 매도인이 매수인의 중도금 지급채무 불이행을 이유로 매매계약을 적법하게 해제한 후라도 매수인으로서는 상대방이 한 계약해제의 효과로서 발생하는 손해배상책임을 지거나 매매계약에 따른 계약금의 반환을 받을 수 없는 불이익을 면하기 위하여 착오를 이유로 한 취소권을 행사하여 매매계약 전체를 무효로 돌리게 할 수 있다(대판 1996. 12. 6, 95다24982, 24999).

[보충지문] 해제되어 이미 실효된 계약도 착오취소의 대상이 될 수 있다(○). (2023 변리사)

정답 》 228 ④

ㄴ. (○) : 민법 제109조 제1항에 의하면 법률행위 내용의 중요 부분에 착오가 있는 경우 착오에 중대한 과실이 없는 표의자는 법률행위를 취소할 수 있고, 민법 제580조 제1항, 제575조 제1항에 의하면 매매의 목적물에 하자가 있는 경우 하자가 있는 사실을 과실 없이 알지 못한 매수인은 매도인에 대하여 하자담보책임을 물어 계약을 해제하거나 손해배상을 청구할 수 있다. 착오로 인한 취소 제도와 매도인의 하자담보책임 제도는 취지가 서로 다르고, 요건과 효과도 구별된다. 따라서 매매계약 내용의 중요 부분에 착오가 있는 경우 매수인은 매도인의 하자담보책임이 성립하는지와 상관없이 착오를 이유로 매매계약을 취소할 수 있다(대판 2018. 9. 13, 2015다78703).

[보충지문] 예술품의 위작(僞作)을 진품으로 착각한 매도인의 말을 믿고서 과실 없이 진품에 상응하는 가격으로 그 위작을 구입한 매수인이 매도인에게 하자담보책임을 물을 수 있다면 그는 착오취소를 주장할 수 없다. (×) (2023 변리사)

ㄷ. (○) : 의사표시는 법률행위 내용의 중요부분에 착오가 있는 때에는 취소할 수 있다. 법률행위 중요부분의 착오란 표의자가 그러한 착오가 없었더라면 그 의사표시를 하지 않았으리라고 생각될 정도로 중요한 것이어야 하고 보통 일반인도 표의자의 처지에 있었더라면 그러한 의사표시를 하지 않았으리라고 생각될 정도로 중요한 것이어야 한다. 가령 토지의 현황과 경계에 착오가 있어 계약을 체결하기 전에 이를 알았다면 계약의 목적을 달성할 수 없음이 명백하여 계약을 체결하지 않았을 것으로 평가할 수 있을 경우에 계약의 중요부분에 관한 착오가 인정된다(대판 2020. 3. 26, 2019다288232).

[참조판례] 토지의 현황 경계에 관한 착오는 매매계약의 중요한 부분에 대한 착오이다(대판 1974. 4. 23, 74다54).

ㄹ. (×) : 부동산의 매매계약에 있어 쌍방당사자가 모두 특정의 X토지를 계약의 목적물로 삼았으나 그 목적물의 지번 등에 관하여 착오를 일으켜 계약을 체결함에 있어서는 계약서상 그 목적물을 X토지와는 별개인 Y토지로 표시하였다 하여도 X토지에 관하여 이를 매매의 목적물로 한다는 쌍방당사자의 의사합치가 있는 이상 위 매매계약은 X토지에 관하여 성립한 것으로 보아야 할 것이고, Y토지에 관하여 매매계약이 체결된 것으로 보아서는 안될 것이며, 만일 Y토지에 관하여 위 매매계약을 원인으로 하여 매수인 명의로 소유권이전등기가 경료되었다면 이는 원인없이 경료된 것으로서 무효이다(대판 1993. 10. 26, 93다2629,2636). ☞ 지문에서는 판례의 사안과 X 토지와 Y 토지가 바뀌어있음에 주의할 것이다.

XI. 사기·강박에 의한 의사표시

229 사기에 의한 의사표시에는 의사와 표시의 불일치가 있을 수 없고, 단지 의사표시의 동기에 착오가 있을 뿐이다. ( ) (2016 변리사)

해설 사기에 의한 의사표시에는 제109조의 본래의 착오와는 달리 의사와 표시의 불일치가 있을 수 없고, 단지 의사표시의 동기에 착오가 있을 뿐이다(대판 2005. 5. 27, 2004다43824).

229 (○) 《 정답

230-1 상품의 선전·광고에 있어서 중요한 사항에 관하여 구체적 사실을 신의성실의 의무에 비추어 비난받을 정도의 방법으로 허위로 고지하는 것은 기망행위에 해당한다. ( )

(2016 변리사)

230-2 신의칙에 반하여 정상가격을 높이 책정한 후 할인하여 원래 가격으로 판매하는 백화점 변칙세일은 기망행위에 해당한다. ( ) (2022 변리사)

> **해설** 상품의 선전, 광고에 있어 다소의 과장이나 허위가 수반되는 것은 그것이 일반 상거래의 관행과 신의칙에 비추어 시인될 수 있는 한 기망성이 결여된다고 하겠으나, 거래에 있어서 중요한 사항에 관하여 구체적 사실을 신의성실의 의무에 비추어 비난받을 정도의 방법으로 허위로 고지한 경우에는 기망행위에 해당한다(대판 1993. 8. 13, 92다52665). ☞ 대형백화점의 이른바 변칙세일이 기망행위에 해당한다고 한 사례.

231-1 부동산 거래에 있어 거래 상대방이 일정한 사정에 관한 고지를 받았더라면 그 거래를 하지 않았을 것임이 경험칙상 명백한 경우에는 신의성실의 원칙상 사전에 상대방에게 그와 같은 사정을 고지할 의무가 있다. ( ) (2018 변리사)

231-2 재산권의 거래계약에 있어서 일방 당사자에게 상대방에 대한 고지의무가 인정되는 경우에는 상대방이 고지의무의 대상이 되는 사실을 이미 알고 있는 때에도 여전히 고지의무를 부담한다. ( ) (2018 변리사)

> **해설** 재산적 거래관계에 있어서 계약의 일방 당사자가 상대방에게 계약의 효력에 영향을 미치거나 상대방의 권리 확보에 위험을 가져올 수 있는 구체적 사정을 고지하였다면 상대방이 계약을 체결하지 아니하거나 적어도 그와 같은 내용 또는 조건으로 계약을 체결하지 아니하였을 것임이 경험칙상 명백한 경우 계약 당사자는 신의성실의 원칙상 상대방에게 미리 그와 같은 사정을 고지할 의무가 있다. 그러나 이때에도 상대방이 고지의무의 대상이 되는 사실을 이미 알고 있거나 스스로 이를 확인할 의무가 있는 경우 또는 거래 관행상 상대방이 당연히 알고 있을 것으로 예상되는 경우 등에는 상대방에게 위와 같은 사정을 알리지 아니하였다고 하여 고지의무를 위반하였다고 볼 수 없다(대판 2014. 7. 24, 2013다97076).

232-1 아파트 분양자는 아파트 단지 인근에 쓰레기 매립장이 건설예정인 사실을 분양계약자에게 고지할 신의칙상 의무를 부담한다. ( ) (2019 변리사)

232-2 아파트 분양자가 아파트 인근에 쓰레기매립장이 건설될 예정이라는 사실을 분양계약자에게 고지하지 않는 것은 기망행위에 해당한다. ( ) (2022 변리사)

> **해설** [1] 아파트 분양자는 아파트 단지 인근에 쓰레기 매립장이 건설예정인 사실을 분양계약자에게 고지할 신의칙상 의무를 부담한다. [2] 고지의무 위반은 부작위에 의한 기망행위에 해당하므로 원고들로서는 기망을 이유로 분양계약을 취소하고 분양대금의 반환을 구할 수도 있고 분양계약의 취소를 원하지 않을 경우 그로 인한 손해배상만을 청구할 수도 있다(대판 2006. 10. 12, 2004다48515).

정답 230-1 (○) 230-2 (○) 231-1 (○) 231-2 (×) 232-1 (○) 232-2 (○)

233 **아파트 분양자는 아파트단지 인근에 공동묘지가 조성되어 있는 사실을 분양계약자에게 고지할 신의칙상의 의무를 부담한다. ( )** (2022 변리사)

> **해설** 부동산 거래에 있어 거래 상대방이 일정한 사정에 관한 고지를 받았더라면 그 거래를 하지 않았을 것임이 경험칙상 명백한 경우에는 신의성실의 원칙상 사전에 상대방에게 그와 같은 사정을 고지할 의무가 있으며, 그와 같은 고지의무의 대상이 되는 것은 직접적인 법령의 규정뿐 아니라 널리 계약상, 관습상 또는 조리상의 일반원칙에 의하여도 인정될 수 있다. ☞ 아파트 분양자는 아파트단지 인근에 공동묘지가 조성되어 있는 사실을 수분양자에게 고지할 신의칙상의 의무를 부담한다고 한 사례(대판 2007. 6. 1, 2005다5812,5829,5836).

234 **민법상의 법률행위에 관한 규정은 특별한 사정이 없는 한 소송행위에는 적용이 없으므로, 소송행위가 강박에 의하여 이루어지더라도 이를 이유로 취소할 수는 없다. ( )** (2017 변리사)

> **해설** 민법상의 법률행위에 관한 규정은 민사소송법상의 소송행위에는 특별한 규정 기타 특별한 사정이 없는 한 적용이 없는 것이므로 소송행위가 강박에 의하여 이루어진 것임을 이유로 취소할 수는 없다(대판 1997. 10. 10, 96다35484).

235 **매도인의 기망에 의하여 타인 소유의 물건을 매도인의 것으로 알고 매수한 자는 만일 그것이 타인의 물건인 줄 알았더라면 매수하지 아니하였을 사정이 있는 경우, 매도인의 사기를 이유로 매매계약을 취소할 수 있다. ( )** (2017 변리사)

> **해설** 민법 569조가 타인의 권리의 매매를 유효로 규정한 것은 선의의 매수인의 신뢰 이익을 보호하기 위한 것이므로, 매수인이 매도인의 기망에 의하여 타인의 물건을 매도인의 것으로 알고 매수한다는 의사표시를 한 것은 만일 타인의 물건인줄 알았더라면 매수하지 아니하였을 사정이 있는 경우에는 매수인은 민법 110조에 의하여 매수의 의사표시를 취소할 수 있다(대판 1973. 10. 23, 73다268).

236 **상대방의 사기에 속아 신원보증서류에 서명날인한다는 착각에 빠진 상태로 연대보증서면에 서명날인한 경우, 이러한 표시상의 착오에서는 착오 이외에 사기를 이유로도 연대보증계약을 취소할 수 있다. ( )** (2017 변리사)

> **해설** 신원보증서류에 서명날인한다는 착각에 빠진 상태로 연대보증의 서면에 서명날인한 경우, 결국 위와 같은 행위는 강학상 기명날인의 착오(또는 서명의 착오), 즉 어떤 사람이 자신의 의사와 다른 법률효과를 발생시키는 내용의 서면에, 그것을 읽지 않거나 올바르게 이해하지 못한 채 기명날인을 하는 이른바 표시상의 착오에 해당하므로, 비록 위와 같은 착오가 제3자의 기망행위에 의하여 일어난 것이라 하더라도 그에 관하여는 사기에 의한 의사표시에 관한 법리, 특히 상대방이 그러한 제3자의 기망행위 사실을 알았거나 알 수 있었을 경우가 아닌 한 의사표시자가 취소권을 행사할 수 없다는 민법 제110조 제2항의 규정을 적용할 것이 아니라, 착오에 의한 의사표시에 관한 법리만을 적용하여 취소권 행사의 가부를 가려야 한다(대판 2005. 5. 27, 2004다43824).

233 (○) 234 (○) 235 (○) 236 (×) 《 정답

237 상대방의 대리인 등 상대방과 동일시할 수 있는 자의 사기는 제3자의 사기에 해당하지 않는다. ( ) (2016 변리사)

> **해설** 상대방의 대리인 등 상대방과 동일시할 수 있는 자의 사기는 제3자의 사기에 해당하지 않는다(대판 1999. 2. 23, 98다60828).

238 은행 출장소장은 은행 또는 은행과 동일시할 수 있는 자이므로, 그의 사기에 속아 은행과 대출계약을 체결한 사람은 은행이 그 사기사실을 알았거나 알 수 있었을 경우에 한하여 대출계약을 취소할 수 있는 것은 아니다. ( ) (2017 변리사)

> **해설** 출장소장의 행위는 은행 또는 은행과 동일시할 수 있는 자의 사기일 뿐 제3자의 사기로 볼 수 없으므로, 은행이 그 사기사실을 알았거나 알 수 있었을 경우에 한하여 위 약정을 취소할 수 있는 것은 아니다(대판 1999. 2. 23, 98다60828).

239-1 강박에 의한 법률행위가 동시에 불법행위를 구성하는 경우, 그 취소의 효과로 생기는 부당이득반환청구권과 불법행위로 인한 손해배상청구권은 경합하지만 중첩적으로 행사할 수는 없다. ( ) (2016, 2017 변리사)

239-2 법률행위가 사기에 의한 것으로서 취소되는 경우, 그 법률행위가 동시에 불법행위를 구성하는 때에는 취소의 효과로 생기는 부당이득반환청구권과 불법행위로 인한 손해배상청구권을 중첩적으로 행사할 수 있다. ( ) (2019 변리사)

> **해설** 법률행위가 사기에 의한 것으로서 취소되는 경우에 그 법률행위가 동시에 불법행위를 구성하는 때에는 취소의 효과로 생기는 부당이득반환청구권과 불법행위로 인한 손해배상청구권은 경합하여 병존하는 것이므로, 채권자는 어느 것이라도 선택하여 행사할 수 있지만 중첩적으로 행사할 수는 없다(대판 1993. 4. 27, 92다56087).

240-1 제3자의 사기로 인하여 계약을 체결한 경우, 그 제3자에 대하여 불법행위로 인한 손해배상을 청구하기 위해서는 먼저 그 계약을 취소해야 한다. ( ) (2019 변리사)

240-2 제3자에 의한 사기행위로 계약을 체결한 경우, 피해자는 그 계약을 취소하지 않아도 제3자에게 불법행위로 인한 손해배상을 청구할 수 있다. ( ) (2022 변리사)

> **해설** 제3자의 사기행위로 인하여 피해자가 주택건설사와 사이에 주택에 관한 분양계약을 체결하였다고 하더라도 제3자의 사기행위 자체가 불법행위를 구성하는 이상, 제3자로서는 그 불법행위로 인하여 피해자가 입은 손해를 배상할 책임을 부담하는 것이므로, 피해자가 제3자를 상대로 손해배상청구를 하기 위하여 반드시 그 분양계약을 취소할 필요는 없다(대판 1998. 3. 10, 97다55829).
>
> [비교판례] 원고가 비록 피고들의 강박에 의한 하자 있는 의사표시에 기하여 금원을 교부하였다 할지라도 그 의사표시가 소멸되지 않는 한(=취소되지 않는 한, 편집자 주) 피고들의 위 금원보유가 법률상 원인이 없다고 볼 수 없으므로 피고들은 이를 반환할 의무가 없다(대판 1990. 11. 13, 90다카17153).

정답 237 (○) 238 (○) 239-1 (○) 239-2 (×) 240-1 (×) 240-2 (○)

241 **사기에 의한 의사표시의 취소로써 대항하지 못하는 선의의 제3자란 취소 전부터 취소를 주장하는 자와 양립되지 않는 법률관계를 가졌던 제3자에 한한다. ( )** (2016 변리사)

> **해설** 사기에 의한 법률행위의 의사표시를 취소하면 취소의 소급효로 인하여 그 행위의 시초부터 무효인 것으로 되는 것이며, 취소를 주장하는 자와 양립되지 아니하는 법률관계를 가졌던 것이 취소 이전에 있었던가 이후에 있었던가는 가릴 필요 없이 사기에 의한 의사표시 및 그 취소사실을 몰랐던 모든 제3자에 대하여는 그 의사표시의 취소를 대항하지 못한다고 보아야 할 것이고 이는 거래안전의 보호를 목적으로 하는 민법 110조 3항의 취지에도 합당한 해석이 된다(대판 1975. 12. 23, 75다533).

242 **강박행위의 주체가 국가 공권력이고 그 공권력 행사의 내용이 기본권을 침해하는 것이면 그 강박에 의한 의사표시는 당연히 무효가 된다. ( )** (2022 변리사)

> **해설** [1] 국가기관이 헌법상 보장된 국민의 기본권을 침해하는 위헌적인 공권력을 행사한 결과 국민이 그 공권력의 행사에 외포되어 자유롭지 못한 의사표시를 하였다고 하더라도 그 의사표시의 효력은 의사표시의 하자에 관한 민법의 일반원리에 의하여 판단되어야 할 것이고, 그 강박행위의 주체가 국가 공권력이고 그 공권력 행사의 내용이 기본권을 침해하는 것이라고 하여 그 강박에 의한 의사표시가 항상 반사회성을 띠게 되어 당연히 무효로 된다고는 볼 수 없다. [2] 강박에 의한 법률행위가 하자 있는 의사표시로서 취소되는 것에 그치지 않고 나아가 무효로 되기 위하여는, 강박의 정도가 단순한 불법적 해악의 고지로 상대방으로 하여금 공포를 느끼도록 하는 정도가 아니고, 의사표시자로 하여금 의사결정을 스스로 할 수 있는 여지를 완전히 박탈한 상태에서 의사표시가 이루어져 단지 법률행위의 외형만이 만들어진 것에 불과한 정도이어야 한다(대판 2002. 12. 10, 2002다56031).

243 **부정한 이익을 목적으로 부정행위에 대한 고소, 고발이 행해지는 경우에는 강박행위가 될 수 있다. ( )** (2022 변리사)

> **해설** 부정행위에 대한 고소·고발은 그것이 부정한 이익을 목적으로 하는 것이 아닌 때에는 정당한 권리행사가 되어 위법하다고 할 수 없다(대판 1996.11.12, 96다34061 등).

XII. 의사표시의 효력발생

244 **준법률행위의 도달은 의사표시와 마찬가지로 사회관념상 상대방이 준법률행위의 내용을 알 수 있는 객관적 상태에 놓여졌을 때를 말한다. ( )** (2016 변리사)

> **해설** 채권양도의 통지와 같은 준법률행위의 도달은 의사표시와 마찬가지로 사회관념상 채무자가 통지의 내용을 알 수 있는 객관적 상태에 놓여졌을 때를 지칭하고, 그 통지를 채무자가 현실적으로 수령하였거나 그 통지의 내용을 알았을 것까지는 필요하지 않다(대판 1983. 8. 23, 82다카439).

245 **의사표시의 상대방이 정당한 사유 없이 통지의 수령을 거절한 경우 상대방이 그 통지의 내용을 알 수 있는 객관적 상태에 놓여 있는 때에 의사표시의 효력이 발생한다. ( )** (2016 변리사)

241 (×) 242 (×) 243 (○) 244 (○) 245 (○) 《 정답

해설 계약의 해제와 같은 상대방 있는 의사표시는 그 통지가 상대방에게 도달한 때 효력이 생기는 것이고(민법 제111조 제1항), 여기서 도달이라 함은 사회통념상 상대방이 통지의 내용을 알 수 있는 객관적 상태에 놓여 있는 경우를 가리키는 것으로서, 상대방이 통지를 현실적으로 수령하거나 통지의 내용을 알 것까지는 필요로 하지 않는 것이므로, 상대방이 정당한 사유 없이 통지의 수령을 거절한 경우에는 상대방이 그 통지의 내용을 알 수 있는 객관적 상태에 놓여 있는 때에 의사표시의 효력이 생기는 것으로 보아야 한다(대판 2008. 6. 12, 2008다19973).

246 채권양도의 통지는 채무자의 주소 등에 해당하지 아니하는 장소에서라도 채무자가 사회통념상 그 통지의 내용을 알 수 있는 객관적 상태에 놓여졌을 때에 그 효력이 발생한다. ( )

(2016 변리사)

해설 채권양도의 통지는 채무자에게 도달됨으로써 효력이 발생하는 것이고, 여기서 도달이라 함은 사회통념상 상대방이 통지의 내용을 알 수 있는 객관적 상태에 놓여졌다고 인정되는 상태를 가리킨다. 이와 같이 도달은 보다 탄력적인 개념으로서 송달장소나 수송달자 등의 면에서 위에서 본 송달에서와 같은 엄격함은 요구되지 아니하며, 이에 송달장소 등에 관한 민사소송법의 규정을 유추적용할 것이 아니다. 따라서 채권양도의 통지는 민사소송법상의 송달에 관한 규정에서 송달장소로 정하는 채무자의 주소·거소·영업소 또는 사무소 등에 해당하지 아니하는 장소에서라도 채무자가 사회통념상 그 통지의 내용을 알 수 있는 객관적 상태에 놓여졌다고 인정됨으로써 족하다(대판 2010. 4. 15, 2010다57).

247 보통우편의 방법으로 의사표시를 통지한 경우에도 발송되었다는 사실만 증명되면, 상당한 기간 내에 도달한 것으로 추정된다. ( ) (2016 변리사)

해설 통상우편의 경우는 등기우편(또는 내용증명)과는 달리 발송되었다는 사실만으로는 상당기간 내에 도달하였다고 인정하기에 부족하다(대판 1993. 5. 11, 92다2530).

248 표의자의 의사표시가 상대방에게 도달하기 전에 그 표의자가 사망한 경우, 상속인은 의사표시의 도달 전에 이를 철회할 수 있다. ( ) (2016 변리사)

해설 [민법 제111조 제2항] 의사표시자가 그 통지를 발송한 후 사망하거나 제한능력자가 되어도 의사표시의 효력에 영향을 미치지 아니한다. ☞ 따라서 표의자가 사망한 경우라도 그 의사표시는 일단 유효하고, 표의자의 상속인이 그 의사표시의 효력 발생을 저지하려면 그 의사표시가 상대방에게 도달하기 전에 이를 철회하여야 한다.

249 의사표시의 상대방이 의사표시를 받은 때에 제한능력자인 경우에는 의사표시자는 원칙적으로 그 의사표시로써 대항할 수 없다. ( ) (2019 변리사)

해설 민법 제112조(제한능력자에 대한 의사표시의 효력).

정답 246 (○) 247 (×) 248 (○) 249 (○)

CHAPTER

6 대 리

POINT

Ⅰ. 대리일반론

250 대리권은 대리인의 권리이자 의무의 성격을 갖는다. ( ) (2023 변리사)

해설 "권리"와 "권한"의 구별문제이다. "권리"가 법적인 이익(=법익)을 누릴 수 있도록 주어진 힘이라고 한다면 "권한"은 다른 사람을 위하여 그에게 일정한 법률효과를 발생케 하는 행위를 할 수 있는 지위나 자격에 불과하고, 이러한 "권한"의 대표적인 예가 대리권이나 대표권이다.

[참조판례] 위임과 대리권수여는 별개의 독립된 행위로서 위임은 위임자와 수임자간의 내부적인 채권채무관계를 말하고 대리권은 대리인의 행위의 효과가 본인에게 미치는 대외적 자격을 말하는 것이므로 위임계약에 대리권수여가 수반되는 일은 있으나 위임계약만으로는 그 효력은 위임자와 수임자 이외에는 미치는 것이 아니므로 구 민법 제655조(현행 제692조)의 취지는 위임종료의 사유는 이를 상대방에 통지하거나 상대방이 이를 안 때가 아니면 위임자와 수임자간에는 위임계약에 의한 권리의무관계가 존속한다는 취지에 불과하고 대리권관계와는 아무런 관계가 없는 것이다(대판 1962. 5. 24, 4294민상251).

251 甲이 乙을 대리인으로 선임하였는데 乙이 파산선고를 받을 경우, 乙의 대리권은 소멸한다. ( ) (2015 변리사)

해설 제127조 제2호

252 어떠한 계약의 체결에 관한 대리권을 수여받은 대리인이 체결된 계약을 해제할 권한까지 가지고 있다고 볼 수는 없다. ( ) (2017 변호사)

해설 어떠한 계약의 체결에 관한 대리권을 수여받은 대리인이 수권된 법률행위를 하게 되면 그것으로 대리권의 원인된 법률관계는 원칙적으로 목적을 달성하여 종료하는 것이고, 법률행위에 의하여 수여된 대리권은 그 원인된 법률관계의 종료에 의하여 소멸하는 것이므로(민법 제128조), 그 계약을 대리하여 체결하였던 대리인이 체결된 계약의 해제 등 일체의 처분권과 상대방의 의사를 수령할 권한까지 가지고 있다고 볼 수는 없다(대판 2008. 6. 12, 2008다11276).

250 (×) 251 (○) 252 (○) 《 정답

253 **대주와 차주가 사채알선업자에게 쌍방을 대리하여 금전 소비대차계약을 체결하도록 승낙한 경우, 특별한 사정이 없는 한 차주의 변제를 수령할 권한도 사채알선업자에게 인정된다. ( )**

(2017 변호사)

> **해설** 사채를 얻은 쪽이나 놓은 쪽 모두 상대방이 누구인지 모른 채, 또한 상대방이 누구인지 상관하지 아니하고 사채알선업자를 신뢰하여 그로 하여금 사채를 얻는 쪽과 놓는 쪽 쌍방을 대리하여 금전 소비대차계약과 담보권설정계약을 체결하도록 하는 방식으로 사채알선업을 하는 경우, 그 사채알선업자는 소비대차계약의 체결에 있어서 대주에 대하여는 차주의 대리인 역할을 하고, 반대로 차주에 대하여는 대주의 대리인 역할을 하게 되는 것이고, 대주로부터 소비대차계약을 체결할 대리권을 수여받은 대리인은 특별한 사정이 없는 한 그 소비대차계약에서 정한 바에 따라 차주로부터 변제를 수령할 권한도 있다고 봄이 상당하므로 차주가 그 사채알선업자에게 하는 변제는 유효하다(대판 1997. 7. 8, 97다12273).
> ☞ 쌍방대리에 관해서는 대주와 차주의 승낙이 있는 사안이었다(계약체결의 방식에 비추어 쌍방대리에 관해서는 승낙이 있었음을 알 수 있다).

254 **甲이 乙에게 재산관리에 관한 대리권을 수여하였지만 그 대리권의 범위가 명확하지 않은 경우, 乙은 甲의 주택을 수선하기 위한 공사계약을 체결할 수는 있지만, 甲의 예금을 주식으로 전환할 수는 없다. ( )** (2015 변리사)

> **해설** 임의대리에서 대리권 범위가 명확하지 않은 경우, 보존행위는 무제한으로 할 수 있으나, 이용행위나 개량행위는 성질이 변하지 않는 범위에서만 할 수 있다(제118조 참조).

255 **乙이 甲으로부터 예금인출의 대리권을 부여받았는데, 乙의 甲에 대한 금전채권의 기한이 도래한 경우, 乙은 甲의 예금을 인출하여 자신의 채권변제에 충당할 수 있다. ( )** (2015 변리사)

> **해설** 민법 제124조(자기계약, 쌍방대리) 대리인은 본인의 허락이 없으면 본인을 위하여 자기와 법률행위를 하거나 동일한 법률행위에 관하여 당사자쌍방을 대리하지 못한다. 그러나 채무의 이행은 할 수 있다. ☞ 지문은 자기계약이지만 채무이행에 불과하여 가능하다.

256 **甲의 대리인 乙이 대리행위를 하면서 甲을 위한 것임을 표시하지 않은 경우, 乙은 착오를 이유로 의사표시를 취소할 수 있다. ( )** (2015 변리사)

> **해설** 甲의 대리인 乙이 대리행위를 하면서 甲을 위한 것임을 표시하지 않은 경우, "자기를 위한 것으로 간주하기 때문에"(제115조), 乙은 착오를 이유로 의사표시를 취소할 수 없다.

257 **대리인이 본인을 대리하여 부동산을 매수함에 있어서 이중매매라는 사정을 잘 알고 매도인의 배임행위에 적극 가담했더라도 본인이 그러한 사정을 몰랐고 알 수도 없었다면 대리인이 한 부동산 매매계약을 반사회적 법률행위라고 볼 수 없다. ( )** (2017 변호사)

정답 253 (○) 254 (○) 255 (○) 256 (×) 257 (×)

> **해설** 대리인이 본인을 대리하여 매매계약을 체결함에 있어서 매매대상 토지에 관한 저간의 사정을 잘 알고 그 배임행위에 가담하였다면, 대리행위의 하자 유무는 대리인을 표준으로 판단하여야 하므로, 설사 본인이 미리 그러한 사정을 몰랐거나 반사회성을 야기한 것이 아니라고 할지라도 그로 인하여 매매계약이 가지는 사회질서에 반한다는 장애사유가 부정되는 것은 아니다(대판 1998. 2. 27, 97다45532).

258 미성년자는 임의대리인이 될 수 없다. ( ) (2018 변리사)

> **해설** 민법 제117조(대리인의 행위능력) : 대리인은 행위능력자임을 요하지 아니한다.

259 미성년자 甲 소유의 부동산에 대해 법정대리인 乙이 자신의 유흥비를 마련하기 위해 시세보다 훨씬 저렴한 가격으로 甲을 대리하여 丙과 매매계약을 체결한 경우, 丙이 그러한 사정을 알았거나 알 수 있었다면 그 매매계약의 효력은 甲에게 미치지 않는다. ( ) (2018 변호사)

> **해설** 진의 아닌 의사표시가 대리인에 의하여 이루어지고 대리인의 진의가 본인의 이익이나 의사에 반하여 자기 또는 제3자의 이익을 위한 배임적인 것임을 상대방이 알았거나 알 수 있었을 경우에는 민법 제107조 제1항 단서의 유추해석상 대리인의 행위에 대하여 본인은 아무런 책임을 지지 않는다고 보아야 하고, 상대방이 대리인의 표시의사가 진의 아님을 알았거나 알 수 있었는지는 표의자인 대리인과 상대방 사이에 있었던 의사표시 형성 과정과 내용 및 그로 인하여 나타나는 효과 등을 객관적인 사정에 따라 합리적으로 판단하여야 한다(대판 2011. 12. 22, 2011다64669).

260-1 대리인이 상대방과 공모하여 대리권을 남용한 경우, 본인은 그에 따라 형성된 법률관계를 기초로 새로운 이해관계를 맺은 선의의 제3자에 대하여 무효를 주장할 수 없으며, 제3자의 악의는 무효를 주장하는 자가 주장·증명하여야 한다. ( ) (2023 변호사)

260-2 대리권 남용에 대해 진의 아닌 의사표시에 관한 민법 제107조 제1항 단서가 유추적용되는 경우, 선의의 제3자 보호에 관한 동조 제2항도 함께 유추적용된다. ( ) (2023 변리사)

> **해설** 법정대리인인 친권자의 대리행위가 객관적으로 볼 때 미성년자 본인에게는 경제적인 손실만을 초래하는 반면, 친권자나 제3자에게는 경제적인 이익을 가져오는 행위이고 행위의 상대방이 이러한 사실을 알았거나 알 수 있었을 때에는 민법 제107조 제1항 단서의 규정을 유추적용하여 행위의 효과가 자에게는 미치지 않는다고 해석함이 타당하나, 그에 따라 외형상 형성된 법률관계를 기초로 하여 새로운 법률상 이해관계를 맺은 선의의 제3자에 대하여는 같은 조 제2항의 규정을 유추적용하여 누구도 그와 같은 사정을 들어 대항할 수 없으며, 제3자가 악의라는 사실에 관한 주장·증명책임은 무효를 주장하는 자에게 있다(대판 2018. 4. 26, 2016다3201).

258 (×) 259 (○) 260-1 (○) 260-2 (○) 《 정답

261 **甲의 대리인 乙은 계약의 체결과 취소 등 포괄적인 대리권을 수여받아 甲의 대리인으로서 丙과 계약을 체결하였다. 이에 관한 설명으로 옳은 것을 모두 고른 것은? (다툼이 있으면 판례에 따름)** (2018 변리사)

> ㄱ. 乙이 丙을 기망한 경우, 丙은 의사표시를 취소할 수 있다.
> ㄴ. 丙이 乙을 기망한 경우, 甲은 의사표시를 취소할 수 있다.
> ㄷ. 丙이 乙을 기망한 경우, 乙은 의사표시를 취소할 수 있다.

① ㄱ ② ㄴ ③ ㄱ, ㄷ ④ ㄴ, ㄷ ⑤ ㄱ, ㄴ, ㄷ

> **해설** ㄱ. (○) : 상대방 있는 의사표시에 관하여 제3자가 사기나 강박을 한 경우에는 상대방이 그 사실을 알았거나 알 수 있었을 경우에 한하여 그 의사표시를 취소할 수 있으나, 상대방의 대리인 등 상대방과 동일시할 수 있는 자의 사기나 강박은 제3자의 사기·강박에 해당하지 아니한다(대판 1999. 2. 23, 98다60828,60835).
> ㄴ. (○), ㄷ. (○) : 민법 제116조(대리행위의 하자) ①의사표시의 효력이 의사의 흠결, 사기, 강박 또는 어느 사정을 알았거나 과실로 알지 못한 것으로 인하여 영향을 받을 경우에 그 사실의 유무는 대리인을 표준하여 결정한다. ☞ 대리인 乙이 기망을 당하여 하자 있는 의사표시를 하였으므로 취소할 수 있는데, 취소권자는 원칙적으로 본인인 甲이나(ㄴ지문), 설문에서 대리인 乙은 "계약의 체결과 취소 등 포괄적인 대리권"을 수여받았으므로 대리인 乙도 의사표시를 취소할 수 있다(ㄷ지문).

262 **甲이 乙에게는 자신의 부동산을 매도할 권한을, 丙에게는 다른 사람으로부터 부동산을 매수할 권한을 각기 부여하였다. 그에 따라 甲을 대리하여 乙은 丁과 매도계약을, 丙은 戊와 매수계약을 각기 체결한 경우, 이에 관한 설명으로 옳지 않은 것은? (다툼이 있으면 판례에 따름)** (2020 변리사)

① 乙은 위 매매계약에 따라 丁이 지급하는 중도금이나 잔금을 甲을 대리하여 수령할 권한이 있다.
② 丁이 위 매매계약의 채무를 이행하지 않는 경우, 乙은 그 계약을 해제할 수 있는 권한이 있다.
③ 丙은 위 매매계약을 체결한 후에는 그 매수한 부동산을 다시 처분할 수 있는 권한은 없다.
④ 丙이 위 매매계약을 체결한 경우, 丙에게는 戊로부터 위 매매계약의 해제의 의사표시를 수령할 권한은 없다.
⑤ 丁이 채무불이행을 이유로 위 매매계약을 적법하게 해제한 경우, 乙이 丁으로부터 받은 계약금을 도난당하여 甲에게 전달하지 못하였더라도 甲은 계약금을 반환해줄 의무가 있다.

> **해설** ① (○) : 매매계약체결의 대리권을 수여받은 대리인은 중도금과 잔금을 수령할 권한을 가진다(대판 1994. 2. 8, 93다39379).
> ② (×), ④ (○) : 어떠한 계약의 체결에 관한 대리권을 수여받은 대리인이 수권된 법률행위를 하게 되면 그것으로 대리권의 원인된 법률관계(기초적 내부관계)는 원칙적으로 목적을 달성하여 종료되는 것이고, 법률행위에 의하여 수여된 대리권은 그 원인된 법률관계의 종료에 의하여 소멸하는 것이므로(민법 제128조), 그 계약을 대리하여 체결하였다 하여 곧바로 그 사람이 체결된 계약의 해제 등 일체

정답 261 ⑤ 262 ②

의 처분권과 상대방의 의사를 수령할 권한까지 가지고 있다고 볼 수는 없다(대판 2008. 1. 31, 2007다74713).

③ (○) : 법률행위에 의하여 수여된 대리권은 그 원인된 법률관계의 종료에 의하여 소멸하는 것이므로 특별한 다른 사정이 없는 한 부동산을 매수할 권한을 수여받은 대리인에게 그 부동산을 처분할 대리권도 있다고 볼 수 없다(대판 1991. 2. 12, 90다7364).

⑤ (○) : 계약이 적법한 대리인에 의하여 체결된 경우에 대리인은 다른 특별한 사정이 없는 한 본인을 위하여 계약상 급부를 변제로서 수령할 권한도 가진다. 그리고 대리인이 그 권한에 기하여 계약상 급부를 수령한 경우에, 그 법률효과는 계약 자체에서와 마찬가지로 직접 본인에게 귀속되고 대리인에게 돌아가지 아니한다. 따라서 계약상 채무의 불이행을 이유로 계약이 상대방 당사자에 의하여 유효하게 해제되었다면, 해제로 인한 원상회복의무는 대리인이 아니라 계약의 당사자인 본인이 부담한다. 이는 본인이 대리인으로부터 그 수령한 급부를 현실적으로 인도받지 못하였다거나 해제의 원인이 된 계약상 채무의 불이행에 관하여 대리인에게 책임 있는 사유가 있다고 하여도 다른 특별한 사정이 없는 한 마찬가지라고 할 것이다(대판 2011. 8. 18, 2011다30871).

263 甲 소유의 X토지를 매도하는 계약을 체결할 대리권을 甲으로부터 수여받은 乙은 甲의 대리인임을 현명하고 丙과 매매계약을 체결하였다. 이에 관한 설명으로 옳지 않은 것은? (다툼이 있으면 판례에 따름) (2021 변리사)

① 乙은 특별한 사정이 없는 한 매매계약을 해제할 권한이 없다.

② 乙이 미성년자인 경우, 甲은 乙의 제한능력을 이유로 X토지에 대한 매매계약을 취소할 수 없다.

③ 丙과의 매매계약이 불공정한 법률행위에 해당하는지 여부가 문제된 경우, 매도인의 무경험은 甲을 기준으로 판단한다.

④ 乙이 丙으로부터 매매대금을 수령한 경우, 甲에게 이를 아직 전달하지 않았더라도 특별한 사정이 없는 한 丙의 매매대금채무는 소멸한다.

⑤ 甲이 乙에게 매매계약의 체결과 이행에 관한 포괄적 대리권을 수여한 경우, 특별한 사정이 없는 한 乙은 약정된 매매대금 지급기일을 연기하여 줄 권한을 가진다.

해설 ① (○) : 어떠한 계약의 체결에 관한 대리권을 수여받은 대리인이 수권된 법률행위를 하게 되면 그것으로 대리권의 원인된 법률관계(기초적 내부관계)는 원칙적으로 목적을 달성하여 종료되는 것이고, 법률행위에 의하여 수여된 대리권은 그 원인된 법률관계의 종료에 의하여 소멸하는 것이므로(민법 제128조), 그 계약을 대리하여 체결하였다 하여 곧바로 그 사람이 체결된 계약의 해제 등 일체의 처분권과 상대방의 의사를 수령할 권한까지 가지고 있다고 볼 수는 없다(대판 2008.1.31, 2007다74713).

② (○) : 대리인은 행위능력자임을 요하지 아니한다(민법 제117조). 따라서 본인 또는 대리인은 대리인의 제한능력을 이유로 대리행위를 취소할 수는 없다.

③ (×) : 대리인에 의하여 법률행위가 이루어진 경우 그 법률행위가 민법 제104조의 불공정한 법률행위에 해당하는지 여부를 판단함에 있어서 경솔과 무경험은 대리인을 기준으로 하여 판단하고, 궁박은 본인의 입장에서 판단하여야 한다(대판 2002. 10. 22, 2002다38927).

263 ③ 《 정답

④ (○) : 계약이 적법한 대리인에 의하여 체결된 경우에 대리인은 다른 특별한 사정이 없는 한 본인을 위하여 계약상 급부를 변제로서 수령할 권한도 가진다. 그리고 대리인이 그 권한에 기하여 계약상 급부를 수령한 경우에, 그 법률효과는 계약 자체에서와 마찬가지로 직접 본인에게 귀속되고 대리인에게 돌아가지 아니한다(대판 2011. 8. 18, 2011다30871).

⑤ (○) : 부동산의 소유자로부터 매매계약을 체결할 대리권을 수여받은 대리인은 특별한 다른 사정이 없는 한 그 매매계약에서 약정한 바에 따라 중도금이나 잔금을 수령할 수도 있다고 보아야 하고, 매매계약의 체결과 이행에 관하여 포괄적으로 대리권을 수여받은 대리인은 특별한 다른 사정이 없는 한 상대방에 대하여 약정된 매매대금지급기일을 연기하여 줄 권한도 가진다고 보아야 할 것이다(대판 1992. 4. 14, 91다43107).

Ⅱ. 복대리

264 복대리인은 대리인의 보조자 내지 대리인의 대리인이다. ( ) (2016, 2018 변리사)

해설 복대리인은 대리인이 선임한 "본인의 대리인"으로, 대리인의 대리인이 아니다(제123조 제1항).

265 복대리인은 본인의 대리인이므로 원대리인의 복임행위는 본인을 위한 대리행위이다. ( ) (2023 변리사)

해설 복대리인이란 대리인이 자신의 이름으로 선임한 본인의 대리인이다. 따라서 복대리인이 본인의 대리인인 것은 맞지만, 원대리인의 복임행위 자체는 대리인이 자신의 이름으로 하는 것이므로 본인을 위한 대리행위가 아니다.

266-1 임의대리인은 원칙적으로 복임권을 갖지 못한다. ( ) (2016 변리사)

266-2 임의대리인은 그 책임으로 언제든지 복대리인을 선임할 수 있다. ( ) (2018 변리사)

해설 임의대리인은 원칙적으로 복임권을 갖지 못한다(제120조).

267 甲이 채권자를 특정하지 않은 채 부동산을 담보로 제공하면서 금원을 차용해 줄 것을 乙에게 위임하였다면, 甲의 의사에는 '복대리인 선임에 관한 승낙'이 포함되어 있다. ( ) (2016 변리사)

해설 甲이 채권자를 특정하지 아니한 채 부동산을 담보로 제공하여 금원을 차용해 줄 것을 乙에게 위임하였고, 乙은 이를 다시 丙에게 위임하였으며, 丙은 丁에게 위 부동산을 담보로 제공하고 금원을 차용하여 乙에게 교부하였다면, 乙에게 위 사무를 위임한 甲의 의사에는 '복대리인 선임에 관한 승낙'이 포함되어 있다고 봄이 타당하다(대판 1993. 8. 27, 93다21156).

정답 264 (×) 265 (×) 266-1 (○) 266-2 (×) 267 (○)

268 **甲이 乙을 대리인으로 선임한 경우, 乙은 甲의 승낙이 없더라도 부득이한 사유가 있는 때에는 복대리인을 선임할 수 있다. ( )** (2015 변리사)

> **해설** 임의대리의 복임권에서 본인의 승낙이 있거나 부득이한 경우에 복대리인을 선임할 수 있기 때문에, 乙은 甲의 승낙이 없더라도 부득이한 사유가 있는 때에는 복대리인을 선임할 수 있다(제120조).

269 **법정대리인은 재산상의 법률행위에 대하여 복임권이 있다. ( )** (2016 변리사)

> **해설** 민법 제122조(법정대리인의 복임권과 그 책임)

270 **법정대리인이 부득이한 사유로 복대리인을 선임한 경우에는 그 부적임 또는 불성실함을 알고 본인에 대한 통지나 그 해임을 태만한 때가 아니면 책임이 없다. ( )** (2018 변리사)

> **해설** [민법 제121조] ① 전조의 규정에 의하여 대리인이 복대리인을 선임한 때에는 본인에게 대하여 그 선임감독에 관한 책임이 있다. ② 대리인이 본인의 지명에 의하여 복대리인을 선임한 경우에는 그 부적임 또는 불성실함을 알고 본인에게 대한 통지나 그 해임을 태만한 때가 아니면 책임이 없다.
> [민법 제122조] 법정대리인은 그 책임으로 복대리인을 선임할 수 있다. 그러나 부득이한 사유로 인한 때에는 전조 제1항에 정한 책임만이 있다.

271 **대리인의 사망으로 대리권이 소멸한 경우에도 복대리권은 소멸하지 않는다. ( )** (2018 변리사)

> **해설** 복대리권은 대리인의 대리권에 기초하는 것이므로 대리권이 소멸하면 복대리권도 소멸한다.

272 **복대리인은 행위능력자임을 요하지 아니한다. ( )** (2016 변리사)

> **해설** 복대리인도 본인의 대리인이기 때문에 행위능력자임을 요하지 아니한다(제117조).

273 **甲은 X 토지를 丙에게 팔기 위해 乙에 대해 매매계약의 체결에 관한 대리권을 수여하였다. 이에 관한 설명 중 옳지 않은 것은? (각 지문은 독립적이며, 다툼이 있는 경우 판례에 의함)** (2023 변호사)

① 丙이 乙과 매매계약을 체결한 후에 매매대금의 지급을 지체하더라도 乙은 이행지체를 이유로 매매계약을 해제할 수 없다.

② 乙이 매매계약을 체결하면서 甲을 위한 것임을 표시하지 않았지만 乙이 甲의 대리인으로서 계약을 체결하고 있다는 점을 丙이 알았다면 甲과 丙 사이에 매매계약이 유효하게 성립한다.

③ 丙이 乙에게 매매대금을 지급하였다면 비록 乙이 매매대금을 甲에게 전달하지 않았다고 하더라도 丙의 변제는 유효하다.

④ 복대리인 선임에 관한 甲의 승낙이 없는 경우에도 부득이한 사유가 있을 때에는 乙은 복대리인을 선임하여 그로 하여금 丙과 매매계약을 체결하도록 할 수 있다.

⑤ 甲이 乙에게 매매계약의 체결과 이행에 관하여 포괄적으로 대리권을 수여했다고 하더라도 乙은 매매대금의 지급기일을 연기해 줄 수 없다.

268 (○) 269 (○) 270 (×) 271 (×) 272 (○) 273 ⑤ 《 정답

해설 ① (○) : 어떠한 계약의 체결에 관한 대리권을 수여받은 대리인이 수권된 법률행위를 하게 되면 그것으로 대리권의 원인된 법률관계(기초적 내부관계)는 원칙적으로 목적을 달성하여 종료되는 것이고, 법률행위에 의하여 수여된 대리권은 그 원인된 법률관계의 종료에 의하여 소멸하는 것이므로(민법 제128조), 그 계약을 대리하여 체결하였다 하여 곧바로 그 사람이 체결된 계약의 해제 등 일체의 처분권과 상대방의 의사를 수령할 권한까지 가지고 있다고 볼 수는 없다(대판 2008.1.31, 2007다74713).

② (○) : 대리인이 본인을 위한 것임을 표시하지 아니한 때에는 그 의사표시는 자기를 위한 것으로 본다. 그러나 상대방이 대리인으로서 한 것임을 알았거나 알 수 있었을 때에는 전조 제1항의 규정을 준용한다(= 직접 본인에게 대하여 효력이 생긴다)(민법 제115조).

③ (○) : 사채알선업자를 신뢰하여 그로 하여금 사채를 얻는 쪽과 놓는 쪽 쌍방을 대리하여 금전 소비대차계약과 담보권설정계약을 체결하도록 하는 방식으로 사채알선업을 하는 경우, 그 사채알선업자는 소비대차계약의 체결에 있어서 대주에 대하여는 차주의 대리인 역할을 하고, 반대로 차주에 대하여는 대주의 대리인 역할을 하게 되는 것이고, 대주로부터 소비대차계약을 체결할 대리권을 수여받은 대리인은 특별한 사정이 없는 한 그 소비대차계약에서 정한 바에 따라 차주로부터 변제를 수령할 권한도 있다고 봄이 상당하므로 차주가 그 사채알선업자에게 하는 변제는 유효하다(대판 1997. 7. 8, 97다12273).

④ (○) : 대리권이 법률행위에 의하여 부여된 경우에는 대리인은 본인의 승낙이 있거나 부득이한 사유있는 때가 아니면 복대리인을 선임하지 못한다(민법 제120조).

⑤ (×) : 부동산의 소유자로부터 매매계약을 체결할 대리권을 수여받은 대리인은 특별한 다른 사정이 없는 한 그 매매계약에서 약정한 바에 따라 중도금이나 잔금을 수령할 수도 있다고 보아야 하고, 매매계약의 체결과 이행에 관하여 포괄적으로 대리권을 수여받은 대리인은 특별한 다른 사정이 없는 한 상대방에 대하여 약정된 매매대금지급기일을 연기하여 줄 권한도 가진다고 보아야 할 것이다(대판 1992. 4. 14, 91다43107).

Ⅲ. 표현대리

274 **주식거래에 관한 투자수익보장약정이 강행법규의 위반으로 무효인 경우, 그러한 약정을 체결할 권한이 수여되었는지 여부와 관계없이 표현대리에 관한 법리가 적용될 수 없다. ( )**

(2014 변리사)

해설 증권회사 또는 그 임·직원의 부당권유행위를 금지하는 증권거래법 제52조 제1호는 공정한 증권거래질서의 확보를 위하여 제정된 강행법규로서 이에 위배되는 주식거래에 관한 투자수익보장약정은 무효이고, 투자수익보장이 강행법규에 위반되어 무효인 이상 증권회사의 지점장에게 그와 같은 약정을 체결할 권한이 수여되었는지 여부에 불구하고 그 약정은 여전히 무효이므로 표현대리의 법리가 준용될 여지가 없다(대판 1996. 8. 23, 94다38199).

275 **비법인사단인 교회의 대표자가 교인총회의 결의를 거치지 않고 총유물인 교회재산을 처분한 행위에 대하여는 민법 제126조(권한을 넘은 표현대리)를 준용할 수 있다. ( )** (2016 변리사)

정답 》 274 (○) 275 (×)

> **해 설** 비법인사단인 교회의 대표자는 총유물인 교회 재산의 처분에 관하여 교인총회의 결의를 거치지 아니하고는 이를 대표하여 행할 권한이 없다. 그리고 교회의 대표자가 권한 없이 행한 교회 재산의 처분행위에 대하여는 민법 제126조의 표현대리에 관한 규정이 준용되지 아니한다(대판 2009. 2. 12, 2006다23312).

276 **민법 제125조의 표현대리는 어떤 자가 본인을 대리하여 제3자와 법률행위를 함에 있어 본인이 그 자에게 대리권을 수여하였다는 표시를 제3자에게 한 경우에 성립한다. ( )**

(2016 변리사)

> **해 설** 민법 제125조가 규정하는 대리권 수여의 표시에 의한 표현대리는 본인과 대리행위를 한 자 사이의 기본적인 법률관계의 성질이나 그 효력의 유무와는 관계없이 어떤 자가 본인을 대리하여 제3자와 법률행위를 함에 있어 본인이 그 자에게 대리권을 수여하였다는 표시를 제3자에게 한 경우에 성립한다(대판 2007. 8. 23, 2007다23425).

277 **대리권 수여의 표시에 의한 표현대리는 본인이 무권대리인으로 하여금 대리권의 존재를 추단하게 하는 명칭의 사용을 명시적으로 허락한 경우뿐 아니라 이를 알고 묵인한 경우에도 성립할 수 있다. ( )** (2018 변호사)

> **해 설** 민법 제125조가 규정하는 대리권 수여의 표시에 의한 표현대리는 본인과 대리행위를 한 자 사이의 기본적인 법률관계의 성질이나 그 효력의 유무와는 직접적인 관계가 없이 어떤 자가 본인을 대리하여 제3자와 법률행위를 함에 있어 본인이 그 자에게 대리권을 수여하였다는 표시를 제3자에게 한 경우에는 성립될 수가 있고, 또 본인에 의한 대리권 수여의 표시는 반드시 대리권 또는 대리인이라는 말을 사용하여야 하는 것이 아니라 사회통념상 대리권을 추단할 수 있는 직함이나 명칭 등의 사용을 승낙 또는 묵인한 경우에도 대리권 수여의 표시가 있은 것으로 볼 수 있다(대판 1998. 6. 12, 97다53762).

278 **민법 제125조(대리권수여의 표시에 의한 표현대리)의 표현대리가 인정되려면, 대리행위의 상대방이 대리인으로 행위한 사람에게 실제로는 대리권이 없다는 점에 대하여 선의일 뿐만 아니라 무과실이어야 한다. ( )** (2016 변리사)

> **해 설** 민법상 표현대리가 성립하기 위해서는 상대방이 선의이면서 무과실이어야 한다(대판 1997. 3. 25, 96다51271).

279-1 **복대리인 선임권이 없는 대리인에 의하여 선임된 복대리인의 권한도 「민법」 제126조의 표현대리의 기본대리권이 될 수 있다. ( )** (2017 변호사)

279-2 **대리인이 본인으로부터 복대리인 선임권한을 부여받지 않았음에도 불구하고 복대리인을 선임하였다면 그 복대리인의 대리행위와 관련해서는 표현대리가 성립하지 않는다. ( )**

(2018 변호사)

276 (○) 277 (○) 278 (○) 279-1 (○) 279-2 (×) 《 정답

해설 대리인이 사자 내지 임의로 선임한 복대리인을 통하여 권한 외의 법률행위를 한 경우, 상대방이 그 행위자를 대리권을 가진 대리인으로 믿었고 또한 그렇게 믿는 데에 정당한 이유가 있는 때에는, 복대리인 선임권이 없는 대리인에 의하여 선임된 복대리인의 권한도 기본대리권이 될 수 있을 뿐만 아니라, 그 행위자가 사자라고 하더라도 대리행위의 주체가 되는 대리인이 별도로 있고 그들에게 본인으로부터 기본대리권이 수여된 이상, 민법 제126조를 적용함에 있어서 기본대리권의 흠결 문제는 생기지 않는다(대판 1998. 3. 27, 97다48982).

280 **민법 제129조(대리권소멸후의 표현대리)에 의하여 인정되는 표현대리를 기본대리권으로 하여 그 권한을 넘는 표현대리가 성립할 수 있다. ( )** (2016 변리사)

해설 과거에 가졌던 대리권이 소멸되어 민법 제129조에 의하여 표현대리로 인정되는 경우에 그 표현대리의 권한을 넘는 대리행위가 있을 때에는 민법 제126조에 의한 표현대리가 성립할 수 있다(대판 2008. 1. 31, 2007다74713).

281 **민법 제126조의 표현대리가 인정되려면, 대리행위의 상대방이 대리행위가 대리권의 범위 내에 있다고 믿고 그와 같이 믿는 데 정당한 이유가 있을 것을 요한다. ( )** (2016 변리사)

해설 민법 제126조의 표현대리가 인정되려면, 대리행위의 상대방이 대리행위가 대리권의 범위 내에 있다고 믿고 그와 같이 믿는 데 정당한 이유가 있을 것을 요한다(대판 2009. 4. 23, 2008다95861).

282 **권한을 넘은 표현대리에 있어서 정당한 이유의 유무는 대리행위 당시를 기준으로하고 대리행위 성립 이후의 사정을 참작하여 판정하여야 한다. ( )** (2014 변리사)

해설 표현대리의 효과를 주장하려면 상대방이 자칭 대리인에게 대리권이 있다고 믿고 그와 같이 믿는 데 정당한 이유가 있을 것을 요건으로 하는 것인바, 여기의 정당한 이유의 존부는 자칭 대리인의 대리행위가 행하여 질 때에 존재하는 제반사정을 객관적으로 관찰하여 판단하여야 하는 것이지 당해 법률행위가 이루어지고 난 훨씬 뒤의 사정을 고려하여 그 존부를 결정해야 하는 것은 아니다(대판 1987. 7. 7, 86다카2475).

283 **대리인이 본인을 위한다는 의사를 표시하지 않고 그의 이름을 모용하여 마치 자기가 본인인 것처럼 기망하여 본인 명의로 직접 대리권의 범위를 넘은 법률행위를 한 때에는, 특별한 사정이 없으면, 권한을 넘은 표현대리가 성립할 수 없다. ( )** (2014 변리사)

해설 민법 제126조의 표현대리는 대리인이 본인을 위한다는 의사를 명시 혹은 묵시적으로 표시하거나 대리의사를 가지고 권한외의 행위를 하는 경우에 성립하고, 사술을 써서 위와 같은 대리행위의 표시를 하지 아니하고 단지 본인의 성명을 모용하여 자기가 마치 본인인 것처럼 기망하여 본인명의로 직접 법률행위를 한 경우에는 특별한 사정이 없는 한 위 제126조 소정의 표현대리는 성립될 수 없다(대판 1988. 2. 9, 87다카273).

정답 280 (○) 281 (○) 282 (×) 283 (○)

284-1 대리인이 대리권 소멸 후 복대리인을 선임하여 복대리인으로 하여금 상대방과 사이에 대리행위를 하도록 한 경우, 상대방이 대리권 소멸 사실을 알지 못하여 복대리인에게 적법한 대리권이 있는 것으로 믿었고, 그와 같이 믿은 데 과실이 없었다면「민법」제129조의 표현대리가 성립할 수 있다. ( ) (2017 변호사)

284-2 대리인이 대리권 소멸 후 선임한 복대리인과 상대방 사이의 법률행위에도 상대방이 대리권 소멸 사실을 알지 못하여 복대리인에게 적법한 대리권이 있는 것으로 믿었고 그와 같이 믿은 데 과실이 없다면, 대리권소멸 후의 표현대리(민법 제129조)가 성립할 수 있다. ( ) (2018 변리사)

284-3 대리권이 이미 소멸한 원대리인에 의해 선임된 복대리인의 대리행위에 대해서는 대리권 소멸 후의 표현대리(제129조)가 성립할 여지가 없다. ( ) (2023 변리사)

> **해설** 표현대리의 법리는 거래의 안전을 위하여 어떠한 외관적 사실을 야기한 데 원인을 준 자는 그 외관적 사실을 믿음에 정당한 사유가 있다고 인정되는 자에 대하여는 책임이 있다는 일반적인 권리외관 이론에 그 기초를 두고 있는 것인 점에 비추어 볼 때, 대리인이 대리권 소멸 후 직접 상대방과 사이에 대리행위를 하는 경우는 물론 대리인이 대리권 소멸 후 복대리인을 선임하여 복대리인으로 하여금 상대방과 사이에 대리행위를 하도록 한 경우에도, 상대방이 대리권 소멸 사실을 알지 못하여 복대리인에게 적법한 대리권이 있는 것으로 믿었고 그와 같이 믿은 데 과실이 없다면 민법 제129조에 의한 표현대리가 성립할 수 있다(대판 1998. 5. 29, 97다55317). ☞ 복대리의 경우에도 표현대리의 성립을 인정한 판례이다.

285 대리권 소멸 후의 표현대리에 관한 민법 제129조는 임의대리권이 소멸한 경우만이 아니라 법정대리인의 대리권 소멸에 관하여도 그 적용이 있다. ( ) (2014 변리사)

> **해설** 판례는 제125조 대리권수여표시에 의한 표현대리가 임의대리에만 적용된다고 하고, 나머지의 표현대리는 임의대리, 법정대리에 모두 적용된다고 한다. 따라서 대리권 소멸 후의 표현대리에 관한 민법 제129조는 임의대리권이 소멸한 경우만이 아니라 법정대리인의 대리권 소멸에 관하여도 그 적용이 있다.

286 乙은 甲의 대리인으로서 甲을 위하여 丙과 계약을 체결하였다. 이에 관한 설명으로 옳지 않은 것은? (다툼이 있으면 판례에 따름) (2019 변리사)

① 乙이 임의대리인이라면 乙은 행위능력자임을 요하지 않는다.

② 乙의 대리행위가 무권대리라는 이유로 甲이 무효를 주장하는 경우, 乙의 대리행위가 권한을 넘은 표현대리행위라는 주장 및 증명책임은 丙에게 있다.

③ 매매계약의 체결에 관한 권한을 수여받은 乙이 甲을 대리하여 매매계약을 체결한 경우, 乙은 특별한 사정이 없는 한 甲을 대리하여 매매계약의 해제 등 일체의 처분권을 행사할 수 있다.

④ 甲으로부터 아파트에 관한 일체의 관리권한을 위임받아 甲으로 가장하여 아파트를 丙에게 임대한 乙이 다시 甲으로 가장하여 임차인 丙에게 아파트를 매도하였다면, 권한을 넘은 표현대리의 법리를 유추적용할 수 있다.

284-1 (○) 284-2 (○) 284-3 (×) 285 (○) 286 ③ 《 정답

⑤ 대리권 수여행위는 묵시적인 의사표시로도 할 수 있으므로, 乙이 甲의 대리인의 외양을 가지고 행위하는 것을 甲이 알면서도 이의를 하지 않고 방임하는 등 사실상의 용태에 의하여 대리권의 수여가 추단되는 경우도 있다.

해설 ① (○) : 민법 제117조

② (○) : 계약체결의 대리권을 상대방을 특정하여 부여할 수 있는 것이며 본조에 의한 표현대리 행위로 인정된다는 점의 주장 및 입증책임은 그것을 유효하다고 주장하는 자에게 있는 것이다(대판 1968. 6. 18, 68다694).

③ (×) : 어떠한 계약의 체결에 관한 대리권을 수여받은 대리인이 수권된 법률행위를 하게 되면 그것으로 대리권의 원인된 법률관계는 원칙적으로 목적을 달성하여 종료하는 것이고, 법률행위에 의하여 수여된 대리권은 그 원인된 법률관계의 종료에 의하여 소멸하는 것이므로(민법 제128조), 그 계약을 대리하여 체결하였던 대리인이 체결된 계약의 해제 등 일체의 처분권과 상대방의 의사를 수령할 권한까지 가지고 있다고 볼 수는 없다(대판 2008. 6. 12, 2008다11276).

④ (○) : 본인으로부터 아파트에 관한 임대 등 일체의 관리권한을 위임받아 본인으로 가장하여 아파트를 임대한 바 있는 대리인이 다시 자신을 본인으로 가장하여 임차인에게 아파트를 매도하는 법률행위를 한 경우에는 권한을 넘은 표현대리의 법리를 유추적용하여 본인에 대하여 그 행위의 효력이 미친다고 볼 수 있다(대판 1993. 2. 23, 92다52436).

⑤ (○) : 대리권을 수여하는 수권행위는 불요식의 행위로서 명시적인 의사표시에 의함이 없이 묵시적인 의사표시에 의하여 할 수도 있으며, 어떤 사람이 대리인의 외양을 가지고 행위하는 것을 본인이 알면서도 이의를 하지 아니하고 방임하는 등 사실상의 용태에 의하여 대리권의 수여가 추단되는 경우도 있다(대판 2016. 5. 26, 2016다203315).

287 乙은 甲으로부터 甲의 부동산을 담보로 3천만 원을 차용할 수 있는 대리권을 수여받았다고 하면서 甲을 대리하여 丙과 소비대차계약을 체결하였다. 이에 관한 설 명으로 옳지 않은 것은? (다툼이 있으면 판례에 따름) (2020 변리사)

① 甲이 丙을 상대로, 乙에게 위와 같은 권한을 부여하였다고 말하였지만 실제로는 대리권을 乙에게 수여하지 않은 경우, 甲은 선의이고 무과실인 丙에게 대리권수여의 표시에 의한 표현대리의 책임을 진다.

② 乙이 甲으로부터 위와 같은 권한을 적법하게 부여받고서 丙과 5천만 원을 차용하는 계약을 체결한 경우, 丙이 乙에게 그런 권한이 있었다고 믿을 만한 정당한 이유가 있었다면 3천만 원을 초과하는 부분에 대해서는 甲은 권한을 넘은 표현대리의 책임을 진다.

③ 甲으로부터 위와 같은 권한을 적법하게 부여받은 乙이 선임한 복대리인 丁이 丙으로부터 5천만 원을 차용하는 계약을 체결한 경우, 丙이 丁에게 그런 권한이 있었다고 믿을 만한 정당한 이유가 있었다면 3천만 원을 초과하는 부분에 대해서는 甲은 권한을 넘은 표현대리의 책임을 진다.

④ 甲으로부터 위와 같은 권한을 적법하게 부여받은 乙이 소비대차계약 대신 丙에게 甲의 대리인으로서 그 부동산을 매도하였다면, 丙이 乙에게 매도할 권한이 있었다고 믿을 만한 정당한 이유가 있었다고 하더라도 매도행위는 차용행위와는 별개이므로 甲은 권한을 넘은 표현대리의 책임을 지지 않는다.

⑤ 권한을 넘은 표현대리에서 정당한 이유의 존부는 자칭 대리인의 대리행위가 행하여질 때에 존재하는 모든 사정을 객관적으로 관찰하여 판단하여야 한다.

정답 》 287 ④

해설 ① (○) : 민법 제125조
② (○) : 민법 제126조
③ (○) : 대리인이 사자 내지 임의로 선임한 복대리인을 통하여 권한 외의 법률행위를 한 경우, 상대방이 그 행위자를 대리권을 가진 대리인으로 믿었고 또한 그렇게 믿는 데에 정당한 이유가 있는 때에는, 복대리인 선임권이 없는 대리인에 의하여 선임된 복대리인의 권한도 기본대리권이 될 수 있을 뿐만 아니라, 그 행위자가 사자라고 하더라도 대리행위의 주체가 되는 대리인이 별도로 있고 그들에게 본인으로부터 기본대리권이 수여된 이상, 민법 제126조를 적용함에 있어서 기본대리권의 흠결 문제는 생기지 않는다(대판 1998. 3. 27, 97다48982).
④ (×) : 정당하게 부여받은 대리권의 내용되는 행위와 표현대리행위는 반드시 같은 종류의 행위에 속할 필요는 없다(대판 1969. 7. 22, 69다548).
⑤ (○) : 여기의 정당한 이유의 존부는 자칭 대리인의 대리행위가 행하여 질 때에 존재하는 제반사정을 객관적으로 관찰하여 판단하여야 하는 것이지 당해 법률행위가 이루어지고 난 훨씬 뒤의 사정을 고려하여 그 존부를 결정해야 하는 것은 아니다(대판 1987. 7. 7, 86다카2475; 대판 2009. 11. 12, 2009다46828).

Ⅳ. 무권대리

288 무권대리행위의 추인은 무권대리인 또는 상대방의 동의나 승낙을 요하지 않는 단독행위로서 무권대리행위 전부에 대하여 행해져야 하지만, 상대방의 동의를 얻은 경우에는 무권대리행위 일부에 대하여 추인을 하거나 그 내용을 변경하여 추인하는 것도 유효하다. ( )

(2019 변호사)

해설 무권대리행위의 추인은 무권대리인에 의하여 행하여진 불확정한 행위에 관하여 그 행위의 효과를 자기에게 직접 발생케 하는 것을 목적으로 하는 의사표시이며, 무권대리인 또는 상대방의 동의나 승락을 요하지 않는 단독행위로서 추인은 의사표시의 전부에 대하여 행하여져야 하고, 그 일부에 대하여 추인을 하거나 그 내용을 변경하여 추인을 하였을 경우에는 상대방의 동의를 얻지 못하는 한 무효이(대판 1982. 1. 26, 81다카549).

289 무권대리행위의 추인에 따른 계약의 소급효는 배타적 권리를 취득한 제3자에게도 미친다. ( )

(2020 변호사)

해설 [민법 제133조] 추인은 다른 의사표시가 없는 때에는 계약시에 소급하여 그 효력이 생긴다. 그러나 제삼자의 권리를 해하지 못한다. ☞ 여기서 제3자라 함은 등기부상 권리를 주장할 수 있는 제3자를 지칭한다(대판 1963. 4. 18, 62다223).

288 (○) 289 (×) 《 정답

290 **다른 자의 대리인으로서 계약을 맺은 자가 그 대리권을 증명하지 못하고 또 본인의 추인을 받지 못한 경우에는 계약이 무효이기 때문에 계약의 상대방은 그 대리인에게 계약을 이행할 책임을 물을 수 없다. ( )** (2021 변호사)

> **해설** 다른 자의 대리인으로서 계약을 맺은 자가 그 대리권을 증명하지 못하고 또 본인의 추인을 받지 못한 경우에는 그는 상대방의 선택에 따라 계약을 이행할 책임 또는 손해를 배상할 책임이 있다(민법 제135조 제1항).

291 **무권대리에서 상대방이 그의 선택에 따라 행사할 수 있는 계약의 이행 또는 손해배상청구권은 선택권을 행사할 수 있는 때부터 소멸시효가 진행한다. ( )** (2023 변리사)

> **해설** 타인의 대리인으로 계약을 한 자가 그 대리권을 증명하지 못하고 또 본인의 추인을 얻지 못한 때에는 상대방의 선택에 좇아 계약의 이행 또는 손해배상의 책임이 있는 것인바 이 상대방이 가지는 계약이행 또는 손해배상청구권의 소멸시효는 그 선택권을 행사할 수 있는 때로부터 진행한다 할 것이고 또 선택권을 행사할 수 있는 때라고 함은 대리권의 증명 또는 본인의 추인을 얻지 못한 때라고 할 것이다(대판 1965. 8. 24, 64다1156).

292 **甲의 무권대리인 乙은 甲소유의 X토지에 대한 관련 서류를 위조하여 甲의 이름으로 丙과 매매계약을 체결하였다. 乙의 표현대리가 인정되지 않은 경우, 무권대리행위의 추인과 관련된 설명으로 옳지 않은 것은? (다툼이 있으면 판례에 따름)** (2017 변리사)

① 甲은 乙또는 丙을 상대로 매매계약을 추인할 수 있다.
② 甲은 乙의 처분행위와 사문서위조행위를 불문에 붙이기로 합의하는 등 묵시적인 방법으로도 매매계약을 추인할 수 있다.
③ 乙이 甲을 단독으로 상속하여 X토지의 소유자가 되면, 乙은 본인의 지위에서 매매계약의 추인을 거절할 수 있다.
④ 丙이 매매계약 당시 乙이 무권대리인임을 알지 못하였다면, 丙은 본인의 추인이 있을 때까지 乙을 상대로 매수의 의사표시를 철회할 수 있다.
⑤ 丙이 상당한 기간을 정하여 매매계약의 추인 여부에 대한 확답을 최고하였으나 甲이 그 기간 내에 확답을 발하지 않으면 추인을 거절한 것으로 본다.

> **해설** ① (○) : 추인의 의사표시는 명시적·묵시적으로도 가능하며, 상대방 또는 무권대리인 어느 쪽에 대해서도 할 수 있으며, 승계인에게도 할 수 있다. 다만 무권대리인에 대하여 추인을 한 경우, 상대방이 추인의 사실을 알기까지 상대방에 대하여 추인의 효력을 주장할 수 없다(제132조).
> [판례] 무권대리행위의 추인에 특별한 방식이 요구되는 것이 아니므로 명시적인 방법만 아니라 묵시적인 방법으로도 할 수 있고, 그 추인은 무권대리인, 무권대리행위의 직접의 상대방 및 그 무권대리행위로 인한 권리 또는 법률 관계의 승계인에 대하여도 할 수 있다(대판 1981. 4. 14, 80다2314).
> ② (○) : 무효행위 또는 무권대리 행위의 추인은 무효행위 등이 있음을 알고 행위의 효과를 자기에게 귀속시키도록 하는 단독행위로서 의사표시의 방법에 관하여 일정한 방식이 요구되는 것이 아니므로 묵시적인 방법으로도 할 수 있다(대판 2014. 2. 13, 2012다112299).

정답 》 290 (×) 291 (○) 292 ③

③ (×) : 乙이 대리권 없이 甲 소유 부동산을 丙에게 매도하여 부동산소유권이전등기등에관한특별조치법에 의하여 소유권이전등기를 마쳐주었다면 그 매매계약은 무효이고 이에 터잡은 이전등기 역시 무효가 되나, 乙은 甲의 무권대리인으로서 민법 제135조 제1항의 규정에 의하여 매수인인 丙에게 부동산에 대한 소유권이전등기를 이행할 의무가 있으므로 그러한 지위에 있는 乙이 甲으로부터 부동산을 상속받아 그 소유자가 되어 소유권이전등기이행의무를 이행하는 것이 가능하게 된 시점에서 자신이 소유자라고 하여 자신으로부터 부동산을 전전매수한 丁에게 원래 자신의 매매행위가 무권대리행위여서 무효였다는 이유로 丁 앞으로 경료된 소유권이전등기가 무효의 등기라고 주장하여 그 등기의 말소를 청구하거나 부동산의 점유로 인한 부당이득금의 반환을 구하는 것은 금반언의 원칙이나 신의성실의 원칙에 반하여 허용될 수 없다(대판 1994. 9. 27, 94다20617).

④ (○) : 민법 제134조.

⑤ (○) : 민법 제131조.

293 **乙은 甲의 X건물에 대하여 甲의 대리인으로서 丙과 매매계약을 체결하였는데, 乙에게는 대리권이 없었다. 이에 관한 설명으로 옳지 않은 것은? (다툼이 있으면 판례에 따름)**

(2015 변리사)

① 丙이 甲의 요구에 따라 매매대금 전부를 지급한 경우, 특별한 사정이 없는 한 丙은 甲에게 X건물의 소유권이전등기를 청구할 수 있다.

② 甲이 乙의 대리행위에 대하여 乙에게 추인의 의사표시를 한 경우, 甲은 이러한 사실을 알지 못한 丙에게 그 추인의 효력을 주장하지 못한다.

③ 乙과 丙사이에 매매계약이 체결된 후, 甲이 X건물을 丁에게 매도하고 소유권이전등기를 해 준 경우, 甲이 乙의 대리행위를 추인하더라도 丁은 유효하게 소유권을 취득한다.

④ 丙이 상당한 기간을 정하여 甲에게 추인여부의 확답을 최고하였음에도 甲이 그 기간 내에 확답을 발하지 않은 경우, 甲은 추인을 거절한 것으로 본다.

⑤ 丙은 乙과의 매매계약 체결 당시에 乙에게 대리권 없음을 안 경우에도 甲의 추인이 있을 때까지 乙에 대하여 매매계약을 철회할 수 있다.

해설 ⑤는 부당하다. 즉 무권대리에서 상대방의 철회권은 선의시에만 가능하다(제134조). 따라서 丙은 乙과의 매매계약 체결 당시에 乙에게 대리권 없음을 안 경우에는 甲의 추인이 있을 때까지 乙에 대하여 매매계약을 철회할 수 없다.

① (○) : 丙이 甲의 요구에 따라 매매대금 전부를 지급한 경우, 이는 무권대리의 묵시적 추인에 해당한다(제130조). 따라서 특별한 사정이 없는 한 丙은 甲에게 X건물의 소유권이전등기를 청구할 수 있다.

② (○) : 추인의 의사표시는 상대방 또는 무권대리인 어느 쪽에 대해서도 할 수 있으나, 무권대리인에 대하여 추인을 한 경우, 상대방이 추인의 사실을 알기까지 상대방에 대하여 추인의 효력을 주장할 수 없다(제132조).

③ (○) : 무권대리 추인은 소급효가 있다. 그러나 제3자의 권리를 해하지 못한다(제133조). 따라서 乙과 丙사이에 매매계역이 체결된 후, 甲이 X건물을 丁에게 매도하고 소유권이전등기를 해 준 경우, 甲이 乙의 대리행위를 추인하더라도 丁이 소유권을 취득하는데 영향이 없다.

293 ⑤ 《 정답

④ (○) : 무권대리 상대방의 최고에 대한 본인의 확답 문제이다. 즉 丙이 상당한 기간을 정하여 甲에게 추인여부의 확답을 최고하였음에도 甲이 그 기간내에 확답을 발하지 않은 경우, 甲은 추인을 거절한 것으로 본다(제131조).

294 甲은 乙에게 자기 소유의 아파트에 대하여 매매계약의 체결에 관한 대리권을 수여하였고, 이에 따라 乙은 甲을 위하여 丙과 매매계약을 체결하였다. 이에 관한 설명으로 옳지 않은 것은? (다툼이 있으면 판례에 따름) (2017 변리사)

① 특별한 사정이 없는 한, 乙은 丙으로부터 중도금이나 잔금을 수령할 권한이 있다.
② 특별한 사정이 없는 한, 乙은 丙에게 약정된 매매대금 지급기일을 연기해 줄 권한은 없다.
③ 丙이 甲에 대하여 소유권이전등기를 청구하는 경우, 乙의 대리권 존재 사실에 대한 증명책임은 丙이 진다.
④ 만약 乙이 甲을 위한 것임을 표시하지 않고 매매계약을 체결하였는데 乙이 甲의 대리인임을 丙이 알았다면, 그 계약의 효력은 甲에게 미친다.
⑤ 乙이 丙으로부터 받은 매매대금을 유용할 배임적 의도를 갖고 있었고 丙이 이를 알았다면, 그 한도에서 乙은 무권대리가 된다.

해설 ① (○), ② (○) : 부동산의 소유자로부터 매매계약을 체결할 대리권을 수여받은 대리인은 특별한 다른 사정이 없는 한 그 매매계약에서 약정한 바에 따라 중도금이나 잔금을 수령할 수도 있다고 보아야 하고, 매매계약의 체결과 이행에 관하여 포괄적으로 대리권을 수여받은 대리인은 특별한 다른 사정이 없는 한 상대방에 대하여 약정된 매매대금지급기일을 연기하여 줄 권한도 가진다(대판 1992. 4. 14, 91다43107). ☞ 위 91다43107 판결의 쉼표 앞뒤를 비교해 보면 "중도금이나 잔금을 수령할 권한"에서 더 나아가 "약정된 매매대금지급기일을 연기하여 줄 권한"까지 가지기 위해서는 매매계약을 체결할 대리권을 수여받은 것만으로는 부족하고 매매계약의 체결과 이행에 관하여 포괄적으로 대리권을 수여받은 정도에 이르러야 한다는 취지로 보인다. 그런데 문제의 사례에서 "매매계약의 체결에 관한 대리권을 수여하였고"라고만 하였으므로 乙은 매매계약의 체결과 이행에 관하여 포괄적으로 대리권을 수여받은 것이 아니어서 丙에게 약정된 매매대금 지급기일을 연기해 줄 권한은 없는 것이다.
③ (○) : 법률행위의 성립요건은 법률행위의 효과를 주장하는 당사자가 그 입증책임을 부담하고, 일반적 효력요건의 부존재는 법률행위의 무효를 주장하는 당사자가 그 입증책임을 부담하는데, 특별 효력요건은 다시 법률행위의 효과를 주장하는 당사자가 그 입증책임을 부담한다. 대리행위에 있어서의 대리권의 존재는 특별 효력요건으로서 본인에게 효과를 귀속시키려는 대리행위의 상대방이 대리권의 존재를 입증해야 한다.
④ (○) : 민법 제115조 단서
⑤ (×) : 대리권 남용은 대리인이 대리권의 범위 내에서 대리행위를 하였지만 그것이 본인의 이익을 위한 것이 아니라 자신이나 제3자의 이익을 위한 경우를 말하는 것으로 어디까지나 유권대리이다. 판례는 대리권 남용의 경우 일관되게 민법 제107조 제1항 단서 유추적용설을 취하여 "진의 아닌 의사표시가 대리인에 의하여 이루어지고 그 대리인의 진의가 본인의 이익이나 의사에 반하여 자기 또는 제3자의 이익을 위한 배임적인 것임을 그 상대방이 알거나 알 수 있었을 경우에는 민법 제107조 제1항 단서의 유추해석상 그 대리인의 행위는 본인의 대리행위로 성립할 수 없다 하겠으므로 본인은 대리인의

정답 294 ⑤

행위에 대하여 아무런 책임이 없다(대판 1987. 7. 7, 86다카1004)."고 하는데, 여기서 본인에게 책임이 없다는 것은 무권대리가 되어 책임이 없다는 것이 아니라, 유권대리이지만 민법 제107조 제1항 단서의 유추적용에 의하여 책임이 없다는 것이다.

295 무권대리인 乙은 자신을 甲의 대리인이라고 하면서 丙과 매매계약을 체결하였다. 이에 관한 설명으로 옳지 않은 것은? (다툼이 있으면 판례에 따름) (2019 변리사)

① 乙이 무권대리인임을 알았던 丙은 甲에게 乙의 대리행위에 대한 추인 여부의 확답을 최고할 수 없다.

② 丙이 매매계약을 적법하게 철회하였다면 乙의 무권대리행위는 확정적으로 무효가 되어 그 후에는 甲이 매매계약을 추인할 수 없다.

③ 甲이 乙에 대하여 매매계약에 관한 추인의 의사표시를 한 경우, 이러한 추인의 의사표시를 丙이 알지 못하였다면 丙은 철회할 수 있다.

④ 丙이 매매계약을 철회하는 경우, 철회의 효과를 다투는 甲은 丙이 乙에게 대리권이 없다는 사실에 관하여 악의임을 증명할 책임이 있다.

⑤ 乙이 甲을 단독상속한 경우, 乙은 甲의 지위에서 무권대리임을 이유로 매매계약의 무효를 주장하는 것은 허용되지 않는다.

해설 ① (×) : 민법 제131조. 최고권의 행사는 상대방의 선악을 불문하고 가능하다.

② (○), ④ (○) : 민법 제134조에서 정한 상대방의 철회권은, 무권대리행위가 본인의 추인에 따라 효력이 좌우되어 상대방이 불안정한 지위에 놓이게 됨을 고려하여 대리권이 없었음을 알지 못한 상대방을 보호하기 위하여 상대방에게 부여된 권리로서, 상대방이 유효한 철회를 하면 무권대리행위는 확정적으로 무효가 되어 그 후에는 본인이 무권대리행위를 추인할 수 없다. 한편 상대방이 대리인에게 대리권이 없음을 알았다는 점에 대한 주장·입증책임은 철회의 효과를 다투는 본인에게 있다(대판 2017. 6. 29, 2017다213838).

③ (○) : 민법 제132조. 乙에 대한 추인을 가지고 선의의 丙에게 대항할 수 없기 때문이다.

⑤ (○) : 甲이 대리권 없이 乙 소유 부동산을 丙에게 매도하여 부동산소유권이전등기등에관한특별조치법에 의하여 소유권이전등기를 마쳐주었다면 그 매매계약은 무효이고 이에 터잡은 이전등기 역시 무효가 되나, 甲은 乙의 무권대리인으로서 민법 제135조 제1항의 규정에 의하여 매수인인 丙에게 부동산에 대한 소유권이전등기를 이행할 의무가 있으므로 그러한 지위에 있는 甲이 乙로부터 부동산을 상속받아 그 소유자가 되어 소유권이전등기이행의무를 이행하는 것이 가능하게 된 시점에서 자신이 소유자라고 하여 자신으로부터 부동산을 전전매수한 丁에게 원래 자신의 매매행위가 무권대리행위여서 무효였다는 이유로 丁 앞으로 경료된 소유권이전등기가 무효의 등기라고 주장하여 그 등기의 말소를 청구하거나 부동산의 점유로 인한 부당이득금의 반환을 구하는 것은 금반언의 원칙이나 신의성실의 원칙에 반하여 허용될 수 없다(대판 1994. 9. 27, 94다20617).

295 ① 《 정답

296 **甲의 무권대리인 乙이 丙에게 甲 소유의 부동산을 매도하여 소유권이전등기를 경료해주었고, 그 후 丙은 이 부동산을 丁에게 매도하고 소유권이전등기를 경료해주었다. 이에 관한 설명으로 옳지 않은 것은? (다툼이 있으면 판례에 따름)** (2020 변리사)

① 丙은 甲에게 상당한 기간을 정하여 추인 여부의 확답을 최고할 수 있고, 그 기간 내에 甲이 확답을 발하지 않으면 추인을 거절한 것으로 본다.

② 丙이 계약 당시 乙에게 대리권이 없음을 안 경우, 丙은 乙에게 한 매수의 의사표시를 철회할 수 없다.

③ 甲이 丁에게 추인의 의사를 표시하더라도 무권대리행위에 대한 추인의 효과가 발생하지 않는다.

④ 甲이 乙에게 추인의 의사를 표시한 경우, 추인 사실을 알게 된 丙은 乙에게 한 매수의 의사표시를 철회할 수 없다.

⑤ 甲의 추인을 얻지 못한 경우, 丙이 무권대리에 관하여 선의이더라도 과실이 있으면 乙은 계약을 이행할 책임을 부담하지 않는다.

> **해설** ① (○) : 민법 제131조(상대방의 최고권).
> ② (○) : 민법 제134조(상대방의 철회권) 단서. 악의이면 철회할 수 없다.
> ③ (×) : 무권대리행위의 추인에 특별한 방식이 요구되는 것이 아니므로 명시적인 방법만 아니라 묵시적인 방법으로도 할 수 있고, 그 추인은 무권대리인, 무권대리행위의 직접의 상대방 및 그 무권대리행위로 인한 권리 또는 법률관계의 승계인에 대하여도 할 수 있다(대판 1981. 4. 14, 80다2314, 대판 1992. 10. 27, 92다19033).
> ④ (○) : 추인 또는 거절의 의사표시는 상대방에 대하여 하지 아니하면 그 상대방에 대항하지 못한다. 그러나 상대방이 그 사실을 안 때에는 그러하지 아니하다(제132조). ☞ 乙에 대한 추인 사실을 丙이 알게 되었다면 그 추인을 가지고 丙에게 대항할 수 있다. 따라서 丙은 더 이상 철회할 수 없다.
> ⑤ (○) : 민법 제135조(상대방에 대한 무권대리인의 책임) 제2항

297 **甲은 그 소유의 X토지에 저당권을 설정하고 금전을 차용하는 계약을 체결할 대리권을 친구 乙에게 수여하였는데, 乙이 甲을 대리하여 X토지를 丙에게 매도하는 계약을 체결하였다. 이에 관한 설명으로 옳은 것은? (다툼이 있으면 판례에 따름)** (2021 변리사)

① 丙이 乙의 대리행위가 유권대리라고 주장하는 경우, 그 주장 속에는 표현대리의 주장이 포함된 것으로 보아야 한다.

② 丙이 계약체결 당시에 乙에게 매매계약 체결의 대리권이 없음을 알았더라도 丙의 甲에 대한 최고권이 인정된다.

③ 丙이 계약체결 당시에 乙에게 매매계약 체결의 대리권이 없음을 알았더라도 계약을 철회할 수 있다.

④ 乙의 행위가 권한을 넘은 표현대리로 인정되는 경우, 丙에게 과실(過失)이 있다면 과실상계의 법리에 따라 甲의 책임이 경감될 수 있다.

⑤ 丙이 乙의 대리행위가 권한을 넘은 표현대리라고 주장하는 경우, 乙에게 매매계약체결의 대리권이 있다고 丙이 믿을 만한 정당한 이유가 있었는지의 여부는 계약성립 이후의 모든 사정을 고려하여 판단해야 한다.

정답 》 296 ③ 297 ②

해설 ① (×) : 유권대리에 있어서는 본인이 대리인에게 수여한 대리권의 효력에 의하여 법률효과가 발생하는 반면 표현대리에 있어서는 대리권이 없음에도 불구하고 법률이 특히 거래상대방 보호와 거래안전유지를 위하여 본래 무효인 무권대리행위의 효과를 본인에게 미치게 한 것으로서 표현대리가 성립된다고 하여 무권대리의 성질이 유권대리로 전환되는 것은 아니므로, 양자의 구성요건 해당사실 즉 주요사실은 다르다고 볼 수 밖에 없으니 유권대리에 관한 주장 속에 무권대리에 속하는 표현대리의 주장이 포함되어 있다고 볼 수 없다[대판(전합) 1983. 12. 13, 83다카1489].

② (○) : 대리권없는 자가 타인의 대리인으로 계약을 한 경우에 상대방은 상당한 기간을 정하여 본인에게 그 추인여부의 확답을 최고할 수 있다. 본인이 그 기간내에 확답을 발하지 아니한 때에는 추인을 거절한 것으로 본다(민법 제131조). ☞ 최고는 상대방의 선악을 불문하고 인정된다.

③ (×) : 대리권없는 자가 한 계약은 본인의 추인이 있을 때까지 상대방은 본인이나 그 대리인에 대하여 이를 철회할 수 있다. 그러나 계약당시에 상대방이 대리권 없음을 안 때에는 그러하지 아니하다(민법 제134조).

④ (×) : 표현대리행위가 성립하는 경우에 그 본인은 표현대리행위에 의하여 전적인 책임을 져야 하고, 상대방에게 과실이 있다고 하더라도 과실상계의 법리를 유추적용하여 본인의 책임을 경감할 수 없는 것이므로, 피고가 반환할 금액에서 원고의 과실이 참작되어 감액되어야 한다는 지적도 그 이유 없다(대판 1996.7.12. 95다49554).

⑤ (×) : 권한을 넘은 표현대리에 있어서 정당한 이유의 유무는 대리행위 당시를 기준으로 하여 판정하여야 하고 매매계약 성립 이후의 사정은 고려할 것이 아니다(대판 1997. 6. 27, 97다3828).

298 甲의 대리인이라 칭하는 乙이 甲을 대리하여 丙과 사이에 甲 소유의 X토지를 매도하는 내용의 매매계약을 체결하였다. 이에 관한 설명 중 옳지 않은 것은? (다툼이 있는 경우 판례에 의함) (2020 변호사)

① 甲이 乙의 대리권 없음을 이유로 丙에게 위 매매계약을 원인으로 마쳐진 소유권이전등기의 말소를 구하는 소를 제기하는 경우, 甲은 乙의 대리권 부존재를 증명하여야 한다.

② 乙이 甲으로부터 매매계약을 체결할 대리권을 수여받은 경우, 乙은 특별한 사정이 없는 한 그 매매계약에서 약정한 바에 따라 중도금이나 잔금을 수령할 권한도 있다.

③ 乙이 甲으로부터 매매계약을 체결할 대리권을 수여받은 후 자기의 이익을 위하여 배임적 대리행위를 한 경우, 丙이 이러한 사실을 과실없이 알지 못한 때에는 乙의 대리행위는 甲에게 효력이 미친다.

④ 乙이 위 매매계약에 관한 대리권을 증명하지 못하고 甲의 추인도 얻지 못하여 甲에게 대리의 효력이 발생하지 않는 경우, 그 무권대리행위가 제3자 丁의 기망이나 문서위조 등 위법행위로 야기되었다면 丙은 乙을 상대로 계약의 이행이나 손해배상을 청구할 수 없다.

⑤ 위 매매계약에서 甲의 채무불이행에 대비한 손해배상액이 예정된 경우, 乙이 무권대리인으로서 丙에 대하여 계약 이행의 채무를 부담하게 되었으나 이를 이행하지 아니하여 손해배상책임을 진다면, 특별한 사정이 없는 한 그 책임은 위 손해배상액의 예정에 따라 정해진다.

298 ④ 《 정답

해설 ① (○) : 소유권이전등기가 전 등기명의인의 직접적인 처분행위에 의한 것이 아니라 제3자가 그 처분행위에 개입된 경우 현 등기명의인이 그 제3자가 전 등기명의인의 대리인이라고 주장하더라도 현 소유명의인의 등기가 적법히 이루어진 것으로 추정되므로, 그 등기가 원인무효임을 이유로 그 말소를 청구하는 전 소유명의인으로서는 반대사실, 즉 그 제3자에게 전 소유명의인을 대리할 권한이 없었다든가 또는 제3자가 전 소유명의인의 등기서류를 위조하는 등 등기절차가 적법하게 진행되지 아니한 것으로 의심할 만한 사정이 있다는 등의 무효사실에 대한 증명책임을 진다(대판 2009. 9. 24, 2009다37831).

> **[비교지문(2017변리사변형)] 乙은 甲을 위하여 丙과 매매계약을 체결하였다. 丙이 甲에 대하여 소유권이전등기를 청구하는 경우, 乙의 대리권 존재 사실에 대한 증명책임은 丙이 진다(○).**

② (○) : 부동산의 소유자로부터 매매계약을 체결할 대리권을 수여받은 대리인은 특별한 사정이 없는 한 그 매매계약에서 약정한 바에 따라 중도금이나 잔금을 수령할 권한도 있다고 보아야 한다(대판 1994. 2. 8, 93다39379).

③ (○) : 진의 아닌 의사표시가 대리인에 의하여 이루어지고 대리인의 진의가 본인의 이익이나 의사에 반하여 자기 또는 제3자의 이익을 위한 배임적인 것임을 상대방이 알았거나 알 수 있었을 경우에는 민법 제107조 제1항 단서의 유추해석상 대리인의 행위에 대하여 본인은 아무런 책임을 지지 않는다(대판 2011. 12. 22, 2011다64669).

④ (×) : 무권대리인의 상대방에 대한 책임은 무과실책임으로서 대리권의 흠결에 관하여 대리인에게 과실등의 귀책사유가 있어야만 인정되는 것이 아니고, 무권대리행위가 제3자의 기망이나 문서위조 등 위법행위로 야기되었다고 하더라도 그 책임은 부정되지 아니한다(대판 2014. 2. 27, 2013다213038).

⑤ (○) : 다른 자의 대리인으로서 계약을 맺은 자가 그 대리권을 증명하지 못하고 또 본인의 추인을 받지 못한 경우에는 그는 상대방의 선택에 따라 계약을 이행할 책임 또는 손해를 배상할 책임이 있다(민법 제135조 제1항). 이때 상대방이 계약의 이행을 선택한 경우 무권대리인은 계약이 본인에게 효력이 발생하였더라면 본인이 상대방에게 부담하였을 것과 같은 내용의 채무를 이행할 책임이 있다. 무권대리인은 마치 자신이 계약의 당사자가 된 것처럼 계약에서 정한 채무를 이행할 책임을 지는 것이다. 무권대리인이 계약에서 정한 채무를 이행하지 않으면 상대방에게 채무불이행에 따른 손해를 배상할 책임을 진다. 위 계약에서 채무불이행에 대비하여 손해배상액의 예정에 관한 조항을 둔 때에는 특별한 사정이 없는 한 무권대리인은 조항에서 정한 바에 따라 산정한 손해액을 지급하여야 한다. 이 경우에도 손해배상액의 예정에 관한 민법 제398조가 적용됨은 물론이다(대판 2018. 6. 28, 2018다210775).

299 **甲으로부터 대리권을 수여받지 않은 乙이 甲을 대리하여 甲 소유 X 토지를 丙에게 매도하였다. 이에 관한 설명 중 옳은 것을 모두 고른 것은? (乙의 표현대리는 성립하지 않음을 전제로 하고, 다툼이 있는 경우 판례에 의함)** (2022 변호사)

ㄱ. 乙이 甲으로 행세하는 丁의 기망에 속아 甲으로부터 대리권을 수여받은 것으로 과실 없이 오인한 상태에서 위 매매계약을 체결하였다면, 乙은 丙에 대하여 무권대리인으로서의 책임을 지지 않는다.
ㄴ. 위 매매계약에서 甲의 채무불이행에 대비한 손해배상액이 예정된 경우, 甲의 추인 거절로 丙이 乙에게 매매계약의 이행을 구하였으나 乙이 이행하지 아니하여 乙이 丙에게 손해배상책임을 지더라도 매매계약 자체가 무효이므로 乙은 예정된 손해액을 지급할 의무가 없다.

정답 》 299 ①

ㄷ. 무권대리행위에 대한 甲의 추인은 명시적 또는 묵시적인 방법으로 할 수 있고, 乙과 丙뿐만 아니라 위 매매계약으로 인한 권리 또는 법률관계의 승계인을 상대로도 할 수 있다.
ㄹ. 丙이 위 매매계약을 철회하려면 乙이 무권대리인임을 계약 당시 알지 못하여야 하는데, 이에 대한 증명책임은 丙에게 있다.

① ㄷ ② ㄱ, ㄷ ③ ㄴ, ㄷ ④ ㄷ, ㄹ ⑤ ㄱ, ㄴ, ㄹ

해설 ㄱ. (×) : 무권대리인의 상대방에 대한 책임은 무과실책임으로서 대리권의 흠결에 관하여 대리인에게 과실등의 귀책사유가 있어야만 인정되는 것이 아니고, 무권대리행위가 제3자의 기망이나 문서위조 등 위법행위로 야기되었다고 하더라도 그 책임은 부정되지 아니한다(대판 2014.2.27, 2013다213038).

[보충지문] 자신에게 유효한 대리권이 있다고 과실 없이 믿었던, 행위능력 있는 선의의 무권대리인은 본인의 추인이 없더라도 상대방에 대한 무권대리인의 책임에 관한 민법 제135조에 따른 책임을 지지 않는다. (×) (2023 변리사)

ㄴ. (×) : 다른 자의 대리인으로서 계약을 맺은 자가 그 대리권을 증명하지 못하고 또 본인의 추인을 받지 못한 경우에는 그는 상대방의 선택에 따라 계약을 이행할 책임 또는 손해를 배상할 책임이 있다(민법 제135조 제1항). 이때 상대방이 계약의 이행을 선택한 경우 무권대리인은 계약이 본인에게 효력이 발생하였더라면 본인이 상대방에게 부담하였을 것과 같은 내용의 채무를 이행할 책임이 있다. 무권대리인은 마치 자신이 계약의 당사자가 된 것처럼 계약에서 정한 채무를 이행할 책임을 지는 것이다. 무권대리인이 계약에서 정한 채무를 이행하지 않으면 상대방에게 채무불이행에 따른 손해를 배상할 책임을 진다. 위 계약에서 채무불이행에 대비하여 손해배상액의 예정에 관한 조항을 둔 때에는 특별한 사정이 없는 한 무권대리인은 조항에서 정한 바에 따라 산정한 손해액을 지급하여야 한다. 이 경우에도 손해배상액의 예정에 관한 민법 제398조가 적용됨은 물론이다(대판 2018. 6. 28, 2018다210775).
ㄷ. (○) : 추인의 의사표시는 명시적·묵시적으로도 가능하며, 상대방 또는 무권대리인 어느 쪽에 대해서도 할 수 있으며, 승계인에게도 할 수 있다(대판 2009. 11. 12. 2009다46828).
ㄹ. (×) : 민법 제134조에서 정한 상대방의 철회권은, 무권대리행위가 본인의 추인에 따라 효력이 좌우되어 상대방이 불안정한 지위에 놓이게 됨을 고려하여 대리권이 없었음을 알지 못한 상대방을 보호하기 위하여 상대방에게 부여된 권리로서, 상대방이 유효한 철회를 하면 무권대리행위는 확정적으로 무효가 되어 그 후에는 본인이 무권대리행위를 추인할 수 없다. 한편 상대방이 대리인에게 대리권이 없음을 알았다는 점에 대한 주장·입증책임은 철회의 효과를 다투는 본인에게 있다(대판 2017. 6. 29, 2017다213838).

CHAPTER 7

법률행위의 무효와 취소

POINT

Ⅰ. 개 관

Ⅱ. 법률행위 무효일반

300 당사자의 궁박, 경솔, 무경험으로 인하여 현저하게 공정을 잃은 법률행위의 무효는 선의의 제3자에게 대항할 수 없다. ( ) (2020 변호사)

> 해설 불공정한 법률행위는 절대적 무효로서 선의의 제3자도 보호되지 않는다.

301 무효인 계약의 성립에 기초하여 외견상 있는 것처럼 보이는 의무를 위반한 계약당사자를 상대로 하여 채무불이행을 이유로 하는 손해배상을 청구할 수 있다. ( ) (2016 변리사)

> 해설 채무불이행이나 담보책임, 계약의 해제 등은 계약의 유효를 전제하기 때문에, 무효인 계약의 성립에 기초하여 외견상 있는 것처럼 보이는 의무를 위반한 계약당사자를 상대로 하여 채무불이행을 이유로 하는 손해배상을 청구할 수는 없다.

Ⅲ. 일부무효

302 법률행위의 일부가 무효인 경우, 그 무효부분이 없더라도 법률행위를 하였을 것으로 인정되는 때에는 나머지 부분은 무효가 되지 않는다. ( ) (2022 변리사)

> 해설 법률행위의 일부분이 무효인 때에는 그 전부를 무효로 한다. 그러나 그 무효부분이 없더라도 법률행위를 하였을 것이라고 인정될 때에는 나머지 부분은 무효가 되지 아니한다(민법 제137조).

Ⅳ. 무효행위의 전환

303 불공정한 법률행위에도 무효행위 전환의 법리가 적용될 수 있다. ( ) (2022 변리사)

정답 〉 300 (×) 301 (×) 302 (○) 303 (○)

> **해설** 매매계약이 약정된 매매대금의 과다로 말미암아 민법 제104조에서 정하는 '불공정한 법률행위'에 해당하여 무효인 경우에도 무효행위의 전환에 관한 민법 제138조가 적용될 수 있다. 따라서 당사자 쌍방이 위와 같은 무효를 알았더라면 대금을 다른 액으로 정하여 매매계약에 합의하였을 것이라고 예외적으로 인정되는 경우에는, 그 대금액을 내용으로 하는 매매계약이 유효하게 성립한다(대판 2010. 7. 15, 2009다50308).

304 **징계해임이 정당한 사유나 절차의 흠결로 인하여 무효인 경우 직권해임으로서 정당한 사유 및 절차적 요건을 갖추었다 하더라도 직권해임으로서의 효력을 발휘할 수 없다. ( )**

(2016 변리사)

> **해설** 직권해임, 직권휴직 및 징계해임은 모두 근로자에게 불리한 신분적 조치를 규정한 것으로서 각 사유 및 절차를 달리하므로 어느 한 처분이 정당한 사유나 절차의 흠결로 인하여 무효인 경우 다른 처분으로서 정당한 사유 및 절차적 요건을 갖추었다 하더라도 다른 처분으로서의 효력을 발휘할 수 없다(대판 1993. 5. 25, 91다41750).

Ⅴ. 무효행위의 추인

305 **무효행위의 추인은 법률행위가 무효임을 알고 그 행위의 효과를 자기에게 귀속시키도록 하는 단독행위로서 묵시적인 방법으로는 할 수 없다. ( )** (2020 변호사)

> **해설** 무효행위 또는 무권대리 행위의 추인은 무효행위 등이 있음을 알고 행위의 효과를 자기에게 귀속시키도록 하는 단독행위로서 의사표시의 방법에 관하여 일정한 방식이 요구되는 것이 아니므로 묵시적인 방법으로도 할 수 있지만, 묵시적 추인을 인정하기 위해서는 본인이 그 행위로 처하게 된 법적 지위를 충분히 이해하고 그럼에도 진의에 기하여 행위의 결과가 자기에게 귀속된다는 것을 승인한 것으로 볼 만한 사정이 있어야 할 것이다(대판 2014. 2. 13, 2012다112299).

306 **무효인 법률행위의 당사자가 그 무효임을 알면서 추인한 경우에는 소급하여 유효한 법률행위로 된다. ( )** (2015, 2022 변리사)

> **해설** 무효행위의 추인은 장래를 향하여 효력이 발생함이 원칙이다(제139조).

307 **무효인 가등기를 유효한 등기로 전용할 것을 약정하였다면, 무효행위의 전환이론에 따라 무효인 가등기는 그 등기시로 소급하여 유효로 전환된다. ( )** (2019 변리사)

> **해설** 무효인 법률행위는 당사자가 무효임을 알고 추인할 경우 새로운 법률행위를 한 것으로 간주할 뿐이고 소급효가 없는 것이므로 무효인 가등기를 유효한 등기로 전용키로 한 약정은 그때부터 유효하고 이로써 위 가등기가 소급하여 유효한 등기로 전환될 수 없다(대판 1992. 5. 12, 91다26546).

304 (○) **305** (×) **306** (×) **307** (×) 《 **정답**

308 **법률행위가 무효임을 알고 당사자가 추인한 때에는 새로운 법률행위로 추정한다. ( )**

(2018 변리사)

> **해설** 민법 제139조(무효행위의 추인) 무효인 법률행위는 추인하여도 그 효력이 생기지 아니한다. 그러나 당사자가 그 무효임을 알고 추인한 때에는 새로운 법률행위로 본다. ☞ 추정이 아니라 간주임.

309-1 **폭리행위는 그 무효원인이 해소되지 않았더라도 당사자의 추인이 있으면 유효로 될 수 있다. ( )** (2018 변리사)

309-2 **불공정한 법률행위로서 무효인 경우에도 추인하면 유효로 된다. ( )** (2021 변리사)

309-3 **매매계약이 「민법」 제104조 소정의 '불공정한 법률행위'로 무효가 되더라도 그 당사자가 그 계약에 관한 부제소합의를 한 경우에는 무효행위의 추인에 해당하여 특별한 사정이 없는 한 위 매매계약 체결 시부터 그 매매계약은 유효하게 된다. ( )** (2019 변호사)

> **해설** 불공정한 법률행위로서 무효인 경우에는 추인에 의하여 무효인 법률행위가 유효로 될 수 없다(대판 1994. 6. 24, 94다10900). [참고판례] 매매계약과 같은 쌍무계약이 급부와 반대급부와의 불균형으로 말미암아 민법 제104조에서 정하는 '불공정한 법률행위'에 해당하여 무효라고 한다면, 그 계약으로 인하여 불이익을 입는 당사자로 하여금 위와 같은 불공정성을 소송 등 사법적 구제수단을 통하여 주장하지 못하도록 하는 부제소합의 역시 다른 특별한 사정이 없는 한 무효이다(대판 2010. 7. 15, 2009다50308).

310 **부동산 소유자가 취득시효가 완성된 사실을 알고서 그 부동산을 제3자에게 처분하여 소유권이전등기를 마쳐주었는데, 그 부동산을 취득한 제3자가 부동산 소유자의 이와 같은 불법행위에 적극 가담하여 위 처분행위 및 제3자 명의의 등기가 무효인 경우, 시효완성 당시의 소유자가 그 무효행위를 추인하여도 그 제3자 명의의 등기는 무효이다. ( )** (2019 변호사)

> **해설** 부동산 소유자가 취득시효가 완성된 사실을 알고 그 부동산을 제3자에게 처분하여 소유권이전등기를 넘겨줌으로써 취득시효 완성을 원인으로 한 소유권이전등기의무가 이행불능에 빠지게 되어 시효취득을 주장하는 자가 손해를 입었다면 불법행위를 구성한다고 할 것이고, 부동산을 취득한 제3자가 부동산 소유자의 이와 같은 불법행위에 적극 가담하였다면 이는 사회질서에 반하는 행위로서 무효라고 할 것이다. → 취득시효 완성 후 경료된 무효인 제3자 명의의 등기에 대하여 시효완성 당시의 소유자가 무효행위를 추인하여도 그 제3자 명의의 등기는 그 소유자의 불법행위에 제3자가 적극 가담하여 경료된 것으로서 사회질서에 반하여 무효라고 한 사례(대판 2002. 3. 15, 2001다77352,77369).
>
> > [비교판례] 법인의 대표자가 한 매매계약이 법인에 대한 배임행위에 해당하고 그 매매계약 상대방이 배임행위를 유인·교사하거나 배임행위의 전 과정에 관여하는 등 배임행위에 적극 가담한 경우에는 그 매매계약이 반사회적 법률행위에 해당하여 무효로 될 수 있지만, 이때 매매계약을 무효로 한 이유는 본인인 법인의 이익을 보호하기 위한 데에 있는 것이어서, 무효의 원인이 소멸된 후 본인인 법인의 진정한 의사로 무효임을 알고 추인한 때에는 새로운 법률행위로 그 효력이 생길 수 있다(대판 2013. 11. 28, 2010다91831).

정답 308 (×) 309-1 (×) 309-2 (×) 309-3 (×) 310 (○)

Ⅵ. 무권리자처분과 권리자의 추인

311-1 무권리자가 타인의 권리를 처분한 경우에는 특별한 사정이 없는 한 권리가 이전되지 않지만 권리자가 무권리자의 처분을 추인하는 것은 허용되며, 그 경우 「민법」 제130조의 무권대리에 관한 규정 및 같은 법 제133조의 추인의 효력에 관한 규정을 유추 적용할 수 있다. ( ) (2021 변호사)

311-2 무권리자의 처분 행위가 계약으로 이루어진 경우, 그에 대한 권리자의 추인에는 원칙적으로 소급효가 인정되지 않는다. ( ) (2020 변호사)

> **해설** [1] 법률행위에 따라 권리가 이전되려면 권리자 또는 처분권한이 있는 자의 처분행위가 있어야 한다. 무권리자가 타인의 권리를 처분한 경우에는 특별한 사정이 없는 한 권리가 이전되지 않는다. 그러나 이러한 경우에 권리자가 무권리자의 처분을 추인하는 것도 자신의 법률관계를 스스로의 의사에 따라 형성할 수 있다는 사적 자치의 원칙에 따라 허용된다. 이러한 추인은 무권리자의 처분이 있음을 알고 해야 하고, 명시적으로 또는 묵시적으로 할 수 있으며, 그 의사표시는 무권리자나 그 상대방 어느 쪽에 해도 무방하다. [2] 권리자가 무권리자의 처분을 추인하면 무권대리에 대해 본인이 추인을 한 경우와 당사자들 사이의 이익상황이 유사하므로, 무권대리의 추인에 관한 민법 제130조, 제133조 등을 무권리자의 추인에 유추 적용할 수 있다. 따라서 무권리자의 처분이 계약으로 이루어진 경우에 권리자가 이를 추인하면 원칙적으로 계약의 효과가 계약을 체결했을 때에 소급하여 권리자에게 귀속된다고 보아야 한다(대판 2017. 6. 8, 2017다3499).

312 무권리자의 처분행위에 대하여 권리자가 추인하는 경우에는 그 처분행위의 효력이 권리자에게 미치므로, 권리자는 무권리자에 대하여 무권리자가 그 처분행위로 인하여 얻은 이득의 반환을 구할 수 없다. ( ) (2019 변호사)

> **해설** 무권리자가 타인의 권리를 자기의 이름으로 또는 자기의 권리로 처분한 경우에, 권리자는 후일 이를 추인함으로써 그 처분행위를 인정할 수 있고, 특별한 사정이 없는 한 이로써 권리자 본인에게 위 처분행위의 효력이 발생함은 사적 자치의 원칙에 비추어 당연하고, 이 경우 추인은 명시적으로뿐만 아니라 묵시적인 방법으로도 가능하며 그 의사표시는 무권대리인이나 그 상대방 어느 쪽에 하여도 무방하다. 이와 같이 무권리자에 의한 처분행위를 권리자가 추인한 경우에 권리자는 무권리자에 대하여 무권리자가 그 처분행위로 인하여 얻은 이득의 반환을 구할 수 있다(대판 2001. 11. 9, 2001다44291).

Ⅶ. 유동적 무효

313 토지거래허가구역 내의 토지매매계약은 처음부터 그 허가를 배제하는 내용이더라도 유동적 무효이다. ( ) (2015 변리사)

311-1 (○) 311-2 (×) 312 (×) 313 (×) 《 정답

해설 토지거래허가구역 내의 토지매매계약은 허가를 조건으로 하는 경우에 유동적 무효이고, 처음부터 그 허가를 배제하는 내용인 경우는 강행규정위반으로 확정적 무효이다[대판(전합) 1991. 12. 24, 90다12243].

314 **토지거래허가구역 내의 토지매매가 아직 관할청의 허가를 받지 못하여 유동적 무효 상태에 있는 경우라면, 매도인은 계약금의 배액을 상환하고 매매계약을 해제할 수 없다. ( )**

(2020 변호사)

해설 국토이용관리법상의 토지거래허가를 받지 않아 유동적 무효 상태인 매매계약에 있어서도 당사자 사이의 매매계약은 매도인이 계약금의 배액을 상환하고 계약을 해제함으로써 적법하게 해제된다(대판 1997. 6. 27, 97다9369).

315 **토지거래허가구역 내의 토지에 관하여 허가를 조건으로 매매계약을 체결한 경우, 그 허가 전에는 거래계약상의 채무를 이행할 수 없게 되더라도 그에 따른 손해배상책임을 지지 않는다. ( )** (2021 변리사)

해설 국토이용관리법상의 규제구역 내의 토지매매계약은 관할관청의 허가를 받아야만 그 효력이 발생하고 허가를 받기 전에는 매매계약의 채권적 효력도 전혀 발생하지 아니하여 무효이므로 권리의 이전 또는 설정에 관한 어떠한 내용의 이행청구도 할 수 없는 것이고, 따라서 채무불이행으로 인한 손해배상청구도 할 수 없다(대판 1994. 1. 11, 93다22043).

316 **「국토의 계획 및 이용에 관한 법률」의 토지거래허가구역 내의 토지에 대하여 관할 관청의 허가 없이 체결된 매매계약이 확정적으로 무효인 경우가 아니라면 그 매매계약의 일방 당사자는 상대방 당사자에게 공동으로 관할 관청의 허가를 신청하기 위해 필요한 협력의무의 이행을 요구할 수 있다. ( )** (2017 변호사)

해설 국토이용관리법상의 토지거래규제구역 내의 토지에 관하여 관할관청의 허가 없이 체결된 매매계약이라 하더라도 거래 당사자 사이에는 계약이 효력 있는 것으로 완성될 수 있도록 서로 협력할 의무가 있어 매매계약의 쌍방 당사자는 공동으로 관할관청의 허가를 신청할 의무가 있고, 이러한 의무에 위배하여 허가신청절차에 협력하지 않는 당사자에 대하여 상대방은 협력의무의 이행을 청구할 수 있다(대판 1993. 3. 9, 92다56575).

317 **매매계약 체결 당시 일정한 기간 안에 토지거래허가를 받기로 약정하였다고 하더라도, 특별한 사정이 없는 한 그 약정기간이 경과하였다는 사정만으로 곧바로 매매계약이 확정적으로 무효가 된다고 할 수 없다. ( )** (2016 변리사)

해설 매매계약 체결 당시 일정한 기간 안에 토지거래허가를 받기로 약정하였다고 하더라도, 특별한 사정이 없는 한 그 약정기간이 경과하였다는 사정만으로 곧바로 매매계약이 확정적으로 무효가 된다고 할 수 없다(대판 2009. 4. 23, 2008다50615).

정답 **314** (×) **315** (○) **316** (○) **317** (○)

318 **유동적 무효인 토지거래계약이 확정적으로 무효가 된 경우, 이에 대해 귀책사유가 있는 자는 계약의 무효를 주장할 수 없다. ( )** (2019 변리사)

> **해설** 토지거래허가를 받지 아니하여 유동적 무효상태에 있는 계약이라고 하더라도 일단 거래허가신청을 하여 불허되었다면 특별한 사정이 없는 한, 불허된 때로부터는 그 거래계약은 확정적으로 무효가 된다고 보아야 하고, 거래허가신청을 하지 아니하여 유동적 무효인 상태에 있던 거래계약이 확정적으로무효가 된 경우에는 거래계약이 확정적으로 무효로 됨에 있어서 귀책사유가있는 자라고 하더라도 그 계약의 무효를 주장하는 것이 신의칙에 반한다고 할 수는 없다(이 경우 상대방은 그로 인한 손해의 배상을 청구할 수는 있다)(대판 1995. 2. 28, 94다51789).

319 **「부동산 거래신고 등에 관한 법률」상 토지거래허가구역 내의 토지에 대하여 토지거래허가 없이 매매계약이 체결되어 유동적 무효 상태에 있던 중, 토지거래허가구역이 지정해제 되었다면 그 매매계약은 확정적으로 유효로 된다. ( )** (2023 변호사)

> **해설** 토지거래허가구역 지정기간 중에 허가구역 안의 토지에 대하여 토지거래허가를 받지 아니하고 토지거래계약을 체결한 후 허가구역 지정이 해제되거나 허가구역 지정기간이 만료되었음에도 재지정을 하지 아니한 때에는 그 토지거래계약이 허가구역 지정이 해제되기 전에 확정적으로 무효로 된 경우를 제외하고는, 더 이상 관할 행정청으로부터 토지거래허가를 받을 필요가 없이 확정적으로 유효로 되어 거래 당사자는 그 계약에 기하여 바로 토지의 소유권 등 권리의 이전 또는 설정에 관한 이행청구를 할 수 있고, 상대방도 반대급부의 청구를 할 수 있다고 보아야 할 것이지, 여전히 그 계약이 유동적 무효 상태에 있다고 볼 것은 아니다(대판 2010. 3. 25, 2009다41465).
>
> [비교판례] 구 국토의 계획 및 이용에 관한 법률에서 정한 토지거래계약 허가구역 내 토지에 관하여 허가를 배제하거나 잠탈하는 내용으로 매매계약이 체결된 경우에는, 강행법규인 구 국토계획법 제118조 제6항에 따라 계약은 체결된 때부터 확정적으로 무효이다. 계약체결 후 허가구역 지정이 해제되거나 허가구역 지정기간 만료 이후 재지정을 하지 아니한 경우라 하더라도 이미 확정적으로 무효로 된 계약이 유효로 되는 것이 아니다(대판 2019. 1. 31, 2017다228618).

320 **甲은 토지거래허가구역 내에 있는 그 소유의 X토지에 대하여 토지거래허가를 받을 것을 전제로 乙과 매매계약을 체결하였다. 이에 관한 설명으로 옳지 않은 것은?(다툼이 있으면 판례에 따름)** (2021 변리사)

① 甲이 허가신청절차에 협력하지 않으면 乙은 甲에 대하여 협력의무의 이행을 소구할 수 있다.
② 甲이 허가신청절차에 협력할 의무를 이행하지 않더라도 특별한 사정이 없는 한 乙은 이를 이유로 계약을 해제할 수 없다.
③ 甲과 乙이 허가신청절차 협력의무의 이행거절의사를 명백히 표시한 경우, 매매계약은 확정적으로 무효가 된다.
④ 매매계약이 乙의 사기에 의해 체결된 경우, 甲은 토지거래허가를 신청하기 전에 사기를 이유로 계약을 취소함으로써 허가신청절차의 협력의무를 면할 수 있다.
⑤ X토지가 중간생략등기의 합의에 따라 乙로부터 丙에게 허가 없이 전매된 경우, 丙은 甲에 대하여 직접 허가신청절차의 협력의무 이행청구권을 가진다.

318 (×) 319 (○) 320 ⑤ 《 정답

해설 ① (○) : 유동적 무효 상태에 있는, 토지거래허가구역 내 토지에 관한 매매계약에서 계약의 쌍방 당사자는 공동허가신청절차에 협력할 의무가 있고, 이러한 의무에 위배하여 허가신청절차에 협력하지 않는 당사자에 대하여 상대방은 협력의무의 이행을 소구할 수도 있다(대판 2009. 4. 23, 2008다50615).

② (○) : 유동적 무효의 상태에 있는 거래계약의 당사자는 상대방이 그 거래계약의 효력이 완성되도록 협력할 의무를 이행하지 아니하였음을 들어 일방적으로 유동적 무효의 상태에 있는 거래계약 자체를 해제할 수 없다[대판(전합) 1999. 6. 17, 98다40459].

③ (○) : 국토이용관리법상 토지거래허가를 받지 않아 거래계약이 유동적 무효의 상태에 있는 경우, 유동적 무효 상태의 계약은 관할 관청의 불허가처분이 있을 때뿐만 아니라 당사자 쌍방이 허가신청협력의무의 이행거절 의사를 명백히 표시한 경우에는 허가 전 거래계약관계, 즉 계약의 유동적 무효 상태가 더 이상 지속된다고 볼 수 없으므로, 계약관계는 확정적으로 무효가 된다(대판 1997.7.25, 97다4357).

④ (○) : 국토이용관리법상 거래허가를 받지 아니하고 계약당사자의 표시와 불일치한 의사(비진의표시, 허위표시 또는 착오) 또는 사기, 강박과 같은 하자 있는 의사에 의하여 토지거래 등이 이루어진 경우에 있어서, 이들 사유에 기하여 그 거래의 무효 또는 취소를 주장할 수 있는 당사자는 그러한 거래허가를 신청하기 전 단계에서 이러한 사유를 주장하여 거래허가 신청협력에 거절의사를 일방적으로 명백히 함으로써 그 계약을 확정적으로 무효화시키고 자신의 거래허가절차에 협력할 의무를 면함은 물론 기왕에 지급된 계약금 등의 반환도 구할 수 있다(대판 1996. 11. 8, 96다35309).

⑤ (×) : 토지거래허가구역 내의 토지가 관할 관청의 허가 없이 전전매매되고 그 당사자들 사이에 최초의 매도인으로부터 최종 매수인 앞으로 직접 소유권이전등기를 경료하기로 하는 중간생략등기의 합의가 있는 경우, 이러한 중간생략등기의 합의란 부동산이 전전매도된 경우 각 매매계약이 유효하게 성립함을 전제로 그 이행의 편의상 최초의 매도인으로부터 최종의 매수인 앞으로 소유권이전등기를 경료하기로 한다는 당사자 사이의 합의에 불과할 뿐 그러한 합의가 있다고 하여 최초의 매도인과 최종의 매수인 사이에 매매계약이 체결되었다는 것을 의미하는 것은 아니고, 따라서 최종 매수인은 최초 매도인에 대하여 직접 그 토지에 관한 토지거래허가 신청절차의 협력의무 이행청구권을 가지고 있다고 할 수 없으며, 설사 최종 매수인이 자신과 최초 매도인을 매매 당사자로 하는 토지거래허가를 받아 최종 매수인 앞으로 소유권이전등기를 경료하더라도 그러한 소유권이전등기는 적법한 토지거래허가 없이 경료된 등기로서 무효이다(대판 1996. 6. 28, 96다3982).

321 부동산 거래신고 등에 관한 법률에 따른 토지거래허가구역 내에 존재하는 토지에 대하여 매도인 甲과 매수인 乙 사이에 허가를 전제로 하여 매매계약이 체결되었으며 계약 당시 乙은 甲에게 계약금을 지급하였다. 이에 관한 설명으로 옳지 않은 것은? (다툼이 있으면 판례에 따름)

(2023 변리사)

① 甲과 乙이 관할관청으로부터 허가를 받으면 유동적 무효상태에 있던 위 매매계약은 소급해서 유효로 된다.
② 乙의 매수인 지위를 丙이 이전받는다는 취지의 약정을 甲, 乙, 丙이 한 경우, 그와 같은 합의는 甲과 乙간의 위 매매계약에 관한 관할관청의 허가가 있어야 비로소 효력이 발생한다.
③ 보전의 필요성이 인정되는 한 乙은 甲에 대한 토지거래허가 신청절차의 협력의무 이행청구권을 피보전권리로 하여 甲의 권리를 대위 행사할 수 있다.

정답 》 321 ⑤

④ 甲과 乙이 관할관청에 토지거래허가를 신청하여 그 허가를 받은 후에도 乙은 다른 사유가 없는 한 계약금을 포기하고 위 매매계약을 해제할 수 있다.

⑤ 乙은 특별한 사정이 없는 한 위 매매계약의 허가를 받기 전까지 부당이득반환청구권을 행사하여 甲에게 이미 지급한 계약금의 반환을 청구할 수 있다.

해설 ① (○) : 국토이용관리법상의 규제구역 내의 '토지등의 거래계약'허가에 관한 관계규정의 내용과 그 입법취지에 비추어 볼 때 토지의 소유권 등 권리를 이전 또는 설정하는 내용의 거래계약은 관할 관청의 허가를 받아야만 그 효력이 발생하고 허가를 받기 전에는 물권적 효력은 물론 채권적 효력도 발생하지 아니하여 무효라고 보아야 할 것인바, 다만 허가를 받기 전의 거래계약이 처음부터 허가를 배제하거나 잠탈하는 내용의 계약일 경우에는 확정적으로 무효로서 유효화될 여지가 없으나 이와 달리 허가받을 것을 전제로 한 거래계약(허가를 배제하거나 잠탈하는 내용의 계약이 아닌 계약은 여기에 해당하는 것으로 본다)일 경우에는 허가를 받을 때까지는 법률상 미완성의 법률행위로서 소유권 등 권리의 이전 또는 설정에 관한 거래의 효력이 전혀 발생하지 않음은 위의 확정적 무효의 경우와 다를 바 없지만, 일단 허가를 받으면 그 계약은 소급하여 유효한 계약이 되고 이와 달리 불허가가 된 때에는 무효로 확정되므로 허가를 받기까지는 유동적 무효의 상태에 있다고 보는 것이 타당하다[대판(전합) 1991. 12. 24, 90다12243].

② (○) : 유동적 무효상태에 있는 매매계약상의 매수인의 지위에 관하여 매도인과 매수인 및 제3자 사이에 제3자가 그와 같은 매수인의 지위를 매수인으로부터 이전받는다는 취지의 합의를 한 경우, 국토이용관리법상 토지거래허가 제도가 토지의 투기적 거래를 방지하여 정상적 거래를 조장하려는 데에 그 입법취지가 있음에 비추어 볼 때, 그와 같은 합의는 매도인과 매수인 사이의 매매계약에 대한 관할 관청의 허가가 있어야 비로소 효력이 발생한다고 보아야 하고, 그 허가가 없는 이상 그 3 당사자 사이의 합의만으로 유동적 무효상태의 매매계약의 매수인 지위가 매수인으로부터 제3자에게 이전하고 제3자가 매도인에 대하여 직접 토지거래허가 신청절차 협력의무의 이행을 구할 수 있다고 할 수는 없다(대판 1996. 7. 26, 96다7762).

③ (○) : 유동적 무효상태에 있는 토지거래계약에 있어서 매매계약의 당사자는 허가신청에 협력하지 아니하는 상대방 당사자에 대하여 협력의무의 이행을 청구할 수 있으므로, 이러한 이행청구권도 채권자대위권의 행사에 의하여 보전될 수 있는 채권에 해당한다(대판 1996. 10. 25, 96다23825).

④ (○) : 국토의 계획 및 이용에 관한 법률에 정한 토지거래계약에 관한 허가구역으로 지정된 구역 안의 토지에 관하여 매매계약이 체결된 후 계약금만 수수한 상태에서 당사자가 토지거래허가신청을 하고 이에 따라 관할관청으로부터 그 허가를 받았다 하더라도, 그러한 사정만으로는 아직 이행의 착수가 있다고 볼 수 없어 매도인으로서는 민법 제565조에 의하여 계약금의 배액을 상환하여 매매계약을 해제할 수 있다(대판 2009. 4. 23, 2008다62427).

⑤ (×) : 유동적 무효상태의 매매계약을 체결하고 매수인이 이에 기하여 임의로 지급한 계약금은 그 계약이 유동적 무효상태로 있는 한 이를 부당이득으로 반환을 구할 수 없고, 유동적 무효상태가 확정적으로 무효가 되었을 때 비로소 부당이득 반환을 구할 수 있다(대판 1993. 7. 27, 91다33766).

Ⅷ. 법률행위의 취소

322 **취소의 의사표시란 반드시 명시적이어야 하는 것은 아니고, 취소자가 자신의 법률행위의 효력을 처음부터 배제하려고 한다는 의사가 드러나면 된다. ( )** (2016 변리사)

> **해 설** 본래 의사표시란 특별한 방식을 요하는 것이 아니고, 명시적 묵시적으로 가능하기 때문에 취소의 의사표시도 반드시 명시적이어야 하는 것은 아니고, 취소자가 자신의 법률행위의 효력을 처음부터 배제하려고 한다는 의사가 드러나면 된다(대판 1993. 9. 14, 93다13162).

323 **착오자의 상대방도 착오로 인한 의사표시를 취소할 수 있는 취소권자이다. ( )** (2014 변리사)

> **해 설** 착오에 의한 의사표시를 한 자가 취소권자이고, 그 상대방은 취소권자가 아니다(제140조).

324-1 **취소할 수 있는 법률행위의 상대방이 확정된 경우에는 그 취소는 그 상대방에 대한 의사표시로 하여야 한다. ( )** (2018, 2022 변리사)

324-2 **甲이 乙을 강박하여 乙 소유 건물을 매수한 후 이를 다시 이런 사정을 잘 아는 丙에게 매도한 경우, 乙이 강박을 이유로 매매계약을 취소하려면 丙이 아니라 甲에게 취소의 의사표시를 해야 한다. ( )** (2017 변호사)

> **해 설** [민법 제142조] 취소할 수 있는 법률행위의 상대방이 확정한 경우에는 그 취소는 그 상대방에 대한 의사표시로 하여야 한다.

325 **미성년자가 의사무능력 상태에서 법정대리인의 동의 없이 법률행위를 한 경우, 법정대리인은 미성년을 이유로 법률행위를 취소할 수 있다. ( )** (2018 변리사)

> **해 설** 무효인 법률행위도 취소할 수도 있다. 이를 "이중효"라고 한다. 즉 의사무능력자의 법률행위는 무효이나, 제한능력을 이유로 한 취소도 가능하다.

326-1 **법률행위의 취소를 당연한 전제로 한 소송상의 이행청구를 하였더라도 그 속에 취소의 의사표시가 포함되어 있다고 볼 수는 없다. ( )** (2022 변호사)

326-2 **법률행위의 취소를 당연한 전제로 한 소송상의 이행청구나 이행거절 가운데는 취소의 의사표시가 포함되어 있다. ( )** (2016 변리사)

> **해 설** 법률행위의 취소를 당연한 전제로 한 소송상의 이행청구나 이행거절 가운데는 취소의 의사표시가 포함되어 있다(대판 1993. 9. 14, 93다13162).

327 **제한능력으로 인한 의사표시의 취소는 선의의 제3자에게 대항할 수 없다. ( )** (2020 변호사)

정답 》 322 (○) 323 (×) 324-1 (○) 324-2 (○) 325 (○) 326-1 (×) 326-2 (○) 327 (×)

해설 착오, 사기, 강박을 이유로 취소하는 경우에는 선의의 제3자에게 대항하지 못하나(민법 제109조 제2항, 제110조 제3항), 제한능력을 이유로 취소하는 경우에는 모든 제3자에게 무효를 주장할 수 있다.

328 **상대방 있는 의사표시에 관하여 제3자 甲이 강박을 행한 경우 그 의사표시의 취소는 그 의사표시를 기초로 새로운 이해관계를 맺은 선의의 제3자 乙에게 대항할 수 없다. ( )** (2020 변호사)

해설 [민법 제110조 제3항] 전2항의 의사표시의 취소는 선의의 제삼자에게 대항하지 못한다(상대적 취소).

329 **임차권양도계약과 권리금계약이 결합하여 전체가 경제적·사실적으로 일체로서 행하여져 그 계약 전부가 불가분의 관계에 있는 경우, 하나의 계약에 대한 기망 취소의 의사표시는 전체 계약에 대한 취소의 효력이 있다. ( )** (2020 변호사)

해설 (ⅰ) 임차권양도계약에 수반되어 체결되는 권리금계약은 임차권양도계약과는 별개의 계약이지만 위 두 계약의 체결 경위와 계약 내용 등에 비추어 볼 때, 권리금계약이 임차권양도계약과 결합하여 전체가 경제적·사실적으로 일체로 행하여진 것으로서, 어느 하나의 존재 없이는 당사자가 다른 하나를 의욕하지 않았을 것으로 보이는 경우에는 그 계약 전부가 하나의 계약인 것과 같은 불가분의 관계에 있다고 보아야 한다(대판 2017. 7. 11, 2016다261175). (ⅱ) 임차권의 양수인 甲이 양도인 乙의 기망행위를 이유로 乙과 체결한 임차권양도계약 및 권리금계약을 각 취소 또는 해제한다고 주장한 사안에서, 임차권양도계약과 권리금계약의 체결 경위와 계약 내용 등에 비추어 볼 때, 위 권리금계약은 임차권양도계약과 결합하여 전체가 경제적·사실적으로 일체로 행하여진 것으로서, 어느 하나의 존재 없이는 당사자가 다른 하나를 의욕하지 않았을 것으로 보이므로 권리금계약 부분만을 따로 떼어 취소할 수 없는데도, 임차권양도계약과 분리하여 권리금계약만이 취소되었다고 본 원심판결에 임차권양도계약에 관한 판단누락 또는 계약의 취소 범위에 관한 법리오해 등 위법이 있다(대판 2013. 5. 9, 2016다261175).

330 **착오가 법률행위 내용의 일부에만 관계된 경우라면 일부무효의 법리가 유추적용되어 일부 취소가 인정될 수도 있다. ( )** (2023 변리사)

해설 하나의 법률행위의 일부분에만 취소사유가 있다고 하더라도 그 법률행위가 가분적이거나 그 목적물의 일부가 특정될 수 있다면, 그 나머지 부분이라도 이를 유지하려는 당사자의 가정적 의사가 인정되는 경우 그 일부만의 취소도 가능하다 할 것이고, 그 일부의 취소는 법률행위의 일부에 관하여 효력이 생긴다(대판 1998. 2. 10, 97다44737).

331 **법정대리인의 동의 없이 매매계약을 체결한 미성년자는 성년이 되지 않았더라도 단독으로 그 계약을 추인할 수 있다. ( )** (2015 변리사)

해설 미성년자는 단독으로 취소권을 행사할 수 있지만, 단독으로 그 계약을 추인할 수는 없다(제144조 제1항).

328 (○) 329 (○) 330 (○) 331 (×) 정답

332 제한능력자의 법률행위에 대한 법정대리인의 추인은 취소의 원인이 소멸된 후에 하여야 그 효력이 있다. ( ) (2021 변리사)

> **해설** 추인은 취소의 원인이 소멸된 후에 하여야만 효력이 있다. 그러나 법정대리인 또는 후견인이 추인하는 경우에는 그러하지 아니하다(민법 제144조 제1항, 제2항).

333-1 취소권자가 취소할 수 있는 법률행위를 적법하게 추인한 경우, 그 법률행위를 다시 취소할 수 없다. ( ) (2021 변리사)

333-2 미성년자가 법정대리인의 동의 없이 한 법률행위를 법정대리인이 적법하게 추인한 이후에는 그 미성년자는 자신의 법률행위를 취소할 수 없다. ( ) (2017 변호사)

> **해설** [민법 제143조 제1항] 취소할 수 있는 법률행위는 제140조에 규정한 자가 추인할 수 있고 추인 후에는 취소하지 못한다.

334-1 취소할 수 있는 법률행위가 취소되면 무효인 것으로 간주되므로 그 후 취소할 수 있는 법률행위의 추인에 의하여는 당초의 의사표시를 다시 확정적으로 유효하게 할 수 없다. ( ) (2020 변호사)

334-2 취소할 수 있는 법률행위가 이미 취소되었더라도, 취소할 수 있는 법률행위의 추인에 의하여 취소된 원래의 의사표시를 다시 확정적으로 유효하게 할 수 있다. ( ) (2022 변호사)

334-3 강박에 의한 의사표시임을 이유로 의사표시를 적법하게 취소한 표의자는 강박상태에서 벗어난 후 이미 취소된 의사표시를 무효행위 추인의 요건을 갖추어 추인할 수 있다. ( ) (2017 변호사)

> **해설** 취소한 법률행위는 처음부터 무효인 것으로 간주되므로 취소할 수 있는 법률행위가 일단 취소된 이상 그 후에는 취소할 수 있는 법률행위의 추인에 의하여 이미 취소되어 무효인 것으로 간주된 당초의 의사표시를 다시 확정적으로 유효하게 할 수는 없고, 다만 무효인 법률행위의 추인의 요건과 효력으로서 추인할 수는 있으나, 무효행위의 추인은 그 무효 원인이 소멸한 후에 하여야 그 효력이 있고, 따라서 강박에 의한 의사표시임을 이유로 일단 유효하게 취소되어 당초의 의사표시가 무효로 된 후에 추인한 경우 그 추인이 효력을 가지기 위하여는 그 무효 원인이 소멸한 후일 것을 요한다고 할 것인데, 그 무효 원인이란 바로 위 의사표시의 취소사유라 할 것이므로 결국 무효 원인이 소멸한 후란 것은 당초의 의사표시의 성립 과정에 존재하였던 취소의 원인이 종료된 후, 즉 강박 상태에서 벗어난 후라고 보아야 한다(대판 1997. 12. 12, 95다38240).

335-1 취소할 수 있는 법률행위는 취소권자가 추인할 수 있는 후에 이의를 보류하지 않고 이행청구를 하면 추인한 것으로 본다. ( ) (2021 변리사)

335-2 취소할 수 있는 법률행위로 취득한 권리를 취소권자의 상대방이 제3자에게 양도한 경우, 법정추인이 되지 않는다. ( ) (2021 변리사)

정답 332 (×) 333-1 (○) 333-2 (○) 334-1 (○) 334-2 (×) 334-3 (○) 335-1 (○) 335-2 (○)

> **해설** 취소할 수 있는 법률행위에 관하여 전조의 규정에 의하여 추인할 수 있는 후에 다음 각호의 사유가 있으면 추인한 것으로 본다. 그러나 이의를 보류한 때에는 그러하지 아니하다. 1. 전부나 일부의 이행, 2. 이행의 청구, 3. 경개, 4. 담보의 제공, 5. 취소할 수 있는 행위로 취득한 권리의 전부나 일부의 양도, 6. 강제집행(민법 제145조). ☞ 여기서 민법 제145조 제2호의 "이행의 청구"와, 제5호의 "취소할 수 있는 행위로 취득한 권리의 전부나 일부의 양도"는 취소권자가 하여야 하고, 그 상대방이 한 경우는 포함되지 않는다.

336 **근로자의 기망으로 체결된 근로계약이 사용자에 의해 적법하게 취소된 경우, 이미 제공된 근로자의 노무를 기초로 형성된 취소 이전의 법률관계는 소급적으로 그 효력을 잃는다. ( )**

(2022 변호사)

> **해설** 근로계약은 근로자가 사용자에게 근로를 제공하고 사용자는 이에 대하여 임금을 지급하는 것을 목적으로 체결된 계약으로서(근로기준법 제2조 제1항 제4호) 기본적으로 그 법적 성질이 사법상 계약이므로 계약 체결에 관한 당사자들의 의사표시에 무효 또는 취소의 사유가 있으면 상대방은 이를 이유로 근로계약의 무효 또는 취소를 주장하여 그에 따른 법률효과의 발생을 부정하거나 소멸시킬 수 있다. 다만 그와 같이 근로계약의 무효 또는 취소를 주장할 수 있다 하더라도 근로계약에 따라 그동안 행하여진 근로자의 노무 제공의 효과를 소급하여 부정하는 것은 타당하지 않으므로 이미 제공된 근로자의 노무를 기초로 형성된 취소 이전의 법률관계까지 효력을 잃는다고 보아서는 아니 되고, 취소의 의사표시 이후 장래에 관하여만 근로계약의 효력이 소멸된다고 보아야 한다(대판 2017. 12. 22, 2013다25194, 25200). ☞ 민법 제141조에 대한 중대한 예외이다.

337 **미성년을 이유로 취소할 수 있다는 사실을 알고 법정대리인의 동의 없이 법률행위를 한 미성년자가 그 법률행위를 적법하게 취소한 경우, 미성년자는 그 행위로 받은 이익에 이자를 붙여서 반환하여야 한다. ( )** (2018 변리사)

> **해설** 민법 제141조(취소의 효과) 취소된 법률행위는 처음부터 무효인 것으로 본다. 다만, 제한능력자는 그 행위로 인하여 받은 이익이 현존하는 한도에서 상환할 책임이 있다. ☞ 제한능력자에 관해서는 민법 제141조 단서가 민법 제748조에 대한 특칙이므로 미성년자는 악의라도 받은 이익에 이자를 붙여서 반환하여야 하는 것이 아니라 현존이익 한도에서만 반환하면 된다.

338-1 **취소권은 법률행위를 추인할 수 있는 날로부터 5년 뒤에도 소멸하지 않는다. ( )**

(2018 변리사)

338-2 **착오를 이유로 한 취소권은 추인할 수 있는 날로부터 3년 내에, 법률행위를 한 날로부터 10년 내에 행사하여야 한다. ( )** (2019 변리사)

338-3 **강박에 의한 의사표시는 법률행위를 한 날로부터 10년이 경과하면 취소하지 못한다. ( )**

(2022 변리사)

336 (×) 337 (×) 338-1 (×) 338-2 (○) 338-3 (○) 《 정답

> **해 설** 민법 제146조(취소권의 소멸) 취소권은 추인할 수 있는 날로부터 3년 내에 법률행위를 한 날로부터 10년 내에 행사하여야 한다.

339 **미성년자가 법정대리인의 동의 없이 법률행위를 한 경우에 법정대리인의 취소권이 기간경과로 소멸되지 않는 한, 미성년자는 성년이 되기 전까지만 취소할 수 있고 성년이 된 후에는 취소할 수 없다. ( )** (2018 변리사)

> **해 설** 민법 제146조(취소권의 소멸) 취소권은 추인할 수 있는 날로부터 3년 내에 법률행위를 한 날로부터 10년 내에 행사하여야 한다. ☞ 미성년자는 성년이 된 날로부터 추인할 수 있다. 따라서 성년이 된 후에도 성년이 된 날(=추인할 수 있는 날)로부터 3년 내에는 취소할 수 있다. 법률행위를 한 날로부터 10년 내이어야 함은 물론이다.

340 **취소권을 행사할 수 있는 기간의 경과 여부는 당사자가 주장하여야 하므로, 법원이 이를 당연히 조사하고 고려해야 할 사항은 아니다. ( )** (2019 변리사)

> **해 설** 민법 제146조는 취소권은 추인할 수 있는 날로부터 3년 내에 행사하여야 한다고 규정하고 있는바, 이 때의 3년이라는 기간은 일반 소멸시효기간이 아니라 제척기간으로서 제척기간이 도과하였는지 여부는 당사자의 주장에 관계없이 법원이 당연히 조사하여 고려하여야 할 사항이다(대판 1996. 9. 20, 96다25371).

정답 》 339 (×) 340 (×)

CHAPTER

8 조건 · 기한

POINT

Ⅰ. 조 건

341 **조건은 법률행위 효력의 발생 또는 소멸을 장래의 불확실한 사실의 성부에 의존하게 하는 법률행위의 부관이며, 장래의 사실이더라도 그것이 장래 반드시 실현되는 사실이면 실현되는 시기가 비록 확정되지 않더라도 이는 기한이다. ( )** (2021 변호사)

> **해 설** 조건은 법률행위 효력의 발생 또는 소멸을 장래의 불확실한 사실의 성부에 의존하게 하는 법률행위의 부관이다. 반면 장래의 사실이더라도 그것이 장래 반드시 실현되는 사실이면 실현되는 시기가 비록 확정되지 않더라도 이는 기한으로 보아야 한다(대판 2018. 6. 28, 2018다201702).

342-1 **부관이 붙은 법률행위에 있어서 부관에 표시된 사실이 발생하지 않으면 채무를 이행하지 않아도 된다고 보는 것이 상당한 경우 그 부관은 조건으로 보아야 한다. ( )** (2016 변리사)

342-2 **부관이 붙은 법률행위에 있어서 부관에 표시된 사실이 발생한 때뿐만 아니라 발생하지 않는 것으로 확정된 때에도 그 채무를 이행하여야 한다고 보는 것이 상당한 경우에는 표시된 사실의 발생 여부가 확정되는 것을 불확정기한으로 정한 것으로 본다. ( )** (2021 변리사)

> **해 설** 법률행위에 부관이 붙은 경우, 부관에 표시된 사실이 발생하지 아니하면 채무를 이행하지 아니하여도 된다고 보아야 하는 때에는 정지조건으로 정한 것으로 보아야 하고, 표시된 사실이 발생한 때는 물론이고 반대로 발생하지 아니하는 것이 확정된 때에도 그 채무를 이행하여야 한다고 보는 것이 타당한 경우에는 표시된 사실의 발생 여부가 확정되는 것을 불확정기한으로 정한 것으로 보아야 한다(대판 2011. 4. 28, 2010다89036).

343-1 **조건은 법률행위에서 효과의사와 일체적인 내용을 이루는 의사표시 그 자체이고, 조건을 붙이고자 하는 의사는 법률행위의 내용으로 외부에 표시되어야 한다. ( )** (2021 변호사)

343-2 **조건부 법률행위에서 조건은 외부에 표시되지 않으면 그 법률행위의 동기에 불과하다. ( )** (2016 변리사)

> **해 설** 조건은 법률행위 효력의 발생 또는 소멸을 장래 불확실한 사실의 발생 여부에 따라 좌우되게 하는 법률행위의 부관이고, 법률행위에서 효과의사와 일체적인 내용을 이루는 의사표시 그 자체이다. 조건을 붙이고자 하는 의사는 법률행위의 내용으로 외부에 표시되어야 하고, 조건을 붙이고자 하는 의사가

341 (○) **342-1** (○) **342-2** (○) **343-1** (○) **343-2** (○) 《 정답

있는지는 의사표시에 관한 법리에 따라 판단하여야 한다. 조건을 붙이고자 하는 의사의 표시는 그 방법에 관하여 일정한 방식이 요구되지 않으므로 묵시적 의사표시나 묵시적 약정으로도 할 수 있다(대판 2018. 6. 28, 2016다221368).

344 도급계약의 당사자들이 보수의 지급시기에 관하여 "수급인이 공급한 목적물을 도급인이 검사하여 합격하면, 도급인은 수급인에게 보수를 지급한다."라고 정한 경우 '검사 합격'은 도급인의 일방적 의사에 의존하는 순수수의조건이다. ( ) (2021 변호사)

해설 제작물공급계약의 당사자들이 보수의 지급시기에 관하여 "수급인이 공급한 목적물을 도급인이 검사하여 합격하면, 도급인은 수급인에게 그 보수를 지급한다"는 내용으로 한 약정은 도급인의 수급인에 대한 보수지급의무와 동시이행관계에 있는 수급인의 목적물 인도의무를 확인한 것에 불과하므로, 법률행위의 효력 발생을 장래의 불확실한 사실의 성부에 의존하게 하는 법률행위의 부관인 조건에 해당하지 아니할 뿐만 아니라, 조건에 해당한다 하더라도 검사에의 합격 여부는 도급인의 일방적인 의사에만 의존하지 않고 그 목적물이 계약내용대로 제작된 것인지 여부에 따라 객관적으로 결정되므로 순수수의조건에 해당하지 않는다(대판 2006. 10. 13, 2004다21862).

[참고최신판례] [1] 도급계약에서 목적물의 주요구조부분이 약정된 대로 시공되어 사회통념상 일반적으로 요구되는 성능을 갖추었고 당초 예정된 최후의 공정까지 마쳤다면 일이 완성되었다고 보아야 한다. 목적물이 완성되었다면 목적물의 하자는 하자담보책임에 관한 민법 규정에 따라 처리하도록 하는 것이 당사자의 의사와 법률의 취지에 부합하는 해석이다. 개별 사건에서 예정된 최후의 공정을 마쳤는지는 당사자의 주장에 구애받지 않고 계약의 구체적 내용과 신의성실의 원칙에 비추어 객관적으로 판단해야 한다. [2] 민법 제665조 제1항은 도급계약에서 보수는 완성된 목적물의 인도와 동시에 지급해야 한다고 정하고 있다. 이때 목적물의 인도는 단순한 점유의 이전만을 의미하는 것이 아니라 도급인이 목적물을 검사한 후 목적물이 계약 내용대로 완성되었음을 명시적 또는 묵시적으로 시인하는 것까지 포함하는 의미이다. 도급계약의 당사자들이 '수급인이 공급한 목적물을 도급인이 검사하여 합격하면, 도급인은 수급인에게 보수를 지급한다.'고 정한 경우 도급인의 수급인에 대한 보수지급의무와 동시이행관계에 있는 수급인의 목적물 인도의무를 확인한 것에 불과하고 '검사 합격'은 법률행위의 효력 발생을 좌우하는 조건이 아니라 보수지급시기에 관한 불확정기한이다. 따라서 수급인이 도급계약에서 정한 일을 완성한 다음 검사에 합격한 때 또는 검사 합격이 불가능한 것으로 확정된 때 보수지급청구권의 기한이 도래한다(대판 2019. 9. 10, 2017다272486, 272493).

345 주택건설을 위한 토지매매계약의 당사자가 건축허가 신청이 불허되었을 때에는 이를 무효로 한다는 약정을 한 경우 이는 정지조건부계약이다. ( ) (2022 변리사)

해설 주택건설을 위한 원·피고간의 토지매매계약에 앞서 양자간의 협의에 의하여 건축허가를 필할 때 매매계약이 성립하고 건축허가 신청이 불허되었을 때에는 이를 무효로 한다는 약정 아래 이루어진 본건 계약은 해제조건부계약이다(대판 1983. 8. 23, 83다카552).

정답 》 344 (×) 345 (×)

346 약혼예물의 수수는 혼인의 불성립을 해제조건으로 하는 증여와 유사한 성질을 가진다. ( )

(2023 변호사)

> **해설** 약혼예물의 수수는 혼인 불성립을 해제조건으로 하는 증여와 유사한 성질의 것이므로, 시어머니가 며느리에게 교부한 약혼예물은 그 혼인이 성립되어 상당 기간 지속된 이상 며느리의 소유라고 본 조치는 정당하다(대판 1994. 12. 27, 94므895).

347 이행지체의 경우 채권자는 채무자를 상대로 상당한 기간을 정하여 이행을 청구하면서 그 기간 내에 이행이 없으면 계약은 당연히 해제된 것으로 한다는 취지의 해제조건부 해제권 행사를 할 수 있다. ( ) (2023 변리사)

> **해설** 소정의 기일내에 이행을 하지 아니하면 계약은 당연히 해제된 것으로 한다는 이행청구는 그 이행청구와 동시에 기간 또는 기일 내에 이행이 없는 것을 **정지조건으로 하여** 미리 해제의 의사표시를 한 것으로 볼 것이다(대판 1981. 4. 14, 80다2381). ☞ 이른바 **정지조건부 계약해제**로서 유효하다. 단독행위에는 원칙적으로 조건을 붙일 수 없지만, 정지조건부 계약해제는 상대방이 결정할 수 있는 사실(채무의 이행 여부)을 조건으로 하는 것이므로 가능하다.

348-1 조건부 법률행위에 있어서 조건의 내용 자체가 불법으로 무효인 경우, 특별한 사정이 없는 한 그 조건만을 분리하여 일부만 무효로 할 수는 없다. ( ) (2017 변리사)

348-2 조건을 붙이는 것이 허용되지 않는 법률행위에 조건을 붙인 경우 그 법률행위는 조건 없는 법률행위로서 유효하다. ( ) (2016, 2022 변리사)

348-3 조건을 붙이는 것이 허용되지 않는 법률행위에 조건을 붙인 때에는 조건만을 분리하여 무효로 할 수도 있고 그 법률행위 전부를 무효로 할 수도 있다. ( ) (2014 변리사)

> **해설** 조건부 법률행위에 있어 조건의 내용 자체가 불법적인 것이어서 무효일 경우 또는 조건을 붙이는 것이 허용되지 아니하는 법률행위에 조건을 붙인 경우 그 조건만을 분리하여 무효로 할 수는 없고 그 법률행위 전부가 무효로 된다(대결 2005. 11. 8, 자 2005마541).

349 어떤 법률행위에 정지조건이 붙어 있는지 여부는 그 조건의 존재를 주장하는 자가 증명해야 한다. ( ) (2017 변리사)

> **해설** 어떠한 법률행위가 조건의 성취시 법률행위의 효력이 발생하는 소위 정지조건부 법률행위에 해당한다는 사실은 그 법률행위로 인한 법률효과의 발생을 저지하는 사유로서 그 법률효과의 발생을 다투려는 자(=그 조건의 존재를 주장하는 자)에게 주장입증책임이 있다(대판 1993. 9. 28, 93다20832).

350-1 정지조건부 채권양도에 있어서 정지조건이 성취되었다는 사실은 채권양도의 효력을 부정하는 자가 증명해야 한다. ( ) (2017 변리사)

346 (○) 347 (×) 348-1 (○) 348-2 (×) 348-3 (×) 349 (○) 350-1 (×) 《 정답

350-2 **정지조건부 채권양도에 있어서 조건이 성취되었다는 사실은 채권양도의 효력을 주장하는 자에게 그 증명책임이 있다. ( )** (2022 변리사)

> 해설 정지조건부 법률행위에 있어서 조건이 성취되었다는 사실은 이에 의하여 권리를 취득하고자 하는 측에서 그 입증책임이 있다 할 것이므로, 정지조건부 채권양도에 있어서 정지조건이 성취되었다는 사실은 채권양도의 효력을 주장하는 자에게 그 입증책임이 있다(대판 1983. 4. 12, 81다카692).

351 **당사자가 조건성취의 효력을 그 성취 전에 소급하게 할 의사를 표시하였더라도 특별한 사정이 없는 한 소급하지 않는다. ( )** (2020 변리사)

> 해설 당사자가 조건성취의 효력을 그 성취전에 소급하게 할 의사를 표시한 때에는 그 의사에 의한다(제147조 제3항).

352 **조건성취의 효력발생시기에 관한 민법의 규정은 임의규정이다. ( )** (2017 변리사)

> 해설 조건성취의 효력발생시기는 "조건이 성취한 때로부터"이고 소급하지 않는 것이 원칙이나(민법 제147조 제1항 및 제2항), 당사자가 다른 의사를 표시한 때에는 그에 의하기 때문이다(민법 제147조 제3항).

353 **조건 있는 법률행위의 당사자는 조건의 성부가 미정인 동안에 조건의 성취로 인하여 생길 상대방의 이익을 해하지 못한다. ( )** (2019 변리사)

> 해설 민법 제148조(조건부권리의 침해금지)

354 **해제조건부증여로 인한 부동산소유권이전등기를 마친 경우, 등기된 조건이 성취되기 전에 수증자가 한 처분행위는 조건성취의 효과를 제한하는 한도 내에서 무효이다. ( )** (2014 변리사)

> 해설 해제조건부증여로 인한 부동산소유권이전등기를 마쳤다 하더라도 그 해제조건이 성취되면 그 소유권은 증여자에게 복귀한다고 할 것이고, 이 경우 당사자간에 별단의 의사표시가 없는 한 그 조건성취의 효과는 소급하지 아니하나, 조건성취 전에 수증자가 한 처분행위는 조건성취의 효과를 제한하는 한도 내에서는 무효라고 할 것이고, 다만 그 조건이 등기되어 있지 않는 한 그 처분행위로 인하여 권리를 취득한 제3자에게 위 무효를 대항할 수 없다(대판 1992. 5. 22, 92다5584).

355-1 **조건부 권리는 조건의 성부가 미정인 상태에서는 그 가치에 대한 평가가 곤란하므로 담보제공은 할 수 없다. ( )** (2020 변리사)

355-2 **조건의 성취가 미정한 권리의무는 이를 처분할 수 없다. ( )** (2022 변리사)

> 해설 조건의 성취가 미정한 권리의무는 일반규정에 의하여 처분, 상속, 보존 또는 담보로 할 수 있다(제149조).

정답 350-2 (○) 351 (×) 352 (○) 353 (○) 354 (○) 355-1 (×) 355-2 (×)

356 조건의 성취로 인하여 불이익을 받을 당사자가 신의성실에 반하여 조건의 성취를 방해한 때에는 상대방은 그 조건이 성취한 것으로 주장할 수 있다. ( ) (2019 변리사)

> **해설** 민법 제150조(조건성취, 불성취에 대한 반신의 행위) 제1항

357 조건의 성취로 이익을 받게 되는 당사자가 신의성실에 반하여 조건을 성취시킨 경우, 상대방은 그 조건의 불성취를 주장할 수 있다. ( ) (2015, 2021 변리사)

> **해설** 민법 제150조(조건성취, 불성취에 대한 반신의 행위) 제2항

358 조건의 성취로 불이익을 받을 자가 신의성실에 반하여 조건의 성취를 방해한 경우에는 고의에 의한 방해만이 아니라 과실에 의한 경우도 여기에 포함된다. ( ) (2014 변리사)

> **해설** 조건의 성취로 불이익을 받을 자가 신의성실에 반하여 조건의 성취를 방해한 경우에는 고의에 의한 방해만이 아니라 과실에 의한 경우도 여기에 포함된다(대판 1998. 12. 22, 98다42356).

359 신의성실에 반하여 조건성취를 방해한 경우 조건성취로 의제되는 시기는 그러한 행위가 없었더라면 조건이 성취되었으리라고 추산되는 시점이다. ( ) (2014 변리사)

> **해설** 신의성실에 반하여 조건성취를 방해한 경우 조건성취로 의제되는 시기는 그러한 행위가 없었더라면 조건이 성취되었으리라고 추산되는 시점이다(대판 1998. 12. 22, 98다42356).

360-1 조건이 선량한 풍속 기타 사회질서에 위반한 것인 때에는 조건 없는 법률행위로 한다. ( ) (2022 변리사)

360-2 조건부 법률행위에서 조건이 선량한 풍속에 위반되면 당사자의 의도를 살리기 위하여 그 조건만이 무효이고 법률행위는 유효한 것이 원칙이다. ( ) (2020 변리사)

> **해설** 조건이 선량한 풍속 기타 사회질서에 위반한 것인 때에는 그 법률행위는 무효로 한다(제151조 제1항). ☞ 법률행위 전부가 무효가 된다.

361 부첩(夫妾)관계의 종료를 해제조건으로 하는 증여계약은 무효이다. ( ) (2023 변리사)

> **해설** <u>부첩관계 또는 부부관계의 종료를 해제조건으로 하는 증여계약은 그 조건만이 무효인 것이 아니라 증여계약 자체가 무효이다</u>(대판 1966. 6. 21, 66다530).

362-1 기성조건이 정지조건이면 조건 없는 법률행위가 된다. ( ) (2016 변리사)

362-2 정지조건부 화해계약 당시 이미 그 조건이 성취되었다면, 이는 조건이 없는 화해계약이다. ( ) (2015 변리사)

356 (○) 357 (○) 358 (○) 359 (○) 360-1 (×) 360-2 (×) 361 (○) 362-1 (○) 362-2(○) 《 정답

해설 기성조건이 정지조건이면 조건 없는 법률행위가 된다(제151조).

363 조건이 법률행위 당시 이미 성취한 것인 경우에는 그 조건이 해제조건이면 그 법률행위는 조건 없는 법률행위로 한다. ( ) (2019 변리사)

해설 민법 제151조 제2항. 무효로 한다.

364-1 조건이 법률행위 당시에 이미 성취할 수 없는 것인 경우에 그 조건이 해제조건이면 조건 없는 법률행위가 된다. ( ) (2017 변리사)

364-2 해제조건부 법률행위의 조건이 법률행위의 당시에 이미 성취할 수 없는 것인 경우에는 조건없는 법률행위로 한다. ( ) (2020 변리사)

해설 조건이 법률행위의 당시에 이미 성취할 수 없는 것인 경우에는 그 조건이 해제조건이면 조건없는 법률행위로 하고 정지조건이면 그 법률행위는 무효로 한다(제151조 제3항).

Ⅱ. 기 한

365 종기 있는 법률행위는 기한이 도래한 때로부터 그 효력을 잃는다. ( ) (2019 변리사)

해설 민법 제152조(기한도래의 효과) 제2항.

366-1 당사자가 불확정한 사실이 발생한 때를 이행기한으로 정한 경우에는 그 사실이 발생한 때는 물론 그 사실의 발생이 불가능하게 된 때에도 이행기한이 도래한 것으로 보아야 한다. ( ) (2021 변호사)

366-2 불확정기한의 경우 기한사실의 발생이 불가능한 것으로 확정되어도 기한은 도래한 것으로 본다. ( ) (2023 변리사)

해설 당사자가 불확정한 사실이 발생한 때를 이행기한으로 정한 경우에 있어서 그 사실이 발생한 때는 물론 그 사실의 발생이 불가능하게 된 때에도 이행기한은 도래한 것으로 보아야 한다(대판 1989. 6. 27, 88다카10579).

367 불확정기한부 법률행위는 특별한 사정이 없는 한 그 법률행위에 따른 채무가 이미 발생한 것으로 본다. ( ) (2016 변리사)

해설 이미 부담하고 있는 채무의 변제에 관하여 일정한 사실이 부관으로 붙여진 경우에는 특별한 사정이 없는 한 그것은 변제기를 유예한 것으로서 그 사실이 발생한 때 또는 발생하지 아니하는 것으로 확정된 때에 기한이 도래한다(대판 2003. 8. 19, 2003다24215).

정답 **363** (×) **364-1** (○) **364-2** (○) **365** (○) **366-1** (○) **366-2** (○) **367** (○)

368 **무상임치와 무이자 소비대차의 경우, 채무자만이 기한이익을 갖는다. ( )** (2021 변리사)

해설 임치기간의 약정이 있는 때에는 수치인은 부득이한 사유 없이 그 기간만료 전에 계약을 해지하지 못한다. 그러나 임치인은 언제든지 계약을 해지할 수 있다(민법 제698조). ☞ 무상임치에서 기한의 이익은 채권자(임치인)만이 가진다. 반면에 무이자 소비대차의 경우 변제기 이전에는 채무자가 변제할 책임이 없으므로 채무자만이 기한의 이익을 가진다.

369 **기한의 이익은 이를 포기할 수 있지만, 상대방의 이익을 해하지 못한다. ( )** (2019 변리사)

해설 민법 제153조(기한의 이익과 그 포기) 제2항

370 **기한의 이익은 상대방의 이익을 해하지 않는 한 포기할 수 있으므로, 그 포기의 효과는 소급효를 갖는다. ( )** (2015 변리사)

해설 기한의 성질상 소급효가 있을 수 없다. 기한의 이익의 포기도 마찬가지이다(제152조, 제153조 참조).

371 **채무자가 담보제공의 의무를 이행하지 않는 경우, 기한의 이익을 주장할 수 없다. ( )** (2015 변리사)

해설 민법 제388조(기한의 이익의 상실)

368 (×) 369 (○) 370 (×) 371 (○) 《 정답

CHAPTER

9 기간

POINT

372 기간 계산에 관해 당사자의 약정이 있는 때에는 그에 따른다. ( ) (2012 변리사)

> **해설** 제155조. 기간의 계산에 관하여는 법령이나 법률행위에서 정하고 있으면 그에 의하게 되기 때문에 임의규정이다.

373 국세심판청구를 기각하는 결정을 광복절인 8월 15일에 송달받았다면 송달의 효력은 다음날인 8월 16일에 발생하므로, 행정소송제기의 불변기간의 계산은 그 다음날인 8월 17일부터 기산하여야 한다. ( ) (2010 변리사)

> **해설** 민법 제161조가 정하는 '기간의 말일이 공휴일에 해당한 때에는 기간은 그 익일로 만료한다.'는 규정의 취의는 명문이 정하는 바와 같이 기간의 말일이 공휴일인 경우를 정하는 것이고, 이는 기간의 만료일이 공휴일에 해당함으로써 발생할 불이익을 막자고 함에 그 뜻이 있는 것이므로 기간 기산의 초일은 이의 적용이 없다(대판 1982. 2. 23, 81누204). ☞ 송달의 효력은 8월 15일에 발생하고, 8월 15일이 공휴일이더라도 초일이 될 수 있으므로 행정소송제기의 불변기간의 계산은 그 다음 날인 8월 16일부터 기산하여야 한다.

374 사단법인의 사원총회 소집을 1주일 전에 통지하여야 하는 경우에 총회예정일이 2010년 3월 12일이면, 늦어도 2010년 3월 4일 오후 12시까지는 사원들에게 소집통지를 발송하여야 한다. ( ) (2010 변리사)

> **해설** 민법의 기간에 대한 계산방법은 일정한 기산일로부터 과거에 소급하여 역산되는 기간에도 유추적용된다(대판 1989. 4. 11, 87다카2901). 따라서 3월 11일 오후 12시가 기산점이고, 3월 4일 오후 12시로 만료된다. 즉 늦어도 3월 4일 오후 12시까지는 소집통지를 발송하여야 한다(제71조).

375 사원총회소집일 1주일 전에 통지를 발송하도록 한 경우, 사원총회소집일이 2023년 3월 10일(금요일) 오후 2시면 소집통지를 늦어도 3월 2일 24시까지 발송하여야 한다. ( ) (2023 변리사)

> **해설** 총회의 소집은 1주간전에 그 회의의 목적사항을 기재한 통지를 발하고 기타 정관에 정한 방법에 의하여야 한다(민법 제71조). 여기서 기간의 역산에 관하여는 민법에 규정이 없어 기간의 순산의 규정을 유추적용한다. 따라서 초일불산입의 원칙은 기간의 역산에도 적용된다. 사원총회 소집일이 2023년 3월 10일 오후 2시이면 기산점은 2023년 3월 10일 오전 0시(= 3월 9일 24시)이고, 이로부터 1주간 전까지 발송해야 하므로 2023년 3월 2일 24시까지 발송해야 한다.

정답 》 372 (○) 373 (×) 374 (○) 375 (○)

376 **어느 법률이 부칙에서 공포일로부터 3개월이 경과한 날부터 시행하도록 되어 있고 그 법률이 2009년 11월 2일 공포되었다면, 그 법률은 2010년 2월 3일 오전 0시부터 시행된다. ( )**

(2010 변리사)

> **해설** 초일불산입의 원칙(제157조 본문)에 따라, 기산일은 2009년 11월 3일이고, 만료일은 2010년 2월 2일 오후 12시, 즉 2월3일 오전 0시이다.

377 **2022년 11월 30일 오전 10시부터 3개월이라고 한 경우, 기간의 만료점은 2023년 2월 28일(화요일) 24시이다. ( )** (2023 변리사)

> **해설** 기간을 일, 주, 월 또는 연으로 정한 때에는 기간의 초일은 산입하지 아니하므로 2022년 12월 1일 오전0시부터 3개월인데(민법 제157조), 기간을 일, 주, 월 또는 연으로 정한 때에는 기간말일의 종료로 기간이 만료하므로(민법 제159조), 기간의 만료점은 2023년 2월 28일 24시이다.

378 **1999년 10월 10일 오전 11시 15분에 출생한 자는 2018년 10월 10일 오전0시부터 성년이 된다. ( )** (2010 변리사)

> **해설** 만 19세로 성년이 되고(제4조), 연령계산에는 출생일을 산입한다(제158조). 따라서 기산일은 1999년10월 10일이고, 만료일은 2018년 10월 9일 오후 12시, 즉 10월 10일 오전 0시부터 민법상 성년으로 된다.

379 **2004년 1월 17일 오후 2시에 태어난 甲이 성년이 되는 시점은 2023년 1월 17일 24시이다. ( )** (2023 변리사)

> **해설** 만 19세로 성년이 되는데(민법 제4조), 연령계산에는 출생일을 산입하므로(민법 제158조), 甲이 성년이 되는 시점은 2023년 1월 16일 24시(=2023년 1월 17일 오전 0시)이다.

380-1 **다가오는 2034년 9월 9일부터 1주일까지라고 하면 2034년 9월 15일 24시에 만료된다. ( )**

(2010 변리사)

380-2 **2023년 5월 1일부터 10일간이라고 한 경우, 기간의 만료점은 2023년 5월 10일(수요일) 24시이다(참고로 2023년 변리사 1차 시험은 2023년 2월 18일에 치러졌다). ( )** (2023 변리사)

> **해설** 기간을 일, 주, 월 또는 연으로 정한 때에는 기간의 초일은 산입하지 아니한다. 그러나 그 기간이 오전 영시로부터 시작하는 때에는 그러하지 아니하다(제157조 단서). ☞ 장래의 시점이 기산점이 되는 경우 "기간이 오전 영시로부터 시작하는 때"에 해당하므로 초일을 산입해야 한다. ☞ 아래 지문에서 2023년 5월 1일은 시험일인 2023년 2월 18일을 기준으로 장래의 시점이므로 제157조 단서의 "기간이 오전 영시로부터 시작하는 때"에 해당하여 초일을 산입해야 한다. 따라서 2023년 5월 1일 오전 0시부터 10일이므로 기간의 만료점은 2023년 5월 10일 24시이다.

376 (○) 377 (○) 378 (○) 379 (×) 380-1 (○) 380-2 (○) 《 정답

381 **과제물을 10월 3일 오후 4시부터 46시간 내에 제출하라고 한 경우, 10월 5일 오후2시까지 제출하여야 한다. ( )** (2012 변리사)

> **해설** 기간을 "시" "분" "초"로 계산할 때 자연적 계산방법이 사용된다. 즉시로 계산한다(제156조). 따라서 "오후 4시부터 46시간 내"에 제출하라고 한 경우, 2시간 부족한 2일을 계산하면 10월 5일 오후 2시까지 제출하면 되기 때문에 타당하다.

382 **2023년 2월 10일(금요일) 오후 10시 30분부터 12시간이라고 한 경우, 기간의 만료점은 2023년 2월 11일(토요일) 오전 10시 30분이 된다. ( )** (2023 변리사)

> **해설** 기간을 시, 분, 초로 정한 때에는 즉시로부터 기산한다(민법 제156조). ☞ 기간을 시, 분, 초로 정한 때에는 "기간의 말일이 토요일 또는 공휴일에 해당한 때에는 기간은 그 익일로 만료한다"는 민법 제161조는 적용되지 않는다고 보아야 한다. 예컨대 토요일 오후 2시부터 2시간이라고 하면 토요일 오후 4시까지가 맞고, 민법 제161조를 적용하여 다음 주 월요일 오후 4시까지로 넘어가는 것이 아니다.

383 **2012년 1월 31일 오후 3시에 친구로부터 500만원을 무상으로 빌리면서 1개월 후에 갚기로 한 경우, 3월 1일은 공휴일이므로 2012년 3월 2일 오후 12시까지 반환하면 된다. ( )**

(2012 변리사)

> **해설** 민법 제159조(기간의 만료점) 기간을 일, 주, 월 또는 연으로 정한 때에는 기간말일의 종료로 기간이 만료한다. ☞ 초일불산입의 원칙에 따라 2012년 2월 1일 오전0시가 기산점이 되어 1개월 후면 159조에 따라 2012년 2월 말일(2012년 2월은 29일까지 있음) 오후12시가 만료점이 되고, 2월 말일은 공휴일이 아니다.

정답 》 381 (○) 382 (○) 383 (×)

CHAPTER

10 소멸시효

POINT

Ⅰ. 소멸시효의 의의와 구별

384 **형성권은 제척기간의 경과 자체만으로 곧 권리 소멸의 효과가 발생하지 않는다. ( )**

(2016 변리사)

해설 형성권은 조속히 법률관계를 종료시킬 것을 목적으로 하는 공익적 제도이므로 제척기간의 경과 자체만으로 곧 권리 소멸의 효과가 발생한다. 이는 소멸시효가 일정한 기간의 경과와 권리불행사라는 사정에 의하여 권리가 소멸되는 것과 다르다.

385 **법률행위의 취소권은 추인할 수 있는 날로부터 3년 내에 재판상으로 행사를 하여야 한다. ( )**

(2015 변리사)

해설 미성년자 또는 친족회가 민법 제950조 제2항에 따라 제1항의 규정에 위반한 법률행위를 취소할 수 있는 권리는 형성권으로서 민법 제146조에 규정된 취소권의 존속기간은 제척기간이라고 보아야 할 것이지만, 그 제척기간 내에 소를 제기하는 방법으로 권리를 재판상 행사하여야만 되는 것은 아니고, 재판 외에서 의사표시를 하는 방법으로도 권리를 행사할 수 있다고 보아야 한다(대판 1993. 7. 27, 92다52795).

386 **수급인의 하자담보책임기간은 재판상 또는 재판 외의 권리행사기간인 제척기간이다. ( )**

(2016 변리사)

해설 매매든 도급이든 하자담보책임기간은 재판상 또는 재판 외의 권리행사기간인 제척기간이다(대판 2000. 6. 9, 2000다15371).

387-1 **점유를 침탈당한 자의 침탈자에 대한 점유물회수청구권의 행사기간 1년은 제척기간이다. ( )**

(2015 변리사)

387-2 **점유보호청구권의 행사기간은 제척기간으로, 재판 외에서 권리를 행사할 수 있는 기간이 아니라 반드시 그 기간 내에 소를 제기하여야 하는 출소기간이다. ( )** (2016 변리사)

387-3 **점유보호청구권의 행사기간은 제척기간이기 때문에 점유보호청구권은 재판상·재판외에서 행사할 수 있다. ( )** (2019 변리사)

384 (×) 385 (×) 386 (○) 387-1 (○) 387-2 (○) 387-3 (×) 《 정답

해설 민법 제204조 제3항과 제205조 제2항에 의하면 점유를 침탈 당하거나 방해를 받은 자의 침탈자 또는 방해자에 대한 청구권은 그 점유를 침탈 당한 날 또는 점유의 방해행위가 종료된 날로부터 1년 내에 행사하여야 하는 것으로 규정되어 있는데, 여기에서 제척기간의 대상이 되는 권리는 형성권이 아니라 통상의 청구권인 점과 점유의 침탈 또는 방해의 상태가 일정한 기간을 지나게 되면 그대로 사회의 평온한 상태가 되고 이를 복구하는 것이 오히려 평화질서의 교란으로 볼 수 있게 되므로 일정한 기간을 지난 후에는 원상회복을 허용하지 않는 것이 점유제도의 이상에 맞고 여기에 점유의 회수 또는 방해제거 등 청구권에 단기의 제척기간을 두는 이유가 있는 점 등에 비추어 볼 때, 위의 제척기간은 재판외에서 권리행사하는 것으로 족한 기간이 아니라 반드시 그 기간 내에 소를 제기하여야 하는 이른바 출소기간으로 해석함이 상당하다(대판 2002. 4. 26, 2001다8097,8103).

388 민법 제146조에서 규정하는 취소권의 행사기간은 제척기간으로서 법원의 직권조사사항이다. ( ) (2016 변리사)

해설 민법 제146조는 취소권은 추인할 수 있는 날로부터 3년 내에 행사하여야 한다고 규정하고 있는 바, 이 때의 3년이라는 기간은 일반 소멸시효기간이 아니라 제척기간으로서 제척기간이 도과하였는지 여부는 당사자의 주장에 관계없이 법원이 당연히 조사하여 고려하여야 할 사항이다(대판 1996. 9. 20, 96다25371).

389-1 매매예약완결권의 행사기간은 제척기간으로 해석되며, 기간의 중단이 있을 수 없다. ( ) (2016 변리사)

389-2 제척기간은 권리자의 청구나 압류 등이 있으면 중단되고 그때까지 경과된 기간은 산입되지 않는다. ( ) (2019 변리사)

해설 [1] 매매의 일방예약에서 예약자의 상대방이 매매예약 완결의 의사표시를 하여 매매의 효력을 생기게 하는 권리, 즉 매매예약의 완결권은 일종의 형성권으로서 당사자 사이에 그 행사기간을 약정한 때에는 그 기간 내에, 그러한 약정이 없는 때에는 그 예약이 성립한 때로부터 10년 내에 이를 행사하여야 하고, 그 기간을 지난 때에는 예약 완결권은 제척기간의 경과로 인하여 소멸한다. [2] 제척기간에 있어서는 소멸시효와 같이 기간의 중단이 있을 수 없다(대판 2003. 1. 10, 2000다26425).

390-1 제척기간의 경우 그 기간이 경과하면 그 기산일에 소급하여 권리소멸의 효력이 생긴다. ( ) (2015 변리사)

390-2 제척기간이 경과하면 그 기산일에 소급하여 권리소멸의 효과가 발생한다. ( ) (2019 변리사)

해설 장래효가 있을 뿐이다. 반면에 소멸시효의 경우 그 기간이 경과하면 그 기산일에 소급하여 권리소멸의 효력이 생긴다(제167조).

정답 388 (○) 389-1 (○) 389-2 (×) 390-1 (×) 390-2 (×)

391 **제척기간이 지난 후에는 당사자가 책임질 수 없는 사유로 그 기간을 준수하지 못하였더라도 추후에 보완될 수 없다. ( )** (2019 변리사)

> **해설** 제척기간은 불변기간이 아니어서 그 기간을 지난 후에는 당사자가 책임질 수 없는 사유로 그 기간을 준수하지 못하였더라도 추후에 보완될 수 없다(대결 2003. 8. 11, 자 2003스32).

Ⅱ. 소멸시효의 요건

392 **공유물분할청구권은 공유관계가 존속하는 한 별도로 소멸시효가 진행되지 않는다. ( )** (2021 변리사)

> **해설** 공유물분할청구권은 공유관계에서 수반되는 형성권이므로 공유관계가 존속하는 한 그 분할청구권만이 독립하여 시효소멸될 수 없다(대판 1981. 3. 24, 80다1888, 1889).

393 **부동산의 매수인이 목적 부동산을 인도받아 계속 점유하는 경우, 그 매매로 인한 매수인의 소유권이전등기청구권의 소멸시효는 진행하지 않는다. ( )** (2022 변리사)

> **해설** 부동산에 관하여 인도, 등기 등의 어느 한 쪽만에 대하여서라도 권리를 행사하는 자는 전체적으로 보아 그 부동산에 관하여 권리 위에 잠자는 자라고 할 수 없다 할 것이므로, 매수인이 목적 부동산을 인도받아 계속 점유하는 경우에는 그 소유권이전등기청구권의 소멸시효가 진행하지 않는다[대판(전합) 1999. 3. 18, 98다32175].

394 **부동산매수인이 소유권이전등기 없이 부동산을 인도받아 사용·수익하다가 제3자에게 그 부동산을 처분하고 점유를 승계하여 준 경우, 소유권이전등기청구권의 소멸시효가 진행되지 않는다. ( )** (2021 변리사)

> **해설** 부동산의 매수인이 그 부동산을 인도받은 이상 이를 사용·수익하다가 그 부동산에 대한 보다 적극적인 권리 행사의 일환으로 다른 사람에게 그 부동산을 처분하고 그 점유를 승계하여 준 경우에도 그 이전등기청구권의 행사 여부에 관하여 그가 그 부동산을 스스로 계속 사용·수익만 하고 있는 경우와 특별히 다를 바 없으므로 위 두 어느 경우에나 이전등기청구권의 소멸시효는 진행되지 않는다고 보아야 한다[대판(전합) 1999. 3. 18, 98다32175].

395-1 **점유취득시효완성으로 인한 소유권이전등기청구권은 시효완성자의 점유가 계속되는 한 시효로 소멸하지 않는다. ( )** (2021 변호사)

395-2 **취득시효가 완성된 점유자가 그 부동산에 대한 점유를 상실한 경우에도, 점유를 잃게 된 원인이 현 점유자에게 매도하였기 때문이고 그가 현 점유자에게 소유권이전등기의무를 지고 있다면, 취득시효완성을 원인으로 하는 소유권이전등기청구권의 소멸시효는 진행하지 않는다. ( )** (2021 변호사)

391 (○) 392 (○) 393 (○) 394 (○) 395-1 (○) 395-2 (×) 《 정답

해설 토지에 대한 취득시효 완성으로 인한 소유권이전등기청구권은 그 토지에 대한 점유가 계속되는 한 시효로 소멸하지 아니하고, 그 후 점유를 상실하였다고 하더라도 이를 시효이익의 포기로 볼 수 있는 경우가 아닌 한 이미 취득한 소유권이전등기청구권은 바로 소멸되는 것은 아니나, 취득시효가 완성된 점유자가 점유를 상실한 경우 취득시효 완성으로 인한 소유권이전등기청구권의 소멸시효는 이와 별개의 문제로서, 그 점유자가 점유를 상실한 때로부터 10년간 등기청구권을 행사하지 아니하면 소멸시효가 완성한다(대판 1996. 3. 8, 95다34866, 34873).

396-1 부작위채권은 권리의 불행사가 있을 수 없으므로 소멸시효의 대상이 되지 않는다. ( )

(2018 변리사)

396-2 부작위를 목적으로 한 채권의 소멸시효는 계약한 때부터 진행한다. ( ) (2020 변리사)

396-3 부작위를 목적으로 하는 채권의 소멸시효는 위반행위를 한 때로부터 진행한다. ( )

(2022 변리사)

해설 민법 제166조 제2항 : 부작위를 목적으로 하는 채권의 소멸시효는 위반행위를 한 때로부터 진행한다. ☞ 민법은 부작위채권도 소멸시효의 대상이 됨을 전제로 그 기산점에 대해 규정하고 있다.

397-1 소멸시효는 원칙적으로 권리를 행사할 수 있는 때부터 진행한다. ( ) (2020 변리사)

397-2 확정기한부 채권은 기한이 도래한 때부터 진행한다. ( ) (2020 변리사)

397-3 불확정기한부 채권은 기한이 객관적으로 도래한 때부터 진행한다. ( ) (2020 변리사)

해설 민법 제166조는 "소멸시효는 권리를 행사할 수 있는 때로부터 진행한다."라고 규정하고 있으므로, 기한이 있는 채권의 소멸시효는 이행기가 도래한 때부터 진행하지만, 이행기가 도래한 후 채권자와 채무자가 기한을 유예하기로 합의한 경우에는 유예된 때로 이행기가 변경되어 소멸시효는 변경된 이행기가 도래한 때부터 다시 진행한다(대판 2017. 4. 13, 2016다274904). ☞ 통설은 확정기한부 채권은 "기한이 도래한 때부터", 불확정기한부 채권은 "기한이 객관적으로 도래한 때부터" 진행한다고 한다.

398 소유권이전등기의무의 이행불능으로 인한 전보배상청구권의 소멸시효는 이전등기의무가 이행불능이 된 때부터 진행한다. ( ) (2020 변리사)

해설 소유권이전등기의무의 이행불능으로 인한 전보배상청구권의 소멸시효는 이전등기의무가 이행불능 상태에 돌아간 때로부터 진행된다(대판 2002. 12. 27, 2000다47361).

399 정지조건부 권리의 경우 조건이 성취되지 않은 동안에는 소멸시효가 진행하지 않는다. ( )

(2020 변호사)

정답 396-1 (×) 396-2 (×) 396-3 (○) 397-1 (○) 397-2 (○) 397-3 (○) 398 (○) 399 (○)

> 해설 소멸시효는 권리를 행사할 수 있는 때로부터 진행하며 여기서 권리를 행사할 수 있는 때라 함은 권리행사에 법률상의 장애가 없는 때를 말하므로 정지조건부권리의 경우에는 조건 미성취의 동안은 권리를 행사할 수 없는 것이어서 소멸시효가 진행되지 않는다(대판 1992. 12. 22, 92다28822).

400 **신축 중인 건물에 관한 소유권이전등기청구권의 소멸시효는 그 건물이 완공되지 아니한 동안에는 진행하지 않는다. ( )** (2022 변리사)

> 해설 건물에 관한 소유권이전등기청구권에 있어서 그 목적물인 건물이 완공되지 아니하여 이를 행사할 수 없었다는 사유는 법률상의 장애사유에 해당하므로, 매매계약 당시 매매목적부동산인 주택이 신축 중이었다면 그 부동산에 관한 소유권이전등기청구권의 소멸시효는 빨라도 그 주택이 완공됨으로써 그 권리를 행사할 수 없는 법률상의 장애사유가 소멸된 때로부터 진행하게 된다(대판 2007.8.23, 2007다28024 · 28031).

401-1 **부당이득반환청구권의 소멸시효는 청구권이 성립한 때로부터 진행하고, 원칙적으로 권리의 존재나 발생을 알지 못하였다고 하더라도 소멸시효의 진행에 장애가 되지 않는다. ( )** (2021 변리사)

401-2 **甲이 乙에 대해 부당이득반환채권을 가지는 경우, 甲에게 부당이득반환채권이 발생한 때부터 그 채권의 소멸시효가 진행된다. ( )** (2023 변호사)

> 해설 부당이득반환청구권은 기한 없는 채권으로 성립과 동시에 소멸시효가 진행한다(대판 2011. 3. 24, 2010다92612). 그리고 원칙적으로 권리의 존재나 발생을 알지 못하였다고 하더라도 소멸시효의 진행에 장애가 되지 않는다(대판 2003. 2. 11, 99다66427, 73371).

402-1 **부동산에 대한 매매대금 채권이 소유권이전등기청구권과 동시이행의 관계에 있는 경우, 매수인이 매매목적물인 부동산을 인도받아 점유하고 있어서 소유권이전등기청구권의 소멸시효가 진행되지 않는 이상 매매대금 채권 역시 그 지급기일이 경과했더라도 소멸시효가 진행되지 않는다. ( )** (2017 변호사)

402-2 **동시이행의 항변권이 붙어 있는 채권이라 하더라도 약정한 이행기부터 소멸시효가 진행한다. ( )** (2020 변호사)

> 해설 부동산에 대한 매매대금 채권이 소유권이전등기청구권과 동시이행의 관계에 있다고 할지라도 매도인은 매매대금의 지급기일 이후 언제라도 그 대금의 지급을 청구할 수 있는 것이며, 다만 매수인은 매도인으로부터 그 이전등기에 관한 이행의 제공을 받기까지 그 지급을 거절할 수 있는 데 지나지 아니하므로 매매대금 청구권은 그 지급기일 이후 시효의 진행에 걸린다(대판 1991. 3. 22, 90다9797).

403 **기한을 정하지 않은 채권의 소멸시효의 기산점은 채권이 발생된 때가 아니라 이행청구를 받은 때이다. ( )** (2018 변리사)

400 (○) 401-1 (○) 401-2 (○) 402-1 (×) 402-2 (○) 403 (×) 《 정답

해설 기한의 정함이 없는 채권은 채권자가 그 채권이 발생한 때부터 언제든지 그 이행을 청구할 수 있으므로 "채권이 발생된 때(채권 성립시)"부터 소멸시효가 기산된다.

404 보험금청구권의 소멸시효는 보험계약자가 보험회사에 보험금을 청구한 때로부터 진행한다. ( ) (2023 변리사)

해설 보험금청구권의 소멸시효는 특별한 다른 사정이 없는 한 원칙적으로 보험사고가 발생한 때부터 진행한다. 그렇지만 보험사고가 발생한 것인지 여부가 객관적으로 분명하지 아니하여 보험금청구권자가 과실 없이 보험사고의 발생을 알 수 없었던 경우에도 보험사고가 발생한 때부터 보험금청구권의 소멸시효가 진행한다고 해석하는 것은, 보험금청구권자에게 너무 가혹하여 사회정의와 형평의 이념에 반하고 소멸시효 제도의 존재이유에도 부합하지 않으므로, 이와 같이 객관적으로 보아 보험사고가 발생한 사실을 확인할 수 없는 사정이 있는 경우에는 보험금청구권자가 보험사고의 발생을 알았거나 알 수 있었던 때부터 보험금청구권의 소멸시효가 진행한다(대판 2021. 2. 4, 2017다281367).

405 본래의 소멸시효 기산일과 당사자가 주장하는 소멸시효 기산일이 서로 다른 경우, 법원은 당사자가 주장하는 기산일에 구속되지 아니하고 본래의 기산일을 기준으로 소멸시효를 계산할 수 있다. ( ) (2018 변호사)

해설 소멸시효의 기산일은 채무의 소멸이라고 하는 법률효과 발생의 요건에 해당하는 소멸시효 기간 계산의 시발점으로서 소멸시효 항변의 법률요건을 구성하는 구체적인 사실에 해당하므로 이는 변론주의의 적용 대상이고, 따라서 본래의 소멸시효 기산일과 당사자가 주장하는 기산일이 서로 다른 경우에는 변론주의의 원칙상 법원은 당사자가 주장하는 기산일을 기준으로 소멸시효를 계산하여야 하는데, 이는 당사자가 본래의 기산일보다 뒤의 날짜를 기산일로 하여 주장하는 경우는 물론이고 특별한 사정이 없는 한 그 반대의 경우에 있어서도 마찬가지이다(대판 1995. 8. 25, 94다35886).

406-1 어떤 권리의 소멸시효기간이 얼마나 되는지는 법원이 직권으로 판단할 수 있다. ( ) (2017 변호사)

406-2 국가배상책임에 관한 소송에서 피고 대한민국이 「민법」상 10년의 소멸시효완성을 주장하였음에도 법원이 「국가재정법」상 5년의 소멸시효를 적용하는 것은 변론주의에 위배되지 않는다. ( ) (2018 변호사)

406-3 소송 당사자가 「민법」에 따른 소멸시효기간을 주장한 경우에도 법원은 직권으로 「상법」에 따른 소멸시효기간을 적용할 수 있다. ( ) (2020 변호사)

해설 어떤 권리의 소멸시효기간이 얼마나 되는지에 관한 주장은 단순한 법률상의 주장에 불과하므로 변론주의의 적용대상이 되지 않고 법원이 직권으로 판단할 수 있다(대판 2013. 2. 15, 2012다68217). 국가배상책임에 관한 소송에서 국가가 민법상 10년의 소멸시효완성을 주장하였음에도 법원이 구 예산회계법에 의한 5년의 소멸시효를 적용한 것이 변론주의를 위반한 것이 아니라고 한 사례(대판 2008. 3. 27, 2006다70929,70936).

정답 404 (×) 405 (×) 406-1 (○) 406-2 (○) 406-3 (○)

407 **이자채권이라고 하더라도 1년 이내의 정기에 지급하기로 한 것이 아니면 민법 제163조가 정한 3년의 단기소멸시효가 적용되지 않는다. ( )** (2020 변리사)

> **해설** 민법 제163조 제1호 소정의 '1년 이내의 기간으로 정한 금전 또는 물건의 지급을 목적으로 하는 채권'이란 1년 이내의 정기에 지급되는 채권을 의미하는 것이지, 변제기가 1년 이내의 채권을 말하는 것이 아니므로, 이자채권이라고 하더라도 1년 이내의 정기에 지급하기로 한 것이 아닌 이상 위 규정 소정의 3년의 단기소멸시효에 걸리는 것이 아니다(대판 1996. 9. 20, 96다25302).

408 **변리사에 대하여 직무상 보관한 서류의 반환을 청구하는 채권은 3년간 행사하지 않으면 소멸시효가 완성한다. ( )** (2015 변리사)

> **해설** 민법 제163조(3년의 단기소멸시효) 제4호

409 **보험계약자가 보험금을 부정 취득할 목적으로 다수의 보험계약을 체결한 것이 민법 제103조(반사회질서의 법률행위)에 의해 무효로 된 경우, 보험자가 지급한 보험금에 대한 부당이득반환청구권은 10년의 민사 소멸시효기간이 적용된다. ( )** (2023 변리사)

> **해설** 보험계약자가 다수의 계약을 통하여 보험금을 부정 취득할 목적으로 보험계약을 체결하여 그것이 민법 제103조에 따라 선량한 풍속 기타 사회질서에 반하여 무효인 경우 **보험자의 보험금에 대한 부당이득반환청구권**은 상법 제64조를 유추적용하여 **5년의 상사 소멸시효기간이 적용된다**고 봄이 타당하다[대판(전합) 2021. 7. 22, 2019다277812].

410 **단기 소멸시효에 걸리는 채권이라도 판결에 의하여 확정되면 그 소멸시효기간은 10년이다. ( )** (2018 변리사)

> **해설** 판결에 의하여 확정된 채권은 단기의 소멸시효에 해당한 것이라도 그 소멸시효는 10년으로 한다(민법 제165조 제1항).

411 **공유물분할판결이 확정된 후 10년이 경과하면 그 판결로 확정된 공유물분할청구권은 시효완성으로 소멸한다. ( )** (2018 변호사)

> **해설** 공유물분할청구권은 공유관계에서 수반되는 형성권이므로 공유관계가 존속하는 한 그 분할청구권만이 독립하여 시효소멸될 수 없다. 나아가 민법 제165조의 규정은 단기의 소멸시효에 걸리는 것이라도 확정판결을 받은 권리의 소멸시효는 10년으로 한다는 뜻일 뿐 10년보다 장기의 소멸시효를 10년으로 단축한다는 의미도 아니고 본래 소멸시효의 대상이 아닌 권리가 확정판결을 받음으로써 10년의 소멸시효에 걸린다는 뜻도 아니다(대판 1981. 3. 24, 80다1888,1889).

412-1 **단기의 소멸시효에 해당하는 주채무의 소멸시효기간이 확정판결에 의하여 10년으로 연장되면 보증채무의 소멸시효기간도 10년으로 연장된다. ( )** (2022 변리사)

407 (○) 408 (○) 409 (×) 410 (○) 411 (×) 412-1 (×) 《 정답

412-2 **채권자와 주채무자 사이의 확정판결로 주채무의 소멸시효기간이 10년으로 연장되더라도 보증채무의 소멸시효기간은 여전히 종전의 소멸시효기간에 따른다. ( )** (2014 변리사)

> **해설** 민법 제165조가 판결에 의하여 확정된 채권, 판결과 동일한 효력이 있는 것에 의하여 확정된 채권은 단기의 소멸시효에 해당한 것이라도 그 소멸시효는 10년으로 한다고 규정하는 것은 당해 판결 등의 당사자 사이에 한하여 발생하는 효력에 관한 것이고 채권자와 주채무자 사이의 판결 등에 의해 채권이 확정되어 그 소멸시효가 10년으로 되었다 할지라도 위 당사자 이외의 채권자와 연대보증인 사이에 있어서는 위 확정판결 등은 그 시효기간에 대하여는 아무런 영향도 없고 채권자의 연대보증인의 연대보증채권의 소멸시효기간은 여전히 종전의 소멸시효기간에 따른다(대판 1986. 11. 25, 86다카1569).

413 **「민법」상 단기소멸시효에 해당하는 주채무의 소멸시효기간이 확정판결에 의하여 10년으로 연장된 상태에서 주채무를 보증한 경우, 특별한 사정이 없는 한 보증채무에 대하여는 「민법」상 단기소멸시효가 적용된다. ( )** (2018 변호사)

> **해설** 보증채무는 주채무와는 별개의 독립한 채무이므로 보증채무와 주채무의 소멸시효기간은 채무의 성질에 따라 각각 별개로 정해진다. 그리고 주채무자에 대한 확정판결에 의하여 민법 제163조 각 호의 단기소멸시효에 해당하는 주채무의 소멸시효기간이 10년으로 연장된 상태에서 주채무를 보증한 경우, 특별한 사정이 없는 한 보증채무에 대하여는 민법 제163조 각 호의 단기소멸시효가 적용될 여지가 없고, 성질에 따라 보증인에 대한 채권이 민사채권인 경우에는 10년, 상사채권인 경우에는 5년의 소멸시효기간이 적용된다(대판 2014. 6. 12, 2011다76105).

414 **유치권의 피담보채권의 소멸시효기간이 확정판결 등에 의하여 10년으로 연장된 경우에도 유치권의 목적물을 매수하여 소유권을 취득한 자는 그 피담보채권의 소멸시효기간이 연장된 효과를 부정하고 종전의 단기소멸시효기간을 원용할 수 있다. ( )** (2020 변호사)

> **해설** 유치권이 성립된 부동산의 매수인은 피담보채권의 소멸시효가 완성되면 시효로 인하여 채무가 소멸되는 결과 직접적인 이익을 받는 자에 해당하므로 소멸시효의 완성을 원용할 수 있는 지위에 있다고 할 것이나, 매수인은 유치권자에게 채무자의 채무와는 별개의 독립된 채무를 부담하는 것이 아니라 단지 채무자의 채무를 변제할 책임을 부담하는 점 등에 비추어 보면, 유치권의 피담보채권의 소멸시효기간이 확정판결 등에 의하여 10년으로 연장된 경우 매수인은 그 채권의 소멸시효기간이 연장된 효과를 부정하고 종전의 단기소멸시효기간을 원용할 수는 없다(대판 2009. 9. 24, 2009다39530).

415 **특정한 채무의 이행을 청구할 수 있는 기간을 제한하고 그 기간이 경과하면 채무가 소멸하도록 하는 약정은 법률이 정하는 소멸시효기간을 단축하는 것으로서, 특별한 사정이 없으면 유효하다. ( )** (2014 변리사)

> **해설** 소멸시효기간을 연장하는 것은 무효이나, 특정한 채무의 이행을 청구할 수 있는 기간을 제한하고 그 기간이 경과하면 채무가 소멸하도록 하는 약정은 법률이 정하는 소멸시효기간을 단축하는 것으로서, 특별한 사정이 없으면 유효하다(대판 2007. 1. 12, 2006다32170).

정답 412-2 (○) 413 (×) 414 (×) 415 (○)

416 **甲은 乙회사(이하 '乙'이라 함)의 영업을 위하여 2005. 1. 1. 乙에게 변제기를 2009. 5. 5.로 하여 1억 5,000만 원을 대여해 주었음에도 乙이 이를 변제하지 않는다며 乙에 대하여 2014. 7. 1. 대여금청구소송을 제기하였다. 이에 대하여 乙은 대여사실을 인정하면서 위 채권은 2014. 5. 5. 시효로 소멸되었다고 주장하였다. 이에 관한 설명 중 옳은 것을 모두 고른 것은? (다툼이 있는 경우 판례에 의함)** (2019 변호사시험 변형)

ㄱ. 본래의 소멸시효 기산일과 당사자가 주장하는 기산일이 서로 다른 경우에 법원은 당사자가 주장하는 기산일을 기준으로 소멸시효를 계산하여야 한다.
ㄴ. 위 사건을 심리한 결과 甲의 대여금은 乙의 영업을 위한 것이 아닌 개인적인 대여금이라고 법원이 판단하였을 경우에도 그 소멸시효기간을 乙의 주장과 달리 판단할 수 없다.
ㄷ. 乙이 소멸시효 완성 주장을 하지 않은 경우에 법원이 증거조사결과 甲의 채권이 소멸시효 완성으로 인하여 소멸하였다는 심증을 형성하더라도 이를 이유로 청구기각의 판결을 선고할 수 없다.

① ㄱ ② ㄷ ③ ㄴ, ㄷ ④ ㄱ, ㄷ ⑤ ㄱ, ㄴ, ㄷ

해설 ㄱ. (○) : 소멸시효의 기산일은 채무의 소멸이라고 하는 법률효과 발생의 요건에 해당하는 소멸시효 기간 계산의 시발점으로서 소멸시효 항변의 법률요건을 구성하는 구체적인 사실에 해당하므로 이는 변론주의의 적용 대상이고, 따라서 본래의 소멸시효 기산일과 당사자가 주장하는 기산일이 서로 다른 경우에는 변론주의의 원칙상 법원은 당사자가 주장하는 기산일을 기준으로 소멸시효를 계산하여야 하는데, 이는 당사자가 본래의 기산일보다 뒤의 날짜를 기산일로 하여 주장하는 경우는 물론이고 특별한 사정이 없는 한 그 반대의 경우에 있어서도 마찬가지이다(대판 1995. 8. 25, 94다35886).
ㄴ. (×) : 어떤 권리의 소멸시효기간이 얼마나 되는지에 관한 주장은 단순한 법률상의 주장에 불과하므로 변론주의의 적용대상이 되지 않고 법원이 직권으로 판단할 수 있다(대판 2013. 2. 15, 2012다68217).
ㄷ. (○) : 소멸시효의 이익을 받는 자가 소멸시효 이익을 받겠다는 뜻을 항변하지 않는 이상 그 의사에 반하여 재판할 수 없다(대판 1979. 2. 13, 78다2157).

Ⅲ. 소멸시효의 중단사유

417 **사실상 권리의 존재나 권리행사 가능성을 알지 못하였고 알지 못함에 과실이 없다고 하더라도 이러한 사유는 소멸시효의 중단사유가 되는 법률상 장애사유에 해당한다고 할 수 없다. ( )** (2018 변호사)

해설 소멸시효는 객관적으로 권리가 발생하여 그 권리를 행사할 수 있는 때로부터 진행하고 그 권리를 행사할 수 없는 동안만은 진행하지 않는바, '권리를 행사할 수 없는' 경우라 함은 그 권리행사에 법률상의 장애사유, 예컨대 기간의 미도래나 조건불성취 등이 있는 경우를 말하는 것이고, 사실상 권리의 존재나 권리행사가능성을 알지 못하였고 알지 못함에 과실이 없다고 하여도 이러한 사유는 법률상 장애사유에 해당하지 않는다[대판(전합) 1992. 3. 31, 91다32053].

416 ④ 417 (○) 정답

418 시효의 중단은 당사자 및 그 승계인간에만 효력이 있다. ( ) (2020 변리사)

> 해설 민법 제169조(시효중단의 효력).

419 주채무자에 대한 시효의 중단은 보증인에 대하여도 효력이 있다. ( ) (2020 변리사)

> 해설 민법 제440조(시효중단의 보증인에 대한 효력).

420-1 채권자가 피고로서 응소하여 적극적으로 권리를 주장하고 그것이 받아들여진 경우 시효중단사유인 재판상의 청구에 해당한다. ( ) (2020 변리사)

420-2 권리자인 피고가 응소하여 권리를 주장하였으나 그 소가 취하되어 본안에서 그 권리 주장에 관한 판단 없이 소송이 종료된 후 종료된 때부터 6월 내에 가압류를 하면, 권리자가 가압류를 한 때부터 시효중단의 효력이 인정된다. ( ) (2020 변리사)

> 해설 민법 제168조 제1호, 제170조 제1항에서 시효중단사유의 하나로 규정하고 있는 재판상의 청구라 함은, 통상적으로는 권리자가 원고로서 시효를 주장하는 자를 피고로 하여 소송물인 권리를 소의 형식으로 주장하는 경우를 가리키지만, 이와 반대로 시효를 주장하는 자가 원고가 되어 소를 제기한 데 대하여 피고로서 응소하여 그 소송에서 적극적으로 권리를 주장하고 그것이 받아들여진 경우도 이에 포함되고, 위와 같은 응소행위로 인한 시효중단의 효력은 피고가 현실적으로 권리를 행사하여 응소한 때에 발생한다. 한편, 권리자인 피고가 응소하여 권리를 주장하였으나 그 소가 각하되거나 취하되는 등의 사유로 본안에서 그 권리주장에 관한 판단 없이 소송이 종료된 경우에도 민법 제170조 제2항을 유추적용하여 그때부터 6월 이내에 재판상의 청구 등 다른 시효중단조치를 취하면 응소시에 소급하여 시효중단의 효력이 있는 것으로 봄이 상당하다(대판 2010. 8. 26, 2008다42416,42423).

421 물상보증인이 그 저당권의 피담보채무의 부존재 또는 소멸을 이유로 제기한 저당권설정등기말소청구 소송에서, 채권자 겸 저당권자가 청구기각의 판결을 구하고 피담보채권의 존재를 주장하더라도 이로써 피담보채권의 소멸시효가 중단되지 아니한다. ( ) (2020 변호사)

> 해설 채권자에 대하여는 아무런 채무도 부담하고 있지 아니한, 물상보증인이 그 피담보채무의 부존재 또는 소멸을 이유로 제기한 저당권설정등기 말소등기절차이행청구소송에서 채권자 겸 저당권자가 청구기각의 판결을 구하고 피담보채권의 존재를 주장하였다고 하더라도 이로써 직접 채무자에 대하여 재판상 청구를 한 것으로 볼 수는 없는 것이므로 피담보채권의 소멸시효에 관하여 규정한 민법 제168조 제1호 소정의 '청구'에 해당하지 아니한다(대판 2004. 1. 16, 2003다30890).

422 채권양도의 대항요건을 갖추지 못한 상태에서 채권의 양수인이 채무자를 상대로 양수금의 지급을 재판상 청구하는 경우, 그 양수금채권의 소멸시효는 중단되지 않는다. ( ) (2020 변호사)

정답 〉 418 (○) 419 (○) 420-1 (○) 420-2 (×) 421 (○) 422 (×)

해설 대항요건을 갖추지 못하여 채무자에게 대항하지 못한다고 하더라도 채권의 양수인이 채무자를 상대로 재판상의 청구를 하였다면 이는 소멸시효 중단사유인 재판상의 청구에 해당한다고 보아야 한다(대판 2005. 11. 10, 2005다41818).

423 **채권양도 후 대항요건이 구비되기 전의 양도인이 채무자를 상대로 제기한 소송 중에 채무자가 채권양도의 효력을 인정하는 등의 사정으로 인하여 양도인의 청구가 기각되고 양수인이 그로부터 6월 내에 채무자를 상대로 양수금청구의 소를 제기한 경우, 양도인의 최초의 소 제기 시에 위 채권의 소멸시효가 중단된다. ( )** (2020 변호사)

해설 채권양도의 대항요건을 갖추기 전에 양도인이 채무자를 상대로 제기한 재판상 청구가 소송 중에 채무자가 채권양도의 효력을 인정하는 등의 사정으로 기각되고, 그 후(전소 종료 후) 6월 내에 양수인이 재판상 청구 등을 한 경우, 양도인의 청구가 당초부터 무권리자에 의한 청구로 되는 것은 아니므로, 양수인이 그로부터 6월 내에 채무자를 상대로 재판상의 청구 등을 하였다면, 민법 제169조 및 제170조 제2항에 의하여 양도인의 최초의 재판상 청구로 인하여 시효가 중단된다(대판 2009. 2. 12, 2008두20109).

424 **확정판결에 의한 채권의 소멸시효기간인 10년의 경과가 임박한 경우에 그 시효중단을 위한 소는 소의 이익이 있다. ( )** (2021 변호사)

해설 확정된 승소판결에는 기판력이 있으므로 승소 확정판결을 받은 당사자가 전소의 상대방을 상대로 다시 승소 확정판결의 전소(전소)와 동일한 청구의 소를 제기하는 경우, 특별한 사정이 없는 한 후소(후소)는 권리보호의 이익이 없어 부적법하다. 하지만 예외적으로 확정판결에 의한 채권의 소멸시효기간인 10년의 경과가 임박한 경우에는 그 시효중단을 위한 소는 소의 이익이 있다(대판 2019. 1. 17, 2018다24349).

425 **채권자가 전소로 이행청구를 하여 승소 확정판결을 받은 후 그 채권의 시효 중단을 위한 후소를 제기하는 경우, 후소로 재판상의 청구가 있다는 점에 대하여만 확인을 구하는 형태의 확인의 소도 허용된다. ( )** (2022 변호사)

해설 종래 대법원은 시효중단사유로서 재판상의 청구에 관하여 반드시 권리 자체의 이행청구나 확인청구로 제한하지 않을 뿐만 아니라, 권리자가 재판상 그 권리를 주장하여 권리 위에 잠자는 것이 아님을 표명한 것으로 볼 수 있는 때에는 널리 시효중단사유로서 재판상의 청구에 해당하는 것으로 해석하여 왔다. 이와 같은 법리는 이미 승소 확정판결을 받은 채권자가 그 판결상 채권의 시효중단을 위해 후소를 제기하는 경우에도 동일하게 적용되므로, 채권자가 전소로 이행청구를 하여 승소 확정판결을 받은 후 그 채권의 시효중단을 위한 후소를 제기하는 경우, 후소의 형태로서 항상 전소와 동일한 이행청구만이 시효중단사유인 '재판상의 청구'에 해당한다고 볼 수는 없다. 시효중단을 위한 이행소송은 다양한 문제를 야기한다. 그와 같은 문제들의 근본적인 원인은 시효중단을 위한 후소의 형태로 전소와 소송물이 동일한 이행소송이 제기되면서 채권자가 실제로 의도하지도 않은 청구권의 존부에 관한 실체 심리를 진행하는 데에 있다. 채무자는 그와 같은 후소에서 전소 판결에 대한 청구이의사유를 조기

423 (○) 424 (○) 425 (○) 《 정답

에 제출하도록 강요되고 법원은 불필요한 심리를 해야 한다. 채무자는 이중집행의 위험에 노출되고, 실질적인 채권의 관리·보전비용을 추가로 부담하게 되며 그 금액도 매우 많은 편이다. 채권자 또한 자신이 제기한 후소의 적법성이 10년의 경과가 임박하였는지 여부라는 불명확한 기준에 의해 좌우되는 불안정한 지위에 놓이게 된다. 위와 같은 종래 실무의 문제점을 해결하기 위해서, 시효중단을 위한 후소로서 이행소송 외에 전소 판결로 확정된 채권의 시효를 중단시키기 위한 조치, 즉 '재판상의 청구'가 있다는 점에 대하여만 확인을 구하는 형태의 '새로운 방식의 확인소송'이 허용되고, 채권자는 두 가지 형태의 소송 중 자신의 상황과 필요에 보다 적합한 것을 선택하여 제기할 수 있다고 보아야 한다(대판 2018. 10. 18. 2015다232316).

426 **파산절차참가는 채권자가 이를 취소하거나 그 청구가 각하된 때에는 시효중단의 효력이 없다. ( )** (2015 변리사)

해설 민법 제171조(파산절차참가와 시효중단).

427 **乙에 대한 대여금채권자 甲이 2019. 7. 9. 乙을 상대로 지급명령을 신청하였고, 법원의 지급명령에 대하여 乙이 2019. 9. 10. 이의신청을 함으로써 사건이 소송으로 이행된 경우에는 위 지급명령에 의한 소멸시효 중단의 효력이 2019. 9. 10. 발생한다. ( )** (2020 변호사)

해설 지급명령 사건이 채무자의 이의신청으로 소송으로 이행되는 경우에 지급명령에 의한 시효중단의 효과는 소송으로 이행된 때가 아니라 지급명령을 신청한 때에 발생한다(대판 2015. 2. 12. 2014다228440).

428 **채권자가 채무자를 상대로 법원에 신청한 화해가 불성립되어 채권자가 그로부터 1월내에 소를 제기한 경우, 채권의 소멸시효는 소제기 시부터 중단된다. ( )** (2017 변리사)

해설 민법 제173조. 1월내에 소를 제기하면 화해를 위한 소환이나 임의출석에 의한 시효중단의 효력이 유지되므로, 소멸시효가 중단되는 시점은 소제기 시부터가 아니라 화해를 신청한 때이다.

429 **가압류로 인한 소멸시효 중단의 효력은 가압류결정이 제3채무자에게 송달된 때에 발생하고 가압류신청시로 소급하지 아니한다. ( )** (2020 변호사)

해설 민법 제168조 제2호에서 가압류를 시효중단사유로 정하고 있지만, 가압류로 인한 시효중단의 효력이 언제 발생하는지에 관해서는 명시적으로 규정되어 있지 않다. 민사소송법 제265조에 의하면, 시효중단사유 중 하나인 '재판상의 청구'(민법 제168조 제1호, 제170조)는 소를 제기한 때 시효중단의 효력이 발생한다. 이는 소장 송달 등으로 채무자가 소 제기 사실을 알기 전에 시효중단의 효력을 인정한 것이다. 가압류에 관해서도 위 민사소송법 규정을 유추적용하여 '재판상의 청구'와 유사하게 가압류를 신청한 때 시효중단의 효력이 생긴다고 보아야 한다. '가압류'는 법원의 가압류명령을 얻기 위한 재판절차와 가압류명령의 집행절차를 포함하는데, 가압류도 재판상의 청구와 마찬가지로 법원에 신청을 함으로써 이루어지고(민사집행법 제279조), 가압류명령에 따른 집행이나 가압류명령의 송달을

정답 426 (○) 427 (×) 428 (×) 429 (×)

통해서 채무자에게 고지가 이루어지기 때문이다. 가압류를 시효중단사유로 규정한 이유는 가압류에 의하여 채권자가 권리를 행사하였다고 할 수 있기 때문이다. 가압류채권자의 권리행사는 가압류를 신청한 때에 시작되므로, 이 점에서도 가압류에 의한 시효중단의 효력은 가압류신청을 한 때에 소급한다(대판 2017. 4. 7, 2016다35451).

430 **가압류에 의한 시효 중단은 경매절차에서 부동산이 매각되어 가압류등기가 말소되기 전에 배당절차가 진행되어 가압류채권자에 대한 배당표가 확정되는 등의 특별한 사정이 없는 한, 채권자가 가압류 집행에 의하여 권리행사를 계속하고 있다고 볼 수 있는 가압류등기가 말소된 때 중단사유가 종료되어, 그때부터 새로 소멸시효가 진행한다. ( )** (2022 변호사)

해설 가압류에 의한 시효중단은 경매절차에서 부동산이 매각되어 가압류등기가 말소되기 전에 배당절차가 진행되어 가압류채권자에 대한 배당표가 확정되는 등의 특별한 사정이 없는 한, 채권자가 가압류 집행에 의하여 권리행사를 계속하고 있다고 볼 수 있는 가압류등기가 말소된 때 그 중단사유가 종료되어, 그때부터 새로 소멸시효가 진행한다(대판 2013. 11. 14, 2013다18622,18639).

431-1 **채권자가 확정판결에 기한 채권의 실현을 위하여 채무자의 제3채무자에 대한 채권에 관하여 압류 및 추심명령을 받아 그 결정이 제3채무자에게 송달되었다면, 채무자의 제3채무자에 대한 채권에 관하여는 소멸시효 중단사유인 최고로서의 효력이 있다. ( )** (2020 변호사)

431-2 **채권자가 채무자의 제3채무자에 대한 채권을 압류 또는 가압류한 경우, 압류 또는 가압류된 채무자의 제3채무자에 대한 채권에 대하여는 시효 중단의 효력이 생긴다고 할 수 없다. ( )** (2022 변호사)

해설 [1] 채권자가 채무자의 제3채무자에 대한 채권을 압류 또는 가압류한 경우에 채무자에 대한 채권자의 채권에 관하여 시효중단의 효력이 생긴다고 할 것이나, [2] 압류 또는 가압류된 채무자의 제3채무자에 대한 채권에 대하여는 민법 제168조 제2호 소정의 소멸시효 중단사유에 준하는 확정적인 시효중단의 효력이 생긴다고 할 수 없다. 다만 채권자가 확정판결에 기한 채권의 실현을 위하여 채무자의 제3채무자에 대한 채권에 관하여 압류 및 추심명령을 받아 그 결정이 제3채무자에게 송달이 되었다면 거기에 소멸시효 중단사유인 최고로서의 효력을 인정하여야 한다(대판 2003. 5. 13, 2003다16238).

432 **「주택임대차보호법」에 기한 임차권등기명령에 따른 임차권등기에는 임대차보증금반환채권에 대한 소멸시효 중단사유인 압류 또는 가압류, 가처분에 준하는 시효중단의 효력이 없다. ( )** (2022 변호사)

해설 주택임대차보호법 제3조의3에서 정한 임차권등기명령에 따른 임차권등기는 특정 목적물에 대한 구체적 집행행위나 보전처분의 실행을 내용으로 하는 압류 또는 가압류, 가처분과 달리 어디까지나 주택임차인이 주택임대차보호법에 따른 대항력이나 우선변제권을 취득하거나 이미 취득한 대항력이나 우선변제권을 유지하도록 해 주는 담보적 기능을 주목적으로 한다. 그렇다면 임차권등기명령에 따른 임차권등기에는 민법 제168조 제2호에서 정하는 소멸시효 중단사유인 압류 또는 가압류, 가처분에 준하는 효력이 있다고 볼 수 없다(대판 2019. 5. 16, 2017다226629).

430 (○) 431-1 (○) 431-2 (○) 432 (○) 《 정답

433 **채권자가 주채무자의 재산에 대한 압류신청을 하여 압류결정을 받은 경우, 보증인에게 압류결정이 통지되지 않았다면 보증채권에 대한 시효중단의 효력은 생기지 않는다. ( )**

(2022 변호사)

해 설 민법 제169조는 '시효의 중단은 당사자 및 그 승계인 간에만 효력이 있다.'고 규정하고 있고, 한편 민법 제440조는 '주채무자에 대한 시효의 중단은 보증인에 대하여 그 효력이 있다.'라고 규정하고 있는바, 민법 제440조는 민법 제169조의 예외 규정으로서 이는 채권자 보호 내지 채권담보의 확보를 위하여 주채무자에 대한 시효중단의 사유가 발생하였을 때는 그 보증인에 대한 별도의 중단조치가 이루어지지 아니하여도 동시에 시효중단의 효력이 생기도록 한 것이고, 그 시효중단사유가 압류, 가압류 및 가처분이라고 하더라도 이를 보증인에게 통지하여야 비로소 시효중단의 효력이 발생하는 것은 아니다(대판 2005. 10. 27, 2005다35554, 35561).

434 **소멸시효의 중단을 위한 승인은 묵시적인 방법으로도 할 수 있다. ( )** (2022 변리사)

해 설 채권 시효 중단사유로서의 승인은 시효이익을 받을 당사자인 채무자가 그 시효의 완성으로 권리를 상실하게 될 자 또는 그 대리인에 대하여 그 권리가 존재함을 인식하고 있다는 뜻을 표시함으로써 성립한다고 할 것이며, 이 때 그 표시의 방법은 아무런 형식을 요구하지 아니하고, 또한 명시적이건 묵시적이건 불문한다 할 것이나, 승인으로 인한 시효중단의 효력은 그 승인의 통지가 상대방에게 도달하는 때에 발생한다(대판 1995. 9. 29, 95다30178; 대판 2008. 7. 24, 2008다25299).

435 **소멸시효 중단사유로서의 승인은 소멸시효의 진행이 개시되기 전 또는 그 이후에 가능할 뿐만 아니라, 장래의 채권을 미리 승인하여도 시효중단의 효력이 생긴다. ( )** (2022 변호사)

해 설 소멸시효의 중단사유로서의 승인은 시효이익을 받을 당사자인 채무자가 그 권리의 존재를 인식하고 있다는 뜻을 표시함으로써 성립하는 것이므로 이는 소멸시효의 진행이 개시된 이후에만 가능하고 그 이전에 승인을 하더라도 시효가 중단되지는 않는다고 할 것이고, 또한 현존하지 아니하는 장래의 채권을 미리 승인하는 것은 채무자가 그 권리의 존재를 인식하고서 한 것이라고 볼 수 없어 허용되지 않는다고 할 것이다(대판 2001.11.9, 2001다52568).

436 **채무자가 시효중단의 효력이 있는 승인을 하려면 채권자의 채권에 관한 처분의 능력이나 권한이 있어야 한다. ( )** (2017 변리사)

해 설 민법 제177조. 처분의 능력이나 권한 있음을 요하지 아니한다.

437 **소장에서 청구의 대상으로 삼은 금전채권 중 일부만을 청구하면서 소송의 진행경과에 따라 나머지 부분에 대하여 장차 청구금액을 확장할 뜻을 표시하였으나 당해 소송이 종료될 때까지 실제로 청구금액을 확장하지 않은 경우, 나머지 부분에 대하여는 재판상 청구로 인한 시효중단의 효력이 발생하지는 않지만 특별한 사정이 없는 한 소송이 계속 중인 동안에는 최고에 의한 권리행사가 지속되는 것으로 볼 수 있다. ( )** (2021 변호사)

정답 433 (×) 434 (○) 435 (×) 436 (×) 437 (○)

해설 [1] 하나의 채권 중 일부에 관하여만 판결을 구한다는 취지를 명백히 하여 소송을 제기한 경우에는 소제기에 의한 소멸시효중단의 효력이 그 일부에 관하여만 발생하고, 나머지 부분에는 발생하지 아니하나, 소장에서 청구의 대상으로 삼은 채권 중 일부만을 청구하면서 소송의 진행경과에 따라 장차 청구금액을 확장할 뜻을 표시하고 당해 소송이 종료될 때까지 실제로 청구금액을 확장한 경우에는 소제기 당시부터 채권 전부에 관하여 판결을 구한 것으로 해석되므로, 이러한 경우에는 소제기 당시부터 채권 전부에 관하여 재판상 청구로 인한 시효중단의 효력이 발생한다. [2] 소장에서 청구의 대상으로 삼은 채권 중 일부만을 청구하면서 소송의 진행경과에 따라 장차 청구금액을 확장할 뜻을 표시하였으나 당해 소송이 종료될 때까지 실제로 청구금액을 확장하지 않은 경우에는 소송의 경과에 비추어 볼 때 채권 전부에 관하여 판결을 구한 것으로 볼 수 없으므로, 나머지 부분에 대하여는 재판상 청구로 인한 시효중단의 효력이 발생하지 아니한다. 그러나 이와 같은 경우에도 소를 제기하면서 장차 청구금액을 확장할 뜻을 표시한 채권자로서는 장래에 나머지 부분을 청구할 의사를 가지고 있는 것이 일반적이라고 할 것이므로, 다른 특별한 사정이 없는 한 당해 소송이 계속 중인 동안에는 나머지 부분에 대하여 권리를 행사하겠다는 의사가 표명되어 최고에 의해 권리를 행사하고 있는 상태가 지속되고 있는 것으로 보아야 하고, 채권자는 당해 소송이 종료된 때부터 6월 내에 민법 제174조에서 정한 조치를 취함으로써 나머지 부분에 대한 소멸시효를 중단시킬 수 있다(대판 2020. 2. 6, 2019다223723).

438 **동일한 채권자에게 다수의 채무를 부담하는 채무자가 변제 충당을 지정하지 않고 일부 금원을 변제한 경우, 특별한 사정이 없는 한 그 변제는 모든 채무에 대한 승인으로서 소멸시효를 중단하는 효력이 있다. ( )** (2023 변리사)

해설 동일한 채권자와 채무자 사이에 다수의 채권이 존재하는 경우 채무자가 변제를 충당하여야 할 채무를 지정하지 않고 모든 채무를 변제하기에 부족한 금액을 변제한 때에는 특별한 사정이 없는 한 그 변제는 모든 채무에 대한 승인으로서 소멸시효를 중단하는 효력을 가진다(대판 2021. 9. 30, 2021다239745).

439-1 **채무자가 채권자에게 담보가등기를 경료하고 부동산을 인도하여 준 다음 피담보채권의 이자 또는 지연손해금의 지급에 갈음하여 채권자로 하여금 그 부동산을 사용수익할 수 있도록 한 경우, 이로 인해 피담보채권의 소멸시효가 중단되지는 않는다. ( )** (2018 변호사)

439-2 **채무자가 채권자에게 담보가등기를 경료하고 부동산을 인도하여 준 다음 피담보채권에 대한 이자 또는 지연손해금의 지급에 갈음하여 채권자로 하여금 부동산을 사용·수익하게 한 경우, 채권자가 부동산을 사용·수익하는 동안에도 피담보채권의 소멸시효가 진행된다. ( )** (2017 변호사)

해설 담보가등기를 경료한 부동산을 인도받아 점유하더라도 담보가등기의 피담보채권의 소멸시효가 중단되는 것은 아니지만, 채무의 일부를 변제하는 경우에는 채무 전부에 관하여 시효중단의 효력이 발생하는 것이므로, 채무자가 채권자에게 담보가등기를 경료하고 부동산을 인도하여 준 다음 피담보채권에 대한 이자 또는 지연손해금의 지급에 갈음하여 채권자로 하여금 부동산을 사용수익할 수 있도록 한 경우라면, 채권자가 부동산을 사용수익하는 동안에는 채무자가 계속하여 이자 또는 지연손해금을 채권자에게 변제하고 있는 것으로 볼 수 있으므로 피담보채권의 소멸시효가 중단된다고 보아야 한다(대판 2009. 11. 12, 2009다51028).

438 (○) 439-1 (×) 439-2 (×) 《 정답

[Tip(일부청구, 일부가압류, 일부변제 정리)]

1. 일부청구 (대판 2020. 2. 6, 2019다223723) 하나의 채권 중 일부에 관하여만 판결을 구한다는 취지를 명백히 하여 소송을 제기한 경우에는 소제기에 의한 소멸시효중단의 효력이 그 일부에 관하여만 발생하고, 나머지 부분에는 발생하지 아니하나, 소장에서 청구의 대상으로 삼은 채권 중 일부만을 청구하면서 소송의 진행경과에 따라 장차 청구금액을 확장할 뜻을 표시하고 당해 소송이 종료될 때까지 실제로 청구금액을 확장한 경우에는 소제기 당시부터 채권 전부에 관하여 판결을 구한 것으로 해석되므로, 이러한 경우에는 소제기 당시부터 채권 전부에 관하여 재판상 청구로 인한 시효중단의 효력이 발생한다.
2. 일부가압류 (대판 1976. 2. 24, 75다1240) 채권자가 가분채권의 일부분을 피보전채권으로 주장하여 채무자 소유의 재산에 대하여 가압류를 한 경우에 있어서는 그 피보전채권 부분만에 한하여 시효중단의 효력이 있다 할 것이고 가압류에 의한 보전채권에 포함되지 아니한 나머지 채권에 대하여는 시효중단의 효력이 발생할 수 없다 할 것이다.
3. 일부변제 (대판 2009. 11. 12, 2009다51028) 담보가등기를 경료한 부동산을 인도받아 점유하더라도 담보가등기의 피담보채권의 소멸시효가 중단되는 것은 아니지만, 채무의 일부를 변제하는 경우에는 채무 전부에 관하여 시효중단의 효력이 발생하는 것이므로, 채무자가 채권자에게 담보가등기를 경료하고 부동산을 인도하여 준 다음 피담보채권에 대한 이자 또는 지연손해금의 지급에 갈음하여 채권자로 하여금 부동산을 사용수익할 수 있도록 한 경우라면, 채권자가 부동산을 사용수익하는 동안에는 채무자가 계속하여 이자 또는 지연손해금을 채권자에게 변제하고 있는 것으로 볼 수 있으므로 피담보채권의 소멸시효가 중단된다고 보아야 한다.

440 소멸시효에 관한 규정은 강행규정이지만, 법률행위에 의하여 경감할 수 있다. ( )

(2021 변리사)

해설 소멸시효는 법률행위에 의하여 이를 배제, 연장 또는 가중할 수 없으나 이를 단축 또는 경감할 수 있다(민법 제184조 제2항). ☞ 당사자가 시효에 걸리지 않는 것으로 특약을 하거나 시효완성을 어렵게 하는 것은 허용되지 않는다는 점에서 시효에 관한 규정은 강행규정이라고 해석된다. 다만 부분적으로는 사적 자치가 허용되어 법률행위에 의하여 단축 또는 경감하는 것은 가능하다.

441 채무자가 소멸시효완성 전에 채권자의 권리행사를 현저하게 곤란하게 하여 시효가 완성된 경우, 채무자가 시효의 완성을 주장하는 것은 권리남용이 된다. ( )

(2021 변리사)

해설 채무자의 소멸시효에 기한 항변권의 행사도 우리 민법의 대원칙인 신의성실의 원칙과 권리남용금지의 원칙의 지배를 받는 것이어서, 채무자가 시효완성 전에 채권자의 권리행사나 시효중단을 불가능 또는 현저히 곤란하게 하였거나, 그러한 조치가 불필요하다고 믿게 하는 행동을 하였거나, 객관적으로 채권자가 권리를 행사할 수 없는 장애사유가 있었거나, 또는 일단 시효완성 후에 채무자가 시효를 원용하지 아니할 것 같은 태도를 보여 권리자로 하여금 그와 같이 신뢰하게 하였거나, 채권자보호의 필요성이 크고, 같은 조건의 다른 채권자가 채무의 변제를 수령하는 등의 사정이 있어 채무이행의 거절을 인정함이 현저히 부당하거나 불공평하게 되는 등의 특별한 사정이 있는 경우에는 채무자가 소멸시효의 완성을 주장하는 것이 신의성실의 원칙에 반하여 권리남용으로서 허용될 수 없다(대판 2005. 5. 13, 2004다71881).

정답 440 (○) 441 (○)

442 **甲은 A호텔에서 2015. 12. 5. 회갑연을 하고, 당일 지급하기로 한 3천만 원의 음식료 채무를 그의 친구 乙과 연대하여 부담하기로 약정하였다. A호텔이 2016. 11. 21. 3천만 원을 받기 위하여 甲을 상대로 이행청구의 소를 제기하였다. 다음 설명 중 옳지 않은 것은? (다툼이 있으면 판례에 따름)** (2017 변리사)

① A호텔의 음식료 채권은 1년의 소멸시효에 걸린다.
② 소멸시효가 완성되기 전에 A호텔이 소를 제기했으므로, 소멸시효의 진행이 중단된다.
③ A호텔이 소송을 취하하면 소멸시효 중단의 효력은 없으나, 6개월 내에 가압류를 하면 최초의 재판상 청구로 인하여 소멸시효가 중단된 것으로 본다.
④ A호텔의 청구에 대하여 기각판결이 확정된 후, A호텔이 재심을 청구하면 소멸시효의 진행이 중단된다.
⑤ A호텔의 재판상 청구로 인한 소멸시효 중단의 효력은 乙에게도 미친다.

해설 ① (○) : 민법 제164조 제1호.
② (○) : 민법 제168조 제1호.
③ (○) : 민법 제170조 제1항, 제2항.
④ (×) : 재판상 청구는 소송의 각하, 기각, 취하의 경우에는 시효중단의 효력이 없고 다만 각하 또는 취하되었다가 6월 내에 다시 재판상 청구를 하면 시효는 중단되나 기각판결이 확정된 경우에는 청구권의 부존재가 확정됨으로써 중단의 효력이 생길 수 없으므로 청구기각판결의 확정 후 재심을 청구하였다 하더라도 시효의 진행이 중단된다고 할 수 없다(대판 1992. 4. 24, 92다6983).

> [비교판례] 소유권이전등기를 명한 확정판결의 피고가 재심의 소를 제기하여 그 토지에 대한 소유권이 여전히 자신에게 있다고 주장한 것은 취득시효의 중단사유가 되는 재판상의 청구에 준하는 것이므로, 위 확정판결에 의해 소유권이전등기를 경료받은 자의 당해 토지에 대한 취득시효는 재심의 소제기일로부터 그 확정일까지 중단된다(대판 1996. 9. 24, 96다11334).

⑤ (○) : 민법 제416조. 연대채무에서 이행청구는 절대효가 있으므로 이행청구에 의해 소멸시효가 중단되는 효력도 절대효가 있다.

443 **甲은 2017. 10. 1. 친구 乙에게 3,000만원을 대여하면서 이자는 월 1%, 변제기는 2018. 10. 1.로 정하였는데, 2019. 2. 16. 현재까지 乙은 원금과 이자를 전혀 변제하지 않고 있다. 이에 관한 설명으로 옳지 않은 것은? (다툼이 있으면 판례에 따름)** (2019 변리사)

① 甲의 원금반환채권은 10년간 행사하지 아니하면 소멸시효가 완성한다.
② 甲이 乙을 사기죄로 고소하여 형사소송이 제기되었는데, 이 과정에서 배상명령을 신청하지 않은 경우에는 甲의 대여금채권의 소멸시효는 중단되지 않는다.
③ 甲이 乙을 상대로 대여금반환청구의 소를 제기하였다가 이후 그 소를 취하한 경우에도 甲의 대여금반환청구의 소제기로 인한 시효중단의 효력은 유지된다.
④ 乙의 재산에 대하여 甲의 가압류가 있는 경우에도 시효중단의 효력이 인정되지만, 당연무효의 가압류는 소멸시효의 중단사유에 해당하지 않는다.
⑤ 甲이 乙에게 대여금반환채무의 이행을 최고한 경우, 최고 후 6개월 내에 재판상의 청구를 하였다면 최고시에 시효중단의 효력이 발생한다.

442 ④ 443 ③ 《 정답

해설 ① (○) : 민법 제162조 제1항.
② (○) : 형사소송은 피고인에 대한 국가형벌권의 행사를 그 목적으로 하는 것이므로, 피해자가 형사소송에서 소송촉진등에관한특례법에서 정한 배상명령을 신청한 경우를 제외하고는 단지 피해자가 가해자를 상대로 고소하거나 그 고소에 기하여 형사재판이 개시되어도 이를 가지고 소멸시효의 중단사유인 재판상의 청구로 볼 수는 없다(대판 1999. 3. 12, 98다18124).
③ (×) : 민법 제170조 제1항.
④ (○) : 사망한 사람을 피신청인으로 한 가압류신청은 부적법하고 그 신청에 따른 가압류결정이 내려졌다고 하여도 그 결정은 당연 무효로서 그 효력이 상속인에게 미치지 않으며, 이러한 당연 무효의 가압류는 민법 제168조 제1호에 정한 소멸시효의 중단사유에 해당하지 않는다(대판 2006. 8. 24, 2004다26287, 26294).
⑤ (○) : 민법 제174조.

444 甲은 乙로부터 물품을 구입하면서 그 대금의 지급을 담보하기 위하여 약속어음을 발행하여 乙에게 교부하였다. 이에 관한 설명 중 옳지 않은 것을 모두 고른 것은? (다툼이 있는 경우 판례에 의함) (2020 변호사시험 변형)

ㄱ. 乙이 甲을 상대로 제기한 물품대금청구의 소는 위 어음채권의 소멸시효 중단사유인 재판상 청구에 해당한다.
ㄴ. 乙이 甲을 상대로 제기한 어음금청구의 소는 위 물품대금채권의 소멸시효 중단사유인 재판상 청구에 해당하지 않는다.
ㄷ. 乙이 甲을 상대로 위 어음채권을 청구채권으로 하여 甲의 재산을 압류한 경우 위 물품대금채권의 소멸시효는 중단되지 않는다.

① ㄷ　② ㄱ, ㄴ　③ ㄱ, ㄷ　④ ㄴ, ㄷ　⑤ ㄱ, ㄴ, ㄷ

해설 ㄱ. (×), ㄴ. (×) : [1] 원인채권의 지급을 확보하기 위한 방법으로 어음이 수수된 경우에 원인채권과 어음채권은 별개로서 채권자는 그 선택에 따라 권리를 행사할 수 있고, 원인채권에 기하여 청구를 한 것만으로는 어음채권 그 자체를 행사한 것으로 볼 수 없어 어음채권의 소멸시효를 중단시키지 못한다(지문①). [2] 원인채권의 지급을 확보하기 위한 방법으로 어음이 수수된 경우, 이러한 어음은 경제적으로 동일한 급부를 위하여 원인채권의 지급수단으로 수수된 것으로서 그 어음채권의 행사는 원인채권을 실현하기 위한 것일 뿐만 아니라, 원인채권의 소멸시효는 어음금 청구소송에 있어서 채무자의 인적항변 사유에 해당하는 관계로 채권자가 어음채권의 소멸시효를 중단하여 두어도 채무자의 인적항변에 따라 그 권리를 실현할 수 없게 되는 불합리한 결과가 발생하게 되므로, 채권자가 원인채권에 기하여 청구를 한 것이 아니라 어음채권에 기하여 청구를 하는 반대의 경우에는 원인채권의 소멸시효를 중단시키는 효력이 있다(지문②)고 봄이 상당하고, 이러한 법리는 채권자가 어음채권을 피보진권리로 하여 채무자의 재산을 가압류함으로써 그 권리를 행사한 경우에도 마찬가지로 적용된다(대판 1999. 6. 11, 99다16378).
ㄷ. (×) : 원인채권의 지급을 확보하기 위하여 어음이 수수된 당사자 사이에서 채권자가 어음채권을

정답 》 444 ⑤

청구채권으로 하여 채무자의 재산을 압류함으로써 그 권리를 행사한 경우에는 그 원인채권의 소멸시효를 중단시키는 효력이 있다(대판 2010. 5. 13, 2010다6345).

445 **기존 원인채무의 지급을 담보하기 위하여 어음이 교부된 경우 채권자가 어음채권의 소멸시효가 완성되기 전에 어음채권을 청구채권으로 하여 채무자의 재산을 압류함으로써 그 권리를 행사한 경우에는 그 원인채권의 소멸시효를 중단시키는 효력이 있다. ( )** (2021 변호사)

해설 원인채권의 지급을 확보하기 위하여 어음이 수수된 당사자 사이에서 채권자가 어음채권을 청구채권으로 하여 채무자의 재산을 압류함으로써 그 권리를 행사한 경우에는 그 원인채권의 소멸시효를 중단시키는 효력이 있다. 그러나 이미 어음채권의 소멸시효가 완성된 후에는 그 채권이 소멸되고 시효중단을 인정할 여지가 없으므로, 시효로 소멸된 어음채권을 청구채권으로 하여 채무자의 재산을 압류한다 하더라도 이를 어음채권 내지는 원인채권을 실현하기 위한 적법한 권리행사로 볼 수 없어, 그 압류에 의하여 그 원인채권의 소멸시효가 중단된다고 볼 수 없다(대판 2010. 5. 13, 2010다6345).

446 **원인채권의 지급을 확보하기 위하여 어음이 수수된 당사자 사이에 채권자가 어음채권에 관한 집행권원에 기하여 한 배당요구는 그 원인채권의 소멸시효를 중단시키는 효력이 없다. ( )** (2021 변리사)

해설 부동산경매절차에서 집행력 있는 채무명의 정본을 가진 채권자가 하는 배당요구는 민법 제168조 제2호의 압류에 준하는 것으로서 배당요구에 관련된 채권에 관하여 소멸시효를 중단하는 효력이 생긴다고 할 것이고, 따라서 원인채권의 지급을 확보하기 위하여 어음이 수수된 당사자 사이에 채권자가 어음채권에 관한 집행력 있는 채무명의 정본에 기하여 한 배당요구는 그 원인채권의 소멸시효를 중단시키는 효력이 있다(대판 2002. 2. 26, 2000다25484).

447 **선물용 시계 제조업자인 甲은 시계 도매업자인 乙에게 고급 여성 손목시계 200개를 1억 원에 매도하는 내용의 매매계약을 체결하였다. 甲은 위 매매계약 체결 당일 매매대금의 지급을 확보하기 위하여 乙로부터 액면금 1억 원의 약속어음을 발행받아 수령하였고, 乙은 추가로 丙에게 부탁하여 丙은 같은 날 위 매매대금채무를 연대보증하였다. 甲은 위 매매목적물을 모두 乙에게 인도하였으나 乙과 丙은 변제기가 지나도록 대금을 지급하지 않고 있다. 이에 관한 설명 중 옳은 것을 모두 고른 것은? (다툼이 있는 경우 판례에 의함)** (2021 변호사)

ㄱ. 甲의 乙에 대한 매매대금채권의 소멸시효기간은 3년이다.
ㄴ. 甲이 乙에 대한 매매대금채권을 피보전채권으로 乙 소유의 건물에 대한 가압류를 신청하여 법원의 가압류결정을 받아 위 건물에 가압류등기가 되었다면 가압류에 의한 시효중단의 효력은 가압류신청을 한 때로 소급한다.
ㄷ. 甲이 乙을 상대로 매매대금청구의 소를 제기하면 위 약속어음채권의 소멸시효는 중단된다.
ㄹ. 甲이 乙에 대한 매매대금채권을 피보전채권으로 乙 소유의 토지에 대한 가압류를 신청하여 법원의 가압류결정을 받아 위 토지에 가압류등기가 되었다 하더라도 丙에게 그 사실을 통지하지 않은 경우에는 丙에게 시효중단의 효력이 발생하지 않는다.

445 (○) 446 (×) 447 ① 《 정답

① ㄱ, ㄴ ② ㄱ, ㄷ ③ ㄱ, ㄹ ④ ㄴ, ㄹ ⑤ ㄱ, ㄴ, ㄹ

해설 ㄱ. (○) : 생산자 및 상인이 판매한 생산물 및 상품의 대가의 채권은 3년간 행사하지 아니하면 소멸시효가 완성한다(민법 제163조 제6호).
ㄴ. (○) : 민법 제168조 제2호에서 가압류를 시효중단사유로 정하고 있지만, 가압류로 인한 시효중단의 효력이 언제 발생하는지에 관해서는 명시적으로 규정되어 있지 않다. 민사소송법 제265조에 의하면, 시효중단사유 중 하나인 '재판상의 청구'(민법 제168조 제1호, 제170조)는 소를 제기한 때 시효중단의 효력이 발생한다. 이는 소장 송달 등으로 채무자가 소 제기 사실을 알기 전에 시효중단의 효력을 인정한 것이다. 가압류에 관해서도 위 민사소송법 규정을 유추적용하여 '재판상의 청구'와 유사하게 가압류를 신청한 때 시효중단의 효력이 생긴다고 보아야 한다...중략...가압류를 시효중단사유로 규정한 이유는 가압류에 의하여 채권자가 권리를 행사하였다고 할 수 있기 때문이다. 가압류채권자의 권리행사는 가압류를 신청한 때에 시작되므로, 이 점에서도 가압류에 의한 시효중단의 효력은 가압류신청을 한 때에 소급한다(대판 2017. 4. 7, 2016다35451).
ㄷ. (×) : [1] 원인채권의 지급을 확보하기 위한 방법으로 어음이 수수된 경우에 원인채권과 어음채권은 별개로서 채권자는 그 선택에 따라 권리를 행사할 수 있고, 원인채권에 기하여 청구를 한 것만으로는 어음채권 그 자체를 행사한 것으로 볼 수 없어 어음채권의 소멸시효를 중단시키지 못한다. [2] 채권자가 원인채권에 기하여 청구를 한 것이 아니라 어음채권에 기하여 청구를 하는 반대의 경우에는 원인채권의 소멸시효를 중단시키는 효력이 있다고 봄이 상당하고, 이러한 법리는 채권자가 어음채권을 피보전권리로 하여 채무자의 재산을 가압류함으로써 그 권리를 행사한 경우에도 마찬가지로 적용된다(대판 1999. 6. 11, 99다16378).
ㄹ. (×) : 민법 제169조는'시효의 중단은 당사자 및 그 승계인 간에만 효력이 있다.'고 규정하고 있고, 한편 민법 제440조는 '주채무자에 대한 시효의 중단은 보증인에 대하여 그 효력이 있다.'라고 규정하고 있는바, 민법 제440조는 민법 제169조의 예외 규정으로서 이는 채권자 보호 내지 채권담보의 확보를 위하여 주채무자에 대한 시효중단의 사유가 발생하였을 때는 그 보증인에 대한 별도의 중단조치가 이루어지지 아니하여도 동시에 시효중단의 효력이 생기도록 한 것이고, 그 시효중단사유가 압류, 가압류 및 가처분이라고 하더라도 이를 보증인에게 통지하여야 비로소 시효중단의 효력이 발생하는 것은 아니다(대판 2005. 10. 27, 2005다35554, 35561).

Ⅳ. 소멸시효의 정지

448 **소멸시효의 기간만료 전 1년 내에 제한능력자에게 법정대리인이 없는 경우, 그가 능력자가 되거나 법정대리인이 취임한 때로부터 1년 내에는 소멸시효가 완성되지 아니한다. ( )**

(2017 변리사)

해설 민법 제179조. 1년이 아니라 6개월이다.

449 **재산을 관리하는 후견인에 대한 제한능력자의 권리는 그가 능력자가 된 때로부터 6개월 내에는 소멸시효가 완성되지 아니한다. ( )** (2017 변리사)

정답 448 (×) 449 (○)

> **해설** 민법 제180조(재산관리자에 대한 제한능력자의 권리, 부부사이의 권리와 시효정지) 제1항.

450 **부부 중 한쪽이 다른 쪽에 대하여 가지는 권리는 혼인관계가 종료된 때부터 6개월 내에는 소멸시효가 완성되지 않는다. ( )** (2015 변리사)

> **해설** 민법 제180조(재산관리자에 대한 제한능력자의 권리, 부부사이의 권리와 시효정지) 제2항.

451 **상속재산에 대한 권리는 상속인의 확정, 관리인의 선임 또는 파산선고가 있는 때로부터 1년 내에는 소멸시효가 완성되지 아니한다. ( )** (2017 변리사)

> **해설** 민법 제181조. 1년이 아니라 6월이다.

452 **천재 기타 사변으로 인하여 소멸시효를 중단할 수 없을 때에는 그 사유가 종료한 때로부터 6개월 내에는 시효가 완성하지 않는다. ( )** (2015 변리사)

> **해설** 천재 기타 사변으로 인하여 소멸시효를 중단할 수 없을 때에는 그 사유가 종료한 때로부터 1월내에는 시효가 완성하지 아니한다(제182조).

Ⅴ. 시효중단의 효력의 인적범위

453 **"시효의 중단은 당사자 및 그 승계인 간에만 효력이 있다"는 규정(민법 제169조)에서 '승계인'에는 특정승계인이 포함되지 아니한다. ( )** (2018 변리사)

> **해설** 승계인이라 함은 시효중단에 관여한 당사자로부터 중단의 효과를 받는 권리 또는 의무를 그 중단효과 발생 이후에 승계한 자를 뜻하고 포괄승계인은 물론 특정승계인도 이에 포함된다(대판 2015. 5. 28, 2014다81474).

Ⅵ. 소멸시효의 효력

454 **소멸시효의 이익을 받는 자가 소멸시효 완성의 항변을 하지 않은 경우 법원은 이에 대하여 판단할 수 없다. ( )** (2020 변호사)

> **해설** 소멸시효에 있어서 그 시효기간이 만료되면 권리는 당연히 소멸하지만 그 시효의 이익을 받는 자가 소송에서 소멸시효의 주장을 하자 아니하면 그 의사에 반하여 재판할 수 없고, 그 시효이익을 받는 자는 시효기간 만료로 인하여 소멸하는 권리의 의무자를 말한다(대판 1991. 7. 26, 91다5631).

450 (○) 451 (×) 452 (×) 453 (×) 454 (○) 《 정답

455 채권자가 동일한 목적을 달성하기 위하여 복수의 채권을 가지고 있더라도 선택에 따라 어느 하나의 채권만을 행사하는 것이 명백한 경우, 채무자의 소멸시효 완성의 항변은 그 채권에 대한 것으로 보아야 한다. ( ) (2017 변호사)

> **해설** 채권자가 동일한 목적을 달성하기 위하여 복수의 채권을 가지고 이를 행사하는 경우 각 채권이 발생시기와 발생원인 등을 달리하는 별개의 채권인 이상 별개의 소송물에 해당하므로, 이에 대하여 채무자가 소멸시효 완성의 항변을 하는 경우에 그 항변에 의하여 어떠한 채권을 다투는 것인지 특정하여야 하고 그와 같이 특정된 항변에는 특별한 사정이 없는 한 청구원인을 달리하는 채권에 대한 소멸시효 완성의 항변까지 포함된 것으로 볼 수는 없다. 그러나 채권자가 동일한 목적을 달성하기 위하여 복수의 채권을 가지고 있더라도 선택에 따라 어느 하나의 채권만을 행사하는 것이 명백한 경우라면 채무자의 소멸시효 완성의 항변은 채권자가 행사하는 당해 채권에 대한 항변으로 봄이 타당하다(대판 2013. 2. 15, 2012다68217).

456 채권자대위소송에서 피고인 제3채무자는 원고인 채권자가 채무자에 대해 가지는 채권이 시효로 소멸했음을 주장할 수 없으며, 채권자취소소송에서도 피고인 수익자나 전득자는 원고인 채권자가 채무자에 대해 가지는 채권이 시효로 소멸했다는 주장을 할 수 없다. ( ) (2018 변호사)

> **해설** [판례1] 채권자가 채권자대위권을 행사하여 제3자에 대하여 하는 청구에 있어서, 제3채무자는 채무자가 채권자에 대하여 가지는 항변으로 대항할 수 없고, 채권의 소멸시효가 완성된 경우 이를 원용할 수 있는 자는 원칙적으로는 시효이익을 직접 받는 자뿐이고, 채권자대위소송의 제3채무자는 이를 행사할 수 없다(대판 2004. 2. 12, 2001다10151).
> [판례2] 소멸시효를 원용할 수 있는 사람은 권리의 소멸에 의하여 직접 이익을 받는 자에 한정되는바, 사해행위취소소송의 상대방이 된 사해행위의 수익자는, 사해행위가 취소되면 사해행위에 의하여 얻은 이익을 상실하고 사해행위취소권을 행사하는 채권자의 채권이 소멸하면 그와 같은 이익의 상실을 면하는 지위에 있으므로, 그 채권의 소멸에 의하여 직접 이익을 받는 자에 해당하는 것으로 보아야 한다(대판 2007. 11. 29, 2007다54849).

457 소멸시효가 완성된 경우 채무자에 대한 일반 채권자는 채권자의 지위에서 독자적으로 시효소멸의 주장을 할 수 없지만 자기의 채권을 보전하기 위하여 필요한 한도 내에서 채무자를 대위하여 시효소멸의 주장을 할 수 있다. ( ) (2017 변호사)

> **해설** 소멸시효가 완성된 경우 채무자에 대한 일반 채권자는 채권자의 지위에서 독자적으로 소멸시효의 주장을 할 수는 없지만 자기의 채권을 보전하기 위하여 필요한 한도 내에서 채무자를 대위하여 소멸시효 주장을 할 수 있다(대판 2012. 5. 10, 2011다109500).

458 채무자가 담보가등기가 설정된 자신 소유의 부동산을 양도하여 당해 부동산에 관한 양수인 명의의 소유권이전등기가 경료된 경우, 그 양수인은 채무자를 대위하지 않더라도 그 담보가등기의 피담보채권이 시효로 소멸했다는 주장을 할 수 있다. ( ) (2018 변호사)

정답 》 455 (○) 456 (×) 457 (○) 458 (○)

해설 소멸시효를 원용할 수 있는 사람은 권리의 소멸에 의하여 직접 이익을 받는 사람에 한정되는바, 채권담보의 목적으로 매매예약의 형식을 빌어 소유권이전청구권 보전을 위한 가등기가 경료된 부동산을 양수하여 소유권이전등기를 마친 제3자는 당해 가등기담보권의 피담보채권의 소멸에 의하여 직접 이익을 받는 자이므로, 그 가등기담보권에 의하여 담보된 채권의 채무자가 아니더라도 그 피담보채권에 관한 소멸시효를 원용할 수 있고, 이와 같은 직접수익자의 소멸시효 원용권은 채무자의 소멸시효 원용권에 기초한 것이 아닌 독자적인 것으로서 채무자를 대위하여서만 시효이익을 원용할 수 있는 것은 아니다(대판 1995. 7. 11, 95다12446).

459-1 주된 권리의 소멸시효가 완성한 때에는 종속된 권리에 그 효력이 미친다. ( ) (2015 변리사)

459-2 원본채권이 시효로 소멸한 경우 그로부터 발생한 지분적 이자채권도 함께 소멸한다. ( ) (2023 변리사)

해설 주된 권리의 소멸시효가 완성한 때에는 종속된 권리에 그 효력이 미친다(민법 제183조). 따라서 원본채권이 시효소멸하면 이자채권도 함께 소멸한다.

460-1 이자채권은 주된 채권인 원본의 존재를 전제로 그에 대응하여 일정한 비율로 발생하는 종된 권리이다. ( ) (2020 변리사)

460-2 대여금 원본채권에 대한 소멸시효 완성의 효력은 소멸시효가 완성된 원금 부분으로부터 그 완성 전에 발생한 이자에도 미친다. ( ) (2020 변리사)

460-3 이자 또는 지연손해금 채권은 원본채권과 별개의 채권이기는 하나 원본의 존재를 전제로 그에 대응하여 발생하는 권리이므로, 원본채권의 소멸시효 완성의 효력은 그 시효완성 전에 이미 발생한 이자 및 지연손해금 채권에도 미친다. ( ) (2019 변호사)

해설 이자 또는 지연손해금은 주된 채권인 원본의 존재를 전제로 그에 대응하여 일정한 비율로 발생하는 종된 권리인데, 하나의 금전채권의 원금 중 일부가 변제된 후 나머지 원금에 대하여 소멸시효가 완성된 경우, 가분채권인 금전채권의 성질상 변제로 소멸한 원금 부분과 소멸시효 완성으로 소멸한 원금 부분을 구분하는 것이 가능하고, 이 경우 원금에 종속된 권리인 이자 또는 지연손해금 역시 변제로 소멸한 원금 부분에서 발생한 것과 시효완성으로 소멸된 원금 부분에서 발생한 것으로 구분하는 것이 가능하므로, 소멸시효 완성의 효력은 소멸시효가 완성된 원금 부분으로부터 그 완성 전에 발생한 이자 또는 지연손해금에는 미치나, 변제로 소멸한 원금 부분으로부터 그 변제 전에 발생한 이자 또는 지연손해금에는 미치지 않는다(대판 2008. 3. 14, 2006다2940). ☞ "소멸시효는 그 기산일에 소급하여 효력이 생긴다."는 제167조와 "주된 권리(원본채권)의 소멸시효가 완성한 때에는 종속된 권리(이자 또는 지연손해금)에 그 효력이 미친다."는 제183조가 적용된 판례이다.

459-1 (○) 459-2 (○) 460-1 (○) 460-2 (○) 460-3 (○) 《 정답

461 동일 당사자 간에 계속적인 거래로 인하여 같은 종류를 목적으로 하는 수개의 채권관계가 성립되어 있는 경우에 채무자가 특정채무를 지정하지 아니하고 그 일부의 변제를 한 때에도 다른 특별한 사정이 없다면 잔존 채무에 대하여도 승인을 한 것으로 보아 시효중단이나 포기의 효력을 인정할 수 있다. ( ) (2019 변호사)

> **해설** 동일당사자간에 계속적인 거래로 인하여 같은 종류를 목적으로 하는 수개의 채권관계가 성립되어 있는 경우에 채무자가 특정채무를 지정하지 아니하고 그 일부의 변제를 한 때에도 다른 특별한 사정이 없다면 잔존채무에 대하여도 승인을 한 것으로 보아 시효중단이나 포기의 효력을 인정할 수 있을 것이나, 그 채무가 별개로 성립되어 독립성을 갖고 있는 경우에는 일률적으로 그렇게만 해석할 수는 없을 것이다(대판 2014. 1. 23, 2013다64793; 대판 1993. 10. 26, 93다14936).

462 채무자가 소멸시효 완성 후 채무를 일부 변제한 때에는 액수에 관하여 다툼이 없는 한 채무 전체를 묵시적으로 승인한 것으로 보아야 하고, 이 경우 시효 완성의 사실을 알고 소멸시효의 이익을 포기한 것으로 추정된다. ( ) (2022 변호사)

> **해설** 채무자가 소멸시효 완성 후 채무를 일부 변제한 때에는 그 액수에 관하여 다툼이 없는 한 그 채무 전체를 묵시적으로 승인한 것으로 보아야 하고, 이 경우 시효완성의 사실을 알고 그 이익을 포기한 것으로 추정되므로, 소멸시효가 완성된 채무를 피담보채무로 하는 근저당권이 실행되어 채무자 소유의 부동산이 경락되고 그 대금이 배당되어 채무의 일부 변제에 충당될 때까지 채무자가 아무런 이의를 제기하지 아니하였다면, 경매절차의 진행을 채무자가 알지 못하였다는 등 다른 특별한 사정이 없는 한, 채무자는 시효완성의 사실을 알고 그 채무를 묵시적으로 승인하여 시효의 이익을 포기한 것으로 보아야 한다(대판 2001. 6. 12, 2001다3580).

463-1 원금채무의 소멸시효는 완성되지 않았으나 이자채무의 소멸시효가 완성된 상태에서 채무자가 채무를 일부변제한 때에는, 그 액수에 관하여 다툼이 없으면 그 이자채무에 관하여 시효완성의 사실을 알고 시효이익을 포기한 것으로 추정한다. ( ) (2014 변리사)

463-2 원금채무에 관하여는 소멸시효가 완성되지 아니하였으나 이자채무에 관하여는 소멸시효가 완성된 상태에서 채무자가 채무를 일부 변제한 때에는 액수에 관하여 다툼이 없는 한 원금채무에 관하여 묵시적으로 승인하는 한편 이자채무에 관하여 시효완성의 사실을 알고 그 이익을 포기한 것으로 추정된다. ( ) (2019 변호사)

> **해설** 원금채무에 관하여는 소멸시효가 완성되지 아니하였으나 이자채무에 관하여는 소멸시효가 완성된 상태에서 채무자가 채무를 일부 변제한 때에는 액수에 관하여 다툼이 없는 한 원금채무에 관하여 묵시적으로 승인하는 한편 이자채무에 관하여 시효완성의 사실을 알고 그 이익을 포기한 것으로 추정되며, 채무자의 변제가 채무 전체를 소멸시키지 못하고 당사자가 변제에 충당할 채무를 지정하지 아니한 때에는 민법 제479조, 제477조에 따른 법정변제충당의 순서에 따라 충당되어야 한다(대판 2013. 5. 23, 2013다12464).

정답 461 (○) 462 (○) 463-1 (○) 463-2 (○)

464-1 소멸시효 완성 후 시효이익을 받는 당사자인 채무자가 채권자에게 자신의 채무가 있음을 알고 있다는 뜻을 표시하여 채무승인을 한 경우, 시효의 완성으로 인한 법적인 이익을 받지 않겠다는 효과의사가 없더라도 소멸시효 이익의 포기로 인정될 수 있다. ( )

(2017 변호사)

464-2 소송상 상계항변은 피고의 금전지급의무가 인정되면 자동채권으로 상계하겠다는 예비적 항변의 성격을 갖는다. ( ) (2017 변호사)

464-3 채무자가 소멸시효 완성의 항변을 하기 전에 상계항변을 먼저 한 경우, 채무자는 시효완성으로 인한 법적 이익을 받지 않겠다는 의사를 표시한 것으로 보아야 한다. ( )

(2017 변호사)

> **해설** [1] 소멸시효 중단사유로서의 채무승인은 시효이익을 받는 당사자인 채무자가 소멸시효의 완성으로 채권을 상실하게 될 자에 대하여 상대방의 권리 또는 자신의 채무가 있음을 알고 있다는 뜻을 표시함으로써 성립하는 이른바 관념의 통지로 여기에 어떠한 효과의사가 필요하지 않다. 이에 반하여 시효완성 후 시효이익의 포기가 인정되려면 시효이익을 받는 채무자가 시효의 완성으로 인한 법적인 이익을 받지 않겠다는 효과의사가 필요하기 때문에 시효완성 후 소멸시효 중단사유에 해당하는 채무의 승인이 있었다 하더라도 그것만으로는 곧바로 소멸시효 이익의 포기라는 의사표시가 있었다고 단정할 수 없다. [2] 소송에서의 상계항변은 일반적으로 소송상의 공격방어방법으로 피고의 금전지급의무가 인정되는 경우 자동채권으로 상계를 한다는 예비적 항변의 성격을 갖는다. 따라서 상계항변이 먼저 이루어지고 그 후 대여금채권의 소멸을 주장하는 소멸시효항변이 있었던 경우에, 상계항변 당시 채무자인 피고에게 수동채권인 대여금채권의 시효이익을 포기하려는 효과의사가 있었다고 단정할 수 없다(대판 2013. 2. 28, 2011다21556).

465 주채무자가 시효완성의 이익을 포기한 경우 보증인은 주채무의 시효소멸을 원용할 수 없다. ( ) (2018 변리사)

> **해설** 주채무가 시효로 소멸한 때에는 보증인도 그 시효소멸을 원용할 수 있으며, 주채무자가 시효의 이익을 포기하더라도 보증인에게는 그 효력이 없다(대판 1991. 1. 29, 89다카1114).

466 채무자가 자신 소유의 부동산에 저당권을 설정한 상태에서 당해 부동산을 양도하여 그 부동산에 관한 양수인 명의의 소유권이전등기가 경료된 다음, 채무자가 시효기간 도과 후 자신의 채무를 승인했다 하더라도 이로 인한 시효이익 포기의 효력은 양수인에게 미치지 않는다. ( ) (2018 변호사)

> **해설** 소멸시효를 원용할 수 있는 사람은 권리의 소멸에 의하여 직접 이익을 받는 사람에 한정되는바, 채권담보의 목적으로 매매예약의 형식을 빌어 소유권이전청구권 보전을 위한 가등기가 경료된 부동산을 양수하여 소유권이전등기를 마친 제3자는 당해 가등기담보권의 피담보채권의 소멸에 의하여 직접 이익을 받는 자이므로, 그 가등기담보권에 의하여 담보된 채권의 채무자가 아니더라도 그 피담보채권에 관한 소멸시효를 원용할 수 있고, 이와 같은 직접수익자의 소멸시효 원용권은 채무자의 소멸시효

464-1 (×) 464-2 (○) 464-3 (×) 465 (×) 466 (○) 《 정답

원용권에 기초한 것이 아닌 독자적인 것으로서 채무자를 대위하여서만 시효이익을 원용할 수 있는 것은 아니며, 가사 채무자가 이미 그 가등기에 기한 본등기를 경료하여 시효이익을 포기한 것으로 볼 수 있다고 하더라도 그 시효이익의 포기는 상대적 효과가 있음에 지나지 아니하므로 채무자 이외의 이해관계자에 해당하는 담보 부동산의 양수인으로서는 여전히 독자적으로 소멸시효를 원용할 수 있다(대판 1995. 7. 11, 95다12446).

467 금전채무가 시효소멸한 후 채무자가 미지급이자를 담보하기 위해 자신이 소유한 부동산에 근저당권을 설정해줌으로써 시효이익을 포기한 경우, 그 후 채무자로부터 그 부동산을 매수한 양수인은 채무자가 한 시효이익 포기의 효력을 부정할 수 있다. ( ) (2017 변호사)

해설 소멸시효 이익의 포기는 상대적 효과가 있을 뿐이어서 다른 사람에게는 영향을 미치지 아니함이 원칙이나, 소멸시효 이익의 포기 당시에는 권리의 소멸에 의하여 직접 이익을 받을 수 있는 이해관계를 맺은 적이 없다가 나중에 시효이익을 이미 포기한 자와의 법률관계를 통하여 비로소 시효이익을 원용할 이해관계를 형성한 자는 이미 이루어진 시효이익 포기의 효력을 부정할 수 없다(대판 2015. 6. 11, 2015다200227).

468 가분채무의 일부에 대한 시효이익의 포기는 허용되지 않는다. ( ) (2014 변리사)

해설 다른 채권자가 신청한 부동산경매절차에서 채무자 소유 부동산이 매각되고 그 대금이 이미 소멸시효가 완성된 채무를 피담보채무로 하는 근저당권을 가진 채권자에게 배당되어 채무 변제에 충당될 때까지 채무자가 아무런 이의를 제기하지 아니하였다면, 경매절차 진행을 채무자가 알지 못하였다는 등 다른 특별한 사정이 없는 한 채무자는 채권에 대한 소멸시효 이익을 포기한 것으로 볼 수 있고, 한편 소멸시효 이익의 포기는 가분채무 일부에 대하여도 가능하다(대판 2012. 5. 10, 2011다109500).

469 소멸시효가 완성된 후에 채권자의 제소기간 연장요청에 대한 채무자의 동의는 시효이익을 포기하는 의사표시를 포함하지 않는다. ( ) (2014 변리사)

해설 채무자가 소멸시효완성 후에 소멸시효의 이익을 포기할 수는 있다 하겠으나 원심이 적법하게 확정한 바와 같이 피고가 1981. 4. 16 소멸시효가 완성된 이후에 여러차례에 걸쳐 원고의 제소기간 연장요청에 동의한 바 있다 하더라도 그 동의는 그 연장된 기간까지는 언제든지 원고가 제소하더라도 이의가 없다는 취지에 불과한 것이지 완성한 소멸시효이익을 포기하는 의사표시까지 함축하고 있는 것이라고 볼 수는 없다할 것이다(대판 1987. 6. 23, 86다카2107).

470 소멸시효 완성 전에 채무자가 시효중단을 현저히 곤란하게 하여 채권자가 아무런 조치를 할 수 없었던 경우, 채무자가 시효완성을 주장하는 것은 권리남용으로 허용되지 않는다. ( )

(2014 변리사)

정답 》 467 (×) 468 (×) 469 (○) 470 (○)

해설 채무자의 소멸시효에 기한 항변권의 행사도 우리 민법의 대원칙인 신의성실의 원칙과 권리남용금지의 원칙의 지배를 받는 것이어서, 채무자가 시효완성 전에 채권자의 권리행사나 시효중단을 불가능 또는 현저히 곤란하게 하였거나, 그러한 조치가 불필요하다고 믿게 하는 행동을 하였거나, 객관적으로 채권자가 권리를 행사할 수 없는 장애사유가 있었거나, 또는 일단 시효완성 후에 채무자가 시효를 원용하지 아니할 것 같은 태도를 보여 권리자로 하여금 그와 같이 신뢰하게 하였거나, 채권자보호의 필요성이 크고 같은 조건의 다른 채권자가 채무의 변제를 수령하는 등의 사정이 있어 채무이행의 거절을 인정함이 현저히 부당하거나 불공평하게 되는 등의 특별한 사정이 있는 경우에는 채무자가 소멸시효의 완성을 주장하는 것이 신의성실의 원칙에 반하여 권리남용으로서 허용될 수 없다(대판 2011. 10. 27, 2011다54709).

471 **채무자가 소멸시효 완성 후 시효를 원용하지 아니할 것 같은 태도를 보여 권리자로 하여금 이를 신뢰하게 하였고 그 후 채권자가 권리행사를 기대할 수 있는 상당한 기간 내에 권리를 행사한 경우, 채무자가 소멸시효의 완성을 주장하는 것은 허용되지 않는다. ( )** (2019 변호사)

해설 소멸시효를 이유로 한 항변권의 행사도 민법의 대원칙인 신의성실의 원칙과 권리남용금지의 원칙의 지배를 받는 것이어서 채무자가 소멸시효 완성 후 시효를 원용하지 아니할 것 같은 태도를 보여 권리자로 하여금 이를 신뢰하게 하였고, 채무자가 그로부터 권리행사를 기대할 수 있는 상당한 기간 내에 자신의 권리를 행사하였다면, 채무자가 소멸시효 완성을 주장하는 것은 신의성실 원칙에 반하는 권리남용으로 허용될 수 없다[대판 2013. 6. 27, 2013다23211; 대판(전합) 2013. 5. 16, 2012다202819]. ☞ "채무자가 그로부터 권리행사를 기대할 수 있는 상당한 기간 내에 자신의 권리를 행사하였다면"이라는 표현이 나오는데 단순한 국어적 오류이다. 동 판결의 판시사항에는 "채무자가 그로부터 권리행사를 기대할 수 있는 상당한 기간 내에 권리자가 자신의 권리를 행사한 경우"라고 정확하게 표현이 되어 있다.

472 **소멸시효 완성 후 채무자가 이를 원용하지 않을 것 같은 태도를 보여 이를 신뢰한 권리자가 그로부터 시효정지에 준하는 단기간 내에 그의 권리를 행사한 경우 채무자는 시효완성을 주장하지 못한다. ( )** (2014 변리사)

해설 [1] 소멸시효를 이유로 한 항변권의 행사도 민법의 대원칙인 신의성실의 원칙과 권리남용금지의 원칙의 지배를 받는 것이어서 채무자가 소멸시효 완성 후 시효를 원용하지 아니할 것 같은 태도를 보여 권리자로 하여금 이를 신뢰하게 하였고, 채무자가 그로부터 권리행사를 기대할 수 있는 상당한 기간 내에 자신의 권리를 행사하였다면, 채무자가 소멸시효 완성을 주장하는 것은 신의성실 원칙에 반하는 권리남용으로 허용될 수 없다.

[2] 채무자가 소멸시효의 이익을 원용하지 않을 것 같은 신뢰를 부여한 경우에도 채권자는 그러한 사정이 있은 때로부터 상당한 기간 내에 권리를 행사하여야만 채무자의 소멸시효의 항변을 저지할 수 있는데, 여기에서 '상당한 기간' 내에 권리행사가 있었는지는 채권자와 채무자 사이의 관계, 신뢰를 부여하게 된 채무자의 행위 등의 내용과 동기 및 경위, 채무자가 그 행위 등에 의하여 달성하려고 한 목적과 진정한 의도, 채권자의 권리행사가 지연될 수밖에 없었던 특별한 사정이 있었는지 여부 등을 종합

471 (○) 472 (○) 《 정답

적으로 고려하여 판단할 것이다. 다만 신의성실의 원칙을 들어 시효 완성의 효력을 부정하는 것은 법적 안정성의 달성, 입증곤란의 구제, 권리행사의 태만에 대한 제재를 이념으로 삼고 있는 소멸시효 제도에 대한 대단히 예외적인 제한에 그쳐야 할 것이므로, 위 권리행사의 '상당한 기간'은 특별한 사정이 없는 한 민법상 시효정지의 경우에 준하여 단기간으로 제한되어야 한다. 그러므로 개별 사건에서 매우 특수한 사정이 있어 그 기간을 연장하여 인정하는 것이 부득이한 경우에도 불법행위로 인한 손해배상 청구의 경우 그 기간은 아무리 길어도 민법 제766조 제1항이 규정한 단기소멸시효기간인 3년을 넘을 수는 없다고 보아야 한다[대판(전합) 2013. 5. 16, 2012다202819].

473 공무원의 불법행위에 따른 국가배상청구권의 소멸시효 기간이 지났으나 국가가 소멸시효 완성을 주장하는 것이 신의성실의 원칙에 반하는 권리남용으로 허용될 수 없어 배상책임을 이행한 경우, 국가가 사건의 은폐·조작 등 권리남용에 해당하게 된 원인행위를 적극적으로 주도한 공무원에게 구상권을 행사하는 것은 신의칙상 허용되지 않는다. ( ) (2018 변리사)

해설 공무원의 불법행위로 손해를 입은 피해자의 국가배상청구권의 소멸시효 기간이 지났으나 국가가 소멸시효 완성을 주장하는 것이 신의성실의 원칙에 반하는 권리남용으로 허용될 수 없어 배상책임을 이행한 경우에는, 소멸시효 완성 주장이 권리남용에 해당하게 된 원인행위와 관련하여 공무원이 원인이 되는 행위를 적극적으로 주도하였다는 등의 특별한 사정이 없는 한, 국가가 공무원에게 구상권을 행사하는 것은 신의칙상 허용되지 않는다(대판 2016. 6. 10, 2015다217843). ☞ 지문은 특별한 사정이 있는 예외적인 경우이므로 구상권의 행사가 허용된다.

정답 》 473(×)

물권법

CHAPTER

1 물권법 일반

POINT

Ⅰ. 물권법의 의의와 성격

Ⅱ. 일물일권주의

Ⅲ. 물권법정주의

1 **물권법정주의에서 말하는 법률은 형식적 의미의 법률로 보아야 하므로 명령과 규칙은 이에 포함되지 않는다. ( )** (2014 변리사)

> **해설** 민법 제185조에서 말하는 "법률"은 국회가 제정한 형식적 의미의 법률을 말한다. 따라서 국회가 제정하지 않는 각종 명령·규칙 등은 제외된다(제1조의 "법률"의 의미가 실질적 의미의 법률인 점과 차이가 있음에 유의할 것).

2 **소유자는 소유권의 사용·수익의 권능을 대세적으로 유효하게 포기할 수 있으므로 현행 민법은 처분권능만을 내용으로 하는 소유권을 허용한다. ( )** (2014 변리사)

> **해설** 소유자가 소유권의 핵심적 권능에 속하는 사용·수익의 권능을 대세적으로 포기하는 것은 특별한 사정이 없는 한 허용되지 않는다. 이를 허용하면 결국 처분권능만이 남는 새로운 유형의 소유권을 창출하는 것이어서 민법이 정한 물권법정주의에 반하기 때문이다(대판 2017. 6. 19, 2017다211528, 211535).

3 **물권법정주의는 물권의 내용형성의 자유뿐만이 아니라 물권변동에 관한 당사자선택의 자유를 제한하는 법원칙이다. ( )** (2014 변리사)

> **해설** 물권법정주의는 물권의 내용형성과 종류를 강제하는 것이지 물권변동에 관한 당사자선택의 자유를 제한하는 법원칙이 아니다. 오히려 당사자선택의 자유는 채권법에서 계약자유의 원칙의 일종이다.

4-1 **소유권이전등기 없이 미등기 무허가건물을 양수한 자는 소유권에 준하는 관습상의 물권을 취득한 것으로 본다. ( )** (2014 변리사)

4-2 **미등기 무허가건물의 매수인은 그 소유권이전등기를 경료하지 않으면 건물의 소유권을 취득할 수 없지만, 소유권에 준하는 관습상의 물권이 인정될 수는 있다. ( )** (2017 변리사)

1(○) 2(×) 3(×) 4-1(×) 4-2(×) 《 정답

해설 미등기 무허가건물의 양수인이라 할지라도 그 소유권이전등기를 경료받지 않는 한 건물에 대한 소유권을 취득할 수 없고, 그러한 건물의 취득자에게 소유권에 준하는 관습상의 물권이 있다고 볼 수 없다(대판 1996. 6. 14, 94다53006).

5 공로로부터 자연부락에 이르는 유일한 통로로 도로가 개설된 후 장기간에 걸쳐 일반의 통행에 제공되어 왔고 우회도로의 개설에 막대한 비용과 노력이 든다면 주민들은 이 도로에 관하여 물권에 준하는 관습상의 통행권을 가진다. ( ) (2014 변리사)

해설 원심이 인정한 관습상의 통행권은 성문법과 관습법 어디에서도 근거가 없으므로(기록상 위 지역에 그와 같은 관습법이 존재한다고 볼 자료도 전혀 없다), 원심이 원고들에게 관습상의 통행권이 있다고 판단하여 원고들의 통행권 확인 청구를 인용한 것은 물권법정주의에 관한 법리를 오해하여 판결 결과에 영향을 미친 위법을 저지른 것이라 하겠다. ☞ 공로로부터 자연부락에 이르는 유일한 도로가 개설된 후 장기간에 걸쳐 일반의 통행에 제공되어 왔고 이 도로의 통행이 금지되는 경우에는 우회도로를 개설할 수밖에 없어 막대한 비용과 노력을 들여야만 하는 사정에 비추어 원고들이 이 사건 도로에 관하여 관습상의 통행권을 가진다고 보아야 할 것이라고 판단한 원심을 파기한 사례(대판 2002. 2. 26, 2001다64165).

6 온천에 관한 권리는 관습법상의 물권이나 준물권이라고 볼 수 없다. ( ) (2018 변리사)

해설 온천에 관한 권리는 관습상의 물권이나 준물권이라 할 수 없고 온천수는 공용수 또는 생활상 필요한 용수에 해당되지 않는다(대판 1972. 8. 29, 72다1243).

Ⅳ. 물권적 청구권

7 미등기 무허가건물의 양수인은 미등기인 상태에서 소유권에 기한 방해제거청구를 할 수 없다. ( ) (2022 변리사)

해설 미등기 무허가건물의 양수인이라도 소유권이전등기를 마치지 않는 한 건물의 소유권을 취득할 수 없고, 소유권에 준하는 관습상의 물권이 있다고도 할 수 없으므로, 미등기 무허가건물의 양수인은 소유권에 기한 방해제거청구를 할 수 없다(대판 2016. 7. 29, 2016다214483).

8 부동산 소유자가 실체관계에 부합하지 않는 등기명의인을 상대로 가지는 등기말소청구권은 그 소유자가 소유권을 상실하면 그 존재 자체가 인정되지 않는다. ( ) (2014 변리사)

해설 부동산 소유자가 실체관계에 부합하지 않는 등기명의인을 상대로 가지는 등기말소청구권은 그 소유자가 소유권을 상실하면 그 존재 자체가 인정되지 않는다[대판(전합) 2012. 5. 17, 2010다28604].

정답 》 5(×) 6(○) 7(○) 8(○)

9 **물건을 침탈당한 점유자는 침탈당한 날로부터 1년 이내에 침탈자를 상대로 그 물건의 반환을 청구하여야 하고 1년의 기간은 그 기간 내에 소를 제기하여야 하는 출소기간이다. ( )**

(2014 변리사)

> **해설** 물건을 침탈당한 점유자는 침탈당한 날로부터 1년 이내에 침탈자를 상대로 그 물건의 반환을 청구하여야 하고 1년의 기간은 그 기간 내에 소를 제기하여야 하는 출소기간이다(제204조 ; 대판 2002. 4. 26, 2001다8097).

10 **甲소유의 X토지 위에 乙이 무단으로 Y건물을 신축하고 소유권보존등기를 마친 후 丙에게 Y건물을 임대하여 현재 丙이 Y건물을 점유·사용하는 경우, 甲은 乙을 상대로 X토지의 반환을 청구하여야 한다. ( )**

(2014 변리사)

> **해설** 甲소유의 X토지 위에 乙이 무단으로 Y건물을 신축하고 소유권보존등기를 마친 후 丙에게 Y건물을 임대하여 현재 丙이 Y건물을 점유·사용하는 경우, 甲은 乙을 상대로 X토지의 반환을 청구하여야 하며, 丙을 상대로는 퇴거를 청구한다(대판 2010. 8. 19, 2010다43801).

11 **소유권에 기한 소유물반환청구를 거부할 수 있는 권리에는 임차권 등과 같이 점유를 수반하는 채권도 포함된다. ( )**

(2022 변리사)

> **해설** 소유자는 그 소유에 속한 물건을 점유한 자에 대하여 반환을 청구할 수 있다. 그러나 점유자가 그 물건을 점유할 권리가 있는 때에는 반환을 거부할 수 있다(민법 제213조). 여기서 반환을 거부할 수 있는 권리에는 임차권, 임치, 도급 등과 같이 점유를 수반하는 채권도 포함되고, 소유자에 대하여 이러한 채권을 갖는 자가 소유자의 승낙이나 소유자와의 약정 등에 기초하여 제3자에게 점유할 권리를 수여할 수 있는 경우에는 그로부터 점유 내지 보관을 위탁받거나 그 밖에 점유할 권리를 취득한 제3자는 특별한 사정이 없는 한 자신에게도 점유할 권리가 있음을 들어 소유자의 소유물반환청구를 거부할 수 있다(대판 2020. 5. 28, 2020다211085).

12 **혼인관계에 있는 甲과 乙이 X부동산에 관하여 유효하게 명의신탁약정을 체결하고 乙명의로 그 소유권이전등기를 마친 경우, 甲은 X부동산을 침해한 丙에 대하여 소유권에 기한 물권적 청구권을 행사하지 못한다. ( )**

(2014 변리사)

> **해설** 혼인관계에 있는 甲과 乙이 X부동산에 관하여 유효하게 명의신탁약정을 체결하면 명의신탁은 유효하다. 이 경우 대내적 소유권을 갖는 甲은 X부동산을 침해한 丙에 대하여 소유권에 기한 물권적 청구권을 행사하지 못하고, 乙을 대위하여 행사하여야 한다[대판(전합) 1979. 9. 25, 77다1079].

13 **甲명의로 등기된 甲소유 토지에 관해 乙이 관계서류를 위조하여 자기 명의로 이전등기를 한 뒤 丙에게 임대하였고, 丙은 그 토지 위에 주택을 완성하여 보존등기를 하고 현재까지 그 주택에 거주하고 있다. 이에 관한 설명으로 옳은 것을 모두 고른 것은? (다툼이 있으면 판례에 따름)**

(2018 변리사)

9 (○) 10 (○) 11 (○) 12 (○) 13 ④ **정답**

ㄱ. 甲은 丙을 상대로 주택으로부터의 퇴거를 청구할 수 있다.
ㄴ. 甲은 乙을 상대로 토지에 대한 소유권이전등기를 청구할 수 있다.
ㄷ. 甲은 丙을 상대로 주택의 철거를 청구할 수 있다.
ㄹ. 만약 丁이 그 주택을 丙으로부터 임차하여 주민등록을 마치고 그 주택에 거주하고 있다면, 甲은 丁을 상대로 퇴거를 청구할 수 있다.

① ㄱ, ㄴ ② ㄱ, ㄹ ③ ㄴ, ㄷ ④ ㄴ, ㄷ, ㄹ ⑤ ㄱ, ㄴ, ㄷ, ㄹ

해설 ㄱ. (×), ㄷ. (○) 건물의 소유자가 그 건물의 소유를 통하여 타인 소유의 토지를 점유하고 있다고 하더라도 그 토지 소유자로서는 그 건물의 철거와 그 대지 부분의 인도를 청구할 수 있을 뿐, 자기 소유의 건물을 점유하고 있는 자에 대하여 그 건물에서 퇴거할 것을 청구할 수는 없다(대판 1999. 7. 9, 98다57457,57464).

ㄴ. (○) 진정한 등기명의의 회복을 위한 소유권이전등기청구는 이미 자기 앞으로 소유권을 표상하는 등기가 되어 있었거나 법률에 의하여 소유권을 취득한 자가 진정한 등기명의를 회복하기 위한 방법으로 현재의 등기명의인을 상대로 그 등기의 말소를 구하는 것에 갈음하여 허용되는 것인데, 말소등기에 갈음하여 허용되는 진정명의회복을 원인으로 한 소유권이전등기청구권과 무효등기의 말소청구권은 어느 것이나 진정한 소유자의 등기명의를 회복하기 위한 것으로서 실질적으로 그 목적이 동일하고, 두 청구권 모두 소유권에 기한 방해배제청구권으로서 그 법적 근거와 성질이 동일하므로, 비록 전자는 이전등기, 후자는 말소등기의 형식을 취하고 있다고 하더라도 그 소송물은 실질상 동일한 것으로 보아야 하고, 따라서 소유권이전등기말소청구소송에서 패소확정판결을 받았다면 그 기판력은 그 후 제기된 진정명의회복을 원인으로 한 소유권이전등기청구소송에도 미친다[대판(전합) 2001. 9. 20, 99다37894].

ㄹ. (○) 건물이 그 존립을 위한 토지사용권을 갖추지 못하여 토지의 소유자가 건물의 소유자에 대하여 당해 건물의 철거 및 그 대지의 인도를 청구할 수 있는 경우에라도 건물소유자가 아닌 사람이 건물을 점유하고 있다면(☞ 이 점에서 위 ㄱ. 지문과 차이가 있다, 편집자 주) 토지소유자는 그 건물 점유를 제거하지 아니하는 한 위의 건물 철거 등을 실행할 수 없다. 따라서 그때 토지소유권은 위와 같은 점유에 의하여 그 원만한 실현을 방해당하고 있다고 할 것이므로, 토지소유자는 자신의 소유권에 기한 방해배제로서 건물점유자에 대하여 건물로부터의 퇴출을 청구할 수 있다. 그리고 이는 건물점유자가 건물소유자로부터의 임차인으로서 그 건물임차권이 이른바 대항력을 가진다고 해서 달라지지 아니한다(대판 2010. 8. 19, 2010다43801).

14 **乙은 甲의 X토지를 임차하여 점유하고 있는데, 丙이 무단으로 X토지 위에 건축폐자재를 적치(積置)하여 乙의 토지사용을 방해하고 있다. 이에 관한 설명으로 옳지 않은 것은? (다툼이 있으면 판례에 따름)** (2021 변리사)

① 甲은 丙에 대하여 소유권에 기한 방해배제청구권을 행사할 수 있다.
② 乙은 丙에 대하여 소유권에 기한 방해배제청구권을 행사할 수 없지만, 甲의 소유권에 기한 방해배제청구권을 대위 행사할 수 있다.
③ 丙이 X토지를 자신의 것으로 오신하여 건축폐자재를 적치한 경우라 하더라도, 乙은 丙에 대하여 점유권에 기한 방해배제청구권을 행사할 수 있다.

정답 》 14 ④

④ 甲은 丙에 대하여 점유권에 기한 방해배제청구권을 행사할 수 없지만, 乙의 점유권에 기한 방해배제청구권을 대위 행사할 수 있다.

⑤ X토지에 대한 임대차 계약이 종료되면 甲은 乙에 대하여 임대차 계약상 반환청구권을 행사할 수 있는데, 이는 채권적 청구권으로 물권적 청구권과 별개로 행사할 수 있다.

해설 ① (○) : 소유자는 소유권을 방해하는 자에 대하여 방해의 제거를 청구할 수 있고 소유권을 방해할 염려있는 행위를 하는 자에 대하여 그 예방이나 손해배상의 담보를 청구할 수 있다(민법 제214조).

② (○) : 토지임차인은 그 토지상의 불법점유자에게 토지임차권을 보전하기 위해 토지소유자를 대위하여 방해배제를 청구할 수 있다.

> [참고판례] 지하도상가의 운영을 목적으로 한 도로점용 허가를 받은 자로서 그 상가의 소유자 겸 관리주체인 시에 대하여 그 상가 내 각 점포의 사용을 청구할 수 있는 권리를 가지는 자는, 시에 대한 위 각 점포사용청구권을 보전하기 위하여 그 점포들의 소유자인 시가 불법점유자들에 대하여 가지는 명도청구권을 대위행사할 수 있고, 이러한 경우 불법점유자들에 대하여 직접 자기에게 그 점포들을 명도할 것을 청구할 수도 있다(대판 1995.5.12. 93다59502).

③ (○) : 물권적 청구권은 침해자의 고의 또는 과실을 요구하지 아니한다.

④ (×) : 전3조의 청구권은 제194조의 규정에 의한 간접점유자도 이를 행사할 수 있다(민법 제207조 제1항). ☞ 甲은 간접점유자로서 丙에 대하여 점유권에 기한 방해배제청구권을 행사할 수 있다.

⑤ (○) : 권리의 경합. 임대차기간 만료 후에 임차인이 임차물을 반환하지 않을 때에는 임대인은 소유권에 기한 반환청구권과 임대차계약에 기한 반환청구권을 모두 갖게 되는데, 이 양 청구권은 동일한 것을 목적으로 하기 때문에 한쪽의 청구권을 행사함으로써 만족을 얻게 되면 다른 쪽의 청구권은 자동으로 소멸한다.

15 다음 설명 중 A가 X에 대하여 D에게 행사한 소유권에 기한 물권적 청구권이 인정되지 않는 경우를 모두 고른 것은? (다툼이 있는 경우 판례에 의함) (2017 변호사)

ㄱ. B가 A의 주민등록증, 토지 X의 등기관련 서류를 위조한 후 A 소유의 토지 X에 관하여 자신의 명의로 소유권이전등기를 경료하여, 이런 사정을 알 수 없었던 D에게 토지 X를 매각하여 소유권이전등기가 경료된 경우

ㄴ. B가 A를 기망하여 A 소유의 토지 X에 관한 매매계약을 체결하여 소유권이전등기를 경료한 후 이를 C에게 매각하고, C 역시 이런 사정을 알 수 없었던 D에게 매각하여 소유권이전등기가 경료된 후 A가 B와의 매매계약을 취소한 경우

ㄷ. B가 A로부터 소유권유보부 매매에 따라 A 소유의 건축자재 X를 인도받은 후 A에게 대금을 완불하지 못하던 중, 이러한 사정을 알지 못하는 도급인 D 소유의 건물 증축공사에 그 자재 X를 사용하여 X가 건물의 일부로 부합된 경우

ㄹ. A 소유의 토지 X에 관하여 B가 A와의 명의신탁 약정에 따라 2013. 5.경 B의 명의로 소유권이전등기를 경료한 후 이런 사정을 알고 있는 D에게 토지 X를 매도하여 D의 명의로 소유권이전등기가 경료된 경우

ㅁ. B가 소유자 A로부터 주택 X를 임차한 후 D에게 주택 X를 무단전대하고 D가 주택 X를 인도받아 그 주소로 전입신고를 마쳤으나, A가 무단전대를 이유로 B와의 임대차계약을 적법하게 해지한 경우

15 ③ 《 정답

① ㄱ, ㄴ, ㄹ ② ㄱ, ㄴ, ㅁ ③ ㄴ, ㄷ, ㄹ ④ ㄴ, ㄷ, ㅁ ⑤ ㄷ, ㄹ, ㅁ

해설 ㄱ.(○) : 우리 민법은 부동산물권에는 공신의 원칙을 인정하지 않고, 동산물권에만 이를 인정한다(선의 취득).

ㄴ.(×) : 제3자로부터 목적물 또는 권리를 양수한 전득자도 민법 제110조 제3항의 "제3자"에 해당한다.

ㄷ.(×) : [1] 원심이, 원고의 소유권 유보에도 불구하고 원고 소유이던 이 사건 철강제품이 공장건물들의 증축 및 신축에 사용되어 공장건물들에 부합됨으로써 공장건물들의 소유자인 피고가 이 사건 철강제품의 소유자가 되었다고 인정한 판단은 정당하고, 거기에 상고이유로 주장하는 부합에 관한 법리오해의 위법이 없다. [2] 민법 제261조에서 첨부로 법률규정에 의한 소유권 취득(민법 제256조 내지 제260조)이 인정된 경우에 "손해를 받은 자는 부당이득에 관한 규정에 의하여 보상을 청구할 수 있다"라고 규정하고 있는바, 이러한 보상청구가 인정되기 위해서는 민법 제261조 자체의 요건만이 아니라, 부당이득 법리에 따른 판단에 의하여 부당이득의 요건이 모두 충족되었음이 인정되어야 한다. 매도인에게 소유권이 유보된 자재가 제3자와 매수인 사이에 이루어진 도급계약의 이행으로 제3자 소유 건물의 건축에 사용되어 부합된 경우 보상청구를 거부할 법률상 원인이 있다고 할 수 없지만, 제3자가 도급계약에 의하여 제공된 자재의 소유권이 유보된 사실에 관하여 과실 없이 알지 못한 경우라면 선의취득의 경우와 마찬가지로 제3자가 그 자재의 귀속으로 인한 이익을 보유할 수 있는 법률상 원인이 있다고 봄이 상당하므로, 매도인으로서는 그에 관한 보상청구를 할 수 없다(대판 2009. 9. 24, 2009다15602).

ㄹ.(×) [부동산실권리자명의등기에관한법률 제4조 제3항] 제1항 및 제2항의 무효는 제3자에게 대항하지 못한다. : 여기서의 '제3자'라 함은, 수탁자가 물권자임을 기초로 그와의 사이에 새로운 이해관계를 맺는 자를 말하고, 여기에는 소유권이나 저당권 등 물권을 취득한 자뿐만 아니라 압류 또는 가압류채권자도 포함되며, 제3자의 선의·악의를 묻지 않는다(대판 2009. 3. 12, 2008다36022).

ㅁ.(○) [민법 제629조 제2항] 임차인이 전항의 규정에 위반한 때에는 임대인은 계약을 해지할 수 있다.

> [비교판례] 주택임차인이 임차주택을 직접 점유하여 거주하지 않고, 간접 점유하여 자신의 주민등록을 이전하지 아니한 경우라 하더라도 임대인의 승낙을 받아 임차주택을 전대하고 그 전차인이 주택을 인도받아 자신의 주민등록을 마친 때에는 그 때로부터 임차인은 제3자에 대하여 대항력을 취득한다(대판 1994. 6. 24, 94다3155).

16 **甲이 부동산 X의 소유권에 기하여 乙 명의의 소유권이전등기가 원인무효임을 이유로 乙을 상대로 소유권이전등기 말소청구소송을 제기하였다. 이에 대해 乙이 다음과 같은 이유를 들어 자기 명의의 등기가 유효하다고 주장한다. 乙의 주장 중 타당한 항변으로 볼 수 없는 것은? (다툼이 있는 경우 판례에 의함)** (2017 변호사)

① 乙이 부동산 X를 소유의 의사로 평온, 공연하게 20년 이상 점유하여 왔다고 주장하는 경우

② 甲이 丙에게 부동산 X를 매도할 수 있는 권한을 위임하였다가 이를 철회하였는데, 丙이 甲의 대리인임을 자처하면서 부동산 X를 乙에게 매도하였고, 乙이 선의·무과실로 이를 매수하였으므로 「민법」 제129조의 표현대리가 성립하였다고 주장하는 경우

③ 甲이 원인무효가 아닌 자기 명의의 선행 소유권보존등기가 있음에도 乙 명의의 등기가 후행 소유권보존등기에 기초하여 이루어졌다고 주장함에 대하여, 乙이 자기 명의로 소유권이전등기를 경료한 후 부동산 X

정답 》 16 ③

를 소유의 의사로 평온, 공연하게 선의이며 과실없이 10년 이상 점유하여 왔다고 주장하는 경우

④ 甲이 乙 명의 등기의 원인인 매매계약이 무효임에도 乙이 등기서류를 위조하여 등기를 마친 것이라고 주장함에 대하여, 乙이 甲으로부터 증여를 받았다고 주장하는 경우

⑤ 부동산 X는 그 실질적 소유자인 丙 종중이 적법하게 甲에게 명의신탁한 것인데, 乙이 丙 종중으로부터 매수하여 대금을 완납한 후 소유권이전등기를 경료하였다고 주장하는 경우

해설 ① (○) : 민법 제245조(점유로 인한 부동산 소유권의 취득기간).

☞ 점유취득시효가 완성되면 점유자는 소유자에 대해 소유권이전등기를 청구할 수 있고, 소유자는 이에 응할 의무가 있으므로, 소유자는 점유자에 대해서는 소유권을 행사할 지위에 있지 않다. 또한 시효취득자 명의로 이미 등기가 되어 있는 경우 실체관계에 부합하는 유효한 등기이다.

② (○) : 민법 제129조(대리권 소멸 후의 표현대리).

③ (×) : 민법 제245조 제2항은 부동산의 소유자로 등기한 자가 10년간 소유의 의사로 평온·공연하게 선의이며 과실 없이 그 부동산을 점유한 때에는 소유권을 취득한다고 규정하고 있는바, 위 법 조항의 '등기'는 부동산등기법 제15조가 규정한 1부동산 1용지주의에 위배되지 아니한 등기를 말하므로, 어느 부동산에 관하여 등기명의인을 달리하여 소유권보존등기가 2중으로 경료된 경우 먼저 이루어진 소유권보존등기가 원인무효가 아니어서 뒤에 된 소유권보존등기가 무효로 되는 때에는, 뒤에 된 소유권보존등기나 이에 터잡은 소유권이전등기를 근거로 하여서는 등기부취득시효의 완성을 주장할 수 없다[대판(전합) 1996. 10. 17, 96다12511].

④ (○) : 부동산등기는 그것이 형식적으로 존재하는 것 자체로부터 적법한 등기원인에 의하여 마쳐진 것으로 추정되고, 등기명의자가 등기부에 기재된 것과 다른 원인으로 등기 명의를 취득하였다고 주장하고 있지만 그 주장 사실이 인정되지 않는다 하더라도 그 자체로 등기의 추정력이 깨어진다고 할 수 없으므로, 그와 같은 경우에도 등기가 원인 없이 마쳐진 것이라고 주장하는 쪽에서 그 무효 사유를 주장·입증할 책임을 지게 된다(대판 1997. 9. 30, 95다39526).

> [참고판례] 부동산 등기는 현실의 권리 관계에 부합하는 한 그 권리취득의 경위나 방법 등이 사실과 다르다고 하더라도 그 등기의 효력에는 아무런 영향이 없는 것이므로 증여에 의하여 부동산을 취득하였지만 등기원인을 매매로 기재하였다고 하더라도 그 등기의 효력에는 아무런 하자가 없다(대판 1980. 7. 22, 80다791).

⑤ (○) : 명의신탁자는 명의수탁자에 대하여 신탁해지를 하고 신탁관계의 종료 그것만을 이유로 하여 소유 명의의 이전등기절차의 이행을 청구할 수 있음은 물론, 신탁해지를 원인으로 하고 소유권에 기해서도 그와 같은 청구를 할 수 있다[대판(전합) 1980. 12. 9, 79다634(소유권이전등기)]. ☞ 그리고 乙은 이러한 丙 종중의 권리를 대위행사할 수 있으므로 乙의 등기는 실체관계에 부합하는 유효한 등기이다.

CHAPTER 2

물권의 변동

POINT

Ⅰ. 물권변동의 의의 및 모습

Ⅱ. 물권변동의 원인

Ⅲ. 민법의 규율

Ⅳ. 공시의 원칙과 공신의 원칙

Ⅴ. 물권행위

CHAPTER

3 부동산물권의 변동

POINT

Ⅰ. 제186조의 적용범위

17 **미등기 무허가건물을 매수하였으나 아직 인도받지 않고, 소유권이전등기를 마치지 않은 매수인은 그 건물의 불법점유자에 대하여 직접 자신의 소유권에 기한 건물반환을 청구할 수 있다. ( )** (2020 변호사)

> **해설** [1] 미등기 무허가건물의 양수인이라 할지라도 그 소유권이전등기를 경료받지 않는 한 그 건물에 대한 소유권을 취득할 수 없고, 그러한 상태의 건물 양수인에게 소유권에 준하는 관습상의 물권이 있다고 볼 수도 없으므로, 건물을 신축하여 그 소유권을 원시취득한 자로부터 그 건물을 매수하였으나 아직 소유권이전등기를 갖추지 못한 자는 그 건물의 불법점거자에 대하여 직접 자신의 소유권 등에 기하여 명도를 청구할 수는 없다. [2] 미등기 건물을 그 원시취득자로부터 매수하였으나 아직 소유권이전등기를 갖추지 못한 자는 매도인을 대위하여 건물명도를 청구할 수 있다(대판 2007. 6. 15, 2007다11347).

18 **타인의 토지 위에 있는 미등기 건물을 법률상, 사실상 처분할 수 있는 지위에 있는 사람은 그 대지에 대한 적법한 점유권원이 없다면 대지소유자에 대하여 그 미등기 건물을 철거할 의무가 있다. ( )** (2020 변호사)

> **해설** 타인의 토지위에 건립된 건물로 인하여 그 토지의 소유권이 침해되는 경우 그 건물을 철거할 의무가 있는 사람은 그 건물의 소유권자나 그 건물이 미등기건물일 때에는 이를 매수하여 법률상, 사실상 처분할 수 있는 지위에 있는 사람이다(대판 1987. 11. 24, 87다카257, 258).

19 **미등기건물에 대한 양도담보계약상의 채권자의 지위를 승계하여 건물을 관리하고 있는 자는 그 건물에 대한 철거처분권을 가진 자에 해당한다. ( )** (2023 변리사)

> **해설** 미등기건물에 대한 양도담보계약상의 채권자의 지위를 승계하여 건물을 관리하고 있는 자는 건물의 소유자가 아님은 물론 건물에 대하여 법률상 또는 사실상 처분권을 가지고 있는 자라고 할 수도 없다 할 것이어서 건물에 대한 철거처분권을 가지고 있는 자라고 할 수 없다(대판 2003. 1. 24, 2002다61521).

17 (×) 18 (○) 19 (×) 《 정답

20 건물 소유를 목적으로 하는 토지임대차에서 종전 임차인으로부터 미등기 무허가건물을 매수하여 점유하고 있는 토지임차인은, 특별한 사정이 없는 한 비록 소유자로서의 등기 명의가 없어 건물 소유권을 취득하지 못하였다 하더라도 임대인에 대하여 지상물매수청구권을 행사할 수 있는 지위에 있다. ( ) (2020 변호사)

> **해설** 지상물매수청구청구권 제도의 목적, 미등기 매수인의 법적 지위 등에 비추어 볼 때, 종전 임차인으로부터 미등기 무허가건물을 매수하여 점유하고 있는 임차인은 특별한 사정이 없는 한 비록 소유자로서의 등기명의가 없어 소유권을 취득하지 못하였다 하더라도 임대인에 대하여 지상물매수청구권을 행사할 수 있는 지위에 있다(대판 2013. 11. 28, 2013다48364).

Ⅱ. 등기의 유효성 여부

21 신축건물의 보존등기를 건물 완성 전에 하였더라도 그 후 건물이 완성된 이상 그 등기는 무효가 아니다. ( ) (2017 변리사)

> **해설** 신축건물의 보존등기를 건물 완성 전에 하였더라도 그 후 건물이 완성된 이상 등기를 무효라고 볼 수 없다(대판 2016. 1. 28, 2013다59876).

※ 〈20-1, 2 공통사안〉 甲은 乙로부터 3억 원을 빌리면서 그 차용금 채무를 담보하기 위하여 甲 소유의 A 토지에 관하여 채무자 甲, 근저당권자 乙, 채권최고액 3억 3천만 원인 근저당권 설정계약을 乙과 체결하고, 이에 관한 근저당권설정등기를 마쳐 주었다. (2022 변호사)

22-1 丙이 乙에 대한 5억 원의 채권에 관한 집행권원을 얻어 乙의 甲에 대한 대여금채권에 대해 압류 및 전부명령을 받아 丙 명의로 A 토지에 관한 근저당권이전의 부기등기를 마친 경우, 甲이 자신의 乙에 대한 차용금채무가 변제로 모두 소멸하였다고 주장하면서 乙을 상대로 제기한 위 근저당권설정등기 말소등기절차의 이행을 구하는 소는 적법하다. ( )

22-2 丙이 乙로부터 乙의 甲에 대한 대여금채권을 유효하게 양도받아 丙 명의로 A 토지에 관한 근저당권이전의 부기등기를 마친 경우, 甲이 자신의 乙에 대한 차용금채무가 변제로 모두 소멸하였다고 주장하면서 丙 명의 근저당권이전의 부기등기 말소등기절차의 이행을 구하는 소는 부적법하다. ( )

> **해설** 근저당권 이전의 부기등기는 기존의 주등기인 근저당권설정등기에 종속되어 주등기와 일체를 이루는 것이어서, 피담보채무가 소멸된 경우 또는 근저당권설정등기가 당초 원인무효인 경우 주등기인 근저당권설정등기의 말소만 구하면 되고 그 부기등기는 별도로 말소를 구하지 않더라도 주등기의 말소에 따라 직권으로 말소되는 것이며, 근저당권 양도의 부기등기는 기존의 근저당권설정등기에 의한 권리의 승계를 등기부상 명시하는 것 뿐으로, 그 등기에 의하여 새로운 권리가 생기는 것이 아닌 만큼 근저당권설정등기의 말소등기청구는 양수인만을 상대로 하면 족하고 양도인은 그 말소등기청구에 있어서 피고 적격이 없으며, 근저당권의 이전이 전부명령 확정에 따라 이루어졌다고 하여 이와 달리 보

정답 》 20 (○) 21 (○) 22-1 (×) 22-2 (○)

아야 하는 것은 아니다(대판 2000. 4. 11, 2000다5640). ☞ 위의 지문은 "말소의 상대방"에 관한 문제이다. "乙"이 아니라 "丙"을 상대로 해야 한다. 아래의 지문은 "말소의 대상"에 관한 문제로서 "부기등기"가 아니라 주등기인 "근저당권설정등기"의 말소를 청구해야 한다.

23 **위치나 기타 여러 가지 면에서 멸실된 건물과 같은 신축건물의 소유자가 멸실건물의 등기를 신축건물의 등기로 전용할 의사로써 멸실건물의 등기부상 표시를 신축건물의 내용으로 표시변경등기를 한 경우, 그 등기는 유효한 등기이다. ( )** (2014 변리사)

해설 무효등기유용 중 표제부등기유용은 통설과 판례(대판 1976. 10. 26, 75다2211)가 부정한다. 따라서 위치나 기타 여러 가지 면에서 멸실된 건물과 같은 신축건물의 소유자가 멸실건물의 등기를 신축건물의 등기로 전용할 의사로써 멸실건물의 등기부상 표시를 신축건물의 내용으로 표시변경등기를 한 경우, 그 등기는 무효인 등기이다.

24 **효력이 상실된 가등기를 유용하기로 합의하고 실제로 그 가등기이전의 부기등기를 경료하였다면, 그 가등기이전의 부기등기를 경료받은 제3자로서는 언제든지 부동산의 소유자에 대하여 위 가등기 유용의 합의를 주장하여 가등기의 말소청구에 대항할 수 있고, 다만 그 가등기이전의 부기등기 이전에 등기부상 이해관계를 가지게 된 자에 대하여는 위 가등기 유용의 합의 사실을 들어 그 가등기의 유효를 주장할 수 없다. ( )** (2019 변호사)

해설 부동산의 매매예약에 기하여 소유권이전등기청구권의 보전을 위한 가등기가 마쳐진 경우에 그 매매예약완결권이 소멸하였다면 그 가등기 또한 효력을 상실하여 말소되어야 할 것이나, 그 부동산의 소유자가 제3자와 사이에 새로운 매매예약을 체결하고 그에 기한 소유권이전등기청구권의 보전을 위하여 이미 효력이 상실된 가등기를 유용하기로 합의하고 실제로 그 가등기 이전의 부기등기를 마쳤다면, 그 가등기 이전의 부기등기를 마친 제3자로서는 언제든지 부동산의 소유자에 대하여 위 가등기 유용의 합의를 주장하여 가등기의 말소청구에 대항할 수 있고, 다만 그 가등기 이전의 부기등기 전에 등기부상 이해관계를 가지게 된 자에 대하여는 위 가등기 유용의 합의 사실을 들어 그 가등기의 유효를 주장할 수는 없다(대판 2009. 5. 28, 2009다4787).

25 **甲은 그 소유인 X 토지에 관하여 乙과 사이에 매매예약을 체결하고 가등기를 경료하여 주었다. 甲과 乙은 매매예약을 합의해제하였으나 가등기는 그대로 남아 있었다. 甲은 다시 丙과 매매예약을 체결하고 甲, 乙, 丙 사이에 위 가등기를 유용하기로 합의하였다. 그 뒤 甲의 채권자 丁이 X 토지를 가압류하여 그 가압류기입등기가 마쳐졌고, 이어서 위 유용합의에 따라 丙 앞으로 가등기이전의 부기등기가 마쳐졌다. 이에 관한 설명 중 옳은 것을 모두 고른 것은? (각 지문은 독립적이며, 다툼이 있는 경우 판례에 의함)** (2018 변호사)

ㄱ. 丙은 가압류채권자 丁에게 대항할 수 없다.
ㄴ. 丁은 직접 丙의 가등기의 말소를 청구할 수 있다.
ㄷ. 丁은 甲을 대위하여 丙의 가등기의 말소를 청구할 수 있다.

23 (×) 24 (○) 25 ① 정답

① ㄱ　　② ㄴ　　③ ㄷ　　④ ㄱ, ㄴ　　⑤ ㄱ, ㄷ

> **해설** ㄱ.(○), ㄷ.(×) : [1] 부동산의 매매예약에 기하여 소유권이전등기청구권의 보전을 위한 가등기가 마쳐진 경우에 그 매매예약완결권이 소멸하였다면 그 가등기 또한 효력을 상실하여 말소되어야 할 것이나, 그 부동산의 소유자가 제3자와 사이에 새로운 매매예약을 체결하고 그에 기한 소유권이전등기청구권의 보전을 위하여 이미 효력이 상실된 가등기를 유용하기로 합의하고 실제로 그 가등기 이전의 부기등기를 마쳤다면, 그 가등기 이전의 부기등기를 마친 제3자로서는 언제든지 부동산의 소유자에 대하여 위 가등기 유용의 합의를 주장하여 가등기의 말소청구에 대항할 수 있고, 다만 그 가등기 이전의 부기등기 전에 등기부상 이해관계를 가지게 된 자에 대하여는 위 가등기 유용의 합의 사실을 들어 그 가등기의 유효를 주장할 수는 없다. [2] 채권자대위권은 채무자의 제3채무자에 대한 권리를 행사하는 것이므로, 제3채무자는 채무자에 대해 가지는 모든 항변사유로 채권자에게 대항할 수 있으나, 채권자는 채무자 자신이 주장할 수 있는 사유의 범위 내에서 주장할 수 있을 뿐 자기와 제3채무자 사이의 독자적인 사정에 기한 사유를 주장할 수는 없다. [3] 채권자가 무효인 소유권이전등기청구권의 보전을 위한 가등기의 유용 합의에 따라 부동산 소유자인 채무자로부터 그 가등기 이전의 부기등기를 마친 제3채무자를 상대로 채무자를 대위하여 가등기의 말소를 구한 사안에서, 채권자가 그 부기등기 전에 부동산을 가압류한 사실을 주장하는 것은 채무자가 아닌 채권자 자신이 제3채무자에 대하여 가지는 사유에 관한 것이어서 허용되지 않는다고 한 사례(대판 2009. 5. 28, 2009다4787).
> ㄴ.(×) 丁은 가압류채권자에 불과하여 직접 丙의 가등기의 말소를 청구할 아무런 권원이 없다.

26 **X토지에 관하여 甲 명의의 1996. 5. 1.자 소유권보존등기와 乙 명의의 1999. 5. 1.자 소유권보존등기가 각각 마쳐져 있다. 단, 甲 명의 소유권보존등기의 원인무효 사유는 없다. 이에 관한 설명 중 옳은 것(○)과 옳지 않은 것(×)을 올바르게 조합한 것은? (다툼이 있는 경우 판례에 의함)**

(2020 변호사)

> ㄱ. 乙이 甲으로부터 X토지를 매수하고 위 소유권보존등기를 마친 것이라면 乙 명의의 위 등기가 유효하므로 乙은 甲 명의 등기의 말소를 청구할 수 있다.
> ㄴ. X토지에 관하여 乙의 점유취득시효가 완성된 경우에는 乙 명의의 위 소유권보존등기가 실체관계에 부합하게 되므로 乙은 甲 명의 등기의 말소를 청구할 수 있다.
> ㄷ. 乙이 丙에게 위 토지를 매도하고 소유권이전등기를 마쳐준 후 丙의 등기부취득시효가 완성되었더라도 甲은 丙 명의 등기의 말소를 청구할 수 있다.

① ㄱ(×), ㄴ(×), ㄷ(○)　　② ㄱ(×), ㄴ(○), ㄷ(×)　　③ ㄱ(×), ㄴ(○), ㄷ(○)
④ ㄱ(○), ㄴ(×), ㄷ(×)　　⑤ ㄱ(○), ㄴ(○), ㄷ(×)

> **해설** ㄱ. (×) : 동일 부동산에 관하여 등기명의인을 달리하여 중복된 소유권보존등기가 경료된 경우에는, 먼저 이루어진 소유권보존등기가 원인무효가 되지 아니하는 한, 뒤에 된 소유권보존등기는 실체권리관계에 부합되는지의 여부를 따질 필요도 없이 무효이다[대판(전합) 1996. 10. 17, 96다12511].

정답 》 26 ①

ㄴ. (×) : [1] 동일 부동산에 관하여 등기명의인을 달리하여 중복된 소유권보존등기가 경료된 경우에는 먼저 이루어진 소유권보존등기가 원인무효가 아닌 한 뒤에 된 소유권보존등기는 실체관계에 부합한다고 하더라도 1부동산 1등기용지주의의 법리에 비추어 무효이고, 이러한 법리는 뒤에 된 소유권보존등기의 명의인이 당해 부동산의 소유권을 원시취득한 경우에도 그대로 적용된다. [2] 동일 부동산에 관하여 이미 소유권이전등기가 경료되어 있음에도 그 후 중복하여 소유권보존등기를 경료한 자가 그 부동산을 20년간 소유의 의사로 평온·공연하게 점유하여 점유취득시효가 완성되었더라도, 선등기인 소유권이전등기의 토대가 된 소유권보존등기가 원인무효라고 볼 아무런 주장·입증이 없는 이상, 뒤에 경료된 소유권보존등기는 실체적 권리관계에 부합하는지의 여부에 관계없이 무효이므로, 뒤에 된 소유권보존등기의 말소를 구하는 것이 신의칙위반이나 권리남용에 해당한다고 할 수 없다(대판 2008. 2. 14, 2007다63690).

ㄷ. (○) : 민법 제245조 제2항은 부동산의 소유자로 등기한 자가 10년간 소유의 의사로 평온·공연하게 선의이며 과실 없이 그 부동산을 점유한 때에는 소유권을 취득한다고 규정하고 있는바, 위 법조항의 '등기'는 부동산등기법 제15조가 규정한 1부동산 1용지주의에 위배되지 아니하는 등기를 말한다 [대판 1998. 7. 14, 97다34693; 대판(전합) 1996. 10. 17, 96다12511].

Ⅲ. 중간생략등기

27 **미등기건물의 원시취득자와 승계취득자 사이의 합의로 승계취득자 앞으로 직접 경료한 미등기건물에 관한 소유권보존등기는 적법한 등기로서 효력이 있다. ( )** (2022 변리사)

해설 미등기건물을 등기할 때에는 소유권을 원시취득한 자 앞으로 소유권보존등기를 한 다음 이를 양수한 자 앞으로 이전등기를 함이 원칙이라 할 것이나, 원시취득자와 승계취득자 사이의 합치된 의사에 따라 그 주차장에 관하여 승계취득자 앞으로 직접 소유권보존등기를 경료하게 되었다면, 그 소유권보존등기는 실체적 권리관계에 부합되어 적법한 등기로서의 효력을 가진다(대판 1995. 12. 26, 94다44675).

28 **甲은 자신이 소유하는 건물을 乙에게 매도한 뒤 인도하였고, 乙은 이를 다시 丙에게 매도한 뒤 인도하였다. 이에 관한 설명으로 옳은 것은? (다툼이 있으면 판례에 따름)** (2018 변리사)

① 乙이 무자력이 아닌 경우 丙은 乙의 甲에 대한 이전등기청구권을 대위행사할 수 없다.
② 甲, 乙, 丙전원의 합의가 없더라도, 丙은 甲에게 직접 이전등기를 청구할 수 있다.
③ 甲에서 직접 丙에게 이전등기하는 것에 관해 甲, 乙, 丙전원의 합의가 있었으나, 甲과 乙사이의 매매가 적법하게 합의해제된 경우, 甲은 丙의 이전등기청구를 거절할 수 없다.
④ 甲에서 丙으로 직접 이전등기가 된 경우, 乙과 丙이 대금을 완제했더라도 甲은 중간생략등기의 합의가 없다는 이유로 丙명의의 등기의 말소를 청구할 수 있다.
⑤ 만약 乙이 甲으로부터 丙으로 이전등기하는 것에 동의했더라도, 乙은 甲에 대한 이전등기청구권을 잃지 않는다.

27 (○) 28 ⑤ 《 정답

해설 ① (×) 채권자는 자기의 채무자에 대한 부동산의 소유권이전등기청구권 등 특정채권을 보전하기 위하여 채무자가 방치하고 있는 그 부동산에 관한 특정권리를 대위하여 행사할 수 있고 그 경우에는 채무자의 무자력을 요건으로 하지 아니하는 것이다(대판 1992. 10. 27, 91다483).

② (×), ④ (×) 최종 양수인이 중간생략등기의 합의를 이유로 최초 양도인에게 직접 중간생략등기를 청구하기 위하여는 관계 당사자 전원의 의사합치가 필요하지만, 당사자 사이에 적법한 원인행위가 성립되어 일단 중간생략등기가 이루어진 이상 중간생략등기에 관한 합의가 없었다는 이유만으로는 중간생략등기가 무효라고 할 수는 없다(대판 2005. 9. 29, 2003다40651).

③ (×) 당사자 사이에 중간생략등기에 관한 합의가 있은 후 최초매도인과 중간자 사이의 토지매매계약에 관한 합의해제가 이루어진 경우, 계약의 합의해제에 있어서도 계약해제의 경우에 있어서와 같이 이로써 제3자의 권리를 해할 수 없다 할 것이나, 최종매수인은 그 토지를 매매계약에 의하여 전득한 매수인이기는 하나 완전한 권리를 취득한 자라고 할 수 없으므로 매매계약의 합의해제에 의하여 권리를 해하지 못하는 제3자에 해당되지 아니하고, 따라서 최초매도인은 그 합의해제로서 최종매수인에게 대항할 수 있으므로 최종매수인은 최초매도인을 상대로 이전등기청구권을 행사할 수 없다(대판 1980. 5. 13, 79다932 ; 대판 1991. 4. 12, 91다2601).

⑤ (○) 중간생략등기의 합의가 있었다 하더라도 이러한 합의는 중간등기를 생략하여도 당사자 사이에 이의가 없겠고 또 그 등기의 효력에 영향을 미치지 않겠다는 의미가 있을 뿐이지 그러한 합의가 있었다 하여 중간매수인의 소유권이전등기청구권이 소멸된다거나 첫 매도인의 그 매수인에 대한 소유권이전등기의무가 소멸되는 것은 아니라 할 것이다(대판 1991. 12. 13, 91다18316).

29 **甲 소유의 X토지에 관하여 甲과 乙, 乙과 丙 사이에 순차로 매매계약이 체결되었다. 甲, 乙, 丙은 이행의 편의상 X토지에 관하여 乙명의의 소유권이전등기를 생략하고, 바로 甲으로부터 丙명의로 소유권이전등기를 경료하여 주기로 합의하였다. 이에 관한 설명으로 옳은 것을 모두 고른 것은? (각 지문은 독립적이며, 다툼이 있으면 판례에 따름)** (2022 변리사)

ㄱ. 위 합의에도 불구하고 乙은 甲에 대해 X토지에 관한 소유권이전등기청구권을 행사할 수 있다.
ㄴ. 위 합의 이후 甲과 乙 사이에 매매대금을 인상하는 약정이 체결된 경우, 甲은 乙이 인상된 매매대금을 지급하지 않았음을 이유로 丙명의로의 소유권이전등기의무의 이행을 거절할 수 있다.
ㄷ. 만일 X토지가 토지거래허가구역 내의 토지로서 관할 관청의 허가 없이 전전매매된 것이라면, 丙은 甲에 대하여 직접 X토지에 관한 토지거래허가 신청절차의 협력의무 이행청구권이 있다.

① ㄱ ② ㄷ ③ ㄱ, ㄴ ④ ㄴ, ㄷ ⑤ ㄱ, ㄴ, ㄷ

해설 ㄱ. (○) : 중간생략등기의 합의가 있었다 하더라도 이러한 합의는 중간등기를 생략하여도 당사자 사이에 이의가 없겠고 또 그 등기의 효력에 영향을 미치지 않겠다는 의미가 있을 뿐이지 그러한 합의가 있었다 하여 중간매수인의 소유권이전등기청구권이 소멸된다거나 첫 매도인의 그 매수인에 대한 소유권이전등기의무가 소멸되는 것은 아니라 할 것이다(대판 1991. 12. 13, 91다18316).

ㄴ. (○) : [1] 중간생략등기의 합의란 부동산이 전전 매도된 경우 각 매매계약이 유효하게 성립함을 전

정답 29 ③

제로 그 이행의 편의상 최초의 매도인으로부터 최종의 매수인 앞으로 소유권이전등기를 경료하기로 한다는 당사자 사이의 합의에 불과할 뿐이므로, 이러한 합의가 있다고 하여 최초의 매도인이 자신이 당사자가 된 매매계약상의 매수인인 중간자에 대하여 갖고 있는 매매대금청구권의 행사가 제한되는 것은 아니다. [2] 최초 매도인과 중간 매수인, 중간 매수인과 최종 매수인 사이에 순차로 매매계약이 체결되고 이들 간에 중간생략등기의 합의가 있은 후에 최초 매도인과 중간 매수인 간에 매매대금을 인상하는 약정이 체결된 경우, 최초 매도인은 인상된 매매대금이 지급되지 않았음을 이유로 최종 매수인 명의로의 소유권이전등기의무의 이행을 거절할 수 있다고 한 사례(대판 2005. 4. 29, 2003다66431).
ㄷ. (×) : 토지거래허가구역 내의 토지가 관할 관청의 허가 없이 전전매매되고 그 당사자들 사이에 최초의 매도인으로부터 최종 매수인 앞으로 직접 소유권이전등기를 경료하기로 하는 중간생략등기의 합의가 있는 경우, 이러한 중간생략등기의 합의란 부동산이 전전매도된 경우 각 매매계약이 유효하게 성립함을 전제로 그 이행의 편의상 최초의 매도인으로부터 최종의 매수인 앞으로 소유권이전등기를 경료하기로 한다는 당사자 사이의 합의에 불과할 뿐 그러한 합의가 있다고 하여 최초의 매도인과 최종의 매수인 사이에 매매계약이 체결되었다는 것을 의미하는 것은 아니고, 따라서 최종 매수인은 최초 매도인에 대하여 직접 그 토지에 관한 토지거래허가 신청절차의 협력의무 이행청구권을 가지고 있다고 할 수 없으며, 설사 최종 매수인이 자신과 최초 매도인을 매매 당사자로 하는 토지거래허가를 받아 최종 매수인 앞으로 소유권이전등기를 경료하더라도 그러한 소유권이전등기는 적법한 토지거래허가 없이 경료된 등기로서 무효이다(대판 1996. 6. 28, 96다3982).

30 **甲과 乙은 甲 소유 A부동산에 관하여 매매계약을 체결하였고, 그 후 乙은 소유권이전등기를 마치지 않은 상태에서 丙과 A부동산에 관한 매매계약을 체결하였다. 이에 관한 설명 중 옳지 않은 것은? (다툼이 있는 경우 판례에 의함)** (2019 변호사)

① 甲, 乙, 丙 사이에 중간생략등기의 합의가 있었다 하더라도 乙의 甲에 대한 소유권이전등기청구권이 소멸되지는 않는다.
② 甲, 乙, 丙 사이에 중간생략등기의 합의가 없었다면 丙은 직접 甲을 상대로 소유권이전등기를 청구할 수는 없고 乙의 甲에 대한 소유권이전등기청구권을 대위행사하여야 한다.
③ 甲, 乙, 丙 사이에 중간생략등기의 합의가 없었다 하더라도 甲과 乙, 乙과 丙 사이의 매매계약이 모두 유효하고 매매대금도 모두 지급된 경우에는, 甲으로부터 직접 丙 앞으로 이루어진 소유권이전등기는 유효하다.
④ 甲, 乙, 丙 사이에 중간생략등기의 합의가 있은 후에 甲과 乙 사이에 매매대금을 인상하는 약정이 체결된 경우, 甲은 인상된 매매대금이 지급되지 않았음을 이유로 丙으로의 소유권이전등기절차의 이행을 거절할 수 없다.
⑤ 甲, 乙, 丙 사이에 중간생략등기의 합의가 없는 경우 乙이 甲에 대한 A부동산의 소유권이전등기청구권을 丙에게 양도하고 이를 甲에게 통지하였다 하더라도, 甲이 이에 대해 동의 또는 승낙하지 않은 이상 丙은 甲에게 직접 소유권이전등기를 청구할 수는 없다.

해설 ① (○) : 중간생략등기의 합의가 있었다 하더라도 이러한 합의는 중간등기를 생략하여도 당사자 사이에 이의가 없겠고 또 그 등기의 효력에 영향을 미치지 않겠다는 의미가 있을 뿐이지 그러한 합의가 있었다 하여 중간매수인의 소유권이전등기청구권이 소멸된다거나 첫 매도인의 그 매수인에 대한 소유권이전등기의무가 소멸되는 것은 아니라 할 것이다(대판 1991. 12. 13, 91다18316).

30 ④ 《 정답

② (○) : 부동산이 전전 양도된 경우에 중간생략등기의 합의가 없는 한 그 최종 양수인은 최초 양도인에 대하여 직접 자기 명의로의 소유권이전등기를 청구할 수 없다(대판 1997. 5. 16, 97다485). ☞ 결국 대위행사하여야 한다.

③ (○) : 최종 양수인이 중간생략등기의 합의를 이유로 최초 양도인에게 직접 중간생략등기를 청구하기 위하여는 관계 당사자 전원의 의사합치가 필요하지만, 당사자 사이에 적법한 원인행위가 성립되어 일단 중간생략등기가 이루어진 이상 중간생략등기에 관한 합의가 없었다는 이유만으로는 중간생략등기가 무효라고 할 수는 없다(대판 2005. 9. 29, 2003다40651).

④ (×) : [1] 중간생략등기의 합의란 부동산이 전전 매도된 경우 각 매매계약이 유효하게 성립함을 전제로 그 이행의 편의상 최초의 매도인으로부터 최종의 매수인 앞으로 소유권이전등기를 경료하기로 한다는 당사자 사이의 합의에 불과할 뿐이므로, 이러한 합의가 있다고 하여 최초의 매도인이 자신이 당사자가 된 매매계약상의 매수인인 중간자에 대하여 갖고 있는 매매대금청구권의 행사가 제한되는 것은 아니다. [2] 최초 매도인과 중간 매수인, 중간 매수인과 최종 매수인 사이에 순차로 매매계약이 체결되고 이들 간에 중간생략등기의 합의가 있은 후에 최초 매도인과 중간 매수인 간에 매매대금을 인상하는 약정이 체결된 경우, 최초 매도인은 인상된 매매대금이 지급되지 않았음을 이유로 최종 매수인 명의로의 소유권이전등기의무의 이행을 거절할 수 있다고 한 사례(대판 2005. 4. 29, 2003다66431).

⑤ (○) : 부동산이 전전 양도된 경우에 중간생략등기의 합의가 없는 한 그 최종 양수인은 최초 양도인에 대하여 직접 자기 명의로의 소유권이전등기를 청구할 수 없고, 부동산의 양도계약이 순차 이루어져 최종 양수인이 중간생략등기의 합의를 이유로 최초 양도인에게 직접 그 소유권이전등기청구권을 행사하기 위하여는 관계 당사자 전원의 의사 합치, 즉 중간생략등기에 대한 최초 양도인과 중간자의 동의가 있는 외에 최초 양도인과 최종 양수인 사이에도 그 중간등기 생략의 합의가 있었음이 요구되므로, 비록 최종 양수인이 중간자로부터 소유권이전등기청구권을 양도받았다 하더라도 최초 양도인이 그 양도에 대하여 동의하지 않고 있다면 최종 양수인은 최초 양도인에 대하여 채권양도를 원인으로 하여 소유권이전등기절차 이행을 청구할 수 없다(대판 1997. 5. 16, 97다485).

31 **甲은 자기 소유 X건물을 乙에게 매도하고 乙은 이를 다시 丙에게 매도하기로 하는 매매계약을 각각 체결하였다. 이에 관한 설명 중 옳지 않은 것은? (다툼이 있는 경우 판례에 의함)**

(2020 변호사)

① 甲, 乙, 丙이 전원의 의사합치에 따라 甲으로부터 丙에게 직접 소유권이전등기를 넘겨주기로 하는 중간생략등기의 합의를 한 경우, 丙은 甲을 상대로 X건물의 소유권이전등기를 청구할 수 있다.

② 甲, 乙, 丙이 전원의 의사합치에 따라 甲으로부터 丙에게 직접 소유권이전등기를 넘겨주기로 하는 중간생략등기의 합의를 한 경우, 甲은 乙을 상대로 매매대금의 지급을 청구할 수 없다.

③ 甲과 乙, 乙과 丙 사이의 각 매매계약이 적법하게 성립하여 甲으로부터 丙이 X건물에 관하여 소유권이전등기를 마쳤다면, 이들 전원의 중간생략등기에 대한 합의가 없었다는 이유만으로 그 등기를 무효라고 할 수는 없다.

④ 甲이 매수인 乙에게 X건물을 매도함에 있어서, 소유권이전등기 소요 서류 등에 매수인란을 백지로 하여 교부한 경우에는 소유권이전등기에 있어 묵시적 그리고 순차적으로 중간생략등기에 합의한 것으로 볼 수 있다.

정답 》 31 ②

⑤ 만일 甲이 X건물을 신축하여 乙에게 매도하면서 매수인 乙과의 합의에 따라 乙 명의로 소유권보존등기가 마쳐졌다면, 그 등기는 실체적 권리관계에 부합하는 적법한 등기로서 효력이 있다.

해설 ① (○) : 부동산이 전전양도된 경우에 중간생략등기의 합의가 없는 한 그 최종 양수인은 최초 양도인에 대하여 직접 자기명의로의 소유권이전등기를 청구할 수는 없다 할 것이고, 부동산의 양도계약이 순차 이루어져 최종 양수인이 중간생략등기의 합의를 이유로 최초 양도인에게 직접 그 소유권이전등기청구권을 행사하기 위하여는 관계당사자 전원의 의사합치, 즉 중간생략등기에 대한 최초 양도인과 중간자의 동의가 있는 외에 최초 양도인과 최종 양수인 사이에도 그 중간등기생략의 합의가 있었음이 요구된다(대판 1991. 4. 23, 91다5761).

② (×) : 중간생략등기의 합의란 부동산이 전전 매도된 경우 각 매매계약이 유효하게 성립함을 전제로 그 이행의 편의상 최초의 매도인으로부터 최종의 매수인 앞으로 소유권이전등기를 경료하기로 한다는 당사자 사이의 합의에 불과할 뿐이므로, 이러한 합의가 있다고 하여 최초의 매도인이 자신이 당사자가 된 매매계약상의 매수인인 중간자에 대하여 갖고 있는 매매대금청구권의 행사가 제한되는 것은 아니다(대판 2005. 4. 29, 2003다66431).

③ (○) : 중간생략등기절차에 있어서 이미 중간생략등기가 이루어져 버린 경우에 있어서는, 그 관계 계약당사자 사이에 적법한 원인행위가 성립되어 이행된 이상, 다만 중간생략등기에 관한 합의가 없었다는 사유만으로서는 그 등기를 무효라고 할 수는 없다(대판 1979. 7. 10, 79다847).

④ (○) : 소유권이전등기 소요 서류 등에 매수인란을 백지로 하여 교부한 경우에는 소유권이전등기에 있어 묵시적 그리고 순차적으로 중간등기 생략의 합의가 있었다고 봄이 상당하다(대판 1982. 7. 13, 81다254).

> [비교판례] 최초 양도인이 중간등기생략을 거부하고 있어 매수인란이 공란으로 된 백지의 매도증서와 위임장 및 인감증명서를 교부한 것만으로는 중간등기생략에 관한 합의가 있었다고 할 수 없다(대판 1991. 4. 23, 91다5761).

⑤ (○) : 미등기건물을 등기할 때에는 소유권을 원시취득한 자 앞으로 소유권보존등기를 한 다음 이를 양수한 자 앞으로 이전등기를 함이 원칙이라 할 것이나, 원시취득자와 승계취득자 사이의 합치된 의사에 따라 그 주차장에 관하여 승계취득자 앞으로 직접 소유권보존등기를 경료하게 되었다면, 그 소유권보존등기는 실체적 권리관계에 부합되어 적법한 등기로서의 효력을 가진다(대판 1995. 12. 26, 94다44675).

Ⅳ. 등기청구권과 진정명의회복을 위한 소유권이전등기청구권

32-1 **부동산 매매로 인한 소유권이전등기청구권은 채권적 청구권이다. ( )** (2020 변리사)

32-2 **부동산 매매로 인한 소유권이전등기청구권은 특별한 사정이 없는 한 그 권리의 성질상 양도가 제한되고 그 양도에 채무자의 승낙이나 동의를 요한다. ( )** (2020 변리사)

32-3 **취득시효완성으로 인한 소유권이전등기청구권의 양도는 특별한 사정이 없는 한 등기의무자에게 통지함으로써 그에게 대항할 수 있다. ( )** (2020 변리사)

32-1 (○) **32-2** (○) **32-3** (○) 《 정답

해설 부동산의 매매로 인한 소유권이전등기청구권은 물권의 이전을 목적으로 하는 매매의 효과로서 매도인이 부담하는 재산권이전의무의 한 내용을 이루는 것이고, 매도인이 물권행위의 성립요건을 갖추도록 의무를 부담하는 경우에 발생하는 채권적 청구권으로 그 이행과정에 신뢰관계가 따르므로, 소유권이전등기청구권을 매수인으로부터 양도받은 양수인은 매도인이 그 양도에 대하여 동의하지 않고 있다면 매도인에 대하여 채권양도를 원인으로 하여 소유권이전등기절차의 이행을 청구할 수 없고, 따라서 매매로 인한 소유권이전등기청구권은 특별한 사정이 없는 이상 그 권리의 성질상 양도가 제한되고 그 양도에 채무자의 승낙이나 동의를 요한다고 할 것이므로 통상의 채권양도와 달리 양도인의 채무자에 대한 통지만으로는 채무자에 대한 대항력이 생기지 않으며 반드시 채무자의 동의나 승낙을 받아야 대항력이 생긴다(대판 2001. 10. 9, 2000다51216). 그러나 취득시효완성으로 인한 소유권이전등기청구권은 채권자와 채무자 사이에 아무런 계약관계나 신뢰관계가 없고, 그에 따라 채권자가 채무자에게 반대급부로 부담하여야 하는 의무도 없다. 따라서 취득시효완성으로 인한 소유권이전등기청구권의 양도의 경우에는 매매로 인한 소유권이전등기청구권에 관한 양도제한의 법리가 적용되지 않는다(대판 2018. 7. 12, 2015다36167).

33 **소유권이전등기를 받지 않은 부동산의 매수인이 그 부동산을 인도받아 이를 사용·수익하다가 다른 사람에게 그 부동산을 처분하고 그 점유를 승계하여 준 경우, 매수인의 매도인을 상대로 한 이전등기청구권의 소멸시효는 진행되지 않는다. ( )** (2020 변리사)

해설 부동산의 매수인이 그 부동산을 인도받은 이상 이를 사용·수익하다가 그 부동산에 대한 보다 적극적인 권리 행사의 일환으로 다른 사람에게 그 부동산을 처분하고 그 점유를 승계하여 준 경우에도 그 이전등기청구권의 행사 여부에 관하여 그가 그 부동산을 스스로 계속 사용·수익만 하고 있는 경우와 특별히 다를 바 없으므로 위 두 어느 경우에나 이전등기청구권의 소멸시효는 진행되지 않는다(대판 1999. 3. 18, 98다32175).

34 **乙은 2005. 1. 10. 甲소유의 X토지를 매수하고 대금을 지급한 후 X토지를 인도받았으나 소유권이전등기는 마치지 않았다. 乙은 2015. 12. 31. X토지를 다시 丙에게 매도하였고, 2019. 2. 16. 현재까지 丙역시 미등기 상태로 X토지를 점유하고 있다. 이에 관한 설명으로 옳지 않은 것은? (다툼이 있으면 판례에 따름)** (2019 변리사)

① 甲은 丙에게 소유권에 기하여 X토지의 반환을 청구할 수 없다.
② 乙의 甲에 대한 소유권이전등기청구권의 소멸시효는 진행되지 않는다.
③ 丙은 乙의 甲에 대한 소유권이전등기청구권을 대위하여 행사할 수 있다.
④ 甲은 丙에 대해 불법점유를 이유로 임료 상당의 부당이득반환을 청구할 수 없다.
⑤ X토지를 제3자가 불법점유하고 있다면, 丙은 제3자에 대하여 소유권에 기한 물권적 청구권을 행사할 수 있다.

정답 33 (○) 34 ⑤

해설 ① (○), ④ (○) : 토지의 매수인이 아직 소유권이전등기를 경료받지 아니하였다 하여도 매매계약의 이행으로 그 토지를 인도받은 때에는 매매계약의 효력으로서 이를 점유·사용할 권리가 생기게 된 것으로 보아야 하고, 또 매수인으로부터 위 토지를 다시 매수한 자는 위와 같은 토지의 점유사용권을 취득한 것으로 봄이 상당하므로 매도인은 매수인으로부터 다시 위 토지를 매수한 자에 대하여 토지 소유권에 기한 물권적 청구권을 행사하거나 그 점유·사용을 법률상 원인이 없는 이익이라고 하여 부당이득반환청구를 할 수는 없다(대판 2001. 12. 11, 2001다45355).

② (○) : 부동산의 매수인이 그 부동산을 인도받은 이상 이를 사용·수익하다가 그 부동산에 대한 보다 적극적인 권리 행사의 일환으로 다른 사람에게 그 부동산을 처분하고 그 점유를 승계하여 준 경우에도 그 이전등기청구권의 행사 여부에 관하여 그가 그 부동산을 스스로 계속 사용·수익만 하고 있는 경우와 특별히 다를 바 없으므로 위 두 어느 경우에나 이전등기청구권의 소멸시효는 진행되지 않는다고 보아야 한다[대판(전합) 1999. 3. 18, 98다32175].

③ (○) : 乙은 甲에 대해, 丙은 乙에 대해 각각 소유권이전등기청구권을 가지므로 丙은 乙의 甲에 대한 소유권이전등기청구권을 대위하여 행사할 수 있다(민법 제404조). 참고로 부동산의 양도계약이 순차 이루어져 최종 양수인이 중간생략등기의 합의를 이유로 최초 양도인에게 직접 그 소유권이전등기청구권을 행사하기 위하여는 관계당사자 전원의 의사합치, 즉 중간생략등기에 대한 최초 양도인과 중간자의 동의가 있는 외에 최초의 양도인과 최종의 양수인 사이에도 그 중간등기생략의 합의가 있었음이 요구된다(대판 1994. 5. 24, 93다47738).

⑤ (×) : 미등기 무허가건물의 양수인이라 할지라도 그 소유권이전등기를 경료받지 않는 한 그 건물에 대한 소유권을 취득할 수 없고, 그러한 상태의 건물 양수인에게 소유권에 준하는 관습상의 물권이 있다고 볼 수도 없으므로, 건물을 신축하여 그 소유권을 원시취득한 자로부터 그 건물을 매수하였으나 아직 소유권이전등기를 갖추지 못한 자는 그 건물의 불법점거자에 대하여 직접 자신의 소유권 등에 기하여 명도를 청구할 수는 없다(대판 2007. 6. 15, 2007다11347).

V. 법률규정에 의한 부동산물권의 변동

35 **상속재산인 부동산에 관하여 상속등기를 하지 않았더라도, 상속인은 상속이 개시된 때에 그 부동산의 소유권을 취득한다. ( )** (2018 변리사)

해설 민법 제187조(등기를 요하지 아니하는 부동산물권취득) 상속, 공용징수, 판결, 경매 기타 법률의 규정에 의한 부동산에 관한 물권의 취득은 등기를 요하지 아니한다. 그러나 등기를 하지 아니하면 이를 처분하지 못한다.

민법 제1005조(상속과 포괄적 권리의무의 승계) 상속인은 상속개시된 때로부터 피상속인의 재산에 관한 포괄적 권리의무를 승계한다. 그러나 피상속인의 일신에 전속한 것은 그러하지 아니하다.

36 **공용징수를 위한 수용절차에서 재결에 의하여 토지가 수용되는 경우, 보상금을 공탁한 사업시행자는 수용의 개시일에 그 토지의 소유권을 취득한다. ( )** (2018 변리사)

35 (○) 36 (○) 《 정답

> **해설** 민법 제187조, 공익사업을 위한 토지 등의 취득 및 보상에 관한 법률 제45조(권리의 취득·소멸 및 제한) ① 사업시행자는 수용의 개시일에 토지나 물건의 소유권을 취득하며, 그 토지나 물건에 관한 다른 권리는 이와 동시에 소멸한다.

37 **무허가건물의 신축자는 등기 없이 소유권을 원시취득하지만 이를 양도하는 경우에는 등기 없이 인도에 의하여 소유권을 이전할 수 없다. ( )** (2017 변리사)

> **해설** 무허가건물의 신축은 법률행위에 의하지 아니한 물권의 취득이므로 신축자가 등기 없이 소유권을 원시취득한다고 할 것이지만, 이를 양도하는 경우에는 등기 없이 물권행위 및 인도에 의하여 소유권을 이전할 수 없다(대판 1997. 11. 28, 95다43594).

38 **민사집행법에 따른 경매를 통하여 부동산을 매수한 경우, 매수인은 경매법원의 촉탁에 의한 이전등기가 경료된 때에 소유권을 취득한다. ( )** (2018 변리사)

> **해설** 민법 제187조, 민사집행법 제135조(소유권의 취득시기) 매수인은 매각대금을 다 낸 때에 매각의 목적인 권리를 취득한다.

39 **소유권이전등기청구소송에서 승소판결이 확정된 경우에도 등기하여야 소유권을 취득한다. ( )** (2017 변리사)

> **해설** 매매등 법률행위를 원인으로 한 소유권이전등기절차 이행의 소에서의 원고 승소판결은 부동산물권취득이라는 형성적 효력이 없어 민법 제187조 소정의 판결에 해당하지 않으므로 승소판결에 따른 소유권이전등기 경료시까지는 부동산의 소유권을 취득한다고 볼 수 없다(대판 1982. 10. 12, 82다129).

40 **소유권이전의 약정을 내용으로 하는 화해조서는 민법 제187조(등기를 요하지 아니하는 부동산물권취득)의 판결에 포함되지 않는다. ( )** (2023 변리사)

> **해설** 본조(민법 제187조)에서 이른바 판결이라 함은 판결자체에 의하여 부동산물권취득의 형식적 효력이 발생하는 경우를 말하는 것이고 당사자 사이에 이루어진 어떠한 법률행위를 원인으로 하여 부동산 소유권이전등기절차의 이행을 명하는 것과 같은 내용의 판결 또는 소유권이전의 약정을 내용으로 하는 화해조서는 이에 포함되지 않는다(대판 1965. 8. 17, 64다1721).

41-1 **공유물분할의 소에서 공유부동산의 특정한 일부씩을 각각의 공유자에게 귀속시키는 것으로 현물분할하는 내용의 조정이 성립하였다면, 그 조정이 성립한 때 물권변동의 효력이 발생한다. ( )** (2017 변리사)

41-2 **공유물분할 소송절차에서 공유도지의 특정한 일부씩을 각각의 공유관계에 귀속시키는 것으로 현물분할하는 내용의 조정이 성립하였다면, 그 조정조서는 공유물분할판결과 동일한 효력을 가지는 것으로서 「민법」 제187조 소정의 '판결'에 해당하여 조정이 성립한 때 물권**

정답 37 (○) 38 (×) 39 (○) 40 (○) 41-1 (×) 41-2 (×)

변동의 효력이 발생한다. ( ) (2020 변호사)

41-3 **공유물분할의 조정절차에서 공유자 사이에 공유토지에 대한 현물분할의 조정이 성립한 경우, 각 공유자는 조정에 기하여 지분이전등기를 마침으로써 분할된 부분에 대한 소유권을 취득한다. ( )** (2018 변리사)

41-4 **공유물분할의 조정절차에서 공유자 사이에 공유토지에 관한 현물분할의 협의가 성립하여 그 합의사항을 조서에 기재함으로써 조정이 성립하더라도 등기 없이 그 협의에 따른 새로운 법률관계가 창설되는 것은 아니다. ( )** (2023 변리사)

> **해설** 공유물분할의 소송절차 또는 조정절차에서 공유자 사이에 공유토지에 관한 현물분할의 협의가 성립하여 그 합의사항을 조서에 기재함으로써 조정이 성립하였다고 하더라도, 그와 같은 사정만으로 재판에 의한 공유물분할의 경우와 마찬가지로 그 즉시 공유관계가 소멸하고 각 공유자에게 그 협의에 따른 새로운 법률관계가 창설되는 것은 아니고, 공유자들이 협의한 바에 따라 토지의 분필절차를 마친 후 각 단독소유로 하기로 한 부분에 관하여 다른 공유자의 공유지분을 이전받아 등기를 마침으로써 비로소 그 부분에 대한 대세적 권리로서의 소유권을 취득하게 된다고 보아야 한다[대판(전합) 2013. 11. 21, 2011두1917].

42 **전세권이 법정갱신된 경우, 전세권자는 등기 없이도 전세권설정자나 그 목적물을 취득한 제3자에 대하여 갱신된 권리를 주장할 수 있다. ( )** (2017 변리사)

> **해설** 전세권이 법정갱신된 경우 이는 법률의 규정에 의한 물권의 변동이므로 전세권갱신에 관한 등기를 필요로 하지 아니하고, 전세권자는 등기 없이도 전세권설정자나 그 목적물을 취득한 제3자에 대하여 갱신된 권리를 주장할 수 있다(대판 2010. 3. 25, 2009다35743).

43 **등기 없이 물권변동이 일어나는 경우가 아닌 것은? (다툼이 있으면 판례에 따름)** (2015 변리사)

① 단독건물을 완공하였으나 소유권보존등기를 하지 않은 경우
② 부동산 소유자가 사망하여 그 부동산이 상속된 경우
③ 민사집행법에 의한 경매에서 부동산을 매수하고 매각대금을 완납한 경우
④ 채무의 담보로 자신의 토지에 저당권을 설정해 준 채무자가 그 채무를 모두 변제한 경우
⑤ 잔금을 지급한 부동산 매수인이 매도인을 상대로 매매를 원인으로 한 소유권이전등기청구소송을 제기하여 승소의 확정판결을 받은 경우

> **해설** ⑤만이 부당하다. 제187조 법률행위에 의하지 않은 물권변동(=법률규정에 의한 물권변동)에서 판결은 형성판결만을 포함하고, 이행판결이나 확인판결은 포함되지 않는다. 따라서 "잔금을 지급한 부동산 매수인이 매도인을 상대로 매매를 원인으로 한 소유권이전등기청구소송을 제기하여 승소의 확정판결을 받은 경우"는 이행판결이기 때문에 제186조의 법률행위에 의한 물권변동이기 때문에 등기를 하여야 물권이 변동된다(대판 1970. 6. 30, 70다568). 나머지는 모두 제187조가 적용되는 경우들이다.

41-3 (○) **41-4** (○) **42** (○) **43** ⑤ 《 정답

Ⅵ. 등기의 효력

44 **물권에 관한 등기가 원인 없이 말소된 때에도 그 물권의 효력에는 영향이 없다. ( )**

(2014 변리사)

> **해설** 등기는 물권의 효력발생요건이고, 효력존속요건이 아니다. 따라서 물권에 관한 등기가 원인 없이 말소된 때에도 그 물권의 효력에는 영향이 없다(대판 1982. 9. 14, 81다카923).

45 **근저당권설정등기가 불법하게 말소된 경우 근저당권자는 그 등기말소 당시의 소유자가 아니라 현재 등기명의자인 소유자를 상대로 근저당권설정등기의 회복등기청구를 하여야 한다. ( )**

(2020 변호사)

> **해설** 불법하게 말소된 것을 이유로 한 근저당권설정등기 회복등기청구는 그 등기말소 당시의 소유자를 상대로 하여야 한다(대판 1969. 3. 18, 68다1617).

46-1 **등기가 원인 없이 말소된 경우에는 그 회복등기가 마쳐지기 전이라도 말소된 등기의 등기명의인은 적법한 권리자로 추정된다. ( )**

(2017 변리사)

46-2 **등기가 원인 없이 말소된 경우 그 회복등기가 마쳐지기 전이라도 말소된 등기의 등기명의인은 적법한 권리자로 추정된다. ( )**

(2020, 2021 변리사)

> **해설** 등기는 물권의 효력 발생 요건이고 존속 요건은 아니어서 등기가 원인 없이 말소된 경우에는 그 물권의 효력에 아무런 영향이 없고, 그 회복등기가 마쳐지기 전이라도 말소된 등기의 등기명의인은 적법한 권리자로 추정되므로 원인 없이 말소된 등기의 효력을 다투는 쪽에서 그 무효 사유를 주장·입증하여야 한다(대판 1997. 9. 30, 95다39526).

47 **甲 소유의 X건물을 乙이 丙에게 매도하고 소유권이전등기를 하여 준 경우, 丙이 乙을 甲의 대리인이라고 주장하면, 丙 명의의 등기가 원인무효임을 이유로 말소하기 위해서는 甲이 乙에게 대리권이 없다는 사실을 증명하여야 한다. ( )**

(2016 변리사)

> **해설** 소유권이전등기가 전 등기명의인의 직접적인 처분행위에 의한 것이 아니라 제3자가 그 처분행위에 개입된 경우 현 등기명의인이 그 제3자가 전 등기명의인의 대리인이라고 주장하더라도 현 소유명의인의 등기가 적법히 이루어진 것으로 추정되므로, 그 등기가 원인무효임을 이유로 그 말소를 청구하는 전 소유명의인으로서는 반대사실, 즉 그 제3자에게 전 소유명의인을 대리할 권한이 없었다든가 또는 제3자가 전 소유명의인의 등기서류를 위조하는 등 등기절차가 적법하게 진행되지 아니한 것으로 의심할 만한 사정이 있다는 등의 무효사실에 대한 증명책임을 진다(대판 2009. 9. 24, 2009다37831).

정답 〉 44 (○) 45 (×) 46-1 (○) 46-2 (○) 47 (○)

48-1 미성년자인 甲이 자신의 X건물을 친권자 乙에게 증여하고 소유권이전등기를 하여 준 경우, 그 증여행위는 이해상반행위로서 특별한 사정이 없는 한 乙의 이전등기는 적법한 것으로 추정되지 않는다. ( ) (2016 변리사)

48-2 미성년자 甲 소유의 부동산에 관해 증여를 원인으로 하여 甲의 친권자 乙 명의의 소유권이전등기가 경료된 경우에는, 이를 위해 필요한 특별대리인 선임이 있었던 것으로 추정된다. ( ) (2018 변호사)

48-3 미성년자인 전(前) 등기명의인이 친권자에게 이해상반행위인 부동산 증여를 했어도 일단 친권자에게 그 부동산의 소유권이전등기가 경료된 이상, 특별한 사정이 없는 한 그 이전등기의 절차를 적법하게 거친 것으로 추정된다. ( ) (2020 변리사)

> **해설** 전 등기명의인이 미성년자이고 당해 부동산을 친권자에게 증여하는 행위가 이해상반행위라 하더라도 일단 친권자에게 이전등기가 경료된 이상, 특별한 사정이 없는 한, 그 이전등기에 관하여 필요한 절차(=특별대리인 선임)를 적법하게 거친 것으로 추정된다(대판 2002. 2. 5, 2001다72029).

49-1 甲이 자신의 X건물을 乙에게 매도하고 소유권이전등기를 하여 준 경우, 乙은 제3자 뿐만 아니라 甲에 대해서도 적법한 등기원인에 의하여 소유권을 취득한 것으로 추정된다. ( ) (2016 변리사)

49-2 소유권이전등기가 경료되어 있는 경우, 그 등기명의자는 제3자에 대하여서뿐만 아니라 그 전 소유자에 대하여서도 적법한 등기원인에 의하여 소유권을 취득한 것으로 추정된다. ( ) (2017 변리사)

49-3 소유권이전등기가 있으면 등기명의자가 정당한 원인에 의하여 적법하게 소유권을 취득한 것으로 추정되므로, 현 소유자 명의의 소유권이전등기의 말소등기절차의 이행을 구하는 전 소유명의자가 등기원인의 무효를 증명하여야 한다. ( ) (2014 변리사)

> **해설** 소유권이전등기가 경료되어 있는 경우에는 그 등기명의자는 제3자에 대하여서뿐 아니라 그 전소유자에 대하여도 적법한 등기원인에 의하여 소유권을 취득한 것으로 추정된다(대판 1997. 12. 12, 97다40100).

50 매매로 인한 소유권이전등기에서 등기명의자가 등기원인을 증여로 주장하였다면 등기의 추정력은 깨어진다. ( ) (2021 변리사)

> **해설** 부동산등기는 현재의 진실한 권리상태를 공시하면 그에 이른 과정이나 태양을 그대로 반영하지 아니하였어도 유효한 것이므로 소유권이전등기가 전소유자의 의사에 반하여 이루어진 것이 아니라면 명의자가 등기원인행위의 태양이나 과정을 다소 다르게 주장한다고 하여 이러한 주장만 가지고 그 등기의 추정력이 깨어진다고 할 수 없다(대판 1993. 5. 11, 92다46059).

48-1 (×) 48-2 (○) 48-3 (○) 49-1 (○) 49-2 (○) 49-3 (○) 50 (×) 《 정답

51 사망자 명의로 신청하여 이루어진 이전등기도 특별한 사정이 없는 한 등기의 추정력이 인정되므로, 등기의 무효를 주장하는 자가 현재의 실체관계에 부합하지 않음을 증명하여야 한다. ( ) (2021 변리사)

> **해설** 사망자 명의로 신청하여 이루어진 이전등기는 일단 원인무효의 등기라고 볼 것이어서 등기의 추정력을 인정할 여지가 없으므로, 등기의 유효를 주장하는 자가 현재의 실체관계와 부합함을 증명할 책임이 있다(대판 2018. 11. 29, 2018다200730).

52 소유권이전등기의 원인으로 주장된 계약서가 진정하지 않은 것으로 증명된 경우에도 등기는 적법한 것으로 추정된다. ( ) (2017 변리사)

> **해설** 소유권이전등기의 원인으로 주장된 계약서가 진정하지 않은 것으로 증명된 이상 그 등기의 적법추정은 복멸되는 것이고 계속 다른 적법한 등기원인이 있을 것으로 추정할 수는 없다(대판 1998. 9. 22, 98다29568).

53 등기명의자 또는 제3자가 그에 앞선 등기명의인의 등기 관련 서류를 위조하여 소유권이전등기를 경료하였다는 점이 증명되었으면 특별한 사정이 없는 한 무효원인의 사실이 증명되었다고 보아야 한다. ( ) (2023 변호사)

> **해설** 등기명의자 또는 제3자가 그에 앞선 등기명의인의 등기 관련 서류를 위조하여 소유권이전등기를 경료하였다는 점이 증명되었으면 특별한 사정이 없는 한 무효원인의 사실이 증명되었다고 보아야 하고, 등기가 실체적 권리관계에 부합한다는 사실의 증명책임은 이를 주장하는 등기명의인에게 있다(대판 2014. 3. 13, 2009다105215).

54-1 소유권이전청구권 보전을 위한 가등기가 있으면 소유권이전등기를 청구할 어떤 법률관계가 있다고 추정된다. ( ) (2020 변리사)

54-2 매수인의 매도인에 대한 소유권이전청구권 보전을 위한 가등기가 경료된 경우, 소유권이전등기를 청구할 어떤 법률관계가 있다고 추정되지 않는다. ( ) (2023 변리사)

54-3 의용 민법과 의용 부동산등기법 적용 당시 행하여진 가등기 뿐만 아니라 현행 「민법」과 현행 「부동산등기법」에 따라 이루어진 가등기에 관해서도 구체적인 등기원인이 존재하는 것으로 추정된다. ( ) (2023 변호사)

> **해설** 소유권이전청구권보전을 위한 가등기가 있다하여 소유권이전등기를 청구할 어떤 법률관계가 있다고 추정되지 아니한다(대판 1979. 5. 22, 79다239).
>
> > [최신판례] 의용 민법과 의용 부동산등기법 적용 당시 행하여진 가등기의 구체적인 등기원인이 존재하는 것으로 추정할 수 없다. 가등기의 구체적인 등기원인의 추정력이 부정되는 것은 현행 민법과 부동산등기법에 따라 이루어진 가등기에 관해서도 마찬가지이다(대판 2018. 11. 29, 2018다200730).

정답 51 (×) 52 (×) 53 (○) 54-1 (×) 54-2 (○) 54-3 (×)

55 **허무인으로부터 등기를 이어받은 소유권이전등기는 원인무효이므로 그 등기명의자에 대한 소유권추정은 깨어진다. ( )** (2017 변리사)

> **해설** 허무인으로부터 등기를 이어받은 소유권이전등기는 원인무효라 할 것이어서 그 등기명의자에 대한 소유권추정은 깨트려진다(대판 1985. 11. 12, 84다카2494).

56-1 **甲이 X건물을 신축하였으나 그 건물이 乙 명의로 소유권보존등기가 된 경우, 乙 명의의 보존등기에 대한 권리 추정력은 부정된다. ( )** (2016 변리사)

56-2 **신축된 건물의 소유권은 이를 건축한 사람이 원시취득하는 것이므로, 건물소유권보존등기의 명의자가 이를 신축한 것이 아니라면 그 등기의 권리추정력은 깨어진다. ( )** (2017 변리사)

56-3 **신축된 건물은 소유권보존등기의 명의자가 이를 신축한 것이 아니라면 그 보존등기의 권리추정력은 깨어진다. ( )** (2020 변리사)

> **해설** 신축된 건물의 소유권은 이를 건축한 사람이 원시취득하는 것이므로, 건물 소유권보존등기의 명의자가 이를 신축한 것이 아니라면 그 등기의 권리 추정력은 깨어지고, 등기 명의자가 스스로 적법하게 그 소유권을 취득한 사실을 입증하여야 한다(대판 1996. 7. 30, 95다30734).

57 **토지에 대한 소유권보존등기의 추정력은 그 보존등기 명의인 이외의 자가 당해 토지를 사정받은 것으로 밝혀지면 깨어진다. ( )** (2020 변리사)

> **해설** 토지조사부에 소유자로 등재되어 있는 자는 재결에 의하여 사정 내용이 변경되었다는 등 반증이 없는 이상 토지 소유자로 사정받아 그 사정이 확정된 것으로 추정되어 토지를 원시적으로 취득하게 되고, 소유권보존등기 추정력은 보존등기 명의인 이외의 자가 당해 토지를 사정받은 것으로 밝혀지면 깨지는 것이다(대판 2011. 5. 13, 2009다94384).

58 **「임야소유권 이전등기에 관한 특별조치법」에 의한 소유권보존등기가 경료된 임야에 관하여 그 임야를 사정받은 사람이 따로 있는 것이 사후에 밝혀졌다면, 그 등기는 실체적 권리관계에 부합하는 등기로 추정되지 않는다. ( )** (2023 변리사)

> **해설** 임야소유권이전등기에관한**특별조치법**(법률 제2111호)**에 의한** 소유권보존등기가 경료된 임야에 관하여서는 그 임야를 사정받은 사람이 따로 있는 것으로 밝혀진 경우라도 그 등기는 동법 소정의 적법한 절차에 따라 마쳐진 것으로서 실체적 권리관계에 부합하는 등기로 추정된다 할 것이므로 위 특별조치법에 의하여 경료된 소유권보존등기의 말소를 소구하려는 자는 그 소유권보존등기 명의자가 임야대장의 명의변경을 함에 있어 첨부한 원인증서인 위 특별조치법 제5조 소정의 보증서와 확인서가 허위 내지 위조되었다던가 그 밖에 다른 어떤 사유로 인하여 그 소유권보존등기가 위 특별조치법에 따라 적법하게 이루어진 것이 아니라는 주장과 입증을 하여야 한다(대판 1987. 10. 13, 86다카2928). ☞ 일반적인 보존등기의 경우 등기명의인이 원시취득한 것이 아니라는 점이 밝혀지면 추정력은 깨어지는 것이지만, 특별조치법에 의한 보존등기의 경우에는 그렇지 않다.

55 (○) 56-1 (○) 56-2 (○) 56-3 (○) 57 (○) 58 (×) 《 정답

59 **甲이 X건물에 대한 乙 명의의 소유권보존등기를 말소해 달라는 청구소송에서 승소판결을 받아 그 보존등기를 말소하고 자신의 명의로 소유권보존등기를 마친 경우, 위 판결이 공시송달절차에 의한 것이더라도 甲 명의의 소유권보존등기는 적법한 것으로 추정된다. ( )** (2016 변리사)

> **해설** 부동산등기법상 소유권보존등기 명의인을 상대로 한 소유권보존등기 말소청구 소송을 제기하여 승소판결을 받은 원고가 그 판결에 기하여 기존의 소유권보존등기를 말소한 후 자신의 명의로 마친 소유권보존등기는 일단 적법한 절차에 따라 마쳐진 소유권보존등기라고 추정하여야 하고, 위 판결이 공시송달 절차에 의하여 선고되었다고 하여 달리 볼 것이 아니다(대판 2006. 9. 8, 2006다17485).

60 **소유권에 기한 물권적 청구권을 보존하기 위한 가등기는 허용되지 않는다. ( )** (2014 변리사)

> **해설** 소유권에 기한 물권적 청구권을 보존하기 위한 가등기는 허용되지 않는다(대판 1982. 11. 2, 81다카1110).

61 **가등기에 의하여 순위 보전의 대상이 되어 있는 물권변동청구권이 양도된 경우, 양도인과 양수인의 공동신청으로 그 가등기상 권리의 이전등기를 가등기에 대한 부기등기의 형식으로 경료할 수 있다. ( )** (2023 변리사)

> **해설** 가등기는 원래 순위를 확보하는 데에 그 목적이 있으나, 순위보전의 대상이 되는 물권변동의 청구권은 그 성질상 양도될 수 있는 재산권일 뿐만 아니라 가등기로 인하여 그 권리가 공시되어 결과적으로 공시방법까지 마련된 셈이므로, 이를 양도한 경우에는 양도인과 양수인의 공동신청으로 그 가등기상의 권리의 이전등기를 가등기에 대한 부기등기의 형식으로 경료할 수 있다고 보아야한다[대판(전합) 1998.11.19, 98다24105].

62 **대상 토지에 관하여 무효인 중복등기가 존재하는 경우, 가등기권자는 가등기에 따른 본등기가 마쳐지지 않은 이상 현재의 소유자를 대위하지 않고 직접 그 중복등기 명의자를 피고로 삼아 그 등기의 말소를 청구할 수는 없다. ( )** (2019 변호사)

> **해설** 가등기는 부동산등기법 제6조 제2항의 규정에 의하여 그 본등기시에 본등기의 순위를 가등기의 순위에 의하도록 하는 순위보전적 효력만이 있을 뿐이고, 가등기만으로는 아무런 실체법상 효력을 갖지 아니하고 그 본등기를 명하는 판결이 확정된 경우라도 본등기를 경료하기까지는 마찬가지이므로, 중복된 소유권보존등기가 무효이더라도 가등기권리자는 그 말소를 청구할 권리가 없다(대판 2001. 3. 23, 2000다51285).

63-1 **소유권이전등기청구권을 보전하기 위한 가등기에 기하여 본등기를 한 경우, 물권변동의 효력은 본등기한 때에 발생하고 그 순위는 가등기한 때로 소급한다. ( )** (2014, 2021 변리사)

정답 》 59 (○) 60 (○) 61 (○) 62 (○) 63-1 (○)

63-2 **가등기는 그 성질상 본등기의 순위보전의 효력이 있어 후일 본등기가 경료된 때에는 본등기의 순위가 가등기한 때로 소급하지만 본등기에 의한 물권변동의 효력이 가등기한 때로 소급하여 발생하는 것은 아니다. ( )** (2019 변호사)

> **해설** 가등기는 그 성질상 본등기의 순위보전의 효력만이 있어 후일 본등기가 경료된 때에는 본등기의 순위가 가등기한 때로 소급하는 것뿐이지 본등기에 의한 물권변동의 효력이 가등기한 때로 소급하여 발생하는 것은 아니다(대판 1992. 9. 25, 92다21258).

64 **가등기명의인은 단독으로 가등기의 말소를 신청할 수 있다. ( )** (2019 변호사)

> **해설** 부동산등기법 제93조(가등기의 말소) ① 가등기명의인은 제23조 제1항에도 불구하고 단독으로 가등기의 말소를 신청할 수 있다.

65 **X 토지에 관하여 甲 명의의 소유권보존등기와 乙 명의의 소유권이전등기가 순차로 경료되어 있다는 사실은 아래 각 소송에서 다툼이 없다. 아래 각 소가 모두 적법하다는 전제에서, 이에 관한 설명 중 옳은 것을 모두 고른 것은? (각 지문은 독립적이며, 다툼이 있는 경우 판례에 의함)** (2018 변호사)

> ㄱ. 甲은 乙을 상대로 소유권이전등기말소 청구의 소를 제기하였다. 이 소송에서 甲은 乙에게 토지를 매도한 적이 없다고 주장하고, 乙은 甲으로부터 X 토지를 매수하였다고 주장하였다. 甲과 乙 양측의 위 주장 사실이 증명되지 않은 경우 원고 甲이 승소한다.
> ㄴ. 甲은 乙을 상대로 소유권이전등기말소 청구의 소를 제기하였다. 이 소송에서 乙이 X 토지를 甲의 대리인임을 자칭하는 A를 통하여 매수했다는 사실에 대해서는 당사자 사이에 다툼이 없었고, A에게 대리권이 있었는지 여부에 관해서만 다투어졌는데, 이 대리권 존부에 관하여 증명되지 않은 경우 원고 甲이 승소한다.
> ㄷ. X 토지의 사정 명의인은 B이고 丙은 B의 유일한 상속인이라는 사실은 아래 소송에서 당사자 사이에 다툼이 없다. 丙이 甲을 상대로 소유권보존등기말소 청구의 소를 제기하였다. 이 소송에서 丙은 甲이 관련서류를 위조하여 등기하였다고 주장하고 甲은 B 생전에 B로부터 X 토지를 매수하고 대금을 모두 지급하였다고 주장하였다. 甲과 丙 양측의 위 주장 사실이 증명되지 않은 경우 원고 丙이 승소한다.

① ㄱ ② ㄴ ③ ㄷ ④ ㄱ, ㄴ ⑤ ㄴ, ㄷ

> **해설** ㄱ.(×) : 소유권이전등기가 경료되어 있는 경우에는 그 등기명의자는 제3자에 대해서 뿐만 아니라 그 전 소유자에 대해서도 적법한 등기원인에 의하여 소유권을 취득한 것으로 추정된다(대판 2013. 1. 10, 2010다75044; 대판 1982. 6. 22, 81다791).
> ㄴ.(×) : 소유권이전등기가 전 등기명의인의 직접적인 처분행위에 의한 것이 아니라 제3자가 그 처분행위에 개입된 경우 현 등기명의인이 그 제3자가 전 등기명의인의 대리인이라고 주장하더라도 현 소유명의인의 등기가 적법히 이루어진 것으로 추정되므로, 그 등기가 원인무효임을 이유로 그 말소를 청구하는 전 소유명의인으로서는 반대사실, 즉 그 제3자에게 전 소유명의인을 대리할 권한이 없었다든

63-2 (○) 64 (○) 65 ③ 《 정답

가 또는 제3자가 전 소유명의인의 등기서류를 위조하는 등 등기절차가 적법하게 진행되지 아니한 것으로 의심할 만한 사정이 있다는 등의 무효사실에 대한 증명책임을 진다(대판 2009. 9. 24, 2009다37831).

ㄷ.(○) : 토지조사부에 소유자로 등재되어 있는 자는 재결에 의하여 사정 내용이 변경되었다는 등의 반증이 없는 이상 토지의 소유자로 사정받고 그 사정이 확정된 것으로 추정할 것이고, 소유권보존등기의 추정력은 그 보존등기 명의인 이외의 자가 당해 토지를 사정받은 것으로 밝혀지면 깨어지는 것이다(대판 1997. 5. 23, 95다46654,46661).

66 甲소유 부동산에 乙명의로 소유권이전등기청구권 보전을 위한 가등기가 경료된 후 甲에서 丙명의로 매매를 원인으로 한 소유권이전등기가 경료되었다. 이에 관한 설명으로 옳은 것은? (다툼이 있으면 판례에 따름) (2018 변리사)

① 甲이 丙에게 한 처분행위는 특별한 사정이 없는 한 무효이다.
② 乙의 甲에 대한 본등기청구권은 乙의 가등기가 존속하는 동안 소멸시효에 걸리지 않는다.
③ 乙이 甲에게 본등기를 청구하여 乙명의로 본등기가 이루어지면, 丙의 등기는 직권말소된다.
④ 乙이 가등기에 기한 본등기를 하면, 乙의 소유권취득의 효력은 가등기를 한 때로 소급한다.
⑤ 丙명의의 소유권이전등기가 원인무효라면 가등기권리자인 乙이 직접 그 말소를 구할 수 있다.

해설 ① (×) 소유권이전등기의무자가 그 부동산상에 제3자 명의로 가등기를 마쳐 주었다 하여도 가등기는 본등기의 순위보전의 효력을 가지는 것에 불과하고, 또한 그 소유권이전등기의무자의 처분권한이 상실되는 것도 아니므로 그 가등기만으로는 소유권이전등기의무가 이행불능이 된다고 할 수 없다(대판 1993. 9. 14, 93다12268).

② (×) 가등기가 존속하는 동안이라고 해서 본등기청구권이 소멸시효에 걸리지 않는 것은 아니다. 판례도 "가등기에 기한 소유권이전등기청구권이 시효의 완성으로 소멸되었다면 그 가등기 이후에 그 부동산을 취득한 제3자는 그 소유권에 기한 방해배제청구로서 그 가등기권자에 대하여 본등기청구권의 소멸시효를 주장하여 그 등기의 말소를 구할 수 있다(대판 1991. 3. 12.)"고 하고 있다.

③ (○) 부동산등기법 제92조(가등기에 의하여 보전되는 권리를 침해하는 가등기 이후 등기의 직권말소) ① 등기관은 가등기에 의한 본등기를 하였을 때에는 대법원규칙으로 정하는 바에 따라 가등기 이후에 된 등기로서 가등기에 의하여 보전되는 권리를 침해하는 등기를 직권으로 말소하여야 한다.

④ (×) 가등기는 그 성질상 본등기의 순위보전의 효력만이 있어 후일 본등기가 경료된 때에는 본등기의 순위가 가등기한 때로 소급하는 것뿐이지 본등기에 의한 물권변동의 효력이 가등기한 때로 소급하여 발생하는 것은 아니다(대판 1992. 9. 25, 92다21258).

⑤ (×) 가등기는 부동산등기법 제6조 제2항의 규정에 의하여 그 본등기시에 본등기의 순위를 가등기의 순위에 의하도록 하는 순위보전적 효력만이 있을 뿐이고, 가등기만으로는 아무런 실체법상 효력을 갖지 아니하고 그 본등기를 명하는 판결이 확정된 경우라도 본등기를 경료하기까지는 마찬가지이므로, 중복된 소유권보존등기가 무효이더라도 가등기권리자는 그 말소를 청구할 권리가 없다(대판 2001. 3. 23, 2000다51285).

정답 66 ③

67 **乙은 甲으로부터 X토지를 매수하고 중도금까지 지급한 후 소유권이전등기청구권을 보전하기 위하여 가등기를 하였다. 그 후 甲은 X토지를 丙에게 매도하고 소유권이전등기를 해 주었다. 乙이 잔금을 제공하면서 이전등기를 요구했으나 甲이 응하지 않고 있다. 이에 관한 설명으로 옳지 않은 것은? (다툼이 있으면 판례에 따름)** (2015 변리사)

① 乙은 가등기만으로 丙명의의 소유권이전등기의 말소를 구할 수 없다.
② 乙의 본등기청구권은 甲을 상대로 하여 행사하여야 한다.
③ 乙의 가등기에 기하여 본등기가 이루어진 경우, 丙은 乙에 대해 소유권을 주장할 수 없다.
④ 乙의 가등기에 기하여 본등기가 이루어진 경우, 乙은 가등기를 한 때로부터 소유권을 취득한 것으로 본다.
⑤ 乙의 가등기에 기하여 본등기가 이루어진 경우, 丙명의의 소유권이전등기는 등기관에 의해 직권말소된다.

해설 ④는 부당하다. 즉 가등기에 기하여 본등기를 하면 본등기시부터 물권이 변동되고, 그 순위는 가등기시로 소급한다. 따라서 乙의 가등기에 기하여 본등기가 이루어진 경우, 乙은 가등기를 한 때가 아닌 본등기시부터 소유권을 취득한 것으로 본다(대판 1981. 5. 26, 80다3117).
① (○) : 가등기만으로는 실체법상 효력이 없기 때문에, 乙은 가등기만으로 丙 명의의 소유권이전등기의 말소를 구할 수 없다(대판 2001. 3. 23, 2000다51285).
② (○), ③ (○), ⑤ (○) : 가등기권자는 가등기를 설정한 자에게 등기를 청구하여야 하기 때문에 乙의 본등기청구권은 甲을 상대로 하여 행사하여야 한다. 그리고 乙의 가등기에 기하여 본등기가 이루어진 경우, 물권이 변동되기 때문에 일물일권주의상 丙은 乙에 대해 소유권을 주장할 수 없는 것이다. 그리고 가등기에 기하여 본등기가 이루어진 경우, 가등기설정 후 등기가 완료된 소유권이전등기는 등기관에 의해 직권말소된다(대판 1995. 5. 26, 95다6878).

68 **토지 X의 등기부에는 시간 순서대로 甲 명의 소유권이전등기(갑구), 甲과의 매매예약에 기한 乙 명의의 가등기(갑구), 丙 명의의 소유권이전등기(갑구), 丁 명의의 근저당권설정등기(을구)가 기재되어 있다. 이에 관한 설명 중 옳은 것을 모두 고른 것은? (다툼이 있는 경우 판례에 의함)** (2017 변호사)

ㄱ. 乙이 소로써 가등기에 기한 본등기를 청구하려면 그 청구의 상대방은 현재의 소유자 丙이다.
ㄴ. 乙 명의 가등기에 기하여 본등기가 경료되는 경우 갑구의 丙 명의 소유권이전등기뿐만 아니라 을구의 丁 명의 근저당권설정등기도 직권으로 말소된다.
ㄷ. 乙 명의 가등기에 기하여 본등기가 경료되어 丙 명의 소유권이전등기가 직권으로 말소된 후 乙 명의 가등기 및 본등기가 통정허위표시에 의한 것임이 밝혀진 경우, 丙은 乙을 상대로 乙 명의의 가등기 및 본등기의 말소를 청구하는 것 이외에 甲을 상대로 말소된 丙 명의 등기의 회복등기를 청구해야 한다.

① ㄱ ② ㄴ ③ ㄷ ④ ㄱ, ㄴ ⑤ ㄴ, ㄷ

67 ④ 68 ② 《 정답

해설 ㄱ.(×) : 1. 가등기후에 제 3자에게 소유권이전의 본등기가 된 경우에 가등기권리자는 본등기를 경료하지 아니하고는 가등기이후의 본등기의 말소를 청구할 수 없다. 2. 위의 경우에 가등기권자는 가등기의무자인 전소유자를 상대로 본등기청구권을 행사할 것이고 제3자를 상대로 할 것이 아니다(대결 1962. 12. 24, 자 4294민재항675).
ㄴ.(○) [부동산등기법 제92조 제1항] 등기관은 가등기에 의한 본등기를 하였을 때에는 대법원규칙으로 정하는 바에 따라 가등기 이후에 된 등기로서 가등기에 의하여 보전되는 권리를 침해하는 등기를 직권으로 말소하여야 한다. ☞ 을구의 丁 명의 근저당권설정등기도 "가등기 이후에 된 등기로서 가등기에 의하여 보전되는 권리를 침해하는 등기"에 해당되므로 직권말소 대상이다.
ㄷ.(×) : 가등기에 기한 소유권이전의 본등기가 경료됨으로써 등기공무원이 직권으로 가등기 후에 경료된 제3자의 등기를 말소한 경우 그 후에 그 가등기에 기한 본등기가 원인무효 등의 사유로 말소된 때에는 결국 그 제3자의 등기는 말소하지 아니할 것을 말소한 결과가 되므로 등기공무원은 직권으로 그 말소등기의 회복등기를 하여야 하는 것이고, 따라서 그 회복등기를 소구할 이익이 없다(대판 1995. 5. 26, 95다6878).

Ⅶ. 명인방법에 의한 물권변동

69-1 성숙한 농작물은 명인방법을 갖추어야 경작자의 소유가 된다. ( ) (2017 변리사)

69-2 농작물이 토지와 별개의 독립한 물건이 되려면 명인방법을 갖추어야 한다. ( ) (2014 변리사)

해설 타인소유의 토지에 사용수익의 권한 없이 농작물을 경작한 경우에 그 농작물의 소유권은 경작한 사람에게 귀속된다(대판 1970. 3. 10, 70도82) ☞ 농작물의 경우에는 명인방법을 갖추었는지 여부를 불문하고 경작자가 소유권을 취득한다는 것이 판례의 태도이다.

70 수확되지 아니한 성숙한 쪽파와 같은 농작물 매매에 있어서 매수인이 그 소유권을 취득하기 위해서는 명인방법을 갖추어야 한다. ( ) (2018 변리사)

해설 [1] 물권변동에 있어서 형식주의를 채택하고 있는 현행 민법하에서는 소유권을 이전한다는 의사 외에 부동산에 있어서는 등기를, 동산에 있어서는 인도를 필요로 함과 마찬가지로 이 사건 쪽파와 같은 수확되지 아니한 농작물에 있어서는 명인방법을 실시함으로써 그 소유권을 취득한다. [2] 쪽파의 매수인이 명인방법을 갖추지 않은 경우, 쪽파에 대한 소유권을 취득하였다고 볼 수 없어 그 소유권은 여전히 매도인에게 있고 매도인과 제3자 사이에 일정 기간 후 임의처분의 약정이 있었다면 그 기간 후에 제3자가 쪽파를 손괴하였더라도 재물손괴죄가 성립하지 않는다고 판단한 원심판결을 긍인한 사례(대판 1996. 2. 23, 95도2754). ☞ 쪽파의 매수인은 명인방법을 갖추어야만 소유권을 취득한다는 판례이다. 매수인이 아니라 경작자라면 명인방법을 갖출 필요 없이 바로 소유권을 취득한다는 점과 비교할 것이다.

정답 69-1 (×) 69-2 (×) 70 (○)

CHAPTER

4 동산물권의 변동

POINT

Ⅰ. 동산물권의 변동 일반

Ⅱ. 선의취득

71 **자동차관리법이 적용되는 자동차이더라도 행정상 특례조치에 의하지 아니하고는 적법하게 등록할 수 없어서 등록하지 아니한 상태에 있고 통상적인 용도가 도로 외의 장소에서만 사용하는 것이라는 등의 특별한 사정이 있다면, 민법 제249조의 선의취득 규정이 적용될 수 있다. ( )** (2021 변리사)

> **해설** 자동차관리법이 적용되는 자동차에 해당하더라도 구조와 장치가 제작 당시부터 자동차관리법령이 정한 자동차안전기준에 적합하지 아니하여 행정상 특례조치에 의하지 아니하고는 적법하게 등록할 수 없어서 등록하지 아니한 상태에 있고 통상적인 용도가 도로 외의 장소에서만 사용하는 것이라는 등의 특별한 사정이 있다면 그러한 자동차에 대하여 자동차관리법이 정한 공시방법인 '등록'에 의하여만 소유권 변동을 공시할 것을 기대하기는 어려우므로, 소유권을 취득함에는 민법상 공시방법인 '인도'에 의할 수도 있다. 그리고 이때는 민법제249조의 선의취득 규정이 적용될 수 있다(대판 2016. 12. 15, 2016다205373). ☞ 주로 조선소 내에서 대형 선박의 선체 일부와 같은 초대형 화물을 운반하는 특수한 용도를 위하여 제작된 것이었던 사례.

72-1 **양도인과 양수인 사이에 물권적 합의가 물건의 인도보다 선행한 때에는 물권적 합의시를 기준으로 선의취득의 요건이 되는 양수인의 선의·무과실을 판단한다. ( )** (2014, 2022 변리사)

72-2 **동산의 선의취득에서 물권적 합의가 동산의 인도보다 먼저 행하여진 경우 양수인의 선의·무과실의 판단시점은 인도된 때를 기준으로 한다. ( )** (2023 변리사)

> **해설** 민법 제249조가 규정하는 선의·무과실의 기준시점은 물권행위가 완성되는 때인 것이므로, 물권적 합의가 동산의 인도보다 먼저 행하여지면 인도된 때를, 인도가 물권적 합의보다 먼저 행하여지면 물권적 합의가 이루어진 때를 기준으로 해야 한다(대판 1991. 3. 22, 91다70).

73 **채무자 이외의 사람에 속하는 동산을 경매절차에서 경락받은 경우에도 선의취득이 성립할 수 있다. ( )** (2021 변리사)

71 (○) 72-1 (×) 72-2 (○) 73 (○) 《 정답

해설 채무자 이외의 자의 소유에 속하는 동산을 경매한 경우에도 경매절차에서 그 동산을 경락받아 경락대금을 납부하고 이를 인도받은 경락인은 특별한 사정이 없는 한 소유권을 선의취득 한다고 할 것이지만, 그 동산의 매득금은 채무자의 것이 아니어서 채권자가 이를 배당 받았다고 하더라도 채권은 소멸하지 않고 계속 존속한다고 할 것이므로, 배당을 받은 채권자는 이로 인하여 법률상 원인 없는 이득을 얻고 소유자는 경매에 의하여 소유권을 상실하는 손해를 입게 되었다고 할 것이니, 그 동산의 소유자는 배당을 받은 채권자에 대하여 부당이득으로서 배당받은 금원의 반환을 청구할 수 있다(대판 1998. 3. 27, 97다32680).

74 **저당부동산의 상용(常用)에 공하여진 물건이 부동산 소유자 아닌 자의 소유일 경우, 저당부동산을 경매로 취득한 매수인은 선의취득의 요건을 구비하지 아니하면 그 물건의 소유권을 취득할 수 없다. ( )** (2014 변리사)

해설 저당부동산의 상용(常用)에 공하여진 물건이 부동산 소유자 아닌 자의 소유일 경우(발전설비), 저당부동산을 경매로 취득한 매수인은 선의취득의 요건을 구비하지 아니하면 그 물건의 소유권을 취득할 수 없다(대판 2008. 5. 8, 2007다36933).

75 **대리인이 본인 소유가 아닌 물건을 처분하고 상대방이 본인 소유라고 오신한 경우에도 선의취득이 인정될 수 있다. ( )** (2021 변리사)

해설 본인 소유의 물건을 대리권 없는 자가 대리행위를 한 때에는 무권대리 또는 표현대리의 규정에 의해 상대방을 보호하는 것으로 족하고 선의취득은 부정되지만, 대리권은 있는데 그 물건이 본인의 소유에 속하지 않는 경우에는 선의취득이 가능하다(통설).

76-1 **반환청구권의 양도에 의한 소유권의 양도의 경우에는 대항요건을 갖추었더라도 선의취득이 인정되지 않는다. ( )** (2018 변리사)

76-2 **양도인이 소유자로부터 보관을 위탁받은 동산을 제3자에게 보관시킨 경우에 양도인이 그 제3자에 대한 반환청구권을 양수인에게 양도하고 지명채권 양도의 대항요건을 갖추었을 때에는 양수인은 동산의 선의취득에 필요한 점유의 취득 요건을 충족한다. ( )** (2022 변리사)

해설 양도인이 소유자로부터 보관을 위탁받은 동산을 제3자에게 보관시킨 경우에 양도인이 그 제3자에 대한 반환청구권을 양수인에게 양도하고 지명채권 양도의 대항요건을 갖추었을 때에는 동산의 선의취득에 필요한 점유의 취득 요건을 충족한다(대판 1999. 1. 26, 97다48906).

77-1 **甲소유 동산을 점유하는 乙이 丙에게 매도함과 동시에 丙으로부터 임차하기로 약정한 경우 丙은 현실인도를 받기 전이라도 그 동산을 선의취득할 수 있다. ( )** (2018 변리사)

77-2 **매수인이 점유개정으로 동산의 점유를 취득한 경우에는 선의취득이 인정되지 않는다. ( )** (2021 변리사)

정답 》 74(○) 75(○) 76-1(×) 76-2(○) 77-1(×) 77-2(○)

해설 동산의 선의취득에 필요한 점유의 취득은 현실적 인도가 있어야 하고 점유개정에 의한 점유취득만으로서는 그 요건을 충족할 수 없다(대판 1978. 1. 17, 77다1872).

78 **甲소유의 동산을 乙이 丙에게 양도하고 丙이 다시 丁에게 양도한 경우, 만약 丙의 선의취득이 인정된다면 丁의 선의취득 여부는 문제되지 않는다. ( )** (2018 변리사)

해설 선의취득은 원시취득이다. 丙의 선의취득이 인정된다면 丙은 그 동산에 대해 완전한 권리를 취득한 것이고, 유권리자인 丙으로부터 다시 양수한 丁은 선의취득 여부와 무관하게 그 소유권을 유효하게 취득한다.

79 **일단 선의취득의 요건이 충족되면 양수인은 소유권취득을 부정하고 종전 소유자에게 동산을 찾아갈 것을 요구할 수 없다. ( )** (2014, 2022 변리사)

해설 민법 제249조의 동산 선의취득제도는 동산을 점유하는 자의 권리외관을 중시하여 이를 신뢰한 자의 소유권 취득을 인정하고 진정한 소유자의 추급을 방지함으로써 거래의 안전을 확보하기 위하여 법이 마련한 제도이므로, 위 법조 소정의 요건이 구비되어 동산을 선의취득한 자는 권리를 취득하는 반면 종전 소유자는 소유권을 상실하게 되는 법률효과가 법률의 규정에 의하여 발생되므로, 선의취득자가 임의로 이와 같은 선의취득 효과를 거부하고 종전 소유자에게 동산을 반환받아 갈 것을 요구할 수 없다(대판 1998. 6. 12, 98다6800).

80 **특별한 사정이 없는 한 선의취득이 성립되면 무권리자인 양도인은 양수인과의 거래행위에 의해 취득한 이익을 부당이득으로 종전 소유자에게 반환해야 한다. ( )** (2022 변리사)

해설 종전 소유자는 양수인의 선의취득에 의하여 소유권을 상실하는 손해를 입고, 무권리자인 양도인은 양수인과의 거래행위로 인하여 법률상 원인 없는 이익을 취득하므로 특별한 사정이 없는 한 선의취득이 성립되면 무권리자인 양도인은 양수인과의 거래행위에 의해 취득한 이익을 부당이득으로 종전 소유자에게 반환해야 한다.

[참고판례] 채무자 이외의 자의 소유에 속하는 동산을 경매한 경우에도 경매절차에서 그 동산을 경락받아 경락대금을 납부하고 이를 인도받은 경락인은 특별한 사정이 없는 한 소유권을 선의취득 한다고 할 것이지만, 그 동산의 매득금은 채무자의 것이 아니어서 채권자가 이를 배당 받았다고 하더라도 채권은 소멸하지 않고 계속 존속한다고 할 것이므로, 배당을 받은 채권자는 이로 인하여 법률상 원인 없는 이득을 얻고 소유자는 경매에 의하여 소유권을 상실하는 손해를 입게 되었다고 할 것이니, 그 동산의 소유자는 배당을 받은 채권자에 대하여 부당이득으로서 배당받은 금원의 반환을 청구할 수 있다(대판 1998. 3. 27, 97다32680).

81 **甲이 자신의 소유 동산을 乙에게 매도하여 인도하고, 乙이 다시 丙에게 매도하여 인도한 경우, 甲과 乙의 매매가 사회질서에 반하여 무효라면 丙은 선의, 무과실이더라도 선의취득할 수 없다. ( )** (2018 변리사)

78 (○) 79 (○) 80 (○) 81 (×) 《 정답

> **해설** 민법 제103조 위반의 경우 이른바 "절대적 무효"로서 제3자는 선의라도 보호되지 않는다. 그러나 목적물이 동산인 경우 제3자가 선의취득의 요건을 갖추어 소유권을 취득하는 것은 별개의 문제이다.

82 **물건이 금전 아닌 동산으로서 도품일 경우, 피해자는 도난당한 날로부터 2년 내에 양수인에게 그 물건의 반환을 청구할 수 있다. ( )** (2014 변리사)

> **해설** 물건이 금전 아닌 동산으로서 도품일 경우, 피해자는 도난당한 날로부터 2년 내에 양수인에게 그 물건의 반환을 청구할 수 있다(제250조).

83-1 **점유보조자가 횡령한 물건은 민법 제250조(도품, 유실물에 대한 특례)의 도품에 해당한다. ( )** (2018 변리사)

83-2 **점유보조자가 보관한 물건을 횡령하여 형사상 절도죄가 성립되는 경우, 그 물건은 민법 제250조(도품·유실물에 대한 특례)의 도품에 해당되므로, 피해자는 점유를 상실한 날로부터 2년 내에 그 물건의 반환을 청구할 수 있다. ( )** (2021 변리사)

83-3 **위탁물 횡령의 경우, 그 위탁물은 민법 제250조(도품·유실물에 대한 특례)의 도품, 유실물에 포함되지 않는다. ( )** (2022 변리사)

> **해설** 민법 제250조, 제251조 소정의 도품, 유실물이란 원권리자로부터 점유를 수탁한 사람이 적극적으로 제3자에게 부정 처분한 경우와 같은 위탁물 횡령의 경우는 포함되지 아니하고 또한 점유보조자 내지 소지기관의 횡령처럼 형사법상 절도죄가 되는 경우도 형사법과 민사법의 경우를 동일시 해야 하는 것은 아닐 뿐만 아니라 진정한 권리자와 선의의 거래 상대방간의 이익형량의 필요성에 있어서 위탁물 횡령의 경우와 다를 바 없으므로 이 역시 민법 제250조의 도품·유실물에 해당되지 않는다(대판 1991. 3. 22, 91다70).

84 **도품·유실물에 대한 특례규정인 민법 제251조는 선의취득자의 무과실을 규정하지 않지만 무과실은 당연한 요건이다. ( )** (2014 변리사)

> **해설** 도품·유실물에 대한 특례규정인 민법 제251조는 선의취득자의 무과실을 규정하지 않지만 제249조의 선의취득을 전제하기 때문에 무과실은 당연한 요건이다(대판 1991. 3. 29, 91다115).

정답 82 (○) 83-1 (×) 83-2 (×) 83-3 (○) 84 (○)

CHAPTER

5 물권의 소멸

POINT

Ⅰ. 목적물의 멸실

Ⅱ. 소멸시효

85 **소유권은 소멸시효에 의해 소멸하지 않지만, 타인이 시효취득하면 상대적으로 소멸할 수 있다. ( )** (2019 변리사)

> **해 설** 항구성을 가지는 소유권은 소멸시효에 걸리지 않는다는 것이 통설이다. 다만 타인이 소유권을 시효취득함으로써 상대적으로 소유권을 잃을 수는 있다.

Ⅲ. 물권의 포기

Ⅳ. 공용징수

Ⅴ. 혼 동

86 **점유권은 혼동이나 소멸시효에 의해 소멸하지 않는다. ( )** (2019 변리사)

> **해 설** 점유권은 혼동에 의해 소멸하지 않는다(민법 제191조 제3항). 그리고 점유권은 물건을 사실상 지배함으로써 성립하고 사실상 지배를 상실함으로써 바로 소멸하므로 성질상 소멸시효에 걸리지 않는다.

87 **어떠한 물건에 대한 소유권과 그에 대한 제한물권이 동일한 사람에게 귀속한 경우에도 본인 또는 제3자의 이익을 위해서 그 제한물권을 존속시킬 필요가 있으면 제한물권은 소멸하지 않는다. ( )** (2020 변리사)

> **해 설** 어떠한 물건에 대한 소유권과 다른 물권이 동일한 사람에게 귀속한 경우 그 제한물권은 혼동에 의하여 소멸하는 것이 원칙이지만, 본인 또는 제3자의 이익을 위하여 그 제한물권을 존속시킬 필요가 있다고 인정되는 경우에는 혼동으로 소멸하지 않는다(대결 2013. 11. 19, 자 2012마745).

85 (○) 86 (○) 87 (○) 《 정답

88 **전세권에 저당권이 설정된 경우, 전세목적물에 대한 소유권과 전세권이 동일인에게 귀속되더라도 전세권은 혼동에 의해 소멸하지 않는다. ( )** (2019 변리사)

> **해설** 민법 제191조(혼동으로 인한 물권의 소멸) 제1항 단서

89 **후순위 저당권이 있는 부동산의 소유권을 선순위 저당권자가 아무런 조건 없이 증여받아 취득한 경우, 혼동에 의해 저당권은 소멸한다. ( )** (2019 변리사)

> **해설** 한 물건에 대한 소유권과 제한물권이 한 사람에게 돌아갔을 때는 제한물권은 소멸하는 것이 원칙이나 그 물건이 제3자의 권리 목적으로 되어 있고 또한 제3자의 권리가 혼동된 제한물권보다 아래순위에 있을 때에는 혼동된 제한물권이 소멸하지 아니한다(대판 1999. 4. 13, 98도4022).

90 **부동산임차권이 대항요건을 갖춘 후에 그 부동산에 제3자의 저당권이 설정된 경우, 소유권과 임차권이 동일인에게 귀속하더라도 임차권이 소멸하지 않는다. ( )** (2020 변리사)

> **해설** 부동산에 대한 소유권과 임차권이 동일인에게 귀속하게 되는 경우 임차권은 혼동에 의하여 소멸하는 것이 원칙이지만, 그 임차권이 대항요건을 갖추고 있고 또한 그 대항요건을 갖춘 후에 저당권이 설정된 때에는 혼동으로 인한 물권소멸 원칙의 예외 규정인 민법 제191조 제1항 단서를 준용하여 임차권은 소멸하지 않는다(대판 2001. 5. 15, 2000다12693).

91 **부동산 근저당권자가 그 소유권을 취득하여 근저당권이 혼동으로 소멸한 경우 그 소유권 취득이 무효인 것이 밝혀졌더라도 소멸하였던 근저당권은 부활하지 않는다. ( )** (2020 변리사)

> **해설** 근저당권자가 소유권을 취득하면 그 근저당권은 혼동에 의하여 소멸하지만 그 뒤 그 소유권취득이 무효인 것이 밝혀지면 소멸하였던 근저당권은 당연히 부활한다(대판 1971. 8. 31, 71다1386).

정답 》 **88** (○) **89** (×) **90** (○) **91** (×)

CHAPTER

6 점유권

POINT

Ⅰ. 점유권 총설

92 甲이 그 소유건물을 乙에게 임대함으로써 현실적으로 건물이나 그 부지를 점거하고 있지 않으면, 甲은 그 부지를 점유한다고 볼 수 없다. ( ) (2018 변리사)

해설 사회통념상 건물은 그 부지를 떠나서는 존재할 수 없는 것이므로 건물의 부지가 된 토지는 그 건물의 소유자가 점유하는 것으로 볼 것이고, 이 경우 건물의 소유자가 현실적으로 건물이나 그 부지를 점거하고 있지 아니하고 있더라도 그 건물의 소유를 위하여 그 부지를 점유한다고 보아야 한다(대판 2003. 11. 13, 2002다57935).

[참조판례] 타인 소유의 토지 위에 권한 없이 건물을 소유하고 있는 자는 그 자체로써 특별한 사정이 없는 한 법률상 원인 없이 타인의 재산으로 인하여 토지의 차임에 상당하는 이익을 얻고 이로 인하여 타인에게 동액 상당의 손해를 주고 있다고 보아야 한다(대판 1998. 5. 8, 98다2389).

93 甲명의로 토지에 대한 소유권보존등기를 마쳤다면, 특별한 사정이 없는 한 甲이 그 등기 당시 그 토지의 점유를 이전받았다고 인정할 수 없다. ( ) (2018 변리사)

해설 대지의 소유자로 등기한 자는 보통의 경우 등기할 때에 대지를 인도받아 점유를 얻은 것으로 보아야 하므로 등기사실을 인정하면서 특별한 사정의 설시 없이 점유사실을 인정할 수 없다고 판단해서는 아니 된다. 그러나 이는 임야나 대지 등이 매매 등을 원인으로 양도되고 이에 따라 소유권이전등기가 마쳐진 경우에 그렇다는 것이지, 소유권보존등기의 경우에도 마찬가지라고 볼 수는 없다. 소유권보존등기는 이전등기와 달리 해당 토지의 양도를 전제로 하는 것이 아니어서, 보존등기를 마쳤다고 하여 일반적으로 등기명의자가 그 무렵 다른 사람으로부터 점유를 이전받는다고 볼 수는 없기 때문이다(대판 2013. 7. 11, 2012다201410).

Ⅱ. 점유의 관념화 현상

Ⅲ. 점유의 태양(모습)

92 (×) 93 (○) 《 정답

94 **甲이 그 소유건물을 乙에게 임대하여 인도한 경우에도 甲에게 점유권이 인정된다. ( )**

(2018 변리사)

> **해설** 민법 제194조(간접점유) 지상권, 전세권, 질권, 사용대차, 임대차, 임치 기타의 관계로 타인으로 하여금 물건을 점유하게 한 자는 간접으로 점유권이 있다. ☞ 甲은 간접점유자로서 점유권을 가진다.

95 **점유매개관계는 반환청구권을 내용으로 하는 법률관계이다. ( )** (2014 변리사)

> **해설** 간접점유는 점유매개관계가 특징이다. 그리고 그것은 반드시 반환청구권이 있다.

96 **甲이 신축한 건물의 경비원 乙이 甲의 지시를 받아 건물을 사실상 지배하고 있더라도 특별한 사정이 없는 한 乙은 그 건물의 점유자가 되지 못한다. ( )** (2018 변리사)

> **해설** 민법 제195조(점유보조자) 가사상, 영업상 기타 유사한 관계에 의하여 타인의 지시를 받아 물건에 대한 사실상의 지배를 하는 때에는 그 타인만을 점유자로 한다. ☞ 경비원 乙은 점유보조자에 불과하고 점유주 甲만이 점유자로 인정된다.

97-1 **선의의 점유자도 본권에 관한 소에서 패소한 때에는 그때부터 악의의 점유자로 본다. ( )**

(2014 변리사)

97-2 **선의의 점유자라도 본권에 관한 소에 패소한 때에는 그 소가 제기된 때로부터 악의의 점유자로 본다. ( )** (2017 변리사)

97-3 **선의의 점유자라도 본권에 관한 소에 패소한 때에는 그 소가 제기된 때로부터 악의의 점유자로 본다. ( )** (2020 변리사)

> **해설** 민법 제197조 제2항. 선의의 점유자도 본권에 관한 소에서 패소한 때에는 "그 때부터"가 아니라 "소 제기시부터" 악의의 점유자로 본다.

98 **소유의 의사 여부는 점유자의 주관적 의사를 기준으로 판단한다. ( )** (2014 변리사)

> **해설** 점유자의 점유가 소유의 의사 있는 자주점유인지 아니면 소유의 의사 없는 타주점유인지의 여부는 점유자의 내심의 의사에 의하여 결정되는 것이 아니라 점유 취득의 원인이 된 권원의 성질이나 점유와 관계가 있는 모든 사정에 의하여 외형적·객관적으로 결정되어야 하는 것이다(대판 2011. 1. 13, 2010다66699).

99 **甲이 부동산을 증여받아 점유를 개시한 이후에 그 증여가 무권리자에 의한 것임을 알았더라도 그 점유가 타주점유가 된다고 볼 수 없다. ( )** (2023 변리사)

> **해설** 부동산을 매수하여 이를 점유하게 된 자는 그 매매가 무효가 된다는 사정이 있음을 알았다는 등의 특단의 사정이 없는 한 그 점유의 시초에 소유의 의사로 점유한 것이며, 나중에 매도자에게 처분권이

정답 94 (○) 95 (○) 96 (○) 97-1 (×) 97-2 (○) 97-3 (○) 98 (×) 99 (○)

없었다는 등의 사유로 그 매매가 무효인 것이 밝혀졌다 하더라도 그와 같은 점유의 성질이 변하는 것은 아니다(대판 1996. 5. 28, 95다40328). ☞ 소유의 의사는 점유개시시에 존재하면 족하다.

100 타주점유자가 그 명의로 소유권보존등기를 한 사실만 있으면, 소유의사의 표시에 의한 자주점유의 전환이 인정된다. ( ) (2014 변리사)

해설 타주점유자가 그 명의로 소유권보존등기를 경료한 것만으로는 소유자에 대하여 소유의 의사를 표시하여 자주점유로 전환되었다고 볼 수 없다(대판 1989. 4. 11, 88다카95).

101 甲의 점유가 타주점유인 경우, 특별한 사정이 없는 한 甲으로부터 상속에 의하여 점유를 승계한 乙의 점유는 타주점유이다. ( ) (2022 변호사)

해설 선대의 점유가 타주점유인 경우 선대로부터 상속에 의하여 점유를 승계한 자의 점유도 상속전과 그 성질 내지 태양을 달리하는 것이 아니어서 특단의 사정이 없는 한 그 점유가 자주점유로는 될 수 없고 그 점유가 자주점유로 되기 위하여서는 점유자가 점유를 시킨 자에게 소유의 의사가 있는 것을 표시하거나 또는 신 권원에 의하여 다시 소유의 의사로써 점유를 시작하여야 한다(대판 1987. 2. 10, 86다카550).

Ⅳ. 점유권의 효력

102 전후 양 시점에 점유한 사실이 있는 때에는 그 점유는 계속한 것으로 추정되지만, 전후 양 시점의 점유자가 다른 경우에는 점유의 승계가 입증되더라도 점유계속은 추정되지 않는다. ( ) (2017 변리사)

해설 민법 제198조 소정의 점유계속추정은 동일인이 전후 양 시점에 점유한 것이 증명된 때에만 적용되는 것이 아니고 전후 양 시점의 점유자가 다른 경우에도 점유의 승계가 입증되는 한 점유계속은 추정된다(대판 1996. 9. 20, 96다24279).

103 점유의 승계가 있는 경우, 전 점유자의 점유가 타주점유라 하여도 점유자의 승계인이 자기의 점유만을 주장하는 경우에는 현 점유자의 점유는 자주점유로 추정된다. ( ) (2017 변리사)

해설 점유의 승계가 있는 경우 전 점유자의 점유가 타주점유라 하여도 점유자의 승계인이 자기의 점유만을 주장하는 경우에는 현 점유자의 점유는 자주점유로 추정된다(대판 2002. 2. 26, 99다72743).

104 점유자는 소유의 의사로 선의·무과실, 평온 및 공연하게 점유한 것으로 추정한다. ( ) (2017 변리사)

해설 민법 제197조 제1항. 무과실의 점유는 추정되지 않는다. 판례도 "부동산의 등기부시효취득에 있어서 점유의 시초에 과실이 없었음을 필요로 하며, 이와 같은 무과실에 대하여는 그 주장자에게 입증책임이 있다(대판 1983. 10. 11, 83다카531)"고 한다.

100 (×) 101 (○) 102 (×) 103 (○) 104 (×) 《 정답

105 **점유자는 선의로 점유한 것으로 추정되지만, 권원 없는 점유였음이 밝혀지면 곧 그 동안의 점유에 대한 선의의 추정이 깨진다. ( )** (2020 변리사)

> **해설** 민법 제197조에 의하여 점유자는 선의로 점유한 것으로 추정되고, 권원 없는 점유였음이 밝혀졌다고 하여 곧 그 동안의 점유에 대한 선의의 추정이 깨어졌다고 볼 것은 아니다(대판 2000. 3. 10, 99다63350).

V. 점유자와 회복자간의 법률관계

106 **선의의 점유자는 과실을 취득한 경우에도 점유물을 보존하기 위하여 지출한 통상의 필요비를 상환할 것을 청구할 수 있다. ( )** (2015 변리사)

> **해설** 선의의 점유자는 과실을 취득한 경우, 점유물을 보존하기 위하여 지출한 통상의 필요비는 청구할 수 없다. 따라서 청구할 수 있는 비용은 특별필요비, 유익비이다(제203조 제1항).

107 **점유자 甲의 통상의 필요비 청구가 부정되는 민법 제203조(점유자의 상환청구권) 제1항 단서 규정은 과실수취권이 없는 악의의 점유자에 대해서도 적용된다. ( )** (2023 변리사)

> **해설** 민법 제201조 제1항은 "선의의 점유자는 점유물의 과실을 취득한다."라고 정하고, 제2항은 "악의의 점유자는 수취한 과실을 반환하여야 하며 소비하였거나 과실로 인하여 훼손 또는 수취하지 못한 경우에는 그 과실의 대가를 보상하여야 한다."라고 정하고 있다. 민법 제203조 제1항은 "점유자가 점유물을 반환할 때에는 회복자에 대하여 점유물을 보존하기 위하여 지출한 금액 기타 필요비의 상환을 청구할 수 있다. 그러나 점유자가 과실을 취득한 경우에는 통상의 필요비는 청구하지 못한다."라고 정하고 있다. 위 규정을 체계적으로 해석하면 민법 제203조 제1항 단서에서 말하는 '점유자가 과실을 취득한 경우'란 점유자가 선의의 점유자로서 민법 제201조 제1항에 따라 과실수취권을 보유하고 있는 경우를 뜻한다고 보아야 한다. 선의의 점유자는 과실을 수취하므로 물건의 용익과 밀접한 관련을 가지는 비용인 통상의 필요비를 스스로 부담하는 것이 타당하기 때문이다. 따라서 과실수취권이 없는 **악의의 점유자**에 대해서는 **위 단서 규정이 적용되지 않는다**(대판 2021. 4. 29, 2018다261889).

108 **과실수취권이 인정되는 선의의 점유자란 과실수취권을 포함하는 권원이 있다고 오신한 점유자를 말하고, 그와 같은 오신을 함에는 오신할 만한 정당한 근거가 있어야 한다. ( )** (2015 변리사)

> **해설** 제201조 과실수취권이 인정되는 선의의 점유자와 관련하여 판례는 특히 과실수취권을 포함하는 권원이 있다고 오신한 점유자를 말하고, 그와 같은 오신을 함에는 오신할 만한 정당한 근거가 있어야 한다고 함이 특징이다(대판 1981. 8. 20, 80다2587).

109 **건물을 사용함으로써 얻는 이득은 그 건물의 과실에 준하는 것이다. ( )** (2018 변리사)

정답 》 105 (×) 106 (×) 107 (×) 108 (○) 109 (○)

> **해설** 민법 제201조 제1항에 의하면 선의의 점유자는 점유물의 과실을 취득한다고 규정하고 있는바, 건물을 사용함으로써 얻는 이득은 그 건물의 과실에 준하는 것이므로, 선의의 점유자는 비록 법률상 원인 없이 타인의 건물을 점유·사용하고 이로 말미암아 그에게 손해를 입혔다고 하더라도 그 점유·사용으로 인한 이득을 반환할 의무는 없다(대판 1996. 1. 26, 95다44290).

110 선의의 점유자에게 과실취득권이 있다는 이유만으로 불법행위로 인한 손해배상책임이 배제되지는 않는다. ( ) (2020 변리사)

> **해설** 판례는 "선의의 점유자로 그 과실(果實)을 취득할 권리가 있어 경작한 농작물의 소유권을 취득할 수 있다하더라도 …피고에게 과실(過失)이 있는 경우, 그 점유는 진정한 소유자에 대하여 불법행위를 구성하는 것이라 아니할 수 없는 것"이라고 하여, 선의 점유자의 불법행위로 인한 손해배상책임을 긍정하고 있다(대판 1966. 7. 19, 66다994).

111-1 악의의 점유자는 그 받은 이익에 이자를 붙여 반환하여야 하며, 그 이자의 이행지체로 인한 지연손해금도 지급하여야 한다. ( ) (2020 변리사)

111-2 악의의 수익자는 받은 이익에 이자를 붙여 반환하여야 하며, 그 이자의 이행지체로 인한 지연손해금도 지급하여야 한다. ( ) (2021 변리사)

111-3 타인의 소유물을 권원 없이 점유한 악의수익자는 받은 이익에 이자를 붙여 반환해야 하고, 위 이자의 이행지체로 인한 지연손해금도 지급해야 한다. ( ) (2022 변호사)

111-4 권원 없이 타인 소유 토지의 상공에 송전선을 설치하여 그 토지를 사용·수익한 악의의 점유자는 받은 이익에 이자를 붙여 반환하여야 하며, 이자의 이행지체로 인한 지연손해금도 지급하여야 한다. ( ) (2015 변리사)

> **해설** 타인 소유물을 권원 없이 점유함으로써 얻은 사용이익을 반환하는 경우 민법은 선의 점유자를 보호하기 위하여 제201조 제1항을 두어 선의 점유자에게 과실수취권을 인정함에 대하여, 이러한 보호의 필요성이 없는 악의 점유자에 관하여는 민법 제201조 제2항을 두어 과실수취권이 인정되지 않는다는 취지를 규정하는 것으로 해석되는바, 따라서 악의 수익자가 반환하여야 할 범위는 민법 제748조 제2항에 따라 정하여지는 결과 그는 받은 이익에 이자를 붙여 반환하여야 한다. 즉, 악의 점유자는 과실을 반환하여야 한다고만 규정한 민법 제201조 제2항이, 민법 제748조 제2항에 의한 악의 수익자의 이자지급의무까지 배제하는 취지는 아니기 때문에, 악의 수익자의 부당이득금 반환범위에 있어서 민법 제201조 제2항이 민법 제748조 제2항의 특칙이라거나 우선적으로 적용되는 관계를 이루는 것은 아니다. 그리고 위 조문에서 규정하는 이자는 당해 침해행위가 없었더라면 원고가 위 임료로부터 통상 얻었을 법정이자상당액을 말하는 것이므로 악의 수익자는 위 이자의 이행지체로 인한 지연손해금도 지급하여야 할 것이다(대판 2003. 11. 14, 2001다61869).

112 악의의 점유자가 점유물의 사용에 따른 이익을 반환하여야 하는 경우, 자신의 노력으로 점유물을 활용하여 얻은 초과이익도 반환하여야 한다. ( ) (2021 변리사)

110 (○) 111-1 (○) 111-2 (○) 111-3 (○) 111-4 (○) 112 (×) 《 정답

해설 수익자가 자신의 노력 등으로 부당이득한 재산을 이용하여 남긴 이른바 운용이익도 그것이 사회통념상 수익자의 행위가 개입되지 아니하였더라도 부당이득된 재산으로부터 손실자가 당연히 취득하였으리라고 생각되는 범위 내의 것이 아닌 한 수익자가 반환하여야 할 이득의 범위에서 공제되어야 한다(대판 1995. 5. 12, 94다25551).

113-1 **악의의 점유자는 수취한 과실을 반환하여야 하며 소비하였거나 과실로 인하여 훼손 또는 수취하지 못한 경우에는 그 과실의 대가를 보상하여야 한다. ( )** (2015 변리사)

113-2 **악의의 점유자는 과실(過失)로 인하여 과실(果實)을 훼손한 경우 그 대가를 보상하여야 한다. ( )** (2020 변리사)

113-3 **악의의 점유자가 과실(果實)을 수취하지 못한 경우, 이에 대한 과실(過失)이 없더라도 그 과실(果實)의 대가를 보상하여야 한다. ( )** (2021 변리사)

해설 악의의 점유자는 수취한 과실을 반환하여야 하며 소비하였거나 과실로 인하여 훼손 또는 수취하지 못한 경우에는 그 과실의 대가를 보상하여야 한다(제201조 제2항).

114-1 **소유의 의사 없는 선의의 점유자가 점유물을 멸실한 때에는 그 이익이 현존하는 한도에서 손해를 배상하여야 한다. ( )** (2014 변리사)

114-2 **점유물이 점유자의 책임 있는 사유로 멸실된 때, 악의의 점유자라 하더라도 자주점유인 경우는 타주점유에 비하여 책임이 경감된다. ( )** (2021 변리사)

114-3 **점유물이 점유자 甲의 책임있는 사유로 인하여 멸실한 경우, 민법 제202조(점유자의 회복자에 대한 책임)에 따르면 甲이 악의의 점유자로서 부담하는 손해배상범위와 선의이면서 타주점유자로서 부담하는 손해배상범위는 다르다. ( )** (2023 변리사)

해설 점유물이 점유자의 책임있는 사유로 인하여 멸실 또는 훼손한 때에는 악의의 점유자는 그 손해의 전부를 배상하여야 하며 선의의 점유자는 이익이 현존하는 한도에서 배상하여야 한다. 소유의 의사가 없는 점유자는 선의인 경우에도 손해의 전부를 배상하여야 한다(민법 제202조). ☞ 선의의 자주점유자만 책임이 경감된다.

115 **민법 제203조(점유자의 상환청구권) 제2항에서 유익비의 상환범위는 점유자 甲이 유익비로 지출한 금액과 현존하는 증가액 중에서 점유자인 甲이 선택하는 것으로 정해진다. ( )** (2023 변리사)

해설 점유자가 점유물을 개량하기 위하여 지출한 금액 기타 유익비에 관하여는 그 가액의 증가가 현존한 경우에 한하여 회복자의 선택에 좇아 그 지출금액이나 증가액의 상환을 청구할 수 있다(민법 제203조 제2항).

정답 113-1 (○) 113-2 (○) 113-3 (×) 114-1 (×) 114-2 (×) 114-3 (×) 115 (×)

116 **점유자가 점유물을 개량하기 위하여 유익비를 지출한 경우는 점유자가 점유물을 반환할 때에 그 상환을 청구할 수 있으나, 필요비를 지출한 경우에는 즉시 상환을 청구할 수 있다. ( )**

(2021 변리사)

> **해설** 점유자가 점유물을 보존하거나 개량하기 위하여 지출한 필요비나 유익비에 관하여 민법 제203조 제1항, 제2항은 '점유자가 점유물을 반환할 때'에 상환을 청구할 수 있도록 규정하고 있으므로, 그 상환청구권은 점유자가 회복자에게서 점유물 반환을 청구받은 때에 비로소 이를 행사할 수 있는 상태가 되고 이행기가 도래한다(대판 2011. 12. 13, 2009다5162). ☞ 민법 제626조와 비교

117 **점유자가 물건에 유익비를 지출할 당시 계약관계 등 적법한 점유의 권원을 가지고 있었다면, 계약관계 등의 상대방이 아닌 점유회복 당시의 소유자에 대하여 점유자와 회복자의 관계에 따른 유익비의 상환을 청구할 수 없다. ( )**

(2015 변리사)

> **해설** 점유자가 물건에 유익비를 지출할 당시 계약관계 등 적법한 점유의 권원을 가지고 있었다면, 계약관계 등의 상대방이 아닌 점유회복 당시의 소유자에 대하여 점유자와 회복자의 관계에 따른 유익비의 상환을 청구할 수 없다(대판 2003. 7. 25, 2001다64752).

118 **甲소유의 X건물을 임차하여 점유한 乙이 丙과 도급계약을 체결하고 X건물을 수리하게 하여 그 건물의 가치가 증가하였다. 이 사안에 관한 설명으로 옳은 것을 모두 고른 것은? (다툼이 있으면 판례에 따름)**

(2016 변리사)

> ㄱ. 丙이 X건물을 수리하던 중 丁이 무단으로 X건물에 침입한 경우, 乙은 丁을 상대로 X건물의 점유권에 근거하여 방해배제를 청구할 수 없다.
> ㄴ. 丙은 甲을 상대로 수리비 상당액의 부당이득반환을 청구할 수 없다.
> ㄷ. 丙은 민법 제203조에 따라 甲을 상대로 수리비 상당의 비용상환을 청구할 수 있다.
> ㄹ. 甲이 X건물의 소유권을 戊에게 이전한 경우, 乙은 민법 제203조에 따라 戊를 상대로 수리비 상당의 비용상환을 청구할 수 있다.

① ㄱ ② ㄴ ③ ㄷ ④ ㄴ, ㄹ ⑤ ㄷ, ㄹ

> **해설** ㄱ. (×) : 간접점유권의 효력이다(제207조 참조). 즉 丙이 X건물을 수리하던 중 丁이 무단으로 X건물에 침입(침탈)한 경우, 乙은 丁을 상대로 X건물의 (간접)점유권에 근거하여 방해배제를 청구할 수 있다(대판 1993. 3. 9, 92다5300).
> ㄴ. (○), ㄷ. (×) : [1] 계약상의 급부가 계약의 상대방뿐만 아니라 제3자의 이익으로 된 경우에 급부를 한 계약당사자가 계약 상대방에 대하여 계약상의 반대급부를 청구할 수 있는 이외에 그 제3자에 대하여 직접 부당이득반환청구를 할 수 있다고 보면, 자기 책임하에 체결된 계약에 따른 위험부담을 제3자에게 전가시키는 것이 되어 계약법의 기본원리에 반하는 결과를 초래할 뿐만 아니라, 채권자인 계약당사자가 채무자인 계약 상대방의 일반채권자에 비하여 우대받는 결과가 되어 일반채권자의 이익을 해치게 되고, 수익자인 제3자가 계약 상대방에 대하여 가지는 항변권 등을 침해하게 되어 부당하므로,

116 (×) 117 (○) 118 ② 정답

위와 같은 경우 계약상의 급부를 한 계약당사자는 이익의 귀속 주체인 제3자에 대하여 직접 부당이득반환을 청구할 수는 없다고 보아야 한다.

[2] 유효한 도급계약에 기하여 수급인이 도급인으로부터 제3자 소유 물건의 점유를 이전받아 이를 수리한 결과 그 물건의 가치가 증가한 경우, 도급인이 그 물건을 간접점유하면서 궁극적으로 자신의 계산으로 비용지출과정을 관리한 것이므로, 도급인만이 소유자에 대한 관계에 있어서 민법 제203조에 의한 비용상환청구권을 행사할 수 있는 비용지출자라고 할 것이고, 수급인은 그러한 비용지출자에 해당하지 않는다고 보아야 한다(대판 2002. 8. 23, 99다66564).

ㄹ. (×) : 민법 제203조 제2항에 의한 점유자의 회복자에 대한 유익비상환청구권은 〈점유자가 계약관계 등 적법하게 점유할 권리를 가지지 않아 소유자의 소유물반환청구에 응하여야 할 의무가 있는 경우〉에 성립되는 것으로서, 이 경우 점유자는 그 비용을 지출할 당시의 소유자가 누구이었는지 관계없이 점유회복 당시의 소유자 즉 회복자에 대하여 비용상환청구권을 행사할 수 있는 것이나, 〈점유자가 유익비를 지출할 당시 계약관계 등 적법한 점유의 권원을 가진 경우〉에 그 지출비용의 상환에 관하여는 그 계약관계를 규율하는 법조항이나 법리 등이 적용되는 것이어서, 점유자는 그 계약관계 등의 상대방(사안에서 임대인인 甲)에 대하여 해당 법조항(민법 제626조)이나 법리에 따른 비용상환청구권을 행사할 수 있을 뿐 계약관계 등의 상대방이 아닌 점유회복 당시의 소유자(사안에서 戊)에 대하여 민법 제203조 제2항에 따른 지출비용의 상환을 구할 수는 없다(대판 2003. 7. 25, 2001다64752).

119 **甲은 X 주택과 인근 Y 창고를 소유하고 있다. Y 창고는 X 주택의 부속물·종물이 아니다. 乙은 甲으로부터 X 주택을 임차하여 전입신고를 하지 아니하고 사용하면서 점유할 권리 없이 Y 창고도 점유·사용하고 있다. 乙은 비용을 들여 X 주택과 Y 창고를 개량하여 가치를 증가시켰고, 지출된 비용만큼의 가치증가가 현존하고 있다. 임대차기간 도중에 甲은 X, Y 건물 모두를 丙에게 매도하고 소유권이전등기를 마쳐 주었다. 임대차기간이 만료되었고 丙은 乙에게 X, Y 건물의 인도를 청구하고 있다. 이에 관한 설명 중 옳은 것을 모두 고른 것은? (각 지문은 독립적이며, 다툼이 있는 경우 판례에 의함)** (2018 변호사)

ㄱ. 乙은 X 주택에 들인 유익비를 丙에게 청구할 수 있다.
ㄴ. 乙은 Y 창고에 들인 유익비를 丙에게 청구할 수 있다.
ㄷ. (사안을 달리하여) 乙이 공사업자 丁에게 도급하여 X, Y 건물의 개량공사가 이루어졌고 乙이 공사대금을 지급하지 아니한 경우, 丁은 甲에게 X 주택 가치증가분 상당의 부당이득반환을 청구할 수 있지만, Y 창고 가치증가분 상당의 부당이득반환은 청구할 수 없다.

① ㄱ ② ㄴ ③ ㄷ ④ ㄱ, ㄴ ⑤ ㄱ, ㄷ

해설 ㄱ. (×), ㄴ. (○) : 민법 제203조 제2항에 의한 점유자의 회복자에 대한 유익비상환청구권은 점유자가 계약관계 등 적법하게 점유할 권리를 가지지 않아 소유자의 소유물반환청구에 응하여야 할 의무가 있는 경우에 성립되는 것으로서, 이 경우 점유자는 그 비용을 지출할 당시의 소유자가 누구이었는지 관계없이 점유회복 당시의 소유자 즉 회복자에 대하여 비용상환청구권을 행사할 수 있는 것이나(ㄴ.지문), 점유자가 유익비를 지출할 당시 계약관계 등 적법한 점유의 권원을 가진 경우에 그 지출비

정답 》 119 ②

용의 상환에 관하여는 그 계약관계를 규율하는 법조항이나 법리 등이 적용되는 것이어서, 점유자는 그 계약관계 등의 상대방에 대하여 해당 법조항이나 법리에 따른 비용상환청구권을 행사할 수 있을 뿐 계약관계 등의 상대방이 아닌 점유회복 당시의 소유자에 대하여 민법 제203조 제2항에 따른 지출비용의 상환을 구할 수는 없다(ㄱ.지문)(대판 2003. 7. 25, 2001다64752).

ㄷ. (×) : 계약상의 급부가 계약의 상대방뿐만 아니라 제3자의 이익으로 된 경우에 급부를 한 계약당사자가 계약 상대방에 대하여 계약상의 반대급부를 청구할 수 있는 이외에 그 제3자에 대하여 직접 부당이득반환청구를 할 수 있다고 보면, 자기 책임하에 체결된 계약에 따른 위험부담을 제3자에게 전가시키는 것이 되어 계약법의 기본원리에 반하는 결과를 초래할 뿐만 아니라, 채권자인 계약당사자가 채무자인 계약 상대방의 일반채권자에 비하여 우대받는 결과가 되어 일반채권자의 이익을 해치게 되고, 수익자인 제3자가 계약 상대방에 대하여 가지는 항변권 등을 침해하게 되어 부당하므로, 위와 같은 경우 계약상의 급부를 한 계약당사자는 이익의 귀속 주체인 제3자에 대하여 직접 부당이득반환을 청구할 수는 없다고 보아야 한다(대판 2002. 8. 23, 99다66564,66571).

120 甲 소유의 X 물건을 乙이 권원 없이 점유하고 있다. 이에 관한 설명 중 옳은 것은? (각 지문은 독립적이며, 다툼이 있는 경우 판례에 의함) (2023 변호사)

① 乙이 선의의 점유자라도 본권에 관한 소에서 패소하면 그 소가 제기된 때, 즉 소장 부본이 乙에게 송달된 때로부터 乙을 악의의 점유자로 본다.

② X 물건이 선의의 점유자인 乙의 책임 있는 사유로 인하여 멸실되었다면 乙은 甲에게 그 손해의 전부를 배상하여야 한다.

③ 乙이 선의의 점유자라면 乙은 X 물건의 과실을 취득하고, 이와 같이 과실을 취득하였더라도 甲에게 X 물건을 반환할 때 통상의 필요비를 청구할 수 있다.

④ 乙이 X 물건을 개량하기 위해 지출한 유익비에 대해 그 가액의 증가가 현존하는 경우, 乙은 甲으로부터 X 물건의 반환을 청구받기 전에도 甲의 선택에 따라 그 지출금액이나 증가액의 상환을 청구할 수 있다.

⑤ 乙이 악의의 점유자라면 X 물건으로부터 수취한 과실을 甲에게 반환하여야 하지만, 이를 소비하였다면 그 과실의 대가를 보상할 필요는 없다.

해설 ① (○) : 선의의 점유자라도 본권에 관한 소에서 패소한 때에는 그 소가 제기된 때부터 악의의 점유자로 보며(민법 제197조 제2항), '소가 제기된 때'란 소송이 계속된 때, 즉 소장 부본이 피고에게 송달된 때를 말한다(대판 2016. 12. 29, 2016다242273).

② (×) : 점유물이 점유자의 책임있는 사유로 인하여 멸실 또는 훼손한 때에는 악의의 점유자는 그 손해의 전부를 배상하여야 하며 선의의 점유자는 이익이 현존하는 한도에서 배상하여야 한다. 소유의 의사가 없는 점유자는 선의인 경우에도 손해의 전부를 배상하여야 한다(민법 제202조).

③ (×) : 점유자가 점유물을 반환할 때에는 회복자에 대하여 점유물을 보존하기 위하여 지출한 금액 기타 필요비의 상환을 청구할 수 있다. 그러나 점유자가 과실을 취득한 경우에는 통상의 필요비는 청구하지 못한다(민법 제203조 제1항).

④ (×) : 민법 제203조 제1항, 제2항에 의한 점유자의 필요비 또는 유익비상환청구권은 점유자가 회복자로부터 점유물의 반환을 청구받거나 회복자에게 점유물을 반환한 때에 비로소 회복자에 대하여 행사할 수 있다(대판 1994.9.9, 94다4592).

120 ① 《 정답

⑤ (×) : 악의의 점유자는 수취한 과실을 반환하여야 하며 소비하였거나 과실로 인하여 훼손 또는 수취하지 못한 경우에는 그 과실의 대가를 보상하여야 한다(민법 제201조 제2항).

VI. 점유권에 기한 물권적 청구권 등

121-1 점유를 침탈당한 甲이 본권인 유치권 소멸에 따른 손해배상청구권을 행사하는 때에는 점유를 침탈당한 날부터 1년 내에 행사해야만 한다. ( ) (2023 변리사)

121-2 甲이 위법하게 乙의 점유를 침탈하여 乙의 유치권이 소멸한 경우, 乙이 甲에게 불법행위로 인한 손해배상 청구를 하려면 점유를 침탈당한 날부터 1년 이내에 손해배상을 구하는 소를 제기해야 한다. ( ) (2023 변호사)

해설 민법 제204조에 따르면, 점유자가 점유의 침탈을 당한 때에는 그 물건의 반환 및 손해의 배상을 청구할 수 있고(제1항), 위 청구권은 점유를 침탈당한 날부터 1년 내에 행사하여야 하며(제3항), 여기서 말하는 1년의 행사기간은 제척기간으로서 소를 제기하여야 하는 기간을 말한다. 그런데 민법 제204조 제3항은 **본권 침해로 발생한** 손해배상청구권의 행사에는 적용되지 않으므로 점유를 침탈당한 자가 **본권인 유치권 소멸에 따른 손해배상청구권을 행사하는 때**에는 **민법 제204조 제3항이 적용되지 아니하고, 점유를 침탈당한 날부터 1년 내에 행사할 것을 요하지 않는다**(대판 2021. 8. 19, 2021다213866).

122 직접점유자가 점유의 침탈을 당한 경우, 간접점유자는 그 물건을 직접점유자에게 반환할 것을 청구할 수 있고, 직접점유자가 그 물건의 반환을 받을 수 없는 때에는 자기에게 반환할 것을 청구할 수 있다. ( ) (2022 변호사)

해설 민법 제207조 제2항

123 甲소유의 산악자전거를 乙이 훔쳐 보관하던 중, 선의이지만 과실이 있는 丙에게 팔고 인도하였다. 며칠 후 甲은 丙이 자신의 자전거를 가지고 있는 것을 발견하여 이를 자력으로써 탈환하였다. 이에 관한 설명으로 옳은 것을 모두 고른 것은?(다툼이 있으면 판례에 따름) (2019 변리사)

ㄱ. 丙은 甲에 대해 자전거의 반환을 청구할 수 있다.
ㄴ. 丙은 자전거에 대한 선의취득을 근거로 소유권을 주장할 수 있다.
ㄷ. 丙의 甲에 대한 점유의 소에서 甲은 자전거에 대한 소유권을 근거로 항변할 수 있다.
ㄹ. 甲은 탈환행위 전에 丙에 대해 점유물반환청구권을 행사할 수 있다.

① ㄱ ② ㄱ, ㄴ ③ ㄴ, ㄷ ④ ㄱ, ㄴ, ㄹ ⑤ ㄴ, ㄷ, ㄹ

정답 121-1 (×) 121-2 (×) 122 (○) 123 ①

해설 ☞ 우선 설문에서 "자력으로써 탈환하였다"는 표현은 함정임을 주의해야 한다. 민법 제209조 제2항은 "점유물이 침탈되었을 경우에...중략...동산일 때에는 점유자는 현장에서 또는 추적하여 가해자로부터 이를 탈환할 수 있다."고 규정하는 바, 설문의 사안은 "현장에서 또는 추적하여"라는 요건을 갖추지 못하고 "며칠 후" 발견하고 탈환한 것이어서 적법한 자력탈환권의 행사라고 볼 수 없다.

ㄱ. (○) : 민법 제204조. 丙은 점유권자로서 점유권에 기한 물권적 청구권을 행사할 수 있다. 이 때 甲이 소유권자라는 이유만으로 丙의 점유물반환청구가 거부되는 것은 아니다(민법 제208조 제1항).

ㄴ. (×) : 선의취득이 인정되려면 선의일 뿐만 아니라 무과실이어야 한다(민법 제249조). 그런데 丙은 선의이지만 과실이 있으므로 선의취득할 수 없다.

ㄷ. (×) : 민법 제208조 제2항.

ㄹ. (×) : 甲도 처음에는 점유권자였다가 乙에게 점유를 침탈당한 것이므로 점유물반환청구권을 행사할 수 있지만, 丙은 선의의 특별승계인이므로 丙에 대하여는 행사할 수 없다(민법 제204조 제2항).

124 甲 소유의 X 동산을 乙이 점유하고 있다. 이에 관한 설명 중 옳은 것(○)과 옳지 않은 것(×)을 올바르게 조합한 것은? (다툼이 있는 경우 판례에 의함) (2022 변호사)

ㄱ. 乙이 X를 훔쳐서 점유하는 경우, 乙은 자신으로부터 X를 빼앗아 간 丙에 대하여 점유를 침탈당한 날부터 1년 내에 점유회수청구권을 행사할 수 있다.

ㄴ. 丙이 X를 빼앗아 갔더라도 乙이 적법하게 X의 점유를 회수하면 乙의 점유는 계속된 것으로 본다.

ㄷ. 乙이 선의의 점유자라도 甲이 제기한 소유권에 기한 인도청구의 소에서 패소하면 "그 소가 제기된 때"부터 악의의 점유자로 의제되는데, 여기서 "그 소가 제기된 때"는 甲의 소장이 법원에 접수된 때를 말한다.

ㄹ. 乙이 X를 丙에게 보관시킨 경우, 乙이 X를 丁에게 매각하여 丙에 대한 반환청구권을 丁에게 양도하고 채권양도의 대항요건을 갖추었다면, 丁은 X의 선의취득에 필요한 점유요건을 충족한다.

① ㄱ(×), ㄴ(×), ㄷ(○), ㄹ(○)
② ㄱ(×), ㄴ(○), ㄷ(×), ㄹ(×)
③ ㄱ(○), ㄴ(○), ㄷ(×), ㄹ(○)
④ ㄱ(○), ㄴ(○), ㄷ(×), ㄹ(×)
⑤ ㄱ(○), ㄴ(○), ㄷ(○), ㄹ(○)

해설 ㄱ. (○) : 민법 제204조

ㄴ. (○) : 민법 제192조 제2항

ㄷ. (×) : 선의의 점유자라도 본권에 관한 소에서 패소한 때에는 그 소가 제기된 때부터 악의의 점유자로 보며(민법 제197조 제2항), '소가 제기된 때'란 소송이 계속된 때, 즉 소장 부본이 피고에게 송달된 때를 말한다(대판 2016. 12. 29, 2016다242273).

ㄹ. (○) : 양도인이 소유자로부터 보관을 위탁받은 동산을 제3자에게 보관시킨 경우에 양도인이 그 제3자에 대한 반환청구권을 양수인에게 양도하고 지명채권 양도의 대항요건을 갖추었을 때에는 동산의 선의취득에 필요한 점유의 취득 요건을 충족한다(대판 1999. 1. 26, 97다48906).

124 ③ 《 정답

CHAPTER 7

소유권

POINT

Ⅰ. 총 설

Ⅱ. 구분소유

Ⅲ. 상린관계

125 토지소유자는 경계나 그 근방에서 담 또는 건물을 축조하거나 수선하기 위하여 필요한 범위 내에서 이웃 토지의 사용을 청구할 수 있다. ( ) (2020 변리사)

> **해 설** 민법 제216조(인지사용청구권)

126-1 분할로 인하여 공로(公路)에 통하지 못하는 토지의 소유자가 공로에 출입하기 위해 다른 분할자의 토지를 통행하는 경우 이로 인한 손해를 보상하여야 한다. ( ) (2020 변리사)

126-2 분할로 인하여 공로에 통하지 못하는 토지가 있는 때에는 그 토지소유자는 공로에 출입하기 위하여 다른 분할자의 토지를 통행할 수 있으나, 다른 분할자의 손해를 보상하여야 한다. ( ) (2023 변호사)

> **해 설** 분할로 인하여 공로에 통하지 못하는 토지가 있는 때에는 그 토지소유자는 공로에 출입하기 위하여 다른 분할자의 토지를 통행할 수 있다. 이 경우에는 보상의 의무가 없다(제220조 제1항).

127 주위토지통행권의 범위는 현재 토지의 용법에 따른 이용과 장차의 이용 상황을 모두 고려하여 정해져야 한다. ( ) (2023 변호사)

> **해 설** 주위토지통행권은 현재의 토지의 용법에 따른 이용의 범위에서 인정되는 것이지 더 나아가 장차의 이용상황까지를 미리 대비하여 통행로를 정할 것은 아니다(대판 1992. 12. 22, 92다30528).

128 공로(公路)에 통할 수 있는 자기의 공유토지를 두고 공로에의 통로라 하여 타인의 토지를 통행하는 것은 허용될 수 없고, 이는 위 공유토지가 구분소유적 공유관계에 있고 공로에 접하는 공유 부분을 다른 공유자가 배타적으로 사용·수익하고 있더라도 마찬가지이다. ( )

(2023 변호사)

정답 》 125 (○) 126-1 (×) 126-2 (×) 127 (×) 128 (○)

해설 **공로에 통할 수 있는 자기의 공유토지를 두고** 공로에의 통로라 하여 남의 토지를 통행한다는 것은 민법 제219조, 제220조에 비추어 허용될 수 없다. 설령 **위 공유토지가 구분소유적 공유관계에 있고 공로에 접하는 공유 부분을 다른 공유자가 배타적으로 사용, 수익하고 있다고 하더라도 마찬가지**이다(대판 2021. 9. 30, 2021다245443, 245450).

129 **주위토지통행권은 통행을 위한 지역권과 마찬가지로 통행로가 항상 특정한 장소로 고정된다. ( )** (2023 변호사)

해설 주위토지통행권은 통행을 위한 지역권과는 달리 그 통행로가 항상 특정한 장소로 고정되어 있는 것은 아니고, 주위토지통행권확인청구는 변론종결시에 있어서의 민법 제219조에 정해진 요건에 해당하는 토지가 어느 토지인가를 확정하는 것이므로, 주위토지소유자가 그 용법에 따라 기존 통행로로 이용되던 토지의 사용방법을 바꾸었을 때에는 대지소유자는 그 주위토지소유자를 위하여 보다 손해가 적은 다른 장소로 옮겨 통행할 수밖에 없는 경우도 있다(대판 2009. 6. 11, 2008다75300 등).

130 **포위된 토지가 사정변경에 의하여 공로에 접하게 되어 주위토지통행권을 인정할 필요성이 없어지더라도 이미 성립된 주위토지통행권이 소멸하는 것은 아니다. ( )** (2023 변호사)

해설 주위토지통행권은 법정의 요건을 충족하면 당연히 성립하고 요건이 없어지게 되면 당연히 소멸한다. 따라서 포위된 토지가 사정변경에 의하여 공로에 접하게 되거나 포위된 토지의 소유자가 주위의 토지를 취득함으로써 주위토지통행권을 인정할 필요성이 없어지게 된 경우에는 통행권은 소멸한다(대판 2014. 12. 24, 2013다11669).

131 **고지소유자가 농업용 여수(餘水)를 소통하기 위하여 저지에 물을 통과하게 한 경우 이로 인한 저지의 손해를 보상하여야 한다. ( )** (2020 변리사)

해설 민법 제226조(여수소통권) ① 고지소유자는 침수지를 건조하기 위하여 또는 가용이나 농, 공업용의 여수를 소통하기 위하여 공로, 공류 또는 하수도에 달하기까지 저지에 물을 통과하게 할 수 있다. ② 전항의 경우에는 저지의 손해가 가장 적은 장소와 방법을 선택하여야 하며 손해를 보상하여야 한다.

132 **토지소유자는 일정한 경우 이웃 토지소유자에게 보상하고 여수(餘水)의 급여를 청구할 수 있다. ( )** (2020 변리사)

해설 민법 제228조(여수급여청구권)

133 **수류지(水流地)의 소유자가 대안(對岸)에 언(堰)을 접촉하게 한 경우 이로 인한 대안 소유자의 손해를 보상하여야 한다. ( )** (2020 변리사)

해설 민법 제230조(언의 설치, 이용권) ① 수류지의 소유자가 언을 설치할 필요가 있는 때에는 그 언을 대안에 접촉하게 할 수 있다. 그러나 이로 인한 손해를 보상하여야 한다.

129 (×) 130 (×) 131 (○) 132 (○) 133 (○) 《 정답

Ⅳ. 취득시효

134 **취득시효의 중단사유인 재판상 청구에는 소유권 침해의 경우, 그 소유권을 기초로 하는 방해배제 및 손해배상 또는 부당이득반환청구소송도 포함된다. ( )** (2019 변리사)

> **해설** 취득시효의 중단사유가 되는 재판상 청구에는 시효취득의 대상인 목적물의 인도 내지는 소유권 존부 확인이나 소유권에 관한 등기청구소송은 말할 것도 없고, 소유권침해의 경우에 그 소유권을 기초로 하는 방해배제 및 손해배상 혹은 부당이득반환청구소송도 이에 포함된다(대판 1997. 4. 25, 96다46484).

135 **취득시효를 주장하는 자가 소를 제기한 데 대하여 권리자가 피고로서 응소하고 그 소송에서 적극적으로 권리를 주장하여 그것이 받아들여진 경우에는 시효중단사유인 재판상 청구에 해당한다. ( )** (2019 변리사)

> **해설** 취득시효를 주장하는 자가 원고가 되어 소를 제기한 데 대하여 권리자가 피고로서 응소하고 그 소송에서 적극적으로 권리를 주장하여 그것이 받아들여진 경우에는 민법 제247조 제2항에 의하여 취득시효기간에 준용되는 민법 제168조 제1호, 제170조 제1항에서 시효중단사유의 하나로 규정하고 있는 재판상 청구에 포함된다(대판 2003. 6. 13, 2003다17927, 17934).

136-1 **점유로 인한 부동산소유권의 시효취득에 있어 취득시효기간의 완성 전에 부동산에 압류 또는 가압류 조치가 이루어졌다고 하더라도 이는 취득시효의 중단사유가 될 수 없다. ( )** (2021 변호사)

136-2 **시효취득의 대상이 된 부동산이 취득시효 완성 전에 가압류되면 취득시효가 중단된다. ( )** (2022 변호사)

> **해설** 민법 제247조 제2항은 '소멸시효의 중단에 관한 규정은 점유로 인한 부동산소유권의 시효취득기간에 준용한다.'고 규정하고, 민법 제168조 제2호는 소멸시효 중단사유로 '압류 또는 가압류, 가처분'을 규정하고 있다. 점유로 인한 부동산소유권의 시효취득에 있어 취득시효의 중단사유는 종래의 점유상태의 계속을 파괴하는 것으로 인정될 수 있는 사유이어야 하는데, 민법 제168조 제2호에서 정하는 '압류 또는 가압류'는 금전채권의 강제집행을 위한 수단이거나 그 보전수단에 불과하여 취득시효기간의 완성 전에 부동산에 압류 또는 가압류 조치가 이루어졌다고 하더라도 이로써 종래의 점유상태의 계속이 파괴되었다고는 할 수 없으므로 이는 취득시효의 중단사유가 될 수 없다(대판 2019. 4. 3, 2018다296878).

137 **시효중단의 효력은 당사자 및 그 승계인에 미치므로, 그 중단효과가 발생한 후의 특정승계인 또는 포괄승계인은 중단 당시의 당사자의 점유기간을 승계하여 시효취득을 주장할 수 없다. ( )** (2019 변리사)

정답 134 (○) 135 (○) 136-1 (○) 136-2 (×) 137 (○)

해 설 [1] 민법 제169조 소정의 '승계인'이라 함은 시효중단에 관여한 당사자로부터 중단의 효과를 받는 권리를 그 중단 효과 발생 이후에 승계한 자를 가리킨다. [2] 민법 제169조가 규정한 시효의 중단은 당사자 및 그 승계인에만 효력이 있다고 하는 것은 승계인이 중단 당시의 당사자의 점유기간을 승계하여 시효취득을 주장할 수 없다는 것을 의미할 뿐 승계인 자신의 점유에 터잡은 독자적인 시효취득을 방해하는 것은 아니다(대판 1998. 6. 12, 96다26961).

138 **소유권이전등기의 말소를 구하는 소를 제기하였다가 그 소를 취하한 후, 그로부터 6개월 내에 다시 취하된 소와 동일한 내용의 소를 제기한 경우, 후소가 제기된 때로부터 취득시효의 진행이 중단된다. ( )** (2019 변리사)

해 설 소유권이전등기의 말소 등을 구하는 소를 제기하였다가 소를 취하한 후, 그로부터 6월 내에 다시 위 취하된 소와 동일한 내용의 소를 제기하였다면 취득시효의 진행은 최초의 재판상 청구일에 중단되었다(대판 1992. 9. 14, 91다46830).

139 **甲, 乙이 각각 2/3, 1/3의 지분으로 X토지를 공유하던 중 丙이 X토지를 점유하면서 자기 명의로 원인무효의 소유권이전등기를 마친 경우, 甲이 공유물의 보존행위로 자기 지분에 관하여만 소유권이전등기 말소청구의 소를 제기하면 그로 인한 丙에 대한 취득시효 중단의 효력은 乙에게도 미친다. ( )** (2020 변호사)

해 설 부동산 공유자 중의 한 사람은 당해 부동산에 관하여 제3자 명의로 원인무효의 소유권이전등기가 경료되어 있는 경우 공유물에 관한 보존행위로서 그 제3자에 대하여 그 등기 전부의 말소를 구할 수 있으나, 공유자의 한 사람이 공유물의 보존행위로서 그 공유물의 일부 지분에 관하여서만 재판상 청구를 하였으면 그로 인한 시효중단의 효력은 그 공유자와 그 청구한 소송물에 한하여 발생한다(대판 1999. 8. 20, 99다15146).

[보충지문] 공유자 甲, 乙, 丙 중 甲이 공유물의 보존행위로서 단독으로 무단 점유자인 丁을 상대로 공유물인도의 소를 제기한 경우, 이로 인하여 丁의 취득시효가 중단되는 효과는 다른 공유자 乙, 丙에게도 미친다( ). (2015년 사법시험)

(×) : 공유자의 한 사람이 공유물의 보존행위로서 제소한 경우라도, 동 제소로 인한 시효중단의 효력은 재판상의 청구를 한 그 공유자에 한하여 발생하고, 다른 공유자에게는 미치지 아니한다(대판 1979. 6. 26, 79다639).

140 **자연인이나 법인뿐만 아니라 권리능력 없는 사단도 시효취득의 주체가 될 수 있다. ( )** (2017 변리사)

해 설 문중 또는 종중과 같이 법인 아닌 사단 또는 재단에 있어서도 취득시효 완성으로 인한 소유권을 취득할 수 있다(대판 1970. 2. 10, 69다2013).

138 (×) 139 (×) 140 (○) 《 정답

141 **국유재산이 일반재산이던 당시에 취득시효가 완성되었다면 그 후 행정재산으로 되었다고 하더라도 시효취득을 원인으로 하는 소유권이전등기를 청구할 수 있다. ( )** (2018 변리사)

> **해설** 원래 잡종재산(=일반재산)이던 것이 행정재산으로 된 경우 잡종재산(=일반재산, 편집자 주)일 당시에 취득시효가 완성되었다고 하더라도 행정재산으로 된 이상 이를 원인으로 하는 소유권이전등기를 청구할 수 없다(대판 1997. 11. 14, 96다10782).

142 **점유자가 취득시효를 주장하는 경우, 그 점유자에게 소유의 의사가 없었다는 점은 점유자의 취득시효의 성립을 부정하는 자에게 증명책임이 있다. ( )** (2023 변호사)

> **해설** 민법 제197조 제1항에 의하면 물건의 점유자는 소유의 의사로 점유한 것으로 추정되므로 점유자가 취득시효를 주장하는 경우에 있어서 스스로 소유의 의사를 입증할 책임은 없고, 오히려 그 점유자의 점유가 소유의 의사가 없는 점유임을 주장하여 점유자의 취득시효의 성립을 부정하는 자에게 그 입증책임이 있다(대판 1997. 8. 21, 95다28625).

143 **점유자가 취득시효기간이 경과한 후 소유자와의 분쟁을 간편하게 해결하기 위하여 상대방에게 매수제의를 하였다면, 점유자의 점유는 타주점유로 전환된다. ( )** (2018 변리사)

> **해설** 점유자가 취득시효기간이 경과한 후에 상대방에게 토지의 매수를 제의한 일이 있다고 하여도 일반적으로 점유자는 취득시효가 완성된 후에도 소유권자와의 분쟁을 간편히 해결하기 위하여 매수를 시도하는 사례가 허다함에 비추어 이와 같은 매수 제의를 하였다는 사실을 가지고는 위 점유자의 점유를 타주점유라고 볼 수 없다(대판 1997. 4. 11, 96다50520).

144 **법원은 당사자의 주장에 구애됨이 없이 소송자료에 의하여 부동산 취득시효의 요건인 진정한 점유의 개시시기를 인정할 수 있다. ( )** (2019 변호사시험 변형)

> **해설** 취득시효의 기산점은 법률효과의 판단에 관하여 직접 필요한 주요사실이 아니고 간접사실에 불과하므로 법원으로서는 이에 관한 당사자의 주장에 구속되지 아니하고 소송자료에 의하여 점유의 시기를 인정할 수 있다(대판 1998. 5. 12, 97다34037).
>
> > [비교판례] 소멸시효의 기산일은 채무의 소멸이라고 하는 법률효과 발생의 요건에 해당하는 소멸시효 기간 계산의 시발점으로서 소멸시효 항변의 법률요건을 구성하는 구체적인 사실에 해당하므로 이는 변론주의의 적용 대상이고, 따라서 본래의 소멸시효 기산일과 당사자가 주장하는 기산일이 서로 다른 경우에는 변론주의의 원칙상 법원은 당사자가 주장하는 기산일을 기준으로 소멸시효를 계산하여야 하는데, 이는 당사자가 본래의 기산일보다 뒤의 날짜를 기산일로 하여 주장하는 경우는 물론이고 특별한 사정이 없는 한 그 반대의 경우에 있어서도 마찬가지이다(대판 1995. 8. 25, 94다35886).

정답 》 141 (×) 142 (○) 143 (×) 144 (○)

145 **취득시효 기간의 계산에 있어 시효기간 동안 소유자에 변경이 없는 경우에는 그 기산점을 어디에 두던지 간에 취득시효 완성을 주장할 수 있는 시점에서 보아 그 기간이 경과된 사실이 확정되면 된다. ( )** (2018 변리사)

> **해설** 취득시효 기간의 계산에 있어 그 점유 개시의 기산일은 임의로 선택할 수 없으나, 소유자에 변경이 없는 경우에는 취득시효 완성을 주장할 수 있는 시점에서 보아 그 기간이 경과된 사실만 확정되면 된다(대판 1998. 4. 14, 97다44089).

146 **시효완성자는 취득시효완성에 따른 등기를 하지 않더라도 시효완성 당시의 등기명의인에 대하여 취득시효를 주장할 수 있다. ( )** (2021 변리사)

> **해설** 부동산에 대한 점유취득시효기간이 완성된 경우에 그 부동산의 원소유자는 권리변동의 당사자이므로 점유자(乙)는 원소유자(甲)에 대하여 등기 없이도 그 부동산의 시효취득을 주장하여 대항할 수 있다(이른바 제1원칙).

147 **甲소유의 X토지에 대한 취득시효를 완성한 乙이 아직 이를 원인으로 하는 소유권이전등기를 마치지 못한 상태에서 X토지 위에 Y건물을 신축한 경우, 甲은 불법점유를 이유로 乙에게 X토지의 인도와 Y건물의 철거를 청구할 수 있다. ( )** (2014 변리사)

> **해설** 乙이 甲소유의 대지 일부를 소유의 의사로 평온, 공연하게 20년간 점유하였다면 乙은 甲에게 소유권이전등기절차의 이행을 청구할 수 있고 甲은 이에 응할 의무가 있으므로 乙이 위 대지에 관하여 소유권이전등기를 경료하지 못한 상태에 있다고 해서 甲이 乙에 대하여 그 대지에 대한 불법점유임을 이유로 그 지상건물의 철거와 대지의 인도를 청구할 수는 없다(대판 1988. 5. 10, 87다카1979).

148 **취득시효가 완성되기 전에 등기명의인이 바뀐 경우에는 시효완성자는 취득시효완성 당시의 등기명의인에게 취득시효를 주장할 수 있다. ( )** (2021 변리사)

> **해설** 점유취득시효기간이 완성되기 전, 그 진행 중에 등기부상의 소유자가 변경된 경우에 있어서는, 이는 점유자의 종래의 사실상태의 계속을 파괴한 것으로 볼 수 없어 시효중단사유가 될 수 없고 따라서 점유취득시효완성 당시의 등기부상의 소유자가 권리변동의 당사자가 되는 것이므로 점유자는 그 자에 대하여 등기 없이도 취득시효완성의 효과를 주장할 수 있다(대판 1972.1.31, 71다2416; 대판 1989.4.11, 88다카5843, 5850 등 : 이른바 제2원칙).

149 **취득시효완성 후 등기명의인이 변경되면 설사 등기원인이 취득시효 완성 전에 존재하였더라도, 시효완성자는 변경된 등기명의인에게 취득시효를 주장할 수 없다. ( )** (2021 변리사)

> **해설** 부동산에 대한 점유취득시효가 완성되었다고 하더라도 이를 등기하지 아니하고 있는 사이에 그 부동산에 관하여 제3자에게 소유권이전등기가 마쳐지면 점유자는 그 제3자에게 대항할 수 없는 것이고, 이 경우 제3자의 이전등기 원인이 점유자의 취득시효 완성 전의 것이라 하더라도 마찬가지이다(대판 1998. 7. 10, 97다45402 : 이른바 제3원칙).

145 (○) 146 (○) 147 (×) 148 (○) 149 (○) 《 정답

150 **취득시효 완성 후 등기 경료 전에 그 부동산이 제3자에게 명의신탁된 경우, 점유자는 시효완성을 이유로 그 제3자의 소유권 행사를 저지할 수 없다. ( )** (2018 변리사)

해설 부동산에 관한 점유취득시효기간이 경과하였다고 하더라도 그 점유자가 자신의 명의로 등기하지 아니하고 있는 사이에 먼저 제3자 명의로 소유권이전등기가 경료되어 버리면, 특별한 사정이 없는 한, 그 제3자에 대하여는 시효취득을 주장할 수 없으나, 그 제3자가 취득시효기간만료 당시의 등기명의인으로부터 신탁 또는 명의신탁받은 경우라면 종전 등기명의인으로서는 언제든지 이를 해지하고 소유권이전등기를 청구할 수 있고, 점유시효취득자로서는 종전 등기명의인을 대위하여 이러한 권리를 행사할 수 있으므로, 그러한 제3자가 소유자로서의 권리를 행사하는 경우 점유자로서는 취득시효완성을 이유로 이를 저지할 수 있다(대판 1995. 9. 5, 95다24586).

[비교판례] 명의신탁된 부동산에 대하여 점유취득시효가 완성된 후 시효취득자가 그 소유권이전등기를 경료하기 전에 명의신탁이 해지되어 그 등기명의가 명의수탁자로부터 명의신탁자에게로 이전된 경우에는 명의신탁의 취지에 따라 대외적 관계에서는 등기명의자만이 소유권자로 취급되고 시효완성 당시 시효취득자에게 져야 할 등기의무도 명의수탁자에게만 있을 뿐이므로, 명의신탁자의 등기 취득이 등기의무자의 배임행위에 적극 가담한 반사회적 행위에 근거한 등기라든가 또는 기타 다른 이유로 원인무효의 등기인 경우는 별론으로 하고, 그 명의신탁자는 취득시효 완성 후에 소유권을 취득한 자에 해당하여 그에 대하여 취득시효를 주장할 수 없다(대판 2001. 10. 26, 2000다8861).

151 **甲의 취득시효 완성 당시 미등기로 남아 있던 토지의 소유자가 취득시효 완성 후에 그 명의로 소유권보존등기를 마쳤다면, 甲은 토지소유자에 대하여 취득시효의 완성을 주장할 수 없다. ( )** (2018 변리사)

해설 점유로 인한 소유권취득시효 완성 당시 미등기로 남아 있던 토지에 관하여 소유권을 가지고 있던 자가 취득시효 완성 후에 그 명의로 소유권보존등기를 마쳤다 하더라도 이는 소유권의 변경에 관한 등기가 아니므로 그러한 자를 그 취득시효 완성 후의 새로운 이해관계인으로 볼 수 없고, 또 그 미등기 토지에 대하여 소유자의 상속인 명의로 소유권보존등기를 마친 것도 시효취득에 영향을 미치는 소유자의 변경에 해당하지 않으므로, 이러한 경우에는 그 등기명의인에게 취득시효 완성을 주장할 수 있다(대판 2007. 6. 14, 2006다84423).

152 **시효취득의 대상이 된 부동산에 관하여 취득시효가 완성된 후 점유자가 소유권이전등기를 마치기 전에 제3자가 원인무효의 소유권이전등기를 마친 경우, 점유자는 취득시효 완성 당시의 소유자를 대위하여 위 원인무효 등기의 말소를 구함과 아울러 위 소유자를 상대로 취득시효 완성을 원인으로 한 소유권이전등기를 구할 수 있다. ( )** (2022 변호사)

해설 취득시효가 완성된 후 점유자가 그 등기를 하기 전에 제3자가 소유권이전등기를 경료한 경우에는 점유자는 그 제3자에 대하여는 시효취득을 주장할 수 없는 것이 원칙이기는 하지만 이는 어디까지나 그 제3자 명의의 등기가 적법 유효함을 전제로 하는 것으로서 위 제3자 명의의 등기가 원인무효인 경

정답 》 150 (×) 151 (×) 152 (○)

우에는 점유자는 취득시효 완성 당시의 소유자를 대위하여 위 제3자 앞으로 경료된 원인무효인 등기의 말소를 구함과 아울러 위 소유자에게 취득시효 완성을 원인으로 한 소유권이전등기를 구할 수 있고, 또 위 제3자가 취득시효 완성 당시의 소유자의 상속인인 경우에는 그 상속분에 한하여는 위 제3자에 대하여 직접 취득시효 완성을 원인으로 한 소유권이전등기를 구할 수 있다(대판 2002. 3. 15, 2001다77352,77369).

153 **X 토지의 소유자 甲이 점유자 乙의 취득시효가 완성된 사실을 알면서 그 토지를 丙에게 처분하여 소유권이전등기를 마쳐줌으로써 乙에 대한 소유권이전등기의무가 이행불능이 된 경우, 甲의 乙에 대한 불법행위가 성립한다. ( )** (2022 변호사)

해설 부동산 소유자가 자신의 부동산에 대하여 취득시효가 완성된 사실을 알고 이를 제3자에게 처분하여 소유권이전등기를 넘겨줌으로써 취득시효 완성을 원인으로 한 소유권이전등기의무를 이행불능에 빠뜨려 시효취득을 주장하는 자에게 손해를 입혔다면 불법행위를 구성하며, 이 경우 부동산을 취득한 제3자가 부동산 소유자의 이와 같은 불법행위에 적극 가담하였다면 이는 사회질서에 반하는 행위로서 무효이다(대판 1995. 6. 30, 94다52416).

154 **취득시효기간이 진행하는 중에 등기명의인이 변동된 경우, 취득시효기간의 기산점을 임의로 선택하거나 소급하여 20년 이상 점유한 사실만을 내세워 시효완성을 주장할 수 없다. ( )** (2021 변리사)

해설 취득시효기간의 계산에 있어 점유기간 중에 당해 부동산의 소유권자의 변동이 있는 경우에는 취득시효를 주장하는 자가 임의로 기산점을 선택하거나 소급하여 20년 이상 점유한 사실만 내세워 시효완성을 주장할 수 없고, 이와 같은 경우에는 법원이 당사자의 주장에 구애됨이 없이 소송자료에 의하여 인정되는 바에 따라 진정한 점유의 개시시기를 인정하고, 그에 터잡아 취득시효주장의 당부를 판단하여야 한다(대판 1995. 5. 23, 94다39987 : 이른바 제4원칙).

155 **취득시효완성 후 등기명의인이 바뀐 경우, 등기명의가 바뀐 시점으로부터 다시 취득시효기간이 경과하더라도 취득시효완성을 주장할 수 없다. ( )** (2021 변리사)

해설 부동산에 대한 점유취득시효가 완성된 후 취득시효 완성을 원인으로 한 소유권이전등기를 하지 않고 있는 사이에 그 부동산에 관하여 제3자 명의의 소유권이전등기가 경료된 경우라 하더라도 당초의 점유자가 계속 점유하고 있고 소유자가 변동된 시점을 기산점으로 삼아도 다시 취득시효의 점유기간이 경과한 경우에는 점유자로서는 제3자 앞으로의 소유권 변동시를 새로운 점유취득시효의 기산점으로 삼아 2차의 취득시효의 완성을 주장할 수 있다[대판(전합) 2009. 7. 16, 2007다15172,15189 : 이른바 제5원칙].

156-1 **취득시효기간의 완성 전에 등기부상의 소유명의가 변경되었다 하더라도 이는 취득시효의 중단사유가 될 수 없다. ( )** (2017 변리사)

153 (○) 154 (○) 155 (×) 156-1 (○) 《 정답

156-2 **취득시효기간 만료 전에 등기부상 소유명의가 변경된 사실은 취득시효의 중단사유가 될 수 없다. ( )** (2019 변리사)

> **해설** 취득시효기간의 만료 전에 등기부상의 소유명의가 변경되었다 하더라도 이로써 종래의 점유상태의 계속이 파괴되었다고 할 수 없으므로 이는 취득시효의 중단사유가 될 수 없다(대판 1997. 4. 25, 97다6186).

157 **미등기 부동산의 경우, 점유자가 취득시효기간의 완성만으로 등기 없이 소유권을 취득한다. ( )** (2017 변리사)

> **해설** 민법 제245조 제1항의 취득시효기간의 완성만으로는 소유권취득의 효력이 바로 생기는 것이 아니라, 다만 이를 원인으로 하여 소유권취득을 위한 등기청구권이 발생할 뿐이고, 미등기 부동산의 경우라고 하여 취득시효기간의 완성만으로 등기 없이도 점유자가 소유권을 취득한다고 볼 수 없다(대판 2006. 9. 28, 2006다22074).

158 **토지 일부에 대한 점유취득시효가 완성된 후 점유자가 그 토지 부분에 대한 점유를 상실한 경우, 특별한 사정이 없는 한 시효완성을 원인으로 한 소유권이전등기청구권도 즉시 소멸한다. ( )** (2020 변리사)

> **해설** 토지에 대한 취득시효 완성으로 인한 소유권이전등기청구권은 그 토지에 대한 점유가 계속되는 한 시효로 소멸하지 아니하고, 그 후 점유를 상실하였다고 하더라도 이를 시효이익의 포기로 볼 수 있는 경우가 아닌 한 이미 취득한 소유권이전등기청구권은 바로 소멸되는 것은 아니나, 취득시효가 완성된 점유자가 점유를 상실한 경우 취득시효 완성으로 인한 소유권이전등기청구권의 소멸시효는 이와 별개의 문제로서, 그 점유자가 점유를 상실한 때로부터 10년간 등기청구권을 행사하지 아니하면 소멸시효가 완성한다(대판 1996. 3. 8, 95다34866, 34873).

159-1 **취득시효 완성 당시의 소유권이전등기가 무효라면 소유자가 누구인지 알 수 없는 경우 등 특별한 사정이 없는 한 시효취득자는 소유자를 대위하여 위 무효등기의 말소를 구하고 다시 위 소유자를 상대로 취득시효 완성을 이유로 한 소유권이전등기를 구하여야 한다. ( )** (2019 변호사)

159-2 **X 토지에 관하여 甲 명의의 무효인 소유권이전등기가 마쳐진 후 점유자 乙의 취득시효가 완성된 경우, 원칙적으로 乙은 甲을 상대로 시효취득을 원인으로 한 소유권이전등기청구를 할 수 없다. ( )** (2022 변호사)

> **해설** [1] 점유취득시효완성을 원인으로 한 소유권이전등기청구는 시효완성 당시의 소유자를 상대로 하여야 하므로 시효완성 당시의 소유권보존등기 또는 이전등기가 무효라면 원칙적으로 그 등기명의인은 시효취득을 원인으로 한 소유권이전등기청구의 상대방이 될 수 없고, 이 경우 시효취득자는 소유자를 대위하여 위 무효등기의 말소를 구하고 다시 위 소유자를 상대로 취득시효완성을 이유로 한 소유권이전등기를 구하여야 한다. [2] 구 토지조사령(1912. 8. 13. 제령 제2호)에 따라 토지조사부가 작성

정답 156-2 (○) 157 (×) 158 (×) 159-1 (○) 159-2 (○)

되었으나 그 토지조사부의 소유자란 부분이 훼손되어 사정명의인이 누구인지 확인할 수 없게 되었지만 누구에겐가 사정된 것은 분명하고 시효취득자가 사정명의인 또는 그 상속인을 찾을 수 없어 취득시효완성을 원인으로 하는 소유권이전등기에 의하여 소유권을 취득하는 것이 사실상 불가능하게 된 경우, 시효취득자는 취득시효완성 당시 진정한 소유자는 아니지만 소유권보존등기명의를 가지고 있는 자에 대하여 직접 취득시효완성을 원인으로 하는 소유권이전등기를 청구할 수 있다(대판 2005. 5. 26, 2002다43417).

160 **취득시효기간 만료 당시의 점유자로부터 부동산을 양수하여 점유를 승계한 현 점유자는 전 점유자의 소유자에 대한 소유권이전등기청구권을 대위행사할 수 있을 뿐, 전 점유자의 취득시효 완성의 효과를 주장하여 직접 자기에게 소유권이전등기를 청구할 권원은 없다. ( )**

(2019 변호사)

해설 전 점유자의 점유를 승계한 자는 그 점유 자체와 하자만을 승계하는 것이지 그 점유로 인한 법률효과까지 승계하는 것은 아니므로 부동산을 취득시효기간 만료 당시의 점유자로부터 양수하여 점유를 승계한 현 점유자는 자신의 전 점유자에 대한 소유권이전등기청구권을 보전하기 위하여 전 점유자의 소유자에 대한 소유권이전등기청구권을 대위행사할 수 있을 뿐, 전 점유자의 취득시효 완성의 효과를 주장하여 직접 자기에게 소유권이전등기를 청구할 권원은 없다[대판(전합) 1995. 3. 28, 93다47745].

161 **취득시효 완성으로 인한 소유권취득의 효력은 점유를 개시한 때에 소급한다. ( )** (2017 변리사)

해설 민법 제247조 제1항.

162 **X 토지에 관하여 취득시효가 완성되어 점유자 앞으로 소유권이전등기가 마쳐지면, 그 토지에 관하여 취득시효 완성 전에 체결되어 소유권이전등기청구권가등기에 의하여 보전된 매매예약상의 매수인의 지위는 소멸된다. ( )** (2022 변호사)

해설 부동산점유취득시효는 20년의 시효기간이 완성한 것만으로 점유자가 곧바로 소유권을 취득하는 것은 아니고 민법 제245조에 따라 점유자 명의로 등기를 함으로써 소유권을 취득하게 되며, 이는 원시취득에 해당하므로 특별한 사정이 없는 한 원소유자의 소유권에 가하여진 각종 제한에 의하여 영향을 받지 아니하는 완전한 내용의 소유권을 취득하게 되고, 이와 같은 소유권취득의 반사적 효과로서 그 부동산에 관하여 취득시효의 기간이 진행중에 체결되어 소유권이전등기청구권가등기에 의하여 보전된 매매예약상의 매수인의 지위는 소멸된다고 할 것이지만, 시효기간이 완성되었다고 하더라도 점유자 앞으로 등기를 마치지 아니한 이상 전 소유권에 붙어 있는 위와 같은 부담은 소멸되지 아니한다(대판 2004. 9. 24, 2004다31463).

160 (○) 161 (○) 162 (○) 《 정답

163 **토지에 대한 취득시효가 완성된 후 토지소유자가 그 토지 위에 담장을 설치한 경우, 시효완성자는 소유권에 기한 방해배제청구권의 행사로서 토지소유자를 상대로 담장의 철거를 청구할 수 없다. ( )** (2017 변리사)

해설 시효완성자는 등기를 경료하기 전에는 소유자가 아니므로 "소유권에 기한" 방해배제청구권의 행사로서 담장의 철거를 청구할 수는 없다. 그러나 판례는 "점유권에 기한" 방해배제청구권의 행사로서 담장 등의 철거를 청구하는 것에 대해서는 그 가능성을 열어놓고 있다(대판 2005. 3. 25, 2004다23899).

> **[참고지문] 점유로 인한 토지소유권의 시효취득은 원시취득이지만, 점유자로서는 종전 소유자가 그 토지위에 축조한 건물에 대하여는 철거를 청구할 수 없다. ( )** (2007 변리사)
>
> (○) : [1] 토지를 20년간 소유의 의사로 평온·공연하게 점유한 자는 등기를 함으로써 비로소 그 소유권을 취득하는 것이므로, 점유자가 원소유자에 대하여 점유로 인한 취득시효기간이 만료되었음을 이유로 취득시효완성을 원인으로 한 소유권이전등기청구를 하는 등 그 권리행사를 하거나 원소유자가 취득시효완성 사실을 알고 점유자의 권리취득을 방해하려고 하는 등의 특별한 사정이 없는 한, 원소유자는 점유자 명의로 소유권이전등기가 경료되기까지는 소유자로서 그 토지에 관한 적법한 권리를 행사할 수 있고, 따라서 그 권리행사로 인하여 점유자의 토지에 대한 점유의 상태가 변경되었다면, 그 뒤 소유권이전등기를 경료한 점유자는 변경된 점유의 상태를 용인하여야 한다. [2] 인접 대지의 경계를 침범하여 건물을 소유하고 있던 점유자가 그 대지 부분에 대한 취득시효가 완성되었으나 이를 자신의 소유로 알고 원소유자에 대하여 취득시효완성을 이유로 그 권리를 주장하거나 이전등기청구권을 행사하지 아니하다가 취득시효완성 사실을 모르고 있던 원소유자가 그 대지 부분에 건물을 신축한 후에 취득시효완성을 원인으로 소유권이전등기를 경료한 경우, 원소유자가 건물을 신축함으로써 점유자의 그 대지 부분에 대한 점유의 상태가 변경된 뒤에야 점유자가 그 대지 부분에 관한 소유권이전등기를 경료하였으므로, 점유자로서는 그 지상에 위 건물이 존재한 상태로 대지의 소유권을 취득하였다고 할 것이어서 원소유자에 대하여 위 건물의 철거를 구할 수 없다(대판 1999. 7. 9, 97다53632).

164 **甲소유의 X토지를 乙이 소유의 의사로 평온·공연하게 점유하고 있다. 이에 관한 설명으로 옳지 않은 것은? (다툼이 있으면 판례에 따름)** (2015 변리사)

① 乙의 취득시효가 완성된 경우, 甲은 乙에 대하여 X토지에 대한 불법점유임을 이유로 X토지의 인도를 청구할 수 없다.

② 乙이 X토지를 시효취득했더라도, 乙이 시효취득 전에 X토지를 사용하여 얻은 이익은 甲에게 반환하여야 한다.

③ 乙이 취득시효 완성 후 등기하기 전에 甲이 X토지를 丙에게 매도하여 소유권이전등기를 해 준 경우, 乙은 특별한 사정이 없는 한 丙에 대하여 시효취득을 이유로 등기말소를 청구할 수 없다.

④ 乙이 취득시효 완성 후 등기하기 전에 甲이 X토지를 丙에게 매도하여 소유권이전등기를 해 준 경우, 乙은 시효기간의 기산점을 임의로 선택할 수 없다.

⑤ 乙의 취득시효가 진행되는 중에 甲이 X토지를 丙에게 매도하여 소유권이전등기를 해 준 다음 시효가 완성된 경우, 乙은 丙에 대하여 시효취득 완성을 주장할 수 있다.

정답 163 (○) 164 ②

해설 ②는 부당하다. 즉 시효제도는 소급효가 있는데(제247조 제1항), 乙이 X토지를 시효취득했다면 乙이 시효취득 전에 X토지를 사용하여 얻은 이익(=과실)은 甲에게 반환할 필요가 없다(제1원칙; 대판 1993. 5. 25, 92다51280 등).

① (○) : 위 제1원칙과 더불어 乙의 취득시효가 완성된 경우, 乙은 甲에게 취득시효를 주장할 수 있는 정당한 권리자이기 때문에 甲은 乙에 대하여 X토지에 대한 불법점유임을 이유로 X토지의 인도를 청구할 수 없다(제1원칙 ; 대판 1993. 5. 25, 92다51280 등).

③ (○) : 제3원칙이다. 즉 乙이 취득시효 완성 후 등기하기 전에 甲이 X토지를 丙에게 매도하여 소유권이전등기를 해 준 경우, 乙은 특별한 사정이 없는 한 丙에 대하여 시효취득을 이유로 등기말소를 청구할 수 없다(대판 1964. 6. 9, 63다1129).

④ (○) : 제4원칙이다. 즉 乙이 취득시효 완성 후 등기하기 전에 甲이 X토지를 丙에게 매도하여 소유권이전등기를 해 준 경우, 乙은 시효기간의 기산점을 임의로 선택할 수 없다(대판 1998. 5. 12, 97다34037).

⑤ (○) : 제2원칙이다. 즉 乙의 취득시효가 진행되는 중에 甲이 X토지를 丙에게 매도하여 소유권이전등기를 해 준 다음 시효가 완성된 경우, 乙은 丙에 대하여 시효취득 완성을 주장할 수 있다(대판 1989. 4. 11, 88다카5843).

165 **乙은 1970. 1. A토지에 대한 소유명의자 甲으로부터 이를 매수하여 이전등기를 마치지 않은 상태로 파, 시금치 등을 재배하였고, 이후 그 지상에 B건물도 신축하여 보존등기를 마치지 않은 채 이를 점유·사용하여 왔다. 乙은 1990. 5. 丙에게 A토지와 B건물을 매도하였고, 丙도 이들 부동산 모두에 관해 등기를 마치지 않은 채 인도받아 점유·사용하여 오고 있다. 2000. 8. 甲의 상속인 丁이 A토지를 상속받아 2016. 2. A토지 위에 자신의 채권자 戊를 위해 저당권 설정등기를 경료하였다. 이에 관한 설명 중 옳은 것을 모두 고른 것은? (다툼이 있는 경우 판례에 의함)** (2019 변호사)

ㄱ. B건물에 대해서는 乙에게만 처분권이 있으므로 丁이 丙을 상대로 건물 철거청구의 소를 제기하는 것은 허용되지 않는다.

ㄴ. A토지의 매매는 등기를 수반하지 않았으므로, 부동산 물권 변동에 관하여 형식주의를 취하는 현행 민법 아래에서 丙의 A토지에 대한 점유는 타주점유로 보아야 한다.

ㄷ. 丙이 A토지에 관해 점유취득시효의 완성을 이유로 丁을 상대로 소유권이전등기청구의 소를 제기하여 승소하더라도 특별한 사정이 없는 한 戊를 상대로 저당권말소등기를 청구하는 것은 허용되지 않는다.

ㄹ. 丙은 A토지에 대한 소유권이전등기를 마쳐야 비로소 이를 시효취득할 수 있으므로, 丁은 丙이 이전등기를 마치기 전까지 丙에 대하여 점유로 인한 부당이득반환을 청구할 수 있다.

ㅁ. 丙은 A토지에 대하여 소유권이전등기를 받지 않았더라도, A토지에 대한 점유·사용권이 있다.

① ㄱ, ㄷ ② ㄴ, ㄷ ③ ㄴ, ㄹ ④ ㄷ, ㅁ ⑤ ㄹ, ㅁ

165 ④ 《 정답

해설 ㄱ. (×) : 건물철거는 그 소유권의 종국적 처분에 해당하는 사실행위이므로 원칙으로는 그 소유자(등기명의자)에게만 그 철거처분권이 있다고 할 것이나 그 건물을 매수하여 점유하고 있는 자는 등기부상 아직 소유자로서의 등기명의가 없다 하더라도 그 권리의 범위내에서 그 점유중인 건물에 대하여 법률상 또는 사실상 처분을 할 수 있는 지위에 있고 그 건물이 건립되어 있어 불법으로 점유를 당하고 있는 토지소유자는 위와 같은 지위에 있는 건물점유자에게 그 철거를 구할 수 있다(대판 1986. 12. 23, 86다카1751). ☞ 주의할 점 : 이 지문에서 丁이 미등기매수인인 丙을 상대로 소를 제기했을 때 별다른 사정이 없다면 丁은 패소할 가능성이 높다. 하지만 丙을 상대로 소를 제기하는 것 자체가 허용되지 않는 것은 아니다. 이 지문은 오로지 미등기매수인인 丙이 철거청구의 상대방이 될 수 있는지 여부만을 물어보는 것임을 주의해야 한다. 판례원문은 "철거를 구할 수 있다"고 하였으나 출제자는 丁이 丙을 상대로 건물철거청구의 "소를 제기하는 것은 허용되지 않는다"고 표현한 점에 비추어 출제자의 의도를 읽을 수 있다.

ㄴ. (×) : 현행 우리 민법은 법률행위로 인한 부동산 물권의 득실변경에 관하여 등기라는 공시방법을 갖추어야만 비로소 그 효력이 생긴다는 형식주의를 채택하고 있음에도 불구하고 등기에 공신력이 인정되지 아니하고, 또 현행 민법의 시행 이후에도 법생활의 실태에 있어서는 상당기간 동안 의사주의를 채택한 구 민법에 따른 부동산 거래의 관행이 잔존하고 있었던 점 등에 비추어 보면, 토지의 매수인이 매매계약에 의하여 목적 토지의 점유를 취득한 경우 설사 그것이 타인의 토지의 매매에 해당하여 그에 의하여 곧바로 소유권을 취득할 수 없다고 하더라도 그것만으로 매수인이 점유권원의 성질상 소유의 의사가 없는 것으로 보이는 권원에 바탕을 두고 점유를 취득한 사실이 증명되었다고 단정할 수 없을 뿐만 아니라, 매도인에게 처분권한이 없다는 것을 잘 알면서 이를 매수하였다는 등의 다른 특별한 사정이 입증되지 않는 한, 그 사실만으로 바로 그 매수인의 점유가 소유의 의사가 있는 점유라는 추정이 깨어지는 것이라고 할 수 없고, 민법 제197조 제1항이 규정하고 있는 점유자에게 추정되는 소유의 의사는 사실상 소유할 의사가 있는 것으로 충분한 것이지 반드시 등기를 수반하여야 하는 것은 아니므로 등기를 수반하지 아니한 점유임이 밝혀졌다고 하여 이 사실만 가지고 바로 점유권원의 성질상 소유의 의사가 결여된 타주점유라고 할 수 없다[대판(전합) 2000. 3. 16, 97다37661].

ㄷ. (○) : 원소유자가 취득시효의 완성 이후 그 등기가 있기 전에 그 토지를 제3자에게 처분하거나 제한물권의 설정, 토지의 현상 변경 등 소유자로서의 권리를 행사하였다 하여 시효취득자에 대한 관계에서 불법행위가 성립하는 것이 아님은 물론 위 처분행위를 통하여 그 토지의 소유권이나 제한물권 등을 취득한 제3자에 대하여 취득시효의 완성 및 그 권리취득의 소급효를 들어 대항할 수도 없다 할 것이니, 이 경우 시효취득자로서는 원소유자의 적법한 권리행사로 인한 현상의 변경이나 제한물권의 설정 등이 이루어진 그 토지의 사실상 혹은 법률상 현상 그대로의 상태에서 등기에 의하여 그 소유권을 취득하게 된다. 따라서 시효취득자가 원소유자에 의하여 그 토지에 설정된 근저당권의 피담보채무를 변제하는 것은 시효취득자가 용인하여야 할 그 토지상의 부담을 제거하여 완전한 소유권을 확보하기 위한 것으로서 그 자신의 이익을 위한 행위라 할 것이니, 위 변제액 상당에 대하여 원소유자에게 대위변제를 이유로 구상권을 행사하거나 부당이득을 이유로 그 반환청구권을 행사할 수는 없다(대판 2006. 5. 12, 2005다75910). ☞ 다만 戊의 저당권등기가 원인무효의 것이라면 말소를 청구할 수 있을 것인데, 이 때에도 丙이 직접 말소를 청구하려면 먼저 소유권이전등기를 경료하여야 한다(지원림 민법강의 제15판 p.595. 참조).

ㄹ. (×) : 부동산에 대한 취득시효가 완성되면 점유자는 소유명의자에 대하여 취득시효완성을 원인으로 한 소유권이전등기절차의 이행을 청구할 수 있고 소유명의자는 이에 응할 의무가 있으므로 점유자가 그 명의로 소유권이전등기를 경료하지 아니하여 아직 소유권을 취득하지 못하였다고 하더라도 소유명의자는 점유자에 대하여 점유로 인한 부당이득반환청구를 할 수 없다(대판 1993. 5. 25, 92다51280).
ㅁ. (○) : 토지의 매수인이 아직 소유권이전등기를 경료받지 아니하였다 하여도 매매계약의 이행으로 그 토지를 인도받은 때에는 매매계약의 효력으로서 이를 점유·사용할 권리가 생기게 된 것으로 보아야 하고, 또 매수인으로부터 위 토지를 다시 매수한 자는 위와 같은 토지의 점유·사용권을 취득한 것으로 봄이 상당하므로 매도인은 매수인으로부터 다시 위 토지를 매수한 자에 대하여 토지 소유권에 기한 물권적청구권을 행사할 수 없다(대판 2001. 12. 11, 2001다45355; 대판 1998. 6. 26, 97다42823).

166 **甲은 乙 소유의 X토지를 20년간 소유의 의사로 평온·공연하게 점유하여 2018. 1. 1. 점유취득시효가 완성되었다. 이에 관한 설명 중 옳은 것을 모두 고른 것은? (다툼이 있는 경우 판례에 의함)** (2020 변호사)

ㄱ. 甲이 점유취득시효 완성 전까지 점유로 인하여 얻은 이익에 대하여 乙은 부당이득반환을 청구할 수 없다.
ㄴ. 2018. 4. 4. 乙은 甲의 X토지에 관한 취득시효 완성 사실을 알지 못하고서 K은행으로부터 3억 원을 차용하고 당일 K은행에게 근저당권설정등기를 마쳐준 후 甲이 취득시효 완성을 이유로 X토지에 관하여 소유권이전등기를 마쳤다면, 甲은 X토지에 설정된 근저당권의 피담보채무를 변제하고 乙에게 변제금액의 구상을 청구할 수 있다.
ㄷ. 2010. 4. 1. 甲이 X토지의 진정한 소유자가 아님에도 丙으로부터 금원을 차용하면서 X토지에 관하여 丙 명의로 저당권설정등기를 마쳐준 경우, 2018. 4. 5. 甲이 취득시효완성을 이유로 X토지에 관하여 소유권이전등기를 마쳤다면, 이는 원시취득이므로 丙 명의의 위 저당권은 소멸하게 된다.
ㄹ. 2015. 1. 2. X토지에 관하여 매매예약을 원인으로 한 丁 명의의 소유권이전청구권 보전을 위한 가등기가 마쳐졌고, 2018. 6. 5. 위 가등기에 기한 丁 명의의 본등기가 마쳐졌다면, 甲은 丁에 대하여 X토지에 관한 취득시효 완성을 주장할 수 없다.

① ㄱ, ㄹ ② ㄴ, ㄷ ③ ㄷ, ㄹ ④ ㄱ, ㄴ, ㄹ ⑤ ㄴ, ㄷ, ㄹ

해설 ㄱ. (○) : [민법 제247조 제1항] 전2조의 규정에 의한 소유권취득의 효력은 점유를 개시한 때에 소급한다. ☞ 따라서 乙은 甲에 대하여 X토지의 인도를 구할 수 없음은 물론이고, 시효가 기산된 이후의 기간에 관하여 甲이 얻은 사용이익을 부당이득으로 반환청구할 수 없고, 나아가 甲에 대하여 그 기간 동안의 불법점유를 이유로 하는 손해배상도 청구할 수 없다.
ㄴ. (×) : 원소유자가 취득시효의 완성 이후 그 등기가 있기 전에 그 토지를 제3자에게 처분하거나 제한물권의 설정 등이 가능하기 때문에 시효취득자가 원소유자에 의하여 그 토지에 설정된 근저당권의 피담보채무를 변제하는 것은 시효취득자가 용인하여야 할 그 토지상의 부담을 제거하여 완전한 소유권을 확보하기 위한 것으로서 그 자신의 이익을 위한 행위라 할 것이니, 위 변제액 상당에 대하여 원소유자에게 대위변제를 이유로 구상권을 행사하거나 부당이득을 이유로 그 반환청구권을 행사할 수는 없다(대판 2006. 5. 12, 2005다75910).

166 ① 《 정답

ㄷ. (×) : 부동산점유취득시효는 원시취득에 해당하므로 특별한 사정이 없는 한 원소유자의 소유권에 가하여진 각종 제한에 의하여 영향을 받지 아니하는 완전한 내용의 소유권을 취득하는 것이지만, 진정한 권리자가 아니었던 채무자 또는 물상보증인이 채무담보의 목적으로 채권자에게 부동산에 관하여 저당권설정등기를 경료해 준 후 그 부동산을 시효취득하는 경우에는, 채무자 또는 물상보증인은 피담보채권의 변제의무 내지 책임이 있는 사람으로서 이미 저당권의 존재를 용인하고 점유하여 온 것이므로, 저당목적물의 시효취득으로 저당권자의 권리는 소멸하지 않는다(대판 2015. 2. 26, 2014다21649).

ㄹ. (○) : 취득시효완성에 의한 등기를 하기 전에 먼저 소유권이전등기를 경료하여 부동산 소유권을 취득한 제3자에 대하여는 그 제3자 명의의 등기가 무효가 아닌 한 시효취득을 주장할 수 없다고 함이 당원의 판례이고, 한편 가등기는 그 성질상 본등기의 순위보전의 효력만이 있어 후일 본 등기가 경료된 때에는 본등기의 순위가 가등기한 때로 소급하는 것 뿐이지 본등기에 의한 물권변동의 효력이 가등기한 때로 소급하여 발생하는 것은 아니므로, 甲을 위하여 이 사건 토지에 관한 취득시효가 완성된 후 甲이 그 등기를 하기 전에 丁이 취득시효완성 전에 이미 설정되어 있던 가등기에 기하여 소유권 이전의 본등기를 경료하였다면 그 가등기나 본등기를 무효로 볼 수 있는 경우가 아닌 한 甲은 시효완성 후 부동산소유권을 취득한 제3자인 丁에 대하여 시효취득을 주장할 수 없다(대판 1992. 9. 25, 92다21258).

167 A 명의로 1943. 6. 1. 소유권보존등기가 적법·유효하게 마쳐진 X 부동산에 대하여 甲이 등기관계서류를 위조하여 1979. 3. 5. 甲 명의로 소유권이전등기를 마쳤다. 그 후 X 부동산에 대하여 乙이 1980. 2. 7. 乙 명의로 소유권보존등기를 마쳤고, 이에 터 잡아 丙이 1981. 5. 4. 丙 명의로 소유권이전등기를 마쳤다. 甲은 소유권에 기하여 乙, 丙을 상대로 위 각 소유권이전등기말소청구의 소를 제기하였다. 이에 관한 설명 중 옳은 것을 모두 고른 것은? (다툼이 있는 경우 판례에 의함) (2018 변호사시험 변형)

ㄱ. 甲 명의의 등기는 원인무효의 등기이므로 설령 乙, 丙 명의의 등기가 말소되어야 할 무효의 등기라고 하더라도 특별한 사정이 없는 한 甲은 乙, 丙에게 말소를 청구할 권원이 없다.
ㄴ. 乙 명의의 소유권보존등기는 나중에 이루어진 중복등기로서 1부동산 1등기용지주의를 채택하고 있는 「부동산등기법」상 허용될 수 없는 무효의 등기이고, 이에 터 잡아 마쳐진 丙 명의의 소유권이전등기도 무효의 등기이다.
ㄷ. 등기부취득시효의 완성을 위한 등기는 원인무효의 등기라도 무방하므로, 丙이 취득시효의 완성을 위한 다른 요건을 모두 갖추었다면 丙 명의의 소유권이전등기는 특별한 사정이 없는 한 실체관계에 부합하여 유효하다.

① ㄱ ② ㄴ ③ ㄱ, ㄴ ④ ㄴ, ㄷ ⑤ ㄱ, ㄴ, ㄷ

해설 ㄱ.(○) : 원고가 피고에 대하여 피고 명의로 마쳐진 소유권보존등기의 말소를 구하려면 먼저 원고에게 그 말소를 청구할 수 있는 권원이 있음을 적극적으로 주장·입증하여야 하며, 만일 원고에게 이러한 권원이 있음이 인정되지 않는다면 설사 피고 명의의 소유권보존등기가 말소되어야 할 무효의 등

정답 167 ③

기라고 하더라도 원고의 청구를 인용할 수 없다(대판 1999. 2. 26, 98다17831).

ㄴ.(○) : 동일 부동산에 관하여 등기명의인을 달리하여 중복된 소유권보존등기가 마쳐진 경우에는 먼저 된 소유권보존등기가 원인무효가 되지 아니하는 한 뒤에 된 소유권보존등기는 1부동산 1등기용지주의를 채택하고 있는 현행 부동산등기법 아래에서는 무효라고 해석함이 상당하므로, 동일 부동산에 관하여 중복된 소유권보존등기에 터잡아 등기명의인을 달리한 소유권이전등기가 각각 마쳐진 경우에 각 등기의 효력은 소유권이전등기의 선후에 의하여 판단할 것이 아니고, 그 소유권이전등기의 바탕이 된 각 소유권보존등기의 선후를 기준으로 판단하여야 하며, 이러한 법리는 위와 같은 중복된 등기부가 모두 멸실된 후 멸실 전의 등기를 회복재현하는 회복된 소유권이전등기가 중복된 경우에도 마찬가지로 적용된다(대판 1998. 7. 14, 97다34693).

ㄷ.(×) : 민법 제245조 제2항은 부동산의 소유자로 등기한 자가 10년간 소유의 의사로 평온·공연하게 선의이며 과실 없이 그 부동산을 점유한 때에는 소유권을 취득한다고 규정하고 있는바, 위 법 조항의 '등기'는 부동산등기법 제15조가 규정한 1부동산 1용지주의에 위배되지 아니한 등기를 말하므로, 어느 부동산에 관하여 등기명의인을 달리하여 소유권보존등기가 2중으로 경료된 경우 먼저 이루어진 소유권보존등기가 원인무효가 아니어서 뒤에 된 소유권보존등기가 무효로 되는 때에는, 뒤에 된 소유권보존등기나 이에 터잡은 소유권이전등기를 근거로 하여서는 등기부취득시효의 완성을 주장할 수 없다[대판(전합) 1996. 10. 17, 96다12511]. ☞ 설령 점유취득시효가 완성된다고 하더라도 "[1] 동일 부동산에 관하여 등기명의인을 달리하여 중복된 소유권보존등기가 경료된 경우에는 먼저 이루어진 소유권보존등기가 원인무효가 아닌 한 뒤에 된 소유권보존등기는 실체관계에 부합한다고 하더라도 1부동산 1등기용지주의의 법리에 비추어 무효이고, 이러한 법리는 뒤에 된 소유권보존등기의 명의인이 당해 부동산의 소유권을 원시취득한 경우에도 그대로 적용된다. [2] 동일 부동산에 관하여 이미 소유권이전등기가 경료되어 있음에도 그 후 중복하여 소유권보존등기를 경료한 자가 그 부동산을 20년간 소유의 의사로 평온·공연하게 점유하여 점유취득시효가 완성되었더라도, 선등기인 소유권이전등기의 토대가 된 소유권보존등기가 원인무효라고 볼 아무런 주장·입증이 없는 이상, 뒤에 경료된 소유권보존등기는 실체적 권리관계에 부합하는지의 여부에 관계없이 무효이므로, 뒤에 된 소유권보존등기의 말소를 구하는 것이 신의칙위반이나 권리남용에 해당한다고 할 수 없다(대판 2008. 2. 14, 2007다63690)."

168 **甲은 무단으로 자신의 명의로 X토지에 관한 소유권보존등기를 하고 있다가, 매매를 원인으로 하여 乙 명의로 소유권을 이전해주었다. 그런데 X토지의 정당한 소유자 丙이 甲에 대해서는 소유권보존등기말소를, 乙에 대해서는 소유권이전등기말소를 구하는 소를 제기하였다. 이 소송에서 법원은 甲 명의의 소유권보존등기는 원인무효이므로 그 말소등기절차를 이행할 의무가 있지만, 乙 명의의 소유권이전등기에 대해서는 등기부취득시효가 완성되어 실체관계에 부합하는 유효한 등기라고 판시하였고, 이 판결은 곧 확정되었다. 이에 대한 설명으로 옳은 것을 모두 고른 것은? (다툼이 있으면 판례에 따름)** (2016 변리사)

ㄱ. 丙의 甲에 대한 소유권보존등기말소청구는 소유권에 기한 방해배제청구권의 성격을 갖는다.
ㄴ. 丙의 甲에 대한 소유권보존등기말소청구가 승소판결로 확정되었더라도 그 청구권의 법적 성격이 채권적 청구권으로 바뀌지는 않는다.
ㄷ. 丙은 甲에 대하여 불법행위를 이유로 손해배상을 청구할 수 있다.
ㄹ. 丙은 甲에 대하여 이행불능에 근거하여 X토지의 시가 상당액에 대한 전보배상을 청구할 수 있다.

168 ③ 《 정답

① ㄱ, ㄴ　　② ㄷ, ㄹ　　③ ㄱ, ㄴ, ㄷ　　④ ㄴ, ㄷ, ㄹ　　⑤ ㄱ, ㄴ, ㄷ, ㄹ

> **해설** ㄱ. (○), ㄴ. (○), ㄹ. (×) : 소유자가 자신의 소유권에 기하여 실체관계에 부합하지 아니하는 등기의 명의인을 상대로 그 등기말소나 진정명의회복 등을 청구하는 경우에, 그 권리는 물권적 청구권으로서의 방해배제청구권(민법 제214조)의 성질을 가진다. 그러므로 소유자가 그 후에 소유권을 상실함으로써 이제 등기말소 등을 청구할 수 없게 되었다면, 이를 위와 같은 청구권의 실현이 객관적으로 불능이 되었다고 파악하여 등기말소 등 의무자에 대하여 그 권리의 이행불능을 이유로 민법 제390조상의 손해배상청구권을 가진다고 말할 수 없다. 위 법규정에서 정하는 채무불이행을 이유로 하는 손해배상청구권은 계약 또는 법률에 기하여 이미 성립하여 있는 채권관계에서 본래의 채권이 동일성을 유지하면서 그 내용이 확장되거나 변경된 것으로서 발생한다. 그러나 위와 같은 등기말소청구권 등의 물권적 청구권은 그 권리자인 소유자가 소유권을 상실하면 이제 그 발생의 기반이 아예 없게 되어 더 이상 그 존재 자체가 인정되지 아니하는 것이다. 이러한 법리는 선행소송에서 소유권보존등기의 말소등기청구가 확정되었다고 하더라도 그 청구권의 법적 성질이 채권적 청구권으로 바뀌지 아니하므로 마찬가지이다[대판(전합) 2012. 5. 17, 2010다28604].
>
> ㄷ. (○) : 갑 등의 등기부취득시효 완성으로 토지에 관한 소유권을 상실한 을이 불법행위를 이유로 소유권 상실로 인한 손해배상을 청구할 수 있음은 별론으로 하고, 애초 국가의 등기말소의무 이행불능으로 인한 채무불이행책임을 논할 여지는 없고, 또한 토지의 소유권 상실로 인한 손해배상을 구하는 을의 청구에 대하여 당사자가 주장하지 아니한 소유권보존등기 말소등기절차 이행의무의 이행불능으로 인한 손해배상책임을 인정할 수 없음에도, 이와 달리 손해배상책임을 인정한 원심판결에 법리오해와 처분권주의 위반의 위법이 있다[대판(전합) 2012. 5. 17, 2010다28604].

169 **X 토지에 관하여 甲, 乙 명의로 순차 소유권이전등기가 되어 있었다. 乙 명의 등기는 서류를 위조하여 경료한 무효의 등기였다. 甲이 등기를 회복하지 않고 있는 사이에 乙이 丙에게 X 토지를 매도하고 소유권이전등기를 마쳤다. 甲이 乙과 丙을 공동피고로 하여 각 피고들 명의 소유권이전등기말소 청구의 소를 제기하였다. 乙과 丙은, 丙이 등기부취득시효 완성을 원인으로 소유권을 취득했다고 주장하고 있다. 이에 관한 설명 중 옳지 않은 것을 모두 고른 것은? (각 지문은 독립적이며, 다툼이 있는 경우 판례에 의함)** (2018 변호사)

> ㄱ. 등기부취득시효의 요건인 선의·무과실은 점유개시시에 존재하면 충분하다.
> ㄴ. 丙에게 등기부취득시효가 완성되었다는 사실이 증명된 경우에도 법원은 乙에 대한 원고 甲의 청구를 인용해야 한다.
> ㄷ. 丙에게 등기부취득시효가 완성되었다는 사실이 증명된 경우 甲은 乙에 대하여 등기말소청구권의 이행불능을 이유로 「민법」 제390조 상의 손해배상을 청구할 수 있다.

① ㄴ　　② ㄱ, ㄴ　　③ ㄱ, ㄷ　　④ ㄴ, ㄷ　　⑤ ㄱ, ㄴ, ㄷ

정답 》 169 ④

해설 ㄱ.(○) : 등기부취득시효에 있어서 선의·무과실은 등기에 관한 것이 아니고 점유의 취득에 관한 것이므로, 등기경료 이전부터 점유를 하여 온 경우에는 그 점유개시 당시를 기준으로 그 점유의 개시에 과실이 없었는지 여부에 관하여 심리판단하여야 한다(대판 1994. 11. 11, 93다28089).

ㄴ.(×) : 원고가 피고에 대하여 피고 명의로 마쳐진 소유권이전등기의 말소를 구하려면 먼저 원고에게 말소를 청구할 수 있는 권원이 있음을 적극적으로 주장·증명하여야 하고, 만일 원고에게 그러한 권원이 있음이 인정되지 않는다면 설령 피고 명의의 소유권이전등기가 말소되어야 할 무효의 등기라고 하더라도 원고의 청구를 인용할 수는 없다. 피고로부터 매매 등의 방법으로 부동산에 대한 권리가 순차적으로 이전되어 최종적으로 소유권이전등기를 마친 제3자가 시효취득을 원인으로 부동산에 대한 소유권을 취득함에 따라 당초 부동산의 소유자인 원고가 소유권을 상실하게 되면, 비록 피고 명의의 소유권이전등기가 원인무효라고 하더라도 원고에게 피고 명의의 소유권이전등기의 말소를 청구할 수 있는 권원이 없으므로, 원고는 피고에 대하여 소유권에 기한 등기말소청구를 할 수 없다(대판 2019. 7. 10, 2015다249352).

ㄷ.(×) : 소유자가 자신의 소유권에 기하여 실체관계에 부합하지 아니하는 등기의 명의인을 상대로 그 등기말소나 진정명의회복 등을 청구하는 경우에, 그 권리는 물권적 청구권으로서의 방해배제청구권(민법 제214조)의 성질을 가진다. 그러므로 소유자가 그 후에 소유권을 상실함으로써 이제 등기말소 등을 청구할 수 없게 되었다면, 이를 위와 같은 청구권의 실현이 객관적으로 불능이 되었다고 파악하여 등기말소 등 의무자에 대하여 그 권리의 이행불능을 이유로 민법 제390조상의 손해배상청구권을 가진다고 말할 수 없다. 위 법 규정에서 정하는 채무불이행을 이유로 하는 손해배상청구권은 계약 또는 법률에 기하여 이미 성립하여 있는 채권관계에서 본래의 채권이 동일성을 유지하면서 그 내용이 확장되거나 변경된 것으로서 발생한다. 그러나 위와 같은 등기말소청구권 등의 물권적 청구권은 그 권리자인 소유자가 소유권을 상실하면 이제 그 발생의 기반이 아예 없게 되어 더 이상 그 존재 자체가 인정되지 아니하는 것이다. 이러한 법리는 선행소송에서 소유권보존등기의 말소등기청구가 확정되었다고 하더라도 그 청구권의 법적 성질이 채권적 청구권으로 바뀌지 아니하므로 마찬가지이다[대판(전합) 2012. 5. 17, 2010다28604].

> **[유사지문] 물권적 방해배제청구권의 행사로 등기말소를 구하는 소유자가 그 후 소유권을 상실함으로써 이제 등기말소를 청구할 수 없게 되었다면, 등기말소의무자에 대하여 그 권리의 이행불능을 이유로 「민법」 제390조상의 손해배상청구권을 행사할 수 없다(○).**
>
> (2020 변호사)

170 甲은 그가 1977년부터 점유하던 A명의의 X토지를 1995년에 乙에게 매도·인도하였고, 乙은 2000년에 이를 다시 丙에게 전매·인도하였으며, 2012년 현재 丙이 X토지를 점유하고 있다. A가 1994년에 B에게 X토지를 매도하고 소유권이전등기를 마쳤다. 다음 설명으로 옳은 것만을 모두 고른 것은? (다툼이 있는 경우에는 판례에 의함) (2012 변리사)

ㄱ. 丙은 1995년을 기산점으로 하여 현재 소유명의자인 B에게 취득시효의 완성을 원인으로 하는 이전등기를 청구할 수 있다.
ㄴ. 丙은 B가 소유권을 취득한 1994년을 기산점으로 하여 취득시효가 완성되었음을 원인으로 B를 상대로 이전등기를 청구할 수 있다.

170 ④ 《 정답

ㄷ. 1997년 乙은 취득시효의 완성을 원인으로 하여 B에게 이전등기를 청구할 권리를 취득했다.
ㄹ. 2000년 乙로부터 점유를 승계한 丙은 乙이 B에 대하여 가지는 등기청구권을 직접 행사할 수 있다.

① ㄱ, ㄴ ② ㄱ, ㄹ ③ ㄴ, ㄷ ④ ㄷ ⑤ ㄹ

해설 ㄱ. (×), ㄴ. (×) : 현재 2012년이므로 20년이 되지 않았다.
ㄷ. (○) : 甲이 점유를 개시한 1977년을 기산점으로 삼아 1997년에 취득시효가 완성되었다. 1997년 당시 점유자는 乙이고 명의자는 B이므로 乙이 B에 대하여 소유권이전등기청구권을 취득했다.
ㄹ. (×) : [다수의견] 가. 원래 취득시효제도는 일정한 기간 점유를 계속한 자를 보호하여 그에게 실체법상의 권리를 부여하는 제도이므로, 부동산을 20년 간 소유의 의사로 평온·공연하게 점유한 자는 민법 제245조 제1항에 의하여 점유부동산에 관하여 소유자에 대한 소유권이전등기청구권을 취득하게 되며, 점유자가 취득시효기간의 만료로 일단 소유권이전등기청구권을 취득한 이상, 그 후 점유를 상실하였다고 하더라도 이를 시효이익의 포기로 볼 수 있는 경우가 아닌 한, 이미취득한 소유권이전등기청구권은 소멸되지 아니한다. 나. 전 점유자의 점유를 승계한 자는 그 점유 자체와 하자만을 승계하는 것이지 그 점유로 인한 법률효과까지 승계하는 것은 아니므로 부동산을 취득시효기간 만료 당시의 점유자로부터 양수하여 점유를 승계한 현 점유자는 자신의 전 점유자에 대한 소유권이전등기청구권을 보전하기 위하여 전 점유자의 소유자에 대한 소유권이전등기청구권을 대위행사할 수 있을 뿐, 전 점유자의 취득시효 완성의 효과를 주장하여 직접 자기에게 소유권이전등기를 청구할 권원은 없다.
[반대의견] 가. 점유취득시효기간이 만료된 이후 부동산에 대한 점유를 상실한 사람은 그 상실원인이 무엇이든지 간에 등기부상 소유자를 상대로 시효취득을 주장하여 소유권이전등기를 청구할 수 없다. 나. 취득시효기간 만료 후 부동산에 대한 점유승계가 이루어진 경우에는 점유를 승계한 현 점유자는, 민법 제199조 제1항에 의하여 자기의 점유와 전 점유자의 점유를 아울러 주장할 수 있으므로, 승계한 점유의 시초부터 현재까지 자기가 점유를 계속한 경우와 동일하게 전 점유자를 대위할 필요 없이, 등기부상 소유자에 대하여 직접 취득시효 완성을 원인으로 한 소유권이전등기를 청구할 수 있다고 봄이 상당하다[대판(전합) 1995. 3. 28, 93다47745].

171 乙은 甲으로부터 X토지를 매수하여 인도받아 점유하기 시작하였고, 丙은 乙로부터 이를 매수하여 인도받아 2020. 9. 1. 현재까지 점유하고 있으며, 乙과 丙 모두 평온·공연하게 점유를 하였다. 한편, X토지에 관하여 A 명의의 소유권보존등기 후 B 명의로 매매를 원인으로 한 소유권이전등기가 마쳐졌다. 이에 관한 설명 중 옳은 것(○)과 옳지 않은 것(×)을 올바르게 조합한 것은? (단, 아래의 각 청구 시점은 2020. 9. 1.로 하고, 다툼이 있는 경우 판례에 의함)

(2021 변호사)

ㄱ. 丙이 1986. 9. 16. 인도받았는데, B 명의 등기가 1998. 5. 18. 이루어진 후 C 명의로 단독상속을 원인으로 하는 이전등기가 2018. 5. 18. 이루어진 경우, 丙은 C에 대하여 취득시효완성을 이유로 이전등기를 청구할 수 있다.
ㄴ. 丙이 1986. 9. 16. 인도받았는데, B 명의 등기가 2008. 5. 18. 이루어진 경우, B 명의 등기가 원인무효 등기라면 丙은 A를 대위하여 B 앞으로 경료된 등기의 말소를 청구할 수 있다.

정답 171 ③

ㄷ. 丙이 1976. 9. 16. 인도받았는데, B 명의 등기가 1998. 5. 18. 이루어진 후 D 명의로 매매를 원인으로 하는 이전등기가 2016. 5. 18. 이루어진 경우, 丙은 D에 대하여 취득시효완성을 이유로 이전등기를 청구할 수 없다.
ㄹ. 乙이 1980. 9. 16., 丙이 2002. 9. 16. 각각 인도받았는데, B 명의 등기가 1998. 5. 18. 이루어진 경우, 丙은 자기의 점유와 乙의 점유를 아울러 주장할 수 있으므로, 乙을 대위할 필요 없이 B에 대하여 직접 취득시효완성을 원인으로 이전등기를 청구할 수 있다.

① ㄱ(○), ㄴ(○), ㄷ(○), ㄹ(×)
② ㄱ(○), ㄴ(○), ㄷ(×), ㄹ(○)
③ ㄱ(○), ㄴ(○), ㄷ(×), ㄹ(×)
④ ㄱ(×), ㄴ(○), ㄷ(×), ㄹ(×)
⑤ ㄱ(×), ㄴ(×), ㄷ(○), ㄹ(○)

해설 ㄱ. (○) : (ⅰ) 점유취득시효기간이 완성되기 전, 그 진행 중에 등기부상의 소유자가 변경된 경우에 있어서는, 이는 점유자의 종래의 사실상태의 계속을 파괴한 것으로 볼 수 없어 시효중단사유가 될 수 없고 따라서 점유취득시효완성 당시의 등기부상의 소유자가 권리변동의 당사자가 되는 것이므로 점유자는 그 자에 대하여 등기 없이도 취득시효완성의 효과를 주장할 수 있다(대판 1972.1.31, 71다2416; 대판 1989.4.11, 88다카5843, 5850 등 참조). (ⅱ) 제3자가 취득시효 완성 당시의 소유자의 상속인인 경우에는 그 상속분에 한하여는 위 제3자에 대하여 직접 취득시효 완성을 원인으로 한 소유권이전등기를 구할 수 있다(대판 2002. 3. 15, 2001다77352,77369).

ㄴ. (○) : 취득시효가 완성된 후 점유자가 그 등기를 하기 전에 제3자가 소유권이전등기를 경료한 경우에는 점유자는 그 제3자에 대하여는 시효취득을 주장할 수 없는 것이 원칙이기는 하지만 이는 어디까지나 그 제3자 명의의 등기가 적법 유효함을 전제로 하는 것으로서 위 제3자 명의의 등기가 원인무효인 경우(예컨대 제103조의 반사회질서 법률행위 등)에는 점유자는 취득시효 완성당시의 소유자를 대위하여 위 제3자 앞으로 경료된 원인무효인 등기의 말소를 구함과 아울러 위 소유자에게 취득시효완성을 원인으로 한 소유권이전등기를 구할 수 있다(대판 2002. 3. 15, 2001다77352,77369).

ㄷ. (×) : [1] 부동산에 대한 점유취득시효가 완성된 후 취득시효 완성을 원인으로 한 소유권이전등기를 하지 않고 있는 사이에 그 부동산에 관하여 제3자 명의의 소유권이전등기가 경료된 경우라 하더라도 당초의 점유자가 계속 점유하고 있고 소유자가 변동된 시점을 기산점으로 삼아도 다시 취득시효의 점유기간이 경과한 경우에는 점유자로서는 제3자 앞으로의 소유권 변동시를 새로운 점유취득시효의 기산점으로 삼아 2차의 취득시효의 완성을 주장할 수 있다. [2] [다수의견] 취득시효기간이 경과하기 전에 등기부상의 소유명의자가 변경된다고 하더라도 그 사유만으로는 점유자의 종래의 사실상태의 계속을 파괴한 것이라고 볼 수 없어 취득시효를 중단할 사유가 되지 못하므로, 새로운 소유명의자는 취득시효 완성 당시 권리의무 변동의 당사자로서 취득시효 완성으로 인한 불이익을 받게 된다 할 것이어서 시효완성자는 그 소유명의자에게 시효취득을 주장할 수 있는바, 이러한 법리는 새로이 2차의 취득시효가 개시되어 그 취득시효기간이 경과하기 전에 등기부상의 소유명의자가 다시 변경된 경우에도 마찬가지로 적용된다고 봄이 상당하다[대판(전합) 2009. 7. 16, 2007다15172,15189].

ㄹ. (×) : [1] 원래 취득시효제도는 일정한 기간 점유를 계속한 자를 보호하여 그에게 실체법상의 권리를 부여하는 제도이므로, 부동산을 20년 간 소유의 의사로 평온·공연하게 점유한 자는 민법 제245조 제1항에 의하여 점유부동산에 관하여 소유자에 대한 소유권이전등기청구권을 취득하게 되며, 점유자가 취득시효기간의 만료로 일단 소유권이전등기청구권을 취득한 이상, 그 후 점유를 상실하였다고 하

더라도 이를 시효이익의 포기로 볼 수 있는 경우가 아닌 한, 이미취득한 소유권이전등기청구권은 소멸되지 아니한다. [2] 전 점유자의 점유를 승계한 자는 그 점유 자체와 하자만을 승계하는 것이지 그 점유로 인한 법률효과까지 승계하는 것은 아니므로 부동산을 취득시효기간 만료 당시의 점유자로부터 양수하여 점유를 승계한 현 점유자는 자신의 전 점유자에 대한 소유권이전등기청구권을 보전하기 위하여 전 점유자의 소유자에 대한 소유권이전등기청구권을 대위행사할 수 있을 뿐, 전 점유자의 취득시효 완성의 효과를 주장하여 직접 자기에게 소유권이전등기를 청구할 권원은 없다[대판(전합) 1995. 3. 28, 93다47745]

☞ 출제자는 이 지문을 93다47745판결을 기초로 하여 틀린 지문으로 출제하였다. 하지만 이 지문은 견해 대립의 소지가 있다.

(1) 송덕수 교수님의 견해

송덕수 교수님은 기본적으로 기산점의 임의선택을 부정하는 입장에서 "기산점의 임의선택 허용과 같은 조치는 필요하지 않다."고 하신다(송덕수 물권법 제5판 p.321.에서 인용).

> [참고판례] 점유가 순차로 승계된 경우에 취득시효의 완성을 주장하는 자는 자기의 점유만을 주장하거나 또는 자기의 점유와 전점유자의 점유를 아울러 주장할 수 있는 선택권이 있으나, 다만 그러한 경우에도 점유의 개시시기를 전점유자의 점유기간 중의 임의시점을 택하여 주장할 수 없다(대판 1992. 12. 11, 92다9968, 9975).

이러한 송덕수 교수님의 견해와 92다9968판결의 태도에 의하면 기산점이 乙이 점유를 개시한 1980. 9. 16.이고 2000. 9. 16.에 취득시효가 완성되므로 완성 당시의 점유자인 乙이 당시의 소유자인 B에 대하여 등기청구권을 취득한다. 그렇다면 丙은 93다47745판결대로 乙의 B에 대한 소유권이전등기청구권을 대위행사할 수 있을 뿐 乙의 취득시효 완성의 효과를 주장하여 직접 자기에게 소유권이전등기를 청구할 권원은 없고, ㄹ.지문은 틀린 지문이 맞다.

(2) 지원림 교수님의 견해

지원림 교수님은 대판 1998. 5. 12, 97다8496, 8502판결을 기초로 "全 점유기간 중 소유명의 등에 변동이 없다면, 현재부터 역산하여 20년이 경과한 시점을 취득시효의 기산점으로 삼아 자신이 시효취득했음을 주장하여「직접」소유권이전등기를 청구할 수 있다. 前 점유자의 등기청구권을 대위행사할 수도 있음은 물론이다."고 서술하고 계신다(지원림 민법원론 제2판 p.1078. [5203]에서 인용).

> [참고판례] (ⅰ) 취득시효기간 중 계속해서 등기명의자가 동일한 경우에는 그 기산점을 어디에 두든지 간에 취득시효의 완성을 주장할 수 있는 시점에서 보아 그 기간이 경과한 사실만 확정되면 충분하므로, 전 점유자의 점유를 승계하여 자신의 점유기간을 통산하여 20년이 경과한 경우에 있어서도 전 점유자가 점유를 개시한 이후의 임의의 시점을 그 기산점으로 삼을 수 있다(대판 1998. 5. 12, 97다8496, 8502). (ⅱ) 이는 소유권에 변동이 있더라도 그 이후 계속해서 취득시효기간이 경과하도록 등기명의자가 동일하다면 그 소유권 변동 이후 전 점유자의 점유기간과 자신의 점유기간을 통산하여 20년이 경과한 경우에 있어서도 마찬가지이다(대판 1998. 5. 12, 97다34037).

이러한 지원림 교수님의 견해와 97다8496, 97다34037 판결의 태도에 의하면 B명의 등기(소유권 변동)가 1998. 5. 18. 이루어졌고 丙은 2020. 9. 1. 현재까지 점유하고 있으므로 丙은 2020. 9. 1. 현재부터 역산하여 20년이 경과한 시점을 취득시효의 기산점으로 삼아 자신이 시효취득했음을 주장하여「직접」소유권이전등기를 청구할 수 있고, ㄹ.지문은 맞는 지문이 되어 정답이 ②번으로 바뀌어야 한다.

(3) 다툼이 있는 경우 판례에 의한다고 했는데, 이 사안의 경우에는 모순되어 보이는 판례가 모두 존재하여 수험생이 불합리하게 피해를 입을 수 있었다는 점에서 개인적으로는 출제자가 93다47745판결을 물어보고 싶었으면 확실하게 B명의 등기가 丙의 취득시효 기간 중에 이루어진 사례로 출제하여 논란의 여지를 막아주었다면 하는 아쉬움이 남는다.

172 甲은 X토지에 대하여 등기부취득시효를 주장하고 있다. 이에 관한 설명으로 옳은 것을 모두 고른 것은? (다툼이 있으면 판례에 따름) (2023 변리사)

ㄱ. 甲이 개인이 아니라 지방자치단체인 경우 등기부취득시효를 주장할 수 없다.
ㄴ. 甲의 무과실은 전 시효기간을 통하여 인정되어야 하는 것은 아니다.
ㄷ. 甲이 X토지에 대하여 무효의 중복된 소유권보존등기를 마친 경우에는 등기부취득시효를 주장할 수 없다.

① ㄱ ② ㄴ ③ ㄱ, ㄴ ④ ㄴ, ㄷ ⑤ ㄱ, ㄴ, ㄷ

해설 ㄱ. (×) : 권리의 주체가 될 수 있는 자는 모두 시효취득할 수 있다. 따라서 자연인이나 법인뿐만 아니라 권리능력 없는 사단(종중)·재단, 기타 지방자치단체도 취득시효의 주체가 될 수 있다.

[참조판례] 부동산의 점유권원의 성질이 분명하지 않을 때에는 민법 제197조 제1항에 의하여 점유자는 소유의 의사로 선의, 평온 및 공연하게 점유한 것으로 추정되는 것이며, 이러한 추정은 지적공부 등의 관리주체인 국가나 지방자치단체가 점유하는 경우에도 마찬가지로 적용된다(대판 2009.11.26, 2009다50421). 따라서 국가나 지방자치단체가 취득시효의 완성을 주장하는 토지의 취득절차에 관한 서류를 제출하지 못하고 있다는 사정만으로 자주점유의 추정이 번복되는 것은 아니다(대판 2014.3.27, 2010다94731).

ㄴ. (○) : 등기부취득시효에 있어서 선의·무과실은 등기에 관한 것이 아니고 점유의 취득에 관한 것이므로, 등기경료 이전부터 점유를 하여 온 경우에는 그 점유개시 당시를 기준으로 그 점유의 개시에 과실이 없었는지 여부에 관하여 심리판단하여야 한다(대판 1994. 11. 11, 93다28089).

ㄷ. (○) : 민법 제245조 제2항은 부동산의 소유자로 등기한 자가 10년간 소유의 의사로 평온·공연하게 선의이며 과실 없이 그 부동산을 점유한 때에는 소유권을 취득한다고 규정하고 있는바, 위 법 조항의 '등기'는 부동산등기법 제15조가 규정한 1부동산 1용지주의에 위배되지 아니한 등기를 말하므로, 어느 부동산에 관하여 등기명의인을 달리하여 소유권보존등기가 2중으로 경료된 경우 먼저 이루어진 소유권보존등기가 원인무효가 아니어서 뒤에 된 소유권보존등기가 무효로 되는 때에는, 뒤에 된 소유권보존등기나 이에 터잡은 소유권이전등기를 근거로 하여서는 등기부취득시효의 완성을 주장할 수 없다[대판(전합) 1996.10.17, 96다12511].

Ⅴ. 선점·습득·발견

Ⅵ. 첨부(부합·혼화·가공)

172 ④ 《 정답

173 **부동산에 부속된 동산을 분리하면 그 동산의 경제적 가치가 없는 경우에는 타인이 권원에 의하여 동산을 부속시킨 경우라도 그 동산은 부동산소유자에게 귀속된다. ( )** (2021 변리사)

> **해설** 부합물에 관한 소유권귀속의 예외를 규정한 민법 제256조 단서의 규정은 타인이 그 권원에 의하여 부속시킨 물건이라 할지라도 그 부속된 물건이 분리하여 경제적 가치가 있는 경우에 한하여 부속시킨 타인의 권리에 영향이 없다는 취지이지 분리하여도 경제적 가치가 없는 경우에는 원래의 부동산소유자의 소유에 귀속되는 것이고 경제적 가치의 판단은 부속시킨 물건에 대한 일반 사회통념상의 경제적 효용의 독립성 유무를 그 기준으로 하여야 한다(대판 1975. 4. 8, 74다1743).

174 **甲이 소유권을 유보한 채 乙에게 철강제품을 매도하였다. 자신의 토지에 건물을 신축하려는 丙과 도급계약을 체결한 乙은 그 이행과정에서 그 철강제품을 건물의 골조공사에 사용하여 丙 소유의 X건물을 완성하였다. 丙은 그 철강제품의 소유권이 유보된 사실에 대해 과실없이 알지 못하였고, 그 철강제품의 대금은 여전히 지급되지 않은 상태이다. 이에 관한 설명으로 옳은 것을 모두 고른 것은? (다툼이 있으면 판례에 따름)** (2022 변리사)

> ㄱ. 부동산에의 부합에 관한 법리는 건물의 신축의 경우에 적용될 수 있다.
> ㄴ. 甲의 소유권 유보에도 불구하고 丙은 철강제품에 대한 소유권을 취득한다.
> ㄷ. 부당이득반환청구의 요건이 충족되지 않았더라도, 甲은 민법 제261조(첨부로 인한 구상권)에 근거하여 丙에게 보상청구권을 행사할 수 있다.
> ㄹ. 특별한 사정이 없는 한 丙은 그 철강제품의 귀속으로 인한 이익을 보유할 수 있는 법률상 원인이 있다.

① ㄱ, ㄴ ② ㄷ, ㄹ ③ ㄱ, ㄴ, ㄹ ④ ㄴ, ㄷ, ㄹ ⑤ ㄱ, ㄴ, ㄷ, ㄹ

> **해설** ㄱ. (○), ㄴ. (○), ㄷ. (×), ㄹ. (○) : [1] 어떠한 동산이 민법 제256조에 의하여 부동산에 부합된 것으로 인정되기 위해서는 그 동산을 훼손하거나 과다한 비용을 지출하지 않고서는 분리할 수 없을 정도로 부착·합체되었는지 여부 및 그 물리적 구조, 용도와 기능면에서 기존 부동산과는 독립한 경제적 효용을 가지고 거래상 별개의 소유권의 객체가 될 수 있는지 여부 등을 종합하여 판단하여야 하고, 이러한 부동산에의 부합에 관한 법리는 건물의 증축의 경우는 물론 건물의 신축의 경우에도 그대로 적용될 수 있다. [2] 민법 제261조에서 첨부로 법률규정에 의한 소유권 취득(민법 제256조 내지 제260조)이 인정된 경우에 "손해를 받은 자는 부당이득에 관한 규정에 의하여 보상을 청구할 수 있다"라고 규정하고 있는바, 이러한 보상청구가 인정되기 위해서는 민법 제261조 자체의 요건만이 아니라, 부당이득 법리에 따른 판단에 의하여 부당이득의 요건이 모두 충족되었음이 인정되어야 한다. 매도인에게 소유권이 유보된 자재가 제3자와 매수인 사이에 이루어진 도급계약의 이행으로 제3자 소유 건물의 건축에 사용되어 부합된 경우 보상청구를 거부할 법률상 원인이 있다고 할 수 없지만, 제3자가 도급계약에 의하여 제공된 자재의 소유권이 유보된 사실에 관하여 과실 없이 알지 못한 경우라면 선의취득의 경우와 마찬가지로 제3자가 그 자재의 귀속으로 인한 이익을 보유할 수 있는 법률상 원인이 있다고 봄이 상당하므로, 매도인으로서는 그에 관한 보상청구를 할 수 없다(대판 2009. 9. 24, 2009다15602, 대판 2018. 3. 15, 2017다282391).

정답 173 (○) 174 ③

Ⅶ. 소유권에 기한 물권적 청구권

175 공유자는 자신의 지분권 행사를 방해하는 행위에 대해서 지분권에 기한 방해배제청구권을 행사할 수 있다. ( ) (2022 변리사)

> **해설** 공유자는 자신의 지분권 행사를 방해하는 행위에 대해서 민법 제214조에 따른 방해배제청구권을 행사할 수 있고, 공유물에 대한 지분권은 공유자 개개인에게 귀속되는 것이므로 공유자 각자가 행사할 수 있다[대판(전합) 2020. 5. 21, 2018다287522].

176 甲이 그 소유인 X 토지에 관하여 乙 앞으로 지상권을 설정해 준 후 丙이 X 토지를 불법으로 점유한 경우, 특별한 사정이 없는 한 甲은 丙을 상대로 X 토지의 인도를 청구할 수 있지만 X 토지 임료 상당의 손해배상을 청구할 수는 없다. ( ) (2022 변호사)

> **해설** [1] 지상권을 설정한 토지소유권자는 불법점유자에 대하여 물권적청구권을 행사할 수 있다. [2] 지상권을 설정한 토지소유권자는 지상권이 존속하는 한 토지를 사용 수익할 수 없으므로 특별한 사정이 없는 한 불법점유자에게 손해배상을 청구할 수 없다(대판 1974. 11. 12, 74다1150).

177 소유자가 제3자에게 그 소유 물건에 대한 처분권한을 유효하게 수여하면 제3자의 처분이 없더라도 소유자는 그 제3자 이외의 자에 대해 소유권에 기한 물권적 청구권을 행사할 수 없다. ( ) (2022 변리사)

> **해설** 소유자가 제3자에 대하여 목적물의 소유권을 이전하기로 하는 매매·증여·교환 기타의 채권계약을 체결하는 것만에 의하여서는 자신의 소유권에 어떠한 물권적 제한을 받지 아니하여서, 그는 다른 특별한 사정이 없는 한 자신의 소유물을 여전히 유효하게 달리 처분할 수 있고, 또한 소유권에 기하여 소유물에 대한 방해 등을 배제할 수 있는 민법 제213조, 제214조의 물권적 청구권을 가진다. 나아가 소유자는 제3자에게 그 물건을 제3자의 소유물로 처분할 수 있는 권한을 유효하게 수여할 수 있다고 할 것인데, 그와 같은 이른바 '처분수권'의 경우에도 그 수권에 기하여 행하여진 제3자의 처분행위(부동산의 경우에 처분행위가 유효하게 성립하려면 단지 양도 기타의 처분을 한다는 의사표시만으로는 부족하고, 처분의 상대방 앞으로 그 권리 취득에 관한 등기가 있어야 한다. 민법 제186조 참조)가 대세적으로 효력을 가지게 되고 그로 말미암아 소유자가 소유권을 상실하거나 제한받게 될 수는 있다고 하더라도, 그러한 제3자의 처분이 실제로 유효하게 행하여지지 아니하고 있는 동안에는 소유자는 처분수권이 제3자에게 행하여졌다는 것만으로 그가 원래 가지는 처분권능에 제한을 받지 아니한다. 따라서 그는, 처분권한을 수여받은 제3자와의 관계에서 처분수권의 원인이 된 채권적 계약관계 등에 기하여 채권적인 책임을 져야 하는 것을 별론으로 하고, 자신의 소유물을 여전히 유효하게 처분할 수 있고, 또한 소유권에 기하여 소유물에 대한 방해 등을 배제할 수 있는 민법 제213조, 제214조의 물권적 청구권을 가진다(대판 2014. 3. 13, 2009다105215).

175 (○) 176 (○) 177 (×) 《 정답

178 **甲男은 乙女와 부첩(夫妾)관계를 맺고, 그 대가로 자신이 소유하는 주택을 乙에게 증여하여 乙앞으로 소유권이전등기를 해주었다. 현재 乙은 위 주택에서 거주하고 있다. 다음 보기 중 옳은 설명을 모두 고른 것은? (다툼이 있으면 판례에 따름)** (2018 변리사)

ㄱ. 甲과 乙의 증여계약은 무효이다.
ㄴ. 甲은 乙명의의 이전등기의 말소를 청구할 수 있다.
ㄷ. 甲은 乙을 상대로 주택의 명도를 청구할 수 없다.
ㄹ. 만약 乙이 丙에게 주택을 양도하고 이전등기를 해준 경우 甲은 丙명의의 이전등기의 말소를 청구할 수 없다.

① ㄱ, ㄴ ② ㄱ, ㄷ ③ ㄴ, ㄹ ④ ㄱ, ㄷ, ㄹ ⑤ ㄴ, ㄷ, ㄹ

해설 ㄱ. (○) 민법 제103조(반사회질서의 법률행위) 선량한 풍속 기타 사회질서에 위반한 사항을 내용으로 하는 법률행위는 무효로 한다.
ㄴ. (×), ㄷ. (○), ㄹ. (○) 민법 제746조는 단지 부당이득제도만을 제한하는 것이 아니라 동법 제103조와 함께 사법의 기본이념으로서, 결국 사회적 타당성이 없는 행위를 한 사람은 스스로 불법한 행위를 주장하여 복구를 그 형식 여하에 불구하고 소구할 수 없다는 이상을 표현한 것이므로, 급여를 한 사람은 그 원인행위가 법률상 무효라 하여 상대방에게 부당이득반환청구를 할 수 없음은 물론 급여한 물건의 소유권은 여전히 자기에게 있다고 하여 소유권에 기한 반환청구도 할 수 없고 따라서 급여한 물건의 소유권은 급여를 받은 상대방에게 귀속된다[대판(전합) 1979. 11. 13, 79다483]. ☞ ㄹ : 주택의 소유권이 乙에게 반사적으로 귀속하므로, 乙로부터 승계취득한 丙도 유효하게 소유권을 취득한다.

179 **X 토지에 관한 설명 중 옳은 것(○)과 옳지 않은 것(×)을 올바르게 조합한 것은? (다툼이 있는 경우 판례에 의함)** (2022 변호사)

ㄱ. 甲이 그 소유인 X 토지에 관하여 乙 앞으로 근저당권을 설정해 준 후 丙에게 X 토지의 소유권을 양도한 경우, 근저당권의 피담보채무가 소멸하더라도 甲은 乙을 상대로 근저당권의 말소를 청구할 수 없다.
ㄴ. 甲이 그 소유인 X 토지를 乙에게 매도하고 소유권이전등기를 마쳐 준 후 甲과 乙의 매매계약이 합의해제된 경우, 甲은 乙을 상대로 위 등기의 말소를 청구할 수 있는 물권적 청구권을 가지고, 이 청구권은 소멸시효의 대상이 되지 않는다.
ㄷ. X 토지와 그 지상의 Y 건물의 소유자인 甲이 X 토지에 관하여 乙 앞으로 저당권을 설정해 준 다음, 丙에게 Y 건물의 소유권을 양도하였고, 그 후 위 저당권의 실행으로 인한 경매절차에서 丁이 X 토지의 소유권을 취득하였다. 이 경우, 丁은 丙을 상대로 Y 건물의 철거를 청구할 수 없다.
ㄹ. 乙이 甲으로부터 X 토지를 매수하고 대금을 지급한 후 X 토지를 인도받았으나 소유권이전등기는 마치지 않은 상태에서 X 토지 위에 Y 건물을 건축하여 Y 건물의 소유권을 丙에게 이전한 경우, 丙이 X 토지에 대한 점유사용권을 취득한 것은 아니어서 甲은 丙에 대하여 Y 건물의 철거청구를 할 수 있다.

정답 》 178 ④ 179 ②

① ㄱ(×), ㄴ(×), ㄷ(×), ㄹ(○) ② ㄱ(×), ㄴ(○), ㄷ(○), ㄹ(×)
③ ㄱ(×), ㄴ(○), ㄷ(○), ㄹ(○) ④ ㄱ(○), ㄴ(×), ㄷ(×), ㄹ(○)
⑤ ㄱ(○), ㄴ(○), ㄷ(○), ㄹ(×)

해설 ㄱ. (×) : 근저당권이 설정된 후에 그 부동산의 소유권이 제3자에게 이전된 경우에는 현재의 소유자가 자신의 소유권에 기하여 피담보채무의 소멸을 원인으로 그 근저당권설정등기의 말소를 청구할 수 있음은 물론이지만, 근저당권설정자인 종전의 소유자도 근저당권설정계약의 당사자로서 근저당권 소멸에 따른 원상회복으로 근저당권자에게 근저당권설정등기의 말소를 구할 수 있는 계약상 권리가 있다[대판(전합) 1994.1.25, 93다16338].

ㄴ. (○) : 부동산 매매계약이 합의해제되면, 매수인에게 이전되었던 소유권은 당연히 매도인에게 복귀하는 것이므로, 합의해제에 따른 매도인의 원상회복청구권은 소유권에 기한 물권적청구권이라 할 것이고, 따라서 이는 소멸시효의 대상이 아니다(대판 1982.7.27, 80다2968).

ㄷ. (○) : 토지에 저당권을 설정할 당시 토지의 지상에 건물이 존재하고 있었고 그 양자가 동일 소유자에게 속하였다가 그 후 저당권의 실행으로 토지가 낙찰되기 전에 건물이 제3자에게 양도된 경우, 민법 제366조 소정의 법정지상권을 인정하는 법의 취지가 저당물의 경매로 인하여 토지와 그 지상 건물이 각 다른 사람의 소유에 속하게 된 경우에 건물이 철거되는 것과 같은 사회경제적 손실을 방지하려는 공익상 이유에 근거하는 점, 저당권자로서는 저당권설정 당시에 법정지상권의 부담을 예상하였을 것이고 또 저당권설정자는 저당권설정 당시의 담보가치가 저당권이 실행될 때에도 최소한 그대로 유지되어 있으면 될 것이므로 위와 같은 경우 법정지상권을 인정하더라도 저당권자 또는 저당권설정자에게는 불측의 손해가 생기지 않는 반면, 법정지상권을 인정하지 않는다면 건물을 양수한 제3자는 건물을 철거하여야 하는 손해를 입게 되는 점 등에 비추어 위와 같은 경우 건물을 양수한 제3자는 민법 제366조 소정의 법정지상권을 취득한다(대판 1999. 11. 23, 99다52602). 따라서 丁은 丙을 상대로 Y 건물의 철거를 청구할 수 없다. ☞ 참고로 甲이 丙에게 Y 건물의 소유권을 양도한 때 丙은 관습법상의 법정지상권을 취득하지만, 이 관습법상의 법정지상권은 乙의 저당권보다 후순위이므로 이후에 이루어진 경매에 의하여 소멸된다.

ㄹ. (×) : 토지의 매수인이 아직 소유권이전등기를 경료받지 아니하였다 하여도 매매계약의 이행으로 그 토지를 인도받은 때에는 매매계약의 효력으로서 이를 점유사용할 권리가 생기게 된 것으로 보아야 하고 또 매수인이 그 토지 위에 건축한 건물을 취득한 자는 그 토지에 대한 매수인의 위와 같은 점유사용권까지 아울러 취득한 것으로 봄이 상당하므로 매도인은 매매계약의 이행으로서 인도한 토지 위에 매수인이 건축한 건물을 취득한 자에 대하여 토지소유권에 기한 물권적청구권을 행사할 수 없다(대판 1988. 4. 25, 87다카1682).

Ⅷ. 공동소유

180-1 **공유자 간의 공유물에 대한 사용·수익·관리에 관한 특약은 공유자의 특정승계인에 대하여도 당연히 승계되나, 공유지분권의 본질적 부분을 침해한다고 볼 수 있는 경우에는 특별한 사정이 없는 한 그러하지 아니하다. ( )** (2022 변호사)

180-1 (○) 《 정답

180-2 지분권자로서의 사용권을 사실상 포기하는 공유자 사이의 특약은 그 사실을 알지 못하고 공유지분을 취득한 특정승계인에게 승계되지 않는다. ( ) (2023 변리사)

> **해설** 공유물의 관리에 관한 사항은 공유자의 지분의 과반수로써 결정하고, 공유자간의 공유물에 대한 사용수익·관리에 관한 특약은 공유자의 특정승계인에 대하여도 당연히 승계된다고 할 것이나, 공유물에 관한 특약이 지분권자로서의 사용수익권을 사실상 포기하는 등으로 공유지분권의 본질적 부분을 침해한다고 볼 수 있는 경우에는 특정승계인이 그러한 사실을 알고도 공유지분권을 취득하였다는 등의 특별한 사정이 없는 한 특정승계인에게 당연히 승계되는 것으로 볼 수는 없다(대판 2009.12.10, 2009다54294).

181 공유자 중 1인이 자신의 지분 중 일부를 다른 공유자에게 양도하기로 하는 지분처분에 관한 공유자 간의 약정은 각 공유자의 특정승계인에게 당연히 승계된다. ( ) (2014 변리사)

> **해설** 공유자간의 공유물에 대한 사용수익관리에 관한 특약은 공유자의 특정승계인에 대하여도 당연히 승계되나(대판 2005. 5. 12, 2005다1827), 공유자 중 1인이 자신의 지분 중 일부를 다른 공유자에게 양도하기로 하는 지분처분에 관한 공유자 간의 약정은 각 공유자의 특정승계인에게 당연히 승계된다고 볼 수 없다(대판 2007. 11. 29, 2007다64167).

182 수인을 수탁자로 하는 부동산의 명의신탁약정이 유효한 경우, 수탁자 상호간의 소유형태는 단순한 공유관계라고 할 것이다. ( ) (2014 변리사)

> **해설** 명의신탁에서 신탁재산을 수인의 수탁자가 공동소유하는 경우에 그 소유관계는 공유라는 것이 판례이다(대판 1969. 7. 22, 69다743).

183 공유자 중 1인이 그 지분의 범위 내에서 공유물의 일부를 특정하여 타인에게 증여한 경우, 특별한 사정이 없으면, 이는 유효한 처분행위이다. ( ) (2014 변리사)

> **해설** 공유지분이란 관념적으로 공유물 전체에 미치는 것이다. 따라서 공유물의 처분과 변경은 전원동의를 얻어야 한다. 그러므로 공유자 중 1인이 그 지분의 범위 내라도 공유물의 일부를 특정하여 타인에게 증여한 경우, 특별한 사정이 없으면, 이러한 처분행위는 무효가 된다(제264조).

184 공유자는 각자 보존행위를 할 수 있으나, 보존행위가 소송행위인 경우에는 특별한 사정이 없는 한 단독으로 할 수 없다. ( ) (2018 변호사)

> **해설** 원래 공유자의 지분권은 목적물전부에 미치는 것이어서 지분권자는 목적물전부에 대한 방해배제청구권을 가질 수 있는 이치라 할 것이며, 이 방해해제는 방해 없는 상태로의 복귀를 의미하는 것이어서 보존행위에 해당하는 것이라 할 것이므로, 공유자 각자가 건물에 대한 방해배제를 사실행위로나 소송행위로나 청구할 수 있다(대판 1968. 9. 17, 68다1142,68다1143).

정답 〉 180-2 (○) 181 (×) 182 (○) 183 (×) 184 (×)

185-1 **제3자가 공유물의 이용을 방해하고 있는 경우 각 공유자는 그의 지분에 기하여 단독으로 공유물 전부에 대한 방해의 제거를 청구할 수 있다. ( )** (2018 변리사)

185-2 **제3자가 공유토지 전부에 대해 원인무효의 소유권이전등기를 경료한 경우 공유자 중 1인은 그 등기 전부의 말소를 청구할 수 있다. ( )** (2019 변호사)

> **해설** 부동산의 공유자의 1인은 당해 부동산에 관하여 제3자 명의로 원인무효의 소유권이전등기가 경료되어 있는 경우 공유물에 관한 보존행위로서 제3자에 대하여 그 등기 전부의 말소를 구할 수 있다 (대판 1993. 5. 11, 92다52870).

186 **만약 1필지의 토지 중 일부를 특정하여 매수하고 다만 그 소유권이전등기는 그 필지 전체에 관하여 공유지분 이전등기를 한 경우라면, 위 토지에 대한 제3자의 방해행위에 대하여 위와 같이 매수한 공유자는 자신이 구분소유하는 특정부분만 그 배제를 구할 수 있고, 전체 토지에 관하여는 그 배제를 구할 수 없다. ( )** (2020, 2022 변호사)

> **해설** 1필지의 토지 중 일부를 특정하여 매수하고 다만 그 소유권이전등기는 그 필지 전체에 관하여 공유지분권이전등기를 한 경우에는 그 특정부분 이외의 부분에 관한 등기는 상호 명의신탁을 하고 있는 것으로서, 그 지분권자는 내부관계에 있어서는 특정부분에 한하여 소유권을 취득하고 이를 배타적으로 사용, 수익할 수 있고, 다른 구분소유자의 방해행위에 대하여는 소유권에 터잡아 그 배제를 구할 수 있으나, 외부관계에 있어서는 1필지 전체에 관하여 공유관계가 성립되고 공유자로서의 권리만을 주장할 수 있는 것이므로, 제3자의 방해행위가 있는 경우에는 자기의 구분소유 부분뿐 아니라 전체토지에 대하여 공유물의 보존행위로서 그 배제를 구할 수 있다(대판 1994. 2. 8, 93다42986).

187-1 **제3자가 공유물의 이용을 방해하고 있는 경우 각 공유자는 제3자에 대하여 자신의 지분의 비율에 해당하는 부분에 한하여 부당이득의 반환을 청구할 수 있다. ( )** (2018 변리사)

187-2 **甲과 乙이 공유하는 부동산을 丙이 무단으로 점유·사용하고 있는 경우, 특별한 사정이 없는 한 甲과 乙은 丙에 대해 지분 비율에 따른 부당이득반환청구권을 갖는다. ( )** (2021 변리사)

> **해설** 토지공유자는 특별한 사정이 없는 한 그 지분에 대응하는 비율의 범위내에서만 그 차임상당의 부당이득금반환의 청구권을 행사할 수 있다(대판 1979. 1. 30, 78다2088).

188 **공유부동산이 공유자 중 1인의 단독소유로 등기된 경우, 다른 공유자는 그 등기의 전부말소를 청구할 수 있다. ( )** (2014 변리사)

> **해설** 부동산의 공유자의 1인은 당해 부동산에 관하여 제3자 명의로 원인무효의 소유권보존등기가 경료되어 있는 경우 공유물에 관한 보존행위로서 제3자에 대하여 그 등기 전부의 말소를 구할 수 있다고 할 것이나, 그 제3자가 당해 부동산의 공유자 중의 1인인 경우에는 그 소유권보존등기는 동인의 공유지분에 관하여는 실체관계에 부합하는 등기라고 할 것이므로, 이러한 경우 공유자의 1인은 단독 명의로 등기를 경료하고 있는 공유자에 대하여 그 공유자의 공유지분을 제외한 나머지 공유지분 전부에 관하여만 소유권보존등기 말소등기절차의 이행을 구할 수 있다(대판 2006. 8. 24, 2006다32200).

185-1 (○) **185-2** (○) **186** (×) **187-1** (○) **187-2** (○) **188** (×) 《 정답

189 **공유자 중 1인이 다른 공유자의 동의 없이 공유토지 전부를 매도하여 타인 명의로 소유권이전등기가 마쳐진 경우, 다른 공유자는 그 공유물 전부에 관해 소유권이전등기의 말소를 청구할 수 있다. ( )** (2018 변리사)

> **해설** 공유자 중 1인이 다른 공유자의 동의 없이 그 공유 토지를 매도하여 타인 명의로 소유권이전등기가 마쳐졌다면, 그 매도 토지에 관한 소유권이전등기는 처분공유자의 공유지분 범위 내에서는 실체관계에 부합하는 유효한 등기라고 보아야 한다(대판 2008. 4. 24, 2008다5073). ☞ 따라서 다른 공유자는 그 공유물 전부에 관해 소유권이전등기의 말소를 청구할 수 없다.

190 **공유물의 소수지분권자가 다른 공유자와 협의 없이 공유물의 전부를 독점적으로 점유·사용하고 있는 경우, 다른 소수지분권자는 보존행위로서 공유물의 인도를 청구할 수 없다. ( )** (2022 변리사)

> **해설** 공유물의 소수지분권자가 다른 공유자와 협의 없이 공유물의 전부 또는 일부를 독점적으로 점유·사용하고 있는 경우 다른 소수지분권자는 공유물의 보존행위로서 그 인도를 청구할 수는 없고, 다만 자신의 지분권에 기초하여 공유물에 대한 방해 상태를 제거하거나 공동 점유를 방해하는 행위의 금지 등을 청구할 수 있다[대판(전합) 2020. 5. 21, 2018다287522].

191 **특별한 사정이 없으면, 공유물의 과반수지분권자는 그 물건을 관리하기 위하여 이를 점유하는 다른 공유자에게 그 공유물 전부의 인도를 청구할 수 없다. ( )** (2014 변리사)

> **해설** 특별한 사정이 없으면, 공유물의 관리는 과반수지분권자가 단독으로도 할 수 있기 때문에 그 물건을 관리하기 위하여 이를 점유하는 다른 공유자에게 그 공유물 전부의 인도를 청구할 수 있다고 보아야 한다(제265조 참조).

192-1 **특별한 사정이 없는 한 공유물의 과반수지분권자가 그 공유물의 특정 부분을 배타적으로 사용·수익하기로 정하는 것은 공유물의 관리방법으로서 적법하다. ( )** (2022 변리사)

192-2 **특별한 사정이 없는 한 공유물의 과반수지분권자로부터 사용·수익을 허락받은 점유자에 대하여 소수지분권자는 그 점유자가 사용·수익하는 공유물에 대한 점유배제를 구할 수 없다. ( )** (2022 변리사)

193-3 **특별한 사정이 없는 한 공유물의 과반수지분권자로부터 공유부동산의 특정 부분에 대한 사용·수익을 허락받은 제3자는 소수지분권자에 대해 그 점유로 인하여 법률상 원인 없이 이득을 얻은 것으로 볼 수 있다. ( )** (2022 변리사)

193-4 **토지의 과반수 지분의 공유자로부터 허락을 받아 토지 중 특정부분을 점유 및 사용하는 제3자는 소수지분권자에 대하여 부당이득반환의무를 부담한다. ( )** (2022 변호사)

> **해설** 1] 공유자 사이에 공유물을 사용·수익할 구체적인 방법을 정하는 것은 공유물의 관리에 관한 사항으로서 공유자의 지분의 과반수로써 결정하여야 할 것이고, 과반수 지분의 공유자는 다른 공유자

정답 189 (×) 190 (○) 191 (×) 192-1 (○) 192-2 (○) 193-3 (×) 193-4 (×)

와 사이에 미리 공유물의 관리방법에 관한 협의가 없었다 하더라도 공유물의 관리에 관한 사항을 단독으로 결정할 수 있으므로, 과반수 지분의 공유자가 그 공유물의 특정 부분을 배타적으로 사용·수익하기로 정하는 것은 공유물의 관리방법으로서 적법하다고 할 것이므로, 과반수 지분의 공유자로부터 사용·수익을 허락받은 점유자에 대하여 소수 지분의 공유자는 그 점유자가 사용·수익하는 건물의 철거나 퇴거 등 점유배제를 구할 수 없다. [2] 과반수 지분의 공유자는 그 공유물의 관리방법으로서 그 공유토지의 특정된 한 부분을 배타적으로 사용·수익할 수 있으나, 그로 말미암아 지분은 있으되 그 특정 부분의 사용·수익을 전혀 하지 못하여 손해를 입고 있는 소수지분권자에 대하여 그 지분에 상응하는 임료 상당의 부당이득을 하고 있다 할 것이므로 이를 반환할 의무가 있다 할 것이나, 그 과반수 지분의 공유자로부터 다시 그 특정 부분의 사용·수익을 허락받은 제3자의 점유는 다수지분권자의 공유물관리권에 터잡은 적법한 점유이므로 그 제3자는 소수지분권자에 대하여도 그 점유로 인하여 법률상 원인 없이 이득을 얻고 있다고는 볼 수 없다(대판 2002.5.14, 2002다9738).

194 **공유자가 그 지분을 포기하거나 상속인 없이 사망한 때에는 법률에 다른 규정이 없으면 그 지분은 다른 공유자에게 각 지분의 비율로 귀속한다. ( )** (2015 변리사)

해설 민법 제267조.

195-1 **부동산 공유자의 공유지분 포기의 의사표시가 다른 공유자에게 도달하더라도 등기를 하여야 공유지분 포기에 따른 물권변동의 효력이 발생한다. ( )** (2018 변리사)

195-2 **부동산공유자의 공유지분포기의 의사표시가 다른 공유자에게 도달하더라도 그 공유지분이 바로 소멸하는 것은 아니고, 다른 공유자는 자신에게 귀속될 공유지분에 관하여 소유권이전등기를 청구할 수 있을 뿐이다. ( )** (2019 변리사)

해설 민법 제267조는 "공유자가 그 지분을 포기하거나 상속인 없이 사망한 때에는 그 지분은 다른 공유자에게 각 지분의 비율로 귀속한다."라고 규정하고 있다. 여기서 공유지분의 포기는 법률행위로서 상대방 있는 단독행위에 해당하므로, 부동산 공유자의 공유지분 포기의 의사표시가 다른 공유자에게 도달하더라도 이로써 곧바로 공유지분 포기에 따른 물권변동의 효력이 발생하는 것은 아니고, 다른 공유자는 자신에게 귀속될 공유지분에 관하여 소유권이전등기청구권을 취득하며, 이후 민법 제186조에 의하여 등기를 하여야 공유지분 포기에 따른 물권변동의 효력이 발생한다. 그리고 부동산 공유자의 공유지분 포기에 따른 등기는 해당 지분에 관하여 다른 공유자 앞으로 소유권이전등기를 하는 형태가 되어야 한다(대판 2016. 10. 27, 2015다52978).

196 **공유물분할의 소는 공유자 전원이 당사자로 되어야 하므로, 원고를 제외한 공유자 모두가 피고로 된다. ( )** (2018 변리사)

해설 공유물분할청구의 소는 분할을 청구하는 공유자가 원고가 되어 다른 공유자 전부를 공동피고로 하여야 하는 고유필수적 공동소송이다(대판 2017. 9. 21, 2017다233931).

194 (○) 195-1 (○) 195-2 (○) 196 (○) 《 정답

197 **공유자는 다른 공유자가 분할로 인하여 취득한 물건에 대하여 그 지분의 비율로 매도인과 동일한 담보책임이 있다. ( )** (2015 변리사)

> **해설** 공유자는 다른 공유자가 분할로 인하여 취득한 물건에 대하여 그 지분의 비율로 매도인과 동일한 담보책임이 있다(제270조).

198 **공유물 분할협의가 성립한 후에 공유자 일부가 분할에 따른 이전등기에 협력하지 않으면, 재판상 분할을 청구할 수 있다. ( )** (2015 변리사)

> **해설** 공유물분할에서 협의분할이 불가능한 경우에 재판상 분할을 청구할 수 있다. 따라서 공유물 분할협의가 성립한 후에 공유자 일부가 분할에 따른 이전등기에 협력하지 않으면, 재판상 분할을 청구(형성판결)하는 것이 아니라 협의의 확인(판결)이나 이행(판결)을 요구할 수 있을 뿐이다.

199-1 **구분소유적 공유관계에 있는 토지의 특정부분을 구분소유하는 자는 그 부분에 대하여 신탁적으로 지분등기를 가지고 있는 자를 상대로 그 부분에 대한 명의신탁해지를 원인으로 한 지분이전등기절차의 이행을 구할 수 있으나, 그 토지 전체에 대한 공유물분할청구의 소를 제기하는 것은 허용되지 않는다. ( )** (2018, 2022 변호사)

199-2 **공유물분할청구는 부동산의 구분소유적 공유관계에서 인정되지 않는다. ( )** (2023 변리사)

> **해설** 상호명의신탁관계 내지 구분소유적 공유관계에서 건물의 특정 부분을 구분소유하는 자는 그 부분에 대하여 신탁적으로 지분등기를 가지고 있는 자를 상대로 하여 그 특정 부분에 대한 명의신탁 해지를 원인으로 한 지분이전등기절차의 이행을 구할 수 있을 뿐 그 건물 전체에 대한 공유물분할을 구할 수는 없다(대판 2010. 5. 27, 2006다84171).

200 **공유자는 법률에 다른 규정이 없으면 5년 내의 기간으로 공유물분할금지 약정을 할 수 있고, 갱신한 때에는 그 기간은 갱신일로부터 5년을 넘지 못한다. ( )** (2015 변리사)

> **해설** 공유자는 법률에 다른 규정이 없으면 5년 내의 기간으로 공유물분할금지 약정을 할 수 있고, 갱신한 때에는 그 기간은 갱신일로부터 5년을 넘지 못한다(제268조 제1항, 제2항).

201 **합유자 중 1인이 무단으로 합유 재산에 관하여 자신의 단독 소유로 소유권보존등기를 한 경우에는 그 소유권보존등기가 실질관계에 부합하지 않는 원인무효의 등기이므로, 다른 합유자는 등기명의인인 합유자를 상대로 소유권보존등기의 말소를 청구할 수 있다. ( )** (2020 변호사)

> **해설** 합유재산을 합유자 1인의 단독소유로 소유권보존등기를 한 경우에는 소유권보존등기가 실질관계에 부합하지 않는 원인무효의 등기이므로, 다른 합유자는 등기명의인인 합유자를 상대로 소유권보존등기 말소청구의 소를 제기하는 등의 방법으로 원인무효의 등기를 말소시킨 다음 새로이 합유의 소유권보존등기를 신청할 수 있다(대판 2017. 8. 18, 2016다6309).

정답 197 (○) 198 (×) 199-1 (○) 199-2 (○) 200 (○) 201 (○)

202 조합인 공동수급체가 경쟁입찰에 참가하였다가 다른 경쟁업체가 낙찰자로 선정되자 그 공동수급체의 구성원 중 1인이 합유재산의 보존행위를 근거로 제기한 낙찰자선정 무효확인의 소는 부적법하다. ( ) (2023 변호사)

> **해설** 민법상 조합인 공동수급체가 경쟁입찰에 참가하였다가 다른 경쟁업체가 낙찰자로 선정된 경우, 그 공동수급체의 구성원 중 1인이 그 낙찰자 선정이 무효임을 주장하며 무효확인의 소를 제기하는 것은 그 공동수급체가 경쟁입찰과 관련하여 갖는 법적 지위 내지 법률상 보호받는 이익이 침해될 우려가 있어 그 현상을 유지하기 위하여 하는 소송행위이므로 이는 합유재산의 보존행위에 해당한다(대판 2013. 11. 28, 2011다80449).

203 부동산의 합유자 중 일부가 사망한 경우 합유자 사이에 특별한 약정이 없는 한 해당 부동산은 잔존 합유자가 2인 이상일 때에는 잔존 합유자의 합유로 귀속된다. ( ) (2023 변리사)

> **해설** 부동산의 합유자 중 일부가 사망한 경우 합유자 사이에 특별한 약정이 없는 한 사망한 합유자의 상속인은 합유자로서의 지위를 승계하지 못하므로, 해당 부동산은 잔존 합유자가 2인 이상일 경우에는 잔존 합유자의 합유로 귀속되고 잔존 합유자가 1인인 경우에는 잔존 합유자의 단독소유로 귀속된다(대판 1996. 12. 10, 96다23238).

204-1 부동산 합유지분의 포기로 인한 물권변동은 등기하여야 효력이 있다. ( ) (2020 변리사)

204-2 합유자가 그 지분을 포기하면 지분권 이전등기를 하지 않더라도, 포기된 합유지분은 나머지 잔존 합유지분권자들에게 물권적으로 귀속하게 된다. ( ) (2021 변리사)

204-3 부동산 합유지분의 포기가 적법하더라도 그에 관한 등기가 경료되지 않았다면 그 포기된 합유지분은 나머지 잔존 합유지분권자들에게 귀속되지 않는다. ( ) (2023 변리사)

> **해설** 합유지분 포기가 적법하다면 그 포기된 합유지분은 나머지 잔존 합유지분권자들에게 균분으로 귀속하게 되지만 그와 같은 물권변동은 합유지분권의 포기라고 하는 법률행위에 의한 것이므로 등기하여야 효력이 있고 지분을 포기한 합유지분권자로부터 잔존 합유지분권자들에게 합유지분권 이전등기가 이루어지지 아니하는 한 지분을 포기한 지분권자는 제3자에 대하여 여전히 합유지분권자로서의 지위를 가지고 있다고 보아야 한다(대판 1997. 9. 9, 96다16896).

205 총유물의 관리는 정관 기타 규약에 달리 정한 바가 없으면 사원총회의 결의에 의한다. ( ) (2017 변리사)

> **해설** 민법 제275조 제2항 및 제276조 제1항. 총유물의 관리 및 처분에 관하여 재건축조합의 정관이나 규약에 정한 바가 있으면 이에 따라야 하고, 그에 관한 정관이나 규약이 없으면 조합원 총회의 결의에 의하여야 한다(대판 2001. 5. 29, 2000다10246).

202 (×) 203 (○) 204-1 (○) 204-2 (×) 204-3 (○) 205 (○) 《 정답

206 **총유물에 관한 사원의 의무는 사원의 지위를 상실함으로써 상실된다. ( )** (2017 변리사)

> **해설** 민법 제277조(총유물에 관한 권리의무의 득상)

207-1 **종중 소유 재산의 보존행위로서 소를 제기하는 경우, 종중결의를 거쳐 종중 명의로 하거나 그 구성원 전원이 당사자가 되어 필수적 공동소송의 형태를 취하여야 한다. ( )** (2019 변호사)

207-2 **권리능력 없는 사단의 구성원은 그가 사단의 대표자이거나 사원총회의 결의를 거쳤다 하더라도 그 사단의 재산에 관한 제3자와의 소송에서 당사자가 될 수 없다. ( )** (2018년 변리사)

> **해설** 민법 제276조 제1항은 "총유물의 관리 및 처분은 사원총회의 결의에 의한다.", 같은 조 제2항은 "각 사원은 정관 기타의 규약에 좇아 총유물을 사용·수익할 수 있다."라고 규정하고 있을 뿐 공유나 합유의 경우처럼 보존행위는 그 구성원 각자가 할 수 있다는 민법 제265조 단서 또는 제272조 단서와 같은 규정을 두고 있지 아니한바, 이는 법인 아닌 사단의 소유형태인 총유가 공유나 합유에 비하여 단체성이 강하고 구성원 개인들의 총유재산에 대한 지분권이 인정되지 아니하는 데에서 나온 당연한 귀결이라고 할 것이므로 총유재산에 관한 소송은 법인 아닌 사단이 그 명의로 사원총회의 결의를 거쳐 하거나 또는 그 구성원 전원이 당사자가 되어 필수적 공동소송의 형태로 할 수 있을 뿐 그 사단의 구성원은 설령 그가 사단의 대표자라거나 사원총회의 결의를 거쳤다 하더라도 그 소송의 당사자가 될 수 없고, 이러한 법리는 총유재산의 보존행위로서 소를 제기하는 경우에도 마찬가지라 할 것이다[대판(전합) 2005. 9. 15, 2004다44971].

208 **비법인사단이 정관에 다른 정함이 있다는 등의 특별한 사정이 없음에도 불구하고 사원총회 결의 없이 총유재산의 처분에 관하여 자기 명의로 제기한 소송은 소송요건의 흠결로서 부적법하다. ( )** (2017 변리사)

> **해설** 비법인사단이 총유재산에 관한 소송을 제기할 때에는 정관에 다른 정함이 있다는 등의 특별한 사정이 없는 한 사원총회 결의를 거쳐야 하는 것이므로, 비법인사단이 이러한 사원총회 결의 없이 그 명의로 제기한 소송은 소송요건이 흠결된 것으로서 부적법하다(대판 2011. 7. 28, 2010다97044).

209 **종중이 그 총유재산에 대한 보존행위로서 소송을 하는 경우에도 특별한 사정이 없는 한, 종중총회에서 전체 종원 과반수 이상의 결의를 거쳐야 한다. ( )** (2017 변리사)

> **해설** 총유재산에 관한 소송은 법인 아닌 사단이 그 명의로 사원총회의 결의를 거쳐 하거나 또는 그 구성원 전원이 당사자가 되어 필수적 공동소송의 형태로 할 수 있을 뿐 그 사단의 구성원은 설령 그가 사단의 대표자라거나 사원총회의 결의를 거쳤다 하더라도 그 소송의 당사자가 될 수 없고, 이러한 법리는 총유재산의 보존행위로서 소를 제기하는 경우에도 마찬가지라 할 것이다[대판(전합) 2005. 9. 15, 2004다44971]. 여기서 사원총회의 결의는 전체 종원 과반수 이상의 결의를 거쳐야 하는 것이 아니라, 사원 과반수의 출석과 출석사원의 결의권의 과반수로써 한다(민법 제75조 제1항).

정답 206 (○) 207-1 (○) 207-2 (○) 208 (○) 209 (×)

210 **甲, 乙, 丙이 X토지를 각각 4:2:1의 지분비율로 공유하고 있다. 이에 관한 설명으로 옳지 않은 것을 모두 고른 것은? (다툼이 있으면 판례에 따름)** (2016 변리사 변형)

ㄱ. 乙이 甲, 丙과 협의 없이 X토지 지상에 Y건물을 신축한 경우, 丙은 乙에게 Y건물의 철거 및 X토지의 인도를 청구할 수 있다.
ㄴ. 乙과 丙으로부터 X토지를 임차한 丁은 이에 동의하지 않은 甲에게 임대차의 효력을 주장할 수 있다.
ㄷ. 甲이 X토지의 개량을 위하여 단독으로 丁과 공사계약을 체결하면서 공사비용을 甲 자신이 전액 지급하기로 약정하였더라도, 乙과 丙 역시 丁에게 그들의 지분에 상응하는 공사비를 지급할 의무를 부담한다.
ㄹ. 甲, 乙, 丙이 X토지를 구분소유하는 경우 甲의 공유지분 위에 근저당권이 설정된 후 구분소유적 공유관계가 해소되어 각자의 단독소유로 분할되었다면, 그 근저당권은 甲의 단독소유로 분할된 토지에 집중된다.

① ㄱ, ㄴ, ㄷ, ㄹ ② ㄱ, ㄴ ③ ㄱ, ㄹ ④ ㄱ, ㄷ, ㄹ ⑤ ㄴ, ㄷ, ㄹ

해설 ㄱ. (×) : 공유물의 소수지분권자가 다른 공유자와 협의 없이 공유물의 전부 또는 일부를 독점적으로 점유·사용하고 있는 경우 다른 소수지분권자는 공유물의 보존행위로서 그 인도를 청구할 수는 없고, 다만 자신의 지분권에 기초하여 공유물에 대한 방해 상태를 제거하거나 공동 점유를 방해하는 행위의 금지 등을 청구할 수 있다고 보아야 한다[대판(전합) 2020. 5. 21, 2018다287522]. ☞ 판례는 "공유물에 대한 방해배제 청구의 구체적 모습으로, 공유 토지에 피고가 무단으로 건축·식재한 건물, 수목 등 지상물이 존재하는 경우 지상물은 그 존재 자체로 다른 공유자의 공유 토지에 대한 점유·사용을 방해하므로 원고는 지상물의 철거나 수거를 청구할 수 있다(이는 대체집행의 방법으로 집행된다). 지상물이 제거되고 나면 공유 토지는 나대지 상태가 되고 피고가 다시 적극적인 방해행위를 하지 않는 한 원고 스스로 공유토지에 출입하여 토지를 이용할 수 있으므로, 일반적으로 공유 토지에 피고의 지상물이 존재하는 사안에서 지상물의 제거만으로도 공유 토지의 독점적 점유 상태를 해소시킬 수 있다."고 하므로 Y건물의 철거청구는 가능할 것이다.

ㄴ. (×) : 공유물의 임대는 관리행위에 해당하기 때문에 과반수이상으로 할 수 있다. 따라서 乙과 丙으로부터 X토지를 임차한 丁은 과반수에 미달하기 때문에 이에 동의하지 않은 甲에게 임대차의 효력을 주장할 수 없다(대판 2010. 9. 9, 2010다37905).

ㄷ. (×) : 공유자가 공유물의 관리에 관하여 제3자와 계약을 체결한 경우에 그 계약에 기하여 제3자가 지출한 관리비용의 상환의무를 누가 어떠한 내용으로 부담하는가는 일차적으로 당해 계약의 해석으로 정하여진다. 공유자들이 공유물의 관리비용을 각 지분의 비율로 부담한다는 내용의 민법 제266조 제1항은 공유자들 사이의 내부적인 부담관계에 관한 규정일 뿐이다(대판 2009. 11. 12, 2009다54034,54041).

ㄹ. (×) : 1필지의 토지의 위치와 면적을 특정하여 2인 이상이 구분소유하기로 하는 약정을 하고 구분소유자의 공유로 등기하는 이른바 구분소유적 공유관계에 있어서, 1필지의 토지 중 특정 부분에 대한 구분소유적 공유관계를 표상하는 공유지분을 목적으로 하는 근저당권이 설정된 후 구분소유하고 있는 특정 부분별로 독립한 필지로 분할되고 나아가 구분소유자 상호 간에 지분이전등기를 하는 등으로 구분소유적 공유관계가 해소되더라도 그 근저당권은 종전의 구분소유적 공유지분의 비율대로 분할된 토지들 전부의 위에 그대로 존속하는 것이고, 근저당권설정자의 단독소유로 분할된 토지에 당연히 집중되는 것은 아니다(대판 2014. 6. 26, 2012다25944).

210 ① 《 정답

211 **권리의 귀속형태 및 그 법률관계에 대한 내용이다. 각 괄호 안에 들어갈 용어를 올바르게 나열한 것은? (다툼이 있는 경우 판례에 의함)** (2017 변호사)

> ㅇ 수인이 전매차익을 얻으려는 공동의 목적 달성을 위해 부동산을 공동으로 매수한 경우, 공동사업을 경영할 목적이 있었다고 인정되지 않으면 위 부동산에 대한 매수인들 사이의 소유 관계는 (A)이다.
> ㅇ 1동의 건물 중 각 일부분의 위치 및 면적이 특정되지 않거나 구조상·이용상 독립성이 인정되지 아니하지만 공유자들 사이에 이를 구분소유하기로 하는 취지의 약정을 하고 공유등기를 한 경우, (B)가 성립한다.
> ㅇ 구분소유적 공유관계에 있어서, 1필지의 토지 중 특정 부분에 대한 구분소유적 공유관계를 표상하는 공유지분을 목적으로 하는 근저당권이 설정된 후 구분소유자 상호 간에 지분이전등기를 하여 구분소유적 공유관계가 해소된 경우, 그 근저당권은 (C).
> ㅇ 수인의 채권자가 각기 채권을 담보하기 위하여 채무자와 채무자 소유의 부동산에 관하여 수인의 채권자를 공동매수인으로 하는 1개의 매매예약을 체결하고 그에 따라 수인의 채권자 공동명의로 그 부동산에 가등기를 마친 경우, 수인의 채권자가 공동으로 매매예약완결권을 가지는 관계인지 아니면 채권자 각자의 지분별로 별개의 독립적인 매매예약완결권을 가지는 관계인지는 (D)에 따라야 한다.

	A	B	C	D
①	공유관계	공유관계	종전의 구분소유적 공유지분의 비율대로 분할된 토지들 전부의 위에 그대로 존속한다	매매예약의 내용
②	합유관계	공유관계	종전의 구분소유적 공유지분의 비율대로 분할된 토지들 전부의 위에 그대로 존속한다	매매예약의 내용
③	공유관계	구분소유적 공유관계	종전의 구분소유적 공유지분의 비율대로 분할된 토지들 전부의 위에 그대로 존속한다	공유관계의 법리
④	공유관계	구분소유적 공유관계	근저당권설정자의 단독소유로 분할된 토지에 집중된다	공유관계의 법리
⑤	합유관계	공유관계	근저당권설정자의 단독소유로 분할된 토지에 집중된다	매매예약의 내용

해설 A. : 부동산의 공동매수인들이 전매차익을 얻으려는 '공동의 목적 달성'을 위해 상호 협력한 것에 불과하고 이를 넘어 '공동사업을 경영할 목적'이 있었다고 인정되지 않는 경우, 이들 사이의 법률관계는 공유관계에 불과할 뿐 민법상 조합이 아니다(대판 2007. 6. 14, 2005다5140).
B. : 1동 건물 중 각 일부분의 위치 및 면적이 특정되지 않거나 구조상·이용상 독립성이 인정되지 아니한 경우에는 공유자들 사이에 이를 구분소유하기로 하는 취지의 약정이 있다 하더라도 일반적인 공유관계가 성립할 뿐, 공유지분등기의 상호명의신탁관계 내지 건물에 대한 구분소유적 공유관계가 성립한다고 할 수 없다(대판 2014. 2. 27, 2011다42430).
C. : 1필지의 토지의 위치와 면적을 특정하여 2인 이상이 구분소유하기로 하는 약정을 하고 구분소유자의 공유로 등기하는 이른바 구분소유적 공유관계에 있어서, 1필지의 토지 중 특정 부분에 대한 구분소유적 공유관계를 표상하는 공유지분을 목적으로 하는 근저당권이 설정된 후 구분소유하고 있는 특

정답 》 211 ①

정 부분별로 독립한 필지로 분할되고 나아가 구분소유자 상호 간에 지분이전등기를 하는 등으로 구분소유적 공유관계가 해소되더라도 그 근저당권은 종전의 구분소유적 공유지분의 비율대로 분할된 토지들 전부의 위에 그대로 존속하는 것이고, 근저당권설정자의 단독소유로 분할된 토지에 당연히 집중되는 것은 아니다(대판 2014. 6. 26, 2012다25944).
D. : 수인의 채권자가 각기 채권을 담보하기 위하여 채무자와 채무자 소유의 부동산에 관하여 수인의 채권자를 공동매수인으로 하는 1개의 매매예약을 체결하고 그에 따라 수인의 채권자 공동명의로 그 부동산에 가등기를 마친 경우, 수인의 채권자가 공동으로 매매예약완결권을 가지는 관계인지 아니면 채권자 각자의 지분별로 별개의 독립적인 매매예약완결권을 가지는 관계인지는 매매예약의 내용에 따라야 한다[대판(전합) 2012. 2. 16, 2010다82530].

212 **甲, 乙, 丙은 A토지를 1/3 지분으로 공유하고 있다. 이에 관한 설명 중 옳은 것을 모두 고른 것은? (다툼이 있는 경우 판례에 의함)** (2017 변호사)

ㄱ. 丁 명의로 A토지에 원인무효의 소유권이전등기가 마쳐진 경우, 甲은 丁을 상대로 甲, 乙, 丙에게 각 1/3 지분에 관하여 진정명의회복을 원인으로 한 소유권이전등기청구의 소를 단독으로 제기할 수 있다.
ㄴ. 乙이 甲과 丙의 동의 없이 丁에게 A토지 전부를 매도하여 丁 명의로 소유권이전등기가 마쳐진 경우, 甲은 공유물의 보존행위로서 丁 명의의 등기 전부의 말소를 단독으로 청구할 수 있다.
ㄷ. 甲은 공유자 전원의 지분을 부인하는 丁에 대하여 특별한 사정이 없는 한 공유물의 보존행위로서 A토지 전부에 관한 소유권확인의 소를 단독으로 제기할 수 없다.
ㄹ. 甲은 A토지에 인접한 B토지의 소유자인 丁을 상대로 A토지와 B토지의 경계확정을 구하는 소를 단독으로 제기할 수 있다.
ㅁ. 甲이 A토지에 관하여 공유물분할의 소를 제기하려면, 乙과 丙을 공동피고로 하여야 한다.

① ㄱ, ㅁ ② ㄱ, ㄴ, ㄹ ③ ㄱ, ㄷ, ㅁ ④ ㄷ, ㄹ, ㅁ ⑤ ㄴ, ㄷ, ㄹ, ㅁ

해설 ㄱ.(○) : 부동산의 공유자 중 한 사람은 공유물에 대한 보존행위로서 그 공유물에 관한 원인무효의 등기 전부의 말소를 구할 수 있고, 진정명의회복을 원인으로 한 소유권이전등기청구권과 무효등기의 말소청구권은 어느 것이나 진정한 소유자의 등기명의를 회복하기 위한 것으로서 실질적으로 그 목적이 동일하고 두 청구권 모두 소유권에 기한 방해배제청구권으로서 그 법적 근거와 성질이 동일하므로, 공유자 중 한 사람은 공유물에 경료된 원인무효의 등기에 관하여 각 공유자에게 해당 지분별로 진정명의회복을 원인으로 한 소유권이전등기를 이행할 것을 단독으로 청구할 수 있다(대판 2005. 9. 29, 2003다40651).

[참고지문] ① 甲이 乙, 丙과 함께 토지를 각 1/3 지분으로 공유하고 있는 경우 공유물에 관한 보존행위를 이유로는 乙 명의의 1/3 지분에 관하여 원인 없이 丁 앞으로 마쳐진 소유권이전등기의 말소를 구할 수 없다. ( ) (2014 변호사)
② 甲이 乙, 丙과 함께 X 토지를 각 1/3지분으로 공유하고 있는 사안에서, 甲은 공유물에 관한 보존행위를 이유로 乙 명의의 1/3 지분에 관하여 원인 없이 丁 앞으로 마쳐진 소유권이전등기의 말소를 구할 수 없으나, 丁이 X 토지 전부에 관하여 원인무효의 소유권이전등기를 마쳤다면 甲은 그 등기 전부의 말소를 청구할 수 있다( ). (2020년 법원행시)

212 ③ 《 정답

(○), (○) : 부동산의 공유자의 1인은 당해 부동산에 관하여 제3자 명의로 원인무효의 소유권이전등기가 경료되어 있는 경우 공유물에 관한 보존행위로서 제3자에 대하여 그 등기 전부의 말소를 구할 수 있으나, 공유자가 다른 공유자의 지분권을 대외적으로 주장하는 것을 공유물의 멸실·훼손을 방지하고 공유물의 현상을 유지하는 사실적·법률적 행위인 공유물의 보존행위에 속한다고 할 수 없으므로, 자신의 소유지분을 침해하는 지분 범위를 초과하는 부분에 대하여 공유물에 관한 보존행위로서 무효라고 주장하면서 그 부분 등기의 말소를 구할 수는 없다(대판 2010. 1. 14, 2009다67429).

ㄴ.(×) : 공유자 중 1인이 다른 공유자의 동의 없이 그 공유 토지의 특정부분을 매도하여 타인 명의로 소유권이전등기가 마쳐졌다면, 그 매도 부분 토지에 관한 소유권이전등기는 처분공유자의 공유지분 범위 내에서는 실체관계에 부합하는 유효한 등기라고 보아야 한다(대판 1994. 12. 2, 93다1596).

ㄷ.(○) : 공유자의 지분은 다른 공유자의 지분에 의하여 일정한 비율로 제한을 받는 것을 제외하고는 독립한 소유권과 같은 것으로 공유자는 그 지분을 부인하는 제3자에 대하여 각자 그 지분권을 주장하여 지분의 확인을 소구하여야 하는 것이고, 공유자 일부가 제3자를 상대로 다른 공유자의 지분의 확인을 구하는 것은 타인의 권리관계의 확인을 구하는 소에 해당한다고 보아야 할 것이므로 그 타인 간의 권리관계가 자기의 권리관계에 영향을 미치는 경우에 한하여 확인의 이익이 있다고 할 것이며, 공유물 전체에 대한 소유관계 확인도 이를 다투는 제3자를 상대로 공유자 전원이 하여야 하는 것이지 공유자 일부만이 그 관계를 대외적으로 주장할 수 있는 것이 아니므로, 아무런 특별한 사정이 없이 다른 공유자의 지분의 확인을 구하는 것은 확인의 이익이 없다(대판 1994. 11. 11, 94다35008).

ㄹ.(×) : 인접하는 토지의 한편 또는 양편이 여러 사람의 공유에 속하는 경우에, 그 경계의 확정을 구하는 소송은, 관련된 공유자 전원이 공동하여서만 제소하고 상대방도 관련된 공유자 전원이 공동으로서만 제소될 것을 요건으로 하는 고유필요적 공동소송이라고 해석함이 상당하다(대판 2001. 6. 26, 2000다24207).

ㅁ.(○) : 공유물분할청구의 소는 분할을 청구하는 공유자가 원고가 되어 다른 공유자 전부를 공동피고로 하여야 하는 고유필수적 공동소송이다(대판 2014. 1. 29, 2013다78556).

213 甲과 乙은 매도인으로부터 X 토지 중 절반씩을 위치를 특정하여 매수하면서 각자 구분소유하기로 하고, 등기부상 각 1/2 공유지분으로 등기하였다. 甲은 X 토지 중 자신의 매수 부분 지상에 Y 주택을 건축하고 이를 丙에게 임대하여 丙이 전입신고를 하지 아니한 채 입주를 마쳤다. 甲은 Y 주택에 저당권을 설정했는데 그 저당권이 실행되어 A가 Y 주택 소유권을 취득하였다. 이에 관한 설명 중 옳은 것을 모두 고른 것은? (각 지문은 독립적이며, 다툼이 있는 경우 판례에 의함)

(2018 변호사)

ㄱ. 인근 토지 소유자 丁이 X 토지 중 乙 매수 부분을 침범하여 건축행위를 하는 경우 甲이 방해배제를 청구할 수 있다.
ㄴ. 乙이 Y 주택을 철거하기 위한 사전작업으로 丙을 상대로 Y 주택에서의 퇴거를 청구할 수 있다.
ㄷ. 甲이 등기부상 공유관계를 해소하고자 하는데 乙이 협조하지 않는 경우 공유물분할 청구의 소를 제기할 수 있다.

정답 213 ①

① ㄱ ② ㄴ ③ ㄷ ④ ㄱ, ㄴ ⑤ ㄱ, ㄷ

해설 ㄱ.(○) : 1필지의 토지 중 일부를 특정하여 매수하고 다만 그 소유권이전등기는 그 필지 전체에 관하여 공유지분권이전등기를 한 경우에는 그 특정부분 이외의 부분에 관한 등기는 상호 명의신탁을 하고 있는 것으로서, 그 지분권자는 내부관계에 있어서는 특정부분에 한하여 소유권을 취득하고 이를 배타적으로 사용, 수익할 수 있고, 다른 구분소유자의 방해행위에 대하여는 소유권에 터잡아 그 배제를 구할 수 있으나, 외부관계에 있어서는 1필지 전체에 관하여 공유관계가 성립되고 공유자로서의 권리만을 주장할 수 있는 것이므로, 제3자의 방해행위가 있는 경우에는 자기의 구분소유 부분뿐 아니라 전체토지에 대하여 공유물의 보존행위로서 그 배제를 구할 수 있다(대판 1994. 2. 8, 93다42986).

ㄴ.(×) : 공유로 등기된 토지의 소유관계가 구분소유적 공유관계에 있는 경우에는 공유자 중 1인이 소유하고 있는 건물과 그 대지는 다른 공유자와의 내부관계에 있어서는 그 공유자의 단독소유로 되었다 할 것이므로 건물을 소유하고 있는 공유자가 그 건물 또는 토지지분에 대하여 저당권을 설정하였다가 그 후 저당권의 실행으로 소유자가 달라지게 되면 건물 소유자는 그 건물의 소유를 위한 법정지상권을 취득하게 되며, 이는 구분소유적 공유관계에 있는 토지의 공유자들이 그 토지 위에 각자 독자적으로 별개의 건물을 소유하면서 그 토지 전체에 대하여 저당권을 설정하였다가 그 저당권의 실행으로 토지와 건물의 소유자가 달라지게 된 경우에도 마찬가지라 할 것이다(대판 2004. 6. 11, 2004다13533). ☞ A는 Y주택에 대하여 법정지상권을 취득하고, 乙은 A에 대하여 Y주택의 철거를 구할 수 없다. 따라서 乙은 Y주택을 철거하기 위한 사전작업으로 丙을 상대로 Y주택에서의 퇴거를 청구할 수도 없다.

ㄷ.(×) : 상호명의신탁관계 내지 구분소유적 공유관계에서 건물의 특정 부분을 구분소유하는 자는 그 부분에 대하여 신탁적으로 지분등기를 가지고 있는 자를 상대로 하여 그 특정 부분에 대한 명의신탁 해지를 원인으로 한 지분이전등기절차의 이행을 구할 수 있을 뿐 그 건물 전체에 대한 공유물분할을 구할 수는 없다(대판 2010. 5. 27, 2006다84171).

214 공유에 관한 설명 중 옳지 않은 것은? (다툼이 있는 경우 판례에 의함) (2021 변호사)

① 甲과 乙이 각 1/2의 지분으로 공유하고 있는 X토지 중 일부를 甲이 배타적으로 점유하고 있는 경우, 乙은 甲에게 공유물의 보존행위로서 방해배제를 청구할 수 있다.

② X토지의 2/3 지분을 보유한 공유자 甲이 1/3 지분권자인 乙과 협의하지 않고 X토지를 丙에게 임대한 경우, 乙은 丙에게 임료의 1/3을 부당이득으로 반환할 것을 청구할 수 없다.

③ 甲은 乙과 함께 각 1/2의 지분으로 X토지를 공유하면서, 乙이 토지 전체를 단독으로 사용하기로 하되 乙로부터 일정 금액을 지급받기로 약정하였다면, 이러한 약정은 甲으로부터 그 지분권을 양도받은 특정승계인에게 당연히 승계된다.

④ 甲, 乙, 丙이 각 1/3 지분씩 공동상속한 X부동산에 관하여 甲이 부정한 방법으로 그 단독명의의 소유권이전등기를 마친 경우, 乙은 甲에 대하여 공유물의 보존행위로서 2/3 지분에 관한 소유권이전등기 말소등기절차의 이행을 구할 수 있다.

⑤ 乙과 함께 각 1/2 지분으로 X토지를 공유하는 甲이 乙에게 자신의 공유지분을 포기한다는 의사표시를 하였으나, 그에 따른 지분이전등기가 마쳐지기 전에 甲이 사망하여 상속인 丙이 단독상속하는 한편, 乙의 1/2 지분에 대한 강제경매절차가 진행되어 丁이 지분을 취득하였다면, 丁은 甲의 상속인 丙에게 甲의 종전 1/2 지분에 관한 지분이전등기절차의 이행을 구할 수 있다.

214 ⑤ 《 정답

해설 ① (○) : 공유물의 소수지분권자가 다른 공유자와 협의 없이 공유물의 전부 또는 일부를 독점적으로 점유·사용하고 있는 경우 다른 소수지분권자는 공유물의 보존행위로서 그 인도를 청구할 수는 없고, 다만 자신의 지분권에 기초하여 공유물에 대한 방해 상태를 제거하거나 공동 점유를 방해하는 행위의 금지 등을 청구할 수 있다고 보아야 한다[대판(전합) 2020. 5. 21, 2018다287522].

② (○) : 과반수 지분의 공유자는 공유자와 사이에 미리 공유물의 관리방법에 관하여 협의가 없었다 하더라도 공유물의 관리에 관한 사항을 단독으로 결정할 수 있으므로 과반수 지분의 공유자는 그 공유물의 관리방법으로서 그 공유토지의 특정된 한 부분을 배타적으로 사용·수익할 수 있으나, 그로 말미암아 지분은 있으되 그 특정 부분의 사용·수익을 전혀 하지 못하여 손해를 입고 있는 소수지분권자에 대하여 그 지분에 상응하는 임료 상당의 부당이득을 하고 있다 할 것이므로 이를 반환할 의무가 있다 할 것이나, 그 과반수 지분의 공유자로부터 다시 그 특정 부분의 사용·수익을 허락받은 제3자의 점유는 다수지분권자의 공유물관리권에 터잡은 적법한 점유이므로 그 제3자는 소수지분권자에 대하여도 그 점유로 인하여 법률상 원인 없이 이득을 얻고 있다고는 볼 수 없다(대판 2002. 5. 14, 2002다9738).

③ (○) : 공유자 간의 공유물에 대한 사용수익·관리에 관한 특약은 공유자의 특정승계인에 대하여도 당연히 승계된다(대판 2005. 5. 12, 2005다1827).

④ (○) : 부동산의 공유자의 1인은 당해 부동산에 관하여 제3자 명의로 원인무효의 소유권보존등기가 경료되어 있는 경우 공유물에 관한 보존행위로서 제3자에 대하여 그 등기 전부의 말소를 구할 수 있다고 할 것이나, 그 제3자가 당해 부동산의 공유자 중의 1인인 경우에는 그 소유권보존등기는 동인의 공유지분에 관하여는 실체관계에 부합하는 등기라고 할 것이므로, 이러한 경우 공유자의 1인은 단독 명의로 등기를 경료하고 있는 공유자에 대하여 그 공유자의 공유지분을 제외한 나머지 공유지분 전부에 관하여만 소유권보존등기 말소등기절차의 이행을 구할 수 있다 할 것이다(대판 2006. 8. 24, 2006다32200).

⑤ (×) : 민법 제267조에서 공유지분의 포기는 법률행위로서 상대방 있는 단독행위에 해당하므로, 부동산 공유자의 공유지분 포기의 의사표시가 다른 공유자에게 도달하더라도 이로써 곧바로 공유지분 포기에 따른 물권변동의 효력이 발생하는 것은 아니고, 다른 공유자는 자신에게 귀속될 공유지분에 관하여 소유권이전등기청구권을 취득하며, 이후 민법 제186조에 의하여 등기를 하여야 공유지분 포기에 따른 물권변동의 효력이 발생한다. 그리고 부동산 공유자의 공유지분 포기에 따른 등기는 해당 지분에 관하여 다른 공유자 앞으로 소유권이전등기를 하는 형태가 되어야 한다(대판 2016. 10. 27, 2015다52978). ☞ 이 사건 부동산의 공유자인 甲이 다른 공유자 乙에 대하여 자신의 공유지분을 포기한다는 의사표시를 하였다고 하더라도 그에 따른 등기가 마쳐지지 않은 이상 곧바로 乙이 이 사건 지분에 관한 소유권을 취득하였다고 할 수는 없다. 그러나 甲의 지분 포기 의사표시로써 乙은 甲이나 그 상속인인 丙 등에 대하여 이 사건 지분에 관한 소유권이전등기청구권을 가지게 되었다. 반면 丁은 강제경매절차를 통하여 乙의 종전 지분만을 취득하였을 뿐 이 사건 지분에 관해서는 소유권은 물론 그에 관한 이전등기청구권 등 어떠한 권원도 취득하였다고 할 수 없다.

Ⅸ. 명의신탁

215-1 **명의수탁자의 등기가 3자간 등기명의신탁(중간생략등기형)에 해당하여 무효인 경우, 명의신탁자의 매도인에 대한 소유권이전등기청구권은 명의신탁자가 목적 부동산을 인도받아 점유하고 있는 한 소멸시효가 진행하지 않는다. ( )** (2020, 2021 변호사)

215-2 **무효인 3자간 등기명의신탁에서 부동산을 매수하여 인도받아 계속 점유하는 명의신탁자의 매도인에 대한 소유권이전등기청구권은 소멸시효에 걸리지 않는다. ( )** (2023 변리사)

> **해설** 부동산의 매수인이 목적물을 인도받아 계속 점유하는 경우에는 매도인에 대한 소유권이전등기청구권은 소멸시효가 진행되지 않고, 이러한 법리는 3자간 등기명의신탁에 의한 등기가 유효기간의 경과로 무효로 된 경우에도 마찬가지로 적용된다. 따라서 그 경우 목적 부동산을 인도받아 점유하고 있는 명의신탁자의 매도인에 대한 소유권이전등기청구권 역시 소멸시효가 진행되지 않는다(대판 2013.12.12, 2013다26647).

216 **｢부동산 실권리자명의 등기에 관한 법률｣의 시행에 따라 그 권리를 상실하게 된 같은 법 시행 이전의 명의신탁자가 당해 부동산의 회복을 위해 명의수탁자에 대하여 가지는 소유권이전등기청구권은 법률의 규정에 의한 부당이득반환청구권으로서 소멸시효기간이 10년이다. ( )** (2021 변호사)

> **해설** [1] 부동산 실권리자명의 등기에 관한 법률 시행 전에 명의수탁자가 명의신탁 약정에 따라 부동산에 관한 소유명의를 취득한 경우 위 법률의 시행 후 같은 법 제11조의 유예기간이 경과하기 전까지 명의신탁자는 언제라도 명의신탁 약정을 해지하고 당해 부동산에 관한 소유권을 취득할 수 있었던 것으로, 실명화 등의 조치 없이 위 유예기간이 경과함으로써 같은 법 제12조 제1항, 제4조에 의해 명의신탁 약정은 무효로 되는 한편, 명의수탁자가 당해 부동산에 관한 완전한 소유권을 취득하게 된다 할 것인데, 같은 법 제3조 및 제4조가 명의신탁자에게 소유권이 귀속되는 것을 막는 취지의 규정은 아니므로 명의수탁자는 명의신탁자에게 자신이 취득한 당해 부동산을 부당이득으로 반환할 의무가 있다 할 것인바, 이와 같은 경위로 명의신탁자가 당해 부동산의 회복을 위해 명의수탁자에 대해 가지는 소유권이전등기청구권은 그 성질상 법률의 규정에 의한 부당이득반환청구권으로서 민법 제162조 제1항에 따라 10년의 기간이 경과함으로써 시효로 소멸한다. [2] 명의신탁계약 및 그에 기한 등기를 무효로 하고 그 위반행위에 대하여 형사처벌까지 규정한 부동산 실권리자명의 등기에 관한 법률의 시행에 따라 그 권리를 상실하게 된 위 법률 시행 이전의 명의신탁자가 그 대신에 부당이득의 법리에 따라 법률상 취득하게 된 명의신탁 부동산에 대한 부당이득반환청구권의 경우, 무효로 된 명의신탁 약정에 기하여 처음부터 명의신탁자가 그 부동산의 점유 및 사용 등 권리를 행사하고 있다 하여 위 부당이득반환청구권 자체의 실질적 행사가 있다고 볼 수 없을 뿐만 아니라, 명의신탁자가 그 부동산을 점유·사용하여 온 경우에는 명의신탁자의 명의수탁자에 대한 부당이득반환청구권에 기한 등기청구권의 소멸시효가 진행되지 않는다고 보아야 한다면, 이는 명의신탁자가 부동산 실권리자명의 등기에 관한 법률의 유예기간 및 시효기간 경과 후 여전히 실명전환을 하지 않아 위 법률을 위반한 경우임에도 그 권리를 보호하여 주는 결과로 되어 부동산 거래의 실정 및 부동산 실권리자명의 등기에 관한 법률 등 관련 법률의 취지에도 맞지 않는다(대판 2009.7.9, 2009다23313 ; 대판 2008.11.27, 2008다62687 등).

215-1 (○) **215-2** (○) **216** (○) 《 **정답**

217 **과세관청이 3자간 등기명의신탁에 따라 해당 부동산의 공부상 소유자가 된 명의수탁자에게 재산세 부과처분을 하여 명의수탁자가 재산세를 납부한 경우, 그는 명의신탁자나 그 상속인을 상대로 재산세 상당액에 대한 부당이득반환청구를 할 수 있다. ( )** (2023 변리사)

> **해설** 과세관청이 3자간 등기명의신탁에 따라 해당 부동산의 공부상 소유자가 된 명의수탁자에게 재산세 부과처분을 하고 이에 따라 명의수탁자가 재산세를 납부하였더라도 명의수탁자가 명의신탁자 또는 그 상속인을 상대로 재산세 상당의 금액에 대한 부당이득반환청구권을 가진다고 보기는 어렵다(대판 2020. 11. 26, 2019다298222, 298239).

218 **甲은 2015년 초에 乙소유의 X토지를 매입하면서, 친구인 丙이 乙과의 매매계약을 통하여 丙 명의로 소유권이전등기를 하되 나중에 甲이 원하면 甲의 명의로 X토지의 소유권을 이전해 주기로 丙과 합의한 후, 매매대금 명목으로 丙에게 5억원을 건네주었다. 수일 후 丙은 이러한 사정을 모르는 乙과 매매계약을 체결하고 같은 날 丙 명의의 소유권이전등기를 마쳤다. 그 후 丙이 X토지의 소유관계를 알고 있는 丁에게 매각하고 소유권이전등기를 넘겨주었다. 이에 대한 설명으로 옳지 않은 것은? (다툼이 있으면 판례에 따름)** (2016 변리사)

① 甲과 丙 사이의 합의는 무효이다.
② 丙은 X토지의 소유권을 적법하게 취득한다.
③ 丁은 X토지의 소유권을 적법하게 취득한다.
④ 甲의 丙에 대한 부당이득반환청구로서 X토지의 소유권을 甲에게 이전하라는 것은 허용되지 않는다.
⑤ 甲은 丙에게 지급한 매수자금 5억원의 반환을 청구할 수 없다.

> **해설** ① (○) : 명의신탁약정은 무효이다(부동산실명법 제4조 제1항). 나아가 신탁자와 수탁자 사이에 신탁자의 요구에 따라 부동산의 소유 명의를 이전하기로 한 약정도 명의신탁약정이 유효함을 전제로 명의신탁 부동산 자체의 반환을 구하는 범주에 속하는 것에 해당하여 역시 무효로 된다(대판 2015. 9. 10, 2013다55300).
> ② (○), ③ (○) : 계약명의신탁에서 수탁자의 상대방(매도인)이 선의인 경우, 물권변동은 유효하다(동법 제4조 제2항 후단). 따라서 丙은 X토지의 소유권을 적법하게 취득하고, 丙으로부터 매수하고 등기를 마친 丁도 선악불문하고 X토지의 소유권을 취득한다.
> ④ (○), ⑤ (×) : 계약명의신탁약정이 '부동산 실권리자명의 등기에 관한 법률' 시행 후에 체결된 경우에는 명의신탁자는 애초부터 당해 부동산의 소유권을 취득할 수 없었으므로, 위 계약명의신탁약정의 무효로 인하여 명의신탁자가 입은 손해는 당해 부동산 자체가 아니라 명의수탁자에게 제공한 매수자금이고, 따라서 명의수탁자는 당해 부동산 자체가 아니라 명의신탁자로부터 제공받은 매수자금 상당액을 부당이득하였다고 할 것이다(대판 2010. 10. 14, 2007다90432). ☞ 계약명의신탁약정이 '부동산 실권리자명의 등기에 관한 법률' 시행 후에 체결된 경우이므로 甲의 丙에 대한 부당이득반환청구로서 X토지의 소유권을 甲에게 이전하라는 것은 허용되지 않고, 丙에게 지급한 매수자금 5억원의 반환을 청구할 수 있을 뿐이다.

정답 》 217 (×) 218 ⑤

219 **甲은 乙 소유의 부동산 X를 취득하면서 丙과 명의신탁약정을 하여 丙의 명의로 등기하도록 하였다. 다음 상황 (1), (2)에 관한 설명 중 옳지 않은 것은? (다툼이 있는 경우 판례에 의함)**

(2017 변호사)

> [상황 (1)] 甲은 乙과 부동산 X에 대한 매매계약을 체결한 뒤 대금을 완납하고 소유권이전등기의 명의만을 丙의 명의로 해 두기로 약정하였고, 이에 2012. 5.경 丙이 乙로부터 부동산 X에 대한 이전등기를 경료받았다.
> [상황 (2)] 甲은 丙과 사이에 자신이 매매대금과 취득세 등의 취득비용을 부담하기로 하면서 丙이 丙의 명의로 乙과 매매계약을 체결하여 소유권이전등기를 경료받도록 약정하였고, 이에 丙이 이런 사실을 알지 못하는 乙과 2012. 5.경 매매계약을 체결한 후 대금을 완납하여 부동산 X의 이전등기를 경료받았다.

① 상황 (1)에서 丙이 부동산 X에 대한 소유권이전등기를 경료받은 후 자신의 채권자 丁에게 채무담보를 위하여 부동산 X 위에 저당권을 설정하여 그 등기가 마쳐진 경우, 丁의 저당권은 유효하다.
② 상황 (1)에서 공공용지 협의취득 절차에 의하여 丁이 부동산 X에 대해 소유권이전등기를 경료하고 보상금이 丙에게 지급된 경우, 丙은 취득한 보상금을 甲에게 부당이득으로 반환해야 한다.
③ 상황 (2)에서 甲은 丙을 상대로 부동산 X의 소유권을 주장할 수는 없고 매수자금의 부당이득반환을 청구할 수 있을 뿐이고, 그 반환범위는 특별한 사정이 없는 한 매매대금 이외에 취득세 등 취득비용도 포함한다.
④ 상황 (2)에서 甲은 자신이 부동산 X를 점유하고 있는 한 丙으로부터 부동산 X의 소유권이전등기를 경료받은 丁을 상대로 위 ③의 丙에 대한 부당이득반환청구권을 기초로 유치권을 행사할 수 있다.
⑤ 상황 (2)에서 丙이 채무초과 상태에서 甲의 지정에 따라 丁에게 부동산 X의 소유권을 이전하는 행위는 특별한 사정이 없는 한 丙의 일반 채권자에 대한 관계에서 사해행위가 된다.

해설 ┌ 상황 (1) : 중간생략형 명의신탁(지문①,②)
└ 상황 (2) : 매도인 선의인 계약형 명의신탁(지문③,④,⑤)

① (○) [부동산실권리자명의등기에관한법률 제4조 제3항]

② (○) : 이른바 3자간 등기명의신탁에서 부동산 실권리자명의 등기에 관한 법률에서 정한 유예기간이 경과한 후 명의수탁자가 신탁부동산을 임의로 처분하거나 강제수용이나 공공용지 협의취득 등을 원인으로 제3취득자 명의로 이전등기가 마쳐진 경우, 특별한 사정이 없는 한 제3취득자는 유효하게 소유권을 취득하게 되므로(같은 법 제4조 제3항), 그로 인하여 매도인의 명의신탁자에 대한 소유권이전등기의무는 이행불능으로 되고 그 결과 명의신탁자는 신탁부동산의 소유권을 이전받을 권리를 상실하는 손해를 입게 되는 반면, 명의수탁자는 신탁부동산의 처분대금이나 보상금을 취득하는 이익을 얻게 되므로, 명의수탁자는 명의신탁자에게 그 이익을 부당이득으로 반환할 의무가 있다(대판 2011. 9. 8, 2009다49193).

③ (○) : 계약명의신탁약정이 '부동산 실권리자명의 등기에 관한 법률' 시행 후인 경우에는 명의신탁자는 애초부터 당해 부동산의 소유권을 취득할 수 없었으므로, 위 계약명의신탁약정의 무효로 인하여 명의신탁자가 입은 손해는 당해 부동산 자체가 아니라 명의수탁자에게 제공한 매수자금이고, 따라서 명의수탁자는 당해 부동산 자체가 아니라 명의신탁자로부터 제공받은 매수자금 상당액을 부당이득하였다고 할 것이다. 이때 명의수탁자가 소유권이전등기를 위하여 지출하여야 할 취득세, 등록세 등을

219 ④ 《 정답

명의신탁자로부터 제공받았다면, 이러한 자금 역시 위 계약명의신탁약정에 따라 명의수탁자가 당해 부동산의 소유권을 취득하기 위하여 매매대금과 함께 지출된 것이므로, 당해 부동산의 매매대금 상당액 이외에 명의신탁자가 명의수탁자에게 지급한 취득세, 등록세 등의 취득비용도 특별한 사정이 없는 한 위 계약명의신탁약정의 무효로 인하여 명의신탁자가 입은 손해에 포함되어 명의수탁자는 이 역시 명의신탁자에게 부당이득으로 반환하여야 한다(대판 2010. 10. 14, 2007다90432).

④ (×) : 명의신탁자의 이와 같은 부당이득반환청구권은 부동산 자체로부터 발생한 채권이 아닐 뿐만 아니라 소유권 등에 기한 부동산의 반환청구권과 동일한 법률관계나 사실관계로부터 발생한 채권이라고 보기도 어려우므로, 결국 민법 제320조 제1항에서 정한 유치권 성립요건으로서의 목적물과 채권 사이의 견련관계를 인정할 수 없다(대판 2009. 3. 26, 2008다34828).

⑤ (○) : 부동산에 관하여 부동산 실권리자명의 등기에 관한 법률 제4조 제2항 본문이 적용되어 명의수탁자인 채무자 명의의 소유권이전등기가 무효인 경우에는 그 부동산은 채무자의 소유가 아니기 때문에 이를 채무자의 일반 채권자들의 공동담보에 제공되는 책임재산이라고 볼 수 없고, 채무자가 위 부동산에 관하여 제3자와 매매계약을 체결하고 그에게 소유권이전등기를 마쳐주었다고 하더라도 그로써 채무자의 책임재산에 감소를 초래한 것이라고 할 수 없으므로 이를 들어 채무자의 일반 채권자들을 해하는 사해행위라고 할 수 없으며, 채무자에게 사해의 의사가 있다고 볼 수도 없다. 그러나 명의신탁자와 명의수탁자가 이른바 계약명의신탁 약정을 맺고 명의수탁자가 당사자가 되어 명의신탁 약정이 있다는 사실을 알지 못하는 소유자와 부동산에 관한 매매계약을 체결한 후 그 매매계약에 따라 당해 부동산의 소유권이전등기를 명의수탁자 명의로 마친 경우에는, 명의신탁자와 명의수탁자 사이의 명의신탁 약정의 무효에도 불구하고 부동산 실권리자명의 등기에 관한 법률 제4조 제2항 단서에 의하여 그 명의수탁자는 당해 부동산의 완전한 소유권을 취득하게 되고, 다만 명의신탁자에 대하여 그로부터 제공받은 매수자금 상당액의 부당이득반환의무를 부담하게 되는바, 위와 같은 경우에 명의수탁자가 취득한 부동산은 채무자인 명의수탁자의 일반 채권자들의 공동담보에 제공되는 책임재산이 되고, 명의신탁자는 명의수탁자에 대한 관계에서 금전채권자 중 한 명에 지나지 않으므로, 명의수탁자의 재산이 채무의 전부를 변제하기에 부족한 경우 명의수탁자가 위 부동산을 명의신탁자 또는 그가 지정하는 자에게 양도하는 행위는 특별한 사정이 없는 한 다른 채권자의 이익을 해하는 것으로서 다른 채권자들에 대한 관계에서 사해행위가 된다(대판 2008. 9. 25, 2007다74874).

220 甲은 자신의 친구인 乙과 명의신탁약정을 맺고 乙을 통해 丙 소유의 A토지를 매수하면서 소유권이전등기를 丙으로부터 직접 乙에게로 경료하였으며, A토지에 관한 乙·丙 간의 매매계약 체결 시 丙은 명의신탁약정이 있다는 사실을 알지 못하였다. 이에 관한 설명 중 옳지 않은 것은? (각 지문은 독립적이며, 다툼이 있는 경우 판례에 의함) (2019 변호사)

① 甲과 乙이 매수인 명의 및 소유권이전등기 명의를 乙의 명의로 하기로 한 경우, 이와 같은 명의신탁관계는 내부적인 관계에 불과하므로 설사 丙이 이를 알고 있었더라도 甲에게 계약에 따른 법률효과를 직접 귀속시킬 의도로 계약을 체결하였다는 등의 특별한 사정이 없는 한 대외적으로는 명의자인 乙을 매매당사자로 보아야 한다.

② 甲과 乙이 「부동산 실권리자명의 등기에 관한 법률」 시행 전에 명의신탁약정을 맺었으나 A토지에 대한 乙 명의의 등기는 위 법률이 정하는 실명등기 유예기간 후에 경료한 경우, 乙은 A토지에 대한 완전한 소유권을 취득한다.

정답 》 220 ⑤

③ 위 명의신탁약정과 그에 따른 등기가 모두 「부동산 실권리자명의 등기에 관한 법률」 시행 후에 행하여진 경우, 乙이 A토지를 丁에게 매도하고 丁의 명의로 소유권이전등기를 경료하였다면 丁은 명의신탁약정에 대한 선의·악의를 불문하고 A토지의 소유권을 유효하게 취득한다.

④ 위 명의신탁약정과 그에 따른 등기가 모두 「부동산 실권리자명의 등기에 관한 법률」 시행 후에 행하여진 경우, 乙이 甲으로부터 받은 부동산 매수자금 상당액은 법률상 원인이 없는 것이므로 부당이득으로서 반환해야 하고, 그 외에 乙이 소유권이전등기를 위하여 지출하여야 할 취득세, 등록세 등의 상당액을 甲으로부터 제공받았다면 이러한 취득비용도 무효인 명의신탁약정에 의하여 甲이 입은 손해에 포함되므로 부당이득으로서 반환하여야 한다.

⑤ 위 명의신탁약정과 그에 따른 등기가 모두 「부동산 실권리자명의 등기에 관한 법률」 시행 후에 행하여진 경우, 만일 丙이 甲과 乙 사이의 명의신탁관계를 알고 있는 상태에서 A토지를 乙에게 매도하고 매매대금을 수령하였다면, 乙이 그 후 제3자에게 A토지를 처분하는 행위는 丙에 대한 관계에서 불법행위를 구성하므로 丙은 乙에게 A토지의 처분 당시의 시가 상당액을 손해배상으로 청구할 수 있다.

해설 ① (○) : 어떤 사람이 타인을 통하여 부동산을 매수하면서 매수인 명의 및 소유권이전등기 명의를 타인 명의로 하기로 한 경우에, 매수인 및 등기 명의의 신탁관계는 그들 사이의 내부적인 관계에 불과하므로, 상대방이 명의신탁자를 매매당사자로 이해하였다는 등의 특별한 사정이 없는 한 대외적으로는 계약명의자인 타인을 매매당사자로 보아야 하며, 설령 상대방이 명의신탁관계를 알고 있었더라도 상대방이 계약명의자인 타인이 아니라 명의신탁자에게 계약에 따른 법률효과를 직접 귀속시킬 의도로 계약을 체결하였다는 등의 특별한 사정이 인정되지 아니하는 한 마찬가지이다(대판 2016. 7. 22, 2016다207928).

> [비교판례] 명의신탁약정이 3자간 등기명의신탁인지 아니면 계약명의신탁인지의 구별은 계약당사자가 누구인가를 확정하는 문제로 귀결되는데, 계약명의자가 명의수탁자로 되어 있다 하더라도 계약당사자를 명의신탁자로 볼 수 있다면 이는 3자간 등기명의신탁이 된다. 따라서 계약명의자인 명의수탁자가 아니라 명의신탁자에게 계약에 따른 법률효과를 직접 귀속시킬 의도로 계약을 체결한 사정이 인정된다면 명의신탁자가 계약당사자라고 할 것이므로, 이 경우의 명의신탁관계는 3자간 등기명의신탁으로 보아야 한다(대판 2010. 10. 28, 2010다52799).

② (○) : 〈부동산 실권리자명의 등기에 관한 법률 제11조 제1항〉 부동산실권리자명의등기에관한법률 시행 전에 명의신탁약정에 따라 부동산에 관한 물권을 명의수탁자의 명의로 등기하거나 등기하도록 한 명의신탁자(이하 "기존 명의신탁자"라 한다)는 부동산실권리자명의등기에관한법률 시행일부터 1년의 기간(이하 "유예기간"이라 한다) 이내에 실명등기하여야 한다. 다만, 공용징수, 판결, 경매 또는 그 밖에 법률에 따라 명의수탁자로부터 제3자에게 부동산에 관한 물권이 이전된 경우(상속에 의한 이전은 제외한다)와 종교단체, 향교 등이 조세 포탈, 강제집행의 면탈을 목적으로 하지 아니하고 명의신탁한 부동산으로서 대통령령으로 정하는 경우는 그러하지 아니하다.

〈부동산 실권리자명의 등기에 관한 법률 제12조 제1항〉 제11조에 규정된 기간 이내에 실명등기 또는 매각처분 등을 하지 아니한 경우 그 기간이 지난 날 이후의 명의신탁약정 등의 효력에 관하여는 제4조를 적용한다.

〈부동산 실권리자명의 등기에 관한 법률 제4조 제2항〉 명의신탁약정에 따른 등기로 이루어진 부동산에 관한 물권변동은 무효로 한다. 다만, 부동산에 관한 물권을 취득하기 위한 계약에서 명의수탁자가 어느 한쪽 당사자가 되고 상대방 당사자는 명의신탁약정이 있다는 사실을 알지 못한 경우에는 그러하지 아니하다. ☞ 결국 수탁자 乙은 부동산 실권리자명의 등기에 관한 법률 제4조 제2항 단서에 따라 A토지에 대한 완전한 소유권을 취득한다.

③ (○) : 수탁자 乙이 완전한 소유권을 취득하므로 그로부터 매수한 丁은 명의신탁약정에 대한 선의·악의를 불문하고 A토지의 소유권을 유효하게 취득한다.

④ (○) : '부동산 실권리자명의 등기에 관한 법률' 제4조 제1항, 제2항에 의하면 명의신탁자와 명의수탁자가 이른바 계약명의신탁약정을 맺고 명의수탁자가 당사자가 되어 명의신탁약정이 있다는 사실을 알지 못하는 소유자와의 사이에 부동산에 관한 매매계약을 체결한 후 그 매매계약에 따라 당해 부동산의 소유권이전등기를 수탁자 명의로 마친 경우에는 명의신탁자와 명의수탁자 사이의 명의신탁약정의 무효에도 불구하고 그 명의수탁자는 당해 부동산의 완전한 소유권을 취득하게 되고, 다만 명의수탁자는 명의신탁자에 대하여 부당이득반환의무를 부담하게 될 뿐이다. 이 경우 그 계약명의신탁약정이 '부동산 실권리자명의 등기에 관한 법률' 시행 후인 경우에는 명의신탁자는 애초부터 당해 부동산의 소유권을 취득할 수 없었으므로, 위 계약명의신탁약정의 무효로 인하여 명의신탁자가 입은 손해는 당해 부동산 자체가 아니라 명의수탁자에게 제공한 매수자금이고, 따라서 명의수탁자는 당해 부동산 자체가 아니라 명의신탁자로부터 제공받은 매수자금 상당액을 부당이득하였다고 할 것이다. 이때 명의수탁자가 소유권이전등기를 위하여 지출하여야 할 취득세, 등록세 등을 명의신탁자로부터 제공받았다면, 이러한 자금 역시 위 계약명의신탁약정에 따라 명의수탁자가 당해 부동산의 소유권을 취득하기 위하여 매매대금과 함께 지출된 것이므로, 당해 부동산의 매매대금 상당액 이외에 명의신탁자가 명의수탁자에게 지급한 취득세, 등록세 등의 취득비용도 특별한 사정이 없는 한 위 계약명의신탁약정의 무효로 인하여 명의신탁자가 입은 손해에 포함되어 명의수탁자는 이 역시 명의신탁자에게 부당이득으로 반환하여야 한다(대판 2010. 10. 14, 2007다90432).

⑤ (×) : 명의신탁자와 명의수탁자가 이른바 계약명의신탁 약정을 맺고 매매계약을 체결한 소유자도 명의신탁자와 명의수탁자 사이의 명의신탁약정을 알면서 그 매매계약에 따라 명의수탁자 앞으로 당해 부동산의 소유권이전등기를 마친 경우 부동산 실권리자명의 등기에 관한 법률 제4조 제2항 본문에 의하여 명의수탁자 명의의 소유권이전등기는 무효이므로, 당해 부동산의 소유권은 매매계약을 체결한 소유자에게 그대로 남아 있게 되고, 명의수탁자가 자신의 명의로 소유권이전등기를 마친 부동산을 제3자에게 처분하면 이는 매도인의 소유권 침해행위로서 불법행위가 된다. 그러나 명의수탁자로부터 매매대금을 수령한 상태의 소유자로서는 그 부동산에 관한 소유명의를 회복하기 전까지는 신의칙 내지 민법 제536조 제1항 본문의 규정에 의하여 명의수탁자에 대하여 이와 동시이행의 관계에 있는 매매대금 반환채무의 이행을 거절할 수 있는데, 이른바 계약명의신탁에서 명의수탁자의 제3자에 대한 처분행위가 유효하게 확정되어 소유자에 대한 소유명의 회복이 불가능한 이상, 소유자로서는 그와 동시이행관계에 있는 매매대금 반환채무를 이행할 여지가 없다. 또한 명의신탁자는 소유자와 매매계약관계가 없어 소유자에 대한 소유권이전등기청구도 허용되지 아니하므로, 결국 소유자인 매도인으로서는 특별한 사정이 없는 한 명의수탁자의 처분행위로 인하여 어떠한 손해도 입은 바가 없다(대판 2013. 9. 12, 2010다95185).

> [유사판례] 이른바 3자간 등기명의신탁에 있어 명의신탁등기가 부동산실권리자명의등기에관한법률 시행에 의하여 무효로 된 후에 명의수탁자가 임의로 신탁부동산을 처분한 경우, 매도인으로서는 명의수탁자의 처분행위로 인하여 손해를 입은 바가 없다(대판 2002. 3. 15, 2001다61654).

221 **甲과 명의신탁약정을 맺은 乙이 X부동산의 소유자 丙과 매매계약을 체결하였고 甲과 乙사이에 명의신탁약정이 있다는 사실을 알았던 丙이 乙의 이름으로 X부동산의 소유권이전등기를 마친 후 乙이 X부동산을 丁에게 처분한 경우, 이는 丙의 소유권 침해행위로서 불법행위이다. ( )** (2014 변리사)

> **해설** 악의 계약명의신탁에서 수탁자의 처분행위가 불법행위가 성립되면서도 손해가 발생하지 않았다고 본 사례이다. 즉 명의신탁자와 명의수탁자가 이른바 계약명의신탁 약정을 맺고 매매계약을 체결한 소유자도 명의신탁자와 명의수탁자 사이의 명의신탁약정을 알면서 그 매매계약에 따라 명의수탁자 앞으로 당해 부동산의 소유권이전등기를 마친 경우 부동산 실권리자명의 등기에 관한 법률 제4조 제2항 본문에 의하여 명의수탁자 명의의 소유권이전등기는 무효이므로, 당해 부동산의 소유권은 매매계약을 체결한 소유자에게 그대로 남아 있게 되고, 명의수탁자가 자신의 명의로 소유권이전등기를 마친 부동산을 제3자에게 처분하면 이는 매도인의 소유권 침해행위로서 불법행위가 된다(대판 2013. 09. 12, 2010다95185).

222 **甲은 2010년 2월 11일에 조세포탈의 목적으로 乙과 명의신탁약정을 맺었고, 이에 따라 乙은 甲으로부터 받은 매수자금을 가지고 계약의 당사자로서 丙 소유의 부동산을 매수하고 丙으로부터 소유권이전등기를 경료받았다. 이에 관한 설명으로 옳지 않은 것은? (다툼이 있으면 판례에 따름)** (2020 변리사)

① 丙이 계약 체결 이후에 甲과 乙의 명의신탁약정 사실을 알게 된 경우, 乙과의 매매계약은 소급적으로 무효가 된다.

② 丙이 甲과 乙의 명의신탁관계를 모른 경우, 그 명의신탁관계는 계약명의신탁에 해당한다.

③ 丙이 甲과 乙의 명의신탁관계를 모르고 있었던 경우, 특별한 사정이 없는 한 乙은 甲으로부터 지급받은 취득세를 甲에게 부당이득으로 반환하여야 한다.

④ 명의신탁약정의 무효로 인하여 乙은 당해 부동산 자체가 아니라 甲으로부터 제공받은 매수자금을 부당이득한 것이다.

⑤ 丙이 계약 당시 甲과 乙의 명의신탁관계를 알고 있었던 경우, 丙은 乙에게 매매계약이 무효임을 이유로 乙 명의의 등기말소를 구할 수 있다.

> **해설** ① (×) : 부동산 실권리자명의 등기에 관한 법률 제4조 제2항 단서는 부동산 거래의 상대방을 보호하기 위한 것으로 상대방이 명의신탁약정이 있다는 사실을 알지 못한 채 물권을 취득하기 위한 계약을 체결한 경우 그 계약과 그에 따른 등기를 유효라고 한 것이다. 명의신탁자와 명의수탁자가 계약명의신탁약정을 맺고 명의수탁자가 당사자가 되어 매도인과 부동산에 관한 매매계약을 체결하는 경우 그 계약과 등기의 효력은 매매계약을 체결할 당시 매도인의 인식을 기준으로 판단해야 하고, 매도인이 계약 체결 이후에 명의신탁약정 사실을 알게 되었다고 하더라도 위 계약과 등기의 효력에는 영향이 없다(대판 2018. 4. 10, 2017다257715).
>
> ② (○) : 명의신탁약정이 이른바 3자간 등기명의신탁인지 아니면 계약명의신탁인지의 구별은 계약당사자가 누구인가를 확정하는 문제로 귀결된다. 그런데 타인을 통하여 부동산을 매수함에 있어 매수인 명의를 그 타인 명의로 하기로 하였다면 이때의 명의신탁관계는 그들 사이의 내부적인 관계에 불과하

221 (○) 222 ① 《 정답

므로, 설령 계약의 상대방인 매도인이 그 명의신탁관계를 알고 있었다고 하더라도, 계약명의자인 명의수탁자가 아니라 명의신탁자에게 계약에 따른 법률효과를 직접 귀속시킬 의도로 계약을 체결하였다는 등의 특별한 사정이 인정되지 아니하는 한, 그 명의신탁관계는 계약명의신탁에 해당한다고 보아야 함이 원칙이다(대결 2013. 10. 7, 자 2013스133). ☞ 명의수탁자인 乙이 계약의 당사자로서 매도인 丙 소유의 부동산을 매수하였으므로 계약명의신탁에 해당한다. 지문에서는 "丙이 모른 경우"로 한정하였는데, 丙이 알고 있었다고 하더라도 계약명의신탁에 해당함이 원칙이다.

③ (○), ④ (○) : 계약명의신탁약정이 '부동산 실권리자명의 등기에 관한 법률' 시행 후인 경우에는 명의신탁자는 애초부터 당해 부동산의 소유권을 취득할 수 없었으므로, 위 계약명의신탁약정의 무효로 인하여 명의신탁자가 입은 손해는 당해 부동산 자체가 아니라 명의수탁자에게 제공한 매수자금이고, 따라서 명의수탁자는 당해 부동산 자체가 아니라 명의신탁자로부터 제공받은 매수자금 상당액을 부당이득하였다고 할 것이다. 이때 명의수탁자가 소유권이전등기를 위하여 지출하여야 할 취득세, 등록세 등을 명의신탁자로부터 제공받았다면, 이러한 자금 역시 위 계약명의신탁약정에 따라 명의수탁자가 당해 부동산의 소유권을 취득하기 위하여 매매대금과 함께 지출된 것이므로, 당해 부동산의 매매대금 상당액 이외에 명의신탁자가 명의수탁자에게 지급한 취득세, 등록세 등의 취득비용도 특별한 사정이 없는 한 위 계약명의신탁약정의 무효로 인하여 명의신탁자가 입은 손해에 포함되어 명의수탁자는 이 역시 명의신탁자에게 부당이득으로 반환하여야 한다(대판 2010. 10. 14, 2007다90432). ☞ 부동산 실권리자명의 등기에 관한 법률은 1995. 7. 1.부터 시행되었다.

⑤ (○) : 명의신탁자와 명의수탁자가 이른바 계약명의신탁 약정을 맺고 매매계약을 체결한 소유자도 명의신탁자와 명의수탁자 사이의 명의신탁약정을 알면서 매매계약에 따라 명의수탁자 앞으로 부동산의 소유권이전등기를 마친 경우 부동산 실권리자명의 등기에 관한 법률(이하 '부동산실명법'이라 한다) 제4조 제2항 본문에 따라 명의수탁자 명의의 소유권이전등기는 무효이고 매도인과 명의수탁자가 체결한 매매계약도 원시적으로 무효이므로, 부동산의 소유권은 매매계약을 체결한 소유자에게 그대로 남아 있게 되며, 명의신탁자는 소유자와 매매계약관계가 없기 때문에 명의신탁자가 소유자를 상대로 부동산에 관하여 소유권이전등기청구를 하는 것도 허용되지 아니한다(대판 2016. 6. 28, 2014두6456).

223 **甲은 농지법상 처분명령을 회피하기 위하여 친구인 乙과 2020. 3. 19. 양자간 명의신탁약정을 체결하였다. 이에 따라 乙은 甲으로부터 甲 소유 X토지의 소유권이전등기를 넘겨받았다. 이에 관한 설명으로 옳지 않은 것은? (다툼이 있으면 판례에 따름)** (2022 변리사)

① 甲은 乙을 상대로 진정명의 회복을 원인으로 하는 소유권이전등기를 청구할 수 있다.
② 甲은 명의신탁해지를 원인으로 하여 乙을 상대로 소유권이전등기를 청구할 수 없다.
③ 甲이 乙을 상대로 그 등기의 말소를 청구하는 것은 특별한 사정이 없는 한 민법 제746조의 불법원인급여를 이유로 금지된다.
④ 乙이 제3자에게 X토지를 임의로 처분한 경우, 甲은 그 제3자에게 소유권이전등기의 말소를 청구할 수 없다.
⑤ 乙이 제3자에게 X토지를 임의로 처분한 경우, 형사상 횡령죄의 성립 여부와 관계없이 乙은 甲에 대하여 민사상 불법행위책임을 부담한다.

정답 》 223 ③

해설 ① (○) : 원칙적으로 일반 명의신탁의 명의신탁자는 명의수탁자를 상대로 원인무효를 이유로 그 등기의 말소를 구하여야 하는 것이기는 하나, 자기 명의로 소유권을 표상하는 등기가 되어 있었거나 법률에 의하여 소유권을 취득한 진정한 소유자는 그 등기명의를 회복하기 위한 방법으로 그 소유권에 기하여 현재의 원인무효인 등기명의인을 상대로 진정한 등기명의의 회복을 원인으로 한 소유권이전등기절차의 이행을 구할 수도 있으므로, 명의신탁대상 부동산에 관하여 자기 명의로 소유권이전등기를 경료한 적이 있었던 명의신탁자로서는 명의수탁자를 상대로 진정명의회복을 원인으로 한 이전등기를 구할 수도 있다(대판 2002. 9. 6, 2002다35157).

② (○) : 부동산 실권리자명의 등기에 관한 법률 제11조, 제12조 제1항과 제4조의 규정에 의하면, 같은 법 시행 전에 명의신탁약정에 의하여 부동산에 관한 물권을 명의수탁자의 명의로 등기하도록 한 명의신탁자는 같은 법 제11조에서 정한 유예기간 이내에 실명등기 등을 하여야 하고, 유예기간이 경과한 날 이후부터 명의신탁약정과 그에 따라 행하여진 등기에 의한 부동산에 관한 물권변동이 무효가 되므로, 명의신탁자는 더 이상 명의신탁 해지를 원인으로 하는 소유권이전등기를 청구할 수 없다(대판 2007. 6. 14, 2005다5140).

③ (×) : 부동산 실권리자명의 등기에 관한 법률(이하 '부동산실명법'이라 한다) 규정의 문언, 내용, 체계와 입법 목적 등을 종합하면, 부동산실명법을 위반하여 무효인 명의신탁약정에 따라 명의수탁자 명의로 등기를 하였다는 이유만으로 그것이 당연히 불법원인급여에 해당한다고 단정할 수는 없다. 이는 농지법에 따른 제한을 회피하고자 명의신탁을 한 경우에도 마찬가지이다[대판(전합) 2019. 6. 20, 2013다218156].

④ (○) : 「부동산 실권리자명의 등기에 관한 법률」제4조 제3항에 의하면 명의신탁약정 및 이에 따른 등기로 이루어진 부동산에 관한 물권변동의 무효는 제3자에게 대항하지 못하는데, 여기서 '제3자'는 명의신탁약정의 당사자 및 포괄승계인 이외의 자로서 명의수탁자가 물권자임을 기초로 그와 사이에 직접 새로운 이해관계를 맺은 사람으로서 소유권이나 저당권 등 물권을 취득한 자뿐만 아니라 압류 또는 가압류채권자도 포함하고 그의 선의·악의를 묻지 않는다(대판 2013. 3. 14, 2012다107068).

⑤ (○) : 명의수탁자가 양자간 명의신탁에 따라 명의신탁자로부터 소유권이전등기를 넘겨받은 부동산을 임의로 처분한 행위가 형사상 횡령죄로 처벌되지 않더라도, 위 행위는 명의신탁자의 소유권을 침해하는 행위로서 형사상 횡령죄의 성립 여부와 관계없이 민법상 불법행위에 해당하여 명의수탁자는 명의신탁자에게 손해배상책임을 부담한다(대판 2021. 6. 3, 2016다34007).

224 甲과 그 친구 乙은 2019. 2. 1. 丙 소유의 X건물을 乙이 매수하여 乙 명의로 등기하기로 하는 명의신탁약정을 체결하였다. 乙은 2019. 2. 10. 丙과 매매계약을 체결한 다음, 甲으로부터 제공받은 매매대금을 丙에게 지급하고, 2019. 4. 10. X건물에 관하여 자신의 명의로 소유권이전등기를 마쳤다. 이에 관한 설명 중 옳지 않은 것을 모두 고른 것은? (다툼이 있는 경우 판례에 의함) (2020 변호사)

ㄱ. 丙이 甲과 乙 사이의 명의신탁약정을 안 경우, 乙이 X건물을 丁에게 매도하고 소유권이전등기를 마쳐주었다면 丁은 선의, 악의를 불문하고 유효하게 소유권을 취득할 수 있다.
ㄴ. 丙이 甲과 乙 사이의 명의신탁약정을 안 경우, 乙이 X건물을 丁에게 매도하고 소유권이전등기를 넘겨주었다면 乙의 X건물 처분행위는 丙에 대한 관계에서 불법행위를 구성하므로 丙은 乙에게 X건물의 처분 당시의 시가 상당액을 손해배상으로 청구할 수 있다.

224 ④ 《 정답

ㄷ. 丙이 甲과 乙 사이의 명의신탁약정을 알지 못한 경우, 乙이 무자력 상태에서 甲으로부터 수령한 매수자금을 반환하기 위하여 X건물을 甲에게 양도하였다면, 이는 乙의 다른 채권자들에 대한 관계에서 사해행위가 된다.

ㄹ. 만약 甲과 乙 사이의 명의신탁약정이 1994. 5. 5. 체결되고, 그에 따른 등기가 1994. 6. 5. 마쳐진 후 법정의 유예기간이 경과하였다면, 甲은 乙에 대하여 '당해 부동산 자체'에 대한 부당이득반환을 청구할 수 있으며, 이 경우 甲이 X건물을 계속 점유·사용해 왔다면 乙에 대한 부당이득반환청구권에 기한 등기청구권의 소멸시효는 진행하지 않는다.

① ㄱ, ㄴ ② ㄱ, ㄷ ③ ㄴ, ㄷ ④ ㄴ, ㄹ ⑤ ㄷ, ㄹ

해설 ㄱ. (○) : 「부동산 실권리자명의 등기에 관한 법률」제4조 제3항에 의하면 명의신탁약정 및 이에 따른 등기로 이루어진 부동산에 관한 물권변동의 무효는 제3자에게 대항하지 못하는데, 여기서 '제3자'는 명의신탁약정의 당사자 및 포괄승계인 이외의 자로서 명의수탁자가 물권자임을 기초로 그와 사이에 직접 새로운 이해관계를 맺은 사람으로서 소유권이나 저당권 등 물권을 취득한 자뿐만 아니라 압류 또는 가압류채권자도 포함하고 그의 선의·악의를 묻지 않는다(대판 2013. 3. 14, 2012다107068).

ㄴ. (×) : [1] 명의신탁자와 명의수탁자가 이른바 계약명의신탁 약정을 맺고 매매계약을 체결한 소유자도 명의신탁자와 명의수탁자 사이의 명의신탁약정을 알면서 그 매매계약에 따라 명의수탁자 앞으로 당해 부동산의 소유권이전등기를 마친 경우 부동산 실권리자명의 등기에 관한 법률 제4조 제2항 본문에 의하여 명의수탁자 명의의 소유권이전등기는 무효이며, 나아가 그 경우 명의신탁자는 부동산 매매계약의 당사자가 되지 아니하고 또 명의신탁약정은 위 법률 제4조 제1항에 의하여 무효이므로, 그는 다른 특별한 사정이 없는 한 부동산 자체를 매도인으로부터 이전받아 취득할 수 있는 권리 기타 법적 가능성을 가지지 못한다. 따라서 당해 부동산의 소유권은 매매계약을 체결한 소유자에게 그대로 남아 있게 되고, 명의수탁자가 자신의 명의로 소유권이전등기를 마친 부동산을 제3자에게 처분하면 이는 매도인의 소유권 침해행위로서 불법행위가 된다. [2] 그러나 명의신탁자는 소유자와 매매계약관계가 없어 소유자에 대한 소유권이전등기청구도 허용되지 아니하므로, 결국 소유자인 매도인으로서는 특별한 사정이 없는 한 명의수탁자의 처분행위로 인하여 어떠한 손해도 입은 바가 없는 점이 특색이다(대판 2013. 9. 12, 2010다95185).

ㄷ. (○) : 명의신탁자와 명의수탁자가 "이른바 계약명의신탁" 약정을 맺고 명의수탁자가 당사자가 되어 명의신탁 약정이 있다는 사실을 알지 못하는 소유자와 부동산에 관한 매매계약을 체결한 후 그 매매계약에 따라 당해 부동산의 소유권이전등기를 명의수탁자 명의로 마친 경우에는, 명의수탁자가 취득한 부동산은 채무자인 명의수탁자의 일반 채권자들의 공동담보에 제공되는 책임재산이 되고, 명의신탁자는 명의수탁자에 대한 관계에서 금전채권자 중 한 명에 지나지 않으므로, 명의수탁자의 재산이 채무의 전부를 변제하기에 부족한 경우 명의수탁자가 위 부동산을 명의신탁자 또는 그가 지정하는 자에게 양도하는 행위는 특별한 사정이 없는 한 다른 채권자의 이익을 해하는 것으로서 다른 채권자들에 대한 관계에서 사해행위가 된다(대판 2008. 9. 25, 2007다74874).

ㄹ. (×) : 명의신탁계약 및 그에 기한 등기를 무효로 하고 그 위반행위에 대하여 형사처벌까지 규정한 부동산 실권리자명의 등기에 관한 법률의 시행에 따라 그 권리를 상실하게 된 위 법률 시행 이전의 명의신탁자가 그 대신에 부당이득의 법리에 따라 법률상 취득하게 된 명의신탁 부동산에 대한 부당이득

반환청구권의 경우, 무효로 된 명의신탁 약정에 기하여 처음부터 명의신탁자가 그 부동산의 점유 및 사용 등 권리를 행사하고 있다 하여 위 부당이득반환청구권 자체의 실질적 행사가 있다고 볼 수 없을 뿐만 아니라, 명의신탁자가 그 부동산을 점유·사용하여 온 경우에는 명의신탁자의 명의수탁자에 대한 부당이득반환청구권에 기한 등기청구권의 소멸시효가 진행되지 않는다고 보아야 한다면, 이는 명의신탁자가 부동산 실권리자명의 등기에 관한 법률의 유예기간 및 시효기간 경과 후 여전히 실명전환을 하지 않아 위 법률을 위반한 경우임에도 그 권리를 보호하여 주는 결과로 되어 부동산 거래의 실정 및 부동산 실권리자명의 등기에 관한 법률 등 관련 법률의 취지에도 맞지 않는다(대판 2009. 7. 9, 2009다23313). ☞ 부동산실명법의 시행일은 1995년 7월 1일이었다.

225 **甲은 2019. 6. 1. A로부터 그 소유의 X부동산을 매수하고 매매대금을 모두 지급하였으며, 乙과 명의신탁약정을 체결하고 A에게 부탁하여 그 소유권이전등기를 乙에게로 이전하게 하였다. 이에 관한 설명 중 옳은 것은? (다툼이 있는 경우 판례에 의함)** (2021 변호사)

① A는 소유권에 기한 방해배제청구권을 행사하여 乙 명의의 소유권이전등기의 말소를 구할 수 없다.
② 甲은 乙을 상대로 부당이득반환을 원인으로 하는 소유권이전등기를 구할 수 있다.
③ 乙이 丙에게 X부동산을 매도하고 소유권이전등기를 마쳐준 경우 丙은 그 소유권을 취득할 수 없다.
④ 만일 甲과 A가 매매계약을 체결하면서 계약서상 매수인 명의를 乙로 하였다면, 계약에 따른 법률효과를 甲에게 직접 귀속시킬 의도로 계약을 체결한 사정이 인정되더라도 이는 계약명의신탁에 해당한다.
⑤ 2020. 7. 10. X부동산에 관하여 경매를 원인으로 丁 명의로 이전등기가 마쳐져 乙이 그 매각대금 상당의 이익을 얻은 경우, 乙은 甲에 대하여 甲이 입은 손해의 범위 내에서 그 이익을 부당이득으로 반환할 의무가 있다.

해설 ① (×) : 부동산 실권리자명의 등기에 관한 법률에 의하면, 이른바 3자간 등기명의신탁의 경우 같은 법에서 정한 유예기간의 경과에 의하여 기존 명의신탁약정과 그에 의한 등기가 무효로 되고 그 결과 명의신탁된 부동산은 매도인 소유로 복귀하므로, 매도인은 명의수탁자에게 무효인 명의 등기의 말소를 구할 수 있고, 한편 같은 법에서 정한 유예기간 경과 후에도 매도인과 명의신탁자 사이의 매매계약은 여전히 유효하므로, 명의신탁자는 매도인에게 매매계약에 기한 소유권이전등기를 청구할 수 있고, 소유권이전등기청구권을 보전하기 위하여 매도인을 대위하여 명의수탁자에게 무효인 명의 등기의 말소를 구할 수 있다(대판 2011. 9. 8, 2009다49193,49209).
② (×) : 이른바 3자간 등기명의신탁의 경우 '부동산 실권리자명의 등기에 관한 법률'에 의하여 그 명의신탁약정과 그에 의한 등기가 무효로 되더라도 명의신탁자는 매도인에 대하여 매매계약에 기한 소유권이전등기청구권을 보유하고 있어 그 유예기간의 경과로 그 등기 명의를 보유하지 못하는 손해를 입었다고 볼 수 없고, 그와 같이 명의신탁 부동산의 소유권이 매도인에게 복귀한 마당에 명의신탁자가 무효인 등기의 명의인인 명의수탁자를 상대로 그 이전등기를 구할 수도 없다 할 것이므로, 결국 3자간 등기명의신탁에 있어서 명의신탁자는 명의수탁자를 상대로 부당이득반환을 원인으로 한 소유권이전등기를 구할 수 없다(대판 2009.4.9, 2008다87723).
③ (×), ⑤ (○) : 3자간 등기명의신탁에서 명의수탁자가 명의신탁 부동산을 임의로 처분하거나 강제수용이나 공공용지 협의취득 등을 원인으로 제3취득자 명의로 이전등기가 마쳐진 경우, 특별한 사정

225 ⑤ 《 정답

이 없는 한 제3취득자는 유효하게 소유권을 취득하게 되므로(법 제4조 제3항), 그로 인하여 매도인의 명의신탁자에 대한 소유권이전등기의무는 이행불능이 되고 그 결과 명의신탁자는 명의신탁 부동산의 소유권을 이전받을 권리를 상실하는 손해를 입게 되는 반면, 명의수탁자는 명의신탁 부동산의 처분대금이나 보상금을 취득하는 이익을 얻게 되므로, 명의수탁자는 명의신탁자에게 그 이익을 부당이득으로 반환할 의무가 있다. 이러한 법리는 3자간 등기명의신탁에서 명의신탁 부동산에 관하여 경매를 원인으로 제3취득자 명의로 이전등기가 마쳐진 경우에도 마찬가지로 적용된다(대판 2019. 7. 25, 2019다203811, 203828).

④ (×) : 명의신탁약정이 3자간 등기명의신탁인지 아니면 계약명의신탁인지의 구별은 계약당사자가 누구인가를 확정하는 문제로 귀결되는데, 계약명의자가 명의수탁자로 되어 있다 하더라도 계약당사자를 명의신탁자로 볼 수 있다면 이는 3자간 등기명의신탁이 된다. 따라서 계약명의자인 명의수탁자가 아니라 명의신탁자에게 계약에 따른 법률효과를 직접 귀속시킬 의도로 계약을 체결한 사정이 인정된다면 명의신탁자가 계약당사자라고 할 것이므로, 이 경우의 명의신탁관계는 3자간 등기명의신탁으로 보아야 한다(대판 2010. 10. 28, 2010다52799).

CHAPTER

8

지상권

POINT

Ⅰ. 지상권 일반

226 지상권은 1필 토지의 전부가 아닌 일부에 대해서는 성립할 수 없다. ( ) (2019 변리사)

> **해 설** 일물일권주의에 대한 예외로 용익물권은 토지의 일부 위에 성립할 수 있다. 부동산등기법 제69조도 지상권설정의 범위가 토지의 일부인 경우에는 그 부분을 표시한 도면의 번호를 기록하여야 한다고 하여 지상권이 토지의 일부 위에 성립할 수 있음을 전제로 한 규정을 두고 있다.

227 지상권은 지상물의 소유를 목적으로 토지를 사용하는 권리이므로, 지상권자는 지상권을 유보한 채 지상물 소유권만을 양도할 수 없다. ( ) (2019 변리사)

> **해 설** 지상권자는 지상권을 유보한 채 지상물 소유권만을 양도할 수도 있고 지상물 소유권을 유보한 채 지상권만을 양도할 수도 있는 것이어서 지상권자와 그 지상물의 소유권자가 반드시 일치하여야 하는 것은 아니며, 또한 지상권설정시에 그 지상권이 미치는 토지의 범위와 그 설정 당시 매매되는 지상물의 범위를 다르게 하는 것도 가능하다(대판 2006. 6. 15, 2006다6126,6133).

228 토지에 관하여 저당권을 취득함과 아울러 그 저당권이 실행될 때까지 목적 토지의 담보가치를 하락시키는 침해행위를 배제할 목적으로 지상권을 설정할 수 있다. ( ) (2015 변리사)

> **해 설** 저당권과 지상권은 별개의 독립된 물권으로 토지에 관하여 저당권을 취득함과 아울러 그 저당권이 실행될 때까지 목적 토지의 담보가치를 하락시키는 침해행위를 배제할 목적으로 지상권을 설정할 수 있다(대판 2004. 3. 29, 2003마1753).

229 근저당권 설정의 당사자들이 그 목적인 토지 위에 건물이 설치되어 토지의 담보가치가 감소하는 것을 막는 것을 주요한 목적으로 하여 채권자 앞으로 지상권을 아울러 설정한 경우, 피담보채권의 소멸로 근저당권이 소멸하면 지상권은 소멸한다. ( ) (2022 변호사)

> **해 설** 근저당권 등 담보권 설정의 당사자들이 그 목적이 된 토지 위에 차후 용익권이 설정되거나 건물 또는 공작물이 축조·설치되는 등으로써 그 목적물의 담보가치가 저감하는 것을 막는 것을 주요한 목적으로 하여 채권자 앞으로 아울러 지상권을 설정하였다면, 그 피담보채권이 변제 등으로 만족을 얻어 소멸한 경우는 물론이고 시효소멸한 경우에도 그 지상권은 피담보채권에 부종하여 소멸한다(대판 2011. 4. 14, 2011다6342).

226 (×) 227 (×) 228 (○) 229 (○) 정답

[주의해야 할 판례] 지상권은 용익물권으로서 담보물권이 아니므로 피담보채무라는 것이 존재할 수 없다. 근저당권 등 담보권 설정의 당사자들이 담보로 제공된 토지에 추후 용익권이 설정되거나 건물 또는 공작물이 축조·설치되는 등으로 토지의 담보가치가 줄어드는 것을 막기 위하여 담보권과 아울러 설정하는 지상권을 이른바 담보지상권이라고 하는데, 이는 당사자의 약정에 따라 담보권의 존속과 지상권의 존속이 서로 연계되어 있을 뿐이고, 이러한 경우에도 지상권의 피담보채무가 존재하는 것은 아니다(대판 2017. 10. 31, 2015다65042).

230 **금융기관이 토지에 저당권과 함께 지료 없는 지상권을 설정받으면서 채무자의 사용수익권을 배제하지 않은 경우, 금융기관은 그 토지의 무단점유자에 대해 지상권침해를 근거로 임료 상당의 손해배상을 청구할 수 있다. ( )** (2019 변리사)

해설 금융기관이 대출금 채권의 담보를 위하여 토지에 저당권과 함께 지료 없는 지상권을 설정하면서 채무자 등의 사용·수익권을 배제하지 않은 경우, 위 지상권은 근저당목적물의 담보가치를 확보하는 데 목적이 있으므로, 그 위에 도로개설·옹벽축조 등의 행위를 한 무단점유자에 대하여 지상권 자체의 침해를 이유로 한 임료 상당 손해배상을 구할 수 없다(대판 2008. 1. 17, 2006다586).

231 **지상권이 존속기간의 만료로 소멸한 경우, 건물 기타 공작물이나 수목이 현존하는 때에는 지상권자는 계약의 갱신을 청구할 수 있다. ( )** (2015 변리사)

해설 지상권이 존속기간의 만료로 소멸한 경우, 건물 기타 공작물이나 수목이 현존하는 때에는 지상권자는 계약의 갱신을 청구할 수 있다(제283조 제1항).

232 **토지소유자가 지상권자의 지료연체를 이유로 지상권소멸청구를 하여 지상권이 소멸된 경우에도, 지상권자는 토지소유자를 상대로 현존하는 건물 기타 공작물이나 수목의 매수를 청구할 수 있다. ( )** (2015 변리사)

해설 판례는 성실한 지상권자(또는 임차인)만을 보호한다는 취지로, 토지소유자가 지상권자의 지료연체를 이유로 지상권소멸청구를 하여 지상권이 소멸된 경우에는 지상권자는 토지소유자를 상대로 현존하는 건물 기타 공작물이나 수목의 매수를 청구할 수 없다고 한다(대판 1993. 6. 29, 93다10781).

233 **지상권자는 존속기간이 만료한 때에 지상물이 현존하는 경우, 지상권설정자에 대해 선택적으로 지상권의 갱신청구 또는 지상물의 매수청구를 할 수 있다. ( )** (2019 변리사)

해설 민법 제283조. 지상권자의 지상물매수청구권은 갱신청구의 2차적 효과로서 토지소유자가 지상권자의 갱신청구를 거절한 경우에 행사할 수 있다(동조 제2항). 따라서 선택적으로 지상권의 갱신청구 또는 지상물의 매수청구를 할 수 있는 것은 아니다.

정답 230 (×) 231 (○) 232 (×) 233 (×)

234 **법정지상권에 관한 지료가 결정된 바 없다면, 법정지상권자가 2년 이상의 지료를 지급하지 아니하였더라도 토지소유자는 지료지급 연체를 이유로 지상권의 소멸을 청구할 수 없다. ( )**

(2015 변리사)

> **해설** 지상권자가 지료를 2년 이상 연체하면 소멸청구를 당하게 되는데(제287조), 법정지상권에 관한 지료가 결정된 바 없다면, 지료를 지급하지 않는 것을 연체로 볼 수 없다. 따라서 법정지상권자가 2년 이상의 지료를 지급하지 아니하였더라도 토지소유자는 지료지급 연체를 이유로 지상권의 소멸을 청구할 수 없는 것이다(대판 2001. 3. 13, 99다17142).

235-1 **지상권의 지료지급 연체가 토지소유권의 양도 전후에 걸쳐 이루어진 경우, 토지양수인에 대한 연체기간이 2년 이상이면 토지양수인은 지상권의 소멸을 청구할 수 있다. ( )**

(2019 변리사)

235-2 **지상권자 甲의 지료 지급 연체가 토지소유권의 양도 전후에 걸쳐 이루어진 경우 토지양수인 乙에 대한 연체기간이 2년이 되지 않는다면 乙은 지상권소멸청구를 할 수 없다. ( )**

(2023 변리사)

> **해설** 지상권자가 그 권리의 목적이 된 토지의 특정한 소유자에 대하여 2년분 이상의 지료를 지불하지 아니한 경우에 그 특정의 소유자는 선택에 따라 지상권의 소멸을 청구할 수 있으나, 지상권자의 지료지급 연체가 토지소유권의 양도 전후에 걸쳐 이루어진 경우 토지양수인에 대한 연체기간이 2년이 되지 않는다면 양수인은 지상권소멸청구를 할 수 없다(대판 2001. 3. 13, 99다17142).
> ☞ 위의 지문에서는 양수인에 대한 연체기간이 2년 이상인 경우이므로 소멸 청구를 할 수 있다.

Ⅱ. 특수지상권(구분지상권 + 분묘기지권)

236 **분묘기지권에 관한 설명으로 옳은 것을 모두 고른 것은? (다툼이 있으면 판례에 따름)**

(2022 변리사)

> ㄱ. 시효로 분묘기지권을 취득한 사람은 토지소유자가 분묘기지에 관한 지료를 청구하면 그 청구한 날부터의 지료를 지급할 의무가 있다.
> ㄴ. 자기 소유 토지에 분묘를 설치한 사람이 그 토지를 양도하면서 분묘를 이장하겠다는 특약을 하지 않음으로써 분묘기지권을 취득한 경우, 특별한 사정이 없는 한 분묘기지권자는 분묘기지권이 성립한 때부터 토지 소유자에게 지료를 지급할 의무가 있다.
> ㄷ. 자기 소유의 토지 위에 분묘를 설치한 후 토지의 소유권이 경매 등으로 타인에게 이전되면서 분묘기지권을 취득한 자가, 판결에 따라 분묘기지권에 관한 지료의 액수가 정해졌음에도 판결확정 후 책임 있는 사유로 상당한 기간 동안 지료의 지급을 지체하여 지체된 지료가 판결확정 전후에 걸쳐 2년분 이상이 되는 경우에는 새로운 토지소유자는 분묘기지권자에 대하여 분묘기지권의 소멸을 청구할 수 있다.

① ㄱ ② ㄴ ③ ㄱ, ㄴ ④ ㄴ, ㄷ ⑤ ㄱ, ㄴ, ㄷ

234 (○) 235-1 (○) 235-2 (○) 236 ⑤ 《 정답

해설 ㄱ. (○) : 시효로 분묘기지권을 취득한 사람은 토지소유자가 분묘기지에 관한 지료를 청구하면 그 청구한 날부터의 지료를 지급하여야 한다고 봄이 타당하다[대판(전합) 2021. 4. 29, 2017다228007].
☞ 이와 달리 분묘기지권을 시효로 취득하는 경우 분묘기지권자의 지료 지급의무가 분묘기지권이 성립됨과 동시에 발생한다는 취지의 대법원 1992. 6. 26. 선고 92다13936 판결 및 분묘기지권자가 지료를 지급할 필요가 없다는 취지로 판단한 대법원 1995. 2. 28. 선고 94다37912 판결 등은 이 판결의 견해에 배치되는 범위 내에서 이를 변경하기로 한다.
ㄴ. (○) : 자기 소유 토지에 분묘를 설치한 사람이 그 토지를 양도하면서 분묘를 이장하겠다는 특약을 하지 않음으로써 분묘기지권을 취득한 경우, 특별한 사정이 없는 한 분묘기지권자는 분묘기지권이 성립한 때부터 토지 소유자에게 그 분묘의 기지에 대한 토지사용의 대가로서 지료를 지급할 의무가 있다(대판 2021. 5. 27, 2020다295892).

[보충지문] 자기 소유 토지에 분묘를 설치한 甲이 그 토지를 乙에게 양도하면서 분묘 이장의 특약을 하지 않음으로써 분묘기지권을 취득한 경우, 특별한 사정이 없는 한 甲은 분묘기지권이 성립한 때가 아니라 지료청구를 받은 날부터 지료지급의무가 있다. (×) (2023 변리사)

ㄷ. (○) : 자기 소유의 토지 위에 분묘를 설치한 후 토지의 소유권이 경매 등으로 타인에게 이전되면서 분묘기지권을 취득한 자가, 판결에 따라 분묘기지권에 관한 지료의 액수가 정해졌음에도 판결확정 후 책임 있는 사유로 상당한 기간 동안 지료의 지급을 지체하여 지체된 지료가 판결확정 전후에 걸쳐 2년분 이상이 되는 경우에는 민법 제287조를 유추적용하여 새로운 토지소유자는 분묘기지권자에 대하여 분묘기지권의 소멸을 청구할 수 있다. 분묘기지권자가 판결확정 후 지료지급 청구를 받았음에도 책임 있는 사유로 상당한 기간 지료의 지급을 지체한 경우에만 분묘기지권의 소멸을 청구할 수 있는 것은 아니다(대판 2015. 7. 23, 2015다206850).

Ⅲ. 관습상 법정지상권

237-1 **X토지와 그 지상 Y건물의 소유자인 甲이 X토지와 미등기된 Y건물을 乙에게 매도하였으나 X토지에 관하여서만 소유권이전등기를 넘겨주고 Y건물에 관하여는 등기를 이전해주지 못하고 있는 경우라면, 甲에게 Y건물을 위한 관습법상 법정지상권은 성립하지 않는다. ( )** (2020 변호사)

237-2 **미등기건물이 그 대지와 함께 매도되었는데 매수인에게 위 대지에 관하여만 소유권이전등기가 마쳐진 경우, 매도인에게 관습상 법정지상권이 인정되지 않는다. ( )** (2022 변호사)

237-3 **甲 소유의 대지와 건물 모두 乙에게 매도되었으나 대지에 관하여서만 소유권이전등기가 경료된 경우에 甲과 乙 사이에 관습법상의 법정지상권이 인정된다. ( )** (2023 변리사)

해설 관습상의 법정지상권은 동일인의 소유이던 토지와 그 지상건물이 매매 기타 원인으로 인하여 각각 소유자를 달리하게 되었으니 그 건물을 철거한다는 등의 특약이 없으면 건물 소유자로 하여금 토지를 계속 사용하게 하려는 것이 당사자의 의사라고 보아 인정되는 것이므로 토지의 점유·사용에 관하여 당사자 사이에 약정이 있는 것으로 볼 수 있거나 토지소유자가 건물의 처분권까지 함께 취득한 경

정답 》 237-1 (○) 237-2 (○) 237-3 (×)

우에는 관습상의 법정지상권을 인정할 까닭이 없다 할 것이어서, 미등기건물을 그 대지와 함께 매도하였다면 비록 매수인에게 그 대지에 관하여만 소유권이전등기가 경료되고 건물에 관하여는 등기가 경료되지 아니하여 형식적으로 대지와 건물이 그 소유 명의자를 달리하게 되었다 하더라도 매도인에게 관습상의 법정지상권을 인정할 이유가 없다[대판(전합) 2002. 6. 20, 2002다9660].

238 X토지와 그 지상 Y건물의 소유자인 甲이 X토지와 Y건물을 乙에게 매도하고 각 소유권이전등기를 마쳐주었는데, 그 후 甲의 채권자 丙에 의하여 Y건물에 관한 매매계약만 사해행위취소소송을 통하여 취소되고 그에 따라 Y건물에 마쳐져 있던 乙 명의의 등기가 말소된 경우, 甲은 Y건물의 존립을 위한 관습법상 법정지상권을 취득한다. ( ) (2020 변호사)

해설 [1] 동일인의 소유에 속하고 있던 토지와 지상 건물이 매매 등으로 인하여 소유자가 다르게 된 경우에 건물을 철거한다는 특약이 없는 한 건물소유자는 건물의 소유를 위한 관습상 법정지상권을 취득한다. 그런데 민법 제406조의 채권자취소권의 행사로 인한 사해행위의 취소와 일탈재산의 원상회복은 채권자와 수익자 또는 전득자에 대한 관계에 있어서만 효력이 발생할 뿐이고 채무자가 직접 권리를 취득하는 것이 아니므로, 토지와 지상 건물이 함께 양도되었다가 채권자취소권의 행사에 따라 그 중 건물에 관하여만 양도가 취소되고 수익자와 전득자 명의의 소유권이전등기가 말소되었다고 하더라도, 이는 관습상 법정지상권의 성립요건인 '동일인의 소유에 속하고 있던 토지와 지상 건물이 매매 등으로 인하여 소유자가 다르게 된 경우'에 해당한다고 할 수 없다(대판 2014. 12. 24, 2012다73158).

239 토지 또는 그 지상 건물의 소유권이 강제경매로 인하여 매수인에게 이전되는 경우, 매각대금의 완납 시를 기준으로 토지와 지상건물이 동일인에게 속하였는지에 따라 관습상 법정지상권의 성립 여부를 가려야 한다. ( ) (2022 변호사)

해설 토지 또는 그 지상 건물의 소유권이 강제경매로 인하여 그 절차상의 매수인에게 이전되는 경우에는 그 매수인이 소유권을 취득하는 매각대금의 완납 시가 아니라 강제경매개시결정으로 압류의 효력이 발생하는 때를 기준으로 토지와 지상 건물이 동일인에게 속하였는지에 따라 관습상 법정지상권의 성립 여부를 가려야 하고, 강제경매의 목적이 된 토지 또는 그 지상 건물에 대하여 강제경매개시결정 이전에 가압류가 되어 있다가 그 가압류가 강제경매개시결정으로 인하여 본압류로 이행되어 경매절차가 진행된 경우에는 애초 가압류의 효력이 발생한 때를 기준으로 토지와 그 지상 건물이 동일인에 속하였는지에 따라 관습상 법정지상권의 성립 여부를 판단하여야 한다. 나아가 강제경매의 목적이 된 토지 또는 그 지상 건물에 관하여 강제경매를 위한 압류나 그 압류에 선행한 가압류가 있기 이전에 저당권이 설정되어 있다가 그 후 강제경매로 인해 그 저당권이 소멸하는 경우에는, 그 저당권 설정 이후의 특정 시점을 기준으로 토지와 그 지상 건물이 동일인의 소유에 속하였는지에 따라 관습상 법정지상권의 성립 여부를 판단하게 되면, 저당권자로서는 저당권 설정 당시를 기준으로 그 토지나 지상 건물의 담보가치를 평가하였음에도 저당권 설정 이후에 토지나 그 지상 건물의 소유자가 변경되었다는 외부의 우연한 사정으로 인하여 자신이 당초에 파악하고 있던 것보다 부당하게 높아지거나 떨어진 가치를 가진 담보를 취득하게 되는 예상하지 못한 이익을 얻거나 손해를 입게 되므로, 그 저당권 설정 당시를 기준으로 토지와 그 지상 건물이 동일인에게 속하였는지에 따라 관습상 법정지상권의 성립 여부를 판단하여야 한다(대판 2013. 4. 11, 2009다62059).

238 (×) 239 (×) 《 정답

240-1 **관습상의 법정지상권을 취득한 자가 대지소유자와 사이에 대지에 관하여 임대차계약을 체결한 경우, 특별한 사정이 없는 한 관습상의 법정지상권을 포기한 것으로 된다. ( )**

(2015 변리사)

240-2 **건물 소유자 甲과 토지 소유자 乙 사이에 건물의 소유를 목적으로 하는 토지 임대차계약을 체결한 경우에도 관습법상의 법정지상권이 인정된다. ( )** (2023 변리사)

> **해설** 대지상의 건물만을 매수하면서 대지에 관한 임대차계약을 체결하였다면 위 건물매수로 인하여 취득하게 될 관습상의 법정지상권을 포기하였다고 볼 것이다(대판 1991. 5. 14, 91다1912).

241 **관습법상 법정지상권이 성립하는 경우를 모두 고른 것은? (다툼이 있는 경우에는 판례에 의함)** (2014 변리사)

> ㄱ. 토지와 그 지상의 무허가건물이 동일한 소유자에게 속하였다가 토지의 처분으로 서로 소유자가 달라진 경우
> ㄴ. 대지공유자 중 1인이 지분과반수의 동의를 얻어 건물을 신축한 후 제3자가 그 대지의 소유권을 취득한 경우
> ㄷ. 대지소유자가 채권의 담보로 가등기를 설정한 대지 위에 건물을 신축한 후 가등기에 기한 본등기가 이루어짐에 따라 대지와 건물의 소유자가 달라진 경우
> ㄹ. 1필지의 대지를 구분소유적으로 공유하던 자가 그 몫의 대지 위에 건물을 신축하여 사용하던 중 다른 공유자가 그 대지만을 경매로 매수한 경우
> ㅁ. 무허가 미등기건물을 그 대지와 함께 양수한 자가 대지에 대하여만 소유권이전등기를 마친 후 대지를 처분한 경우

① ㄱ, ㄴ ② ㄱ, ㄹ ③ ㄴ, ㄷ ④ ㄷ, ㅁ ⑤ ㄹ, ㅁ

> **해설** ㄱ. (○) : 동일인의 소유에 속하였던 토지와 건물이 매매, 증여, 강제경매, 국세징수법에 의한 공매 등으로 그 소유권자를 달리하게 된 경우에 그 건물을 철거한다는 특약이 없는 한 건물소유자는 그 건물의 소유를 위하여 그 부지에 관하여 관습상의 법정지상권을 취득하는 것이고 그 건물은 건물로서의 요건을 갖추고 있는 이상 무허가건물이거나 미등기건물이거나를 가리지 않는다(대판 1988. 4. 12, 87다카2404).
> ㄴ. (×) : 토지공유자의 한 사람이 다른 공유자의 지분 과반수의 동의를 얻어 건물을 건축한 후 토지와 건물의 소유자가 달라진 경우 토지에 관하여 관습법상의 법정지상권이 성립되는 것으로 보게 되면 이는 토지공유자의 1인으로 하여금 자신의 지분을 제외한 다른 공유자의 지분에 대하여서까지 지상권설정의 처분행위를 허용하는 셈이 되어 부당하다(대판 1993. 4. 13, 92다55756).
> ㄷ. (×) : 원래 채권을 담보하기 위하여 나대지상에 가등기가 경료되었고, 그 뒤 대지소유자가 그 지상에 건물을 신축하였는데, 그 후 그 가등기에 기한 본등기가 경료되어 대지와 건물의 소유자가 달라진 경우에 관습상 법정지상권을 인정하면 애초에 대지에 채권담보를 위하여 가등기를 경료한 사람의 이익을 크게 해하게 되기 때문에 특별한 사정이 없는 한 건물을 위한 관습상 법정지상권이 성립한다고 할 수 없다(대판 1994. 11. 22, 94다5458).

정답 240-1 (○) 240-2 (×) 241 ②

ㄹ. (○) : 원고와 피고가 1필지의 대지를 구분소유적으로 공유하고 피고가 자기 몫의 대지 위에 건물을 신축하여 점유하던 중 위 대지의 피고지분만을 원고가 경락 취득한 경우 피고는 관습상의 법정지상권을 취득한다(피고 소유의 건물과 그 대지는 원고와의 내부관계에 있어서 피고의 단독소유로 되었다 할 것이므로 피고는 그 후 이 사건 대지의 피고지분만을 경락취득한 원고에 대하여 그 소유의 위 건물을 위한 관습상의 법정지상권을 취득하였다고 할 것이다)(대판 1990. 6. 26, 89다카24094)

ㅁ. (×) : 갑의 소유인 대지와 그 지상에 신축된 미등기건물을 을이 함께 양수한 후 건물에 대하여는 미등기상태로 두고 있다가 이중 대지에 대하여 강제경매가 실시된 결과 병이 이를 경락받아 그 소유권을 취득한 경우에는 을은 미등기인 건물을 처분할 수 있는 권리는 있을지언정 소유권은 가지고 있지 아니하므로 대지와 건물이 동일인의 소유에 속한 것이라고 볼 수 없어 법정지상권이 발생할 여지가 없다(대판 1989. 2. 14, 88다카2592).

242 **관습법상 법정지상권이 성립되지 않는 경우를 모두 고른 것은? (다툼이 있으면 판례에 따름)** (2021 변리사)

ㄱ. 환지처분으로 인하여 토지와 그 지상건물의 소유자가 달라진 경우

ㄴ. 미등기 건물을 그 대지와 함께 양수한 사람이 그 대지에 관하여서만 소유권이전등기를 넘겨받고 건물에 대하여는 그 등기를 이전받지 못하고 있는 상태에서 그 대지가 강제경매되어 소유자가 달라진 경우

ㄷ. 공유토지 위에 신축한 건물을 단독 소유하던 토지공유자 1인이 자신의 토지지분만을 양도하여 건물과 토지의 소유자가 달라진 경우

ㄹ. 토지를 매수하여 소유권이전등기를 마친 매수인이 그 지상에 건물을 신축한 후 그 토지의 소유권이전등기가 원인무효로 밝혀져 말소됨으로써 건물과 토지의 소유자가 달라진 경우

① ㄱ, ㄴ ② ㄴ, ㄹ ③ ㄱ, ㄴ, ㄷ ④ ㄴ, ㄷ, ㄹ ⑤ ㄱ, ㄴ, ㄷ, ㄹ

해설 ㄱ. (×) : 환지로 인하여 새로운 분할지적선이 그어진 결과 환지 전에는 동일인에게 속하였던 토지와 그 지상건물의 소유자가 달라졌다 하더라도, 환지의 성질상 건물의 부지에 관하여 소유권을 상실한 건물 소유자가 그 환지된 토지(건물부지)에 대하여 건물을 위한 관습상의 법정지상권을 취득한다거나 그 환지된 토지의 소유자가 그 건물을 위한 관습상 법정지상권의 부담을 안게 된다고는 할 수 없다(대판 1996. 3. 8, 95다44535).

ㄴ. (×) : 갑의 소유인 대지와 그 지상에 신축된 미등기건물을 을이 함께 양수한 후 건물에 대하여는 미등기상태로 두고 있다가 이중 대지에 대하여 강제경매가 실시된 결과 병이 이를 경락받아 그 소유권을 취득한 경우에는 을은 미등기인 건물을 처분할 수 있는 권리는 있을지언정 소유권은 가지고 있지 아니하므로 대지와 건물이 동일인의 소유에 속한 것이라고 볼 수 없어 법정지상권이 발생할 여지가 없다(대판 1989. 2. 14, 88다카2592).

ㄷ. (×) : 토지의 공유자 중의 1인이 공유토지 위에 건물을 소유하고 있다가 토지지분만을 전매함으로써 단순히 토지공유자의 1인에 대하여 관습상의 법정지상권이 성립된 것으로 볼 사유가 발생하였다고 하더라도 당해 토지 자체에 관하여 건물의 소유를 위한 관습상의 법정지상권이 성립된 것으로 보게 된다면 이는 마치 토지공유자의 1인으로 하여금 다른 공유자의 지분에 대하여서까지 지상권설정의 처분

242 ⑤ 《 정답

행위를 허용하는 셈이 되어 부당하다 할 것이므로 위와 같은 경우에 있어서는 당해 토지에 관하여 건물의 소유를 위한 관습상의 법정지상권이 성립될 수 없다(대판 1987. 6. 23, 86다카2188).

ㄹ. (×) : 관습상의 법정지상권의 성립 요건인 해당 토지와 건물의 소유권의 동일인에의 귀속과 그 후의 각기 다른 사람에의 귀속은 법의 보호를 받을 수 있는 권리변동으로 인한 것이어야 하므로, 원래 동일인에게의 소유권 귀속이 원인무효로 이루어졌다가 그 뒤 그 원인무효임이 밝혀져 그 등기가 말소됨으로써 그 건물과 토지의 소유자가 달라지게 된 경우에는 관습상의 법정지상권을 허용할 수 없다(대판 1999. 3. 26, 98다64189).

CHAPTER

9 지역권

POINT

243 승역지는 반드시 1필의 토지이어야 하며, 토지의 일부 위에 지역권을 설정할 수 없다. ( )

(2017 변리사)

> **해설** 요역지는 1필의 토지이어야 하며, 다만 승역지는 1필의 토지일 필요가 없다.

244 무상의 지역권 설정도 가능하다. ( ) (2018 변리사)

> **해설** 지역권은 무상일 수도 있고 유상일 수도 있다. 판례도 "통행지역권의 경우에 지역의 대가로서의 지료는 그 요건이 아니다(대판 2015. 3. 20, 2012다17479)."라고 하였다. 다만 같은 판례에서 통행지역권을 시효취득한 경우에는 "종전의 승역지 사용이 무상으로 이루어졌다는 등의 다른 특별한 사정이 없다면 통행지역권을 취득시효한 경우에도 주위토지통행권의 경우와 마찬가지로 요역지 소유자는 승역지에 대한 도로 설치 및 사용에 의하여 승역지 소유자가 입은 손해를 보상하여야 한다고 해석함이 타당하다."고 하였음을 주의할 것이다.

245 지역권은 다른 약정이 없는 한 승역지소유권에 부종하여 이전한다. ( ) (2017 변리사)

> **해설** 민법 제292조(부종성) 제1항 ☞ 승역지소유권이 아니라 요역지 소유권에 부종하여 이전한다.

246 지역권자 甲이 그 소유 토지를 乙에게 매도하고 이전등기한 경우, 특별한 사정이 없는 한 乙은 지역권의 이전등기 없이는 지역권을 취득하지 못한다. ( ) (2018 변리사)

> **해설** 민법 제292조(부종성) ① 지역권은 요역지소유권에 부종하여 이전하며 또는 요역지에 대한 소유권이외의 권리의 목적이 된다. 그러나 다른 약정이 있는 때에는 그 약정에 의한다. ☞ 법률의 규정에 의한 물권변동으로 민법 제187조가 적용되어 등기가 필요 없다.

247 통행지역권을 시효취득하기 위해서는 요역지의 소유자가 타인의 토지를 20년간 통행하였다는 사실만으로 충분하며, 요역지의 소유자가 타인의 소유인 승역지 위에 통로를 개설할 필요는 없다. ( ) (2017 변리사)

> **해설** 민법 제294조는 지역권은 계속되고 표현된 것에 한하여 같은 법 제245조의 규정을 준용한다고 규정하고 있으므로 점유로 인한 지역권 취득기간의 만료로 통행지역권을 시효취득하려면 요역지의 소유자가 타인의 소유인 승역지 위에 통로를 개설하여 그 통로를 사용하는 상태가 위 제245조에 규정된 기간 동안 계속되어야 한다(대판 1991. 10. 22, 90다16283).

243 (×) 244 (○) 245 (×) 246 (×) 247 (×) 《 정답

248 **요역지의 불법점유자는 지역권을 시효취득할 수 없다. ( )** (2018 변리사)

> **해설** 위요지 통행권이나 통행지역권은 모두 인접한 토지의 상호이용의 조절에 기한 권리로서 토지의 소유자 또는 지상권자 전세권자등 토지사용권을 가진 자에게 인정되는 권리라 할 것이므로 위와 같은 권리자가 아닌 토지의 불법점유자는 토지소유권의 상린관계로서 위요지 통행권의 주장이나 통행지역권의 시효취득 주장을 할 수 없다(대판 1976. 10. 29, 76다1694).

249 **요역지의 공유자 중 1인이 지역권을 시효로 취득하더라도 다른 공유자는 지역권을 취득하지 못한다. ( )** (2017 변리사)

> **해설** 민법 제295조(취득과 불가분성) 제1항.

250 **요역지를 여러 사람이 공유하는 경우 공유자 중 한 사람에 대한 지역권의 소멸시효 중단은 다른 공유자를 위하여 효력이 있다. ( )** (2018 변리사)

> **해설** 민법 제296조(소멸시효의 중단, 정지와 불가분성) 요역지가 수인의 공유인 경우에 그 1인에 의한 지역권소멸시효의 중단 또는 정지는 다른 공유자를 위하여 효력이 있다.

251 **계약에 의하여 승역지소유자가 자기의 비용으로 지역권의 행사를 위하여 공작물의 설치 또는 수선의 의무를 부담하기로 한 경우, 위 약정으로 승역지소유자의 특별승계인에게 대항하기 위해서는 등기를 하여야 한다. ( )** (2017 변리사)

> **해설** 민법 제298조의 약정은 부동산등기법 제70조 제4호에 의하여 등기하여야 한다.
> [부동산등기법 제70조(지역권의 등기사항)] 등기관이 승역지의 등기기록에 지역권설정의 등기를 할 때에는 제48조 제1항 제1호부터 제4호까지에서 규정한 사항 외에 다음 각 호의 사항을 기록하여야 한다. 다만, 제4호는 등기원인에 그 약정이 있는 경우에만 기록한다.
> 4. 「민법」 제292조제1항 단서, 제297조제1항 단서 또는 제298조의 약정

252 **지역권자는 승역지의 점유를 침탈한 제3자를 상대로 지역권에 기초하여 승역지의 반환을 청구할 수 없다. ( )** (2018 변리사)

> **해설** 민법 제301조(준용규정) 제214조의 규정은 지역권에 준용한다. ☞ 민법은 지역권에 관해서는 민법 제214조만을 준용하고 213조는 준용하지 않고 있다. 따라서 지역권에 기한 반환청구권은 인정되지 않고, 지역권에 기한 방해제거·방해예방청구권만이 인정된다.

정답 248 (○) 249 (×) 250 (○) 251 (○) 252 (○)

CHAPTER

10 전세권

POINT

253 전세권은 1필의 토지 중 일부에 대해서도 설정할 수 있다. ( ) (2022 변리사)

> **해설** 우리 민법상 일물일권주의의 원칙에는 다양한 예외가 인정되는데, 특히 용익물권은 부동산의 일부 위에 설정할 수 있다. 부동산등기법 제72조도 부동산의 일부에 전세권설정이 가능함을 전제로 등기관이 전세권설정의 등기를 할 때에 전세권설정의 범위가 부동산의 일부인 경우에는 그 부분을 표시한 도면의 번호를 기록하여야 한다고 규정하고 있다.

254 장차 전세목적물에 대한 전세권자의 사용·수익을 완전히 배제하는 것이 아니라면, 채권을 담보하기 위하여 설정된 전세권도 유효하다. ( ) (2014 변리사)

> **해설** 전세권이 용익물권적 성격과 담보물권적 성격을 겸비하고 있다는 점 및 목적물의 인도는 전세권의 성립요건이 아닌 점 등에 비추어 볼 때, 당사자가 주로 채권담보의 목적으로 전세권을 설정하였고, 그 설정과 동시에 목적물을 인도하지 아니한 경우라 하더라도, 장차 전세권자가 목적물을 사용·수익하는 것을 완전히 배제하는 것이 아니라면, 그 전세권의 효력을 부인할 수는 없다(대판 1995. 2. 10, 94다18508).

255-1 전세금은 반드시 현실적으로 수수되어야 하는 것은 아니고 기존의 채권으로 전세금의 지급에 갈음할 수 있다. ( ) (2014, 2022 변리사)

255-2 현실적으로 전세금을 지급하지 않고 기존 채권으로 전세금에 갈음한 경우, 설사 전세권설정등기가 되어 있고 전세권자로 등기된 자가 사용·수익을 하고 있더라도 전세권은 성립하지 않는다. ( ) (2015 변리사)

> **해설** 전세권성립요건에는 전세금 지급이 필수적이기 때문에 전세금을 지급하여야 하나 현실적으로 전세금을 지급하지 않고 기존 채권으로 전세금에 갈음한 경우도 유효하다(대판 2009. 1. 30, 2008다67217).

256 토지전세권의 존속기간을 15년으로 약정한 경우에 그 존속기간은 10년으로 단축되지만, 당사자는 존속기간 만료 시에 갱신한 날로부터 10년을 넘지 않는 기간으로 전세권을 갱신할 수 있다. ( ) (2021 변리사)

253 (○) 254 (○) 255-1 (○) 255-2 (×) 256 (○) 《 정답

해설 전세권의 존속기간은 10년을 넘지 못한다. 당사자의 약정기간이 10년을 넘는 때에는 이를 10년으로 단축한다. 그리고 전세권의 설정은 이를 갱신할 수 있는데 그 기간은 갱신한 날로부터 10년을 넘지 못한다(민법 제312조 제1항, 제3항).

257 전세권 존속기간 만료의 경우, 합의에 의하여 전세권설정계약을 갱신할 수 있으나 그 기간은 갱신한 날로부터 10년을 넘을 수 없다. ( ) (2022 변리사)

해설 전세권의 설정은 이를 갱신할 수 있다. 그 기간은 갱신한 날로부터 10년을 넘지 못한다(민법 제312조 제3항).

258 전세권설정계약의 당사자가 전세권의 존속기간을 약정하지 않은 경우, 각 당사자는 언제든지 상대방에 대하여 전세권의 소멸을 통고할 수 있다. ( ) (2022 변리사)

해설 전세권의 존속기간을 약정하지 아니한 때에는 각 당사자는 언제든지 상대방에 대하여 전세권의 소멸을 통고할 수 있고 상대방이 이 통고를 받은 날로부터 6월이 경과하면 전세권은 소멸한다(민법 제313조).

259 전세권이 법정갱신된 경우, 전세권자는 등기 없이도 그 목적물을 취득한 제3자에 대하여 갱신된 권리를 주장할 수 있다. ( ) (2021 변리사)

해설 전세권이 법정갱신된 경우 이는 법률의 규정에 의한 물권의 변동이므로 전세권갱신에 관한 등기를 필요로 하지 아니하고, 전세권자는 등기 없이도 전세권설정자나 그 목적물을 취득한 제3자에 대하여 갱신된 권리를 주장할 수 있다(대판 2010. 3. 25, 2009다35743).

260 전세권 존속기간이 시작되기 전에 마친 전세권설정등기는 특별한 사정이 없는 한 무효로 추정된다. ( ) (2022 변리사)

해설 전세권이 용익물권적인 성격과 담보물권적인 성격을 모두 갖추고 있는 점에 비추어 전세권 존속기간이 시작되기 전에 마친 전세권설정등기도 특별한 사정이 없는 한 유효한 것으로 추정된다(대결 2018. 1. 25.자 2017마1093).

261 X건물에 대해 1순위 저당권자 甲, 2순위 전세권자 乙, 3순위 저당권자 丙이 있고 그 중 丙이 경매신청을 하여 丁에게 매각된 경우, 乙의 전세권은 소멸하되 2순위로 우선변제권을 가진다. ( ) (2017 변리사)

해설 전세권의 소멸여부는 경매를 신청한 丙의 저당권과의 우열에 의하는 것이 아니고, 최선순위인 甲의 저당권과의 우열에 의하는 것이기 때문이다.

정답 257 (○) 258 (○) 259 (○) 260 (×) 261 (○)

262 **전세권이 존속기간의 만료로 종료된 경우 최선순위 전세권자의 채권자는 전세권이 설정된 부동산에 대한 경매절차에서 채권자대위권에 기하거나 전세금반환채권에 대하여 압류 및 추심명령을 받은 다음 추심권한에 기하여 자기 이름으로 전세권에 대한 배당요구를 할 수 있다. ( )** (2021 변호사)

> **해설** 저당권 등에 대항할 수 없는 전세권과 달리, 최선순위의 전세권은 존속기간에 상관없이 오로지 전세권자의 배당요구에 의하여만 소멸하고, 전세권자가 배당요구를 하지 않는 한 매수인에게 인수된다는 취지이다. 따라서 최선순위의 전세권은 전세권자 스스로 배당요구를 하여야만 매각으로 소멸함이 원칙이다. 그러나 전세권이 존속기간의 만료 등으로 종료한 경우라면 최선순위 전세권자의 채권자는 전세권이 설정된 부동산에 대한 경매절차에서 채권자대위권에 기하거나 전세금반환채권에 대하여 압류 및 추심명령을 받은 다음 추심권한에 기하여 자기 이름으로 전세권에 대한 배당요구를 할 수 있다 (대판 2015. 11. 17, 2014다10694).

263-1 **타인의 토지에 있는 건물에 전세권을 설정한 경우, 전세권의 효력은 그 건물의 소유를 목적으로 한 지상권에 미친다. ( )** (2017 변리사)

263-2 **타인의 토지에 있는 건물의 소유자가 그 건물에 설정한 전세권의 효력은 그 건물의 소유를 목적으로 한 임차권에도 미친다. ( )** (2021 변리사)

> **해설** 타인의 토지에 있는 건물에 전세권을 설정한 때에는 전세권의 효력은 그 건물의 소유를 목적으로 한 지상권 또는 임차권에 미친다(민법 제304조 제1항).

264 **토지와 그 지상 건물을 함께 소유하던 甲이 乙에게 건물에 대하여 전세권을 설정해준 후 토지가 丙에게 경락되어 법정지상권을 취득한 상태에서 다시 건물을 丁에게 양도한 경우, 丁이 丙과 토지에 관한 임대차계약을 체결하였으나 그 임대차가 丁의 차임 연체를 이유로 적법하게 해지되더라도, 丙은 乙에게 건물에서의 퇴거를 청구할 수 없다. ( )** (2021 변호사)

> **해설** 토지와 건물을 함께 소유하던 토지·건물의 소유자가 건물에 대하여 전세권을 설정하여 주었는데 그 후 토지가 타인에게 경락되어 민법 제305조 제1항에 의한 법정지상권을 취득한 상태에서 다시 건물을 타인에게 양도한 경우, 그 건물을 양수하여 소유권을 취득한 자는 특별한 사정이 없는 한 법정지상권을 취득할 지위를 가지게 되고, 다른 한편으로는 전세권 관계도 이전받게 되는바, 민법 제304조 등에 비추어 건물 양수인이 토지 소유자와의 관계에서 전세권자의 동의 없이 법정지상권을 취득할 지위를 소멸시켰다고 하더라도, 그 건물 양수인은 물론 토지 소유자도 그 사유를 들어 전세권자에게 대항할 수 없다(대판 2007. 8. 24, 2006다14684). ☞ 민법 제304조 제2항에서 전세권자의 동의 없이 지상권을 소멸하게 하는 행위를 하지 못하는 주체로 규정하고 있는 전세권설정자는 이 사건 건물의 새로운 소유자인 丁이라 할 것이고, 위 규정에 반하여 丁이 전세권자인 乙의 동의 없이 이 사건 임대차계약의 체결로써 이 사건 법정지상권을 소멸시키는 행위를 하였다고 볼 수 있으나 전세권설정자에 해당하는 丁은 물론 지상권설정자인 丙으로서도 그 사유로써 전세권자인 乙에게 대항할 수는 없다.

262 (○) 263-1 (○) 263-2 (○) 264 (○) 《 정답

265-1 지상권을 가진 건물소유자가 그 건물에 전세권을 설정하였으나 그가 2년 이상의 지료를 지급하지 아니한 경우, 토지소유자는 전세권자의 동의 없이 지상권 소멸청구를 할 수 없다. ( ) (2017변리사)

265-2 건물에 대하여 전세권을 설정하여 준 건물 소유자가 대지의 지상권자로서 지료 지급을 지체하여 대지 소유자의 지상권소멸청구에 의하여 지상권이 소멸하고 건물철거 및 대지 인도를 명하는 판결이 확정된 경우, 대지 소유자는 건물 전세권자에게 건물에서의 퇴거를 청구할 수 없다. ( ) (2021 변호사)

> **해설** [1] 건물이 그 존립을 위한 토지사용권을 갖추지 못하여 토지의 소유자가 건물의 소유자에 대하여 당해 건물의 철거 및 그 대지의 인도를 청구할 수 있는 경우에라도 건물소유자가 아닌 사람이 건물을 점유하고 있다면 토지소유자는 그 건물 점유를 제거하지 아니하는 한 위의 건물 철거 등을 실행할 수 없다. 따라서 그때 토지소유권은 위와 같은 점유에 의하여 그 원만한 실현을 방해당하고 있다고 할 것이므로, 토지소유자는 자신의 소유권에 기한 방해배제로서 건물점유자에 대하여 건물로부터의 퇴출을 청구할 수 있다. 그리고 이는 건물점유자가 건물소유자로부터의 임차인으로서 그 건물임차권이 이른바 대항력을 가진다고 해서 달라지지 아니한다. [2] 지상권을 가지는 건물소유자가 그 건물에 전세권을 설정하였으나 그가 2년 이상의 지료를 지급하지 아니하였음을 이유로 지상권설정자, 즉 토지소유자의 청구로 지상권이 소멸하는 것(민법 제287조 참조)은 전세권설정자가 전세권자의 동의 없이는 할 수 없는 위 민법 제304조 제2항상의 "지상권 또는 임차권을 소멸하게 하는 행위"에 해당하지 아니한다. 따라서 전세권설정자가 건물의 존립을 위한 토지사용권을 가지지 못하여 그가 토지소유자의 건물철거 등 청구에 대항할 수 없는 경우에 민법 제304조 등을 들어 전세권자 또는 대항력 있는 임차권자가 토지소유자의 권리행사에 대항할 수 없음은 물론이다. 또한 건물에 대하여 전세권 또는 대항력 있는 임차권을 설정하여 준 지상권자가 그 지료를 지급하지 아니함을 이유로 토지소유자가 한 지상권 소멸청구가 그에 대한 전세권자 또는 임차인의 동의가 없이 행하여졌다고 해도 민법 제304조 제2항에 의하여 그 효과가 제한된다고 할 수 없다(대판 2010. 8. 19, 2010다43801).

266 대지와 건물이 동일한 소유자에 속한 경우에 건물에 전세권을 설정한 때에는 그 대지소유권의 특별승계인은 전세권자에 대하여 지상권을 설정한 것으로 본다. ( ) (2015, 2021 변리사)

> **해설** 대지와 건물이 동일한 소유자에 속한 경우에 건물에 전세권을 설정한 때에는 그 대지소유권의 특별승계인은 "전세권자"가 아닌 "전세권설정자"에 대하여 지상권을 설정한 것으로 본다(제305조).

267 전세권자가 목적물을 타인에게 임대한 경우, 임대하지 않았으면 면할 수 있었던 불가항력으로 인한 손해에 대하여도 책임을 부담한다. ( ) (2015 변리사)

> **해설** 민법 제308조의 전전세 책임가중 내용이다. 즉 전세권자가 목적물을 타인에게 임대한 경우, 임대하지 않았으면 면할 수 있었던 불가항력으로 인한 손해에 대하여도 책임을 부담한다.

268-1 전세금반환채권의 양수인은 전세존속기간이 만료한 후 전세권양도계약과 전세권 이전의 부기등기가 이루어진 것만으로는 그 채권의 압류채권자에게 대항할 수 없다. ( ) (2014 변리사)

정답 265-1 (×) 265-2 (×) 266 (×) 267 (○) 268-1 (○)

268-2 **전세기간 만료 후 전세권양도계약 및 전세권이전의 부기등기가 이루어졌으나 전세금반환채권의 양도에 관하여 대항요건을 갖추지 못한 경우, 양수인은 전세금반환채권의 압류채권자에게 전세금반환채권의 취득을 대항할 수 없다. ( )** (2015 변리사)

268-3 **전세기간 만료 이후 전세권양도계약 및 전세권이전의 부기등기가 이루어진 것만으로는 전세금반환채권의 양도에 관하여 확정일자 있는 통지나 승낙이 있었다고 볼 수 없어 이로써 제3자인 전세금반환채권의 압류·전부 채권자에게 대항할 수 없다. ( )**

(2020, 2021 변호사)

> **해설** 전세기간 만료 이후 전세권양도계약 및 전세권이전의 부기등기가 이루어진 것만으로는 전세금반환채권의 양도에 관하여 확정일자 있는 통지나 승낙이 있었다고 볼 수 없어 이로써 제3자인 전세금반환채권의 압류·전부 채권자에게 대항할 수 없다(대판 2005. 3. 25, 2003다35659).

269-1 **전세권에 저당권이 설정되어 있는 경우에도 전세권의 존속기간이 만료되면 전세권의 용익물권적 권능은 전세권설정등기의 말소등기 없이도 당연히 소멸한다. ( )** (2017변리사)

269-2 **전세권에 저당권을 설정한 경우, 전세기간이 만료되더라도 전세권의 저당권자는 전세권 자체에 대하여 저당권을 실행하여 전세금을 배당받을 수 있다. ( )** (2021 변리사)

> **해설** 전세권을 목적으로 한 저당권이 설정된 경우, 전세권의 존속기간이 만료되면 전세권의 용익물권적 권능이 소멸하기 때문에 더 이상 전세권 자체에 대하여 저당권을 실행할 수 없게 되고, 저당권자는 저당권의 목적물인 전세권에 갈음하여 존속하는 것으로 볼 수 있는 전세금반환채권에 대하여 압류 및 추심명령 또는 전부명령을 받거나 제3자가 전세금반환채권에 대하여 실시한 강제집행절차에서 배당요구를 하는 등의 방법으로 물상대위권을 행사하여 전세금의 지급을 구하여야 한다(대판 2014. 10. 27, 2013다91672).

270 **임대차보증금반환채권을 담보할 목적으로 임대인과 임차인이 체결한 전세권설정계약은 특별한 사정이 없는 한 임대차계약의 내용과 양립할 수 없는 범위에서만 통정허위표시로 인정된다. ( )** (2023 변리사)

> **해설** 임대인과 임차인이 위와 같이 임대차보증금반환채권을 담보할 목적으로 전세권을 설정하기 위해 전세권설정계약을 체결하였다면, 임대차보증금에서 연체차임 등을 공제하고 남은 돈을 전세금으로 하는 것이 임대인과 임차인의 합치된 의사라고 볼 수 있다. 그러나 전세권설정계약은 외관상으로는 그 내용에 차임지급 약정이 존재하지 않고 이에 따라 전세금에서 연체차임이 공제되지 않는 등 임대인과 임차인의 진의와 일치하지 않는 부분이 존재한다. 따라서 **전세권설정계약은** 위와 같이 임대차계약과 양립할 수 없는 범위에서 **통정허위표시에 해당하여 무효**라고 봄이 타당하다. 다만 전세권설정계약에 따라 형성된 법률관계에 기초하여 새로이 법률상 이해관계를 가지게 된 제3자에 대해서는 그 제3자가 그와 같은 사정을 알고 있었던 경우에만 무효를 주장할 수 있다. 따라서 임대차계약에 따른 임차보증금반환채권을 담보할 목적으로 전세권설정등기를 마친 경우 **임대차계약에 따른 연체차임 공제는 전세권설정계약과 양립할 수 없으므로, 전세권설정자는 선의의 제3자에 대해서는 연체차임**

268-2 (○) 268-3 (○) 269-1 (○) 269-2 (×) 270 (○) 《 정답

공제 주장으로 대항할 수 없다. 여기에서 선의의 제3자가 보호될 수 있는 법률상 이해관계는 전세권설정계약의 당사자를 상대로 하여 직접 법률상 이해관계를 가지는 경우 외에도 법률상 이해관계를 바탕으로 하여 다시 위 전세권설정계약에 의하여 형성된 법률관계와 새로이 법률상 이해관계를 가지게 되는 경우도 포함된다(대판 2021. 12. 30, 2020다257999).

271 甲이 통정허위표시에 해당하여 무효인 건물 전세권설정계약에 기한 전세권부 채권을 가압류한 경우, 가압류등기를 마칠 당시 전세권의 존속기간이 만료되었으나 전세권설정등기가 말소되지 않은 상태였고 전세권 갱신에 관한 등기가 불필요한 전세권 명의자가 건물을 여전히 점유·사용하고 있었다면, 甲은 위 허위표시를 기초로 새로이 법률상 이해관계를 가진 제3자에 해당한다. ( ) (2021 변호사)

해설 실제로는 전세권설정계약을 체결하지 아니하였으면서도 임대차계약에 기한 임차보증금반환채권을 담보할 목적 또는 금융기관으로부터 자금을 융통할 목적으로 임차인과 임대인 사이의 합의에 따라 임차인 명의로 전세권설정등기를 경료한 경우, 위 전세권설정계약이 통정허위표시에 해당하여 무효라 하더라도 위 전세권설정계약에 의하여 형성된 법률관계에 기초하여 새로이 법률상 이해관계를 갖게 된 제3자에 대하여는 그 제3자가 그와 같은 사정을 알고 있었던 경우에만 그 무효를 주장할 수 있다. 그리고 통정한 허위표시에 의하여 외형상 형성된 법률관계로 생긴 채권을 가압류한 경우 그 가압류권자는 허위표시에 기초하여 새로이 법률상 이해관계를 가지게 된 제3자에 해당하므로, 그가 선의인 이상 위 통정허위표시의 무효를 그에 대하여 주장할 수 없다. ☞ 갑이 통정허위표시에 해당하여 무효인 전세권설정계약에 의하여 형성된 법률관계로 생긴 채권(전세권부채권)을 가압류한 사안에서, 가압류 등기를 마칠 당시 전세권설정등기가 말소되지 아니한 상태였고, 전세권갱신에 관한 등기가 불필요한 전세권명의자가 부동산 일부를 여전히 점유·사용하고 있었던 이상, 갑은 통정허위표시를 기초로 하여 새로이 법률상 이해관계를 가진 선의의 제3자에 해당한다고 봄이 상당하다(대판 2010. 3. 25, 2009다35743).

272 전세권설정자가 전세권자에 대하여 민법 제315조에 정한 손해배상채권 이외의 다른 채권을 가지고 있더라도 특별한 사정이 없는 한, 이를 가지고 전세금반환채권에 대하여 물상대위권을 행사한 전세권저당권자에게 상계로 대항할 수 없다. ( ) (2017 변리사)

해설 전세금은 그 성격에 비추어 민법 제315조에 정한 전세권설정자의 전세권자에 대한 손해배상채권 외 다른 채권까지 담보한다고 볼 수 없으므로, 전세권설정자가 전세권자에 대하여 위 손해배상채권 외 다른 채권을 가지고 있더라도 다른 특별한 사정이 없는 한 이를 가지고 전세금반환채권에 대하여 물상대위권을 행사한 전세권저당권자에게 상계 등으로 대항할 수 없다(대판 2008. 3. 13, 2006다29372).

273 건물의 일부에 대하여 전세권이 설정된 경우, 그 전세권자는 전세권설정자가 전세금의 반환을 지체한 때에도 나머지 건물부분에 대하여 전세권에 기한 경매를 신청하지 못한다. ( )

(2014 변리사)

정답 》 271 (○) 272 (○) 273 (○)

해설 건물의 일부에 대하여 전세권이 설정되어 있는 경우 그 전세권자는 민법 제303조 제1항, 제318조의 규정에 의하여 그 건물 전부에 대하여 후순위 권리자 기타 채권자보다 전세금의 우선변제를 받을 권리가 있고, 전세권설정자가 전세금의 반환을 지체한 때에는 전세권의 목적물의 경매를 청구할 수 있다 할 것이나, 전세권의 목적물이 아닌 나머지 건물부분에 대하여는 우선변제권은 별론으로 하고 경매신청권은 없다(대결 1992. 3. 10, 자 91마256,91마257).

274 **전세권자와 인접 토지소유자 사이에는 상린관계에 관한 규정이 적용되지 않는다. ( )**

(2015 변리사)

해설 상린관계는 소유자상호간 뿐만 아니라, 지상권자 또는 전세권자와 인접 토지소유자 사이에도 적용되어야 한다(제290조, 제319조 참조).

275 **전세권자는 전세권설정자에게 그 목적물의 인도와 전세권설정등기의 말소등기에 필요한 서류를 제공하지 않더라도 전세금반환채권을 원인으로 한 경매를 청구할 수 있다. ( )** (2014 변리사)

해설 전세권자의 전세목적물 인도의무 및 전세권설정등기말소등기의무와 전세권설정자의 전세금반환의무는 서로 동시이행의 관계에 있으므로 전세권자인 채권자가 전세목적물에 대한 경매를 청구하려면 우선 전세권설정자에 대하여 전세목적물의 인도의무 및 전세권설정등기말소의무의 이행제공을 완료하여 전세권설정자를 이행지체에 빠뜨려야 한다(대결 1977. 4. 13, 자 77마90). ☞ 제318조도 참조

276 **甲은 자신의 소유인 X주택을 乙에게 빌려주고 전세권을 설정하였다. 이에 관한 설명으로 옳은 것을 모두 고른 것은? (다툼이 있으면 판례에 따름)** (2016 변리사)

ㄱ. 甲과 乙 사이의 전세권설정계약이 그 합의에 따라 해지되더라도 乙은 전세권과 분리하여 전세금반환채권을 양도할 수 없다.
ㄴ. X주택의 소유권이 丙에게 양도된 후 전세권이 계약기간의 만료에 따라 소멸하면, 乙은 甲에 대해서도 전세금반환을 청구할 수 있다.
ㄷ. 丁이 乙의 전세권에 대하여 저당권을 취득한 후 乙의 전세권이 기간만료로 소멸하면, 丁은 전세금반환채권에 대한 압류의 방법으로 권리를 행사하여 甲에 대해 전세금의 지급을 청구할 수 있다.

① ㄱ ② ㄴ ③ ㄷ ④ ㄱ, ㄴ ⑤ ㄱ, ㄴ, ㄷ

해설 ㄱ. (×) : 전세권이 담보물권적 성격도 가지는 이상 부종성과 수반성이 있는 것이므로 전세권을 그 담보하는 전세금반환채권과 분리하여 양도하는 것은 허용되지 않는다고 할 것이나, 한편 담보물권의 수반성이란 피담보채권의 처분이 있으면 언제나 담보물권도 함께 처분된다는 것이 아니라, 채권 담보라고 하는 담보물권 제도의 존재 목적에 비추어 볼 때 특별한 사정이 없는 한 피담보채권의 처분에는 담보물권의 처분도 포함된다고 보는 것이 합리적이라는 것일 뿐이므로, 전세권이 존속기간의 만료로 소멸한 경우이거나 전세계약의 합의해지 또는 당사자 간의 특약에 의하여 전세권반환채권의 처분에도 불구하고, 전세권의 처분이 따르지 않는 경우 등의 특별한 사정이 있는 때에는 채권양수인은 담보물권이 없는 무담보의 채권을 양수한 것이 된다(대판 1997. 11. 25, 97다29790).

274 (×) 275 (×) 276 ③ 《 정답

ㄴ. (×) : 전세목적물의 소유권이 이전된 경우 민법이 전세권 관계로부터 생기는 상환청구, 소멸청구, 갱신청구, 전세금증감청구, 원상회복, 매수청구 등의 법률관계의 당사자로 규정하고 있는 전세권설정자 또는 소유자는 모두 목적물의 소유권을 취득한 신 소유자로 새길 수밖에 없다고 할 것이므로, 전세권은 전세권자와 목적물의 소유권을 취득한 신 소유자 사이에서 계속 동일한 내용으로 존속하게 된다고 보아야 할 것이고, 따라서 목적물의 신 소유자는 구 소유자와 전세권자 사이에 성립한 전세권의 내용에 따른 권리의무의 직접적인 당사자가 되어 전세권이 소멸하는 때에 전세권자에 대하여 전세권설정자의 지위에서 전세금반환의무를 부담하게 되고, 구 소유자는 전세권설정자의 지위를 상실하여 전세금반환의무를 면하게 된다(대판 2000. 6. 9, 99다15122).

ㄷ. (○) : 전세권을 목적으로 한 저당권이 설정된 경우, 전세권의 존속기간이 만료되면 전세권의 용익물권적 권능이 소멸하기 때문에 더 이상 전세권 자체에 대하여 저당권을 실행할 수 없게 되고, 저당권자는 저당권의 목적물인 전세권에 갈음하여 존속하는 것으로 볼 수 있는 전세금반환채권에 대하여 압류 및 추심명령 또는 전부명령을 받거나 제3자가 전세금반환채권에 대하여 실시한 강제집행절차에서 배당요구를 하는 등의 방법으로 물상대위권을 행사하여 전세금의 지급을 구하여야 한다(대판 2014. 10. 27, 2013다91672).

277 甲은 乙소유의 X주택 일부(A부분)에 전세금 1억원, 존속기간 2년으로 하는 전세계약을 체결하고 전세권설정등기를 마쳤다. 이에 관한 설명으로 옳은 것은? (다툼이 있으면 판례에 따름)

(2019 변리사)

① 甲은 전세권 존속 중에는 장래에 그 전세권이 소멸하는 경우에 전세금반환채권이 발생하는 것을 조건으로 그 장래의 조건부 채권을 양도할 수 없다.

② 乙이 甲에게 전세금의 반환을 지체한 경우, 甲은 X주택의 A부분이 아니라 전부에 대하여 경매를 청구할 수 있다.

③ 경매절차에서 X주택이 매각된 경우, 甲은 X주택의 전부에 대하여 후순위권리자보다 전세금을 우선 변제받을 수 없다.

④ 甲의 채권자 丙이 甲의 전세권에 저당권을 취득한 경우, 전세권의 존속기간이 만료되더라도 丙은 전세권 자체에 대하여 저당권을 실행할 수 있다.

⑤ 甲의 전세권이 존속하는 동안에 乙이 X주택을 丁에게 매도하고 丁명의로 소유권이전등기를 마쳐준 경우, 乙은 전세금반환의무를 면하게 된다.

해설 ① (×) : 전세권은 전세금을 지급하고 타인의 부동산을 그 용도에 따라 사용·수익하는 권리로서 전세금의 지급이 없으면 전세권은 성립하지 아니하는 등으로 전세금은 전세권과 분리될 수 없는 요소일 뿐 아니라, 전세권에 있어서는 그 설정행위에서 금지하지 아니하는 한 전세권자는 전세권 자체를 처분하여 전세금으로 지출한 자본을 회수할 수 있도록 되어 있으므로 전세권이 존속하는 동안은 전세권을 존속시키기로 하면서 전세금반환채권만을 전세권과 분리하여 확정적으로 양도하는 것은 허용되지 않는 것이며, 다만 전세권 존속 중에는 장래에 그 전세권이 소멸하는 경우에 전세금 반환채권이 발생하는 것을 조건으로 그 장래의 조건부 채권을 양도할 수 있을 뿐이라 할 것이다(대판 2002. 8. 23, 2001다69122).

② (×), ③ (×) : 건물의 일부에 대하여 전세권이 설정되어 있는 경우 그 전세권자는 민법 제303조 제1

정답 》 277 ⑤

항, 제318조의 규정에 의하여 그 건물 전부에 대하여 후순위 권리자 기타 채권자보다 전세금의 우선변제를 받을 권리가 있고, 전세권설정자가 전세금의 반환을 지체한 때에는 전세권의 목적물의 경매를 청구할 수 있다 할 것이나, 전세권의 목적물이 아닌 나머지 건물부분에 대하여는 우선변제권은 별론으로 하고 경매신청권은 없다(대결 1992. 3. 10, 자 91마256,91마257).

[비교조문] 민법 제365조(이른바 일괄경매청구권) : 토지를 목적으로 저당권을 설정한 후 그 설정자가 그 토지에 건물을 축조한 때에는 저당권자는 토지와 함께 그 건물에 대하여도 경매를 청구할 수 있다. 그러나 그 건물의 경매대가에 대하여는 우선변제를 받을 권리가 없다.

④ (×) : 전세권에 대하여 설정된 저당권은 민사소송법 제724조 소정의 부동산경매절차에 의하여 실행하는 것이나, 전세권의 존속기간이 만료되면 전세권의 용익물권적 권능이 소멸하기 때문에 더 이상 전세권 자체에 대하여 저당권을 실행할 수 없게 되고, 이러한 경우는 민법 제370조, 제342조 및 민사소송법 제733조에 의하여 저당권의 목적물인 전세권에 갈음하여 존속하는 것으로 볼 수 있는 전세금반환채권에 대하여 추심명령 또는 전부명령을 받거나, 제3자가 전세금반환채권에 대하여 실시한 강제집행절차에서 배당요구를 하는 등의 방법(=이른바 물상대위, 편저자 주)으로 자신의 권리를 행사할 수 있을 뿐이다(대결 1995. 9. 18, 자 95마684).

⑤ (○) : 전세권이 성립한 후 목적물의 소유권이 이전되는 경우에 있어서 전세권 관계가 전세권자와 전세권설정자인 종전 소유자와 사이에 계속 존속되는 것인지 아니면 전세권자와 목적물의 소유권을 취득한 신 소유자와 사이에 동일한 내용으로 존속되는지에 관하여 민법에 명시적인 규정은 없으나, 전세목적물의 소유권이 이전된 경우 민법이 전세권 관계로부터 생기는 상환청구, 소멸청구, 갱신청구, 전세금증감청구, 원상회복, 매수청구 등의 법률관계의 당사자로 규정하고 있는 전세권설정자 또는 소유자는 모두 목적물의 소유권을 취득한 신 소유자로 새길 수밖에 없다고 할 것이므로, 전세권은 전세권자와 목적물의 소유권을 취득한 신 소유자 사이에서 계속 동일한 내용으로 존속하게 된다고 보아야 할 것이고, 따라서 목적물의 신 소유자는 구 소유자와 전세권자 사이에 성립한 전세권의 내용에 따른 권리의무의 직접적인 당사자가 되어 전세권이 소멸하는 때에 전세권자에 대하여 전세권설정자의 지위에서 전세금반환의무를 부담하게 되고, 구 소유자는 전세권설정자의 지위를 상실하여 전세금반환의무를 면하게 된다고 보아야 하고, 전세권이 전세금 채권을 담보하는 담보물권적 성질을 가지고 있다고 하여도 전세권은 전세금이 존재하지 않으면 독립하여 존재할 수 없는 용익물권으로서 전세금은 전세권과 분리될 수 없는 요소이므로 전세권 관계로 생기는 위와 같은 법률관계가 신 소유자에게 이전되었다고 보는 이상, 전세금 채권 관계만이 따로 분리되어 전 소유자와 사이에 남아 있다고 할 수는 없을 것이고, 당연히 신 소유자에게 이전되었다고 보는 것이 옳다(대판 2000. 6. 9, 99다15122).

278 甲은 자신 소유의 X건물에 대하여 乙과 전세금을 1억 원으로 하는 전세권설정계약을 체결하고 乙명의의 전세권설정등기를 마쳐 주었다. 이에 관한 설명으로 옳은 것은? (다툼이 있으면 판례에 따름)

(2022 변리사)

① 甲이 X건물의 소유를 목적으로 한 지상권을 가지고 있던 경우, 그 지상권에는 乙의 전세권의 효력이 미치지 않는다.

② X건물의 대지도 甲의 소유인 경우, 대지소유권의 특별승계인 丙은 乙에 대하여 지상권을 설정한 것으로 본다.

③ 乙은 전세권 존속 중에 원칙적으로 甲의 동의 없이는 자신의 전세권을 제3자에게 양도할 수 없다.

278 ④ 정답

④ 甲이 전세권 존속 중 X건물의 소유권을 丁에게 양도한 경우, 특별한 사정이 없는 한 乙에 대한 전세금반환의무는 丁이 부담한다.

⑤ 甲에게 X건물의 소유를 위한 토지사용권이 없어 토지소유자가 X건물의 철거를 청구하는 경우, 乙은 자신의 전세권으로 그 철거청구에 대항할 수 있다.

해설 ① (×) : 타인의 토지에 있는 건물에 전세권을 설정한 때에는 전세권의 효력은 그 건물의 소유를 목적으로 한 지상권 또는 임차권에 미친다(민법 제304조 제1항).

② (×) : 대지와 건물이 동일한 소유자에 속한 경우에 건물에 전세권을 설정한 때에는 그 대지소유권의 특별승계인은 전세권설정자에 대하여 지상권을 설정한 것으로 본다(민법 제305조 제1항). ☞ 甲에 대하여 지상권을 설정한 것으로 본다.

③ (×) : 전세권자는 전세권을 타인에게 양도 또는 담보로 제공할 수 있고 그 존속기간 내에서 그 목적물을 타인에게 전전세 또는 임대할 수 있다. 그러나 설정행위로 이를 금지한 때에는 그러하지 아니하다(민법 제306조). ☞ 전세권을 양도함에 있어서 전세권설정자의 동의는 요건이 아니다.

④ (○) : 전세권이 성립한 후 목적물의 소유권이 이전되는 경우에 있어서 전세권 관계가 전세권자와 전세권설정자인 종전 소유자와 사이에 계속 존속되는 것인지 아니면 전세권자와 목적물의 소유권을 취득한 신 소유자와 사이에 동일한 내용으로 존속되는지에 관하여 민법에 명시적인 규정은 없으나, 전세권은 전세권자와 목적물의 소유권을 취득한 신 소유자 사이에서 계속 동일한 내용으로 존속하게 된다고 보아야 할 것이고, 따라서 목적물의 신 소유자는 구 소유자와 전세권자 사이에 성립한 전세권의 내용에 따른 권리의무의 직접적인 당사자가 되어 전세권이 소멸하는 때에 전세권자에 대하여 전세권설정자의 지위에서 전세금반환의무를 부담하게 되고, 구 소유자는 전세권설정자의 지위를 상실하여 전세금반환의무를 면하게 된다(대판 2000. 6. 9, 99다15122).

⑤ (×) : 지상권을 가지는 건물소유자가 그 건물에 전세권을 설정하였으나 그가 2년 이상의 지료를 지급하지 아니하였음을 이유로 지상권설정자, 즉 토지소유자의 청구로 지상권이 소멸하는 것(민법 제287조 참조)은 전세권설정자가 전세권자의 동의 없이는 할 수 없는 위 민법 제304조 제2항 상의 "지상권 또는 임차권을 소멸하게 하는 행위"에 해당하지 아니한다. 즉 건물에 대하여 전세권 또는 대항력 있는 임차권을 설정하여 준 지상권자가 그 지료를 지급하지 아니함을 이유로 토지소유자가 한 지상권소멸청구가 그에 대한 전세권자 또는 임차인의 동의가 없이 행하여졌다고 해도 민법 제304조 제2항에 의하여 그 효과가 제한된다고 할 수 없다. 그리고 전세권설정자가 건물의 존립을 위한 토지사용권을 가지지 못하여 그가 토지소유자의 건물철거 등 청구에 대항할 수 없는 경우에 민법 제304조 등을 들어 전세권자 또는 대항력 있는 임차권자가 토지소유자의 권리행사에 대항할 수 없음은 물론이다.(대판 2010. 8.19, 2010다43801).

279 甲은 2021. 5. 19. 乙과 X상가를 임대차보증금 1억 원, 임대차기간 2021. 6. 19.부터 2026. 6. 18.까지, 차임 월 300만 원으로 정하여 임대차계약을 체결하였고, 계약 당일 乙로부터 보증금 전액을 지급 받으면서 보증금의 반환을 담보하기 위하여 乙의 명의로 전세권을 설정해 주었다. 그 후 乙은 丙에게 8천만 원을 차용하면서 위 전세권에 관하여 채권최고액 1억 원의 근저당권설정등기를 마쳐주었다. 이에 관한 설명으로 옳은 것은? (다툼이 있으면 판례에 따름)

(2023 변리사)

정답 》 279 ③

① 甲이 보증금의 반환을 담보하기 위하여 전세권을 설정하면서 이와 동시에 목적물을 인도하지 않았으므로 전세권의 설정은 효력이 없다.

② 전세금의 지급은 전세권 성립의 요소가 되는 것이므로 전세금을 현실적으로 지급하지 않고 기존의 채권으로 대신할 수 없다.

③ 乙이 차임의 지급을 연체하는 경우 甲은 연체된 차임을 보증금에서 공제할 수 있다.

④ 임대차보증금의 반환을 담보하기 위하여 전세권설정등기가 경료되었음을 丙이 알지 못한 경우에도 甲은 연체차임의 공제를 가지고 丙에게 대항할 수 있다.

⑤ 전세권의 존속기간이 만료되면 丙은 X상가에 대한 전세권저당권을 실행하는 방법으로 乙에 대한 대여금 채권을 회수하여야 한다.

해설 ① (×) : 전세권이 용익물권적 성격과 담보물권적 성격을 겸비하고 있다는 점 및 목적물의 인도는 전세권의 성립요건이 아닌 점 등에 비추어 볼 때, 당사자가 주로 채권담보의 목적으로 전세권을 설정하였고, 그 설정과 동시에 목적물을 인도하지 아니한 경우라 하더라도, 장차 전세권자가 목적물을 사용·수익하는 것을 완전히 배제하는 것이 아니라면, 그 전세권의 효력을 부인할 수는 없다(대판 1995. 2. 10, 94다18508).

② (×) : 전세금의 지급은 전세권 성립의 요소가 되는 것이지만 그렇다고 하여 전세금의 지급이 반드시 현실적으로 수수되어야만 하는 것은 아니고 기존의 채권으로 전세금의 지급에 갈음할 수도 있다(대판 1995. 2. 10, 94다18508).

③ (○), ④ (×) : 임대차보증금은 임대차계약이 종료된 후 임차인이 목적물을 인도할 때까지 발생하는 차임과 그 밖의 채무를 담보한다. 임대인과 임차인이 위와 같이 임대차보증금반환채권을 담보할 목적으로 전세권을 설정하기 위해 전세권설정계약을 체결하였다면, 임대차보증금에서 연체차임 등을 공제하고 남은 돈을 전세금으로 하는 것이 임대인과 임차인의 합치된 의사라고 볼 수 있다. 그러나 전세권설정계약은 외관상으로는 그 내용에 차임지급 약정이 존재하지 않고 이에 따라 전세금에서 연체차임이 공제되지 않는 등 임대인과 임차인의 진의와 일치하지 않는 부분이 존재한다. 따라서 **전세권설정계약은** 위와 같이 임대차계약과 양립할 수 없는 범위에서 **통정허위표시에 해당하여 무효**라고 봄이 타당하다. 다만 전세권설정계약에 따라 형성된 법률관계에 기초하여 새로이 법률상 이해관계를 가지게 된 제3자에 대해서는 그 제3자가 그와 같은 사정을 알고 있었던 경우에만 무효를 주장할 수 있다. 따라서 임대차계약에 따른 임차보증금반환채권을 담보할 목적으로 전세권설정등기를 마친 경우 **임대차계약에 따른 연체차임 공제는 전세권설정계약과 양립할 수 없으므로, 전세권설정자는 선의의 제3자에 대해서는 연체차임 공제 주장으로 대항할 수 없다.** 여기에서 선의의 제3자가 보호될 수 있는 법률상 이해관계는 전세권설정계약의 당사자를 상대로 하여 직접 법률상 이해관계를 가지는 경우 외에도 법률상 이해관계를 바탕으로 하여 다시 위 전세권설정계약에 의하여 형성된 법률관계와 새로이 법률상 이해관계를 가지게 되는 경우도 포함된다(대판 2021. 12. 30, 2020다257999).

⑤ (×) : 전세권에 대하여 저당권이 설정된 경우 전세권의 존속기간이 만료되면 전세권은 소멸하므로 더 이상 전세권자체에 대하여 저당권을 실행할 수 없게 되고, 이러한 경우에는 민법 제370조, 제342조 및 민사소송법 제733조(민사집행법 제273조)에 의하여 저당권의 목적물인 전세권에 갈음하여 존속하는 것으로 볼 수 있는 전세금반환채권에 대하여 압류 및 추심명령 또는 전부명령을 받거나 제3자가 전세금반환채권에 대하여 실시한 강제집행절차에서 배당요구를 하는 등의 방법으로 자신의 권리를 행

사하여 비로소 전세권설정자에 대해 전세금의 지급을 구할 수 있고, 전세권저당권이 설정된 경우에도 전세권이 기간만료로 소멸되면 전세권설정자는 전세금반환채권에 대한 제3자의 압류 등이 없는 한 "전세권자에 대하여만" 전세금반환의무를 부담한다(대판 1999.9.17, 98다31301).

280 **甲은 그 소유인 X 아파트에 관하여 乙에게 전세권을 설정하여 주었다. 丙이 乙에게 금전을 대여하고 위 전세권을 목적으로 한 저당권을 설정받았다. 乙은 전세기간 만료일에 甲에게 X 아파트를 반환하였다. 이에 관한 설명 중 옳지 않은 것을 모두 고른 것은? (각 지문은 독립적이며, 다툼이 있는 경우 판례에 의함)** (2018 변호사)

ㄱ. 甲은 전세금 반환채권에 대한 압류 등이 없는 한 乙에 대하여만 전세금 반환의무를 부담한다.
ㄴ. 丙은 전세금 반환채권에 대한 압류 및 전부명령을 받은 후 甲에게 전세금의 지급을 구하고 있다. 이에 대하여 甲은 전세권이 설정된 후 전세권저당권이 설정되기 전에 乙에게 금전을 대여하였는데 그 채권으로 상계를 주장한다. 그 대여금채권의 변제기가 전세기간 만료 후 위 압류 및 전부명령 송달 전에 도래하는 경우, 甲은 위 상계로 丙에게 대항할 수 있다.
ㄷ. 전세권설정이 통정허위표시에 의하여 이루어진 것이고 丙이 저당권을 설정받을 당시 이러한 사정을 과실로 알지 못하였다면, 이 전세권말소에 대하여 丙은 등기상 이해관계인으로서 승낙할 의무가 있다.

① ㄴ ② ㄷ ③ ㄱ, ㄴ ④ ㄴ, ㄷ ⑤ ㄱ, ㄴ, ㄷ

해설 ㄱ.(○) : 전세권에 대하여 저당권이 설정된 경우 그 저당권의 목적물은 물권인 전세권 자체이지 전세금반환채권은 그 목적물이 아니고, 전세권의 존속기간이 만료되면 전세권은 소멸하므로 더 이상 전세권 자체에 대하여 저당권을 실행할 수 없게 되고, 이러한 경우에는 민법 제370조, 제342조 및 민사소송법 제733조에 의하여 저당권의 목적물인 전세권에 갈음하여 존속하는 것으로 볼 수 있는 전세금반환채권에 대하여 압류 및 추심명령 또는 전부명령을 받거나 제3자가 전세금반환채권에 대하여 실시한 강제집행절차에서 배당요구를 하는 등의 방법으로 자신의 권리를 행사하여 비로소 전세권설정자에 대해 전세금의 지급을 구할 수 있게 된다는 점, 원래 동시이행항변권은 공평의 관념과 신의칙에 입각하여 각 당사자가 부담하는 채무가 서로 대가적 의미를 가지고 관련되어 있을 때 그 이행에 있어서 견련관계를 인정하여 당사자 일방은 상대방이 채무를 이행하거나 이행의 제공을 하지 아니한 채 당사자 일방의 채무의 이행을 청구할 때에는 자기의 채무이행을 거절할 수 있도록 하는 제도인 점, 전세권을 목적물로 하는 저당권의 설정은 전세권의 목적물 소유자의 의사와는 상관없이 전세권자의 동의만 있으면 가능한 것이고, 원래 전세권에 있어 전세권설정자가 부담하는 전세금반환의무는 전세금반환채권에 대한 제3자의 압류 등이 없는 한 전세권자에 대해 전세금을 지급함으로써 그 의무이행을 다할 뿐이라는 점에 비추어 볼 때, 전세권저당권이 설정된 경우에도 전세권이 기간만료로 소멸되면 전세권설정자는 전세금반환채권에 대한 제3자의 압류 등이 없는 한 전세권자에 대하여만 전세금반환의무를 부담한다고 보아야 한다(대판 1999. 9. 17, 98다31301).
ㄴ.(×) : 전세권을 목적으로 한 저당권이 설정된 경우, 전세권의 존속기간이 만료되면 전세권의 용익물권적 권능이 소멸하기 때문에 더 이상 전세권 자체에 대하여 저당권을 실행할 수 없게 되고, 저당권자는 저당권의 목적물인 전세권에 갈음하여 존속하는 것으로 볼 수 있는 전세금반환채권에 대하여 압

정답 》 280 ④

류 및 추심명령 또는 전부명령을 받거나 제3자가 전세금반환채권에 대하여 실시한 강제집행절차에서 배당요구를 하는 등의 방법으로 물상대위권을 행사하여 전세금의 지급을 구하여야 한다. 전세권저당권자가 위와 같은 방법으로 전세금반환채권에 대하여 물상대위권을 행사한 경우, 종전 저당권의 효력은 물상대위의 목적이 된 전세금반환채권에 존속하여 저당권자가 전세금반환채권으로부터 다른 일반채권자보다 우선변제를 받을 권리가 있으므로, 설령 전세금반환채권이 압류된 때에 전세권설정자가 전세권자에 대하여 반대채권을 가지고 있고 반대채권과 전세금반환채권이 상계적상에 있다고 하더라도 그러한 사정만으로 전세권설정자가 전세권저당권자에게 상계로써 대항할 수는 없다. 그러나 전세금반환채권은 전세권이 성립하였을 때부터 이미 발생이 예정되어 있다고 볼 수 있으므로, 전세권저당권이 설정된 때에 이미 전세권설정자가 전세권자에 대하여 반대채권을 가지고 있고 반대채권의 변제기가 장래 발생할 전세금반환채권의 변제기와 동시에 또는 그보다 먼저 도래하는 경우와 같이 전세권설정자에게 합리적 기대 이익을 인정할 수 있는 경우에는 특별한 사정이 없는 한 전세권설정자는 반대채권을 자동채권으로 하여 전세금반환채권과 상계함으로써 전세권저당권자에게 대항할 수 있다(대판 2014. 10. 27, 2013다91672).

[비교판례] [1] 실제로는 전세권설정계약이 없으면서도 임대차계약에 기한 임차보증금 반환채권을 담보할 목적으로 임차인과 임대인 사이의 합의에 따라 임차인 명의로 전세권설정등기를 경료한 후 그 전세권에 대하여 근저당권이 설정된 경우, 설령 위 전세권설정계약만 놓고 보아 그것이 통정허위표시에 해당하여 무효라 하더라도 이로써 위 전세권설정계약에 의하여 형성된 법률관계를 토대로 별개의 법률원인에 의하여 새로운 법률상 이해관계를 갖게 된 근저당권자에 대하여는 그와 같은 사정을 알고 있었던 경우에만 그 무효를 주장할 수 있다.

[2] 전세권의 존속기간이 만료하면 전세권의 용익물권적 권능이 소멸하기 때문에 그 전세권에 대한 저당권자는 더 이상 전세권 자체에 대하여 저당권을 실행할 수 없게 되고, 이러한 경우에는 민법 제370조, 제342조, 민사집행법 제273조에 의하여 저당권의 목적물인 전세권에 갈음하여 존속하는 것으로 볼 수 있는 전세금반환채권에 대하여 추심명령 또는 전부명령을 받거나, 제3자가 전세금반환채권에 대하여 실시한 강제집행절차에서 배당요구를 하는 등의 방법으로 자신의 권리를 행사할 수 있고, 민법 제370조, 제342조 단서가 저당권자는 물상대위권을 행사하기 위하여 저당권설정자가 받을 금전 기타 물건의 지급 또는 인도 전에 압류하여야 한다고 규정한 것은 물상대위의 목적인 채권의 특정성을 유지하여 그 효력을 보전함과 동시에 제3자에게 불측의 손해를 입히지 않으려는 데 그 목적이 있으므로, 적법한 기간 내에 적법한 방법으로 물상대위권을 행사한 저당권자는 전세권자에 대한 일반채권자보다 우선변제를 받을 수 있다.

[3] 전세금은 그 성격에 비추어 민법 제315조에 정한 전세권설정자의 전세권자에 대한 손해배상채권 외 다른 채권까지 담보한다고 볼 수 없으므로, 전세권설정자가 전세권자에 대하여 위 손해배상채권 외 다른 채권을 가지고 있더라도 다른 특별한 사정이 없는 한 이를 가지고 전세금반환채권에 대하여 물상대위권을 행사한 전세권저당권자에게 상계 등으로 대항할 수 없다(대판 2008. 3. 13, 2006다29372,29389).

☞ 차이점(2013다91672의 판결이유 발췌) : 원심이 내세운 대법원 2008. 3. 13, 2006다29372, 29389 판결은 임대차보증금반환채권의 담보를 목적으로 전세권이 설정된 것임을 저당권자가 몰랐던 사안에서 임대차계약에 의하여 발생한 연체차임, 관리비, 손해배상 등의 채권을 자동채권으로 하여 전세금반환채권과 상계할 수 없다고 한 것으로, 이 사건과는 그 사안을 달리하여 원용하기에 적절하지 않다.

ㄷ.(×) [판례1] 부동산등기법 제171조에서 말하는 등기상 이해관계 있는 제3자란 말소등기를 함으로써 손해를 입을 우려가 있는 등기상의 권리자로서 그 손해를 입을 우려가 있다는 것이 등기부 기재에 의하여 형식적으로 인정되는 자이고, 그 제3자가 승낙의무를 부담하는지 여부는 그 제3자가 말소등기 권리자에 대한 관계에서 그 승낙을 하여야 할 실체법상의 의무가 있는지 여부에 의하여 결정된다(대판 2007. 4. 27, 2005다43753).
[판례2] 민법 제108조 제2항에 규정된 통정허위표시에 있어서의 제3자는 그 선의 여부가 문제이지 이에 관한 과실 유무를 따질 것이 아니다(대판 2006. 3. 10, 2002다1321).

281 **甲은 乙과 乙 소유의 건물에 대하여 전세금 3억 원에 전세권설정계약을 체결하고 그 등기까지 마쳤다. 이에 관한 설명 중 옳지 않은 것은? (각 지문은 독립적이며, 다툼이 있는 경우 판례에 의함)** (2019 변호사)

① 甲과 乙이 실제로는 전세권설정계약을 체결하지 않고 임대차계약에 기한 임대차보증금반환채권을 담보할 목적으로 전세권설정등기를 마친 경우라 하더라도, 이 사실을 모른 채 甲의 채권자인 丙이 甲의 전세권부 채권을 가압류하였다면 乙은 丙을 상대로 위 전세권설정계약의 무효를 주장할 수 없다.
② 甲은 존속기간의 경과로 인해 본래의 용익물권적 권능이 소멸하고 담보물권적 권능만 남은 전세권에 대해서는 그 피담보채권인 전세금반환채권과 함께 제3자에게 이를 양도할 수 있다.
③ 전세권이 성립한 후 건물의 소유권이 乙로부터 丙에게 이전된 경우, 전세권은 甲과 丙 사이에서 계속 동일한 내용으로 존속하게 된다고 보아야 할 것이고, 丙은 전세권의 내용에 따른 권리의무의 직접적인 당사자가 되어 전세권이 소멸하는 때에 甲에 대하여 전세권설정자의 지위에서 전세금반환의무를 부담하게 된다.
④ 甲이 전세권 소멸 후 그 목적물을 인도하였다고 하더라도 전세권설정등기의 말소등기에 필요한 서류를 교부하거나 그 이행의 제공을 하지 아니하는 이상, 乙은 전세금의 반환을 거부할 수 있고, 이 경우 다른 특별한 사정이 없는 한 乙이 전세금에 대한 이자 상당액의 이득을 법률상 원인 없이 얻는다고 볼 수 없다.
⑤ 甲의 전세권설정등기 당시 乙이 위 건물의 대지에 대한 소유권자이었으나 그 뒤 乙이 그 대지를 丙에게 매도하여 丙 명의의 소유권이전등기가 경료된 경우, 丙은 甲에게 지상권을 설정한 것으로 본다.

해설 ① (○) : [1] 실제로는 전세권설정계약을 체결하지 아니하였으면서도 임대차계약에 기한 임차보증금반환채권을 담보할 목적 또는 금융기관으로부터 자금을 융통할 목적으로 임차인과 임대인 사이의 합의에 따라 임차인 명의로 전세권설정등기를 경료한 경우, 위 전세권설정계약이 통정허위표시에 해당하여 무효라 하더라도 위 전세권설정계약에 의하여 형성된 법률관계에 기초하여 새로이 법률상 이해관계를 갖게 된 제3자에 대하여는 그 제3자가 그와 같은 사정을 알고 있었던 경우에만 그 무효를 주장할 수 있다. 그리고 통정한 허위표시에 의하여 외형상 형성된 법률관계로 생긴 채권을 가압류한 경우 그 가압류권자는 허위표시에 기초하여 새로이 법률상 이해관계를 가지게 된 제3자에 해당하므로, 그가 선의인 이상 위 통정허위표시의 무효를 그에 대하여 주장할 수 없다(대판 2010. 3. 25, 2009다35743).
② (○) : 전세권설정등기를 마친 민법상의 전세권은 그 성질상 용익물권적 성격과 담보물권적 성격을 겸비한 것으로서, 전세권의 존속기간이 만료되면 전세권의 용익물권적 권능은 전세권설정등기의 말소 없이도 당연히 소멸하고 단지 전세금반환채권을 담보하는 담보물권적 권능의 범위 내에서 전세금의 반환시까지 그 전세권설정등기의 효력이 존속하고 있다 할 것인데, 이와 같이 존속기간의 경과로서

정답 》 281 ⑤

본래의 용익물권적 권능이 소멸하고 담보물권적 권능만 남은 전세권에 대해서도 그 피담보채권인 전세금반환채권과 함께 제3자에게 이를 양도할 수 있다 할 것이지만 이 경우에는 민법 제450조 제2항 소정의 확정일자 있는 증서에 의한 채권양도절차를 거치지 않는 한 위 전세금반환채권의 압류·전부채권자 등 제3자에게 위 전세보증금반환채권의 양도사실로써 대항할 수 없다(대판 2005. 3. 25, 2003다35659).

③ (○) : 전세권이 성립한 후 목적물의 소유권이 이전되는 경우에 있어서 전세권 관계가 전세권자와 전세권설정자인 종전 소유자와 사이에 계속 존속되는 것인지 아니면 전세권자와 목적물의 소유권을 취득한 신 소유자와 사이에 동일한 내용으로 존속되는지에 관하여 민법에 명시적인 규정은 없으나, 전세목적물의 소유권이 이전된 경우 민법이 전세권 관계로부터 생기는 상환청구, 소멸청구, 갱신청구, 전세금증감청구, 원상회복, 매수청구 등의 법률관계의 당사자로 규정하고 있는 전세권설정자 또는 소유자는 모두 목적물의 소유권을 취득한 신 소유자로 새길 수밖에 없다고 할 것이므로, 전세권은 전세권자와 목적물의 소유권을 취득한 신 소유자 사이에서 계속 동일한 내용으로 존속하게 된다고 보아야 할 것이고, 따라서 목적물의 신 소유자는 구 소유자와 전세권자 사이에 성립한 전세권의 내용에 따른 권리의무의 직접적인 당사자가 되어 전세권이 소멸하는 때에 전세권자에 대하여 전세권설정자의 지위에서 전세금반환의무를 부담하게 되고, 구 소유자는 전세권설정자의 지위를 상실하여 전세금반환의무를 면하게 된다고 보아야 하고, 전세권이 전세금 채권을 담보하는 담보물권적 성질을 가지고 있다고 하여도 전세권은 전세금이 존재하지 않으면 독립하여 존재할 수 없는 용익물권으로서 전세금은 전세권과 분리될 수 없는 요소이므로 전세권 관계로 생기는 위와 같은 법률관계가 신 소유자에게 이전되었다고 보는 이상, 전세금 채권 관계만이 따로 분리되어 전 소유자와 사이에 남아 있다고 할 수는 없을 것이고, 당연히 신 소유자에게 이전되었다고 보는 것이 옳다(대판 2000. 6. 9, 99다15122).

④ (○) : 전세권설정자는 전세권이 소멸한 경우 전세권자로부터 그 목적물의 인도 및 전세권설정등기의 말소등기에 필요한 서류의 교부를 받는 동시에 전세금을 반환할 의무가 있을 뿐이므로, 전세권자가 그 목적물을 인도하였다고 하더라도 전세권설정등기의 말소등기에 필요한 서류를 교부하거나 그 이행의 제공을 하지 아니하는 이상, 전세권설정자는 전세금의 반환을 거부할 수 있고, 이 경우 다른 특별한 사정이 없는 한 그가 전세금에 대한 이자 상당액의 이득을 법률상 원인 없이 얻는다고 볼 수 없다(대판 2002. 2. 5, 2001다62091).

[비교판례] 임대차종료후 임차인의 임차목적물명도의무와 임대인의 연체차임 기타 손해배상금을 공제하고 남은 임대차보증금반환채무와는 동시이행의 관계에 있으므로 임차인이 동시이행의 항변권에 기하여 임차목적물을 점유하고 사용수익한 경우 그 점유는 불법점유라 할 수 없어 그로 인한 손해배상책임은 지지 아니하되, 다만 사용수익으로 인하여 실질적으로 얻은 이익이 있으면 부당이득으로서 반환하여야 한다(대판 1989. 2. 28, 87다카2114,2115,2116).

⑤ (×) : 민법 제305조(건물의 전세권과 법정지상권) ① 대지와 건물이 동일한 소유자에 속한 경우에 건물에 전세권을 설정한 때에는 그 대지소유권의 특별승계인은 전세권설정자에 대하여 지상권을 설정한 것으로 본다. 그러나 지료는 당사자의 청구에 의하여 법원이 이를 정한다. ☞ 전세권자인 甲이 아니라 전세권설정자인 乙에게 지상권을 설정한 것으로 보는 것이다.

282 **乙은 2017. 10. 10. 甲으로부터 甲 소유의 X건물을 보증금 1억 원, 차임 월 200만 원, 임차기간 2년으로 정하여 임차하고, 같은 날 단순히 자신의 보증금반환채권을 담보할 목적으로 甲의 동의를 받아 위 건물에 관하여 전세금은 1억 원, 존속기간은 위 임차기간과 동일하게 하여 전세권설정등기를 마쳤다. 그 후 乙은 위 사실을 알지 못하는 丙으로부터 1억 원을 차용하면서 자신의 전세권에 관하여 2017. 10. 20. 丙 명의의 전세권저당권을 설정하여 주었다. 이에 관한 설명 중 옳은 것(○)과 옳지 않은 것(×)을 올바르게 조합한 것은? (다툼이 있는 경우 판례에 의함)** (2020 변호사)

> ㄱ. 임대차기간이 만료되자 丙이 乙의 전세금반환채권을 압류·전부하여 甲에 대하여 1억 원의 지급을 청구한 경우, 甲은 자신이 2017. 12. 10. 乙에게 변제기를 2018. 12. 10.로 정하여 대여한 대여금채권을 자동채권으로 하는 상계로 丙에게 대항할 수 있다.
> ㄴ. 丙은 전세권의 존속기간이 만료되면 더 이상 전세권 자체에 대하여 저당권을 실행할 수 없고, 전세금반환채권에 대하여 물상대위권을 행사하여 전세금의 지급을 구하여야 한다.
> ㄷ. 甲과 乙 사이에 체결된 임대차계약은 乙 명의로 전세권설정등기가 마쳐진 후에는 전세권설정계약으로 변경되어 그 효력이 발생하기 때문에 甲은 乙에 대하여 더 이상 그 전세권설정계약이 통정허위표시로서 무효라고 주장할 수 없다.
> ㄹ. 甲과 乙이 2019. 3. 27. X건물에 관하여 보증금 8,000만 원, 월 차임 100만 원, 임차기간 2년으로 정하여 임차하기로 하는 내용으로 종전의 임대차계약을 변경하였다면, 甲은 丙에 대해서도 당연히 전세권의 일부소멸을 주장할 수 있다.

① ㄱ(○), ㄴ(×), ㄷ(○), ㄹ(×)
② ㄱ(○), ㄴ(○), ㄷ(×), ㄹ(○)
③ ㄱ(×), ㄴ(○), ㄷ(×), ㄹ(×)
④ ㄱ(×), ㄴ(○), ㄷ(○), ㄹ(○)
⑤ ㄱ(×), ㄴ(×), ㄷ(○), ㄹ(×)

해설 ㄱ. (×), ㄴ. (○) : 전세권을 목적으로 한 저당권이 설정된 경우, 전세권의 존속기간이 만료되면 전세권의 용익물권적 권능이 소멸하기 때문에 더 이상 전세권 자체에 대하여 저당권을 실행할 수 없게 되고, 저당권자는 저당권의 목적물인 전세권에 갈음하여 존속하는 것으로 볼 수 있는 전세금반환채권에 대하여 압류 및 추심명령 또는 전부명령을 받거나 제3자가 전세금반환채권에 대하여 실시한 강제집행절차에서 배당요구를 하는 등의 방법으로 물상대위권을 행사하여 전세금의 지급을 구하여야 한다(ㄴ지문). 전세권저당권자가 위와 같은 방법으로 전세금반환채권에 대하여 물상대위권을 행사한 경우, 종전 저당권의 효력은 물상대위의 목적이 된 전세금반환채권에 존속하여 저당권자가 전세금반환채권으로부터 다른 일반채권자보다 우선변제를 받을 권리가 있으므로, 설령 전세금반환채권이 압류된 때에 전세권설정자가 전세권자에 대하여 반대채권을 가지고 있고 반대채권과 전세금반환채권이 상계적상에 있다고 하더라도 그러한 사정만으로 전세권설정자가 전세권저당권자에게 상계로써 대항할 수는 없다. 그러나 전세금반환채권은 전세권이 성립하였을 때부터 이미 발생이 예정되어 있다고 볼 수 있으므로, 전세권저당권이 설정된 때에 이미 전세권설정자가 전세권자에 대하여 반대채권을 가지고 있고 반대채권의 변제기가 장래 발생할 전세금반환채권의 변제기와 동시에 또는 그보다 먼저 도래하는 경우와 같이 전세권설정자에게 합리적 기대 이익을 인정할 수 있는 경우에는 특별한 사정이 없는

정답 》 282 ③

한 전세권설정자는 반대채권을 자동채권으로 하여 전세금반환채권과 상계함으로써 전세권저당권자에게 대항할 수 있다(ㄱ지문)(대판 2014. 10. 27, 2013다91672). ☞ 사안에서 甲은 반대채권을 丙이 저당권을 취득(2017. 10. 20.)한 이후(2017. 12. 10.)에 취득하였으므로 상계할 수 없다.

ㄷ. (×) : 허위표시는 선의의 제3자에 대한 관계에 있어서는 표시된 대로 효력이 있는데, 이러한 경우에도 허위표시는 당사자 사이에서는 언제나 무효이다(민법 제108조 참조).

ㄹ. (×) : [1] 임대차보증금 반환채권을 담보하기 위하여 전세권설정등기를 경료한 후 그 전세권에 대하여 저당권이 설정된 경우, 임대인과 임차인 사이에 있어서 임대차계약만이 유효하고 외형만 작출된 위 전세권설정계약이 무효라고 하더라도 그와 같은 사정을 알지 못한 제3자인 저당권자에 대하여는 그 무효를 주장할 수 없다고 한 사례. [2] 임대차보증금 반환채권을 담보하기 위하여 전세권설정등기를 경료한 후 그 전세권에 대하여 저당권이 설정된 경우, 임대차계약의 변경으로 전세권이 일부 소멸하더라도 저당권자의 동의가 없는 한 전세권설정자가 위 전세권의 일부 소멸을 주장할 수 없다고 한 사례(대판 2006. 2. 9, 2005다59864).

283 **甲은 乙과 乙 소유 X 건물에 관하여 전세권설정계약을 체결하고 그 등기를 마쳤다. 이에 관한 설명 중 옳지 않은 것은? (다툼이 있는 경우 판례에 의함)** (2022 변호사)

① 전세금의 지급은 전세권 성립의 요소가 되는 것이지만, 그렇다고 하여 전세금의 지급이 반드시 현실로 수수되어야만 하는 것은 아니다.

② 甲은 전세권 존속 중이라도, 장래에 그 전세권이 소멸하여 전세금반환채권이 발생하는 것을 조건으로 그 장래의 조건부 채권을 양도할 수 있다.

③ 乙이 전세권 존속 중에 X 건물을 丙에게 양도한 경우 전세금반환의무는 丙이 부담한다.

④ 甲이 자신의 채권자 丙을 위하여 위 전세권에 관하여 전세권저당권설정등기를 마친 후 전세권의 존속기간이 만료된 경우, 丙은 전세금반환채권에 대하여 압류·추심명령 또는 압류·전부명령을 받거나 제3자가 그 채권에 대하여 실시한 강제집행절차에서 배당요구를 하였다면 전세금에서 우선변제를 받을 수 있다.

⑤ 甲의 전세권이 X 건물의 일부에 설정된 경우에, 전세권의 목적인 부분이 구조상 또는 이용상 독립성이 없어 독립한 소유권의 객체로 분할할 수 없고 따라서 그 부분만의 경매신청이 불가능하다면, 甲은 X 건물 전부에 대해서 경매신청을 할 수 있다.

해설 ① (○) : 전세금의 지급은 전세권 성립의 요소가 되는 것이지만 그렇다고 하여 전세금의 지급이 반드시 현실적으로 수수되어야만 하는 것은 아니고 기존의 채권으로 전세금의 지급에 갈음할 수도 있다(대판 1995. 2. 10, 94다18508).

② (○) : 전세권이 존속하는 동안은 전세권을 존속시키기로 하면서 전세금반환채권만을 전세권과 분리하여 확정적으로 양도하는 것은 허용되지 않는 것이며, 다만 전세권 존속 중에는 장래에 그 전세권이 소멸하는 경우에 전세금 반환채권이 발생하는 것을 조건으로 그 장래의 조건부 채권을 양도할 수 있을 뿐이라 할 것이다(대판 2002. 8. 23, 2001다69122).

③ (○) : 전세권이 성립한 후 목적물의 소유권이 이전되는 경우에 있어서 전세권 관계가 전세권자와 전세권설정자인 종전 소유자와 사이에 계속 존속되는 것인지 아니면 전세권자와 목적물의 소유권을

283 ⑤ 《 정답

취득한 신 소유자와 사이에 동일한 내용으로 존속되는지에 관하여 민법에 명시적인 규정은 없으나, 전세목적물의 소유권이 이전된 경우 민법이 전세권 관계로부터 생기는 상환청구, 소멸청구, 갱신청구, 전세금증감청구, 원상회복, 매수청구 등의 법률관계의 당사자로 규정하고 있는 전세권설정자 또는 소유자는 모두 목적물의 소유권을 취득한 신 소유자로 새길 수밖에 없다고 할 것이므로, 전세권은 전세권자와 목적물의 소유권을 취득한 신 소유자 사이에서 계속 동일한 내용으로 존속하게 된다고 보아야 할 것이고, 따라서 목적물의 신 소유자는 구 소유자와 전세권자 사이에 성립한 전세권의 내용에 따른 권리의무의 직접적인 당사자가 되어 전세권이 소멸하는 때에 전세권자에 대하여 전세권설정자의 지위에서 전세금반환의무를 부담하게 되고, 구 소유자는 전세권설정자의 지위를 상실하여 전세금반환의무를 면하게 된다(대판 2000. 6. 9, 99다15122).

④ (○) : 전세권의 존속기간이 만료하면 전세권의 용익물권적 권능이 소멸하기 때문에 그 전세권에 대한 저당권자는 더 이상 전세권 자체에 대하여 저당권을 실행할 수 없게 되고, 이러한 경우에는 민법 제370조, 제342조, 민사집행법 제273조에 의하여 저당권의 목적물인 전세권에 갈음하여 존속하는 것으로 볼 수 있는 전세금반환채권에 대하여 추심명령 또는 전부명령을 받거나, 제3자가 전세금반환채권에 대하여 실시한 강제집행절차에서 배당요구를 하는 등의 방법으로 자신의 권리를 행사할 수 있고, 민법 제370조, 제342조 단서가 저당권자는 물상대위권을 행사하기 위하여 저당권설정자가 받을 금전 기타 물건의 지급 또는 인도 전에 압류하여야 한다고 규정한 것은 물상대위의 목적인 채권의 특정성을 유지하여 그 효력을 보전함과 동시에 제3자에게 불측의 손해를 입히지 않으려는 데 그 목적이 있으므로, 적법한 기간 내에 적법한 방법으로 물상대위권을 행사한 저당권자는 전세권자에 대한 일반채권자보다 우선변제를 받을 수 있다(대판 2008. 3. 13, 2006다29372,29389).

⑤ (×) : 건물의 일부에 대하여 전세권이 설정되어 있는 경우 그 전세권자는 민법 제303조 제1항의 규정에 의하여 그 건물 전부에 대하여 후순위권리자 기타 채권자보다 전세금의 우선변제를 받을 권리가 있고, 민법 제318조의 규정에 의하여 전세권설정자가 전세금의 반환을 지체한 때에는 전세권의 목적물의 경매를 청구할 수 있는 것이나, 전세권의 목적물이 아닌 나머지 건물부분에 대하여는 우선변제권은 별론으로 하고 경매신청권은 없으므로, 위와 같은 경우 전세권자는 전세권의 목적이 된 부분을 초과하여 건물 전부의 경매를 청구할 수 없다고 할 것이고, 그 전세권의 목적이 된 부분이 구조상 또는 이용상 독립성이 없어 독립한 소유권의 객체로 분할할 수 없고 따라서 그 부분만의 경매신청이 불가능하다고 하여 달리 볼 것은 아니다(대결 2001. 7. 2.자 2001마212).

CHAPTER 11

담보물권의 일반

POINT

Ⅰ. 담보물권의 의의

Ⅱ. 담보물권의 성질

CHAPTER

12 유치권

POINT

284 **유치권자는 채권의 변제를 받기 위하여 유치물을 경매할 수 있고, 매각대금에서 후순위권리자보다 우선변제를 받을 수 있다. ( )** (2019 변리사, 2022 변호사)

> **해설** 유치권자는 채권의 변제를 받기 위하여 유치물을 경매할 수 있으나(민법 제322조 제1항), 우선변제권은 없고 물상대위성도 없다. [판례] 유치권에 의한 경매도 강제경매나 담보권 실행을 위한 경매와 마찬가지로 목적부동산 위의 부담을 소멸시키는 것을 법정매각조건으로 하여 실시되고 우선채권자뿐만 아니라 일반채권자의 배당요구도 허용되며, 유치권자는 일반채권자와 동일한 순위로 배당을 받을 수 있다고 보아야 한다(대결 2011. 6. 15, 자 2010마1059). ☞ 유치권자의 경우 사실상의 우선변제효를 누릴 수 있는 점과는 구별해야 한다.

285 **부동산유치권은 대부분의 경우 사실상 최우선순위의 담보권으로 작용하므로 유치권자는 다른 담보물권자에 대하여 그 성립의 선후를 불문하고 우선적으로 자기 채권의 만족을 얻을 수 있다. ( )** (2014 변리사)

> **해설** 어떠한 부동산에 저당권 또는 근저당권과 같이 담보권이 설정된 경우에도 그 설정 후에 제3자가 그 목적물을 점유함으로써 그 위에 유치권을 취득하게 될 수 있다. 이와 같이 저당권 등의 설정 후에 유치권이 성립한 경우에도 마찬가지로 유치권자는 그 저당권의 실행절차에서 목적물을 매수한 사람을 포함하여 목적물의 소유자 기타 권리자에 대하여 위와 같은 대세적인 인도거절권능을 행사할 수 있다. 따라서 부동산유치권은 대부분의 경우에 사실상 최우선순위의 담보권으로서 작용하여, 유치권자는 자신의 채권을 목적물의 교환가치로부터 일반채권자는 물론 저당권자 등에 대하여도 그 성립의 선후를 불문하여 우선적으로 자기 채권의 만족을 얻을 수 있게 된다(대판 2011. 12. 22, 2011다84298).

286 **유치권자가 경매개시결정등기 전에 부동산에 관하여 유치권을 취득하였더라도 그 취득에 앞서 저당권설정등기가 먼저 되어 있었다면, 경매절차의 매수인에게 자기의 유치권으로 대항할 수 없다. ( )** (2021 변리사)

> **해설** 경매개시결정등기가 되기 전에 이미 그 부동산에 관하여 민사유치권을 취득한 사람은 그 취득에 앞서 저당권설정등기나 가압류등기 또는 체납처분압류등기가 먼저 되어 있다 하더라도 경매절차의 매수인에게 자기의 유치권으로 대항할 수 있다(대판 2014. 4. 10, 2010다84932).

287 **유치권의 존속 중에 유치물의 소유권이 제3자에게 양도된 경우에는 유치권자는 그 제3자에 대하여 유치권을 행사할 수 없다. ( )** (2023 변리사)

정답 》 284 (×) 285 (○) 286 (×) 287 (×)

해설 유치권은 물권이므로 유치권자는 채권의 변제를 받을 때까지 누구에 대하여도 목적물을 유치하여 인도를 거절할 수 있다. 채무자뿐 아니라 그 물건의 소유자, 양수인, 경락인(매수인)에 대하여도 같다.

288 **유치물이 분할가능한 경우, 유치권자가 피담보채권의 일부를 변제받았다면 유치물 전부에 대하여 유치권을 행사할 수 없다. ( )** (2022 변리사)

해설 민법 제321조는 "유치권자는 채권 전부의 변제를 받을 때까지 유치물 전부에 대하여 그 권리를 행사할 수 있다"고 규정하고 있으므로, 유치물은 그 각 부분으로써 피담보채권의 전부를 담보하며, 이와 같은 유치권의 불가분성은 그 목적물이 분할 가능하거나 수개의 물건인 경우에도 적용된다(대판 2007. 9. 7, 2005다16942).

289 **다세대주택 전체의 창호 공사를 완성한 수급인이 위 공사 전부에 대하여 일률적으로 지급하기로 한 공사대금 잔액을 변제받기 위하여 위 다세대주택 중 한 세대를 점유하여 유치권을 행사하는 경우, 그 유치권은 위 한 세대에 대하여 시행한 공사대금만이 아니라 위 다세대주택 전체에 대하여 시행한 공사대금 잔액 전부에 대한 채권을 피담보채권으로 하여 성립한다. ( )** (2019 변호사)

해설 [1] 민법 제321조는 "유치권자는 채권 전부의 변제를 받을 때까지 유치물 전부에 대하여 그 권리를 행사할 수 있다"고 규정하고 있으므로, 유치물은 그 각 부분으로써 피담보채권의 전부를 담보하며, 이와 같은 유치권의 불가분성은 그 목적물이 분할 가능하거나 수개의 물건인 경우에도 적용된다. [2] 다세대주택의 창호 등의 공사를 완성한 하수급인이 공사대금채권 잔액을 변제받기 위하여 위 다세대주택 중 한 세대를 점유하여 유치권을 행사하는 경우, 그 유치권은 위 한 세대에 대하여 시행한 공사대금만이 아니라 다세대주택 전체에 대하여 시행한 공사대금채권의 잔액 전부를 피담보채권으로 하여 성립한다고 본 사례(대판 2007. 9. 7, 2005다16942).

290-1 **건물신축공사를 도급받은 수급인은 사회통념상 독립한 건물이 되지 못한 정착물을 토지에 설치한 상태에서 공사가 중단된 경우, 위 정착물에 대하여 유치권을 행사할 수 없다. ( )** (2017 변리사)

290-2 **건물신축공사를 도급받은 수급인이 사회통념상 독립한 건물이 되지 못한 정착물을 토지에 설치한 상태에서 공사가 중단된 경우, 토지에 대하여 유치권을 행사할 수 있다. ( )** (2018 변리사)

해설 건물의 신축공사를 도급받은 수급인이 사회통념상 독립한 건물이라고 볼 수 없는 정착물을 토지에 설치한 상태에서 공사가 중단된 경우에 위 정착물은 토지의 부합물에 불과하여 이러한 정착물에 대하여 유치권을 행사할 수 없는 것이고, 또한 공사중단시까지 발생한 공사금 채권은 토지에 관하여 생긴 것이 아니므로 위 공사금 채권에 기하여 토지에 대하여 유치권을 행사할 수도 없는 것이다(대결 2008. 5. 30, 자 2007마98).

288 (×) 289 (○) 290-1 (○) 290-2 (×) **정답**

291-1 수급인이 자신의 노력과 재료를 들여 신축한 건물에 대한 소유권을 원시취득한 경우, 수급인은 공사대금을 지급받을 때까지 유치권을 행사할 수 있다. ( ) (2019 변리사)

291-2 수급인은 도급계약에 따라 자신의 재료와 노력으로 건축된 자기 소유의 건물에 대해서도 도급인으로부터 공사대금을 지급받을 때까지 유치권을 가진다. ( ) (2023 변리사)

> **해설** 유치권은 타물권인 점에 비추어 볼 때 수급인의 재료와 노력으로 건축되었고 독립한 건물에 해당되는 기성부분은 수급인의 소유라 할 것이므로 수급인은 공사대금을 지급받을 때까지 이에 대하여 유치권을 가질 수 없다(대판 1993. 3. 26, 91다14116).

292 아직 변제기에 이르지 아니한 채권에 기해서는 유치권을 행사할 수 없다. ( ) (2018 변리사)

> **해설** 민법 제320조(유치권의 내용) ① 타인의 물건 또는 유가증권을 점유한 자는 그 물건이나 유가증권에 관하여 생긴 채권이 변제기에 있는 경우에는 변제를 받을 때까지 그 물건 또는 유가증권을 유치할 권리가 있다. [동지판례] 유치권은 그 목적물에 관하여 생긴 채권이 변제기에 있는 경우에 성립하는 것이므로 아직 변제기에 이르지 아니한 채권에 기하여 유치권을 행사할 수는 없다(대판 2007. 9. 21, 2005다41740).

293 건물신축 도급계약에서 수급인이 완성한 신축 건물에 하자가 있고 하자 및 손해에 상응하는 금액이 공사잔대금액 이상이어서 도급인이 하자보수에 갈음한 손해배상청구권에 기하여 수급인의 공사잔대금채권 전부에 대하여 동시이행의 항변을 한 경우, 수급인은 위 손해배상채무에 관한 이행의 제공을 하지 아니한 이상 공사잔대금채권에 기한 유치권을 행사할 수 없다. ( ) (2020 변호사)

> **해설** 건물신축 도급계약에서 수급인이 공사를 완성하였더라도, 신축된 건물에 하자가 있고 그 하자 및 손해에 상응하는 금액이 공사잔대금액 이상이어서, 도급인이 수급인에 대한 하자보수청구권 내지 하자보수에 갈음한 손해배상채권 등에 기하여 수급인의 공사잔대금 채권 전부에 대하여 동시이행의 항변을 한 때에는, 공사잔대금채권의 변제기가 도래하지 아니한 경우와 마찬가지로 수급인은 도급인에 대하여 하자보수의무나 하자보수에 갈음한 손해배상의무 등에 관한 이행의 제공을 하지 아니한 이상 공사잔대금 채권에 기한 유치권을 행사할 수 없다고 보아야 한다(대판 2014. 1. 16, 2013다30653).

294 특별한 사정이 없는 한, 간접점유는 유치권의 성립요건이자 존속요건인 점유에 해당한다. ( ) (2017 변리사)

> **해설** 유치권의 성립요건인 유치권자의 점유는 직접점유이든 간접점유이든 관계없다(대결 2002. 11. 27, 자 2002마3516).

295-1 유치권자의 점유는 직접점유와 간접점유를 가리지 않으나, 그 직접점유자가 채무자일 때에는 유치권의 요건으로서 점유에 해당하지 않는다. ( ) (2014 변리사)

정답 291-1 (×) 291-2 (×) 292 (○) 293 (○) 294 (○) 295-1 (○)

295-2 **채권자가 채무자의 직접점유를 통하여 간접점유하는 경우에는 유치권은 성립하지 않는다. ( )** (2019, 2022 변리사)

해설 유치권의 성립요건이자 존속요건인 유치권자의 점유는 직접점유이든 간접점유이든 관계가 없으나, 다만 유치권은 목적물을 유치함으로써 채무자의 변제를 간접적으로 강제하는 것을 본체적 효력으로 하는 권리인 점 등에 비추어, 그 직접점유자가 채무자인 경우에는 유치권의 요건으로서의 점유에 해당하지 않는다고 할 것이다(대판 2008. 4. 11, 2007다27236).

296 **점유물에 대한 필요비와 유익비 상환청구권에 기초한 유치권 주장을 배척하는 경우 점유가 불법행위로 인하여 개시되었다는 사실에 대한 주장·증명은 유치권 주장의 배척을 구하는 상대방 당사자가 하여야 한다. ( )** (2019 변호사)

해설 물건의 점유자는 소유의 의사로 선의, 평온 및 공연하게 점유한 것으로 추정되고 점유자가 점유물에 대하여 행사하는 권리는 적법하게 보유하는 것으로 추정된다(민법 제197조 제1항, 제200조). 따라서 점유물에 대한 필요비와 유익비 상환청구권을 기초로 하는 유치권 주장을 배척하려면 적어도 점유가 불법행위로 인하여 개시되었거나 점유자가 필요비와 유익비를 지출할 당시 점유권원이 없음을 알았거나 중대한 과실로 알지 못하였다고 인정할만한 사유에 대한 상대방 당사자의 주장·증명이 있어야 한다(대판 2011. 12. 13, 2009다5162).

297 **도급인과 건물신축공사 계약을 체결한 수급인이 공사완료 예정일에 공사를 완료하였으나 도급인이 공사대금을 지급하지 않는 경우, 수급인은 공사대금청구권 및 공사대금 채무불이행에 따른 손해배상청구권을 피담보채권으로 하여 도급인에게 위 신축건물에 관한 유치권으로 대항할 수 있다. ( )** (2019 변호사)

해설 주택건물의 신축공사를 한 수급인이 그 건물을 점유하고 있고 또 그 건물에 관하여 생긴 공사금 채권이 있다면, 수급인은 그 채권을 변제받을 때까지 건물을 유치할 권리가 있다고 할 것이고, 이러한 유치권은 수급인이 점유를 상실하거나 피담보채무가 변제되는 등 특단의 사정이 없는 한 소멸되지 않는다(대판 1995. 9. 15, 95다16202, 95다16219). 채무불이행에 의한 손해배상청구권은 원채권의 연장이라 보아야 할 것이므로 물건과 원채권과 사이에 견련관계가 있는 경우에는 그 손해배상채권과 그 물건과의 사이에도 견련관계가 있다할 것으로서 손해배상채권에 관하여 유치권항변을 내세울 수 있다할 것이다(대판 1976. 9. 28, 76다582).

298 **매도인이 중도금만 받고서 매수인에게 부동산의 소유권을 이전한 경우, 매도인은 잔금채권을 피담보채권으로 하여 매수인에 대하여 유치권을 행사할 수 있다. ( )** (2018, 2022 변리사)

해설 매도인이 부동산을 점유하고 있고 소유권을 이전받은 매수인에게서 매매대금 일부를 지급받지 못하고 있다고 하여 매매대금채권을 피담보채권으로 매수인이나 그에게서 부동산 소유권을 취득한 제3자를 상대로 유치권을 주장할 수 없다(대결 2012. 1. 12, 자 2011마2380).

295-2 (○) 296 (○) 297 (○) 298 (×) 《 정답

299 매매대금의 일부를 받고 부동산을 점유하면서 소유권이전등기를 넘겨준 매도인은 매수인으로부터 부동산소유권을 취득한 제3자에게 대금채권을 피담보채권으로 하여 유치권을 행사할 수 없다. ( ) (2014 변리사)

> **해설** 매매대금의 일부를 받고 부동산을 점유하면서 소유권이전등기를 넘겨준 매도인은 매수인으로부터 부동산소유권을 취득한 제3자에게 대금채권을 피담보채권으로 하여 유치권을 행사할 수 없다(대판 2012. 1. 12, 2011마2308). ☞ 견련성이 인정되지 않기 때문이다.

300-1 건축자재공급업자가 건물 신축공사 수급인과 체결한 자재공급계약에 따라 건축자재를 공급한 경우, 자재공급업자는 자재대금을 피담보채권으로 하여 건물에 대한 유치권을 행사할 수 없다. ( ) (2017 변리사)

300-2 건축자재상인이 건물 신축공사 수급인과 체결한 약정에 따라 건축자재를 공급하였으나 건축자재대금을 받지 못한 경우, 건축자재상인은 위 신축건물에 관하여 건축자재대금채권을 피담보채권으로 하는 유치권의 성립을 주장할 수 있다. ( ) (2019 변호사)

300-3 자재업자가 공사수급인과의 계약으로 시멘트를 공급하였고 이것이 공사수급인에 의해 건물신축공사에 사용됨으로써 부합된 경우, 시멘트대금채권은 신축된 건물 자체에 관하여 생긴 채권이라고 할 수 있다. ( ) (2020 변호사)

> **해설** 甲이 건물 신축공사 수급인인 乙 주식회사와 체결한 약정에 따라 공사현장에 시멘트와 모래 등의 건축자재를 공급한 사안에서, 甲의 건축자재대금채권은 매매계약에 따른 매매대금채권에 불과할 뿐 건물 자체에 관하여 생긴 채권이라고 할 수는 없음에도 건물에 관한 유치권의 피담보채권이 된다고 본 원심판결에 유치권의 성립요건인 채권과 물건 간의 견련관계에 관한 법리오해의 위법이 있다(대판 2012. 1. 26, 2011다96208).

301 임대인과 임차인이 건물명도시 권리금을 반환하기로 약정한 경우, 임차인은 그 권리금반환청구권을 피담보채권으로 하여 건물에 대한 유치권을 행사할 수 있다. ( ) (2014, 2021, 2022 변리사)

> **해설** 임대인과 임차인 사이에 건물명도시 권리금을 반환하기로 하는 약정이 있었다 하더라도 그와 같은 권리금반환청구권은 건물에 관하여 생긴 채권이라 할 수 없으므로 그와 같은 채권을 가지고 건물에 대한 유치권을 행사할 수 없다(대판 1994. 10. 14, 93다62119).

302 이른바 계약명의신탁약정을 맺고 명의수탁자가 명의신탁약정에 관하여 알지 못하는 소유자와 건물 매매계약을 체결한 뒤 수탁자 명의로 소유권이전등기를 마친 경우, 명의신탁자가 명의수탁자에 대하여 가지는 매매대금 상당의 부당이득반환청구권은 당해 건물의 반환청구권과 동일한 법률관계 또는 사실관계로부터 발생한 채권에 해당하지 않는다. ( ) (2020 변호사)

정답 》 299 (○) 300-1 (○) 300-2 (×) 300-3 (×) 301 (×) 302 (○)

해설 명의신탁자의 이와 같은 부당이득반환청구권은 부동산 자체로부터 발생한 채권이 아닐 뿐만 아니라 소유권 등에 기한 부동산의 반환청구권과 동일한 법률관계나 사실관계로부터 발생한 채권이라고 보기도 어려우므로, 결국 민법 제320조 제1항에서 정한 유치권 성립요건으로서의 목적물과 채권사이의 견련관계를 인정할 수 없다(대판 2009. 3. 26, 2008다34828)

303 **건물의 옥탑, 외벽 등에 설치된 간판이 일반적으로 건물의 일부가 아니라 독립된 물건으로 남아 있으면서 과다한 비용을 들이지 않고 건물로부터 분리될 수 있는 경우에는, 특별한 사정이 없는 한 간판 설치공사 대금채권은 그 건물 자체에 관하여 생긴 채권이라고 할 수는 없다. ( )** (2020 변호사)

해설 유치권의 피담보채권은 민법 제320조 규정의 취지에 비추어 볼 때, 그 물건에 관하여 생긴 채권이어야 한다. 따라서 건물의 옥탑, 외벽 등에 설치된 간판의 경우 일반적으로 건물의 일부가 아니라 독립된 물건으로 남아 있으면서 과다한 비용을 들이지 않고 건물로부터 분리할 수 있는 경우에는 특별한 사정이 없는 한 간판설치공사대금채권을 그 건물자체에 관하여 생긴 채권으로 볼 수 없어 그 건물에 대한 유치권이 인정될 수 없는 것이다(대판 2013. 10. 24, 2011다44788).

304-1 **유치권배제특약이 있는 경우, 유치권이 발생하지 않으나 이는 유치권배제특약을 한 당사자 사이에서만 주장할 수 있다. ( )** (2022 변리사)

304-2 **유치권은 채권자의 이익을 보호하기 위한 법정담보물권으로서 당사자는 미리 유치권의 발생을 막는 특약을 할 수 있고, 그 특약에 조건을 붙일 수 있다. ( )** (2021 변호사)

해설 제한물권은 이해관계인의 이익을 부당하게 침해하지 않는 한 자유로이 포기할 수 있는 것이 원칙이다. 유치권은 채권자의 이익을 보호하기 위한 법정담보물권으로서, 당사자는 미리 유치권의 발생을 막는 특약을 할 수 있고 이러한 특약은 유효하다. 유치권배제 특약이 있는 경우 다른 법정요건이 모두 충족되더라도 유치권은 발생하지 않는데, 특약에 따른 효력은 특약의 상대방뿐 아니라 그 밖의 사람도 주장할 수 있다. [2] 조건은 법률행위의 효력 발생 또는 소멸을 장래의 불확실한 사실의 발생 여부에 의존케 하는 법률행위의 부관으로서, 법률행위에서 효과의사와 일체적인 내용을 이루는 의사표시 그 자체라고 볼 수 있다. 유치권 배제 특약에도 조건을 붙일 수 있는데, 조건을 붙이고자 하는 의사가 있는지는 의사표시에 관한 법리에 따라 판단하여야 한다(대판 2018. 1. 24, 2016다234043).

305 **유치권자는 유치물의 과실(果實)이 금전인 경우, 이를 수취하여 다른 채권보다 먼저 유치권으로 담보된 채권의 변제에 충당할 수 있다. ( )** (2021 변리사)

해설 유치권자는 유치물의 과실을 수취하여 다른 채권보다 먼저 그 채권의 변제에 충당할 수 있다. 그러나 과실이 금전이 아닌 때에는 경매하여야 한다(민법 제323조 제1항).

303 (○) 304-1 (×) 304-2 (○) 305 (○) 《 정답

306 공사대금채권에 기하여 유치권을 행사하는 자가 스스로 보존에 필요한 범위 내에서 유치물인 주택에 거주하며 사용하는 경우에도 소유자는 유치권의 소멸을 청구할 수 있다. ( )

(2019 변리사, 2021 변호사)

> **해설** 민법 제324조에 의하면, 유치권자는 선량한 관리자의 주의로 유치물을 점유하여야 하고, 소유자의 승낙 없이 유치물을 보존에 필요한 범위를 넘어 사용하거나 대여 또는 담보제공을 할 수 없으며, 소유자는 유치권자가 위 의무를 위반한 때에는 유치권의 소멸을 청구할 수 있다고 할 것이지만, 공사대금채권에 기하여 유치권을 행사하는 자가 스스로 유치물인 주택에 거주하며 사용하는 것은 특별한 사정이 없는 한 유치물인 주택의 보존에 도움이 되는 행위로서 유치물의 보존에 필요한 사용에 해당하므로, 그러한 경우에는 유치권의 소멸을 청구할 수 없다(대판 2013. 4. 11, 2011다107009).

307 공사대금채권에 기하여 유치권을 행사하는 자가 유치물인 주택에 거주하며 사용하는 것이 보존행위에 해당하여 허용되는 경우에도, 특별한 사정이 없는 한 차임에 상당한 이득은 소유자에게 반환해야 한다. ( )

(2019 변호사, 2021 변리사)

> **해설** 민법 제324조에 의하면, 유치권자는 선량한 관리자의 주의로 유치물을 점유하여야 하고, 소유자의 승낙 없이 유치물을 보존에 필요한 범위를 넘어 사용하거나 대여 또는 담보제공을 할 수 없으며, 소유자는 유치권자가 위 의무를 위반한 때에는 유치권의 소멸을 청구할 수 있다고 할 것인바, 공사대금채권에 기하여 유치권을 행사하는 자가 스스로 유치물인 주택에 거주하며 사용하는 것은 특별한 사정이 없는 한 유치물인 주택의 보존에 도움이 되는 행위로서 유치물의 보존에 필요한 사용에 해당한다고 할 것이다. 그리고 유치권자가 유치물의 보존에 필요한 사용을 한 경우에도 특별한 사정이 없는 한 차임에 상당한 이득을 소유자에게 반환할 의무가 있다(대판 2009. 9. 24, 2009다40684).

308 건물공사대금의 채권자가 그 건물에 대하여 유치권을 행사하는 동안에는 그 공사대금채권의 소멸시효가 진행하지 않는다. ( )

(2021 변리사, 2022 변호사)

> **해설** 유치권의 행사는 채권의 소멸시효의 진행에 영향을 미치지 아니한다(민법 제326조).

309 채무자는 상당한 담보를 제공하고 유치권의 소멸을 청구할 수 있는데, 유치물 가액이 피담보채권액보다 적을 경우에는 피담보채권액에 해당하는 담보를 제공하여야 한다. ( )

(2023 변리사)

> **해설** 채무자는 상당한 담보를 제공하고 유치권의 소멸을 청구할 수 있다(민법 제327조). 유치권 소멸청구는 민법 제327조에 규정된 **채무자뿐만 아니라 유치물의 소유자도 할 수 있다**. 민법 제327조에 따라 채무자나 소유자가 제공하는 담보가 상당한지는 담보 가치가 채권 담보로서 상당한지, 유치물에 의한 담보력을 저하시키지 않는지를 종합하여 판단해야 한다. 따라서 **유치물 가액이 피담보채권액보다 많을 경우**에는 **피담보채권액**에 해당하는 담보를 제공하면 되고, **유치물 가액이 피담보채권액보다 적을 경우**에는 **유치물 가액**에 해당하는 담보를 제공하면 된다(대판 2021. 7. 29, 2019다216077).

정답 》 306 (×) 307 (○) 308 (×) 309 (×)

310 **유치권자가 유치물에 대한 점유를 빼앗긴 경우에도 점유물반환청구권을 보유하고 있다면 점유를 회복하기 전에도 유치권이 인정된다. ( )** (2023 변리사)

> **해설** 갑 주식회사가 건물신축 공사대금 일부를 지급받지 못하자 건물을 점유하면서 유치권을 행사해 왔는데, 그 후 을이 경매절차에서 건물 중 일부 상가를 매수하여 소유권이전등기를 마친 다음 갑 회사의 점유를 침탈하여 병에게 임대한 사안에서, 을의 점유침탈로 갑 회사가 점유를 상실한 이상 유치권은 소멸하고, 갑 회사가 **점유회수의 소를 제기하여 승소판결을 받아 점유를 회복하면** 점유를 상실하지 않았던 것으로 되어 유치권이 되살아나지만, 위와 같은 방법으로 **점유를 회복하기 전에는** 유치권이 되살아나는 것이 아님에도, 갑 회사가 상가에 대한 점유를 회복하였는지를 심리하지 아니한 채 점유회수의 소를 제기하여 점유를 회복할 수 있다는 사정만으로 갑 회사의 유치권이 소멸하지 않았다고 본 원심판결에 점유상실로 인한 유치권 소멸에 관한 법리오해의 위법이 있다(대판 2012. 2. 9, 2011다72189).

311-1 **채무자 소유의 부동산에 경매개시결정의 기입등기가 된 후에 채무자가 그 부동산에 관한 공사대금 채권자에게 부동산의 점유를 이전하여 유치권을 취득하게 한 경우, 공사대금 채권자는 유치권으로 경매절차의 매수인에게 대항하지 못한다. ( )** (2014 변리사)

311-2 **부동산 근저당권에 기한 압류의 효력이 발생한 후에 취득한 유치권으로 그 근저당권에 기한 경매절차의 매수인에게 대항할 수 있다. ( )** (2018 변리사)

311-3 **도급인 소유의 부동산에 경매개시결정의 기입등기가 경료되어 압류의 효력이 발생한 이후에 수급인이 도급인으로부터 위 부동산의 점유를 이전받고 이에 관한 공사 등을 시행함으로써 도급인에 대한 공사대금채권 및 이를 피담보채권으로 한 유치권을 취득한 경우, 부동산을 점유한 수급인은 그 부동산에 관한 경매절차의 매수인에게 유치권으로 대항할 수 없다. ( )** (2019, 2022 변호사)

> **해설** 채무자 소유의 건물 등 부동산에 강제경매개시결정의 기입등기가 경료되어 압류의 효력이 발생한 이후에 채무자가 위 부동산에 관한 공사대금 채권자에게 그 점유를 이전함으로써 그로 하여금 유치권을 취득하게 한 경우, 그와 같은 점유의 이전은 목적물의 교환가치를 감소시킬 우려가 있는 처분행위에 해당하여 민사집행법 제92조 제1항, 제83조 제4항에 따른 압류의 처분금지효에 저촉되므로 점유자로서는 위 유치권을 내세워 그 부동산에 관한 경매절차의 매수인에게 대항할 수 없다(대판 2005. 8. 19, 2005다22688).

312 **세금체납을 이유로 한 체납처분압류가 되어 있는 부동산에 대한 경매절차가 개시되기 전에 유치권을 취득한 유치권자는 그 경매절차의 매수인에게 유치권을 주장할 수 없다. ( )** (2018 변리사)

> **해설** 부동산에 관한 민사집행절차에서는 경매개시결정과 함께 압류를 명하므로 압류가 행하여짐과 동시에 매각절차인 경매절차가 개시되는 반면, 국세징수법에 의한 체납처분절차에서는 그와 달리 체납처분에 의한 압류(이하 '체납처분압류'라고 한다)와 동시에 매각절차인 공매절차가 개시되는 것이 아

310 (×) 311-1 (○) 311-2 (×) 311-3 (○) 312 (×) 《 정답

닐 뿐만 아니라, 체납처분압류가 반드시 공매절차로 이어지는 것도 아니다. 또한 체납처분절차와 민사집행절차는 서로 별개의 절차로서 공매절차와 경매절차가 별도로 진행되는 것이므로, 부동산에 관하여 체납처분압류가 되어 있다고 하여 경매절차에서 이를 그 부동산에 관하여 경매개시결정에 따른 압류가 행하여진 경우와 마찬가지로 볼 수는 없다. 따라서 체납처분압류가 되어 있는 부동산이라고 하더라도 그러한 사정만으로 경매절차가 개시되어 경매개시결정등기가 되기 전에 부동산에 관하여 민사유치권을 취득한 유치권자가 경매절차의 매수인에게 유치권을 행사할 수 없다고 볼 것은 아니다[대판(전합) 2014. 3. 20, 2009다60336].

313-1 **부동산에 가압류등기가 경료되어 있을 뿐 현실적인 매각절차가 이루어지지 않고 있는 상황에서 적법·유효한 법률행위에 따른 채무자의 점유 이전으로 인하여 제3자가 유치권을 취득하게 될 경우 이를 가압류 채권자에게 대항할 수 없는 처분행위로 볼 수 있다. ( )**

(2019 변호사)

313-2 **A 토지에 대하여 2019. 7. 1. 임의경매가 개시되었고, A 토지 지상 B 건물에 대하여 같은 해 8. 1. 가압류등기가 마쳐진 후 같은 해 11. 1. 강제경매가 개시되었다. 甲은 같은 해 10. 1. 乙로부터 B 건물의 점유를 이전받아 위 건물에 관한 공사대금채권을 피담보채권으로 하는 유치권을 취득하였다. 丙이 위 각 경매절차에서 A 토지와 B 건물에 관한 매각허가결정을 받아 매각대금을 지급한 경우, 특별한 사정이 없는 한 甲은 丙에게 B 건물에 대한 유치권을 주장할 수 있다. ( )**

(2020 변호사)

해설 (i) 부동산에 가압류등기가 경료되어 있을 뿐 현실적인 매각절차가 이루어지지 않고 있는 상황하에서는 채무자의 점유이전으로 인하여 제3자가 유치권을 취득하게 된다고 하더라도 이를 처분행위로 볼 수는 없다. (ii) 토지에 대한 담보권 실행 등을 위한 경매가 개시된 후 그 지상건물에 가압류등기가 경료되었는데, 甲이 채무자인 乙 주식회사에게서 건물 점유를 이전받아 그 건물에 관한 공사대금채권을 피담보채권으로 한 유치권을 취득하였고, 그 후 건물에 대한 강제경매가 개시되어 丙이 토지와 건물을 낙찰받은 사안에서, 건물에 가압류등기가 경료된 후 乙 회사가 甲에게 건물 점유를 이전한 것은 처분행위에 해당하지 않아 가압류의 처분금지효에 저촉되지 않으므로, 甲은 丙에게 건물에 대한 유치권을 주장할 수 있다고 한 사례(대판 2011. 11. 24, 2009다19246).

314 **유치권에 의한 경매절차가 정지된 상태에서 그 목적물에 대한 담보권실행을 위한 경매가 진행되어 매각이 이루어지게 되면 그 유치권은 소멸한다. ( )**

(2017 변리사)

해설 유치권에 의한 경매절차가 정지된 상태에서 그 목적물에 대한 강제경매 또는 담보권 실행을 위한 경매절차가 진행되어 매각이 이루어졌다면, 유치권에 의한 경매절차가 소멸주의를 원칙으로 하여 진행된 경우와는 달리 그 유치권은 소멸하지 않는다고 봄이 상당하다(대판 2011. 8. 18, 2011다35593).

315 **유치권자로부터 유치물을 유치하기 위한 방법으로 유치물의 점유를 위탁받은 자는 특별한 사정이 없는 한 점유할 권리가 있음을 들어 소유자의 소유물반환청구를 거부할 수 있다. ( )**

(2017 변리사)

정답 313-1 (×) 313-2 (○) 314 (×) 315 (○)

해설 유치권자로부터 유치물을 유치하기 위한 방법으로 유치물의 점유 내지 보관을 위탁받은 자는 특별한 사정이 없는 한 점유할 권리가 있음을 들어 소유자의 소유물반환청구를 거부할 수 있다(대판 2014. 12. 24, 2011다62618).

316 **유치권 포기로 인한 유치권의 소멸은 유치권 포기의 의사표시의 상대방만 주장할 수 있다. ( )** (2021 변호사)

해설 유치권은 법정담보물권이기는 하나 채권자의 이익보호를 위한 채권담보의 수단에 불과하므로 이를 포기하는 특약은 유효하고, 유치권을 사전에 포기한 경우 다른 법정요건이 모두 충족되더라도 유치권이 발생하지 않는 것과 마찬가지로 유치권을 사후에 포기한 경우 곧바로 유치권은 소멸한다. 그리고 유치권 포기로 인한 유치권의 소멸은 유치권 포기의 의사표시의 상대방뿐 아니라 그 이외의 사람도 주장할 수 있다(대판 2016. 5. 12, 2014다52087).

317 **유익비상환청구권을 담보하기 위하여 유치권을 행사하고 있는 경우에도, 법원이 유익비상환청구에 대하여 상당한 상환기간을 허락하면 유치권이 소멸한다. ( )** (2023 변리사)

해설 유치권이 성립하기 위해서는 채권이 변제기에 있어야 한다(민법 제320조 제1항). 따라서 유치권 이외의 다른 담보물권에 있어서는 피담보채권의 변제기의 도래는 그 담보권의 실행을 위한 요건에 불과하나, 유치권에 있어서는 피담보채권의 변제기 도래가 유치권의 성립요건이다. 여기서 제203조 제3항은 "전항의 경우에 법원은 회복자의 청구에 의하여 상당한 상환기간을 허여할 수 있다."고 규정하고, 제310조 제2항, 제325조 제2항, 제594조 제2항, 제626조 제2항에서도 같은 취지의 규정을 두고 있는데, 이와 같이 상당한 상환기간이 허여된 경우에는 변제기가 도래하지 않은 것과 같아 유치권은 소멸한다.

318 **甲건설회사는 乙회사와 공사비 10억원의 공장건축의 도급계약을 맺고 1년 후 약정대로 공장을 완공하였으며, 乙회사는 이를 보존등기 하였다. 甲은 공사대금 중 5억원은 지급받았으나 공장완공 후에도 잔금 5억원을 받지 못하고 있던 중, 乙회사가 부도가 나자 공사잔금채권을 확보하기 위해 직원을 보내 위 공장을 점유하였다. 그런데 공장은 완공과 동시에 丙은행에 근저당권이 설정되었고, 甲의 점유 직후에 경매가 진행되어 이를 매수한 丁에게 소유권이 이전되었다. 이에 관한 설명으로 옳은 것은? (다툼이 있으면 판례에 따름)** (2016 변리사)

① 채권발생 후에 공장을 점유한 甲은 공장에 대한 유치권을 주장하지 못한다.
② 甲이 공장을 점유하는 과정에서 폭력을 사용하는 등의 불법행위가 있었더라도 공장을 점유한 이상 유치권은 성립한다.
③ 丙 은행에 근저당권이 설정된 후에 공장을 점유한 甲은 매수인 丁에 대해서는 유치권을 주장하지 못한다.
④ 甲이 丁에게 유치권을 행사할 수 있다는 것은 丁에게 직접 공사잔금 5억원을 청구할 수 있음을 뜻한다.
⑤ 공장을 유치하기 위한 방법으로 甲으로부터 공장의 점유를 위탁받은 戊에게 乙회사가 자신의 소유라고 하면서 반환을 청구할 경우, 戊는 이를 거절할 수 있다.

316 (×) 317 (○) 318 ⑤ 《 정답

> **해 설** ⑤만이 타당하다. 즉 유치권자로부터 유치물을 유치하기 위한 방법으로 유치물의 점유나 보관을 위탁받은 자가 소유자의 소유물반환청구를 거부할 수 있다(대판 2014. 12. 24, 2011다62618). 따라서 공장을 유치하기 위한 방법으로 甲으로부터 공장의 점유를 위탁받은 戊에게 乙회사가 자신의 소유라고 하면서 반환을 청구할 경우, 戊는 이를 거절할 수 있는 것이다.
>
> ① (×) : 유치권자가 유치물을 점유하기 전에 발생된 채권(건축비채권)이라도 그 후 그 물건(건물)의 점유를 취득했다면 유치권은 성립한다(대판 1965. 3. 30, 64다1977).
>
> ② (×) : 유치권에서는 점유가 필요한데, 불법점유는 제외된다(제320조 제2항). 甲이 공장을 점유하는 과정에서 폭력을 사용하는 등의 불법행위가 있었다면 유치권은 인정되지 않는다.
>
> ③ (×) : 어떠한 부동산에 저당권 또는 근저당권과 같이 담보권이 설정된 경우에도 그 설정 후에 제3자가 그 목적물을 점유함으로써 그 위에 유치권을 취득하게 될 수 있다. 이와 같이 저당권 등의 설정 후에 유치권이 성립한 경우에도 마찬가지로 유치권자는 그 저당권의 실행절차에서 목적물을 매수한 사람을 포함하여 목적물의 소유자 기타 권리자에 대하여 위와 같은 대세적인 인도거절권능을 행사할 수 있다. 따라서 부동산유치권은 대부분의 경우에 사실상 최우선순위의 담보권으로서 작용하여, 유치권자는 자신의 채권을 목적물의 교환가치로부터 일반채권자는 물론 저당권자 등에 대하여도 그 성립의 선후를 불문하여 우선적으로 자기 채권의 만족을 얻을 수 있게 된다(대판 2011. 12. 22, 2011다84298).
>
> ④ (×) : 민사집행법상 경락인은 유치권자에게 그 유치권으로 담보하는 채권을 변제할 책임이 있다고 규정하고 있는바, 여기에서 '변제할 책임이 있다'는 의미는 부동산상의 부담을 승계한다는 취지로서 인적 채무까지 인수한다는 취지는 아니므로, 유치권자는 경락인에 대하여 그 피담보채권의 변제가 있을 때까지 유치목적물인 부동산의 인도를 거절할 수 있을 뿐이고 그 피담보채권의 변제를 청구할 수는 없다(대판 1996. 8. 23, 95다8713).

319 甲은 자신의 X노트북을 乙에게 빌려주었는데, 乙은 丙에게 노트북 수리를 맡겼다. 丙이 수리를 마쳤지만 아직 수리대금을 받지 못하고 있다. 이에 관한 설명으로 옳지 않은 것은? (다툼이 있으면 판례에 따름) (2015 변리사)

① 丙의 乙에 대한 수리대금채권은 민법상 3년의 단기소멸시효에 걸린다.

② 乙과 丙이 유치권의 성립을 배제하는 특약을 하였다면, 그 특약은 유효하다.

③ X노트북을 점유하고 있는 丙은 甲에 대하여 유치권을 주장할 수 있다.

④ 丙이 乙에게 노트북을 반환하였다면, 丙은 수리대금채권에 관하여 甲에게 유치권을 주장할 수 없다.

⑤ 甲과 乙사이에 수리비는 乙이 부담하기로 사전에 약정하였다면, X노트북을 점유하고 있는 丙은 甲에게 유치권을 주장할 수 없다.

> **해 설** ⑤는 부당하다. 즉 유치권은 약정담보물권이 아니고 법정담보물권이며, 타물권으로서 제3자에게 대항력이 있다. 따라서 甲과 乙 사이에 수리비는 乙이 부담하기로 사전에 약정하였다 하더라도, X노트북을 점유하고 있는 丙은 제3자(타인)甲에게 유치권을 주장할 수 있다(제320조 참조). 결국 ③은 타당하고, ⑤는 부당하다.
>
> ① (○) : 도급채권은 3년의 시효에 걸린다(제163조 제3호). 따라서 丙의 乙에 대한 수리대금채권은 민법상 3년의 단기소멸시효에 걸린다.

정답 》 319 ⑤

② (○) : 유치권의 성립배제특약은 가능하다(제320조). 따라서 乙과 丙이 유치권의 성립을 배제하는 특약을 하였다면, 그 특약은 유효하다(대판 1975. 4. 22, 73다2010).
④ (○) : 유치권은 점유상실로 인하여 소멸한다(제328조). 따라서 丙이 乙에게 노트북을 반환하였다면, 丙은 수리대금채권에 관하여 甲에게 유치권을 주장할 수 없다.

320 甲이 유치권을 행사할 수 있는 경우는? (다툼이 있으면 판례에 따름) (2020 변리사)

① 건물 신축공사의 수급인 甲이 사회통념상 독립한 건물이라고 볼 수 없는 구조물을 설치한 상태에서 공사가 중단되고 토지에 대한 경매가 진행되자 공사대금 지급을 요구하며 토지를 점유하는 경우
② 乙 소유의 건물에 경매개시결정의 기입등기가 경료되어 압류의 효력이 발생한 이후에 공사업자 甲이 乙로부터 위 부동산의 점유를 이전받아 공사를 하고 경매절차의 매수인에게 그 공사대금 지급을 요구하며 건물을 점유하는 경우
③ 수급인 甲이 건물을 완공한 후 도급인 乙로부터 공사대금은 받았지만 그 대금의 이행지체로 인한 손해배상액은 지급받지 못하자 그 지급을 요구하며 건물을 점유하는 경우
④ 임차인 甲과 임대인 乙 사이에 임대차계약 종료 후 건물명도시 권리금을 반환하기로 하는 약정이 있었음에도 乙이 권리금을 반환하지 않자 甲이 그 지급을 요구하며 건물을 점유하는 경우
⑤ 甲이 건물을 매도하면서 중도금만 지급받고 잔금은 못 받은 상태에서 매수인에게 소유권이전등기를 마쳐준 후 잔금지급을 요구하며 건물을 점유하는 경우

해설 ※ 가답안은 ③번이었으나 전항정답 처리된 문제입니다.
① (×) : 건물의 신축공사를 도급받은 수급인이 사회통념상 독립한 건물이라고 볼 수 없는 정착물을 토지에 설치한 상태에서 공사가 중단된 경우에 위 정착물은 토지의 부합물에 불과하여 이러한 정착물에 대하여 유치권을 행사할 수 없는 것이고, 또한 공사중단시까지 발생한 공사금 채권은 토지에 관하여 생긴 것이 아니므로 위 공사금 채권에 기하여 토지에 대하여 유치권을 행사할 수도 없는 것이다(대결 2008. 5. 30, 자 2007마98).
② (×) : 채무자 소유의 건물 등 부동산에 강제경매개시결정의 기입등기가 경료되어 압류의 효력이 발생한 이후에 채무자가 위 부동산에 관한 공사대금 채권자에게 그 점유를 이전함으로써 그로 하여금 유치권을 취득하게 한 경우, 그와 같은 점유의 이전은 목적물의 교환가치를 감소시킬 우려가 있는 처분행위에 해당하여 민사집행법상에 따른 압류의 처분금지효에 저촉되므로 점유자로서는 위 유치권을 내세워 그 부동산에 관한 경매절차의 매수인에게 대항할 수 없다(대판 2005. 8. 19, 2005다22688; 대판 2009. 1. 15, 2008다70763).
③ (△) : 채무불이행에 의한 손해배상청구권은 원채권의 연장이라 보아야 할 것이므로 물건과 원채권과 사이에 견련관계가 있는 경우에는 그 손해배상채권과 그 물건과의 사이에도 견련관계가 있다할 것으로서 손해배상채권에 관하여 유치권항변을 내세울 수 있다 할 것이다(대판 1976. 9. 28, 76다582).
☞ 출제자의 의도는 이 판결의 내용을 물어보는 것이었으나, 지문의 경우 완성된 건물의 소유권이 누구에게 귀속되는지 여부를 알려주지 않아서 "유치권은 타물권인 점에 비추어 볼 때 수급인의 재료와 노력으로 건축되었고 독립한 건물에 해당되는 기성부분은 수급인의 소유라 할 것이므로 수급인은 공사대금을 지급받을 때까지 이에 대하여 유치권을 가질 수 없다(대판 1993. 3. 26, 91다14116)."는 판결에 따르면 유치권을 행사할 수 없다는 이유로 전항정답 처리되었습니다. 만약 건물의 소유권이 도급

320 전항정답 《 정답

인에게 귀속하는 경우라면 유치권을 행사할 수 있을 것입니다.

④ (×) : 임대인과 임차인 사이에 건물명도시 권리금을 반환하기로 하는 약정이 있었다 하더라도 그와 같은 권리금반환청구권은 건물에 관하여 생긴 채권이라 할 수 없으므로 그와 같은 채권을 가지고 건물에 대한 유치권을 행사할 수 없다(대판 1994. 10. 14, 93다62119).

⑤ (×) : 부동산 매도인이 매매대금을 다 지급받지 아니한 상태에서 매수인에게 소유권이전등기를 마쳐주어 목적물의 소유권을 매수인에게 이전한 경우에는, 매도인의 목적물인도의무에 관하여 동시이행의 항변권 외에 물권적 권리인 유치권까지 인정할 것은 아니다. 따라서 매도인이 부동산을 점유하고 있고 소유권을 이전받은 매수인에게서 매매대금 일부를 지급받지 못하고 있다고 하여 매매대금채권을 피담보채권으로 매수인이나 그에게서 부동산 소유권을 취득한 제3자를 상대로 유치권을 주장할 수 없다(대결 2012. 1. 12, 자 2011마2380).

321 甲은 乙 소유의 X주택에 관한 공사대금채권을 가진 자로서 그 주택에 거주하며 점유·사용하고 있다. 이에 관한 설명으로 옳은 것을 모두 고른 것은? (각 지문은 독립적이며, 다툼이 있으면 판례에 따름) (2022 변리사)

ㄱ. X주택의 존재와 점유가 대지소유권자에게 불법행위가 되는 경우에도 X주택에 대한 甲의 유치권이 인정되면 甲은 자신의 유치권으로 대지소유권자에게 대항할 수 있다.

ㄴ. X주택에 경매개시결정의 기입등기가 경료되어 압류의 효력이 발생한 후 甲이 X투택의 점유를 乙로부터 이전받은 경우, 甲은 그 경매절차의 매수인에게 유치권을 주장할 수 없다.

ㄷ. 甲이 X주택을 자신의 유치권 행사로 점유·사용하더라도, 이를 이유로는 甲의 乙에 대한 공사대금채권의 소멸시효가 중단되지 않는다.

ㄹ. 甲이 자신의 유치권에 기하여 X주택에 거주하던 중 乙의 허락없이 X주택을 제3자에게 임대하고 임차보증금을 수령하였다면, 甲은 乙에 대하여 임차보증금 상당액을 부당이득으로 반환하여야 한다.

① ㄱ, ㄴ ② ㄴ, ㄷ ③ ㄷ, ㄹ ④ ㄱ, ㄷ, ㄹ ⑤ ㄴ, ㄷ, ㄹ

해설 ㄱ. (×) : 건물점유자가 건물의 원시취득자에게 그 건물에 관한 유치권이 있다고 하더라도 그 건물의 존재와 점유가 토지소유자에게 불법행위가 되고 있다면 그 유치권으로 토지소유자에게 대항할 수 없다(대판 1989. 2. 14, 87다카3073).

ㄴ. (○) : 채무자 소유의 건물 등 부동산에 강제경매개시결정의 기입등기가 경료되어 압류의 효력이 발생한 이후에 채무자가 위 부동산에 관한 공사대금 채권자에게 그 점유를 이전함으로써 그로 하여금 유치권을 취득하게 한 경우, 그와 같은 점유의 이전은 목적물의 교환가치를 감소시킬 우려가 있는 처분행위에 해당하여 민사집행법 제92조 제1항, 제83조 제4항에 따른 압류의 처분금지효에 저촉되므로 점유자로서는 위 유치권을 내세워 그 부동산에 관한 경매절차의 매수인에게 대항할 수 없다(대판 2005. 8. 19, 2005다22688).

ㄷ. (○) : 유치권의 행사는 채권의 소멸시효의 진행에 영향을 미치지 아니한다(민법 제326조).

ㄹ. (×) : 유치권자는 유치물 소유자의 승낙 없이 유치물을 보존에 필요한 범위를 넘어 사용할 수 없고, 유치권자가 유치물을 그와 같이 사용한 경우에는 그로 인한 이익을 부당이득으로 소유자에게 반환

정답 》 321 ②

하여야 한다. 그 경우에 그 반환의무의 구체적인 내용은 다른 부당이득반환청구에서와 마찬가지로 의무자가 실제로 어떠한 구체적 이익을 얻었는지에 좇아 정하여진다. 따라서 유치권자가 유치물에 관하여 제3자와의 사이에 전세계약을 체결하여 전세금을 수령하였다면 전세금이 종국에는 전세입자에게 반환되어야 할 것임에 비추어 다른 특별한 사정이 없는 한 그가 얻은 구체적 이익은 그가 전세금으로 수령한 금전의 이용가능성이고, 그가 이와 같이 구체적으로 얻은 이익과 관계없이 추상적으로 산정된 차임 상당액을 부당이득으로 반환하여야 한다고 할 수 없다. 그리고 이러한 이용가능성은 그 자체 현물로 반환될 수 없는 성질의 것이므로 그 '가액'을 산정하여 반환을 명하여야 하는바, 그 가액은 결국 전세금에 대한 법정이자 상당액이다(대판 2009. 12. 24, 2009다32324).

[참고판례] 부동산의 일부 지분 소유자가 다른 지분 소유자의 동의 없이 부동산을 다른 사람에게 임대하여 임대차보증금을 받았다면, 그로 인한 수익 중 자신의 지분을 초과하는 부분은 법률상 원인 없이 취득한 부당이득이 되어 다른 지분 소유자에게 이를 반환할 의무가 있다. 또한 이러한 무단 임대행위는 다른 지분 소유자의 공유지분의 사용·수익을 침해한 불법행위가 성립되어 그 손해를 배상할 의무가 있다. 다만 그 반환 또는 배상의 범위는 부동산 임대차로 인한 차임 상당액이고 부동산의 임대차보증금 자체에 대한 다른 지분 소유자의 지분비율 상당액을 구할 수는 없다(대판 2021. 4. 29, 2018다261889).

322 **다음 설명 중 「민법」상 유치권 행사가 인정되는 경우를 모두 고른 것은? (다툼이 있는 경우 판례에 의함)** (2017 변호사)

ㄱ. 채무자 소유의 부동산에 강제경매개시결정의 기입등기가 경료되어 압류의 효력이 발생한 이후에 채무자가 그 부동산에 관한 공사대금채권자에게 점유를 이전함으로써 유치권을 취득하게 한 경우, 공사대금채권자가 그 부동산에 관한 경매절차의 매수인에게

ㄴ. 채무자 소유 건물의 보수공사를 맡은 수급인이 경매개시결정의 기입등기가 경료되기 전에 위 건물의 점유를 이전받고경매개시결정의 기입등기가 경료된 후 공사를 완공하여 공사대금채권을 취득한 경우, 수급인이 그 부동산에 관한 경매절차의 매수인에게

ㄷ. 체납처분에 의한 압류가 되어 있는 부동산에 대하여 경매절차가 개시되기 전에 그 부동산에 관한 민사유치권을 취득한 자가 그 후에 진행된 경매절차의 매수인에게

ㄹ. 건물신축 도급계약에서 완성된 건물에 하자가 있고 하자에 상응하는 손해액이 공사잔대금액 이상이어서 도급인이 하자보수청구권에 기하여 수급인의 공사잔대금 채권 전부에 대하여 동시이행항변을 하였으나, 수급인이 도급인에게 하자보수의무의 이행제공을 하지 않은 경우, 건물을 점유하고 있는 수급인이 도급인에게

① ㄷ　　② ㄱ, ㄹ　　③ ㄴ, ㄷ　　④ ㄴ, ㄹ　　⑤ ㄷ, ㄹ

해설 ㄱ.(×) : 채무자 소유의 건물 등 부동산에 경매개시결정의 기입등기가 경료되어 압류의 효력이 발생한 후에 채무자가 위 부동산에 관한 공사대금 채권자에게 그 점유를 이전함으로써 그로 하여금 유치권을 취득하게 한 경우, 그와 같은 점유의 이전은 목적물의 교환가치를 감소시킬 우려가 있는 처분행위에 해당하여 민사집행법 제92조 제1항, 제83조 제4항에 따른 압류의 처분금지효에 저촉되므로 점

322 ① 《 정답

유자로서는 위 유치권을 내세워 그 부동산에 관한 경매절차의 매수인에게 대항할 수 없다. 그러나 이러한 법리는 경매로 인한 압류의 효력이 발생하기 전에 유치권을 취득한 경우에는 적용되지 아니하고, 유치권 취득시기가 근저당권설정 후라거나 유치권 취득 전에 설정된 근저당권에 기하여 경매절차가 개시되었다고 하여 달리 볼 것은 아니다(대판 2009. 1. 15, 2008다70763).

ㄴ.(×) : 채무자 소유의 건물에 관하여 증·개축 등 공사를 도급받은 수급인이 경매개시결정의 기입등기가 마쳐지기 전에 채무자로부터 건물의 점유를 이전받았다 하더라도 경매개시결정의 기입등기가 마쳐져 압류의 효력이 발생한 후에 공사를 완공하여 공사대금채권을 취득함으로써 그때 비로소 유치권이 성립한 경우에는, 수급인은 유치권을 내세워 경매절차의 매수인에게 대항할 수 없다(대판 2013. 6. 27, 2011다50165).

ㄷ.(○) : 부동산에 관한 민사집행절차에서는 경매개시결정과 함께 압류를 명하므로 압류가 행하여짐과 동시에 매각절차인 경매절차가 개시되는 반면, 국세징수법에 의한 체납처분절차에서는 그와 달리 체납처분에 의한 압류(이하 '체납처분압류'라고 한다)와 동시에 매각절차인 공매절차가 개시되는 것이 아닐 뿐만 아니라, 체납처분압류가 반드시 공매절차로 이어지는 것도 아니다. 또한 체납처분절차와 민사집행절차는 서로 별개의 절차로서 공매절차와 경매절차가 별도로 진행되는 것이므로, 부동산에 관하여 체납처분압류가 되어 있다고 하여 경매절차에서 이를 그 부동산에 관하여 경매개시결정에 따른 압류가 행하여진 경우와 마찬가지로 볼 수는 없다. 따라서 체납처분압류가 되어 있는 부동산이라고 하더라도 그러한 사정만으로 경매절차가 개시되어 경매개시결정등기가 되기 전에 부동산에 관하여 민사유치권을 취득한 유치권자가 경매절차의 매수인에게 유치권을 행사할 수 없다고 볼 것은 아니다[대판(전합) 2014. 3. 20, 2009다60336].

ㄹ.(×) : 건물신축 도급계약에서 수급인이 공사를 완성하였더라도, 신축된 건물에 하자가 있고 그 하자 및 손해에 상응하는 금액이 공사잔대금액 이상이어서, 도급인이 수급인에 대한 하자보수청구권 내지 하자보수에 갈음한 손해배상채권 등에 기하여 수급인의 공사잔대금 채권 전부에 대하여 동시이행의 항변을 한 때에는, 공사잔대금 채권의 변제기가 도래하지 아니한 경우와 마찬가지로 수급인은 도급인에 대하여 하자보수의무나 하자보수에 갈음한 손해배상의무 등에 관한 이행의 제공을 하지 아니한 이상 공사잔대금 채권에 기한 유치권을 행사할 수 없다(대판 2014. 1. 16, 2013다30653).

※ 다음 사례에 관한 아래 2문항에 답하시오. (2021 변호사)

甲은 자기 소유의 X토지 위에 Y건물을 신축하기 위하여 건축업자 乙과 공사도급계약을 체결하였다. 이 도급계약에서 건물 소유권은 甲에게 귀속되는 것으로 하고, 공사대금은 건물 완공 시 지급하기로 하였다. 乙이 위 도급계약에 따라 Y건물의 신축공사를 시작하여 건물의 기둥, 벽체와 지붕공사를 완성한 후 甲은 공사대금 확보를 위하여 A로부터 2억 원을 차용하면서 X토지에 관하여 채권최고액을 2억 2,000만 원으로 하는 A 명의의 근저당권을 설정해주었다.

甲이 A에 대하여 차용금을 갚지 못하자 A는 X토지에 대하여 담보권 실행 경매를 신청하였고 이 경매절차에서 丙이 X토지를 매수하여 대금을 납입하고 소유권이전등기를 마쳤다.

乙은 Y건물을 완공한 후 점유하면서 甲에게 공사대금을 지급하고 Y건물을 인도받을 것을 통지하였지만 甲은 공사대금을 지급하지 못하고 있다.

323 **다음 설명 중 옳은 것(○)과 옳지 않은 것(×)을 올바르게 조합한 것은? (다툼이 있는 경우 판례에 의함)** (2021 변호사)

ㄱ. 甲과 A가 X토지에 관한 근저당권설정계약을 체결하면서 법정지상권의 성립을 배제하기로 하는 특약을 한 경우 甲은 丙에 대하여 법정지상권을 주장할 수 없다.
ㄴ. 甲이 법정지상권에 대하여 등기를 갖추지 않고 있던 중 丙이 丁에게 X토지를 매도하고 소유권이전등기를 마쳐준 경우 甲은 丁에 대하여 법정지상권을 주장할 수 없다.
ㄷ. Y건물에 대한 강제경매절차에서 戊가 Y건물을 매수하고 매각대금을 납입하여 소유권을 취득하면 특별한 사정이 없는 한 법정지상권도 함께 취득한다.
ㄹ. 법정지상권에 관한 지료가 결정되지 않은 경우 甲이 2년 이상 지료를 지급하지 않았더라도 丙은 지상권소멸청구를 할 수 없다.

① ㄱ(○), ㄴ(×), ㄷ(○), ㄹ(○)
② ㄱ(○), ㄴ(○), ㄷ(×), ㄹ(×)
③ ㄱ(×), ㄴ(○), ㄷ(○), ㄹ(×)
④ ㄱ(×), ㄴ(×), ㄷ(○), ㄹ(○)
⑤ ㄱ(×), ㄴ(×), ㄷ(×), ㄹ(○)

해설 ㄱ. (×) : 민법 제366조는 가치권과 이용권의 조절을 위한 공익상의 이유로 지상권의 설정을 강제하는 것이므로 저당권설정 당사자간의 특약으로 저당목적물인 토지에 대하여 법정지상권을 배제하는 약정을 하더라도 그 특약은 효력이 없다(대판 1988.10.25, 87다카1564).

ㄴ. (×) : 관습법상의 법정지상권 성립 후 토지가 양도된 경우, 건물소유자는 이 법정지상권을 취득할 당시의 토지소유자에 대하여서는 물론이고, 그로부터 토지소유권을 전득한 제3자에 대하여서도 역시 등기 없이 관습법상의 법정지상권을 주장할 수 있다(대판 1988.9.27, 87다카279 등).

ㄷ. (○) : 건물 소유를 위하여 법정지상권을 취득한 자로부터 경매에 의하여 건물의 소유권을 이전받은 경락인은 경락 후 건물을 철거한다는 등의 매각조건하에서 경매되는 경우 등 특별한 사정이 없는 한 건물의 경락취득과 함께 위 지상권도 당연히 취득한다(대판 2014.9.4,2011다13463).

ㄹ. (○) : 법정지상권에 관한 지료가 결정된 바 없다면 법정지상권자가 지료를 지급하지 아니하였다고 하더라도 지료지급을 지체한 것으로는 볼 수 없으므로 법정지상권자가 2년 이상의 지료를 지급하지 아니하였음을 이유로 하는 토지소유자의 지상권소멸청구는 그 이유가 없다(대판 1994. 12. 2, 93다52297).

324 **다음 설명 중 옳지 않은 것은? (다툼이 있는 경우 판례에 의함)** (2021 변호사)

① 乙의 甲에 대한 공사대금채권은 Y건물에 관하여 생긴 채권으로 이미 그 변제기가 도래하였으므로 乙은 그 채권을 변제받을 때까지 Y건물을 유치할 권리가 있다.
② 乙이 Y건물을 점유하면서 유치권을 행사하던 중 제3자 B가 乙의 점유를 침탈하여 乙이 점유를 상실하면 유치권은 소멸하며, 乙이 점유회수의 소를 제기하여 점유를 회복할 수 있다는 사정만으로 乙의 유치권이 존속하는 것은 아니다.
③ 乙이 甲의 승낙 없이 Y건물을 C에게 임대하여 임차인 C가 점유하고 있는 상태에서, Y건물에 대하여 강제경매절차가 진행되어 Y건물이 매각된 경우, C는 임차권에 기한 점유로써 위 경매절차에서 매수인에게 대항할 수 없다.

323 ④ 324 ④ 《 정답

④ 乙이 甲의 승낙을 받아 Y건물을 D에게 임대한 후 위 임대차가 D의 차임 연체를 이유로 적법하게 해지되었으나 D가 Y건물을 반환하지 않은 채 계속 점유하고 있는 경우, 乙의 유치권은 소멸한다.

⑤ 乙이 유치물의 보존에 필요한 사용을 한 경우에도 특별한 사정이 없는 한 그 차임 상당액을 甲에게 부당이득으로 반환할 의무가 있다.

해설 ① (○) : 주택건물의 신축공사를 한 수급인이 그 건물을 점유하고 있고 또 그 건물에 관하여 생긴 공사금 채권이 있다면, 수급인은 그 채권을 변제받을 때까지 건물을 유치할 권리가 있다고 할 것이고, 이러한 유치권은 수급인이 점유를 상실하거나 피담보채무가 변제되는 등 특단의 사정이 없는 한 소멸되지 않는다(대판 1995.9.15, 95다16202, 95다16219).

② (○) : 甲 주식회사가 건물신축 공사대금 일부를 지급받지 못하자 건물을 점유하면서 유치권을 행사해 왔는데, 그 후 乙이 경매절차에서 건물 중 일부 상가를 매수하여 소유권이전등기를 마친 다음 甲 회사의 점유를 침탈하여 丙에게 임대한 사안에서, 乙의 점유침탈로 甲 회사가 점유를 상실한 이상 유치권은 소멸하고, 甲 회사가 점유회수의 소를 제기하여 승소판결을 받아 점유를 회복하면 점유를 상실하지 않았던 것으로 되어 유치권이 되살아나지만, 위와 같은 방법으로 점유를 회복하기 전에는 유치권이 되살아나는 것이 아님에도, 甲 회사가 상가에 대한 점유를 회복하였는지를 심리하지 아니한 채 점유회수의 소를 제기하여 점유를 회복할 수 있다는 사정만으로 甲 회사의 유치권이 소멸하지 않았다고 본 원심판결에 점유상실로 인한 유치권 소멸에 관한 법리오해의 위법이 있다(대판 2012. 2. 9, 2011다72189).

③ (○) : 유치권의 성립요건인 유치권자의 점유는 직접점유이든 간접점유이든 관계없지만, 유치권자는 채무자의 승낙이 없는 이상 그 목적물을 타에 임대할 수 있는 처분권한이 없으므로(민법 제324조 제2항 참조), 유치권자의 그러한 임대행위는 소유자의 처분권한을 침해하는 것으로서 소유자에게 그 임대의 효력을 주장할 수 없고, 따라서 소유자의 동의 없이 유치권자로부터 유치권의 목적물을 임차한 자의 점유는 구 민사소송법 제647조 제1항 단서에서 규정하는 '경락인에게 대항할 수 있는 권원'에 기한 것이라고 볼 수 없다(대결 2002. 11. 27, 자 2002마3516).

④ (×) : 유치권의 성립요건인 유치권자의 점유는 직접점유이든 간접점유이든 관계없다. 간접점유를 인정하기 위해서는 간접점유자와 직접점유를 하는 자 사이에 일정한 법률관계, 즉 점유매개관계가 필요한데, 간접점유에서 점유매개관계를 이루는 임대차계약 등이 해지 등의 사유로 종료되더라도 직접점유자가 목적물을 반환하기 전까지는 간접점유자의 직접점유자에 대한 반환청구권이 소멸하지 않는다. 따라서 점유매개관계를 이루는 임대차계약 등이 종료된 이후에도 직접점유자가 목적물을 점유한 채 이를 반환하지 않고 있는 경우에는, 간접점유자의 반환청구권이 소멸한 것이 아니므로 간접점유의 점유매개관계가 단절된다고 할 수 없다(대판 2019. 8. 14, 2019다205329).

⑤ (○) : 유치권자가 유치물의 보존에 필요한 사용을 한 경우에도 특별한 사정이 없는 한 차임에 상당한 이득을 소유자에게 반환할 의무가 있다(대판 2009. 9. 24, 2009다40684).

325 甲은 乙로부터 금전을 빌리면서 2022. 4. 1. 甲 소유인 X 주택에 乙 명의로 근저당권을 설정해 주었다. 이후 甲은 2022. 6. 1. 丙과 X 주택을 개량하기 위해서 공사도급계약을 체결하였고, 丙은 2022. 7. 1. 위 공사를 마쳤다. 乙은 2022. 11. 1. 위 근저당권을 실행하였고, 그 경매절차에서 丁이 X 주택을 매수하였다. 이에 관한 설명 중 옳지 않은 것은? (각 지문은 독립적이며, 甲과 丙은 상인이 아니고, 다툼이 있는 경우 판례에 의함) (2023 변호사)

정답 》 325 ⑤

① 丙이 2022. 6. 1.부터 X 주택을 점유하고 있다가 2022. 7. 1.위 공사대금채권을 피담보채권으로 하는 유치권을 취득하였다면 丙은 丁에게 유치권을 주장할 수 있다.

② 丙이 공사를 마쳤음에도 甲으로부터 공사대금을 지급받지 못한 상태에서 X 주택이 근저당권의 실행에 의해서 압류된 후에 甲이 丙에게 X 주택의 점유를 이전해 주어 丙이 유치권을 취득하였다면 丙은 丁에게 유치권을 주장할 수 없다.

③ 丁이 丙에게 X 주택의 인도를 청구하는 경우에 丙의 유치권 항변이 이유 있다면 법원은 '丙은 甲으로부터 유치권의 피담보채권액을 지급받음과 동시에 丁에게 X 주택을 인도할 것'을 명하여야 한다.

④ 丙이 丁에게 유치권 항변을 할 수 있는 경우에 丙이 스스로 X 주택에 거주하면서 이를 사용하더라도 특별한 사정이 없는 한 丁은 丙에게 유치권의 소멸을 청구할 수 없다.

⑤ 丙이 공사대금채권을 피담보채권으로 하여 丁에게 유치권을 행사할 수 있다면 丁은 丙에 대한 채권을 자동채권으로 하여 위 공사대금채권과 상계할 수 있다.

해설 ① (○) : 저당권 등의 설정 후에 유치권이 성립한 경우에도 마찬가지로 유치권자는 그 저당권의 실행절차에서 목적물을 매수한 사람을 포함하여 목적물의 소유자 기타 권리자에 대하여 위와 같은 대세적인 인도거절권능을 행사할 수 있다. 따라서 부동산유치권은 대부분의 경우에 사실상 최우선순위의 담보권으로서 작용하여, 유치권자는 자신의 채권을 목적물의 교환가치로부터 일반채권자는 물론 저당권자 등에 대하여도 그 성립의 선후를 불문하여 우선적으로 자기 채권의 만족을 얻을 수 있게 된다(대판 2011. 12. 22, 2011다84298).

② (○) : 채무자 소유의 건물 등 부동산에 강제경매개시결정의 기입등기가 경료되어 압류의 효력이 발생한 이후에 채무자가 위 부동산에 관한 공사대금 채권자에게 그 점유를 이전함으로써 그로 하여금 유치권을 취득하게 한 경우, 그와 같은 점유의 이전은 목적물의 교환가치를 감소시킬 우려가 있는 처분행위에 해당하여 민사집행법상에 따른 압류의 처분금지효에 저촉되므로 점유자로서는 위 유치권을 내세워 그 부동산에 관한 경매절차의 매수인에게 대항할 수 없다(대판 2005. 8. 19, 2005다22688; 대판 2009. 1. 15, 2008다70763).

③ (○) : 물건의 인도를 청구하는 소송에 있어서 피고의 유치권항변이 인용되는 경우에는 그 물건에 관하여 생긴 채권의 변제와 상환(상환급부판결)으로 그 물건의 인도를 명하여야 한다(대판 1969.11.25, 69다1592).

④ (○) : 공사대금채권에 기하여 유치권을 행사하는 자가 스스로 유치물인 주택에 거주하며 사용하는 것은 특별한 사정이 없는 한 유치물인 주택의 보존에 도움이 되는 행위로서 유치물의 보존에 필요한 사용에 해당하므로, 그러한 경우에는 유치권의 소멸을 청구할 수 없다(대판 2013. 4. 11, 2011다107009).

⑤ (×) : 유치권이 인정되는 아파트를 경락·취득한 자가 아파트 일부를 점유·사용하고 있는 유치권자에 대한 임료 상당의 부당이득금 반환채권을 자동채권으로 하고 유치권자의 종전 소유자에 대한 유익비상환채권을 수동채권으로 하여 상계의 의사표시를 한 사안에서, 상대방이 제3자에 대하여 가지는 채권을 수동채권으로 하여 상계할 수 없다고 한 사례(대판 2011. 4. 28, 2010다101394).

CHAPTER 13

질 권

POINT

Ⅰ. 총 설

326 질권이 설정된 사실은 질물 소유자의 처분행위를 방해하지 않는다. ( ) (2014 변리사)

> **해 설** 저당권이 설정되어도 부동산을 처분할 수 있듯이 마찬가지로 질권이 설정된 사실은 질물 소유자의 처분행위를 방해하지 않는다. 마찬가지 원리로 질권의 목적인 채권의 양도행위는 민법 제352조 소정의 질권자의 이익을 해하는 변경에 해당되지 않으므로 질권자의 동의를 요하지 아니한다(대판 2005. 12. 22, 2003다55059).

327 건물의 임대인이 임대차에 관한 채권에 의하여 그 건물에 부속한 임차인 소유의 동산을 압류한 때에는 질권과 동일한 효력이 있다. ( ) (2019 변리사)

> **해 설** 민법 제650조(임차건물등의 부속물에 대한 법정질권). 원칙적으로 질권은 약정담보물권으로서 질권설정계약에 의하여 성립하지만, 예외적으로 법정질권도 인정되는데 민법 제648조, 650조가 그것이다.

328 피담보채권액이 입질채권액보다 적은 경우에도 질권의 효력은 입질채권 전부에 미친다. ( ) (2021 변리사)

> **해 설** 유치권자(질권자)는 채권전부의 변제를 받을 때까지 유치물(질물) 전부에 대하여 그 권리를 행사할 수 있다(민법 제343조에 의하여 준용되는 제321조 : 담보물권의 불가분성).

Ⅱ. 동산질권

329 질권설정을 위한 인도는 현실의 인도에 한하지 않고 점유개정에 의하더라도 무방하다. ( ) (2019, 2022변리사)

> **해 설** 민법 제332조(설정자에 의한 대리점유의 금지). 점유개정에 의한 질권설정은 금지된다.

정답 326 (○) 327 (○) 328 (○) 329 (×)

330 **질권은 다른 약정이 없는 한 원본, 이자, 위약금, 질권실행의 비용, 질물보존의 비용 및 채무불이행 또는 질물의 하자로 인한 손해배상의 채권을 담보한다. ( )** (2015, 2022 변리사)

> **해설** 질권에서 우선변제효가 있는 피담보채권의 범위이다. 질권은 다른 약정이 없는 한 원본, 이자, 위약금, 질권실행의 비용, 질물보존의 비용 및 채무불이행 또는 질물의 하자로 인한 손해배상의 채권을 담보한다(제334조).

331 **질권자가 질물에 대해 우선변제권을 행사할 수 있으려면 채무자가 이행지체에 빠져야 한다. ( )** (2015 변리사)

> **해설** 질권자가 질물에 대해 우선변제권을 행사할 수 있으려면 일단 경매를 하여야 하는데, 경매의 실행요건은 채무자가 변제기 때 채무를 이행하지 않는 이행지체 상태에 있어야 한다.

332 **질권자는 정당한 이유가 있는 때에는 미리 채무자 및 질권설정자에게 통지함이 없이 감정인의 평가에 의하여 질물로 직접 변제에 충당할 것을 법원에 청구할 수 있다. ( )** (2015 변리사)

> **해설** 간이변제충당의 경우(제338조 제2항), 미리 채무자 및 질권설정자에게 통지하여야 한다.

333 **질권설정자는 채무변제기 전의 계약으로 질권자에게 변제에 갈음하여 질물의 소유권을 취득하게 하거나 법률에 정한 방법에 의하지 아니하고 질물을 처분할 것을 약정하지 못한다. ( )** (2014 변리사)

> **해설** 유질계약금지이다(제339조)

334 **질물보다 먼저 채무자의 다른 재산에 관한 배당을 실시하는 경우, 질권자는 채권 전액을 가지고 배당에 참가할 수 있다. ( )** (2014 변리사)

> **해설** 질물보다 먼저 채무자의 다른 재산에 관한 배당을 실시하는 경우, 질권자는 채권전액을 가지고 배당에 참가할 수 있다(제340조 제2항).

335 **질물의 과실에 대해서도 질권의 효력이 미친다. ( )** (2019 변리사)

> **해설** 민법 제343조에 의하여 준용되는 민법 제323조(과실수취권)

336 **질권설정자에게 처분권한이 없더라도 채권자가 평온·공연하게 선의이며 과실 없이 질권설정을 받은 경우, 채권자는 동산질권을 선의취득한다. ( )** (2019 변리사)

> **해설** 민법 제343조에 의하여 준용되는 민법 제249조 내지 제251조. 질권의 경우에도 소유권의 선의취득에 관한 규정을 준용한다. 따라서 민법상 선의취득이 인정되는 권리는 소유권과 질권의 두 가지가 있다.

330 (○) 331 (○) 332 (×) 333 (○) 334 (○) 335 (○) 336 (○) 《 정답

337 **질권자가 질물을 점유하고 있더라도 피담보채권의 소멸시효 진행에 영향을 미치지 않는다. ( )** (2019 변리사)

해설 민법 제343조가 민법 제326조를 준용하지는 않지만, 질권자가 질물을 유치하더라도 피담보채권의 소멸시효가 진행하는 것을 방해할 수는 없다는 것이 통설이다. 참고로 유치권의 경우는 326조에서 명문으로 규정하고 있다.

338 **甲은 자신의 채권담보를 위해 乙로부터 X동산에 질권을 설정받아 이를 점유하고 있다. 이에 관한 설명으로 옳은 것을 모두 고른 것은? (다툼이 있으면 판례에 따름)** (2017 변리사)

ㄱ. X동산의 소유자 乙이 제3자에 대하여 가지는 목적물반환청구권의 양도의 방법으로 甲에게 질권을 설정하는 것도 유효하다. ㄴ. 乙이 X동산에 대한 처분권 없이 질권을 설정한 경우, 甲이 X동산의 선의취득에 필요한 요건을 갖추었더라도 甲은 질권을 취득할 수 없다. ㄷ. 甲의 채무자인 丙의 부탁을 받고 乙이 X동산에 질권을 설정한 경우, 甲의 질권 실행으로 X동산의 소유권을 상실한 乙은 자신의 구상범위 내에서 甲의 丙에 대한 권리를 대위할 수 있다. ㄹ. 만약 X동산이 타인의 물건에 부합되어 乙이 보상금을 지급받은 경우, 甲은 물상대위권을 행사할 수 없다.

① ㄱ, ㄴ ② ㄱ, ㄹ ③ ㄴ, ㄷ ④ ㄱ, ㄷ, ㄹ ⑤ ㄴ, ㄷ, ㄹ

해설 ㄱ. (○) : 민법 제330조(설정계약의 요물성), 민법 제190조(목적물반환청구권의 양도) ㄴ. (×) : 민법 제343조에 의해 준용되는 민법 제249조 내지 제251조에 의하여 동산질권에 대해서는 선의취득이 인정된다. 판례도 "동산질권을 선의취득하기 위하여는 질권자가 평온, 공연하게 선의이며 과실없이 질권의 목적동산을 취득하여야 하고, 그 취득자의 선의, 무과실은 동산질권자가 입증하여야 한다(대판 1981. 12. 22, 80다2910)"고 하여 이를 인정한다. ㄷ. (○) : 민법 제486조에 의해 준용되는 제481조(변제자의 법정대위) ㄹ. (○) : 저당권자는 저당권의 목적이 된 물건의 멸실, 훼손 또는 공용징수로 인하여 저당목적물의 소유자가 받을 저당목적물에 갈음하는 금전 기타 물건에 대하여 물상대위권을 행사할 수 있으나, 다만 그 지급 또는 인도 전에 이를 압류하여야 하며, 저당권자가 위 금전 또는 물건의 인도청구권을 압류하기 전에 저당물의 소유자가 그 인도청구권에 기하여 금전 등을 수령한 경우 저당권자는 더 이상 물상대위권을 행사할 수 없게 된다(대판 2009. 5. 14, 2008다17656).

Ⅲ. 동산질권자의 전질권

339-1 **질권자가 질권설정자의 승낙없이 그 책임으로 질물을 전질한 경우, 그는 전질하지 않았더라면 면할 수 있었을 불가항력으로 인한 손해에 대하여 책임이 있다. ( )** (2014 변리사)

정답 337 (○) 338 ④ 339-1 (○)

339-2 **질권자는 그 권리의 범위 내에서 자기의 책임으로 질물을 전질할 수 있으며, 이 경우에는 전질을 하지 아니하였으면 면할 수 있는 불가항력으로 인한 손해에 대해서도 책임을 부담한다. ( )** (2015 변리사)

> **해설** 책임전질의 경우 책임가중의 경우이다. 질권자는 그 권리의 범위 내에서 자기의 책임으로 질물을 전질할 수 있으며, 이 경우에는 전질을 하지 아니하였으면 면할 수 있는 불가항력으로 인한 손해에 대해서도 책임을 부담한다(제336조).

340 **책임전질의 경우에 질권자가 채무자에게 전질의 사실을 통지하거나 채무자가 이를 승낙하지 않으면 전질로써 채무자, 보증인, 질권설정자 및 그 승계인에게 대항하지 못한다. ( )**

(2015 변리사)

> **해설** 책임전질의 경우에 질권자가 채무자에게 전질의 사실을 통지하거나 채무자가 이를 승낙하지 않으면 전질로써 채무자, 보증인, 질권설정자 및 그 승계인에게 대항하지 못한다(제337조).

Ⅳ. 동산질권의 소멸

Ⅴ. 권리질권

341 **저당권으로 담보한 채권을 질권의 목적으로 한 때에는 그 저당권등기에 질권의 부기등기를 하여야 그 효력이 저당권에 미친다. ( )** (2019, 2021 변리사)

> **해설** 저당권으로 담보한 채권을 질권의 목적으로 한 때에는 저당권등기에 질권의 부기등기를 하여야 그 효력이 저당권에 미친다(제348조).

342 **담보가 없는 채권에 질권을 설정한 다음 그 채권을 담보하기 위해 저당권이 설정된 경우, 저당권등기에 질권의 부기등기 없이도 저당권의 부종성으로 인해 질권의 효력은 저당권에 미친다. ( )** (2022 변리사)

> **해설** 민법 제348조의 입법 취지에 비추어 보면, '담보가 없는 채권에 질권을 설정한 다음 그 채권을 담보하기 위해서 저당권을 설정한 경우'에도 '저당권으로 담보한 채권에 질권을 설정한 경우'와 달리 볼 이유가 없다. 또한 담보가 없는 채권에 질권을 설정한 다음 그 채권을 담보하기 위해 저당권을 설정한 경우에, 당사자 간 약정 등 특별한 사정이 있는 때에는 저당권이 질권의 목적이 되지 않을 수 있으므로, 질권의 효력이 저당권에 미치기 위해서는 질권의 부기등기를 하도록 함으로써 이를 공시할 필요가 있다. 따라서 담보가 없는 채권에 질권을 설정한 다음 그 채권을 담보하기 위해 저당권이 설정되었더라도, 민법 제348조가 유추적용되어 저당권설정등기에 질권의 부기등기를 하지 않으면 질권의 효력이 저당권에 미친다고 볼 수 없다(대판 2020. 4. 29, 2016다235411).

339-2 (○) 340 (○) 341 (○) 342 (×) 《 정답

343-1 제3채무자가 질권설정 사실을 승낙한 후 질권설정계약이 합의해지된 경우, 질권설정자가 해지를 이유로 제3채무자에게 원래의 채권으로 대항하려면 질권자가 제3채무자에게 해지 사실을 통지하여야 한다. ( ) (2019 변리사)

343-2 제3채무자가 질권설정 사실을 승낙한 후 질권자가 제3채무자에게 질권설정계약의 합의해지 사실을 통지하였다면, 그 계약이 아직 해지되지 아니하였다고 하더라도 선의인 제3채무자는 질권설정자에게 대항할 수 있는 사유로 질권자에게 대항할 수 있다. ( ) (2019 변호사)

> **해설** 제3채무자가 질권설정 사실을 승낙한 후 질권설정계약이 합의해지된 경우 질권설정자가 해지를 이유로 제3채무자에게 원래의 채권으로 대항하려면 질권자가 제3채무자에게 해지 사실을 통지하여야 하고, 만일 질권자가 제3채무자에게 질권설정계약의 해지 사실을 통지하였다면, 설사 아직 해지가 되지 아니하였다고 하더라도 선의인 제3채무자는 질권설정자에게 대항할 수 있는 사유로 질권자에게 대항할 수 있다고 봄이 타당하다. 그리고 위와 같은 해지 통지가 있었다면 해지 사실은 추정되고, 그렇다면 해지 통지를 믿은 제3채무자의 선의 또한 추정된다고 볼 것이어서 제3채무자가 악의라는 점은 선의를 다투는 질권자가 증명할 책임이 있다(대판 2014. 4. 10, 2013다76192).

344-1 질권의 목적인 채권의 양도행위에는 질권자의 동의가 필요하다. ( ) (2019 변리사)

344-2 질권의 목적인 채권의 양도행위는 특별한 사정이 없는 한 질권자의 이익을 해하는 변경에 해당되지 않으므로 질권자의 동의를 요하지 않는다. ( ) (2019 변호사)

344-3 질권의 목적인 채권의 양도행위는 질권자의 이익을 해하는 변경에 해당하므로 그 양도에는 질권자의 동의를 요한다. ( ) (2022 변리사)

> **해설** 질권의 목적인 채권의 양도행위는 민법 제352조 소정의 질권자의 이익을 해하는 변경에 해당되지 않으므로 질권자의 동의를 요하지 아니한다(대판 2005. 12. 22, 2003다55059).

345-1 질권설정자가 제3채무자에게 질권설정 사실을 통지한 후 제3채무자가 질권자의 동의 없이 질권설정자와 상계합의를 하여 질권의 목적인 채무를 소멸하게 한 경우, 질권자는 제3채무자에 대하여 직접 채무의 변제를 청구할 수 있다. ( ) (2021 변리사)

345-2 채권질권 설정 후 채권질권설정자인 채권자가 질권자의 동의 없이 입질채권의 채무자와 상계합의를 하였다면 질권자는 그 입질채권의 채무자에게 자신의 질권을 주장할 수 없다. ( ) (2022 변리사)

> **해설** 타인에 대한 채무의 담보로 제3채무자에 대한 채권에 대하여 권리질권을 설정한 경우 질권설정자는 질권자의 동의 없이 질권의 목적된 권리를 소멸하게 하거나 질권자의 이익을 해하는 변경을 할 수 없다(민법 제352조). 이는 질권자가 질권의 목적인 채권의 교환가치에 대하여 가지는 배타적 지배권능을 보호하기 위한 것이다. 따라서 질권설정자가 제3채무자에게 질권설정의 사실을 통지하거나 제3채무자가 이를 승낙한 때에는 제3채무자가 질권자의 동의 없이 질권의 목적인 채무를 변제하더라도

정답 343-1 (○) 343-2 (○) 344-1 (×) 344-2 (○) 344-3 (×) 345-1 (○) 345-2 (×)

이로써 질권자에게 대항할 수 없고, 질권자는 민법 제353조 제2항에 따라 여전히 제3채무자에 대하여 직접 채무의 변제를 청구할 수 있다. 제3채무자가 질권자의 동의 없이 질권설정자와 상계합의를 함으로써 질권의 목적인 채무를 소멸하게 한 경우에도 마찬가지로 질권자에게 대항할 수 없고, 질권자는 여전히 제3채무자에 대하여 직접 채무의 변제를 청구할 수 있다(대판 2018. 12. 27, 2016다265689).

346 채권의 목적물이 금전인 때에는 질권자는 자기 채권의 한도에서 직접 청구할 수 있다. ( )

(2019 변리사)

해설 민법 제353조 제2항(질권의 목적이 된 채권의 실행방법)

347-1 채권질권의 효력은 질권의 목적이 된 채권의 지연손해금 등과 같은 부대채권에도 미친다. ( )

(2019 변리사)

347-2 질권자는 질권의 목적이 된 채권과 그에 대한 지연손해금채권을 피담보채권의 범위에 속하는 자기 채권액에 대한 부분에 한하여 직접 추심하여 자기 채권의 변제에 충당할 수 있다. ( )

(2019 변호사)

해설 질권의 목적이 된 채권이 금전채권인 때에는 질권자는 자기채권의 한도에서 질권의 목적이 된 채권을 직접 청구할 수 있고, 채권질권의 효력은 질권의 목적이 된 채권의 지연손해금 등과 같은 부대채권에도 미치므로 채권질권자는 질권의 목적이 된 채권과 그에 대한 지연손해금채권을 피담보채권의 범위에 속하는 자기채권액에 대한 부분에 한하여 직접 추심하여 자기채권의 변제에 충당할 수 있다(대판 2005. 2. 25, 2003다40668).

348 질권자가 제3채무자로부터 자기 채권을 초과한 금전을 지급받아 초과수령한 부분에 관하여 그 부분을 질권설정자에게 그대로 반환하였더라도, 질권자는 제3채무자에 대하여 부당이득반환의무를 부담한다. ( )

(2019 변호사)

해설 [1] 금전채권의 질권자가 민법 제353조 제1항, 제2항에 의하여 자기채권의 범위 내에서 직접청구권을 행사하는 경우 질권자는 질권설정자의 대리인과 같은 지위에서 입질채권을 추심하여 자기채권의 변제에 충당하고 그 한도에서 질권설정자에 의한 변제가 있었던 것으로 보므로, 위 범위 내에서는 제3채무자의 질권자에 대한 금전지급으로써 제3채무자의 질권설정자에 대한 급부가 이루어질 뿐만 아니라 질권설정자의 질권자에 대한 급부도 이루어진다. 이러한 경우 입질채권의 발생원인인 계약관계에 무효 등의 흠이 있어 입질채권이 부존재한다고 하더라도 제3채무자는 특별한 사정이 없는 한 상대방 계약당사자인 질권설정자에 대하여 부당이득반환을 구할 수 있을 뿐이고 질권자를 상대로 직접 부당이득반환을 구할 수 없다. 이와 달리 제3채무자가 질권자를 상대로 직접 부당이득반환청구를 할 수 있다고 보면 자기 책임하에 체결된 계약에 따른 위험을 제3자인 질권자에게 전가하는 것이 되어 계약법의 원리에 반하는 결과를 초래할 뿐만 아니라 질권자가 질권설정자에 대하여 가지는 항변권 등을 침해하게 되어 부당하기 때문이다. [2] 질권자가 제3채무자로부터 자기채권을 초과하여 금전을 지급받은 경우 초과 지급 부분에 관하여는 제3채무자의 질권설정자에 대한 급부와 질권설정자의 질권자에

346 (○) 347-1 (○) 347-2 (○) 348 (×) 《 정답

대한 급부가 있다고 볼 수 없으므로, 제3채무자는 특별한 사정이 없는 한 질권자를 상대로 초과 지급 부분에 관하여 부당이득반환을 구할 수 있지만, 부당이득반환청구의 상대방이 되는 수익자는 실질적으로 그 이익이 귀속된 주체이어야 하는데, 질권자가 초과 지급 부분을 질권설정자에게 그대로 반환한 경우에는 초과 지급 부분에 관하여 질권설정자가 실질적 이익을 받은 것이지 질권자로서는 실질적 이익이 없다고 할 것이므로, 제3채무자는 질권자를 상대로 초과 지급 부분에 관하여 부당이득반환을 구할 수 없다(대판 2015. 5. 29, 2012다92258).

349 채무자 甲은 채권자 乙을 위하여 자신의 丙에 대한 금전채권에 대하여 질권을 설정하였다. 이에 관한 설명으로 옳은 것은? (다툼이 있으면 판례에 따름) (2016 변리사)

① 甲이 질권의 목적인 채권을 양도하기 위해서는 乙의 동의를 요한다.

② 丙이 질권설정 사실을 승낙한 후 그 질권설정계약이 합의해지된 경우, 甲이 해지를 이유로 丙에게 원래의 채권으로 대항하려면 甲이 丙에게 해지 사실을 통지하여야 한다.

③ 甲과 丙이 질권의 목적된 권리를 소멸하게 하는 행위를 하였더라도 이는 乙에 대한 관계에 있어 무효일 뿐이어서 특별한 사정이 없는 한 乙 아닌 제3자가 그 무효의 주장을 할 수는 없다.

④ 甲에게 이미 변제한 丙이 착오로 乙에게 이의를 보류하지 아니하고 승낙하였다면, 乙에게 중과실이 있다고 하여도 丙은 변제로 乙에게 대항하지 못한다.

⑤ 乙이 丙에게 직접청구권을 행사하여 변제받은 경우, 입질채권의 발생원인인 계약관계가 무효였다면 丙은 乙을 상대로 부당이득반환을 청구할 수 있다.

해설 ③만이 타당하다. 즉 질권설정자는 질권자의 동의없이 질권의 대상이 된 권리를 소멸시키거나 질권자의 이익을 침해하는 변경을 할 수 없다(제352조). 질권자를 해하는 행위는 질권자에게 무효가 된다는 것이다. 그러므로 甲과 丙이 질권의 목적된 권리를 소멸하게 하는 행위를 하였더라도 이는 乙에 대한 관계에 있어 무효일 뿐이어서 특별한 사정이 없는 한 乙아닌 제3자가 그 무효의 주장을 할 수는 없다(대판 1997. 11. 11, 97다35375).

① (×) : 甲이 질권의 목적인 채권을 양도하기 위해 乙의 동의를 요하는 것은 아니다(대판 2005. 12. 22, 2003다55059).

② (×) : 丙이 질권설정 사실을 승낙한 후 그 질권설정계약이 합의해지된 경우, 甲이 해지를 이유로 丙에게 원래의 채권으로 대항하려면 "甲이 아닌 乙이"(제452조 참조) 丙에게 해지 사실을 통지하여야 한다.

④ (×) : 甲에게 이미 변제한 丙이 착오로 乙에게 이의를 보류하지 아니하고 승낙하였다고 하더라도 乙에게 (악의 또는)중과실이 있다면 丙은 변제로 乙에게 대항할 수 있다(대판 2002. 3. 29, 2000다13887).

⑤ (×) : 乙이 丙에게 직접청구권을 행사하여 변제받은 경우, 입질채권의 발생원인인 계약관계가 무효였다면 丙은 "乙이 아닌 甲"을 상대로 부당이득반환을 청구하여야 한다(대판 2015. 5. 29, 2012다92258).

정답 》 349 ③

350 **甲은 2018년 5월 1일 乙 소유 X아파트를 임차기간 2년, 임대차보증금 1억 5 천만 원에 임차하고 전입신고 후 살고 있다. 甲은 2019년 5월 30일 丙으로부터 변제기를 2020년 5월 30일로 하여 1억 원을 대출받으면서 임대차보증금반환채권에 대해 질권을 설정해 주었고, 乙도 이를 승낙하였다. 이에 관한 설명으로 옳지 않은 것은? (다툼이 있으면 판례에 따름)**

(2020 변리사)

① 乙이 丙의 동의없이 甲에게 임대차보증금 반환채무를 변제하더라도 丙에게 대항할 수 없다.
② 丙은 甲이 변제기가 지나도 변제하지 않는 경우, 질권의 목적이 된 채권을 자기 채권의 한도에서 乙에게 직접 청구할 권리가 있다.
③ 甲이 질권의 목적인 임대차보증금반환채권을 제3자에게 양도하는 경우 丙의 동의를 요하지 않는다.
④ 乙이 丙의 동의 없이 자신의 1억 원의 채권으로 甲과 상계합의를 한 경우, 丙은 乙에게 직접 채무의 변제를 청구할 수 없다.
⑤ 乙이 丁에게 X아파트를 양도한 경우, 질권이 설정되어 있더라도 특별한 사정이 없는 한 丁이 임대차보증금반환채무를 면책적으로 인수한다.

해설 ① (○), ④ (×) : 타인에 대한 채무의 담보로 제3채무자에 대한 채권에 대하여 권리질권을 설정한 경우 질권설정자는 질권자의 동의 없이 질권의 목적된 권리를 소멸하게 하거나 질권자의 이익을 해하는 변경을 할 수 없다(민법 제352조). 이는 질권자가 질권의 목적인 채권의 교환가치에 대하여 가지는 배타적 지배권능을 보호하기 위한 것이다. 따라서 질권설정자가 제3채무자에게 질권설정의 사실을 통지하거나 제3채무자가 이를 승낙한 때에는 제3채무자가 질권자의 동의 없이 질권의 목적인 채무를 변제하더라도 이로써 질권자에게 대항할 수 없고, 질권자는 민법 제353조 제2항에 따라 여전히 제3채무자에 대하여 직접 채무의 변제를 청구할 수 있다. 제3채무자가 질권자의 동의 없이 질권설정자와 상계합의를 함으로써 질권의 목적인 채무를 소멸하게 한 경우에도 마찬가지로 질권자에게 대항할 수 없고, 질권자는 여전히 제3채무자에 대하여 직접 채무의 변제를 청구할 수 있다(대판 2018. 12. 27, 2016다265689).

② (○) : 제353조(질권의 목적이 된 채권의 실행방법) ① 질권자는 질권의 목적이 된 채권을 직접 청구할 수 있다. ② 채권의 목적물이 금전인 때에는 질권자는 자기채권의 한도에서 직접 청구할 수 있다.

③ (○) : 질권의 목적인 채권의 양도행위는 민법 제352조 소정의 질권자의 이익을 해하는 변경에 해당되지 않으므로 질권자의 동의를 요하지 아니한다(대판 2005. 12. 22, 2003다55059).

⑤ (○) : 구 주택임대차보호법 제3조 제3항은 같은 조 제1항이 정한 대항요건을 갖춘 임대차의 목적이 된 임대주택의 양수인은 임대인의 지위를 승계한 것으로 본다고 규정하고 있다. 이는 법률상의 당연승계 규정으로 보아야 하므로, 임대주택이 양도된 경우에 양수인은 주택의 소유권과 결합하여 임대인의 임대차계약상 권리·의무 일체를 그대로 승계한다. 그 결과 양수인이 임대차보증금반환채무를 면책적으로 인수하고, 양도인은 임대차관계에서 탈퇴하여 임차인에 대한 임대차보증금반환채무를 면하게 된다. 이는 임차인이 임대차보증금반환채권에 질권을 설정하고 임대인이 그 질권 설정을 승낙한 후에 임대주택이 양도된 경우에도 마찬가지라고 보아야 한다. 따라서 이 경우에도 임대인은 구 주택임대차법 제3조 제3항에 의해 임대차관계에서 탈퇴하고 임차인에 대한 임대차보증금반환채무를 면하게 된다(대판 2018. 6. 19, 2018다201610).

350 ④ 《 정답

351 **甲은 2021. 3. 6. 乙로부터 X주택을 보증금 10억 원에 임차하였고, 2021. 3. 13. 丙으로부터 6억 원을 대출받으면서 보증금반환채권 중 8억 원에 대하여 질권을 설정해 주었으며, 乙은 이를 승낙하였다. 乙은 2022. 6. 30. 甲에게 X주택을 15억 원에 매도하면서, 甲으로부터 보증금을 제외한 잔액을 지급받고서 소유권이전등기절차를 마쳐주었다. 이에 관한 설명으로 옳은 것을 모두 고른 것은? (다툼이 있으면 판례에 따름)** (2023 변리사)

ㄱ. 甲이 보증금반환채권에 대하여 질권을 설정하기 위해서는 질권설정의 합의와 함께 임대차계약서를 교부하여야 한다.
ㄴ. 甲과 乙이 丙의 동의 없이 매매대금과 보증금반환채권을 상계한 것은 질권의 목적인 채무를 소멸하게 한 경우에 해당한다.
ㄷ. 만약 甲이 2021. 4. 20. 보증금반환채권을 담보하기 위하여 X주택에 대한 근저당권을 설정받았다면, 丙이 가진 질권의 효력은 당연히 근저당권에도 미친다.
ㄹ. 乙이 X주택을 임차인인 甲에게 매도하였지만, 丙은 乙에게 직접 채무의 변제를 청구할 수 있다.

① ㄱ, ㄴ ② ㄱ, ㄷ ③ ㄱ, ㄹ ④ ㄴ, ㄷ ⑤ ㄴ, ㄹ

해설 ㄱ. (×) : 민법 제347조는 채권을 질권의 목적으로 하는 경우에 채권증서가 있는 때에는 질권의 설정은 그 증서를 질권자에게 교부함으로써 효력이 생긴다고 규정하고 있다. 여기에서 말하는 '채권증서'는 장차 변제 등으로 채권이 소멸하는 경우에는 민법 제475조에 따라 채무자가 채권자에게 그 반환을 청구할 수 있는 것이어야 한다. 이에 비추어 임대차계약서와 같이 계약 당사자 쌍방의 권리의무관계의 내용을 정한 서면은 그 계약에 의한 권리의 존속을 표상하기 위한 것이라고 할 수는 없으므로 위 채권증서에 해당하지 않는다. 따라서 임대차보증금 반환채권에 관하여 질권을 설정받은 질권자는 임대차계약서를 교부받지 않았어도 임대차보증금 반환채권에 관한 질권설정의 효력에는 아무런 영향이 없다(대판 2013.8.22., 2013다32574).

ㄴ. (○), ㄹ. (○) : [1] 구 주택임대차보호법(2013. 8. 13. 법률 제12043호로 개정되기 전의 것, 이하 같다) 제3조 제1항에 따라 대항력을 갖춘 임차인이 있는 경우 같은 조 제3항에 따라 임차주택의 양수인은 임대인의 지위를 승계한 것으로 본다. 그 결과 임차주택의 양수인은 임대차보증금반환채무를 면책적으로 인수하고, 양도인은 임대차관계에서 탈퇴하여 임차인에 대한 임대차보증금반환채무를 면하게 된다. 그러나 임차주택의 양수인에게 대항할 수 있는 임차권자라도 스스로 임대차관계의 승계를 원하지 아니할 때에는 승계되는 임대차관계의 구속을 면할 수 있다고 보아야 하므로, 임대차기간의 만료 전에 임대인과 합의에 의하여 임대차계약을 해지하고 임대인으로부터 임대차보증금을 반환받을 수 있으며, 이러한 경우 임차주택의 양수인은 임대인의 지위를 승계하지 아니한다. [2] 타인에 대한 채무의 담보로 제3채무자에 대한 채권에 대하여 권리질권을 설정한 경우 질권설정자는 질권자의 동의 없이 질권의 목적된 권리를 소멸하게 하거나 질권자의 이익을 해하는 변경을 할 수 없다(민법 제352조). 이는 질권자가 질권의 목적인 채권의 교환가치에 대하여 가지는 배타적 지배권능을 보호하기 위한 것이다. 따라서 질권설정자가 제3채무자에게 질권설정의 사실을 통지하거나 제3채무자가 이를 승낙한 때에는 제3채무자가 질권자의 동의 없이 질권의 목적인 채무를 변제하더라도 이로써 질권자에게 대항할 수 없고, 질권자는 민법 제353조 제2항에 따라 여전히 제3채무자에 대하여 직접 채무의 변제를 청

정답 》 351 ⑤

구할 수 있다. **제3채무자가 질권자의 동의 없이 질권설정자와 상계합의**를 함으로써 질권의 목적인 채무를 소멸하게 한 경우에도 마찬가지로 **질권자에게 대항할 수 없고**, 질권자는 여전히 제3채무자에 대하여 직접 채무의 변제를 청구할 수 있다(대판 2018. 12. 27, 2016다265689). ☞ 대항력을 갖춘 임차인인 甲은 임대인인 乙로부터 이 사건 아파트를 매수하면서 그와 동시에 임대차계약을 해지하고 매매대금채권과 보증금반환채권을 상계하기로 합의하였다고 할 것이므로 甲이 임대인의 지위를 승계하는 것이 아니다. 나아가 乙은 질권설정의 제3채무자로서 질권설정을 승낙하였으므로 乙이 질권자인 丙의 동의 없이 질권설정자인 甲과 상계합의를 함으로써 질권의 목적인 이 사건 아파트에 관한 임대차보증금반환채무를 소멸하게 하였더라도 이로써 丙에게 대항할 수 없고, 丙은 여전히 乙에 대하여 직접 임대차보증금의 반환을 청구할 수 있다고 한 사안.

> [비교판례] 임대주택이 양도된 경우에 양수인은 주택의 소유권과 결합하여 임대인의 임대차계약상 권리·의무 일체를 그대로 승계한다. 그 결과 양수인이 임대차보증금반환채무를 면책적으로 인수하고, 양도인은 임대차관계에서 탈퇴하여 임차인에 대한 임대차보증금반환채무를 면하게 된다. 이는 임차인이 임대차보증금반환채권에 질권을 설정하고 임대인이 그 질권 설정을 승낙한 후에 임대주택이 양도된 경우에도 마찬가지라고 보아야 한다. 따라서 이 경우에도 임대인은 구 주택임대차법 제3조 제3항에 의해 임대차관계에서 탈퇴하고 임차인에 대한 임대차보증금반환채무를 면하게 된다(대판 2018. 6. 19, 2018다201610). ☞ 이 비교판례를 생각하고 틀린 지문으로 오해하기 쉬우므로 주의해야 한다. 임대인 지위가 승계되는 사안이라면 이 비교판례에 해당될 수 있겠지만, 판례는 지문과 같은 사안의 경우 임대차기간의 만료 전에 임대인과 합의에 의하여 임대차계약을 해지하여 임대인의 지위를 승계하지 아니한다고 하였다.

ㄷ. (×) : 민법 제348조는 저당권설정등기에 질권의 부기등기를 한 때에만 질권의 효력이 저당권에 미치도록 한 것이다. 이는 민법 제186조에서 정하는 물권변동에 해당한다. 이러한 민법 제348조의 입법취지에 비추어 보면, '담보가 없는 채권에 질권을 설정한 다음 그 채권을 담보하기 위해서 저당권을 설정한 경우'에도 '저당권으로 담보한 채권에 질권을 설정한 경우'와 달리 볼 이유가 없다. 또한 담보가 없는 채권에 질권을 설정한 다음 그 채권을 담보하기 위해 저당권을 설정한 경우에, 당사자 간 약정 등 특별한 사정이 있는 때에는 저당권이 질권의 목적이 되지 않을 수 있으므로, 질권의 효력이 저당권에 미치기 위해서는 질권의 부기등기를 하도록 함으로써 이를 공시할 필요가 있다. 따라서 **담보가 없는 채권에 질권을 설정한 다음 그 채권을 담보하기 위해 저당권이 설정**되었더라도, 민법 제348조가 유추적용되어 저당권설정등기에 **질권의 부기등기를 하지 않으면 질권의 효력이 저당권에 미친다고 볼 수 없다**(대판 2020. 4. 29, 2016다235411).

352 질권에 관한 설명 중 각 괄호 안에 들어갈 용어를 올바르게 나열한 것은? (다툼이 있는 경우 판례에 의함) (2017 변호사)

> ㅇ 저당권에 의하여 담보되는 채권 위에 권리질권을 설정하고 저당권등기에 질권설정의 부기등기를 하지 않은 경우 질권의 효력은 저당권에 (A).
> ㅇ 질권의 목적인 채권의 양도에 대해서는 질권자의 동의를 (B).
> ㅇ 질권의 목적이 된 채권이 금전채권인 때에는 질권자는 자기채권의 한도 내에서 질권의 목적이 된 채권을 직접 청구할 수 (C).

352 ② 정답

- ㅇ 질권자가 자기의 권리의 범위 내에서 자기의 책임으로 질물을 전질한 경우, 질권자는 전질을 하지 않았더라면 면할 수 있었을 불가항력으로 인한 손해에 대해 책임을 (D).
- ㅇ 임대차보증금반환채권에 대해 질권을 설정한 경우 질권자에 대한 임대차계약서의 교부는 질권의 효력발생 (E).

	A	B	C	D	E
①	미친다	요한다	있다	지지 않는다	요건이다
②	미치지 않는다	요하지 않는다	있다	진다	요건이 아니다
③	미친다	요한다	있다	진다	요건이 아니다
④	미치지 않는다	요하지 않는다	있다	진다	요건이다
⑤	미치지 않는다	요하지 않는다	없다	지지 않는다	요건이다

해설 A. 민법 제348조(저당채권에 대한 질권과 부기등기) : 저당권으로 담보한 채권을 질권의 목적으로 한 때에는 그 저당권등기에 질권의 부기등기를 하여야 그 효력이 저당권에 미친다.

B. : 질권의 목적인 채권의 양도행위는 민법 제352조 소정의 질권자의 이익을 해하는 변경에 해당되지 않으므로 질권자의 동의를 요하지 아니한다(대판 2005. 12. 22, 2003다55059).

C. 민법 제353조 제2항 : 채권의 목적물이 금전인 때에는 질권자는 자기채권의 한도에서 직접 청구할 수 있다.

D. 민법 제336조(전질권) : 질권자는 그 권리의 범위내에서 자기의 책임으로 질물을 전질할 수 있다. 이 경우에는 전질을 하지 아니하였으면 면할 수 있는 불가항력으로 인한 손해에 대하여도 책임을 부담한다.

E. : 민법 제347조는 채권을 질권의 목적으로 하는 경우에 채권증서가 있는 때에는 질권의 설정은 그 증서를 질권자에게 교부함으로써 효력이 생긴다고 규정하고 있다. 여기에서 말하는 '채권증서'는 채권의 존재를 증명하기 위하여 채권자에게 제공된 문서로서 특정한 이름이나 형식을 따라야 하는 것은 아니지만, 장차 변제 등으로 채권이 소멸하는 경우에는 민법 제475조에 따라 채무자가 채권자에게 그 반환을 청구할 수 있는 것이어야 한다. 이에 비추어 임대차계약서와 같이 계약 당사자 쌍방의 권리의무관계의 내용을 정한 서면은 그 계약에 의한 권리의 존속을 표상하기 위한 것이라고 할 수는 없으므로 위 채권증서에 해당하지 않는다(대판 2013. 8. 22, 2013다32574).

353 甲은 乙에 대하여 1억 원의 대여금채권을 가지고 있다. 위 대여금채권을 담보할 목적으로 乙은 丙에 대하여 갖고 있던 1억 원의 매매대금채권에 관하여 甲에게 채권질권을 설정하여 주었고 丙은 이를 승낙하였다. 甲은 양 채권의 변제기가 도래한 후 丙을 상대로 채권질권을 실행하고자 한다. 이에 관한 설명 중 옳은 것을 모두 고른 것은? (각 지문은 독립적이며, 다툼이 있는 경우 판례에 의함) (2018 변호사)

정답 》 353 ②

ㄱ. 甲이 丙을 상대로 매매대금채권을 직접 청구함에 대하여 乙이 동의하지 않으면 甲은 「민사집행법」에서 정한 절차에 따라 추심해야 한다.
ㄴ. 甲이 「민사집행법」에 따라 매매대금채권에 대하여 압류 및 전부명령을 받기 위해서는 위 대여금채권에 관한 확정판결 등 집행권원은 필요하지 않다.
ㄷ. 甲의 직접 청구에 따라 丙이 甲에게 1억 원을 지급하였는데 후일 乙의 丙에 대한 위 매매대금채권이 부존재한 것으로 밝혀진 경우, 丙은 甲에 대하여 부당이득반환을 청구할 수 있다.

① ㄱ ② ㄴ ③ ㄷ ④ ㄱ, ㄴ ⑤ ㄴ, ㄷ

해설 ㄱ.(×) [민법 제353조] ① 질권자는 질권의 목적이 된 채권을 직접 청구할 수 있다. ② 채권의 목적물이 금전인 때에는 질권자는 자기채권의 한도에서 직접 청구할 수 있다. ☞ 직접 청구함에 있어서 乙의 동의는 필요 없다.

ㄴ.(○) [민법 제354조] 질권자는 전조의 규정에 의하는 외에 민사집행법에 정한 집행방법에 의하여 질권을 실행할 수 있다. ☞ 담보권의 실행으로서 집행권원은 필요 없다.

ㄷ.(×) : [1] 금전채권의 질권자가 민법 제353조 제1항, 제2항에 의하여 자기채권의 범위 내에서 직접 청구권을 행사하는 경우 질권자는 질권설정자의 대리인과 같은 지위에서 입질채권을 추심하여 자 기채권의 변제에 충당하고 그 한도에서 질권설정자에 의한 변제가 있었던 것으로 보므로, 위 범위 내에서는 제3채무자의 질권자에 대한 금전지급으로써 제3채무자의 질권설정자에 대한 급부가 이루어질 뿐만 아니라 질권설정자의 질권자에 대한 급부도 이루어진다. 이러한 경우 입질채권의 발생원인인 계약관계에 무효 등의 흠이 있어 입질채권이 부존재한다고 하더라도 제3채무자는 특별한 사정이 없는 한 상대방 계약당사자인 질권설정자에 대하여 부당이득반환을 구할 수 있을 뿐이고 질권자를 상대로 직접 부당이득반환을 구할 수 없다. 이와 달리 제3채무자가 질권자를 상대로 직접 부당이득반환청구를 할 수 있다고 보면 자기 책임하에 체결된 계약에 따른 위험을 제3자인 질권자에게 전가하는 것이 되어 계약법의 원리에 반하는 결과를 초래할 뿐만 아니라 질권자가 질권설정자에 대하여 가지는 항변권 등을 침해하게 되어 부당하기 때문이다. [2] 질권자가 제3채무자로부터 자기채권을 초과하여 금전을 지급받은 경우 초과 지급 부분에 관하여는 제3채무자의 질권설정자에 대한 급부와 질권설정자의 질권자에 대한 급부가 있다고 볼 수 없으므로, 제3채무자는 특별한 사정이 없는 한 질권자를 상대로 초과 지급 부분에 관하여 부당이득반환을 구할 수 있지만, 부당이득반환청구의 상대방이 되는 수익자는 실질적으로 그 이익이 귀속된 주체이어야 하는데, 질권자가 초과 지급 부분을 질권설정자에게 그대로 반환한 경우에는 초과 지급 부분에 관하여 질권설정자가 실질적 이익을 받은 것이지 질권자로서는 실질적 이익이 없다고 할 것이므로, 제3채무자는 질권자를 상대로 초과 지급 부분에 관하여 부당이득반환을 구할 수 없다(대판 2015. 5. 29, 2012다92258).

CHAPTER
14 저당권

POINT

Ⅰ. 저당권 일반

354 동일 부동산에 관하여 가압류등기가 먼저 행해진 후 근저당권설정등기가 마쳐진 경우 그 근저당권자는 가압류채권자에 대한 관계에서는 우선변제권을 주장할 수 없다. ( ) (2019 변호사)

> **해설** 부동산에 대하여 가압류등기가 먼저 되고 나서 근저당권설정등기가 마쳐진 경우에 경매절차의 배당관계에서 근저당권자는 선순위 가압류채권자에 대하여는 우선변제권을 주장할 수 없으므로 그 가압류채권자는 근저당권자와 일반 채권자의 자격에서 평등배당을 받을 수 있고, 따라서 가압류채권자는 채무자의 근저당권설정행위로 인하여 아무런 불이익을 입지 않으므로 채권자취소권을 행사할 수 없다. 그러나 채권자의 실제 채권액이 가압류 채권금액보다 많은 경우 그 초과하는 부분에 관하여는 가압류의 효력이 미치지 아니하여 그 범위 내에서는 채무자의 처분행위가 채권자들의 공동담보를 감소시키는 사해행위가 되므로 그 부분 채권을 피보전채권으로 삼아 채권자취소권을 행사할 수 있다(대판 2008. 2. 28, 2007다77446).

355 甲은 乙에 대한 1억원의 채권을 담보하기 위해 乙소유의 X주택에 저당권설정등기를 마쳤다. 그 후 丙은 2017. 10. 1. X주택을 보증금 2억원에 임차하여 인도받고, 전입신고를 마친 후 2019. 2. 16. 현재까지 살고 있다. 2018. 1. 10. 丁이 乙에 대한 8,000만원의 채권으로 X주택을 가압류하였고, 2018. 4. 10. 戊는 乙에 대한 1억원의 채권을 담보하기 위해 X주택에 저당권설정등기를 마쳤다. 2019. 2. 16. X주택은 戊의 저당권실행을 위한 경매로 A에게 매각되었으며, 배당할 금액은 2억 5,000만원이다. 이에 관한 설명으로 옳은 것은? (다툼이 있으면 판례에 따름) (2019 변리사)

① A는 임대인 乙의 지위를 승계한 것으로 본다.
② 저당권자는 가압류채권자에 우선하므로, 戊는 丁에 우선하여 변제받을 수 있다.
③ 경매로 인해 丙의 임차권은 소멸하기 때문에 丙은 A에게 주택을 인도하여야 한다.
④ 丙이 임대차계약서상에 확정일자를 받았다면, 丙은 甲에 우선하여 보증금 전액에 대해 우선변제를 받을 수 있다.
⑤ 丙이 적법하게 배당요구를 하였다면 배당받을 수 있었던 금액이 丙의 적법한 배당요구가 없어서 丁과 戊에게 배당된 경우, 丙은 丁과 戊에게 부당이득반환을 청구할 수 있다.

정답 354 (○) 355 ③

해설 ① (×), ③ (○) : 경락으로 인한 용익물권이나 대항력을 갖춘 임차권의 소멸 여부는 민사소송법에 명문의 규정이 없다고 할 것이니 이는 결국 해석에 의하여 결정될 수밖에 없는데, 후순위 저당권의 실행으로 목적부동산이 경락된 경우에는 민사소송법 제728조, 제608조 제2항의 규정에 의하여 선순위 저당권까지도 당연히 소멸하는 것이므로, 이 경우 비록 후순위 저당권자에게는 대항할 수 있는 임차권이라 하더라도 소멸된 선순위 저당권보다 뒤에 등기되었거나 대항력을 갖춘 임차권은 함께 소멸하는 것이고, 따라서 그 경락인은 주택임대차보호법 제3조에서 말하는 임차주택의 양수인 중에 포함된다고 할 수 없을 것이므로 경락인에 대하여 그 임차권의 효력을 주장할 수 없다(대판 1999. 4. 23, 98다32939).

② (×) : 부동산에 대하여 가압류등기가 먼저 되고 나서 근저당권설정등기가 마쳐진 경우에 경매절차의 배당관계에서 근저당권자는 선순위 가압류채권자에 대하여는 우선변제권을 주장할 수 없으므로 그 가압류채권자는 근저당권자와 일반 채권자의 자격에서 평등배당을 받을 수 있고, 따라서 가압류채권자는 채무자의 근저당권설정행위로 인하여 아무런 불이익을 입지 않으므로 채권자취소권을 행사할 수 없다(대판 2008. 2. 28, 2007다77446).

④ (×) : 임차인이 대항력을 갖추고 확정일자까지 받으면 우선변제권이 인정되지만, 후순위권리자나 그 밖의 채권자보다 우선하여 보증금을 변제받을 권리가 있다는 것이지 선순위권리자에 우선하여 우선변제를 받을 수는 없다(주택임대차보호법 제3조의 2 제2항).

⑤ (×) : 민사소송법 제605조 제1항에서 규정하는 배당요구가 필요한 배당요구채권자는, 압류의 효력발생 전에 등기한 가압류채권자, 경락으로 인하여 소멸하는 저당권자 및 전세권자로서 압류의 효력발생 전에 등기한 자 등 당연히 배당을 받을 수 있는 채권자의 경우와는 달리, 경락기일까지 배당요구를 한 경우에 한하여 비로소 배당을 받을 수 있고, 적법한 배당요구를 하지 아니한 경우에는 비록 실체법상 우선변제청구권이 있다 하더라도 경락대금으로부터 배당을 받을 수는 없을 것이므로, 이러한 배당요구채권자가 적법한 배당요구를 하지 아니하여 그를 배당에서 제외하는 것으로 배당표가 작성·확정되고 그 확정된 배당표에 따라 배당이 실시되었다면 그가 적법한 배당요구를 한 경우에 배당받을 수 있었던 금액 상당의 금원이 후순위채권자에게 배당되었다고 하여 이를 법률상 원인이 없는 것이라고 할 수 없다(대판 2002. 1. 22, 2001다70702).

> [비교판례] 확정된 배당표에 의하여 배당을 실시하는 것은 실체법상의 권리를 확정하는 것이 아니므로 배당을 받아야 할 자가 배당을 받지 못하고 배당을 받지 못할 자가 배당을 받은 경우에는 배당에 관하여 이의를 한 여부 또는 형식상 배당절차가 확정되었는가의 여부에 관계없이 배당을 받지 못한 우선채권자는 부당이득반환청구권이 있다(대판 1988. 11. 8, 86다카2949).

356 저당권과 동산질권에 관한 설명으로 옳은 것을 모두 고른 것은? (다툼이 있으면 판례에 따름)

(2020 변리사)

ㄱ. 저당권과 질권 모두 그 설정에 있어 부동산 또는 동산의 인도는 요구되지 않는다.
ㄴ. 저당권과 질권 모두 피담보채권의 전부를 변제받을 때까지 목적물 전부에 대해 그 권리를 행사할 수 있다.
ㄷ. 저당권과 달리 질권은 담보물의 보존비용이나 담보물의 하자로 인한 손해배상청구권을 담보한다.
ㄹ. 저당권과 달리 질권은 담보물의 공용징수로 인하여 질권설정자가 받을 금전에 대해서는 질권을 행사할 수 없다.

356 ② 정답

① ㄱ, ㄴ　　② ㄴ, ㄷ　　③ ㄷ, ㄹ　　④ ㄱ, ㄴ, ㄹ　　⑤ ㄱ, ㄷ, ㄹ

> **해 설** ㄱ. (×) : 질권의 설정은 질권자에게 목적물을 인도함으로써 그 효력이 생긴다(제330조). 저당권자는 채무자 또는 제삼자가 점유를 이전하지 아니하고 채무의 담보로 제공한 부동산에 대하여 다른 채권자보다 자기채권의 우선변제를 받을 권리가 있다(제356조).
>
> ㄴ. (○) : 불가분성은 유치권에 규정되어 있고, 질권과 저당권에서 이를 준용한다(제321조, 제343조, 제370조).
>
> ㄷ. (○) : 질권의 경우에는 질물의 보존비용과 질물의 하자로 인한 손해배상도 담보하는데, 저당권은 그렇지 않다. 이러한 차이는 저당권에서는 저당권자가 목적물을 점유하지 않는다는 점에서 비롯된 것이다(제334조, 제360조).
>
> ㄹ. (×) : 질권과 저당권 모두 물상대위가 가능하다. 물상대위는 질권에 규정되어 있고, 저당권에서 이를 준용한다(제342조, 제370조).

357 **甲 소유인 X 토지에 乙이 대여금채권을 담보하기 위하여 저당권을 가지고 있었다. 甲은 관련 서류를 위조하여 乙의 저당권설정등기를 말소한 후 丙에게 저당권을 설정하여 주었다. 甲은 丁에게 X 토지를 매도하고 소유권이전등기를 경료하여 주었다. 이에 관한 설명 중 옳은 것을 모두 고른 것은? (각 지문은 독립적이며, 다툼이 있는 경우 판례에 의함)** (2018 변호사)

> ㄱ. 乙이 저당권회복등기 청구의 소를 제기한다면 丁을 피고로 삼아야 한다.
>
> ㄴ. 丙의 경매신청에 의하여 X 토지가 경매되는 경우 배당이의소송을 통하여 위 사실관계가 모두 밝혀지더라도 乙은 배당받을 수 없다.
>
> ㄷ. 위 토지가 경매되어 丙이 배당받고 乙이 배당받지 못한 경우 乙은 자신이 선순위 배당권자였음을 주장하여 丙을 상대로 부당이득반환을 청구할 수 있다.

① ㄴ　　② ㄷ　　③ ㄱ, ㄴ　　④ ㄱ, ㄷ　　⑤ ㄴ, ㄷ

> **해 설** ㄱ.(×) : 불법하게 말소된 것을 이유로 한 근저당권설정등기 회복등기청구는 그 등기말소 당시의 소유자를 상대로 하여야 한다(대판 1969. 3. 18, 68다1617).
>
> > [참고판례] 말소된 등기의 회복등기절차의 이행을 구하는 소에서는 회복등기의무자에게만 피고적격이 있는바, 가등기가 이루어진 부동산에 관하여 제3취득자 앞으로 소유권이전등기가 마쳐진 후 그 가등기가 말소된 경우 그와 같이 말소된 가등기의 회복등기절차에서 회복등기의무자는 가등기가 말소될 당시의 소유자인 제3취득자이므로, 그 가등기의 회복등기청구는 회복등기의무자인 제3취득자를 상대로 하여야 한다(대판 2009. 10. 15, 2006다43903).
>
> ㄴ.(×) : 등기는 물권의 효력 발생 요건이고 존속 요건은 아니어서 등기가 원인 없이 말소된 경우에는 그 물권의 효력에 아무런 영향이 없고, 그 회복등기가 마쳐지기 전이라도 말소된 등기의 등기명의인은 적법한 권리자로 추정되므로, 근저당권설정등기가 위법하게 말소되어 아직 회복등기를 경료하지 못한 연유로 그 부동산에 대한 경매절차의 배당기일에서 피담보채권액에 해당하는 금액을 배당받지 못한 근저당권자는 배당기일에 출석하여 이의를 하고 배당이의의 소를 제기하여 구제를 받을 수 있

정답 》 357 ②

고, 가사 배당기일에 출석하지 않음으로써 배당표가 확정되었다고 하더라도, 확정된 배당표에 의하여 배당을 실시하는 것은 실체법상의 권리를 확정하는 것이 아니기 때문에 위 경매절차에서 실제로 배당받은 자에 대하여 부당이득반환 청구로서 그 배당금의 한도 내에서 그 근저당권설정등기가 말소되지 아니하였더라면 배당받았을 금액의 지급을 구할 수 있다(대판 2002. 10. 22, 2000다59678).
ㄷ.(○) : 경매대금에서 선순위 채권자가 우선변제 받아야 할 금액을 후순위 채권자가 교부받은 경우에는 선순위 채권자가 그에 관한 이의를 제기한 여부를 불문하고 그로써 실체적 권리관계가 확정되는 것이 아니므로 후순위 채권자는 그 한도 내에서 선순위 채권자에게 부당이득금 반환의 의무가 있다(대판 1977. 2. 22, 76다2894).

Ⅱ. 저당권의 효력범위

358-1 경매절차의 매수인이 증축부분의 소유권을 취득하기 위해서는 부합된 증축부분이 기존 건물에 대한 경매절차에서 경매목적물로 평가되어야 한다. ( ) (2023 변리사)

358-2 건물의 증축부분이 저당목적물인 기존의 건물에 부합한 경우에는 특별한 사정이 없는 한 저당권의 효력이 증축부분에도 미친다. ( ) (2023 변리사)

358-3 건물의 증축부분이 기존건물에 부합하여 기존건물과 분리하여서는 별개의 독립물로서 효용을 갖지 못하는 경우, 기존건물에 대한 저당권은 부합된 증축부분에도 그 효력이 미친다. ( ) (2015 변리사)

해설 건물의 증축부분이 기존건물에 부합하여 기존건물과 분리하여서는 별개의 독립물로서의 효용을 갖지 못하는 이상 기존건물에 대한 근저당권은 민법 제358조에 의하여 부합된 증축부분에도 효력이 미치는 것이므로 기존건물에 대한 경매절차에서 경매목적물로 평가되지 아니하였다고 할지라도 경락인은 부합된 증축부분의 소유권을 취득한다(대판 1992. 12. 8, 92다26772, 26789).

359 지상권자가 축조하여 소유하고 있는 건물에는 토지저당권의 효력이 미치지 않는다. ( ) (2015 변리사)

해설 우리 민법상 건물은 토지와는 독립된 물건으로 취급되므로 특별한 사정이 없는 이상 건물은 토지의 부합물도 종물도 아니다. 따라서 지상권자가 축조하여 소유하고 있는 건물에는 토지저당권의 효력이 미치지 않는다(제358조).

360-1 건물 소유를 목적으로 한 토지임차인이 그 토지 위에 소유하는 건물에 저당권을 설정한 때에는, 저당권의 효력이 건물뿐만 아니라 건물 소유를 목적으로 한 토지의 임차권에도 미친다. ( ) (2015 변리사)

360-2 건물의 소유를 목적으로 하여 토지를 임차한 사람이 그 건물에 저당권을 설정한 때에는, 저당권의 효력은 그 건물의 소유를 목적으로 한 토지임차권에도 미친다. ( ) (2023 변리사)

358-1 (×) 358-2 (○) 358-3 (○) 359 (○) 360-1 (○) 360-2 (○) 《 정답

> **해설** 건물의 소유를 목적으로 하여 토지를 임차한 사람이 그 토지 위에 소유하는 건물에 저당권을 설정한 때에는 민법 제358조 본문에 따라서 저당권의 효력이 건물뿐만 아니라 건물의 소유를 목적으로 한 토지의 임차권에도 미친다고 보아야 할 것이므로, 건물에 대한 저당권이 실행되어 경락인이 건물의 소유권을 취득한 때에는 특별한 다른 사정이 없는 한 건물의 소유를 목적으로 한 토지의 임차권도 건물의 소유권과 함께 경락인에게 이전된다. 나. 위 "가"항의 경우에도 민법 제629조가 적용되기 때문에 토지의 임대인에 대한 관계에서는 그의 동의가 없는 한 경락인은 그 임차권의 취득을 대항할 수 없다(대판 1993. 4. 13, 92다24950).

361 **어떤 물건이 저당권이 설정된 후에 저당목적물의 종물이 된 경우에도 그 종물에 대하여 저당권의 효력이 미친다. ( )** (2023 변리사)

> **해설** 부합물에는 저당권의 효력이 미치는바, 부합의 시기에 관하여 학설·판례(대판 1974.12.12, 73다298)는 저당권설정 당시에 이미 부합하여 있는 것이든, 그 후에 부합한 것이든 가리지 않고 원칙적으로 부합된 물건에 대하여 저당권의 효력이 미친다고 한다. 종물의 경우에도 마찬가지이다.

362 **구분건물의 전유부분에 설정된 저당권의 효력은 특별한 사정이 없는 한 그 전유부분의 소유자가 나중에 취득한 대지권에도 미친다. ( )** (2021 변리사)

> **해설** 가. 민법 제358조 본문은 "저당권의 효력은 저당부동산에 부합된 물건과 종물에 미친다"고 규정하고 있는바, 이 규정은 저당부동산에 종된 권리에도 유추적용된다. 나. 구분건물의 전유부분만에 관하여 설정된 저당권의 효력은 대지사용권의 분리처분이 가능하도록 규약으로 정하는 등의 특별한 사정이 없는 한 그 전유부분의 소유자가 사후에라도 대지사용권을 취득함으로써 전유부분과 대지권이 동일 소유자의 소유에 속하게 되었다면, 그 대지사용권에까지 미치고 여기의 대지사용권에는 지상권 등 용익권 이외에 대지소유권도 포함된다(대판 1995. 8. 22, 94다12722).

363 **저당권설정행위에서 저당권의 효력은 종물에 미치지 않는다고 약정한 경우, 이를 등기하여야 제3자에게 대항할 수 있다. ( )** (2015 변리사)

> **해설** 저당권의 효력은 부합물 종물에 미치는 것이 원칙이다. 그러나 저당권설정행위에서 저당권의 효력은 종물에 미치지 않는다고 약정한 경우, 이를 등기하면 제3자에게 대항할 수 있다(제358조 단서 참조).

364-1 **저당부동산에 대한 압류가 있기 전에 저당권설정자가 그 부동산으로부터 수취한 과실에도 저당권의 효력이 미친다. ( )** (2015 변리사)

364-2 **저당권의 효력은 저당부동산에 대한 압류가 없더라도 저당권설정자가 그 부동산으로부터 수취한 과실 또는 수취할 수 있는 과실에 미친다. ( )** (2017 변리사)

> **해설** 민법 제359조(과실에 대한 효력). "압류가 있은 후에" 미치는 것이다.

정답 361 (○) 362 (○) 363 (○) 364-1 (×) 364-2 (×)

365 **특별한 사정이 없는 한 저당목적물인 건물에 대한 저당권자의 압류가 있으면 저당권설정자의 건물 임차인에 대한 차임채권에 저당권의 효력이 미친다. ( )** (2023 변리사)

> **해설** 민법 제359조 전문의 '과실'에는 천연과실뿐만 아니라 법정과실도 포함되므로, 저당부동산에 대한 압류가 있으면 압류 이후의 저당권설정자의 저당부동산에 관한 차임채권 등에도 저당권의 효력이 미친다. 다만 저당부동산에 대한 경매절차에서 저당부동산에 관한 차임채권 등을 관리하면서 이를 추심하거나 저당부동산과 함께 매각할 수 있는 제도가 마련되어 있지 아니하므로, 저당권의 효력이 미치는 차임채권 등에 대한 저당권의 실행이 저당부동산에 대한 경매절차에 의하여 이루어질 수는 없고, 그 저당권의 실행은 저당권의 효력이 존속하는 동안에 채권에 대한 담보권의 실행에 관하여 규정하고 있는 민사집행법 제273조에 따른 채권집행의 방법으로 저당부동산에 대한 경매절차와 별개로 이루어질 수 있을 뿐이다(대판 2016. 7. 27, 2015다230020).

Ⅲ. 유저당계약

Ⅳ. 법정지상권

366 **토지에 관하여 1번 저당권 설정 당시 건물이 건축 중이던 경우에도 건물의 규모, 종류를 예상할 수 있었다면 법정지상권이 성립할 수 있다. ( )** (2018 변리사)

> **해설** 토지에 관하여 저당권이 설정될 당시 토지 소유자에 의하여 그 지상에 건물이 건축 중이었던 경우 그것이 사회관념상 독립된 건물로 볼 수 있는 정도에 이르지 않았다 하더라도 건물의 규모, 종류가 외형상 예상할 수 있는 정도까지 건축이 진전되어 있었고, 그 후 경매절차에서 매수인이 매각대금을 다 낸 때까지 최소한의 기둥과 지붕 그리고 주벽이 이루어지는 등 독립된 부동산으로서 건물의 요건을 갖춘 경우에는 법정지상권이 성립한다(대판 2011. 1. 13, 2010다67159).

367 **토지에 관하여 1번 저당권 설정 당시 건물이 존재하였다면, 그 후 그 건물을 철거하고 동일한 규모의 건물을 신축한 경우에도 법정지상권이 성립할 수 있다. ( )** (2018 변리사)

> **해설** 민법 제366조 소정의 법정지상권이나 관습상의 법정지상권이 성립한 후에 건물을 개축 또는 증축하는 경우는 물론 건물이 멸실되거나 철거된 후에 신축하는 경우에도 법정지상권은 성립하나, 다만 그 법정지상권의 범위는 구건물을 기준으로 하여 그 유지 또는 사용을 위하여 일반적으로 필요한 범위 내의 대지 부분에 한정된다(대판 1997. 1. 21, 96다40080).

368 **동일인 소유의 토지와 지상건물에 관하여 공동저당권을 설정한 후, 그 건물을 철거하고 새로 건물을 신축한 경우에는 특별한 사정이 없는 한 법정지상권이 성립하지 않는다. ( )** (2018 변리사)

> **해설** 동일인의 소유에 속하는 토지 및 그 지상건물에 관하여 공동저당권이 설정된 후 지상 건물이 철거되고 새로 건물이 신축된 경우에, 신축건물의 소유자가 토지의 소유자와 동일하고 토지의 저당권자

365 (○) 366 (○) 367 (○) 368 (○) 《 정답

에게 신축건물에 관하여 토지의 저당권과 동일한 순위의 공동저당권을 설정해 주는 등 특별한 사정이 없는 한, 저당물의 경매로 인하여 토지와 신축건물이 다른 소유자에 속하게 되더라도 신축건물을 위한 법정지상권은 성립하지 않는다(대판 2014. 9. 4, 2011다73038,73045).

369 **X토지와 그 지상 Y건물의 소유자인 甲이 X토지와 Y건물에 관하여 乙에게 공동저당권을 설정해준 다음 Y건물을 헐고 Z건물을 신축한 후 Z건물에 관하여 X토지와 동일한 순위의 공동저당권을 설정해준 경우, 저당권의 실행으로 丙이 X토지의 소유권을 취득하면, 甲은 Z건물을 위한 법정지상권을 취득할 수 없다. ( )** (2020 변호사)

해설 동일인의 소유에 속하는 토지 및 그 지상건물에 관하여 공동저당권이 설정된 후 지상 건물이 철거되고 새로 건물이 신축된 경우에, 신축건물의 소유자가 토지의 소유자와 동일하고 토지의 저당권자에게 신축건물에 관하여 토지의 저당권과 동일한 순위의 공동저당권을 설정해 주는 등 특별한 사정이 없는 한, 저당물의 경매로 인하여 토지와 신축건물이 다른 소유자에 속하게 되더라도 신축건물을 위한 법정지상권은 성립하지 않는다(대판 2014. 9. 4, 2011다73038).

370 **지상건물이 없는 토지에 관하여 1번 저당권을 설정할 당시 저당권자가 그 토지에 건물을 축조하는 것에 동의하였다면 법정지상권이 성립할 수 있다. ( )** (2018 변리사)

해설 민법 제366조의 법정지상권은 저당권 설정 당시부터 저당권의 목적되는 토지 위에 건물이 존재할 경우에 한하여 인정되며, 토지에 관하여 저당권이 설정될 당시 그 지상에 토지소유자에 의한 건물의 건축이 개시되기 이전이었다면, 건물이 없는 토지에 관하여 저당권이 설정될 당시 근저당권자가 토지소유자에 의한 건물의 건축에 동의하였다고 하더라도 그러한 사정은 주관적 사항이고 공시할 수도 없는 것이어서 토지를 낙찰받는 제3자로서는 알 수 없는 것이므로 그와 같은 사정을 들어 법정지상권의 성립을 인정한다면 토지 소유권을 취득하려는 제3자의 법적 안정성을 해하는 등 법률관계가 매우 불명확하게 되므로 법정지상권이 성립되지 않는다(대판 2003. 9. 5, 2003다26051).

371 **토지공유자 한 사람이 다른 공유자 지분 과반수의 동의를 얻어 건물을 건축한 후 경매로 인하여 토지와 건물의 소유자가 달라진 경우 법정지상권이 성립하지 않는다. ( )** (2018 변리사)

해설 토지공유자의 한 사람이 다른 공유자의 지분 과반수의 동의를 얻어 건물을 건축한 후 토지와 건물의 소유자가 달라진 경우 토지에 관하여 관습법상의 법정지상권이 성립되는 것으로 보게 되면 이는 토지공유자의 1인으로 하여금 자신의 지분을 제외한 다른 공유자의 지분에 대하여서까지 지상권설정의 처분행위를 허용하는 셈이 되어 부당하다(대판 1993. 4. 13, 92다55756). ☞ 관습법상의 법정지상권에 관한 판례이지만, 민법 제366조의 법정지상권도 마찬가지이다(대판 2004. 6. 11, 2004다13533).

372 **건물공유자 중 1인이 그 건물의 부지인 토지를 단독으로 소유하면서 그 토지에 관하여만 저당권을 설정하였다가 저당권의 실행에 의한 경매로 제3자가 토지의 소유권을 취득한 경우, 건물공유자들은 토지 전부에 관하여 법정지상권을 취득한다. ( )** (2022 변호사)

정답 369 (×) 370 (×) 371 (○) 372 (○)

해설 건물공유자의 1인이 그 건물의 부지인 토지를 단독으로 소유하면서 그 토지에 관하여만 저당권을 설정하였다가 위 저당권에 의한 경매로 인하여 토지의 소유자가 달라진 경우에도, 건물의 철거로 인한 사회경제적 손실을 방지할 공익상의 필요성도 인정되는 점 등에 비추어 위 건물공유자들은 민법 제366조에 의하여 토지 전부에 관하여 건물의 존속을 위한 법정지상권을 취득한다고 보아야 한다(대판 2011. 1. 13, 2010다67159).

373 **A토지와 그 지상의 B건물을 등기하여 소유하는 甲은 A토지의 자투리 공간에 C건물을 완공하였으나 보존등기를 하지 않은 채 A, B, C 모두를 乙에게 일괄 매도하고 인도하였다. 乙은 A토지와 B건물에 관하여 소유권이전등기를 하였으나 C건물에 대해서는 소유권이전등기를 하지 않고 있었다. 그 후 乙이 은행으로부터 돈을 빌리면서 A토지에 근저당권을 설정하였는데, 이것이 경매되어 丙이 매수대금을 완납하고 A토지의 소유권을 취득하였다. 이어 乙은 B건물과 C건물 역시 丁에게 매도하고 인도하였는데, B건물에 대해서는 丁의 명의로 소유권이전등기가 되었고, C건물은 여전히 미등기 상태로 남아 있다. 이에 관한 설명으로 옳은 것은? (다툼이 있으면 판례에 따름)** (2016 변리사)

① 甲은 乙에게 A토지의 소유권을 넘겨주는 때에 C건물을 위한 관습법상 법정지상권을 취득한다.
② C가 무허가건물인 경우에는 무허가건물이라는 이유만으로도 C의 소유자는 그 건물의 소유를 위한 관습법상 법정지상권을 취득할 수 없다.
③ 丙이 A토지의 소유권을 취득한 때 乙은 B건물을 위한 법정지상권을 취득한다.
④ 만일 乙이 근저당권 설정 당시 존재하던 B건물을 철거하고 D건물을 신축한 후에 A토지에 대한 저당권이 실행되었다면, B건물과 D건물의 동일성이 인정되지 않는 한 乙은 D건물을 위한 법정지상권을 취득할 수 없다.
⑤ 丁은 지상권등기를 하지 않아도 B건물을 위한 법정지상권을 취득한다.

해설 ③만이 타당하다. 즉 민법 제366조의 법정지상권은 저당권 설정 당시에 동일인의 소유에 속하는 토지와 건물이 저당권의 실행에 의한 경매로 인하여 각기 다른 사람의 소유에 속하게 된 경우에 건물의 소유를 위하여 인정되는 것이므로, 미등기건물을 그 대지와 함께 매수한 사람이 그 대지에 관하여만 소유권이전등기를 넘겨받고 건물에 대하여는 그 등기를 이전 받지 못하고 있다가, 대지에 대하여 저당권을 설정하고 그 저당권의 실행으로 대지가 경매되어 다른 사람의 소유로 된 경우에는, 그 저당권의 설정 당시에 이미 대지와 건물이 각각 다른 사람의 소유에 속하고 있었으므로 법정지상권이 성립될 여지가 없다[대판(전합) 2002. 6. 20, 2002다9660]. 따라서 위 사안의 경우, B건물에 대하여는 법정지상권이 인정되고, C건물에 대하여는 법정지상권이 인정되지 않는다.

① (×) : 관습상의 법정지상권은 동일인의 소유이던 토지와 그 지상건물이 매매 기타 원인으로 인하여 각각 소유자를 달리하게 되었으나 그 건물을 철거한다는 등의 특약이 없으면 건물 소유자로 하여금 토지를 계속 사용하게 하려는 것이 당사자의 의사라고 보아 인정되는 것이므로 토지의 점유·사용에 관하여 당사자 사이에 약정이 있는 것으로 볼 수 있거나 토지 소유자가 건물의 처분권까지 함께 취득한 경우에는 관습상의 법정지상권을 인정할 까닭이 없다 할 것이어서, 미등기건물을 그 대지와 함께 매도하였다면 비록 매수인에게 그 대지에 관하여만 소유권이전등기가 경료되고 건물에 관하여는 등

373 ③ 정답

기가 경료되지 아니하여 형식적으로 대지와 건물이 그 소유 명의자를 달리하게 되었다 하더라도 매도인에게 관습상의 법정지상권을 인정할 이유가 없다[대판(전합) 2002. 6. 20, 2002다9660].

② (×) : 법정지상권의 공통요건인 토지와 건물이 동일한 소유자에 속한 경우에서 건물은 미등기 무허가 건물도 포함한다(대판 1988. 4. 12, 87다카2404). 따라서 C가 무허가건물인 경우에는 무허가건물이라는 이유만으로도 C의 소유자는 그 건물의 소유를 위한 관습법상 법정지상권을 취득할 수 없다는 것은 부당하다.

④ (×) : 저당권(단독저당)설정당시 B건물을 위한 법정지상권의 요건이 구비되었기 때문에, 乙이 근저당권 설정 당시 존재하던 B건물을 철거하고 D건물을 신축한 후에 A토지에 대한 저당권이 실행되었다면, B건물과 D건물의 동일성이 인정되지 않더라도 乙은 D건물을 위한 법정지상권을 "구건물 범위내에서" 취득할 수 있다.

⑤ (×) : 법정지상권을 취득한 자로부터 건물을 "양수"받은 자는 당해 건물은 철거당하지 않으나, 지상권등기를 하여야 지상권자가 된다. 따라서 丁은 지상권등기를 하지 않아도 B건물을 위한 법정지상권을 취득한다고 볼 수 없다[대판(전합) 1985. 4. 9, 84다카1131].

[보충지문] 丙은 丁을 상대로 B건물의 철거를 청구할 수는 없지만, C건물의 철거를 청구할 수는 있다. ( ) (2013 변호사 변형)

(○) : 장차 법정지상권을 취득할 지위에 있는 丁을 상대로 B건물의 철거를 청구하는 것은 신의칙에 반한다(대판 1991. 9. 24, 91다21701 등). 반면에 C건물에 대하여는 법정지상권이 인정되지 않기 때문에 철거를 청구할 수 있고, 이 때 丁은 미등기매수인에 불과하지만 철거청구의 상대방은 될 수 있다(대판 1988. 5. 10, 87다카1737).

374 2020. 10. 1. 甲 소유의 X토지와 그 지상에 있는 Y건물에 설정된 저당권의 실행으로 X토지는 乙이 경락받았고, Y건물은 丙이 경락받았다. X토지 및 Y건물에는 매각에 따른 소유권이전등기만 되었으며, X토지에 대한 법정지상권 등기는 현재까지 경료되지 않았다. 2021. 1. 15. 乙은 X토지를 丁에게 양도하고 丁명의로 소유권이전등기를 하였고, 2021. 2. 10. 丙은 자신이 가진 X토지에 대한 권리와 Y건물에 대한 소유권을 戊에게 매도하는 계약을 체결하고 Y건물에 대한 소유권이전등기를 하였다. 이에 관한 설명으로 옳은 것은? (다툼이 있으면 판례에 따름) (2021 변리사)

① 2020. 10. 1. 당시 丙은 X토지에 대하여 법정지상권 등기를 하지 않았기 때문에, 丙은 X토지에 대한 법정지상권을 취득하지 못한다.
② 2020. 10. 1. 당시 丙이 법정지상권을 취득하였더라도 본인의 의사와 무관하게 취득한 것이므로, 지료를 지급할 필요가 없다.
③ 2021. 1. 16. 丙은 X토지에 대한 법정지상권을 丁에게 주장할 수 있다.
④ 2021. 2. 10. 戊는 법정지상권 등기 없이도, X토지에 대하여 법정지상권을 취득한다.
⑤ 2021. 2. 27. 현재 丁은 戊에 대하여 Y건물의 철거를 청구할 수 있다.

정답 374 ③

해설 ① (×), ③ (○) : 법정지상권은 법률의 규정에 의한 물권변동이므로 그 취득에 등기를 요하지 않는다(민법 제187조). 그리고 경매 당시의 건물소유자는 법정지상권을 취득할 당시의 토지소유자에 대하여는 물론, 그 이후의 토지소유권을 취득한 제3자에 대하여도 등기 없이 법정지상권을 주장할 수 있다(대판 1967. 6. 27, 66다987).

② (×) : 일반지상권에서 지료는 그 요소가 아니지만(제279조), 법정지상권은 토지소유자의 의사에 의하지 않고 지상권의 성립이 강제되는 점에서 민법은 지료를 지급하여야 하는 것으로 정한다. 즉 지료는 당사자의 청구에 의하여 법원이 이를 정한다(민법 제366조 단서).

④ (×) : 건물과 함께 미등기인 법정지상권을 가지고 있는 사람이 건물을 제3자에게 처분하고 그 명의의 소유권이전등기를 경료하면서도 법정지상권의 처분에 따른 이전등기 등을 하지 아니하였다면 그 법정지상권은 의연히 원래의 법정지상권자에게 유보되어 있는 것으로 보아야 한다(대판 1980. 9. 9, 78다52).

⑤ (×) : 법정지상권을 가진 건물소유자로부터 건물을 양수하면서 법정지상권까지 양도받기로 한 자는 채권자대위의 법리에 따라 전건물소유자 및 대지소유자에 대하여 차례로 지상권의 설정등기 및 이전등기절차이행을 구할 수 있다 할 것이므로 이러한 법정지상권을 취득할 지위에 있는 자에 대하여 대지소유자가 소유권에 기하여 건물철거를 구함은 지상권의 부담을 용인하고 그 설정등기절차를 이행할 의무있는 자가 그 권리자를 상대로 한 청구라 할 것이어서 신의성실의 원칙상 허용될 수 없다[대판(전합) 1985. 4. 9, 84다카1131,1132].

375 **현재의 건물 소유자에게 법정지상권 또는 관습법상의 법정지상권이 인정되는 경우를 모두 고른 것은? (경매나 분필 시에 건물 철거를 매각조건으로 하거나 건물 철거 특약을 맺는 등 특별한 사정이 없었음을 전제로 하고, 다툼이 있는 경우 판례에 의함)** (2019 변호사)

ㄱ. 甲 소유의 토지 위에 건물의 소유자 乙이 건물의 소유를 위한 법정지상권을 취득한 후, 丙이 그 건물을 경매를 통하여 매수한 경우
ㄴ. 甲이 토지와 그 지상건물을 소유하다가 乙에게 유효하게 건물의 소유명의를 신탁한 후 丙에게 토지에 관하여 저당권을 설정하여 주었고 그 후 丙의 저당권 실행으로 인한 경매절차에서 丁이 토지의 소유권을 취득한 경우
ㄷ. 甲이 자신 소유의 토지 위에 乙과 건물을 공유하고 있다가 토지에 관하여 저당권을 설정하였는데 이 저당권의 실행으로 토지가 丙에게 매각된 경우
ㄹ. 토지의 구분소유적 공유자 甲이 자신의 배타적 점유 부분에 건물을 신축하고 등기한 후, 그 토지에 대한 강제경매에 의하여 다른 공유자 乙이 甲의 지분을 모두 취득한 경우
ㅁ. 토지의 구분소유적 공유자 甲이 자신이 특정하여 매수하지 아니한 부분에 건물을 신축한 다음 각자의 특정 소유부분대로 토지를 분필한 경우

① ㄱ, ㄴ, ㄹ　② ㄱ, ㄷ, ㄹ　③ ㄱ, ㄷ, ㅁ　④ ㄱ, ㄴ, ㄷ, ㄹ　⑤ ㄴ, ㄷ, ㄹ, ㅁ

375 ② 《 정답

해설 ㄱ. (○) : 동일한 소유자에 속하는 대지와 그 지상건물이 매매에 의하여 각기 소유자가 달라지게 된 경우에는 특히 건물을 철거한다는 조건이 없는 한 건물소유자는 대지 위에 건물을 위한 관습상의 법정지상권을 취득하는 것이고, 한편 건물 소유를 위하여 법정지상권을 취득한 자로부터 경매에 의하여 건물의 소유권을 이전받은 경락인은 경락 후 건물을 철거한다는 등의 매각조건하에서 경매되는 경우 등 특별한 사정이 없는 한 건물의 경락취득과 함께 위 지상권도 당연히 취득한다. 이러한 법리는 압류, 가압류나 체납처분압류 등 처분제한의 등기가 된 건물에 관하여 그에 저촉되는 소유권이전등기를 마친 사람이 건물의 소유자로서 관습상의 법정지상권을 취득한 후 경매 또는 공매절차에서 건물이 매각되는 경우에도 마찬가지로 적용된다(대판 2014. 9. 4, 2011다13463).

ㄴ. (×) : 민법 제366조 소정의 법정지상권은 저당권 설정 당시 동일인의 소유에 속하던 토지와 그 지상건물이 경매로 인하여 각기 그 소유자가 다르게 된 때에 건물의 소유자를 위하여 발생하는 것이므로, 토지와 그 지상건물이 각기 소유자를 달리하고 있던 중 토지 또는 그 지상건물만이 경매에 의하여 다른 사람에게 소유권이 이전된 경우에는 위 법조 소정의 법정지상권이 발생할 여지가 없으며, 또 건물의 등기부상 소유명의를 타인에게 신탁한 경우에 신탁자는 제3자에게 그 건물이 자기의 소유임을 주장할 수 없고, 따라서 그 건물과 부지인 토지가 동일인의 소유임을 전제로 한 법정지상권을 취득할 수 없다(대판 1995. 5. 23, 93다47318). ☞ 부동산실권리자명의등기에관한법률 시행전의 판례로 신탁적 소유권이전설에 따른 것이다. 현재에도 "유효한" 명의신탁의 경우에는 같은 법리가 적용된다.

ㄷ. (○) : 건물공유자의 1인이 그 건물의 부지인 토지를 단독으로 소유하면서 그 토지에 관하여만 저당권을 설정하였다가 위 저당권에 의한 경매로 인하여 토지의 소유자가 달라진 경우에도, 위 토지 소유자는 자기뿐만 아니라 다른 건물공유자들을 위하여도 위 토지의 이용을 인정하고 있었다고 할 것인 점, 저당권자로서도 저당권 설정 당시 법정지상권의 부담을 예상할 수 있었으므로 불측의 손해를 입는 것이 아닌 점, 건물의 철거로 인한 사회경제적 손실을 방지할 공익상의 필요성도 인정되는 점 등에 비추어 위 건물공유자들은 민법 제366조에 의하여 토지 전부에 관하여 건물의 존속을 위한 법정지상권을 취득한다고 보아야 한다(대판 2011. 1. 13, 2010다67159).

ㄹ. (○) : 원고와 피고가 1필지의 대지를 구분소유적으로 공유하고 피고가 자기 몫의 대지 위에 건물을 신축하여 점유하던 중 위 대지의 피고지분만을 원고가 경락 취득한 경우 피고의 관습상의 법정지상권 취득여부(적극)(대판 1990. 6. 26, 89다카24094).

ㅁ. (×) : 甲과 乙이 대지를 각자 특정하여 매수하여 배타적으로 점유하여 왔으나 분필이 되어 있지 아니한 탓으로 그 특정부분에 상응하는 지분소유권이전등기만을 경료하였다면 그 대지의 소유관계는 처음부터 구분소유적 공유관계에 있다 할 것이고, 또한 구분소유적 공유관계에 있어서는 통상적인 공유관계와는 달리 당사자 내부에 있어서는 각자가 특정매수한 부분은 각자의 단독 소유로 되었다 할 것이므로, 乙은 위 대지 중 그가 매수하지 아니한 부분에 관하여는 甲에게 그 소유권을 주장할 수 없어 위 대지 중 乙이 매수하지 아니한 부분지상에 있는 乙 소유의 건물부분은 당초부터 건물과 토지의 소유자가 서로 다른 경우에 해당되어 그에 관하여는 관습상의 법정지상권이 성립될 여지가 없다(대판 1994. 1. 28, 93다49871).

376 甲은 乙로부터 금전을 차용하면서 乙에게 甲 소유인 X 토지에 저당권을 설정해 주었고, Y는 X 토지 위에 있는 건물이다. 이에 관한 설명 중 옳은 것을 모두 고른 것은? (각 지문은 독립적이며, 다툼이 있는 경우 판례에 의함) (2023 변호사)

ㄱ. X 토지에 저당권이 설정된 당시 甲에 의하여 건축 중이던 Y 건물의 규모·종류가 외형상 예상할 수 있는 정도까지 건축이 진전되었고, 그 후 그 저당권의 실행을 위한 경매절차에서 매수인이 매각대금을 다 낼 때까지 독립된 부동산으로서 건물의 요건을 갖추었다면 Y 건물을 위한 법정지상권이 성립한다.

ㄴ. 甲이 X 토지와 미등기인 Y 건물을 함께 매수하면서 X 토지에 관해서만 소유권이전등기를 넘겨받았는데, X 토지에 대하여 乙에게 저당권을 설정하고 그 저당권의 실행으로 X 토지가 丙의 소유가 되었다면, Y 건물을 위한 법정지상권이 성립한다.

ㄷ. 乙의 저당권 실행에 따른 경매로 인하여 X 토지의 소유권이 丙에게 이전되고 그 후 甲이 자기 소유인 Y 건물을 丁에게 양도하면서 자신이 취득한 법정지상권을 양도한 경우, 丁이 지상권에 대한 등기를 하지 않았다고 하더라도 丙이 丁을 상대로 소유권에 기하여 Y 건물의 철거를 구할 수는 없다.

① ㄱ　② ㄱ, ㄴ　③ ㄱ, ㄷ　④ ㄴ, ㄷ　⑤ ㄱ, ㄴ, ㄷ

해설 ㄱ. (○) : 민법 제366조의 법정지상권은 저당권설정 당시 동일인의 소유에 속하던 토지와 건물이 경매로 인하여 양자의 소유자가 다르게 된 때에 건물의 소유자를 위하여 발생하는 것으로서, 토지에 관하여 저당권이 설정될 당시 토지 소유자에 의하여 그 지상에 건물이 건축 중이었던 경우 그것이 사회관념상 독립된 건물로 볼 수 있는 정도에 이르지 않았다 하더라도 건물의 규모, 종류가 외형상 예상할 수 있는 정도까지 건축이 진전되어 있었고, 그 후 경매절차에서 매수인이 매각대금을 다 낸 때까지 최소한의 기둥과 지붕 그리고 주벽이 이루어지는 등 독립된 부동산으로서 건물의 요건을 갖춘 경우에는 법정지상권이 성립한다(대판 2011. 1. 13, 2010다67159).

ㄴ. (×) : 미등기건물을 그 대지와 함께 매수한 사람이 그 대지에 관하여만 소유권이전등기를 넘겨받고 건물에 대하여는 그 등기를 이전 받지 못하고 있다가, 대지에 대하여 저당권을 설정하고 그 저당권의 실행으로 대지가 경매되어 다른 사람의 소유로 된 경우에는, 그 저당권의 설정 당시에 이미 대지와 건물이 각각 다른 사람의 소유에 속하고 있었으므로 법정지상권이 성립될 여지가 없다[대판(전합) 2002. 6. 20, 2002다9660].

ㄷ. (○) : [1] 법정지상권을 취득한 건물소유자가 법정지상권의 설정등기를 경료함이 없이 건물을 양도하는 경우에는 특별한 사정이 없는 한 건물과 함께 지상권도 양도하기로 하는 채권적 계약이 있었다고 할 것이므로 법정지상권자는 지상권설정등기를 한 후에 건물양수인에게 이의 양도등기절차를 이행하여 줄 의무가 있는 것이고 따라서 건물양수인은 건물양도인을 순차대위하여 토지소유자에 대하여 건물소유자였던 최초의 법정지상권자에의 법정지상권설정등기절차 이행을 청구할 수 있다. [2] 법정지상권을 가진 건물소유자로부터 건물을 양수하면서 지상권까지 양도받기로 한 사람에 대하여 대지소유자가 소유권에 기하여 건물철거 및 대지의 인도를 구하는 것은 지상권의 부담을 용인하고 그 설정등기절차를 이행할 의무있는 자가 그 권리자를 상대로 한 청구라 할 것이어서 신의성실의 원칙상 허용될 수 없다(대판 1988. 9. 27, 87다카279).

376 ③ 《 정답

V. 일괄경매청구권

377 **저당권설정자로부터 저당토지에 용익권을 설정 받은 자가 그 토지에 건물을 축조한 경우라도 그 후 저당권설정자가 그 건물의 소유권을 취득하였다면, 저당권자는 토지와 함께 그 건물에 대하여 경매를 신청할 수 있다. ( )** (2017 변리사)

> **해설** 저당지상의 건물에 대한 일괄경매청구권은 저당권설정자가 건물을 축조한 경우뿐만 아니라 저당권설정자로부터 저당토지에 대한 용익권을 설정받은 자가 그 토지에 건물을 축조한 경우라도 그 후 저당권설정자가 그 건물의 소유권을 취득한 경우에는 저당권자는 토지와 함께 그 건물에 대하여 경매를 청구할 수 있다(대판 2003. 4. 11, 2003다3850).

378 **나대지에 대하여 저당권이 설정된 후 그 토지 위에 건물이 축조되어 일괄경매되는 경우(「민법」 제365조)에 관한 설명 중 옳지 않은 것은? (각 지문은 독립적이며, 다툼이 있는 경우 판례에 의함)** (2023 변호사)

① 저당권의 우선변제적 효력은 그 지상 건물에는 미치지 않고 저당권자가 우선변제를 받는 범위는 토지의 매각대금에 한정된다.

② 저당권자가 건물의 매각대금에서 배당을 받으려면 적법한 배당요구를 하였거나 그 밖에 달리 배당을 받을 수 있는 채권으로서 필요한 요건을 갖추고 있어야 한다.

③ 저당권설정자로부터 그 토지에 대한 용익권을 설정받은 자가 그 토지 위에 건물을 축조한 후 저당권설정자가 그 건물의 소유권을 취득하였다면 저당권자는 토지와 함께 그 건물에 대하여 경매를 청구할 수 있다.

④ 저당권설정자가 토지 위에 건물을 축조하고 그 건물을 제3자에게 매도하여 경매개시결정 당시 그 건물의 소유권이 제3자에게 귀속된 경우에도 그 건물에 대하여 일괄경매가 가능하다.

⑤ 만약 저당권자가 토지에 대하여만 경매를 신청한 경우, 저당권자는 그 토지에 관한 경매기일 공고 시까지는 그 건물에 대하여 일괄경매의 추가신청을 할 수 있다.

> **해설** ① (○), ② (○) : 민법 제365조 단서에 의하면 저당권자에게는 건물의 매각대금에 대하여 우선변제를 받을 권리가 없도록 규정되어 있는 점에 비추어 보면, 위와 같은 경우 토지의 저당권자가 **건물의 매각대금에서** 배당을 받으려면 민사집행법 제268조, 제88조의 규정에 의한 적법한 배당요구를 하였거나 그 밖에 달리 배당을 받을 수 있는 채권으로서 필요한 요건을 갖추고 있어야 한다(대판 2012. 3. 15, 2011다54587).
>
> ③ (○) : 제365조 저당지상의 건물에 대한 일괄경매청구권은 저당권설정자가 건물을 축조한 경우뿐만 아니라 저당권설정자로부터 저당토지에 대한 용익권을 설정받은 자가 그 토지에 건물을 축조한 경우라도 그 후 저당권설정자가 그 건물의 소유권을 취득한 경우에는 저당권자는 토지와 함께 그 건물에 대하여 경매를 청구할 수 있다(대판 2003. 4. 11, 2003다3850).
>
> ④ (×) : 민법 제365조가 토지를 목적으로 한 저당권을 설정한 후 그 저당권설정자가 그 토지에 건물을 축조한 때에는 저당권자가 토지와 건물을 일괄하여 경매를 청구할 수 있도록 규정한 취지는, 저당권은 담보물의 교환가치의 취득을 목적으로 할 뿐 담보물의 이용을 제한하지 아니하여 저당권설정자로서는 저당권설정 후에도 그 지상에 건물을 신축할 수 있는데, 후에 그 저당권의 실행으로 토지가 제

정답 377 (○) 378 ④

3자에게 경락될 경우에 건물을 철거하여야 한다면 사회경제적으로 현저한 불이익이 생기게 되어 이를 방지할 필요가 있으므로 이러한 이해관계를 조절하고, 저당권자에게도 저당 토지 상의 건물의 존재로 인하여 생기게 되는 경매의 어려움을 해소하여 저당권의 실행을 쉽게 할 수 있도록 한 데에 있다고 풀이되며, 그러한 규정 취지에 비추어 보면 민법 제365조에 기한 일괄경매청구권은 **저당권설정자가** 건물을 축조하여 **소유하고 있는 경우**에 한한다(대결 1999. 4. 20, 자 99마146.) ☞ 토지에 관한 근저당권설정자가 그 지상에 건물을 축조하여 소유권보존등기를 마침과 동시에 이를 제3자에게 매도함으로써 경매개시결정 당시 건물의 소유권이 근저당권설정자가 아닌 제3자들에게 귀속된 사실이 인정되므로 위 건물에 대하여는 민법 제365조에 의한 일괄경매를 할 수 없다고 한 사례

⑤ (○) : 민법 제365조에 기한 일괄경매청구권은 토지의 저당권자가 토지에 대하여 경매를 신청한 후에도 그 토지상의 건물에 대하여 토지에 관한 경매기일 공고시까지는 일괄경매의 추가신청을 할 수 있고, 이 경우에 집행법원은 두 개의 경매사건을 병합하여 일괄경매절차를 진행함이 상당하다(대결 2001. 6. 13, 자 2001마1632).

Ⅵ. 저당권의 제3취득자의 지위와 물상보증인의 지위

379 **저당부동산에 대하여 지상권을 취득한 제3자는 채무자의 의사에 반하여 저당권자에게 그 부동산으로 담보된 채권을 변제하고 저당권의 소멸을 청구할 수 있다. ( )** (2017 변리사)

해설 민법 제364조(제3취득자의 변제) 및 민법 제469조(제3자의 변제) 제2항. 담보물의 제3취득자는 '법률상 이해관계 있는 제3자'로서 채무자의 의사에 반하여도 변제할 수 있다(대결 2009. 5. 28, 자 2008마109).

380 **저당부동산에 대하여 전세권을 취득한 제3자는 저당권자에게 그 부동산으로 담보된 채권을 변제하고 저당권의 소멸을 청구할 수 있다. ( )** (2021 변리사)

해설 저당부동산에 대하여 소유권, 지상권 또는 전세권을 취득한 제삼자는 저당권자에게 그 부동산으로 담보된 채권을 변제하고 저당권의 소멸을 청구할 수 있다(민법 제364조).

381 **甲이 乙에 대한 차용금채무를 담보하기 위하여 자기 소유 X 토지에 乙 명의의 저당권을 설정해 주었다. 甲의 부탁을 받은 丙은 위 채무를 담보하기 위하여 乙과 연대보증계약을 체결하였다. 그 후 丁이 甲으로부터 X 토지를 매수하여 소유권이전등기를 마쳤다. 이에 관한 설명 중 옳지 않은 것은? (각 지문은 독립적이며, 다툼이 있는 경우 판례에 의함)** (2023 변호사)

① 丙이 乙에게 甲의 차용금채무를 변제한 후 甲에게 구상금을 청구할 경우, 그 구상권의 범위에는 면책된 날 이후의 법정이자가 포함된다.

② 丁이 X 토지에 관한 필요비를 지출하였더라도, 丁은 X 토지에 관한 저당권의 실행에 따른 경매 매각대금에서 그 필요비를 우선상환 받을 수는 없다.

③ 丁은 X 토지에 관하여 저당권의 실행에 따른 경매절차의 경매인(競買人)이 될 수 있다.

379 (○) 380 (○) 381 ② 정답

④ 丁은 乙에게 변제기가 도래한 甲의 차용금채무를 변제하고 X 토지에 설정된 乙 명의 저당권의 소멸을 청구할 수 있다.

⑤ 만약 甲이 戊의 차용금채무를 담보하기 위하여 X 토지에 乙 명의의 저당권을 설정해 주었는데 乙의 저당권 실행으로 丁이 X 토지에 대한 소유권을 잃었다면, 丁이 위 저당권의 피담보채무의 이행을 인수하였다는 등의 특별한 사정이 없는 한 丁은 戊에 대해 구상권을 행사할 수 있다.

해설 ① (○) : "전항의 구상권은 면책된 날 이후의 법정이자 및 피할 수 없는 비용 기타 손해배상을 포함한다."는 제425조제2항의 규정은 "주채무자의 부탁으로 보증인이 된 자가 과실 없이 변제 기타의 출재로 주채무를 소멸"하게 하여 구상권이 있는 경우에 준용한다(민법 제441조 제2항).

② (×) : 저당물의 제삼취득자가 그 부동산의 보존, 개량을 위하여 필요비 또는 유익비를 지출한 때에는 제203조제1항, 제2항의 규정에 의하여 저당물의 경매대가에서 우선상환을 받을 수 있다(민법 제367조).

③ (○) : 저당물의 소유권을 취득한 제삼자도 경매인이 될 수 있다(민법 제363조 제2항).

④ (○) : 저당부동산에 대하여 소유권, 지상권 또는 전세권을 취득한 제삼자는 저당권자에게 그 부동산으로 담보된 채권을 변제하고 저당권의 소멸을 청구할 수 있다(민법 제364조).

⑤ (○) : 타인의 채무를 담보하기 위하여 저당권을 설정한 부동산의 소유자(물상보증인)로부터 소유권을 양수한 제3자는 물상보증의 목적물인 저당부동산의 제3취득자가 채무를 변제하거나 저당권의 실행으로 저당물의 소유권을 잃은 때에는 물상보증인의 구상권에 관한 민법 제370조, 제341조의 규정을 유추적용하여 보증채무에 관한 규정에 의하여 **채무자에 대한 구상권이 있다**(대판 2014. 12. 24, 2012다49285; 대판 1997. 7. 25, 97다8403).

[비교판례] 물상보증인이 담보부동산을 제3취득자에게 매도하고 제3취득자가 담보부동산에 설정된 근저당권의 피담보채무의 이행을 인수한 경우, 그 이행인수는 매매당사자 사이의 내부적인 계약에 불과하여 이로써 물상보증인의 책임이 소멸하지 않는 것이고, 따라서 담보부동산에 대한 담보권이 실행된 경우에도 제3취득자가 아닌 원래의 물상보증인이 채무자에 대한 구상권을 취득한다(대판 1997. 5. 30, 97다1556).

Ⅶ. 저당권침해시 저당권자의 보호방안

382 질권설정자가 질물을 멸실하게 한 경우, 질권자는 피담보채권의 즉시이행을 청구할 수 있지만 손해배상은 청구할 수 없다. (　) (2014 변리사)

해설 담보권자인 질권자는 질권설정자가 질물을 멸실하게 한 경우, 기한이익상실규정(제388조)에 의하여 피담보채권의 즉시이행을 청구할 수 있을 뿐만 아니라 손해배상도 청구할 수 있다.

정답 382 (×)

Ⅷ. 저당권의 처분과 소멸

383-1 저당권의 양도에 있어서 물권적 합의는 저당권의 양도인과 양수인 사이뿐만 아니라 채무자 사이에까지 있어야 한다. ( ) (2015 변리사)

383-2 저당권부 채권이 양도되는 경우 채권양수인이 채권양도로 채무자에게 대항하기 위해서는 채무자에 대한 채권양도의 통지나 채무자의 승낙이 있어야 하나, 저당권의 이전을 목적으로 하는 물권적 합의는 저당권을 양도·양수하는 당사자 사이에 있으면 족하다. ( ) (2021 변호사)

> **해설** 저당권은 피담보채권과 분리하여 양도하지 못하는 것이어서 저당권부 채권의 양도는 언제나 저당권의 양도와 채권양도가 결합되어 행해지므로 저당권부 채권의 양도는 민법 제186조의 부동산물권변동에 관한 규정과 민법 제449조 내지 제452조의 채권양도에 관한 규정에 의해 규율되므로 저당권의 양도에 있어서도 물권변동의 일반원칙에 따라 저당권을 이전할 것을 목적으로 하는 물권적 합의와 등기가 있어야 저당권이 이전된다고 할 것이나, 이 때의 물권적 합의는 저당권의 양도·양수받는 당사자 사이에 있으면 족하고 그 외에 그 채무자나 물상보증인 사이에까지 있어야 하는 것은 아니라 할 것이고, 단지 채무자에게 채권양도의 통지나 이에 대한 채무자의 승낙이 있으면 채권양도를 가지고 채무자에게 대항할 수 있게 되는 것이다(대판 2005. 6. 10, 2002다15412,15429).

384 저당권은 그 담보한 채권과 분리하여 타인에게 양도하거나 다른 채권의 담보로 하지 못한다. ( ) (2015 변리사)

> **해설** 저당권은 그 담보한 채권과 분리하여 타인에게 양도하거나 다른 채권의 담보로 하지 못한다(제361조).

385 피담보채권이 저당권과 분리되어 양도된 경우, 채권의 처분에 따르지 않는 저당권은 소멸한다. ( ) (2017 변리사)

> **해설** 피담보채권의 처분이 있음에도 불구하고, 담보권의 처분이 따르지 않는 특별한 사정이 있는 경우에는 채권양수인은 담보권이 없는 무담보의 채권을 양수한 것이 되고 채권의 처분에 따르지 않은 담보권은 소멸한다(대판 2004. 4. 28, 2003다61542).

386-1 저당권부 채권에 질권을 설정하면서 그 저당권의 피담보채권만을 질권의 목적으로 하고 저당권은 질권의 목적으로 하지 않는 것은 저당권의 부종성에 반하여 허용되지 않는다. ( ) (2021 변리사)

386-2 저당권으로 담보된 채권에 질권을 설정하는 경우, 질권자와 질권설정자가 피담보채권만을 질권의 목적으로 하고 저당권은 질권의 목적으로 하지 않는 것도 가능하고, 이는 저당권의 부종성에 반하지 않는다. ( ) (2021 변호사)

383-1 (×) 383-2 (○) 384 (○) 385 (○) 386-1 (×) 386-2 (○) 《 정답

해설 [1] 민법 제361조는 "저당권은 그 담보한 채권과 분리하여 타인에게 양도하거나 다른 채권의 담보로 하지 못한다."라고 정하고 있을 뿐 피담보채권을 저당권과 분리해서 양도하거나 다른 채권의 담보로 하지 못한다고 정하고 있지 않다. 채권담보라고 하는 저당권 제도의 목적에 비추어 특별한 사정이 없는 한 피담보채권의 처분에는 저당권의 처분도 당연히 포함된다고 볼 것이지만, 피담보채권의 처분이 있으면 언제나 저당권도 함께 처분된다고는 할 수 없다. 따라서 저당권으로 담보된 채권에 질권을 설정한 경우 원칙적으로는 저당권이 피담보채권과 함께 질권의 목적이 된다고 보는 것이 합리적이지만, 질권자와 질권설정자가 피담보채권만을 질권의 목적으로 하고 저당권은 질권의 목적으로 하지 않는 것도 가능하고 이는 저당권의 부종성에 반하지 않는다. 이는 저당권과 분리해서 피담보채권만을 양도한 경우 양도인이 채권을 상실하여 양도인 앞으로 된 저당권이 소멸하게 되는 것과 구별된다. 이와 마찬가지로 담보가 없는 채권에 질권을 설정한 다음 그 채권을 담보하기 위하여 저당권이 설정된 경우 원칙적으로는 저당권도 질권의 목적이 되지만, 질권자와 질권설정자가 피담보채권만을 질권의 목적으로 하였고 그 후 질권설정자가 질권자에게 제공하려는 의사 없이 저당권을 설정받는 등 특별한 사정이 있는 경우에는 저당권은 질권의 목적이 되지 않는다. 이때 저당권은 저당권자인 질권설정자를 위해 존재하며, 질권자의 채권이 변제되거나 질권설정계약이 해지되는 등의 사유로 질권이 소멸한 경우 저당권자는 자신의 채권을 변제받기 위해서 저당권을 실행할 수 있다. [2] 민법 제348조는 저당권으로 담보한 채권을 질권의 목적으로 한 때에는 그 저당권설정등기에 질권의 부기등기를 하여야 그 효력이 저당권에 미친다고 정한다. 저당권에 의하여 담보된 채권에 질권을 설정하였을 때 저당권의 부종성으로 인하여 등기 없이 성립하는 권리질권이 당연히 저당권에도 효력이 미친다고 한다면, 공시의 원칙에 어긋나고 그 저당권에 의하여 담보된 채권을 양수하거나 압류한 사람, 저당부동산을 취득한 제3자 등에게 예측할 수 없는 질권의 부담을 줄 수 있어 거래의 안전을 해할 수 있다. 이에 따라 민법 제348조는 저당권설정등기에 질권의 부기등기를 한 때에만 질권의 효력이 저당권에 미치도록 한 것이다. 이는 민법 제186조에서 정하는 물권변동에 해당한다. 이러한 민법 제348조의 입법 취지에 비추어 보면, '담보가 없는 채권에 질권을 설정한 다음 그 채권을 담보하기 위해서 저당권을 설정한 경우'에도 '저당권으로 담보한 채권에 질권을 설정한 경우'와 달리 볼 이유가 없다. 또한 담보가 없는 채권에 질권을 설정한 다음 그 채권을 담보하기 위해 저당권을 설정한 경우에, 당사자 간 약정 등 특별한 사정이 있는 때에는 저당권이 질권의 목적이 되지 않을 수 있으므로, 질권의 효력이 저당권에 미치기 위해서는 질권의 부기등기를 하도록 함으로써 이를 공시할 필요가 있다. 따라서 담보가 없는 채권에 질권을 설정한 다음 그 채권을 담보하기 위해 저당권이 설정되었더라도, 민법 제348조가 유추적용되어 저당권설정등기에 질권의 부기등기를 하지 않으면 질권의 효력이 저당권에 미친다고 볼 수 없다(대판 2020. 4. 29, 2016다235411).

387 **저당권부 채권을 양도하는 경우, 피담보채권 양도의 시기와 저당권이전등기의 시기가 반드시 일치할 필요는 없으므로, 일시적으로 피담보채권과 저당권의 귀속이 달라진다고 하여 저당권이 무효로 되는 것은 아니다. ( )** (2015 변리사)

해설 근저당권부 채권이 양도되었으나 근저당권의 이전등기가 경료되지 않은 상태에서 실시된 배당절차에서 근저당권의 명의인이 배당이의로 배당표의 경정을 구할 수 있는지 여부(소극) 피담보채권과 근저당권을 함께 양도하는 경우에 채권양도는 당사자 사이의 의사표시만으로 양도의 효

정답 》 387 (○)

력이 발생하지만 근저당권이전은 이전등기를 하여야 하므로 채권양도와 근저당권이전등기 사이에 어느 정도 시차가 불가피한 이상 피담보채권이 먼저 양도되어 일시적으로 피담보채권과 근저당권의 귀속이 달라진다고 하여 근저당권이 무효로 된다고 볼 수는 없으나, 위 근저당권은 그 피담보채권의 양수인에게 이전되어야 할 것에 불과하고, 근저당권의 명의인은 피담보채권을 양도하여 결국 피담보채권을 상실한 셈이므로 집행채무자로부터 변제를 받기 위하여 배당표에 자신에게 배당하는 것으로 배당표의 경정을 구할 수 있는 지위에 있다고 볼 수 없다(대판 2003. 10. 10, 2001다77888).

388 피담보채권을 저당권과 함께 양수한 자는 저당권 이전의 부기등기를 마치고 저당권실행의 요건을 갖추고 있는 한 채권양도의 대항요건을 갖추고 있지 아니하더라도 경매신청을 할 수 있다. ( ) (2015, 2017 변리사)

해설 피담보채권을 저당권과 함께 양수한 자는 저당권이전의 부기등기를 마치고 저당권실행의 요건을 갖추고 있는 한 채권양도의 대항요건을 갖추고 있지 아니하더라도 경매신청을 할 수 있다(대판 2005. 6. 23, 2004다29279)

389-1 저당권부 채권을 양수한 채권자가 채권양도의 대항요건을 갖추지 않은 경우에는 그보다 후순위 저당권자에 대하여 채권양도로써 대항할 수 없다. ( ) (2021 변리사)

389-2 선순위의 근저당권부 채권을 양수한 자가 채권양도의 대항요건을 갖추지 않았으나 근저당권 이전의 부기등기를 마치고 근저당권 실행의 요건을 갖추어 신청한 경매절차에서 매각대금이 배당되는 경우, 후순위 근저당권자는 채권양도로 대항할 수 없는 제3자에 포함되지 않는다. ( ) (2021 변호사)

389-3 선순위의 근저당권부 채권의 양수인이 근저당권 이전의 부기등기를 마쳤다면, 채권양도의 대항요건을 갖추지 아니하였더라도, 후순위 근저당권자에게 채권양도로 대항할 수 있다. ( ) (2022 변호사)

해설 채권양도의 대항요건의 흠결의 경우 채권을 주장할 수 없는 채무자 이외의 제3자는 양도된 채권 자체에 관하여 양수인의 지위와 양립할 수 없는 법률상 지위를 취득한 자에 한하므로, 선순위의 근저당권부채권을 양수한 채권자보다 후순위의 근저당권자는 채권양도의 대항요건을 갖추지 아니한 경우 대항할 수 없는 제3자에 포함되지 않는다. 따라서 피담보채권을 저당권과 함께 양수한 자는 저당권이전의 부기등기를 마치고 저당권실행의 요건을 갖추고 있는 한 채권양도의 대항요건을 갖추고 있지 아니하더라도 경매신청을 할 수 있으며 후순위자에 우선하여 배당받을 수 있다(대판 2005. 6. 23, 2004다29279).

390-1 근저당권이전의 부기등기가 경료된 후 그 피담보채무가 소멸한 경우, 주등기인 근저당권설정등기의 말소등기만 구하면 되고 그 부기등기에 대한 말소를 구하는 것은 소의 이익이 없다. ( ) (2019 변호사)

388 (○) 389-1 (×) 389-2 (○) 389-3 (○) 390-1 (○) 《 정답

390-2 피담보채권의 양도를 원인으로 한 근저당권 이전의 부기등기가 있는 경우에 근저당권설정등기의 말소등기청구는 양수인을 상대로 제기하여야 하고, 근저당권 이전의 부기등기가 전부명령 확정에 따라 이루어지는 경우에도 동일하다. ( ) (2019 변호사)

> **해설** 근저당권 이전의 부기등기는 기존의 주등기인 근저당권설정등기에 종속되어 주등기와 일체를 이루는 것이어서, 피담보채무가 소멸된 경우 또는 근저당권설정등기가 당초 원인무효인 경우 주등기인 근저당권설정등기의 말소만 구하면 되고 그 부기등기는 별도로 말소를 구하지 않더라도 주등기의 말소에 따라 직권으로 말소되는 것이며, 근저당권 양도의 부기등기는 기존의 근저당권설정등기에 의한 권리의 승계를 등기부상 명시하는 것 뿐으로, 그 등기에 의하여 새로운 권리가 생기는 것이 아닌 만큼 근저당권설정등기의 말소등기청구는 양수인만을 상대로 하면 족하고 양도인은 그 말소등기청구에 있어서 피고 적격이 없으며, 근저당권의 이전이 전부명령 확정에 따라 이루어졌다고 하여 이와 달리 보아야 하는 것은 아니다(대판 2000. 4. 11, 2000다5640).

Ⅸ. 근저당권

391 근저당권이 유효하기 위해서는 그 설정행위와 별도로 피담보채권을 발생하게 하는 법률행위가 있어야 한다. ( ) (2014 변리사)

> **해설** 근저당권이 유효하기 위해서는 그 설정행위와 별도로 피담보채권을 발생하게 하는 법률행위가 있어야 한다(대판 2004. 5. 28, 2003다70041).

392 가압류등기가 기입된 부동산에 근저당권이 설정된 경우 그 근저당권등기는 가압류의 집행보전의 목적을 달성하는데 필요한 범위 안에서 가압류채권자에 대한 관계에서만 무효이다. ( ) (2014 변리사)

> **해설** 부동산에 대하여 가압류등기가 먼저 되고 나서 근저당권설정등기가 마쳐진 경우에 그 근저당권등기는 가압류에 의한 처분금지의 효력 때문에 그 집행보전의 목적을 달성하는 데 필요한 범위 안에서 가압류채권자에 대한 관계에서만 상대적으로 무효이다(대결 1994. 11. 29, 자 94마417).

393 근저당권의 물상보증인은 확정된 채무액이 채권최고액을 초과하더라도 특별한 사정이 없는 한 채권최고액만을 변제하고 근저당권설정등기의 말소청구를 할 수 있다. ( ) (2022 변리사)

> **해설** 근저당권의 물상보증인은 민법 357조에서 말하는 채권의 최고액만을 변제하면 근저당권설정등기의 말소청구를 할 수 있고 채권최고액을 초과하는 부분의 채권액까지 변제할 의무가 있는 것이 아니다(대판 1974.12.10, 74다998).

394-1 근저당권자와 근저당권을 설정한 채무자의 관계에서는 피담보채권의 총액이 근저당권의 채권최고액을 넘더라도 그 채권 전부의 변제가 있을 때까지 근저당권의 효력이 잔존채무에 미친다. ( ) (2014 변리사)

정답 390-2 (○) 391 (○) 392 (○) 393 (○) 394-1 (○)

394-2 근저당권의 피담보채권의 총액이 채권최고액을 초과하는 경우, 근저당권자와 채무자 겸 근저당권설정자와의 관계에 있어서는 채권 전액의 변제가 있을 때까지 근저당권의 효력이 채권최고액과는 관계없이 잔존채무에 미친다. ( ) (2021 변호사)

394-3 결산기에 확정된 채권액이 채권최고액을 넘는 경우, 채무자 겸 근저당권설정자는 최고액을 임의로 변제하더라도 근저당권등기의 말소를 청구할 수 없다. ( ) (2023 변리사)

> **해설** 원래 저당권은 원본, 이자, 위약금, 채무불이행으로 인한 손해배상 및 저당권의 실행비용을 담보하는 것이며, 채권최고액의 정함이 있는 근저당권에 있어서 이러한 채권의 총액이 그 채권최고액을 초과하는 경우, 적어도 근저당권자와 채무자 겸 근저당권설정자와의 관계에 있어서는 위 채권 전액의 변제가 있을 때까지 근저당권의 효력은 채권최고액과는 관계없이 잔존채무에 여전히 미친다(대판 2001. 10. 12, 2000다59081).

395 원본의 이행기일을 경과한 후 발생하는 지연손해금 중 1년이 지난 기간에 대한 지연손해금도 근저당권의 채권최고액 한도에서 전액 담보된다. ( ) (2023 변리사)

> **해설** 저당권의 피담보채권 범위에 관한 **민법 제360조 단서는 근저당권에 적용되지 않으므로** 근저당권의 피담보채권 중 **지연손해금도 근저당권의 채권최고액 한도에서 전액 담보된다.** 이는 근저당권의 피담보채권이 회생담보권인 경우라고 해서 달리 볼 이유가 없다(대판 2021. 10. 14, 2021다240851).

396 근저당권설정등기가 원인 없이 말소된 이후에, 근저당목적물인 부동산에 관하여 다른 근저당권자의 신청에 따라 경매절차가 진행되어 매각허가결정이 확정되고 매수인이 매각대금을 완납하였더라도, 그 근저당권은 소멸하지 않는다. ( ) (2016 변리사)

> **해설** 부동산에 관하여 근저당권설정등기가 마쳐졌다가 등기가 위조된 관계서류에 기하여 아무런 원인 없이 말소되었다는 사정만으로는 곧바로 근저당권이 소멸하는 것은 아니지만, 부동산이 경매절차에서 매각되면 매각부동산에 존재하였던 저당권은 당연히 소멸하는 것이므로(민사집행법 제91조 제2항, 제268조 참조) 근저당권설정등기가 원인 없이 말소된 이후에 근저당목적물인 부동산에 관하여 다른 근저당권자 등 권리자의 신청에 따라 경매절차가 진행되어 매각허가결정이 확정되고 매수인이 매각대금을 완납하였다면, 원인 없이 말소된 근저당권도 소멸한다(대판 2014. 12. 11, 2013다28025).

397-1 물상보증인이 근저당권의 피담보채무를 면책적으로 인수하고 이를 원인으로 하여 근저당권 변경의 부기등기를 마친 경우, 특별한 사정이 없으면 그 변경등기는 당초 물상보증인이 인수한 채무만을 담보대상으로 한다. ( ) (2014 변리사)

397-2 물상보증인이 근저당권 채무자의 채무만을 면책적으로 인수하고 이를 원인으로 하여 근저당권 변경의 부기등기가 경료된 경우, 그 후 물상보증인이 다른 원인으로 근저당권자에 대하여 부담하게 된 새로운 채무까지 담보하는 것은 아니다. ( ) (2016 변리사, 2021 변호사)

394-2 (○) 394-3 (○) 395 (○) 396 (×) 397-1 (○) 397-2 (○) 《 정답

해설 물상보증인이 근저당권의 채무자의 계약상의 지위를 인수한 것이 아니라, 다만 그 채무만을 면책적으로 인수하고 이를 원인으로 하여 근저당권 변경의 부기등기가 경료된 경우, 특별한 사정이 없는 한 그 변경등기는 당초 채무자가 근저당권자에 대하여 부담하고 있던 것으로서 물상보증인이 인수한 채무만을 그 대상으로 하는 것이지, 그 후 채무를 인수한 물상보증인이 다른 원인으로 근저당권자에 대하여 부담하게 된 새로운 채무까지 담보하는 것으로 볼 수는 없다(대판 2002. 11. 26, 2001다73022).

398-1 존속기간이나 결산기의 정함이 없는 때에는 특별한 사정이 없으면 근저당권설정자가 근저당권자를 상대로 언제든지 해지의 의사표시를 함으로써 피담보채무를 확정시킬 수 있다. ( ) (2016 변리사)

398-2 근저당권에 존속기간이나 결산기의 정함이 없는 경우, 근저당권설정자는 근저당권자에 대한 해지의 의사표시로써 피담보채권을 확정시킬 수 없다. ( ) (2022 변리사)

해설 근저당권설정계약에서 근저당권의 존속기간이나 결산기의 정함이 없는 때에는 근저당권설정자가 근저당권자를 상대로 언제든지 해지의 의사표시를 함으로써 피담보채무를 확정시킬 수 있으며, 이러한 계약의 해제 또는 해지에 관한 권한은 근저당부동산의 소유권을 취득한 제3자도 원용할 수 있다(대판 2001. 11. 9, 2001다47528).

399-1 근저당권에 기해 경매신청을 하면 경매신청시에 근저당 채무액이 확정되고, 경매신청에 따른 경매개시결정이 있은 후에 경매신청이 취하되더라도 채무확정의 효과가 번복되지 않는다. ( ) (2016 변리사)

399-2 근저당권자가 피담보채무의 불이행을 이유로 경매신청을 한 경우 경매신청시에 근저당권의 피담보채무액이 확정되지만, 경매개시결정이 있은 후에 경매신청이 취하된 경우에는 그 소급효로 인하여 채무확정의 효과가 번복된다. ( ) (2019, 2022 변호사)

399-3 근저당권자가 근저당권설정자의 피담보채무의 불이행을 이유로 경매신청을 하였으나 경매개시결정이 있은 후에 경매신청을 취하한 경우에는 근저당권의 피담보채무는 확정되지 않는다. ( ) (2020 변호사)

해설 근저당권자가 피담보채무의 불이행을 이유로 경매신청을 한 경우에는 경매신청시에 근저당 채무액이 확정되고, 그 이후부터 근저당권은 부종성을 가지게 되어 보통의 저당권과 같은 취급을 받게 되는바, 위와 같이 경매신청을 하여 경매개시결정이 있은 후에 경매신청이 취하되었다고 하더라도 채무확정의 효과가 번복되는 것은 아니다(대판 2002. 11. 26, 2001다73022).

400-1 선순위 근저당권자는 저당부동산에 대하여 경매신청을 하지 아니하였는데 후순위 근저당권자가 저당부동산에 대하여 경매신청을 한 경우 선순위 근저당권의 피담보채권은 경락인이 경락대금을 완납한 때에 확정된다. ( ) (2019 변호사)

400-2 후순위 근저당권자가 경매를 신청한 경우, 선순위 근저당권의 피담보채권은 후순위 근저당권자의 경매신청시에 확정된다. ( ) (2022 변리사)

정답 398-1 (○) 398-2 (×) 399-1 (○) 399-2 (×) 399-3 (×) 400-1 (○) 400-2 (×)

400-3 후순위 근저당권자가 경매를 신청한 경우, 선순위 근저당권의 피담보채무는 경매절차에서 매수인이 매각대금을 완납한 때에 확정된다. ( ) (2022 변호사)

해설 당해 근저당권자는 저당부동산에 대하여 경매신청을 하지 아니하였는데 다른 채권자가 저당부동산에 대하여 경매신청을 한 경우 민사소송법 제608조 제2항, 제728조의 규정에 따라 경매신청을 하지 아니한 근저당권자의 근저당권도 경락으로 인하여 소멸하므로, 다른 채권자가 경매를 신청하여 경매절차가 개시된 때로부터 경락으로 인하여 당해 근저당권이 소멸하게 되기까지의 어느 시점에서인가는 당해 근저당권의 피담보채권도 확정된다고 하지 아니할 수 없는데, 그 중 어느 시기에 당해 근저당권의 피담보채권이 확정되는가 하는 점에 관하여 우리 민법은 아무런 규정을 두고 있지 아니한바, 부동산 경매절차에서 경매신청기입등기 이전에 등기되어 있는 근저당권은 경락으로 인하여 소멸되는 대신에 그 근저당권자는 민사소송법 제605조가 정하는 배당요구를 하지 아니하더라도 당연히 그 순위에 따라 배당을 받을 수 있고, 이러한 까닭으로 선순위 근저당권이 설정되어 있는 부동산에 대하여 근저당권을 취득하는 거래를 하려는 사람들은 선순위 근저당권의 채권최고액 만큼의 담보가치는 이미 선순위 근저당권자에 의하여 파악되어 있는 것으로 인정하고 거래를 하는 것이 보통이므로, 담보권 실행을 위한 경매절차가 개시되었음을 선순위 근저당권자가 안 때 이후의 어떤 시점에 선순위 근저당권의 피담보채무액이 증가하더라도 그와 같이 증가한 피담보채무액이 선순위 근저당권의 채권최고액 한도 안에 있다면 경매를 신청한 후순위 근저당권자가 예측하지 못한 손해를 입게 된다고 볼 수 없는 반면, 선순위 근저당권자는 자신이 경매신청을 하지 아니하였으면서도 경락으로 인하여 근저당권을 상실하게 되는 처지에 있으므로 거래의 안전을 해치지 아니하는 한도 안에서 선순위 근저당권자가 파악한 담보가치를 최대한 활용할 수 있도록 함이 타당하다는 관점에서 보면, 후순위 근저당권자가 경매를 신청한 경우 선순위 근저당권의 피담보채권은 그 근저당권이 소멸하는 시기, 즉 경락인이 경락대금을 완납한 때에 확정된다고 보아야 한다(대판 1999. 9. 21, 99다26085).

[비교판례] 근질권의 목적이 된 금전채권에 대하여 근질권자가 아닌 제3자의 압류로 강제집행절차가 개시된 경우, 제3채무자가 그 절차의 전부명령이나 추심명령에 따라 전부금 또는 추심금을 제3자에게 지급하거나 채권자의 경합 등을 사유로 위 금전채권의 채권액을 법원에 공탁하게 되면 그 변제의 효과로서 위 금전채권은 소멸하고 그 결과 바로 또는 그 후의 절차진행에 따라 종국적으로 근질권도 소멸하게 되므로, 근질권자는 위 강제집행절차에 참가하거나 아니면 근질권을 실행하는 방법으로 그 권리를 행사할 것이 요구된다. 이런 까닭에 위 강제집행절차가 개시된 때로부터 위와 같이 근질권이 소멸하게 되기까지의 어느 시점에서인가는 근질권의 피담보채권도 확정된다고 하지 않을 수 없다. 근질권자가 제3자의 압류 사실을 알고서도 채무자와 거래를 계속하여 추가로 발생시킨 채권까지 근질권의 피담보채권에 포함시킨다고 하면 그로 인하여 근질권자가 얻을 수 있는 실익은 별 다른 것이 없는 반면 제3자가 입게 되는 손해는 위 추가된 채권액만큼 확대되고 이는 사실상 채무자의 이익으로 귀속될 개연성이 높아 부당할 뿐 아니라, 경우에 따라서는 근질권자와 채무자가 그러한 점을 남용하여 제3자 등 다른 채권자의 채권 회수를 의도적으로 침해할 수 있는 여지도 제공하게 된다. 따라서 이러한 여러사정을 적정·공평이란 관점에 비추어 보면, 근질권이 설정된 금전채권에 대하여 제3자의 압류로 강제집행절차가 개시된 경우 근질권의 피담보채권은 근질권자가 위와 같은 강제집행이 개시된 사실을 알게 된 때에 확정된다고 봄이 타당하다(대판 2009. 10. 15, 2009다43621).

400-3 (○) 정답

401-1 공동근저당권자가 목적 부동산 중 일부 부동산에 대하여 제3자가 신청한 경매절차에 소극적으로 참가하여 우선배당을 받은 경우, 위 일부 부동산에 관한 근저당권의 피담보채권은 매수인이 매각대금을 지급한 때에 확정된다. ( ) (2023 변호사)

401-2 공동근저당권자가 목적 부동산 중 일부 부동산에 대하여 제3자가 신청한 경매절차에 소극적으로 참가하여 우선배당을 받은 경우, 나머지 목적 부동산에 관한 근저당권의 피담보채권도 매수인이 매각대금을 지급한 때에 확정된다. ( ) (2023 변호사)

401-3 공동근저당권자가 X건물과 Y건물에 대하여 공동저당을 설정한 후, 제3자가 신청한 X건물에 대한 경매절차에 참가하여 배당을 받으면, Y건물에 대한 피담보채권도 확정된다. ( ) (2023 변리사)

해설 공동근저당권자가 목적 부동산 중 일부 부동산에 대하여 제3자가 신청한 경매절차에 소극적으로 참가하여 우선배당을 받은 경우, 해당 부동산에 관한 근저당권의 피담보채권은 그 근저당권이 소멸하는 시기, 즉 매수인이 매각대금을 지급한 때에 확정되지만, 나머지 목적 부동산에 관한 근저당권의 피담보채권은 기본거래가 종료하거나 채무자나 물상보증인에 대하여 파산이 선고되는 등의 다른 확정사유가 발생하지 아니하는 한 확정되지 아니한다(대판 2017. 9. 21, 2015다50637).

[비교판례] 채권자가 물상보증인 소유 토지와 공동담보로 주채무자 소유 토지에 1번 근저당권을 취득한 후이와 별도로 주채무자 소유 토지에 2번 근저당권을 취득한 사안에서, 물상보증인에 대한 근저당권의 피담보채권의 발생 원인인 어음거래 약정이 그 결산기가 정하여져 있지 않고 **물상보증인의 토지에 대하여 아직 경매신청이 되지 않았더라도,** 먼저 주채무자의 토지에 대하여 피담보채무의 불이행을 이유로 근저당권이 실행된 이상, 채권자와 물상보증인 사이의 근저당권 설정계약의 원인관계인 어음거래 약정에 기한 거래는 그로써 종료되고 **그 경매신청시에 그 피담보채권이 확정된**다(대판 1996. 3. 8, 95다36596). ☞ 위 2015다50637판결이 제3자가 경매신청한 사안임에 대하여, 이 판례는 근저당권자가 스스로 경매신청한 사안이라는 점에서 차이가 있다.

402 근저당권이 설정된 뒤 채무자 또는 근저당권설정자에 대하여 회생절차개시결정이 내려진 경우, 근저당권의 피담보채무는 특별한 사정이 없는 한 회생절차개시결정 시점을 기준으로 확정된다. ( ) (2023 변호사)

해설 근저당권이 설정된 뒤 채무자 또는 근저당권설정자에 대하여 회생절차개시결정이 내려진 경우 근저당권의 피담보채무는 특별한 사정이 없는 한 회생절차개시결정을 기준으로 확정되므로, 확정 이후에 발생한 새로운 거래관계에서 발생한 원본채권이 근저당권에 의하여 담보될 여지는 없다(대판 2021. 1. 28, 2018다286994).

403-1 근저당권의 피담보채권 확정 전에 발생한 원본채권에 관하여 확정 후에 발생하는 이자나 지연손해금 채권은 채권최고액의 범위 내일지라도 근저당권에 의하여 담보되지 않는다. ( ) (2022 변리사)

정답 401-1 (○) 401-2 (×) 401-3 (×) 402 (○) 403-1 (×)

403-2 근저당권의 피담보채권인 원본채권이 확정된 후에 발생하는 이자나 지연손해금 채권은 그 근저당권의 채권최고액의 범위에서 여전히 담보된다. ( ) (2023 변리사)

> **해설** 근저당권자의 경매신청 등의 사유로 인하여 근저당권의 피담보채권이 확정되었을 경우, 확정 이후에 새로운 거래관계에서 발생한 원본채권은 그 근저당권에 의하여 담보되지 아니하지만, 확정 전에 발생한 원본채권에 관하여 확정 후에 발생하는 이자나 지연손해금 채권은 채권최고액의 범위 내에서 근저당권에 의하여 여전히 담보되는 것이다(대판 2007. 4. 26, 2005다38300).

404 근저당권에 있어서 피담보채무의 이자는 최고액 중에 산입한 것으로 본다. ( ) (2016 변리사)

> **해설** 근저당권에 있어서 피담보채무의 이자는 최고액 중에 산입한 것으로 본다(제357조 제2항).

405 甲이 채무자 乙소유인 X토지에 대하여 채무불이행을 이유로 채권최고액 1천만원의 근저당권을 실행하기 위한 경매를 신청하였다. 이에 관한 설명으로 옳지 않은 것은? (다툼이 있으면 판례에 따름) (2017 변리사)

① 경매개시결정이 있은 후, 甲이 경매신청을 취하하였다면 채무확정의 효과는 번복된다.
② 甲의 경매신청 시에 근저당권이 확정되므로, 그 이후에 발생하는 甲의 원본채권은 근저당으로 담보되지 않는다.
③ 근저당권의 실행에 따른 경매비용은 채권최고액 1천만원에 포함되지 아니한다.
④ 甲의 피담보채권이 확정되기 전에 발생한 원본채권에 관하여 그 확정 후에 발생하는 원본채권의 이자나 지연손해금은 채권최고액의 범위 내에서는 근저당권에 의하여 담보된다.
⑤ 만일 X토지에 대하여 후순위 저당권을 취득한 丙이 경매를 신청한 경우에는 그 매각대금 완납 시에 甲의 피담보채권액이 확정된다.

> **해설** ① (×) : 근저당권자가 피담보채무의 불이행을 이유로 경매신청을 한 경우에는 경매신청시에 근저당 채무액이 확정되고, 그 이후부터 근저당권은 부종성을 가지게 되어 보통의 저당권과 같은 취급을 받게 되는바, 위와 같이 경매신청을 하여 경매개시결정이 있은 후에 경매신청이 취하되었다고 하더라도 채무확정의 효과가 번복되는 것은 아니다(대판 2002. 11. 26, 2001다73022).
> ② (○) : 근저당권자가 그 피담보채무의 불이행을 이유로 경매신청한 때에는 그 경매신청시에 근저당권은 확정되는 것이며 근저당권이 확정되면 그 이후에 발생하는 원금채권은 그 근저당권에 의하여 담보되지 않는다(대판 1988. 10. 11, 87다카545).
> ③ (○) : 경매부동산을 매수한 제3취득자는 그 부동산으로 담보하는 채권최고액과 경매비용을 변제공탁하면 그 저당권의 소멸을 청구할 수 있다(대결 1971. 5. 15, 자 71마251). 채권최고액과 별도로 경매비용도 변제공탁 해야 한다고 하고 있음에 비추어 근저당권의 실행에 따른 경매비용은 채권최고액에 포함되지 않는다는 것이 판례의 태도임을 알 수 있다.
> ④ (○) : 근저당권자의 경매신청 등의 사유로 인하여 근저당권의 피담보채권이 확정되었을 경우, 확정 이후에 새로운 거래관계에서 발생한 원본채권은 그 근저당권에 의하여 담보되지 아니하지만, 확정 전에 발생한 원본채권에 관하여 확정 후에 발생하는 이자나 지연손해금 채권은 채권최고액의 범위 내

403-2 (○) 404 (○) 405 ① 《 정답

에서 근저당권에 의하여 여전히 담보되는 것이다(대판 2007. 4. 26, 2005다38300).
⑤ (○) : 후순위 근저당권자가 경매를 신청한 경우 선순위 근저당권의 피담보채권은 그 근저당권이 소멸하는 시기, 즉 경락인이 경락대금을 완납한 때에 확정된다고 보아야 한다(대판 1999. 9. 21, 99다26085).

406 甲은 乙로부터 돈을 빌리면서 자기 소유의 X토지에 1번 근저당권(채권최고액 5억 원)을 설정해 주었고, 甲은 다시 丙으로부터 돈을 빌리면서 X토지에 2번 근저당권(채권최고액 3억 원)을 설정해 주었다. 이에 관한 설명으로 옳은 것은? (다툼이 있으면 판례에 따름) (2020 변리사)

① 丙이 2번 근저당권의 피담보채무 불이행을 이유로 경매를 신청한 때에는 경매신청 시에 乙의 피담보채권이 확정된다.
② 乙이 경매를 신청하여 피담보채권의 원본채권이 4억 원으로 확정되었더라도 이 4억 원에 대한 확정 후 발생한 이자 1천만 원은 근저당권에 의해 담보된다.
③ 丙의 근저당권의 존속기간을 정하지 않은 경우, 甲이 근저당권 설정계약을 해지하더라도 근저당권으로 담보되는 丙의 피담보채무는 확정되지 않는다.
④ 결산기에 확정된 乙의 채권이 6억 원인 경우, 甲은 5억 원만 변제하면 乙의 근저당권의 소멸을 청구할 수 있다.
⑤ 丁이 X토지를 매수하여 소유권을 취득한 경우, 丙의 확정된 피담보채권이 4억 원이면 丁은 4억 원을 변제하지 않는 한 丙의 근저당권의 소멸을 청구할 수 없다.

해설 ① (×) : 당해 근저당권자는 저당부동산에 대하여 경매신청을 하지 아니하였는데 다른 채권자(후순위 근저당권자)가 경매를 신청한 경우 선순위 근저당권의 피담보채권은 그 근저당권이 소멸하는 시기, 즉 경락인이 경락대금을 완납한 때에 확정된다고 보아야 한다(대판 1999. 9. 21, 99다26085).
② (○) : 근저당권자의 경매신청 등의 사유로 인하여 근저당권의 피담보채권이 확정되었을 경우, 확정 이후에 새로운 거래관계에서 발생한 원본채권은 그 근저당권에 의하여 담보되지 아니하지만, 확정 전에 발생한 원본채권에 관하여 확정 후에 발생하는 이자나 지연손해금 채권은 채권최고액의 범위 내에서 근저당권에 의하여 여전히 담보되는 것이다(대판 2007. 4. 26, 2005다38300).
③ (×) : 존속기간이나 결산기의 정함이 없는 때에는 근저당권설정자가 근저당권자를 상대로 언제든지 해지의 의사표시를 함으로써 피담보채무를 확정시킬 수 있으며, 이러한 계약의 해제 또는 해지에 관한 권한은 근저당부동산의 소유권을 취득한 제3자도 원용할 수 있다(대판 2001. 11. 9, 2001다47528).
④ (×) : 원래 저당권은 원본, 이자, 위약금, 채무불이행으로 인한 손해배상 및 저당권의 실행비용을 담보하는 것이며, 채권최고액의 정함이 있는 근저당권에 있어서 이러한 채권의 총액이 그 채권최고액을 초과하는 경우, 적어도 근저당권자와 채무자 겸 근저당권설정자와의 관계에 있어서는 위 채권 전액의 변제가 있을 때까지 근저당권의 효력은 채권최고액과는 관계없이 잔존채무에 여전히 미친다(대판 2001. 10. 12, 2000다59081). ☞ 채무자 겸 근저당권설정자인 甲은 6억 원 전액을 변제해야 한다.
⑤ (×) : 채무총액이 근저당권의 채권최고액을 초과한 경우에도, 근저당부동산을 매수한 제3취득자는 그 채권최고액만을 변제하고 근저당권의 소멸을 청구할 수 있으며, 이는 고유의 권리이다(대판

정답 406 ②

1971. 4. 6, 71다26). ☞ 제3취득자 丁은 채권최고액인 3억 원만 변제하면 근저당권의 소멸을 청구할 수 있다.

Ⅹ. 공동저당

407 공동저당권의 목적물인 물상보증인 소유의 X토지, Y토지 중 먼저 경매된 X토지의 후순위 저당권자 乙이 Y토지에 공동저당의 대위등기를 하지 않고 있는 사이에 선순위 공동저당권자 甲이 Y토지에 관한 저당권등기를 말소한 경우, 乙은 그 후 Y토지에 관하여 소유권을 취득한 丙에 대하여 甲을 대위할 수 없다. ( ) (2021 변호사)

해설 민법 제482조 제2항 제1호, 제5호는 변제자대위의 효과로 채권자가 가지고 있던 채권 및 그 담보에 관한 권리가 법률상 당연히 변제자에게 이전하는 경우에도, 변제로 인하여 저당권 등이 소멸한 것으로 믿고 목적부동산을 취득한 제3취득자를 불측의 손해로부터 보호하기 위하여 미리 저당권 등에 대위의 부기등기를 하지 아니하면 제3취득자에 대하여 채권자를 대위하지 못하도록 정하고 있다. 이에 따라 자기의 재산을 타인의 채무의 담보로 제공한 물상보증인이 수인일 때 그중 일부의 물상보증인이 채무를 변제한 뒤 다른 물상보증인 소유 부동산에 설정된 근저당권설정등기에 관하여 대위의 부기등기를 하여 두지 아니하고 있는 동안에 제3취득자가 위 부동산을 취득하였다면, 대위변제한 물상보증인들은 제3취득자에 대하여 채권자를 대위할 수 없다. 그런데 이와 같이 법률상 당연히 이전되는 저당권과 관련하여 그 후에 해당 부동산에 대하여 권리를 취득한 제3취득자를 보호할 필요성은 후순위저당권자의 대위의 경우에도 마찬가지로 존재한다. 이러한 사정들을 종합하여 보면, 먼저 경매된 부동산의 후순위저당권자가 다른 부동산에 공동저당의 대위등기를 하지 아니하고 있는 사이에 선순위저당권자 등에 의해 그 부동산에 관한 저당권등기가 말소되고, 그와 같이 저당권등기가 말소되어 등기부상 저당권의 존재를 확인할 수 없는 상태에서 그 부동산에 관하여 소유권이나 저당권 등 새로 이해관계를 취득한 사람에 대해서는, 후순위저당권자가 민법 제368조 제2항에 의한 대위를 주장할 수 없다(대판 2015. 3. 20, 2012다99341).

408 공동저당권의 목적물인 채무자 소유 부동산과 물상보증인 소유 부동산 중 채무자 소유 부동산에 대하여 먼저 경매가 이루어져 경매대금에서 선순위 공동저당권자가 채권 전액을 변제받은 경우, 채무자 소유 부동산에 대한 후순위 저당권자는 물상보증인 소유 부동산에 대한 선순위 저당권에 대하여 물상대위를 할 수 있으므로, 물상보증인 소유 부동산에 대한 선순위 저당권설정등기에 대하여는 위 후순위 저당권자 앞으로 대위에 의한 부기등기가 경료되어야 한다. ( ) (2021 변호사)

해설 공동저당의 목적인 채무자 소유의 부동산과 물상보증인 소유의 부동산에 각각 채권자를 달리하는 후순위 저당권이 설정되어 있는 경우, 물상보증인 소유의 부동산에 대하여 먼저 경매가 이루어져 그 경매대금의 교부에 의하여 1번 저당권자가 변제를 받은 때에는 물상보증인은 채무자에 대하여 구상권을 취득함과 동시에, 민법 제481조·제482조의 규정에 의한 변제자대위에 의하여 채무자 소유의 부동산에 대한 1번 저당권을 취득하고, 그 물상보증인소유의 부동산의 후순위저당권자는 1번 저당권에 대

407 (○) 408 (×) 정답

하여 물상대위를 할 수 있다(대판 1994. 5. 10, 93다25417). ii)그러므로 그 선순위 저당권설정등기는 말소등기가 경료될 것이 아니라 위 물상보증인 앞으로 대위에 의한 저당권이전의 부기등기가 경료되어야 할 성질의 것이며, 따라서 아직 경매되지 아니한 공동저당물의 소유자로서는 위 선순위 저당권자에 대한 피담보채무가 소멸하였다는 사정만으로는 그 말소등기를 청구할 수 없다고 보아야 한다(대결 2009. 5. 28, 자 2008마109). ☞ 출제자는 위 판례에서 "물상보증인 소유의 부동산에 대하여 먼저 경매가 이루어져" 부분을 "채무자 소유 부동산에 대하여 먼저 경매가 이루어져"로 바꾸어 출제하였다. 물상보증인 소유의 부동산의 후순위저당권자는 채무자 소유 부동산에 대한 1번 저당권에 대하여 물상대위를 할 수 있지만, 채무자 소유의 부동산의 후순위저당권자는 그렇지 않기 때문에 틀린 지문이 된다.

409 **공동저당권의 목적물인 채무자 소유 부동산과 물상보증인 소유 부동산의 경매대가를 동시에 배당하는 경우, 물상보증인이 채무자를 위한 연대보증인의 지위를 겸하고 있더라도 채무자 소유 부동산의 경매대가에서 공동저당권자에게 우선적으로 배당을 하고, 부족분이 있는 경우에 한하여 물상보증인 소유 부동산의 경매대가에서 추가로 배당을 한다. ( )** (2021 변호사)

해설 공동저당권이 설정되어 있는 수개의 부동산 중 일부는 채무자 소유이고 일부는 물상보증인의 소유인 경우 위 각 부동산의 경매대가를 동시에 배당하는 때에는, 물상보증인이 민법 제481조, 제482조의 규정에 의한 변제자대위에 의하여 채무자 소유 부동산에 대하여 담보권을 행사할 수 있는 지위에 있는 점 등을 고려할 때, "동일한 채권의 담보로 수개의 부동산에 저당권을 설정한 경우에 그 부동산의 경매대가를 동시에 배당하는 때에는 각 부동산의 경매대가에 비례하여 그 채권의 분담을 정한다"고 규정하고 있는 민법 제368조 제1항은 적용되지 아니한다고 봄이 상당하다. 따라서 이러한 경우 경매법원으로서는 채무자 소유 부동산의 경매대가에서 공동저당권자에게 우선적으로 배당을 하고, 부족분이 있는 경우에 한하여 물상보증인 소유 부동산의 경매대가에서 추가로 배당을 하여야 한다(대판 2010. 4. 15, 2008다41475). 이러한 이치는 물상보증인이 채무자를 위한 연대보증인의 지위를 겸하고 있는 경우에도 마찬가지이다(대판 2016. 3. 10, 2014다231965).

410-1 **공동근저당의 목적 부동산 일부에 대한 경매가 실행되어 그 경매대가로 피담보채권 일부가 변제된 후 잔존 원본에 대한 지연이자가 다시 발생하였다면, 공동근저당권자가 공동근저당권 목적 부동산의 각 환가대금으로부터 배당받는 원본 및 지연이자의 합산액이 결과적으로 최초의 채권최고액을 초과하더라도, 그 지연이자에 대하여는 나머지 목적 부동산에 관한 경매절차에서 다시 우선변제권을 행사할 수 있다. ( )** (2021 변호사)

410-2 **공동근저당권자가 공동담보의 목적 부동산 일부에 대한 환가대금으로부터 피담보채권의 일부를 우선변제받은 경우, 나머지 목적 부동산에 대한 우선변제권의 범위는 피담보채권의 확정 여부와 상관없이 최초의 채권최고액에서 우선변제받은 금액을 공제한 나머지 채권최고액으로 제한된다. ( )** (2021 변호사)

410-3 **공동근저당권자가 후순위근저당권자에 의하여 개시된 경매절차에서 피담보채권의 일부를 배당받은 경우, 우선변제 받은 금액에 관하여는 다시 공동근저당권자로서 우선변제권을 행사할 수 없다. ( )** (2023 변리사)

정답 409 (○) 410-1 (×) 410-2 (○) 410-3 (○)

해설 민법 제368조는 공동근저당권의 경우에도 적용되고, 공동근저당권자가 스스로 근저당권을 실행한 경우는 물론이며 타인에 의하여 개시된 경매·공매 절차, 수용 절차 또는 회생 절차 등(이하 '경매 등의 환가절차'라 한다)에서 환가대금 등으로부터 다른 권리자에 우선하여 피담보채권의 일부에 대하여 배당받은 경우에도 적용된다. 공동근저당권이 설정된 목적 부동산에 대하여 동시배당이 이루어지는 경우에 공동근저당권자는 채권최고액 범위 내에서 피담보채권을 민법 제368조 제1항에 따라 부동산별로 나누어 각 환가대금에 비례한 액수로 배당받으며, 공동근저당권의 각 목적 부동산에 대하여 채권최고액만큼 반복하여, 이른바 누적적으로 배당받지 아니한다. 그렇다면 공동근저당권이 설정된 목적 부동산에 대하여 이시배당이 이루어지는 경우에도 동시배당의 경우와 마찬가지로 공동근저당권자가 공동근저당권 목적 부동산의 각 환가대금으로부터 채권최고액만큼 반복하여 배당받을 수는 없다고 해석하는 것이 민법 제368조 제1항 및 제2항의 취지에 부합한다. 그러므로 공동근저당권자가 스스로 근저당권을 실행하거나 타인에 의하여 개시된 경매 등의 환가절차를 통하여 공동담보의 목적 부동산 중 일부에 대한 환가대금 등으로부터 다른 권리자에 우선하여 피담보채권의 일부에 대하여 배당받은 경우에, 그와 같이 우선변제받은 금액에 관하여는 공동담보의 나머지 목적 부동산에 대한 경매 등의 환가절차에서 다시 공동근저당권자로서 우선변제권을 행사할 수 없다고 보아야 하며, 공동담보의 나머지 목적 부동산에 대하여 공동근저당권자로서 행사할 수 있는 우선변제권의 범위는 피담보채권의 확정 여부와 상관없이 최초의 채권최고액에서 위와 같이 우선변제받은 금액을 공제한 나머지 채권최고액으로 제한된다고 해석함이 타당하다. 그리고 이러한 법리는 채권최고액을 넘는 피담보채권이 원금이 아니라 이자·지연손해금인 경우에도 마찬가지로 적용된다[대판(전합) 2017. 12. 21, 2013다16992].

411 **甲소유의 X토지와 乙소유의 Y건물에 甲의 丙에 대한 채무 5억원을 담보하기 위하여 공동저당권이 설정되었고, X토지에는 甲의 丁에 대한 피담보채무 4억원을 담보하기 위하여 丁 명의의 2번 저당권이 설정되었다. X토지와 Y건물의 경매대가가 각각 4억원인 경우, 옳은 것을 모두 고른 것은? (매각 비용, 이자는 고려하지 않으며, 다툼이 있으면 판례에 따름)** (2016 변리사)

ㄱ. X토지의 경매대가가 먼저 배당되는 경우, 丁은 Y건물의 경매대가에서 배당받지 못한다.
ㄴ. Y건물의 경매대가가 먼저 배당되는 경우, 乙은 X토지의 경매대가에서 3억원을 배당받을 수 있다.
ㄷ. X토지와 Y건물의 경매대가가 동시에 배당되는 경우, 丁은 Y건물의 경매대가에서 1억 5천만원을 배당받을 수 있다.

① ㄴ　② ㄱ, ㄴ　③ ㄱ, ㄷ　④ ㄴ, ㄷ　⑤ ㄱ, ㄴ, ㄷ

해설 ㄱ. (○) : 공동저당에서 채무자 목적물에 대하여 먼저 경매가 되어 배당을 하는 경우이다. 이 경우 X토지의 경매대가가 먼저 배당되는 경우, 丙은 X토지에서 4억 원의 배당을 받고, 나머지 1억 원을 Y건물에서 배당을 받게 된다. 그러나 물상보증인 乙이 丁보다 우선하기 때문에 丁은 乙의 Y건물의 경매대가에서 배당은 받지 못한다(대판 1996. 3. 8, 95다36596).
ㄴ. (○) : Y건물의 경매대가가 먼저 배당되는 경우, 丙은 4억 원을 배당을 받고, 甲의 X토지에서 1억 원의 배당을 받게 된다. 그러면 물상보증인 乙은 변제자대위(제481조)로 X토지의 경매대가에서 3억 원을 배당받을 수 있다(대판 1988. 9. 27, 88다카1797). 후순위저당권자 丁은 한 푼도 배당받지 못한다(대판 1994. 5. 10, 93다25417).

411 ② 《 정답

ㄷ. (×) : X토지와 Y건물의 경매대가가 동시에 배당되는 경우, 채무자의 목적물에서 먼저 채권자가 4억 원의 만족을 받고 나머지를 물상보증인 목적물에서 1억원을 배당을 받게 된다. 그리고 후순위자 丁은 물상보증인 乙보다 후순위이기 때문에 Y건물의 경매대가에서 배당을 받을 수 없다(대판 2010. 4. 15, 2008다41475).

412 채권자 甲이 채무자 乙에 대한 1억원의 채권을 담보하기 위해 물상보증인 丙소유의 X부동산(가액 1억 2,000만원), 丁소유의 Y부동산(가액 8,000만원)에 각각 1번 저당권을 취득하고, A가 8,000만원의 채권으로 X부동산에, B가 6,000만원의 채권으로 Y부동산에 각각 2번 저당권을 취득하였다. 甲이 X부동산에 대하여 먼저 담보권실행을 위한 경매를 하여 매각대금 1억 2,000만원이 배당순위에 따라 甲과 A에게 배당되었다. 이 경우 A가 Y부동산의 매각대금(8,000만원)에서 배당받을 수 있는 금액은? (단, 실행비용·이자 등은 고려하지 않고, 다툼이 있으면 판례에 따름) (2019 변리사)

① 0원 ② 2,000만원 ③ 4,000만원 ④ 6,000만원 ⑤ 8,000만원

해설 공동저당의 목적인 채무자 소유의 부동산과 물상보증인 소유의 부동산에 각각 채권자를 달리하는 후순위 저당권이 설정되어 있는 경우, 물상보증인 소유의 부동산에 대하여 먼저 경매가 이루어져 그 경매대금의 교부에 의하여 1번 저당권자가 변제를 받은 때에는 물상보증인은 채무자에 대하여 구상권을 취득함과 동시에 민법 제481조, 제482조의 규정에 의한 변제자대위에 의하여 채무자 소유의 부동산에 대한 1번 저당권을 취득하고, 이러한 경우 물상보증인 소유의 부동산에 대한 후순위저당권자는 물상보증인에게 이전한 1번 저당권으로 우선하여 변제를 받을 수 있으며, 이러한 법리는 수인의 물상보증인이 제공한 부동산 중 일부에 대하여 경매가 실행된 경우에도 마찬가지로 적용되어야 하므로(이 경우 물상보증인들 사이의 변제자대위의 관계는 민법 제482조 제2항 제4호, 제3호에 의하여 규율될 것이다.), 자기 소유의 부동산이 먼저 경매되어 1번 저당권자에게 대위변제를 한 물상보증인은 다른 물상보증인의 부동산에 대한 1번 저당권을 대위취득하고, 그 물상보증인 소유 부동산의 후순위저당권자는 1번 저당권에 대하여 물상대위를 할 수 있으므로 물상보증인이 대위취득한 선순위 저당권 설정등기에 대하여는 말소등기가 경료될 것이 아니라 물상보증인 앞으로 대위에 의한 저당권이전의 부기등기가 경료되어야 하고, 아직 경매되지 아니한 공동저당물의 소유자로서는 1번 저당권자에 대한 피담보채무가 소멸하였다는 사정만으로 말소등기를 청구할 수 없다(대판 2001. 6. 1, 2001다21854).
☞ X부동산의 경매대금 1억 2천만 원은 선순위저당권자인 甲에게 1억원, 후순위저당권자인 A에게 2천만 원이 각각 배당된다. 이 때 X부동산의 소유권을 상실한 물상보증인 丙은 채무자 乙에 대하여 1억 원의 구상권을 취득하고 이 구상권의 범위에서 변제자대위를 할 수 있는데, 사안은 수인의 물상보증인이 제공한 부동산 중 일부에 대하여 경매가 실행된 경우이므로 민법 제482조 제2항 제4호에 의하여 준용되는 같은 항 제3호에 따라 가액에 비례하여 다른 물상보증인 丁에게 변제자대위를 할 수 있다. X부동산의 가액과 Y부동산의 가액의 비율은 1억 2천만 원 : 8천만 원 = 6 : 4이므로 결국 丙은 4천만 원(1억 원×4/10)의 범위에서 Y부동산 위의 甲의 저당권을 대위취득하고, X부동산의 후순위 저당권자 A는 (丙에 대한 피담보채권이 아직 6천만 원이 남아있으므로) 이를 전부 물상대위 할 수 있다. 따라서 A는 Y부동산의 매각대금에서 4천만 원을 배당받을 수 있다.

정답 》 412 ③

413 **甲은 乙에 대한 1억 5천만 원의 채권을 담보하기 위하여 乙 소유의 X토지(시가 2억 원)와 물상보증인 丙 소유 Y토지(시가 1억 원)에 각각 1번 저당권을 가지고 있다. 그리고 丁이 X토지에 피담보채권 1억 원의 2번 저당권을, 戊가 Y토지에 피담보채권 1억 원의 2번 저당권을 가지고 있다. 경매가 이루어져 X토지 및 Y토지가 시가대로 낙찰되고 다른 비용은 고려하지 않는다면, 이에 관한 설명으로 옳은 것은? (다툼이 있으면 판례에 따름)** (2020 변리사)

① 동시배당이 이루어지는 경우, 甲은 X토지로부터 1억 원, Y토지로부터 5천만 원을 배당받는다.

② 甲이 피담보채권을 변제받기 전에 X토지에 관한 저당권을 포기하였더라도, 甲은 Y토지의 경매가 먼저 이루어지는 경우 1억 원을 배당받을 수 있다.

③ 먼저 X토지의 경매가 이루어져 甲이 그 경매대가로부터 채권 전액의 변제를 받았다면, 丁은 Y토지에 대하여 1억 원의 범위 내에서 甲이 가지고 있던 1번 저당권을 대위할 수 있다.

④ 먼저 Y토지의 경매가 이루어져 甲이 그 경매대가로부터 1억 원의 변제를 받았다면, 나중에 X토지의 경매대가로부터 戊가 1억 원, 丙이 5천만 원을 배당받게 된다.

⑤ 먼저 Y토지의 경매가 이루어져 甲이 그 경매대가로부터 1억 원의 변제를 받은 경우, 乙이 丙에 대한 5천만 원의 다른 채권으로 丙의 구상금채권과 상계하더라도 戊에게 대항할 수 없다.

해설 ① (×) : 공동저당권이 설정되어 있는 수개의 부동산 중 일부는 채무자 소유이고 일부는 물상보증인의 소유인 경우 위 각 부동산의 경매대가를 동시에 배당하는 때에는, 물상보증인이 민법 제481조, 제482조의 규정에 의한 변제자대위에 의하여 채무자 소유 부동산에 대하여 담보권을 행사할 수 있는 지위에 있는 점 등을 고려할 때, "동일한 채권의 담보로 수개의 부동산에 저당권을 설정한 경우에 그 부동산의 경매대가를 동시에 배당하는 때에는 각 부동산의 경매대가에 비례하여 그 채권의 분담을 정한다"고 규정하고 있는 민법 제368조 제1항은 적용되지 아니한다고 봄이 상당하다. 따라서 이러한 경우 경매법원으로서는 채무자 소유 부동산의 경매대가에서 공동저당권자에게 우선적으로 배당을 하고, 부족분이 있는 경우에 한하여 물상보증인 소유 부동산의 경매대가에서 추가로 배당을 하여야 한다(대판 2010. 4. 15, 2008다41475). ☞ 따라서 X토지로부터 1억 5천만 원 전액을 배당받는다.

② (×) : 물상보증인의 변제자대위에 대한 기대권은 민법 제485조에 의하여 보호되어, 채권자가 고의나 과실로 담보를 상실하게 하거나 감소하게 한 때에는, 특별한 사정이 없는 한 물상보증인은 그 상실 또는 감소로 인하여 상환을 받을 수 없는 한도에서 면책 주장을 할 수 있다. 채권자가 물적 담보인 담보물권을 포기하거나 순위를 불리하게 변경하는 것은 담보의 상실 또는 감소행위에 해당한다. 따라서 채무자 소유 부동산과 물상보증인 소유 부동산에 공동근저당권을 설정한 채권자가 공동담보 중 채무자 소유 부동산에 대한 담보 일부를 포기하거나 순위를 불리하게 변경하여 담보를 상실하게 하거나 감소하게 한 경우, 물상보증인은 그로 인하여 상환받을 수 없는 한도에서 책임을 면한다. 그리고 이 경우 공동근저당권자는 나머지 공동담보목적물인 물상보증인 소유 부동산에 관한 경매절차에서, 물상보증인이 위와 같이 담보 상실 내지 감소로 인한 면책을 주장할 수 있는 한도에서는, 물상보증인 소유 부동산의 후순위 근저당권자에 우선하여 배당받을 수 없다(대판 2018. 7. 11, 2017다292756). ☞ 甲은 Y토지로부터 배당받을 수 없다.

③ (×) : 채권자(공동저당권자)가 물상보증인 소유 토지와 공동담보로 주채무자 소유토지에 1번 근저당권을 취득한 후, 주채무자 소유토지에 2번 근저당권이 설정된 사안에서, 채무자 소유의 부동산에 경매가 이루어져 1번 공동저당권자가 변제를 받은 경우, 채무자 소유의 부동산에 대한 후순위 저당권자

413 ⑤ 《 정답

가 1번 공동저당권자를 대위하여 물상보증인 소유의 부동산에 저당권을 행사할 수 없다. 따라서 물상보증인의 근저당권설정등기는 그 피담보채무의 소멸로 인하여 말소되어야 한다(대판 1996. 3. 8, 95다36596).

④ (×), ⑤ (○) : 공동저당에 제공된 채무자 소유의 부동산과 물상보증인 소유의 부동산 가운데 물상보증인 소유의 부동산이 먼저 경매되어 매각대금에서 선순위공동저당권자가 변제를 받은 때에는 물상보증인은 채무자에 대하여 구상권을 취득함과 동시에 변제자대위에 의하여 채무자 소유의 부동산에 대한 선순위공동저당권을 대위취득한다. 물상보증인 소유의 부동산에 대한 후순위저당권자는 물상보증인이 대위취득한 채무자 소유의 부동산에 대한 선순위공동저당권에 대하여 물상대위를 할 수 있다(④). 이 경우에 채무자는 물상보증인에 대한 반대채권이 있더라도 특별한 사정이 없는 한 물상보증인의 구상금 채권과 상계함으로써 물상보증인 소유의 부동산에 대한 후순위저당권자에게 대항할 수 없다(⑤). 채무자는 선순위공동저당권자가 물상보증인 소유의 부동산에 대해 먼저 경매를 신청한 경우에 비로소 상계할 것을 기대할 수 있는데, 이처럼 우연한 사정에 의하여 좌우되는 상계에 대한 기대가 물상보증인 소유의 부동산에 대한 후순위저당권자가 가지는 법적 지위에 우선할 수 없다(대판 2017. 4. 26, 2014다221777, 221784). ☞ ④해설 보충 : 丙의 변제자대위와 戊의 물상대위는 丙의 구상권의 범위인 1억 원이 한도이다. 따라서 X토지의 경매대가로부터 戊가 1억 원, 丁이 나머지 5천만 원을 배당받게 된다.

414 甲은 乙에 대한 5,000만 원의 채권을 담보하기 위하여 乙 소유 부동산 X(경매대가 6,000만 원)와 丙 소유 부동산 Y(경매대가 4,000만 원)에 각각 1번 저당권을 설정받았다. 그리고 X에는 丁이 피담보채권 4,000만 원의 2번 저당권을, Y에는 戊가 피담보채권 2,000만 원의 2번 저당권을 각각 설정받았다. 이에 관한 설명 중 옳은 것은? (이자, 지연손해금과 집행비용은 고려하지 말 것, 다툼이 있는 경우 판례에 의함) (2017 변호사)

① X와 Y의 경매대가를 동시에 배당하는 경우, 경매법원은 甲에게 X로부터 3,000만 원, Y로부터 2,000만 원을 각각 배당하여야 한다.

② X에 대한 경매대가가 먼저 배당되어 甲이 5,000만 원을 배당받은 경우, 丁은 Y에 대한 甲의 1번 저당권을 대위행사할 수 있다.

③ Y에 대한 경매대가가 먼저 배당되어 甲이 4,000만 원을 배당받은 경우, 丙은 甲이 배당받은 범위 내에서 X에 대한 甲의 1번 저당권을 취득한다.

④ Y에 대한 경매대가로부터 배당을 받은 甲이 X에 설정된 저당권을 임의로 말소한 후 X에 대한 경매가 실행되어 매각대금이 완납된 경우, 丙은 말소된 저당권등기의 회복등기절차의 이행을 구할 수 있다.

⑤ 甲이 피담보채권을 변제받기 전에 Y에 대한 저당권을 포기한 경우, 甲은 X에 대한 경매절차에서 자신이 Y에 대한 저당권을 포기하지 않았더라면 丁이 대위할 수 있었던 2,000만 원 한도에서 丁에 우선하여 배당받을 수 없다.

해설 ① (×) : 공동저당권이 설정되어 있는 수개의 부동산 중 일부는 채무자 소유이고 일부는 물상보증인의 소유인 경우 위 각 부동산의 경매대가를 동시에 배당하는 때에는, 물상보증인이 민법 제481조, 제482조의 규정에 의한 변제자대위에 의하여 채무자 소유 부동산에 대하여 담보권을 행사할 수 있는

정답 》 414 ③

지위에 있는 점 등을 고려할 때, "동일한 채권의 담보로 수개의 부동산에 저당권을 설정한 경우에 그 부동산의 경매대가를 동시에 배당하는 때에는 각 부동산의 경매대가에 비례하여 그 채권의 분담을 정한다"고 규정하고 있는 민법 제368조 제1항은 적용되지 아니한다고 봄이 상당하다. 따라서 이러한 경우 경매법원으로서는 채무자 소유 부동산의 경매대가에서 공동저당권자에게 우선적으로 배당을 하고, 부족분이 있는 경우에 한하여 물상보증인 소유 부동산의 경매대가에서 추가로 배당을 하여야 한다(대판 2010. 4. 15, 2008다41475).

② (×) : 공동저당의 목적인 채무자 소유의 부동산과 물상보증인 소유의 부동산 중 채무자 소유의 부동산에 대하여 먼저 경매가 이루어져 그 경매대금의 교부에 의하여 1번 공동저당권자가 변제를 받더라도, 채무자 소유의 부동산에 대한 후순위저당권자는 민법 제368조 제2항 후단에 의하여 1번 공동저당권자를 대위하여 물상보증인 소유의 부동산에 대하여 저당권을 행사할 수 없다(대결 1995. 6. 13, 자 95마500).

③ (○) : 공동저당의 목적인 채무자 소유의 부동산과 물상보증인 소유의 부동산에 각각 채권자를 달리하는 후순위저당권이 설정되어 있는 경우, 물상보증인 소유의 부동산에 대하여 먼저 경매가 이루어져 그 경매대금의 교부에 의하여 1번저당권자가 변제를 받은 때에는 물상보증인은 채무자에 대하여 구상권을 취득함과 동시에, 민법 제481조, 제482조의 규정에 의한 변제자대위에 의하여 채무자 소유의 부동산에 대한 1번저당권을 취득하고, 이러한 경우 물상보증인 소유의 부동산에 대한 후순위저당권자는 물상보증인에게 이전한 1번저당권으로부터 우선하여 변제를 받을 수 있으며, 물상보증인이 수인인 경우에도 마찬가지라 할 것이므로(이 경우 물상보증인들 사이의 변제자대위의 관계는 민법 제482조 제2항 제4호, 제3호에 의하여 규율될 것이다), 자기 소유의 부동산이 먼저 경매되어 1번저당권자에게 대위변제를 한 물상보증인은 1번저당권을 대위취득하고, 그 물상보증인 소유의 부동산의 후순위저당권자는 1번저당권에 대하여 물상대위를 할 수 있다(대판 1994. 5. 10, 93다25417).

④ (×) : 공동근저당의 목적인 채무자 甲 소유 부동산과 물상보증인 乙 소유 부동산 중 乙 소유 부동산이 먼저 경매가 이루어져 공동근저당권자인 丙이 변제를 받았는데, 乙 소유 부동산에 대한 후순위저당권자 丁이 乙 명의로 대위의 부기등기를 하지 않고 있는 동안 丙이 임의로 甲 소유 부동산에 설정되어 있던 공동근저당권을 말소하였고, 그 후 甲 소유 부동산에 戊 명의의 근저당권이 설정되었다가 경매로 그 부동산이 제3자에게 매각되어 대금이 완납된 사안에서, 丁은 매각대금 완납으로 더 이상 乙의 권리를 대위하여 공동근저당권설정등기의 회복등기절차 이행을 구하거나 경매절차에서 실제로 배당받은 자에 대하여 부당이득반환청구로서 배당금 한도 내에서 공동근저당권설정등기가 말소되지 않았더라면 배상받았을 금액의 지급을 구할 여지가 없다(대판 2011. 8. 18, 2011다30666).

⑤ (×) : X부동산은 채무자 소유이고 Y부동산은 물상보증인 소유여서 甲이 Y에 대한 저당권을 포기하지 않았더라도 丁은 Y부동산에 대위할 수 없었다. [비교판례] 채무자 소유의 수개 부동산에 관하여 공동저당권이 설정된 경우 후순위저당권자로서는 선순위 공동저당권자가 피담보채권을 변제받지 않은 상태에서도 추후 공동저당 목적 부동산 중 일부에 관한 경매절차에서 선순위 공동저당권자가 그 부동산의 책임분담액을 초과하는 경매대가를 배당받는 경우 다른 공동저당 목적 부동산에 관하여 선순위 공동저당권자를 대위하여 저당권을 행사할 수 있다는 대위의 기대를 가진다고 보아야 하고, 후순위저당권자의 이와 같은 대위에 관한 정당한 기대는 보호되어야 하므로, 선순위 공동저당권자가 피담보채

권을 변제받기 전에 공동저당 목적 부동산 중 일부에 관한 저당권을 포기한 경우에는, 후순위저당권자가 있는 부동산에 관한 경매절차에서, 저당권을 포기하지 아니하였더라면 후순위저당권자가 대위할 수 있었던 한도에서는 후순위저당권자에 우선하여 배당을 받을 수 없다고 보아야 하고, 이러한 법리는 공동근저당권의 경우에도 마찬가지로 적용된다고 보아야 한다(대판 2009. 12. 10, 2009다41250).

XI. 지상권·전세권을 목적으로 하는 저당권

415 지상권이 저당권의 목적인 경우에는 저당권자의 동의가 없이는 지상권을 포기할 수 없다. ( ) (2020 변리사)

해설 지상권 또는 전세권을 목적으로 저당권을 설정한 자는 저당권자의 동의없이 지상권 또는 전세권을 소멸하게 하는 행위를 하지 못한다(제371조 제2항).

정답 》 415 (○)

CHAPTER

15 비전형담보물권

POINT

Ⅰ. 총 설

416 채권자와 채무자가 가등기담보권설정계약을 체결함에 있어 가등기 이후에 발생될 채무도 피담보채무의 범위에 포함시키기로 한 약정은 유효하다. ( ) (2017 변리사)

> **해 설** 채권자와 채무자 또는 물상보증인이 가등기담보권설정계약을 체결함에 있어 가등기 이후에 발생될 채무도 가등기부동산의 피담보채무범위에 포함시키기로 한 약정은 가등기담보등에관한법률 제4조 제1항 내지 제3항의 어느 규정에도 반하는 것이라고 볼 수 없고 가등기담보권의 존재가 가등기에 의하여 공시되므로 후순위권리자로 하여금 예측할 수 없는 위험에 빠지게 하는 것도 아니다(대판 1993. 4. 13, 92다12070).

Ⅱ. 가등기담보

417 「가등기담보 등에 관한 법률」은 매매대금채권을 담보하기 위한 양도담보에는 적용되지 않는다. ( ) (2014 변리사)

> **해 설** 「가등기담보 등에 관한 법률」은 소비대차나 준소대차와 결부된 담보권에 적용되고, 매매대금채권을 담보하기 위한 양도담보에는 적용되지 않는다(대판 2004. 4. 27, 2003다29968).

418 가등기가 금전소비대차에 기한 차용금반환채무와 그 외의 원인으로 발생한 채무를 동시에 담보할 목적으로 경료되었으나 그 후 금전소비대차에 기한 차용금반환채무만이 남게 된 경우, 그 가등기담보에 「가등기담보 등에 관한 법률」이 적용된다. ( ) (2017 변리사)

> **해 설** 금전소비대차나 준소비대차에 기한 차용금반환채무와 그 외의 원인으로 발생한 채무를 동시에 담보할 목적으로 경료된 가등기나 소유권이전등기라도 그 후 후자의 채무가 변제 기타의 사유로 소멸하고 금전소비대차나 준소비대차에 기한 차용금반환채무의 전부 또는 일부만이 남게 된 경우에는 그 가등기담보나 양도담보에 가등기담보등에관한법률이 적용된다(대판 2004. 4. 27, 2003다29968).

416 (○) 417 (○) 418 (○) 《 정답

419 「가등기담보 등에 관한 법률」은 담보권의 실행방법으로 귀속정산만을 규정하고 처분정산의 방법에 의한 담보권의 실행을 인정하지 않는다. ( ) (2014 변리사)

> **해설** 가등기담보등에관한법률이 제3조와 제4조에서 가등기담보권의 사적 실행방법으로 귀속정산의 원칙을 규정함과 동시에 제12조와 제13조에서 그 **공적 실행방법으로** 경매의 청구 및 우선변제청구권 등 처분정산을 별도로 규정하고 있는 점...중략...등을 종합하여 보면, 가등기담보권의 **사적 실행에 있어서** 채권자가 청산금의 지급 이전에 본등기와 담보목적물의 인도를 받을 수 있다거나 청산기간이나 동시이행관계를 인정하지 아니하는 '처분정산'형의 담보권실행은 가등기담보등에관한법률상 허용되지 아니한다(대판 2002. 4. 23, 2001다81856). ☞ 사적 실행에 있어서 '처분정산'형의 담보권실행은 허용되지 않지만, 공적 실행방법으로서의 처분정산(= 경매 등)은 가능하다.

420 채무자가 채무를 변제하고 가등기말소를 구하는 경우, 채무변제와 담보가등기말소는 동시이행관계가 아니라 채무변제가 선이행의무이다. ( ) (2017 변리사)

> **해설** 채무담보의 목적으로 경료된 채권자 명의의 소유권이전등기나 그 청구권보전의 가등기의 말소를 구하려면 먼저 채무를 변제하여야 하고 피담보채무의 변제와 교환적으로 말소를 구할 수는 없다(대판 1984. 9. 11, 84다카781).

421 채권자가 담보권을 실행하여 담보목적 부동산의 소유권을 취득하기 위해서는 그 채권의 변제기 후에 청산금의 평가액을 채무자 등에게 통지하고, 그 통지가 채무자 등에게 도달한 날부터 2개월이 지나야 한다. ( ) (2015 변리사)

> **해설** 채권자가 담보권을 실행하여 담보목적 부동산의 소유권을 취득하기 위해서는 그 채권의 변제기 후에 청산금의 평가액을 채무자 등에게 통지하고, 그 통지가 채무자 등에게 도달한 날로부터 2개월이 지나야 한다(가담법 제3조 제1항).

422 가등기담보권자가 목적물의 소유권을 취득하려면 담보설정 당시 목적물의 평가액과 피담보채권액의 범위를 밝혀야 한다. ( ) (2023 변리사)

> **해설** 제1항에 따른 통지에는 **통지 당시**의 담보목적부동산의 평가액과 「민법」 제360조에 규정된 채권액을 밝혀야 한다. 이 경우 부동산이 둘 이상인 경우에는 각 부동산의 소유권이전에 의하여 소멸시키려는 채권과 그 비용을 밝혀야 한다(가등기담보등에관한법률 제3조 제2항). ☞ 가등기담보 등에 관한 법률 제3조, 제4조에 의하면 가등기담보권자가 담보계약에 따른 담보권을 실행하여 담보목적부동산의 소유권을 취득하기 위해서는 채권의 변제기 후에 청산금의 평가액을 채무자 등에게 통지하여야 한다. 여기서 말하는 청산금의 평가액은 통지 당시의 담보목적부동산의 가액에서 그 당시의 피담보채권액(원본, 이자, 위약금, 지연배상금, 실행비용)을 뺀 금액을 의미하므로, 가등기담보권자가 담보권 실행을 통하여 우선변제 받게 되는 이자나 지연배상금 등 피담보채권의 범위는 통지 당시를 기준으로 확정된다(대판 2016. 6. 23, 2015다13171).

정답 419 (×) 420 (○) 421 (○) 422 (×)

423 **채권자가 평가한 청산금의 액수가 정당하게 평가된 청산금의 액수에 미치지 못하는 경우에는 담보권 실행통지로서의 효력이 없다. ( )** (2023 변리사)

> **해설** 채권자가 나름대로 평가한 청산금의 액수가 객관적인 청산금의 평가액에 미치지 못한다고 하더라도 담보권 실행의 통지로서의 효력이나 청산기간의 진행에는 아무런 영향이 없고, 다만 채무자 등은 정당하게 평가된 청산금을 지급 받을 때까지 목적부동산의 소유권이전등기 및 인도 채무의 이행을 거절하면서 피담보채무 전액을 채권자에게 지급하고 채권담보의 목적으로 마쳐진 가등기의 말소를 구할 수 있을 뿐이다(대판 1996. 7. 30, 96다6974,6981).

424-1 **담보권 실행의 통지시 담보목적 부동산의 평가액이 채권액에 미달하여 청산금이 없다고 인정되는 때에는 그 뜻을 통지하여야 한다. ( )** (2015 변리사)

424-2 **목적부동산의 평가액이 채권액에 미달하여 청산금이 없다고 인정되는 때에는 그 뜻을 채무자에게 통지할 필요가 없다. ( )** (2023 변리사)

> **해설** 담보권 실행의 통지시 담보목적 부동산의 평가액이 채권액에 미달하여 청산금이 없다고 인정되는 때에는 그 뜻을 통지하여야 한다(가담법 제3조).

425-1 **채권자는 담보목적 부동산에 관하여 이미 소유권이전등기를 마친 경우에는 청산기간이 지난 후 청산금을 채무자 등에게 지급한 때에 담보목적 부동산의 소유권을 취득한다. ( )** (2015 변리사)

425-2 **채권자가 담보목적부동산에 관하여 이미 소유권이전등기를 마친 경우에는 청산금을 채무자에게 지급하지 않더라도 담보목적부동산의 소유권을 취득한다. ( )** (2023 변리사)

> **해설** 채권자는 담보목적 부동산에 관하여 이미 소유권이전등기를 마친 경우에는 청산기간이 지난 후 청산금을 채무자 등에게 지급한 때에 담보목적 부동산의 소유권을 취득한다(가담법 제4조 제2항).

426 **가등기담보권자의 청산금 지급채무와 가등기담보권설정자의 소유권이전등기 및 인도채무는 동시이행관계에 있다. ( )** (2023 변리사)

> **해설** 청산금의 지급채무와 부동산의 소유권이전등기 및 인도채무의 이행에 관하여는 동시이행의 항변권에 관한 「민법」 제536조를 준용한다(가등기담보등에관한법률 제4조 제3항).

427 **가등기담보권자인 채권자가 청산기간이 경과하기 전에 채무자에게 청산금을 지급한 경우, 후순위권리자에게 대항할 수 있다. ( )** (2015 변리사)

> **해설** 가등기담보권자인 채권자가 청산기간이 경과하기 전에 채무자에게 청산금을 지급한 경우, 후순위권리자에게 대항할 수 없다(가담법 제7조).

423 (×) 424-1 (○) 424-2 (×) 425-1 (○) 425-2 (×) 426 (○) 427 (×) 《 정답

428-1 「가등기담보 등에 관한 법률」에 따라 담보의 목적으로 가등기를 마친 부동산에 대하여 강제경매가 이루어진 경우 가등기담보권은 부동산의 매각으로 소멸한다. ( ) (2014 변리사)

428-2 담보가등기를 마친 부동산에 대하여 강제경매 등이 행하여진 경우, 담보가등기권리는 그 부동산의 매각에 의하여 소멸한다. ( ) (2015 변리사)

> **해설** 「가등기담보 등에 관한 법률」에 따라 담보의 목적으로 가등기를 마친 부동산에 대하여 강제경매가 이루어진 경우 가등기담보권은 저당권처럼 다루므로 부동산의 매각으로 소멸한다(동법 제15조).

429 甲은 乙에 대한 1억원의 대여금채권을 담보하기 위해 乙소유의 부동산(가액 3억원)에 가등기를 마쳤고, 그 후 丙이 그 부동산에 저당권설정등기를 마쳤다. 이에 관한 설명으로 옳은 것은? (다툼이 있으면 판례에 따름) (2019 변리사)

① 甲이 담보권실행을 통지할 때에 청산금이 없더라도 2개월의 청산기간이 지나기 전에는 가등기에 기한 본등기를 청구할 수 없다.

② 甲이 담보권실행을 통하여 우선변제 받게 되는 이자나 지연배상금 등 피담보채권의 범위는 청산금 지급 당시를 기준으로 확정된다.

③ 甲이 담보권실행을 통지하고 2개월의 청산기간이 지난 경우, 청산금의 지급이 없더라도 乙은 대여금을 변제하고 가등기말소를 청구할 수는 없다.

④ 甲이 주관적으로 평가한 청산금의 액수가 정당하게 평가된 청산금의 액수에 미치지 못하면 담보권실행 통지는 효력이 없다.

⑤ 甲이 담보권실행을 위해 통지하여야 할 청산금의 평가액은 통지 당시의 목적부동산가액에서 그 당시의 목적부동산에 존재하는 모든 피담보채권액을 공제한 차액이다.

> **해설** ① (○) : [가등기담보 등에 관한 법률 제3조 제1항] 채권자가 담보계약에 따른 담보권을 실행하여 그 담보목적부동산의 소유권을 취득하기 위하여는 그 채권의 변제기 후에 제4조의 청산금의 평가액을 채무자등에게 통지하고, 그 통지가 채무자등에게 도달한 날부터 2개월(이하 "청산기간"이라 한다)이 지나야 한다. 이 경우 청산금이 없다고 인정되는 경우에는 그 뜻을 통지하여야 한다.
>
> [가등기담보 등에 관한 법률 제4조 제2항] 채권자는 담보목적부동산에 관하여 이미 소유권이전등기를 마친 경우에는 청산기간이 지난 후 청산금을 채무자등에게 지급한 때에 담보목적부동산의 소유권을 취득하며, 담보가등기를 마친 경우에는 청산기간이 지나야 그 가등기에 따른 본등기(本登記)를 청구할 수 있다.
>
> ② (×), ④ (×) : 가등기담보 등에 관한 법률 제3조, 제4조에 의하면 가등기담보권자가 담보계약에 따른 담보권을 실행하여 담보목적부동산의 소유권을 취득하기 위해서는 채권의 변제기 후에 청산금의 평가액을 채무자 등에게 통지하여야 한다. 여기서 말하는 청산금의 평가액은 통지 당시의 담보목적부동산의 가액에서 그 당시의 피담보채권액(원본, 이자, 위약금, 지연배상금, 실행비용)을 뺀 금액을 의미하므로, 가등기담보권자가 담보권 실행을 통하여 우선변제받게 되는 이자나 지연배상금 등 피담보채권의 범위는 통지 당시를 기준으로 확정된다. 채권자는 주관적으로 평가한 청산금의 평가액을 통지하면 족하고, 채권자가 주관적으로 평가한 청산금의 액수가 정당하게 평가된 청산금의 액수에 미치지 못하더라도 담보권 실행의 통지로서의 효력에는 아무런 영향이 없다(대판 2016. 6. 23, 2015다13171).

정답 》 428-1 (○) 428-2 (○) 429 ①

③ (×) : [가등기담보 등에 관한 법률 제11조] 채무자등은 청산금채권을 변제받을 때까지 그 채무액(반환할 때까지의 이자와 손해금을 포함한다)을 채권자에게 지급하고 그 채권담보의 목적으로 마친 소유권이전등기의 말소를 청구할 수 있다. 다만, 그 채무의 변제기가 지난 때부터 10년이 지나거나 선의의 제삼자가 소유권을 취득한 경우에는 그러하지 아니하다. ☞ 동법 제11조는 양도담보에 관하여만 규정하고 있으나 가등기담보의 경우에도 당연히 적용된다는 것이 통설이다.

⑤ (×) : 사안에서 담보목적부동산에 존재하는 피담보채권은 甲의 乙에 대한 채권과 丙의 乙에 대한 채권인데, 甲의 乙에 대한 채권액은 공제해야 하지만 丙의 乙에 대한 채권액은 공제하지 않는다. 丙은 후순위권리자이기 때문이다. [가등기담보 등에 관한 법률 제4조 제1항] 채권자는 제3조제1항에 따른 통지 당시의 담보목적부동산의 가액에서 그 채권액을 뺀 금액(이하 "청산금"이라 한다)을 채무자등에게 지급하여야 한다. 이 경우 담보목적부동산에 선순위담보권(先順位擔保權) 등의 권리가 있을 때에는 그 채권액을 계산할 때에 선순위담보 등에 의하여 담보된 채권액을 포함한다. 참고로 후순위권리자는 그 순위에 따라 채무자등이 지급받을 청산금에 대하여 제3조제1항에 따라 통지된 평가액의 범위에서 청산금이 지급될 때까지 그 권리를 행사할 수 있고, 채권자는 후순위권리자의 요구가 있는 경우에는 청산금을 지급하여야 한다(가등기담보 등에 관한 법률 제5조 제1항).

Ⅲ. 양도담보

430-1 특별한 사정이 없으면, 양도담보설정자가 담보목적물에 대한 사용·수익권을 가진다. ( )

(2014 변리사)

430-2 양도담보권자는 사용·수익할 수 있는 정당한 권한이 있는 채무자나 그 채무자로부터 사용·수익할 수 있는 권한을 승계한 자에 대하여 그 사용·수익을 하지 못한 것을 이유로 임료 상당의 손해배상이나 부당이득반환을 청구할 수 있다. ( ) (2017 변리사)

해설 일반적으로 부동산을 채권담보의 목적으로 양도한 경우 특별한 사정이 없는 한 목적부동산에 대한 사용수익권은 채무자인 양도담보설정자에게 있으므로, 양도담보권자는 사용수익할 수 있는 정당한 권한이 있는 채무자나 채무자로부터 그 사용수익할 수 있는 권한을 승계한 자에 대하여는 사용수익을 하지 못한 것을 이유로 임료 상당의 손해배상이나 부당이득반환청구를 할 수 없다(대판 2008. 2. 28, 2007다37394).

431 양도담보 목적물이 소실되어 양도담보 설정자가 보험회사에 대하여 화재보험계약에 따른 보험금청구권을 취득한 경우, 양도담보권자는 위 보험금청구권에 대하여 양도담보권에 기한 물상대위권을 행사할 수 있다. ( ) (2017 변리사)

해설 동산 양도담보권자는 양도담보 목적물이 소실되어 양도담보 설정자가 보험회사에 대하여 화재보험계약에 따른 보험금청구권을 취득한 경우 담보물 가치의 변형물인 화재보험금청구권에 대하여 양도담보권에 기한 물상대위권을 행사할 수 있다(대판 2014. 9. 25, 2012다58609).

430-1 (○) 430-2 (×) 431 (○) 《 정답

432 **집합물에 대한 양도담보권자가 점유개정의 방법으로 양도담보권설정계약 당시 존재하는 집합물의 점유를 취득한 후 양도담보권설정자가 자기 소유의 집합물을 이루는 물건을 반입한 경우, 나중에 반입된 물건에는 양도담보권의 효력이 미치지 않는다. ( )** (2021 변리사)

> **해설** 양도담보권자가 점유개정의 방법으로 양도담보권설정계약 당시 존재하는 집합물의 점유를 취득하면 그 후 양도담보권설정자가 집합물을 이루는 개개의 물건을 반입하였더라도 별도의 양도담보권설정계약을 맺거나 점유개정의 표시를 하지 않더라도 양도담보권의 효력이 나중에 반입된 물건에도 미친다. 다만 양도담보권설정자가 양도담보권설정계약에서 정한 종류·수량에 포함되는 물건을 계약에서 정한 장소에 반입하였더라도 그 물건이 제3자의 소유라면 담보목적인 집합물의 구성부분이 될 수 없고 따라서 그 물건에는 양도담보권의 효력이 미치지 않는다(대판 2016. 4. 28, 2012다19659).

433 **甲은 乙로부터 금전을 차용하면서 만약 변제기에 채무를 변제하지 못하면 甲 소유인 X 토지에 관한 소유권을 乙에게 이전하기로 약정하고, 이를 담보하기 위하여 X 토지에 관하여 乙 명의로 가등기를 경료하여 주었다. 위 약정 당시 X 토지의 시가는 채무 원리금액을 훨씬 초과하였다. 이에 관한 설명 중 옳은 것(○)과 옳지 않은 것(×)을 올바르게 조합한 것은? (각 지문은 독립적이며, 다툼이 있는 경우 판례에 의함)** (2018 변호사)

> ㄱ. 변제기에 甲이 채무원리금을 변제하고자 하였으나 乙이 수령을 거부하자 甲이 가등기 말소에 필요한 서류 일체의 교부를 반대급부로 하여 그때까지의 채무원리금을 변제공탁 하였다면 이 공탁은 적법하다.
> ㄴ. 가등기 설정 당시, 이행지체가 발생하는 경우 청산절차 없이 가등기에 기한 본등기를 경료하기로 특약을 맺었는데, 그 후 이행지체가 발생하자 乙은 위 특약에 따라 X 토지에 관하여 乙 앞으로 위 가등기에 기한 소유권이전등기를 경료하였다. 이 경우 乙은 X 토지의 소유권을 취득한 것이 아니지만 이 소유권이전등기는 약한 의미의 양도담보로서의 효력을 갖는다.
> ㄷ. 甲이 채무원리금의 지급을 지체하는 경우 乙은 X 토지에 관하여 담보권 실행을 위한 경매를 신청할 수 있다.

① ㄱ(×), ㄴ(×), ㄷ(○) ② ㄱ(○), ㄴ(×), ㄷ(○) ③ ㄱ(○), ㄴ(○), ㄷ(○)
④ ㄱ(×), ㄴ(○), ㄷ(×) ⑤ ㄱ(○), ㄴ(○), ㄷ(×)

> **해설** ㄱ.(×) : 채무의 담보를 위하여 가등기 및 그 가등기에 기한 본등기가 경료된 경우에 채권자는 그 채무변제를 받기 전 또는 받음과 교환으로 그 담보로 된 가등기 및 그 가등기에 기한 본등기를 말소하여야 할 의무는 없다고 할 것이므로, 채권자인 원고가 선급부 또는 동시이행의 의무가 없는데도 채무의 대위변제자가 변제공탁을 함에 있어서 가등기 및 본등기의 말소를 반대급부의 내용으로 하였음은 채무의 본지에 따른 것이라 할 수 없고 원고가 이를 수령하지 않는 한 변제공탁은 채무변제의 효력이 없다 할 것이다(대판 1982. 12. 14, 82다카1321,1322).
> ㄴ.(×) : 가등기담보등에관한법률 제3조, 제4조의 각 규정에 비추어 볼 때 위 각 규정을 위반하여 담보가등기에 기한 본등기가 이루어진 경우에는 그 본등기는 무효라고 할 것이고, 설령 그와 같은 본등기가 가등기권리자와 채무자 사이에 이루어진 특약에 의하여 이루어졌다고 할지라도 만일 그 특약이 채

정답 》 432 (×) 433 ①

무자에게 불리한 것으로서 무효라고 한다면 그 본등기는 여전히 무효일 뿐, 이른바 약한 의미의 양도담보로서 담보의 목적 내에서는 유효하다고 할 것이 아니고, 다만 가등기권리자가 가등기담보등에관한법률 제3조, 제4조에 정한 절차에 따라 청산금의 평가액을 채무자 등에게 통지한 후 채무자에게 정당한 청산금을 지급하거나 지급할 청산금이 없는 경우에는 채무자가 그 통지를 받은 날로부터 2월의 청산기간이 경과하면 위 무효인 본등기는 실체적 법률관계에 부합하는 유효한 등기가 될 수 있을 뿐이다(대판 2002. 6. 11, 99다41657).

ㄷ.(○) [가등기담보 등에 관한 법률 제12조(경매의 청구)] ① 담보가등기권리자는 그 선택에 따라 제3조에 따른 담보권을 실행하거나 담보목적부동산의 경매를 청구할 수 있다. 이 경우 경매에 관하여는 담보가등기권리를 저당권으로 본다.

434 **甲이 乙에 대한 1억원의 채무를 담보하기 위하여 자신의 소유인 X기계를 乙에게 점유개정의 방법으로 양도하였다. 그 후 甲이 丙에 대한 다른 금전채무 5천만원을 담보하기 위하여 다시 점유개정의 방법으로 X기계를 丙에게 양도하였다. 이에 관한 설명으로 옳은 것을 모두 고른 것은? (다툼이 있으면 판례에 따름)** (2016 변리사)

ㄱ. 甲과 乙 사이의 대내적 관계에서 X기계의 소유권은 乙에게 있다.
ㄴ. 甲이 X기계에 대한 점유를 상실하면 乙은 X기계에 대한 양도담보권을 상실한다.
ㄷ. 丙은 선의취득에 의하여 양도담보권을 취득한다.
ㄹ. 丙이 乙에게 양도담보권이 있음을 알면서 甲으로부터 그 기계를 인도받아 제3자에게 처분함으로써 乙의 담보권실행을 방해하였다면, 丙의 행위는 위법한 것으로 불법행위에 기한 손해배상청구의 대상이 될 수 있다.

① ㄹ ② ㄱ, ㄷ ③ ㄴ, ㄹ ④ ㄱ, ㄴ, ㄷ ⑤ ㄴ, ㄷ, ㄹ

해설 ㄱ. (×) : 甲과 乙 사이의 대내적 관계에서 X기계의 소유권은 甲에게 있고, 대외관계에서는 소유자가 乙이다.

ㄴ. (×) : 설정자 甲이 X기계에 대한 점유를 상실하더라도 양도담보권자 乙은 X기계에 대한 양도담보권을 상실하지 않는다.

ㄷ. (×) : 점유개정에 의한 점유취득으로 丙은 선의취득에 의하여 양도담보권을 취득할 수 없다(대판 2004. 10. 28, 2003다30463).

ㄹ. (○) : 丙이 乙에게 양도담보권이 있음을 알면서 甲으로부터 그 기계를 인도받아 제3자에게 처분함으로써 乙의 담보권실행을 방해하였다면, 丙의 행위는 위법한 것으로 불법행위에 기한 손해배상청구의 대상이 될 수 있다(대판 2000. 6. 23, 99다65066).

434 ① 《 정답

435 **甲은 乙에 대한 5천만 원의 채무를 담보하기 위하여 점유개정의 방법으로 甲 소유의 A기계를 乙에게 양도하였고, 甲은 丙에 대한 5천만 원의 채무를 담보하기 위하여 점유개정의 방법으로 다시 그 기계를 丙에게 양도하였다. 그 후 甲은 乙로부터 5천만 원을 추가로 빌리면서 양도담보계약에서 약정하였던 피담보채무액을 증액하였다. 이에 관한 설명으로 옳은 것을 모두 고른 것은? (다툼이 있으면 판례에 따름)** (2020 변리사)

> ㄱ. 甲이 A기계에 대한 점유를 잃으면, 乙 역시 양도담보권을 상실한다.
> ㄴ. 만약 甲의 의뢰로 丁이 A기계를 수리한 경우, 丁은 乙에게 수리비 상당의 부당이득반환을 청구할 수 있다.
> ㄷ. A기계에 대해 경매절차가 진행되어 1억 원에 매각된 경우, 乙이 1억 원을 변제받게 된다.
> ㄹ. 丙이 乙에게 양도담보권이 있다는 사실을 알면서 甲으로부터 A기계를 현실인도받아 제3자에게 처분하여 제3자가 선의취득한 경우, 丙은 乙에게 불법행위책임을 진다.

① ㄱ, ㄴ　　② ㄴ, ㄷ　　③ ㄷ, ㄹ　　④ ㄱ, ㄴ, ㄹ　　⑤ ㄱ, ㄷ, ㄹ

해설 ㄱ. (×) : 동산에 대하여 점유개정의 방법으로 양도담보를 일단 설정한 후에는 양도담보권자나 양도담보설정자가 그 동산에 대한 점유를 상실하였다고 하더라도 그 양도담보의 효력에는 아무런 영향이 없다(대판 2000. 6. 23, 99다65066).

ㄴ. (×) : 계약상 급부가 계약의 상대방뿐만 아니라 제3자의 이익으로 된 경우에 급부를 한 계약당사자가 계약 상대방에 대하여 계약상의 반대급부를 청구할 수 있는 이외에 그 제3자에 대하여 직접 부당이득반환청구를 할 수 있다고 보면, 자기 책임하에 체결된 계약에 따른 위험부담을 제3자에게 전가시키는 것이 되어 계약법의 기본원리에 반하는 결과를 초래할 뿐만 아니라, 채권자인 계약당사자가 채무자인 계약 상대방의 일반채권자에 비하여 우대받는 결과가 되어 일반채권자의 이익을 해치게 되고, 수익자인 제3자가 계약 상대방에 대하여 가지는 항변권 등을 침해하게 되어 부당하므로, 위와 같은 경우 계약상 급부를 한 계약당사자는 이익의 귀속 주체인 제3자에 대하여 직접 부당이득반환을 청구할 수는 없다(대판 2010. 6. 24, 2010다9269).

ㄷ. (○) : 금전채무를 담보하기 위하여 채무자가 그 소유의 동산을 채권자에게 양도하되 점유개정의 방법으로 인도하고 채무자가 이를 계속 점유하기로 약정한 경우 특별한 사정이 없는 한 그 동산의 소유권은 신탁적으로 이전되는 것에 불과하여, 채권자와 채무자 사이의 대내적 관계에서는 채무자가 소유권을 보유하나 대외적인 관계에서의 채무자는 동산의 소유권을 이미 채권자에게 양도한 무권리자가 되는 것이어서 다시 다른 채권자와 사이에 양도담보설정계약을 체결하고 점유개정의 방법으로 인도하더라도 선의취득이 인정되지 않는 한 나중에 설정계약을 체결한 채권자로서는 양도담보권을 취득할 수 없는데, 현실의 인도가 아닌 점유개정의 방법으로는 선의취득이 인정되지 아니하므로 결국 뒤의 채권자는 적법하게 양도담보권을 취득할 수 없다(대판 2005. 2. 18, 2004다37430). ☞ 이 판례의 사실관계 : 이 사건에서도 단지 점유개정의 방법으로 나중에 甲과 사이에 이 사건 돼지에 관하여 이중 양도담보계약을 체결하였을 뿐인 丙은 이 사건 돼지에 대하여 적법하게 양도담보권을 취득한 것이 아니라 甲의 일반 채권자에 불과한 것으로 볼 수밖에 없으며, 乙이 이후에 甲과 사이에 이 사건 돼지에 관하여 다시 체결한 양도담보계약에 의하여 그들 사이의 최초의 양도담보계약에서 약정하였던 피담보채권액은 적법하게 증액된 것으로 보아야 한다. 따라서 그 환가로 인한 매득금액은 유일한 양도담보

정답 》 435 ③

권자인 乙에게 모두 배당되어야 하는 것이다.
ㄹ. (○) : 동산에 대하여 점유개정의 방법으로 이중양도담보를 설정한 경우 원래의 양도담보권자는 뒤의 양도담보권자에 대하여 배타적으로 자기의 담보권을 주장할 수 있으므로, 뒤의 양도담보권자가 양도담보의 목적물을 처분함으로써 원래의 양도담보권자로 하여금 양도담보권을 실행할 수 없도록 하는 행위는, 이중양도담보 설정행위가 횡령죄나 배임죄를 구성하는지 여부나 뒤의 양도담보권자가 이중양도담보 설정행위에 적극적으로 가담하였는지 여부와 관계없이, 원래의 양도담보권자의 양도담보권을 침해하는 위법한 행위이다(대판 2000. 6. 23, 99다65066).

436 양도담보에 관한 설명으로 옳지 않은 것은? (다툼이 있으면 판례에 따름) (정답 2개)

(2021 변리사)

① 집합물 양도담보에서 양도담보의 목적인 집합물을 구성하는 개개의 물건이 변동되더라도 양도담보권의 효력은 항상 현재의 집합물에 미친다.
② 주택을 채권담보의 목적으로 양도한 경우, 양도담보권자가 그 주택을 사용·수익하기로 하는 약정이 없는 이상 주택에 대한 임대권한은 양도담보 설정자에게 있다.
③ 채무자가 피담보채무의 이행지체에 빠진 경우, 양도담보권자는 채무자로부터 적법하게 목적 부동산의 점유를 이전받은 제3자에 대하여 직접 소유권에 기한 인도청구를 할 수 있다.
④ 양도담보권의 목적인 주된 동산에 다른 동산이 부합되어 부합된 동산에 관한 권리를 상실하는 손해를 입은 사람은 양도담보권자를 상대로 그로 인한 보상을 청구할 수 없다.
⑤ 채무자가 금전채무를 담보하기 위하여 그 소유의 동산을 채권자에게 양도하되 점유개정에 의하여 이를 계속 점유하기로 한 경우, 다시 다른 채권자와 양도담보 설정계약을 체결하고 점유개정의 방법으로 그 동산을 인도하더라도 뒤의 채권자는 양도담보권을 취득할 수 없다.

해설 ※ 가답안은 ③이었는데 ①도 복수정답으로 인정되었다.
① (△) : [판례1] 이른바 집합물에 대한 양도담보권설정계약에서는 담보목적인 집합물을 종류, 장소 또는 수량지정 등의 방법에 의하여 특정할 수 있으면 집합물 전체를 하나의 재산권 객체로 하는 담보권의 설정이 가능하므로, 그에 대한 양도담보권설정계약이 이루어지면 집합물을 구성하는 개개의 물건이 변동되거나 변형되더라도 한 개의 물건으로서의 동일성을 잃지 아니한 채 양도담보권의 효력은 항상 현재의 집합물 위에 미치고, 따라서 그러한 경우에 양도담보권자가 점유개정의 방법으로 양도담보권설정계약 당시 존재하는 집합물의 점유를 취득하면 그 후 양도담보권설정자가 집합물을 이루는 개개의 물건을 반입하였더라도 별도의 양도담보권설정계약을 맺거나 점유개정의 표시를 하지 않더라도 양도담보권의 효력이 나중에 반입된 물건에도 미친다. 다만 양도담보권설정자가 양도담보권설정계약에서 정한 종류·수량에 포함되는 물건을 계약에서 정한 장소에 반입하였더라도 그 물건이 제3자의 소유라면 담보목적인 집합물의 구성부분이 될 수 없고 따라서 그 물건에는 양도담보권의 효력이 미치지 않는다(대판 2016. 4. 28, 2012다19659). [판례2] 돈사에서 대량으로 사육되는 돼지를 집합물에 대한 양도담보의 목적물로 삼은 경우, 위 양도담보권의 효력은 양도담보설정자로부터 이를 양수한 양수인이 당초 양수한 돈사 내에 있던 돼지들 및 통상적인 양돈방식에 따라 그 돼지들을 사육·관리하면서 돼지를 출하하여 얻은 수익으로 새로 구입하거나 그 돼지와 교환한 돼지 또는 그 돼지로부터 출산시켜 얻은 새끼돼지에 한하여 미치는 것이지 양수인이 별도의 자금을 투입하여 반입한 돼지에까지는

436 ①, ③ 《 정답

미치지 않는다(대판 2004. 11. 12, 2004다22858). ☞ 출제자는 [판례1]의 앞부분을 기초로 맞는 지문으로 출제하였으나, [판례1]의 뒷부분과 [판례2]에 기초한 수험생들의 이의신청이 받아들여져서 결국 틀린 지문으로 처리되고 복수정답이 인정되었다.

② (○) : 일반적으로 부동산을 채권담보의 목적으로 양도한 경우 특별한 사정이 없는 한 목적부동산에 대한 사용수익권은 채무자인 양도담보 설정자에게 있는 것이므로 설정자와 양도담보권자 사이에 양도담보권자가 목적물을 사용·수익하기로 하는 약정이 없는 이상 목적부동산을 임대할 권한은 양도담보 설정자에게 있다(대판 2001. 12. 11, 2001다40213).

③ (×) : 채권담보를 위하여 소유권이전등기를 경료한 양도담보권자는 채무자가 변제기를 도과하여 피담보채무의 이행지체에 빠졌을 때에는 담보계약에 의하여 취득한 목적 부동산의 처분권을 행사하기 위한 환가절차의 일환으로서 즉, 담보권의 실행으로서 채무자에 대하여 그 목적 부동산의 인도를 구할 수 있고 제3자가 채무자로부터 적법하게 목적 부동산의 점유를 이전받아 있는 경우에는 그 목적 부동산의 인도청구를 할 수도 있다 할 것이나 직접 소유권에 기하여 그 인도를 구할 수는 없다(대판 1991. 11. 8, 91다21770).

④ (○) : 양도담보권의 목적인 주된 동산에 다른 동산이 부합되어 부합된 동산에 관한 권리자가 권리를 상실하는 손해를 입은 경우 주된 동산이 담보물로서 가치가 증가된 데 따른 실질적 이익은 주된 동산에 관한 양도담보권설정자에게 귀속되는 것이므로, 이 경우 부합으로 인하여 권리를 상실하는 자는 양도담보권설정자를 상대로 민법 제261조에 따라 보상을 청구할 수 있을 뿐 양도담보권자를 상대로 보상을 청구할 수는 없다(대판 2016. 4. 2, 2012다19659).

⑤ (○) : 금전채무를 담보하기 위하여 채무자가 그 소유의 동산을 채권자에게 양도하되 점유개정에 의하여 채무자가 이를 계속 점유하기로 한 경우 특별한 사정이 없는 한 동산의 소유권은 신탁적으로 이전됨에 불과하여 채권자와 채무자 사이의 대내적 관계에서 채무자는 의연히 소유권을 보유하나 대외적인 관계에 있어서 채무자는 동산의 소유권을 이미 채권자에게 양도한 무권리자가 되는 것이어서 다시 다른 채권자와의 사이에 양도담보 설정계약을 체결하고 점유개정의 방법으로 인도를 하더라도 선의취득이 인정되지 않는 한 나중에 설정계약을 체결한 채권자는 양도담보권을 취득할 수 없는데, 현실의 인도가 아닌 점유개정으로는 선의취득이 인정되지 아니하므로, 결국 뒤의 채권자는 양도담보권을 취득할 수 없다(대판 2004. 10. 28, 2003다30463).

437 甲은 乙에 대한 2,000만 원의 채무를 담보하기 위하여 자신 소유 X 동산을 乙에게 양도하되 甲이 X를 계속 점유하기로 하였다. 이에 관한 설명 중 옳지 않은 것은? (다툼이 있는 경우 판례에 의함) (2022 변호사)

① 丙이 X를 무단으로 점유하는 경우에, 乙은 丙에 대하여 X의 인도를 구할 수 있다.

② 丙이 X를 무단으로 점유하는 경우에, 乙은 丙에 대하여 차임 상당의 손해배상을 구할 수는 없다.

③ 甲이 X를 위와 같이 乙에게 양도한 후, X를 각각의 목적물로 하여 다른 채권자 丙과 피담보채권액 1,000만 원의 양도담보설정계약을 체결하고, 다시 乙과 피담보채권액 1,000만 원의 양도담보설정계약을 추가로 체결하였는데, 각 설정계약에서 점유개정의 방법으로 X를 인도하였다. 이 경우, 乙의 양도담보권의 피담보채권액은 2,000만 원에서 3,000만 원으로 증액되고, 丙은 양도담보권을 취득하지 못한다.

④ X가 화재로 소실되어 甲이 보험회사에 대하여 보험금청구권을 가지는 경우에, 乙은 그 보험금청구권에 대하여 물상대위권을 행사할 수 있다.

정답 》 437 ⑤

⑤ 丙 소유의 Y 동산이 X에 부합되어 丙이 Y의 소유권을 상실한 경우에, 丙은 乙을 상대로 「민법」 제261조(첨부로 인한 구상권)에 따른 보상을 청구할 수 있을 뿐 甲을 상대로 보상을 청구할 수는 없다.

해설 ① (○) : 동산에 관하여 양도담보계약이 이루어지고 원고가 점유개정의 방법으로 인도를 받았다면, 그 청산절차를 마치기 전이라 하더라도 담보목적물에 대한 사용·수익권은 없지만 제3자에 대한 관계에서는 그 물건의 소유자임을 주장하고 그 권리를 행사할 수 있다(대판 1994. 8. 26, 93다44739).

② (○) : 양도담보권자는 담보권의 실행으로 제3자에 대하여도 담보물의 명도를 구할 수 있고 또한 명도를 거부하는 경우에는 담보권 실행이 방해된 것을 이유로 하는 손해배상청구를 할 수 있으나 그러한 경우에도 양도담보권자에게는 목적부동산에 대한 사용 수익권이 없으므로 차임 상당의 손해배상을 구할 수는 없다(대판 1979. 10. 30, 79다1545).

③ (○) : 금전채무를 담보하기 위하여 채무자가 그 소유의 동산을 채권자에게 양도하되 점유개정의 방법으로 인도하고 채무자가 이를 계속 점유하기로 약정한 경우 특별한 사정이 없는 한 그 동산의 소유권은 신탁적으로 이전되는 것에 불과하여, 채권자와 채무자 사이의 대내적 관계에서는 채무자가 소유권을 보유하나 대외적인 관계에서의 채무자는 동산의 소유권을 이미 채권자에게 양도한 무권리자가 되는 것이어서 다시 다른 채권자와 사이에 양도담보설정계약을 체결하고 점유개정의 방법으로 인도하더라도 선의취득이 인정되지 않는 한 나중에 설정계약을 체결한 채권자로서는 양도담보권을 취득할 수 없는데, 현실의 인도가 아닌 점유개정의 방법으로는 선의취득이 인정되지 아니하므로 결국 뒤의 채권자는 적법하게 양도담보권을 취득할 수 없다(대판 2005. 2. 18, 2004다37430). ☞ 이 판례의 사실관계 : 이 사건에서도 단지 점유개정의 방법으로 나중에 甲과 사이에 이 사건 돼지에 관하여 이중 양도담보계약을 체결하였을 뿐인 丙은 이 사건 돼지에 대하여 적법하게 양도담보권을 취득한 것이 아니라 甲의 일반 채권자에 불과한 것으로 볼 수밖에 없으며, 乙이 이후에 甲과 사이에 이 사건 돼지에 관하여 다시 체결한 양도담보계약에 의하여 그들 사이의 최초의 양도담보계약에서 약정하였던 피담보채권액은 적법하게 증액된 것으로 보아야 한다. 따라서 그 환가로 인한 매득금액은 유일한 양도담보권자인 乙에게 모두 배당되어야 하는 것이다.

④ (○) : 동산 양도담보권자는 양도담보 목적물이 소실되어(화재가 발생하여 위 가금류가 폐사) 양도담보 설정자가 보험회사에 대하여 화재보험계약에 따른 보험금청구권을 취득한 경우 담보물 가치의 변형물인 화재보험금청구권에 대하여 양도담보권에 기한 물상대위권을 행사할 수 있다(대판 2014. 9. 25, 2012다58609).

⑤ (×) : 양도담보권의 목적인 주된 동산에 다른 동산이 부합되어 부합된 동산에 관한 권리자가 권리를 상실하는 손해를 입은 경우 주된 동산이 담보물로서 가치가 증가된 데 따른 실질적 이익은 주된 동산에 관한 양도담보권설정자에게 귀속되는 것이므로, 이 경우 부합으로 인하여 권리를 상실하는 자는 양도담보권설정자를 상대로 민법 제261조에 따라 보상을 청구할 수 있을 뿐 양도담보권자를 상대로 보상을 청구할 수는 없다(대판 2016. 4. 2, 2012다19659).

Ⅳ. 동산·채권 등의 담보에 관한 법률(2011.5.19)

Ⅴ. 소유권유보부 매매

438 **동산에 대한 소유권유보부 매매의 경우 물권행위인 소유권이전의 합의가 매매대금의 완납을 정지조건으로 하여 성립한다. ( )** (2023 변리사)

> **해설** 동산의 매매계약을 체결하면서, 매도인이 대금을 모두 지급받기 전에 목적물을 매수인에게 인도하지만 대금이 모두 지급될 때까지는 목적물의 소유권은 매도인에게 유보되며 대금이 모두 지급된 때에 그 소유권이 매수인에게 이전된다는 내용의 소위 소유권유보의 특약을 한 경우, 목적물의 소유권을 이전한다는 당사자 사이의 물권적 합의는 매매계약을 체결하고 목적물을 인도한 때 이미 성립하지만 **대금이 모두 지급되는 것을 정지조건으로 하므로**, 목적물이 매수인에게 인도되었다고 하더라도 특별한 사정이 없는 한 매도인은 대금이 모두 지급될 때까지 매수인뿐만 아니라 제3자에 대하여도 유보된 목적물의 소유권을 주장할 수 있고, 다만 대금이 모두 지급되었을 때에는 그 정지조건이 완성되어 별도의 의사표시 없이 목적물의 소유권이 매수인에게 이전된다(대판 1996. 6. 28, 96다14807).

정답 》 438 (○)

채권총칙

CHAPTER

1 채권법 일반

POINT

Ⅰ. 채권법의 의의

Ⅱ. 보호의무

1-1 계약상 법률관계에서는 일방 당사자가 상대방 당사자에게 손실이 발생하지 아니하도록 상대방 당사자의 이익을 보호하거나 배려할 일반적인 의무를 부담하는 것이 원칙이다. ( )

(2023 변호사)

1-2 카지노사업자가 카지노 운영과 관련하여 공익상 포괄적인 영업 규제를 받고 있다면 특별한 사정이 없는 한 이를 근거로 카지노이용자의 이익을 위한 카지노사업자의 보호의무를 인정할 수 있다. ( )

(2023 변호사)

해설 개인은 자신의 자유로운 선택과 결정에 따라 행위하고 그에 따른 결과를 다른 사람에게 귀속시키거나 전가하지 아니한 채 스스로 이를 감수하여야 한다는 '자기책임의 원칙'이 개인의 법률관계에 대하여 적용되고, 계약을 둘러싼 법률관계에서도 당사자는 자신의 자유로운 선택과 결정에 따라 계약을 체결한 결과 발생하게 되는 이익이나 손실을 스스로 감수하여야 할 뿐 일방 당사자가 상대방 당사자에게 손실이 발생하지 아니하도록 하는 등 상대방 당사자의 이익을 보호하거나 배려할 일반적인 의무는 부담하지 아니함이 원칙이다. (나) 카지노사업자가 카지노 운영과 관련하여 공익상 포괄적인 영업 규제를 받고 있더라도 특별한 사정이 없는 한 이를 근거로 함부로 카지노이용자의 이익을 위한 카지노사업자의 보호의무 내지 배려의무를 인정할 것은 아니다. 카지노사업자로서는 정해진 게임 규칙을 지키고 게임 진행에 필요한 서비스를 제공하면서 관련 법령에 따라 카지노를 운영하기만 하면 될 뿐, 관련 법령에 분명한 근거가 없는 한 카지노사업자에게 자신과 게임의 승패를 겨루어 재산상 이익을 얻으려 애쓰는 카지노이용자의 이익을 자신의 이익보다 우선하거나 카지노이용자가 카지노 게임으로 지나친 재산상 손실을 입지 아니하도록 보호할 의무가 있다고 보기는 어렵다. 다만 자기책임의 원칙도 절대적인 명제라고 할 수는 없는 것으로서, 개별 사안의 구체적 사정에 따라서는 신의성실이나 사회질서 등을 위하여 제한될 수도 있다. 그리하여 카지노이용자가 자신의 의지로는 카지노 이용을 제어하지 못할 정도로 도박 중독 상태에 있었고 카지노사업자도 이를 인식하고 있었거나 조금만 주의를 기울였더라면 인식할 수 있었던 상황에서, 카지노이용자나 그 가족이 카지노이용자의 재산상 손실을 방지하기 위하여 법령이나 카지노사업자에 의하여 마련된 절차에 따른 요청을 하였음에도 그에 따른 조처를 하지 아니하고 나아가 영업제한규정을 위반하여 카지노 영업을 하는 등 카지노이용자의 재산상실에 관한 주된 책임이 카지노사업자에게 있을 뿐만 아니라 카지노이용자의 손실이 카지노사업자의 영업이익으

1-1 (×) 1-2 (×) 《 정답

로 귀속되는 것이 사회 통념상 용인될 수 없을 정도에 이르렀다고 볼만한 특별한 사정이 있는 경우에는, 예외적으로 카지노사업자의 카지노이용자에 대한 보호의무 내지 배려의무 위반을 이유로 한 손해배상책임이 인정될 수 있다[대판(전합) 2014. 8. 21, 2010다92438].

2 **병원에 환자가 입원하여 치료를 받는 경우, 병원은 입원환자의 휴대품 등의 도난을 방지함에 필요한 적절한 조치를 강구하여 줄 신의칙상의 보호의무가 있다. ( )** (2023 변호사)

해설 환자가 병원에 입원하여 치료를 받는 경우에 있어서, 병원은 진료뿐만 아니라 환자에 대한 숙식의 제공을 비롯하여 간호, 보호 등 입원에 따른 포괄적 채무를 지는 것인 만큼 병원은 병실에의 출입자를 통제·감독하든가 그것이 불가능하다면 최소한 입원환자에게 휴대품을 안전하게 보관할 수 있는 시정장치가 있는 사물함을 제공하는 등으로 입원환자의 휴대품 등의 도난을 방지함에 필요한 적절한 조치를 강구하여 줄 신의칙상의 보호의무가 있다고 할 것이고, 이를 소홀히 하여 입원환자와는 아무런 관련이 없는 자가 입원환자의 병실에 무단출입하여 입원환자의 휴대품 등을 절취하였다면 병원은 그로 인한 손해배상책임을 면하지 못한다(대판 2003.4.11., 2002다63275).

3 **기획여행업자가 여행자와의 여행계약에서 부담하는 안전배려의무에, 그가 여행자에게 발생할 수 있는 위험을 예견할 수 있을 때에 여행자에게 그 뜻을 알려 여행자 스스로 그 위험을 수용할지 선택할 기회를 주어야 하는 조치까지 포함되는 것은 아니다. ( )** (2023 변호사)

해설 기획여행업자는 통상 여행 일반은 물론 목적지의 자연적·사회적 조건에 관하여 전문적 지식을 가진 자로서 우월적 지위에서 행선지나 여행시설의 이용 등에 관한 계약 내용을 일방적으로 결정하는 반면, 여행자는 그 안전성을 신뢰하고 기획여행업자가 제시하는 조건에 따라 여행계약을 체결하는 것이 일반적이다. 이러한 점을 감안할 때 기획여행업자가 여행자와 여행계약을 체결할 경우에는 다음과 같은 내용의 안전배려의무를 부담한다고 봄이 타당하다. 기획여행업자는 여행자의 생명·신체·재산 등의 안전을 확보하기 위하여 여행목적지·여행일정·여행행정·여행서비스기관의 선택 등에 관하여 미리 충분히 조사·검토하여 전문업자로서의 합리적인 판단을 하여야 한다. 그에 따라 기획여행업자는 여행을 시작하기 전 또는 그 이후라도 여행자가 부딪칠지 모르는 위험을 예견할 수 있을 경우에는 여행자에게 그 뜻을 알려 여행자 스스로 그 위험을 수용할지를 선택할 기회를 주어야 하고, 그 여행계약 내용의 실시 도중에 그러한 위험 발생의 우려가 있을 때는 미리 그 위험을 제거할 수단을 마련하는 등의 합리적 조치를 하여야 한다(대판 2017. 12. 13, 2016다6293).

4 **공중접객업인 숙박업을 경영하는 자가 투숙객과 체결하는 숙박계약에 있어서 통상의 임대차에서 더 나아가 고객의 안전까지 배려하여야 할 보호의무를 부담한다고 볼 수 없다. ( )** (2023 변호사)

해설 공중접객업인 숙박업을 경영하는 자가 투숙객과 체결하는 숙박계약은 숙박업자가 고객에게 숙박을 할 수 있는 객실을 제공하여 고객으로 하여금 이를 사용할 수 있도록 하고 고객으로부터 그 대가를 받는 일종의 일시사용을 위한 임대차계약으로서, 숙박업자는 통상의 임대차에서 한 걸음 더 나아가 고

정답 》 2(○) 3(×) 4(×)

객에게 위험이 없는 안전하고 편안한 객실 및 관련시설을 제공함으로써 고객의 안전을 배려하여야 할 보호의무를 부담하며 이러한 의무는 숙박계약의 특수성을 고려하여 신의칙상 인정되는 부수적인 의무로서 숙박업자가 이를 위반하여 고객의 생명, 신체를 침해하여 손해를 입힌 경우 불완전이행으로 인한 채무불이행책임을 부담한다(대판 1994. 1. 28, 93다43590).

5 숙박업자가 숙박계약상의 고객보호의무를 다하지 못하여 투숙객이 사망한 경우, 그 투숙객의 근친자가 그 사고로 인하여 정신적 고통을 받았다면, 숙박계약의 당사자가 아닌 그 근친자는 숙박업자의 그 망인에 대한 숙박계약상의 채무불이행을 이유로 위자료를 청구할 수 있다. ( )

(2017 변리사)

해설 숙박업자가 숙박계약상의 고객 보호의무을 다하지 못하여 투숙객이 사망한 경우, 숙박계약의 당사자가 아닌 그 투숙객의 근친자가 그 사고로 인하여 정신적 고통을 받았다 하더라도 숙박업자의 그 망인에 대한 숙박계약상의 채무불이행을 이유로 위자료를 청구할 수는 없다(대판 2000. 11. 24, 2000다38718).

6 사용자는 근로계약에 수반되는 신의칙상의 부수의무로서 피용자가 노무를 제공하는 과정에서 건강을 해치는 일이 없도록 필요한 조치를 강구하여야할 의무를 부담한다. ( )

(2019 변리사)

해설 사용자는 근로계약에 수반되는 신의칙상의 부수적 의무로서 피용자가 노무를 제공하는 과정에서 생명, 신체, 건강을 해치는 일이 없도록 인적·물적 환경을 정비하는 등 필요한 조치를 강구하여야 할 보호의무를 부담하고, 이러한 보호의무를 위반함으로써 피용자가 손해를 입은 경우 이를 배상할 책임이 있다(대판 2000. 5. 16, 99다47129).

5(×) 6(○) 《 정답

CHAPTER

2 채권의 목적

POINT

7-1 목적물의 인도장소가 정해지지 않은 경우 특정물의 인도는 채권성립 당시 그 물건이 있던 장소에서 하여야 한다. ( ) (2016, 2021 변리사)

7-2 특정물채권의 경우, 채무의 성질 또는 당사자의 의사표시로 변제장소를 정하지 아니한 때에는 특정물의 인도는 채권자의 현주소에서 해야 한다. ( ) (2022 변리사)

> **해 설** 목적물의 인도장소가 정해지지 않은 경우 특정물의 인도는 채권성립 당시 그 물건이 있던 장소에서 하여야 한다(제467조 제1항).

8 특정물채권에서 채무자의 목적물에 대한 선관주의의무의 존속기간은 특정물채무의 성립시부터 이행기까지이다. ( ) (2016 변리사)

> **해 설** 특정물채권에서 채무자의 목적물에 대한 선관주의의무의 존속기간은 특정물채무의 성립시부터 이행기(期)까지가 아니라 이행시(時)까지이다(제374조 참조, 대판 1991. 10. 25, 91다22605).

9 채무자가 자신이 가진 주식의 일부분을 담보로 제공하기로 한 경우, 담보약정에 기한 채권은 제한종류채권에 해당한다. ( ) (2016 변리사)

> **해 설** 주식반환채무는 종류채무에 해당한다. 그러므로 채무자가 자신이 가진 주식의 일부분을 담보로 제공하기로 한 경우, 담보약정에 기한 채권은 제한종류채권에 해당한다(대판 2015. 2. 26, 2014다37040).

10-1 종류채권에서 지정권자로 된 채무자가 이행기가 지나도 이행할 물건을 지정하지 않는 경우, 채권자가 상당한 기간을 정하여 최고하였으나 채무자가 이행할 물건을 지정하지 않으면 지정권은 채권자에게 이전한다. ( ) (2016 변리사)

10-2 제한종류채권에서 채무자가 지정권자인 경우, 채권의 기한이 도래한 후 채권자의 최고에도 불구하고 채무자가 이행할 물건을 지정하지 않으면 그 지정권은 채권자에게 이전한다. ( ) (2021 변리사)

> **해 설** 제한종류채권에 있어 급부목적물의 특정은, 원칙적으로 종류채권의 급부목적물의 특정에 관하여 민법 제375조 제2항이 적용되므로, 채무자가 이행에 필요한 행위를 완료하거나 채권자의 동의를 얻어 이행할 물건을 지정한 때에는 그 물건이 채권의 목적물이 되는 것이나, 당사자 사이에 지정권의 부

정답 》 7-1 (○) 7-2 (×) 8 (×) 9 (○) 10-1 (○) 10-2 (○)

여 및 지정의 방법에 관한 합의가 없고, 채무자가 이행에 필요한 행위를 하지 아니하거나 지정권자로 된 채무자가 이행할 물건을 지정하지 아니하는 경우에는 선택채권의 선택권 이전에 관한 민법 제381조를 준용하여 채권의 기한이 도래한 후 채권자가 상당한 기간을 정하여 지정권이 있는 채무자에게 그 지정을 최고하여도 채무자가 이행할 물건을 지정하지 아니하면 지정권이 채권자에게 이전한다(대판 2003. 3. 28, 2000다24856).

11 **종류채권이 특정되면 그 채권은 특정물채권으로 전환되고, 특별한 사정이 없는 한 채무자는 그 특정물을 인도할 때까지 선량한 관리자의 주의로 보존해야 한다. ( )** (2022 변리사)

해설 종류채권의 특정이 있게 되면 그때부터 그 물건만이 채권의 목적물이 된다(제375조 제2항). 즉 특정물채권으로 전환된다. 따라서 인도할 때까지 선량한 관리자의 주의로 보존해야 한다(제374조).

12 **금전채무의 이행지체로 인하여 발생하는 지연이자는 그 성질이 이자이다. ( )** (2022 변리사)

해설 금전채무의 이행지체로 인하여 발생하는 지연손해금은 그 성질이 손해배상금이지 이자가 아니며, 민법 제163조 제1호의 1년 이내의 기간으로 정한 채권도 아니므로 3년간의 단기소멸시효의 대상이 되지 아니한다(대판 1995. 10. 13, 94다57800).

13 **금전채무불이행에 따른 통상손해배상의 경우 채권자는 자신의 손해를 증명할 필요가 없다. ( )** (2023 변리사)

해설 제397조(금전채무불이행에 대한 특칙) ① 금전채무불이행의 손해배상액은 법정이율에 의한다. 그러나 법령의 제한에 위반하지 아니한 약정이율이 있으면 그 이율에 의한다. ② 전항의 손해배상에 관하여는 채권자는 손해의 증명을 요하지 아니하고 채무자는 과실없음을 항변하지 못한다.

14-1 **계약해제로 인한 원상회복의무가 이행지체에 빠진 이후의 지연손해금률에 관하여 약정이 있는 경우, 그 지연손해금률이 법정이율보다 낮더라도 약정에 따른 지연손해금률이 적용된다. ( )** (2015 변리사)

14-2 **금전소비대차에서 지연손해금에 관한 약정 없이 이자에 관한 약정만이 있는 경우 특별한 사정이 없는 한 금전반환채무의 이행지체로 인한 지연손해금도 그 약정이율에 의하기로 하였다고 보는 것이 당사자의 의사에 부합하지만, 그 약정이율이 법정이율보다 낮은 경우에는 법정이율에 의한 지연손해금을 청구할 수 있다. ( )** (2019 변호사)

해설 [1] 당사자 일방이 계약을 해제한 때에는 각 당사자는 상대방에 대하여 원상회복의무가 있고, 이 경우 반환할 금전에는 받은 날로부터 이자를 가산하여 지급하여야 한다. 여기서 가산되는 이자는 원상회복의 범위에 속하는 것으로서 일종의 부당이득반환의 성질을 가지는 것이고 반환의무의 이행지체로 인한 지연손해금이 아니다. 따라서 당사자 사이에 그 이자에 관하여 특별한 약정이 있으면 그 약정이율이 우선 적용되고 약정이율이 없으면 민사 또는 상사 법정이율이 적용된다. 반면 원상회복의무가

11 (○) 12 (×) 13 (○) 14-1 (○) 14-2 (○) 《 정답

이행지체에 빠진 이후의 기간에 대해서는 부당이득반환의무로서의 이자가 아니라 반환채무에 대한 지연손해금이 발생하게 되므로 거기에는 지연손해금률이 적용되어야 한다. 그 지연손해금률에 관하여도 당사자 사이에 별도의 약정이 있으면 그에 따라야 할 것이고, 설사 그것이 법정이율보다 낮다 하더라도 마찬가지이다.

[2] 계약해제 시 반환할 금전에 가산할 이자에 관하여 당사자 사이에 약정이 있는 경우에는 특별한 사정이 없는 한 이행지체로 인한 지연손해금도 그 약정이율에 의하기로 하였다고 보는 것이 당사자의 의사에 부합한다. 다만 그 약정이율이 법정이율보다 낮은 경우에는 약정이율에 의하지 아니하고 법정이율에 의한 지연손해금을 청구할 수 있다고 봄이 타당하다. 계약해제로 인한 원상회복 시 반환할 금전에 받은 날로부터 가산할 이자의 지급의무를 면제하는 약정이 있는 때에도 그 금전반환의무가 이행지체 상태에 빠진 경우에는 법정이율에 의한 지연손해금을 청구할 수 있는 점과 비교해 볼 때 그렇게 보는 것이 논리와 형평의 원리에 맞기 때문이다(대판 2013. 4. 26, 2011다50509).

15 **원본채권이 양도될 당시 이미 변제기에 도달한 이자채권은 그 이자채권도 함께 양도한다는 의사표시가 없더라도 양도되는 것이 원칙이다. ( )** (2020 변리사)

해설 이자채권은 원본채권에 대하여 종속성을 갖고 있으나, 이미 변제기에 도달한 이자채권은 원본채권과 분리하여 양도할 수 있고 원본채권과 별도로 변제할 수 있으며 시효로 인하여 소멸되기도 하는 등 어느 정도 독립성을 갖게 되는 것이므로, 원본채권이 양도된 경우 이미 변제기에 도달한 이자채권은 원본채권의 양도 당시 그 이자채권도 양도한다는 의사표시가 없는 한 당연히 양도되지는 않는다(대판 1989. 3. 28, 88다카12803).

16 **이자제한법상 제한이자를 초과하는 이자채권을 자동채권으로 하여 상계의 의사표시를 하더라도 그 상계의 효력은 발생하지 않는다. ( )** (2021 변리사)

해설 이식제한령 소정 범위를 초과한 이식은 무효이므로 이를 자동채권으로 하여 상계의 의사표시를 하였다 하여도 그 효력을 발생할 수 없다(대판 1963. 11. 21, 63다429).

17 **이자제한법의 최고이자율을 초과하는 이자에 대하여 당사자가 준소비대차계약을 체결하면, 그 초과부분은 유효하다. ( )** (2015 변리사)

해설 이자제한법의 최고이자율을 초과하는 이자에 대하여 당사자가 준소비대차계약을 체결하더라도, 그 초과부분은 무효가 된다. 이는 이자제한법규정을 간접적으로 위반하는 탈법행위이다(이자제한법 제4조 간주이자 등 참조).

18-1 **최고이자율을 초과하여 지급된 이자는 「이자제한법」 제2조 제4항에 따라 원본에 충당되고, 이와 같이 충당하여 원본이 소멸하고도 남아 있는 초과 지급액은 부당이득으로서 그 반환을 청구할 수 있을 뿐, 이를 「이자제한법」 위반 행위로 인한 손해라고 볼 수 없다. ( )** (2023 변호사)

정답 15 (×) 16 (○) 17 (×) 18-1 (×)

18-2 **채권자와 공동으로, 고의 또는 과실로 「이자제한법」을 위반하여 최고이자율을 초과하는 이자를 받아 채무자에게 손해를 입힌 자는 「민법」 제760조에 따라 손해를 배상할 책임이 있다. ( )** (2023 변호사)

> **해설** 금전을 대여한 채권자가 고의 또는 과실로 이자제한법을 위반하여 최고이자율을 초과하는 이자를 받아 채무자에게 손해를 입힌 경우에는 특별한 사정이 없는 한 민법 제750조에 따라 불법행위가 성립한다고 보아야 한다. 최고이자율을 초과하여 지급된 이자는 이자제한법 제2조 제4항에 따라 원본에 충당되므로, 이와 같이 충당하여 원본이 소멸하고도 남아 있는 초과 지급액은 이자제한법 위반 행위로 인한 손해라고 볼 수 있다. 부당이득반환청구권과 불법행위로 인한 손해배상청구권은 서로 별개의 청구권으로서, 제한 초과이자에 대하여 부당이득반환청구권이 있다고 해서 그것만으로 불법행위의 성립이 방해되지 않는다. 나아가 채권자와 공동으로 위와 같은 이자제한법 위반 행위를 하였거나 이에 가담한 사람도 민법 제760조에 따라 연대하여 손해를 배상할 책임이 있다(대판 2021. 2. 25, 2020다230239).

19 **채권액이 외국통화로 지정된 금액채권인 외화채권의 경우, 채권자는 대용급부권을 행사하여 우리나라 통화로 환산하여 청구할 수 없다. ( )** (2021 변리사)

> **해설** 채권액이 외국통화로 지정된 금전채권인 외화채권을 채무자가 우리나라 통화로 변제함에 있어서는 민법 제378조가 그 환산시기에 관하여 외화채권에 관한 같은 법 제376조, 제377조 제2항의 "변제기"라는 표현과는 다르게 "지급할 때"라고 규정한 취지에서 새겨 볼 때 그 환산시기는 이행기가 아니라 현실로 이행하는 때 즉 현실이행시의 외국환시세에 의하여 환산한 우리나라 통화로 변제하여야 한다고 풀이함이 상당하므로 채권자가 위와 같은 외화채권을 대용급부의 권리를 행사하여 우리나라 통화로 환산하여 청구하는 경우에도 법원이 채무자에게 그 이행을 명함에 있어서는 채무자가 현실로 이행할 때에 가장 가까운 사실심 변론종결 당시의 외국환 시세를 우리나라 통화로 환산하는 기준시로 삼아야 한다[대판(전합) 1991. 3. 12, 90다2147]. ☞ 제378조는 채무자가 대용권을 행사할 수 있다고 하고 있으나, 통설과 판례는 채권자도 우리나라 통화로 청구할 수 있다고 해석한다.

20 **집행법원이 경매절차에서 외화채권자에 대하여 배당할 때에는 특별한 사정이 없는 한 외화채권 성립 당시의 외국환시세를 우리나라 통화로 환산하는 기준으로 삼아야 한다. ( )** (2015 변리사)

> **해설** 채권액이 외국통화로 정해진 금전채권인 외화채권을 채무자가 우리나라 통화로 변제하는 경우에 그 환산시기는 이행기가 아니라 현실로 이행하는 때, 즉 현실이행 시의 외국환시세에 의하여 환산한 우리나라 통화로 변제하여야 하고, 이와 같은 법리는 외화채권자가 경매절차를 통하여 변제를 받는 경우에도 동일하게 적용되어야 할 것이므로, 집행법원이 경매절차에서 외화채권자에 대하여 배당을 할 때에는 특별한 사정이 없는 한 배당기일 당시의 외국환시세를 우리나라 통화로 환산하는 기준으로 삼아야 한다(대판 2011. 4. 14, 2010다103642).

18-2 (○) 19 (×) 20 (×) 《 정답

21 **토지소유자가 수필의 토지 중 일정 면적을 상대방에게 매도한 경우, 양도할 토지의 위치가 확정되지 않았다면 특별한 사정이 없는 한 상대방의 채권은 종류채권에 해당한다. ( )**

(2015 변리사)

> **해설** 토지소유자가 1필 또는 수필의 토지 중 일정 면적의 소유권을 상대방에게 양도하기로 하는 계약을 체결하였으나 양도할 토지의 위치가 확정되지 않은 경우, 상대방이 토지소유자에게 가지는 채권의 성격은 토지는 개성이 있기 때문에 선택채권으로 보아야 한다(대판 2011. 6. 30, 2010다16090 ; 대판 2014. 1. 23, 2011다57685).

22 **선택권 없는 당사자의 과실로 인하여 수개의 급부 중 일부가 이행불능이 된 때에는 채권의 목적은 잔존한 것에 존재한다. ( )**

(2015, 2022 변리사)

> **해설** 민법 제385조(불능으로 인한 선택채권의 특정) ① 채권의 목적으로 선택할 수개의 행위 중에 처음부터 불능한 것이나 또는 후에 이행불능하게 된 것이 있으면 채권의 목적은 잔존한 것에 존재한다.
> ② 선택권 없는 당사자의 과실로 인하여 이행불능이 된 때에는 전항의 규정을 적용하지 아니한다.
> ☞ 선택권 없는 당사자의 과실로 인하여 이행불능이 된 때에는 채권의 목적이 잔존한 것에 존재하는 것이 아니라 불능이 된 급부도 선택할 수 있다.

23 **甲은 자신이 사용하던 노트북 X, Y 중에 하나를 乙에게 팔기로 하였고, 대금지급일에 乙이 선택하기로 하였다. 그런데 대금지급일 전에 甲이 X노트북을 丙에게 매도하고 인도까지 해 주었다. 이에 관한 설명으로 옳은 것은? (다툼이 있으면 판례에 따름)**

(2018 변리사)

① 乙이 Y노트북을 선택하고 그 의사를 甲에게 전달한 경우, 乙은 특별한 사정이 없는 한 甲의 동의 없이도 이를 철회할 수 있다.
② 乙은 Y노트북을 선택하면서 조건을 붙일 수 있다.
③ 乙이 X노트북을 선택하더라도 채권의 목적물은 Y노트북으로 확정된다.
④ 乙은 X노트북을 선택하고 丙에게 X노트북의 반환을 청구할 수 있다.
⑤ 乙은 X노트북을 선택하고 甲에게 채무불이행을 이유로 손해배상을 청구할 수 있다.

> **해설** ① (×) : 민법 제382조(당사자의 선택권의 행사) 제2항
> ② (×) : 선택권의 행사는 일방적 의사표시로서 단독행위이므로 원칙적으로 조건이나 기한을 붙이지 못한다.
> ③ (×), ⑤ (○) : 민법 제385조(불능으로 인한 선택채권의 특정) ① 채권의 목적으로 선택할 수개의 행위 중에 처음부터 불능한 것이나 또는 후에 이행불능하게 된 것이 있으면 채권의 목적은 잔존한 것에 존재한다. ② 선택권 없는 당사자의 과실로 인하여 이행불능이 된 때에는 전항의 규정을 적용하지 아니한다. ☞ 따라서 乙은 불능이 된 X노트북을 선택할 수 있고, 乙이 X노트북을 선택하면 채권의 목적물은 X노트북으로 확정된다. 다만 X노트북은 甲의 귀책사유에 의해 이행불능이 되었으므로 乙은 甲에게 채무불이행을 이유로 손해배상을 청구할 수 있다.

정답 21 (×) 22 (×) 23 ⑤

④ (×) : 동산의 이중매매이다. 동산의 이중매매에 있어서는 먼저 매수한 자가 나중에 매수한 자에 우선하는 것이 아니라 "먼저 인도를 받은 자"가 우선한다. 甲이 X노트북을 丙에게 매도하고 인도까지 해 주었으므로 丙이 X노트북의 소유권을 취득한다. 채권자에 불과한 乙은 소유권을 취득한 丙에게 대항할 수 없다.

24 甲은 乙에게 乙이 생산한 참외 100상자를 주문하였고, 대금은 100만 원으로 정하였다. 甲과 乙은 품질이나 이행지에 관하여는 달리 약정을 하지 않았다. 乙은 丙에게 자신이 생산한 참외 중에서 100상자를 甲의 주소지로 운송해 줄 것을 부탁하였다. 이에 관한 설명 중 옳지 않은 것은? (2017 변호사)

① 乙은 자신이 생산한 참외 중 중등품 100상자를 甲의 주소지에서 인도하여야 한다.
② 丙이 위 참외를 트럭에 싣고 甲의 주소지로 가던 중 丙의 과실 없이 사고를 당하여 참외가 모두 파손된 경우, 乙은 자신이 생산한 다른 참외가 있더라도 참외 100상자를 다시 인도할 필요가 없다.
③ 丙이 참외 100상자를 싣고 이행일시에 甲의 주소지에 도착하여 甲에게 적법한 이행제공을 하였으나 甲이 수령을 거절하는 바람에 丙이 되돌아 가다가 그의 과실 없이 교통사고를 당하여 참외가 멸실된 경우, 乙의 위 참외 인도채무는 소멸한다.
④ 위 ③의 경우에 乙은 甲에게 위 참외대금의 지급을 청구할 수 있다.
⑤ 배달된 참외 중의 일부가 배달 중에 파손되었음을 발견한 甲은 乙에게 다시 하자 없는 참외로 급부해 줄 것을 청구할 수 있다.

해설 ① (○) : [민법 제375조(종류채권) 제1항] 채권의 목적을 종류로만 지정한 경우에 법률행위의 성질이나 당사자의 의사에 의하여 품질을 정할 수 없는 때에는 채무자는 중등품질의 물건으로 이행하여야 한다.
[민법 제467조(변제의 장소) 제2항] 전항의 경우에 특정물인도 이외의 채무변제는 채권자의 현주소에서 하여야 한다.
② (×) : 지참채무에서의 종류물의 특정. 채무자가 모든 이행의 준비를 해서 채권자의 주소에서 현실로 목적물을 제공함으로써 그 제공한 목적물에 대해 특정된다(민법 제375조 제2항, 제460조, 제467조). ☞ 종류채권의 특정 전에는 채무자가 소유하는 그 종류의 물건이 멸실하였다 하더라도 그 종류물이 거래계에 존재하는 한 채무자는 급부의무를 면하지 못한다(조달의무가 있다).
③ (○) : 종류채권의 특정 후에는 채무자는 목적물이 멸실하면 조달의무를 면한다(특정에 의해 목적물에 대한 급부위험은 채권자에게 이전한다 : 물건의 위험의 이전).
④ (○) : [민법 제538조(채권자귀책사유로 인한 이행불능) 제1항] 쌍무계약의 당사자 일방의 채무가 채권자의 책임있는 사유로 이행할 수 없게 된 때에는 채무자는 상대방의 이행을 청구할 수 있다. 채권자의 수령지체 중에 당사자쌍방의 책임없는 사유로 이행할 수 없게 된 때에도 같다.
⑤ (○) : [민법 제581조(종류매매와 매도인의 담보책임) 제2항] 전항의 경우에 매수인은 계약의 해제 또는 손해배상의 청구를 하지 아니하고 하자 없는 물건을 청구할 수 있다. ☞ 완전물급부청구권

24 ② 《 정답

CHAPTER

3 채권의 효력

POINT

Ⅰ. 채권의 효력 일반

25 채무자가 채무 발생원인 내지 존재에 관한 잘못된 법률적 판단을 통하여 자신의 채무가 없다고 믿고 채무이행을 거부한 채 소송을 통하여 다툰 경우, 특별한 사정이 없는 한 채무불이행에 관하여 채무자에게 고의나 과실이 인정된다. ( ) (2017 변리사)

> **해설** 채무자가 채무의 발생원인 내지 존재에 관한 법률적인 판단을 통하여 자신의 채무가 없다고 믿고 채무의 이행을 거부한 채 소송을 통하여 이를 다투었다고 하더라도, 채무자의 그러한 법률적 판단이 잘못된 것이라면 특별한 사정이 없는 한 채무불이행에 관하여 채무자에게 고의나 과실이 없다고는 할 수 없다(대판 2013. 12. 26, 2011다85352).

26 계약당사자 일방이 자신의 계약상 채무 이행에 장애가 될 수 있는 사유를 계약체결 시에 예견할 수 있었음에도 상대방에게 고지하지 않은 경우, 그 사유로 인해 채무불이행이 되는 것에 어떠한 잘못도 없었다면 채무불이행에 대한 귀책사유를 인정할 수 없다. ( ) (2023 변리사)

> **해설** 계약당사자 일방이 자신이 부담하는 계약상 채무를 이행하는 데 장애가 될 수 있는 사유를 계약을 체결할 당시에 알았거나 예견할 수 있었음에도 이를 상대방에게 고지하지 아니한 경우에는, 비록 그 사유로 말미암아 후에 채무불이행이 되는 것 자체에 대하여는 그에게 어떠한 잘못이 없다고 하더라도, 상대방이 그 장애사유를 인식하고 이에 관한 위험을 인수하여 계약을 체결하였다거나 채무불이행이 상대방의 책임 있는 사유로 인한 것으로 평가되어야 하는 등의 특별한 사정이 없는 한, 그 채무가 불이행된 것에 대하여 귀책사유가 없다고 할 수 없다. 그것이 계약의 원만한 실현과 관련하여 각각의 당사자가 부담하여야 할 위험을 적절하게 분배한다는 계약법의 기본적 요구에 부합한다(대판 2011. 8. 25, 2011다43778).

27 임차건물이 화재로 소실된 경우 그 화재의 발생 원인이 불명이면, 임차인은 임차건물의 보존에 관한 선관주의의무를 다하지 않은 경우에도 그 책임을 면한다. ( ) (2016 변리사)

> **해설** 임차인은 임차목적물을 명도할 때까지는 선량한 관리자의 주의로 이를 보존할 의무가 있어, 이러한 주의의무를 위반하여 임대목적물이 멸실, 훼손된 경우에는 그에 대한 손해를 배상할 채무가 발생하며, 임대목적물이 멸실, 훼손된 경우 임차인이 그 책임을 면하려면 그 임차건물의 보존에 관하여 선량한 관리자의 주의의무를 다하였음을 입증하여야 할 것이다(대판 1991. 10. 25, 91다22605, 22612(반소)).

정답 》 25 (○) 26 (×) 27 (×)

Ⅱ. 이행보조자

28-1 **이행보조자의 행위가 채무자에 의하여 그에게 맡겨진 이행업무와 객관적, 외형적으로 관련을 가지는 경우에는 채무자는 그 행위에 대하여 책임을 져야 한다. ( )** (2022 변리사)

28-2 **이행보조자의 행위가 채무자의 이행업무와 객관적, 외형적으로 관련된 경우, 그 행위가 채권자에게 불법행위가 되더라도 채무자는 채권자에 대하여 책임을 부담한다. ( )** (2023 변리사)

> **해설** 이행보조자의 행위가 채무자에 의하여 그에게 맡겨진 이행업무와 객관적, 외형적으로 관련을 가지는 경우에는 채무자는 그 행위에 대하여 책임을 져야 하고, 채무의 이행에 관련된 행위이면 가사 이행보조자의 행위가 채권자에 대한 불법행위가 된다고 하더라도 채무자가 면책될 수는 없다(대판 2008.2.15, 2005다69458).

29 **이행보조자로서의 피용자라 함은 일반적으로 채무자의 의사관여 아래 그 채무의 이행행위에 속하는 활동을 하는 사람이면 족하다. ( )** (2022 변리사)

> **해설** 민법 제391조에서의 이행보조자로서의 피용자라 함은 일반적으로 채무자의 의사관여 아래 그 채무의 이행행위에 속하는 활동을 하는 사람이면 족하고, 반드시 채무자의 지시 또는 감독을 받는 관계에 있어야 하는 것은 아니므로 채무자에 대하여 종속적인가 독립적인 지위에 있는가는 문제되지 않는다(대판 2002. 7. 12, 2001다44338).

30 **임대인이 임차인과의 임대차계약상의 약정에 따라 제3자에게 도급을 주어 임차목적물을 수선한 경우, 그 수급인인 제3자는 임대인에 대하여 이행보조자로서의 피용자가 아니다. ( )** (2022 변리사)

> **해설** 임대인이 임차인과의 임대차계약상의 약정에 따라 제3자에게 도급을 주어 임대차목적물에 시설물을 설치하던 중 원인불명의 화재가 발생하였는데, 제반 사정에 비추어 그 설치공사를 맡은 수급인이 임대차목적물의 전력용량을 초과한 전기용접기를 연결하여 계속 사용함으로써 과부하로 인한 전선의 발열로 인하여 화재가 발생한 것으로 추정함이 타당하여 공사수급인에게 화재발생에 대한 과실이 인정되는 경우, 공사수급인은 임대차계약에 따른 임대인의 이행보조자라 할 것이어서 임대인은 민법 제391조에 따라 위 화재발생에 귀책사유가 있으므로 임차인에 대한 채무불이행상의 손해배상책임이 있다(대판 1999. 4. 13, 98다51077).

31 **이행보조자가 채무의 이행을 위하여 제3자를 복이행보조자로서 사용하는 경우, 채무자가 이를 승낙하였거나 적어도 묵시적으로 동의했다면 채무자는 복이행보조자의 고의·과실에 관하여 민법 제391조에 따라 책임을 부담한다. ( )** (2022 변리사)

28-1 (○) **28-2** (○) **29** (○) **30** (×) **31** (○) 《 정답

해설 이행보조자가 채무의 이행을 위하여 제3자를 복이행보조자로서 사용하는 경우에도 채무자가 이를 승낙하였거나 적어도 묵시적으로 동의한 경우에는 채무자는 복이행보조자의 고의·과실에 관하여 민법 제391조에 의하여 책임을 부담한다(대판 2011. 5. 26, 2011다1330).

32-1 **이행보조자의 불법행위로 인하여 채무자가 채무불이행책임을 부담하는 경우 이행보조자의 손해배상책임과 채무자의 채무불이행책임은 연대채무관계에 있다. ( )** (2016 변리사)

32-2 **임대인의 이행보조자가 임차인으로 하여금 임차목적물을 사용·수익하지 못하게 함으로써 임대인은 채무불이행책임을 지고 그 이행보조자는 불법행위책임을 지는 경우, 양 책임은 부진정연대채무관계에 있다. ( )** (2022 변리사)

해설 임대인인 피고 甲은 이행보조자인 피고 乙이 임차물인 점포의 출입을 봉쇄하고 내부시설공사를 중단시켜 임차인인 원고로 하여금 그 사용·수익을 하지 못하게 한 행위에 대하여 임대인으로서의 채무불이행으로 인한 손해를 배상할 의무가 있고, 또한 피고 乙이 원고가 임차인이라는 사정을 알면서도 위와 같은 방법으로 원고로 하여금 점포를 사용·수익하지 못하게 한 것은 원고의 임차권을 침해하는 불법행위를 이룬다고 할 것이므로 피고 乙은 원고에게 불법행위로 인한 손해배상의무가 있다고 할 경우, 피고 甲의 채무불이행책임과 피고 乙의 불법행위책임은 동일한 사실관계에 기한 것으로 부진정연대채무관계에 있다(대판 1994. 11. 11, 94다22446).

33 **甲은 乙로부터 냉동창고를 임차한 창고업자이다. 甲은 이 냉동창고가 파손되어 乙에게 수선을 요청하였다. 이에 乙은 A에게 보수공사를 맡겼는데 A의 피용자 丙의 과실로 냉동창고에 화재가 발생하여 냉동창고에 보관 중이던 B의 임치물이 소실되었다. 이에 관한 설명 중 옳지 않은 것을 모두 고른 것은? (다툼이 있는 경우 판례에 의함)** (2017 변호사)

ㄱ. 乙은 임대차계약에 따른 임대물수선의무를 이행하기 위하여 제3자인 A에게 도급을 주어 공사를 하게 된 것이고 A 및 丙에 대하여 지휘 감독하는 관계가 아니므로 乙은 甲에 대하여 채무불이행책임을 지지 않는다.
ㄴ. A는 자기의 피용자 丙의 과실에 의한 화재이므로 乙에 대하여 채무불이행책임을 진다.
ㄷ. A는 자기의 피용자 丙의 과실에 의한 화재이므로 甲에 대하여 「민법」 제756조에 따라 불법행위책임을 진다.
ㄹ. A는 자기의 피용자 丙의 과실에 의한 화재이므로 甲에 대하여 채무불이행책임을 진다.

① ㄱ, ㄴ ② ㄱ, ㄹ ③ ㄴ, ㄷ ④ ㄴ, ㄹ ⑤ ㄷ, ㄹ

해설 ㄱ.(×) : [1] 민법 제391조에서의 이행보조자로서의 피용자라 함은 일반적으로 채무자의 의사관여 아래 그 채무의 이행행위에 속하는 활동을 하는 사람이면 족하고, 반드시 채무자의 지시 또는 감독을 받는 관계에 있어야 하는 것은 아니므로 채무자에 대하여 종속적인가 독립적인 지위에 있는가는 문제되지 않는다. [2] 임대인이 임차인과의 임대차계약상의 약정에 따라 제3자에게 도급을 주어 임대차

정답 32-1 (×) 32-2 (○) 33 ②

목적물에 시설물을 설치하던 중 원인불명의 화재가 발생하였는데, 제반 사정에 비추어 그 설치공사를 맡은 수급인이 임대차목적물의 전력용량을 초과한 전기용접기를 연결하여 계속 사용함으로써 과부하로 인한 전선의 발열로 인하여 화재가 발생한 것으로 추정함이 타당하여 공사수급인에게 화재발생에 대한 과실이 인정되는 경우, 공사수급인은 임대차계약에 따른 임대인의 이행보조자라 할 것이어서 임대인은 민법 제391조에 따라 위 화재발생에 귀책사유가 있으므로 임차인에 대한 채무불이행상의 손해배상책임이 있다고 본 사례(대판 1999. 4. 13, 98다51077).

ㄴ.(○) 민법 제391조(이행보조자의 고의, 과실) : 채무자의 법정대리인이 채무자를 위하여 이행하거나 채무자가 타인을 사용하여 이행하는 경우에는 법정대리인 또는 피용자의 고의나 과실은 채무자의 고의나 과실로 본다.

ㄷ. (○), ㄹ. (×) : A는 甲과 아무런 계약관계도 없으므로 채무불이행책임을 지지는 않으나, 丙의 사용자로서 사용자책임(불법행위책임)을 질 수는 있다.

Ⅲ. 채무불이행 중 이행지체

34-1 **채무이행의 확정한 기한이 있는 경우에는 채무자는 기한이 도래한 때로 부터 지체책임이 있고, 채무이행의 불확정한 기한이 있는 경우에는 채무자는 기한이 도래함을 안 때로부터 지체책임이 있다. ( )** (2020 변리사)

34-2 **채무이행의 기한이 없는 경우에는 채무자는 이행청구를 받은 다음 날부터 지체책임이 있다. ( )** (2020 변리사)

해설 민법 제387조(이행기와 이행지체) 채무이행의 확정기한이 있는 경우에는 그 기한이 도래한 다음날부터 이행지체의 책임을 지고 기한의 정함이 없는 경우에는 그 이행의 청구를 받은 다음날로부터 이행지체의 책임을 진다(대판 1988. 11. 8, 88다3253). ☞ 조문은 "기한이 도래한 때", "이행청구를 받은 때"라고 규정하고 있지만 판례는 "다음날"로 해석한다.

35 **2016년 1월 12일(화)까지 채무를 이행하기로 한 경우에는 2016년 1월 13일부터 지체책임을 진다. ( )** (2016 변리사)

해설 확정기한부 채무의 경우, 기한이 도래한 때로부터 지체책임을 진다. 판례에 따르면 그 기한의 도래는 그날 24시를 말하기 때문에 다음날 "0"시를 지칭한다. 그러므로 2016년 1월 12일(화)까지 채무를 이행하기로 한 경우에는 2016년 1월 13일부터 지체책임을 진다.

36 **채권자가 기존채무의 변제기보다 후의 일자가 만기로 된 어음을 교부받은 때에는 특별한 사정이 없는 한 기존채무의 지급을 유예하는 의사가 있었다고 보아야 한다. ( )** (2021 변호사)

해설 채권자가 기존 채무의 지급을 위하여 그 채무의 이행기가 도래하기 전에 미리 그 채무의 변제기보다 후의 일자가 만기로 된 어음의 교부를 받은 때에는 묵시적으로 기존 채무의 지급을 유예하는 의사

34-1 (○) 34-2 (○) 35 (○) 36 (○) 《 정답

가 있었다고 볼 경우가 있을 수 있고 이 때 기존 채무의 변제기는 어음에 기재된 만기일로 변경된다고 볼 것이나, 특별한 사정이 없는 한 채무자가 기존 채무의 이행기에 채무를 변제하지 아니하여 채무불이행 상태에 빠진 다음에 기존 채무의 지급을 위하여 어음이 발행된 경우까지 그와 동일하게 볼 수는 없다(대판 2000. 7. 28, 2000다16367).

37-1 **지시채권의 경우 확정기한이 정하여져 있는 때에도 그 기한이 도래한 후 소지인이 증서를 제시하여 이행을 청구한 때로부터 지체책임이 있다. ( )** (2016 변리사)

37-2 **2016년 1월 12일(화)에 채권자가 방문하면 상품을 인도하기로 하였으나 채권자가 오지 않아서 이행을 못한 때에는, 2016년 1월 13일이 지나도 채무자는 지체책임을 지지 않는다. ( )** (2016 변리사)

37-3 **매수인 乙이 매도인 甲의 영업소에서 쌀 10포대를 받아가기로 약정한 경우, 乙이 변제기 이후에 오지 않은 이상 甲은 지연에 따른 손해배상책임을 지지 않는다. ( )** (2021 변리사)

해설 지시채권이나 추심채무의 경우에는 기한의 도과만으로 지체책임을 지지 않는다. 즉 지시채권은 확정기한이 정하여져 있는 때에도 그 기한이 도래한 후 소지인이 증서를 제시하여 이행을 청구한 때로부터 지체책임을 지고(제517조), 일정한 날에에 채권자가 방문하면 상품을 인도하기로 하였으나 채권자가 오지 않아서 이행을 못한 때에도, 채무자는 지체책임을 지지 않는다.

38 **당사자가 불확정한 사실이 발생한 때를 이행기한으로 정한 경우, 그 사실이 발생한 때는 물론 그 사실의 발생이 불가능하게 된 때에도 이행기한은 도래한 것으로 보아야 한다. ( )** (2018 변호사)

해설 당사자가 불확정한 사실이 발생한 때를 이행기한으로 정한 경우에는 그 사실이 발생한 때는 물론 그 사실의 발생이 불가능하게 된 때에도 이행기한은 도래한 것으로 보아야 한다(대판 2002. 3. 29, 2001다41766).

39 **금전채무 이행에 불확정한 기한이 있는 경우에 채무자가 그 기한이 도래함을 알지 못하였다면 이행지체로 인한 지연손해금 지급의무가 발생하지 않는다. ( )** (2019 변호사)

해설 민법 제387조(이행기와 이행지체) ① 채무이행의 확정한 기한이 있는 경우에는 채무자는 기한이 도래한 때로부터 지체책임이 있다. 채무이행의 불확정한 기한이 있는 경우에는 채무자는 기한이 도래함을 안 때로부터 지체책임이 있다.

40 **신축 중인 상가를 乙에게 분양한 甲이 분양대금의 중도금지급기한을 1층 골조공사 완료시로 약정한 경우, 1층 골조공사 완료 후 乙이 그 사실을 안 날의 다음 날부터 중도금지급채무의 지체책임을 진다. ( )** (2021 변리사)

정답 37-1 (○) 37-2 (○) 37-3 (○) 38 (○) 39 (○) 40 (○)

해설 중도금 지급기일을 '1층 골조공사 완료시'로 정한 것은 중도금 지급의무의 이행기를 장래 도래할 시기가 확정되지 아니한 때, 즉 불확정기한으로 이행기를 정한 경우에 해당한다고 할 것이므로, 중도금 지급의무의 이행지체의 책임을 지우기 위해서는 1층 골조공사가 완료된 것만으로는 부족하고 채무자인 원고가 그 완료 사실을 알아야 한다고 할 것이다(대판 2005. 10. 7, 2005다38546).

41 **부당이득반환의무는 이행기한의 정함이 없는 채무이므로 그 채무자는 이행청구를 받은 그 다음 날부터 지체책임을 진다. ( )** (2017 변리사)

해설 부당이득반환의무는 이행기한의 정함이 없는 채무이므로 그 채무자는 이행청구를 받은 때에 비로소 지체책임을 진다(대판 2017. 3. 30, 2016다253297).

42 **불법행위로 인한 손해배상채무는 특별한 사정이 없는 한 채무 성립과 동시에 지연손해금이 발생한다. ( )** (2023 변리사)

해설 불법행위로 인한 손해배상채무에 대하여는 별도의 이행 최고가 없더라도 채무성립과 동시에 지연손해금이 발생하는 것이 원칙이다. 다만 불법행위시와 변론종결시 사이에 장기간의 세월이 경과함으로써 위자료 산정의 기준되는 변론종결시의 국민소득수준이나 통화가치 등의 사정이 불법행위시에 비하여 상당한 정도로 변동한 결과 그에 따라 이를 반영하는 위자료 액수 또한 현저한 증액이 불가피한 경우에는, 예외적으로 불법행위로 인한 위자료 배상채무의 지연손해금은 위자료 산정의 기준시인 사실심 변론종결 당일부터 발생한다고 보아야 한다(대판 2012. 3. 29, 2011다38325).

43-1 **불법행위로 인한 손해배상의 경우 채무자는 불법행위일 다음 날부터 재산상 손해와 위자료를 합산한 금액 전부에 대하여 지체책임이 있다. ( )** (2020 변리사)

43-2 **불법행위에서 위법행위 시점과 손해발생 시점 사이에 시간적 간격이 있는 경우에 불법행위로 인한 손해배상청구권의 지연손해금은 손해발생시점을 기산일로 하여 발생한다. ( )** (2020 변리사)

해설 불법행위로 인한 손해배상채무의 지연손해금의 기산일은 불법행위 성립일임이 원칙이고, 불법행위에 있어 위법행위 시점과 손해발생 시점 사이에 시간적 간격이 있는 경우에는 손해발생 시점이 기산일이 된다고 할 것이다(대판 2012. 2. 23, 2010다97426). ☞ 불법행위로 인한 손해배상채무의 이행지체시점은 다음 날부터가 아님을 주의할 것이다.

44 **신원보증인의 채무는 피보증인의 불법행위로 인한 손해배상채무 그 자체가 아니고 신원보증계약에 기하여 발생한 채무로서 이행기의 정함이 없는 채무이므로 채권자로부터 이행청구를 받지 않으면 지체의 책임이 생기지 않는다. ( )** (2021 변호사)

해설 신원보증인의 채무는 피보증인의 불법행위로 인한 손해배상채무 그 자체가 아니고 신원보증계약에 기하여 발생한 채무로서 이행기의 정함이 없는 채무이므로 채권자로부터 이행청구를 받지 않으면 지체의 책임이 생기지 않는다(대판 2009. 11. 26, 2009다59671).

41 (○) **42** (○) **43-1** (×) **43-2** (○) **44** (○) 《 **정답**

45-1 이행기의 정함이 없는 채권의 양수인이 채무자를 상대로 그 이행을 구하는 소를 제기하고 소송계속 중 채무자에 대한 채권양도 통지가 이루어진 경우에는 특별한 사정이 없는 한 채무자는 채권양도 통지가 도달된 다음 날부터 이행지체의 책임을 진다. ( ) (2018 변호사)

45-2 이행기의 정함이 없는 매매대금채권을 甲으로부터 양수한 丙이 채무자 乙을 상대로 그 이행을 구하는 소를 제기하고 소송 계속 중 甲이 乙에 대해 채권양도통지를 한 경우, 특별한 사정이 없는 한 乙은 채권양도통지가 도달된 날의 다음 날부터 이행지체의 책임을 진다. ( ) (2021 변리사, 2021 변호사)

45-3 이행기의 정함이 없는 채권을 양수한 자가 채무자를 상대로 이행의 소를 제기하고 소송계속 중 채무자에 대하여 채권양도통지가 된 경우, 채무자는 원칙적으로 그 통지가 도달된 다음 날부터 이행지체책임을 진다. ( ) (2023 변리사)

> **해설** 채무에 이행기의 정함이 없는 경우에는 채무자가 이행의 청구를 받은 다음 날부터 이행지체의 책임을 지는 것이나, 한편 지명채권이 양도된 경우 채무자에 대한 대항요건이 갖추어질 때까지 채권양수인은 채무자에게 대항할 수 없으므로, 이행기의 정함이 없는 채권을 양수한 채권양수인이 채무자를 상대로 그 이행을 구하는 소를 제기하고 소송 계속 중 채무자에 대한 채권양도통지가 이루어진 경우에는 특별한 사정이 없는 한 채무자는 채권양도통지가 도달된 다음 날부터 이행지체의 책임을 진다(대판 2014. 4. 10, 2012다29557).

46 이미 발생한 이자에 관하여 채무자가 이행을 지체한 경우에는 그 이자에 대한 지연손해금을 청구할 수 있다. ( ) (2016, 2020 변리사)

> **해설** 이미 발생한 이자에 관하여 채무자가 이행을 지체한 경우에는 그 이자에 대한 지연손해금을 청구할 수 있다(대판 1996. 9. 20, 96다25302).

47-1 금전채무의 채무자는 확정된 지연손해금채무에 대하여 채권자로부터 이행청구를 받은 때부터 지체책임을 진다. ( ) (2016 변리사)

47-2 채무자가 금전채무를 이행하지 않아 발생한 확정된 지연손해금에 대하여 채권자가 이행청구를 하는 경우 그 지연손해금에 대하여 다시 지연손해금의 지급을 구할 수는 없다. ( ) (2023 변리사)

> **해설** 금전채무의 지연손해금채무는 금전채무의 이행지체로 인한 손해배상채무로서 이행기의 정함이 없는 채무에 해당하므로, 채무자는 확정된 지연손해금채무에 대하여 채권자로부터 이행청구를 받은 때로부터 지체책임을 부담하게 된다(대판 2004. 7. 9, 2004다11582)

48 이행보증계약에 기한 보증인의 보증금지급의무에 관하여 지급금지가처분결정이 있었다고 하더라도, 이로써 보증인에게 지급거절의 권능이 발생한다고 할 수 없다. ( ) (2017 변리사)

정답 45-1 (○) 45-2 (○) 45-3 (○) 46 (○) 47-1 (○) 47-2 (×) 48 (○)

> **해설** 이행보증계약에 기한 보증인의 보증금지급의무에 관하여 지급금지가처분결정이 있었다고 하더라도 그것으로써 보증인에게 그 지급을 거절할 수 있는 사유, 즉 지급거절의 권능이 발생한다고 할 수 없고, 보증금지급의무가 실제로 발생하여 그 이행기가 도래하면 보증인은 보증채권자에게 이를 이행하여야 하며, 이를 이행하지 아니하는 경우에는 지체책임 발생의 다른 요건이 갖추어지는 한 그 이행의 지체로 인한 손해배상 등 법적 책임을 져야 한다. 다만, 그는 보증금을 채권자의 수령불능을 이유로 변제공탁함으로써 자신의 보증금지급채무로부터 벗어날 수 있고, 그에 따라 위에서 본 바와 같은 지체책임도 면하게 된다(대판 2010. 2. 25, 2009다22778).

49 **채무자의 제3채무자에 대한 채권의 가압류가 있는 경우에는 그 채권의 이행기가 도래하였다고 하더라도 제3채무자는 그 지체책임을 부담하지 않는다. ( )** (2016 변리사)

> **해설** 채권의 가압류는 제3채무자에 대하여 채무자에게 지급하는 것을 금지하는 데 그칠 뿐 채무 그 자체를 면하게 하는 것이 아니고, 가압류가 있다 하여도 그 채권의 이행기가 도래한 때에는 제3채무자는 그 지체책임을 면할 수 없다고 보아야 할 것이다(대판 1994. 12. 13, 93다951).

50 **원인채무의 이행확보를 위해 발행한 어음의 반환과 원인채무의 이행이 동시이행관계에 있는 경우, 원인채무의 이행기가 지났다 하더라도 채무자는 어음을 반환받을 때까지는 이행지체책임을 지지 않는다. ( )** (2016 변리사)

> **해설** 채무자가 어음의 반환이 없음을 이유로 원인채무의 변제를 거절할 수 있는 것은 채무자로 하여금 무조건적인 원인채무의 이행으로 인한 이중지급의 위험을 면하게 하려는 데에 그 목적이 있는 것이지, 기존의 원인채권에 터잡은 이행청구권과 상대방의 어음 반환청구권이 민법 제536조에 정하는 쌍무계약상의 채권채무관계나 그와 유사한 대가관계가 있어서 그러는 것은 아니므로, 원인채무 이행의무와 어음 반환의무가 동시이행의 관계에 있다 하더라도 이는 어음의 반환과 상환으로 하지 아니하면 지급을 할 필요가 없으므로 이를 거절할 수 있다는 것을 의미하는 것에 지나지 아니하는 것이며, 따라서 채무자가 어음의 반환이 없음을 이유로 원인채무의 변제를 거절할 수 있는 권능을 가진다고 하여 채권자가 어음의 반환을 제공하지 아니하면 채무자에게 적법한 이행의 최고를 할 수 없다고 할 수는 없고, 채무자는 원인채무의 이행기를 도과하면 원칙적으로 이행지체의 책임을 진다(대판 1999. 7. 9, 98다47542).

51 **금전채무의 이행지체로 인하여 발생하는 지연이자채권은 「민법」 제163조 제1호가 규정한 '1년 이내의 기간으로 정한 채권'에 해당하여 3년의 단기소멸시효에 걸린다. ( )** (2018 변호사)

> **해설** 금전채무의 이행지체로 인하여 발생하는 지연손해금은 그 성질이 손해배상금이지 이자가 아니며, 민법 제163조 제1호가 규정한 '1년 이내의 기간으로 정한 채권'도 아니므로 3년간의 단기소멸시효의 대상이 되지 아니한다(대판 1998. 11. 10, 98다42141).

52 **기한이익의 상실에 관한 「민법」 제388조는 임의규정이므로 당사자 사이에 위 규정과 다른 내용의 약정이 있는 경우에는 그 약정에 따라 기한이익의 상실 여부를 판단하여야 한다. ( )** (2019 변호사)

49(×) **50**(×) **51**(×) **52**(○) 《 정답

해설 기한의 이익의 상실에 관한 민법 제388조는 임의규정이므로 당사자 사이에 위 규정과 다른 내용의 약정이 있는 경우에는 그 약정에 따라 기한의 이익의 상실 여부를 판단하여야 한다(대판 2001. 10. 12, 99다56192).

53-1 **기한이익 상실의 특약은 특별한 사정이 없는 이상 위 특약에서 정한 사유가 발생한 후 채권자의 통지나 청구 등 채권자의 의사행위를 기다려 비로소 이행기가 도래하는 것으로 하는 형성권적 기한이익 상실의 특약으로 추정된다. ( )** (2018 변호사)

53-2 **일반적으로 기한이익 상실의 특약이 채무자를 위하여 둔 것인 점에 비추어 명백히 형성권적 기한이익 상실의 특약이라고 볼 만한 특별한 사정이 없는 이상 정지조건부 기한이익 상실의 특약으로 추정하는 것이 타당하다. ( )** (2019 변호사)

53-3 **甲은 乙로부터 1억 원을 빌리면서 5회에 걸쳐 매회 2천만 원씩 분할상환하되, 분할변제기한을 1회라도 지체하였을 때는 기한의 이익을 잃는 것으로 특약한 경우, 특별한 사정이 없는 한 甲은 1회 변제기한이라도 지체하면 미상환금액 전부에 대하여 지체책임을 진다. ( )** (2021 변리사)

해설 기한이익 상실의 특약은 그 내용에 의하여 일정한 사유가 발생하면 채권자의 청구 등을 요함이 없이 당연히 기한의 이익이 상실되어 이행기가 도래하는 것으로 하는 정지조건부 기한이익 상실의 특약과 일정한 사유가 발생한 후 채권자의 통지나 청구 등 채권자의 의사행위를 기다려 비로소 이행기가 도래하는 것으로 하는 형성권적 기한이익 상실의 특약의 두 가지로 대별할 수 있고, 기한이익 상실의 특약이 위의 양자 중 어느 것에 해당하느냐는 당사자의 의사해석의 문제이지만 일반적으로 기한이익 상실의 특약이 채권자를 위하여 둔 것인 점에 비추어 명백히 정지조건부 기한이익 상실의 특약이라고 볼 만한 특별한 사정이 없는 이상 형성권적 기한이익 상실의 특약으로 추정하는 것이 타당하다(대판 2002. 9. 4, 2002다28340).

54 **형성권적 기한이익 상실의 특약이 있는 할부채무에 있어서는 1회의 불이행이 있더라도 각 할부금에 대해 그 각 변제기의 도래 시마다 그때부터 순차로 소멸시효가 진행하고, 채권자가 특히 잔존 채무 전액의 변제를 구하는 취지의 의사를 표시한 경우에 한하여 전액에 대하여 그때부터 소멸시효가 진행한다. ( )** (2019 변호사)

해설 형성권적 기한이익 상실의 특약이 있는 경우에는 그 특약은 채권자의 이익을 위한 것으로서 기한이익의 상실 사유가 발생하였다고 하더라도 채권자가 나머지 전액을 일시에 청구할 것인가 또는 종래대로 할부변제를 청구할 것인가를 자유로이 선택할 수 있으므로, 이와 같은 기한이익 상실의 특약이 있는 할부채무에 있어서는 1회의 불이행이 있더라도 각 할부금에 대해 그 각 변제기의 도래시마다 그 때부터 순차로 소멸시효가 진행하고 채권자가 특히 잔존 채무 전액의 변제를 구하는 취지의 의사를 표시한 경우에 한하여 전액에 대하여 그 때부터 소멸시효가 진행한다(대판 2002. 9. 4, 2002다28340).

정답 》 **53-1** (○) **53-2** (×) **53-3** (×) **54** (○)

55-1 계약당사자가 정지조건부 기한이익상실의 특약을 한 경우에는, 그 특약에 정한 기한이익의 상실사유가 발생하면 즉시 이행기가 도래한다. ( ) (2014 변리사)

55-2 정지조건부 기한이익 상실의 특약을 하였을 경우에는, 그 특약이 정한 기한이익 상실의 사유가 발생한 이후 특별한 사정이 없는 한 채무자가 채권자로부터 이행청구를 받은 때로부터 이행지체 상태에 놓이게 된다. ( ) (2019 변호사)

> **해설** 계약당사자 사이에 일정한 사유가 발생하면 채무자는 기한의 이익을 잃고 채권자의 별도의 의사표시가 없더라도 바로 이행기가 도래한 것과 같은 효과를 발생케 하는 이른바 정지조건부 기한이익상실의 특약을 한 경우에는 그 특약에 정한 기한이익의 상실사유가 발생함과 동시에 기한의 이익을 상실케 하는 채권자의 의사표시가 없더라도 이행기도래의 효과가 발생하고, 채무자는 특별한 사정이 없는 한 그때부터 이행지체의 상태에 놓이게 된다(대판 1989. 9. 29, 88다카14663).

56 특정물채권의 채무자는 이행기에 이행하여도 손해를 면할 수 없는 경우가 아닌 한, 이행지체 중에 과실없이 목적물이 멸실되더라도 배상책임을 부담한다. ( ) (2023 변리사)

> **해설** 채무자는 자기에게 과실이 없는 경우에도 그 이행지체 중에 생긴 손해를 배상하여야 한다. 그러나 채무자가 이행기에 이행하여도 손해를 면할 수 없는 경우에는 그러하지 아니하다(민법 제392조).

Ⅳ. 이행불능

57 甲은 그 소유의 X토지를 乙에게 증여하는 계약을 체결한 후 다시 丙에게 노무제공에 대한 보수로 X토지를 양도하는 계약을 체결하였다. 이어서 甲은 乙에게 X토지의 소유권이전등기를 마쳤다. 丙이 甲과 계약할 당시 甲이 乙에게 증여한 사실을 알았다면 甲은 丙에게 손해를 배상할 책임이 없다. ( ) (2014 변리사)

> **해설** 이중계약은 유효함이 원칙이다. 따라서 이행불능이 발생한 채권계약은 채무자(甲)가 이행불능책임을 부담하게 된다. 따라서 丙이 甲과 계약할 당시 甲이 乙에게 증여한 사실을 알았다면 甲은 丙에게 손해를 배상할 책임이 없는 것이 아니라 채무불이행책임을 진다(제390조). 담보책임은 매수인의 선의 또는 악의가 영향을 미치나 채무불이행은 영향을 미치지 않는다는 점을 주의할 것이다.

58 甲은 그 소유의 X토지를 乙에게 매도하는 계약을 체결하고 乙에게 인도하였으나 아직 소유권이전등기를 마치지 않았다. 그 동안 甲의 사망으로 甲의 상속인 丙이 자기 명의로 X토지에 대한 소유권이전등기를 하였다면, 乙의 소유권이전등기청구권은 이행불능이 된다. ( ) (2014 변리사)

> **해설** 포괄승계문제이다. 甲은 그 소유의 X토지를 乙에게 매도하는 계약을 체결하고 乙에게 인도하였으나 아직 소유권이전등기를 마치지 않았다. 그 동안 甲의 사망으로 甲의 상속인 丙이 자기 명의로 X토지에 대한 소유권이전등기를 하였다면, 乙의 소유권이전등기청구권은 이행불능이 되지 않고 상속인에게 등기를 청구하면 된다.

55-1 (○) 55-2 (×) 56 (○) 57 (×) 58 (×) 《 정답

59 **민법상 임대차에서 목적물을 사용·수익하게 할 임대인의 의무는 임대인이 임대차목적물의 소유권을 상실한 것만으로 이행불능이 된다. ( )** (2021 변리사)

> **해설** 계약의 이행불능 여부는 사회통념에 의하여 이를 판정하여야 할 것인바, 임대차계약상의 임대인의 의무는 목적물을 사용수익케 할 의무로서, 목적물에 대한 소유권 있음을 성립요건으로 하고 있지 아니하여 임대인이 소유권을 상실하였다는 이유만으로 그 의무가 불능하게 된 것이라고 단정할 수 없다(대판 1994. 5. 10, 93다37977).

60-1 **甲소유의 X토지를 임차한 乙이 甲으로부터 X토지의 소유권을 취득한 丙의 요구에 따라 丙에게 직접 X토지를 인도한 때에는 甲의 乙에 대한 임대차계약상의 의무는 이행불능이 되지 않는다. ( )** (2014 변리사)

60-2 **임대인에게 임대목적물에 대한 소유권이 없는 경우, 임차인이 진실한 소유자로부터 목적물의 반환청구를 받는 등의 이유로 임차인이 이를 사용·수익할 수가 없게 되면 임대인의 채무는 이행불능이 된다. ( )** (2019 변리사)

> **해설** 임대인이 임대차 목적물에 대한 소유권 기타 이를 임대할 권한이 없다고 하더라도 임대차계약은 유효하게 성립하고, 따라서 임대인은 임차인으로 하여금 그 목적물을 완전하게 사용·수익케 할 의무가 있고 또한 임차인은 이러한 임대인의 의무가 이행불능으로 되지 아니하는 한 그 사용·수익의 대가로 차임을 지급할 의무가 있으며, 그 임대차관계가 종료되면 임차인은 임차목적물을 임대인에게 반환하여야 할 계약상의 의무가 있지만, 임차인이 진실한 소유자로부터 목적물의 반환청구나 임료 내지 그 해당액의 지급요구를 받는 등의 이유로 임대인이 임차인으로 하여금 사용·수익케 할 수가 없게 되었다면 임대인의 채무는 이행불능으로 되고, 임차인은 이행불능으로 인한 임대차의 종료를 이유로 그 때 이후의 임대인의 차임지급 청구를 거절할 수 있다(대판 1996. 9. 6, 94다54641).

61-1 **매매의 대상인 권리가 타인에게 귀속되어 있다는 이유만으로 채무자의 계약에 따른 이행이 불능이라고 할 수는 없다. ( )** (2017 변리사)

61-2 **증여계약의 대상인 권리가 타인에게 귀속되어 있다는 이유만으로 증여자의 계약에 따른 이행이 불능이라고 할 수는 없다. ( )** (2019 변리사)

> **해설** 민법이 타인의 권리의 매매를 인정하고 있는 것처럼 타인의 권리의 증여도 가능하며, 이 경우 채무자는 권리를 취득하여 채권자에게 이전하여야 하고, 이 같은 사정은 계약 당시부터 예정되어 있으므로, 매매나 증여의 대상인 권리가 타인에게 귀속되어 있다는 이유만으로 채무자의 계약에 따른 이행이 불능이라고 할 수는 없다(대판 2016. 5. 12, 2016다200729).

62 **매매목적물인 부동산이 가압류되었다는 사유만으로 매도인의 이행불능을 이유로 매매계약을 해제할 수는 없다. ( )** (2019 변리사)

정답 59 (×) 60-1 (×) 60-2 (○) 61-1 (○) 61-2 (○) 62 (○)

해설 매수인은 매매목적물에 대하여 가압류집행이 되었다고 하여 매매에 따른 소유권이전등기가 불가능한 것도 아니므로, 이러한 경우 매수인으로서는 신의칙 등에 의해 대금지급채무의 이행을 거절할 수 있음은 별론으로 하고, 매매목적물이 가압류되었다는 사유만으로 매도인의 계약 위반을 이유로 매매계약을 해제할 수는 없다(대판 1999. 6. 11, 99다11045).

63 **매매 목적 부동산에 관하여 제3자의 처분금지가처분의 등기가 기입되었다고 하더라도 그 가처분등기로 인하여 바로 계약이 이행불능으로 되는 것은 아니다. ( )** (2020 변호사)

해설 매매의 목적이 된 부동산에 관하여 제3자의 처분금지가처분의 등기가 기입되었다 할지라도, 그 가처분등기로 인하여 바로 계약이 이행불능으로 되는 것은 아니고, 제3자 앞으로 소유권이전등기가 경료되는 등 사회거래의 통념에 비추어 계약의 이행이 극히 곤란한 사정이 발생하는 때에 비로소 이행불능으로 된다(대판 2002. 12. 27, 2000다47361).

64 **부동산의 소유권이전등기의무자가 그 부동산에 제3자 명의로 가등기를 마쳐주면, 부동산의 처분권한 상실로 소유권이전등기의무가 이행불능이 된다. ( )** (2019 변리사)

해설 부동산소유권이전등기 의무자가 그 부동산상에 가등기를 경료한 경우 가등기는 본등기의 순위보전의 효력을 가지는 것에 불과하고 또한 그 소유권이전등기 의무자의 처분권한이 상실되지도 아니하므로 그 가등기만으로는 소유권이전등기의무가 이행불능이 된다고 할 수 없다(대판 1991. 7. 26, 91다8104).

65 **매매목적물에 관하여 매도인의 다른 채권자가 강제경매를 신청하여 그 절차가 진행 중이라는 사유만으로 매도인의 채무가 이행불능이 되는 것은 아니다. ( )** (2015, 2021 변리사)

해설 매매목적물에 관하여 매도인의 다른 채권자가 강제경매를 신청하여 그 절차가 진행 중이라는 사유만으로 아직 확정적으로 제3자가 소유권을 취득한 것은 아니므로 매도인의 채무가 이행불능이 되는 것은 아니다(대판 1987. 9. 8, 87다카655).

66 **甲과 乙사이에 토지 교환계약이 체결된 후 甲이 그 소유 교환목적 토지에 대하여 친구 丙과의 명의신탁약정에 따라 丙에게 소유권이전등기를 해 준 경우, 특별한 사정이 없는 한 甲의 소유권이전등기의무가 이행불능이 되는 것은 아니다. ( )** (2015 변리사)

해설 갑과 을 사이의 토지교환계약 후 갑 소유의 교환목적토지에 관하여 병 명의로 소유권이전등기가 경료되었다고 하더라도 갑과 병 사이에 명의신탁관계가 성립된 것으로서 갑이 병으로부터 그 소유권을 회복하여 을에게 소유권이전등기절차를 이행할 수 있는 특별한 사정이 있다면 그 교환목적토지의 소유권이전등기절차이행은 아직 이행불능이 확정되었다고 볼 수 없다(대판 1989. 9. 12, 88다카33176).

63 (○) 64 (×) 65 (○) 66 (○) 《 정답

67-1 甲이 자신의 토지를 乙에게 매도한 후 그 토지를 丙에게 채무담보를 위하여 소유권이전등기를 해 준 경우, 甲이 채무를 변제할 자력이 없으면 甲의 乙에 대한 소유권이전등기의무는 특별한 사정이 없는 한 이행불능이 된다. ( ) (2015 변리사)

67-2 부동산소유권이전등기의무자가 그 부동산에 관하여 가등기를 경료한 경우 그 가등기만으로는 소유권이전등기의무가 이행불능이 된다고 할 수 없으나, 제3자 앞으로 채무담보를 위하여 소유권이전등기를 경료한 경우 그 의무자가 위 채무를 변제할 자력이 없는 때에는 특단의 사정이 없는 한 그 소유권이전등기의무는 이행불능이 된다. ( ) (2020 변호사)

> **해설** [1] 부동산소유권이전등기 의무자가 그 부동산상에 가등기를 경료한 경우 가등기는 본등기의 순위보전의 효력을 가지는 것에 불과하고 또한 그 소유권이전등기 의무자의 처분권한이 상실되지도 아니하므로 그 가등기만으로는 소유권이전등기의무가 이행불능이 된다고 할 수 없다. [2] 부동산소유권이전등기 의무자가 그 부동산에 관하여 제3자 앞으로 비록 채무담보를 위하여 소유권이전등기를 경료하였다고 할지라도 그 의무자가 채무를 변제할 자력이 없는 경우에는 특단의 사정이 없는 한 그 소유권이전등기의무는 이행불능이 된다(대판 1991. 7. 26, 91다8104).

68 쌍무계약에서 당사자 일방이 부담하는 채무의 일부만이 채무자의 책임 있는 사유로 이행할 수 없게 된 경우, 이행가능한 나머지 부분만의 이행으로 계약목적을 달성할 수 없다면 채무의 이행은 전부가 불능이라고 보아야 한다. ( ) (2021 변리사)

> **해설** 쌍무계약에 있어 당사자 일방이 부담하는 채무의 일부만이 채무자의 책임 있는 사유로 이행할 수 없게 된 때에는, 그 이행이 불가능한 부분을 제외한 나머지 부분만의 이행으로는 계약의 목적을 달성할 수 없다면 채무의 이행은 전부가 불능이라고 보아야 할 것이므로, 채권자로서는 채무자에 대하여 계약 전부를 해제하거나 또는 채무 전부의 이행에 갈음하는 전보배상을 청구할 수 있을 뿐이지 이행이 가능한 부분만의 급부를 청구할 수는 없다(대판 1995. 7. 25, 95다5929).

69-1 쌍무계약의 당사자 일방이 대상청구권을 행사하는 경우 상대방에 대하여 반대급부를 이행할 의무가 있다. ( ) (2020 변리사)

69-2 쌍무계약에서 당사자 일방의 급부뿐만 아니라 상대방의 반대급부도 전부 이행불능이 된 경우, 특별한 사정이 없는 한 당사자 일방은 상대방에게 대상청구를 할 수 없다. ( ) (2021 변리사)

69-3 甲소유의 X토지와 乙소유의 Y토지를 교환하는 계약이 체결된 후 「공익사업을 위한 토지 등의 취득 및 보상에 관한 법률」에 의해 X토지는 1억 2천만원에, Y토지는 1억원에 각각 수용되어 甲과 乙이 모두 계약을 이행할 수 없게 된 때에는, 특별한 사정이 없으면 乙은 甲에게 대상청구권을 행사할 수 없다. ( ) (2014 변리사)

69-4 대상청구권을 행사하려는 일방당사자가 부담하는 급부도 전부불능이 된 경우, 대상청구권의 행사는 허용되지 않는다. ( ) (2023 변리사)

정답 67-1 (○) 67-2 (○) 68 (○) 69-1 (○) 69-2 (○) 69-3 (○) 69-4 (○)

해설 쌍무계약의 당사자 일방이 상대방의 급부가 이행불능이 된 사정의 결과로 상대방이 취득한 대상에 대하여 급부청구권을 행사할 수 있다고 하더라도, 그 당사자 일방이 대상청구권을 행사하려면 상대방에 대하여 반대급부를 이행할 의무가 있는바, 이 경우 당사자 일방의 반대급부도 그 전부가 이행불능이 되거나 그 일부가 이행불능이 되고 나머지 잔부의 이행만으로는 상대방의 계약목적을 달성할 수 없는 등 상대방에게 아무런 이익이 되지 않는다고 인정되는 때에는, 상대방이 당사자 일방의 대상청구를 거부하는 것이 신의칙에 반한다고 볼 만한 특별한 사정이 없는 한, 당사자 일방은 상대방에 대하여 대상청구권을 행사할 수 없다(대판 1996. 6. 25, 95다6601).

70 **부동산 점유취득시효 완성을 원인으로 한 등기청구권이 이행불능으로 되었다고 하여 대상청구권을 행사하기 위해서는, 그 이행불능 전에 등기명의자에 대하여 점유취득시효 완성을 이유로 그 권리를 주장하였거나 점유취득시효 완성을 원인으로 한 등기청구권을 행사하였어야 한다. ( )** (2020 변리사)

해설 점유로 인한 부동산 소유권 취득기간 만료를 원인으로 한 등기청구권이 이행불능으로 되었다고 하여 대상청구권을 행사하기 위하여는, 그 이행불능 전에 등기명의자에 대하여 점유로 인한 부동산 소유권 취득기간이 만료되었음을 이유로 그 권리를 주장하였거나 그 취득기간 만료를 원인으로 한 등기청구권을 행사하였어야 하고, 그 이행불능 전에 그와 같은 권리의 주장이나 행사에 이르지 않았다면 대상청구권을 행사할 수 없다고 봄이 공평의 관념에 부합한다(대판 1996. 12. 10, 94다43825).

71-1 **매매 목적물인 부동산이 수용되어 그 소유권이전등기의무가 이행불능이 된 경우, 등기청구권자는 등기의무자에게 대상청구권의 행사로써 등기의무자가 지급받은 수용보상금의 반환을 구하거나 또는 등기의무자가 취득한 수용보상금청구권의 양도를 구할 수 있다. ( )** (2020 변리사)

71-2 **甲이 자신의 토지를 乙에게 매도하는 계약을 체결한 후 그 토지가 수용된 경우, 乙이 대상청구권을 행사하면 甲의 수용보상금청구권 자체가 乙에게 귀속한다. ( )** (2015 변리사)

해설 소유권이전등기의무의 목적 부동산이 수용되어 그 소유권이전등기의무가 이행불능이 된 경우, 등기청구권자는 등기의무자에게 대상청구권의 행사로써 등기의무자가 지급받은 수용보상금의 반환을 구하거나 또는 등기의무자가 취득한 수용보상금청구권의 양도를 구할 수 있을 뿐 그 수용보상금청구권 자체가 등기청구권자에게 귀속되는 것은 아니다(대판 1996. 10. 29, 95다56910).

72 **乙명의의 X토지에 대하여 甲의 취득시효가 완성된 후 X토지가 수용되어 乙의 소유권이전등기의무가 이행불능이 된 경우, 甲은 직접 乙을 상대로 하여 공탁된 토지수용보상금의 수령권자가 자신이라는 확인을 구할 수 있다. ( )** (2014 변리사)

70 (○) 71-1 (○) 71-2 (×) 72 (×) **정답**

해설 수용 토지를 시효취득하였다고 하더라도 취득시효 기간 완성 당시의 소유권자는 그 토지의 소유자이고 시효취득자는 토지 소유자에 대하여 채권적 효력을 가진 소유권이전등기 청구권을 취득하게 될 뿐이므로, 그 이후 취득시효가 완성된 토지가 수용됨으로써 그 소유권이전등기 의무가 이행불능이 된 경우에는 시효취득자로서는 이른바 대상청구권의 행사로서 토지 소유자에 대하여 그가 토지수용의 대가로 취득한 토지수용 보상금의 공탁금출급 청구권의 양도를 청구할 수는 있으나, 토지 소유자를 상대로 공탁된 토지수용 보상금의 수령권자가 시효취득자라는 확인을 구할 수는 없다(대판 1995. 12. 5, 95다4209).

73 **대상청구의 대상이 되는 보상금을 채권자가 직접 자신의 명의로 지급받았다면 채무자에 대한 관계에서 바로 부당이득이 된다. ( )** (2020 변리사)

해설 채무자가 수령하게 되는 보상금이나 그 청구권에 대하여 채권자가 대상청구권을 가지는 경우에도 채권자는 채무자에 대하여 그가 지급받은 보상금의 반환을 청구하거나 채무자로부터 보상청구권을 양도받아 보상금을 지급받아야 할 것이나, 어떤 사유로 채권자가 직접 자신의 명의로 대상청구의 대상이 되는 보상금을 지급받았다고 하더라도 이로써 채무자에 대한 관계에서 바로 부당이득이 되는 것은 아니라고 보아야 할 것이다(대판 2002. 2. 8, 99다23901).

74-1 **매매목적물이 화재로 인하여 소실됨으로써 매도인의 매매목적물에 대한 인도의무가 이행불능이 되었다면 매수인은 화재사고로 인해 매도인이 지급받게 되는 화재보험금에 대하여 대상청구권을 행사할 수 있고, 이때 매수인이 화재보험금에 대하여 행사할 대상청구권의 범위는 실제 지급하거나 지급하기로 약정한 매매대금 상당액의 한도로 제한된다. ( )**

(2020 변호사)

74-2 **매매목적물의 인도전 화재로 매도인이 수령할 화재보험금에 대하여 매수인이 대상청구권을 행사할 수 있는 경우, 그 범위는 매매대금의 범위내로 제한되지 않는다. ( )** (2023 변리사)

해설 [1] 매매의 목적물이 화재로 소실됨으로써 채무자인 매도인의 매매목적물에 대한 인도의무가 이행불능이 되었다면, 채권자인 매수인은 화재사고로 매도인이 지급받게 되는 화재보험금, 화재공제금에 대하여 대상청구권을 행사할 수 있다. [2] 손해보험은 본래 보험사고로 인하여 생길 피보험자의 재산상 손해의 보상을 목적으로 하는 것으로(상법 제665조), 보험자가 보상할 손해액은 당사자 간에 다른 약정이 없는 이상 손해가 발생한 때와 곳의 가액에 의하여 산정하고(상법 제676조 제1항), 이 점은 손해공제의 경우도 마찬가지이므로, 매매의 목적물이 화재로 소실됨으로써 매도인이 지급받게 되는 화재보험금, 화재공제금에 대하여 매수인의 대상청구권이 인정되는 이상, 매수인은 특별한 사정이 없는 한 목적물에 대하여 지급되는 화재보험금, 화재공제금 전부에 대하여 대상청구권을 행사할 수 있고, 인도의무의 이행불능 당시 매수인이 지급하였거나 지급하기로 약정한 매매대금 상당액의 한도 내로 범위가 제한된다고 할 수 없다(대판 2016. 10. 27, 2013다7769).

정답 73 (×) 74-1 (×) 74-2 (○)

75 **매매 목적물의 이중매매로 인하여 매도인의 소유권이전등기의무가 이행불능된 경우, 매수인에게 인정되는 대상청구권은 특별한 사정이 없는 한 매도인의 소유권이전등기의무가 이행불능되었을 때부터 소멸시효가 진행하는 것이 원칙이다. ( )** (2020 변리사)

해설 매매 목적물의 수용 또는 국유화로 인하여 매도인의 소유권이전등기의무가 이행불능된 경우 매수인에게 인정되는 대상청구권에 대하여는 특별한 사정이 없는 한 매수인이 그 대상청구권을 행사할 수 있는 시점인 매도인의 소유권이전등기의무가 이행불능되었을 때부터 소멸시효가 진행하는 것이 원칙이다. 그리고 이러한 대상청구권의 소멸시효 기산점에 관한 법리는 매매 목적물의 이중매매로 인하여 매도인의 소유권이전등기의무가 이행불능된 경우와 같이 그 대상청구권이 채무자의 귀책사유로 발생한 때에도 마찬가지로 적용된다(대판 2018. 11. 15, 2018다248244).

76 **甲은 자신의 X토지를 乙에게 1억 원에 매도하는 계약을 체결하였다. 乙은 계약금과 중도금으로 6천만 원을 甲에게 지급하였다. 그 후 X토지의 가격이 폭등하자 甲은 X토지를 丙에게 1억 5천만 원에 매도하고 丙 명의로 소유권이전등기를 마쳐 주었다. 이에 관한 설명으로 옳은 것을 모두 고른 것은? (각 지문은 독립적이며, 다툼이 있으면 판례에 따름)** (2022 변리사)

ㄱ. 甲과 乙의 매매계약은 특별한 사정이 없는 한 甲이 丙과 매매계약을 맺은 때에 이행불능이 된다. ㄴ. 특별한 사정이 없는 한 乙은 甲을 상대로 X토지의 인도 및 소유권이전등기의 청구를 할 수 없다. ㄷ. 만일 甲이 乙의 잔금미지급을 이유로 계약을 적법하게 해제할 수 있었으나 해제하지 않은 상태에서 甲이 丙에게 X토지를 매도하고 소유권이전등기를 마쳐준 경우라면, 특별한 사정이 없는 한 甲은 乙에게 이행불능에 따른 책임을 부담하지 않는다. ㄹ. 만일 甲이 丙에게 X토지의 소유권이전등기가 아니라 소유권이전등기청구권 보전을 위한 가등기만을 마쳐준 경우라면, 특별한 사정이 없는 한 甲은 乙에게 이행불능에 따른 책임을 부담하지 않는다.

① ㄴ ② ㄱ, ㄷ ③ ㄴ, ㄹ ④ ㄱ, ㄷ, ㄹ ⑤ ㄴ, ㄷ, ㄹ

해설 ㄱ. (×), ㄴ. (○) : (ⅰ) 매매목적물에 관하여 이중으로 제3자와 매매계약을 체결하였다는 사실만 가지고는 매매계약이 법률상 이행불능이라고 할 수 없다(대판 1996. 7. 26, 96다14616). (ⅱ) 부동산 매매에 있어서 매도인이 목적물을 타인에게 이미 매도하여 그 타인에게 소유권이전등기를 하여줄 의무가 있음에도 불구하고 제3자에게 다시 양도하여 소유권이전등기를 경유한 때에는 특별한 사정이 없는 한 매도인이 그 타인에게 부담하고 있는 소유권이전등기의무는 이행불능의 상태에 있다고 봄이 상당하다(대판 1983. 3. 22, 80다1416). ㄷ. (×) : 원고가 중도금 및 잔대금의 지급을 지체하였다고 하여도 피고가 이를 이유로 계약을 적법하게 해제하지 않은 채 매매목적물을 타에 처분한 것이라면 그 이행불능에 대한 책임은 피고에게 있다(대판 1980. 3. 11, 79다1948). ㄹ. (○) : 부동산소유권이전등기 의무자가 그 부동산상에 가등기를 경료한 경우 가등기는 본등기의 순위보전의 효력을 가지는 것에 불과하고 또한 그 소유권이전등기 의무자의 처분권한이 상실되지도 아니하므로 그 가등기만으로는 소유권이전등기의무가 이행불능이 된다고 할 수 없다(대판 1991. 7. 26, 91다8104).

75 (○) 76 ③ 《 정답

Ⅴ. 불완전이행

Ⅵ. 채무불이행의 유형으로서의 이행거절

77 **이행거절이라는 채무불이행이 인정되기 위해서는 채무를 이행하지 아니할 채무자의 명백한 의사표시가 위법한 것으로 평가되어야 한다. ( )** (2016, 2020 변리사)

> **해설** 채무자가 채무를 이행하지 아니할 의사를 명백히 표시한 경우에 채권자는 신의성실의 원칙상 이행기 전이라도 이행의 최고 없이 채무자의 이행거절을 이유로 계약을 해제하거나 채무자를 상대로 손해배상을 청구할 수 있지만, 이러한 이행거절이라는 채무불이행이 인정되기 위해서는 채무를 이행하지 아니할 채무자의 명백한 의사표시가 위법한 것으로 평가되어야 한다(대판 2015. 2. 12, 2014다227225).

78-1 **이행거절을 이유로 계약을 해제하기 위해서는 채권자는 채무자에게 채무이행을 최고하여야 한다. ( )** (2020 변리사)

78-2 **채무자가 계약을 이행하지 않을 의사를 명백히 표시하였는지 여부는 계약 이행에 관한 당사자의 행동과 계약 전·후의 구체적인 사정 등을 종합적으로 고려하여 판단하여야 한다. ( )** (2020 변리사)

> **해설** 채무자가 채무를 이행하지 아니할 의사를 명백히 표시한 경우에 채권자는 신의성실의 원칙상 이행기 전이라도 이행의 최고 없이 채무자의 이행거절을 이유로 계약을 해제하거나 채무자를 상대로 손해배상을 청구할 수 있고, 채무자가 채무를 이행하지 아니할 의사를 명백히 표시하였는지 여부는 채무 이행에 관한 당사자의 행동과 계약 전후의 구체적인 사정 등을 종합적으로 살펴서 판단하여야 한다(대판 2007. 9. 20, 2005다63337).

79-1 **쌍무계약에서 당사자 일방이 자기의 채무를 아직 다 이행하지 아니하였으면서도 이미 다 이행하였다고 주장하면서 상대방 채무의 이행을 구하는 제소까지 하였다면, 특별한 사정이 없는 한 미리 자기의 채무를 이행하지 아니할 의사를 표명한 것으로 볼 수 있다. ( )** (2020 변리사)

79-2 **이행거절을 이유로 채권자가 해제권을 행사하는 경우 그 이행거절 의사를 표명했는지 여부에 대한 판단시기는 계약해제시이다. ( )** (2020 변리사)

> **해설** 쌍무계약에서 당사자 일방이 미리 이행을 하지 아니할 의사를 표시하거나 상대방이 이행을 제공하더라도 자기의 채무를 이행하지 아니할 것이 객관적으로 명백한 경우에는 상대방은 이를 이유로 계약을 해제할 수 있다고 할 것인바, 당사자 일방이 자기의 채무를 아직 다 이행하지 아니하였으면서도 이미 다 이행하였다고 주장하면서 상대방 채무의 이행을 구하는 제소까지 하였다면 그것이 계산상의 착오 때문이라는 등 특별한 사정이 없는 한 미리 자기의 채무를 이행하지 아니할 의사를 표명한 것으로 볼 것이고, 따라서 상대방은 계약을 해제할 수 있다. 그리고 당사자 일방이 위와 같은 의사를 표명한 것으로 볼 것인지 여부는 계약해제시를 기준으로 하여 판단하여야 한다(대판 2014. 10. 6, 2014다210531).

정답 》 **77** (○) **78-1** (×) **78-2** (○) **79-1** (○) **79-2** (○)

Ⅶ. 강제이행

Ⅷ. 손해배상 일반

80 **부동산의 등기청구권을 보전하기 위한 처분금지가처분이 부당하게 집행되어 위 가처분의 존재로 인하여 소유자가 부동산의 처분기회를 상실하였거나 그 대가를 제때 지급받지 못하는 불이익을 입었다고 하더라도, 그것이 당해 부동산을 보유하면서 얻는 점용이익을 초과하지 않는 한 손해가 발생하였다고 보기 어렵다. ( )** (2022 변호사)

> **해설** 부동산의 등기청구권을 보전하기 위한 처분금지가처분이 부당하게 집행되었다면, 이러한 처분금지가처분은 처분금지에 관하여 상대적 효력을 가지는 것으로서 그 집행 후에도 채무자는 당해 부동산에 대한 사용·수익을 계속하면서 여전히 이를 처분할 수 있으므로, 비록 위 가처분의 존재로 인하여 처분기회를 상실하였거나 그 대가를 제때 지급받지 못하는 불이익을 입었다고 하더라도 그것이 당해 부동산을 보유하면서 얻는 점용이익을 초과하지 않는 한 손해가 발생하였다고 보기 어렵고, 설사 점용이익을 초과하는 불이익을 입어 손해가 발생하였다고 하더라도 그 손해는 특별한 사정에 의하여 발생한 손해로서 가처분채권자가 그 사정을 알았거나 알 수 있었을 때에 한하여 배상책임을 진다(대판 1998. 9. 22, 98다21366).

81 **채무자가 이행거절의 의사를 명백히 표시하여 채권자가 최고 없이 이행에 갈음하는 손해배상을 청구할 수 있는 경우, 그 손해액의 산정은 청구 당시의 급부목적물의 시가를 표준으로 해야 한다. ( )** (2017 변호사)

> **해설** 채무자의 이행거절로 인한 채무불이행에서의 손해액 산정은, 채무자가 이행거절의 의사를 명백히 표시하여 최고 없이 계약의 해제나 손해배상을 청구할 수 있는 경우에는 이행거절 당시의 급부목적물의 시가를 표준으로 해야 한다(대판 2007. 9. 20, 2005다63337).

82 **재산상 손해의 발생이 인정되는데도 입증곤란 등의 이유로 그 손해액의 확정이 불가능하여 그 배상을 받을 수 없다는 사정은 위자료의 증액사유로 참작할 수 있다. ( )** (2016 변리사)

> **해설** 재산상 손해의 발생이 인정되는데도 증명 곤란 등의 이유로 손해액의 확정이 불가능하여 배상을 받을 수 없는 경우에 이러한 사정을 위자료의 증액사유로 참작할 수 있다(대판 2018. 4. 12, 2017다229536).
>
> [비교판례] 위자료는 불법행위에 따른 피해자의 정신적 고통을 위자하는 금액에 한정되어야 하므로 발생한 재산상 손해의 확정이 가능한 경우에 위자료의 명목 아래 재산상 손해의 전보를 꾀하는 일은 허용될 수 없고, 재산상 손해의 발생에 대한 증명이 부족한 경우에는 더욱 그러하다(대판 2014. 1. 16, 2011다108057).

83 **동시이행의 관계에 있는 쌍방의 채무 중 어느 한 채무가 이행불능이 됨으로 인하여 발생한 손해배상채무도 여전히 다른 채무와 동시이행의 관계에 있다. ( )** (2015 변리사)

80 (○) 81 (×) 82 (○) 83 (○) 《 정답

> 해설 동시이행의 관계에 있는 쌍방의 채무 중 어느 한 채무가 이행불능이 됨으로 인하여 발생한 손해배상채무도 종전의 채무와 동일성이 있기 때문에 여전히 다른 채무와 동시이행의 관계에 있다(대판 2000. 2. 25, 97다30066).

84 채무불이행에 있어 특별한 사정으로 인한 손해는 당사자들의 개별적, 구체적 사정에 따른 손해를 말한다. ( ) (2023 변호사)

> 해설 민법 제393조 제1항은 "채무불이행으로 인한 손해배상은 통상의 손해를 그 한도로 한다."라고 규정하고 있고, 제2항은 "특별한 사정으로 인한 손해는 채무자가 이를 알았거나 알 수 있었을 때에 한하여 배상의 책임이 있다."라고 규정하고 있다. 제1항의 통상손해는 특별한 사정이 없는 한 그 종류의 채무불이행이 있으면 사회일반의 거래관념 또는 사회일반의 경험칙에 비추어 통상 발생하는 것으로 생각되는 범위의 손해를 말하고, <u>제2항의 특별한 사정으로 인한 손해는 당사자들의 개별적, 구체적 사정에 따른 손해를 말한다</u>(대판 2019. 4. 3, 2018다286550).

85 수급인이 제공한 하자 있는 목적물을 도급인이 사용함에 따라 발생하는 도급인의 정신적 고통으로 인한 손해는 수급인이 그러한 사정을 알았을 경우 특별손해로서 도급인이 배상받을 수 있다. ( ) (2023 변호사)

> 해설 건물신축도급계약에 있어서 수급인이 신축한 건물의 하자가 중요하지 아니하면서 동시에 그 보수에 과다한 비용을 요하는 경우에는 도급인은 하자보수나 하자보수에 갈음하는 손해배상을 청구할 수 없고 그 하자로 인하여 입은 손해의 배상만을 청구할 수 있다 할 것인데, 이러한 경우 그 하자로 인하여 입은 통상의 손해는 특별한 사정이 없는 한 도급인이 하자 없이 시공하였을 경우의 목적물의 교환가치와 하자가 있는 현재의 상태대로의 교환가치와의 차액이 되고, <u>그 하자 있는 목적물을 사용함으로 인하여 발생하는 정신적 고통으로 인한 손해는 수급인이 그러한 사정을 알았거나 알 수 있었을 경우에 한하여 특별손해로서 배상받을 수 있다</u>(대판 1997. 2. 25, 96다45436).

86 이행불능 후에 가격이 등귀하였다고 하여도 매도인이 이행불능 당시 이를 알았거나 알 수 있었던 경우에만 등귀한 가격에 의한 손해배상을 청구할 수 있다. ( ) (2016 변리사)

> 해설 이행불능 후에 가격이 등귀된 가격은 <u>특별사정에 의한 손해</u>로 매수인은 매도인에게 이행불능 당시 이를 알았거나 알 수 있었던 경우에만 등귀한 가격에 의한 손해배상을 청구할 수 있다(대판 1990. 12. 7, 90다5672).

87 불법행위의 직접적 대상에 대한 손해가 아닌 간접적 손해는 가해자가 그 사정을 알았거나 알 수 있었을 것이라고 인정되는 경우에만 배상책임이 있다. ( ) (2016 변리사)

> 해설 불법행위의 직접적 대상에 대한 손해가 아닌 간접적 손해는 특별한 사정으로 인한 손해로서 가해자가 그 사정을 알았거나 알 수 있었을 것이라고 인정되는 경우에만 배상책임이 있다(대판 2006. 3. 10, 2005다31361).

정답 》 84 (○) 85 (○) 86 (○) 87 (○)

88 **매도인이 매수인으로부터 부동산 매매대금을 약정기일에 지급받지 못한 결과 제3자로부터 이와 유사한 부동산을 매수하고 그 잔대금을 지급하지 못하여 계약금이 몰수되는 손해를 입었다면, 이는 특별한 사정으로 인한 손해에 해당한다. ( )** (2019 변리사)

> **해설** 매도인이 매수인으로부터 매매대금을 약정된 기일에 지급받지 못한 결과 제3자로부터 부동산을 매수하고 그 잔대금을 지급하지 못하여 그 계약금을 몰수당함으로써 손해를 입었다고 하더라도 이는 특별한 사정으로 인한 손해이므로 매수인이 이를 알았거나 알 수 있었던 경우에만 그 손해를 배상할 책임이 있다(대판 1991. 10. 11, 91다25369).

89 **특별손해의 배상에서 채무자가 그 사정을 알았거나 알 수 있었는지의 여부는 채무의 이행기가 아니라 계약체결 당시를 기준으로 판단하여야 한다. ( )** (2019 변리사)

> **해설** 민법 제393조 제2항 소정의 특별사정으로 인한 손해배상에 있어서 채무자가 그 사정을 알았거나 알 수 있었는지의 여부를 가리는 시기는 계약체결당시가 아니라 채무의 이행기까지를 기준으로 판단하여야 한다(대판 1985. 9. 10, 84다카1532).

90 **특별손해는 채무자가 특별한 사정을 알았거나 알 수 있었을 경우에 한하여 배상할 책임이 인정되는데, 특별한 사정에 대한 채무자의 예견가능성에 대한 증명책임은 채권자가 부담한다. ( )** (2017 변호사)

> **해설** [민법 제393조 제2항] 특별한 사정으로 인한 손해는 채무자가 그 사정을 알았거나 알 수 있었을 때에 한하여 배상의 책임이 있다. ☞ 특별사정의 존재 및 채무자의 예견가능성은 채권자가 입증책임을 진다는 것이 통설이다.

91 **손해배상 방법으로서 금전배상의 경우, 금전은 우리나라 통화를 의미하지만, 당사자의 약정이 있으면 외국통화로 배상할 수 있다. ( )** (2019 변리사)

> **해설** 채무불이행으로 인한 손해배상을 규정하고 있는 민법 제394조는 다른 의사표시가 없는 한 손해는 금전으로 배상하여야 한다고 규정하고 있는바, 위 법조 소정의 금전이라 함은 우리 나라의 통화를 가리키는 것이어서 채무불이행으로 인한 손해배상을 구하는 채권은 당사자가 외국통화로 지급하기로 약정하였다는 등의 특별한 사정이 없는 한 채권액이 외국통화로 지정된 외화채권이라고 할 수 없다(대판 1997. 5. 9, 96다48688).

92 **채권자가 그 채권의 목적인 물건 또는 권리의 가액전부를 손해배상으로 받은 때에는 채무자는 그 물건 또는 권리에 관하여 당연히 채권자를 대위한다. ( )** (2017 변리사)

> **해설** 민법 제399조(손해배상자의 대위)

88 (○) 89 (×) 90 (○) 91 (○) 92 (○) 《 정답

Ⅸ. 과실상계

93 **가해행위와 피해자측의 요인이 경합하여 손해가 발생하거나 확대된 경우에는 피해자측의 요인이 체질적인 소인 또는 질병의 위험도와 같이 피해자측의 귀책사유와 무관한 것이라고 할지라도, 그 질환의 태양·정도 등에 비추어 가해자에게 손해의 전부를 배상하게 하는 것이 공평의 이념에 반하는 경우에는, 법원은 손해배상액을 정하면서 과실상계의 법리를 유추적용하여 그 손해의 발생 또는 확대에 기여한 피해자측의 요인을 참작할 수 있다. ( )**

(2020 변호사)

> **해설** 가해행위와 피해자 측의 요인이 경합하여 손해가 발생하거나 확대된 경우에는 피해자 측의 요인이 체질적인 소인 또는 질병의 위험도와 같이 피해자 측의 귀책사유와 무관한 것이라고 할지라도, 그 질환의 태양·정도 등에 비추어 가해자에게 손해의 전부를 배상하게 하는 것이 공평의 이념에 반하는 경우에는, 법원은 손해배상액을 정하면서 과실상계의 법리를 유추적용하여 손해의 발생 또는 확대에 기여한 피해자 측의 요인을 참작할 수 있다(대판 2014. 7. 10, 2014다16968).

94 **교통사고로 인한 피해자의 후유증이 사고와 피해자의 기왕증이 경합하여 나타난 것이라면 사고가 후유증이라는 결과 발생에 기여하였다고 인정되는 정도에 따라 상응한 배상액을 부담하게 하는 것이 손해의 공평한 부담이라는 견지에서 타당하다. ( )** (2020 변호사)

> **해설** 사고로 인한 피해자의 후유증이 사고와 피해자의 기왕증이 경합하여 나타난 것이라면, 사고가 후유증이라는 결과 발생에 대하여 기여하였다고 인정되는 정도에 따라 상응한 배상액을 부담케 하는 것이 손해의 공평한 부담이라는 견지에서 타당하다(대판 2002. 4. 26, 2000다16237).

95 **예금주가 인장관리를 다소 소홀히 하였거나 입·출금 내역을 조회하여 보지 않음으로써 금융기관 직원의 불법행위가 용이하게 된 사정이 있다고 할지라도, 정기예탁금 계약에 기하여 정기예탁금 반환을 청구하는 경우에는 그러한 사정을 들어 과실상계할 수 없다. ( )**

(2020 변호사)

> **해설** 과실상계는 원칙적으로 채무불이행 내지 불법행위로 인한 손해배상책임에 대하여 인정되는 것이지 채무내용에 따른 본래 급부의 이행을 구하는 경우에 적용될 것은 아니므로, 예금주가 인장관리를 다소 소홀히 하였거나 입·출금 내역을 조회하여 보지 않음으로써 금융기관 직원의 불법행위가 용이하게 된 사정이 있다고 할지라도 정기예탁금 계약에 기한 정기예탁금 반환청구사건에 있어서는 그러한 사정을 들어 금융기관의 채무액을 감경하거나 과실상계할 수 없다(대판 2001. 2. 9, 99다48801).

96-1 **과실상계는 매매계약이 해제되어 원상회복의무의 이행으로서 이미 지급한 매매대금 기타 급부의 반환을 구하는 경우에는 적용되지 않는다. ( )** (2017 변리사)

정답 93 (○) 94 (○) 95 (○) 96-1 (○)

96-2 채무불이행으로 인한 손해배상책임과 달리 매매계약의 해제로 인한 원상회복의무의 이행으로서 이미 지급한 매매대금 기타 급부의 반환을 구하는 경우에는 과실상계의 법리가 적용되지 않는다. ( ) (2019 변리사)

96-3 해제자가 계약 해제의 원인이 된 채무불이행에 관하여 그 원인의 일부를 제공하였다면, 신의칙 또는 공평의 원칙에 기하여 일반적으로 손해배상에 있어서의 과실상계에 준하여 계약의 해제로 인한 원상회복청구권의 내용이 제한될 수 있다. ( ) (2020 변호사)

> **해설** (i) 과실상계는 본래 채무불이행 또는 불법행위로 인한 손해배상책임에 대하여 인정되는 것이고, 매매계약이 해제되어 소급적으로 효력을 잃은 결과 매매당사자에게 당해 계약에 기한 급부가 없었던 것과 동일한 재산상태를 회복시키기 위한 원상회복의무의 이행으로서 이미 지급한 매매대금 기타의 급부의 반환을 구하는 경우에는 적용되지 아니한다. (ii) 계약의 해제로 인한 원상회복청구권에 대하여 해제자가 해제의 원인이 된 채무불이행에 관하여 '원인'의 일부를 제공하였다는 등의 사유를 내세워 신의칙 또는 공평의 원칙에 기하여 일반적으로 손해배상에 있어서의 과실상계에 준하여 권리의 내용이 제한될 수 있다고 하는 것은 허용되어서는 아니 된다(대판 2014. 3. 13, 2013다34143).

97-1 표현대리가 성립하면 그 본인은 표현대리행위에 대하여 전적인 책임을 져야 하고 상대방에게 과실이 있다고 하더라도 과실상계의 법리를 유추적용하여 그의 책임을 감경할 수 없다. ( ) (2014 변리사)

97-2 표현대리가 성립하는 경우, 본인은 상대방에 대하여 표현대리행위에 따른 전적인 책임을 져야 하고, 상대방에게 과실이 있다고 하더라도 과실상계의 법리는 유추적용되지 아니한다. ( ) (2018 변호사)

97-3 표현대리행위가 성립하는 경우에 그 본인은 표현대리행위에 의하여 책임을 져야 하지만, 상대방에게 과실이 있는 경우라면 공평의 원칙상 과실상계의 법리를 유추적용하여 본인의 책임을 경감할 수 있다. ( ) (2020 변호사)

> **해설** 표현대리행위가 성립하는 경우에 그 본인은 표현대리행위에 의하여 전적인 책임을 져야 하고, 상대방에게 과실이 있다고 하더라도 과실상계의 법리를 유추적용하여 본인의 책임을 경감할 수 없다(대판 1996. 7. 12, 95다49554).

98 「민법」 제581조, 제580조에 기한 매도인의 하자담보책임은 법이 특별히 인정한 무과실책임으로서 여기에 「민법」 제396조의 과실상계 규정이 준용될 수는 없다 하더라도, 담보책임이 「민법」의 지도이념인 공평의 원칙에 입각한 것인 이상 하자 발생 및 그 확대에 가공한 매수인의 잘못을 참작하여 손해배상의 범위를 정함이 상당하다. ( ) (2020 변호사)

> **해설** 민법 제581조, 제580조에 기한 매도인의 하자담보책임은 법이 특별히 인정한 무과실책임으로서 여기에 민법 제396조의 과실상계 규정이 준용될 수는 없다 하더라도, 담보책임이 민법의 지도이념인 공평의 원칙에 입각한 것인 이상 하자 발생 및 그 확대에 가공한 매수인의 잘못을 참작하여 손해배상의 범위를 정함이 상당하다(대판 1995. 6. 30, 94다23920).

96-2 (○) 96-3 (×) 97-1 (○) 97-2 (○) 97-3 (×) 98 (○) 《 정답

99 **피용자의 고의에 의한 불법행위로 인하여 사용자가 사용자책임을 부담하는 경우, 사용자책임의 범위를 정함에 있어서 피해자의 과실을 고려하여 그 책임을 제한할 수 있다. ( )**

(2017 변리사)

> **해설** 사용자가 피용자의 과실에 의한 불법행위로 인한 사용자책임을 부담하는 경우와 마찬가지로 피용자의 고의에 의한 불법행위로 인하여 사용자책임을 부담하는 경우에도 피해자에게 그 손해의 발생과 확대에 기여한 과실이 있다면 사용자책임의 범위를 정함에 있어서 이러한 피해자의 과실을 고려하여 그 책임을 제한할 수 있다(대판 2002. 12. 26, 2000다56952).

100 **피해자가 입은 손해 중 일부만을 청구하는 경우 법원이 과실상계를 함에 있어서는 손해의 전액에서 과실비율에 의한 감액을 하고 그 잔액이 청구액을 초과하지 않을 경우에는 그 잔액을 인용하고, 잔액이 청구액을 초과할 경우에는 청구의 전액을 인용하여야 한다. ( )**

(2017 변호사)

> **해설** 일개의 손해배상청구권중 일부가 소송상 청구되어 있는 경우에 과실상계를 함에 있어서는 손해의 전액에서 과실비율에 의한 감액을 하고 그 잔액이 청구액을 초과하지 않을 경우에는 그 잔액을 인용할 것이고 잔액이 청구액을 초과할 경우에는 청구의 전액을 인용하는 것으로 풀이하는 것이 일부청구를 하는 당사자의 통상적 의사라고 할 것이다(대판 1976. 6. 22, 75다819).

101 **손해발생으로 인하여 피해자에게 이득이 생겼다면 손해액을 산정할 때 먼저 손익상계를 한 후에 과실상계를 하여야 한다. ( )** (2016 변리사)

> **해설** 손해발생으로 인하여 피해자에게 이득이 생겼다면 손해액을 산정할 때 먼저 과실상계 후 손익상계를 하여야 한다(대판 1996. 1. 23, 95다24340).

102 **손해배상액 산정에서 손익상계가 허용되기 위해서는 피해자의 이득이 배상의무자가 배상하여야 할 손해의 범위에 대응하는 것이어야 한다. ( )** (2016 변리사)

> **해설** 손해배상액 산정에서 손익상계가 허용되기 위해서는 손해배상책임의 원인이 되는 행위로 인하여 피해자가 새로운 이득을 얻었을 뿐만 아니라 그 이득은 배상의무자가 배상하여야 할 손해의 범위에 대응하는 것이어야 한다(대판 2011. 4. 28, 2009다98652).

X. 손해배상액의 예정

103-1 **계약 당시 당사자 사이에 손해배상액을 예정하는 내용의 약정이 있는 경우, 특별한 사정이 없는 한 위 약정은 그 계약과 관련된 불법행위책임에 따른 손해배상까지 예정한 것이라고는 볼 수 없다. ( )** (2017 변리사)

정답 99 (○) 100 (○) 101 (×) 102 (○) 103-1 (○)

103-2 **계약 당시 당사자 사이에 손해배상액을 예정하는 내용의 약정이 있는 경우 특별한 사정이 없는 한 위 약정은 그 계약과 관련된 불법행위책임에 따른 손해까지 예정한 것이라고 볼 수 없다. ( )** (2017 변호사)

> **해설** 계약 당시 당사자 사이에 손해배상액을 예정하는 내용의 약정이 있는 경우에는 그것은 계약상의 채무불이행으로 인한 손해액에 관한 것이고 이를 그 계약과 관련된 불법행위상의 손해까지 예정한 것이라고는 볼 수 없다(대판 1999. 1. 15, 98다48033).

104-1 **금전채무에 관하여 이행지체에 대비한 지연손해금 비율을 따로 약정한 경우에 이를 손해배상액의 예정이라고 할 수는 없으므로 법원의 감액 대상이 되지 않는다. ( )** (2021 변호사)

104-2 **손해배상의 예정액이 부당히 과다한 경우 법원은 이를 적당히 감액할 수 있으나, 금전채무불이행을 원인으로 한 손해배상에 관하여는 채권자는 손해의 증명을 요하지 아니하고 채무자는 과실없음을 항변하지 못하므로, 금전채무의 이행지체에 대비한 지연손해금을 따로 약정하였더라도 이는 감액의 대상이 될 수 없다. ( )** (2019 변호사)

> **해설** 금전채무에 관하여 이행지체에 대비한 지연손해금 비율을 따로 약정한 경우에 이는 일종의 손해배상액의 예정으로서 민법 제398조에 의한 감액의 대상이 된다(대판 2000. 7. 28, 99다38637).

105 **특별한 사정이 없으면, 당사자들이 계약보증금 외에 지체상금을 약정하였다는 이유만으로는 계약보증금을 위약벌로 보기 어렵다. ( )** (2014 변리사)

> **해설** 도급계약서 및 그 계약내용에 편입된 약관에 수급인의 귀책사유로 인하여 계약이 해제된 경우에는 계약보증금이 도급인에게 귀속한다는 조항이 있을 때 이 계약보증금이 손해배상액의 예정인지 위약벌인지는 도급계약서 및 위 약관 등을 종합하여 구체적 사건에서 개별적으로 결정할 의사해석의 문제이고, 위약금은 민법 제398조 제4항에 의하여 손해배상액의 예정으로 추정되므로 위약금이 위약벌로 해석되기 위하여는 특별한 사정이 주장·입증되어야 하는바, 당사자 사이의 도급계약서에 계약보증금 외에 지체상금도 규정되어 있다는 점만을 이유로 하여 계약보증금을 위약벌로 보기는 어렵다(대판 2000. 12. 8, 2000다35771).

106-1 **채권자는 채무불이행 사실 및 손해발생 사실을 증명하여야 예정배상액을 청구할 수 있다. ( )** (2015 변리사)

106-2 **채무불이행으로 인한 손해배상액의 예정이 있는 경우에는 채권자는 손해의 발생과 실제 손해액을 증명하지 아니하고 채무불이행 사실만 증명하여 손해배상예정액을 청구할 수 있다. ( )** (2014 변리사)

> **해설** 채무불이행으로 인한 손해배상액의 예정이 있는 경우에는 채권자는 손해의 발생과 실제손해액을 증명하지 아니하고 채무불이행 사실만 증명하여 손해배상예정액을 청구할 수 있다(대판 2010. 2. 25, 2009다83797).

103-2 (○) 104-1 (×) 104-2 (×) 105 (○) 106-1 (×) 106-2 (○) 《 정답

107 **손해배상액의 예정이 있는 경우, 채무자는 실제로 손해발생이 없다거나 손해액이 예정배상액보다 적다는 것을 증명하더라도 이 점만으로 그 예정배상액의 지급을 면하거나 감액을 청구하지 못한다. ( )** (2020 변호사)

> **해설** 민법 제398조가 규정하는 손해배상의 예정은 채무불이행의 경우에 채무자가 지급하여야 할 손해배상액을 미리 정해두는 것으로서 그 목적은 손해의 발생사실과 손해액에 대한 입증곤란을 배제하고 분쟁을 사전에 방지하여 법률관계를 간이하게 해결하는 것 외에 채무자에게 심리적으로 경고를 줌으로써 채무이행을 확보하려는 데에 있으므로, 채무자가 실제로 손해발생이 없다거나 손해액이 예정액보다 적다는 것을 입증하더라도 채무자는 그 예정액의 지급을 면하거나 감액을 청구하지 못한다. 그러므로 민법 제398조 제2항에 의하여 법원이 예정액을 감액할 수 있는 '부당히 과다한 경우'라 함은 손해가 없다든가 손해액이 예정액보다 적다는 것만으로는 부족하고, 계약자의 경제적 지위, 계약의 목적, 손해배상액 예정의 경위 및 거래관행 기타 제반사정을 고려하여 그와 같은 예정액의 지급이 경제적 약자의 지위에 있는 채무자에게 부당한 압박을 가하여 공정성을 잃는 결과를 초래한다고 인정되는 경우를 뜻하는 것으로 보아야 할 것이다(대판 1991. 3. 27, 90다14478).

108-1 **채무자는 채무불이행에 대하여 자신의 귀책사유가 없음을 주장·증명하더라도 특별한 사정이 없는 한 예정배상액의 지급책임을 면할 수 없다. ( )** (2015 변리사)

108-2 **손해배상액의 예정이 있는 경우, 채무자가 채권자와 사이에 채무불이행에 있어 채무자의 귀책사유를 묻지 아니한다는 약정을 하지 아니한 이상, 채무자는 자신의 귀책사유가 없음을 주장·증명함으로써 예정배상액의 지급책임을 면할 수 있다. ( )** (2020 변호사)

> **해설** 채무불이행으로 인한 손해배상액이 예정되어 있는 경우 채권자는 채무불이행 사실만 증명하면 손해의 발생 및 그 액수를 증명하지 아니하고 예정배상액을 청구할 수 있으나, 반면 채무자는 채권자와 채무불이행에 있어 채무자의 귀책사유를 묻지 아니한다는 약정을 하지 아니한 이상 자신의 귀책사유가 없음을 주장·증명함으로써 위 예정배상액의 지급책임을 면할 수 있다(대판 2010. 2. 25, 2009다83797).

109 **법원이 손해배상의 예정액이 부당하게 과다하다고 하여 감액을 한 경우, 손해배상액의 예정에 관한 약정 중 감액부분에 해당하는 부분은 처음부터 무효이다. ( )** (2015 변리사)

> **해설** 손해배상의 예정이 무효라는 것은 불공정하기 때문이다. 따라서 법원이 손해배상의 예정액이 부당하게 과다하다고 하여 감액을 한 경우, 손해배상액의 예정에 관한 약정 중 감액부분에 해당하는 부분은 처음부터 무효이다(대판 1991. 7. 9, 91다11490).

110-1 **손해배상 예정액이 부당하게 과다한 경우에는 법원은 당사자의 주장이 없더라도 직권으로 이를 감액할 수 있다. ( )** (2014 변리사)

110-2 **손해배상 예정액이 부당하게 과다한 경우 당사자의 주장이 없더라도 법원은 직권으로 이를 감액할 수 있다. ( )** (2017 변호사)

정답 107 (○) 108-1 (×) 108-2 (○) 109 (○) 110-1 (○) 110-2 (○)

110-3 손해배상 예정액이 부당하게 과다한지의 여부와 그에 대한 적당한 감액의 범위를 판단하는 기준시점은 사실심의 변론종결시이다. ( ) (2014 변리사)

110-4 법원은 손해배상의 예정액이 부당하게 과다한지 여부는 채무불이행시를 기준으로 판단하여야 한다. ( ) (2015 변리사)

> **해설** 손해배상예정액이 부당하게 과다한 경우에는 법원은 당사자의 주장이 없더라도 직권으로 이를 감액할 수 있다. 그리고 손해배상예정액이 부당하게 과다한지의 여부와 그에 대한 적당한 감액의 범위를 판단하는 기준시점은 사실심의 변론종결시이다(대판 2009. 2. 26, 2007다19051).

111-1 지체상금이 손해배상의 예정으로 인정되어 감액할 때, 채무자가 계약을 위반한 경위 등 제반사정이 참작되므로, 손해배상액의 감경에 앞서 채권자의 과실 등을 들어 따로 감경할 필요는 없다. ( ) (2019 변리사)

111-2 손해배상액의 예정이 있는 경우, 채무불이행으로 인한 손해의 발생 및 확대에 채권자에게도 과실이 있다면 「민법」 제398조 제2항에 따라 손해배상 예정액을 감액할 수는 있을지언정 채권자의 과실을 들어 과실상계를 할 수는 없다. ( ) (2020 변호사)

> **해설** 지체상금이 손해배상의 예정으로 인정되어 이를 감액함에 있어서는 채무자가 계약을 위반한 경위 등 제반사정이 참작되므로 손해배상액의 감경에 앞서 채권자의 과실 등을 들어 따로 감경할 필요는 없다(대판 2002. 1. 25, 99다57126).
>
> [동지판례] 당사자 사이의 계약에서 채무자의 채무불이행으로 인한 손해배상액이 예정되어 있는 경우, 채무불이행으로 인한 손해의 발생 및 확대에 채권자에게도 과실이 있더라도 민법 제398조 제2항에 따라 채권자의 과실을 비롯하여 채무자가 계약을 위반한 경위 등 제반 사정을 참작하여 손해배상 예정액을 감액할 수는 있을지언정 채권자의 과실을 들어 과실상계를 할 수는 없다(대판 2016. 6. 10, 2014다200763,200770).

112 손해배상액의 예정에 관한 약관조항이 「약관의 규제에 관한 법률」에 의하여 무효인 경우에도 그것이 유효함을 전제로 손해배상의 예정액을 적당한 한도로 감액할 수 있다. ( ) (2015 변리사)

> **해설** 손해배상액의 예정에 관한 약관조항이 「약관의 규제에 관한 법률」에 의하여 무효인 경우에는 그 조항은 전부 무효이기 때문에 그것이 유효함을 전제로 손해배상의 예정액을 적당한 한도로 감액할 수 없다(대판 2009. 8. 20, 2009다20475).

113-1 손해배상 예정액의 감액에 관한 민법규정은 위약벌에 유추적용된다. ( ) (2014 변리사)

113-2 위약벌이 약정된 경우 손해배상액의 예정에 관한 「민법」 제398조 제2항을 유추 적용하여 그 약정액을 감액할 수 없다. ( ) (2020 변호사)

110-3 (○) 110-4 (×) 111-1 (○) 111-2 (○) 112 (×) 113-1 (×) 113-2 (○) 《 정답

해설 위약벌은 손해배상의 예정과는 그 내용이 다르므로 손해배상의 예정에 관한 민법 제398조 제2항의 규정을 유추적용하여 그 액을 감액할 수는 없으며, 다만 그 의무의 강제에 의하여 얻어지는 채권자의 이익에 비하여 약정된 벌이 과도하게 무거울 때에는 그 일부 또는 전부가 공서양속에 반하여 무효가 되는 것에 불과하다(대판 2002. 4. 23, 2000다56976).

114-1 **위약벌이 약정된 경우에도 강행규정인 「이자제한법」이 정한 최고이자율을 초과하는 부분은 무효이다. ( )** (2020 변호사)

114-2 **「이자제한법」의 최고이자율 제한에 관한 규정은 계약을 위반한 사람을 제재하고 계약의 이행을 간접적으로 강제하기 위하여 정한 위약벌의 경우에는 적용될 수 없다. ( )** (2023 변호사)

해설 구 이자제한법 제2조 제1항은 "금전대차에 관한 계약상의 최고이자율은 연 30%를 초과하지 아니하는 범위 안에서 대통령령으로 정한다."라고 정하고 있고, 같은 조 제2항은 "제1항에 따른 최고이자율은 약정한 때의 이자율을 말한다."라고 규정하고 있으며, 같은 조 제3항은 "계약상의 이자로서 제1항에서 정한 최고이자율을 초과하는 부분은 무효로 한다."라고 규정하고 있으므로, 이자제한법의 최고이자율 제한에 관한 규정은 금전대차에 관한 계약상의 이자에 관하여 적용될 뿐, 계약을 위반한 사람을 제재하고 계약의 이행을 간접적으로 강제하기 위하여 정한 위약벌의 경우에는 적용될 수 없다(대판 2017. 11. 29, 2016다259769).

115 **甲과 乙은 甲이 乙에게 건물을 신축해 주기로 하는 도급계약을 체결하면서 "甲이 완공기한을 어길 경우 乙에게 지체 1일당 예정 공사금액의 0.1%에 상당하는 지체상금을 지급한다." 라고 약정하였고, 위 약정을 위약벌로 볼 만한 특별한 사정이나 지체상금에 관한 다른 약정은 없었다. 이에 관한 설명 중 옳지 않은 것을 모두 고른 것은? (각 지문은 독립적이며, 다툼이 있는 경우 판례에 의함)** (2018 변호사)

ㄱ. 위 약정은 손해배상액의 예정으로 추정되고, 「민법」 제398조에 의한 감액의 대상이 된다 할 것이나, 손해배상 예정액이 부당하게 과다하다고 하더라도 변론주의의 원칙상 법원은 이에 관한 당사자의 주장이 없으면 이를 감액할 수 없다.

ㄴ. 乙이 위 약정에 기한 손해배상액을 청구하기 위하여는 甲이 위 약정을 어긴 사실만 증명하면 되고 손해의 발생이나 손해액을 증명할 필요가 없으며, 甲은 자신의 귀책사유가 없음을 주장·증명함으로써 손해배상 예정액의 지급책임을 면할 수 있다.

ㄷ. 채무불이행으로 인한 손해배상은 통상의 손해를 그 한도로 함이 원칙이므로, 乙은 완공기한 위반으로 인하여 특별한 손해가 발생한 사실과 甲이 그 사정을 알았거나 알 수 있었다는 사실을 증명한다면, 이에 관한 특별한 약정이 없더라도 甲에게 위 약정에 기한 손해배상액을 초과한 금액을 청구할 수 있다.

ㄹ. 위 약정에 따른 지체상금이 과다한지 여부는 지체상금률 그 자체가 과다한지 여부를 판단하여야 하고 지체상금률 자체는 과다하지 않은데 단순히 지체일수가 증가함에 따라 지체상금 총액이 증가했다고 해서 그 지체상금 총액을 기준으로 판단하여서는 아니된다.

ㅁ. 乙은 위 약정에도 불구하고 위 도급계약에 따른 이행을 청구하거나 도급계약을 해제할 수 있다.

정답 114-1 (×) 114-2 (○) 115 ③

① ㄱ, ㄴ ② ㄴ, ㄷ ③ ㄱ, ㄷ, ㄹ ④ ㄴ, ㄷ, ㅁ ⑤ ㄱ, ㄷ, ㄹ, ㅁ

해설 ㄱ.(×) : 손해배상 예정액이 부당하게 과다한 경우에는 법원은 당사자의 주장이 없더라도 직권으로 이를 감액할 수 있고, 지연손해금의 과다 여부는 그 대상 채무를 달리할 경우에는 별도로 판단할 수 있다(대판 2000. 7. 28, 99다38637).

ㄴ.(○) : 채무불이행으로 인한 손해배상액이 예정되어 있는 경우 채권자는 채무불이행 사실만 증명하면 손해의 발생 및 그 액수를 증명하지 아니하고 예정배상액을 청구할 수 있으나, 반면 채무자는 채권자와 채무불이행에 있어 채무자의 귀책사유를 묻지 아니한다는 약정을 하지 아니한 이상 자신의 귀책사유가 없음을 주장·증명함으로써 위 예정배상액의 지급책임을 면할 수 있다(대판 2010. 2. 25, 2009다83797).

ㄷ.(×) : 계약 당시 손해배상액을 예정한 경우에는 다른 특약이 없는 한 채무불이행으로 인하여 입은 통상손해는 물론 특별손해까지도 예정액에 포함되고 채권자의 손해가 예정액을 초과한다 하더라도 초과부분을 따로 청구할 수 없다(대판 1993. 4. 23, 92다41719).

ㄹ.(×) : [1] 지체상금을 계약 총액에서 지체상금률을 곱하여 산출하기로 정한 경우, 민법 제398조 제2항에 의하면, 손해배상액의 예정액이 부당히 과다한 경우에는 법원은 적당히 감액할 수 있다고 규정되어 있고 여기의 손해배상의 예정액이란 문언상 그 예정한 손해배상액의 총액을 의미한다고 해석되므로, 손해배상의 예정에 해당하는 지체상금의 과다 여부는 지체상금 총액을 기준으로 하여 판단하여야 한다. [2] 손해배상 예정액이 부당하게 과다한 경우에는 법원은 당사자의 주장이 없더라도 직권으로 이를 감액할 수 있으며, 여기서 '부당히 과다한 경우'라고 함은 채권자와 채무자의 각 지위, 계약의 목적 및 내용, 손해배상액을 예정한 동기, 채무액에 대한 예정액의 비율, 예상 손해액의 크기, 그 당시의 거래관행 등 모든 사정을 참작하여 일반 사회관념에 비추어 그 예정액의 지급이 경제적 약자의 지위에 있는 채무자에게 부당한 압박을 가하여 공정성을 잃는 결과를 초래한다고 인정되는 경우를 뜻하는 것으로 보아야 하고, 한편 위 규정의 적용에 따라 손해배상의 예정액이 부당하게 과다한지 및 그에 대한 적당한 감액의 범위를 판단하는 데 있어서는 법원이 구체적으로 그 판단을 하는 때 즉, 사실심의 변론종결 당시를 기준으로 하여 그 사이에 발생한 위와 같은 모든 사정을 종합적으로 고려하여야 할 것이다(대판 2002. 12. 24, 2000다54536).

ㅁ.(○) (민법 제398조 제3항) 손해배상액의 예정은 이행의 청구나 계약의 해제에 영향을 미치지 아니한다.

XI . 채권자지체(수령지체)

116-1 **판례는 채권자지체를 이유로 계약해제를 인정할 수 없다는 입장이다. ( )**

(2004년 공인노무사)

116-2 **채권자가 채무의 내용인 급부 실현을 위해 필요한 협력행위를 하지 않아 계약 목적을 달성할 수 없는 경우, 채무자가 이를 이유로 계약을 해제하려면 채권자의 협력의무에 대한 약정이 있거나 신의칙상 채권자에게 협력의무가 있다고 인정될 만한 특별한 사정이 있어야 한다. ( )**

(2023 변호사)

116-1 (○) 116-2 (○) 《 정답

해 설 민법 제400조는 채권자지체에 관하여 "채권자가 이행을 받을 수 없거나 받지 아니한 때에는 이행의 제공 있는 때로부터 지체책임이 있다."라고 정하고 있다. 채무의 내용인 급부가 실현되기 위하여 채권자의 수령 그 밖의 협력행위가 필요한 경우에, 채무자가 채무의 내용에 따른 이행제공을 하였는데도 채권자가 수령 그 밖의 협력을 할 수 없거나 하지 않아 급부가 실현되지 않는 상태에 놓이면 채권자지체가 성립한다. 채권자지체의 성립에 채권자의 귀책사유는 요구되지 않는다. 민법은 채권자지체의 효과로서 채권자지체 중에는 채무자는 고의 또는 중대한 과실이 없으면 불이행으로 인한 모든 책임이 없고(제401조), 이자 있는 채권이라도 채무자는 이자를 지급할 의무가 없으며(제402조), 채권자지체로 인하여 그 목적물의 보관 또는 변제의 비용이 증가된 때에는 그 증가액은 채권자가 부담하는 것으로 정한다(제403조). 나아가 채권자의 수령지체 중에 당사자 쌍방의 책임 없는 사유로 채무를 이행할 수 없게 된 때에는 채무자는 상대방의 이행을 청구할 수 있다(제538조 제1항). 이와 같은 규정 내용과 체계에 비추어 보면, 채권자지체가 성립하는 경우 그 효과로서 원칙적으로 채권자에게 민법 규정에 따른 일정한 책임이 인정되는 것 외에, 채무자가 채권자에 대하여 일반적인 채무불이행책임과 마찬가지로 손해배상이나 계약 해제를 주장할 수는 없다. 그러나 계약 당사자가 명시적·묵시적으로 채권자에게 급부를 수령할 의무 또는 채무자의 급부 이행에 협력할 의무가 있다고 약정한 경우, 또는 구체적 사안에서 신의칙상 채권자에게 위와 같은 수령의무나 협력의무가 있다고 볼 특별한 사정이 있다고 인정되는 경우에는 그러한 의무 위반에 대한 책임이 발생할 수 있다. 그 중 신의칙상 채권자에게 급부를 수령할 의무나 급부 이행에 협력할 의무가 있다고 볼 특별한 사정이 있는지는 추상적·일반적으로 판단할 것이 아니라 구체적 사안에서 계약의 목적과 내용, 급부의 성질, 거래 관행, 객관적·외부적으로 표명된 계약 당사자의 의사, 계약 체결의 경위와 이행 상황, 급부의 이행 과정에서 채권자의 수령이나 협력이 차지하는 비중 등을 종합적으로 고려해서 개별적으로 판단해야 한다. 이와 같이 채권자에게 계약상 의무로서 수령의무나 협력의무가 인정되는 경우, 그 수령의무나 협력의무가 이행되지 않으면 계약 목적을 달성할 수 없거나 채무자에게 계약의 유지를 더 이상 기대할 수 없다고 볼 수 있는 때에는 채무자는 수령의무나 협력의무 위반을 이유로 계약을 해제할 수 있다(대판 2021. 10. 28, 2019다293036).
☞ 채권자지체의 법적 성질에 대해 채무불이행설과 법정책임설의 대립이 있었고 판례의 태도는 명확하지 않았었는데, 2021년 판례는 원칙적으로 법정책임설의 입장임을 명확히 하였다.

구분	채무불이행책임설	법정책임설(판례)
내용	채권자에게는 수령 내지 협력의 신의칙상 의무가 있고 채권자지체는 이에 위반한 채무불이행책임이다.	채권자에게는 수령·협력의무가 없고 채권자지체는 형평의 원칙에 따라 협력지연의 불이익을 채권자에게 부담케 한 법정책임이다.
요건	채권자의 귀책사유를 요한다(귀책사유가 없으면 제401조 이하의 법정효과도 발생하지 않는다).	채권자의 귀책사유를 요하지 않는다(무과실책임).
효과	제401조 이하의 법정효과 뿐만 아니라 채무불이행의 일반효과인 계약해제, 손해배상청구권 등도 발생한다.	제401조, 제402조, 제403조, 제538조의 법정효과만 발생한다.

117 특별한 사정이 없으면, 수령지체에 빠진 쌍무계약의 채권자는 채무자에게 선이행의무를 부담한다. ( ) (2014 변리사)

해설 쌍무계약의 당사자 일방이 먼저 한 번 현실의 제공을 하고, 상대방을 수령지체에 빠지게 하였다 하더라도 그 이행의 제공이 계속되지 않는 경우는 과거에 이행의 제공이 있었다는 사실만으로 상대방이 가지는 동시이행의 항변권이 소멸하는 것은 아니다(대판 1993. 8. 24, 92다56490).

118 채권자지체 중에 채무자가 채권의 목적물을 보관하던 중 그의 경과실로 목적물이 멸실된 경우, 채무자는 그 멸실로 인한 책임이 없다. ( ) (2018 변리사)

해설 민법 제401조(채권자지체와 채무자의 책임) 채권자지체 중에는 채무자는 고의 또는 중대한 과실이 없으면 불이행으로 인한 모든 책임이 없다.

119-1 채권이 이자 있는 것이라 하더라도, 수령지체 중에는 채무자는 이자를 지급할 의무가 없다. ( ) (2014 변리사)

119-2 이자 있는 채권의 경우에 채권자지체 중에도 채무자는 이자를 지급할 의무가 있다. ( ) (2018 변리사)

해설 민법 제402조(동전).

120 채권자지체로 인하여 채권의 목적물을 보관 또는 변제하기 위한 비용이 증가된 때에 그 증가액은 채무자가 부담한다. ( ) (2018 변리사)

해설 민법 제403조(채권자지체와 채권자의 책임).

121 채권자지체 중에 이행불능이 된 경우, 채권자지체가 발생한 사실에 대한 증명책임은 채권자에게 있다. ( ) (2018 변리사)

해설 일반적으로 채무불이행으로 인한 손해배상청구에 있어서 그 불이행의 귀책사유에 대한 증명책임은 채무자에게 있고, 채권자의 수령지체 중에 이행불능이 된 경우에도 채권자지체가 발생한 사실에 대한 증명책임은 채무자에게 있다(대판 2016. 3. 24, 2015다249383).

122-1 수령지체 중에 불가항력으로 급부가 불능이 된 경우, 채권자가 그 위험을 부담하여야 한다. ( ) (2014 변리사)

122-2 쌍무계약의 당사자 일방의 채무가 채권자의 수령지체 중에 당사자 쌍방의 책임 없는 사유로 이행불능이 된 경우, 채무자는 상대방의 이행을 청구할 수 있다. ( ) (2014 변리사)

해설 위험부담의 채권자이전이다(제538조). 즉 쌍무계약의 당사자 일방의 채무가 채권자의 수령지체 중에 당사자 쌍방의 책임없는 사유로 이행불능이 된 경우, 채무자는 상대방의 이행을 청구할 수 있다.

117 (×) 118 (○) 119-1 (○) 119-2 (×) 120 (×) 121 (×) 122-1 (○) 122-2 (○) 《 정답

123-1 **채권자가 변제수령을 거절한 때에도 채무자가 변제를 제공하지 않으면, 이는 쌍무계약에서 채권자의 수령지체 중에 당사자 쌍방의 책임 없는 사유로 이행불능이 된 때에 해당하지 않는다. ( )** (2014 변리사)

123-2 **민법 제538조 제1항의 '채권자의 수령지체 중에 당사자 쌍방의 책임 없는 사유로 채무를 이행할 수 없게 된 때'에 해당하기 위해서 채무자의 현실 제공 또는 구두 제공이 필요한 것은 아니다. ( )** (2018 변리사)

> **해설** 민법 제400조 소정의 채권자지체가 성립하기 위해서는 민법 제460조 소정의 채무자의 변제 제공이 있어야 하고, 변제 제공은 원칙적으로 현실 제공으로 하여야 하며 다만 채권자가 미리 변제받기를 거절하거나 채무의 이행에 채권자의 행위를 요하는 경우에는 구두의 제공으로 하더라도 무방하고, 채권자가 변제를 받지 아니할 의사가 확고한 경우(이른바, 채권자의 영구적 불수령)에는 구두의 제공을 한다는 것조차 무의미하므로 그러한 경우에는 구두의 제공조차 필요 없다고 할 것이지만, 그러한 구두의 제공조차 필요 없는 경우라고 하더라도, 이는 그로써 채무자가 채무불이행책임을 면한다는 것에 불과하고, 민법 제538조 제1항 제2문 소정의 '채권자의 수령지체 중에 당사자 쌍방의 책임 없는 사유로 이행할 수 없게 된 때'에 해당하기 위해서는 현실 제공이나 구두 제공이 필요하다(다만, 그 제공의 정도는 그 시기와 구체적인 상황에 따라 신의성실의 원칙에 어긋나지 않게 합리적으로 정하여야 한다)(대판 2004. 3. 12, 2001다79013).

XII. 책임재산보전의 일반론

XIII. 채권자대위권

124 **채권자는 피보전채권의 변제기 전에 채권자대위권을 행사해서 피대위채권의 시효중단을 위한 이행청구를 하지 못한다. ( )** (2023 변리사)

> **해설** 채권자는 그 채권의 기한이 도래하기 전에는 법원의 허가 없이 전항의 권리를 행사하지 못한다. 그러나 보전행위는 그러하지 아니하다(민법 제404조 제2항). ☞ 시효중단을 위한 이행청구는 보전행위에 해당한다.

125 **지하도상가 내 점포의 사용청구권을 가지는 자는 상가의 소유자인 시(市)가 불법점유자들에 대하여 가지는 점포의 인도청구권을 대위행사할 수 없다. ( )** (2017 변리사)

> **해설** 지하도상가의 운영을 목적으로 한 도로점용 허가를 받은 자로서 그 상가의 소유자 겸 관리주체인 시에 대하여 그 상가 내 각 점포의 사용을 청구할 수 있는 권리를 가지는 자는, 시에 대한 위 각 점포사용청구권을 보전하기 위하여 그 점포들의 소유자인 시가 불법점유자들에 대하여 가지는 명도청구권을 대위행사할 수 있고, 이러한 경우 불법점유자들에 대하여 직접 자기에게 그 점포들을 명도할 것을 청구할 수도 있다(대판 1995. 5. 12, 93다59502).

정답 123-1 (○) 123-2 (×) 124 (×) 125 (×)

126-1 이행인수 약정이 체결된 경우, 채무자는 인수인이 그 채무를 이행하지 아니하면 인수인에 대하여 채권자에게 이행할 것을 청구할 수 있으나, 채무자의 인수인에 대한 위 청구권을 채권자가 대위행사할 수 없다. ( ) (2017 변리사)

126-2 이행인수계약에서 인수인이 그 인수한 채무를 이행하지 않는 경우 채권자는 인수인에 대하여 직접 자신에게 이행할 것을 청구할 수는 없지만, 채권자대위권에 의하여 채무자의 인수인에 대한 청구권을 대위행사할 수는 있다. ( ) (2020 변호사)

> **해설** 이행인수는 인수인이 채무자에 대하여 그 채무를 이행할 것을 약정하는 채무자와 인수인 간의 계약으로서, 인수인은 채무자와 사이에 채권자에게 채무를 이행할 의무를 부담하는 데 그치고 직접 채권자에 대하여 채무를 부담하는 것이 아니므로 채권자는 직접 인수인에게 채무를 이행할 것을 청구할 수 없으나, 채무자는 인수인이 그 채무를 이행하지 아니하는 경우 인수인에 대하여 채권자에게 이행할 것을 청구할 수 있고, 그에 관한 승소의 판결을 받은 때에는 금전채권의 집행에 관한 규정을 준용하여 강제집행을 할 수도 있다. 이러한 채무자의 인수인에 대한 청구권은 그 성질상 재산권의 일종으로서 일신전속적 권리라고 할 수는 없으므로, 채권자는 채권자대위권에 의하여 채무자의 인수인에 대한 청구권을 대위행사 할 수 있다(대판 2009. 6. 11, 2008다75072).

127 이혼으로 인한 재산분할청구권은 재산권적 성질을 가진 것이므로, 이와 관련한 협의 또는 심판이 제기되기 전이라도 이를 보전하기 위하여 채권자대위권을 행사할 수 있다. ( ) (2018 변호사)

> **해설** 이혼으로 인한 재산분할청구권은 협의 또는 심판에 의하여 그 구체적 내용이 형성되기까지는 그 범위 및 내용이 불명확·불확정하기 때문에 구체적으로 권리가 발생하였다고 할 수 없으므로 이를 보전하기 위하여 채권자대위권을 행사할 수 없다(대판 1999. 4. 9, 98다58016).

128-1 특정채권도 채권자대위권의 피보전채권이 될 수 있지만, 순차 매도에서 소유권이전등기청구권이나 임대차에 있어 명도청구권 등의 보전을 위한 경우에 한하여 채권자대위권이 인정된다. ( ) (2020 변리사)

128-2 물권적 청구권도 채권자대위권의 피보전권리가 될 수 있다. ( ) (2022 변호사)

> **해설** 피보전채권이 특정채권이라 하여 반드시 순차매도 또는 임대차에 있어 소유권이전등기청구권이나 인도청구권 등의 보전을 위한 경우에만 한하여 채권자대위권이 인정되는 것은 아니며, 물권적 청구권에 대하여도 채권자대위권에 관한 민법 제404조의 규정과 위와 같은 법리가 적용될 수 있다(대판 2007. 5. 10, 2006다82700,82717).

129-1 채권자대위권에서 보전되는 채권은 보전의 필요성이 인정되고 이행기가 도래한 것이면 되고, 채권의 발생원인이 어떠하든 대위권을 행사함에는 아무런 방해가 되지 아니하나, 적어도 채무자에 대한 채권이 제3채무자에게 대항할 수 있는 것이어야 한다. ( ) (2018 변호사)

126-1 (×) 126-2 (○) 127 (×) 128-1 (×) 128-2 (○) 129-1 (×) 《 정답

129-2 **채권자대위권의 피보전채권이 되기 위해서는 그 채권이 제3채무자에게까지 대항할 수 있는 것이어야 한다. ( )** (2020 변리사)

> **해 설** 민법 제404조에서 규정하고 있는 채권자대위권은 채권자가 채무자에 대한 자기의 채권을 보전하기 위하여 필요한 경우에 채무자의 제3자에 대한 권리를 대위행사할 수 있는 권리를 말하는 것으로서, 이 때 보전되는 채권은 보전의 필요성이 인정되고 이행기가 도래한 것이면 족하고, 그 채권의 발생원인이 어떠하든 대위권을 행사함에는 아무런 방해가 되지 아니하며, 또한 채무자에 대한 채권이 제3채무자에게까지 대항할 수 있는 것임을 요하는 것도 아니다(대판 2003. 4. 11, 2003다1250).

130-1 **임대인의 동의없는 임차권의 양도는 당사자 사이에서는 유효하므로 임차권의 양수인은 임대인의 권한을 대위 행사할 수 있다. ( )** (2023 변리사)

130-2 **임대인의 동의 없는 임차권의 양도는 다른 특약이 없는 한 임대인에게는 대항할 수 없고, 그 임차권의 양수인은 임대인의 권한을 대위행사할 수 없다. ( )** (2020 변리사)

> **해 설** 임대인의 동의없는 임차권의 양도는 당사자 사이에서는 유효하다 하더라도 다른 특약이 없는 한 임대인에게는 대항할 수 없는 것이고 임대인에 대항할 수 없는 임차권의 양수인으로서는 임대인의 권한을 대위행사할 수 없다(대판 1985. 2. 8, 84다카188).

131-1 **채권자대위권을 재판상 행사하는 경우, 채권자가 채무자를 상대로 하여 그 보전되는 청구권에 기한 이행청구의 소를 제기하여 승소판결이 확정되었더라도, 제3채무자는 그 청구권의 존재를 다툴 수 있다. ( )** (2019 변호사)

131-2 **채권자가 채무자를 상대로 하여 그 보전되는 청구권에 기한 이행청구의 소를 제기하여 승소판결을 선고받고 그 판결이 확정되면, 채권자가 제기한 대위소송의 피고인 제3채무자는 그 청구권의 존재를 다툴 수 없다. ( )** (2021 변호사)

> **해 설** 채권자가 채무자를 상대로 제기한 소송에서 승소확정판결을 받고 그 확정판결에 기한 청구권을 피보전채권으로 하여 제3채무자를 상대로 채권자대위소송을 제기한 경우에는 제3채무자가 그 청구권의 존재를 다툴 수 없다(대판 2010.11.11, 2010다43597).

132 **채권자대위권을 행사함에 있어서 채권자가 채무자를 상대로 하여 그 보전되는 청구권에 기한 이행청구의 소를 제기하여 승소판결을 선고받고 그 판결이 확정되면 제3채무자는 그 청구권의 존재를 다툴 수 없다고 보는 것이 원칙이나, 그 청구권의 취득이 강행법규에 위반되어 무효인 경우 제3채무자는 그 존재를 다툴 수 있다. ( )** (2020 변호사)

> **해 설** 채권자대위권을 행사하는 경우, 채권자가 채무자를 상대로 보전되는 청구권에 기한 이행청구의 소를 제기하여 승소판결을 선고받고 판결이 확정되었다면, 특별한 사정이 없는 한 그 청구권의 발생원인이 되는 사실관계가 제3채무자에 대한 관계에서도 증명되었다고 볼 수 있다. 그러나 그 청구권의 취득이, 채권자로 하여금 채무자를 대신하여 소송행위를 하게 하는 것을 주목적으로 이루어진 경우와 같이, 강행법규에 위반되어 무효라고 볼 수 있는 경우 등에는 위 확정판결에도 불구하고 채권자대위소

정답 129-2 (×) 130-1 (×) 130-2 (○) 131-1 (×) 131-2 (○) 132 (○)

송의 제3채무자에 대한 관계에서는 피보전권리가 존재하지 아니한다고 보아야 한다. 이는 위 확정판결 또는 그와 같은 효력이 있는 재판상 화해조서 등이 재심이나 준재심으로 취소되지 아니하여 채권자와 채무자 사이에서는 그 판결이나 화해가 무효라는 주장을 할 수 없는 경우라 하더라도 마찬가지이다(대판 2019. 1. 31, 2017다228618).

133 채권보전의 필요성은 이행기를 표준으로 판단하여야 하며, 그 채권이 금전채권일 경우 채권자가 채무자의 무자력과 그 일반재산의 감소를 방지할 필요를 주장·증명하여야 한다. ( )

(2014 변리사)

해설 채권자대위권의 행사로서 채권자가 채권을 보전하기에 필요한 여부는 변론종결당시를 표준으로 판단되어야 할 것이며 그 채권이 금전채권일 때에는 채무자가 무자력하여 그 일반재산의 감소를 방지할 필요가 있는 경우에 허용되고 이와 같은 요건의 존재사실은 채권자가 주장·입증하여야 한다(대판 1976. 7. 13, 75다1086).

134-1 공유물분할청구권은 공유관계에서 수반되는 형성권으로서 채권자대위권의 목적이 될 수 있다. ( ) (2022 변리사)

134-2 채무자의 공유지분이 다른 공유자들의 공유지분과 함께 근저당권을 공동으로 담보하고 있고, 근저당권의 피담보채권이 채무자의 공유지분 가치를 초과하여 채무자의 공유지분만을 경매하면 남을 가망이 없어 경매절차가 취소될 수밖에 없는 반면, 공유물분할의 방법으로 공유부동산 전부를 경매하면 각 공유지분의 경매대가에 비례해서 공동근저당권의 피담보채권을 분담하게 되어 채무자의 공유지분 경매대가에서 근저당권의 피담보채권 분담액을 변제하고 남을 가망이 있는 경우라면, 금전채권자는 채무자를 대위하여 부동산에 관한 공유물분할청구권을 행사할 수 있다. ( ) (2022 변호사)

해설 [1] 공유물분할청구권은 공유관계에서 수반되는 형성권으로서 공유자의 일반재산을 구성하는 재산권의 일종이다. 공유물분할청구권의 행사가 오로지 공유자의 자유로운 의사에 맡겨져 있어 공유자 본인만 행사할 수 있는 권리라고 볼 수는 없다. 따라서 공유물분할청구권도 채권자대위권의 목적이 될 수 있다. [2] 권리의 행사 여부는 그 권리자가 자유로운 의사에 따라 결정하는 것이 원칙이다. 채무자가 스스로 권리를 행사하지 않는데도 채권자가 채무자를 대위하여 채무자의 권리를 행사할 수 있으려면 그러한 채무자의 권리를 행사함으로써 채권자의 권리를 보전해야 할 필요성이 있어야 한다. 채권자대위권의 행사가 채무자의 자유로운 재산관리행위에 대한 부당한 간섭이 되는 등 특별한 사정이 있는 경우에는 보전의 필요성을 인정할 수 없다. [3] 채권자가 자신의 금전채권을 보전하기 위하여 채무자를 대위하여 부동산에 관한 공유물분할청구권을 행사하는 것은, 책임재산의 보전과 직접적인 관련이 없어 채권의 현실적 이행을 유효·적절하게 확보하기 위하여 필요하다고 보기 어렵고 채무자의 자유로운 재산관리행위에 대한 부당한 간섭이 되므로 보전의 필요성을 인정할 수 없다. 또한 특정 분할방법을 전제하고 있지 않은 공유물분할청구권의 성격 등에 비추어 볼 때 그 대위행사를 허용하면 여러 법적 문제들이 발생한다. 따라서 극히 예외적인 경우가 아니라면 금전채권자는 부동산에 관한 공유물분할청구권을 대위행사할 수 없다고 보아야 한다. 이는 채무자의 공유지분이 다른 공유자들의 공유

133 (×) 134-1 (○) 134-2 (×) 《 정답

지분과 함께 근저당권을 공동으로 담보하고 있고, 근저당권의 피담보채권이 채무자의 공유지분 가치를 초과하여 채무자의 공유지분만을 경매하면 남을 가망이 없어 민사집행법 제102조에 따라 경매절차가 취소될 수밖에 없는 반면, 공유물분할의 방법으로 공유부동산 전부를 경매하면 민법 제368조 제1항에 따라 각 공유지분의 경매대가에 비례해서 공동근저당권의 피담보채권을 분담하게 되어 채무자의 공유지분 경매대가에서 근저당권의 피담보채권 분담액을 변제하고 남을 가망이 있는 경우에도 마찬가지이다[대판(전합) 2020. 5. 21, 2018다879]. ☞ 공유자에 대하여 금전채권을 가진 사람은 공유자의 공유지분에 대한 강제집행을 통해서 채권의 만족을 얻는 것이 원칙이다.

135 채무자가 제3자 명의로 소유권이전청구권을 보전하기 위한 가등기가 된 부동산을 소유한 경우, 특별한 사정이 없으면 그 부동산은 채무자의 무자력요건 판단에서 적극재산에 산입되어야 한다. ( ) (2014 변리사)

해설 채무자가 제3자 명의로 소유권이전청구권을 보전하기 위한 가등기가 된 부동산을 소유한 경우, 특별한 사정이 없으면 그 부동산은 채무자의 무자력요건 판단에서 적극재산에서 제외되어야 한다(대판 2009. 2. 26, 2008다76556).

136 수임인이 가지는 「민법」 제688조 제2항 전단 소정의 대변제청구권은 통상의 금전채권과는 다른 목적을 갖는 것이므로, 수임인이 대변제청구권을 보전하기 위하여 채무자인 위임인의 채권을 대위행사하는 경우에는 채무자의 무자력을 요건으로 하지 아니한다. ( ) (2018 변호사)

해설 수임인이 가지는 민법 제688조 제2항 전단 소정의 대변제청구권은 통상의 금전채권과는 다른 목적을 갖는 것이므로, 수임인이 이 대변제청구권을 보전하기 위하여 채무자인 위임인의 채권을 대위행사하는 경우에는 채무자의 무자력을 요건으로 하지 아니한다(대판 2002. 1. 25, 2001다52506).

137-1 토지거래허가구역에 있는 토지의 매수인은 채권보전의 필요성 여부와 무관하게 토지거래허가 신청절차의 협력의무 이행청구권을 보전하기 위하여 매도인의 권리를 대위하여 행사할 수 있다. ( ) (2017 변리사)

137-2 토지거래허가구역 내의 토지에 관한 매매계약에서 매수인이 매도인에 대하여 가지는 토지거래허가신청 절차의 협력의무의 이행청구권은 채권자대위권의 피보전채권에 해당하지 않는다. ( ) (2020 변리사)

해설 국토의 계획 및 이용에 관한 법률상의 허가구역에 있는 토지의 거래계약이 토지거래허가를 전제로 체결된 경우에는 유동적 무효의 상태에 있고 거래계약의 채권적 효력도 전혀 발생하지 않으므로 권리의 이전 또는 설정에 관한 어떠한 내용의 이행청구도 할 수 없지만, 계약을 체결한 당사자 사이에서는 계약이 효력 있는 것으로 완성될 수 있도록 서로 협력할 의무가 있으므로, 계약의 쌍방 당사자는 공동으로 관할 관청의 허가를 신청할 의무가 있다. 그 결과 경우에 따라서는 매수인이 토지거래허가 신청절차의 협력의무 이행청구권을 보전하기 위하여 매도인의 권리를 대위하여 행사하는 것도 허용된다고 할 수 있지만, 보전의 필요성이 인정되어야 한다(대판 2013. 5. 23, 2010다50014).

정답 135 (×) 136 (○) 137-1 (×) 137-2 (×)

138-1 乙 소유의 부동산을 시효취득한 A의 공동상속인 중 1인인 甲이 乙에 대한 소유권이전등기청구권을 피보전채권으로 하여 丙을 상대로 乙의 丙에 대한 소유권이전등기의 말소등기청구권을 대위행사하는 경우, 甲 자신의 지분 범위 내에서만 대위행사할 수 있고, 지분을 초과하는 부분에 관하여는 乙을 대위할 보전의 필요성이 없다. ( ) (2022 변호사)

138-2 채무자 소유의 부동산을 시효취득한 채권자의 사망 후 그 채권자의 공동상속인 중 1인이 채무자에 대한 소유권이전등기청구권을 피보전채권으로 하여 제3채무자를 상대로 채무자의 제3채무자에 대한 소유권이전등기의 말소등기청구권을 대위행사하는 경우, 그 공동상속인은 자신의 지분 범위 내에서만 채무자의 제3채무자에 대한 소유권이전등기의 말소등기청구권을 대위행사할 수 있다. ( ) (2020 변호사)

> **해설** 채무자 소유의 부동산을 시효취득한 채권자의 공동상속인이 채무자에 대한 소유권이전등기청구권을 피보전채권으로 하여 제3채무자를 상대로 채무자의 제3채무자에 대한 소유권이전등기의 말소등기청구권을 대위행사하는 경우, 공동상속인은 자신의 지분 범위 내에서만 채무자의 제3채무자에 대한 소유권이전등기의 말소등기청구권을 대위행사할 수 있고, 지분을 초과하는 부분에 관하여는 채무자를 대위할 보전의 필요성이 없다(대판 2014. 10. 27, 2013다25217).

139-1 조합원이 조합을 탈퇴할 권리는 그 성질상 채권자대위가 허용되지 않는 일신전속적 권리에 해당한다. ( ) (2021 변리사)

139-2 조합원이 조합을 탈퇴할 권리는 일신전속적 권리가 아니므로, 특별한 사정이 없는 한 피대위권리가 될 수 있다. ( ) (2023 변리사)

> **해설** 조합원이 조합을 탈퇴할 권리는 그 성질상 조합계약의 해지권으로서 그의 일반재산을 구성하는 재산권의 일종이라 할 것이고 채권자대위가 허용되지 않는 일신전속적 권리라고는 할 수 없다. 따라서 채무자의 재산인 조합원 지분을 압류한 채권자는, 당해 채무자가 속한 조합에 존속기간이 정하여져 있다거나 기타 채무자 본인의 조합탈퇴가 허용되지 아니하는 것과 같은 특별한 사유가 있지 않은 한, 채권자대위권에 의하여 채무자의 조합 탈퇴의 의사표시를 대위행사할 수 있다(대결 2007. 11. 30. 자 2005마1130).

140 특별한 사정이 없으면, 계약의 청약 또는 승낙의 의사표시는 채권자대위권의 목적이 될 수 없다. ( ) (2014 변리사)

> **해설** 계약의 청약이나 승낙과 같이 비록 행사상의 일신전속권은 아니지만 이를 행사하면 그로써 새로운 권리의무관계가 발생하는 등으로 권리자 본인이 그로 인한 법률관계 형성의 결정 권한을 가지도록 할 필요가 있는 경우에는, 채무자에게 이미 그 권리행사의 확정적 의사가 있다고 인정되는 등 특별한 사정이 없는 한, 그 권리는 채권자대위권의 목적이 될 수 없다고 봄이 상당하다(대판 2012. 3. 29, 2011다100527).

138-1 (○) 138-2 (○) 139-1 (×) 139-2(○) 140 (○) 《 정답

141 **채무자와 제3채무자 사이에 있었던 소송의 재심대상판결에 대하여 재심의 소를 제기하는 것은 채권자대위권의 목적이 될 수 없다. ( )** (2021 변호사)

> **해설** 채권을 보전하기 위해 대위행사가 필요한 경우는 실체법상의 권리뿐만 아니라 소송법상의 권리에 대해서도 대위가 허용된다고 할 것이지만, 채무자와 제3채무자 사이의 소송이 계속된 이후의 소송수행과 관련한 개개의 소송상의 행위는 그 권리행사를 소송당사자인 채무자의 의사에 맡기는 것이 타당하므로 채권자대위가 허용될 수 없다. 따라서 종전 소송절차의 재개, 속행, 재심판을 구하는 재심의 소 제기는 채권자대위권의 목적이 될 수 없다(대판 2012. 12. 27, 2012다75239).

142 **채권자가 대위권을 행사할 당시 이미 채무자가 권리를 재판상 행사하여 패소의 본안판결을 받았더라도 채권자는 채무자를 대위하여 채무자의 권리를 행사할 당사자적격이 있다. ( )** (2019 변호사)

> **해설** 채권자대위권은 채무자가 제3채무자에 대한 권리를 행사하지 아니하는 경우에 한하여 채권자가 자기의 채권을 보전하기 위하여 행사할 수 있는 것이기 때문에 채권자가 대위권을 행사할 당시 이미 채무자가 그 권리를 재판상 행사하였을 때에는 설사 **패소의 확정판결**을 받았더라도 채권자는 채무자를 대위하여 채무자의 권리를 행사할 당사자적격이 없다(대판 1993. 3. 26, 92다32876).

143 **비법인사단인 채무자가 제3채무자를 상대로 소를 제기하였으나 사원총회의 결의 없이 총유재산에 관한 소가 제기되었다는 이유로 각하판결을 선고받고 그 판결이 확정된 경우, 이는 채무자가 스스로 제3채무자에 대한 권리를 재판상 행사한 것으로 보아야 하므로, 그 후 비법인사단의 채권자가 제기한 채권자대위소송은 부적법하다. ( )** (2020 변호사)

> **해설** 채권자대위권은 채무자가 스스로 제3채무자에 대한 권리를 행사하지 아니하는 경우에 한하여 채권자가 자기의 채권을 보전하기 위하여 행사할 수 있는 것이어서, 채권자가 대위권을 행사할 당시에 이미 채무자가 그 권리를 재판상 행사하였을 때에는 채권자는 채무자를 대위하여 채무자의 권리를 행사할 수 없다. 그런데 비법인사단이 사원총회의 결의 없이 제기한 소는 소제기에 관한 특별수권을 결하여 부적법하고, 그 경우 소제기에 관한 비법인사단의 의사결정이 있었다고 할 수 없다. 따라서 비법인사단인 채무자 명의로 제3채무자를 상대로 한 소가 제기되었으나 사원총회의 결의 없이 총유재산에 관한 소가 제기되었다는 이유로 각하판결을 받고 그 판결이 확정된 경우에는 채무자가 스스로 제3채무자에 대한 권리를 행사한 것으로 볼 수 없다(대판 2018. 10. 25, 2018다210539).

144 **채권자대위소송에서 피보전채권의 소멸시효가 완성되었다 하더라도 제3채무자는 원칙적으로 위 소멸시효 완성의 항변을 원용할 수 없다. ( )** (2020 변호사)

> **해설** 채권자가 채권자대위권을 행사하여 제3자에 대하여 하는 청구에 있어서, 제3채무자는 채무자가 채권자에 대하여 가지는 항변으로 대항할 수 없고, 피보전채권의 소멸시효가 완성된 경우 이를 원용할 수 있는 자는 원칙적으로는 시효이익을 직접 받는 자뿐이고, 채권자대위소송의 제3채무자는 이를 행사할 수 없다(대판 2004. 2. 12, 2001다10151 ; 대판 1998. 12. 8, 97다31472 ; 대판 1992. 11. 10, 92다35899 등).

정답 》 141 (○) 142 (×) 143 (×) 144 (○)

145 **채권자가 채권자대위권을 행사하여 제3채무자에 대하여 하는 청구에서, 제3채무자는 채무자가 채권자에 대하여 가지는 동시이행의 항변권을 행사하여 대항할 수 있다. ( )** (2020 변리사)

> **해설** 채권자가 채권자대위소송을 제기한 경우, 제3채무자는 채무자가 채권자에 대하여 가지는 항변권이나 형성권 등과 같이 권리자에 의한 행사를 필요로 하는 사유를 들어 채권자의 채무자에 대한 권리가 인정되는지 여부를 다툴 수 없다(대판 2015. 9. 10, 2013다55300).

146 **채권자대위소송에서 제3채무자는 채권자의 채무자에 대한 권리의 발생원인이 된 법률행위가 무효라거나 변제 등으로 소멸하였다는 등의 사실을 주장하여 채권자의 채무자에 대한 권리가 인정되는지를 다툴 수 없다. ( )** (2017 변리사)

> **해설** 채권자가 채권자대위소송을 제기한 경우, 제3채무자는 채무자가 채권자에 대하여 가지는 항변권이나 형성권 등과 같이 권리자에 의한 행사를 필요로 하는 사유를 들어 채권자의 채무자에 대한 권리가 인정되는지 여부를 다툴 수 없지만, 채권자의 채무자에 대한 권리의 발생원인이 된 법률행위가 무효라거나 위 권리가 변제 등으로 소멸하였다는 등의 사실을 주장하여 채권자의 채무자에 대한 권리가 인정되는지 여부를 다투는 것은 가능하다(대판 2015. 9. 10, 2013다55300).

147-1 **법인 아닌 사단의 채권자가 채권자대위권에 기하여 법인 아닌 사단의 총유재산에 대한 권리를 대위행사하는 경우, 사원총회의 결의 등 법인 아닌 사단의 내부적 의사결정 절차를 거쳐야 한다. ( )** (2017 변호사)

147-2 **비법인사단의 채권자가 채권자대위권에 기하여 비법인사단의 총유재산에 관한 권리를 적법하게 대위행사하는 경우에도 사원총회의 결의 등 비법인사단의 내부적인 의사결정 절차를 거쳐야 한다. ( )** (2023 변리사)

> **해설** 비법인사단이 총유재산에 관한 소를 제기할 때에는 정관에 다른 정함이 있는 등의 특별한 사정이 없는 한 사원총회의 결의를 거쳐야 하지만 이는 비법인사단의 대표자가 비법인사단 명의로 총유재산에 관한 소를 제기하는 경우에 비법인사단의 의사결정과 특별수권을 위하여 필요한 내부적인 절차이다. 채권자대위권은 채무자가 스스로 자기의 권리를 행사하지 아니하는 때에 채권자가 채무자에 대한 채권을 보전하기 위하여 채무자의 의사와는 상관없이 채무자의 권리를 대위하여 행사할 수 있는 권리로서 그 권리행사에 채무자의 동의를 필요로 하는 것은 아니므로, 비법인사단이 총유재산에 관한 권리를 행사하지 아니하고 있어 비법인사단의 채권자가 채권자대위권에 기하여 비법인사단의 총유재산에 관한 권리를 대위행사하는 경우에는 사원총회의 결의 등 비법인사단의 내부적인 의사결정절차를 거칠 필요가 없다(대판 2014. 9. 25, 2014다211336).

148-1 **채권자대위소송의 제기로 인한 피대위권리의 소멸시효중단 효과는 채무자에게 발생한다. ( )** (2021 변호사)

145 (×) 146 (×) 147-1 (×) 147-2 (×) 148-1 (○) 《 정답

148-2 甲이 乙을 대위하여 丙을 상대로 부당이득반환을 원인으로 A 토지에 관한 소유권이전등기청구의 소를 제기하였는데, 甲의 乙에 대한 피보전채권이 인정되지 않음을 이유로 한 소각하 판결이 2019. 3. 15. 확정되었고, 乙의 다른 채권자 丁이 2019. 6. 14. 乙을 대위하여 丙을 상대로 위와 같은 내용의 소를 제기한 경우에는 乙의 丙에 대한 위 소유권이전등기청구권의 소멸시효는 甲이 채권자대위소송을 제기한 때에 중단된 것으로 보아야 한다. ( ) (2020 변호사)

> **해설** 채권자대위권 행사의 효과는 채무자에게 귀속되는 것이므로 채권자대위소송의 제기로 인한 소멸시효 중단의 효과 역시 채무자에게 생긴다(대판 2011. 10. 13, 2010다80930). ☞ 채권자 甲이 채무자 乙을 대위하여 丙을 상대로 부동산에 관하여 부당이득반환을 원인으로 한 소유권이전등기절차 이행을 구하는 소를 제기하였다가 피보전권리가 인정되지 않는다는 이유로 소각하판결을 선고받아 확정되었고, 그로부터 3개월 남짓 경과한 후에 다른 채권자 丁이 乙을 대위하여 丙을 상대로 같은 내용의 소를 제기하였다가 丙과 사이에 피보전권리가 존재하지 않는다는 취지의 조정이 성립되었는데, 또 다른 채권자인 戊가 조정 성립일로부터 10여 일이 경과한 후에 乙을 대위하여 丙을 상대로 같은 내용의 소를 다시 제기한 사안에서, 채무자 乙의 丙에 대한 위 부동산에 관한 부당이득반환을 원인으로 한 소유권이전등기청구권의 소멸시효는 甲, 丁, 戊의 순차적인 채권자대위소송에 따라 최초의 재판상 청구인 甲의 채권자대위소송 제기로 중단되었다고 본 원심판단을 정당하다고 한 사례.

149 채권자가 채권자대위권을 행사하여 제3채무자에 대하여 그 명의의 소유권보존등기나 소유권이전등기의 말소등기절차를 직접 자기에게 이행할 것을 청구하는 소송에서 제3채무자의 말소등기의무가 인정된다고 하더라도, 법원은 제3채무자에 대하여 채권자에게 직접 말소등기절차를 이행할 것을 명할 수 없다. ( ) (2021 변호사)

> **해설** 채권자대위권을 행사함에 있어서 채권자가 제3채무자에 대하여 자기에게 직접 급부를 요구하여도 상관없는 것이고 자기에게 급부를 요구하여도 어차피 그 효과는 채무자에게 귀속되는 것이므로, 채권자대위권을 행사하여 채권자가 제3채무자에게 그 명의의 소유권보존등기나 소유권이전등기의 말소절차를 직접 자기에게 이행할 것을 청구하여 승소하였다고 하여도 그 효과는 원래의 소유자인 채무자에게 귀속되는 것이니, 법원이 채권자대위권을 행사하는 채권자에게 직접 말소등기절차를 이행할 것을 명하였다고 하여 무슨 위법이 있다고 할 수 없다(대판 1996. 2. 9, 95다27998).

150-1 채권자대위소송에서 제3채무자로 하여금 직접 대위채권자에게 금전의 지급을 명하는 판결이 확정된 경우, 피대위채권이 변제 등으로 소멸하기 전이라면 채무자의 다른 채권자가 이를 압류 또는 가압류할 수 있다. ( ) (2017 변리사)

150-2 채권자 甲이 채무자 乙에 대한 금전채권을 보전하기 위하여 제3채무자 丙에 대한 금전채권을 대위행사하는 경우, 丙으로 하여금 직접 甲에게 이행하도록 청구할 수도 있는데, 이러한 채권자대위소송에서 甲이 금전의 지급을 명하는 승소 확정판결을 받았다면, 위 피대위채권이 변제 등으로 소멸하기 전이라도 乙의 다른 채권자는 위 채권을 압류 또는 가압류할 수 없다. ( ) (2019 변호사)

정답 148-2 (○) 149 (×) 150-1 (○) 150-2 (×)

150-3 **제3채무자가 직접 대위채권자에게 금전을 지급하도록 하는 채권자대위소송의 판결이 확정된 경우, 대위채권자의 채권자는 대위채권자가 제3채무자로부터 지급받을 권리를 압류할 수 있다. ( )** (2023 변리사)

> **해설** 채권자가 자기의 금전채권을 보전하기 위하여 채무자의 금전채권을 대위행사하는 경우 제3채무자로 하여금 채무자에게 지급의무를 이행하도록 청구할 수도 있지만, 직접 대위채권자 자신에게 이행하도록 청구할 수도 있다. 그런데 채권자대위소송에서 제3채무자로 하여금 직접 대위채권자에게 금전의 지급을 명하는 판결이 확정되더라도, 대위의 목적인 권리, 즉 채무자의 제3채무자에 대한 피대위채권이 판결의 집행채권으로서 존재하고 대위채권자는 채무자를 대위하여 피대위채권에 대한 변제를 수령하게 될 뿐 자신의 채권에 대한 변제로서 수령하게 되는 것이 아니므로, 피대위채권이 변제 등으로 소멸하기 전이라면 채무자의 다른 채권자는 이를 압류·가압류할 수 있다(대판 2016. 8. 29, 2015다236547).

151-1 **채무자에게 채권자대위권의 행사가 통지된 후에는 제3채무자가 채무자의 채무불이행을 이유로 채무자와의 계약을 해제한 때에도 제3채무자는 계약해제로써 채권자에게 대항하지 못한다. ( )** (2014 변리사)

151-2 **채권자대위권행사의 통지를 받은 후 채무자의 채무불이행을 이유로 제3채무자가 매매계약을 해제한 경우, 특별한 사정이 없는 한 그 제3채무자는 계약해제로써 대위권을 행사하는 채권자에게 대항할 수 없다. ( )** (2016 변리사)

151-3 **채무자가 채권자대위권 행사의 통지를 받은 후에는 피대위권리를 처분하여도 채권자에게 대항하지 못하므로, 채무자가 채무를 불이행함으로써 통지 전에 체결된 약정에 따라 피대위권리의 발생원인인 계약이 자동적으로 해제되었다고 하더라도 특별한 사정이 없는 한 제3채무자는 그 계약해제로써 대위권을 행사하는 채권자에게 대항할 수 없다. ( )** (2018 변호사)

151-4 **채무자가 채권자대위권 행사의 통지를 받은 후에 제3채무자가 채무자의 채무불이행을 이유로 그 채무자와의 매매계약을 해제한 경우, 특별한 사정이 없는 한 제3채무자는 대위권을 행사하는 채권자에게 그 계약해제로써 대항할 수 있다. ( )** (2019 변호사)

> **해설** 채무자가 자신의 채무불이행을 이유로 매매계약이 해제되도록 한 것을 두고 민법 제405조 제2항에서 말하는 '처분'에 해당한다고 할 수 없다. 따라서 채무자가 채권자대위권행사의 통지를 받은 후에 채무를 불이행함으로써 통지 전에 체결된 약정에 따라 매매계약이 자동적으로 해제되거나, 채권자대위권행사의 통지를 받은 후에 채무자의 채무불이행을 이유로 제3채무자가 매매계약을 해제한 경우 제3채무자는 계약해제로써 대위권을 행사하는 채권자에게 대항할 수 있다. 다만 형식적으로는 채무자의 채무불이행을 이유로 한 계약해제인 것처럼 보이지만 실질적으로는 채무자와 제3채무자 사이의 합의에 따라 계약을 해제한 것으로 볼 수 있거나, 채무자와 제3채무자가 단지 대위채권자에게 대항할 수 있도록 채무자의 채무불이행을 이유로 하는 계약해제인 것처럼 외관을 갖춘 것이라는 등의 특별한 사정이 있는 경우에는 채무자가 피대위채권을 처분한 것으로 보아 제3채무자는 계약해제로써 대위권을 행사하는 채권자에게 대항할 수 없다[대판(전합) 2012. 5. 17, 2011다87235].

150-3 (×) **151-1** (×) **151-2** (×) **151-3** (×) **151-4** (○) 《 정답

152 **채권자 甲이 채무자 乙에 대한 금전채권을 보전하기 위하여 제3채무자 丙에 대한 금전채권을 대위행사하는 경우, 甲이 乙에게 대위권 행사사실을 통지하거나 乙이 이를 알게 된 이후에는, 피대위채권에 대한 전부명령은 우선권 있는 채권에 기초한 것이라는 등의 특별한 사정이 없는 한 무효이다. ( )** (2019, 2021 변호사)

> **해설** 채권자대위소송이 제기되고 대위채권자가 채무자에게 대위권 행사사실을 통지하거나 채무자가 이를 알게 되면 민법 제405조 제2항에 따라 채무자는 피대위채권을 양도하거나 포기하는 등 채권자의 대위권 행사를 방해하는 처분행위를 할 수 없게 되고 이러한 효력은 제3채무자에게도 그대로 미치는데, 그럼에도 그 이후 대위채권자와 평등한 지위를 가지는 채무자의 다른 채권자가 피대위채권에 대하여 전부명령을 받는 것도 가능하다고 하면, 채권자대위소송의 제기가 채권자의 적법한 권리행사방법 중 하나이고 채무자에게 속한 채권을 추심한다는 점에서 추심소송과 공통점도 있음에도 그것이 무익한 절차에 불과하게 될 뿐만 아니라, 대위채권자가 압류·가압류나 배당요구의 방법을 통하여 채권배당절차에 참여할 기회조차 가지지 못하게 한 채 전부명령을 받은 채권자가 대위채권자를 배제하고 전속적인 만족을 얻는 결과가 되어, 채권자대위권의 실질적 효과를 확보하고자 하는 민법 제405조 제2항의 취지에 반하게 된다. 따라서 채권자대위소송이 제기되고 대위채권자가 채무자에게 대위권 행사사실을 통지하거나 채무자가 이를 알게 된 이후에는 민사집행법 제229조 제5항이 유추적용되어 피대위채권에 대한 전부명령은, 우선권 있는 채권에 기초한 것이라는 등의 특별한 사정이 없는 한, 무효이다(대판 2016. 8. 29, 2015다236547).

153 **甲이 채무자 乙을 대위하여 제3채무자 丙을 상대로 X 토지에 관하여 매매에 기한 소유권이전등기를 구하는 소를 제기하였다. 乙이 甲으로부터 채권자대위권 행사의 통지를 받은 뒤 乙과 丙의 매매계약이 합의해제되었다면, 丙은 위 매매계약의 해제로 甲의 대위권 행사에 대항할 수 없다. ( )** (2022 변호사)

> **해설** 민법 제405조 제2항은 "채무자가 채권자대위권행사의 통지를 받은 후에는 그 권리를 처분하여도 이로써 채권자에게 대항하지 못한다"고 규정하고 있는데, 채무자가 자신의 채무불이행을 이유로 매매계약이 해제되도록 한 것을 두고 민법 제405조 제2항에서 말하는 '처분'에 해당한다고 할 수 없다. 따라서 채무자가 채권자대위권행사의 통지를 받은 후에 채무를 불이행함으로써 통지 전에 체결된 약정에 따라 매매계약이 자동적으로 해제되거나, 채권자대위권행사의 통지를 받은 후에 채무자의 채무불이행을 이유로 제3채무자가 매매계약을 해제한 경우 제3채무자는 계약해제로써 대위권을 행사하는 채권자에게 대항할 수 있다. 다만 형식적으로는 채무자의 채무불이행을 이유로 한 계약해제인 것처럼 보이지만 실질적으로는 채무자와 제3채무자사이의 '합의에 따라 계약을 해제'(=합의해제)한 것으로 볼 수 있는 경우에는 채무자가 피대위채권을 처분한 것으로 보아 제3채무자는 계약해제로써 대위권을 행사하는 채권자에게 대항할 수 없다[대판(전합) 2012.5.17, 2011다87235].

154 **채권자가 채무자의 토지 소유권이전등기청구권을 대위행사한 후 이를 채무자에게 통지한 경우, 채무자가 그 토지 소유권을 이전받는 것은 처분권제한에 위배되어 무효이다. ( )** (2023 변리사)

정답 》 152 (○) 153 (○) 154 (×)

해설 채권자가 채무자를 대위하여 채무자의 제3채무자에 대한 권리를 행사하고 채무자에게 통지를 하거나 채무자가 채권자의 대위권 행사사실을 안 후에는 채무자는 그 권리에 대한 처분권을 상실하여 그 권리의 양도나 포기등 처분행위를 할 수 없고 채무자의 처분행위에 기하여 취득한 권리로서는 채권자에게 대항할 수 없으나, **채무자의 변제수령**은 처분행위라 할 수 없고 같은 이치에서 **채무자가 그 명의로 소유권이전등기를 경료하는 것** 역시 처분행위라고 할 수 없으므로 소유권이전등기청구권의 대위행사 후에도 채무자는 그 명의로 소유권이전등기를 경료하는 데 아무런 지장이 없다(대판 1991. 4. 12, 90다9407).

155 **채권자 甲이 乙에 대한 채권을 보전하기 위하여 대위행사할 수 있는 권리(피대위권리)를 모두 고른 것은? (다툼이 있으면 판례에 따름)** (2015 변리사)

ㄱ. 丙이 乙의 甲에 대한 채무를 이행인수하기로 한 계약에 따라 가지는 乙의 丙에 대한 청구권
ㄴ. 토지소유자 乙이 甲에게 임대한 토지 전부를 丙이 불법점유하고 있는 경우, 乙의 丙에 대한 소유권에 기한 소유물반환청구권
ㄷ. 丙이 乙에게 자신의 부동산을 매도하고 乙이 그 부동산을 甲에게 전매한 경우, 乙의 丙에 대한 소유권이전등기청구권
ㄹ. 임차인 丙으로부터 건물임대차보증금 반환채권을 양수한 甲이 그 이행을 청구하기 위하여 丙의 건물명도가 선 이행되어야 할 필요가 있는 경우, 임대인 乙의 丙에 대한 명도청구권

① ㄱ, ㄷ ② ㄴ, ㄷ ③ ㄴ, ㄹ ④ ㄱ, ㄴ, ㄹ ⑤ ㄱ, ㄴ, ㄷ, ㄹ

해설 ㄱ. (○) : 채무자의 인수인에 대한 청구권은 그 성질상 재산권의 일종으로서 일신전속적 권리라고 할 수는 없으므로, 채권자는 대위권에 의하여 채무자의 인수인에 대한 청구권을 대위행사할 수 있다. 따라서 丙이 乙의 甲에 대한 채무를 이행인수하기로 한 계약에 따라 가지는 乙의 丙에 대한 청구권은 대위의 목적(피대위권리)이 된다(대판 2009. 6. 11, 2008다75072).
ㄴ. (○) : 토지소유자 乙이 甲에게 임대한 토지 전부를 丙이 불법점유하고 있는 경우, 乙의 丙에 대한 소유권에 기한 소유물반환청구권(대판 1995. 5. 12, 93다59502).
ㄷ. (○) : 丙이 乙에게 자신의 부동산을 매도하고 乙이 그 부동산을 甲에게 전매한 경우, 乙의 丙에 대한 소유권이전등기청구권(대판 2001. 5. 8, 99다386699).
ㄹ. (○) : 임차인 丙으로부터 건물임대차보증금 반환채권을 양수한 甲이 그 이행을 청구하기 위하여 丙의 건물명도가 선 이행되어야 할 필요가 있는 경우, 임대인 乙의 丙에 대한 명도청구권(대판 1989. 4. 25, 88다카4253).

156 **甲이 乙을 대위하여 丙에 대하여 채권자대위권을 행사한 경우에 관한 설명으로 옳은 것은? (다툼이 있으면 판례에 따름)** (2016 변리사)

① 乙이 丙에 대하여 채무의 이행을 청구하는 소를 제기하였다가 패소한 경우에도 甲은 丙에 대하여 채권자대위권을 행사할 수 있다.
② 甲이 丙에 대하여 채권자대위권을 행사한 경우 丙은 甲의 乙에 대한 채권이 시효로 소멸하였음을 주장할 수 있다.

155 ⑤ 156 ④ 《 정답

③ 甲이 乙에 대하여 이행청구의 소를 제기하여 승소한 경우에도, 丙은 甲의 채권자대위권 행사에 대항하여 乙에 대한 甲의 채권이 무효임을 주장할 수 있다.

④ 무자력인 丙이 자신의 채무자인 丁의 채무를 면제함으로써 乙에 대한 관계에서 사해행위를 한 경우, 甲은 丙의 사해행위를 취소하기 위하여 乙의 채권자취소권을 대위할 수 있다.

⑤ 甲이 채권자대위권을 행사하는 과정에서 비용을 지출하였더라도 甲은 乙에게 그 비용의 상환을 청구할 수 없다.

> **해설** ④만이 타당하다. 즉 채권자대위권이나 채권자취소권도 채권자대위권의 객체가 된다. 따라서 무자력인 丙이 자신의 채무자인 丁의 채무를 면제함으로써 乙에 대한 관계에서 사해행위를 한 경우, 甲은 丙의 사해행위를 취소하기 위하여 乙의 채권자취소권을 대위할 수 있다(대판 2001. 12. 27, 2000다73049).
>
> ① (×) : 채권자대위권은 채무자가 권리를 불행사할 때 하는 것으로, 乙이 丙에 대하여 채무의 이행을 청구하는 소를 제기하였다가 패소한 경우에도 甲은 丙에 대하여 채권자대위권을 행사할 수 없는 것이다(대판 1979. 3. 27, 78다2342).
>
> ② (×) : 채권자가 채권자대위소송을 제기한 경우, 제3채무자는 채무자가 채권자에 대하여 가지는 (소멸시효항변권 등)항변권이나 형성권 등과 같이 권리자에 의한 행사를 필요로 하는 사유를 들어 채권자의 채무자에 대한 권리가 인정되는지 여부를 다툴 수 없지만, 채권자의 채무자에 대한 권리의 발생원인이 된 법률행위가 무효라거나 위 권리가 변제 등으로 소멸하였다는 등의 사실을 주장하여 채권자의 채무자에 대한 권리가 인정되는지 여부를 다투는 것은 가능하다(대판 2015. 9. 10, 2013다55300). 따라서 甲이 丙에 대하여 채권자대위권을 행사한 경우 丙은 甲의 乙에 대한 채권이 시효로 소멸하였음을 주장할 수 없는 것이다.
>
> ③ (×) : 채권자대위권을 행사함에 있어 채권자가 채무자를 상대로 그 보전되는 청구권에 기한 이행청구의 소를 제기하여 승소한 경우, 제3채무자는 그 청구권의 존재를 다툴 수 없다(조치원버스정류장 사건 – 대판 2007. 5. 10, 2006다82700). 따라서 甲이 乙에 대하여 이행청구의 소를 제기하여 승소한 경우에도, 丙은 甲의 채권자대위권 행사에 대항하여 乙에 대한 甲의 채권이 무효임을 주장할 수 없다.
>
> ⑤ (×) : 甲이 채권자대위권을 행사하는 과정에서 비용을 지출하였다면 법정위임으로 乙에게 그 비용을 청구할 수 있다(대판 1992. 4. 10, 91다41620). ☞ 민법 제688조 제1항

157 甲이 乙에 대한 A채권을 보전하기 위하여 丙을 상대로 채권자대위소송을 제기하는 경우, A채권에 관한 설명으로 옳지 않은 것은? (다툼이 있으면 판례에 따름) (2019 변리사)

① A채권의 존재뿐만 아니라 그 발생원인도 甲이 증명할 책임이 있다.

② A채권은 丙에게 대항할 수 있는 권리가 아니어도 된다.

③ 토지거래허가신청절차의 협력의무이행청구권도 A채권이 될 수 있다.

④ 丙은 특별한 사정이 없는 한 甲에 대하여 A채권의 소멸시효가 완성되었음을 항변할 수 없다.

⑤ 丙은 甲에 대하여 A채권의 발생원인이 된 법률행위가 무효라는 사실을 주장하여 A채권의 인정 여부를 다툴 수 있다.

> **해설** ① (×), ② (○) : 민법 제404조에서 규정하고 있는 채권자대위권은 채권자가 채무자에 대한 자기의 채권을 보전하기 위하여 필요한 경우에 채무자의 제3자에 대한 권리를 대위행사할 수 있는 권리를

정답 》 157 ①

말하는 것으로서 이때 보전되는 채권은 보전의 필요성이 확정되고 이행기가 도래한 것이면 족하고 그 채권의 발생원인이 어떠하든 대위권을 행사함에는 아무런 방해가 되지 아니하며 또한 채무자에 대한 채권이 제3채무자에게까지 대항할 수 있는 것임을 요하는 것도 아니라 할 것이므로 채권자대위권을 재판상 행사하는 경우에 있어서도 채권자는 그 채권의 존재사실 및 보전의 필요성, 기한의 도래 등을 입증하면 족한 것이며 채권의 발생원인사실 또는 그 채권이 제3채무자에게 대항할 수 있는 채권이라는 사실까지 입증할 필요는 없다(대판 1988. 2. 23, 87다카961).

③ (○) : 국토이용관리법상의 토지거래규제구역 내의 토지에 관하여 관할관청의 허가 없이 체결된 매매계약이라고 하더라도, 거래 당사자 사이에는 그 계약이 효력 있는 것으로 완성될 수 있도록 서로 협력할 의무가 있어, 그 매매계약의 쌍방 당사자는 공동으로 관할관청의 허가를 신청할 의무가 있고, 이러한 의무에 위배하여 허가신청에 협력하지 않는 당사자에 대하여 상대방은 협력의무의 이행을 청구할 수 있는 것이므로, 매수인과 매도인 사이의 토지거래규제구역 내에 있는 토지에 대한 매매계약이 관할관청의 허가 없이 체결된 것이라고 하더라도, 매수인은 매도인에 대한 토지거래허가신청절차의 협력의무의 이행청구권을 보전하기 위하여 매도인을 대위하여 제3자 명의의 소유권이전등기의 말소등기절차이행을 구할 수 있는 것이다(대판 1994. 12. 27, 94다4806).

④ (○) : 채권자가 채권자대위권을 행사하여 제3자에 대하여 하는 청구에 있어서 제3채무자는 채무자가 채권자에 대하여 가지는 항변으로는 대항할 수 없으므로, 채권의 소멸시효가 완성된 경우 이를 원용할 수 있는 자도 원칙적으로는 시효이익을 직접 받는 자뿐이고 채권자대위소송의 제3채무자가 이를 행사할 수는 없다(대판 1997. 7. 22, 97다5749).

⑤ (○) : 채권자가 채권자대위소송을 제기한 경우, 제3채무자는 채무자가 채권자에 대하여 가지는 항변권이나 형성권 등과 같이 권리자에 의한 행사를 필요로 하는 사유를 들어 채권자의 채무자에 대한 권리가 인정되는지 여부를 다툴 수 없지만, 채권자의 채무자에 대한 권리의 발생원인이 된 법률행위가 무효라거나 위 권리가 변제 등으로 소멸하였다는 등의 사실을 주장하여 채권자의 채무자에 대한 권리가 인정되는지 여부를 다투는 것은 가능하고, 이 경우 법원은 제3채무자의 주장을 고려하여 채권자의 채무자에 대한 권리가 인정되는지 여부에 관하여 직권으로 심리·판단하여야 한다(대판 2015. 9. 10, 2013다55300).

158 甲이 자기 소유의 아파트를 乙에게 매도하고 乙이 계약금과 중도금을 지급한 후 잔금을 지급하지 않고 있고 소유권이전등기가 경료되지 않은 상태에서, 다시 乙이 丙에게 위 아파트를 매도하고 丙은 乙에게 매매대금 전액을 지급하였다. 그 후 丙이 乙을 대위하여 甲에게 소유권이전등기청구소송을 제기하여 소가 계속 중에 있다. 이에 관한 설명 중 옳지 않은 것은? (다툼이 있는 경우 판례에 의함) (2017 변호사)

① 위 소송에서 甲은 丙에 대하여 乙로부터 잔금을 받음과 동시에 소유권이전등기를 해 주겠다고 항변할 수 있다.

② 丙이 乙에게 대위행사를 통지하였고 그 후 甲이 乙의 잔금채무불이행을 이유로 매매계약을 해제한 경우, 甲은 丙에게 계약해제로써 대항할 수 없다.

③ 丙이 위 소송계속 중 乙에게 대위행사를 통지한 후 통지를 수령한 乙이 甲에게 소유권이전등기청구소송을 제기한 경우, 乙이 제기한 소송은 부적법하여 각하된다.

④ 丙이 乙에게 대위행사를 일반우편으로 통지하여 乙이 알게 된 경우, 그 후 丙이 제기한 소송이 패소로 확

158 ② 정답

정되었다면 그 패소판결의 효력은 乙에게도 미친다.

⑤ 丙이 乙에게 대위행사를 통지하였고 그 후 甲과 乙이 둘 사이의 매매계약을 합의하여 해제한 경우, 甲은 丙에게 계약해제로써 대항할 수 없다.

해설 ① (○) : 채권자대위권은 채무자의 제3채무자에 대한 권리를 행사하는 것이므로, 제3채무자는 채무자에 대해 가지는 모든 항변사유로 채권자에게 대항할 수 있으나, 채권자는 채무자 자신이 주장할 수 있는 사유의 범위 내에서 주장할 수 있을 뿐 자기와 제3채무자 사이의 독자적인 사정에 기한 사유를 주장할 수는 없다(대판 2009. 5. 28, 2009다4787).

② (×) : 채무자가 자신의 채무불이행을 이유로 매매계약이 해제되도록 한 것을 두고 민법 제405조 제2항에서 말하는 '처분'에 해당한다고 할 수 없다. 따라서 채무자가 채권자대위권행사의 통지를 받은 후에 채무를 불이행함으로써 통지 전에 체결된 약정에 따라 매매계약이 자동적으로 해제되거나, 채권자대위권행사의 통지를 받은 후에 채무자의 채무불이행을 이유로 제3채무자가 매매계약을 해제한 경우 제3채무자는 계약해제로써 대위권을 행사하는 채권자에게 대항할 수 있다[대판(전합) 2012. 5. 17, 2011다87235].

③ (○) : 채권자가 채무자를 대위하여 제3채무자를 상대로 제기한 채권자대위소송이 법원에 계속중 채무자와 제3채무자 사이에 채권자대위소송과 소송물을 같이하는 내용의 소송이 제기된 경우, 양 소송은 동일소송이므로 후소는 중복제소금지원칙에 위배되어 제기된 부적법한 소송이다[대판 1992. 5. 22, 91다41187(채무부존재확인)].

④ (○) : 채권자가 채권자대위권을 행사하는 방법으로 제3채무자를 상대로 소송을 제기하고 판결을 받은 경우에는 어떠한 사유로 인하였든 적어도 채무자가 채권자 대위권에 의한 소송이 제기된 사실을 알았을 경우에는 그 판결의 효력은 채무자에게 미친다[대판(전합) 1975. 5. 13, 74다1664].

⑤ (○) : 채무자가 그러한 채권자대위권 행사 사실을 알게 된 후에 그 매매계약을 합의해제함으로써 채권자대위권의 객체인 부동산 소유권이전등기청구권을 소멸시켰다 하더라도 이로써 채권자에게 대항할 수 없고, 그 결과 제3채무자 또한 그 계약해제로써 채권자에게 대항할 수 없다(대판 2007. 6. 28, 2006다85921).

159 **甲은 비법인사단인 乙과 공사계약을 체결한 후 공사를 완료하여 乙에 대한 공사대금채권을 가지고 있었으나, 乙은 丙에 대한 매매대금채권을 가지고 있는 외에는 달리 재산이 없었다. 이에 甲은 乙에 대한 자신의 위 공사대금채권을 보전하기 위하여 乙을 대위하여 丙에게 위 매매대금의 지급을 청구하는 소를 제기한 후 乙에게 채권자대위권 행사의 통지를 하였다. 이에 관한 설명 중 옳은 것을 모두 고른 것은? (다툼이 있는 경우 판례에 의함)** (2021 변호사)

ㄱ. 丙은 위 소송에서 甲이 乙에 대하여 가지는 공사대금채권의 소멸시효가 완성되었다는 항변으로 甲에게 대항할 수 없다.

ㄴ. 丙은 위 소송에서 甲과 乙 사이의 공사계약이 무효라거나 공사대금채권이 변제되어 소멸하였다는 사실을 주장하여 다툴 수 있다.

ㄷ. 甲이 위 소송 도중 乙로부터 丙에 대한 매매대금채권을 양수하여 양수금청구로 소를 교환적으로 변경한 경우에도 당초의 채권자대위소송으로 인한 소멸시효중단의 효과는 소멸하지 않는다.

정답 159 ④

ㄹ. 甲이 위 채권자대위권에 기한 소를 제기할 당시 이미 乙이 丙을 상대로 위 매매대금의 지급을 구하는 소를 제기한 바가 있다면, 비록 乙의 소가 비법인사단인 乙의 사원총회 결의 없이 총유재산에 관하여 제기된 소라는 이유로 각하판결이 확정되었다고 하더라도 乙이 스스로 丙에 대한 권리를 행사한 것으로 볼 수 있으므로, 甲이 제기한 채권자대위권에 기한 소는 부적법하다.

ㅁ. 乙이 채권자대위권 행사의 통지를 받은 후에 丙에 대한 채무를 불이행하여 丙이 乙과의 매매계약을 해제한 경우, 특별한 사정이 없는 한 丙은 매매계약의 해제로써 甲에게 대항할 수 있다.

① ㄱ, ㄴ, ㄷ　② ㄱ, ㄴ, ㅁ　③ ㄴ, ㄷ, ㅁ　④ ㄱ, ㄴ, ㄷ, ㅁ　⑤ ㄱ, ㄷ, ㄹ, ㅁ

해설 ㄱ. (○) : 채권자가 채권자대위권을 행사하여 제3자에 대하여 하는 청구에 있어서, 제3채무자는 채무자가 채권자에 대하여 가지는 항변으로 대항할 수 없고, 피보전 채권의 소멸시효가 완성된 경우 이를 원용할 수 있는 자는 원칙적으로는 시효이익을 직접 받는 자뿐이고, 채권자대위소송의 제3채무자는 이를 행사할 수 없다(대판 2004.2.12, 2001다10151 ; 대판 1998.12.8, 97다31472 ; 대판 1992.11.10, 92다35899 등).

ㄴ. (○) : 채권자가 채권자대위소송을 제기한 경우, 제3채무자는 채무자가 채권자에 대하여 가지는 항변권이나 형성권 등과 같이 권리자에 의한 행사를 필요로 하는 사유를 들어 채권자의 채무자에 대한 권리가 인정되는지 여부를 다툴 수 없지만, 채권자의 채무자에 대한 권리의 발생원인이 된 법률행위가 무효라거나 위 권리가 변제 등으로 소멸하였다는 등의 사실을 주장하여 채권자의 채무자에 대한 권리가 인정되는지 여부를 다투는 것은 가능하고, 이 경우 법원은 제3채무자의 주장을 고려하여 채권자의 채무자에 대한 권리가 인정되는지 여부에 관하여 직권으로 심리·판단하여야 한다(대판 2015.9.10, 2013다55300).

ㄷ. (○) : 원고가 채권자대위권에 기해 청구를 하다가 당해 피대위채권 자체를 양수하여 양수금청구로 소를 변경한 사안에서, 이는 청구원인의 교환적 변경으로서 채권자대위권에 기한 구 청구는 취하된 것으로 보아야 하나, 그 채권자대위소송의 소송물은 채무자의 제3채무자에 대한 계약금반환청구권인데 위 양수금청구는 원고가 위 계약금반환청구권 자체를 양수하였다는 것이어서 양 청구는 동일한 소송물에 관한 권리의무의 특정승계가 있을 뿐 그 소송물은 동일한 점, 시효중단의 효력은 특정승계인에게도 미치는 점, 계속 중인 소송에 소송목적인 권리 또는 의무의 전부나 일부를 승계한 특정승계인이 소송참가하거나 소송인수한 경우에는 소송이 법원에 처음 계속된 때에 소급하여 시효중단의 효력이 생기는 점, 원고는 위 계약금반환채권을 채권자대위권에 기해 행사하다 다시 이를 양수받아 직접 행사한 것이어서 위 계약금반환채권과 관련하여 원고를 '권리 위에 잠자는 자'로 볼 수 없는 점 등에 비추어 볼 때, 당초의 채권자대위소송으로 인한 시효중단의 효력이 소멸하지 않는다(대판 2010. 6. 24, 2010다17284).

> [비교판례] 아파트입주자대표회의가 직접 하자보수에 갈음한 손해배상청구의 소를 제기하였다가 구분소유자들로부터 손해배상채권을 양도받아 양수금청구를 하는 것으로 청구원인을 변경한 사안에서, 소를 제기한 때 아니라 청구원인을 변경하는 취지의 준비서면을 제출한 때에 소멸시효 중단의 효과가 발생한다(대판 2009. 2. 12, 2008다84229).

ㄹ. (×) : 채권자대위권은 채무자가 스스로 제3채무자에 대한 권리를 행사하지 아니하는 경우에 한하여 채권자가 자기의 채권을 보전하기 위하여 행사할 수 있는 것이어서, 채권자가 대위권을 행사할 당시에 이미 채무자가 그 권리를 재판상 행사하였을 때에는 채권자는 채무자를 대위하여 채무자의 권리를 행사할 수 없다. 그런데 비법인사단이 사원총회의 결의 없이 제기한 소는 소제기에 관한 특별수권을 결하여 부적법하고, 그 경우 소제기에 관한 비법인사단의 의사결정이 있었다고 할 수 없다. 따라서 비법인사단인 채무자 명의로 제3채무자를 상대로 한 소가 제기되었으나 사원총회의 결의 없이 총유재산에 관한 소가 제기되었다는 이유로 각하판결을 받고 그 판결이 확정된 경우에는 채무자가 스스로 제3채무자에 대한 권리를 행사한 것으로 볼 수 없다(대판 2018. 10. 25, 2018다210539).

[비교판례] 채권자대위권은 채무자가 제3채무자에 대한 권리를 행사하지 아니하는 경우에 한하여 채권자가 자기의 채권을 보전하기 위하여 행사할 수 있는 것이기 때문에 채권자가 대위권을 행사할 당시 이미 채무자가 그 권리를 재판상 행사하였을 때에는 설사 패소의 확정판결을 받았더라도 채권자는 채무자를 대위하여 채무자의 권리를 행사할 당사자적격이 없다(대판 1993. 3. 26, 92다32876).

ㅁ. (○) : 민법 제405조 제2항은 "채무자가 채권자대위권행사의 통지를 받은 후에는 그 권리를 처분하여도 이로써 채권자에게 대항하지 못한다"고 규정하고 있는데, 채무자가 자신의 채무불이행을 이유로 매매계약이 해제되도록 한 것을 두고 민법 제405조 제2항에서 말하는 '처분'에 해당한다고 할 수 없다. 따라서 채무자가 채권자대위권행사의 통지를 받은 후에 채무를 불이행함으로써 통지 전에 체결된 약정에 따라 매매계약이 자동적으로 해제되거나, 채권자대위권행사의 통지를 받은 후에 채무자의 채무불이행을 이유로 제3채무자가 매매계약을 해제한 경우 제3채무자는 계약해제로써 대위권을 행사하는 채권자에게 대항할 수 있다. 다만 형식적으로는 채무자의 채무불이행을 이유로 한 계약해제인 것처럼 보이지만 실질적으로는 채무자와 제3채무자사이의 '합의에 따라 계약을 해제'(=합의해제)한 것으로 볼 수 있는 경우에는 채무자가 피대위채권을 처분한 것으로 보아 제3채무자는 계약해제로써 대위권을 행사하는 채권자에게 대항할 수 없다[대판(전합) 2012. 5. 17, 2011다87235].

XIV. 채권자취소권

160 채권자취소권은 재판상으로만 행사할 수 있다. ( ) (2023 변리사)

해설 채권자취소권은 채무자와 수익자사이의 유효한 법률행위를 채권자가 부인하는 점에서 제3자에게 미치는 영향이 매우 크고, 따라서 채권자취소권은 '재판상'으로만 행사할 수 있다. 민법도 "채무자가 채권자를 해함을 알고 재산권을 목적으로 한 법률행위를 한 때에는 채권자는 그 취소 및 원상회복을 법원에 청구할 수 있다(민법 제406조 제1항)."고 규정하고 있다.

161 부동산이 이중(二重)으로 매도되고 제2매수인에게 소유권이전등기가 이루어진 경우, 제1매수인은 자신의 소유권이전등기청구권을 보전하기 위하여, 매도인과 제2매수인 사이에 이루어진 양도행위에 대하여 채권자취소권을 행사할 수 없다. ( ) (2018 변리사)

정답 》 160 (○) 161 (○)

해설 채권자취소권을 특정물에 대한 소유권이전등기청구권을 보전하기 위하여 행사하는 것은 허용되지 않으므로, 부동산의 제1양수인은 자신의 소유권이전등기청구권 보전을 위하여 양도인과 제3자 사이에서 이루어진 이중양도행위에 대하여 채권자취소권을 행사할 수 없다(대판 1999. 4. 27, 98다56690).

162 **부동산을 양도받아 소유권이전등기청구권을 가지고 있는 자가 양도인이 제3자에게 이를 이중으로 양도하여 소유권이전등기를 경료하여 줌으로써 취득하는 부동산 가액 상당의 손해배상채권은 그 이중양도행위에 대한 사해행위취소권을 행사할 수 있는 피보전채권에 해당한다고 할 수 없다. ( )** (2019 변호사)

해설 부동산을 양도받아 소유권이전등기청구권을 가지고 있는 자가 양도인이 제3자에게 이를 이중으로 양도하여 소유권이전등기를 경료하여 줌으로써 취득하는 부동산 가액 상당의 손해배상채권은 이중양도행위에 대한 사해행위취소권을 행사할 수 있는 피보전채권에 해당한다고 할 수 없다(대판 1999. 4. 27, 98다56690). ☞ 사해행위 이전에 성립하여 있던 채권이 아니기 때문이다.

163 **특별한 사정이 없으면, 채권자는 정지조건부 채권을 피보전채권으로 하여 채권자취소권을 행사할 수 있다. ( )** (2014 변리사)

해설 채권자취소권 행사는 채무 이행을 구하는 것이 아니라 총채권자를 위하여 이행기에 채무 이행을 위태롭게 하는 채무자의 자력 감소를 방지하는 데 목적이 있는 점과 민법이 제148조, 제149조에서 조건부권리의 보호에 관한 규정을 두고 있는 점을 종합해 볼 때, 취소채권자의 채권이 정지조건부채권이라 하더라도 장래에 정지조건이 성취되기 어려울 것으로 보이는 등 특별한 사정이 없는 한, 이를 피보전채권으로 하여 채권자취소권을 행사할 수 있다(대판 2011. 12. 8, 2011다55542).

164 **근저당권설정계약이 사해행위인 이상 근저당권설정등기가 경매로 인하여 말소되었다고 하더라도 근저당권설정등기로 인하여 해를 입게 되는 채권자는 근저당권설정계약의 취소를 구할 이익이 있다. ( )** (2019 변호사)

해설 채무자와 수익자 사이의 근저당권설정계약이 사해행위인 이상 그로 인한 근저당권설정등기가 경락으로 인하여 말소되었다고 하더라도 수익자로 하여금 근저당권자로서의 배당을 받도록 하는 것은 민법 제406조 제1항의 취지에 반하므로, 수익자에게 그와 같은 부당한 이득을 보유시키지 않기 위하여 그 근저당권설정등기로 인하여 해를 입게 되는 채권자는 근저당권설정계약의 취소를 구할 이익이 있다(대판 1997. 10. 10, 97다8687).

165 **채권자의 채권이 사해행위 이전에 성립한 이상 사해행위 이후에 양도되었다고 하더라도 양수인의 채권은 채권자취소권의 피보전채권이 될 수 있다. ( )** (2017 변리사)

해설 채권자의 채권이 사해행위 이전에 성립한 이상 사해행위 이후에 양도되었다고 하더라도 양수인은 채권자취소권을 행사할 수 있으며, 채권 양수일에 채권자취소권의 피보전채권이 새로이 발생되었다고 할 수 없다(대판 2012. 2. 9, 2011다77146).

162 (○) 163 (○) 164 (○) 165 (○) 《 정답

166-1 매매계약을 원인으로 하는 가등기에 기하여 본등기가 경료된 경우, 사해행위 요건의 구비 여부는 특별한 사정이 없는 한 본등기를 한 시점을 기준으로 판단하여야 한다. ( )

(2018 변리사)

166-2 가등기에 기하여 본등기가 경료된 경우 가등기의 원인인 법률행위와 본등기의 원인인 법률행위가 명백히 다른 것이 아니면 사해행위 요건의 구비 여부는 본등기의 원인된 법률행위 당시를 기준으로 판단하여야 한다. ( ) (2019 변호사)

> **해설** 가등기에 기하여 본등기가 경료된 경우 가등기의 원인인 법률행위와 본등기의 원인인 법률행위가 명백히 다른 것이 아닌 한 사해행위 요건의 구비 여부는 가등기의 원인된 법률행위 당시를 기준으로 하여 판단하여야 한다(대판 2001. 7. 27, 2000다73377).

167 사해행위는 채무자가 재산을 처분하기 이전에 이미 채무초과 상태에 있는 경우뿐만 아니라, 문제된 처분행위로 말미암아 비로소 채무초과 상태에 빠지는 경우에도 성립할 수 있다. ( )

(2020 변리사)

> **해설** 채권자취소권의 요건인 '채권자를 해하는 법률행위'는 채무자의 재산을 처분하는 행위로서, 그로 인하여 채무자의 재산이 감소하여 채권의 공동담보에 부족이 생기거나 이미 부족상태에 있는 공동담보가 한층 더 부족하게 됨으로써 채권자의 채권을 완전하게 만족시킬 수 없게 되는 것을 말한다. 따라서 이러한 사해행위는 채무자가 재산을 처분하기 이전에 이미 채무초과 상태에 있는 경우는 물론이고, 문제된 처분행위로 말미암아 비로소 채무초과 상태에 빠지는 경우에도 성립할 수 있다(대판 2017. 9. 21, 2015다53841).

168 주채무의 전액에 관하여 물상보증인의 담보로 채권자의 우선변제권이 확보되어있다면, 연대보증인이 유일한 재산을 처분하였더라도 사해행위가 되지 않는다. ( ) (2017 변리사)

> **해설** 주채무자 또는 제3자 소유의 부동산에 대하여 채권자 앞으로 근저당권이 설정되어 있고, 그 부동산의 가액 및 채권최고액이 당해 채무액을 초과하여 채무 전액에 대하여 채권자에게 우선변제권이 확보되어 있다면, 연대보증인이 비록 유일한 재산을 처분하는 법률행위를 하더라도 채권자에 대하여 사해행위가 성립되지 않는다(대판 2000. 12. 8, 2000다21017).

169 채권자가 채무자 소유의 부동산에 저당권을 설정받아 채권전액에 대한 우선변제권을 확보하고 있다면, 그 채무의 수탁보증인은 사전구상권을 피보전권리로 하여 채무자의 법률행위를 사해행위로 취소하지 못한다. ( ) (2023 변리사)

> **해설** 채무자가 다른 재산을 처분하는 법률행위를 하더라도, 채무자 소유의 부동산에 채권자 앞으로 근저당권이 설정되어 있고 그 부동산의 가액 및 채권최고액이 당해 채권액을 초과하여 채권자에게 채권전액에 대한 우선변제권이 확보되어 있다면, 그와 같은 재산처분행위는 채권자를 해하지 아니하므로 채권자에 대하여 사해행위가 성립하지 않는다. 이러한 경우 주채무의 보증인이 있더라도 채무자가 보증인에 대하여 부담하는 사전구상채무를 별도로 소극재산으로 평가할 수는 없고, 보증인이 변제로 채

정답 》 166-1 (×) 166-2 (×) 167 (○) 168 (○) 169 (○)

권자를 대위할 경우 자기의 권리에 의하여 구상할 수 있는 범위에서 채권 및 그 담보에 관한 권리를 행사할 수 있으므로, 사전구상권을 피보전권리로 주장하는 보증인에 대하여도 사해행위가 성립하지 않는다(대판 2009. 6. 23, 2009다549).

170 **채무자 소유의 부동산을 가압류한 채권자는 그 후에 채무자가 제3자의 채무를 담보하기 위하여 그 부동산에 근저당권을 설정하여 책임재산이 부족하게 되더라도 그 근저당권설정행위의 취소를 청구할 수 없다. ( )** (2014 변리사)

해설 채무자가 아무 채무도 없이 다른 사람을 위해 자신의 부동산에 관하여 근저당권을 설정함으로써 물상보증인이 되는 행위는 그 부동산의 담보가치만큼 채무자의 총재산에 감소를 가져오는 것이므로, 그 근저당권이 채권자의 가압류와 동순위의 효력밖에 없다 하여도, 그 자체로 다른 채권자를 해하는 행위가 된다(대판 2010. 6. 24, 2010다20617).

[비교판례] 부동산에 대하여 가압류등기가 먼저 되고 나서 근저당권설정등기가 마쳐진 경우에 경매절차의 배당관계에서 근저당권자는 선순위 가압류채권자에 대하여는 우선변제권을 주장할 수 없으므로 그 가압류채권자는 근저당권자와 일반 채권자의 자격에서 평등배당을 받을 수 있고, 따라서 가압류채권자는 채무자의 근저당권설정행위로 인하여 아무런 불이익을 입지 않으므로 채권자취소권을 행사할 수 없다(대판 2008. 2. 28, 2007다77446).

171 **채무자가 저당권이 설정되어 있는 자신의 유일한 재산을 양도한 경우, 저당권의 피담보채권액이 그 재산의 가액을 초과하더라도 당해 재산의 양도는 사해행위에 해당한다. ( )** (2018 변리사)

해설 사해행위취소의 소에서 채무자가 수익자에게 양도한 목적물에 저당권이 설정되어 있는 경우라면 그 목적물 중에서 일반채권자들의 공동담보에 제공되는 책임재산은 피담보채권액을 공제한 나머지 부분만이라고 할 것이고 그 피담보채권액이 목적물의 가액을 초과할 때는 당해 목적물의 양도는 사해행위에 해당한다고 할 수 없다[대판(전합) 2013. 7. 18, 2012다5643].

172 **채무자가 제3자의 채무를 담보하기 위한 근저당권이 설정되어 있는 부동산을 양도한 경우, 근저당권의 피담보채권액과 채권최고액이 모두 부동산 가격을 초과하는 때에는 부동산의 양도가 사해행위에 해당하지 않는다. ( )** (2022 변호사)

해설 채무자가 양도한 부동산에 제3자의 채무를 담보하기 위한 근저당권이 설정되어 있는 경우 그 부동산에서 일반 채권자들의 공동담보로 되는 책임재산은 채권최고액을 한도로 실제 부담하고 있는 피담보채권액을 뺀 나머지 부분이다. 따라서 근저당권의 피담보채권액과 채권최고액이 모두 부동산 가격을 초과하는 때에는 일반 채권자들의 공동담보로 되는 책임재산이 없으므로 부동산의 양도가 사해행위에 해당하지 않는다(대판 2018. 4. 24, 2017다287891).

170 (×) 171 (×) 172 (○) 《 정답

[참고판례] 저당권이 설정되어 있는 부동산이 사해행위로 양도된 경우에 그 사해행위는 부동산의 가액, 즉 시가(공시지가와 일치하는 것은 아니다)에서 저당권의 피담보채권액을 공제한 잔액의 범위 내에서 성립하고, 피담보채권액이 부동산의 가액을 초과하는 때에는 당해 부동산의 양도는 사해행위에 해당한다고 할 수 없는바, 여기서 피담보채권액이라 함은 근저당권의 경우 채권최고액이 아니라 실제로 이미 발생하여 있는 채권금액이다(대판 2001. 10. 9, 2000다42618).

173 **사해행위의 목적물인 부동산에 관하여 우선변제권 있는 임차인이 있는 경우에는 부동산 가액 중 임차보증금 해당 부분은 일반 채권자의 공동담보에 제공되었다고 볼 수 없으므로, 임대차계약의 체결시기와 상관없이 그 임차보증금 반환채권액은 가액반환의 범위에서 공제되어야 한다. ( )** (2020 변호사)

해설 저당권이 설정되어 있는 부동산에 관하여 사해행위 후 변제 등으로 저당권설정등기가 말소되어 사해행위 취소와 함께 가액반환을 명하는 경우, 부동산 가액에서 저당권의 피담보채권액을 공제한 한도에서 가액반환을 하여야 한다. 그런데 그 부동산에 위와 같은 저당권 이외에 우선변제권 있는 임차인이 있는 경우에는 임대차계약의 체결시기 등에 따라 임차보증금 공제 여부가 달라질 수 있다. 가령 사해행위 이전에 임대차계약이 체결되었고 임차인에게 임차보증금에 대해 우선변제권이 있다면, 부동산 가액 중 임차보증금에 해당하는 부분이 일반 채권자의 공동담보에 제공되었다고 볼 수 없으므로 수익자가 반환할 부동산 가액에서 우선변제권 있는 임차보증금 반환채권액을 공제하여야 한다. 그러나 부동산에 관한 사해행위 이후에 비로소 채무자가 부동산을 임대한 경우에는 그 임차보증금을 가액반환의 범위에서 공제할 이유가 없다. 이러한 경우에는 부동산 가액 중 임차보증금에 해당하는 부분도 일반 채권자의 공동담보에 제공되어 있음이 분명하기 때문이다(대판 2018. 9. 13, 2018다215756).

174 **채무자 소유의 유일한 재산인 부동산에 관한 매매예약완결권이 제척기간 경과가 임박하여 소멸할 예정인 상태에서, 채무자가 제척기간을 연장하기 위하여 새로 매매예약을 하는 행위는 기존에 부담하는 채무 외에 추가로 채무를 부담하는 것이 아니므로 사해행위에 해당하지 아니한다. ( )** (2020 변호사)

해설 채무자가 유일한 재산인 그 소유의 부동산에 관한 매매예약에 따른 예약 완결권이 제척기간 경과가 임박하여 소멸할 예정인 상태에서 제척기간을 연장하기 위하여 새로 매매예약을 하는 행위는 채무자가 부담하지 않아도 될 채무를 새롭게 부담하게 되는 결과가 되므로 채권자취소권의 대상인 사해행위가 될 수 있다(대판 2018. 11. 29, 2017다247190).

175 **신축건물의 도급인이 「민법」 제666조가 정한 수급인의 저당권설정청구권의 행사에 따라 공사대금채무의 담보로 그 건물에 저당권을 설정하는 행위는 특별한 사정이 없는 한 사해행위에 해당하지 아니하고, 수급인으로부터 공사대금채권을 양수받은 자의 저당권설정청구에 의하여 신축건물의 도급인이 그 건물에 저당권을 설정하는 행위 역시 다른 특별한 사정이 없는 한 사해행위에 해당하지 아니한다. ( )** (2020 변호사)

정답 173(×) 174(×) 175(○)

> **해설** 민법 제666조에서 정한 수급인의 저당권설정청구권은 공사대금채권을 담보하기 위하여 인정되는 채권적 청구권으로서 공사대금채권에 부수하여 인정되는 권리이므로, 당사자 사이에 공사대금채권만을 양도하고 저당권설정청구권은 이와 함께 양도하지 않기로 약정하였다는 등의 특별한 사정이 없는 한, 공사대금채권이 양도되는 경우 저당권설정청구권도 이에 수반하여 함께 이전된다고 봄이 타당하다. 따라서 신축건물의 수급인으로부터 공사대금채권을 양수받은 자의 저당권설정청구에 의하여 신축건물의 도급인이 그 건물에 저당권을 설정하는 행위 역시 다른 특별한 사정이 없는 한 사해행위에 해당하지 아니한다고 할 것이다(대판 2018. 11. 29, 2015다19827).

176 채무초과상태에 있는 채무자가 상속을 포기하는 것은 사해행위취소의 대상이 되지 않고, 유증을 포기하는 것도 직접적으로 채무자의 일반재산을 감소시키지 아니하므로 사해행위취소의 대상이 되지 아니한다. ( ) (2020 변호사)

> **해설** (i) 상속인의 채권자의 입장에서는 상속의 포기가 그의 기대를 저버리는 측면이 있다고 하더라도 채무자인 상속인의 재산을 현재의 상태보다 악화시키지 아니한다. 이러한 점들을 종합적으로 고려하여 보면, 상속의 포기는 민법 제406조 제1항에서 정하는 "재산권에 관한 법률행위"에 해당하지 아니하여 사해행위취소의 대상이 되지 못한다(대판 2011. 6. 9, 2011다29307). (ii) 유증을 받을 자는 유언자의 사망 후에 언제든지 유증을 승인 또는 포기할 수 있고, 그 효력은 유언자가 사망한 때에 소급하여 발생하므로(민법 제1074조), 채무초과 상태에 있는 채무자라도 자유롭게 유증을 받을 것을 포기할 수 있다. 또한 채무자의 유증 포기가 직접적으로 채무자의 일반재산을 감소시켜 채무자의 재산을 유증 이전의 상태보다 악화시킨다고 볼 수도 없다. 따라서 유증을 받을 자가 이를 포기하는 것은 사해행위 취소의 대상이 되지 않는다고 보는 것이 옳다(대판 2019. 1. 17, 2018다260855).

177 채권양도행위가 사해행위에 해당하지 않는 경우에 양도통지가 따로 채권자취소권 행사의 대상이 될 수는 없다. ( ) (2020 변리사)

> **해설** 채권양도의 경우 권리이전의 효과는 원칙적으로 당사자 사이의 양도계약 체결과 동시에 발생하며 채무자에 대한 통지 등은 채무자를 보호하기 위한 대항요건일 뿐이므로, 채권양도행위가 사해행위에 해당하지 않는 경우에 양도통지가 따로 채권자취소권 행사의 대상이 될 수는 없다(대판 2012. 8. 30, 2011다32785,32792).

178 채무자의 재산적 법률행위라 하더라도 채무자의 책임재산이 아닌 재산에 관한 법률행위인 경우에는 채권자취소권의 대상이 될 수 없다. ( ) (2020 변리사)

> **해설** 채권자취소권은 채무자가 채권자를 해함을 알면서 일반채권자의 공동담보인 채무자의 책임재산을 감소하게 하는 법률행위를 한 경우에 그 감소행위의 효력을 부인하여 채무자의 재산을 원상회복함으로써 채권의 공동담보를 유지 보전하게 하기 위하여 채권자에게 부여된 권리이므로, 채무자의 재산적 법률행위라 하더라도 채무자의 책임재산이 아닌 재산에 관한 법률행위인 경우에는 이를 채권자취소권의 대상이 된다고 할 수 없다(대판 2013. 4. 11, 2011다27158).

176 (○) 177 (○) 178 (○) 《 정답

179 **채권자취소권에서 취소의 대상이 되는 사해행위는 채권행위거나 물권행위임을 불문한다. ( )** (2020 변리사)

> **해설** 채권자취소권에서 취소의 대상이 되는 사해행위는 채권행위거나 물권행위임을 불문하는 것이므로 이 사건에서 소외 박○○와 피고와의 간에 매매예약을 하고 그 소유권이전청구권보전을 위한 가등기가 이루어 진 때에 사해행위가 있는 것으로 본 원심의 조치는 정당하고 거기에 법리오해가 있다 할 수 없다(대판 1975. 4. 8, 74다1700).

180 **채무자의 법률행위가 통정허위표시로서 무효이거나 이미 해지된 경우에는 채권자취소권의 대상이 되지 않는다. ( )** (2020 변리사)

> **해설** [판례1] 채무자의 법률행위가 통정허위표시인 경우에도 채권자취소권의 대상이 되고, 한편 채권자취소권의 대상으로 된 채무자의 법률행위라도 통정허위표시의 요건을 갖춘 경우에는 무효라고 할 것이다(대판 1998. 2. 27, 97다50985). [판례2] 채무자가 선순위 근저당권이 설정되어 있는 상태에서 그 부동산을 제3자에게 양도한 후 선순위 근저당권설정계약을 해지하고 근저당권설정등기를 말소한 경우에, 비록 근저당권설정계약이 이미 해지되었지만 그것이 사해행위에 해당하는지에 따라 후행 양도계약 당시 당해 부동산의 잔존가치가 피담보채무액을 초과하는지 여부가 달라지고 그 결과 후행 양도계약에 대한 사해행위취소청구가 받아들여지는지 여부 및 반환범위가 달라지는 때에는 이미 해지된 근저당권설정계약이라 하더라도 그에 대한 사해행위취소청구를 할 수 있는 권리보호의 이익이 있다고 보아야 한다(대판 2013. 5. 9, 2011다75232).

181 **사해행위 취소판결에 의하여 수익자 또는 전득자가 사해행위의 취소로 인한 원상회복 또는 이에 갈음하는 가액배상을 하여야 할 의무를 부담한다고 하더라도, 이는 채권자에 대한 관계에서 생기는 법률효과에 불과하고 채무자에 대한 관계에서 그 취소로 인한 법률관계가 형성되는 것은 아니다. ( )** (2021 변호사)

> **해설** 채권자가 사해행위의 취소와 함께 수익자 또는 전득자로부터 책임재산의 회복을 구하는 사해행위취소의 소를 제기한 경우 그 취소의 효과는 채권자와 수익자 또는 전득자 사이의 관계에서만 생기는 것이므로, 수익자 또는 전득자가 사해행위의 취소로 인한 원상회복 또는 이에 갈음하는 가액배상을 하여야 할 의무를 부담한다고 하더라도 이는 채권자에 대한 관계에서 생기는 법률효과에 불과하고 채무자와 사이에서 그 취소로 인한 법률관계가 형성되는 것은 아니고, 그 취소의 효력이 소급하여 채무자의 책임재산으로 회복되는 것도 아니라 할 것이다(대판 2006. 8. 24, 2004다23110).

182-1 **무자력상태의 채무자가 소송절차를 통해 수익자에게 자신의 책임재산을 이전하기로 하여, 수익자가 제기한 소송에서 자백하는 등의 방법으로 패소판결을 받아 확정시키고, 이에 따라 수익자 앞으로 그 책임재산에 대한 소유권이전등기가 마쳐진 경우에도, 이러한 채무자와 수익자 사이의 이전합의는 일반채권자의 이익을 해하는 사해행위가 될 수 있다. ( )** (2018 변호사)

정답 179 (○) 180 (×) 181 (○) 182-1 (○)

182-2 **채무초과 상태의 채무자가 수익자에게 자신의 책임재산을 이전해 주기 위하여, 수익자가 원고가 되어 채무자를 상대로 제기한 부동산 소유권이전등기 소송에서 자백간주 확정판결을 받아 수익자 앞으로 소유권이전등기를 마친 경우, 위 확정판결을 통해 마쳐진 소유권이전등기가 사해행위 취소로 인한 원상회복으로써 말소된다고 하더라도, 그것이 확정판결의 효력에 반하거나 모순되는 것이라고는 할 수 없다. ( )** (2022 변호사)

> **해설** [1] 무자력상태의 채무자가 소송절차를 통해 수익자에게 자신의 책임재산을 이전하기로 하여, 수익자가 제기한 소송에서 자백하는 등의 방법으로 패소판결 또는 그와 같은 취지의 화해권고결정 등을 받아 확정시키고, 이에 따라 수익자 앞으로 책임재산에 대한 소유권이전등기 등이 마쳐졌다면, 이러한 일련의 행위의 실질적인 원인이 되는 채무자와 수익자 사이의 이전합의는 다른 일반채권자의 이익을 해하는 사해행위가 될 수 있다. [2] 채권자가 사해행위의 취소와 함께 수익자 또는 전득자로부터 책임재산의 회복을 명하는 사해행위취소의 판결을 받은 경우 수익자 또는 전득자가 채권자에 대하여 사해행위의 취소로 인한 원상회복 의무를 부담하게 될 뿐, 채권자와 채무자 사이에서 취소로 인한 법률관계가 형성되는 것은 아니다. 따라서 위와 같이 채무자와 수익자 사이의 소송절차에서 확정판결 등을 통해 마쳐진 소유권이전등기가 사해행위취소로 인한 원상회복으로써 말소된다고 하더라도, 그것이 확정판결 등의 효력에 반하거나 모순되는 것이라고는 할 수 없다(대판 2017. 4. 7, 2016다204783).

183-1 **채무자의 수익자에 대한 채권양도가 사해행위로 취소되고, 그에 따른 원상회복으로서 제3채무자에게 채권양도가 취소되었다는 취지의 통지가 이루어진 경우, 채권자는 채무자를 대위하여 제3채무자에게 채권에 관한 지급을 청구할 수 있다. ( )** (2017 변리사)

183-2 **채무자의 수익자에 대한 채권양도가 사해행위로 취소되는 경우 수익자가 제3채무자로부터 아직 그 채권을 추심하지 아니한 때에는 채권자는 사해행위취소에 따른 원상회복으로서 수익자로 하여금 제3채무자에 대하여 채권양도가 취소되었다는 취지의 통지를 하도록 청구할 수 있다. 그러나 이러한 통지가 이루어지더라도 채권자는 채무자를 대위하여 제3채무자에게 그 채권에 관한 지급을 청구할 수 없다. ( )** (2019 변호사)

> **해설** 채무자의 수익자에 대한 채권양도가 사해행위로 취소되는 경우, 수익자가 제3채무자에게서 아직 채권을 추심하지 아니한 때에는, 채권자는 사해행위취소에 따른 원상회복으로서 수익자가 제3채무자에게 채권양도가 취소되었다는 취지의 통지를 하도록 청구할 수 있다. 그런데 사해행위의 취소는 채권자와 수익자의 관계에서 상대적으로 채무자와 수익자 사이의 법률행위를 무효로 하는 데에 그치고, 채무자와 수익자 사이의 법률관계에는 영향을 미치지 아니한다. 따라서 채무자의 수익자에 대한 채권양도가 사해행위로 취소되고, 그에 따른 원상회복으로서 제3채무자에게 채권양도가 취소되었다는 취지의 통지가 이루어지더라도, 채권자와 수익자의 관계에서 채권이 채무자의 책임재산으로 취급될 뿐, 채무자가 직접 채권을 취득하여 권리자로 되는 것은 아니므로, 채권자는 채무자를 대위하여 제3채무자에게 채권에 관한 지급을 청구할 수 없다(대판 2015. 11. 17, 2012다2743).

182-2 (○) **183-1** (×) **183-2** (○) 《 정답

184-1 채권자가 채무자와 수익자 사이의 부동산매매계약을 사해행위로 취소함에 따라 수익자 명의의 소유권이전등기가 말소되어 채무자의 등기명의가 회복된 경우, 채무자는 그 부동산의 소유권을 제3자에게 유효하게 양도할 수 있다. ( ) (2018 변리사)

184-2 채무자가 사해행위취소의 판결에 의하여 등기명의를 회복한 부동산을 제3자에게 처분하였다고 하더라도 위 판결을 받은 취소채권자는 등기 명의인을 상대로 등기의 말소를 청구할 수 있으나, 취소채권자를 제외하고 사해행위 당시의 채무자에 대한 일반 채권자는 등기 명의인을 상대로 등기의 말소를 청구할 수 없다. ( ) (2018 변호사)

184-3 사해행위 취소로 등기명의를 회복한 부동산을 채무자가 제3자에게 처분한 경우, 취소채권자뿐만 아니라 사해행위 취소와 원상회복의 효력을 받는 채권자도 명의인을 상대로 등기의 말소를 청구할 수 있다. ( ) (2023 변리사)

> **해설** [1] 사해행위의 취소는 채권자와 수익자의 관계에서 상대적으로 채무자와 수익자 사이의 법률행위를 무효로 하는 데에 그치고 채무자와 수익자 사이의 법률관계에는 영향을 미치지 아니하므로, 채무자와 수익자 사이의 부동산매매계약이 사해행위로 취소되고 그에 따른 원상회복으로 수익자 명의의 소유권이전등기가 말소되어 채무자의 등기명의가 회복되더라도, 그 부동산은 취소채권자나 민법 제407조에 따라 사해행위 취소와 원상회복의 효력을 받는 채권자와 수익자 사이에서 채무자의 책임재산으로 취급될 뿐, 채무자가 직접 부동산을 취득하여 권리자가 되는 것은 아니다. [2] 채무자가 사해행위 취소로 등기명의를 회복한 부동산을 제3자에게 처분하더라도 이는 무권리자의 처분에 불과하여 효력이 없으므로, 채무자로부터 제3자에게 마쳐진 소유권이전등기나 이에 기초하여 순차로 마쳐진 소유권이전등기 등은 모두 원인무효의 등기로서 말소되어야 한다. 이 경우 취소채권자나 민법 제407조에 따라 사해행위 취소와 원상회복의 효력을 받는 채권자는 채무자의 책임재산으로 취급되는 부동산에 대한 강제집행을 위하여 원인무효 등기의 명의인을 상대로 등기의 말소를 청구할 수 있다(대판 2017. 3. 9, 2015다217980).

185-1 어느 채권자가 수익자를 상대로 사해행위 취소 및 원상회복으로 소유권이전등기의 말소를 명하는 판결을 받았으나 말소등기를 마치지 아니한 경우, 소송의 당사자가 아닌 다른 채권자는 위 판결에 기하여 채무자를 대위하여 말소등기를 신청할 수 있다. ( ) (2022 변호사)

185-2 채권자가 수익자를 상대로 사해행위 취소 및 원상회복으로 소유권이전등기의 말소를 명하는 판결을 받았으나 말소등기를 마치지 않은 경우, 소송당사자가 아닌 다른 채권자가 위 판결에 따라 채무자를 대위하여 마친 말소등기는 등기절차상의 흠에도 불구하고 실체관계에 부합하는 등기로서 유효하다. ( ) (2017 변리사)

> **해설** 사해행위 취소의 효력은 채무자와 수익자의 법률관계에 영향을 미치지 아니하고, 사해행위 취소로 인한 원상회복 판결의 효력도 소송의 당사자인 채권자와 수익자 또는 전득자에게만 미칠 뿐 채무자나 다른 채권자에게 미치지 아니하므로, 어느 채권자가 수익자를 상대로 사해행위 취소 및 원상회복으로 소유권이전등기의 말소를 명하는 판결을 받았으나 말소등기를 마치지 아니한 상태라면 소송의 당사자가 아닌 다른 채권자는 위 판결에 기하여 채무자를 대위하여 말소등기를 신청할 수 없다. 그럼에

정답 184-1 (×) 184-2 (×) 184-3 (○) 185-1 (×) 185-2 (○)

도 불구하고 다른 채권자의 등기신청으로 말소등기가 마쳐졌다면 등기에는 절차상의 흠이 존재한다. 그러나 채권자가 사해행위 취소의 소를 제기하여 승소한 경우 취소의 효력은 민법 제407조에 따라 모든 채권자의 이익을 위하여 미치므로 수익자는 채무자의 다른 채권자에 대하여도 사해행위의 취소로 인한 소유권이전등기의 말소등기의무를 부담하는 점, 등기절차상의 흠을 이유로 말소된 소유권이전등기가 회복되더라도 다른 채권자가 사해행위취소판결에 따라 사해행위가 취소되었다는 사정을 들어 수익자를 상대로 다시 소유권이전등기의 말소를 청구하면 수익자는 말소등기를 해 줄 수밖에 없어서 결국 말소된 소유권이전등기가 회복되기 전의 상태로 돌아가는데 이와 같은 불필요한 절차를 거치게 할 필요가 없는 점 등에 비추어 보면, 사해행위 취소 및 원상회복으로 소유권이전등기의 말소를 명한 판결의 소송당사자가 아닌 다른 채권자가 위 판결에 기하여 채무자를 대위하여 마친 말소등기는 등기절차상의 흠에도 불구하고 실체관계에 부합하는 등기로서 유효하다(대판 2015. 11. 17, 2013다84995).

186 **전득자의 악의 판단에서는 전득자가 전득행위 당시 채무자와 수익자 사이의 법률행위의 사해성을 인식하였는지만이 문제가 될 뿐이고, 수익자가 채무자와 수익자 사이 법률행위의 사해성을 인식하였는지는 원칙적으로 문제되지 않는다. ( )** (2022 변호사)

해설 채권자가 사해행위 취소로써 전득자를 상대로 채무자와 수익자 사이의 법률행위 취소를 구하는 경우, 전득자의 악의는 전득행위 당시 취소를 구하는 법률행위가 채권자를 해한다는 사실, 즉 사해행위의 객관적 요건을 구비하였다는 것에 대한 인식을 의미하므로, 전득자의 악의 판단에서는 전득자가 전득행위 당시 채무자와 수익자 사이의 법률행위의 사해성을 인식하였는지만이 문제가 될 뿐이고, 수익자가 채무자와 수익자 사이 법률행위의 사해성을 인식하였는지는 원칙적으로 문제가 되지 않는다(대판 2012. 8. 17, 2010다87672).

187-1 **채권자가 사해행위의 취소와 원물반환을 청구하여 승소판결이 확정되었다면, 그 후 원물반환이 불가능하게 되더라도 그는 다시 원상회복으로 가액배상을 청구할 수 없다. ( )** (2014 변리사)

187-2 **사해행위 이후 저당권 등이 설정되어 채권자가 사해행위 취소와 함께 원상회복으로서 가액배상 또는 원물반환으로 채무자 앞으로 소유권이전등기절차 이행을 구할 수 있는 경우, 채권자의 선택에 따라 사해행위 취소 및 원상회복으로서 원물반환 청구를 하여 승소 판결이 확정되었으나, 그 후 저당권 실행 등으로 원물반환의 목적을 달성할 수 없게 되었다면, 그 채권자는 다시 원상회복청구권을 행사하여 가액배상을 청구할 수 있다. ( )** (2019 변호사)

해설 사해행위 후 목적물에 관하여 제3자가 저당권이나 지상권 등의 권리를 취득한 경우에는 수익자가 목적물을 저당권 등의 제한이 없는 상태로 회복하여 이전하여 줄 수 있다는 등의 특별한 사정이 없는 한, 채권자는 원상회복 방법으로 수익자를 상대로 가액 상당의 배상을 구할 수도 있고, 채무자 앞으로 직접 소유권이전등기절차를 이행할 것을 구할 수도 있다. 이 경우 원상회복청구권은 사실심 변론종결 당시의 채권자의 선택에 따라 원물반환과 가액배상 중 어느 하나로 확정되며, 채권자가 일단 사해

186 (○) 187-1 (○) 187-2 (×) 《 정답

행위 취소 및 원상회복으로서 원물반환 청구를 하여 승소 판결이 확정되었다면, 그 후 어떠한 사유로 원물반환의 목적을 달성할 수 없게 되었다고 하더라도 다시 원상회복청구권을 행사하여 가액배상을 청구할 수는 없으므로 그 청구는 권리보호의 이익이 없어 허용되지 않는다(대판 2006. 12. 7, 2004다54978).

188 **사해행위의 목적물이 불가분인 경우 채권자는 그의 채권액을 넘어 취소를 청구할 수 있다. ( )**

(2014 변리사)

해설 채권자취소권은 채권의 공동담보의 보전이라는 목적에 따라 필요한 범위내로 한정되어야 하는데, 다만 다른 채권자가 배당요구할 것이 명백한 경우라든가 사해행위의 목적물이 불가분인 경우 채권자는 그의 채권액을 넘어 취소를 청구할 수 있다(대판 2009. 1. 15, 2007다61618).

189-1 **수인의 채권자 중 1인이 채무자의 재산처분 행위의 취소를 구하는 사해행위 취소의 소를 제기하였는데 그 소송 계속 중 다른 채권자가 채무자의 동일한 재산처분 행위의 취소를 구하는 사해행위 취소의 소를 제기하더라도, 이는 중복제소에 해당하지 않는다. ( )**

(2019 변호사)

189-2 **각 채권자가 동일한 사해행위에 관하여 동시 또는 이시에 그 취소 및 원상회복청구의 소를 제기한 경우, 이들 소에 관해서는 중복된 소 제기 금지의 원칙은 문제되지 않는다. ( )**

(2021 변호사)

해설 채권자취소권의 요건을 갖춘 각 채권자는 고유의 권리로서 채무자의 재산처분 행위를 취소하고 그 원상회복을 구할 수 있는 것이므로 여러 명의 채권자가 동시에 또는 시기를 달리하여 사해행위취소 및 원상회복청구의 소를 제기한 경우 이들 소가 중복제소에 해당하지 아니할 뿐만 아니라, 그에 기하여 재산이나 가액의 회복을 마친 경우에 비로소 다른 채권자의 사해행위취소 및 원상회복청구는 그와 중첩되는 범위 내에서 권리보호의 이익이 없게 된다(대판 2008. 4. 24, 2007다84352).

190 **채권자가 어느 수익자에 대하여 사해행위취소 및 원상회복청구를 하여 승소확정판결을 받았다면, 그에 기하여 재산이나 가액의 회복을 마치기 전이라도 그 채권자는 자신의 피보전채권에 기하여 다른 수익자에 대하여 별도로 사해행위취소 및 원상회복청구를 할 수 없다. ( )**

(2018 변호사)

해설 채권자가 어느 수익자(전득자 포함)에 대하여 사해행위취소 및 원상회복청구를 하여 승소판결을 받아 그 판결이 확정되었다 하더라도 그에 기하여 재산이나 가액의 회복을 마치지 아니한 이상 채권자는 자신의 피보전채권에 기하여 다른 수익자에 대하여 별도로 사해행위취소 및 원상회복청구를 할 수 있고, 채권자가 여러 수익자를 상대로 사해행위취소 및 원상회복청구의 소를 제기하여 여러 개의 소송이 계속중인 경우에는 각 소송에서 채권자의 청구에 따라 사해행위의 취소 및 원상회복을 명하는 판결을 선고하여야 하며, 수익자가 가액배상을 하여야 할 경우에도 다른 소송의 결과를 참작할 필요 없이 수익자가 반환하여야 할 가액 범위 내에서 채권자의 피보전채권 전액의 반환을 명하여야 한다(대판 2008. 11. 13, 2006다1442).

정답 》 188 (○) 189-1 (○) 189-2 (○) 190 (×)

191 가액배상의무는 그 가액배상금의 지급을 명하는 판결이 확정된 때에 비로소 발생하므로 그 판결이 확정된 다음 날부터 이행지체의 책임이 있다. ( ) (2021 변호사)

> **해설** 가액배상의무는 사해행위의 취소를 명하는 판결이 확정된 때에 비로소 발생하므로 그 판결이 확정된 다음날부터 이행지체 책임을 지게 되고, 따라서 소송촉진 등에 관한 특례법 소정의 이율은 적용되지 않고 민법 소정의 법정이율이 적용된다(대판 2009. 1. 15, 2007다61618).

192 저당권이 설정된 부동산이 사해행위로 양도된 후 그 저당권의 실행으로 양수인인 수익자에게 배당이 되었다면 취소채권자는 수익자를 상대로 배당금 상당액의 반환을 청구할 수 있다. ( ) (2023 변리사)

> **해설** 저당권이 설정된 부동산에 관하여 사해행위를 원인으로 저당권을 취득하였다가 선행 저당권의 실행으로 사해의 저당권이 말소되었으나 수익자에게 돌아갈 배당금채권이 있는 경우의 원상회복의 방법으로는, 그 **배당금채권이 수익자에게 지급된 경우**에는 동액 상당의 가액의 배상으로, 배당금지급금지가처분 등으로 인하여 **지급되지 못한 경우**에는 그 배당금채권의 양도절차의 이행으로 각 이루어져야 할 것이고, 이러한 법리는 저당권이 설정된 부동산의 소유권이 사해행위로서 양도되었다가 그 저당권의 실행으로 말미암아 양수인인 수익자에게 배당이 이루어진 경우에도 마찬가지라 할 것이다(대판 2005. 5. 27, 2004다67806).

193 사해행위의 수익자 소유의 부동산에 대한 경매절차에서 취소채권자가 수익자에 대한 가액배상판결에 기하여 받은 배당액은 배당요구를 한 취소채권자에게 그대로 귀속되는 것이 아니라 채무자의 책임재산으로 회복되는 것이다. ( ) (2021 변호사)

> **해설** 사해행위의 취소와 원상회복은 모든 채권자의 이익을 위하여 효력이 있으므로(민법 제407조), 취소채권자가 자신이 회복해 온 재산에 대하여 우선권을 가지는 것은 아니라고 할 것이므로, 사해행위의 수익자 소유의 부동산에 대한 경매절차에서 취소채권자가 수익자에 대한 가액배상판결에 기하여 배당을 요구하여 배당을 받은 경우, 그 배당액은 배당요구를 한 취소채권자에게 그대로 귀속되는 것이 아니라 채무자의 책임재산으로 회복되는 것이며, 이에 대하여 채무자에 대한 채권자들은 채권만족에 관한 일반원칙에 따라 채권 내용을 실현할 수 있는 것이다(대판 2005. 8. 25, 2005다14595).

194 취소채권자는 수익자가 사해행위로 취득한 근저당권에 배당된 배당금을 가압류한 수익자의 채권자에 대하여서도 우선하여 배당을 받을 수 있다. ( ) (2023 변리사)

> **해설** 사해행위의 취소는 취소소송의 당사자 간에 상대적으로 취소의 효력이 있는 것으로 당사자 이외의 제3자는 다른 특별한 사정이 없는 이상 취소로 그 법률관계에 영향을 받지 않는다. 사해행위의 취소에 상대적 효력만을 인정하는 것은 사해행위 취소채권자와 수익자 그리고 제3자의 이익을 조정하기 위한 것으로 그 취소의 효력이 미치지 아니하는 제3자의 범위를 사해행위를 기초로 목적부동산에 관하여 새롭게 법률행위를 한 그 목적부동산의 전득자 등만으로 한정할 것은 아니므로, 수익자와 새로운 법률관계를 맺은 것이 아니라 수익자의 고유채권자로서 이미 가지고 있던 채권 확보를 위하여 수익자가 사해행위로 취득한 근저당권에 배당된 배당금을 가압류한 자에게 사해행위취소 판결의 효력이 미

191 (○) 192 (○) 193 (○) 194 (×) 《 정답

친다고 볼 수 없다(대판 2009. 6. 11, 2008다7109). ☞ 수익자의 고유채권자인 피고에게 사해행위취소판결의 효력이 미치지 않는다고 보아 배당금을 먼저 가압류한 피고에게 우선적으로 배당한 것이 적법하다고 한 판례이다.

195 **수익자가 채무자의 채권자인 경우 수익자가 가액배상을 할 때에 수익자 자신도 사해행위취소의 효력을 받는 채권자 중 1인이라는 이유로 취소채권자에 대하여 총채권액 중 자기의 채권에 대한 안분액의 분배를 청구할 수 있다. ( )** (2021 변호사)

해설 수익자인 채권자로 하여금 안분액의 반환을 거절하도록 하는 것은 자신의 채권에 대하여 변제를 받은 수익자를 보호하고 다른 채권자의 이익을 무시하는 결과가 되어 제도의 취지에 반하게 되므로, 수익자가 채무자의 채권자인 경우 수익자가 가액배상을 할 때에 수익자 자신도 사해행위취소의 효력을 받는 채권자 중의 1인이라는 이유로 취소채권자에 대하여 총채권액 중 자기의 채권에 대한 안분액의 분배를 청구하거나, 수익자가 취소채권자의 원상회복에 대하여 총채권액 중 자기의 채권에 해당하는 안분액의 배당요구권으로써 원상회복청구와의 상계를 주장하여 그 안분액의 지급을 거절할 수는 없다(대판 2001. 2. 27, 2000다44348).

196-1 **채무자의 채권자취소권을 대위행사하는 경우 채권자가 그 취소원인을 안 지 1년이 지났다면, 비록 채무자가 취소원인을 안 날로부터 1년, 법률행위를 한 날로부터 5년 내라 하더라도 취소권의 대위행사는 허용되지 않는다. ( )** (2014 변리사)

196-2 **채권자가 채무자의 채권자취소권을 대위행사하는 경우, 채권자취소권을 대위행사하는 채권자가 취소원인을 안 지 1년이 경과하였다고 하더라도 채무자가 취소원인을 안 날로부터 1년, 법률행위가 있은 날로부터 5년 내라면 채권자취소의 소를 제기할 수 있다. ( )** (2017 변리사)

196-3 **채권자는 채무자가 제3자에 대하여 가지고 있는 채권자취소권을 대위행사할 수 있고, 이 경우 채권자는 자신이 그 취소원인을 안 날로부터 1년, 법률행위가 있은 날로부터 5년 내라면 채권자취소의 소를 제기할 수 있다. ( )** (2018 변호사)

해설 민법 제404조 소정의 채권자대위권은 채권자가 자신의 채권을 보전하기 위하여 채무자의 권리를 자신의 이름으로 행사할 수 있는 권리라 할 것이므로, 채권자가 채무자의 채권자취소권을 대위행사하는 경우, 제소기간은 대위의 목적으로 되는 권리의 채권자인 채무자를 기준으로 하여 그 준수 여부를 가려야 할 것이고, 따라서 채권자취소권을 대위행사하는 채권자가 취소원인을 안 지 1년이 지났다 하더라도 채무자가 취소원인을 안 날로부터 1년, 법률행위가 있은 날로부터 5년 내라면 채권자취소의 소를 제기할 수 있다(대판 2001. 12. 27, 2000다73049).

정답 》 195 (×) 196-1 (×) 196-2 (○) 196-3 (×)

197 **채권자가 채무자 소유의 부동산에 대한 가압류신청에 첨부한 등기부등본에 수익자 명의의 근저당권설정등기가 되었다는 사실만으로는 채권자가 가압류신청 당시 사해행위의 취소원인을 알았다고 할 수 없다. ( )** (2014 변리사)

> **해 설** 채권자취소권 행사에서 제척기간의 기산점인 채권자가 '취소원인을 안 날'은 채권자가 채권자취소권의 요건을 안 날, 즉 채무자가 채권자를 해함을 알면서 사해행위를 하였다는 사실을 알게 된 날을 의미하므로, 단순히 채무자가 재산의 처분행위를 하였다는 사실을 아는 것만으로는 부족하고, 그 법률행위가 채권자를 해하는 행위라는 것 즉, 그에 의하여 채권의 공동담보에 부족이 생기거나 이미 부족상태에 있는 공동담보가 한층 더 부족하게 되어 채권을 완전하게 만족시킬 수 없게 되었으며 나아가 채무자에게 사해의 의사가 있었다는 사실까지 알 것을 요한다고 할 것이나, 그렇다고 하여 채권자가 수익자나 전득자의 악의까지 알아야 하는 것은 아니다. 또 채권자가 채무자의 재산상태를 조사한 결과 자신의 채권 총액과 비교하여 채무자 소유 부동산 가액이 그에 미치지 못하는 것을 이미 파악하고 있었던 상태에서 채무자의 재산에 대하여 가압류를 하는 과정에서 그 중 일부 부동산에 관하여 제3자 명의의 근저당권설정등기가 마쳐진 사실을 확인하였다면, 다른 특별한 사정이 없는 한 채권자는 가압류 무렵에는 채무자가 채권자를 해함을 알면서 사해행위를 한 사실을 알았다고 봄이 타당하다(대판 2012. 1. 12, 2011다82384).

198-1 **사해행위인 매매예약에 기하여 수익자 앞으로 가등기를 마친 다음 전득자 앞으로 가등기 이전의 부기등기 후 가등기에 기한 본등기까지 마쳤다면, 채권자는 더 이상 수익자를 상대로 사해행위인 매매예약의 취소를 청구할 수 없다. ( )** (2018 변호사)

198-2 **사해행위인 매매예약에 기하여 수익자 앞으로 가등기를 마친 후 전득자 앞으로 가등기 이전의 부기등기를 마치고 나아가 가등기에 기한 본등기까지 마친 경우, 수익자는 가등기 및 본등기에 대한 말소청구소송에서 피고적격은 없더라도 사해행위 취소의 상대방은 될 수 있다. ( )** (2021, 2022 변호사)

> **해 설** 사해행위인 매매예약에 기하여 수익자 앞으로 가등기를 마친 후 전득자 앞으로 가등기 이전의 부기등기를 마치고 나아가 가등기에 기한 본등기까지 마쳤다 하더라도, 위 부기등기는 사해행위인 매매예약에 기초한 수익자의 권리의 이전을 나타내는 것으로서 부기등기에 의하여 수익자로서의 지위가 소멸하지는 아니하며, 채권자는 수익자를 상대로 사해행위인 매매예약의 취소를 청구할 수 있다. 그리고 설령 부기등기의 결과 가등기 및 본등기에 대한 말소청구소송에서 수익자의 피고적격이 부정되는 등의 사유로 인하여 수익자의 원물반환의무인 가등기말소의무의 이행이 불가능하게 된다 하더라도 달리 볼 수 없으며, 특별한 사정이 없는 한 수익자는 가등기 및 본등기에 의하여 발생된 채권자들의 공동담보 부족에 관하여 원상회복의무로서 가액을 배상할 의무를 진다[대판(전합) 2015. 5. 21, 2012다952].

197 (○) **198-1** (×) **198-2** (○) 《 **정답**

199 乙이 유일하게 소유하고 있는 X토지를 丙에게 매도한 후 소유권이전등기를 마쳐주었고, 甲은 乙에 대한 대여금채권을 보전하기 위하여 丙을 상대로 채권자취소소송을 제기하여 승소하였다. 이에 관한 설명으로 옳은 것을 모두 고른 것은? (다툼이 있으면 판례에 따름)

(2019 변리사)

ㄱ. 채권자취소소송의 확정판결에 따라 丙명의의 소유권이전등기가 말소되면 乙은 소유권이전등기명의의 회복으로 X토지의 소유권을 취득한다.
ㄴ. 甲의 대여금채권이 乙과 丙사이의 매매계약 전에 성립되었다면 그 액수나 범위가 구체적으로 확정되지 않아도 피보전채권이 된다.
ㄷ. 甲이 사해행위의 취소만을 먼저 구한 다음 원상회복을 나중에 청구하는 경우, 사해행위취소청구가 채권자취소권의 행사기간 내에 제기되었다면 원상회복청구는 그 기간이 지난 뒤에도 할 수 있다.
ㄹ. 채권자취소소송의 확정판결에 따라 丙명의의 소유권이전등기가 말소된 후, 乙이 회복된 소유권이전등기명의를 기화로 丁에게 X토지를 매도하고 소유권이전등기를 마쳐준 경우, 사해행위취소와 원상회복의 효력을 받는 乙의 다른 일반채권자 戊는 丁을 상대로 소유권이전등기말소를 청구할 수 없다.

① ㄱ, ㄷ ② ㄴ, ㄷ ③ ㄷ, ㄹ ④ ㄱ, ㄴ, ㄹ ⑤ ㄴ, ㄷ, ㄹ

해설 ㄱ. (×), ㄹ. (×) : [1] 사해행위의 취소는 채권자와 수익자의 관계에서 상대적으로 채무자와 수익자 사이의 법률행위를 무효로 하는 데에 그치고 채무자와 수익자 사이의 법률관계에는 영향을 미치지 아니하므로, 채무자와 수익자 사이의 부동산매매계약이 사해행위로 취소되고 그에 따른 원상회복으로 수익자 명의의 소유권이전등기가 말소되어 채무자의 등기명의가 회복되더라도, 그 부동산은 취소채권자나 민법 제407조에 따라 사해행위 취소와 원상회복의 효력을 받는 채권자와 수익자 사이에서 채무자의 책임재산으로 취급될 뿐, 채무자가 직접 부동산을 취득하여 권리자가 되는 것은 아니다. [2] 채무자가 사해행위 취소로 등기명의를 회복한 부동산을 제3자에게 처분하더라도 이는 무권리자의 처분에 불과하여 효력이 없으므로, 채무자로부터 제3자에게 마쳐진 소유권이전등기나 이에 기초하여 순차로 마쳐진 소유권이전등기 등은 모두 원인무효의 등기로서 말소되어야 한다. 이 경우 취소채권자나 민법 제407조에 따라 사해행위 취소와 원상회복의 효력을 받는 채권자는 채무자의 책임재산으로 취급되는 부동산에 대한 강제집행을 위하여 원인무효 등기의 명의인을 상대로 등기의 말소를 청구할 수 있다 (대판 2017. 3. 9, 2015다217980).

ㄴ. (○) : 채권자취소권 행사는 채무 이행을 구하는 것이 아니라 총채권자를 위하여 채무자의 자력 감소를 방지하고, 일탈된 채무자의 책임재산을 회수하여 채권의 실효성을 확보하는 데 목적이 있으므로, 피보전채권이 사해행위 이전에 성립되어 있는 이상 액수나 범위가 구체적으로 확정되지 않은 경우라고 하더라도 채권자취소권의 피보전채권이 된다(대판 2018. 6. 28, 2016다1045).

ㄷ. (○) : [1] 채권자가 민법 제406조 제1항에 따라 사해행위의 취소와 원상회복을 청구하는 경우 사해행위의 취소만을 먼저 청구한 다음 원상회복을 나중에 청구할 수 있다. [2] 채권자가 민법 제406조 제1항에 따라 사해행위의 취소와 원상회복을 청구하는 경우 사해행위 취소 청구가 민법 제406조 제2항에 정하여진 기간 안에 제기되었다면 원상회복의 청구는 그 기간이 지난 뒤에도 할 수 있다(대판 2001. 9. 4, 2001다14108).

정답 》 199 ②

200 **甲은 乙에 대해 2020. 7. 1. 발생한 대여금채권을 갖고 있다. 2021. 1. 10.부터 채무초과상태인 乙이 사해의사로 악의의 丙과 2021. 1. 15.에 법률행위를 하였다. 甲은 乙과 丙 사이의 법률 행위에 대해서 2021. 2. 15. 채권자취소권을 행사하고자 한다. 이에 관한 설명으로 옳지 않은 것은? (다툼이 있으면 판례에 따름)** (2021 변리사)

① 甲이 乙을 상대로 위 대여금채무의 이행청구소송을 제기하였으나 2020. 9. 1. 원고패소로 확정된 경우, 甲의 사해행위취소청구는 인용될 수 없다.

② 乙이 2020. 9. 1. 甲의 위 대여금채권에 대한 담보로 그 소유의 X부동산에 저당권설정등기를 한 경우, 우선변제적 효력이 미치는 범위 내에서는 甲의 채권자취소권 행사도 허용되지 않는다.

③ 甲이 위 대여금채권에 기해 2021. 1. 3. 乙 소유의 X부동산에 가압류를 한 후 乙은 丁의 丙에 대한 채무를 담보하기 위해 X부동산에 대하여 2021. 1. 15. 丙과 저당권설정계약을 체결하고 저당권설정등기를 마쳐 준 경우, 甲은 채권자취소권을 행사할 수 있다.

④ 乙이 2020. 10. 3. 그 소유 X부동산(시가 6,000만 원)과 Y부동산(시가 4,000만 원)에 丁에 대한 3,000만 원의 피담보채무를 담보하기 위해 공동저당권을 설정한 후, 2021. 1. 15. 丙에게 X부동산을 매도하고 당일 소유권이전등기를 마친 경우, 4,200만 원의 범위 내에서 사해행위가 성립한다.

⑤ 乙의 채권자 戊가 2020. 12. 3. 乙 소유의 X부동산을 가압류한 상태에서, 2021. 1. 15. 乙로부터 X부동산을 양도받은 丙이 乙의 戊에 대한 가압류채무를 변제한 경우, X부동산의 양도계약이 사해행위로 취소되면 丙은 특별한 사정이 없는 한 甲에게 가액반환을 하여야 하고, 위 변제액을 공제하여야 한다.

해설 ① (○) : 채권자취소권을 행사하려면 채무자에 대하여 채권을 행사할 수 있음이 전제되어야 할 것인데, 채권자의 채무자에 대한 소유권이전등기청구소송이나 손해배상청구소송이 패소확정되어 행사할 수 없게 되었다면 소유권이전등기청구권이나 손해배상청구권을 행사하기 위하여 채무자의 제3자에 대한 소유권이전등기의 말소를 구하는 사해행위취소청구도 인용될 수 없다(대판 1993. 2. 12, 92다25151).

② (○) : 주채무자 또는 제3자 소유의 부동산에 대하여 채권자 앞으로 근저당권이 설정되어 채권자에게 우선변제권이 확보되어 있다면 그 범위 내에서는 채무자의 재산처분행위는 채권자를 해하지 아니하므로 그 담보물로부터 우선변제받을 액을 공제한 나머지 채권액에 대하여만 채권자취소권이 인정된다(대판 2002. 4. 12, 2000다63912).

③ (○) : 채무자가 아무 채무도 없이 다른 사람을 위해 자신의 부동산에 관하여 근저당권을 설정함으로써 물상보증인이 되는 행위는 그 부동산의 담보가치만큼 채무자의 총재산에 감소를 가져오는 것이므로, 그 근저당권이 채권자의 가압류와 동순위의 효력밖에 없다 하여도, 그 자체로 다른 채권자를 해하는 행위가 된다(대판 2010. 6. 24, 2010다20617, 20624).

> [비교판례] 부동산에 대하여 가압류등기가 먼저 되고 나서 근저당권설정등기가 마쳐진 경우에 경매절차의 배당관계에서 근저당권자는 선순위 가압류채권자에 대하여는 우선변제권을 주장할 수 없으므로 그 가압류채권자는 근저당권자와 일반 채권자의 자격에서 평등배당을 받을 수 있고, 따라서 가압류채권자는 채무자의 근저당권설정행위로 인하여 아무런 불이익을 입지 않으므로 채권자취소권을 행사할 수 없다(대판 2008. 2. 28, 2007다77446).

200 ⑤ 《 정답

④ (○) : 채무자가 양도한 목적물에 담보권이 설정되어 있는 경우라면 그 목적물 중에서 일반채권자들의 공동담보에 제공되는 책임재산은 피담보채권액을 공제한 나머지 부분만이라 할 것이고 그 피담보채권액이 목적물의 가격을 초과하고 있는 때에는 당해 목적물의 양도는 사해행위에 해당한다고 할 수 없는데, 여기서 공동저당권이 설정되어 있는 수 개의 부동산 중 일부가 양도된 경우에 있어서의 그 피담보채권액은 특별한 사정이 없는 한 민법 제368조의 규정 취지에 비추어 공동저당권의 목적으로 된 각 부동산의 가액에 비례하여 공동저당권의 피담보채권액을 안분한 금액이라고 보아야 한다(대판 2003. 11. 13, 2003다39989). ☞ 6,000−(3,000×6/10)=4,200.

⑤ (×) : 사해행위 당시 어느 부동산이 가압류되어 있다는 사정은 채권자 평등의 원칙상 채권자의 공동담보로서 그 부동산의 가치에 아무런 영향을 미치지 아니하므로, 가압류가 된 여부나 그 청구채권액의 다과에 관계없이 그 부동산 전부에 대하여 사해행위가 성립하고, 따라서 사해행위 후 수익자 또는 전득자가 그 가압류 청구채권을 변제하거나 채권액 상당을 해방공탁하여 가압류를 해제시키거나 또는 그 집행을 취소시켰다 하더라도, 법원이 사해행위를 취소하면서 원상회복으로 원물반환 대신 가액배상을 명하여야 하거나, 다른 사정으로 가액배상을 명하는 경우에도 그 변제액을 공제할 것은 아니다(대판 2003. 2. 11, 2002다37474).

[비교판례] 어느 부동산의 매매계약이 사해행위에 해당하는 경우에는 원칙적으로 그 매매계약을 취소하고 그 소유권이전등기의 말소 등 부동산 자체의 회복을 명하여야 하지만, 그 사해행위가 저당권이 설정되어 있는 부동산에 관하여 당해 저당권자 이외의 자와의 사이에 이루어지고 그 후 변제 등에 의하여 저당권설정등기가 말소된 때에는, 매매계약 전부를 취소하여 그 부동산 자체의 회복을 명하는 것은 당초 담보로 되어 있지 아니하던 부분까지 회복시키는 것이 되어 공평에 반하는 결과가 되므로, 그 부동산의 가액에서 저당권의 피담보채권액을 공제한 잔액의 한도에서 그 매매계약의 일부 취소와 그 가액의 배상을 구할 수 있을 뿐 부동산 자체의 회복을 구할 수는 없다(대판 1996. 10. 29, 96다23207).

201 甲이 乙의 사해행위를 이유로 채권자취소권을 행사하는 것에 관한 설명으로 옳은 것을 모두 고른 것은? (각 지문은 독립적이며, 다툼이 있으면 판례에 따름) (2022 변리사)

ㄱ. 乙소유 X토지에 대해 甲의 점유취득시효가 완성된 후에 乙이 X토지를 丙에게 처분한 경우, 甲은 자신의 소유권이전등기청구권이 침해되었음을 이유로 채권자취소권을 행사할 수 없다.

ㄴ. 乙은 甲에게 5천만 원, 丙에게 1억 원 등 총 3억 원 이상의 채무를 부담하고 있다. 乙의 재산은 시가 2억 원 상당의 X아파트가 유일한데, 乙은 이 아파트를 丙에게 대물변제로 소유권이전등기를 마쳐 주었다. 이 경우 특별한 사정이 없는 한 乙이 丙에게 한 대물변제는 사해행위에 해당한다.

ㄷ. 甲은 乙에 대하여 5천만 원의 채권을 가지고 있다. 乙이 소유하고 있는 유일한 재산인 시가 3억 원 상당의 X토지에는 甲의 乙에 대한 채권이 발생하기 전에 이미 근저당권자 丙은행, 채권최고액 1억 원으로 하는 근저당권이 설정되어 있었다. 그 후 乙은 위 부동산을 丁에게 2억 원에 매도하고, 丁은 丙은행에 1억 원을 변제함으로써 근저당권은 소멸되었다. 이 경우 원칙적으로 甲은 乙이 丁에게 X토지를 매도한 행위를 사해행위로 취소하고 원상회복으로 X토지 명의를 乙에게 회복시킬 수 있다.

ㄹ. 乙은 丙에 대한 자신의 채권을 丁에게 양도하고 丙에게 채권양도의 통지를 하였다. 이후 乙의 금전채권자 甲에 의해 위 채권양도가 사해행위로 적법하게 취소된 경우, 甲은 丙을 상대로 乙을 대위하여 채무의 이행을 청구할 수 있다.

정답 》 201 ②

① ㄱ ② ㄱ, ㄴ ③ ㄴ, ㄹ ④ ㄷ, ㄹ ⑤ ㄱ, ㄴ, ㄷ

해설 ㄱ. (○) : 취득시효의 대상인 부동산의 소유자가 취득시효 완성 후에 이를 처분하여 채권자의 시효취득을 원인으로 한 소유권이전등기청구권이 침해되었음을 이유로 하는 경우에는 채권자취소권을 인정할 수 없다(대판 1992. 11. 24, 92다33855, 33862). ☞ 특정물에 대한 소유권이전등기청구권을 보전하기 위한 채권자취소권은 행사될 수 없기 때문이다(대판 1991. 7. 23, 91다6757).

ㄴ. (○) : 채무자의 재산이 채무의 전부를 변제하기에 부족한 경우에 채무자가 그의 유일한 재산을 어느 특정 채권자에게 대물변제로 제공하는 행위는 다른 특별한 사정이 없는 한 다른 채권자들에 대한 관계에서 사해행위가 되지만, 우선변제권 있는 채권자에 대한 대물변제의 제공행위는 특별한 사정이 없는 한 다른 채권자들의 이익을 해한다고 볼 수 없어 사해행위가 되지 않는다(대판 2008. 2. 14, 2006다33357).

ㄷ. (×) : 어느 부동산의 매매계약이 사해행위에 해당하는 경우에는 원칙적으로 그 매매계약을 취소하고 그 소유권이전등기의 말소 등 부동산 자체의 회복을 명하여야 하지만, 그 사해행위가 저당권이 설정되어 있는 부동산에 관하여 당해 저당권자 이외의 자와의 사이에 이루어지고 그 후 변제 등에 의하여 저당권설정등기가 말소된 때에는, 매매계약 전부를 취소하여 그 부동산 자체의 회복을 명하는 것은 당초 담보로 되어 있지 아니하던 부분까지 회복시키는 것이 되어 공평에 반하는 결과가 되므로, 그 부동산의 가액에서 저당권의 피담보채권액을 공제한 잔액의 한도에서 그 매매계약의 일부 취소와 그 가액의 배상을 구할 수 있을 뿐 부동산 자체의 회복을 구할 수는 없다(대판 1996. 10. 29, 96다23207).

ㄹ. (×) : 채무자의 수익자에 대한 채권양도가 사해행위로 취소되는 경우, 수익자가 제3채무자에게서 아직 채권을 추심하지 아니한 때에는, 채권자는 사해행위 취소에 따른 원상회복으로서 수익자가 제3채무자에게 채권양도가 취소되었다는 취지의 통지를 하도록 청구할 수 있다. 그런데 사해행위의 취소는 채권자와 수익자의 관계에서 상대적으로 채무자와 수익자 사이의 법률행위를 무효로 하는 데에 그치고, 채무자와 수익자 사이의 법률관계에는 영향을 미치지 아니한다. 따라서 채무자의 수익자에 대한 채권양도가 사해행위로 취소되고, 그에 따른 원상회복으로서 제3채무자에게 채권양도가 취소되었다는 취지의 통지가 이루어지더라도, 채권자와 수익자의 관계에서 채권이 채무자의 책임재산으로 취급될 뿐, 채무자가 직접 채권을 취득하여 권리자로 되는 것은 아니므로, 채권자는 채무자를 대위하여 제3채무자에게 채권에 관한 지급을 청구할 수 없다(대판 2015. 11. 17, 2012다2743).

202 甲은 乙 은행으로부터 1억 원의 신용대출을 받아 사업을 하던 중 사업이 여의치 않아 이를 변제할 수 없게 되었다. 甲은 자신의 유일한 재산인 주택 X에 대한 乙 은행의 강제집행을 회피할 목적으로 이러한 사정을 알고 있는 丙과 통정하여 丙에게 매도한 것으로 가장하여 丙 앞으로 주택 X의 소유권이전등기를 경료하였다. 그 후 丙은 丁에게 위 주택 X에 관하여 저당권을 설정해 주었다. 이에 관한 설명 중 옳지 않은 것은? (다툼이 있는 경우 판례에 의함)

(2017 변호사)

① 甲과 丙 사이의 매매계약은 통정허위표시로 무효이나 丁이 甲과 丙 사이의 사정에 관하여 선의인 경우, 甲은 丁을 상대로 위 매매계약의 무효를 주장할 수 없다.

② 乙 은행은 甲과 丙 사이의 위 매매계약이 통정허위표시로서 무효인 경우라도 채권자취소권을 행사하여 위 계약의 취소를 구할 수 있다.

202 ⑤ 《 정답

③ 채권자취소권은 채무자와 수익자 사이에서 체결된 사해행위를 취소하는 것이지만, 乙 은행이 채권자취소소송을 제기하는 경우 채무자인 甲은 피고가 되지 아니한다.

④ 乙 은행은 채권자취소권을 행사하여 甲과 丙 사이의 매매계약을 취소하고, 丙을 상대로 X주택에 관하여 채무자인 甲 앞으로 진정명의회복을 원인으로 한 소유권이전등기를 구할 수 있다.

⑤ 乙 은행의 채권자취소소송에서 법원이 원상회복으로서 원물반환이 아닌 가액배상을 명하는 경우, 그 부동산의 가액은 특별한 사정이 없는 한 사해행위 당시를 기준으로 산정하여야 한다.

해 설 ① (○) : (민법 제108조 제2항) 전항의 의사표시의 무효는 선의의 제삼자에게 대항하지 못한다.

② (○) : 채무자의 법률행위가 통정허위표시인 경우에도 채권자취소권의 대상이 되고, 한편 채권자취소권의 대상으로 된 채무자의 법률행위라도 통정허위표시의 요건을 갖춘 경우에는 무효라고 할 것이다(대판 1998. 2. 27, 97다50985).

③ (○) : 채권자가 채권자취소권을 행사하려면 사해행위로 인하여 이익을 받은 자나 전득한 자를 상대로 그 법률행위의 취소를 청구하는 소송을 제기하여야 되는 것으로서, 채무자를 상대로 그 소송을 제기할 수는 없다(대판 1991. 8. 13, 91다13717).

④ (○) : 사해행위 후 그 목적물에 관하여 제3자가 저당권이나 지상권 등의 권리를 취득한 경우에는 수익자가 목적물을 저당권 등의 제한이 없는 상태로 회복하여 이전하여 줄 수 있다는 등의 특별한 사정이 없는 한 채권자는 수익자를 상대로 원물반환 대신 그 가액 상당의 배상을 구할 수도 있다고 할 것이나, 그렇다고 하여 채권자가 스스로 위험이나 불이익을 감수하면서 원물반환을 구하는 것까지 허용되지 아니하는 것으로 볼 것은 아니고, 그 경우 채권자는 원상회복 방법으로 가액배상 대신 수익자 명의의 등기의 말소를 구하거나 수익자를 상대로 채무자 앞으로 직접 소유권이전등기절차를 이행할 것을 구할 수 있다(대판 2001. 2. 9, 2000다57139).

⑤ (×) : 부동산의 매매계약 등이 사해행위에 해당되어 취소되고 수익자에게 그에 따른 원상회복으로서 원물반환이 아닌 가액배상을 명하는 경우, 그 부동산에 대한 가액은 특별한 사정이 없는 한 당해 사해행위취소소송의 사실심 변론종결 당시를 기준으로 산정하여야 한다(대판 2010. 2. 25, 2007다28819). ☞ 원물의 반환에 갈음하는 것이기 때문이다.

203 **다음 각 사례에서 빈칸을 알맞게 채운 것은? (다툼이 있는 경우 판례에 의함)** (2018 변호사)

- 채무자 甲 소유의 X 토지(시가 4,000만 원)와 Y 토지(시가 6,000만 원)에 대해 피담보채권액 3,000만 원의 공동저당권이 설정되어 있는 상태에서 甲이 Y 토지를 매도하여 그에 따른 소유권이전등기를 마쳤다. 甲의 일반 채권자 乙(채권금액 1억 원)에 의해 Y 토지에 대한 매매계약이 사해행위로 취소되어 가액배상을 해야 하는 경우, X, Y 토지의 시가변동이 없다면 사해행위취소에 따른 가액배상 범위는 (A)이다.
- 채무자 丙과 물상보증인 丁이 공유하는 Z 토지(시가 1억 원, 丙 지분 2/5, 丁 지분 3/5)에 대해 피담보채권액 3,000만 원의 저당권이 설정되어 있는 상태에서 丙이 Z 토지의 지분을 매도하여 그에 따른 지분이전등기를 마쳤다. 丙의 일반 채권자 戊(채권금액 1억 원)에 의해 Z 토지에 관한 丙 소유 지분에 대한 매매계약이 사해행위로 취소되어 가액배상을 해야 하는 경우, 丁이 丙에 대하여 구상권을 행사할 수 없는 특별한 사정이 있고, Z 토지의 시가 변농이 없다면 사해행위취소에 따른 가액배상 범위는 (B)이다.

정답 》 203 ①

① A: 4,200만 원, B: 1,000만 원
② A: 4,200만 원, B: 2,800만 원
③ A: 6,000만 원, B: 1,000만 원
④ A: 6,000만 원, B: 2,800만 원
⑤ A: 6,000만 원, B: 4,000만 원

해설 사해행위취소의 소에서 채무자가 수익자에게 양도한 목적물에 저당권이 설정되어 있는 경우라면 그 목적물 중에서 일반채권자들의 공동담보에 제공되는 책임재산은 피담보채권액을 공제한 나머지 부분만이라고 할 것이고 그 피담보채권액이 목적물의 가액을 초과할 때는 당해 목적물의 양도는 사해행위에 해당한다고 할 수 없다. 그런데 수 개의 부동산에 공동저당권이 설정되어 있는 경우 책임재산을 산정함에 있어 각 부동산이 부담하는 피담보채권액은 특별한 사정이 없는 한 민법 제368조의 규정 취지에 비추어 공동저당권의 목적으로 된 각 부동산의 가액에 비례하여 공동저당권의 피담보채권액을 안분한 금액이라고 보아야 한다. 그러나 그 수 개의 부동산 중 일부는 채무자의 소유이고 다른 일부는 물상보증인의 소유인 경우에는, 물상보증인이 민법 제481조, 제482조의 규정에 따른 변제자대위에 의하여 채무자 소유의 부동산에 대하여 저당권을 행사할 수 있는 지위에 있는 점 등을 고려할 때, 그 물상보증인이 채무자에 대하여 구상권을 행사할 수 없는 특별한 사정이 없는 한 채무자 소유의 부동산에 관한 피담보채권액은 공동저당권의 피담보채권액 전액으로 봄이 상당하다. 이러한 법리는 하나의 공유부동산 중 일부 지분이 채무자의 소유이고, 다른 일부 지분이 물상보증인의 소유인 경우에도 마찬가지로 적용된다[대판(전합) 2013. 7. 18, 2012다5643].

A : 안분해서 공제해야. (ⅰ) 3,000×6/10 = 1,800, (ⅱ) 6,000 − 1,800 = 4,200

B : 3,000 전액을 丙의 지분에서 공제해야. 4,000 − 3,000 = 1,000

204 甲에 대하여 대여금채무를 부담하고 있는 乙이 그의 유일한 소유 재산인 부동산을 그의 아들인 丙에게 매도하고, 그 후 丙은 이를 다시 丁에게 매도한 후 각 소유권이전등기가 경료되었다. 이에 관한 설명 중 옳지 않은 것은? (다툼이 있는 경우 판례에 의함) (2019 변호사)

① 甲이 丙 및 丁을 상대로 사해행위 취소 및 원상회복을 구하여 이들 명의의 각 소유권이전등기가 말소된 경우, 丁은 乙의 채무를 변제한 것과 같은 지위에 있는 점에서 乙에게 부당이득의 반환을 청구할 수 있으므로, 향후 乙의 채권자들에 의해 진행될 원상회복 부동산에 대한 강제경매절차에서 위 부당이득반환채권으로 배당을 요구할 권리가 있다.

② 甲이 丙 및 丁을 상대로 사해행위 취소 및 원상회복을 구하여 이들 명의의 각 소유권이전등기의 말소를 명하는 확정판결을 받았더라도, 乙에 대한 다른 채권자 戊는 위 판결에 기하여 乙을 대위하여 말소등기를 신청할 수는 없다. 다만 등기관이 위 등기신청을 받아들여 말소등기를 마쳐 버렸다면 그 말소등기를 무효의 등기라 할 수는 없다.

③ 甲이 丁을 상대로 乙과 丙 사이의 매매계약을 사해행위로서 취소함에 있어서는 乙과 丙 사이의 매매계약이 아닌 丙과 丁 사이의 매매계약까지 甲을 해하는 행위로서 사해행위에 해당함을 증명할 필요는 없다.

④ 甲은 丁을 상대로 한 원상회복의 방법으로 丁 명의의 소유권이전등기를 말소하는 대신 乙 앞으로 직접 소유권이전등기절차를 이행할 것을 청구할 수도 있다.

⑤ 甲은 丙 및 丁을 상대로 사해행위 취소 및 원상회복을 구함에 있어 사해행위의 취소만을 먼저 청구한 다음 원상회복을 나중에 청구할 수도 있는데, 이 경우 사해행위 취소청구가 「민법」 제406조 제2항에 정하여진 기간 안에 제기되었다면 원상회복의 청구는 그 기간이 지난 뒤에도 할 수 있다.

204 ① 《 정답

해설 ① (×) : 채무자의 부동산에 관한 매매계약 등의 유상행위가 사해행위라는 이유로 취소되고 원상회복이 이루어짐으로써 수익자에 대하여 부당이득반환채무를 부담하게 된 채무자가 부당이득반환채무의 변제를 위하여 수익자와 소비대차계약을 체결하고 강제집행을 승낙하는 취지가 기재된 공정증서를 작성하여 준 경우에도, 그와 같은 행위로 책임재산을 수익자에게 실질적으로 양도한 것과 다를 바 없는 것으로 볼 수 있는 특별한 사정이 있는 경우에 해당하지 아니하는 한, 다른 채권자를 해하는 새로운 사해행위가 된다고 볼 수 없다. 이러한 수익자의 채무자에 대한 채권은 당초의 사해행위 이후에 취득한 채권에 불과하므로 수익자는 원상회복된 재산에 대한 강제경매절차에서 배당을 요구할 권리가 없다(대판 2015. 10. 29, 2012다14975).

> [비교판례] 민법 제406조에 의한 채권자취소와 원상회복은 모든 채권자의 이익을 위하여 그 효력이 있는 것인바, 채무자가 다수의 채권자들 중 1인(수익자)에게 담보를 제공하거나 대물변제를 한 것이 다른 채권자들에 대한 사해행위가 되어 채권자들 중 1인의 사해행위 취소소송 제기에 의하여 그 취소와 원상회복이 확정된 경우에, 사해행위의 상대방인 수익자는 그의 채권이 사해행위 당시에 그대로 존재하고 있었거나 또는 사해행위가 취소되면서 그의 채권이 부활하게 되는 결과 본래의 채권자로서의 지위를 회복하게 되는 것이므로, 다른 채권자들과 함께 민법 제407조에 의하여 그 취소 및 원상회복의 효력을 받게 되는 채권자에 포함된다고 할 것이고, 따라서 취소소송을 제기한 채권자 등이 원상회복된채무자의 재산에 대한 강제집행을 신청하여 그 절차가 개시되면 수익자인 채권자도 그 집행권원을 갖추어 강제집행절차에서 배당을 요구할 권리가 있다(대판 2003. 6. 27, 2003다15907).

② (○) : 사해행위 취소의 효력은 채무자와 수익자의 법률관계에 영향을 미치지 아니하고, 사해행위 취소로 인한 원상회복 판결의 효력도 소송의 당사자인 채권자와 수익자 또는 전득자에게만 미칠 뿐 채무자나 다른 채권자에게 미치지 아니하므로, 어느 채권자가 수익자를 상대로 사해행위 취소 및 원상회복으로 소유권이전등기의 말소를 명하는 판결을 받았으나 말소등기를 마치지 아니한 상태라면 소송의 당사자가 아닌 다른 채권자는 위 판결에 기하여 채무자를 대위하여 말소등기를 신청할 수 없다. 그럼에도 불구하고 다른 채권자의 등기신청으로 말소등기가 마쳐졌다면 등기에는 절차상의 흠이 존재한다. 그러나 채권자가 사해행위 취소의 소를 제기하여 승소한 경우 취소의 효력은 민법 제407조에 따라 모든 채권자의 이익을 위하여 미치므로 수익자는 채무자의 다른 채권자에 대하여도 사해행위의 취소로 인한 소유권이전등기의 말소등기의무를 부담하는 점, 등기절차상의 흠을 이유로 말소된 소유권이전등기가 회복되더라도 다른 채권자가 사해행위취소판결에 따라 사해행위가 취소되었다는 사정을 들어 수익자를 상대로 다시 소유권이전등기의 말소를 청구하면 수익자는 말소등기를 해 줄 수밖에 없어서 결국 말소된 소유권이전등기가 회복되기 전의 상태로 돌아가는데 이와 같은 불필요한 절차를 거치게 할 필요가 없는 점 등에 비추어 보면, 사해행위 취소 및 원상회복으로 소유권이전등기의 말소를 명한 판결의 소송당사자가 아닌 다른 채권자가 위 판결에 기하여 채무자를 대위하여 마친 말소등기는 등기절차상의 흠에도 불구하고 실체관계에 부합하는 등기로서 유효하다(대판 2015. 11. 17, 2013다84995).

③ (○) : 채권자가 사해행위의 취소로서 수익자를 상대로 채무자와의 법률행위의 취소를 구함과 아울러 전득자를 상대로도 전득행위의 취소를 구함에 있어서, 전득자의 악의는 전득행위 당시 그 행위가 채권자를 해한다는 사실, 즉 사해행위의 객관적 요건을 구비하였다는 것에 대한 인식을 의미하므로, 전득자의 악의를 판단함에 있어서는 단지 전득자가 전득행위 당시 채무자와 수익자 사이의 법률행위

의 사해성을 인식하였는지 여부만이 문제가 될 뿐이지, 수익자와 전득자 사이의 전득행위가 다시 채권자를 해하는 행위로서 사해행위의 요건을 갖추어야 하는 것은 아니다(대판 2006. 7. 4, 2004다61280).

④ (○) : 자기 앞으로 소유권을 표상하는 등기가 되어 있었거나 법률에 의하여 소유권을 취득한 자가 진정한 등기명의를 회복하기 위한 방법으로는 그 등기의 말소를 구하는 외에 현재의 등기명의인을 상대로 직접 소유권이전등기절차의 이행을 구하는 것도 허용되어야 하는바, 이러한 법리는 사해행위 취소소송에 있어서 취소 목적 부동산의 등기명의를 수익자로부터 채무자 앞으로 복귀시키고자 하는 경우에도 그대로 적용될 수 있다고 할 것이고, 따라서 채권자는 사해행위의 취소로 인한 원상회복 방법으로 수익자 명의의 등기의 말소를 구하는 대신 수익자를 상대로 채무자 앞으로 직접 소유권이전등기절차를 이행할 것을 구할 수도 있다(대판 2000. 2. 25, 99다53704).

⑤ (○) : [1] 채권자가 민법 제406조 제1항에 따라 사해행위의 취소와 원상회복을 청구하는 경우 사해행위의 취소만을 먼저 청구한 다음 원상회복을 나중에 청구할 수 있다. [2] 채권자가 민법 제406조 제1항에 따라 사해행위의 취소와 원상회복을 청구하는 경우 사해행위 취소 청구가 민법 제406조 제2항에 정하여진 기간 안에 제기되었다면 원상회복의 청구는 그 기간이 지난 뒤에도 할 수 있다(대판 2001. 9. 4, 2001다14108).

205 **甲은 乙에 대하여 1억 원의 금전채권을 가지고 있었는데, 乙은 자기의 유일한 재산인 X부동산을 丙에게 매도하고 소유권이전등기까지 마쳐주었고, 그 후 X부동산에 관하여 A가 저당권을 취득하였다. 甲이 丙을 상대로 사해행위취소 및 원상회복을 구하는 소를 제기한 경우에 관한 설명 중 옳은 것(○)과 옳지 않은 것(×)을 올바르게 조합한 것은? (다툼이 있는 경우 판례에 의함)** (2021 변호사)

ㄱ. 丙이 X부동산을 저당권의 제한이 없는 상태로 회복하여 乙에게 이전하여 줄 수 있다는 등의 특별한 사정이 없는 한, 甲은 丙을 상대로 원물반환 대신 가액 상당의 배상을 구할 수 있다.
ㄴ. 甲이 원상회복의 방법으로 가액배상 대신 丙을 상대로 丙 명의 소유권이전등기의 말소를 구하거나, 乙 앞으로 직접 소유권이전등기절차를 이행할 것을 구할 수는 없다.
ㄷ. 원물반환과 가액배상이 모두 가능한 경우, 법원은 甲의 선택에도 불구하고 직권으로 사해행위취소로 인한 원상회복을 원물반환과 가액배상 중 어느 하나로 확정할 수 있다.
ㄹ. 甲이 일단 사해행위취소 및 원상회복으로서 丙 명의 등기의 말소를 청구하여 승소판결이 확정되었다면, 어떠한 사유로 丙 명의 등기를 말소하는 것이 불가능하게 되었다고 하더라도 다시 丙을 상대로 원상회복청구권을 행사하여 가액배상을 청구하거나 원물반환으로서 乙 앞으로 직접 소유권이전등기절차를 이행할 것을 청구할 수는 없다.

① ㄱ(○), ㄴ(○), ㄷ(×), ㄹ(×)
② ㄱ(○), ㄴ(×), ㄷ(×), ㄹ(○)
③ ㄱ(○), ㄴ(×), ㄷ(○), ㄹ(×)
④ ㄱ(×), ㄴ(○), ㄷ(×), ㄹ(○)
⑤ ㄱ(×), ㄴ(×), ㄷ(○), ㄹ(○)

205 ② 《 정답

해설 ㄱ. (○), ㄴ. (×), ㄷ. (×), ㄹ. (○) : 채권자의 사해행위취소 및 원상회복청구가 인정되면, 수익자는 원상회복으로서 사해행위의 목적물을 채무자에게 반환할 의무를 지게 되고, 만일 원물반환이 불가능하거나 현저히 곤란한 경우에는 원상회복의무의 이행으로서 사해행위 목적물의 가액 상당을 배상하여야 하는바, 여기에서 원물반환이 불가능하거나 현저히 곤란한 경우라 함은 원물반환이 단순히 절대적, 물리적으로 불능인 경우가 아니라 사회생활상의 경험법칙 또는 거래상의 관념에 비추어 그 이행의 실현을 기대할 수 없는 경우를 말하는 것이므로, 사해행위 후 그 목적물에 관하여 제3자가 저당권이나 지상권 등의 권리를 취득한 경우에는 수익자가 목적물을 저당권 등의 제한이 없는 상태로 회복하여 이전하여 줄 수 있다는 등의 특별한 사정이 없는 한 채권자는 수익자를 상대로 원물반환 대신 그 가액 상당의 배상을 구할 수도 있다고 할 것이나, 그렇다고 하여 채권자가 스스로 위험이나 불이익을 감수하면서 원물반환을 구하는 것까지 허용되지 아니하는 것으로 볼 것은 아니고, 그 경우 채권자는 원상회복 방법으로 가액배상 대신 수익자 명의의 등기의 말소를 구하거나 수익자를 상대로 채무자 앞으로 직접 소유권이전등기절차를 이행할 것을 구할 수 있다. 이 경우 원상회복청구권은 사실심 변론종결 당시 채권자의 선택에 따라 원물반환과 가액배상 중 어느 하나로 확정된다. 채권자가 일단 사해행위 취소 및 원상회복으로서 수익자 명의 등기의 말소를 청구하여 승소판결이 확정되었다면, 어떠한 사유로 수익자 명의의 등기를 말소하는 것이 불가능하게 되었다고 하더라도 다시 수익자를 상대로 원상회복청구권을 행사하여 가액배상을 청구하거나 원물반환으로서 채무자 앞으로 직접 소유권이전등기절차를 이행할 것을 청구할 수는 없으므로, 그러한 청구는 권리보호의 이익이 없어 허용되지 않는다(대판 2018. 12. 28, 2017다265815).

206 **2022. 6. 22. 甲은 채무초과 상태에서 그 소유의 유일한 재산인 X 부동산을 乙에게 매도하고, 2022. 8. 22. 소유권이전등기를 경료해 주었다. 甲의 채권자 丙은 사해행위취소의 소를 적법하게 제기하였다. 이에 관한 설명 중 옳은 것(○)과 옳지 않은 것(×)을 올바르게 조합한 것은? (각 지문은 독립적이며, 다툼이 있는 경우 판례에 의함)** (2023 변호사)

ㄱ. X 부동산에 관하여 채권자를 丁, 채무자를 甲, 채권최고액을 3억 9천만 원으로 하는 근저당권이 설정되어 있었던 경우, 매매 당시 X 부동산의 가액은 3억 원, 피담보채권액은 3억 4천만 원일 때 甲의 매매행위는 사해행위에 해당한다.

ㄴ. X 부동산에 근저당권이 설정되어 있었던 상태에서 사해행위 후 채권 전액을 변제하여 근저당권설정등기가 말소된 경우, 丙은 가액의 배상을 구할 수 있을 뿐이고 그 가액산정은 사해행위 당시를 기준으로 하여야 한다.

ㄷ. 丙이 乙을 상대로 사해행위취소의 소를 제기하여 乙로부터 원상회복으로 직접 가액배상을 받을 경우, 乙이 甲에 대한 반대채권이 있다면 이를 가지고 상계를 주장할 수 없다.

① ㄱ(×), ㄴ(×), ㄷ(○)　② ㄱ(×), ㄴ(○), ㄷ(×)　③ ㄱ(×), ㄴ(○), ㄷ(○)
④ ㄱ(○), ㄴ(×), ㄷ(×)　⑤ ㄱ(○), ㄴ(×), ㄷ(○)

해설 ㄱ. (×) : 채무자가 양도한 부동산에 제3자의 채무를 담보하기 위한 근저당권이 설정되어 있는 경우 그 부동산에서 일반 채권자들의 공동담보로 되는 책임재산은 **채권최고액을 한도로 실제 부담하고 있는 피담보채권액을 뺀 나머지 부분**이다. 따라서 근저당권의 피담보채권액과 채권최고액이 모

정답 206 ①

두 부동산 가격을 초과하는 때에는 일반 채권자들의 공동담보로 되는 책임재산이 없으므로 부동산의 양도가 사해행위에 해당하지 않는다(대판 2018. 4. 24, 2017다287891).

[동지판례] 저당권이 설정되어 있는 부동산이 사해행위로 양도된 경우에 그 사해행위는 부동산의 가액, 즉 시가(공시지가와 일치하는 것은 아니다)에서 저당권의 피담보채권액을 공제한 잔액의 범위 내에서 성립하고, 피담보채권액이 부동산의 가액을 초과하는 때에는 당해 부동산의 양도는 사해행위에 해당한다고 할 수 없는바, 여기서 피담보채권액이라 함은 근저당권의 경우 채권최고액이 아니라 실제로 이미 발생하여 있는 채권금액이다(대판 2001. 10. 9, 2000다42618).

ㄴ. (×) : 어느 부동산에 관한 법률행위가 사해행위에 해당하는 경우에는 원칙적으로 그 사해행위를 취소하고 소유권이전등기의 말소 등 부동산 자체의 회복을 명하여야 하는 것이나, 저당권이 설정되어 있는 부동산에 관하여 사해행위가 이루어진 경우에 그 사해행위는 부동산의 가액에서 저당권의 피담보채권액을 공제한 잔액의 범위 내에서만 성립한다고 보아야 하므로 사해행위 후 변제 등에 의하여 저당권설정등기가 말소된 경우, 사해행위를 취소하여 그 부동산 자체의 회복을 명하는 것은 당초 일반채권자들의 공동담보로 되어 있지 아니하던 부분까지 회복시키는 것이 되어 공평에 반하는 결과가 되어, 그 부동산의 가액에서 저당권의 피담보채권액을 공제한 잔액의 한도에서 사해행위를 취소하고 그 가액의 배상을 명할 수 있을 뿐이므로, 사해행위의 목적인 부동산에 수 개의 저당권이 설정되어 있다가 사해행위 후 그 중 일부의 저당권만이 말소된 경우에도 사해행위의 취소에 따른 원상회복은 가액배상의 방법에 의할 수밖에 없을 것이고, 그 경우 배상하여야 할 가액은 사해행위 취소시인 **사실심 변론종결시**를 기준으로 하여 그 부동산의 가액에서 말소된 저당권의 피담보채권액과 말소되지 아니한 저당권의 피담보채권액을 모두 공제하여 산정하여야 한다(대판 1998. 2. 13, 97다6711).

ㄷ. (○) : 수익자로 하여금 자기의 채무자에 대한 반대채권으로써 상계를 허용하는 것은 사해행위에 의하여 이익을 받은 수익자를 보호하고 다른 채권자의 이익을 무시하는 결과가 되어 위 제도의 취지에 반하므로, 수익자가 채권자취소에 따른 원상회복으로서 가액배상을 할 때에 채무자에 대한 채권자라는 이유로 채무자에 대하여 가지는 자기의 채권과의 상계를 주장할 수는 없다(대판 2001. 6. 1, 99다63183).

207 채권자취소권에 관한 설명 중 각 괄호 안에 들어갈 말을 올바르게 나열한 것은? (다툼이 있는 경우 판례에 의함) (2023 변호사)

ㄱ. 채권자취소소송에서 수익자가 취소채권자에게 원상회복으로서 가액배상의무를 부담하는 경우, 수익자가 취소채권자에게 가지는 별개의 다른 채권에 대한 집행권원을 가지고 취소채권자의 수익자에 대한 가액배상채권을 압류하고 전부명령을 받는 것은 (A).
ㄴ. 채권자취소소송을 제기한 채권자의 채권이 사해행위 이전에 성립되어 있으나 그 액수나 범위가 구체적으로 확정되지 않은 경우, 그 채권은 채권자취소권의 피보전채권이 될 수 (B).
ㄷ. 채권자가 채권자취소권을 행사할 때에는 원칙적으로 자신의 채권액을 초과하여 취소권을 행사할 수 없고, 이때 채권자의 채권액에는 사해행위 이후 (C)까지 발생한 이자나 지연손해금이 포함된다.
ㄹ. 주채무자 또는 제3자 소유의 부동산에 대하여 채권자 앞으로 근저당권이 설정되어 있고, 그 부동산의 가액 및 채권최고액이 당해 채무액을 초과하여 채권자에게 채무 전액에 대한 우선변제권이 확보되어 있는 경우, 주채무자의 연대보증인이 유일한 재산을 처분하는 법률행위를 하면 채권자에 대하여 사해행위가 (D).

207 ⑤ 《 정답

	A	B	C	D
①	허용되지 않는다	있다	제1심판결 선고시	성립하지 않는다
②	허용된다	없다	사실심 변론종결시	성립한다
③	허용된다	있다	사실심 변론종결시	성립한다
④	허용되지 않는다	없다	제1심판결 선고시	성립하지 않는다
⑤	허용된다	있다	사실심 변론종결시	성립하지 않는다

해설 ㄱ. (허용된다) : 사해행위취소의 소에서 수익자가 원상회복으로서 채권자취소권을 행사하는 채권자에게 가액배상을 할 경우, 수익자 자신이 사해행위취소소송의 채무자에 대한 채권자라는 이유로 채무자에 대하여 가지는 자기의 채권과 상계하거나 채무자에게 가액배상금 명목의 돈을 지급하였다는 점을 들어 채권자취소권을 행사하는 채권자에 대해 이를 가액배상에서 공제할 것을 주장할 수 없다. 그러나 수익자가 채권자취소권을 행사하는 채권자에 대해 가지는 별개의 다른 채권을 집행하기 위하여 그에 대한 집행권원을 가지고 채권자의 수익자에 대한 가액배상채권을 압류하고 전부명령을 받는 것은 허용된다. 이는 수익자의 채무자에 대한 채권을 기초로 한 상계나 임의적인 공제와는 내용과 성질이 다르다. 또한 채권자가 채무자의 제3채무자에 대한 채권을 압류하는 경우 제3채무자가 채권자 자신인 경우에도 이를 압류하는 것이 금지되지 않으므로 단지 채권자와 제3채무자가 같다고 하여 채권압류 및 전부명령이 위법하다고 볼 수 없다(대결 2017. 8. 21, 자 2017마499).

ㄴ. (있다) : 채권자취소권 행사는 채무 이행을 구하는 것이 아니라 총채권자를 위하여 채무자의 자력 감소를 방지하고, 일탈된 채무자의 책임재산을 회수하여 채권의 실효성을 확보하는 데 목적이 있으므로, 피보전채권이 사해행위 이전에 성립되어 있는 이상 액수나 범위가 구체적으로 확정되지 않은 경우라고 하더라도 채권자취소권의 피보전채권이 된다(대판 2018. 6. 28, 2016다1045).

ㄷ. (사실심 변론종결시) : 채권자가 채권자취소권을 행사할 때에는 원칙적으로 자신의 채권액을 초과하여 취소권을 행사할 수 없고, 이 때 채권자의 채권액에는 사해행위 이후 사실심 변론종결시까지 발생한 이자나 지연손해금이 포함된다(대판 2002. 4. 12, 2000다63912).

ㄹ. (성립하지 않는다) : 주채무자 또는 제3자 소유의 부동산에 대하여 채권자 앞으로 근저당권이 설정되어 있고, 그 부동산의 가액 및 채권최고액이 당해 채무액을 초과하여 채무 전액에 대하여 채권자에게 우선변제권이 확보되어 있다면, 연대보증인이 비록 유일한 재산을 처분하는 법률행위를 하더라도 채권자에 대하여 사해행위가 성립되지 않는다고 보아야 한다(대판 2000.12.8, 2000다21017).

XV. 제3자에 의한 채권침해

CHAPTER 4

수인의 채권자 및 채무자

POINT

Ⅰ. 분할채권관계

Ⅱ. 불가분채권관계

208-1 여러 사람이 공동으로 법률상 원인 없이 타인의 재산을 사용한 경우의 부당이득 반환채무는 특별한 사정이 없는 한 불가분채무이므로 각 채무자가 채무 전부를 이행할 의무가 있고, 1인의 채무이행으로 다른 채무자도 그 의무를 면하게 된다. ( ) (2020 변호사)

208-2 토지공유자 중의 일부가 공유 토지의 특정 부분을 배타적으로 점유·사용하고 있는 경우, 비록 그 특정 부분의 면적이 자신들의 지분 비율에 상당하는 면적 범위 내라고 할지라도, 그 토지를 사용·수익 하지 않는 다른 공유자들에 대하여는 그 지분에 상응하는 부당이득을 반환할 의무가 있으며, 이 의무는 분할채무의 성질을 가진다. ( ) (2019 변호사)

해설 [1] 토지의 공유자는 각자의 지분 비율에 따라 토지 전체를 사용·수익할 수 있지만, 그 구체적인 사용·수익 방법에 관하여 공유자들 사이에 지분 과반수의 합의가 없는 이상, 1인이 특정 부분을 배타적으로 점유·사용할 수 없는 것이므로, 공유자 중의 일부가 특정 부분을 배타적으로 점유·사용하고 있다면, 그들은 비록 그 특정 부분의 면적이 자신들의 지분 비율에 상당하는 면적 범위 내라고 할지라도, 다른 공유자들 중 지분은 있으나 사용·수익은 전혀 하지 않고 있는 자에 대하여는 그 자의 지분에 상응하는 부당이득을 하고 있다고 보아야 할 것인바, 이는 모든 공유자는 공유물 전부를 지분의 비율로 사용·수익할 권리가 있기 때문이다. [2] 여러 사람이 공동으로 법률상 원인 없이 타인의 재산을 사용한 경우의 부당이득 반환채무는 특별한 사정이 없는 한 불가분적 이득의 반환으로서 불가분채무이고, 불가분채무는 각 채무자가 채무 전부를 이행할 의무가 있으며, 1인의 채무이행으로 다른 채무자도 그 의무를 면하게 된다(대판 2001. 12. 11, 2000다13948).

[비교지문] 甲과 乙은 1/2씩 대금을 출연하여 丙으로부터 A 토지를 매수하고, 각자의 지분을 1/2씩으로 하여 A 토지에 대한 공유의 소유권이전등기를 마쳤다. 丁이 무단으로 A 토지를 점유하여 사용·수익한 경우, 甲과 乙은 丁에 대하여 불법행위로 인한 손해배상 내지 부당이득반환을 청구할 수 있는데, 이들 권리는 불가분채권에 속한다. ( ) (2011년 사법시험)

(×) : 丁이 무단으로 A 토지를 점유하여 사용·수익한 경우, 甲과 乙은 丁에 대하여 불법행위로 인한 손해배상 내지 부당이득반환을 청구할 수 있는데, 각 공유자는 그 지분에 대응하는 비율의 한도 내에서만 이를 행사할 수 있으므로 이들 권리는 불가분채권이 아닌 가분채권으로 보아야 한다(대판 2001. 12. 11, 2000다13948 참조).

208-1 (○) 208-2 (×) 《 정답

209-1 **甲과 乙이 공유하는 부동산을 丙에게 공동으로 임대한 경우, 임대차 종료 시 甲과 乙은 지분비율에 따라 丙에게 임대차보증금을 반환할 채무를 부담한다. ( )** (2021 변리사)

209-2 **甲과 乙이 공유하는 건물을 丙에게 공동으로 임대하고 임차보증금을 수령한 경우, 특별한 사정이 없는 한 임대차 종료 시 甲과 乙은 지분비율에 따라 丙에게 임차보증금을 반환할 채무를 부담한다. ( )** (2022 변리사)

> 해설 건물의 공유자가 공동으로 건물을 임대하고 보증금을 수령한 경우, 특별한 사정이 없는 한 그 임대는 각자 공유지분을 임대한 것이 아니고 임대목적물을 다수의 당사자로서 공동으로 임대한 것이고 그 보증금반환채무는 성질상 불가분채무이다(대판 1998. 12. 8, 98다43137).

210 **불가분채권자 중의 1인과 채무자 간에 경개나 면제가 있는 경우에 채무 전부의 이행을 받은 다른 채권자는 그 1인이 권리를 잃지 아니하였으면 그에게 분급할 이익을 채무자에게 상환하여야 한다. ( )** (2020 변호사)

> 해설 [민법 제410조(1인의 채권자에 생긴 사항의 효력) 제2항] 불가분채권자 중의 1인과 채무자간에 경개나 면제있는 경우에 채무전부의 이행을 받은 다른 채권자는 그 1인이 권리를 잃지 아니하였으면 그에게 분급할 이익을 채무자에게 상환하여야 한다.

211 **丙에 대해 불가분채권을 가지고 있는 甲과 乙 중 甲이 丙에게 이행을 청구하여 丙이 이행지체에 빠진 경우, 丙은 乙에게도 이행지체 책임을 진다. ( )** (2021 변리사)

> 해설 채권의 목적이 그 성질 또는 당사자의 의사표시에 의하여 불가분인 경우에 채권자가 수인인 때에는 각 채권자는 모든 채권자를 위하여 이행을 청구할 수 있고 채무자는 모든 채권자를 위하여 각 채권자에게 이행할 수 있다(민법 제409조). ☞ 불가분채권에서 이행청구(이행청구에 따른 시효중단 및 이행지체 포함)와 이행은 절대효 사유이다.

Ⅲ. 연대채무

212 **甲의 채권자 丁이 甲의 연대채무자 乙, 丙에 대한 채권 중 甲의 乙에 대한 채권에 대해 압류 및 추심명령을 발령받았더라도 甲은 丙에 대해 이행을 청구할 수 있다. ( )** (2021 변리사)

> 해설 2인 이상의 불가분채무자 또는 연대채무자가 있는 금전채권의 경우에, 그 불가분채무자 등 중 1인을 제3채무자로 한 채권압류 및 추심명령이 이루어지면 그 채권압류 및 추심명령을 송달받은 불가분채무자 등에 대한 피압류채권에 관한 이행의 소는 추심채권자만이 제기할 수 있고 추심채무자는 그 피압류채권에 대한 이행소송을 제기할 당사자적격을 상실하지만, 그 채권압류 및 추심명령의 제3채무자가 아닌 나머지 불가분채무자 등에 대하여는 추심채무자가 여전히 채권자로서 추심권한을 가지므로 나머지 불가분채무자 등을 상대로 이행을 청구할 수 있다(대판 2013. 10. 31, 2011다98426).

정답 》 209-1 (×) 209-2 (×) 210 (○) 211 (○) 212 (○)

213 **하나의 계약으로 수인에게 연대채무가 발생한 경우 어느 연대채무자에 대한 법률행위의 무효나 취소의 원인은 다른 연대채무자의 채무에 영향을 미치지 아니한다. ( )** (2020 변호사)

> **해설** 민법 제415조(채무자에 생긴 무효, 취소) 어느 연대채무자에 대한 법률행위의 무효나 취소의 원인은 다른 연대채무자의 채무에 영향을 미치지 아니한다.

214-1 **채권자의 신청에 의한 경매개시결정에 따라 연대채무자 1인 소유의 부동산이 압류된 경우, 이로써 이 연대채무자에 대한 채권의 소멸시효는 중단되지만 다른 연대채무자에 대한 채권의 소멸시효는 중단되지 않는다. ( )** (2018 변호사)

214-2 **연대채무자 중 1인이 소유하는 부동산에 대한 압류에 따른 시효중단의 효력은 다른 연대채무자에게는 미치지 않는다. ( )** (2020 변리사)

> **해설** 채권자의 신청에 의한 경매개시결정에 따라 연대채무자 1인의 소유 부동산이 압류된 경우, 이로써 위 채무자에 대한 채권의 소멸시효는 중단되지만, 압류에 의한 시효중단의 효력은 다른 연대채무자에게 미치지 아니하므로, 경매개시결정에 의한 시효중단의 효력을 다른 연대채무자에 대하여 주장할 수 없다(대판 2001. 8. 21, 2001다22840).

215 **어느 연대채무자가 채무를 승인함으로써 그에 대한 시효가 중단되면 그로 인하여 다른 연대채무자에게도 시효중단의 효력이 발생한다. ( )** (2021 변호사)

> **해설** 민법 제416조는 어느 연대채무자에 대한 이행청구는 다른 연대채무자에게도 효력이 있다고 규정하고 있을 뿐이고 채무승인은 이행청구에는 해당하지 않기 때문에, 어느 연대채무자가 채무를 승인함으로써 그에 대한 시효가 중단되었더라도 그로 인하여 다른 연대채무자에게도 시효중단의 효력이 발생하는 것은 아니다(대판 2018. 10. 25, 2018다234177).

216 **A에 대하여 3,000만 원의 연대채무를 부담하고 있는 甲, 乙, 丙이 내부적으로 4:4:2의 비율로 부담부분을 정한 상태에서 甲이 A에게 3,000만 원을 변제하였다. 만약 丙이 자신의 부담부분을 상환할 자력이 없고 A가 乙에게 연대의 면제를 해 주었다면, 甲은 乙에게 1,200만 원을, A에게 300만 원을 각 청구할 수 있다. ( )** (2018 변호사)

> **해설** 민법 제427조(상환무자력자의 부담부분) ① 연대채무자 중에 상환할 자력이 없는 자가 있는 때에는 그 채무자의 부담부분은 구상권자 및 다른 자력이 있는 채무자가 그 부담부분에 비례하여 분담한다. 그러나 구상권자에게 과실이 있는 때에는 다른 연대채무자에 대하여 분담을 청구하지 못한다.
> ② 전항의 경우에 상환할 자력이 없는 채무자의 부담부분을 분담할 다른 채무자가 채권자로부터 연대의 면제를 받은 때에는 그 채무자의 분담할 부분은 채권자의 부담으로 한다.

217-1 **연대채무자 중의 한 사람이 공동면책을 이유로 다른 연대채무자에게 구상권을 행사하려면 자기의 부담부분을 넘은 변제를 하여야 한다. ( )** (2018 변호사)

213 (○) 214-1 (○) 214-2 (○) 215 (×) 216 (○) 217-1 (×) 《 정답

217-2 **甲, 乙, 丙이 균등한 부담으로 丁에 대하여 3억 원의 연대채무를 부담하고 있는 경우, 甲이 丁에게 9천만 원을 변제하였다면 甲은 乙과 丙에게 각 3천만 원씩 구상할 수 있다. ( )**

(2022 변리사)

> **해설** 민법은 연대보증인 중의 한 사람이 공동면책을 이유로 다른 연대보증인에게 구상권을 행사하려면 '자기의 부담부분을 넘은' 변제를 하였을 것을 그 요건으로 규정하였으나(제448조 제2항), 연대채무자 중의 한 사람이 공동면책을 이유로 다른 연대채무자에게 구상권을 행사하는 데 있어서는 그러한 제한 없이 '부담부분'에 대하여 구상권을 행사할 수 있는 것으로 규정하고 있다(제425조 제1항). 따라서 연대채무자 사이의 구상권행사에 있어서 '부담부분'이란 연대채무자가 그 내부관계에서 출재를 분담하기로 한 비율을 말한다고 봄이 타당하다(대판 2013. 11. 14, 2013다46023).

218 **어느 연대채무자가 다른 연대채무자에게 구상권을 행사할 때 그 부담부분은 균등한 것으로 추정되나, 연대채무자 사이에 부담부분에 관한 특약이 있거나 특약이 없더라도 채무의 부담과 관련하여 각 채무자의 수익비율이 다른 경우에는 그 특약 또는 비율에 따라 부담부분이 결정된다. ( )**

(2018 변호사)

> **해설** 연대채무자가 변제 기타 자기의 출재로 공동면책을 얻은 때에는 다른 연대채무자의 부담부분에 대하여 구상권을 행사할 수 있고 이때 부담부분은 균등한 것으로 추정되나 연대채무자 사이에 부담부분에 관한 특약이 있거나 특약이 없더라도 채무의 부담과 관련하여 각 채무자의 수익비율이 다르다면 특약 또는 비율에 따라 부담분이 결정된다(대판 2014. 8. 20, 2012다97420,97437).

219 **甲, 乙, 丙이 균등한 부담으로 丁에 대하여 6천만원의 연대채무를 부담하고 있다. 이에 관한 설명으로 옳지 않은 것은?**

(2018 변리사)

① 甲이 丁에 대한 4천만원의 반대채권을 가지고 유효하게 상계한 경우, 丙은 2천만원의 채무를 면한다.
② 乙이 6천만원의 지급에 갈음하여 丁에게 자신의 주택의 소유권이전을 내용으로 하는 경개계약을 체결한 경우, 甲과 丙의 丁에 대한 연대채무는 소멸한다.
③ 甲이 丁에게 6천만원을 변제하고 과실(過失) 없이 바로 乙과 丙에게 구상하려는데 乙이 무자력이 된 경우, 甲은 丙에게 3천만원을 구상할 수 있다.
④ 丁이 丙의 채무를 면제한 경우, 甲과 乙은 丁에 대해 4천만원에 대하여 연대채무를 부담한다.
⑤ 甲이 乙과 丙에게 사전통지를 하지 않은 채 丁에게 채무 전부를 변제하고 乙과 丙에게 구상권을 행사하였는데 乙이 甲의 변제 전에 丁에 대하여 4천만원의 상계적상인 반대채권을 갖고 있었던 경우, 乙의 丁에 대한 채권은 2천만원에 한하여 甲에게 이전된다.

> **해설** ① (×) : 민법 제418조(상계의 절대적 효력) ① 어느 연대채무자가 채권자에 대하여 채권이 있는 경우에 그 채무자가 상계한 때에는 채권은 모든 연대채무자의 이익을 위하여 소멸한다. ☞ 418조 제1항의 상계의 절대효는 부담부분에 제한되지 않는다. 따라서 丙은 4천만 원의 채무를 면한다.
> ② (○) : 민법 제417조
> ③ (○) : 민법 제427조 제1항 ☞ 乙의 부담부분인 2,000만원을 甲과 丙이 그 부담부분에 비례하여(사안에서는 부담부분이 모두 균등하므로 1:1이다) 각 1,000만원씩 분담한다. 따라서 甲은 丙에게 3,000

정답 217-2 (○) 218 (○) 219 ①

만원(2,000+1,000)을 구상할 수 있다.

④ (○) : 민법 제419조 ☞ 채무면제는 부담부분에 한하여만 절대효가 있으므로 甲과 乙은 丁에 대해 4천만원에 대하여 연대채무를 부담한다.

⑤ (○) : 민법 제426조 제1항 ☞ "부담부분에 한하여" 대항할 수 있고, "부담부분에 한하여" 이전된다는 것이 다수설의 태도이다.

220 甲, 乙, 丙은 丁에 대하여 3,000만원의 연대채무를 부담하고 있으며, 그 부담부분이 균등한 경우에 관한 설명으로 옳지 않은 것은? (다툼이 있으면 판례에 따름) (2016 변리사)

① 甲이 丁에게 900만원을 변제하였다면 甲은 乙과 丙에게 각 300만원씩 구상할 수 있다.

② 乙이 변제기가 도래한 丁에 대한 2,000만원의 금전채권을 자동채권으로 하여 상계한 경우, 2,000만원의 범위 내에서 甲과 丙의 채무도 소멸한다.

③ 乙이 丁에 대한 채권으로 상계하지 않는 경우, 甲은 乙의 丁에 대한 금전채권을 자동채권으로 하여 1,000만원의 범위 내에서 상계할 수 있다.

④ 丁의 甲에 대한 채권이 시효완성으로 인하여 소멸하였다면 乙과 丙도 채무를 전부 면하게 된다.

⑤ 丁이 丙에 대하여 채무 전부를 면제해 주었다면 이제 甲과 乙은 丁에 대하여 2,000만원의 연대채무를 부담하게 된다.

해설 ④만이 부당하다. 즉 丁의 甲에 대한 채권이 시효완성으로 인하여 소멸하였다면 乙과 丙도 채무를 전부(일체형) 면하게 되는 것이 아니라, 그 부담부분에 한하여 소멸된다(제421조). 따라서 乙과 丙은 1천만원 범위에서 소멸한다.

① (○) : 연대채무의 구상권에서 초과출재불요설 입장이다(대판 2013. 11. 14, 2013다46023). 즉 甲이 丁에게 900만원을 변제하였다면 甲은 乙과 丙에게 각 300만원씩 구상할 수 있다.

② (○) : 상계의 일체형 절대적 소멸사유이다(제418조 제1항). 따라서 乙이 변제기가 도래한 丁에 대한 2,000만원의 금전채권을 자동채권으로 하여 상계한 경우, 2,000만원의 범위 내에서 甲과 丙의 채무도 소멸한다.

③ (○) : [민법 제418조 제2항] 상계할 채권이 있는 연대채무자가 상계하지 아니한 때에는 그 채무자의 부담부분에 한하여 다른 연대채무자가 상계할 수 있다.

⑤ (○) : [민법 제419조] 어느 연대채무자에 대한 채무면제는 그 채무자의 부담부분에 한하여 다른 연대채무자의 이익을 위하여 효력이 있다.

221 甲, 乙은 丙으로부터 농기계 1대를 10일 동안 사용하기로 하고 차임 1,000만 원에 공동으로 임차하였는데 甲, 乙 사이의 부담부분에 관하여 따로 정하지 아니하였다. 이에 관한 설명 중 옳지 않은 것은? (다툼이 있는 경우 판례에 의함) (2022 변호사)

① 甲, 乙의 丙에 대한 차임지급채무가 기한의 정함이 없는 경우, 丙이 甲에게 이행청구를 하여 甲의 채무의 이행기가 도래하면 乙의 채무 역시 이행기가 도래한다.

② 甲에게 위 임대차계약의 무효의 원인이 있는 경우, 乙은 여전히 丙에 대하여 1,000만 원의 차임지급채무를 부담한다.

220 ④ 221 ⑤ 《 정답

③ 甲이 丙에 대한 700만 원의 반대채권을 가지고 丙의 甲에 대한 차임채권과 상계하였다면, 乙의 丙에 대한 채무는 300만 원으로 감축된다.

④ 甲이 丙에 대하여 700만 원의 반대채권을 가지고 丙의 甲에 대한 차임채권과 상계할 수 있음에도 상계를 하지 않는 경우, 乙은 500만 원의 범위 내에서 甲의 丙에 대한 반대채권을 가지고 丙의 甲에 대한 차임채권과 상계할 수 있다.

⑤ 甲이 丙에게 차임지급채무 1,000만 원 중 500만 원을 지급한 경우, 甲은 乙에 대하여 구상권을 행사할 수 없다.

> **해설** ※ 사안에서 공동임차인인 甲과 乙의 관계는 연대채무관계이다(제654조에 의하여 준용되는 제616조).
>
> ① (○) : 연대채무에서 이행청구는 절대효 사유이다(제416조).
>
> ② (○) : 어느 연대채무자에 대한 법률행위의 무효나 취소의 원인은 다른 연대채무자의 채무에 영향을 미치지 아니한다(제415조).
>
> ③ (○) : 연대채무에서 상계는 일체형 절대효 사유이다(제418조 제1항).
>
> ④ (○) : 상계할 채권이 있는 연대채무자가 상계하지 아니한 때에는 그 채무자의 부담부분에 한하여 다른 연대채무자가 상계할 수 있다(제418조 제2항).
>
> ⑤ (×) : 민법은 연대보증인 중의 한 사람이 공동면책을 이유로 다른 연대보증인에게 구상권을 행사하려면 '자기의 부담부분을 넘은 변제를 하였을 것'을 그 요건으로 규정하였으나(제448조 제2항), 연대채무자 중의 한 사람이 공동면책을 이유로 다른 연대채무자에게 구상권을 행사하는 데 있어서는 그러한 제한 없이 구상권을 행사할 수 있는 것으로 규정하고 있다(제425조 제1항). 따라서 연대채무자 사이의 구상권행사에 있어서 '부담부분'이란 연대채무자가 그 내부관계에서 출재를 분담하기로 한 비율을 말한다고 봄이 타당하다(대판 2013. 11. 14, 2013다46023). ☞ 이른바 초과출재불요설. 따라서 甲은 乙에 대하여 구상권을 행사할 수 있다.

Ⅳ. 부진정연대채무

222 부진정연대채무에서 채무자 1인에 대한 재판상 청구 또는 채무자 1인이 행한 채무의 승인 등 소멸시효의 중단 사유나 시효이익의 포기는 다른 채무자에게 효력을 미친다. ( ) (2022 변호사)

> **해설** 부진정연대채무에서는 채무자 1인에 대한 이행청구 또는 채무자 1인이 행한 채무의 승인 등 소멸시효의 중단사유나 시효이익의 포기가 다른 채무자에게 효력을 미치지 아니한다(대판 2011.4.14, 2010다91886).

223 甲과 乙이 공동불법행위책임을 지는 경우, 甲의 손해배상채무가 시효로 소멸한 후에는 乙이 피해자에게 자기의 부담부분을 넘는 손해를 배상하였다고 하더라도 甲을 상대로 구상권을 행사할 수 없다. ( ) (2018 변호사)

정답 》 222 (×) 223 (×)

해설 공동불법행위자의 다른 공동불법행위자에 대한 구상권은 피해자의 다른 공동불법행위자에 대한 손해배상채권과는 그 발생 원인 및 성질을 달리하는 별개의 권리이고, 연대채무에 있어서 소멸시효의 절대적 효력에 관한 민법 제421조의 규정은 공동불법행위자 상호간의 부진정연대채무에 대하여는 그 적용이 없으므로, 공동불법행위자 중 1인의 손해배상채무가 시효로 소멸한 후에 다른 공동불법행위자 1인이 피해자에게 자기의 부담 부분을 넘는 손해를 배상하였을 경우에도, 그 공동불법행위자는 다른 공동불법행위자에게 구상권을 행사할 수 있다(대판 1997. 12. 23, 97다42830).

224 **부진정연대채무자 甲과 乙 중 甲이 자신의 채권자에 대한 반대채권으로 상계한 경우, 상계로 인한 채무소멸의 효력은 소멸한 채무 전액에 관하여 乙에게도 미친다. ( )** (2022 변호사)

해설 부진정연대채무자 중 1인이 자신의 채권자에 대한 반대채권으로 상계를 한 경우에도 채권은 변제, 대물변제, 또는 공탁이 행하여진 경우와 동일하게 현실적으로 만족을 얻어 그 목적을 달성하는 것이므로, 그 상계로 인한 채무소멸의 효력은 소멸한 채무 전액에 관하여 다른 부진정연대채무자에 대하여도 미친다고 보아야 한다. 이는 부진정연대채무자 중 1인이 채권자와 상계계약을 체결한 경우에도 마찬가지이다. 나아가 이러한 법리는 채권자가 상계 내지 상계계약이 이루어질 당시 다른 부진정연대채무자의 존재를 알았는지 여부에 의하여 좌우되지 아니한다[대판(전합) 2010. 9. 16, 2008다97218].

225 **甲, 乙, 丙이 공동의 불법행위로 丁에게 9,000만 원의 부진정연대채무를 부담하고 있고 과실비율은 균등하다. 이 경우 甲의 보증인 戊가 6,000만 원을 변제하였다면 戊는 乙과 丙에 대해 각 2,000만 원의 구상권을 취득한다. ( )** (2023 변호사)

해설 (ⅰ) 어느 공동불법행위자를 위하여 보증인이 된 사람이 피보증인을 위하여 손해배상채무를 변제한 경우, 그 보증인은 피보증인이 아닌 다른 공동불법행위자에 대하여 그 부담 부분에 한하여 구상권을 행사할 수 있다(대판 2008. 7. 24, 2007다37530). (ⅱ) 공동불법행위자는 채권자에 대한 관계에서는 연대책임(부진정연대채무)을 지되, 공동불법행위자들 내부관계에서는 일정한 부담 부분이 있고, 이 부담 부분은 공동불법행위자의 과실의 정도에 따라 정하여지는 것으로서 공동불법행위자 중 1인이 자기의 부담 부분 이상을 변제하여 공동의 면책을 얻게 하였을 때에는 다른 공동불법행위자에게 그 부담 부분의 비율에 따라 구상권을 행사할 수 있다(대판 2005. 7. 8, 2005다8125).

226-1 **공동불법행위자 전원에게 과실이 있는 경우, 그 중 1인이 자기의 부담부분 이상을 변제하여 공동의 면책을 얻게 하였을 때에는, 그에게 구상의무를 부담하는 다른 공동불법행위자가 수인이라면 이들의 구상권자에 대한 채무는 특별한 사정이 없는 한 부진정연대채무이다. ( )** (2020 변호사)

226-2 **공동불법행위자 중 1인에 대하여 구상의무를 부담하는 다른 공동불법행위자가 수인인 경우에는 특별한 사정이 없는 이상 그들의 구상권자에 대한 채무는 각자의 부담부분에 따른 분할채무로 봄이 상당하지만, 구상권자인 공동불법행위자 측에 과실이 없는 경우, 즉 내부적인 부담부분이 전혀 없는 경우에는 그에 대한 수인의 구상의무 사이의 관계를 부진정연대관계로 보아야 한다. ( )** (2018 변호사)

224 (○) **225** (×) **226-1** (×) **226-2** (○) 《 정답

해설 공동불법행위자 중 1인에 대하여 구상의무를 부담하는 다른 공동불법행위자가 수인인 경우에는 특별한 사정이 없는 이상 그들의 구상권자에 대한 채무는 각자의 부담 부분에 따른 분할채무로 보는 것이 타당하지만, 구상권자인 공동불법행위자 측에 과실이 없는 경우, 즉 내부적인 부담 부분이 전혀 없는 경우에는 이와 달리 그에 대한 수인의 구상의무를 부진정연대관계로 보는 것이 타당하다(대판 2012. 3. 15, 2011다52727).

227 甲은 乙의 피용자 丙의 과실에 의한 불법행위로 2억 원의 손해를 입었는데, 丙의 위 불법행위에 대해 乙의 사용자책임이 인정되었다. 丙의 손해배상채무액은 2억 원으로 인정되었고, 乙의 손해배상채무액은 甲의 과실을 참작하여 과실상계를 한 결과 1억 5천만 원으로 인정되었다. 이에 관한 설명으로 옳지 않은 것은? (다툼이 있으면 판례에 따름) (2020 변리사)

① 甲에 대한 丙의 손해배상채무와 乙의 손해배상채무는 부진정연대채무의 관계에 있다.
② 丙이 甲에게 1억 원을 변제한 경우, 甲에 대한 乙의 손해배상채무액은 5천만 원이 남게 된다.
③ 甲이 乙에 대한 손해배상채권의 소멸시효를 중단시키더라도 丙에 대한 손해배상채권의 소멸시효는 중단되지 않는다.
④ 丙이 자신의 甲에 대한 2억 원의 대여금채권으로 적법하게 상계한 경우, 그 상계로 인한 채무소멸의 효력은 乙에 대하여도 미친다.
⑤ 丙이 甲에 대하여 상계할 채권을 가지고 있으면서 상계하지 않고 있는 경우, 乙이 그 채권을 가지고 상계할 수는 없다.

해설 ① (○) : 피용자의 사무집행중의 불법행위로 인한 사용자의 민법 756조의 규정에 의한 배상책임과 피용자 자신의 민법 제750조의 규정에 의한 불법행위 책임은 전혀 별개의 것이고 다만 피해자가 어느편으로 부터 배상에 의하여 일부 또는 전부의 만족을 얻었을 때에는 그 범위내에서 타방의 배상책임이 소멸한다 할 것이고 이러한 피용자의 업무집행중의 불법행위 책임과 사용자 배상책임이 강학상 부진정연대채무의 부류에 속한다(대판 1975. 12. 23, 75다1193).

② (×) : 금액이 다른 채무가 서로 부진정연대관계에 있을 때 다액채무자가 일부 변제를 하는 경우 변제로 인하여 먼저 소멸하는 부분은 당사자의 의사와 채무 전액의 지급을 확실히 확보하려는 부진정연대채무 제도의 취지에 비추어 볼 때 다액채무자가 단독으로 채무를 부담하는 부분으로 보아야 한다. 이러한 법리는 (i) 사용자의 손해배상액이 피해자의 과실을 참작하여 과실상계를 한 결과 타인에게 직접 손해를 가한 피용자 자신의 손해배상액과 달라졌는데 다액채무자인 피용자가 손해배상액의 일부를 변제한 경우에 적용되고, (ii) 공동불법행위자들의 피해자에 대한 과실비율이 달라 손해배상액이 달라졌는데 다액채무자인 공동불법행위자가 손해배상액의 일부를 변제한 경우에도 적용된다. 또한 (iii) 중개보조원을 고용한 개업공인중개사의 공인중개사법 제30조 제1항에 따른 손해배상액이 과실상계를 한 결과 거래당사자에게 직접 손해를 가한 중개보조원 자신의 손해배상액과 달라졌는데 다액채무자인 중개보조원이 손해배상액의 일부를 변제한 경우에도 마찬가지이다[대판(전합) 2018. 3. 22, 2012다74236]. ☞ 丙은 1억 원을 변제하였으나 丙이 단독으로 채무를 부담하는 부분(5천만 원)부터 먼저 소멸하므로, 乙의 채무는 5천만 원(丙이 변제한 1억 원 − 丙의 단독부담부분 5천만 원)만 소멸하고 1억 원의 채무가 남는다.

정답 》 227 ②

③ (○) : 부진정연대채무에서는 채무자 1인에 대한 이행청구 또는 채무자 1인이 행한 채무의 승인 등 소멸시효의 중단사유나 시효이익의 포기가 다른 채무자에게 효력을 미치지 아니한다(대판 2011. 4. 14, 2010다91886).
④ (○) : 부진정연대채무자 중 1인이 자신의 채권자에 대한 반대채권으로 상계를 한 경우에도 채권은 변제, 대물변제, 또는 공탁이 행하여진 경우와 동일하게 현실적으로 만족을 얻어 그 목적을 달성하는 것이므로, 그 상계로 인한 채무소멸의 효력은 소멸한 채무 전액에 관하여 다른 부진정연대채무자에 대하여도 미친다고 보아야 한다. 이는 부진정연대채무자 중 1인이 채권자와 상계계약을 체결한 경우에도 마찬가지이다. 나아가 이러한 법리는 채권자가 상계 내지 상계계약이 이루어질 당시 다른 부진정연대채무자의 존재를 알았는지 여부에 의하여 좌우되지 아니한다[대판(전합) 2010. 9. 16, 2008다97218].
⑤ (○) : 부진정연대채무자 사이에는 고유의 의미에 있어서의 부담부분이 존재하지 아니하므로 위와 같은 고유의 의미의 부담부분의 존재를 전제로 하는 민법 제418조 제2항은 부진정연대채무에는 적용되지 아니하는 것으로 봄이 상당하고, 따라서 부진정연대채무에 있어서는 한 부진정연대채무자가 채권자에 대하여 상계할 채권을 가지고 있음에도 상계를 하지 않고 있다 하더라도 다른 부진정연대채무자가 그 채권을 가지고 상계를 할 수는 없는 것으로 보아야 한다(대판 1994. 5. 27, 93다21521).

Ⅴ. 보증채무

228 **보증인이 보증채무를 이행함에 따라 주채무자가 보증인에 대하여 부담하게 될 구상금채무를 연대보증하는 경우, 그 연대보증인은 특별한 사정이 없으면 주채무자와 같은 내용의 채무를 부담한다. ( )** (2020 변호사)

해설 보증인이 보증채무를 이행함에 따라 주채무자가 보증인에 대하여 부담하게 될 구상금채무를 연대보증하는 경우, 연대보증인은 특별한 사정이 없으면 주채무자와 같은 내용의 채무를 부담한다(대판 2014. 3. 27, 2012다6769).

229 **물상보증의 경우에도 「보증인 보호를 위한 특별법」이 적용된다. ( )** (2020 변호사)

해설 보증인 보호를 위한 특별법(이하 '보증인보호법'이라 한다)의 목적 및 보증인보호법 제2조 제1호, 제2호의 문언에 비추어 볼 때, 보증인보호법은 민법 제429조 제1항에 따른 보증채무를 부담하는 경우에 적용될 뿐 타인의 채무에 대하여 담보물의 한도 내에서 책임을 지는 물상보증의 경우에는 적용되지 아니한다(대판 2015. 3. 26, 2014다83142).

230-1 **보증채무를 부담하는 내용의 지급보증서에서 보증금액을 정하여 두었다고 하더라도 보증채무는 주채무와는 별개의 채무이기 때문에 보증채무 자체의 이행지체로 인한 지연손해금은 지급보증의 한도액과는 별도로 부담하여야 한다. ( )** (2021 변호사)

228 (○) 229 (×) 230-1 (○) 《 정답

230-2 **보증채무는 주채무와는 별개의 채무이기 때문에 보증채무 자체의 이행지체로 인한 지연손해금은 보증의 한도액과는 별도로 부담하여야 하고, 이때 보증채무의 연체이율에 관하여 특별한 약정이 없는 경우라면 거래행위의 성질에 따라 「상법」 또는 「민법」에서 정한 법정이율에 따라야 한다. ( )** (2020 변호사)

해설 보증서의 보증금액은 보증인이 보증책임을 지게 될 주채무에 관한 한도액을 정한 것으로서 한도액에는 주채무자의 채권자에 대한 원금과 이자 및 지연손해금이 모두 포함되고 합계액이 보증의 한도액을 초과할 수 없지만, 보증채무는 주채무와는 별개의 채무이기 때문에 보증채무 자체의 이행지체로 인한 지연손해금은 보증의 한도액과는 별도로 부담하여야 하고, 이때 보증채무의 연체이율에 관하여 특별한 약정이 없는 경우라면 거래행위의 성질에 따라 상법 또는 민법에서 정한 법정이율에 따라야 한다. 그리고 선급금 반환사유가 발생하였을 경우 선급금 잔액에 대하여 선급금 지급 시부터 이자를 가산하여 반환할지는 주계약 당사자 사이의 약정에 따라야 한다(대판 2016. 1. 28, 2013다74110).

231 **주채무가 외화채무인 경우, 채권자와 보증인 사이에 미리 약정한 환율로 환산한 원화로 보증채무를 이행하기로 약정은 허용되지 않는다. ( )** (2022 변리사)

해설 보증채무는 채권자와 보증인 간의 보증계약에 의하여 성립하고, 주채무와는 별개 독립의 채무이지만 주채무와 동일한 내용의 급부를 목적으로 함이 원칙이라고 할 것이나 채권자와 보증인은 보증채무의 내용, 이행의 시기, 방법 등에 관하여 특약을 할 수 있고, 그 특약에 따른 보증인의 부담이 주채무의 목적이나 형태보다 중하지 않는 한 그러한 특약이 무효라고 할 수도 없으므로 (민법 제430조 참조), 주채무가 외화채무인 경우에도 채권자와 보증인 사이에 미리 약정한 환율로 환산한 원화로 보증채무를 이행하기로 약정하는 것도 허용된다(대판 2002. 8. 27, 2000다9734).

232 **보증의 효력발생요건으로서 「민법」 제428조의2 제1항 전문에서 정한 '보증인의 서명'에 타인이 보증인의 이름을 대신 쓰는 것은 해당하지 않지만, '보증인의 기명날인'은 타인이 이를 대행하는 방법으로 하여도 무방하다. ( )** (2020, 2021 변호사)

해설 (i) 구 보증인 보호를 위한 특별법(2015. 2. 3. 법률 제13125호로 개정되기 전의 것, 이하 '구 보증인보호법'이라 한다) 제3조 제1항에서 보증의 의사표시에 보증인의 기명날인 또는 서명이 있는 서면을 요구하는 것은, 보증 의사를 명확하게 표시하게 함으로써 보증 의사의 존부 및 내용에 관하여 분명한 확인수단을 보장하여 분쟁을 예방하는 한편, 보증인으로 하여금 가능한 한 경솔하게 보증에 이르지 아니하고 숙고의 결과로 보증을 하도록 하려는 취지에서 나온 것이다. 일반적으로 서명은 기명날인과 달리 명의자 본인이 자신의 이름을 쓰는 것을 의미한다. 그런데 보증인의 서명에 대해 제3자가 보증인을 대신하여 이름을 쓰는 것이 포함된다면, 보증인이 직접 자신의 의사표시를 표시한다는 서명 고유의 목적은 퇴색되고 사실상 구두를 통한 보증계약 내지 보증인이 보증 내용을 구체적으로 알지 못하는 보증계약의 성립을 폭넓게 인정하는 결과를 초래하게 되며, 이는 경솔한 보증행위로부터 보증인을 보호하고자 하는 구 보증인보호법의 입법 취지를 몰각시키게 된다. 따라서 이러한 구 보증인보호법의 입법 목적과 취지, 규정 내용 등을 종합해 보면, 구 보증인보호법 제3조 제1항에서 정한 '보증인의 서명'은 원칙적으로 보증인이 직접 자신의 이름을 쓰는 것을 의미하며 타인이 보증인의 이름을 대신 쓰

정답 230-2 (○) 231 (×) 232 (○)

는 것은 이에 해당하지 아니한다고 해석함이 타당하다(대판 2017. 12. 13, 2016다233576). (ii) 민법 제428조의2 제1항 전문은 "보증은 그 의사가 보증인의 기명날인 또는 서명이 있는 서면으로 표시되어야 효력이 발생한다."라고 규정하고 있는데, '보증인의 서명'은 원칙적으로 보증인이 직접 자신의 이름을 쓰는 것을 의미하므로 타인이 보증인의 이름을 대신 쓰는 것은 이에 해당하지 않지만, '보증인의 기명날인'은 타인이 이를 대행하는 방법으로 하여도 무방하다(대판 2019. 3. 14, 2018다282473).

233 **보증인은 보증채무에 대하여 위약금 또는 손해배상액을 예정할 수 있다. ( )** (2019 변리사)

해설 민법 제429조(보증채무의 범위) 제2항

234 **채무자가 보증인을 세울 의무가 있는 경우, 채권자가 보증인을 지명하였다면 보증인은 행위능력 및 변제자력이 없어도 된다. ( )** (2019 변리사)

해설 민법 제431조(보증인의 조건) 제3항

235 **채권자가 연대보증인에게 채무이행을 청구한 경우, 연대보증인은 채무자의 변제자력이 있는 사실 및 그 집행이 용이할 것을 증명하여 먼저 채무자에게 청구할 것과 그 재산에 대하여 집행할 것을 항변할 수 있다. ( )** (2019, 2022 변리사)

해설 민법 제437조(보증인의 최고, 검색의 항변) 단서. 연대보증인에게는 최고·검색의 항변권이 없다.

236 **주채무자의 부탁으로 보증인이 된 자가 과실 없이 변제 기타의 출재로 주채무를 소멸시킨 경우, 보증인은 주채무자를 상대로 면책된 날 이후의 법정이자에 관하여 구상청구를 할 수 있다. ( )** (2019 변리사)

해설 민법 제441조 제2항에 의하여 준용되는 제425조(출재채무자의 구상권) 제2항

237 **주채무자의 의사에 반하여 보증인이 된 자가 과실 없이 변제 기타 자기의 출재로 주채무를 소멸시킨 경우, 주채무자는 현존 이익의 한도에서 배상하여야 한다. ( )** (2019 변리사)

해설 민법 제444조(부탁없는 보증인의 구상권) 제2항

238 **주채무에 대한 소멸시효가 완성되어 보증채무가 소멸된 상태에서 보증인이 보증채무를 이행하거나 승인한 경우, 주채무의 시효소멸에도 불구하고 보증채무를 이행하겠다는 의사를 표시한 경우 등과 같이 부종성을 부정하여야 할 다른 특별한 사정이 없는 한 보증인은 여전히 주채무의 시효소멸을 이유로 보증채무의 소멸을 주장할 수 있다. ( )** (2021 변호사)

233 (○) 234 (○) 235 (×) 236 (○) 237 (○) 238 (○) 《 정답

해설 보증채무에 대한 소멸시효가 중단되는 등의 사유로 완성되지 아니하였다고 하더라도 주채무에 대한 소멸시효가 완성된 경우에는 시효완성 사실로써 주채무가 당연히 소멸되므로 보증채무의 부종성에 따라 보증채무 역시 당연히 소멸된다. 그리고 주채무에 대한 소멸시효가 완성되어 보증채무가 소멸된 상태에서 보증인이 보증채무를 이행하거나 승인하였다고 하더라도, 주채무자가 아닌 보증인의 행위에 의하여 주채무에 대한 소멸시효 이익의 포기 효과가 발생된다고 할 수 없으며, 주채무의 시효소멸에도 불구하고 보증채무를 이행하겠다는 의사를 표시한 경우 등과 같이 부종성을 부정하여야 할 다른 특별한 사정이 없는 한 보증인은 여전히 주채무의 시효소멸을 이유로 보증채무의 소멸을 주장할 수 있다고 보아야 한다(대판 2012. 7. 12, 2010다51192).

239 **甲은 주채무자, 戊는 채권자인 상황에서 乙, 丙, 丁이 戊에 대해 주채무금액 9,000만 원에 관한 연대보증을 하였고 그 비율이 균등하다. 이 경우 丙이 3,000만 원을 변제한 후 丁이 6,000만 원을 변제하였다면 丁은 다른 연대보증인 중 乙에 대해서만 3,000만 원의 구상권을 취득한다. ( )** (2023 변호사)

해설 수인의 보증인이 있는 경우에는 그 사이에 분별의 이익이 있는 것이 원칙이지만, 그 수인이 연대보증인일 때에는 각자가 별개의 법률행위로 보증인이 되었고 또한 보증인 상호간에 연대의 특약(보증연대)이 없었더라도 채권자에 대하여는 분별의 이익을 갖지 못하고 각자의 채무의 전액을 변제하여야 하나, 연대보증인들 상호간의 내부관계에서는 주채무에 대하여 출재를 분담하는 일정한 금액을 의미하는 부담부분이 있고, 그 부담부분의 비율, 즉 분담비율에 관하여는 그들 사이에 특약이 있으면 당연히 그에 따르되 그 특약이 없는 한 각자 평등한 비율로 부담을 지게 된다. 그러므로 연대보증인 가운데 한 사람이 자기의 부담부분을 초과하여 변제하였을 때에는 다른 연대보증인에 대하여 구상을 할 수 있는데, 다만 다른 연대보증인 가운데 이미 자기의 부담부분을 변제한 사람에 대하여는 구상을 할 수 없으므로 그를 제외하고 아직 자기의 부담부분을 변제하지 아니한 사람에 대하여만 구상권을 행사하여야 한다(대판 2009. 6. 25, 2007다70155).

240 **乙은 丙으로부터 부동산을 매수하면서 甲에게 자신의 대금지급채무의 보증을 부탁하였고, 이에 따라 甲은 丙과 보증계약을 체결하였다. 이에 관한 설명으로 옳은 것은? (다툼이 있으면 판례에 따름)** (2018 변리사)

① 丙이 보증계약 후 乙의 변제기를 연장해 준 경우, 특별한 사정이 없는 한 甲은 주채무의, 보증계약 당시의 이행기가 되더라도 乙에게 미리 구상권을 행사할 수 없다.
② 甲이 丙에게 변제한 이후 乙과 丙의 계약이 해제되어 소급적으로 소멸한 경우, 甲은 丙을 상대로 이미 이행한 급부를 부당이득으로 반환청구할 수 없다.
③ 乙이 채무를 변제하고도 그 사실을 甲에게 통지하지 않고 있던 중에 甲이 이러한 사실을 모르고 乙에 대한 사전통지 없이 채무를 변제한 경우, 甲은 乙에 대하여 자기의 변제가 유효함을 주장할 수 없다.
④ 丙이 乙에 대한 대금채권을 실행하기 위해 乙의 재산을 압류하더라도 甲의 보증채무의 소멸시효는 중단되지 않는다.
⑤ 甲이 변제로 乙의 채무를 소멸시킨 경우, 甲은 乙이 그 당시에 이익을 받은 한도에서 구상할 수 있다.

정답 239 (○) 240 ③

해설 ① (×) : 보증인이 주채무를 인수하는 의사표시에 주채무자에 대한 구상채권을 포기하는 의사표시까지 포함되어 있다고 볼 수는 없고, 보증계약 후에 채권자가 주채무자에게 변제기한을 유예해 주었더라도 주채무자는 그로써 사전구상권을 행사하는 보증인에게 대항하지 못한다(대판 2003. 11. 14, 2003다37730).

② (×) : 보증채무는 주채무와 동일한 내용의 급부를 목적으로 함이 원칙이지만 주채무와는 별개 독립의 채무이고, 한편 보증채무자가 주채무를 소멸시키는 행위는 주채무의 존재를 전제로 하므로, 보증인의 출연행위 당시에는 주채무가 유효하게 존속하고 있었다 하더라도 그 후 주계약이 해제되어 소급적으로 소멸하는 경우에는 보증인은 변제를 수령한 채권자를 상대로 이미 이행한 급부를 부당이득으로 반환청구할 수 있다(대판 2004. 12. 24, 2004다58277).

> [참고판례] 보증채무자가 주채무를 소멸시키는 행위는 주채무의 존재를 전제로 하므로, 보증인의 출연행위 당시 주채무가 성립되지 아니하였거나 타인의 면책행위로 이미 소멸되었거나 유효하게 존속하고 있다가 그 후 소급적으로 소멸한 경우에는 보증채무자의 주채무 변제는 비채변제가 되어 채권자와 사이에 부당이득반환의 문제를 남길 뿐이고 주채무자에 대한 구상권을 발생시키지 않는다(대판 2012. 2. 23, 2011다62144).

③ (○) : 민법 제446조의 규정은 같은 법 제445조 제1항의 규정을 전제로 하는 것이어서 같은 법 제445조 제1항의 사전 통지를 하지 아니한 수탁보증인까지 보호하는 취지의 규정은 아니므로, 수탁보증에 있어서 주채무자가 면책행위를 하고도 그 사실을 보증인에게 통지하지 아니하고 있던 중에 보증인도 사전 통지를 하지 아니한 채 이중의 면책행위를 한 경우에는 보증인은 주채무자에 대하여 민법 제446조에 의하여 자기의 면책행위의 유효를 주장할 수 없다고 봄이 상당하고 따라서 이 경우에는 이중변제의 기본 원칙으로 돌아가 먼저 이루어진 주채무자의 면책행위가 유효하고 나중에 이루어진 보증인의 면책행위는 무효로 보아야 하므로 보증인은 민법 제446조에 기하여 주채무자에게 구상권을 행사할 수 없다(대판 1997. 10. 10, 95다46265).

④ (×) : 민법 제440조(시효중단의 보증인에 대한 효력). 중단된다.

⑤ (×) : 민법 제441조 제2항에 의하여 준용되는 민법 제425조 제2항 ☞ 甲은 수탁보증인이므로 甲의 구상권은 면책된 날 이후의 법정이자 및 피할 수 없는 비용 기타 손해배상을 포함한다.

241 甲은 乙에게 1천만원의 채무를 지고 있고, 이러한 甲의 채무에 대하여 丙이 연대보증을 하였다. 이에 관한 설명으로 옳은 것은? (다툼이 있으면 판례에 따름) (2017 변리사)

① 甲이 1천만원의 채무에 대한 소멸시효 기간이 경과한 후 시효의 이익을 포기한 경우, 丙은 소멸시효를 원용하여 연대보증채무의 소멸을 주장할 수 없다.

② 甲이 乙에게 8백만원의 채권을 가지고 있는 경우, 丙은 5백만원의 한도 내에서만 상계를 할 수 있다.

③ 乙이 甲에 대한 채권을 丁에게 양도하고 확정일자 있는 증서로 甲에게 통지한 경우, 乙이 丙에게 보증채권 양도의 통지를 해야 丙에 대한 채권이 丁에게 이전된다.

④ 乙의 甲에 대한 채권에 시효중단 사유가 발생한 경우, 丙에게 통지 등 별도의 중단조치를 하지 않아도 丙에게 시효중단의 효력이 미친다.

⑤ 甲의 채무가 본래 단기소멸시효에 걸리는 것이었지만 확정판결에 의해 소멸시효기간이 10년으로 연장된 경우, 丙의 보증채무도 10년의 소멸시효기간이 적용된다.

241 ④ 《 정답

해설 ① (×) : 주채무가 시효로 소멸한 때에는 보증인도 그 시효소멸을 원용할 수 있으며, 주채무자가 시효의 이익을 포기하더라도 보증인에게는 그 효력이 없다(대판 1991. 1. 29, 89다카1114).
② (×) : 민법 제434조. 보증인이 주채무자의 채권을 가지고 상계를 할 때에는 연대채무자의 경우와는 달리 부담부분으로 제한되지 않는다(민법 제418조 제2항과 비교).
③ (×) : 보증채무는 주채무에 대한 부종성 또는 수반성이 있어서 주채무자에 대한 채권이 이전되면 당사자 사이에 별도의 특약이 없는 한 보증인에 대한 채권도 함께 이전하고, 이 경우 채권양도의 대항요건도 주채권의 이전에 관하여 구비하면 족하고, 별도로 보증채권에 관하여 대항요건을 갖출 필요는 없다(대판 2002. 9. 10, 2002다21509).
④ (○) : 민법 제440조는 민법 제169조의 예외 규정으로서 이는 채권자 보호 내지 채권담보의 확보를 위하여 주채무자에 대한 시효중단의 사유가 발생하였을 때는 그 보증인에 대한 별도의 중단조치가 이루어지지 아니하여도 동시에 시효중단의 효력이 생기도록 한 것이고, 그 시효중단사유가 압류, 가압류 및 가처분이라고 하더라도 이를 보증인에게 통지하여야 비로소 시효중단의 효력이 발생하는 것은 아니다.
⑤ (×) : 채권자와 주채무자 사이의 확정판결에 의하여 주채무가 확정되어 그 소멸시효기간이 10년으로 연장되었다 할지라도 그 보증채무까지 당연히 단기소멸시효의 적용이 배제되어 10년의 소멸시효기간이 적용되는 것은 아니고, 채권자와 연대보증인 사이에 있어서 연대보증채무의 소멸시효기간은 여전히 종전의 소멸시효기간에 따른다(대판 2006. 8. 24, 2004다26287).

242 甲의 乙에 대한 금전채무에 대하여 丙이 乙과 보증계약을 체결하였다. 이에 관한 설명으로 옳은 것은? (다툼이 있으면 판례에 따름) (2015 변리사)

① 甲이 시효이익을 포기하면 丙은 보증채무의 소멸을 乙에게 주장할 수 없다.
② 甲과 乙사이에 금전채무에 관하여 위약금 약정이 없는 경우, 乙과 丙은 보증채무에 관하여 위약금을 정할 수는 없다.
③ 甲이 乙에게 변제를 한 경우, 丙에게 사전에 통지하지 않으면 甲은 자기의 면책행위의 유효를 丙에게 주장할 수 없다.
④ 丙이 甲의 의사에 반하여 乙과 보증계약을 체결하고 乙에게 보증채무를 이행한 경우, 丙은 甲의 현존이익의 한도에서 甲에 대하여 구상할 수 있다.
⑤ 丙이 보증채무의 이행을 지체한 경우, 丙은 특별한 약정이 없으면 법정이율이 아니라 甲과 乙사이에 약정된 연체이율에 따라 보증채무 자체의 이행지체로 인한 지연손해금을 부담한다.

해설 ④만이 타당하다. 제444조(부탁없는 보증인의 구상권) 제2항.
① (×) : 주채무자의 시효이익포기는 보증인에게 효력이 없다(제433조 제2항). 따라서 甲이 시효이익을 포기하더라도 丙은 보증채무의 소멸을 乙에게 주장할 수 있다.
② (×) : 보증계약은 독립성이 있으므로(제429조 제2항), 甲과 乙 사이에 금전채무에 관하여 위약금 약정이 없는 경우라도, 乙과 丙은 보증채무에 관하여 위약금을 정할 수 있다.
③ (×) : 주채무자는 수탁보증인에게 사후 통지의무가 있을 뿐이고, 보증인처럼 사전 통지의무는 없다(제446조 참조). 따라서 채무자 甲이 乙에게 변제를 한 경우, 丙에게 "사전에 통지"하지 않으면 甲은 자기의 면책행위의 유효를 丙에게 주장할 수 없다는 것은 부당하다.

정답 242 ④

⑤ (×) : 보증계약은 독립성이 있기 때문에 丙이 보증채무의 이행을 지체한 경우, 甲과 乙사이에 약정된 연체이율에 따라 보증채무 자체의 이행지체로 인한 지연손해금을 부담하는 것이 아니라, 특별한 약정이 없으면 법정이율에 의한다(대판 2003. 6. 13, 2001다29803).

243 甲은 乙로부터 금전을 차용하면서 丙에게 부탁하여 자신의 乙에 대한 채무에 대하여 연대보증을 서게 하였다. 이에 관한 설명 중 옳은 것은? (다툼이 있는 경우 판례에 의함) (2017 변호사)

① 甲이 변제기에 기한의 유예를 요청하여 乙이 변제기한을 연장해 준 경우, 그 효력은 원칙적으로 丙에게 미치지 않는다.

② 甲이 乙에게 변제하고도 이 사실을 丙에게 통지하지 않고 있는 동안 丙이 사전통지를 하지 않고 乙에게 보증채무를 이행한 경우, 丙은 甲에게 구상권을 행사할 수 없다.

③ 乙이 丙에게 변제를 청구한 경우, 丙은 먼저 甲에게 청구할 것을 항변할 수 있다.

④ 甲이 자신의 채무에 대한 소멸시효기간이 경과한 후 시효의 이익을 포기한 경우, 丙은 甲의 채무의 시효소멸을 원용하여 자신의 연대보증채무의 소멸을 주장할 수 없다.

⑤ 丙의 채무에 대한 소멸시효가 중단되면, 甲의 채무에 대한 소멸시효가 완성되더라도 丙의 채무는 소멸하지 않는다.

해설 ① (×) : 보증계약 체결 후 채권자가 보증인의 승낙 없이 주채무자에 대하여 변제기를 연장하여 준 경우, 그것이 반드시 보증인의 책임을 가중하는 것이라고는 할 수 없으므로 원칙적으로 보증채무에 대하여도 그 효력이 미친다(대판 1996. 2. 23, 95다49141).

② (○) : 수탁보증에 있어서 주채무자가 면책행위를 하고도 그 사실을 보증인에게 통지하지 아니하고 있던 중에 보증인도 사전 통지를 하지 아니한 채 이중의 면책행위를 한 경우에는 보증인은 주채무자에 대하여 민법 제446조에 의하여 자기의 면책행위의 유효를 주장할 수 없다고 봄이 상당하고 따라서 이 경우에는 이중변제의 기본 원칙으로 돌아가 먼저 이루어진 주채무자의 면책행위가 유효하고 나중에 이루어진 보증인의 면책행위는 무효로 보아야 하므로 보증인은 민법 제446조에 기하여 주채무자에게 구상권을 행사할 수 없다(대판 1997. 10. 10, 95다46265).

③ (×) 민법 제437조(보증인의 최고, 검색의 항변) : 채권자가 보증인에게 채무의 이행을 청구한 때에는 보증인은 주채무자의 변제자력이 있는 사실 및 그 집행이 용이할 것을 증명하여 먼저 주채무자에게 청구할 것과 그 재산에 대하여 집행할 것을 항변할 수 있다. 그러나 보증인이 주채무자와 연대하여 채무를 부담한 때에는 그러하지 아니하다.

④ (×) 민법 제433조(보증인과 주채무자항변권) ① 보증인은 주채무자의 항변으로 채권자에게 대항할 수 있다. ② 주채무자의 항변포기는 보증인에게 효력이 없다. : 주채무가 시효로 소멸한 때에는 보증인도 그 시효소멸을 원용할 수 있으며, 주채무자가 시효의 이익을 포기하더라도 보증인에게는 그 효력이 없다(대판 1991. 1. 29, 89다카1114).

⑤ (×) : 보증채무에 대한 소멸시효가 중단되는 등의 사유로 완성되지 아니하였다고 하더라도 주채무에 대한 소멸시효가 완성된 경우에는 시효완성 사실로써 주채무가 당연히 소멸되므로 보증채무의 부종성에 따라 보증채무 역시 당연히 소멸된다(대판 2012. 7. 12, 2010다51192).

243 ② 《 정답

244 **甲의 乙에 대한 금전채무에 관하여 丙이 乙과 보증계약을 체결하였다. 이에 관한 설명 중 옳지 않은 것을 모두 고른 것은? (각 지문은 독립적이며, 다툼이 있는 경우 판례에 의함)** (2018 변호사)

ㄱ. 甲의 乙에 대한 채무에 관하여 위약금의 정함이 없는 경우에도 보증계약에서 별도로 위약금을 정할 수 있다.

ㄴ. 미성년자 甲이 법정대리인의 동의를 얻지 않고 乙에 대한 채무를 부담하는 행위를 한 경우에, 丙이 보증계약 체결 당시 그러한 사정을 알고 있었고 그 후 甲의 행위가 취소된 때에는, 丙은 甲이 부담하고 있던 채무와 동일한 목적의 독립채무를 부담한 것으로 본다.

ㄷ. 甲의 乙에 대한 채무액이 500만 원이고 丙이 甲의 부탁을 받아 乙과 보증계약을 체결한 경우에, 甲이 그 후 취득한 乙에 대한 300만 원의 금전채권을 자동채권으로 하여 乙에 대한 채무와 상계하려고 하고 있었는데, 丙이 甲에게 통지함이 없이 乙에게 500만 원을 변제한 때에는 甲은 丙으로부터 구상청구를 받아도 300만 원에 대해서는 상계를 할 수 있었다는 사유로 丙에게 대항할 수 있다.

ㄹ. 丙이 甲의 부탁을 받아 乙과 보증계약을 체결하였다면, 丙은 사전구상권이 인정되는 경우 甲을 상대로 丙이 부담할 것이 확정된 채무 전액 및 면책비용에 대한 법정이자나 채무의 원본에 대한 장래 도래할 이행기까지의 이자를 청구할 수 있다.

ㅁ. 甲의 乙에 대한 채무에 관하여 소멸시효가 완성되었더라도 甲이 시효의 이익을 포기한 이상 보증채무의 부종성에 따라 丙도 더 이상 소멸시효의 완성을 주장할 수 없다.

① ㄱ, ㄹ ② ㄴ, ㄹ ③ ㄹ, ㅁ ④ ㄴ, ㄷ, ㅁ ⑤ ㄴ, ㄹ, ㅁ

해설 ㄱ.(○) [민법 제429조(보증채무의 범위) 제2항] 보증인은 그 보증채무에 관한 위약금 기타 손해배상액을 예정할 수 있다.

ㄴ.(×) [민법 제436조(삭제)] "취소의 원인 있는 채무를 보증한 자가 보증계약당시에 그 원인 있음을 안 경우에 주채무의 불이행 또는 취소가 있는 때에는 주채무와 동일한 목적의 독립채무를 부담한 것으로 본다."는 민법 제436조의 규정은 삭제되었다.

ㄷ.(○) [민법 제445조(구상요건으로서의 통지) 제1항] 보증인이 주채무자에게 통지하지 아니하고 변제 기타 자기의 출재로 주채무를 소멸하게 한 경우에 주채무자가 채권자에게 대항할 수 있는 사유가 있었을 때에는 이 사유로 보증인에게 대항할 수 있고 그 대항사유가 상계인 때에는 상계로 소멸할 채권은 보증인에게 이전된다.

ㄹ.(×) : 수탁보증인이 사전구상권을 행사하는 경우 보증인은 자신이 부담할 것이 확정된 채무 전액에 대하여 구상권을 행사할 수 있지만, 면책비용에 대한 법정이자나 채무의 원본에 대한 장래 도래할 이행기까지의 이자 등을 청구하는 것은 사전구상권의 성질상 허용될 수 없다(대판 2005. 11. 25, 2004다66834,66841).

> [동지판례] 수탁보증인이 민법 제442조에 의하여 주채무자에 대하여 미리 구상권을 행사하는 경우에 사전구상으로서 청구할 수 있는 범위는 주채무인 원금과 사전구상에 응할 때까지 이미 발생한 이자와 기한 후의 지연손해금, 피할 수 없는 비용 기타의 손해액이 포함될 뿐이고, 주채무인 원금에 대한 완제일까지의 지연손해금은 사전구상권의 범위에 포함될 수 없으며, 또한 사전구상권은 장래의 변제를 위하여 자금의 제공을 청구하는 것이므로 수탁보증인이 아직 지출하지 아니한 금원에 대하여 지연손해금을 청구할 수도 없다(대판 2004. 7. 9, 2003다46758).

정답 244 ⑤

[보충지문] 주채무자인 甲의 부탁을 받은 乙은 채권자 丙에 대해 주채무금액 5,000만 원에 관한 보증을 하였다. 이후 주채무의 변제기한인 2022. 8. 31.이 도래하고 甲이 변제를 하지 않아 2022. 9. 30.자로 약정이자 1,000만 원, 지연손해금 50만 원이 발생하게 되면 2022. 9. 30. 乙은 甲에게 6,050만 원의 사전구상금액을 청구할 수 있다. (○) (2023 변호사)

ㅁ.(×) : 주채무가 시효로 소멸한 때에는 보증인도 그 시효소멸을 원용할 수 있으며, 주채무자가 시효의 이익을 포기하더라도 보증인에게는 그 효력이 없다(대판 1991. 1. 29. 89다카1114).

CHAPTER 5

채권양도와 채무인수

POINT

Ⅰ. 채권양도

245 전세권이 존속하는 동안은 전세권을 존속시키기로 하면서 전세금반환채권만을 전세권과 분리하여 확정적으로 양도할 수 있다. ( ) (2022 변리사)

> **해 설** 전세권은 전세금을 지급하고 타인의 부동산을 그 용도에 따라 사용·수익하는 권리로서 전세금의 지급이 없으면 전세권은 성립하지 아니하는 등으로 전세금은 전세권과 분리될 수 없는 요소일 뿐 아니라, 전세권에 있어서는 그 설정행위에서 금지하지 아니하는 한 전세권자는 전세권 자체를 처분하여 전세금으로 지출한 자본을 회수할 수 있도록 되어 있으므로 전세권이 존속하는 동안은 전세권을 존속시키기로 하면서 전세금반환채권만을 전세권과 분리하여 확정적으로 양도하는 것은 허용되지 않는 것이며, 다만 전세권 존속 중에는 장래에 그 전세권이 소멸하는 경우에 전세금 반환채권이 발생하는 것을 조건으로 그 장래의 조건부 채권을 양도할 수 있을 뿐이라 할 것이다(대판 2002. 8. 23, 2001다69122). 한편 임대인과 임차인이 임대차계약을 체결하면서 임차보증금을 전세금으로 하는 전세권설정등기를 경료한 경우 임차보증금은 전세금의 성질을 겸하게 되므로, 앞서 본 법리는 임차보증금반환채권을 담보하기 위하여 설정된 전세권에 관하여도 그대로 적용된다(대판 2018. 7. 20, 2014다83937).

246-1 특별한 사정이 없는 한 임차인은 임차권과 분리하여 임대차보증금반환채권만을 제3자에게 양도할 수 있다. ( ) (2022 변리사)

246-2 임차권양도를 금지하는 임대차계약상 특약이 임대차계약에 기한 임대보증금반환채권의 양도를 금지하는 것으로 볼 수는 없다. ( ) (2023 변리사)

> **해 설** 임차보증금은 임차권의 요소는 아니므로 임차권과 분리하여 양도할 수 있다.
>
> [참고판례] (ⅰ) 채권양수인이 우선변제권을 행사할 수 있는 주택임차인으로부터 임차보증금반환채권을 양수하였다고 하더라도 임차권과 분리된 임차보증금반환채권만을 양수한 이상 그 채권양수인이 주택임대차보호법상의 우선변제권을 행사할 수 있는 임차인에 해당한다고 볼 수 없다(대판 2010. 5. 27, 2010다10276), (ⅱ) 임차권의 양도가 금지된다 하더라도 임차보증금반환채권의 양도마저 금지되는 것은 아니므로 양도인은 양수인에 대하여 그 채권의 양도에 관하여 임대인에게 통지를 하거나 그에 대한 승낙을 받아 주어야 할 의무를 부담한다(대판 1993. 6. 25, 93다13131).

정답 》 245 (×) 246-1 (○) 246-2 (○)

247 **주채권과 분리하여 보증채권만을 양도할 수 없다. ( )** (2022 변리사)

> **해 설** 주채권과 보증인에 대한 채권의 귀속주체를 달리하는 것은, 주채무자의 항변권으로 채권자에게 대항할 수 있는 보증인의 권리가 침해되는 등 보증채무의 부종성에 반하고, 주채권을 가지지 않는 자에게 보증채권만을 인정할 실익도 없기 때문에 주채권과 분리하여 보증채권만을 양도하기로 하는 약정은 그 효력이 없다(대판 2002. 9. 10, 2002다21509).

248 **장래의 채권도 양도 당시 기본적 채권관계가 어느 정도 확정되어 있어 그 권리의 특정이 가능하고 가까운 장래에 발생할 것임이 상당 정도 기대되는 경우에는 이를 양도할 수 있다. ( )** (2022 변리사)

> **해 설** 장래의 채권도 양도 당시 기본적 채권관계가 어느 정도 확정되어 있어 그 권리의 특정이 가능하고 가까운 장래에 발생할 것임이 상당 정도 기대되는 경우에는 이를 양도할 수 있다(대판 1996. 7. 30, 95다7932).

249 **부동산매매로 인한 소유권이전등기청구권의 양도는 특별한 사정이 없는 한 통상의 채권양도와 달리 양도인의 채무자에 대한 통지만으로는 채무자에 대한 대항력이 생기지 않으며 반드시 채무자의 동의나 승낙을 받아야 대항력이 생긴다. ( )** (2022 변리사, 2020 변호사)

> **해 설** 부동산매매계약에서 매도인과 매수인은 서로 동시이행관계에 있는 일정한 의무를 부담하므로 이행과정에 신뢰관계가 따른다. 특히 매도인으로서는 매매대금 지급을 위한 매수인의 자력, 신용 등 매수인이 누구인지에 따라 계약유지 여부를 달리 생각할 여지가 있다. 이러한 이유로 매매로 인한 소유권이전등기청구권의 양도는 특별한 사정이 없는 이상 양도가 제한되고 양도에 채무자의 승낙이나 동의를 요한다고 할 것이므로 통상의 채권양도와 달리 양도인의 채무자에 대한 통지만으로는 채무자에 대한 대항력이 생기지 않으며 반드시 채무자의 동의나 승낙을 받아야 대항력이 생긴다. 그러나 취득시효완성으로 인한 소유권이전등기청구권은 채권자와 채무자 사이에 아무런 계약관계나 신뢰관계가 없고, 그에 따라 채권자가 채무자에게 반대급부로 부담하여야 하는 의무도 없다. 따라서 취득시효완성으로 인한 소유권이전등기청구권의 양도의 경우에는 매매로 인한 소유권이전등기청구권에 관한 양도제한의 법리가 적용되지 않는다(대판 2018. 7. 12, 2015다36167).

250 **점유취득시효 완성으로 인한 소유권이전등기청구권을 양도하는 경우, 채무자에 대한 대항력 취득을 위하여 양도인의 채무자에 대한 통지만으로는 부족하고, 양도에 대한 채무자의 승낙이나 동의를 요한다. ( )** (2022 변호사)

> **해 설** (i) 부동산의 매매로 인한 소유권이전등기청구권은 채권적 청구권으로 그 이행과정에 신뢰관계가 따르므로 그 권리의 성질상 양도가 제한되고 그 양도에 채무자(매도인)의 승낙이나 동의를 요한다고 할 것이므로, 통상의 채권양도와 달리 양도인(매수인)의 채무자에 대한 통지만으로는 채무자에 대한 대항력이 생기지 않으며 반드시 채무자의 동의나 승낙을 받아야 대항력이 생긴다고 할 것이다(대

247 (○) 248 (○) 249 (○) 250 (×) 《 정답

판 2005. 3. 10, 2004다67653, 67660; 대판 2001. 10. 9, 2000다51216). (ii) 그러나 취득시효완성으로 인한 소유권이전등기청구권은 채권자와 채무자 사이에 아무런 계약관계나 신뢰관계가 없고, 그에 따라 채권자가 채무자에게 반대급부로 부담하여야 하는 의무도 없다. 따라서 취득시효완성으로 인한 소유권이전등기청구권의 양도의 경우에는 매매로 인한 소유권이전등기청구권에 관한 양도제한의 법리가 적용되지 않는다(대판 2018. 7. 12, 2015다36167).

251 **부동산 명의신탁자가 유효한 명의신탁약정을 해지한 다음 제3자에게 '명의신탁 해지를 원인으로 한 소유권이전등기청구권'을 양도하였다면, 명의수탁자가 그 양도에 대하여 동의하지 않더라도 양수인은 명의수탁자에 대하여 직접 소유권이전등기청구를 할 수 있다. ( )**

(2023 변리사)

해설 부동산의 양도계약이 순차 이루어져 최종 양수인이 중간생략등기의 합의를 이유로 최초 양도인에게 직접 소유권이전등기청구권을 행사하기 위하여는 관계 당사자 전원의 의사 합치, 즉 중간생략등기에 대한 최초 양도인과 중간자의 동의가 있는 외에 최초 양도인과 최종 양수인 사이에도 중간등기 생략의 합의가 있었음이 요구된다. 그러므로 비록 최종 양수인이 중간자로부터 소유권이전등기청구권을 양도받았다 하더라도 최초 양도인이 양도에 대하여 동의하지 않고 있다면 최종 양수인은 최초 양도인에 대하여 채권양도를 원인으로 하여 소유권이전등기절차 이행을 청구할 수 없다. 이와 같은 법리는 명의신탁자가 부동산에 관한 유효한 명의신탁약정을 해지한 후 이를 원인으로 한 소유권이전등기청구권을 양도한 경우에도 적용된다. 따라서 비록 부동산 명의신탁자가 명의신탁약정을 해지한 다음 제3자에게 '명의신탁 해지를 원인으로 한 소유권이전등기청구권'을 양도하였다고 하더라도 명의수탁자가 양도에 대하여 동의하거나 승낙하지 않고 있다면 양수인은 위와 같은 소유권이전등기청구권을 양수하였다는 이유로 명의수탁자에 대하여 직접 소유권이전등기청구를 할 수 없다(대판 2021. 6. 3, 2018다280316).

252-1 **채권의 당사자는 채권양도금지의 특약으로써 선의의 제3자에게 대항하지 못하나 채권양도금지의 특약을 알지 못함에 중대한 과실이 있는 양수인은 위 선의의 제3자에 해당하지 않는다. ( )**

(2019 변호사)

252-2 **양도금지특약을 위반하여 채권을 제3자에게 양도한 경우에, 채권양수인이 양도금지특약이 있음을 알았거나 중대한 과실로 알지 못하였다면, 채권 이전의 효과가 생기지 아니한다. ( )**

(2022 변호사)

해설 민법 제449조 제2항이 채권양도 금지의 특약은 선의의 제3자에게 대항할 수 없다고만 규정하고 있어서 그 문언상 제3자의 과실의 유무를 문제삼고 있지는 아니하지만, 제3자의 중대한 과실은 악의와 같이 취급되어야 하므로, 양도금지 특약의 존재를 알지 못하고 채권을 양수한 경우에 있어서 그 알지 못함에 중대한 과실이 있는 때에는 악의의 양수인과 같이 양도에 의한 채권을 취득할 수 없다고 해석하는 것이 상당하다(대판 1996. 6. 28, 96다18281).

정답 251 (×) 252-1 (○) 252-2 (○)

253 甲과 乙이 X채권에 관하여 양도금지 특약을 하였으나 乙이 이에 위반하여 丙에게 X채권을 양도하고 甲에게 채권양도 통지를 한 경우, 양수인인 丙이 위 채권양도금지 특약을 과실 없이 알지 못하였더라도 丙으로부터 대항요건을 갖추어 채권을 양수한 전득자 丁이 악의라면 丁은 X채권을 유효하게 취득하지 못한다. ( ) (2020 변호사)

> **해설** 당사자의 의사표시에 의한 채권양도금지 특약은 제3자가 악의인 경우는 물론 제3자가 채권양도금지 특약을 알지 못한 데에 중대한 과실이 있는 경우에도 채권양도금지 특약으로써 대항할 수 있고, 제3자의 악의 내지 중과실은 채권양도금지 특약으로 양수인에게 대항하려는 자가 이를 주장·증명하여야 한다. 그리고 민법 제449조 제2항 단서는 채권양도금지 특약으로써 대항할 수 없는 자를 '선의의 제3자'라고만 규정하고 있어 채권자로부터 직접 양수한 자만을 가리키는 것으로 해석할 이유는 없으므로, 악의의 양수인으로부터 다시 선의로 양수한 전득자도 위 조항에서의 선의의 제3자에 해당한다. 또한 선의의 양수인을 보호하고자 하는 위 조항의 입법 취지에 비추어 볼 때, 이러한 선의의 양수인으로부터 다시 채권을 양수한 전득자는 선의·악의를 불문하고 채권을 유효하게 취득한다(대판 2015. 4. 9, 2012다118020).

254 양도금지의 특약이 있는 채권이더라도 압류 및 전부명령에 의한 이전이 가능하고, 이는 압류채권자가 양도금지의 특약이 있다는 사실을 알고 있어도 마찬가지이다. ( ) (2019, 2021 변호사)

> **해설** 당사자 사이에 양도금지의 특약이 있는 채권이라도 압류 및 전부명령에 의하여 이전할 수 있고, 양도금지의 특약이 있는 사실에 관하여 압류채권자가 선의인가 악의인가는 전부명령의 효력에 영향을 미치지 못한다(대판 1976. 10. 29, 76다1623).

255-1 당사자 사이에 양도금지의 특약이 있는 채권이더라도 전부명령에 의하여 전부되는 데에는 지장이 없고, 전부채권자로부터 다시 그 채권을 양수한 자가 그 특약의 존재를 알았다고 하더라도 채무자는 위 특약을 근거로 그 채권양도의 무효를 주장할 수 없다. ( ) (2018 변호사)

255-2 당사자 사이에 양도금지의 특약이 있는 채권에 대하여 집행채권자가 양도금지의 특약이 있는 사실을 알면서 전부명령을 받은 경우 위 전부명령은 무효이다. ( ) (2020 변호사)

255-3 양도금지특약이 붙은 채권을 전부명령에 의하여 전부한 경우, 그 전부채권자와 그로부터 다시 그 채권을 양수한 자가 모두 그 특약의 존재를 알았거나 중대한 과실로 알지 못하였다고 하더라도 채무자는 위 특약을 근거로 삼아 채권양도의 무효를 주장할 수 없다. ( ) (2022 변호사)

> **해설** 당사자 사이에 양도금지의 특약이 있는 채권이더라도 전부명령에 의하여 전부되는 데에는 지장이 없고, 양도금지의 특약이 있는 사실에 관하여 집행채권자가 선의인가 악의인가는 전부명령의 효력에 영향을 미치지 못하는 것인바, 이와 같이 양도금지특약부 채권에 대한 전부명령이 유효한 이상, 그 전부채권자로부터 다시 그 채권을 양수한 자가 그 특약의 존재를 알았거나 중대한 과실로 알지 못하였다고 하더라도 채무자는 위 특약을 근거로 삼아 채권양도의 무효를 주장할 수 없다(대판 2003. 12. 11, 2001다3771).

253 (×) 254 (○) 255-1 (○) 255-2 (×) 255-3 (○) 《 정답

256 양수인의 권리확보에 위험을 초래할 만한 사정을 조사하고 확인할 책임은 양수인에게 있는 것이 원칙이므로 양수인이 양도금지 특약의 존재를 알지 못하였음을 증명하여야 한다. ( )

(2019 변호사)

> **해 설** 당사자의 의사표시에 의한 채권양도금지 특약은 제3자가 악의인 경우는 물론 제3자가 채권양도금지 특약을 알지 못한 데에 중대한 과실이 있는 경우에도 채권양도금지 특약으로써 대항할 수 있고, 제3자의 악의 내지 중과실은 채권양도금지 특약으로 양수인에게 대항하려는 자가 이를 주장·증명하여야 한다(대판 2015. 4. 9, 2012다118020).

257 채권양도의 통지는 「민사소송법」상의 송달에 관한 규정에서 송달장소로 정하는 채무자의 주소·거소·영업소 또는 사무소 등에 해당하지 아니하는 장소에서라도 채무자가 사회통념상 그 통지의 내용을 알 수 있는 객관적 상태에 놓여졌다고 인정됨으로써 족하다. ( )

(2018 변호사)

> **해 설** 채권양도의 통지는 민사소송법상의 송달에 관한 규정에서 송달장소로 정하는 채무자의 주소·거소·영업소 또는 사무소 등에 해당하지 아니하는 장소에서라도 채무자가 사회통념상 그 통지의 내용을 알 수 있는 객관적 상태에 놓여졌다고 인정됨으로써 족하다(대판 2010. 4. 15, 2010다57).

258 지명채권의 양도통지를 한 후 그 양도계약이 해제된 경우, 양도인이 그 해제를 이유로 다시 원래의 채무자에 대하여 양도채권으로 대항하려면 양수인이 채무자에게 위와 같은 해제사실을 통지하여야 한다. ( ) (2017 변호사)

> **해 설** 민법 제452조는 채권양도가 해제 또는 합의해제되어 소급적으로 무효가 되는 경우에도 유추적용할 수 있다고 할 것이므로, 지명채권의 양도통지를 한 후 양도계약이 해제 또는 합의해제된 경우에 채권양도인이 해제 등을 이유로 다시 원래의 채무자에 대하여 양도채권으로 대항하려면 채권양도인이 채권양수인의 동의를 받거나 채권양수인이 채무자에게 위와 같은 해제 등 사실을 통지하여야 한다(대판 2012. 11. 29, 2011다17953).

259 채무자가 채권발생의 원인인 계약을 해제할 수 있는 권리가 있는 상태에서 그 채권이 양도되고 양도인이 양도통지를 한 경우, 채무자는 계약의 해제로써 양수인에게 대항할 수 없다. ( ) (2017 변호사)

> **해 설** (민법 제451조 제2항) 양도인이 양도통지만을 한 때에는 채무자는 그 통지를 받은 때까지 양도인에 대하여 생긴 사유로써 양수인에게 대항할 수 있다.

260 목적물 인도와 대금지급이 동시이행관계에 있는 매매에서 매도인이 대금채권을 제3자에게 양도하고 매수인에게 통지한 경우, 매수인은 제3자에 대해 동시이행의 항변권을 행사할 수 없다. ( ) (2020 변리사)

정답 256 (×) 257 (○) 258 (○) 259 (×) 260 (×)

해설 양도인이 양도통지만을 한 때에는 채무자는 그 통지를 받은 때까지 양도인에 대하여 생긴 사유로써 양수인에게 대항할 수 있다(민법 제451조 제2항).

> [참고판례] 채무자가 기존채무의 지급을 위하여 채권자에게 수표를 교부하였는데 채권자가 그 수표와 분리하여 기존 원인채권만을 제3자에게 양도한 경우, 채무자는 기존 원인채권의 양도인에 대하여 채권자가 위 수표의 반환 없는 기존 원인채무의 이행을 거절할 수 있는 항변권을 그 채권양도 통지를 받기 이전부터 이미 가지고 있었으므로 채권양수인에 대하여도 이와 같은 항변권을 행사할 수 있다(대판 2003. 5. 30, 2003다13512).

261-1 **甲이 丙에 대한 차용금 채무의 담보조로 자신이 乙에 대하여 가지고 있는 임대차보증금반환채권을 丙에게 양도하고 이를 乙에게 통지하였다면, 이후 甲이 丙에게 차용금 채무를 변제했더라도 乙은 甲의 변제를 이유로 丙의 양수금 청구를 거절할 수 없다. ( )** (2020 변호사)

261-2 **甲은 丙에 대한 채무의 담보명목으로 甲의 乙에 대한 대여금채권을 丙에게 양도하고 乙에게 확정일자 있는 증서로 양도통지를 하였다. 이후 甲의 丙에 대한 피담보채무가 변제로 소멸하였다 하더라도, 乙은 이를 이유로 丙의 양수금 청구를 거절할 수 없다. ( )**

(2022 변호사)

해설 채권양도가 다른 채무의 담보조로 이루어졌으며 또한 그 채무가 변제되었다고 하더라도, 이는 채권 양도인과 양수인 간의 문제일 뿐이고, 양도채권의 채무자는 채권 양도·양수인 간의 채무 소멸 여하에 관계 없이 양도된 채무를 양수인에게 변제하여야 하는 것이므로, 설령 그 피담보채무가 변제로 소멸되었다고 하더라도 양도채권의 채무자로서는 이를 이유로 채권양수인의 양수금 청구를 거절할 수 없다(대판 1999. 11. 26, 99다23093).

262 **채권양도에 관한 채무자의 승낙은 채무자가 채권양도 사실에 관한 인식을 표명하는 것으로서 이른바 관념의 통지에 해당하고, 대리인에 의하여도 위와 같은 승낙을 할 수 있다. ( )**

(2018 변호사)

해설 민법 제451조 제1항 전문은 "채무자가 이의를 보류하지 아니하고 전조의 승낙을 한 때에는 양도인에게 대항할 수 있는 사유로써 양수인에게 대항하지 못한다."고 규정하고 있는데, 이는 채무자의 승낙이라는 사실에 공신력을 주어 양수인을 보호하고 거래의 안전을 꾀하기 위한 규정이다. 여기서 '승낙'이라 함은 채무자가 채권양도 사실에 관한 인식을 표명하는 것으로서 이른바 관념의 통지에 해당하고, 대리인에 의하여도 위와 같은 승낙을 할 수 있다(대판 2013. 6. 28.).

263 **지명채권양도의 대항요건으로서 채무자의 승낙의 상대방은 양도인 또는 양수인 모두 가능하다. ( )** (2017 변호사)

해설 민법 제450조 소정의 채무자의 승낙은 채권양도의 사실을 채무자가 승인하는 뜻으로서 동조가 규정하는 채권양도의 대항요건을 구비하기 위하여서는 채무자가 양도의 사실을 양도인 또는 양수인에 대하여 승인함을 요한다(대판 1986. 2. 25, 85다카1529).

261-1 (○) **261-2** (○) **262** (○) **263** (○) 《 **정답**

264 **선순위의 근저당권부채권을 양도하였으나 아직 대항요건을 갖추지 못한 경우, 후순위근저당권자는 대항요건을 갖추지 못하였음을 이유로 그 채권양도의 효력을 부인할 수 없다. ( )**

(2017 변호사)

해설 채권양도의 대항요건의 흠결의 경우 채권을 주장할 수 없는 채무자 이외의 제3자는 양도된 채권 자체에 관하여 양수인의 지위와 양립할 수 없는 법률상 지위를 취득한 자에 한하므로, 선순위의 근저당권부채권을 양수한 채권자보다 후순위의 근저당권자는 채권양도의 대항요건을 갖추지 아니한 경우 대항할 수 없는 제3자에 포함되지 않는다(대판 2005. 6. 23, 2004다29279).

265 **甲은 乙에 대하여 1억 원의 대여금채권을 가지고 있다. 甲에 대한 1억 원의 매매대금채권자 丙은 위 대여금채권에 대하여 2019. 10. 1. 법원에 압류 및 전부명령을 신청하였고, 법원은 같은 달 4. 위 신청에 따른 명령을 발령하였으며, 위 명령은 같은 달 7. 乙에게, 같은 달 8. 甲에게 각 송달된 후 확정되었다. 한편, 甲에 대한 1억 원의 매매대금채권자 丁은 2019. 9. 26. 법원에 위 대여금채권에 대한 가압류신청을 하였고, 법원은 같은 달 30. 위 신청에 따른 가압류결정을 하였으며, 위 가압류결정이 같은 해 10. 8. 乙에게 송달되었다면, 위 가압류결정은 효력이 없다. ( )**

(2020 변호사)

해설 채권이 이중으로 양도된 경우의 양수인 상호간의 우열은 통지 또는 승낙에 붙여진 확정일자의 선후에 의하여 결정할 것이 아니라, 채권양도에 대한 채무자의 인식, 즉 확정일자 있는 양도통지가 채무자에게 도달한 일시 또는 확정일자 있는 승낙의 일시의 선후에 의하여 결정하여야 할 것이고, 이러한 법리는 채권양수인과 동일 채권에 대하여 가압류명령을 집행한 자 사이의 우열을 결정하는 경우에 있어서도 마찬가지이므로, 확정일자 있는 채권양도 통지와 가압류결정 정본의 제3채무자(채권양도의 경우는 채무자)에 대한 도달의 선후에 의하여 그 우열을 결정하여야 한다[대판(전합) 1994. 4. 26, 93다24223].

266 **임차인 甲이 임대인 乙에 대한 임대차보증금반환채권을 丙에게 양도한 후 내용증명우편으로 乙에게 양도통지를 하였고, 그 통지가 乙에게 도달하였다. 乙에게 채권양도통지 도달 이후 甲의 채권자 丁이 동일한 채권에 대해 압류를 하여 그 결정이 乙에게 송달된 경우, 丙은 압류의 부담이 있는 채권을 양수한다. ( )**

(2023 변호사)

해설 채권압류의 효력발생 전에 채무자가 채권을 처분한 경우에는 그보다 먼저 압류한 채권자가 있어 그 채권자에게는 대항할 수 없는 사정이 있더라도 처분 후에 집행에 참가하는 채권자에 대하여는 처분의 효력을 대항할 수 있는 것이므로, **채무자가 압류 또는 가압류의 대상인 채권을 양도하고 확정일자 있는 통지 등에 의한 채권양도의 대항요건을 갖추었다면, 그 후 채무자의 다른 채권자가 양도된 채권에 대하여 압류 또는 가압류를 하더라도** 압류 또는 가압류 당시에 피압류채권은 이미 존재하지 않는 것과 같아 **압류 또는 가압류로서의 효력이 없다**(대판 2022. 1. 27, 2017다256378).

정답 》 264 (○) 265 (○) 266 (×)

267 임차인 甲이 임대인 乙에 대한 임대차보증금반환채권을 丙에게 양도한 후 내용증명우편으로 乙에게 양도통지를 하였고, 그 통지가 乙에게 도달하였다. 乙에게 채권양도통지가 도달되기 전에 甲의 채권자 己가 동일한 채권에 대해 가압류를 하여 그 결정이 먼저 송달된 경우, 丙에 대한 채권양도는 己가 甲에 대한 본안소송에서 승소하여 집행권원을 취득하더라도 유효하다. ( ) (2023 변호사)

> **해설** 채권가압류의 처분금지의 효력은 본안소송에서 가압류채권자가 승소하여 채무명의를 얻는 등으로 피보전권리의 존재가 확정되는 것을 조건으로 하여 발생하는 것이므로 채권가압류결정의 채권자가 본안소송에서 승소하는 등으로 채무명의를 취득하는 경우에는 가압류에 의하여 권리가 제한된 상태의 채권을 양수받는 양수인에 대한 채권양도는 무효가 된다(대판 2002. 4. 26, 2001다59033).

268-1 확정일자 있는 채권양도 통지와 채권가압류결정 정본이 같은 날 도달되었는데 그 선후관계에 대하여 달리 증명이 없으면 동시에 도달된 것으로 추정한다. ( ) (2017 변호사)

268-2 동일한 채권에 대하여 확정일자 있는 채권양도통지의 도달과 채권가압류결정의 송달이 같은 날 위 채권의 채무자에게 이루어졌는데, 그 선후관계에 대하여 달리 증명이 없으면 동시에 도달·송달된 것으로 추정한다. ( ) (2020 변호사)

> **해설** 채권양도 통지와 채권가압류결정 정본이 같은 날 도달되었는데 그 선후관계에 대하여 달리 입증이 없으면 동시에 도달된 것으로 추정한다[대판(전합) 1994. 4. 26, 93다24223].

269 甲은 乙에게 대여금채권을 가지고 있다. 甲은 丙에게 위 대여금채권을 양도하고 乙에게 확정일자 있는 채권양도통지를 하였으며, 甲의 채권자 丁은 甲에 대한 매매대금채권을 피보전권리로 하여 甲의 乙에 대한 위 대여금채권에 대하여 가압류결정을 받았다. 乙에 대한 위 채권양도통지의 도달일과 위 가압류결정의 송달일이 같은 날이지만 그 선후를 알 수 없는 경우, 乙은 법원에 변제공탁을 함으로써 丙과 丁에 대한 책임을 면할 수 있다. ( ) (2020 변호사)

> **해설** 확정일자 있는 채권양도 통지와 채권가압류명령이 제3채무자에게 동시에 도달된 경우에도 제3채무자는 송달의 선후가 불명한 경우에 준하여 채권자를 알 수 없다는 이유로 변제공탁을 할 수 있다(대판 2004. 9. 3, 2003다22561).

270-1 동일한 채권에 대하여 확정일자 있는 채권양도의 통지와 채권압류 및 추심명령이 제3채무자에게 동시에 송달된 경우, 제3채무자는 채권양수인이나 압류채권자 중 누구에게라도 채무전액을 변제할 수 있다. 다만 제3채무자에 대한 채권액이 양수채권액과 압류채권액의 합계액보다 적은 경우에는 그들 사이에 각 채권액에 안분하여 이를 내부적으로 다시 정산해야 한다. ( ) (2017 변호사)

267 (×) 268-1 (○) 268-2 (○) 269 (○) 270-1 (○) 《 정답

270-2 **동일한 채권에 관하여 확정일자 있는 채권양도 통지, 가압류 또는 압류명령 등이 제3채무자(채권양도의 경우는 채무자, 이하 이 문항에서는 같다)에게 동시에 송달되어 그들 상호간에 우열이 없는 경우, 양수채권액과 가압류 또는 압류된 채권액의 합계액이 제3채무자에 대한 채권액을 초과할 때에는 그들 상호간에는 법률상의 지위가 대등하므로 공평의 원칙상 제3채무자는 위 채권자들의 각 채권액에 안분하여 채무를 변제하여야 한다. ( )**

(2018 변호사)

> **해 설** 채권양도 통지, 가압류 또는 압류명령 등이 제3채무자에 동시에 송달되어 그들 상호간에 우열이 없는 경우에도 그 채권양수인, 가압류 또는 압류채권자는 모두 제3채무자에 대하여 완전한 대항력을 갖추었다고 할 것이므로, 그 전액에 대하여 채권양수금, 압류전부금 또는 추심금의 이행청구를 하고 적법하게 이를 변제받을 수 있고, 제3채무자로서는 이들 중 누구에게라도 그 채무 전액을 변제하면 다른 채권자에 대한 관계에서도 유효하게 면책되는 것이며, 만약 양수채권액과 가압류 또는 압류된 채권액의 합계액이 제3채무자에 대한 채권액을 초과할 때에는 그들 상호간에는 법률상의 지위가 대등하므로 공평의 원칙상 각 채권액에 안분하여 이를 내부적으로 다시 정산할 의무가 있다[대판(전합) 1994. 4. 26, 93다24223].

271 **동일한 채권에 대하여 확정일자 있는 채권양도의 통지와 채권가압류명령이 제3채무자에게 동시에 도달하여 제3채무자가 변제공탁을 하고 이후 배당이 되는 경우, 위 도달시점 이후 채권압류 및 추심명령을 받은 다른 채권자가 배당요구를 하더라도 채권양수인과 선행가압류채권자 사이에서만 채권액에 안분하여 배당하여야 한다. ( )**

(2017 변호사)

> **해 설** 확정일자 있는 채권양도 통지와 채권가압류명령이 동시에 도달됨으로써 제3채무자가 변제공탁을 하고, 그 후에 다른 채권압류 또는 가압류가 이루어졌다 하더라도 채권양수인과 선행가압류채권자 사이에서만 채권액에 안분하여 배당하여야 한다. ← 채권양도가 확정일자 있는 통지의 방법으로 이루어진 이후에 채권양도인의 다른 채권자들이 그 양도된 채권에 대하여 가압류 또는 압류를 하였다고 하더라도 이는 가압류 또는 압류의 대상채권이 이미 다른 사람에게 양도되어 버려 양도인에 대한 채권으로서는 그 대상채권을 압류할 수 없게 된 상태로서, 채권양수인과 동순위에 있는 가압류와의 경합을 주장할 수 없다(대판 2004. 9. 3, 2003다22561).

272 **甲은 丙에 대한 채무의 담보명목으로 甲의 乙에 대한 대여금채권을 丙에게 양도하고 乙에게 확정일자 있는 증서로 양도통지를 하였다. 이후 甲이 동일한 채권을 丁에게 양도한 후 甲과 丙이 양도계약을 합의해지하고 丙이 그 사실을 乙에게 통지함으로써 채권이 다시 甲에게 귀속하게 되었더라도, 그로 인하여 丁이 당연히 채권을 취득한다고 할 수 없다. ( )** (2022 변호사)

> **해 설** 지명채권의 양도란 채권의 귀속주체가 법률행위에 의하여 변경되는 것으로서 이른바 준물권행위 내지 처분행위의 성질을 가지므로, 그것이 유효하기 위하여는 양도인이 채권을 처분할 수 있는 권한을 가지고 있어야 한다. 처분권한 없는 자가 지명채권을 양도한 경우 특별한 사정이 없는 한 채권양도로서 효력을 가질 수 없으므로 양수인은 채권을 취득하지 못한다. 양도인이 지명채권을 제1양수인에게 1차로 양도한 다음 제1양수인이 그에 따라 확정일자 있는 증서에 의한 대항요건을 적법하게 갖추었다

정답 》 270-2 (×) 271 (○) 272 (○)

면 이로써 채권이 제1양수인에게 이전하고 양도인은 채권에 대한 처분권한을 상실하므로, 그 후 양도인이 동일한 채권을 제2양수인에게 양도하였더라도 제2양수인은 채권을 취득할 수 없다. 이 경우 양도인이 다른 채무를 담보하기 위하여 제1차 양도계약을 하였더라도 대외적으로 채권이 제1양수인에게 이전되어 제1양수인이 채권을 취득하게 되므로 그 후에 이루어진 제2차 양도계약에 따라 제2양수인이 채권을 취득하지 못하게 됨은 마찬가지이다. 또한 제2차 양도계약 후 양도인과 제1양수인이 제1차 양도계약을 합의해지한 다음 제1양수인이 그 사실을 채무자에게 통지함으로써 채권이 다시 양도인에게 귀속하게 되었더라도 특별한 사정이 없는 한 양도인이 처분권한 없이 한 제2차 양도계약이 채권양도로서 유효하게 될 수는 없으므로, 그로 인하여 제2양수인이 당연히 채권을 취득하게 된다고 볼 수는 없다(대판 2016. 7. 14, 2015다46119).

273 **채권양도의 대항요건을 갖추지 못한 채권양수인이 채무자를 상대로 재판상의 청구를 하였다면, 이는 소멸시효의 중단사유인 재판상 청구에 해당한다. ( )** (2022 변호사)

해설 대항요건을 갖추지 못하여 채무자에게 대항하지 못한다고 하더라도 채권의 양수인이 채무자를 상대로 재판상의 청구를 하였다면 이는 소멸시효 중단사유인 재판상의 청구에 해당한다고 보아야 한다(대판 2005. 11. 10, 2005다41818).

274 **채권자가 그 채권을 제3자에게 양도하는 경우 주채무자에 대하여만 채권양도의 대항요건을 갖추었을 뿐, 보증인에 대하여는 채권양도의 대항요건을 갖추지 않았더라도, 특별한 사정이 없는 한 채권양수인은 보증인에 대하여 보증채무의 이행을 구할 수 있다. ( )** (2019 변호사)

해설 보증채무는 주채무에 대한 부종성 또는 수반성이 있어서 주채무자에 대한 채권이 이전되면 당사자 사이에 별도의 특약이 없는 한 보증인에 대한 채권도 함께 이전하고, 이 경우 채권양도의 대항요건도 주채권의 이전에 관하여 구비하면 족하고, 별도로 보증채권에 관하여 대항요건을 갖출 필요는 없다(대판 2002. 9. 10, 2002다21509).

275 **임대인이 임차인으로부터 임대차보증금반환채권의 양도통지를 받은 후에는 임대인과 임차인 사이에 임대차계약의 갱신이나 계약기간 연장에 관하여 명시적 또는 묵시적 합의가 있더라도 그 합의의 효과는 위 보증금반환채권의 양수인에 대하여는 미칠 수 없다. ( )** (2019 변호사)

해설 임대인이 임대차보증금반환청구채권의 양도통지를 받은 후에는 임대인과 임차인 사이에 임대차계약의 갱신이나 계약기간 연장에 관하여 명시적 또는 묵시적 합의가 있더라도 그 합의의 효과는 보증금반환채권의 양수인에 대하여는 미칠 수 없다(대판 1989. 4. 25, 88다카4253,4260).

276-1 **채권양도의 통지는 그 양도인이 채권이 양도되었다는 사실을 채무자에게 알리는 행위에 불과하므로, 그것만으로 도급계약에 관하여 「민법」 제667조 내지 제671조에 규정된 하자담보책임의 제척기간 준수에 필요한 권리의 행사에 해당한다고 할 수 없다. ( )** (2018 변호사)

273 (○) 274 (○) 275 (○) 276-1 (○) 《 정답

276-2 **채권양도의 통지는 그 양도인이 채권이 양도되었다는 사실을 채무자에게 알리는 행위이므로, 채권양도의 통지만으로 제척기간의 준수에 필요한 권리의 재판외 행사가 이루어졌다고 볼 수 있다. ( )** (2019 변리사)

> **해설** 채권양도의 통지는 양도인이 채권이 양도되었다는 사실을 채무자에게 알리는 것에 그치는 행위이므로, 그것만으로 제척기간 준수에 필요한 권리의 재판외 행사에 해당한다고 할 수 없다. 따라서 집합건물인 아파트의 입주자대표회의가 스스로 하자담보추급에 의한 손해배상청구권을 가짐을 전제로 하여 직접 아파트의 분양자를 상대로 손해배상청구소송을 제기하였다가, 소송 계속 중에 정당한 권리자인 구분소유자들에게서 손해배상채권을 양도받고 분양자에게 통지가 마쳐진 후 그에 따라 소를 변경한 경우에는, 채권양도통지에 채권양도의 사실을 알리는 것 외에 이행을 청구하는 뜻이 별도로 덧붙여지거나 그 밖에 구분소유자들이 재판외에서 권리를 행사하였다는 등 특별한 사정이 없는 한, 위 손해배상청구권은 입주자대표회의가 위와 같이 소를 변경한 시점에 비로소 행사된 것으로 보아야 한다 [대판(전합) 2012. 3. 22, 2010다28840].

277 **채무자가 양도인에게 이의를 보류하지 않고 승낙을 하였을 경우, 승낙 당시 이미 상계를 할 수 있는 원인이 있었다는 사정을 양수인이 알고 있었다면 승낙 이후에 상계적상이 생기더라도 채무자는 양수인에게 상계로 대항할 수 있다. ( )** (2023 변리사)

> **해설** 채권양도에 있어서 채무자가 양도인에게 이의를 보류하지 아니하고 승낙을 하였다는 사정이 없거나 또는 이의를 보류하지 아니하고 승낙을 하였더라도 양수인이 악의 또는 중과실의 경우에 해당하는 한, 채무자의 승낙 당시까지 양도인에 대하여 생긴 사유로써 양수인에게 대항할 수 있다고 할 것인데, 승낙 당시 이미 상계를 할 수 있는 원인이 있었던 경우에는 아직 상계적상에 있지 아니하였다 하더라도 그 후에 상계적상이 생기면 채무자는 양수인에 대하여 상계로 대항할 수 있다(대판 1999. 8. 20, 99다18039).

278 **甲은 乙에게 4억원의 채무를 부담하고 있었고, 丙에 대하여 4억원의 채권을 가지고 있었다. 甲과 乙은 甲의 乙에 대한 채무변제에 갈음하여 甲이 丙에 대하여 가지는 채권을 양도하는 계약을 체결하였다. 이때 법률관계에 관한 설명으로 옳은 것은? (다툼이 있는 경우에는 판례에 의함)** (2014 변리사)

① 甲의 채권양도로 乙의 甲에 대한 채권은 바로 소멸하지 않으며, 乙이 양수한 채권을 변제받은 때에 비로소 그 범위 내에서 甲이 면책된다.

② 특별한 사정이 없으면, 채권을 양도한 甲은 乙에게 丙의 변제자력을 담보한다.

③ 甲과 丙이 그 채권을 양도하지 않기로 미리 약정하였으나 乙이 중대한 과실 없이 그 사실을 알지 못한 때에는, 丙은 그 약정으로 乙에게 대항하지 못한다.

④ 甲이 丙에게 채권양도를 통지한 때에도 丙의 승낙이 없으면, 乙은 丙에 대하여 채무이행을 청구할 수 없다.

⑤ 乙이 丙에 대하여 채권양도를 통지하였다면, 특별한 사정이 없으면, 乙은 丙에게 채무이행을 청구할 수 있다.

정답 276-2 (×) 277 (○) 278 ③

해설 ① (×), ② (×) : 채무자가 채권자에게 채무변제에 '갈음하여' 다른 채권을 양도하기로 한 경우에는 특별한 사정이 없는 한 채권양도의 요건을 갖추어 대체급부가 이루어짐으로써 원래의 채무는 소멸하는 것이고 그 양수한 채권의 변제까지 이루어져야만 원래의 채무가 소멸한다고 할 것은 아니다. 이 경우 대체급부로서 채권을 양도한 양도인은 양도 당시 양도대상인 채권의 존재에 대해서는 담보책임을 지지만 당사자 사이에 별도의 약정이 있다는 등 특별한 사정이 없는 한 그 채무자의 변제자력까지 담보하는 것은 아니다(대판 2013. 5. 9, 2012다40998).

③ (○) : 당사자의 의사표시에 의한 채권의 양도금지는 채권 양수인인 제3자가 악의인 경우이거나 악의가 아니라도 그 제3자에게 채권양도 금지를 알지 못한 데에 중대한 과실이 있는 경우 채무자가 위 채권양도 금지로써 그 제3자에 대하여 대항할 수 있다(대판 2000. 4. 25, 99다67482).

④ (×) : 甲이 丙에게 채권양도를 통지하였다면 丙의 승낙이 없어도 대항요건을 충족하기 때문에 乙은 丙에 대하여 채무이행을 청구할 수 있다(제450조).

⑤ (×) : 乙이 丙에 대하여 채권양도를 통지하였다면, 이는 양도인이 한 것이 아니기 때문에 특별한 사정이 없으면, 乙은 丙에게 채무이행을 청구할 수 없다(대판 2011. 2. 24, 2010다96911).

279 2013년 10월 10일 甲은 乙로부터 1억원을 변제기는 2014년 10월 10일, 이자는 월 1%로 하여 차용하였으며, 이 채무에 대하여 丙이 연대보증하였다. 2014년 3월 10일 乙은 위 1억원의 원본채권을 丁에게 양도하였고, 甲은 乙에게 그 동안의 이자를 지급하지 않았다. 이에 관한 설명으로 옳은 것은? (다툼이 있으면 판례에 따름) (2015 변리사)

① 乙이 丙에게 채권양도 사실을 별도로 통지하지 않으면, 甲에 대한 대항요건을 갖춘 것만으로 丁은 丙에게 대항할 수 없다.

② 채권을 양도하기 전에 이미 변제한 甲이 채권양도를 이의 없이 승낙했더라도 甲은 丁의 이행청구를 거절할 수 있다.

③ 이자채권도 양도한다는 의사표시가 없는 한 대항요건을 구비한 丁은 丙에 대하여 1억원의 원본채권을 양도받을 때까지 발생한 이자를 청구할 수 없다.

④ 丁이 채권을 취득한 후 丙에 대하여 그 채무의 일부를 면제한 경우, 그 면제의 효력은 甲에게 미친다.

⑤ 甲과 乙사이에 양도금지특약이 있는 경우, 丁이 중과실로 그 사실을 알지 못하더라도 丁은 양도에 의해 채권을 취득할 수 있다.

해설 ③만이 타당하다. 지연이자의 독립성을 말한다. 즉 이행기가 도래한 지분적 이자채권을 양도하기 위해서는 특약이 있어야 한다. 따라서 이자채권도 양도한다는 의사표시가 없는 한 대항요건을 구비한 丁은 丙에 대하여 1억원의 원본채권을 양도받을 때까지 발생한 이자를 청구할 수 없다(대판 1989. 3. 28, 88다카12803).

① (×) : 채무자에 대한 대항요건을 갖추면 보증인에게도 효력이 있기 때문에 乙이 丙에게 채권양도 사실을 별도로 통지하지 않아도, 甲에 대한 대항요건을 갖춘 것만으로 丁은 丙에게 대항할 수 있다(대판 2002. 9. 10, 2002다21509).

② (×) : 제451조 제1항은 "채무자가 이의를 보류하지 아니하고 채권양도를 승낙한 경우에는 양도인에게 대항할 사유가 있는 경우에도 양수인에게 대항하지 못한다"고 하고 있다. 따라서 채권을 양도하기 전에 이미 변제한 甲이 채권양도를 이의없이 승낙했다면 甲은 丁의 이행청구를 거절할 수 없다.

279 ③ 《 정답

④ (×) : 보증채무의 부종성에 의하여 주채무자에게 발생한 사유는 보증인에게 미치고, 반대의 경우에는 미치지 않는 것이 원칙이다. 따라서 丁이 채권을 취득한 후 丙에 대하여 그 채무의 일부를 면제한 경우, 그 면제의 효력은 甲에게 미치지 않는다(대판 1992. 9. 25, 91다37553).
⑤ (×) : 채권양도금지특약이 있는 경우 악의 또는 중과실의 양수인은 보호받지 못한다. 따라서 甲과 乙사이에 양도금지특약이 있는 경우, 丁이 중과실로 그 사실을 알지 못한 경우에는 丁은 양도에 의해 채권을 취득할 수 없게 된다(대판 1996. 6. 28, 96다18281).

280 **甲이 자신의 乙에 대한 매매대금채권을 丙에게 양도한 경우에 관한 설명으로 옳은 것은? (다툼이 있으면 판례에 따름)** (2016 변리사)

① 丙이 乙에게 자신의 명의로 된 확정일자 있는 채권양도통지서를 발송하여 도달되었다면, 특별한 사정이 없는 한 丙은 乙에게 위 채권양도로 대항할 수 있다.
② 매매대금채권에 관하여 甲과 乙 사이에 양도금지 특약이 있다면, 乙은 경과실로 이를 알지 못한 丙에게 위 특약으로써 대항할 수 있다.
③ 丙이 乙로부터 변제를 받은 후 甲과 乙 사이의 매매계약이 해제되었다면 乙은 직접 丙에게 급부의 반환을 청구할 수 있다.
④ 甲이 乙에 대한 위 채권을 丁에게도 양도하였고 丙과 丁에 대한 양도에 대하여 확정일자 있는 증서에 의한 통지가 이루어졌다면 丙과 丁 간의 우열은 확정일자의 선후에 의한다.
⑤ 丙이 乙에 대하여 매매대금의 지급을 소구(訴求)하였다고 하더라도 丙이 아직 대항요건을 갖추지 못하였다면 丙의 재판상 청구는 소멸시효 중단사유로 인정되지 않는다.

해설 ① (×) : 채권양도의 통지는 "양수인"이 아니라 "양도인"이 채무자에게 하여야 한다(민법 제450조 제1항).

[참고판례] 채권양도의 통지가 양도인 또는 양수인 중 누구에 의하여서든 행하여지기만 하면 대항요건으로서 유효하게 되는 것은 채권양도의 통지를 양도인이 하도록 한 법의 취지를 무의미하게 할 우려가 있다(대판 2011. 2. 24, 2010다96911).

② (×) : 매매대금채권에 관하여 甲과 乙 사이에 양도금지 특약이 있다면, 채무자는 양수인의 악의나 중대한 과실을 이유로 대항이 가능하다. 따라서 乙은 경과실로 이를 알지 못한 丙(선의이면서 경과실)에게 위 특약으로써 대항할 수 없는 것이다(대판 2010. 5. 13, 2010다8310).
③ (○) : 민법 제548조 제1항 단서에서 규정하고 있는 제3자란 일반적으로 계약이 해제되는 경우 그 해제된 계약으로부터 생긴 법률효과를 기초로 하여 해제 전에 새로운 이해관계를 가졌을 뿐 아니라 등기·인도 등으로 완전한 권리를 취득한 자를 말하고, 계약상의 채권을 양수한 자는 여기서 말하는 제3자에 해당하지 않는다고 할 것인바, 계약이 해제된 경우 계약해제 이전에 해제로 인하여 소멸되는 채권을 양수한 자는 계약해제의 효과에 반하여 자신의 권리를 주장할 수 없음은 물론이고, 나아가 특단의 사정이 없는 한 채무자로부터 이행받은 급부를 원상회복하여야 할 의무가 있다(대판 2003. 1. 24, 2000다22850).

정답 》 280 ③

④ (×) : 채권이 이중으로 양도된 경우의 양수인 상호간의 우열은 통지 또는 승낙에 붙여진 확정일자의 선후에 의하여 결정할 것이 아니라, 채권양도에 대한 채무자의 인식, 즉 확정일자 있는 양도통지가 채무자에게 도달한 일시 또는 확정일자 있는 승낙의 일시의 선후에 의하여 결정하여야 할 것이고, 이러한 법리는 채권양수인과 동일 채권에 대하여 가압류명령을 집행한 자 사이의 우열을 결정하는 경우에 있어서도 마찬가지이므로, 확정일자 있는 채권양도 통지와 가압류결정 정본의 제3채무자(채권양도의 경우는 채무자)에 대한 도달의 선후에 의하여 그 우열을 결정하여야 한다[대판(전합) 1994. 4. 26, 93다24223].

⑤ (×) : 비록 대항요건을 갖추지 못하여 채무자에게 대항하지 못한다고 하더라도 채권의 양수인이 채무자를 상대로 재판상의 청구를 하였다면 이는 소멸시효 중단사유인 재판상의 청구에 해당한다(대판 2005. 11. 10, 2005다41818).

281 甲은 2016. 1. 5. 乙에게 1억원을 대여하였고, 그 후 A 또는 B에게 자신의 채권을 양도하였다. 이에 관한 설명으로 옳은 것을 모두 고른 것은? (다툼이 있으면 판례에 따름) (2017 변리사)

ㄱ. 甲이 A에게만 채권을 양도하였을 경우, A가 甲의 대리인으로서 乙에게 한 채권양도의 통지도 효력이 있다.
ㄴ. 甲이 乙에게 휴대폰 문자로 양수인을 A로 한 채권양도의 통지를 하였고 이에 따라 乙이 A에 대하여 채무를 변제하였는데, 그 후 다시 甲이 양수인을 B로 한 확정일자 있는 증서로 채권양도통지를 하였더라도 乙의 A에 대한 채무변제는 유효하다.
ㄷ. 甲이 乙에게 양수인을 A로 한 단순한 채권양도의 통지를 하였고, 그 후 乙이 아직 변제하지 않은 상태에서 다시 양수인을 B로 한 확정일자 있는 증서로 채권양도를 통지하였다면 乙이 A에 대하여 한 변제로 B에게 대항할 수 없다.
ㄹ. 채권양수인을 A로 한 양도통지서의 확정일자는 2017. 1. 10.이고, B로 한 양도통지서의 확정일자는 2017. 1. 11.이었으나, 양수인 B로 한 확정일자 있는 증서가 먼저 乙에게 도달하였을 경우, 乙은 B에게 변제할 책임이 있다.

① ㄱ　② ㄴ, ㄹ　③ ㄱ, ㄷ, ㄹ　④ ㄴ, ㄷ, ㄹ　⑤ ㄱ, ㄴ, ㄷ, ㄹ

해설 ㄱ. (○) : 민법 제450조에 의한 채권양도통지는 양도인이 직접하지 아니하고 사자를 통하여 하거나 대리인으로 하여금 하게 하여도 무방하고, 채권의 양수인도 양도인으로부터 채권양도통지 권한을 위임받아 대리인으로서 그 통지를 할 수 있다(대판 2004. 2. 13, 2003다43490).

이해의 편의를 위하여 ㄷ.지문을 먼저 해설하기로 한다.

ㄷ. (○) : 민법 제450조(지명채권 양도의 대항요건) ; 이중의 채권양도가 있는 경우에 확정일자 있는 증서에 의한 통지를 한 채권양수인만이 채권양수에 의한 적법한 채권자가 된다 할 것이고 채무자는 위의 채권자에게만 채무변제의 의무가 있으며 그 결과 확정일자 있는 증서에 의하지 아니한 채무자의 승낙 있는 채권양도에 있어서의 채권양수인에 대하여는 채무변제의 의무가 없게 되는 것이다(대판 1972. 1. 31, 71다2697).

281 ⑤ 정답

ㄴ. (○) : 위 ㄷ.의 해설과 같이 채권이 이중으로 양도된 경우 우열문제가 생기는 것은 아직 채권이 존재하는 경우에 한하는 것임을 주의해야 한다. 즉 채권이 변제 등의 사유로 이미 소멸해 버린 경우에는 더 이상 우열문제가 생기지 않는다. 판례도 "민법 제450조 제2항 소정의 지명채권양도의 제3자에 대한 대항요건은 양도된 채권이 존속하는 동안에 그 채권에 관하여 양수인의 지위와 양립할 수 없는 법률상의 지위를 취득한 제3자가 있는 경우에 적용되는 것이므로, 양도된 채권이 이미 변제 등으로 소멸한 경우에는 그 후에 그 채권에 관한 채권압류 및 추심명령이 송달되더라도 그 채권압류 및 추심명령은 존재하지 아니하는 채권에 대한 것으로서 무효이고, 위와 같은 대항요건의 문제는 발생될 여지가 없다(대판 2003. 10. 24, 2003다37426)."고 하였다.

ㄹ. (○) : 채권이 이중으로 양도된 경우의 양수인 상호간의 우열은 통지 또는 승낙에 붙여진 확정일자의 선후에 의하여 결정할 것이 아니라, 채권양도에 대한 채무자의 인식, 즉 확정일자 있는 양도통지가 채무자에게 도달한 일시 또는 확정일자 있는 승낙의 일시의 선후에 의하여 결정하여야 할 것이다[대판(전합) 1994. 4. 26, 93다24223].

282 甲이 乙에게 자신의 주택을 매도한 후에 乙에 대한 매매대금채권을 丙에게 양도하였다. 이에 관한 설명으로 옳지 않은 것은? (다툼이 있으면 판례에 따름) (2018 변리사)

① 乙은 丙에게 채권양도에 대한 승낙을 하면서 조건을 붙일 수 있다.
② 甲으로부터 채권양도통지 권한을 위임받은 丙이 대리관계를 현명하지 않고 丙명의의 채권양도통지서를 乙에게 발송하여 도달한 경우, 특별한 사정이 없는 한 그 양도통지는 효력이 없다.
③ 甲이 乙에게 채권양도 사실을 통지한 후에 乙이 甲에게 금전을 빌려주었다면, 乙은 그 대여금반환채권에 의한 상계로써 丙에게 대항할 수 없다.
④ 채권양도에 대한 乙의 승낙이 있은 후에 채권양도계약이 해제되어 甲이 乙에게 양도철회통지를 한 경우, 乙은 이로써 丙의 채무이행청구에 대하여 대항할 수 있다.
⑤ 甲이 乙에게 채권양도의 사실을 통지하였으나 양도행위가 적법하게 취소된 경우, 乙이 이 사실을 모르고 丙에게 변제하였다면 이를 가지고 甲에게 대항할 수 있다.

해설 ① (○) : 지명채권 양도의 대항요건인 채무자의 승낙은 채권양도 사실을 채무자가 승인하는 의사를 표명하는 채무자의 행위라고 할 수 있는데, 채무자는 채권양도를 승낙하면서 조건을 붙여서 할 수 있다(대판 2011. 6. 30, 2011다8614).

② (○) : [1] 민법 제450조에 의한 채권양도통지는 양도인이 직접하지 아니하고 사자를 통하여 하거나 대리인으로 하여금 하게 하여도 무방하고, 채권의 양수인도 양도인으로부터 채권양도통지 권한을 위임받아 대리인으로서 그 통지를 할 수 있다. [2] 채권양도통지 권한을 위임받은 양수인이 양도인을 대리하여 채권양도통지를 함에 있어서는 민법 제114조 제1항의 규정에 따라 양도인 본인과 대리인을 표시하여야 하는 것이므로, 양수인이 서면으로 채권양도통지를 함에 있어 대리관계의 현명을 하지 아니한 채 양수인 명의로 된 채권양도통지서를 채무자에게 발송하여 도달되었다 하더라도 이는 효력이 없다고 할 것이다. [3] 대리에 있어 본인을 위한 것임을 표시하는 이른바 현명은 반드시 명시적으로만 할 필요는 없고 묵시적으로도 할 수 있는 것이고, 채권양도통지를 함에 있어 현명을 하지 아니한 경우라도 채권양도통지를 둘러싼 여러 사정에 비추어 양수인이 대리인으로서 통지한 것임을 상대방이 알았거나 알 수 있었을 때에는 민법 제115조 단서의 규정에 의하여 유효하다(대판 2004. 2. 13, 2003다43490).

정답 》 282 ④

③ (○) : 민법 제451조 제2항. ☞ 채권양도에 의하여 채권은 그 동일성을 유지하면서 양수인에게 이전되고, 채무자는 양도통지를 받은 때까지 양도인에 대하여 생긴 사유로써 양수인에게 대항할 수 있다. 따라서 양도통지가 채무자에게 도달하여 채권양도의 대항요건이 갖추어진 후에 자동채권이 발생한 경우에는 상계로써 양수인에게 대항할 수 없다.

> [예외판례] 채무자의 채권양도인에 대한 자동채권이 발생하는 기초가 되는 원인이 양도 전에 이미 성립하여 존재하고 자동채권이 수동채권인 양도채권과 동시이행의 관계에 있는 경우에는, 양도통지가 채무자에게 도달하여 채권양도의 대항요건이 갖추어진 후에 자동채권이 발생하였다고 하더라도 채무자는 동시이행의 항변권을 주장할 수 있고, 따라서 그 채권에 의한 상계로 양수인에게 대항할 수 있다(대판 2015. 4. 9, 2014다80945).

④ (×) : 민법 제452조 제2항에 채권양도의 통지는 양수인의 동의가 없으면 철회하지 못한다고 규정되어 있으므로 채권양도인과 양수인과의 채권양도 계약이 해제되었고 채권양도인이 채무자에게 양도철회통지를 하였다고 하더라도 채무자는 이것을 채권양수인에게 대항할 수는 없다(대판 1978. 6. 13, 78다468).

⑤ (○) : 민법 제452조(양도통지와 금반언) 제1항

283 甲이 乙에 대한 대여금채권을 丙에게 양도하였고 乙이 이를 승낙하여 그 의사표시가 丙에게 도달되었다. 이에 관한 설명으로 옳지 않은 것은? (다툼이 있으면 판례에 따름) (2019 변리사)

① 乙의 승낙에는 조건을 붙일 수 있다.

② 乙이 이의 없이 승낙을 하더라도 특별한 사정이 없는 한 乙에게는 甲의 대여금채권의 성립이나 소멸에 영향을 미치는 사정을 丙에게 알려야 할 주의의무가 없다.

③ 丙이 甲의 대여금채권에 양도금지특약이 있다는 사실을 알았더라도 그 후 乙이 승낙하였다면, 채권양도는 다른 약정이 없는 한 그 성립 당시로 소급하여 유효하게 된다.

④ 乙이 이의 없이 승낙을 하였더라도 그 때까지 발생한 乙의 甲에 대한 항변사유를 丙이 중대한 과실로 알지 못하였다면, 乙은 甲에 대한 그 항변사유로 丙에게 대항할 수 있다.

⑤ 甲의 대여금채권에 관하여 보증인 丁이 있는 경우, 다른 약정이 없는 한 丁에 대한 보증채권의 양도에 관하여 별도의 대항요건을 갖추지 않더라도 甲의 대여금채권과 함께 丁에 대한 보증채권 역시 丙에게 이전된다.

해설 ① (○) : 지명채권 양도의 대항요건인 채무자의 승낙은 채권양도 사실을 채무자가 승인하는 의사를 표명하는 채무자의 행위라고 할 수 있는데, 채무자는 채권양도를 승낙하면서 조건을 붙여서 할 수 있다(대판 2011. 6. 30, 2011다8614).

② (○) : 채무자가 채권양도에 대하여 이의를 보류하지 아니하는 승낙을 하였더라도 양도인에게 대항할 수 있는 사유로서 양수인에게 대항하지 못할 뿐이고(민법 제451조), 채권의 내용이나 양수인의 권리 확보에 위험을 초래할 만한 사정을 조사, 확인할 책임은 원칙적으로 양수인 자신에게 있으므로, 채무자는 양수인이 대상 채권의 내용이나 원인이 되는 법률관계에 대하여 잘 알고 있음을 전제로 채권양도를 승낙할지를 결정하면 되고 양수인이 채권의 내용 등을 실제와 다르게 인식하고 있는지까지 확인하여 위험을 경고할 의무는 없다. 따라서 채무자가 양도되는 채권의 성립이나 소멸에 영향을 미치는 사정에 관하여 양수인에게 알려야 할 신의칙상 주의의무가 있다고 볼 만한 특별한 사정이 없는 한

283 ③ 《 정답

채무자가 그러한 사정을 알리지 아니하였다고 하여 불법행위가 성립한다고 볼 수 없다(대판 2015. 12. 24, 2014다49241).

③ (×) : 당사자의 양도금지의 의사표시로써 채권은 양도성을 상실하며 양도금지의 특약에 위반해서 채권을 제3자에게 양도한 경우에 악의 또는 중과실의 채권양수인에 대하여는 채권 이전의 효과가 생기지 아니하나, 악의 또는 중과실로 채권양수를 받은 후 채무자가 그 양도에 대하여 승낙을 한 때에는 채무자의 사후승낙에 의하여 무효인 채권양도행위가 추인되어 유효하게 되며 이 경우 다른 약정이 없는 한 소급효가 인정되지 않고 양도의 효과는 승낙시부터 발생한다. 이른바 집합채권의 양도가 양도금지특약을 위반하여 무효인 경우 채무자는 일부 개별 채권을 특정하여 추인하는 것이 가능하다(대판 2009. 10. 29, 2009다47685).

④ (○) : 민법 제451조 제1항이 이의를 보류하지 않은 승낙에 대하여 항변사유를 제한한 취지는 이의를 보류하지 않은 승낙이 이루어진 경우 양수인은 양수한 채권에 아무런 항변권도 부착되지 아니한 것으로 신뢰하는 것이 보통이므로 채무자의 '승낙'이라는 사실에 공신력을 주어 양수인의 신뢰를 보호하고 채권양도나 질권설정과 같은 거래의 안전을 꾀하기 위한 규정이라 할 것이므로, 채권의 양도나 질권의 설정에 대하여 이의를 보류하지 아니하고 승낙을 하였더라도 양수인 또는 질권자가 악의 또는 중과실의 경우에 해당하는 한 채무자의 승낙 당시까지 양도인 또는 질권설정자에 대하여 생긴 사유로써도 양수인 또는 질권자에게 대항할 수 있다(대판 2002. 3. 29, 2000다13887).

⑤ (○) : 보증채무는 주채무에 대한 부종성 또는 수반성이 있어서 주채무자에 대한 채권이 이전되면 당사자 사이에 별도의 특약이 없는 한 보증인에 대한 채권도 함께 이전하고, 이 경우 채권양도의 대항요건도 주채권의 이전에 관하여 구비하면 족하고, 별도로 보증채권에 관하여 대항요건을 갖출 필요는 없다(대판 2002. 9. 10, 2002다21509).

284 수급인 甲은 2020. 10. 1. 도급인 乙과 도급계약을 체결하고, 2021. 1. 5. 공사를 완성하여 乙에 대한 1억 원의 공사대금채권을 갖고 있던 중 위 채권을 丙에게 양도하고, 이를 乙에게 통지하였다. 이에 관한 설명으로 옳지 않은 것은? (다툼이 있으면 판례에 따름) (2021 변리사)

① 甲이 丙에게 공사대금채권의 추심 기타 행사를 위임하면서 그 채권을 양도하였으나 양도의 원인인 위임이 해지된 경우, 공사대금채권은 甲에게 복귀한다.

② 甲이 주채무자 乙에 대한 채권과 그의 보증인 丁에 대한 채권 중 丁에 대한 채권만을 양도하기로 한 경우, 그 약정은 효력이 없다.

③ 甲과 乙 사이에 채권양도금지특약이 있는 경우, 이와 같은 사실을 알고 있는 甲의 채권자 戊가 甲의 乙에 대한 채권에 대해 압류 및 전부명령을 받았다면 乙은 戊에게 위 특약에 의해 대항할 수 없다.

④ 甲이 丙에게 공사대금채권 중 5,000만 원만 양도하고 乙에게 채권양도통지 후 乙이 甲에 대한 2,000만 원의 하자보수에 갈음하는 손해배상채권을 취득한 경우, 乙의 위 채권에 의한 상계는 각 분할된 채권액의 채권 총액에 대한 비율에 따라야 한다.

⑤ 甲의 丙에 대한 채권양도 및 乙에 대한 확정일자부 통지와 甲의 채권자 戊가 신청한 甲의 乙에 대한 채권에 대한 압류 및 전부명령이 乙에게 동시에 도달한 경우, 乙은 채권자를 알 수 없음을 이유로 변제공탁을 할 수 있다.

정답 284 ④

해설 ① (○) : 종전의 채권자가 채권의 추심 기타 행사를 위임하여 채권을 양도하였으나 양도의 '원인'이 되는 그 위임이 해지 등으로 효력이 소멸한 경우에 이로써 채권은 양도인에게 복귀하게 되고, 나아가 양수인은 그 양도의무계약의 해지로 인하여 양도인에 대하여 부담하는 원상회복의무(이는 계약의 효력불발생에서의 원상회복의무 일반과 마찬가지로 부당이득반환의무의 성질을 가진다)의 한 내용으로 채무자에게 이를 통지할 의무를 부담한다(대판 2011.3.24, 2010다100711).

② (○) : 주채권과 보증인에 대한 채권의 귀속주체를 달리하는 것은, 주채무자의 항변권으로 채권자에게 대항할 수 있는 보증인의 권리가 침해되는 등 보증채무의 부종성에 반하고, 주채권을 가지지 않는 자에게 보증채권만을 인정할 실익도 없기 때문에 주채권과 분리하여 보증채권만을 양도하기로 하는 약정은 그 효력이 없다(대판 2002. 9. 10, 2002다21509).

③ (○) : 당사자 사이에 양도금지의 특약이 있는 채권이더라도 전부명령에 의하여 전부되는 데에는 지장이 없고, 양도금지의 특약이 있는 사실에 관하여 집행채권자가 선의인가 악의인가는 전부명령의 효력에 영향을 미치지 못하는 것인바, 이와 같이 양도금지특약부 채권에 대한 전부명령이 유효한 이상, 그 전부채권자로부터 다시 그 채권을 양수한 자가 그 특약의 존재를 알았거나 중대한 과실로 알지 못하였다고 하더라도 채무자는 위 특약을 근거로 삼아 채권양도의 무효를 주장할 수 없다(대판 2003.12.11, 2001다3771).

④ (×) : 채권의 일부 양도가 이루어지면 특별한 사정이 없는 한 각 분할된 부분에 대하여 독립한 분할채권이 성립하므로 그 채권에 대하여 양도인에 대한 반대채권으로 상계하고자 하는 채무자로서는 양도인을 비롯한 각 분할채권자 중 어느 누구도 상계의 상대방으로 지정하여 상계할 수 있고, 그러한 채무자의 상계 의사표시를 수령한 분할채권자는 제3자에 대한 대항요건을 갖춘 양수인이라 하더라도 양도인 또는 다른 양수인에 귀속된 부분에 대하여 먼저 상계되어야 한다거나 각 분할채권액의 채권 총액에 대한 비율에 따라 상계되어야 한다는 이의를 할 수 없다(대판 2002.2.8, 2000다50596). ☞ 이 지문에는 숨어있는 쟁점이 있다. 사안에서 "채권양도통지 후 乙이 甲에 대한 2,000만 원의 하자보수에 갈음하는 손해배상채권을 취득한 경우"라고 하였는데, 원칙적으로 통지 후에 취득한 반대채권으로는 상계로 양수인에게 대항할 수 없는 것 아닌가 하는 점이다. 이에 대해 판례는 다음과 같은 예외를 인정하고 있다. [판례] 채권양도에 의하여 채권은 그 동일성을 유지하면서 양수인에게 이전되고, 채무자는 양도통지를 받은 때까지 양도인에 대하여 생긴 사유로써 양수인에게 대항할 수 있다(민법 제451조 제2항). 따라서 채무자의 채권양도인에 대한 자동채권이 발생하는 기초가 되는 원인이 양도 전에 이미 성립하여 존재하고 그 자동채권이 수동채권인 양도채권과 동시이행의 관계에 있는 경우에는, 양도통지가 채무자에게 도달하여 채권양도의 대항요건이 갖추어진 후에 자동채권이 발생하였다고 하더라도 채무자는 동시이행의 항변권을 주장할 수 있고, 따라서 그 채권에 의한 상계로 양수인에게 대항할 수 있다. 그리고 도급계약에 의하여 완성된 목적물에 하자가 있는 경우에 도급인은 수급인에게 하자의 보수를 청구할 수 있고 그 하자의 보수에 갈음하여 또는 보수와 함께 손해배상을 청구할 수 있는데, 이들 청구권은 특별한 사정이 없는 한 민법 제667조 제3항에 따라 수급인의 공사대금채권과 동시이행관계에 있다(대판 2015. 4. 9, 2014다80945).

[보충지문] 가분적인 금전채권의 일부에 대한 전부명령이 확정되면 특별한 사정이 없는 한 전부된 채권 부분과 전부되지 않은 채권 부분에 대하여 각기 독립한 분할채권이 성립하게 되므로, 그 채권에 대하여 압류채무자에 대한 반대채권으로 상계하고자 하는 제3채무자로서는 각 분할채권액의 채권 총액에 대한 비율에 따라 상계하여야 한다. ( )

(2021 변호사)

(×) : 가분적인 금전채권의 일부에 대한 전부명령이 확정되면 특별한 사정이 없는 한 전부명령이 제3채무자에 송달된 때에 소급하여 전부된 채권 부분과 전부되지 않은 채권 부분에 대하여 각기 독립한 분할채권이 성립하게 되므로, 그 채권에 대하여 압류채무자에 대한 반대채권으로 상계하고자 하는 제3채무자로서는 전부채권자 혹은 압류채무자 중 어느 누구도 상계의 상대방으로 지정하여 상계하거나 상계로 대항할 수 있고, 그러한 제3채무자의 상계 의사표시를 수령한 전부채권자는 압류채무자에 잔존한 채권 부분이 먼저 상계되어야 한다거나 각 분할채권액의 채권 총액에 대한 비율에 따라 상계되어야 한다는 이의를 할 수 없다(대판 2010. 3. 25, 2007다35152).

⑤ (○) : 제3채무자는 이중지급의 위험이 있을 수 있으므로, 동시에 송달된 경우에도 제3채무자는 송달의 선후가 불명한 경우에 준하여 채권자를 알 수 없다는 이유로 변제공탁을 함으로써 법률관계의 불안으로부터 벗어날 수 있다[대판(전합) 1994. 4. 26, 93다24223].

285 **甲은 乙에게 1억 원을 대여하면서 위 대여금채권에 대한 채권양도금지 특약을 체결하였다. 이에 관한 설명 중 옳은 것을 모두 고른 것은? (다툼이 있는 경우 판례에 의함)** (2021 변호사)

ㄱ. 甲이 乙에 대한 대여금채권을 丙에게 양도하여 丙이 乙을 상대로 양수금청구의 소를 제기한 경우, 乙이 丙에 대하여 채권양도금지 특약으로 대항하기 위해서는 丙이 채권양도금지 특약에 관하여 악의이거나, 악의가 아니라도 채권양도금지 특약에 관하여 알지 못한 데에 중대한 과실이 있음을 乙이 주장·증명하여야 한다.

ㄴ. 甲이 乙에 대한 대여금채권을 丙에게 양도한 경우, 丙이 甲과 乙 사이의 채권양도금지 특약에 관하여 선의인 경우라도 丙으로부터 다시 위 대여금채권을 양수한 丁이 위 채권양도금지 특약에 관하여 악의라면 丁은 위 대여금채권을 유효하게 취득하지 못한다.

ㄷ. 丙이 채권양도금지 특약의 체결사실을 알고 있었음에도 甲이 乙에 대한 대여금채권을 丙에게 양도하고 이후 乙이 위 채권양도를 추인하였다면, 채권양도계약은 계약을 체결한 날로 소급하여 효력이 발생한다.

ㄹ. 丙이 甲의 乙에 대한 대여금채권에 관하여 전부명령을 받은 후 그 채권을 戊에게 양도한 경우, 戊가 채권양도금지 특약의 존재를 알았거나 중대한 과실로 알지 못하였다고 하더라도 乙은 위 채권양도금지 특약을 근거로 삼아 丙과 戊 사이의 채권양도의 무효를 주장할 수 없다.

① ㄹ ② ㄱ, ㄹ ③ ㄴ, ㄹ ④ ㄱ, ㄴ, ㄷ ⑤ ㄱ, ㄷ, ㄹ

정답 285 ②

해설 ㄱ. (○) : 채무자는 제3자가 채권자로부터 채권을 양수한 경우 채권양도금지 특약의 존재를 알고 있는 양수인이나 그 특약의 존재를 알지 못함에 중대한 과실이 있는 양수인에게 그 특약으로써 대항할 수 있고, 여기서 말하는 '중과실'이란 통상인에게 요구되는 정도의 상당한 주의를 하지 않더라도 약간의 주의를 한다면 손쉽게 그 특약의 존재를 알 수 있음에도 불구하고 그러한 주의조차 기울이지 아니하여 특약의 존재를 알지 못한 것을 말하며, 제3자의 악의 내지 중과실은 채권양도금지의 특약으로 양수인에게 대항하려는 자가 이를 주장·증명하여야 한다(대판 2010. 5. 13, 2010다8310).

ㄴ. (×) : 민법 제449조 제2항 단서는 채권양도금지 특약으로써 대항할 수 없는 자를 '선의의 제3자'라고만 규정하고 있어 채권자로부터 직접 양수한 자만을 가리키는 것으로 해석할 이유는 없으므로, 악의의 양수인으로부터 다시 선의로 양수한 전득자도 위 조항에서의 선의의 제3자에 해당한다. 또한 선의의 양수인을 보호하고자 하는 위 조항의 입법 취지에 비추어 볼 때, 이러한 선의의 양수인으로부터 다시 채권을 양수한 전득자는 선의·악의를 불문하고 채권을 유효하게 취득한다(대판 2015. 4. 9, 2012다118020).

ㄷ. (×) : 당사자의 양도금지의 의사표시로써 채권은 양도성을 상실하며 양도금지의 특약에 위반해서 채권을 제3자에게 양도한 경우에 악의 또는 중과실의 채권양수인에 대하여는 채권 이전의 효과가 생기지 아니하나, 악의 또는 중과실로 채권양수를 받은 후 채무자가 그 양도에 대하여 승낙을 한 때에는 채무자의 사후승낙에 의하여 무효인 채권양도행위가 추인되어 유효하게 되며 이 경우 다른 약정이 없는 한 소급효가 인정되지 않고 양도의 효과는 승낙시부터 발생한다(대판 2009. 10. 29, 2009다47685).

ㄹ. (○) : 당사자 사이에 양도금지의 특약이 있는 채권이더라도 전부명령에 의하여 전부되는 데에는 지장이 없고, 양도금지의 특약이 있는 사실에 관하여 집행채권자가 선의인가 악의인가는 전부명령의 효력에 영향을 미치지 못하는 것인바, 이와 같이 양도금지특약부 채권에 대한 전부명령이 유효한 이상, 그 전부채권자로부터 다시 그 채권을 양수한 자가 그 특약의 존재를 알았거나 중대한 과실로 알지 못하였다고 하더라도 채무자는 위 특약을 근거로 삼아 채권양도의 무효를 주장할 수 없다(대판 2003. 12. 11, 2001다3771).

Ⅱ. 면책적 채무인수

286-1 부동산 매수인이 매매목적물에 관한 채무를 인수하고 그 채무액을 매매대금에서 공제하기로 약정한 경우, 특별한 사정이 없는 한 이행인수에 해당한다. ( ) (2015 변리사)

286-2 토지매수인이 그 토지에 관한 임대차보증금 반환채무 등을 인수하면서 채무액을 매매대금에서 공제하기로 약정한 경우, 그 인수는 특별한 사정이 없는 한 면책적 채무인수로 보아야 한다. ( ) (2016 변리사)

286-3 토지매수인이 토지에 관한 매도인의 채무를 인수하면서 그 채무액을 매매대금에서 공제하기로 약정한 경우, 특별한 사정이 없는 한 면책적 채무인수에 해당한다. ( ) (2018 변리사)

286-4 부동산의 매수인이 매매목적물에 관한 근저당권의 피담보채무를 인수하는 한편 그 채무액을 매매대금에서 공제하기로 약정한 경우, 다른 특별한 약정이 없는 한 이는 채무인수로 보아야 한다. ( ) (2020 변리사)

286-1 (○) **286-2** (×) **286-3** (×) **286-4** (×) 《 **정답**

해설 부동산의 매수인이 매매목적물에 관한 임대차보증금 반환채무 등을 인수하는 한편 그 채무액을 매매대금에서 공제하기로 약정한 경우, 그 인수는 특별한 사정이 없는 이상 매도인을 면책시키는 면책적 채무인수가 아니라 이행인수로 보아야 하고, 면책적 채무인수로 보기 위해서는 이에 대한 채권자 즉 임차인의 승낙이 있어야 한다(대판 2015. 5. 29, 2012다84370).

287 **채무인수계약에 있어서 당사자 의사가 면책적 채무인수인지 중첩적 채무인수인지 분명하지 아니한 경우, 중첩적 채무인수로 보아야 한다. ( )** (2016 변리사)

해설 채무인수계약에 있어서 당사자 의사가 면책적 채무인수인지 중첩적 채무인수인지 분명하지 아니한 경우, 중첩적 채무인수로 보아야 한다(대판 1988. 5. 24, 87다카3104).

288 **이해관계없는 제3자는 채무자의 의사에 반하여 채무를 인수하지 못한다. ( )** (2022 변리사)

해설 제453조 제2항

289 **채무자와 인수인이 면책적 채무인수를 약정하더라도 채권자의 승낙이 없으면 채무자는 채무를 면하지 못한다. ( )** (2015 변리사)

해설 채무자와 인수인이 면책적 채무인수를 약정하더라도 채권자의 승낙이 없으면 채무자는 채무를 면하지 못한다(제454조).

290 **채무자와 채무인수인 사이의 면책적 채무인수에서 채권자의 승낙이 없는 경우, 채무자와 인수인 사이에는 이행인수로서의 효력도 인정될 수 없다. ( )** (2021 변리사)

해설 민법 제454조는 제3자가 채무자와 계약으로 채무를 인수하여 채무자의 채무를 면하게 하는 면책적 채무인수의 경우에 채권자 승낙이 있어야 채권자에 대하여 효력이 생긴다고 규정하고 있으므로, 채권자의 승낙이 없는 경우에는 채무자와 인수인 사이에서 면책적 채무인수 약정을 하더라도 이행인수 등으로서 효력밖에 갖지 못하며 채무자는 채무를 면하지 못한다(대판 2012. 5. 24, 2009다88303).

291-1 **면책적 채무인수에 대한 채권자의 승낙은 묵시적으로도 가능하며, 채권자가 승낙을 하지 않는 대신 직접 인수인을 상대로 인수채무의 이행을 청구하는 것도 묵시적 승낙에 해당한다. ( )** (2019 변리사)

291-2 **채무자와 채무인수인 사이의 면책적 채무인수에서 채권자가 채무인수인에게 인수금의 지급을 청구하더라도 채무인수의 승낙으로 볼 수 없다. ( )** (2021 변리사)

해설 채무자와 인수인 사이의 계약에 의한 채무인수에 대하여 채권자는 명시적인 방법뿐만 아니라 묵시적인 방법으로도 승낙을 할 수 있는 것인데, 채권자가 직접 채무인수인에 대하여 인수채무금의 지급을 청구하였다면 그 지급청구로써 묵시적으로 채무인수를 승낙한 것으로 보아야 한다(대판 1989. 11. 14, 88다카29962).

정답 287 (○) 288 (○) 289 (○) 290 (×) 291-1 (○) 291-2 (×)

292-1 채무자와 인수인 사이의 계약에 의해 채무인수가 이루어지는 경우, 채권자가 승낙을 거절하면 이후에 다시 승낙을 하더라도 면책적 채무인수의 효력이 발생하지 않는다. ( )

(2018 변리사)

292-2 채무자와 채무인수인 사이의 면책적 채무인수에서 채권자가 승낙을 거절하였더라도 다시 승낙하면 채무인수의 효력이 생긴다. ( ) (2019, 2021 변리사, 2017 변호사)

> **해설** 채권자의 승낙에 의하여 채무인수의 효력이 생기는 경우, 채권자가 승낙을 거절하면 그 이후에는 채권자가 다시 승낙하여도 채무인수로서의 효력이 생기지 않는다(대판 1998. 11. 24, 98다33765).

293 제3자와 채무자간의 계약에 의한 채무인수는 특별한 사정이 없는 한 채권자의 승낙이 있을 때까지 당사자는 이를 철회하거나 변경할 수 있다. ( ) (2022 변리사)

> **해설** 민법 제456조

294 채권자의 채무인수에 대한 승낙은 다른 의사표시가 없으면 원칙적으로 채무를 인수한 때에 소급하여 그 효력이 생긴다. ( ) (2022 변리사)

> **해설** 민법 제457조

295-1 채무인수인은 특별한 의사표시가 없으면 자신의 구(舊)채무자에 대한 항변사유를 가지고 채권자에게 대항할 수 있다. ( ) (2018 변리사)

295-2 면책적 채무인수의 경우, 채무인수인은 채무자에 대한 항변사유로 채권자에게 대항할 수 있다. ( ) (2021 변리사)

295-3 전(前)채무자로부터 채무를 인수한 채무인수인은 특별한 의사표시가 없으면 전(前)채무자에 대한 항변사유를 가지고 채권자에게 대항할 수 있다. ( ) (2022 변리사)

> **해설** 채무인수계약은 구 채무자의 채무의 동일성을 유지하면서 신 채무자가 이를 부담하는 것이므로 특별한 의사표시가 없으면 채무인수자의 구 채무자에 대한 항변사유로서는 채권자에게 대항할 수는 없다(대판 1966. 11. 29, 66다1861).

296 채무자와 인수인 사이의 면책적 채무인수약정에 대해 채권자의 승낙이 있는 경우, 채무자가 자신의 채무를 담보하기 위해 설정하였던 저당권은 원칙적으로 소멸한다. ( ) (2017 변호사)

> **해설** 채무자가 제공한 담보는 채권자와 인수인 사이에 면책적 채무인수계약이 체결된 경우에는 소멸하고, 채무자와 인수인 사이에 또는 삼면계약에 의하여 체결된 때에는 존속한다는 것이 통설이다.

297-1 前채무자의 채무에 대한 보증이나 제3자가 제공한 담보는 채무인수로 인하여 원칙적으로 소멸한다. ( ) (2022 변리사)

292-1 (○) 292-2 (×) 293 (○) 294 (○) 295-1 (×) 295-2 (×) 295-3 (×) 296 (×) 297-1 (○) 《 정답

297-2 **채무가 인수된 경우 특별한 사정이 없는 한 제3자가 제공한 담보물권도 함께 이전한다. ( )** (2023 변리사)

> **해설** 전채무자의 채무에 대한 보증이나 제삼자가 제공한 담보는 채무인수로 인하여 소멸한다. 그러나 보증인이나 제삼자가 채무인수에 동의한 경우에는 그러하지 아니하다(민법 제459조).

298 **채무자 아닌 제3자가 설정한 근저당권에 관하여 그 제3자의 동의를 얻어 채무인수를 원인으로 채무자를 교체하는 변경등기가 마쳐졌다면, 특별한 사정이 없는 한 그 근저당권은 그 후 채무인수인이 다른 원인으로 부담하는 채무까지 담보한다. ( )** (2018 변리사)

> **해설** 채무가 인수되는 경우에 구 채무자의 채무에 관하여 제3자가 제공한 담보는 채무인수로 인하여 소멸하되 다만 그 제3자(물상보증인)가 채무인수에 동의한 경우에 한하여 소멸하지 아니하고 신 채무자를 위하여 존속하게 되는바, 이 경우 물상보증인이 채무인수에 관하여 하는 동의는 채무인수인을 위하여 새로운 담보를 설정하겠다는 의사표시가 아니라 기존의 담보를 채무인수인을 위하여 계속 유지하겠다는 의사표시에 불과하여 그 동의에 의하여 유지되는 담보는 기존의 담보와 동일한 내용을 갖는 것이므로, 근저당권에 관하여 채무인수를 원인으로 채무자를 교체하는 변경등기(부기등기)가 마쳐진 경우 특별한 사정이 없는 한 그 근저당권은 당초 구 채무자가 부담하고 있다가 신 채무자가 인수하게 된 채무만을 담보하는 것이지, 그 후 신 채무자(채무인수인)가 다른 원인으로 부담하게 된 새로운 채무까지 담보하는 것으로 볼 수는 없다(대판 2000. 12. 26, 2000다56204).

299-1 **면책적 채무인수는 소멸시효의 중단사유인 채무승인에 해당하여 인수채무의 소멸시효기간은 채무인수일로부터 새로이 진행한다. ( )** (2015 변리사)

299-2 **면책적 채무인수가 있는 경우, 인수채무의 소멸시효기간은 채무인수에 따라 중단되고 채무인수일로부터 새로이 진행한다. ( )** (2019 변리사)

> **해설** 면책적 채무인수가 있은 경우, 인수채무의 소멸시효기간은 채무인수와 동시에 이루어진 소멸시효 중단사유, 즉 채무승인에 따라 채무인수일로부터 새로이 진행된다(대판 1999. 7. 9, 99다12376).

300 **甲은 乙로부터 乙 소유의 X토지를 9억 원에 매수하되, X토지의 임차인인 丙에 대하여 乙이 부담하고 있는 5억 원의 임대차보증금반환채무를 인수하고, 위 채무액을 매매대금에서 공제하기로 약정하였다. 이에 관한 설명 중 옳은 것을 모두 고른 것은? (다툼이 있는 경우 판례에 의함)** (2021 변호사)

> ㄱ. 甲이 乙로부터 X토지에 관한 임대차보증금반환채무를 인수하는 한편 그 채무액을 매매대금에서 공제하기로 약정한 경우, 그 인수는 특별한 사정이 없는 이상 이행인수로 보아야 하고, 면책적 채무인수로 보기 위해서는 이에 대한 丙의 승낙이 있어야 한다.
> ㄴ. 임차인이 채무자인 임대인을 면책시키는 것은 그의 채권을 처분하는 행위이므로, 乙이 丙에 대한 임대차보증금반환채무를 면책받기 위해서는 반드시 丙의 명시적 의사표시에 의한 승낙을 받아야 한다.
> ㄷ. 甲이 乙로부터 丙에 대한 임대차보증금반환채무에 관하여 면책적 채무인수를 하고자 할 경우, 甲이

정답 297-2 (×) 298 (×) 299-1 (○) 299-2 (○) 300 ①

나 乙은 상당한 기간을 정하여 丙에게 면책적 채무인수에 관한 승낙 여부의 확답을 최고할 수 있고, 丙이 그 기간 내에 확답을 발송하지 아니한 때에는 이를 거절한 것으로 본다.
ㄹ. 면책적 채무인수를 하고자 하는 甲과 乙의 최고에 대한 승낙을 丙이 거절하여 甲과 乙이 매매계약을 해제하였더라도, 丙이 다시 이에 관하여 승낙하면 甲은 丙에 대하여 보증금반환채무를 부담한다.

① ㄱ, ㄷ ② ㄱ, ㄹ ③ ㄱ, ㄴ, ㄷ ④ ㄱ, ㄷ, ㄹ ⑤ ㄴ, ㄷ, ㄹ

해설 ㄱ. (○) : 부동산의 매수인이 매매 목적물에 관한 임대차보증금 반환채무 등을 인수하는 한편 그 채무액을 매매대금에서 공제하기로 약정한 경우, 그 인수는 특별한 사정이 없는 이상 매도인을 면책시키는 면책적 채무인수가 아니라 이행인수로 보아야 하고, 면책적 채무인수로 보기 위하여는 이에 대한 채권자의 승낙이 있어야 한다(대판 1997. 6. 24, 97다1273).
ㄴ. (×) : 임대차보증금 반환채무의 면책적 인수에 대한 임차인의 승낙은 반드시 명시적 의사표시에 의하여야 하는 것은 아니고 묵시적 의사표시에 의하여서도 가능하다. 그러나 임차인이 채무자인 임대인을 면책시키는 것은 그의 채권을 처분하는 행위이므로, 만약 임대차보증금 반환채권의 회수가능성 등이 의문시되는 상황이라면 임차인의 어떠한 행위를 임대차보증금 반환채무의 면책적 인수에 대한 묵시적 승낙의 의사표시에 해당한다고 쉽게 단정하여서는 아니 된다(대판 2015. 5. 29, 2012다84370).
ㄷ. (○) : 민법 제455조(승낙여부의 최고) ① 전조의 경우에 제삼자나 채무자는 상당한 기간을 정하여 승낙여부의 확답을 채권자에게 최고할 수 있다. ② 채권자가 그 기간내에 확답을 발송하지 아니한 때에는 거절한 것으로 본다.
ㄹ. (×) : 채권자의 승낙에 의하여 채무인수의 효력이 생기는 경우, 채권자가 승낙을 거절하면 그 이후에는 채권자가 다시 승낙하여도 채무인수로서의 효력이 생기지 않는다(대판 1998. 11. 24, 98다33765).

Ⅲ. 병존적(중첩적) 채무인수

301 **병존적 채무인수는 면책적 채무인수와 달리 의무부담행위이다. ( )** (2014 변리사)

해설 병존적 채무인수는 종전채무자도 채무를 부담하고, 현재 인수인도 채무를 부담하기 때문에 의무부담행위이다. 이 점에서 준물권행위와 채권행위가 같이 발생하는 면책적 채무인수와 차이가 있다.

302-1 **제3자가 채무자의 의사에 반하여 체결한 병존적 채무인수는 그 효력이 없다. ( )** (2014 변리사)

302-2 **채권자와 인수인의 합의에 의한 중첩적 채무인수는 면책적 채무인수와 달리 채무자의 의사에 반하여서도 이루어질 수 있다. ( )** (2015 변리사)

302-3 **중첩적 채무인수는 채권자와 인수인 사이의 합의가 있으면 채무자의 의사에 반해서도 할 수 있다. ( )** (2019, 2021 변리사)

301 (○) 302-1 (×) 302-2 (○) 302-3 (○) 《 정답

302-4 중첩적 채무인수는 채권자와 채무인수인과의 합의가 있는 이상 채무자의 의사에 반하여서도 이루어질 수 있다. (2017 변호사)

302-5 甲이 乙에 대해 부담하는 채무를 乙과 丙의 합의에 따라 丙이 중첩적으로 인수하는 경우, 그 채무인수에 대하여 甲이 동의하지 않더라도 중첩적 채무인수의 효력에는 아무런 영향이 없다. ( ) (2023 변호사)

> **해설** 중첩적 채무인수는 채권자와 채무인수인과의 합의가 있는 이상 채무자의 의사에 반하여서도 이루어질 수 있다(대판 1988. 11. 22, 87다카1836).

303-1 채권자 아닌 자와 채무자의 계약으로 성립한 병존적 채무인수는 제3자를 위한 계약이다. ( ) (2014 변리사)

303-2 채무자와 인수인의 계약으로 체결되는 병존적 채무인수는 제3자를 위한 계약의 하나로 볼 수 있다. ( ) (2020 변리사)

> **해설** 채무자와 인수인의 계약으로 체결되는 병존적 채무인수는 채권자로 하여금 인수인에 대하여 새로운 권리를 취득하게 하는 것으로 제3자를 위한 계약의 하나로 볼 수 있고, 이와 비교하여 이행인수는 채무자와 인수인 사이의 계약으로 인수인이 변제 등에 의하여 채무를 소멸케 하여 채무자의 책임을 면하게 할 것을 약정하는 것으로 인수인이 채무자에 대한 관계에서 채무자를 면책케 하는 채무를 부담하게 될 뿐 채권자로 하여금 직접 인수인에 대한 채권을 취득케 하는 것이 아니므로 결국 제3자를 위한 계약과 이행인수의 판별 기준은 계약 당사자에게 제3자 또는 채권자가 계약 당사자 일방 또는 인수인에 대하여 직접 채권을 취득케 할 의사가 있는지 여부에 달려 있다(대판 1997. 10. 24, 97다28698).

304 채무자와 인수인 간의 중첩적 채무인수계약의 경우에 채권자는 인수인에 대하여 수익의 의사표시 없이도 직접 청구할 권리를 갖는다. ( ) (2018 변리사)

> **해설** 채무자와 인수인의 합의에 의한 병존적 채무인수는 일종의 제3자를 위한 계약이므로, 채권자는 인수인에 대하여 채무이행을 청구하거나 기타 채권자로서의 권리를 행사하는 방법으로 수익의 의사표시를 함으로써 인수인에 대하여 직접 청구할 권리를 갖게 된다(대판 1995. 5. 9, 94다47469).

305-1 채무자와 인수인의 합의에 의한 중첩적 채무인수의 경우, 채권자의 수익의 의사표시는 계약의 성립요건이 아니라 효력발생요건이다. ( ) (2017 변리사)

305-2 채무자와 인수인의 합의에 의한 병존적 채무인수는 일종의 제3자를 위한 계약이라고 할 것이므로, 채권자의 수익의 의사표시는 계약의 효력발생요건이다. ( ) (2022 변호사)

305-3 채무자와 인수인 사이의 계약으로 체결되는 중첩적 채무인수의 경우, 채권자의 수익의 의사표시는 그 계약의 성립요건 또는 효력발생요건이 아니다. ( ) (2023 변리사)

정답 302-4 (○) 302-5 (○) 303-1 (○) 303-2 (○) 304 (×) 305-1 (×) 305-2 (×) 305-3 (○)

> **해 설** 채무자와 인수인의 합의에 의한 중첩적 채무인수는 일종의 제3자를 위한 계약이라고 할 것이므로, 채권자는 인수인에 대하여 채무이행을 청구하거나 기타 채권자로서의 권리를 행사하는 방법으로 수익의 의사표시를 함으로써 인수인에 대하여 직접 청구할 권리를 갖게 된다. 이러한 점에서 채무자에 대한 채권을 상실시키는 효과가 있는 면책적 채무인수의 경우 채권자의 승낙을 계약의 효력발생요건으로 보아야 하는 것과는 달리, 채무자와 인수인의 합의에 의한 중첩적 채무인수의 경우 채권자의 수익의 의사표시는 그 계약의 성립요건이나 효력발생요건이 아니라 채권자가 인수인에 대하여 채권을 취득하기 위한 요건이다(대판 2013. 9. 13, 2011다56033).

306 **중첩적 채무인수에 의하여 인수인이 부담하는 채무에 대해서는 기존채무와 동일한 소멸시효기간이 적용된다. ( )** (2023 변리사)

> **해 설** 중첩적 채무인수라 함은 제3자인 인수인이 종래의 채무자와 함께 동일한 내용의 채무를 부담하는 것을 목적으로 하는 계약으로서, 중첩적 채무인수로 인하여 인수인은 새로이 당사자로서 기존의 채무관계에 들어가 기존채무와 동일한 내용의 채무를 부담하게 된다. 이와 같이 중첩적 채무인수에 의하여 인수되는 채무는 기존채무와 내용이 동일하고 인수행위로 인하여 그 채무의 성질 등이 변하는 것은 아니므로, 인수인이 부담하는 인수채무에 대해서는 기존채무와 동일한 소멸시효기간이 적용된다(대판 2021. 9. 30, 2019다209345).

307 **채권자와 보증인 사이에 보증인이 주채무를 중첩적으로 인수하기로 약정한 경우, 특별한 사정이 없는 한 보증인은 주채무자에 대한 관계에서는 종전의 보증인의 지위를 그대로 유지한다. ( )** (2017 변리사)

> **해 설** 채권자와 보증인 사이에 보증인이 주채무를 중첩적으로 인수하기로 약정하였다 하더라도 특별한 사정이 없는 한 보증인은 주채무자에 대한 관계에서는 종전의 보증인의 지위를 그대로 유지한다고 봄이 상당하므로, 채무인수로 인하여 보증인과 주채무자 사이의 주채무에 관련된 구상관계가 달라지는 것은 아니다(대판 2003. 11. 14, 2003다37730).

308-1 **채무자의 부탁으로 병존적으로 채무를 인수한 제3자는 채무자와 연대채무관계에 있다. ( )** (2014 변리사)

308-2 **중첩적 채무인수에서 채무자와 인수인은 채권자에 대하여 원칙적으로 부진정연대채무관계에 있다. ( )** (2023 변리사)

308-3 **甲이 乙의 丙에 대한 채무를 중첩적으로 인수하는 경우, 甲과 乙은 원칙적으로 연대채무를 부담한다. ( )** (2021 변리사)

308-4 **인수인이 채무자의 부탁을 받지 아니하고 채권자와의 계약으로 채무를 중첩적으로 인수한 경우, 채무자와 인수인은 부진정연대관계에 있는 것으로 보아야 한다. ( )** (2016 변리사)

306 (○) 307 (○) 308-1 (○) 308-2 (×) 308-3 (○) 308-4 (○) 《 정답

308-5 중첩적 채무인수인이 채권자에 대한 채권을 자동채권으로 하여 채권자의 인수인에 대한 채권을 대등액에서 상계한 경우, 원채무자의 채권자에 대한 채무도 그 범위에서 소멸된다. ( ) (2016 변리사)

해설 중첩적 채무인수에서 인수인이 채무자의 부탁 없이 채권자와의 계약으로 채무를 인수하는 것은 매우 드문 일이므로 채무자와 인수인은 원칙적으로 주관적 공동관계가 있는 연대채무관계에 있고, 인수인이 채무자의 부탁을 받지 아니하여 주관적 공동관계가 없는 경우에는 부진정연대관계에 있는 것으로 보아야 한다(대판 2009. 8. 20, 2009다32409). 따라서 중첩적 채무인수인이 채권자에 대한 채권을 자동채권으로 하여 채권자의 인수인에 대한 채권을 대등액에서 상계한 경우, 원채무자의 채권자에 대한 채무도 그 범위에서 소멸된다(대판 2014. 8. 20, 2012다97420).

309 丙은 乙의 甲에 대한 차용금반환채무를 인수하였다. 이에 관한 설명 중 옳지 않은 것은? (각 지문은 독립적이며, 다툼이 있는 경우 판례에 의함) (2018 변호사)

① 丙이 위 차용금반환채무를 면책적으로 인수한 경우, 丙은 乙이 甲에게 항변할 수 있었던 사유로 甲에게 대항할 수 없다.

② 乙과 丙 사이에 면책적 채무인수에 관한 약정이 있었던 경우, 乙 또는 丙은 상당한 기간을 정하여 이에 관한 승낙 여부의 확답을 甲에게 최고할 수 있고, 甲이 그 기간 내에 확답을 발송하지 않은 때에는 거절한 것으로 본다.

③ 乙과 丙 사이에 면책적 채무인수에 관한 약정이 있었던 경우, 甲이 승낙을 거절하였다면 그 이후에는 다시 승낙하여도 특별한 사정이 없는 한 甲에 대하여 면책적 채무인수로서의 효력이 생기지 않는다.

④ 丙이 甲과의 계약으로 위 차용금반환채무를 중첩적으로 인수한 경우, 丙이 乙의 부탁을 받지 아니하여 주관적 공동관계가 없었다면, 丙과 乙의 각 채무는 부진정연대관계에 있는 것으로 보아야 한다.

⑤ 丙이 乙의 부탁을 받아 甲과의 계약으로 위 차용금반환채무를 중첩적으로 인수한 경우, 丙이 甲에 대한 손해배상채권을 자동채권으로 하여 甲의 채권에 대하여 대등액에서 상계의 의사표시를 하였다면, 乙의 甲에 대한 채무도 상계에 의하여 소멸되었다고 보아야 한다.

해설 ① (×) 민법 제458조(전채무자의 항변사유) : 인수인은 전채무자의 항변할 수 있는 사유로 채권자에게 대항할 수 있다.

② (○) 민법 제455조(승낙여부의 최고) : ① 전조의 경우에 제삼자나 채무자는 상당한 기간을 정하여 승낙여부의 확답을 채권자에게 최고할 수 있다. ② 채권자가 그 기간내에 확답을 발송하지 아니한 때에는 거절한 것으로 본다.

③ (○) : 채권자의 승낙에 의하여 채무인수의 효력이 생기는 경우, 채권자가 승낙을 거절하면 그 이후에는 채권자가 다시 승낙하여도 채무인수로서의 효력이 생기지 않는다(대판 1998. 11. 24, 98다33765).

④ (○), ⑤ (○) : 중첩적 채무인수에서 인수인이 채무자의 부탁 없이 채권자와의 계약으로 채무를 인수하는 것은 매우 드문 일이므로 채무자와 인수인은 원칙적으로 주관적 공동관계가 있는 연대채무관계에 있고, 인수인이 채무자의 부탁을 받지 아니하여 주관적 공동관계가 없는 경우에는 부진정연대관계에 있는 것으로 보아야 한다(대판 2014. 8. 20, 2012다97420,97437).

[민법 제418조(상계의 절대적 효력) 제1항] 어느 연대채무자가 채권자에 대하여 채권이 있는 경우에 그 채무자가 상계한 때에는 채권은 모든 연대채무자의 이익을 위하여 소멸한다.

정답 308-5 (○) 309 ①

Ⅳ. 이행인수, 계약인수

310 채권자와 제3자의 약정으로는 이행인수를 할 수 없다. ( ) (2014 변리사)

> **해설** 이행인수는 인수인이 채무자에 대하여 그 채무를 이행할 것을 약정하는 채무자와 인수인 간의 계약이다(대판 2009. 6. 11, 2008다75072).

311 매수인이 매매목적물에 관한 임대차보증금반환채무를 인수하면서 그 채무액을 매매대금에서 공제하기로 약정한 경우, 임차인의 승낙이 없으면 병존적 채무인수로 본다. ( ) (2019 변리사)

> **해설** 부동산의 매수인이 매매 목적물에 관한 임대차보증금 반환채무 등을 인수하는 한편 그 채무액을 매매대금에서 공제하기로 약정한 경우, 그 인수는 특별한 사정이 없는 이상 매도인을 면책시키는 면책적 채무인수가 아니라 이행인수로 보아야 하고, 면책적 채무인수로 보기 위하여는 이에 대한 채권자의 승낙이 있어야 한다(대판 1997. 6. 24, 97다1273).

312-1 이행인수인은 채무자의 채무를 변제하는 등으로 채무자를 면책시킬 의무를 부담하므로, 채권자에 대한 관계에서 직접 이행의무를 부담하게 된다. ( ) (2019 변호사)

312-2 채무의 이행인수에 있어 채무자는 인수인이 그 채무를 이행하지 아니하는 경우 인수인에 대하여 채권자에게 이행할 것을 청구할 수 있고, 채권자는 채권자대위권에 의하여 채무자의 인수인에 대한 위와 같은 청구권을 대위행사할 수 있다. ( ) (2017 변호사)

312-3 채무자와 인수인 사이에 이행인수계약이 체결된 경우, 채권자는 직접 인수인에게 채무를 이행할 것을 청구할 수 없다. ( ) (2020 변리사)

> **해설** 이행인수는 인수인이 채무자에 대하여 그 채무를 이행할 것을 약정하는 채무자와 인수인 간의 계약으로서, 인수인은 채무자와 사이에 채권자에게 채무를 이행할 의무를 부담하는 데 그치고 직접 채권자에 대하여 채무를 부담하는 것이 아니므로 채권자는 직접 인수인에게 채무를 이행할 것을 청구할 수 없으나, 채무자는 인수인이 그 채무를 이행하지 아니하는 경우 인수인에 대하여 채권자에게 이행할 것을 청구할 수 있고, 그에 관한 승소의 판결을 받은 때에는 금전채권의 집행에 관한 규정을 준용하여 강제집행을 할 수도 있다. 이러한 채무자의 인수인에 대한 청구권은 그 성질상 재산권의 일종으로서 일신전속적 권리라고 할 수는 없으므로, 채권자는 채권자대위권에 의하여 채무자의 인수인에 대한 청구권을 대위행사 할 수 있다(대판 2009. 6. 11, 2008다75072).

313-1 이행인수인이 채권자에 대하여 채무자의 채무를 승인하더라도 다른 특별한 사정이 없는 한 위 채무의 시효중단 사유가 되는 채무승인의 효력은 발생하지 않는다. ( ) (2019, 2022 변호사)

313-2 이행인수인이 채권자에 대하여 채무자의 채무를 승인하더라도 특별한 사정이 없는 한 시효중단의 효력은 발생하지 않는다. ( ) (2023 변리사)

310 (○) 311 (×) 312-1 (×) 312-2 (○) 312-3 (○) 313-1 (○) 313-2 (○) 《 정답

해설 이행인수는 채무자와 인수인 사이의 계약에 따라 인수인이 채권자에 대한 채무를 변제하기로 약정하는 것을 말한다. 이 경우 인수인은 채무자의 채무를 변제하는 등으로 면책시킬 의무를 부담하지만 채권자에 대한 관계에서 직접 이행의무를 부담하게 되는 것은 아니다. 한편 소멸시효 중단사유인 채무의 승인은 시효이익을 받을 당사자나 대리인만 할 수 있으므로 이행인수인이 채권자에 대하여 채무자의 채무를 승인하더라도 다른 특별한 사정이 없는 한 시효중단 사유가 되는 채무승인의 효력은 발생하지 않는다(대판 2016. 10. 27, 2015다239744).

314-1 **이행인수인은 법정대위를 할 수 있는 변제할 정당한 이익이 있는 자에 해당하지 않는다. ( )** (2017 변리사)

314-2 **이행인수인은 채권자에게 채무를 이행하지 않을 경우 채무자에 대하여 채무불이행의 책임을 지게 되어 특별한 법적 불이익을 입게 될 지위에 있으므로, 「민법」 제481조에 의하여 법정대위를 할 수 있는 '변제할 정당한 이익이 있는 자'라고 할 수 있다. ( )** (2019 변호사)

해설 민법 제481조에 의하여 법정대위를 할 수 있는 '변제할 정당한 이익이 있는 자'라고 함은 변제함으로써 당연히 대위의 보호를 받아야 할 법률상의 이익을 가지는 자를 의미한다. 그런데 이행인수인이 채무자와의 이행인수약정에 따라 채권자에게 채무를 이행하기로 약정하였음에도 불구하고 이를 이행하지 아니하는 경우에는 채무자에 대하여 채무불이행의 책임을 지게 되어 특별한 법적 불이익을 입게 될 지위에 있다고 할 것이므로, 이행인수인은 그 변제를 할 정당한 이익이 있다(대결 2012. 7. 16, 자 2009마461).

315-1 **부동산의 매수인이 매매목적물에 관한 근저당권의 피담보채무를 인수하는 한편 그 채무액을 매매대금에서 공제하기로 약정한 경우, 다른 특별한 약정이 없는 이상 이는 매도인을 면책시키는 채무인수가 아니라 이행인수로 보아야 하고, 매수인은 공제하고 남은 매매대금을 지급할 뿐만 아니라 인수한 피담보채무도 변제하여야 잔금지급의무를 다하였다고 할 것이다. ( )** (2019 변호사)

315-2 **저당권이 설정된 부동산의 매수인이 피담보채무를 인수하면서 그 채무액을 매매대금에서 공제하기로 하고 잔액만을 지급한 경우, 특별한 사정이 없는 한 매수인은 잔금지급의무를 다한 것으로 볼 수 없다. ( )** (2023 변리사)

해설 부동산의 매수인이 매매목적물에 관한 근저당권의 피담보채무, 가압류채무, 임대차보증금 반환채무를 인수하는 한편 그 채무액을 매매대금에서 공제하기로 약정한 경우, 다른 특별한 사정이 없는 이상, 이는 매도인을 면책시키는 채무인수가 아니라 이행인수로 보아야 하고, 매수인이 그 채무를 현실적으로 변제할 의무를 부담한다고도 해석할 수 없으며, 특별한 사정이 없는 한 매수인이 매매대금에서 그 채무액을 공제한 나머지를 지급함으로써 잔금지급의무를 다한 것으로 보아야 하고, 또한 이 약정의 내용은 매도인과 매수인과의 계약으로 매수인이 매도인의 채무를 변제하기로 하는 것으로서 매수인은 제3자의 지위에서 매도인에 대하여만 그의 채무를 변제할 의무를 부담함에 그치며, 한편 이와 같이 부동산매매계약과 함께 이행인수계약이 이루어진 경우 매수인이 인수한 채무는 매매대금 지

정답 〉 **314-1** (×) **314-2** (○) **315-1** (×) **315-2** (×)

급채무에 갈음한 것으로서 매도인이 매수인의 인수채무불이행으로 말미암아 또는 임의로 인수채무를 대신 변제하였다면 그로 인한 손해배상채무 또는 구상채무는 인수채무의 변형으로서 매매대금 지급채무에 갈음한 것의 변형으로 보아야 한다(대판 2002. 5. 10, 2000다18578).

316 부동산 매수인이 매매목적물에 설정된 근저당권의 피담보채무를 이행인수한 뒤 그 변제를 게을리 하여 근저당권이 실행됨으로써 매도인이 매매목적물에 대한 소유권을 상실한 경우, 이는 매수인의 책임 있는 사유로 소유권이전등기의무가 이행불능으로 된 경우에 해당하고 그에 대하여 매도인의 과실도 인정된다. ( ) (2017 변리사)

해설 매수인이 매매목적물에 관한 근저당권의 피담보채무에 관하여 그 이행을 인수한 경우, 채권자에 대한 관계에서는 매도인이 여전히 채무를 부담한다고 하더라도, 매도인과 매수인 사이에서는 매수인에게 위 피담보채무를 변제할 책임이 있다고 할 것이므로, 매수인이 그 변제를 게을리 하여 근저당권이 실행됨으로써 매도인이 매매목적물에 관한 소유권을 상실하였다면, 특별한 사정이 없는 한, 이는 매수인에게 책임 있는 사유로 인하여 소유권이전등기의무가 이행불능으로 된 경우에 해당하고, 거기에 매도인의 과실이 있다고 할 수는 없다(대판 2009. 5. 14, 2009다5193).

317 물상보증인이 저당부동산을 제3취득자에게 매도하고 제3취득자가 피담보채무의 이행을 인수한 경우, 저당권이 실행되더라도 물상보증인은 저당채무자에 대한 구상권을 행사할 수 없다. ( ) (2015 변리사)

해설 물상보증인이 담보부동산을 제3취득자에게 매도하고 제3취득자가 담보부동산에 설정된 근저당권의 피담보채무의 이행을 인수한 경우, 그 이행인수는 매매당사자 사이의 내부적인 계약에 불과하여 이로써 물상보증인의 책임이 소멸하지 않는 것이고, 따라서 담보부동산에 대한 담보권이 실행된 경우에도 제3취득자가 아닌 원래의 물상보증인이 채무자에 대한 구상권을 취득한다(대판 1997. 5. 30, 97다1556).

[비교판례] 타인의 채무를 담보하기 위하여 저당권을 설정한 부동산의 소유자인 물상보증인으로부터 저당부동산의 소유권을 취득한 제3취득자는 저당권이 실행되면 저당부동산에 대한 소유권을 잃는다는 점에서 물상보증인과 유사한 지위에 있다. 따라서 물상보증의 목적물인 저당부동산의 제3취득자가 채무를 변제하거나 저당권의 실행으로 인하여 저당부동산의 소유권을 잃은 때에는 특별한 사정이 없는 한 물상보증인의 구상권에 관한 민법 제370조, 제341조의 규정을 유추적용하여, 물상보증인으로부터 저당부동산을 양수한 제3취득자는 보증채무에 관한 규정에 의하여 채무자에 대한 구상권이 있다(대판 2014. 12. 24, 2012다49285).

318 계약당사자로서의 지위 승계를 목적으로 하는 계약인수는 계약당사자 및 인수인의 3면 합의에 의하여 이루어지는 것이 보통이나, 관계 당사자 중 2인이 합의하고 나머지 당사자가 이를 동의 내지 승낙하는 방법으로도 가능하다. ( ) (2020 변리사)

316 (×) 317 (×) 318 (○) 《 정답

> **해설** 계약당사자로서 지위 승계를 목적으로 하는 계약인수는 계약으로부터 발생하는 채권·채무 이전 외에 계약관계로부터 생기는 해제권 등 포괄적 권리의무의 양도를 포함하는 것으로서, 이러한 계약인수는 양도인과 양수인 및 잔류당사자의 합의에 의한 삼면계약으로 이루어지는 것이 통상적이며 관계당사자 3인 중 2인의 합의가 선행된 경우에는 나머지 당사자가 이를 동의 내지 승낙하여야 그 효력이 생긴다(대판 2012. 5. 24, 2009다88303).

319 임대인의 지위는 원칙적으로 임대인과 임대목적물을 양수한 자의 계약만으로 양도될 수 있다. ( ) (2023 변리사)

> **해설** 임대차계약에 있어 임대인의 지위의 양도는 임대인의 의무의 이전을 수반하는 것이지만 임대인의 의무는 임대인이 누구인가에 의하여 이행방법이 특별히 달라지는 것은 아니고, 목적물의 소유자의 지위에서 거의 완전히 이행할 수 있으며, 임차인의 입장에서 보아도 신 소유자에게 그 의무의 승계를 인정하는 것이 오히려 임차인에게 훨씬 유리할 수도 있으므로 임대인과 신 소유자와의 계약만으로써 그 지위의 양도를 할 수 있다 할 것이나, 이 경우에 임차인이 원하지 아니하면 임대차의 승계를 임차인에게 강요할 수는 없는 것이어서 스스로 임대차를 종료시킬 수 있어야 한다는 공평의 원칙 및 신의성실의 원칙에 따라 임차인이 곧 이의를 제기함으로써 승계되는 임대차관계의 구속을 면할 수 있고, 임대인과의 임대차관계도 해지할 수 있다고 보아야 한다(대결 1998. 9. 2.자 98마100).

320 계약당사자 중 일방이 상대방의 승낙을 얻어 계약상 당사자의 지위를 포괄적으로 제3자에게 이전하는 경우, 제3자는 종래 계약에서 이미 발생한 채권·채무도 모두 이전 받는다. ( ) (2016 변리사)

> **해설** 계약당사자 중 일방이 상대방의 승낙을 얻어 계약상 당사자의 지위를 포괄적으로 제3자에게 이전하는 경우(계약인수), 제3자는 종래 계약에서 이미 발생한 채권·채무도 모두 이전 받는다(대판 2011. 6. 23, 2007다63089).

321 계약당사자로서의 지위가 제3자에게 이전되는 경우, 계약상 지위를 전제로 한 권리관계가 이전될 뿐만 아니라 불법행위에 기한 손해배상청구권도 별도의 채권양도절차 없이 제3자에게 당연히 이전된다. ( ) (2017 변리사)

> **해설** 계약상 지위의 양도에 의하여 계약당사자로서의 지위가 제3자에게 이전되는 경우 계약상 지위를 전제로 한 권리관계만이 이전될 뿐 불법행위에 기한 손해배상청구권은 별도의 채권양도절차 없이 제3자에게 당연히 이전되는 것이 아니다(대판 2015. 7. 23, 2012다15336).

정답 319 (○) 320 (○) 321 (×)

CHAPTER

6 채권의 소멸

POINT

Ⅰ. 채권의 소멸일반

322 부동산에 대하여 가압류등기가 된 후 저당권이 설정되고 이후 강제경매 신청을 한 압류채권자가 있는 경우, 1차로 가압류채권자와 저당권자 및 압류채권자 사이에 채권액에 비례하여 평등배당을 한 후, 저당권자는 자신의 채권액을 전부 변제받을 수 있을 때까지 압류채권자가 받을 배당액으로부터 우선하여 배당받을 수 있다. ( ) (2017 변호사)

> **해설** 가. 부동산에 대하여 가압류등기가 먼저 되고 나서 근저당권설정등기가 마쳐진 경우에 그 근저당권등기는 가압류에 의한 처분금지의 효력 때문에 그 집행보전의 목적을 달성하는 데 필요한 범위 안에서 가압류채권자에 대한 관계에서만 상대적으로 무효이다. 나. '가'항의 경우 가압류채권자와 근저당권자 및 근저당권설정등기 후 강제경매신청을 한 압류채권자 사이의 배당관계에 있어서, 근저당권자는 선순위 가압류채권자에 대하여는 우선변제권을 주장할 수 없으므로 1차로 채권액에 따른 안분비례에 의하여 평등배당을 받은 다음, 후순위 경매신청압류채권자에 대하여는 우선변제권이 인정되므로 경매신청압류채권자가 받을 배당액으로부터 자기의 채권액을 만족시킬 때까지 이를 흡수하여 배당받을 수 있다(대결 1994. 11. 29, 자 94마417).

Ⅱ. 변 제

323 甲은 乙에 대해 1,000만 원의 채무를 부담하고 있는데, 丙이 자신의 채무로 오해하여 乙에게 1,000만 원을 지급한 경우, 제3자 변제에 해당하지 않는다. ( ) (2021 변리사)

> **해설** 민법 제469조에 정한 바에 따라 채무의 변제는 제3자도 할 수 있는 것인바, 제3자가 타인의 채무를 변제하여 그 채무를 소멸시키기 위하여는 제3자가 타인의 채무를 변제한다는 의사를 가지고 있었음을 요건으로 한다(대판 2010. 2. 11, 2009다71558). ☞ 지문과 같이 채무자 아닌 자가 착오로 인하여 타인의 채무를 변제한 경우는 – 제3자의 변제와 달리 – 원칙적으로 그 급부로 인하여 채무가 소멸하지 않고 변제자는 채권자에 대하여 부당이득의 반환을 청구할 수 있다. 다만 채권자가 선의로 증서를 훼멸하거나 담보를 포기하거나 시효로 인하여 그 채권을 잃은 때에는 변제자는 그 반환을 청구하지 못한다(민법 제745조 제1항).

322 (○) 323 (○) 《 정답

324 **甲이 그의 乙에 대한 공사대금채무의 담보로 乙의 유치권이 성립한 그 소유의 건물을 丙에게 매도하면서 소유권이전등기시까지 임대한 경우, 丙은 甲의 의사에 반하여 공사대금채무를 乙에게 변제할 수 없다. ( )** (2021 변리사)

> **해설** 건물을 신축한 자가 건물을 매도함과 동시에 소유권이전등기 전까지 그 건물을 매수인에게 임대하기로 하였는데 그 건물의 건축공사수급인이 공사금 일부를 지급받지 못하였다는 이유로 건물의 매수인 겸 임차인의 입주를 저지하자 건물의 매수인 겸 임차인이 매도인에게 지급할 매매대금의 일부를 건축공사수급인에게 공사금채무 변제조로 지급한 경우, 건물의 매수인 겸 임차인은 그 권리실현에 장애가 되는 위 수급인의 건물에 대한 유치권 등의 권리를 소멸시키기 위하여 매도인의 공사금채무를 대신 변제할 법률상 이해관계 있는 제3자이자 변제할 정당한 이익이 있는 자라고 볼 것이므로 위 변제는 공사금채무의 범위 내에서는 매도인의 의사에 반하여도 효력이 있다(대판 1993. 10. 12, 93다9903,93다9910).

325 **예금주 甲의 대리인이라고 주장하는 乙이 甲의 통장과 인감을 소지하고 丙은행에 예금반환청구를 한 경우, 대리인을 사칭한 乙은 채권의 사실상 귀속자와 같은 외형을 갖추고 있지 아니하여 채권의 준점유자로 볼 수 없다. ( )** (2021 변리사)

> **해설** 민법 제470조에 정하여진 채권의 준점유자라 함은, 변제자의 입장에서 볼 때 일반의 거래관념상 채권을 행사할 정당한 권한을 가진 것으로 믿을 만한 외관을 가지는 사람을 말하므로 준점유자가 스스로 채권자라고 하여 채권을 행사하는 경우뿐만 아니라 채권자의 대리인이라고 하면서 채권을 행사하는 때에도 채권의 준점유자에 해당한다(대판 2004. 4. 23, 2004다5389).

326 **무효인 채권압류 및 전부명령을 받은 자에 대한 변제라도 그 채권자가 피전부채권에 관하여 무권리자라는 사실을 변제자가 과실 없이 알지 못하고 변제한 때에는 그 변제는 채권의 준점유자에 대한 변제로서 유효하다. ( )** (2020 변호사)

> **해설** 채권가압류나 압류가 경합된 경우에 있어서는 그 압류채권자의 한 사람이 전부명령을 얻더라도 그 전부명령은 무효가 되지만, 이 경우에도 그 전부채권자는 채권의 준점유자에 해당한다고 보아야 할 것이므로 제3채무자가 그 전부채권자에게 전부금을 변제하였다면 제3채무자가 선의 무과실인 때에는 민법 제470조에 의하여 그 변제는 유효하고 제3채무자는 다른 압류채권자에 대하여 이중변제의 의무를 부담하지 아니하는 반면에 제3채무자가 위 전부금을 변제함에 있어서 선의 무과실이 아니었다면 제3채무자가 전부채권자에게 한 전부금의 변제는 효력이 없는 것이다(대판 1995. 4. 7, 94다59868).

327 **채권의 준점유자에 대한 변제가 유효하기 위한 요건인 변제자의 '선의'는 변제자가 준점유자에게 변제수령의 권한이 없음을 알지 못하는 것을 의미할 뿐 적극적으로 진정한 권리자라고 믿었음을 요하지 않는다. ( )** (2023 변호사)

> **해설** 채권의 준점유자에 대한 변제가 유효하기 위한 요건인 선의는 준점유자에게 변제수령의 권한이 없음을 알지 못하는 것뿐만 아니라 적극적으로 진정한 권리자라고 믿었음을 필요로 하고, 무과실은 그렇게 믿는 데에 과실이 없음을 뜻한다(대판 2021. 1. 14, 2018다286888).

정답 》 324 (×) 325 (×) 326 (○) 327 (×)

328 지시채권 증서 소지인 甲에 대한 乙의 변제는 乙이 甲의 권리 없음을 알았거나 중과실이 있는 경우를 제외하고 유효하다. ( ) (2021 변리사)

> **해설** 채무자는 배서의 연속여부를 조사할 의무가 있으며 배서인의 서명 또는 날인의 진위나 소지인의 진위를 조사할 권리는 있으나 의무는 없다. 그러나 채무자가 변제하는 때에 소지인이 권리자 아님을 알았거나 중대한 과실로 알지 못한 때에는 그 변제는 무효로 한다(민법 제518조).

Ⅲ. 변제의 제공

Ⅳ. 변제충당

329-1 채권자와 채무자 사이에 미리 변제충당에 관한 약정이 있고, 그 약정내용이 변제가 채권자에 대한 모든 채무를 소멸시키기에 부족한 때에는 채권자가 적당하다고 인정하는 순서와 방법에 의하여 충당하기로 한 것이라면, 변제수령권자인 채권자가 그 약정에 따라 스스로 적당하다고 인정하는 순서와 방법에 좇아 변제충당을 한 이상 변제자에 대한 의사표시와 관계없이 그 충당의 효력이 있다. ( ) (2018 변호사)

329-2 채권자와 채무자 사이에 미리 채권자가 적당하다고 인정하는 순서와 방법에 의하여 충당하기로 하는 내용의 변제충당에 관한 약정이 있다면, 변제수령권자인 채권자가 위 약정에 터 잡아 변제충당을 한 이상 변제자에 대한 의사표시와 관계없이 충당의 효력이 있다. ( ) (2020 변호사)

> **해설** 변제충당지정은 상대방에 대한 의사표시로써 하여야 하는 것이기는 하나, 채권자와 채무자 사이에 미리 변제충당에 관한 약정이 있고, 약정내용이 변제가 채권자에 대한 모든 채무를 소멸시키기에 부족한 때에는 채권자가 적당하다고 인정하는 순서와 방법에 의하여 충당하기로 한 것이라면, 변제수령권자인 채권자가 약정에 터 잡아 스스로 적당하다고 인정하는 순서와 방법에 좇아 변제충당을 한 이상 변제자에 대한 의사표시와 관계없이 충당의 효력이 있다. 그리고 이러한 법리는 민법 제499조에 의하여 변제충당에 관한 규정이 준용되는 상계의 경우에도 마찬가지로 적용된다(대판 2015. 6. 11, 2012다10386).

330 변제자(채무자)와 변제수령자(채권자)는 이해관계 있는 제3자의 이익을 해치지 아니하더라도 이미 급부를 마친 뒤에는 기존의 충당방법을 배제하고 제공된 급부를 어느 채무에 어떤 방법으로 다시 충당할 것인가를 약정할 수 없다. ( ) (2018 변호사)

> **해설** 변제자(채무자)와 변제수령자(채권자)는 변제로 소멸한 채무에 관한 보증인 등 이해관계 있는 제3자의 이익을 해하지 않는 이상 이미 급부를 마친 뒤에도 기존의 충당방법을 배제하고 제공된 급부를 어느 채무에 어떤 방법으로 다시 충당할 것인가를 약정할 수 있다(대판 2013. 9. 12, 2012다118044,118051).

328 (○) 329-1 (○) 329-2 (○) 330 (×) 《 정답

331-1 비용, 이자, 원본에 대한 변제충당에 있어 당사자 사이에 특별한 합의가 없는 한 비용, 이자, 원본의 순서로 충당하여야 하고 채무자는 물론 채권자라도 위 법정순서와 다르게 일방적으로 충당의 순서를 지정할 수는 없으나, 상대방의 이의제기가 없어 묵시적인 합의가 있다고 볼 경우에는 그러하지 아니하다. ( ) (2017 변호사)

331-2 비용, 이자, 원본에 대한 변제충당에 있어서는 당사자 사이에 특별한 합의가 없는 한 비용, 이자, 원본의 순서로 충당하여야 하고, 채무자는 물론 채권자라 할지라도 위 법정 순서와 다르게 일방적으로 충당의 순서를 지정할 수는 없다. ( ) (2020 변호사)

331-3 위 지문에도 불구하고 당사자의 일방적인 지정에 대하여 상대방이 지체 없이 이의를 제기하지 아니함으로써 묵시적인 합의가 되었다고 보이는 경우에는 그 법정충당의 순서와는 달리 충당의 순서를 인정할 수 있다. ( ) (2020, 2021 변호사)

331-4 채무자가 채무액 일부를 지급하면서 이자 아닌 원본에 충당할 것을 지정하고 채권자가 이를 이의 없이 수령하여 묵시적 합의가 인정되는 때에는 지급된 금전은 원본에 충당된다. ( ) (2023 변리사)

> **해설** 비용, 이자, 원본에 대한 변제충당에 있어서는 민법 제479조에 그 충당 순서가 법정되어 있고 지정 변제충당에 관한 민법 제476조는 준용되지 않으므로 원칙적으로 비용, 이자, 원본의 순서로 충당하여야 하고, <u>채무자는 물론 채권자라 할지라도 위 법정 순서와 다르게 일방적으로 충당의 순서를 지정할 수는 없다</u>. 그러나 당사자 사이에 특별한 합의가 있는 경우이거나 당사자의 일방적인 지정에 대하여 상대방이 지체 없이 이의를 제기하지 아니함으로써 <u>묵시적인 합의가 되었다고 보이는 경우에는 그 법정충당의 순서와는 달리 충당의 순서를 인정할 수 있다</u>(대판 2009. 6. 11, 2009다12399).

332 원금채무는 소멸시효가 완성되지 않았으나 이자채무는 소멸시효가 완성된 상태에서 채무자가 변제충당을 지정하지 않고 채무의 일부를 변제한 때에는 특별한 사정이 없는 한 이자채무에 먼저 충당된다. ( ) (2023 변리사)

> **해설** <u>원금채무에 관하여는 소멸시효가 완성되지 아니하였으나 이자채무에 관하여는 소멸시효가 완성된 상태에서 채무자가 채무를 일부 변제한 때</u>에는 액수에 관하여 다툼이 없는 한 원금채무에 관하여 묵시적으로 승인하는 한편 이자채무에 관하여 시효완성의 사실을 알고 그 이익을 포기한 것으로 추정되며, <u>채무자의 변제가 채무 전체를 소멸시키지 못하고 당사자가 변제에 충당할 채무를 지정하지 아니한 때에는 민법 제479조, 제477조에 따른 법정변제충당의 순서에 따라 충당되어야 한다</u>(대판 2013. 5. 23, 2013다12464). ☞ 민법 제479조에 따라 이자채무에 먼저 충당된다.

333 1,000만 원의 원금과 50만 원의 이자 및 비용을 변제할 채무자가 50만 원을 채권자에게 지급하면서 이를 원금에 충당할 것을 지정한다고 하더라도 원칙적으로 원금의 변제에 충당되지 않으며, 이로 인하여 채권자가 변제의 수령을 거절하더라도 채권자지체에 빠지지 않는다. ( ) (2017 변호사)

정답 331-1 (○) 331-2 (○) 331-3 (○) 331-3 (○) 332 (○) 333 (○)

해 설 채무자가 원본뿐 아니라 지연이자도 지급할 의무가 있는 때에는 원본과 지연이자를 합한 전액에 대하여 이행의 제공을 하여야 할 것이고, 그에 미치지 못하는 이행제공을 하면서 이를 원본에 대한 변제로 지정하였더라도, 그 지정은 민법 제479조 제1항에 반하여 채권자에 대하여 효력이 없으므로, 채권자는 그 수령을 거절할 수 있다(대판 2005. 8. 19, 2003다22042 판결[이자금]).

334 **「민법」 제477조의 법정변제충당의 순서에 따라 변제충당을 할 경우, 법정변제충당의 순서는 채무자의 변제제공 당시를 기준으로 정하여야 한다. ( )** (2021 변호사)

해 설 민법 제477조의 법정변제충당의 순서는 채무자의 변제제공 당시를 기준으로 정하여야 한다(대판 2015.11. 26, 2014다71712).

335 **특별한 사정이 없는 한 변제자가 타인의 채무에 대한 보증인으로서 부담하는 보증채무(연대보증채무 포함)는 변제자 자신의 채무에 비하여, 연대채무는 단순채무에 비하여 각각 변제자에게 그 변제의 이익이 적다. ( )** (2020 변호사)

해 설 특별한 사정이 없는 한, 변제자가 타인의 채무에 대한 보증인으로서 부담하는 보증채무(연대보증채무도 포함)는 변제자 자신의 채무에 비하여, 연대채무는 단순채무에 비하여, 각각 변제자에게 그 변제의 이익이 적다(대판 1999. 7. 9, 98다55543).

336-1 **변제자가 주채무자인 경우 보증인이 있는 채무와 보증인이 없는 채무 사이에는 변제이익의 차이가 없으나, 변제자가 채무자인 경우 물상보증인이 제공한 물적 담보가 있는 채무와 그러한 담보가 없는 채무 사이에는 물적 담보가 있는 채무의 변제이익이 더 많다. ( )** (2017 변호사)

336-2 **변제자가 주채무자인 경우 보증인이 있는 채무와 보증인이 없는 채무는 변제이익의 점에서 차이가 없고, 변제자가 채무자인 경우에도 물상보증인이 제공한 물적 담보가 있는 채무와 그러한 담보가 없는 채무는 변제이익의 점에서 차이가 없다. ( )** (2021 변호사)

해 설 변제자가 주채무자인 경우 보증인이 있는 채무와 보증인이 없는 채무 사이에 전자가 후자에 비하여 변제이익이 더 많다고 볼 근거는 전혀 없으므로 양자는 변제이익의 점에서 차이가 없다고 보아야 한다. 마찬가지로 변제자가 채무자인 경우 물상보증인이 제공한 물적 담보가 있는 채무와 그러한 담보가 없는 채무 사이에도 변제이익의 점에서 차이가 없다(대판 2014. 4. 30, 2013다8250).

337 **주채무자가 변제자인 경우에는 담보로 제3자가 발행 또는 배서한 약속어음이 교부된 채무와 그러한 담보가 없는 채무는 변제이익이 동일하다. ( )** (2017 변호사)

해 설 [1] 주채무자 이외의 자가 변제자인 경우에는, 변제자가 발행 또는 배서한 어음에 의하여 담보되는 채무가 다른 채무보다 변제이익이 많다고 보아야 한다. [2] 주채무자가 변제자인 경우에는, 담보로 제3자가 발행 또는 배서한 약속어음이 교부된 채무와 다른 채무 사이에 변제이익의 점에서 차이가 없

334 (○) 335 (○) 336-1 (×) 336-2 (○) 337 (○) 《 정답

다고 보아야 할 것이나, 담보로 주채무자 자신이 발행 또는 배서한 어음이 교부된 채무는 다른 채무보다 변제이익이 많은 것으로 보아야 한다(대판 1999. 8. 24, 99다22281).

338 **「민법」 제477조 제4호에 따른 안분비례에 의한 법정변제충당과는 달리, 그 법정변제충당에 의하여 부여되는 법률효과 이상으로 자신에게 유리한 변제충당의 지정 또는 변제충당의 합의가 있다거나 당해 채무가 법정변제충당에서 우선순위에 있으므로 당해 채무에 전액 변제충당 되었다고 주장하는 자는 그 사실을 주장·증명할 책임을 부담한다. ( )** (2021 변호사)

해설 민법 제477조 제4호에 의하면 법정변제충당의 순위가 동일한 경우에는 각 채무액에 안분비례하여 각 채무의 변제에 충당되는 것이므로, 위 안분비례에 의한 법정변제충당과는 달리, 그 법정변제충당에 의하여 부여되는 법률효과 이상으로 자신에게 유리한 변제충당의 지정, 당사자 사이의 변제충당의 합의가 있다거나 또는 당해 채무가 법정변제충당에 있어 우선순위에 있어서 당해 채무에 전액 변제충당되었다고 주장하는 자는 그 사실을 주장입증할 책임을 부담한다(대판 1994. 2. 22, 93다49338).

339-1 **담보권 실행을 위한 경매의 배당절차에서는 합의충당과 지정충당은 허용되지 않고 법정변제충당의 방법에 의하여야 한다. ( )** (2017 변호사)

339-2 **담보권 실행을 위한 경매에서 배당된 배당금이 담보권자가 가지는 수개의 피담보채권 전부를 소멸시키기에 부족한 경우에도 채권자와 채무자 사이에 변제충당에 관한 합의가 있었다면 이에 따르고, 이에 관한 합의가 없다면 법정변제충당의 방법에 따라 충당하여야 한다. ( )** (2018 변호사)

339-3 **담보권 실행을 위한 경매에서 배당된 배당금이 담보권자가 가지는 수개의 피담보채권 전부를 소멸시키기에 부족한 경우, 「민법」 제476조에 의한 지정변제충당은 허용될 수 없으나, 채권자와 채무자 사이에 변제충당에 관한 합의가 있다면 그 합의에 따른 변제충당은 허용된다. ( )** (2020, 2021 변호사)

해설 담보권 실행을 위한 경매에서 배당된 배당금이 담보권자가 가지는 수개의 피담보채권 전부를 소멸시키기에 부족한 경우에는 민법 제476조에 의한 지정변제충당은 허용될 수 없고, 채권자와 채무자 사이에 변제충당에 관한 합의가 있었다고 하여 그 합의에 따른 변제충당도 허용될 수 없으며, 획일적으로 가장 공평타당한 충당방법인 민법 제477조 및 제479조의 규정에 의한 법정변제충당의 방법에 따라 충당하여야 하는 것이고, 이러한 법정변제충당은 이자 혹은 지연손해금과 원본 간에는 이자 혹은 지연손해금과 원본의 순으로 이루어지고, 원본 상호간에는 그 이행기의 도래 여부와 도래 시기, 그리고 이율의 고저와 같은 변제이익의 다과에 따라 순차적으로 이루어지나, 다만 그 이행기나 변제이익의 다과에 있어 아무런 차등이 없을 경우에는 각 원본 채무액에 비례하여 안분하게 되는 것이다(대판 2000. 12. 8, 2000다51339).

정답 》 **338** (○) **339-1** (○) **339-2** (×) **339-3** (×)

340 **甲은 乙에게 아래와 같이 2번에 걸쳐 돈을 대여하였는데, 乙은 원리금을 전혀 변제하지 않고 있다가 2017. 12. 9. 甲에게 채무 변제 명목으로 1,000만 원을 지급하였다. 위 변제금의 변제충당에 관한 설명 중 옳은 것을 모두 고른 것은? (이자에 대한 지연손해금은 고려하지 않고, 각 지문은 독립적이며, 다툼이 있는 경우 판례에 의함)** (2019 변호사)

> 제1차 대여: 대여일 2017. 4. 10., 대여금 1,000만 원, 이자 월 1%(매월 9일 후불로 지급), 변제기 2017. 9. 9.(2017. 12. 9.까지의 이자 및 지연손해금 80만 원 발생)
> 제2차 대여: 대여일 2017. 9. 10., 대여금 2,000만 원, 이자 월 2%(매월 9일 후불로 지급), 변제기 2018. 1. 9.(2017. 12. 9.까지의 이자 120만 원 발생)

> ㄱ. 위 채무변제 시 乙이 별다른 말없이 금원을 교부하였고 甲도 말없이 수령하였다. 이 경우 2017. 12. 9. 현재 남아 있는 제1차 대여금의 원리금 합계는 200만 원이다.
> ㄴ. 위 채무변제 시 乙이 제2차 대여금의 원리금에 지정하여 변제한다는 의사를 표시하였고, 이에 甲이 그 지정에 반대하는 의사를 분명히 밝히면서 금원을 수령하였다. 이 경우 2017. 12. 9. 현재 남아 있는 제1차 대여금의 원리금 합계는 1,000만 원이다.
> ㄷ. 위 채무변제 시 甲은 乙과 제2차 대여금의 원리금에 변제충당하기로 합의한 후 위 금원을 수령하였다. 이 경우 2017. 12. 9. 현재 남아 있는 제1차 대여금의 원리금 합계는 1,080만 원이다.

① ㄱ ② ㄱ, ㄴ ③ ㄱ, ㄷ ④ ㄴ, ㄷ ⑤ ㄱ, ㄴ, ㄷ

해설 ㄱ. (○) : 민법 제479조 제1항 : 채무자가 1개 또는 수개의 채무의 비용 및 이자를 지급할 경우에 변제자가 그 전부를 소멸하게 하지 못한 급여를 한 때에는 비용, 이자, 원본의 순서로 변제에 충당하여야 한다. ☞ 합의도 지정도 없는 사안이므로 법정충당에 따라야 하는데, 제479조에 따라 원본보다 이자 및 지연손해금이 먼저 충당된다. 따라서 지급된 1,000만원은 1차 및 2차 대여금의 이자 및 지연손해금 200만원(80+120)에 먼저 충당되고, 나머지 800만원은 제477조 제1호에 따라 변제기가 도래한 1차 대여금의 원본에 충당된다. 따라서 2017. 12. 9. 현재 1차 대여금은 원본 200만원만 남는다.

ㄴ. (○) : 비용, 이자, 원본에 대한 변제충당의 순서는 민법 제479조에 법정되어 있으므로 당사자 사이에 그와 다른 특별한 합의가 있었다거나 일방의 지정에 대하여 상대방이 지체 없이 이의를 제기하지 아니함으로써 묵시적 합의가 되었다고 보여지는 경우 등 특단의 사정이 없는 한 위의 법정순서에 의하여 변제충당이 이루어져야 하는 것이며, 채무자는 물론 채권자라 할지라도 그와 다르게 일방적으로 충당의 순서를 지정할 수 없다(대판 1990. 11. 9, 90다카7262). ☞ 제476조 제1항에 의하여 乙의 지정에 따라 충당된다. 변제자인 乙이 우선하여 지정권을 가지고, 乙이 지정을 하였으므로 甲의 반대의사는 영향을 미치지 못한다. 여기서 주의할 점은 乙은 제2차 대여금의 원리금에 지정하였으나, 위 판례에서 보듯이 지정으로는 비용, 이자, 원본의 순서를 바꿀 수 없다는 것이다. 따라서 지정된 2차 대여금의 원본보다 지정되지 않은 1차 대여금의 이자 및 지연손해금이 먼저 충당되어야 한다. 결국 지급된 1,000만원은 1차 및 2차 대여금의 이자 및 지연손해금 200만원(80+120)에 먼저 충당되고, 나머지 800만원만 乙의 지정에 따라 2차 대여금의 원본 2,000만원에 충당된다. 따라서 2차 대여금은 1,200만원이 남고, 1차 대여금은 원본 1,000만원이 그대로 남는다.

340 ⑤ 《 정답

ㄷ. (○) : 위 ㄴ.과 달리 합의로는 비용, 이자, 원본의 순서를 바꿀 수 있다. 사안에서 甲과 乙은 2차 대여금의 원리금에 변제충당하기로 합의하였으므로 지급된 1,000만원은 합의충당에 의하여 2차 대여금의 원리금 2,120만원에 충당되어 2차 대여금은 1,120만원이 남고, 1차 대여금은 원리금 1,080만원이 모두 남는다.

341 甲은 乙에 대하여 다음과 같은 내용의 대여금 채무를 부담하고 있다. (2022 변리사)

○ A채무: 대여일 2020. 3. 7., 원금 1억 원(무이자), 변제기 2021. 3. 7.
○ B채무: 대여일 2020. 4. 12., 원금 2억 원(무이자), 변제기 2021. 4. 12.

이에 관한 설명으로 옳지 않은 것은? (비용·지연이자는 고려하지 말 것) (각 지문은 독립적이며, 다툼이 있으면 판례에 따름)

① 甲이 2021. 4. 3. 1억 원을 변제하면서 특별한 합의나 지정이 없었던 경우, 위 1억 원은 A채무의 변제에 충당된다.
② 甲이 2021. 5. 7. 1억 원을 변제하면서 특별한 합의나 지정이 없었던 경우, 위 1억 원은 B채무의 변제에 충당된다.
③ 甲이 2021. 5. 7. 1억 원을 변제하면서 특별한 합의나 지정이 없었던 경우, A채무의 담보를 위해 丙의 X토지에 저당권이 설정되어 있었다면 위 1억 원은 A채무의 변제에 충당된다.
④ 甲이 2021. 5. 7. 1억 원을 변제하면서 특별한 합의나 지정이 없었던 경우, B채무의 담보를 위해 보증인 丙이 있었다면 위 1억 원은 A채무의 변제에 충당된다.
⑤ 만일 A채무와 B채무 모두 월 1%의 이자가 약정되어 있고, 甲이 2021. 5. 7. 1억 원을 변제하면서 A채무의 원본에 충당하기로 지정한 것에 대하여 乙과의 묵시적 합의가 인정된다면, 위 1억 원은 A채무의 원본에 충당된다.

해설 ① (○) : 특별한 합의나 지정이 없었으므로 법정충당. 甲이 1억 원을 변제한 2021. 4. 3.을 기준으로 A채무의 변제기는 도래하였으나 B채무의 변제기는 도래하지 않았으므로 A채무의 변제에 충당된다(제477조 제1호).

② (×), ③ (○), ④ (○) : 특별한 합의나 지정이 없었으므로 법정충당. 甲이 1억 원을 변제한 2021. 5. 7.을 기준으로 A채무, B채무 모두 변제기가 도래하였고, 모두 무이자여서 변제이익에 차이가 없으므로 이행기가 먼저 도래한 A채무의 변제에 충당된다(제477조 제3호). 특히 ③의 경우 변제자가 채무자인 경우 물상보증인이 제공한 물적 담보가 있는 채무와 그러한 담보가 없는 채무 사이에 변제이익의 점에서 차이가 없고, ④의 경우 보증인이 있는 채무와 보증인이 없는 채무 사이에 변제이익의 점에서 차이가 없다(대판 2014. 4. 30, 2013다8250).

⑤ (○) : 묵시적 합의가 인정되므로 합의충당. 비용, 이자, 원본에 대한 변제충당에 있어서는 민법 제479조에 그 충당 순서가 법정되어 있으므로 원칙적으로 비용, 이자, 원본의 순서로 충당하여야 하고 채무자는 물론 채권자라 할지라도 위 법정 순서와 다르게 일방적으로 충당의 순서를 지정할 수는 없으나, 당사자 사이에 특별한 합의가 있는 경우이거나 당사자의 일방적인 지정에 대하여 상대방이 지체

정답 》 341 ②

없이 이의를 제기하지 아니함으로써 묵시적인 합의가 되었다고 보이는 경우에는 그 법정충당의 순서와는 달리 충당의 순서를 인정할 수 있다(대판 2009. 6. 11, 2009다12399). 따라서 이자약정에도 불구하고 묵시적 합의의 내용에 따라 A채무의 원본에 충당된다.

342 **甲은 2020. 5. 6. 乙로부터 2억 원을 이자 월 1.5%, 변제기 2021. 10. 5.로 정하여 차용하였다(이하 'A차용금'이라 함). 甲은 2019. 12. 6.에도 乙로부터 1억 5,000만 원을 이자 월 1%, 변제기 2020. 11. 5.로 정하여 차용하였는데(이하 'B차용금'이라 함), 당시 丙이 B차용금 채무를 연대보증하였다. 甲은 2020. 6. 5. 乙에게 B차용금에 대한 그 때까지의 이자 900만 원과 원금 중 5,000만 원의 변제 명목으로 5,900만 원을 지급하였고, 乙은 이에 동의하며 수령하였다. 甲은 2022. 1. 5. 乙에게 2억 원을 추가로 변제하였는데, 이 변제의 충당에 관한 당사자 사이의 합의나 지정은 없었다. 위 2억 원은 A차용금과 B차용금에 얼마씩 충당되는가? (모든 계약은 유효함을 전제로 하고, 다툼이 있는 경우 판례에 의함)** (2022 변호사)

	A차용금	B차용금
①	1억 원	1억 원
②	8,100만 원	1억 1,900만 원
③	1억 7,200만 원	2,800만 원
④	1억 8,100만 원	1,900만 원
⑤	2억 원	0원

해설 1. 합의충당

2020. 6. 5. 5,900만 원을 지급한 것은 甲과 乙의 합의에 의하여 B차용금에 대한 이자 및 원금에 충당되었다. 따라서 2020. 6. 5.을 기준으로 B차용금의 원금은 1억 원이 남았다. ☞ 이후로는 이 1억 원을 기준으로 B차용금의 이자 및 지연손해금을 계산해야 한다. 따라서 월 100만 원이다.

2. 법정충당

(1) 甲이 2억 원을 추가로 변제한 2022. 1. 5. 당시 A차용금의 원금은 2억 원, 이자 및 지연손해금은 6,000만 원(월300만 원×20개월)이고, B차용금의 원금은 1억 원, 이자 및 지연손해금은 1,900만 원(월 100만 원×19개월)이다.

(2) 여기서 변제의 충당에 관한 당사자 사이의 합의나 지정은 없었으므로 법정충당에 따르는데, (ⅰ) 우선 제479조에 의하여 A차용금의 이자 및 지연손해금 6,000만 원과 B차용금의 이자 및 지연손해금 1,900만 원에 먼저 충당된다. 그러면 1억 2,100만 원이 남는다(2억 - 6,000만 - 1,900만). (ⅱ) 다음으로는 제477조에 의하는데, A차용금의 원금과 B차용금의 원금은 2022. 1. 5. 당시 모두 변제기에 도래하였다(제477조 제1호). 다음으로 변제이익을 따져보면, 이율이 1.5%인 A차용금의 변제이익이 이율이 1%인 B차용금의 변제이익보다 크다. 따라서 남은 1억 2,100만 원은 A차용금의 원금 2억 원에 충당되어야 한다. 결국 A차용금에는 1억 8,100만 원이, B차용금에는 1,900만 원이 각각 충당된다.

342 ④ 《 정답

V. 변제자대위(변제에 의한 대위)

343-1 **변제자대위는 채무자에 대한 구상권을 담보하는 효력을 가지므로 구상권이 없으면 변제자대위가 성립하지 않는다. ( )** (2014 변리사)

343-2 **물상보증인이 채무를 변제하거나 저당권의 실행으로 저당물의 소유권을 잃었더라도 다른 사정에 의하여 채무자에 대하여 구상권이 없는 경우에는 채권자를 대위하여 채권자의 채권 및 담보에 관한 권리를 행사할 수 없다. ( )** (2021 변호사)

> 해설 변제자대위는 구상권을 확보하기 위한 것이기 때문에 물상보증인이 채무를 변제하였으나 어떤 사정에 의하여 채무자에 대하여 구상권이 없는 경우, 물상보증인이 채권자를 대위하여 채권자의 채권 및 담보에 관한 권리를 행사할 수 없는 것이다(대판 2014. 4. 30, 2013다80429).

344 **법률상 이해관계 있는 제3자는 그가 가지는 구상권의 범위에서 당연히 채권자의 채권과 그 담보에 관한 권리를 행사할 수 있다. ( )** (2014 변리사)

> 해설 법률상 이해관계 있는 제3자는 그가 가지는 구상권의 범위에서 당연히 채권자의 채권과 그 담보에 관한 권리를 행사할 수 있다(제482조).

345 **채무를 변제할 정당한 이익이 있는 자가 채무를 대위변제한 경우에 통상 채무자에 대하여 구상권을 가짐과 동시에 변제자의 법정대위에 관한 「민법」 제481조에 의하여 당연히 채권자를 대위하나, 위 구상권과 변제자대위권은 별개의 권리이므로, 대위변제자와 채무자 사이에 구상금에 관한 지연손해금 약정이 있더라도 이 약정은 변제자대위권을 행사하는 경우에는 적용될 수 없다. ( )** (2021 변호사)

> 해설 채무를 변제할 이익이 있는 자가 채무를 대위변제한 경우에 통상 채무자에 대하여 구상권을 가짐과 동시에 민법 제481조에 의하여 당연히 채권자를 대위하나, 위 구상권과 변제자 대위권은 그 원본, 변제기, 이자, 지연손해금의 유무 등에 있어서 그 내용이 다른 별개의 권리이므로, 대위변제자와 채무자 사이에 구상금에 관한 지연손해금 약정이 있더라도 이 약정은 구상금을 청구하는 경우에 적용될 뿐, 변제자대위권을 행사하는 경우에는 적용될 수 없다(대판 2009. 2. 26, 2005다32418).

346 **채무자로부터 담보부동산을 취득한 제3자는 채무를 변제하거나 담보권의 실행으로 소유권을 잃게 되면 물상보증인에 대하여 채권자를 대위할 수 있다. ( )** (2021 변호사)

> 해설 물상보증인이 채무를 변제하거나 담보권의 실행으로 소유권을 잃은 때에는 보증채무를 이행한 보증인과 마찬가지로 채무자로부터 담보부동산을 취득한 제3자에 대하여 구상권의 범위 내에서 출재한 전액에 관하여 채권자를 대위할 수 있는 반면, 채무자로부터 담보부동산을 취득한 제3자는 채무를 변제하거나 담보권의 실행으로 소유권을 잃더라도 물상보증인에 대하여 채권자를 대위할 수 없다고 보아야 한다[대판(전합) 2014. 12. 18, 2011다50233].

정답 〉 **343-1** (○) **343-2** (○) **344** (○) **345** (○) **346** (×)

347 제3자가 채무자를 위하여 대물변제로 채권자에게 채권 일부의 만족을 준 때에도 변제자대위가 인정된다. ( ) (2014 변리사)

> **해설** 대물변제도 변제에 준하므로 변제자대위가 인정되고, 채권자에게 채권 일부의 만족을 준 때에도 변제자대위가 인정된다(제483조).

348-1 근저당권으로 담보된 채무의 일부를 변제한 제3자는 변제한 가액의 범위에서 채권자가 가졌던 채권과 담보에 관한 권리를 법률상 당연히 취득하여 채권자에 우선하여 변제받을 권리가 있다. ( ) (2014 변리사)

348-2 변제할 정당한 이익이 있는 자가 채무자를 위하여 근저당권의 피담보채무의 일부를 대위변제한 경우에 대위변제자는 피담보채무의 일부 대위변제를 원인으로 한 근저당권 일부이전의 부기등기의 경료 여부와 관계없이 변제한 가액의 범위 내에서 종래 채권자가 가지고 있던 채권 및 담보에 관한 권리를 법률상 당연히 취득하게 되는 것이므로, 이러한 경우에 대위변제자는 위 채권자보다 우선하여 배당받는다. ( ) (2021 변호사)

> **해설** 변제할 정당한 이익이 있는 자가 채무자를 위하여 채권의 일부를 대위변제할 경우에 대위변제자는 변제한 가액의 범위내에서 종래 채권자가 가지고 있던 채권 및 담보에 관한 권리를 취득하게 되고 따라서 채권자가 부동산에 대하여 저당권을 가지고 있는 경우에는 채권자는 대위변제자에게 일부 대위변제에 따른 저당권의 일부이전의 부기등기를 경료해 주어야 할 의무가 있다 할 것이나 이 경우에도 채권자는 일부 대위변제자에 대하여 우선변제권을 가지고 있다(대판 1988. 9. 27, 88다카1797).

349-1 근저당 거래관계가 계속되어 근저당권의 피담보채권이 확정되지 아니하는 동안에는 그 채권의 일부가 대위변제되었다 하더라도 그 근저당권이 대위변제자에게 이전되지 않는다. ( ) (2019 변호사)

349-2 근저당권의 피담보채권이 확정되지 아니하는 동안에는 그 채권의 일부가 대위변제되더라도 그 근저당권이 대위변제자에게 이전될 여지가 없지만, 피담보채권이 확정된 후에는 근저당권의 일부 이전의 부기등기가 있어야 그 근저당권이 대위변제자에게 이전된다. ( ) (2020 변호사)

349-3 근저당권의 피담보채권이 확정되기 전에 채권의 일부가 대위변제된 경우, 근저당권의 일부이전의 부기등기 여부와 관계없이 근저당권은 대위변제자에게 법률상 당연히 이전된다. ( ) (2022 변리사)

> **해설** 근저당권이라고 함은 계속적인 거래관계로부터 발생하고 소멸하는 불특정다수의 장래채권을 결산기에 계산하여 잔존하는 채무를 일정한 한도액의 범위 내에서 담보하는 저당권이어서, 거래가 종료하기까지 채권은 계속적으로 증감변동하는 것이므로, 근저당 거래관계가 계속중인 경우 즉, 근저당권의 피담보채권이 확정되기 전에 그 채권의 일부를 양도하거나 대위변제한 경우 근저당권이 양수인이나 대위변제자에게 이전할 여지는 없다 할 것이나, 그 근저당권에 의하여 담보되는 피담보채권이 확정되게 되면, 그 피담보채권액이 그 근저당권의 채권최고액을 초과하지 않는 한 그 근저당권 내지 그 실

347 (○) 348-1 (×) 348-2 (×) 349-1 (○) 349-2 (×) 349-3 (×) 《 정답

행으로 인한 경락대금에 대한 권리 중 그 피담보채권액을 담보하고 남는 부분은 저당권의 일부이전의 부기등기의 경료 여부와 관계없이 대위변제자에게 법률상 당연히 이전된다(대판 2002. 7. 26, 2001다53929).

350 **자유의사에 기한 변제가 아니라 채권자의 담보권실행으로 그에게 만족을 준 제3자도 채권자를 대위할 수 있다. ( )** (2014 변리사)

해설 자유의사에 기한 변제가 아니라 채권자의 담보권실행으로 그에게 만족을 준 제3자, 예컨대, 물상보증인 등도 채권자를 대위할 수 있다.

351 **채권자가 채무액의 일부를 대위변제한 자에게 고의 또는 과실로 그가 대위변제한 비율을 넘어 근저당권 전부를 이전해준 경우, 다른 보증인은 보증채무를 이행함으로써 채권자에 대한 법정대위권자로서 근저당권을 실행하여 배당받을 수 있었던 금액의 한도에서 보증책임을 면한다. ( )** (2020 변호사)

해설 채권자가 일부 대위변제자에게 그가 대위변제한 비율을 넘어 근저당권 전부를 이전하여 준 경우, 결국 채권자는 근저당권의 피담보채무 중 일부를 대위변제한 다른 보증인이 법정대위권을 행사할 수 있는 채권의 담보를 고의로 상실되게 한 것이므로, 다른 보증인은 그의 보증채무를 이행함으로써 채권자에 대한 법정대위권자로서 근저당권을 실행하여 배당받을 수 있었던 금액의 한도에서 보증의 책임을 면한다(대판 1996. 12. 6, 96다35774).

352 **채무자 소유 부동산과 물상보증인 소유 부동산에 공동근저당권을 설정한 채권자가 채무자 소유 부동산에 대한 담보를 상실하게 하거나 감소하게 한 경우, 공동근저당권자는 물상보증인 소유 부동산에 관한 경매절차에서 물상보증인이 담보 상실 내지 감소로 인한 면책을 주장할 수 있는 한도에서, 물상보증인 소유 부동산의 후순위 근저당권자에 우선하여 배당받을 수 없다. ( )** (2021 변호사)

해설 물상보증인의 변제자대위에 대한 기대권은 민법 제485조에 의하여 보호되어, 채권자가 고의나 과실로 담보를 상실하게 하거나 감소하게 한 때에는, 특별한 사정이 없는 한 물상보증인은 그 상실 또는 감소로 인하여 상환을 받을 수 없는 한도에서 면책 주장을 할 수 있다. 채권자가 물적 담보인 담보물권을 포기하거나 순위를 불리하게 변경하는 것은 담보의 상실 또는 감소행위에 해당한다. 따라서 채무자 소유 부동산과 물상보증인 소유 부동산에 공동근저당권을 설정한 채권자가 공동담보 중 채무자 소유 부동산에 대한 담보 일부를 포기하거나 순위를 불리하게 변경하여 담보를 상실하게 하거나 감소하게 한 경우, 물상보증인은 그로 인하여 상환받을 수 없는 한도에서 책임을 면한다. 그리고 이 경우 공동근저당권자는 나머지 공동담보 목적물인 물상보증인 소유 부동산에 관한 경매절차에서, 물상보증인이 위와 같이 담보 상실 내지 감소로 인한 면책을 주장할 수 있는 한도에서는, 물상보증인 소유 부동산의 후순위 근저당권자에 우선하여 배당받을 수 없다(대판 2018. 7. 11, 2017다292756).

정답 350 (○) 351 (○) 352 (○)

353 甲은 乙에 대한 대여금채무 6억원을 담보하기 위하여 자기 소유 X토지에 乙명의의 저당권을 설정해주었다. 甲의 부탁으로 위 채무를 담보하기 위하여 丙은 乙과 보증계약을 체결하였고, 丁과 戊는 각각 자기 소유 Y토지와 Z토지에 乙명의의 저당권을 설정해주었다. 이에 관한 설명으로 옳지 않은 것은? (단, 이자 및 지연배상금은 고려하지 않고, 다툼이 있으면 판례에 따름)

(2019 변리사)

① 丁이 甲의 대여금채무를 모두 변제한 경우, 丁은 甲에 대하여 구상권을 행사할 수 있다.

② 丁이 甲의 대여금채무를 모두 변제한 경우, 丁은 乙을 대위하여 丙을 상대로 2억원의 지급을 청구할 수 있다.

③ 戊는 甲의 대여금채무를 변제할 정당한 이익이 있는 자이므로, 戊가 그 채무를 모두 변제하였다면 乙의 승낙이 없어도 당연히 乙을 대위한다.

④ 丙이 甲의 대여금채무를 모두 변제한 경우, 미리 저당권등기에 대위의 부기등기를 하지 않더라도 丁에 대하여 乙을 대위할 수 있다.

⑤ A가 甲과의 매매계약을 원인으로 X토지의 소유권이전등기를 마친 후 甲의 대여금채무를 모두 변제한 경우, A는 丙에 대하여 乙을 대위할 수 있다.

해설 ① (○) : 민법 제370조에 의하여 준용되는 제341조. 물상보증인이 채무자를 대신하여 채무를 변제하면 보증채무에 관한 규정(제441조, 제444~448조)에 의하여 채무자에 대해 구상권을 취득한다.

② (○) : 민법 제482조 제2항 제5호. 보증인과 물상보증인 간에는 인원수에 비례하여 대위하므로 丁은 丙을 상대로 2억 원(보증인 1명, 물상보증인 2명, 총3명이므로 6억 원×1/3)의 지급을 청구할 수 있다.

③ (○) : 민법 제481조(법정대위). 임의대위에 관한 민법 제480조와 비교할 것이다.

④ (○) : 민법 제482조 제2항 제5호. ☞ 민법 제482조 제2항 제5호 3문을 보면 "이 경우에 그 재산이 부동산인 때에는 제1호의 규정을 준용한다."고 되어 있는데, 1호를 보면 "보증인은 미리 전세권이나 저당권의 등기에 그 대위를 부기하지 아니하면 전세물이나 저당물에 권리를 취득한 제삼자에 대하여 채권자를 대위하지 못한다."고 하고 있다. 여기서 민법 제482조 제2항 제5호가 "제1호의 규정을 준용한다"고 하는 것은 물상보증인으로부터 그 부동산을 취득한 제3자가 있으면 그러한 제3취득자에 대하여 채권자를 대위하려면 미리 부기등기를 하여야 한다는 것이다. 즉 제3취득자가 생기지 않은 사안에서 물상보증인과 보증인 간에 변제자대위를 할 때는 부기등기가 필요 없다는 것이다. 따라서 보증인 丙은 미리 저당권등기에 대위의 부기등기를 하지 않더라도 물상보증인 丁에 대하여 乙을 대위할 수 있는 것이다.

> [참고판례] 타인의 채무를 변제하고 채권자를 대위하는 대위자 상호간의 관계를 규정한 민법 제482조 제2항 제5호 단서에서 대위의 부기등기에 관한 제1호의 규정을 준용하도록 규정한 취지는 자기의 재산을 타인의 채무의 담보로 제공한 물상보증인이 수인일 때 그 중 일부의 물상보증인이 채무의 변제로 다른 물상보증인에 대하여 채권자를 대위하게 될 경우에 미리 대위의 부기등기를 하여 두지 아니하면 채무를 변제한 뒤에 그 저당물을 취득한 제3취득자에 대하여 채권자를 대위할 수 없도록 하려는 것이라고 해석되므로 자신들 소유의 부동산을 채무자의 채무의 담보로 제공한 물상보증인들이 채무를 변제한 뒤 다른 물상보증인 소유부동산에 설정된 근저당권설정등기에 관하여 대위의 부기등기를 하여 두지 아니하고 있는 동안에 제3취득자가 위 부동산을 취득하였다면, 대위변제한 물상보증인들은 제3취득자에 대하여 채권자를 대위할 수 없다(대판 1990. 11. 9, 90다카10305).

353 ⑤ 《 정답

⑤ (×) : 민법 제482조 제2항 제2호. A는 제3취득자이므로 보증인 丙에 대하여 채권자 乙을 대위하지 못한다.

354 甲은 乙로부터 5억 원을 차용하면서 자신의 X부동산(시가 3억 원)과 丙 소유의 Y부동산(시가 4억 원)에 공동저당권을 설정하고, 丁에게 부탁하여 연대보증인이 되도록 하였다. 이에 관한 설명으로 옳지 않은 것은? (부동산의 시가 변동이 없고 이자 기타 비용은 고려하지 않으며, 다툼이 있으면 판례에 따름) (2023 변리사)

① 甲이 자신의 유일한 재산인 X부동산을 매도한 경우 甲의 일반채권자는 그 매매계약을 사해행위로 취소할 수 없다.

② 丁이 자신의 유일한 재산을 처분한 경우 乙은 이를 사해행위로 취소할 수 있다.

③ 乙에게 2억 원을 변제한 丁은 丙에 대하여 변제자대위를 하지 못한다.

④ 丙이 5억 원 전액을 변제한 후 대위등기를 하기 전에 B가 X부동산을 취득하여 소유권이전등기를 마친 상황이라면 丙은 B에 대하여 변제자대위를 할 수 없다.

⑤ B가 X부동산을 취득하여 소유권이전등기를 마친 후 乙의 저당권실행경매로 B가 X부동산의 소유권을 상실하더라도 B는 丙은 물론 丁에 대하여도 변제자대위를 하지 못한다.

해설 ① (○) : 사해행위취소의 소에서 채무자가 수익자에게 양도한 목적물에 저당권이 설정되어 있는 경우라면 그 목적물 중에서 일반채권자들의 공동담보에 제공되는 책임재산은 피담보채권액을 공제한 나머지 부분만이라고 할 것이고 그 피담보채권액이 목적물의 가액을 초과할 때는 당해 목적물의 양도는 사해행위에 해당한다고 할 수 없다. 그런데 수 개의 부동산에 공동저당권이 설정되어 있는 경우 책임재산을 산정함에 있어 각 부동산이 부담하는 피담보채권액은 특별한 사정이 없는 한 민법 제368조의 규정 취지에 비추어 공동저당권의 목적으로 된 각 부동산의 가액에 비례하여 공동저당권의 피담보채권액을 안분한 금액이라고 보아야 한다. 그러나 **그 수 개의 부동산 중 일부는 채무자의 소유이고 다른 일부는 물상보증인의 소유인 경우**에는, 물상보증인이 민법 제481조, 제482조의 규정에 따른 변제자대위에 의하여 채무자 소유의 부동산에 대하여 저당권을 행사할 수 있는 지위에 있는 점 등을 고려할 때, 그 물상보증인이 채무자에 대하여 구상권을 행사할 수 없는 특별한 사정이 없는 한 채무자 소유의 부동산에 관한 피담보채권액은 **공동저당권의 피담보채권액 전액**으로 봄이 상당하다. 이러한 법리는 하나의 공유부동산 중 일부 지분이 채무자의 소유이고, 다른 일부 지분이 물상보증인의 소유인 경우에도 마찬가지로 적용된다[대판(전합) 2013. 7. 18, 2012다5643]. ☞ 사안은 두 개의 부동산 중 하나는 채무자의 소유이고 다른 하나는 물상보증인의 소유인 경우이므로 채무자 소유 X부동산(3억 원)에 관한 피담보채권액은 공동저당권의 피담보채권액 전액(5억 원)으로 봄이 상당하고, 따라서 피담보채권액(5억 원)이 X부동산의 가액(3억 원)을 초과하므로 X부동산의 양도는 사해행위에 해당한다고 할 수 없다.

② (×) : 주채무자 또는 제3자 소유의 부동산에 대하여 채권자 앞으로 근저당권이 설정되어 있고, 그 부동산의 가액 및 채권최고액이 당해 채무액을 초과하여 **채무 전액에 대하여 채권자에게 우선변제권이 확보되어 있다면**, 연대보증인이 비록 유일한 재산을 처분하는 법률행위를 하더라도 채권자에 대하여 사해행위가 성립되지 않는다고 보아야 한다(대판 2000. 12. 8, 2000다21017).

정답 》 354 ②

③ (○) : 보증인과 물상보증인이 여럿 있는 경우 어느 누구라도 위와 같은 방식으로 산정한 **각자의 부담 부분을 넘는 대위변제 등을 하지 않으면** 다른 보증인과 물상보증인을 상내로 채권자의 권리를 대위할 수 없다(대판 2010. 6. 10, 2007다61113,61120). ☞ 사안은 물상보증인 1인과 보증인 1인이 있는 경우이므로 민법 제482조 제2항 5호에 따라 인원수에 비례하여(5억 원 X 1/2) 채권자를 대위한다. 따라서 丙과 丁의 부담부분은 각 2억 5천만 원씩이다. 그런데 丁은 2억 원을 변제하였을 뿐이므로 丙에 대하여 변제자대위를 하지 못한다.

④ (○), ⑤ (○) : 민법 제482조 제1항은 "전2조의 규정에 의하여 채권자를 대위한 자는 자기의 권리에 의하여 구상할 수 있는 범위에서 채권 및 그 담보에 관한 권리를 행사할 수 있다."라고 규정하며, 같은 조 제2항은 "전항의 권리행사는 다음 각 호의 규정에 의하여야 한다."라고 규정하고 있으나, 그중 물상보증인과 제3취득자 사이의 변제자대위에 관하여는 명확한 규정이 없다. 그런데 보증인과 제3취득자 사이의 변제자대위에 관하여 민법 제482조 제2항 제1호는 "보증인은 **미리 전세권이나 저당권의 등기에 그 대위를 부기하지 아니하면** 전세물이나 저당물에 권리를 취득한 제3자에 대하여 채권자를 대위하지 못한다."라고 규정하고(지문 ④), 같은 항 제2호는 "제3취득자는 보증인에 대하여 채권자를 대위하지 못한다."라고 규정(지문 ⑤)하고 있다. 한편 민법 제370조, 제341조에 의하면 물상보증인이 채무를 변제하거나 담보권의 실행으로 소유권을 잃은 때에는 '보증채무'에 관한 규정에 의하여 채무자에 대한 구상권을 가지고, 민법 제482조 제2항 제5호에 따르면 물상보증인과 보증인 상호 간에는 그 인원수에 비례하여 채권자를 대위하게 되어 있을 뿐 이들 사이의 우열은 인정하고 있지 아니하다. 위와 같은 규정 내용을 종합하여 보면, 물상보증인이 채무를 변제하거나 담보권의 실행으로 소유권을 잃은 때에는 보증채무를 이행한 **보증인과 마찬가지로** 채무자로부터 담보부동산을 취득한 제3자에 대하여 구상권의 범위 내에서 출재한 전액에 관하여 채권자를 대위할 수 있는 반면(지문 ④), 채무자로부터 담보부동산을 취득한 제3자는 채무를 변제하거나 담보권의 실행으로 소유권을 잃더라도 물상보증인에 대하여 채권자를 대위할 수 없다(지문 ⑤)고 보아야 한다(대판 2014. 12. 18, 2011다50233). ☞ 위 판례에 따르면 물상보증인은 보증인과 마찬가지로 제3취득자에 대하여 변재자대위를 할 수 있는데, 보증인은 미리 전세권이나 저당권의 등기에 그 대위를 부기하지 아니하면 전세물이나 저당물에 권리를 취득한 제3자에 대하여 채권자를 대위하지 못하므로, 물상보증인도 미리 전세권이나 저당권의 등기에 그 대위를 부기하지 아니하면 전세물이나 저당물에 권리를 취득한 제3자에 대하여 채권자를 대위하지 못한다(지문 ④).

Ⅵ. 대물변제

355-1 채무자가 채권자에게 채무변제에 갈음하여 다른 채권을 양도하기로 한 경우, 채권양도의 요건을 갖추어 대체급부가 이루어짐으로써 원래의 채무는 소멸한다. ( ) (2016 변리사)

355-2 채무자가 채권자에게 채무변제에 갈음하여 다른 채권을 양도하기로 한 경우, 양도인은 양도된 채권의 채무자의 변제자력까지 담보하는 것으로 보아야 한다. ( ) (2016 변리사)

> **해설** 채무자가 채권자에게 채무변제에 '갈음하여' 다른 채권을 양도하기로 한 경우에는 특별한 사정이 없는 한 채권양도의 요건을 갖추어 대체급부가 이루어짐으로써 원래의 채무는 소멸하는 것이고 그 양수한 채권의 변제까지 이루어져야만 원래의 채무가 소멸한다고 할 것은 아니다. 이 경우 대체급부로서 채권을 양도한 양도인은 양도 당시 양도대상인 채권의 존재에 대해서는 담보책임을 지지만 당사자 사이에 별도의 약정이 있다는 등 특별한 사정이 없는 한 그 채무자의 변제자력까지 담보하는 것은 아니다(대판 2013. 5. 9, 2012다40998).

356 대물변제가 채무소멸의 효력을 발생하려면 채무자가 본래의 이행에 갈음하여 행하는 다른 급부가 현실적인 것이어야 한다. ( ) (2016 변리사)

> **해설** 대물변제가 채무소멸의 효력을 발생하려면 채무자가 본래의 이행에 갈음하여 행하는 다른 급부가 현실적인 것이어야 한다. 따라서 부동산은 등기완료, 동산은 점유이전을 요한다(대판 1979. 9. 11, 79다381).

357 채무자가 채권자의 승낙을 얻어 본래의 채무이행에 갈음하여 부동산으로 대물변제를 하였으나 본래의 채무가 존재하지 않았던 경우, 당사자가 특별한 의사표시를 하지 않는 한 대물변제는 무효로서 부동산의 소유권이 이전되는 효과가 발생하지 않는다. ( ) (2020 변호사)

> **해설** 채무자가 채권자의 승낙을 얻어 본래의 채무이행에 갈음하여 부동산으로 대물변제를 하였으나 본래의 채무가 존재하지 않았던 경우에는, 당사자가 특별한 의사표시를 하지 않은 한 대물변제는 무효로서 부동산의 소유권이 이전되는 효과가 발생하지 않는다(대판 1991. 11. 12, 91다9503).

358 채무자가 채무 담보를 위해 대물변제의 예약을 한 후 같은 채권자로부터 추가로 채무를 지는 경우에는 특별한 사정이 없는 한 추가되는 채무도 대물변제 예약의 대상이 되는 채무 범위에 포함된다. ( ) (2016 변리사)

> **해설** 채무자가 채무 담보를 위해 대물변제의 예약을 한 후 같은 채권자로부터 추가로 채무를 지는 경우에는 특별한 사정이 없는 한 추가되는 채무도 대물변제 예약의 대상이 되는 채무 범위에 포함된다(대판 2014. 4. 29, 2009다16896).

정답 355-1 (○) 355-2 (×) 356 (○) 357 (○) 358 (○)

359 **대물변제예약완결권의 행사기간에 관한 약정이 없는 때에는 그 권리가 발생한 때로부터 10년 내에 이를 행사하여야 하고, 이 기간을 도과한 때에는 예약완결권은 소멸한다. ( )**

(2016 변리사)

> **해설** 대물변제예약완결권의 행사기간에 관한 약정이 있는 경우에는 그 기간 내에 약정이 없는 때에는 그 권리가 발생한 때로부터 10년 내에 이를 행사하여야 하고, 이 기간을 도과한 때에는 예약완결권은 소멸한다(대판 1995. 11. 10, 94다22682).

Ⅶ. 공 탁

360 **변제자가 과실 없이 채권자를 알 수 없는 경우, 채권자를 위하여 변제의 목적물을 공탁할 수 있다. ( )** (2015 변리사)

> **해설** 민법 제487조(변제공탁의 요건, 효과)

361 **변제공탁의 요건 중 '변제자가 과실 없이 채권자를 알 수 없는 경우'라 함은 객관적으로 채권자 또는 변제수령권자가 존재하고 있으나 채무자가 선량한 관리자의 주의를 다하여도 채권자가 누구인지를 알 수 없는 경우를 말한다. ( )** (2023 변호사)

> **해설** 민법 제487조 후단의 '변제자가 과실 없이 채권자를 알 수 없는 경우'라 함은 객관적으로 채권자 또는 변제수령권자가 존재하고 있으나 채무자가 선량한 관리자의 주의를 다하여도 채권자가 누구인지를 알 수 없는 경우를 말한다(대판 2004. 11. 11, 2004다37737).

362 **변제공탁의 목적인 채무는 현존하는 확정채무일 필요는 없으므로 장래의 채무나 불확정채무도 변제공탁의 목적이 될 수 있다. ( )** (2023 변호사)

> **해설** 변제공탁의 목적인 채무는 현존하는 확정채무여야 하지만, 그 의미는 장래의 채무나 불확정채무는 원칙적으로 변제공탁의 목적이 되지 못한다는 것일 뿐, 채무자에 대한 각 채권자의 채권이 동일한 채권이어야 한다는 의미는 아니다(대판 2014. 12. 24, 2014다207245,207252).

363 **채권자의 태도로 보아 채무자가 설사 채무의 이행제공을 하였더라도 그 수령을 거절하였을 것이 명백한 경우에는 채무자는 이행의 제공을 하지 않고 바로 변제공탁할 수 있다. ( )**

(2023 변호사)

> **해설** 채권자의 태도로 보아 채무자가 설사 채무의 이행제공을 하였더라도 그수령을 거절하였을 것이 명백한 경우에는 채무자는 이행의 제공을 하지 않고 바로 변제공탁할 수 있다(대판 1994. 8. 26, 93다42276).

359 (○) **360** (○) **361** (○) **362** (×) **363** (○) 《 정답

364 **공탁소에 관하여 법률에 특별한 규정이 없으면 법원은 변제자의 청구에 의하여 공탁소를 지정하고 공탁물보관자를 선임하여야 한다. ( )** (2015 변리사)

> 해설 민법 제488조 제2항

365-1 **변제공탁이 적법한 경우에는 채권자가 공탁물 출급청구를 하였는지와 관계없이 공탁을 한 때에 변제의 효력이 발생한다. ( )** (2023 변호사)

365-2 **공탁물 출급청구권과 공탁물 회수청구권은 서로 독립한 별개의 청구권이므로 공탁물 출급청구권에 대한 압류는 공탁물 회수청구권에 대하여 영향을 미치지 않는다. ( )** (2023 변호사)

> 해설 변제공탁이 적법한 경우에는 채권자가 공탁물 출급청구를 하였는지 여부와는 관계없이 공탁을 한 때에 변제의 효력이 발생하나, 피공탁자를 포함한 제3자가 공탁자에 대하여 가지는 별도 채권의 집행권원으로써 공탁자의 공탁물 회수청구권에 대하여 압류 및 추심명령을 받아 그 집행으로 공탁물을 회수한 경우 채권소멸의 효력은 소급하여 없어진다. 나아가 부적법한 변제공탁으로 변제의 효력이 발생하지 않았다고 하더라도, 피공탁자는 이를 수락하여 공탁물 출급청구를 하는 대신 공탁자에 대한 다른 채권에 기하여 공탁자의 공탁물 회수청구권에 대하여 압류 및 추심명령을 받아 그 집행으로 공탁물을 회수할 수 있다. 한편 공탁물 출급청구권과 공탁물 회수청구권은 서로 독립한 별개의 청구권이므로 설령 공탁물 출급청구권에 대한 압류 등이 있었다고 하더라도 이는 공탁물 회수청구권에 대하여 아무런 영향을 미치지 않는다(대결 2020. 5. 22, 자 2018마5697).

366 **공탁자는 공탁으로 인하여 질권이 소멸하더라도 공탁물을 회수할 수 있다. ( )** (2015 변리사)

> 해설 공탁자는 공탁으로 인하여 질권이나 저당권이 소멸하면 공탁물을 회수할 수 없다(제489조 제2항).

367 **변제의 목적물이 공탁에 적당하지 않은 경우, 변제자는 법원의 허가를 얻어 그 물건을 경매하여 대금을 공탁할 수 있다. ( )** (2015 변리사)

> 해설 민법 제490조(자조매각금의 공탁)

368 **채무자가 채권자의 상대의무이행과 동시에 변제할 경우, 채권자는 그 의무이행을 하지 않으면 공탁물을 수령하지 못한다. ( )** (2015 변리사)

> 해설 민법 제491조(공탁물수령과 상대의무이행)

369 **채무 전액이 아닌 일부에 대한 변제공탁은 그 부분에 관하여서도 효력이 생기지 않으나, 채권자가 공탁금을 채권의 일부에 충당한다는 유보의 의사표시를 하고 이를 수령한 때에는 그 공탁금은 채권의 일부의 변제에 충당되고, 그 경우 유보의 의사표시는 반드시 명시적으로 하여야 한다. ( )** (2018 변호사)

정답 》 364 (○) 365-1 (○) 365-2 (○) 366 (×) 367 (○) 368 (○) 369 (×)

해설 변제공탁이 유효하려면 채무 전부에 대한 변제의 제공 및 채무 전액에 대한 공탁이 있음을 요하고 채무 전액이 아닌 일부에 대한 공탁은 그 부분에 관하여서도 효력이 생기지 않으나, 채권자가 공탁금을 채권의 일부에 충당한다는 유보의 의사표시를 하고 이를 수령한 때에는 그 공탁금은 채권의 일부의 변제에 충당되고, 그 경우 유보의 의사표시는 반드시 명시적으로 하여야 하는 것은 아니다(대판 2009. 10. 29, 2008다51359).

Ⅷ. 상 계

370-1 상계의 의사표시에는 조건을 붙일 수 있다. ( ) (2020 변리사)

370-2 상계에는 시기(始期)를 붙이지 못한다. ( ) (2021 변리사)

해설 상계는 상대방에 대한 의사표시로 한다. 이 의사표시에는 조건 또는 기한을 붙이지 못한다(제493조 제1항).

371 유치권이 인정되는 아파트를 경매로 매수한 자는 아파트 일부를 점유·사용하고 있는 유치권자에 대한 임료 상당의 부당이득금 반환채권을 자동채권으로 하여 유치권자가 종전 소유자에 대하여 가지는 유익비상환채권을 상계할 수 있다. ( ) (2019 변호사)

해설 [1] 상계는 당사자 쌍방이 서로 같은 종류를 목적으로 한 채무를 부담한 경우에 서로 같은 종류의 급부를 현실로 이행하는 대신 어느 일방 당사자의 의사표시로 그 대등액에 관하여 채권과 채무를 동시에 소멸시키는 것이고, 이러한 상계제도의 취지는 서로 대립하는 두 당사자 사이의 채권·채무를 간이한 방법으로 원활하고 공평하게 처리하려는 데 있으므로, 수동채권으로 될 수 있는 채권은 상대방이 상계자에 대하여 가지는 채권이어야 하고, 상대방이 제3자에 대하여 가지는 채권과는 상계할 수 없다고 보아야 한다. 그렇지 않고 만약 상대방이 제3자에 대하여 가지는 채권을 수동채권으로 하여 상계할 수 있다고 한다면, 이는 상계의 당사자가 아닌 상대방과 제3자 사이의 채권채무관계에서 상대방이 제3자에게서 채무의 본지에 따른 현실급부를 받을 이익을 침해하게 될 뿐 아니라, 상대방의 채권자들 사이에서 상계자만 독점적인 만족을 얻게 되는 불합리한 결과를 초래하게 되므로, 상계의 담보적 기능과 관련하여 법적으로 보호받을 수 있는 당사자의 합리적 기대가 이러한 경우에까지 미친다고 볼 수는 없다. [2] 유치권이 인정되는 아파트를 경락·취득한 자가 아파트 일부를 점유·사용하고 있는 유치권자에 대한 임료 상당의 부당이득금 반환채권을 자동채권으로 하고 유치권자의 종전 소유자에 대한 유익비상환채권을 수동채권으로 하여 상계의 의사표시를 한 사안에서, 상대방이 제3자에 대하여 가지는 채권을 수동채권으로 하여 상계할 수 없음에도, 그러한 상계가 허용됨을 전제로 위 상계의 의사표시로 부당이득금 반환채권과 유익비상환채권이 대등액의 범위 내에서 소멸하였다고 본 원심판결에 법리오해의 위법이 있다고 한 사례(대판 2011. 4. 28, 2010다101394).

370-1 (×) 370-2 (○) 371 (×) 《 정답

372 甲은 乙에 대하여 1억 원의 대여금채권(변제기 2021. 5. 3.)을 가지고, 乙은 甲에 대하여 8,000만 원의 매매대금채권(변제기 2021. 9. 25.)을 가진다. 乙이 2021. 11. 5. 상계의 의사표시를 하여 같은 날 그 의사표시가 甲에게 도달하였다면, 2021. 9. 25.로 소급하여 두 채권은 대등액의 범위에서 소멸한 것으로 본다. ( ) (2022 변호사)

> **해설** 상계의 의사표시가 있는 경우, 채무는 상계적상 시에 소급하여 대등액에서 소멸한 것으로 보게 되므로, 상계에 의한 양 채권의 차액 계산 또는 상계충당은 상계적상의 시점을 기준으로 하게 된다(대판 2013.11.14, 2013다46023).

373 상계의 의사표시가 있으면 상계에 의한 자동채권과 수동채권의 차액 계산 또는 상계충당은 상계적상의 시점을 기준으로 하며, 상계적상 이전에 이미 수동채권의 변제기가 도래하여 지체가 발생한 때에는 그 시점까지의 지연손해금을 계산하여 자동채권으로 그 지연손해금을 소각한 다음 잔액으로 원본을 소각하여야 한다. ( ) (2014 변리사)

> **해설** 상계의 의사표시가 있는 경우, 채무는 상계적상 시에 소급하여 대등액에서 소멸한 것으로 보게 되므로, 상계에 의한 양 채권의 차액 계산 또는 상계충당은 상계적상의 시점을 기준으로 하게 된다. 따라서 그 시점 이전에 수동채권의 변제기가 이미 도래하여 지체가 발생한 경우에는 상계적상 시점까지의 수동채권의 약정이자 및 지연손해금을 계산한 다음 자동채권으로 그 약정이자 및 지연손해금을 먼저 소각하고 잔액을 가지고 원본을 소각하여야 한다(대판 2005. 7. 8, 2005다8125 등 참조).

374 상계의 의사표시는 구속력이 있으므로 철회할 수 없으나, 상계의 의사표시 후에 상계가 없었던 것으로 하는 상계자와 그의 상대방 간의 약정은 제3자에게 손해를 미치지 않으면 유효하다. ( ) (2014 변리사)

> **해설** 상계의 의사표시는 일방적으로 철회할 수는 없는 것이지만, 상계의 의사표시 후에 상계자와 상대방이 상계가 없었던 것으로 하기로 한 약정은 제3자에게 손해를 미치지 않는 한 계약자유의 원칙상 유효하다(대판 1995. 6. 16, 95다11146).

375 동시이행의 항변권이 붙은 채권을 수동채권으로 하여 상계하지 못한다. ( ) (2020 변리사)

> **해설** 동시이행의 항변권의 대항을 받는 채권을 자동채권으로 하여 상대방의 채권과의 상계를 허용하면 상계자 일방의 의사표시에 의하여 상대방의 항변권 행사의 기회를 상실시키는 결과가 되어서 그러한 상계는 허용될 수 없는 것이 원칙이다(대판 2014. 4. 30, 2010다11323). ☞ 동시이행의 항변권이 붙은 채권을 수동채권으로 하여 상계하는 것은 가능하다.

376 주채무자가 수탁보증인에 대해 사전에 담보제공청구권 등의 항변권을 포기한 경우, 그 수탁보증인은 주채무자에 대하여 가지는 「민법」 제442조의 사전구상권을 자동채권으로 하여 주채무자가 수탁보증인에 대하여 가지는 채권과 상계할 수 있다. ( ) (2019, 2021 변호사)

정답 372 (○) 373 (○) 374 (○) 375 (×) 376 (○)

해설 항변권이 붙어 있는 채권을 자동채권으로 하여 다른 채무(수동채권)와의 상계를 허용한다면 상계자 일방의 의사표시에 의하여 상대방의 항변권 행사의 기회를 상실시키는 결과가 되므로 그러한 상계는 허용될 수 없고, 특히 수탁보증인이 주채무자에 대하여 가지는 민법 제442조의 사전구상권에는 민법 제443조의 담보제공청구권이 항변권으로 부착되어 있는 만큼 이를 자동채권으로 하는 상계는 허용될 수 없으며, 다만 민법 제443조는 임의규정으로서 주채무자가 사전에 담보제공청구권의 항변권을 포기한 경우에는 보증인은 사전구상권을 자동채권으로 하여 주채무자에 대한 채무와 상계할 수 있다(대판 2004. 5. 28, 2001다81245).

377 **소멸시효가 완성된 채권이 그 완성 전에 상계할 수 있었던 것이면 채권자는 그 채권을 자동채권으로 하여 상계할 수 있다. ( )** (2023 변리사)

해설 소멸시효가 완성된 채권이 그 완성전에 상계할 수 있었던 것이면 그 채권자는 상계할 수 있다(민법 제495조).

378 **매도인이나 수급인의 담보책임을 기초로 한 손해배상채권의 제척기간이 지났으나 제척기간이 지나기 전 상대방의 채권과 상계할 수 있었던 경우, 매수인이나 도급인은 '소멸시효완성된 채권에 의한 상계'를 규정한 「민법」 제495조를 유추적용하여 위 손해배상채권을 자동채권으로 상대방의 채권과 상계할 수 없다. ( )** (2020, 2021 변호사)

해설 민법 제495조는 "소멸시효가 완성된 채권이 그 완성 전에 상계할 수 있었던 것이면 그 채권자는 상계할 수 있다."라고 정하고 있다. 이는 당사자 쌍방의 채권이 상계적상에 있었던 경우에 당사자들은 채권·채무관계가 이미 정산되어 소멸하였거나 추후에 정산될 것이라고 생각하는 것이 일반적이라는 점을 고려하여 당사자들의 신뢰를 보호하기 위한 것이다. 매도인이나 수급인의 담보책임을 기초로 한 매수인이나 도급인의 손해배상채권의 제척기간이 지난 경우에도 민법 제495조를 유추적용해서 매수인이나 도급인이 상대방의 채권과 상계할 수 있는지 문제 된다. 매도인의 담보책임을 기초로 한 매수인의 손해배상채권 또는 수급인의 담보책임을 기초로 한 도급인의 손해배상채권이 각각 상대방의 채권과 상계적상에 있는 경우에 당사자들은 채권·채무관계가 이미 정산되었거나 정산될 것으로 기대하는 것이 일반적이므로, 그 신뢰를 보호할 필요가 있다. 이러한 손해배상채권의 제척기간이 지난 경우에도 그 기간이 지나기 전에 상대방에 대한 채권·채무관계의 정산 소멸에 대한 신뢰를 보호할 필요성이 있다는 점은 소멸시효가 완성된 채권의 경우와 아무런 차이가 없다. 따라서 매도인이나 수급인의 담보책임을 기초로 한 손해배상채권의 제척기간이 지난 경우에도 제척기간이 지나기 전 상대방의 채권과 상계할 수 있었던 경우에는 매수인이나 도급인은 민법 제495조를 유추적용해서 위 손해배상채권을 자동채권으로 해서 상대방의 채권과 상계할 수 있다고 봄이 타당하다(대판 2019. 3. 14, 2018다255648).

379-1 **채무가 중과실에 의한 불법행위로 발생한 경우 그 채무자는 상계로써 채권자에게 대항할 수 있다. ( )** (2014 변리사)

377 (○) 378 (×) 379-1 (○) 정답

379-2 **고의로 인한 불법행위나 중과실로 인한 불법행위 모두 피해자에게 현실의 변제를 받을 수 있도록 할 필요성은 동일하므로, 고의의 불법행위로 인한 손해배상채권에 대한 상계금지는 중과실의 불법행위로 인한 손해배상채권의 경우에도 적용할 수 있다. ( )** (2019 변호사)

> **해설** 민법 제496조가 고의의 불법행위로 인한 손해배상채권에 대한 상계를 금지하는 입법취지는 고의의 불법행위에 인한 손해배상채권에 대하여 상계를 허용한다면 고의로 불법행위를 한 자가 상계권행사로 현실적으로 손해배상을 지급할 필요가 없게 됨으로써 보복적 불법행위를 유발하게 될 우려가 있고, 고의의 불법행위로 인한 피해자가 가해자의 상계권행사로 인하여 현실의 변제를 받을 수 없는 결과가 됨은 사회적 정의관념에 맞지 아니하므로 고의에 의한 불법행위의 발생을 방지함과 아울러 고의의 불법행위로 인한 피해자에게 현실의 변제를 받게 하려는 데 있는바, 이 같은 입법취지나 적용결과에 비추어 볼 때 고의의 불법행위에 인한 손해배상채권에 대한 상계금지를 중과실의 불법행위에 인한 손해배상채권에까지 유추 또는 확장적용하여야 할 필요성이 있다고 할 수 없다(대판 1994. 8. 12, 93다52808).

380 **고의의 불법행위를 원인으로 한 부당이득반환채권을 수동채권으로 하는 상계는 허용된다. ( )** (2016 변리사)

> **해설** 법이 보장하는 상계권은 이처럼 그의 채무가 고의의 불법행위에 기인하는 채무자에게는 적용이 없는 것이고, 나아가 부당이득의 원인이 고의의 불법행위에 기인함으로써 불법행위로 인한 손해배상채권과 부당이득반환채권이 모두 성립하여 양채권이 경합하는 경우 피해자가 부당이득반환채권만을 청구하고 불법행위로 인한 손해배상채권을 청구하지 아니한 때에도, 그 청구의 실질적 이유, 즉 부당이득의 원인이 고의의 불법행위였다는 점은 불법행위로 인한 손해배상채권을 청구하는 경우와 다를 바 없다 할 것이어서, 고의의 불법행위에 의한 손해배상채권은 현실적으로 만족을 받아야 한다는 상계금지의 취지는 이러한 경우에도 타당하므로, 민법 제496조를 유추적용함이 상당하다(대판 2002. 1. 25, 2001다52506).

381 **甲의 乙에 대한 고의의 행위가 불법행위를 구성함과 동시에 채무불이행을 구성하는 경우, 甲이 위 채무불이행으로 인한 손해배상채권을 수동채권으로 하여 甲의 乙에 대한 대여금채권과 상계를 하는 것은 허용된다. ( )** (2022 변호사)

> **해설** 이 규정(민법 제496조)은 고의의 불법행위로 인한 손해배상채권을 수동채권으로 한 상계에 관한 것이고 고의의 채무불이행으로 인한 손해배상채권에는 적용되지 않는다. 다만 고의에 의한 행위가 불법행위를 구성함과 동시에 채무불이행을 구성하여 불법행위로 인한 손해배상채권과 채무불이행으로 인한 손해배상채권이 경합하는 경우에는 이 규정을 유추적용할 필요가 있다. 이러한 경우에 고의의 채무불이행으로 인한 손해배상채권을 수동채권으로 한 상계를 허용하면 이로써 고의의 불법행위로 인한 손해배상채권까지 소멸하게 되어 고의의 불법행위에 의한 손해배상채권은 현실적으로 만족을 받아야 한다는 이 규정의 입법 취지가 몰각될 우려가 있기 때문이다. 따라서 이러한 예외적인 경우에는 민법 제496조를 유추적용하여 고의의 채무불이행으로 인한 손해배상채권을 수동채권으로 하는 상계를 한 경우에도 채무자가 상계로 채권자에게 대항할 수 없다고 보아야 한다(대판 2017. 2. 15, 2014다19776, 19783).

정답 379-2 (×) 380 (×) 381 (×)

382 **고의의 불법행위로 인한 손해배상채권의 채무자는 그 채권이 양도된 경우에 양수인에게도 상계로 대항할 수 없으나, 그 채권양도가 사해행위에 해당하는 경우 불법행위로 인한 손해배상채권의 채무자가 채권양도인에 대한 별도의 채권자 지위에서 채권양수인에게 채권자취소권을 행사하여 채권양도의 취소를 구함과 아울러 취소에 따른 원상회복 방법으로 직접 자신 앞으로 가액배상의 지급을 구하는 것은 허용된다. ( )** (2021 변호사)

> **해설** 고의의 불법행위로 인한 손해배상채권의 채무자는 그 채권을 수동채권으로 한 상계로 채권자에게 대항하지 못하고(민법 제496조), 그 결과 채권이 양도된 경우에 양수인에게도 상계로 대항할 수 없게 되나(민법 제451조 제2항 참조), 채권양도가 사해행위에 해당하는 경우 불법행위로 인한 손해배상채권의 채무자가 채권양도인에 대한 별도의 채권자 지위에서 채권양수인에게 채권자취소권을 행사하여 채권양도의 취소를 구함과 아울러 취소에 따른 원상회복 방법으로 직접 자신 앞으로 가액배상의 지급을 구하는 것 자체는 민법 제496조에 반하지 않으므로 허용된다(대판 2011. 6. 10, 2011다8980,8997).

383 **채권압류명령을 받은 제3채무자가 압류채무자에 대한 반대채권을 가지고 있는 경우 상계로써 압류채권자에게 대항할 수 있기 위해서는, 압류의 효력이 발생할 당시에 대립하는 양 채권이 상계적상에 있거나 그 당시 반대채권의 변제기가 도래하지 아니한 때에는 그것이 피압류채권의 변제기와 동시에 또는 그보다 먼저 도래하여야 한다. ( )** (2020 변호사)

> **해설** 민법 제498조는 "지급을 금지하는 명령을 받은 제3채무자는 그 후에 취득한 채권에 의한 상계로 그 명령을 신청한 채권자에게 대항하지 못한다"라고 규정하고 있다. 위 규정의 취지, 상계제도의 목적 및 기능, 채무자의 채권이 압류된 경우 관련 당사자들의 이익상황 등에 비추어 보면, 채권압류명령 또는 채권가압류명령(이하 채권압류명령의 경우만을 두고 논의하기로 한다)을 받은 제3채무자가 압류채무자에 대한 반대채권을 가지고 있는 경우에 상계로써 압류채권자에게 대항하기 위하여는, 압류의 효력 발생 당시에 대립하는 양 채권이 상계적상에 있거나, 그 당시 반대채권(자동채권)의 변제기가 도래하지 아니한 경우에는 그것이 피압류채권(수동채권)의 변제기와 동시에 또는 그보다 먼저 도래하여야 한다[대판(전합) 2012. 2. 16, 2011다45521].

384-1 **제3채무자의 압류채무자에 대한 자동채권이 수동채권인 피압류채권과 동시이행의 관계에 있고 수동채권이 가압류되기 전에 이미 자동채권 발생의 기초가 되는 원인이 존재하여 제3채무자에게 가압류의 효력이 생긴 후에 자동채권이 발생한 경우, 제3채무자는 그 상계를 주장할 수 있다. ( )** (2014 변리사)

384-2 **제3채무자의 채무자에 대한 자동채권이 수동채권인 피압류채권과 동시이행의 관계에 있는 경우에는, 압류명령이 제3채무자에게 송달되어 압류의 효력이 생긴 후에 자동채권이 발생하였다고 하더라도, 제3채무자는 그 채권에 의한 상계로 압류채권자에게 대항할 수 있다. ( )** (2019 변호사)

382 (○) 383 (○) 384-1 (○) 384-2 (○) 《 정답

해설 금전채권에 대한 압류 및 전부명령이 있는 때에는 압류된 채권은 동일성을 유지한 채로 압류채무자로부터 압류채권자에게 이전되고, 제3채무자는 채권이 압류되기 전에 압류채무자에게 대항할 수 있는 사유로써 압류채권자에게 대항할 수 있는 것이므로, 제3채무자의 압류채무자에 대한 자동채권이 수동채권인 피압류채권과 동시이행의 관계에 있는 경우에는, 압류명령이 제3채무자에게 송달되어 압류의 효력이 생긴 후에 자동채권이 발생하였다고 하더라도 제3채무자는 동시이행의 항변권을 주장할 수 있다. 이 경우에 자동채권이 발생한 기초가 되는 원인은 수동채권이 압류되기 전에 이미 성립하여 존재하고 있었던 것이므로, 그 자동채권은 민법 제498조의 '지급을 금지하는 명령을 받은 제3채무자가 그 후에 취득한 채권'에 해당하지 않는다고 봄이 상당하고, 제3채무자는 그 자동채권에 의한 상계로 압류채권자에게 대항할 수 있다(대판 2010. 3. 25, 2007다35152).

385 상계가 금지되는 채권이라고 하더라도 압류금지채권에 해당하지 않는 한 강제집행에 의한 전부명령의 대상이 될 수 있다. ( ) (2023 변리사)

해설 [1] 사해행위취소의 소에서 수익자가 원상회복으로서 채권자취소권을 행사하는 채권자에게 가액배상을 할 경우, 수익자 자신이 사해행위취소소송의 채무자에 대한 채권자라는 이유로 채무자에 대하여 가지는 자기의 채권과 상계하거나 채무자에게 가액배상금 명목의 돈을 지급하였다는 점을 들어 채권자취소권을 행사하는 채권자에 대해 이를 가액배상에서 공제할 것을 주장할 수 없다. 그러나 수익자가 채권자취소권을 행사하는 채권자에 대해 가지는 별개의 다른 채권을 집행하기 위하여 그에 대한 집행권원을 가지고 채권자의 수익자에 대한 가액배상채권을 압류하고 전부명령을 받는 것은 허용된다. 이는 수익자의 채무자에 대한 채권을 기초로 한 상계나 임의적인 공제와는 내용과 성질이 다르다. 또한 채권자가 채무자의 제3채무자에 대한 채권을 압류하는 경우 제3채무자가 채권자 자신인 경우에도 이를 압류하는 것이 금지되지 않으므로 단지 채권자와 제3채무자가 같다고 하여 채권압류 및 전부명령이 위법하다고 볼 수 없다. [2] 상계가 금지되는 채권이라고 하더라도 압류금지채권에 해당하지 않는 한 강제집행에 의한 전부명령의 대상이 될 수 있다(대결 2017. 8. 21, 자 2017마499).

386 수개의 자동채권이 있고 수동채권의 원리금이 자동채권의 원리금 합계에 미치지 못하는 때에는 자동채권의 채무자가 상계의 대상이 되는 자동채권을 지정할 수 있고, 다음으로 자동채권의 채권자가 이를 지정할 수 있으며, 양 당사자의 지정이 없으면 법정변제충당에 따른다. ( ) (2014 변리사)

해설 상계의 경우에도 민법 제499조에 의하여 민법 제476조, 제477조에 규정된 변제충당의 법리가 준용된다. 따라서 여러 개의 자동채권이 있고 수동채권의 원리금이 자동채권의 원리금 합계에 미치지 못하는 경우에는 우선 자동채권의 채권자가 상계의 대상이 되는 자동채권을 지정할 수 있고(지정충당은 채무자가 먼저 행사한다), 다음으로 자동채권의 채무자가 이를 지정할 수 있으며, 양 당사자가 모두 지정하지 아니한 때에는 법정변제충당의 방법으로 상계충당이 이루어지게 된다(대판 2013. 2. 28, 2012다94155).

정답 385 (○) 386 (×)

387 **피고의 소송상 상계항변에 대하여 원고가 소송상 상계의 재항변을 할 경우, 법원은 피고의 소송상 상계항변의 인용 여부와 관계없이 원고의 소송상 상계의 재항변에 관하여 판단할 필요가 없으므로 원고의 위 재항변은 다른 특별한 사정이 없는 한 허용되지 않는다. ( )**

(2017, 2022 변호사)

> **해설** 피고의 소송상 상계항변에 대하여 원고가 다시 피고의 자동채권을 소멸시키기 위하여 소송상 상계의 재항변을 하는 경우, 법원이 원고의 소송상 상계의 재항변과 무관한 사유로 피고의 소송상 상계항변을 배척하는 경우에는 소송상 상계의 재항변을 판단할 필요가 없고, 피고의 소송상 상계항변이 이유 있다고 판단하는 경우에는 원고의 청구채권인 수동채권과 피고의 자동채권이 상계적상 당시에 대등액에서 소멸한 것으로 보게 될 것이므로 원고가 소송상 상계의 재항변으로써 상계할 대상인 피고의 자동채권이 그 범위에서 존재하지 아니하는 것이 되어 이때에도 역시 원고의 소송상 상계의 재항변에 관하여 판단할 필요가 없게 된다. 또한, 원고가 소송물인 청구채권 외에 피고에 대하여 다른 채권을 가지고 있다면 소의 추가적 변경에 의하여 그 채권을 당해 소송에서 청구하거나 별소를 제기할 수 있다. 그렇다면 원고의 소송상 상계의 재항변은 일반적으로 이를 허용할 이익이 없다. 따라서 피고의 소송상 상계항변에 대하여 원고가 소송상 상계의 재항변을 하는 것은 다른 특별한 사정이 없는 한 허용되지 않는다고 보는 것이 타당하다(대판 2014. 6. 12, 2013다95964).

388 **甲이 乙에게 5천만원을 빌릴 때 丙은 甲을 위한 보증인이 되었다. 丁은 乙에 대하여 3천만원의 공사대금채권을 갖고 있으며, 甲은 乙에 대하여 2천만원의 채권을 갖고 있다. 이에 관한 설명으로 옳지 않은 것은? (모든 채무는 상계적상에 있음을 가정하며, 다툼이 있으면 판례에 따름)**

(2018 변리사)

① 甲과 乙상호간의 채권이 상계로 인해 소멸하는 경우, 그 효력은 각 채무가 상계할 수 있는 때로 소급하여 발생한다.

② 丙은 甲의 乙에 대한 위 금전채권에 의한 상계로 乙에게 대항할 수 있다.

③ 甲과 乙이 상계금지 특약을 하였는데, 乙에 대해 보증금반환채무를 부담하는 A가 그 특약 사실을 모른 채 甲의 乙에 대한 위 금전채권을 양수하고 채권양도의 대항요건을 갖춘 경우, A는 그 양수채권을 가지고 乙에 대한 자신의 채무와 상계할 수 있다.

④ 만약 丁이 乙의 甲에 대한 대여금채권을 압류한 이후에 甲이 乙에게 자동차를 매도하여 위 금전채권을 취득하였다면, 甲은 乙에 대한 위 금전채권에 의한 상계로써 丁에게 대항할 수 있다.

⑤ 만약 甲의 乙에 대한 위 금전채권이 고의의 불법행위로 인한 것이라면, 甲은 이를 자동채권으로 하여 상계할 수 있다.

> **해설** ① (○) : 민법 제493조(상계의 방법, 효과) 제2항.
> ② (○) : 민법 제434조(보증인과 주채무자상계권).
> ③ (○) : 민법 제492조(상계의 요건) 제2항 ☞ 상계금지 특약은 선의의 제삼자에게 대항하지 못한다.
>
> **[참고지문] 甲의 乙에 대한 대여금채권에 상계금지특약이 붙어 있더라도 甲으로부터 그 채권을 선의로 양수한 丙은 그 채권으로 乙의 丙에 대한 채권과 상계할 수 있다. (○)**
>
> (2022 변호사)

387 (○) 388 ④ 《 정답

④ (×) : 민법 제498조(지급금지채권을 수동채권으로 하는 상계의 금지) 지급을 금지하는 명령을 받은 제삼채무자는 그 후에 취득한 채권에 의한 상계로 그 명령을 신청한 채권자에게 대항하지 못한다.
☞ 사안에서 甲이 乙에 대한 금전채권을 취득한 것이 丁이 乙의 甲에 대한 대여금채권을 압류한 이후이므로, 甲은 제498조에 의하여 상계로써 丁에게 대항할 수 없다.
⑤ (○) : 민법 제496조(불법행위채권을 수동채권으로 하는 상계의 금지) ☞ 수동채권으로 하는 상계만이 금지된다.

389 **甲과 乙은 상호간에 각 1억원의 대여금채권을 가지고 있었는데, 그 후 甲의 채권자 丙이 甲의 乙에 대한 채권을 가압류하였다. 이러한 상태에서 乙은 상계를 하고자 한다. 다음 설명 중 옳지 않은 것은? (다툼이 있으면 판례에 따름)** (2017 변리사)

① 가압류의 효력 발생 당시 乙의 채권과 甲의 채권의 변제기가 모두 도래한 경우, 乙은 상계로써 丙에게 대항할 수 있다.
② 가압류 효력발생 당시 乙의 채권이 변제기에 도달하지 않은 경우, 乙의 채권의 변제기가 甲의 채권의 변제기와 동시에 도래하면, 乙은 상계로써 丙에게 대항할 수 있다.
③ 가압류의 효력발생 당시 乙의 채권이 변제기에 도달하지 않은 경우, 甲의 채권의 변제기 후에 乙의 채권이 변제기에 도달하더라도 乙은 상계로써 丙에게 대항할 수 있다.
④ 가압류 효력발생 당시 乙의 채권이 변제기에 도달하지 않은 경우, 乙의 채권의 변제기가 甲의 채권의 변제기보다 먼저 도래하면 乙은 상계로써 丙에게 대항할 수 있다.
⑤ 가압류 효력발생 당시 비록 甲과 乙의 채권이 변제기에 도달하였더라도 乙이 甲에 대하여 상계의 의사표시를 하지 않은 경우, 특별한 사정이 없는 한 乙은 상계로써 丙에게 대항할 수 없다.

해 설 ① (○), ② (○), ③ (×), ④ (○) : 가압류명령을 받은 제3채무자가 가압류채무자에 대한 반대채권을 가지고 있는 경우에 상계로써 가압류채권자에게 대항하기 위하여는 가압류의 효력 발생 당시에 양 채권이 상계적상에 있거나(①), 반대채권이 압류 당시 변제기에 이르지 않는 경우에는 피압류채권인 수동채권의 변제기와 동시에(②) 또는 보다 먼저(④) 변제기에 도달하는 경우이어야 된다(대판 1982. 6. 22, 82다카200).
⑤ (○) : 상계의 의사표시를 하지 않았기 때문이다. / 당사자 쌍방의 채무가 서로 상계적상에 있다 하더라도, 별도의 의사표시 없이도 상계된 것으로 한다는 특약이 없는 한, 그 자체만으로 상계로 인한 채무 소멸의 효력이 생기는 것은 아니고 상계의 의사표시를 기다려 비로소 상계로 인한 채무 소멸의 효력이 생긴다(대판 2000. 9. 8, 99다6524).

Ⅸ. 경 개

390 **경개계약은 구채무를 소멸시키고 신채무를 성립시키는 처분행위이므로, 경개로 인한 신채무가 당사자가 알지 못한 사유로 인하여 성립되지 아니하더라도 구채무는 소멸된다. ( )** (2018 변호사)

정답 》 389 ③ 390 (×)

> **해설** [민법 제504조] 경개로 인한 신채무가 원인의 불법 또는 당사자가 알지 못한 사유로 인하여 성립되지 아니하거나 취소된 때에는 구채무는 소멸되지 아니한다.

X. 면 제

XI. 혼 동

391 주택의 임차인이 대항력을 갖추었다면 그가 그 주택의 소유권을 취득하더라도 특별한 사정이 없는 한 임대인에 대한 보증금반환청구권은 혼동으로 소멸하지 않는다. ( ) (2023 변리사)

> **해설** 주택의 임차인이 제3자에 대한 대항력을 갖춘 후 임차주택의 소유권이 양도되어 그 양수인이 임대인의 지위를 승계하는 경우에는, 임대차보증금의 반환채무도 부동산의 소유권과 결합하여 일체로서 이전하는 것이므로 양도인의 임대인으로서의 지위나 보증금반환채무는 소멸하는 것이고, 대항력을 갖춘 임차인이 양수인이 된 경우라고 하여 달리 볼 이유가 없으므로 대항력을 갖춘 임차인이 당해 주택을 양수한 때에도 임대인의 보증금반환채무는 소멸하고 양수인인 임차인이 임대인의 자신에 대한 보증금반환채무를 인수하게 되어, 결국 임차인의 보증금반환채권은 혼동으로 인하여 소멸하게 된다(대판 1996. 11. 22, 96다38216).

391 (×) 《 정답

채권각칙

CHAPTER

1 계약총칙

POINT

제1절 계약의 성립

Ⅰ. 계약의 자유와 그 제한

Ⅱ. 계약의 종류

Ⅲ. 계약의 성립

1 **승낙기간을 정하지 아니한 계약의 청약을 한 자가 상당한 기간 내에 승낙의 통지를 받은 때에는 계약이 성립한다. ( )** (2020 변리사)

> **해설** 민법 제529조(승낙기간을 정하지 아니한 계약의 청약)

2-1 **관습에 의하여 승낙의 의사표시가 필요하지 아니한 경우, 계약의 성립시기는 청약자가 승낙의 의사표시로 인정되는 사실을 알게 된 때이다. ( )** (2020 변리사)

2-2 **청약자의 의사표시나 관습에 의해 승낙의 통지가 필요하지 않은 경우, 계약은 승낙의 의사표시로 인정되는 사실이 있는 때에 성립한다. ( )** (2021 변리사)

> **해설** 청약자의 의사표시나 관습에 의하여 승낙의 통지가 필요하지 아니한 경우에는 계약은 승낙의 의사표시로 인정되는 사실이 있는 때에 성립한다(민법 제532조).

3 **매도인이 매수인에게 매매계약의 합의해제를 청약하였더라도 매수인이 그 청약에 대하여 조건을 붙여 승낙한 경우, 매도인의 청약은 실효된다. ( )** (2019 변리사)

> **해설** 매매계약 당사자 중 매도인이 매수인에게 매매계약을 합의해제할 것을 청약하였다고 할지라도, 매수인이 그 청약에 대하여 조건을 붙이거나 변경을 가하여 승낙한 때에는 민법 제534조의 규정에 비추어 보면 그 청약의 거절과 동시에 새로 청약한 것으로 보게 되는 것이고, 그로 인하여 종전의 매도인의 청약은 실효된다(대판 2002. 4. 12, 2000다17834).

1 (○) 2-1 (×) 2-2 (○) 3 (○) 《 정답

4 **甲은 2018. 9. 10. 乙에게 자신이 사용하던 X컴퓨터를 50만원에 매각하겠다는 의사표시와 2018. 9. 25.까지 구매여부를 알려 달라는 내용의 편지를 발송하였고, 그 편지는 2018. 9. 13. 乙에게 도달하였다. 이에 乙이 2018. 9. 17. X컴퓨터를 50만원에 매수하겠다는 승낙의 편지를 甲에게 발송하였다. 이에 관한 설명으로 옳은 것은?** (2019 변리사)

① 甲은 乙이 발송한 편지를 2018. 9. 19. 받았는데, 甲이 2018. 9. 24. 개봉하여 읽었다면 매매계약은 2018. 9. 24. 성립한다.

② 乙이 승낙의 의사표시를 하였으므로, 乙이 발송한 편지를 甲이 2018. 9. 25.까지 받지 못하였더라도 매매계약은 성립한다.

③ 甲은 乙이 발송한 편지를 2018. 9. 20. 받았다면, 매매계약은 그 때부터 성립하고 효력이 발생한다.

④ 乙이 발송한 편지가 2018. 9. 26. 甲에게 도달하였고 甲이 2018. 9. 27. 연착의 통지를 한 경우, 매매계약은 성립하지 않는다.

⑤ 乙이 2018. 9. 17. 매수하겠다는 편지를 발송하기 전까지 특별한 사정이 없는 한 甲은 乙에 대하여 매각의 의사표시를 철회할 수 있다.

해설 ① (×) : 채권양도의 통지와 같은 준법률행위의 도달은 의사표시와 마찬가지로 사회관념상 채무자가 통지의 내용을 알 수 있는 객관적 상태에 놓여졌을 때를 지칭하고, 그 통지를 채무자가 현실적으로 수령하였거나 그 통지의 내용을 알았을 것까지는 필요하지 않다(대판 1983. 8. 23, 82다카439). ☞ 이 판례에 따르면 2018. 9. 24.에 성립하는 것이 아님은 확실하다. 그렇다고 2018. 9. 19.에 성립하는 것도 아님을 주의하여야 한다. 아래 ③의 해설을 참조하라.

② (×) : 민법 제528조 제1항. 승낙기간 내에 승낙의 통지를 받지 못하면 청약이 그 효력을 상실하기 때문에 결국 계약은 성립하지 않는다. ☞ 민법 제528조 제1항과 제531조의 모순관계에 대하여 다수설은 해제조건설의 입장이다. 예컨대 기간 내에 승낙이 도달하지 않은 경우라도 제531조의 발신주의에 따르면 乙이 승낙의 편지를 발송한 2018. 9. 17.에 계약이 성립한다고 해야 하는데, 제528조 제1항에 따르면 계약이 성립하지 않는다고 해야 하므로 모순관계인 것처럼 보이는 것이다. 다수설인 해제조건설은 일단 발송으로 계약의 효력이 발생하지만 이는 기간 내 승낙의 부도달을 해제조건으로 하는 것으로, 승낙기간 내에 청약자가 승낙의 통지를 받지 못하면 계약은 소급하여 성립하지 않게 된다는 것이다.

③ (×) : 민법 제531조. 의사표시의 효력발생시기는 원칙적으로 도달주의에 따르나(민법 제111조), 격지자간의 계약성립시기에 관하여는 예외적으로 민법 제531조가 발신주의를 취한다. 따라서 도달시인 2018. 9. 20.이 아니라 乙이 승낙의 의사표시를 발송한 2018. 9. 17.에 계약이 성립하고 효력이 발생한다.

④ (○) : 민법 제528조 제2항, 제3항. ☞ 승낙의 편지 도달 후 "지체없이" 연착의 통지를 하였으므로 계약은 성립하지 않는다. 만약 연착의 통지를 하지 않았다면 제3항에 따라 연착되지 아니한 것으로 간주되어 계약이 성립하였을 것이다.

⑤ (×) : 민법 제527조. 청약이 상대방에게 도달하여 그 효력이 발생하면 청약자는 마음대로 철회할 수 없다. 甲의 청약은 2018. 9. 13. 乙에게 도달하였으므로 그 이후에는 철회할 수 없다.

정답 》 4 ④

Ⅳ. 약관에 의한 계약성립

5 **사업자와 고객 사이에 교섭이 이루어진 약관 조항도 「약관의 규제에 관한 법률」에 정한 약관에 해당한다. ( )** (2017 변리사)

> **해설** 사업자와 고객 사이에 교섭이 이루어진 약관 조항은 약관 작성상의 일방성이 없으므로 약관의규제에관한법률 소정의 약관에 해당하지 않는다(대판 2000. 12. 22, 99다4634).

6 **약관조항이 무효로 되면, 민법상 일부무효의 법리에 따라 그 전부를 무효로 함이 원칙이다. ( )** (2017 변리사)

> **해설** 약관의 규제에 관한 법률 제16조(일부 무효의 특칙) 약관의 전부 또는 일부의 조항이 제3조 제4항에 따라 계약의 내용이 되지 못하는 경우나 제6조부터 제14조까지의 규정에 따라 무효인 경우 계약은 나머지 부분만으로 유효하게 존속한다. 다만, 유효한 부분만으로는 계약의 목적 달성이 불가능하거나 그 유효한 부분이 한쪽 당사자에게 부당하게 불리한 경우에는 그 계약은 무효로 한다. ☞ 일부무효의 효과에 관하여 민법 제137조는 전부무효를 원칙으로 하지만, 약관의 규제에 관한 법률 제16조는 일부무효를 원칙으로 한다.

7 **약관에 정하여진 사항이 거래상 일반적이고 공통된 것이어서 고객이 별도의 설명 없이도 충분히 예상할 수 있었던 사항이더라도, 사업자에게 명시·설명의무가 있다. ( )** (2017 변리사)

> **해설** 약관에 정하여진 사항이라고 하더라도 거래상 일반적이고 공통된 것이어서 보험계약자가 별도의 설명 없이도 충분히 예상할 수 있었던 사항이거나, 이미 법령에 의하여 정하여진 것을 되풀이하거나 부연하는 정도에 불과한 사항이라면, 그러한 사항에 관하여까지 보험자에게 명시·설명의무가 있다고는 할 수 없다(대판 2007. 4. 27, 2006다87453).

8 **사업자가 고객의 대리인과 계약을 체결하는 경우, 설명의무의 상대방이 계약자 본인에 국한되는 것은 아니므로 그 대리인에게 약관을 설명하는 것으로 충분하다. ( )** (2017 변리사)

> **해설** 설명의무의 상대방은 반드시 보험계약자 본인에 국한되는 것이 아니라, 보험자가 보험계약자의 대리인과 보험계약을 체결할 경우에는 그 대리인에게 보험약관을 설명함으로써 족하다(대판 2001. 7. 27, 2001다23973).

9 **동일한 약관집 내의 대다수의 조항들이 교섭되고 변경된 사정이 있다고 하더라도, 변경되지 아니한 나머지 소수의 조항들에 대해서 교섭이 이루어진 것으로 추정할 수는 없다. ( )** (2017 변리사)

> **해설** 동일한 약관집 내의 대다수의 조항들이 교섭되고 변경된 사정이 있다면, 변경되지 아니한 나머지 소수의 조항들에 대해서도 교섭이 이루어진 것으로 추정할 수 있다(대판 2000. 12. 22, 99다4634).

5(×) 6(×) 7(×) 8(○) 9(×) 《 정답

Ⅴ. 계약체결상의 과실책임

10 어느 일방이 교섭단계에서 계약이 확실하게 체결되리라는 정당한 기대 내지 신뢰를 부여하여 상대방이 그 신뢰에 따라 행동하였음에도 상당한 이유 없이 계약의 체결을 거부하여 손해를 입혔다면 불법행위를 구성할 수 있다. ( ) (2020 변리사)

> **해설** 어느 일방이 교섭단계에서 계약이 확실하게 체결되리라는 정당한 기대 내지 신뢰를 부여하여 상대방이 그 신뢰에 따라 행동하였음에도 상당한 이유 없이 계약의 체결을 거부하여 손해를 입혔다면 이는 신의성실의 원칙에 비추어 볼 때 계약자유 원칙의 한계를 넘는 위법한 행위로서 불법행위를 구성한다고 할 것이다(민법 제2조, 제535조, 제750조; 대판 2001. 6. 15, 99다40418).

11 계약이 의사의 불합치로 성립하지 아니한 경우, 그로 인하여 손해를 입은 당사자는 상대방에 대하여 민법 제535조(계약체결상의 과실)를 유추적용하여 손해배상을 청구할 수 있다. ( ) (2021 변리사)

> **해설** 계약이 의사의 불합치로 성립하지 아니한 경우 그로 인하여 손해를 입은 당사자가 상대방에게 부당이득반환청구 또는 불법행위로 인한 손해배상청구를 할 수 있는지는 별론으로 하고, 상대방이 계약이 성립되지 아니할 수 있다는 것을 알았거나 알 수 있었음을 이유로 민법 제535조를 유추적용하여 계약체결상의 과실로 인한 손해배상청구를 할 수는 없다(대판 2017. 11. 14, 2015다10929).

12 목적이 불능인 계약을 체결할 때에 그 불능을 알 수 있었을 자는 상대방이 그 불능을 알 수 있었더라도 이행이익을 넘지 않은 한도에서 상대방에게 신뢰이익을 배상하여야 한다. ( ) (2020 변리사)

> **해설** 상대방이 불능을 알았거나 알 수 있었을 경우에는 계약체결상의 과실책임을 물을 수 없다(제535조 제2항).

13 공사도급계약의 도급인이 될 자가 수급인 선정을 위한 입찰절차를 거쳐 낙찰자를 결정한 경우, 입찰을 실시한 자와 낙찰자 사이에는 도급계약의 본계약 체결의무를 내용으로 하는 예약관계가 성립된다. ( ) (2021 변호사)

> **해설** 공사도급계약의 도급인이 될 자가 수급인을 선정하기 위해 입찰절차를 거쳐 낙찰자를 결정한 경우 입찰을 실시한 자와 낙찰자 사이에는 도급계약의 본계약체결의무를 내용으로 하는 예약의 계약관계가 성립하고, 어느 일방이 정당한 이유 없이 본계약의 체결을 거절하는 경우 상대방은 예약채무불이행을 이유로 한 손해배상을 청구할 수 있다(대판 2011. 11. 10, 2011다41659).

정답 〉 10(○) 11(×) 12(×) 13(○)

제2절 계약의 효력

Ⅰ. 동시이행의 항변권

14 **원고가 단순이행청구를 함에 대하여 피고가 동시이행의 항변권을 행사하지 않더라도 법원은 직권으로 상환이행판결을 할 수 있다. ( )** (2017 변호사)

> **해설** 매매를 원인으로 한 소유권이전등기청구에 있어 매수인은 매매계약 사실을 주장, 입증하면 특별한 사정이 없는 한 매도인은 소유권이전등기의무가 있는 것이며, 매도인이 매매대금의 일부를 수령한 바 없다면 동시이행의 항변을 제기하여야 하는 것이고, 법원은 매도인의 이와 같은 항변이 있을 때에 비로소 대금지급 사실의 유무를 심리할 수 있는 것이다(대판 1990. 11. 27, 90다카25222).

15 **"피고는 원고로부터 5,000만 원을 지급받음과 동시에 A토지를 인도하라."라는 판결을 받은 원고는 반대의무의 이행 또는 이행의 제공을 하였다는 것을 증명하여야만 집행을 개시할 수 있다. ( )** (2017 변호사)

> **해설** [민사집행법 제41조(집행개시의 요건) 제1항] 반대의무의 이행과 동시에 집행할 수 있다는 것을 내용으로 하는 집행권원의 집행은 채권자가 반대의무의 이행 또는 이행의 제공을 하였다는 것을 증명하여야만 개시할 수 있다. ☞ 반대급부의 이행 또는 이행의 제공은 – 집행문부여의 요건이 아니라 – 집행개시의 요건이다.

16-1 **당사자 일방이 먼저 현실의 제공을 함으로써 상대방을 수령지체에 빠지게 하였다하더라도 그 이행의 제공이 계속되지 않는 경우에는 과거에 이행의 제공이 있었다는 사실만으로 상대방이 가지는 동시이행의 항변권이 소멸하지 않는다. ( )** (2016 변리사)

16-2 **쌍무계약의 당사자 일방이 먼저 한 번 현실의 제공을 하여 상대방을 수령지체에 빠지게 하였다고 하더라도, 그 이행의 제공이 중지되어 더 이상 그 제공이 계속되지 아니하는 기간 동안에는 상대방의 의무가 이행지체 상태에 빠졌다고 할 수는 없으므로, 그 이행의 제공이 중지된 이후에 상대방의 의무가 이행지체되었음을 전제로 하는 손해배상청구를 할 수 없다. ( )** (2018 변호사)

16-3 **동시이행관계에 있는 채무에 있어 상대방의 이행제공을 수령하지 않음으로써 수령지체에 빠진 당사자는 그 후 상대방이 자신의 채무의 이행제공 없이 이행을 청구하는 경우 동시이행의 항변권을 행사할 수 없다. ( )** (2020 변리사)

16-4 **동산매매계약에서 매도인 甲이 매수인 乙에 대해 잔금 지급기일 도과를 이유로 지연손해금을 청구하려면 甲은 자기 채무의 이행제공을 계속하여야 한다. ( )** (2021 변리사)

> **해설** 쌍무계약의 당사자 일방이 먼저 한번 현실의 제공을 하고 상대방을 수령지체에 빠지게 하였다 하더라도 그 이행의 제공이 계속되지 않는 경우는 과거에 이행의 제공이 있었다는 사실만으로 상대방이 가지는 동시이행의 항변권이 소멸하는 것은 아니므로, 일시적으로 당사자 일방의 의무의 이행제공이

14 (×) 15 (○) 16-1 (○) 16-2 (○) 16-3 (×) 16-4 (○) 《 정답

있었으나 곧 그 이행의 제공이 중지되어 더 이상 그 제공이 계속되지 아니하는 기간 동안에는 상대방의 의무가 이행지체 상태에 빠졌다고 할 수는 없다고 할 것이고, 따라서 그 이행의 제공이 중지된 이후에 상대방의 의무가 이행지체되었음을 전제로 하는 손해배상청구도 할 수 없다(대판 1999. 7. 9, 98다13754,13761).

17 **임대차계약 종료 후 발생하는, 임차인의 임차목적물반환의무와 임대인의 임차보증금반환의무는 동시이행관계이다. ( )** (2018 변리사)

해설 임대차종료후 임차인의 임차목적물명도의무와 임대인의 연체차임 기타 손해배상금을 공제하고 남은 임대차보증금반환채무와는 동시이행의 관계에 있으므로 임차인이 동시이행의 항변권에 기하여 임차목적물을 점유하고 사용수익한 경우 그 점유는 불법점유라 할 수 없어 그로 인한 손해배상책임은 지지 아니하되, 다만 사용수익으로 인하여 실질적으로 얻은 이익이 있으면 부당이득으로서 반환하여야 한다(대판 1989. 2. 28, 87다카2114,2115,2116).

18 **계약이 해제된 경우 계약당사자가 부담하는 원상회복의무뿐만 아니라 손해배상의무도 함께 동시이행관계에 있다. ( )** (2019 변호사)

해설 계약이 해제되면 계약당사자는 상대방에 대하여 원상회복의무와 손해배상의무를 부담하는데, 이 때 계약당사자가 부담하는 원상회복의무뿐만 아니라 손해배상의무도 함께 동시이행의 관계에 있다(대판 1996. 7. 26, 95다25138, 25145).

19-1 **부동산매수인이 매매계약을 체결하면서 매매목적물에 관한 근저당권의 피담보채무를 인수하는 한편 그 채무액을 매매대금에서 공제하기로 하는 이행인수계약이 함께 이루어진 경우, 매수인의 인수채무 불이행으로 인한 손해배상채무와 매도인의 소유권이전등기의무는 동시이행의 관계에 있다. ( )** (2017 변호사)

19-2 **부동산매매계약과 함께 매수인이 매매대금 지급에 갈음하여 매도인의 제3자에 대한 채무의 이행을 인수하였는데 매수인의 인수채무불이행으로 말미암아 매도인이 인수채무를 대신 변제한 경우, 그로 인한 매수인의 손해배상채무와 매도인의 소유권이전등기의무는 동시이행관계에 있다. ( )** (2020 변리사)

해설 부동산매매계약과 함께 이행인수계약이 이루어진 경우, 매수인이 인수한 채무는 매매대금지급채무에 갈음한 것으로서 매도인이 매수인의 인수채무불이행으로 말미암아 또는 임의로 인수채무를 대신 변제하였다면, 그로 인한 손해배상채무 또는 구상채무는 인수채무의 변형으로서 매매대금지급채무에 갈음한 것의 변형이므로 매수인의 손해배상채무 또는 구상채무와 매도인의 소유권이전등기의무는 대가적 의미가 있어 이행상 견련관계에 있다고 인정되고, 따라서 양자는 동시이행의 관계에 있다고 해석함이 공평의 관념 및 신의칙에 합당하다(대판 2004. 7. 9, 2004다13083).

정답 17 (○) 18 (○) 19-1 (○) 19-2 (○)

20-1 가압류등기가 있는 부동산의 매매계약에서 매도인의 소유권이전등기 의무와 아울러 가압류등기의 말소의무도 매수인의 대금지급의무와 동시이행관계이다. ( ) (2018 변리사)

20-2 가압류등기가 있는 부동산 매매계약의 경우, 특별한 사정이 없는 한 매도인의 가압류등기의 말소의무는 매수인의 대금지급의무와 동시이행관계에 있지 않다. ( ) (2019 변리사)

20-3 근저당권설정등기가 되어 있는 부동산을 매매하는 경우, 특별한 사정이 없는 한 매도인의 근저당권말소 및 소유권이전등기의무와 매수인의 잔대금지급의무는 동시이행관계에 있다. ( ) (2019 변호사)

> **해설** 부동산의 매매계약이 체결된 경우에는 매도인의 소유권이전등기의무, 인도의무와 매수인의 잔대금지급의무는 동시이행의 관계에 있는 것이 원칙이고, 이 경우 매도인은 특별한 사정이 없는 한 제한이나 부담이 없는 완전한 소유권이전등기의무를 지는 것이므로 매매목적 부동산에 가압류등기 등이 되어 있는 경우에는 매도인은 이와 같은 등기도 말소하여 완전한 소유권이전등기를 해 주어야 하는 것이고, 따라서 가압류등기 등이 있는 부동산의 매매계약에 있어서는 매도인의 소유권이전등기 의무와 아울러 가압류등기의 말소의무도 매수인의 대금지급의무와 동시이행 관계에 있다고 할 것이다(대판 2000. 11. 28, 2000다8533). 근저당권설정등기가 되어 있는 부동산을 매매하는 경우 매수인이 근저당권의 피담보채무를 인수하여 그 채무금 상당을 매매잔대금에서 공제하기로 하는 특약을 하는 등 특별한 사정이 없는 한 매도인의 근저당권말소 및 소유권이전등기의무와 매수인의 잔대금지급의무는 동시이행의 관계에 있는 것이다(대판 1991. 11. 26, 91다23103).

21 부동산 매매계약에서 부동산 소유권이전등기의무뿐만 아니라 그 인도의무도 대금지급의무와 동시이행관계이다. ( ) (2018 변리사)

> **해설** 부동산의 매매계약이 체결된 경우에는 매도인의 소유권이전등기의무, 인도의무와 매수인의 잔대금 지급의무는 동시이행의 관계에 있는 것이 원칙이고, 이 경우 매도인은 특별한 사정이 없는 한 제한이나 부담이 없는 소유권이전등기의무를 지는 것이므로 매매목적 부동산에 지상권이 설정되어 있고 가압류등기가 되어 있는 경우에는 비록 매매가액에 비하여 소액인 금원의 변제로써 언제든지 말소할 수 있는 것이라 할지라도 매도인은 이와 같은 등기를 말소하여 완전한 소유권이전등기를 해 주어야 한다(대판 1991. 9. 10, 91다6368).

22 부동산 매매계약에서 매수인이 부가가치세를 부담하기로 약정한 경우, 특별한 사정이 없는 한 부가가치세를 포함한 매매대금 전부와 부동산 소유권이전등기의무가 동시이행관계에 있다. ( ) (2019, 2021 변리사)

> **해설** 부동산 매매계약에 있어 매수인이 부가가치세를 부담하기로 약정한 경우, 부가가치세를 매매대금과 별도로 지급하기로 했다는 등의 특별한 사정이 없는 한 부가가치세를 포함한 매매대금 전부와 부동산의 소유권이전등기의무가 동시이행의 관계에 있다고 봄이 상당하다(대판 2006. 2. 24, 2005다58656,58663).

20-1 (○) **20-2** (×) **20-3** (○) **21** (○) **22** (○) 《 정답

23 **구분소유적 공유관계가 전부 해소된 경우, 공유지분권자 상호간의 지분이전등기의무는 동시이행의 관계에 있다. ( )** (2021 변리사)

> **해설** 구분소유적 공유관계가 해소되는 경우 공유지분권자 상호간의 지분이전등기의무는 그 이행상 견련관계에 있다고 봄이 공평의 관념 및 신의칙에 부합하고, 또한 각 공유지분권자는 특별한 사정이 없는 한 제한이나 부담이 없는 완전한 지분소유권이전등기의무를 지므로, 그 구분소유권 공유관계를 표상하는 공유지분에 근저당권설정등기 또는 압류, 가압류등기가 경료되어 있는 경우에는 그 공유지분권자로서는 그러한 각 등기도 말소하여 완전한 지분소유권이전등기를 해 주어야 한다. 따라서 구분소유적 공유관계가 해소되는 경우 쌍방의 지분소유권이전등기의무와 아울러 그러한 근저당권설정등기 등의 말소의무 또한 동시이행의 관계에 있다(대판 2008. 6. 26, 2004다32992).

24 **금전채권에 대한 압류 및 추심명령이 있는 경우, 채무자는 제3채무자에 대하여 가지는 피압류채권에 기한 동시이행 항변권을 상실하지 않는다. ( )** (2021 변호사)

> **해설** 대금지급의무와 재산권이전은 동시이행관계에 있고, 그 금전채권에 대한 압류 및 추심명령이 있는 경우 이는 강제집행절차에서 추심채권자에게 채무자의 제3채무자에 대한 채권을 추심할 권능만을 부여하는 것이므로, 이로 인하여 채무자가 제3채무자에 대하여 가지는 채권이 추심채권자에게 이전되거나 귀속되는 것은 아니므로, 추심채무자로서는 제3채무자에 대하여 피압류채권에 기하여 그 동시이행을 구하는 항변권을 상실하지 않는다(대판 2001. 3. 9, 2000다73490).

25-1 **매수인이 선이행해야 할 중도금을 지급하지 않은 채 잔대금지급일을 경과한 경우, 매수인의 중도금과 지연손해금 및 잔대금지급채무와 매도인의 소유권이전등기의무는 특별한 사정이 없는 한 동시이행관계에 있다. ( )** (2016 변리사)

25-2 **매수인이 선이행의무 있는 중도금지급을 이행하지 않은 상태에서 잔대금지급과 동시이행관계에 있는 매도인의 소유권이전등기 소요서류 제공 없이 잔대금지급기일이 도과한 경우, 특별한 사정이 없는 한 그때 이후의 기간에 대해서는 매수인은 위 중도금을 지급하지 않더라도 이행지체의 책임을 지지 않는다. ( )** (2020 변리사)

25-3 **쌍무계약의 당사자 일방이 선이행의무를 이행하지 않고 있던 중 상대방 채무의 이행기가 도래한 경우에도 특별한 사정이 없는 한 동시이행의 항변권을 행사할 수 있다. ( )** (2022 변리사)

> **해설** 매수인이 선이행의무 있는 중도금을 지급하지 않았다 하더라도 계약이 해제되지 않은 상태에서 잔대금지급기일이 도래한 경우, 특별한 다른 사정이 없는 한 매수인의 중도금 및 잔대금의 지급과 매도인의 소유권이전등기 소요서류의 제공은 동시이행관계에 있다 할 것이어서 그때부터는 매수인은 중도금을 지급하지 아니한 데 대한 이행지체의 책임을 지지 아니한다(대판 1998. 3. 13, 97다54604).

26 **공사도급계약의 도급인이 자기 소유의 토지에 근저당권을 설정하여 수급인으로 하여금 공사에 필요한 자금을 대출받도록 한 경우, 수급인의 근저당권말소의무는 도급인의 공사대금**

정답 》 23 (○) 24 (○) 25-1 (○) 25-2 (○) 25-3 (○) 26 (×)

채무보다 먼저 이행되어야 한다. ( ) (2016 변리사)

> **해설** 공사도급계약의 도급인이 자신 소유의 토지에 근저당권을 설정하여 수급인으로 하여금 공사에 필요한 자금을 대출받도록 한 사안에서, 수급인의 근저당권 말소의무는 도급인의 공사대금채무에 대하여 공사도급계약상 고유한 대가관계가 있는 의무는 아니지만, 담보제공의 경위와 목적, 대출금의 사용용도 및 그에 따른 공사대금의 실질적 선급과 같은 자금지원 효과와 이로 인하여 도급인이 처하게 될 이중지급의 위험 등 구체적인 계약관계에 비추어 볼 때, 이행상의 견련관계가 인정되므로 양자는 서로 동시이행의 관계에 있고, 나아가 수급인이 근저당권 말소의무를 이행하지 아니한 결과 도급인이 위 대출금 및 연체이자를 대위변제함으로써 수급인이 지게 된 구상금채무도 근저당권 말소의무의 변형물로서 그 대등액의 범위 내에서 도급인의 공사대금채무와 동시이행의 관계에 있다고 한 사례(대판 2010. 3. 25, 2007다35152).

27-1 당사자 일방의 채무가 손해배상채무로 전환되는 경우 본래의 채무와 손해배상채무는 동일성을 유지하므로 동시이행항변권은 존속한다. ( ) (2016 변리사)

27-2 동시이행관계에 있는 쌍방의 채무 중 어느 한 채무가 이행불능이 됨으로 인하여 발생한 손해배상채무는 다른 채무와 동시이행관계에 있지 않다. ( ) (2019, 2021 변리사)

27-3 동시이행의 관계에 있는 쌍방의 채무 중 어느 한 채무가 이행불능이 됨으로 인하여 발생한 손해배상채무도 여전히 다른 채무와 동시이행의 관계에 있다. ( ) (2020 변호사)

> **해설** 동시이행의 관계에 있는 쌍방의 채무 중 어느 한 채무가 이행불능이 됨으로 인하여 발생한 손해배상채무도 여전히 다른 채무와 동시이행의 관계에 있다(대판 2000. 2. 25, 97다30066).

28 채무자의 변제와 채권자의 채권증서반환의무는 동시이행관계이다. ( ) (2018 변리사)

> **해설** 채권증서 반환청구권은 채권 전부를 변제한 경우에 인정되는 것이고, 영수증 교부의무와는 달리 변제와 동시이행관계에 있지 않다(대판 2005. 8. 19, 2003다22042판결).

29 「주택임대차보호법」상의 임차권등기명령에 의하여 임차권이 등기된 경우, 임대인의 임대차보증금반환의무와 임차인의 임차권등기말소의무는 동시이행관계에 있다. ( ) (2019 변호사)

> **해설** 주택임대차보호법 제3조의3 규정에 의한 임차권등기는 이미 임대차계약이 종료하였음에도 임대인이 그 보증금을 반환하지 않는 상태에서 경료되게 되므로, 이미 사실상 이행지체에 빠진 임대인의 임대차보증금의 반환의무와 그에 대응하는 임차인의 권리를 보전하기 위하여 새로이 경료하는 임차권등기에 대한 임차인의 말소의무를 동시이행관계에 있는 것으로 해석할 것은 아니고, 특히 위 임차권등기는 임차인으로 하여금 기왕의 대항력이나 우선변제권을 유지하도록 해 주는 담보적 기능만을 주목적으로 하는 점 등에 비추어 볼 때, 임대인의 임대차보증금의 반환의무가 임차인의 임차권등기 말소의무보다 먼저 이행되어야 할 의무이다(대판 2005. 6. 9, 2005다4529).

27-1 (○) **27-2** (×) **27-3** (○) **28** (×) **29** (×) 《 정답

30-1 **임대차계약 해제에 따른 임차인의 목적물반환의무와 임대인의 목적물을 사용수익하게 할 의무불이행에 대한 약정 지연손해배상의무는 특별한 사정이 없는 한 동시이행관계이다. ( )** (2018 변리사)

30-2 **당사자 쌍방의 채무가 각각 별개의 계약에 의하여 생긴 경우에는 특별한 사정이 없는 한 동시이행의 항변권이 인정되지 않는다. ( )** (2016 변리사)

> **해설** 임대차계약 해제에 따른 임차인의 임대차계약의 이행으로 이루어진 목적물 인도의 원상회복의무와 임대인이 임차인에게 건물을 사용수익하게 할 의무를 불이행한 데 대하여 손해배상을 하기로 한 각서에 기하여 발생된 약정지연손해배상의무는 하나의 임대차계약에서 이루어진 계약이행의 원상회복관계에 있지 않고 그 발생원인을 달리하고 있어 특별한 사정이 없는 한 양자 사이에 이행상의 견련관계는 없으므로 임차인의 동시이행의 항변은 배척되어야 한다(대판 1990. 12. 26, 90다카25383).

31 **쌍방의 채무가 별개의 계약에 기한 것이라도 당사자들은 특약으로 동시이행의 항변권을 성립시킬 수 있다. ( )** (2022 변리사)

> **해설** 당사자 쌍방이 각각 별개의 약정으로 채무를 부담하게 된 경우에는 당사자간의 특약으로 그 채무이행과 상대방의 어떤 채무이행과를 견련시켜 동시이행을 하기로 특약한 사실이 없는 한 상대방이 자기에게 이행할 채무가 있다 하더라도 동시이행의 항변권이 생긴다고 할 수는 없다(대판 1990. 4. 13, 89다카23794).

32 **근저당권 실행을 위한 경매가 무효로 된 경우, 매수인의 채무자에 대한 소유권이전등기말소의무와 근저당권자의 매수인에 대한 배당금반환의무는 동시이행관계에 있다. ( )** (2019 변리사)

> **해설** 근저당권 실행을 위한 경매가 무효로 되어 채권자(=근저당권자)가 채무자를 대위하여 낙찰자에 대한 소유권이전등기 말소청구권을 행사하는 경우, 낙찰자가 부담하는 소유권이전등기 말소의무는 채무자에 대한 것인 반면, 낙찰자의 배당금 반환청구권은 실제 배당금을 수령한 채권자(=근저당권자)에 대한 채권인바, 채권자(=근저당권자)가 낙찰자에 대하여 부담하는 배당금 반환채무와 낙찰자가 채무자에 대하여 부담하는 소유권이전등기 말소의무는 서로 이행의 상대방을 달리하는 것으로서, 채권자(=근저당권자)의 배당금 반환채무가 동시이행의 항변권이 부착된 채 채무자로부터 승계된 채무도 아니므로, 위 두 채무는 동시에 이행되어야 할 관계에 있지 아니하다(대판 2006. 9. 22, 2006다24049).

33 **부동산에 관한 매매계약을 체결한 후 매수인 앞으로 소유권이전등기를 마치기 전에 매수인으로부터 그 부동산을 다시 매수한 제3자의 처분금지가처분신청으로 매매 목적 부동산에 관하여 가처분등기가 이루어진 상태에서 매도인과 매수인 사이의 매매계약이 해제된 경우, 가처분등기의 말소와 매도인의 대금반환의무는 동시이행의 관계에 있다. ( )** (2015 사법시험)

> **해설** 부동산에 관한 매매계약을 체결한 후 매수인 앞으로 소유권이전등기를 마치기 전에 매수인으로부터 그 부동산을 다시 매수한 제3자의 처분금지가처분신청으로 매매목적부동산에 관하여 가처분등

정답 30-1 (×) 30-2 (○) 31 (○) 32 (×) 33 (×)

기가 이루어진 상태에서 매도인과 매수인 사이의 매매계약이 해제된 경우, 매도인만이 가처분이의 등을 신청할 수 있을 뿐 매수인은 가처분의 당사자가 아니어서 가처분이의 등에 의하여 가처분등기를 말소할 수 있는 법률상의 지위에 있지 않고, 제3자가 한 가처분을 매도인의 매수인에 대한 소유권이전등기의무의 일부이행으로 평가할 수 없어 그 가처분등기를 말소하는 것이 매매계약 해제에 따른 매수인의 원상회복의무에 포함된다고 보기도 어려우므로, 위와 같은 가처분등기의 말소와 매도인의 대금반환의무는 동시이행의 관계에 있다고 할 수 없다(대판 2009. 7. 9, 2009다18526).

34 **乙이 甲의 공장건물을 매수한 뒤 그 소유권 이전등기 전에 甲의 동의를 얻어 丙에게 임대하였으나 甲이 매매계약을 적법하게 해제하고 丙에게 건물 명도를 청구하는 경우, 丙의 甲에 대한 건물명도의무와 乙의 보증금반환의무는 동시이행관계에 있다. ( )** (2020 변리사)

해설 건물매수인이 아직 건물의 소유권을 취득하지 못한 채 매도인의 동의를 얻어 제3자에게 임대하였으나 매수인(임대인)의 채무불이행으로 매도인이 매매계약을 해제하고 임차인에게 건물의 명도를 구하는 경우 임차인은 매도인에 대한 관계에서 건물의 전차인의 지위와 흡사하다 할 것인바, 임대인의 동의 있는 전차인도 임차인의 채무불이행으로 임대차계약이 해지되면 특단의 사정이 없는 한 임대인에 대해서 전차인의 전대인에 대한 권리를 주장할 수가 없고, 또 임차인이 매매계약목적물에 대하여 직접 임차권을 취득했다고 보더라도, 대항력을 갖추지 아니한 상태에서는 그 매매계약이 해제되어 소급적으로 실효되면 그 권리를 보호받을 수가 없다는 점에 비추어 볼 때, 임차인의 건물명도의무와 매수인(임대인)의 보증금반환의무를 동시이행관계에 두는 것은 오히려 공평의 원칙에 반한다 할 것이다(대판 1990. 12. 7, 90다카24939).

35 **특별한 사정이 없는 한 주된 급부의무만이 동시이행의 관계에 있다. ( )** (2022 변리사)

해설 쌍무계약에 있어서 상대방의 부수적 사항에 관한 의무위반만을 이유로 자기의 채무이행을 거절할 수 있는 동시이행의 항변권을 갖게 되는 사유가 된다고 할 수 없다(대판 1976. 10. 12, 73다584).

36-1 **쌍무계약에서 쌍방의 채무가 동시이행관계에 있는 경우, 일방의 채무의 이행기가 도래하더라도 상대방 채무의 이행제공이 있을 때까지는 그 채무를 이행하지 않아도 이행지체의 책임을 지지 않는 것이지만, 이와 같은 효과는 이행지체의 책임이 없다고 주장하는 자가 동시이행의 항변권을 행사하지 않는 경우에는 발생하지 아니한다. ( )** (2022 변호사)

36-2 **부동산 매도인이 동시이행의 항변권을 가지는 경우에는 이행거절 의사를 구체적으로 밝히지 않았더라도 동시이행의 항변권으로 인해 이행지체책임이 발생하지 않는다. ( )** (2022 변리사)

36-3 **쌍방의 채무가 동시이행관계에 있는 경우, 상대방 채무의 이행제공이 없더라도 채무자가 이행기에 채무를 이행하지 않으면 이행지체의 책임을 진다. ( )** (2019 변리사)

34(×) **35**(○) **36-1**(×) **36-2**(○) **36-3**(×) 《 정답

> **해 설** 쌍무계약에서 쌍방의 채무가 동시이행관계에 있는 경우 일방의 채무의 이행기가 도래하더라도 상대방 채무의 이행제공이 있을 때까지는 그 채무를 이행하지 않아도 이행지체의 책임을 지지 않는 것이고, 이와 같은 효과는 이행지체의 책임이 없다고 주장하는 자가 반드시 동시이행의 항변권을 행사하여야만 발생하는 것은 아니다(대판 1998. 3. 13, 97다54604, 54611).

37 **채무자에게 민법 제536조 제2항의 불안의 항변권이 인정되기 위해서는 채권자측에 발생한 사정이 신용불안이나 재산상태 악화와 같이 객관적 · 일반적인 것이어야 한다. ( )**

(2022 변리사)

> **해 설** 민법 제536조 제2항의 이른바 불안의 항변권을 발생시키는 사유에 관하여 신용불안이나 재산상태 악화와 같이 채권자 측에 발생한 객관적 · 일반적 사정만이 이에 해당한다고 제한적으로 해석할 이유는 없다. 따라서 도급계약에서 일정 기간마다 이미 행하여진 공사부분에 대하여 기성공사금 등의 대가를 지급하기로 약정되어 있는데도 도급인이 정당한 이유 없이 이를 지급하지 않아 수급인에게 당초 계약내용에 따른 선이행의무의 이행을 요구하는 것이 공평에 반하게 되는 경우, 수급인이 민법 제536조 제2항에 의하여 계속공사의무의 이행을 거절할 수 있다(대판 2012. 3. 29, 2011다93025).

38 **매매계약을 맺은 후에야 매수인이 등기부상의 매매목적물이 매도인의 소유가 아니라는 것을 알게 되었다면 매수인은 중도금지급을 선이행하기로 하였더라도 그 지급을 거절할 수 있다. ( )**

(2018 변리사)

> **해 설** 매매계약을 맺은 후에야 등기부상 매매목적물이 매도인의 소유가 아닌 것이 발견되었다면 매수인은 경우에 따라서는 민법 588조에 의하여 중도금의 지급을 거절할 수 있고 그렇지 않다고 하더라도 계약에 있어서의 형평의 원칙이나 신의성실의 원칙에 비추어 선행의무에 해당하는 중도금지급의무라 하더라도 그 지급을 거절할 수 있다(대판 1974. 6. 11, 73다1632).

39 **동시이행관계가 인정되는 것을 모두 고른 것은? (특별한 사정이 없고, 다툼이 있으면 판례에 따름)**

(2023 변리사)

> ㄱ. 매매계약상 매도인의 소유권이전의무가 이행불능이 되어 생긴 손해배상채무와 매수인의 대금지급채무
> ㄴ. 매매계약상 매도인의 소유권이전의무와 매수인의 대금지급의무 중 어느 하나를 선이행의무로 약정한 경우, 각 의무의 이행기가 모두 지난 후의 쌍방의 의무
> ㄷ. 근저당권 실행을 위한 경매가 무효로 되어 근저당권자가 채무자인 소유자를 대위하여 낙찰자에 대한 소유권이전등기말소청구권을 행사하는 경우, 낙찰자의 소유권이전등기말소의무와 근저당권자의 배당금반환의무

① ㄱ ② ㄴ ③ ㄱ, ㄴ ④ ㄴ, ㄷ ⑤ ㄱ, ㄴ, ㄷ

정답 37 (×) 38 (○) 39 ③

해설 ㄱ. (○) : 동시이행의 관계에 있는 쌍방의 채무 중 어느 한 채무가 이행불능이 됨으로 인하여 발생한 손해배상채무도 여전히 다른 채무와 동시이행의 관계에 있다(대판 2000. 2. 25, 97다30066).
ㄴ. (○) : 매수인이 선이행의무 있는 중도금을 지급하지 않았다 하더라도 계약이 해제되지 않은 상태에서 잔대금지급기일이 도래한 경우, 특별한 다른 사정이 없는 한 매수인의 중도금 및 잔대금의 지급과 매도인의 소유권이전등기 소요서류의 제공은 동시이행관계에 있다 할 것이어서 그때부터는 매수인은 중도금을 지급하지 아니한 데 대한 이행지체의 책임을 지지 아니한다(대판 1998. 3. 13, 97다54604).
ㄷ. (×) : 근저당권 실행을 위한 경매가 무효로 된 경우, 채권자(=근저당권자)가 낙찰자에 대하여 부담하는 배당금 반환채무와 낙찰자가 채무자에 대하여 부담하는 소유권이전등기 말소의무는 **서로 이행의 상대방을 달리하는 것으로**서, 위 두 채무는 동시에 이행되어야 할 관계에 있지 아니하다(대판 2006. 9. 22, 2006다24049).

Ⅱ. 기존채무와 관련하여 어음·수표가 교부된 경우의 법률관계

40 **채무자가 채권자에게 기존채무의 이행에 관하여 어음을 교부함에 있어서 당사자 사이에 특별한 의사표시가 없으면 이는 '지급에 갈음하여' 교부된 것으로 추정한다. ( )** (2020 변호사)

해설 채무자가 기존 채무의 이행에 관하여 채권자에게 어음을 교부하는 경우에 당사자 사이에 특별한 의사표시가 없고, 다른 한편 어음상의 주채무자가 원인관계상의 채무자와 동일하지 아니한 때에는 제3자인 어음상의 주채무자에 의한 지급이 예정되고 있으므로, 이는 '지급을 위하여' 교부된 것으로 추정된다(대판 1995. 10. 13, 93다12213).

41 **원인채무의 지급을 담보하기 위하여 어음이 교부된 경우, 채무자는 어음반환과 동시이행을 주장하여 원인채무의 지급을 거절할 수는 없다. ( )** (2021 변리사)

해설 채무의 이행확보를 위한 어음을 발행한 경우, 그 채무의 이행과 어음의 반환은 동시이행의 관계에 있다(대판 1992. 12. 22, 92다8712).

42 **채무를 담보하기 위하여 어음이 발행된 경우, 채권자가 원인채권을 행사함에 있어서 채무자는 원칙적으로 어음과 상환으로 지급하겠다는 항변으로 채권자에게 대항할 수 있다. ( )**
(2019 변호사)

해설 기존의 원인채권과 어음채권이 병존하는 경우에 채권자가 원인채권을 행사함에 있어서 채무자는 원칙적으로 어음과 상환으로 지급하겠다고 하는 항변으로 채권자에게 대항할 수 있다(대판 2010. 7. 29, 2009다69692).

40 (×) 41 (×) 42 (○) 《 정답

43 **채권자가 기존채무의 '지급을 위하여' 그 채무의 변제기보다 후의 일자가 만기로 된 어음을 교부받은 경우 특별한 사정이 없는 한 기존채무의 지급을 유예하는 의사가 있었다고 볼 수 없다. ( )** (2020 변호사)

> **해설** 채권자가 기존 채무의 지급을 위하여 그 채무의 이행기가 도래하기 전에 미리 그 채무의 변제기보다 후의 일자가 만기로 된 어음의 교부를 받은 때에는 묵시적으로 기존 채무의 지급을 유예하는 의사가 있었다고 볼 경우가 있을 수 있고 이 때 기존 채무의 변제기는 어음에 기재된 만기일로 변경된다고 볼 것이나, 특별한 사정이 없는 한 채무자가 기존 채무의 이행기에 채무를 변제하지 아니하여 채무불이행 상태에 빠진 다음에 기존 채무의 지급을 위하여 어음이 발행된 경우까지 그와 동일하게 볼 수는 없다고 한다(대판 2000. 7. 28, 2000다16367).

Ⅲ. 위험부담

44-1 **甲과 乙 사이에 건물 매매계약이 체결된 후 매도인 甲의 소유권이전등기의무가 쌍방 모두의 귀책사유 없이 불능이 된 경우, 매매계약 자체가 여전히 유효하므로 乙은 부당이득의 법리에 따라 이미 지급한 매매대금의 반환을 청구할 수 없다. ( )** (2022 변호사)

44-2 **쌍무계약에서 당사자 쌍방의 귀책사유 없이 일방의 채무가 후발적으로 불능이 된 경우, 상대방은 이미 이행한 급부에 대하여 부당이득반환을 청구할 수 있다. ( )** (2023 변리사)

> **해설** 매매(또는 경매포함)목적물이 당사자 쌍방의 귀책사유 없이 이행불능에 이르러 매매계약이 종료되었다면, 위험부담의 법리에 따라 매도인은 이미 지급받은 계약금을 반환하여야 하고 매수인은 목적물을 점유·사용함으로써 취득한 임료 상당의 부당이득을 반환할 의무가 있다(대판 2009.5.28, 2008다98655,98662).

Ⅳ. 제3자를 위한 계약

45 **요약자는 원칙적으로 제3자의 권리와 별도로 낙약자에 대하여 제3자에게 급부를 이행할 것을 요구할 수 있는 권리를 가진다. ( )** (2023 변리사)

> **해설** 제3자를 위한 계약의 경우에 제3자가 권리를 취득하는 것과 별도로 요약자도 낙약자에 대하여 제3자에게 급부를 이행할 것을 청구할 수 있다는 것이 통설이다.

46 **제3자가 수익의 의사표시를 한 경우, 계약의 당사자가 제3자의 권리를 임의로 변경·소멸시키는 행위를 하더라도 특별한 사정이 없는 한 제3자에 대하여 효력이 없다. ( )** (2023 변리사)

정답 43 (×) 44 (×) 44-2 (○) 45 (○) 46 (○)

> **해설** 제539조의 규정에 의하여 제삼자의 권리가 생긴 후에는 당사자는 이를 변경 또는 소멸시키지 못한다(민법 제541조). ☞ 제3자를 위한 계약에 있어서, 제3자가 민법 제539조 제2항에 따라 수익의 의사표시를 함으로써 제3자에게 권리가 확정적으로 귀속된 경우에는, 요약자와 낙약자의 합의에 의하여 제3자의 권리를 변경·소멸시킬 수 있음을 미리 유보하였거나, 제3자의 동의가 있는 경우가 아니면 계약의 당사자인 요약자와 낙약자는 제3자의 권리를 변경·소멸시키지 못하고, 만일 계약의 당사자가 제3자의 권리를 임의로 변경·소멸시키는 행위를 한 경우 이는 제3자에 대하여 효력이 없다(대판 2002.1.25, 2001다30285).

47-1 제3자를 위한 계약의 체결 원인이 된 요약자와 제3자 사이의 법률관계의 효력은 요약자와 낙약자 사이의 법률관계의 성립이나 효력에 영향을 미친다. ( ) (2019 변호사)

47-2 낙약자는 요약자와 제3자 사이의 법률관계에 기한 항변으로 제3자에게 대항하지 못한다. ( ) (2019 변호사)

47-3 요약자와 수익자 사이의 법률관계(대가관계)의 효력 상실을 이유로 요약자는 낙약자와 요약자 사이의 법률관계(기본관계)상 낙약자에게 부담하는 채무의 이행을 거절할 수 있다. ( ) (2023 변리사)

> **해설** 제3자를 위한 계약의 체결 원인이 된 요약자와 제3자(수익자) 사이의 법률관계(이른바 대가관계)의 효력은 제3자를 위한 계약 자체는 물론 그에 기한 요약자와 낙약자 사이의 법률관계(이른바 기본관계)의 성립이나 효력에 영향을 미치지 아니하므로 낙약자는 요약자와 수익자 사이의 법률관계에 기한 항변으로 수익자에게 대항하지 못하고, 요약자도 대가관계의 부존재나 효력의 상실을 이유로 자신이 기본관계에 기하여 낙약자에게 부담하는 채무의 이행을 거부할 수 없다(대판 2003. 12. 11, 2003다49771).

48 제3자를 위한 계약에서 수익자는 낙약자의 채무불이행을 이유로 계약을 해제할 수 없다. ( ) (2016 변리사)

> **해설** 제3자를 위한 계약에서 수익자는 계약의 당사자가 아니기 때문에 낙약자의 채무불이행을 이유로 계약을 해제할 수 없다(대판 2005. 7. 22, 2005다7566).

49-1 매도인 甲과 매수인 乙이 토지거래허가구역 내 토지에 관한 매매계약을 체결하면서 매매대금을 丙에게 지급하기로 하는 제3자를 위한 계약을 체결하고 그 후 乙이 그 매매대금을 丙에게 지급하였는데, 토지거래허가를 받지 않아 유동적 무효였던 위 매매계약이 확정적으로 무효가 된 경우, 乙은 丙을 상대로 매매대금 상당액의 부당이득반환을 청구할 수 있다. ( ) (2019 변호사)

49-2 요약자의 채무불이행으로 인하여 낙약자가 계약을 해제한 경우에는 낙약자는 제3자에 대하여 계약의 해제로 인한 원상회복을 청구할 수 있다. ( ) (2019 변호사)

49-3 낙약자와 요약자 사이의 계약(기본관계)이 무효가 된 경우, 낙약자는 특별한 사정이 없는 한 제3자를 상대로 그가 제3자에게 한 급부를 부당이득으로 반환 청구할 수 없다. ( ) (2023 변리사)

47-1 (×) 47-2 (○) 47-3 (×) 48 (○) 49-1 (×) 49-2 (×) 49-3 (○) 《 정답

해설 제3자를 위한 계약관계에서 낙약자와 요약자 사이의 법률관계(이른바 기본관계)를 이루는 계약이 무효이거나 해제된 경우 그 계약관계의 청산은 계약의 당사자인 낙약자와 요약자 사이에 이루어져야 하므로, 특별한 사정이 없는 한 낙약자가 이미 제3자에게 급부한 것이 있더라도 낙약자는 계약해제 등에 기한 원상회복 또는 부당이득을 원인으로 제3자를 상대로 그 반환을 구할 수 없다(대판 2010. 8. 19, 2010다31860,31877).

[비교판례] [1] 보험계약자가 다수의 보험계약을 통하여 보험금을 부정취득할 목적으로 보험계약을 체결한 경우, 이러한 목적으로 체결된 보험계약에 의하여 보험금을 지급하게 하는 것은 보험계약을 악용하여 부정한 이득을 얻고자 하는 사행심을 조장함으로써 사회적 상당성을 일탈하게 될 뿐만 아니라, 합리적인 위험의 분산이라는 보험제도의 목적을 해치고 위험발생의 우발성을 파괴하며 다수의 선량한 보험가입자들의 희생을 초래하여 보험제도의 근간을 해치게 되므로, 이와 같은 보험계약은 민법 제103조 소정의 선량한 풍속 기타 사회질서에 반하여 무효라고 할 것이다. 한편 보험계약자가 그 보험금을 부정취득할 목적으로 다수의 보험계약을 체결하였는지에 관하여는 이를 직접적으로 인정할 증거가 없더라도, 보험계약자의 직업 및 재산상태, 다수의 보험계약의 체결 경위, 보험계약의 규모, 보험계약 체결 후의 정황 등 제반 사정에 기하여 그와 같은 목적을 추인할 수 있다. [2] 보험계약자가 타인의 생활상의 부양이나 경제적 지원을 목적으로 보험자와 사이에 타인을 보험수익자로 하는 생명보험이나 상해보험 계약을 체결하여 보험수익자가 보험금 청구권을 취득한 경우, 보험자의 보험수익자에 대한 급부는 보험수익자에 대한 보험자 자신의 고유한 채무를 이행한 것이다. 따라서 보험자는 보험계약이 무효이거나 해제되었다는 것을 이유로 보험수익자를 상대로 하여 그가 이미 보험수익자에게 급부한 것의 반환을 구할 수 있고, 이는 타인을 위한 생명보험이나 상해보험이 제3자를 위한 계약의 성질을 가지고 있다고 하더라도 달리 볼 수 없다(대판 2018. 9. 13, 2016다255125).

50 **乙은 甲소유의 X주택을 매수하면서 그 대금을 甲의 대여금 채권자 丙에게 지급하기로 하는 제3자를 위한 계약을 체결하였고, 丙은 위 매매대금의 수령의사를 밝혔다. 다음 설명 중 옳지 않은 것은? (다툼이 있으면 판례에 따름)** (2017 변리사)

① X주택의 소유권이전의무가 甲의 과실로 이행불능이 된 경우, 乙은 丙의 동의 없이 매매계약을 해제할 수 있다.

② 甲과 丙간의 금전소비대차계약이 취소되더라도 甲과 乙간의 매매계약은 유효하다.

③ 甲과 乙간의 매매계약이 乙의 사기를 이유로 취소된 경우, 丙이 그 사실을 몰랐더라도 丙은 선의의 제3자로서 보호받지 못한다.

④ 만약 丙이 甲의 대리인으로서 乙을 기망하여 乙이 위 매매계약을 체결한 경우, 乙은 丙의 대금지급청구를 거절할 수 있을 뿐이고 위 매매계약을 취소할 수는 없다.

⑤ 甲의 채무불이행으로 위 매매계약이 해제된 경우, 乙이 丙에게 매매대금의 일부를 이미 지급하였더라도, 특별한 사정이 없는 한 乙은 丙을 상대로 부당이득을 원인으로 이미 지급한 대금의 반환을 청구할 수 없다.

해설 ① (○) : 제3자를 위한 유상 쌍무계약의 경우 요약자는 낙약자의 채무불이행을 이유로 제3자의 동의없이 계약을 해제할 수 있다(대판 1970. 2. 24, 69다1410).

정답 》 50 ④

② (○) : 제3자를 위한 계약의 체결 원인이 된 요약자와 제3자(수익자) 사이의 법률관계(이른바 대가관계)의 효력은 제3자를 위한 계약 자체는 물론 그에 기한 요약자와 낙약자 사이의 법률관계(이른바 기본관계)의 성립이나 효력에 영향을 미치지 아니하므로 낙약자는 요약자와 수익자 사이의 법률관계에 기한 항변으로 수익자에게 대항하지 못하고, 요약자도 대가관계의 부존재나 효력의 상실을 이유로 자신이 기본관계에 기하여 낙약자에게 부담하는 채무의 이행을 거부할 수 없다(대판 2003. 12. 11, 2003다49771).
③ (○) : 수익자는 낙약자에 대하여 직접 권리를 취득하므로 각종 제3자 보호규정에 의해 보호되는 '제3자'에는 포함되지 않는다는 것이 종래의 통설이었다. 판례도 '제3자를 위한 계약에서의 제3자가 계약해제시 보호되는 민법 제548조 제1항 단서의 제3자에 해당하지 않음은 물론(대판 2005. 7. 22, 2005다7566)'이라고 판시한 적이 있다. 그런데 2021년에 판례는 "제3자를 위한 계약에서도 낙약자와 요약자 사이의 법률관계(기본관계)에 기초하여 수익자가 요약자와 원인관계(대가관계)를 맺음으로써 해제 전에 새로운 이해관계를 갖고 그에 따라 등기, 인도 등을 마쳐 권리를 취득하였다면, 수익자는 민법 제548조 제1항 단서에서 말하는 계약해제의 소급효가 제한되는 제3자에 해당한다고 봄이 타당하다(대판 2021. 8. 19, 2018다244976)."고 하였다. 따라서 제3자를 위한 계약의 수익자가 계약해제의 소급효가 제한되는 민법 제548조 제1항 단서의 "제3자"에 해당한다는 점은 명확해졌다고 볼 수 있다. 문제는 제3자를 위한 계약의 수익자가 예컨대 의사표시에 관한 제107조~제110조의 제3자 보호규정 등 해제 이외의 제3자 보호규정에서도 위 판례와 같이 보아야 할 것인지인데, 이는 아직까지 불명확하다. 따라서 제3자를 위한 계약의 수익자가 "제110조 제3항의 제3자"에 해당하는지를 묻고 있는 이 지문은 일단 제3자를 위한 계약의 수익자는 각종 제3자 보호규정에 의해 보호되는 '제3자'에는 포함되지 않는다는 종래의 통설에 따라 정답을 그대로 유지하기로 한다. 시험에서는 아마도 명확한 정답이 있는 해제에 관한 2021년 판례가 출제될 것으로 예상되는데, 혹시 해제 이외의 문제가 출제된다면 출제자의 의도를 잘 파악해서 문제를 풀 수밖에 없을 것이다.
④ (×) : 상대방 있는 의사표시에 관하여 제3자가 사기나 강박을 한 경우에는 상대방이 그 사실을 알았거나 알 수 있었을 경우에 한하여 그 의사표시를 취소할 수 있으나, 상대방의 대리인 등 상대방과 동일시할 수 있는 자의 사기나 강박은 제3자의 사기·강박에 해당하지 아니한다(대판 1999. 2. 23, 98다60828). 사안에서 丙이 甲의 대리인으로서 乙을 기망하였기 때문에 민법 제110조 제2항이 적용되는 것이 아니라 제110조 제1항이 적용되고, 따라서 乙은 甲이 그 사실을 알았거나 알 수 있었는지 여부와 무관하게 계약을 취소할 수 있다.
⑤ (○) : 제3자를 위한 계약관계에서 낙약자와 요약자 사이의 법률관계(이른바 기본관계)를 이루는 계약이 무효이거나 해제된 경우 그 계약관계의 청산은 계약의 당사자인 낙약자와 요약자 사이에 이루어져야 하므로, 특별한 사정이 없는 한 낙약자가 이미 제3자에게 급부한 것이 있더라도 낙약자는 계약해제 등에 기한 원상회복 또는 부당이득을 원인으로 제3자를 상대로 그 반환을 구할 수 없다(대판 2010. 8. 19, 2010다31860).

51 甲과 乙은 甲 소유의 시계를 乙에게 500만 원에 매도하면서 甲의 丙에 대한 채무의 변제에 충당하기 위해 500만 원을 乙이 丙에게 지급하기로 하는 제3자를 위한 계약을 하고 丙도 이를 승낙하였다. 이에 관한 설명 중 옳은 것은? (다툼이 있는 경우 판례에 의함) (2017 변호사)

① 시계가 모조품으로 밝혀져 乙이 사기를 이유로 甲과의 계약을 취소한 경우, 丙이 이러한 사실을 알지 못했다 하더라도 乙은 丙의 대금지급청구를 거절할 수 있다.

51 ① 《 정답

② 乙이 丙에 대하여 이행기에 있는 300만 원의 금전채권을 가지고 있다고 해도 乙은 이 채권을 가지고 丙에 대한 500만 원 지급채무와 상계할 수 없다.
③ 甲이 시계를 인도하지 않더라도 乙은 丙의 동의 없이 매매계약을 해제할 수 없다.
④ 乙이 丙에게 500만 원을 지급하였는데 甲이 이행을 지체하자 乙이 매매계약을 해제한 경우, 乙은 丙에게 500만 원의 반환을 구할 수 있다.
⑤ 甲이 시계를 乙에게 인도하였는데 乙이 丙에게 500만 원을 지급하지 않은 경우, 丙은 채무불이행을 이유로 매매계약을 해제하고 원상회복을 청구할 수 있다.

해설 ① (○) 수익자는 낙약자에 대하여 직접 권리를 취득하므로 각종 제3자 보호규정에 의해 보호되는 '제3자'에는 포함되지 않는다는 것이 종래의 통설이었다. 판례도 '제3자를 위한 계약에서의 제3자가 계약해제시 보호되는 민법 제548조 제1항 단서의 제3자에 해당하지 않음은 물론(대판 2005. 7. 22, 2005다7566)'이라고 판시한 적이 있다. 그런데 2021년에 판례는 "제3자를 위한 계약에서도 낙약자와 요약자 사이의 법률관계(기본관계)에 기초하여 수익자가 요약자와 원인관계(대가관계)를 맺음으로써 해제 전에 새로운 이해관계를 갖고 그에 따라 등기, 인도 등을 마쳐 권리를 취득하였다면, 수익자는 민법 제548조 제1항 단서에서 말하는 계약해제의 소급효가 제한되는 제3자에 해당한다고 봄이 타당하다(대판 2021. 8. 19, 2018다244976)."고 하였다. 따라서 제3자를 위한 계약의 수익자가 계약해제의 소급효가 제한되는 민법 제548조 제1항 단서의 "제3자"에 해당한다는 점은 명확해졌다고 볼 수 있다. 문제는 제3자를 위한 계약의 수익자가 예컨대 의사표시에 관한 제107조~제110조의 제3자 보호규정 등 해제 이외의 제3자 보호규정에서도 위 판례와 같이 보아야 할 것인지인데, 이는 아직까지 불명확하다. 따라서 제3자를 위한 계약의 수익자가 "제110조 제3항의 제3자"에 해당하는지를 묻고 있는 이 지문은 일단 제3자를 위한 계약의 수익자는 각종 제3자 보호규정에 의해 보호되는 '제3자'에는 포함되지 않는다는 종래의 통설에 따라 정답을 그대로 유지하기로 한다.
② (×) ☞ 상계할 수 있다.
③ (×) : 제3자를 위한 유상 쌍무계약의 경우 요약자는 낙약자의 채무불이행을 이유로 제3자의 동의 없이 계약을 해제할 수 있다(대판 1970. 2. 24, 69다1410).
④ (×) : 제3자를 위한 계약관계에서 낙약자와 요약자 사이의 법률관계(이른바 기본관계)를 이루는 계약이 무효이거나 해제된 경우 그 계약관계의 청산은 계약의 당사자인 낙약자와 요약자 사이에 이루어져야 하므로, 특별한 사정이 없는 한 낙약자가 이미 제3자에게 급부한 것이 있더라도 낙약자는 계약해제 등에 기한 원상회복 또는 부당이득을 원인으로 제3자를 상대로 그 반환을 구할 수 없다(대판 2010. 8. 19, 2010다31860).
⑤ (×) : 제3자를 위한 계약의 당사자가 아닌 수익자는 계약의 해제권이나 해제를 원인으로 한 원상회복청구권이 있다고 볼 수 없다(대판 1994. 8. 12, 92다41559).

52 **甲은 자신 소유의 X노트북을 乙에게 매도하면서 그 대금은 乙이 甲의 채권자 丙에게 직접 지급하기로 하는 제3자를 위한 계약을 체결하였고, 丙은 乙에게 수익의 의사를 표시하였다. 이에 관한 설명으로 옳지 않은 것은? (다툼이 있으면 판례에 따름)** (2021 변리사)

① 甲과 乙이 미리 매매계약에서 丙의 권리를 변경·소멸할 수 있음을 유보한 경우, 이러한 약정은 丙에 대해서도 효력이 있다.

정답 》 52 ②

② 甲은 丙의 동의가 없는 한 乙의 채무불이행을 이유로 계약을 해제할 수 없다.
③ 제3자를 위한 계약의 체결 원인이 된 甲과 丙 사이의 법률관계가 취소된 경우, 특별한 사정이 없는 한 乙은 丙에게 대금지급을 거절할 수 없다.
④ 乙의 채무불이행을 이유로 甲이 계약을 해제한 경우, 丙은 乙에게 자기가 입은 손해에 대한 배상을 청구할 수 있다.
⑤ 甲과 乙의 매매계약이 취소된 경우, 乙이 丙에게 이미 매매대금을 지급하였다고 하더라도 특별한 사정이 없는 한 乙은 丙을 상대로 부당이득반환청구를 할 수 없다.

해설 ① (○) : 제3자를 위한 계약에 있어서, 제3자가 민법 제539조 제2항에 따라 수익의 의사표시를 함으로써 제3자에게 권리가 확정적으로 귀속된 경우에는, 요약자와 낙약자의 합의에 의하여 제3자의 권리를 변경·소멸시킬 수 있음을 미리 유보하였거나, 제3자의 동의가 있는 경우가 아니면 계약의 당사자인 요약자와 낙약자는 제3자의 권리를 변경·소멸시키지 못하고, 만일 계약의 당사자가 제3자의 권리를 임의로 변경·소멸시키는 행위를 한 경우 이는 제3자에 대하여 효력이 없다(대판 2002. 1. 25, 2001다30285).
② (×) : 제3자를 위한 유상 쌍무계약의 경우 요약자는 낙약자의 채무불이행을 이유로 제3자의 동의없이 계약을 해제할 수 있다(대판 1970. 2. 24, 69다1410, 1411).
③ (○) : 제3자를 위한 계약의 체결 원인이 된 요약자와 제3자(수익자) 사이의 법률관계(이른바 대가관계)의 효력은 제3자를 위한 계약 자체는 물론 그에 기한 요약자와 낙약자 사이의 법률관계(이른바 기본관계=보상관계)의 성립이나 효력에 영향을 미치지 아니하므로 낙약자는 요약자와 수익자 사이의 법률관계에 기한 항변으로 수익자에게 대항하지 못하고, 요약자도 대가관계의 부존재나 효력의 상실을 이유로 자신이 기본관계에 기하여 낙약자에게 부담하는 채무의 이행을 거부할 수 없다(대판 2003.12.11, 2003다49771).
④ (○) : 제3자를 위한 계약에 있어서 수익의 의사표시를 한 수익자는 낙약자에게 직접 그 이행을 청구할 수 있을 뿐만 아니라 요약자가 계약을 해제한 경우에는 낙약자에게 자기가 입은 손해의 배상을 청구할 수 있는 것이므로, 수익자가 완성된 목적물의 하자로 인하여 손해를 입었다면 수급인은 그 손해를 배상할 의무가 있다(대판 1994. 8. 12, 92다41559).
⑤ (○) : 제3자를 위한 계약관계에서 낙약자와 요약자 사이의 법률관계(이른바 기본관계)를 이루는 계약이 무효이거나 해제된 경우 그 계약관계의 청산은 계약의 당사자인 낙약자와 요약자 사이에 이루어져야 하므로, 특별한 사정이 없는 한 낙약자가 이미 제3자에게 급부한 것이 있더라도 낙약자는 계약해제 등에 기한 원상회복 또는 부당이득을 원인으로 제3자를 상대로 그 반환을 구할 수 없다(대판 2010.8.19, 2010다31860, 31877).

53 **甲과 乙 사이의 법률관계에 기하여 甲이 丙에게 급부를 한 경우에 관한 설명 중 옳은 것을 모두 고른 것은? (다툼이 있는 경우 판례에 의함)** (2021 변호사)

ㄱ. 甲이 乙에 대한 급부에 갈음하여 乙의 지시에 따라 乙의 채권자인 丙에게 급부를 한 경우, 甲과 乙 사이의 법률관계가 무효이더라도 甲은 丙에 대하여 부당이득반환청구를 할 수 없다.
ㄴ. 甲이 乙과 체결한 제3자를 위한 계약에 따라 수익자인 丙에게 급부를 한 경우, 그 계약이 해제되더라도 甲은 丙에 대하여 원상회복청구를 할 수 없다.

53 ③ 《 정답

ㄷ. 甲이 乙을 위한 사무관리로서 丙에게 급부를 한 경우, 甲은 급부를 통해 이익을 얻은 丙에 대하여 직접 부당이득반환청구를 할 수 없다.
ㄹ. 乙이 甲에 대한 채권을 丙에게 양도하였고 그에 따라 甲이 丙에게 급부를 한 경우, 채권의 발생 원인이 된 甲과 乙 사이의 계약이 해제되더라도 甲은 丙에 대하여 원상회복청구를 할 수 없다.

① ㄱ, ㄴ ② ㄴ, ㄷ ③ ㄱ, ㄴ, ㄷ ④ ㄱ, ㄷ, ㄹ ⑤ ㄴ, ㄷ, ㄹ

해설 ㄱ. (○) : 계약의 한쪽 당사자가 상대방의 지시 등으로 급부과정을 단축하여 상대방과 또 다른 계약관계를 맺고 있는 제3자에게 직접 급부를 하는 경우(이른바 삼각관계에서 급부가 이루어진 경우), 그 급부로써 급부를 한 계약당사자가 상대방에게 급부를 한 것일 뿐만 아니라 그 상대방이 제3자에게 급부를 한 것이다. 따라서 계약의 한쪽 당사자는 제3자를 상대로 법률상 원인 없이 급부를 수령하였다는 이유로 부당이득반환청구를 할 수 없다. 이러한 경우에 계약의 한쪽 당사자가 상대방에게 급부를 한 원인관계인 법률관계에 무효 등의 흠이 있거나 그 계약이 해제되었다는 이유로 제3자를 상대로 직접 부당이득반환청구를 할 수 있다고 보면, 자기 책임 아래 체결된 계약에 따른 위험부담을 제3자에게 전가하는 것이 되어 계약법의 원리에 반하는 결과를 초래할 뿐만 아니라 수익자인 제3자가 상대방에 대하여 가지는 항변권 등을 침해하게 되어 부당하다(대판 2018. 7. 12, 2018다204992).

ㄴ. (○) : 제3자를 위한 계약관계에서 낙약자와 요약자 사이의 법률관계(이른바 기본관계)를 이루는 계약이 해제된 경우, 낙약자가 이미 제3자에게 급부한 것에 대해 계약해제에 기한 원상회복 또는 부당이득을 원인으로 제3자를 상대로 그 반환을 구할 수 없다(대판 2005. 7. 22, 2005다7566).

ㄷ. (○) : 계약상 급부가 계약 상대방뿐 아니라 제3자에게 이익이 된 경우에 급부를 한 계약당사자는 계약 상대방에 대하여 계약상 반대급부를 청구할 수 있는 이외에 제3자에 대하여 직접 부당이득반환청구를 할 수는 없다고 보아야 하고, 이러한 법리는 급부가 사무관리에 의하여 이루어진 경우에도 마찬가지이다. 따라서 의무 없이 타인을 위하여 사무를 관리한 자는 타인에 대하여 민법상 사무관리 규정에 따라 비용상환 등을 청구할 수 있는 외에 사무관리에 의하여 결과적으로 사실상 이익을 얻은 다른 제3자에 대하여 직접 부당이득반환을 청구할 수는 없다(대판 2013. 6. 27, 2011다17106).

ㄹ. (×) : 민법 제548조 제1항 단서에서 규정하고 있는 제3자란 일반적으로 계약이 해제되는 경우 그 해제된 계약으로부터 생긴 법률효과를 기초로 하여 해제 전에 새로운 이해관계를 가졌을 뿐 아니라 등기·인도 등으로 완전한 권리를 취득한 자를 말하고, 계약상의 채권을 양수한 자는 여기서 말하는 제3자에 해당하지 않는다고 할 것인바, 계약이 해제된 경우 계약해제 이전에 해제로 인하여 소멸되는 채권을 양수한 자는 계약해제의 효과에 반하여 자신의 권리를 주장할 수 없음은 물론이고, 나아가 특단의 사정이 없는 한 채무자로부터 이행받은 급부를 원상회복하여야 할 의무가 있다(대판 2003. 1. 24, 2000다22850).

제3절 계약의 소멸(해제 · 해지)

Ⅰ. 계약의 해제

54 채권자가 채무불이행을 이유로 하여 계약을 적법하게 해제한 후에도 채무자는 착오를 이유로 그 계약을 취소할 수 있다. ( ) (2016 변리사)

> **해설** 매도인이 매수인의 중도금 지급채무 불이행을 이유로 매매계약을 적법하게 해제한 후라도 매수인으로서는 상대방이 한 계약해제의 효과로서 발생하는 손해배상책임을 지거나 매매계약에 따른 계약금의 반환을 받을 수 없는 불이익을 면하기 위하여 착오를 이유로 한 취소권을 행사하여 매매계약 전체를 무효로 돌리게 할 수 있다(대판 1996. 12. 6, 95다24982,24999).

55 이행지체를 이유로 계약을 해제할 때 그 전제요건인 이행의 최고는 반드시 미리 일정기간을 명시하여 행해야 하며 이를 명시하지 아니한 최고는 부적법하다. ( ) (2021 변호사)

> **해설** 이행지체를 이유로 계약을 해제함에 있어서 그 전제요건인 이행의 최고는 반드시 미리 일정기간을 명시하여 최고하여야 하는 것은 아니며 최고한 때로부터 상당한 기간이 경과하면 해제권이 발생한다(대판 1994. 11. 25, 94다35930).

56-1 매도인의 소유권이전등기의무가 이행불능임을 이유로 매매계약을 해제함에 있어서, 상대방의 잔대금지급의무가 매도인의 소유권이전등기의무와 동시이행관계에 있더라도 그 이행의 제공을 필요로 하지 않는다. ( ) (2016 변리사)

56-2 매수인의 잔대금지급의무가 소유권이전등기의무와 동시이행관계에 있더라도, 소유권이전등기의무의 이행불능을 이유로 매수인이 매매계약을 해제하기 위해서는 매수인이 대금지급의무의 이행제공을 할 필요가 없다. ( ) (2019 변리사)

> **해설** 매도인의 매매계약상의 소유권이전등기의무가 이행불능이 되어 이를 이유로 매매계약을 해제함에 있어서는 상대방의 잔대금지급의무가 매도인의 소유권이전등기의무와 동시이행관계에 있다고 하더라도 그 이행의 제공을 필요로 하는 것이 아니다(대판 2003. 1. 24, 2000다22850).

57 매수인이 매도인의 채무불이행을 이유로 계약금 반환을 구하는 소를 제기함으로써 계약해제권을 행사하고 그 소장이 송달된 후, 그 소를 취하하고 본래의 매매계약의 이행을 구하는 소를 제기하면 매도인은 매매계약상의 의무를 이행하여야 한다. ( ) (2018 변리사)

> **해설** 소제기로써 계약해제권을 행사한 후 그 뒤 그 소송을 취하하였다 하여도 해제권은 형성권이므로 그 행사의 효력에는 아무런 영향을 미치지 아니한다(대판 1982. 5. 11, 80다916).

58 계약에서 위약시의 해제권을 배제하기로 약정하지 않은 경우, 어느 일방에 대한 약정해제권의 유보는 채무불이행으로 인한 법정해제권의 발생에 영향을 주지 않는다. ( ) (2018 변리사)

54 (○) 55 (×) 56-1 (○) 56-2 (○) 57 (×) 58 (○) 《 정답

해설 계약서에 명문으로 위약시의 법정해제권의 포기 또는 배제를 규정하지 않은 이상 계약당사자 중 어느 일방에 대한 약정해제권의 유보 또는 위약벌에 관한 특약의 유무 등은 채무불이행으로 인한 법정해제권의 성립에 아무런 영향을 미칠 수 없다(대결 1990. 3. 27, 자 89다카14110).

59 **매수인의 사망으로 매수인의 지위를 상속한 상속인들이 매매계약을 해제하려면, 특별한 사정이 없는 한 전원이 해제의 의사표시를 하여야 한다. ( )** (2023 변리사)

해설 당사자의 일방 또는 쌍방이 수인인 경우에는 계약의 해지나 해제는 그 전원으로부터 또는 전원에 대하여 하여야 한다(민법 제547조 제1항). ☞ 매매계약의 일방 당사자가 사망하였고 그에게 여러 명의 상속인이 있는 경우에 그 상속인들이 위 계약을 해제하려면, 상대방과 사이에 다른 내용의 특약이 있다는 등의 특별한 사정이 없는 한, 상속인들 전원이 해제의 의사표시를 하여야 한다(대판 2013. 11. 28, 2013다22812).

60 **임대차계약 체결 당시 여러 사람이 공동임대인으로서 임차인과 사이에 하나의 임대차계약을 체결한 경우 특별한 사정이 없는 한 공동임대인 전원의 해지의 의사표시에 의하여 임대차계약 전부를 해지하여야 하나, 임대차목적물 중 일부가 양도되어 양수인이 그에 관한 임대인의 지위를 승계함으로써 공동임대인으로 된 경우에는 전원이 해지의 의사표시를 할 필요는 없다. ( )** (2017 변호사)

해설 민법 제547조 제1항은 "당사자의 일방 또는 쌍방이 수인인 경우에는 계약의 해지나 해제는 그 전원으로부터 또는 전원에 대하여 하여야 한다."라고 규정하고 있으므로, 여러 사람이 공동임대인으로서 임차인과 하나의 임대차계약을 체결한 경우에는 민법 제547조 제1항의 적용을 배제하는 특약이 있다는 등의 특별한 사정이 없는 한 공동임대인 전원의 해지의 의사표시에 따라 임대차계약 전부를 해지하여야 한다. 이러한 법리는 임대차계약의 체결 당시부터 공동임대인이었던 경우뿐만 아니라 임대차목적물 중 일부가 양도되어 그에 관한 임대인의 지위가 승계됨으로써 공동임대인으로 되는 경우에도 마찬가지로 적용된다(대판 2015. 10. 29, 2012다5537).

61 **당사자가 수인인 경우에 적용되는 해제권의 불가분성에 관한 규정(민법 제547조)에 대해 당사자는 특약으로 그 적용을 배제할 수 있다. ( )** (2018 변리사)

해설 민법 제547조 제1항은 "당사자의 일방 또는 쌍방이 수인인 경우에는 계약의 해지나 해제는 그 전원으로부터 또는 전원에 대하여 하여야 한다."라고 규정하고 있으므로, 여러 사람이 공동임대인으로서 임차인과 하나의 임대차계약을 체결한 경우에는 민법 제547조 제1항의 적용을 배제하는 특약이 있다는 등의 특별한 사정이 없는 한 공동임대인 전원의 해지의 의사표시에 따라 임대차계약 전부를 해지하여야 한다. 이러한 법리는 임대차계약의 체결 당시부터 공동임대인이었던 경우뿐만 아니라 임대차목적물 중 일부가 양도되어 그에 관한 임대인의 지위가 승계됨으로써 공동임대인으로 되는 경우에도 마찬가지로 적용된다(대판 2015. 10. 29, 2012다5537).

정답 》 59 (○) 60 (×) 61 (○)

62 **甲이 乙 주택조합을 대리한 丙과 조합가입계약을 체결하고 丙에게 조합원분담금 일부를 송금한 후에 甲이 이행불능을 근거로 조합가입계약을 유효하게 해제한 경우, 丙이 그 해제로 인한 원상회복의무를 부담한다. ( )** (2017 변호사)

> **해설** 甲이 乙 주택조합을 대리한 丙과 조합가입계약을 체결하고, 丙에게 조합원분담금 일부를 송금한 사안에서, 丙이 乙을 대리하여 조합가입계약을 적법하게 체결하였고 나아가 丙이 계약상 급부를 乙을 위하여 수령할 권한이 없다고 할 특별한 사정이 없음에도, 甲이 계약상 채무의 이행불능을 이유로 조합가입계약을 유효하게 해제하였다고 인정하면서도 丙이 해제로 인한 원상회복의무를 부담한다고 본 원심판결을 파기한 사례. → 계약상 채무의 불이행을 이유로 계약이 상대방 당사자에 의하여 유효하게 해제되었다면, 그 해제로 인한 원상회복의무는 대리인이 아니라 계약의 당사자인 본인이 부담한다. 이는 본인이 대리인으로부터 그 수령한 급부를 현실적으로 인도받지 못하였다거나 해제의 원인이 된 계약상 채무의 불이행에 관하여 대리인에게 책임 있는 사유가 있다고 하여도 다른 특별한 사정이 없는 한 마찬가지라고 할 것이다(대판 2011. 8. 18, 2011다30871).

63 **부동산 매매계약이 해제되기 전에 매수인과 매매예약을 체결하고 그에 기한 소유권이전청구권 보전을 위한 가등기를 마친 사람은 「민법」 제548조 제1항 단서에서 말하는 계약해제로 보호받는 '제3자'에 포함되지 않는다. ( )** (2020 변호사)

> **해설** 민법 제548조 제1항 단서에서 말하는 제3자는 일반적으로 해제된 계약으로부터 생긴 법률효과를 기초로 하여 해제 전에 새로운 이해관계를 가졌을 뿐만 아니라 등기, 인도 등으로 권리를 취득한 사람을 말하는 것인바, 매수인과 매매예약을 체결한 후 그에 기한 소유권이전청구권 보전을 위한 가등기를 마친 사람도 위 조항 단서에서 말하는 제3자에 포함된다(대판 2014. 12. 11, 2013다14569).

64 **甲이 丁으로부터 X주택을 매수하여 소유권이전등기를 마친 후에 乙에게 X주택을 임대하였고, 乙은 X주택을 인도받고 전입신고를 한 경우, 丁이 甲의 매매대금채무의 이행지체를 이유로 매매계약을 해제하더라도 乙은 丁에게 임차권을 주장할 수 있다. ( )** (2021 변호사)

> **해설** 소유권을 취득하였다가 계약해제로 인하여 소유권을 상실하게 된 임대인으로부터 그 계약이 해제되기 전에 주택을 임차받아 주택의 인도와 주민등록을 마침으로써 주택임대차보호법 제3조 제1항에 의한 대항요건을 갖춘 임차인은 민법 제548조 제1항 단서의 규정에 따라 계약해제로 인하여 권리를 침해받지 않는 제3자에 해당하므로 임대인의 임대권원의 바탕이 되는 계약의 해제에도 불구하고 자신의 임차권을 새로운 소유자에게 대항할 수 있고, 이 경우 계약해제로 소유권을 회복한 제3자는 주택임대차보호법 제3조 제2항에 따라 임대인의 지위를 승계한다(대판 2003. 8. 22, 2003다12717).

65 **매매계약의 당사자 사이에 계약해제로 인한 원상회복의무로서 반환할 매매대금에 가산할 이자를 약정하였고 그 약정이율이 법정이율보다 낮은 경우, 위 매매대금 반환의무의 이행지체로 인한 지연손해금에 관하여도 위 약정이율이 적용되어야 한다. ( )** (2017 변호사)

62 (×) 63 (×) 64 (○) 65 (×) 《 정답

해설 [1] 당사자 일방이 계약을 해제한 때에는 각 당사자는 상대방에 대하여 원상회복의무가 있고, 이 경우 반환할 금전에는 받은 날로부터 이자를 가산하여 지급하여야 한다. 여기서 가산되는 이자는 원상회복의 범위에 속하는 것으로서 일종의 부당이득반환의 성질을 가지는 것이고 반환의무의 이행지체로 인한 지연손해금이 아니다. 따라서 당사자 사이에 그 이자에 관하여 특별한 약정이 있으면 그 약정이율이 우선 적용되고 약정이율이 없으면 민사 또는 상사 법정이율이 적용된다. 반면 원상회복의무가 이행지체에 빠진 이후의 기간에 대해서는 부당이득반환의무로서의 이자가 아니라 반환채무에 대한 지연손해금이 발생하게 되므로 거기에는 지연손해금률이 적용되어야 한다. 그 지연손해금률에 관하여도 당사자 사이에 별도의 약정이 있으면 그에 따라야 할 것이고, 설사 그것이 법정이율보다 낮다 하더라도 마찬가지이다. [2] 계약해제 시 반환할 금전에 가산할 이자에 관하여 당사자 사이에 약정이 있는 경우에는 특별한 사정이 없는 한 이행지체로 인한 지연손해금도 그 약정이율에 의하기로 하였다고 보는 것이 당사자의 의사에 부합한다. 다만 그 약정이율이 법정이율보다 낮은 경우에는 약정이율에 의하지 아니하고 법정이율에 의한 지연손해금을 청구할 수 있다고 봄이 타당하다(대판 2013. 4. 26, 2011다50509).

66-1 **계약 해제로 인하여 당사자 일방이 수령한 금전을 반환함에 있어 그 받은 날로부터 가산하여 지급하여야 할 「민법」 제548조 제2항 소정의 이자는 반환의무의 이행지체로 인한 지연손해금이다. ( )** (2020 변호사)

66-2 **부동산 매매계약 해제 시 매매대금 반환의무와 소유권이전등기말소의무가 동시이행관계에 있는지 여부에 관계없이 매도인은 매매대금을 받은 날로부터 법정이자를 가산하여 지급하여야 한다. ( )** (2017 변호사)

해설 민법 제548조 제2항은 계약해제로 인한 원상회복의무의 이행으로 반환하는 금전에는 그 받은 날로부터 이자를 가산하여야 한다고 하고 있는바, 위 이자의 반환은 원상회복의무의 범위에 속하는 것으로 일종의 부당이득반환의 성질을 가지는 것이지 반환의무의 이행지체로 인한 손해배상은 아니라고 할 것이고, 소송촉진등에관한특례법 제3조 제1항은 금전채무의 전부 또는 일부의 이행을 명하는 판결을 선고할 경우에 있어서 금전채무불이행으로 인한 손해배상액 산정의 기준이 되는 법정이율에 관한 특별규정이므로, 위 이자에는 소송촉진등에관한특례법 제3조 제1항에 의한 이율을 적용할 수 없다(대판 2003. 7. 22, 2001다76298).

67 **매매계약의 해제로 인하여 매수인이 반환하여야 할 목적물의 사용이익을 산정함에 있어서 매수인이 투입한 현금자본의 기여분 및 매수인의 영업수완 등 노력으로 인한 운용이익은 원칙적으로 공제하여서는 안 된다. ( )** (2017 변호사)

해설 매매계약의 해제로 인하여 매수인이 반환하여야 할 목적물의 사용이익을 산정함에 있어서 매수인이 목적물을 사용하여 취득한 순수입에는 목적물 자체의 사용이익뿐만 아니라 목적물의 수리비 등 매수인이 투입한 현금자본의 기여도 포함되어 있으므로 매수인의 순수입에서 현금자본의 투입비율을 고려하지 아니하고 단순히 현금자본에 해당하는 금액을 공제하는 방식으로 목적물의 사용이익을 산정할 수 없고, 매수인의 영업수완 등 노력으로 인한 이른바 운용이익이 포함된 것으로 볼 여지가 있는 경우 이러한 운용이익은 사회통념상 매수인의 행위가 개입되지 아니하였더라도 그 목적물로부터 매

정답 66-1 (×) 66-2 (○) 67 (×)

도인이 당연히 취득하였으리라고 생각되는 범위 내의 것이 아닌 한 매수인이 반환하여야 할 사용이익의 범위에서 공제하여야 한다(대판 2006. 9. 8, 2006다26328).

68 **매도인으로부터 매매 목적물의 소유권을 이전받은 매수인이 매도인의 계약해제 이전에 제3자에게 목적물을 처분하여 계약해제에 따른 원물반환이 불가능하게 된 경우, 매수인이 원상회복의무로서 반환하여야 하는 목적물의 가액은 특별한 사정이 없는 한 그 처분 당시의 대가 또는 그 시가 상당액이다. ( )** (2020 변호사)

해설 매도인으로부터 매매 목적물의 소유권을 이전받은 매수인이 매도인의 계약해제 이전에 제3자에게 목적물을 처분하여 계약해제에 따른 원물반환이 불가능하게 된 경우에 매수인은 원상회복의무로서 가액을 반환하여야 하며, 이때에 반환하여야 하는 목적물의 가액은 특별한 사정이 없는 한 그 처분 당시의 대가 또는 그 시가 상당액이라 할 것이고, 그리고 이러한 법리는 매수인과 매도인의 약정에 따라 매도인으로부터 직접 제3자에게 목적물의 권리가 이전된 경우에도 마찬가지이다(대판 2013. 12. 12, 2012다58029).

69 **계약 상대방의 채무불이행을 이유로 한 계약의 해지 또는 해제는 손해배상의 청구에 영향을 미치지 아니하지만, 다른 특별한 사정이 없는 한 그 손해배상책임 역시 채무불이행으로 인한 손해배상책임과 다를 것이 없으므로, 상대방에게 고의 또는 과실이 없을 때에는 배상책임을 지지 아니한다. 그러나 상대방의 채무불이행과 상관없이 일정한 사유가 발생하면 계약을 해지 또는 해제할 수 있도록 하는 약정해지 · 해제권을 유보한 경우에는 상대방에게 고의 또는 과실이 없더라도 그에 따른 손해배상책임을 진다. ( )** (2022 변호사)

해설 계약 상대방의 채무불이행을 이유로 한 계약의 해지 또는 해제는 손해배상의 청구에 영향을 미치지 아니하지만(민법 제551조), 다른 특별한 사정이 없는 한 그 손해배상책임 역시 채무불이행으로 인한 손해배상책임과 다를 것이 없으므로, 상대방에게 고의 또는 과실이 없을 때에는 배상책임을 지지 아니한다(민법 제390조). 이는 상대방의 채무불이행과 상관없이 일정한 사유가 발생하면 계약을 해지 또는 해제할 수 있도록 하는 약정해지·해제권을 유보한 경우에도 마찬가지이고 그것이 자기책임의 원칙에 부합한다(대판 2016. 4. 15, 2015다59115).

70 **채권자가 채무불이행을 이유로 계약을 해제하는 경우 특별한 사정이 없는 한 해제된 계약의 내용에 포함된 손해배상액의 예정도 소급적으로 소멸한다. ( )** (2023 변호사)

해설 민법 제398조 제1항, 제3항, 제551조의 문언·내용과 계약당사자의 일반적인 의사 등을 고려하면, 계약당사자가 채무불이행으로 인한 전보배상에 관하여 손해배상액을 예정한 경우에 **채권자가 채무불이행을 이유로 계약을 해제하거나 해지하더라도 원칙적으로 손해배상액의 예정은 실효되지 않고**, 전보배상에 관하여 특별한 사정이 없는 한 손해배상액의 예정에 따라 배상액을 정해야 한다. 다만 위와 같은 손해배상액의 예정이 **계약의 유지를 전제로 정해진 약정이라는 등의 사정이 있는 경우**에 채무불이행을 이유로 계약을 해제하거나 해지하면 손해배상액의 예정도 실효될 수 있다. 이때

68 (○) 69 (×) 70 (×) 《 정답

손해배상액의 예정이 실효된다고 볼 특별한 사정이 있는지는 약정 내용, 약정이 이루어지게 된 동기와 경위, 당사자가 이로써 달성하려는 목적, 거래의 관행 등을 종합적으로 고려하여 당사자의 의사를 합리적으로 해석하여 판단해야 한다(대판 2022. 4. 14, 2019다292736, 292743).

71 **해제권의 행사기간을 정하지 아니한 때에는 상대방은 상당한 기간을 정하여 해제권행사 여부의 확답을 해제권자에게 최고할 수 있다. ( )** (2018 변리사)

해설 민법 제552조(해제권행사여부의 최고권) 제1항

72 **해제권자가 그 상대방으로부터 인도받은 목적물을 자신의 과실(過失)로 인해 반환할 수 없게 된 경우에 그 해제권은 소멸한다. ( )** (2018 변리사)

해설 민법 제553조(훼손 등으로 인한 해제권의 소멸)

73 **계약의 합의해제는 단독행위의 일종이다. ( )** (2022 변리사)

해설 계약의 합의해제는 당사자가 이미 체결한 계약을 체결하지 않았던 것과 같은 효과를 발생시킬 것을 내용으로 하는 또 다른 계약으로서, 당사자 사이의 합의로 성립한 계약을 합의해제하기 위하여서는 계약이 성립하는 경우와 마찬가지로 기존 계약의 효력을 소멸시키기로 하는 내용의 해제계약의 청약과 승낙이라는 서로 대립하는 의사표시가 합치될 것을 그 요건으로 하는 것이고, 이러한 합의가 성립하기 위하여는 쌍방 당사자의 표시행위에 나타난 의사의 내용이 서로 객관적으로 일치하여야 하며, 계약의 합의해제는 묵시적으로 이루어질 수도 있으나, 계약이 묵시적으로 합의해제되었다고 하려면 계약의 성립 후에 당사자 쌍방의 계약실현의사의 결여 또는 포기로 인하여 당사자 쌍방의 계약을 실현하지 아니할 의사가 일치되어야만 한다(대판 1998. 8. 21, 98다17602).

74 **계약을 합의해제할 때에는 원상회복에 관하여 반드시 약정을 하여야 한다. ( )** (2022 변리사)

해설 계약을 합의해제할 때에 원상회복에 관하여 반드시 약정을 하여야 하는 것은 아니지만, 매매계약을 합의해제하는 경우에 이미 지급된 계약금, 중도금의 반환 및 손해배상금에 관하여는 아무런 약정도 하지 아니한 채 매매계약을 해제하기만 하는 것은 경험칙에 비추어 이례에 속하는 일이다(대판 1994. 9. 13, 94다17093).

75 **계약이 일부이행된 경우, 그 원상회복에 관하여 의사가 일치되지 않아도 계약의 묵시적 합의해제가 인정될 수 있다. ( )** (2019 변리사)

해설 계약의 합의해제는 묵시적으로 이루어질 수도 있으나, 계약이 묵시적으로 합의해제되었다고 하려면 계약의 성립 후에 당사자 쌍방의 계약실현의사의 결여 또는 포기로 인하여 당사자 쌍방의 계약을 실현하지 아니할 의사가 일치되어야만 하고, 계약이 일부 이행된 경우에는 그 원상회복에 관하여도 의사가 일치되어야 할 것이다(대판 2011. 4. 28, 2010다98412,98429).

정답 71(○) 72(○) 73(×) 74(×) 75(×)

76 **특별한 사정이 없는 한 계약이 일부이행된 상태에서 당사자 쌍방이 장기간에 걸쳐 나머지 의무를 이행하지 않고 이를 방치한 것만으로도 묵시적 합의해제가 인정된다. ( )**(2022 변리사)

> **해설** 계약의 합의해제는 당사자 쌍방의 묵시적인 합의에 의하여서도 성립되나 이를 인정하는 데는 계약의 실현을 장기간 방치한 것만으로는 부족하고 당사자 쌍방에게 계약을 실현할 의사가 없거나 계약을 포기하는 동기에서 비롯되어 장기간 방치된 것이라고 볼 수 있는 사정이 있어야만 묵시적 합의해제를 인정할 수 있다(대판 1992. 2. 28, 91다28221).

77 **매매계약을 합의해제한 후 그 합의해제를 무효화시키고, 해제된 매매계약을 부활시키는 약정은 적어도 당사자 사이에서는 가능하다. ( )** (2019, 2022 변리사)

> **해설** 매매계약을 합의해제한 후 그 합의해제를 무효화시키고, 해제된 매매계약을 부활시키는 약정은 계약자유의 원칙상 적어도 당사자 사이에서는 가능하다(대판 2006. 4. 13, 2003다45700).

78-1 **채무불이행으로 인하여 계약이 합의해제 되었더라도 손해배상을 금하는 특약이 없는 한 채무불이행으로 인한 손해배상을 청구할 수 있다. ( )** (2016 변리사)

78-2 **계약이 합의해제된 경우, 특별한 사정이 없는 한 채무불이행으로 인한 손해배상청구는 할 수 없다. ( )** (2019 변리사)

78-3 **계약이 합의해제가 된 경우에도 특별한 사정이 없는 한 채무불이행으로 인한 손해배상청구는 인정된다. ( )** (2022 변리사)

78-4 **계약이 합의에 따라 해제되거나 해지된 경우, 특별한 사정이 없는 한 채무불이행으로 인한 손해배상을 청구할 수 없다. ( )** (2023 변리사)

78-5 **계약이 합의에 따라 해제된 경우에는 상대방에게 손해배상을 하기로 특약하거나 손해배상 청구를 유보하는 의사표시를 하는 등 다른 사정이 없는 한 채무불이행으로 인한 손해배상을 청구할 수 없다. ( )** (2023 변호사)

> **해설** **계약이 합의에 따라 해제되거나 해지된 경우**에는 상대방에게 손해배상을 하기로 특약하거나 손해배상청구를 유보하는 의사표시를 하는 등 다른 사정이 없는 한 **채무불이행으로 인한 손해배상을 청구할 수 없다.** 그와 같은 손해배상의 특약이 있었다거나 손해배상청구를 유보하였다는 점은 이를 **주장하는 당사자**가 증명할 책임이 있다(대판 2021. 5. 7, 2017다220416).

79 **원래의 계약에 있는 위약금에 관한 약정은 그것이 계약 내용이나 당사자의 의사표시 등에 비추어 합의해제에도 적용된다고 볼 만한 특별한 사정이 없는 한 합의해제의 경우에까지 적용되지는 않는다. ( )** (2023 변호사)

> **해설** 법률행위의 해석은 당사자가 그 표시행위에 부여한 의미를 명백하게 확정하는 것으로서, 당사자가 표시한 문언에서 그 의미가 명확하게 드러나지 않는 경우에는 문언의 내용, 법률행위가 이루어진 동기와 경위, 당사자가 법률행위로 달성하려는 목적과 진정한 의사, 거래의 관행 등을 종합적으로 고

76 (×) 77 (○) 78-1 (×) 78-2 (○) 78-3 (×) 78-4 (○) 78-5 (○) 79 (○) 《 정답

려하여 논리와 경험의 법칙, 그리고 사회일반의 상식과 거래의 통념에 따라 합리적으로 해석하여야 한다. 계약을 합의하여 해제하거나 해지하면서 상대방에게 손해배상을 하기로 하는 특약이나 손해배상 청구를 유보하는 의사표시를 하였는지를 판단할 때에도 위와 같은 법률행위 해석에 관한 법리가 적용된다. 위와 같은 특약이나 의사표시가 있었는지는 **합의해제·해지 당시를 기준**으로 판단하여야 하는데, **원래의 계약에 있는 위약금이나 손해배상에 관한 약정**은 그것이 계약 내용이나 당사자의 의사표시 등에 비추어 합의해제·해지의 경우에도 적용된다고 볼 만한 특별한 사정이 없는 한 **합의해제·해지의 경우에까지 적용되지는 않는다**(대판 2021. 5. 7, 2017다220416).

80-1 **계약 당사자 쌍방이 합의에 의하여 계약을 해제할 경우에는 당사자 사이에 별도의 약정이 없는 이상 합의해제로 인하여 반환할 금전에 그 받은 날로부터의 이자를 더하여 반환할 의무가 없다. ( )** (2019 변호사)

80-2 **당사자 사이에 약정이 없는 이상 합의해지로 인하여 반환할 금전에 그 받은 날로부터 이자를 붙여서 반환할 의무는 없다. ( )** (2019 변리사)

80-3 **당사자가 기존 계약의 효력을 소멸시켜 원상으로 회복시키기로 합의한 경우, 특별한 약정이 없는 한 위 합의해제로 인하여 반환할 금전에는 그 받은 날로부터 이자를 가하여야 한다. ( )** (2020 변호사)

해설 합의해제 또는 해제계약이라 함은 해제권의 유무에 불구하고 계약 당사자 쌍방이 합의에 의하여 기존의 계약의 효력을 소멸시켜 당초부터 계약이 체결되지 않았던 것과 같은 상태로 복귀시킬 것을 내용으로 하는 새로운 계약으로서, 그 효력은 그 합의의 내용에 의하여 결정되고 여기에는 해제에 관한 민법 제548조 제2항의 규정은 적용되지 아니하므로, 당사자 사이에 약정이 없는 이상 합의해제로 인하여 반환할 금전에 그 받은 날로부터의 이자를 가하여야 할 의무가 있는 것은 아니다(대판 1996. 7. 30, 95다16011). 합의해지 또는 해지계약이라 함은 해지권의 유무에 불구하고 계약 당사자 쌍방이 합의에 의하여 계속적 계약의 효력을 해지시점 이후부터 장래를 향하여 소멸하게 하는 것을 내용으로 하는 새로운 계약으로서, 그 효력은 그 합의의 내용에 의하여 결정되고 여기에는 해제, 해지에 관한 민법 제548조 제2항의 규정은 적용되지 아니하므로, 당사자 사이에 약정이 없는 이상 합의해지로 인하여 반환할 금전에 그 받은 날로부터의 이자를 가하여야 할 의무가 있는 것은 아니다(대판 2003. 1. 24, 2000다5336, 5343).

81 **甲은 자신이 소유하는 토지를 乙에게 매도하고 중도금까지 받았는데, 乙에게 그 토지에 대한 소유권이전등기를 넘기지 않은 상태에서 甲이 丙에게 다시 그 토지를 매도하고, 丙명의로 소유권이전등기까지 마쳤다. 이에 관한 설명으로 옳은 것은? (다툼이 있으면 판례에 따름)** (2018 변리사)

① 乙이 甲과의 계약을 해제하기 위해서는 상당한 기간을 정해 이행을 최고하여야 한다.
② 乙이 甲과의 계약을 해제하면 乙은 甲에 대해 원상회복청구권을 갖는데, 그 권리의 소멸시효는 해제권이 발생한 때로부터 진행한다.
③ 乙이 甲과의 계약을 해제하기 위해서는 甲의 소유권이전등기의무와 동시이행관계에 있는 잔대금지급의무의 이행제공을 하여야 한다.

정답 80-1 (○) 80-2 (○) 80-3 (×) 81 ⑤

④ 만약 丙이 아직 甲에게 매매대금을 지급하지 않았다면, 乙은 甲과의 계약을 해제하지 않고 丙을 상대로 甲에게 지급할 매매대금을 자신에게 대상(代償)으로 지급하라고 청구할 수 있다.

⑤ 만약 丁이 甲의 乙에 대한 채무의 이행을 보증하였고 乙이 甲의 채무불이행을 이유로 계약을 해제하였다면, 丁은 특별한 사정이 없는 한 甲의 乙에 대한 원상회복의무에 대해 책임을 부담한다.

해설 ① (×) : 민법 제546조(이행불능과 해제) 채무자의 책임 있는 사유로 이행이 불능하게 된 때에는 채권자는 계약을 해제할 수 있다. ☞ 이행지체(민법 제544조)의 경우와는 달리 이행불능의 경우에는 최고가 필요 없다.

② (×) : 계약의 해제로 인한 원상회복청구권의 소멸시효는 해제시, 즉 원상회복청구권이 발생한 때부터 진행하므로, 이와 달리, 계약의 해제로 인한 원상회복청구권의 소멸시효가 해제권 발생시로부터 진행함을 전제로 피고의 소멸시효 항변을 받아들인 원심의 판단에는 계약의 해제로 인한 원상회복청구권의 소멸시효의 기산점에 관한 법리를 오해하여 판결 결과에 영향을 미친 위법이 있다(대판 2009. 12. 24, 2009다63267).

③ (×) : 이미 타인에게 양도하여 소유권이전등기까지 경료된 부동산에 관하여 전세계약을 체결한 경우에 전세권설정자의 전세계약상의 의무가 이행불능이라는 이유로 동 전세계약을 해제함에 있어서는 전세금 잔금지급의무가 전세권설정등기절차이행의무와 동시이행관계에 있다고 하더라도 그 이행의 제공을 필요로 하지 아니한다(대판 1977. 9. 13, 77다918).

④ (×) : 소유권이전등기의무의 목적 부동산이 수용되어 그 소유권이전등기의무가 이행불능이 된 경우, 등기청구권자는 등기의무자에게 대상청구권의 행사로써 등기의무자가 지급받은 수용보상금의 반환을 구하거나 또는 등기의무자가 취득한 수용보상금청구권의 양도를 구할 수 있을 뿐 그 수용보상금청구권 자체가 등기청구권자에게 귀속되는 것은 아니다(대판 1996. 10. 29, 95다56910).

⑤ (○) : 타인간의 계약에 있어 그 계약상의 여러 가지 의무를 부담하는 당사자의 일방을 위하여 그 계약을 보증한 보증인은 상대방에 대하여 특단의 사정이 없는 한 피보증인의 채무불이행으로 인하여 그 계약이 해제되었음으로 인한 피보증인의 원상회복의 의무에 대하여도 책임을 진다(대판 1972. 5. 9, 71다1474).

82 2015. 2. 5. 甲은 乙에게 자신 소유의 X주택을 대금 1억원에 매도하면서 계약금 1천만원을 수령하였고, 중도금 7천만원은 2015. 2. 25. X주택의 소유권 이전에 필요한 서류 일체를 교부함과 동시에 지급받기로 하였으며, 잔금 2천만원은 2015. 3. 5. 지급받기로 하였다. 2015. 2. 25. 乙이 중도금을 지급하고 자신의 명의로 X주택의 소유권이전등기를 마쳤으나, 2015. 4. 15. 甲은 乙의 잔금 미지급을 이유로 위 매매계약을 적법하게 해제하였다. 다음 설명 중 옳은 것은? (다툼이 있으면 판례에 따름) (2017 변리사)

① 만약 계약 당시 乙이 계약금 5백만원을 지급하였더라도 계약의 이행 착수 전이라면, 甲은 1천만원을 상환하고 위 매매계약을 해제할 수 있다.

② 甲의 채권자 丙이 2015. 2. 15. 甲의 잔대금 채권을 가압류한 경우라면, 丙은 민법 제548조 제1항 단서에 의해 보호받을 수 있는 제3자에 해당한다.

③ 2015. 3. 1. 丁이 乙과 X주택에 대하여 매매예약을 하고 그에 기해 소유권이전등기청구권 보전을 위한 가등기를 마쳤다면, 위 매매계약의 해제에도 불구하고 丁은 매매예약에 기한 본등기를 할 수 있다.

82 ③ 《 정답

④ 乙명의의 등기말소 전인 2015. 4. 20. 乙로부터 X주택의 일부를 임차하여 주택임대차보호법상 대항력을 갖춘 임차인은 위 매매계약이 해제된 사실을 알고 있었더라도 X주택에 대한 甲의 명도청구에 대항할 수 있다.

⑤ X주택을 사용한 乙이 계약의 해제로 이를 甲에게 반환하는 경우, X주택이 乙의 사용으로 인해 훼손되었다고 볼 수 없는 경우에도 그 사용이익 외에 감가상각비를 별도로 산정하여 반환하여야 한다.

해설 ① (×) : 계약금 일부만 지급된 경우 수령자가 매매계약을 해제할 수 있다고 하더라도 해약금의 기준이 되는 금원은 '실제 교부받은 계약금'이 아니라 '약정 계약금'이라고 봄이 타당하므로, 매도인이 계약금의 일부로서 지급받은 금원의 배액을 상환하는 것으로는 매매계약을 해제할 수 없다(대판 2015. 4. 23, 2014다231378).

② (×) : 민법 제548조 제1항 단서에서 말하는 제3자란 일반적으로 그 해제된 계약으로부터 생긴 법률효과를 기초로 하여 해제 전에 새로운 이해관계를 가졌을 뿐 아니라 등기, 인도 등으로 완전한 권리를 취득한 자를 말하므로 계약상의 채권을 양수한 자나 그 채권 자체를 압류 또는 전부한 채권자는 여기서 말하는 제3자에 해당하지 아니한다(대판 2000. 4. 11, 99다51685).

[비교판례] 해제된 매매계약에의하여 채무자의 책임재산이 된 부동산을 가압류 집행한 가압류채권자도 원칙상 위 조항 단서에서 말하는 제3자에 포함된다(대판 2005. 1. 14, 2003다33004).

③ (○) : 매수인과 매매예약을 체결한 후 그에 기한 소유권이전청구권 보전을 위한 가등기를 마친 사람도 위 조항 단서에서 말하는 제3자에 포함된다(대판 2014. 12. 11, 2013다14569).

④ (×) : 계약해제시 계약은 소급하여 소멸하게 되어 해약당사자는 각 원상회복의 의무를 부담하게 되나 이 경우 계약해제로 인한 원상회복등기 등이 이루어지기 이전에 해약당사자와 양립되지 아니하는 법률관계를 가지게 되었고 계약해제 사실을 몰랐던 제3자에 대하여는 계약해제를 주장할 수 없고, 이 경우 제3자가 악의라는 사실의 주장·입증책임은 계약해제를 주장하는 자에게 있다(대판 2005. 6. 9, 2005다6341).

[비교판례] 계약당사자의 일방이 계약을 해제한 경우 그 계약의 해제 전에 그 해제와 양립되지 아니하는 법률관계를 가진 제3자에 대하여는 계약의 해제에 따른 법률효과를 주장할 수 없고, 이는 제3자가 그 계약의 해제 전에 계약이 해제될 가능성이 있다는 것을 알았거나 알 수 있었다 하더라도 달라지지 아니한다(대판 2010. 12. 23, 2008다57746). ☞ 해제 전에 이해관계를 가지게 된 제3자는 선악을 불문하고 보호되는 것이나, 해제 후 원상회복등기 전 이해관계를 가지게 된 제3자는 선의인 경우에만 보호되는 것이다.

⑤ (×) : 양도인은 양수인이 양도 목적물을 인도받은 후 사용하였다 하더라도 양도계약의 해제로 인하여 양수인에게 그 사용에 의한 이익의 반환을 구함은 별론으로 하고, 양도 목적물 등이 양수인에 의하여 사용됨으로 인하여 감가 내지 소모가 되는 요인이 발생하였다 하여도 그것을 훼손으로 볼 수 없는 한 그 감가비 상당은 원상회복의무로서 반환할 성질의 것은 아니다(대판 2000. 2. 25, 97다30066).

83 **甲은 乙에게 X전시장을 2011년 3월 1일부터 2013년 2월 28일까지 임대하였고, 乙은 이를 자동차전시장으로 사용하고 있었다. 그런데 2012년 12월 21일 甲은 乙과 X전시장을 금 5억원에 매도하는 계약을 체결하면서 계약금을 지급받고, 2013년 1월 11일에 중도금을, 그리고 2013년 2월 21일에 잔금을 지급하고 잔금지급과 동시에 X전시장의 소유권이전등기에 필요**

정답 》 83 ⑤

한 서류를 넘겨주기로 하였다. 이에 관한 설명으로 옳은 것은? (다툼이 있는 경우에는 판례에 의함) (2014 변리사)

① 계약해제로 甲이 乙에게 매매대금을 반환하여야 하는 경우 가산되는 이자는 지연배상금이 아니라 원상회복을 위한 일종의 부당이득반환의 성질을 가지기 때문에 이자에 관하여 甲과 乙의 특약이 있더라도 법정이율이 적용된다.

② 甲이 2013년 1월 11일 중도금을 지급하지 않은 乙에게 그 이행을 최고하였으나 이행이 없이 상당한 기간이 지난 2013년 2월 11일에 계약을 해제한 경우, 甲은 乙에게 계약해제에 따른 원상회복으로 X전시장의 인도와 임료상당의 사용이익의 반환을 청구할 수 있다.

③ 甲이 2013년 2월 11일 중도금의 미지급을 이유로 적법하게 계약을 해제한 경우, 원상회복청구권의 소멸시효는 중도금을 지급하기로 약정한 2013년 1월 11일부터 진행한다.

④ 甲이 乙에 대한 대금채권을 丙에게 양도하고 이 사실을 乙에게 통지한 후 매매계약이 해제된 경우, 乙은 매매계약의 해제로써 丙에게 대항하지 못한다.

⑤ 甲과 乙이 "매도인이 위약시에는 계약금의 배액을 배상하고 매수인이 위약시에는 지급한 계약금을 매도인이 취득하고 계약은 자동적으로 해제된다"고 합의한 때에도, 甲또는 乙은 최고 또는 통지하지 않으면 해제할 수 없다.

해설 ⑤만이 타당하다. 즉 매도인이 위약시에는 계약금의 배액을 배상하고 매수인이 위약시에는 지급한 계약금을 매도인이 취득하고 계약은 자동적으로 해제된다는 조항은 위약 당사자가 상대방에 대하여 계약금을 포기하거나 그 배액을 배상하여 계약을 해제할 수 있다는 해제권 유보조항이라 할 것이고 최고나 통지없이 해제할 수 있다는 특약이라고 볼 수 없다(대판 1982. 4. 27, 80다851).

① (×) : 계약해제로 甲이 乙에게 매매대금을 반환하여야 하는 경우 가산되는 이자는 지연배상금이 아니라 원상회복을 위한 일종의 부당이득반환의 성질을 가지나 이자에 관하여 甲과 乙의 특약이 있다면 법정이율보다 약정이율이 우선 적용된다(대판 2013. 4. 26, 2011다50509).

② (×) : 매매계약이 해제되면 각 당사자는 그 상대방에 대하여 원상회복의 의무가 있다(민법 제548조 제1항 본문). 따라서 이 경우에 매수인은 매도인에게 목적물을 반환할 의무는 물론이고 그 목적물을 사용하였으면 그 사용이익을 반환할 의무도 부담한다. 그러나 이러한 매수인의 사용이익 반환의무는 매매계약의 해제에 따른 원상회복 의무의 일환으로서 인정되는 것이므로 매도인이 매매계약의 이행으로서 목적물을 매수인에게 인도하여 매수인이 그 목적물을 사용한 경우에 비로소 인정될 수 있다. ☞ 임대인 甲이 임차인 乙에게 X 부동산을 매도하기로 하였는데, 乙이 중도금 지급을 하지 않아 매매계약이 해제된 사안에서, 乙이 X 부동산을 점용한 것은 위 매매계약에 앞서 체결된 임대차계약에 기한 것일 뿐 매매계약의 이행으로서 인도받았다고는 볼 수 없으므로, 乙이 임대차계약에 기하여 부당이득반환의무를 지는 것은 별론으로 하고 매매계약의 해제에 따른 원상회복으로서 임료상당의 사용이익을 반환할 의무를 진다고는 볼 수 없다고 한 사례(대판 2011. 6. 30, 2009다30724).

③ (×) : 계약의 해제로 인한 원상회복청구권의 소멸시효는 해제시, 즉 원상회복청구권이 발생한 때부터 진행하므로, 이와 달리, 계약의 해제로 인한 원상회복청구권의 소멸시효가 해제권 발생시로부터 진행함을 전제로 피고의 소멸시효 항변을 받아들인 원심의 판단에는 계약의 해제로 인한 원상회복청구권의 소멸시효의 기산점에 관한 법리를 오해하여 판결 결과에 영향을 미친 위법이 있다(대판 2009. 12. 24, 2009다63267). ☞ 계약의 해제로 인한 원상회복청구권의 소멸시효 기산점은 "해제권 발생시"가 아니라 "해제시"라는 것이 판례의 태도이다. 따라서 원상회복청구권의 소멸시효기산점은 해제권

발생시인 2013년 1월 11일이 아니라 甲이 계약을 해제한 2013년 2월 11일이다.
④ (×) : 민법 제548조 제1항 단서에서 규정하고 있는 제3자란 일반적으로 계약이 해제되는 경우 그 해제된 계약으로부터 생긴 법률효과를 기초로 하여 해제 전에 새로운 이해관계를 가졌을 뿐 아니라 등기·인도 등으로 완전한 권리를 취득한 자를 말하고, 계약상의 채권을 양수한 자는 여기서 말하는 제3자에 해당하지 않는다고 할 것인바, 계약이 해제된 경우 계약해제 이전에 해제로 인하여 소멸되는 채권을 양수한 자는 계약해제의 효과에 반하여 자신의 권리를 주장할 수 없음은 물론이고, 나아가 특단의 사정이 없는 한 채무자로부터 이행받은 급부를 원상회복하여야 할 의무가 있다(대판 2003. 1. 24, 2000다22850). ☞ 丙은 채권을 양수한 자에 불과하여 민법 제548조 제1항 단서에 의하여 보호받는 제3자에 해당하지 않는다. 그리고 참고로 양도통지 이후에 매매계약이 해제된 사안이므로 제451조 제2항과 관련하여 의문이 생길 수 있는데, 학설은 항변사유가 취소나 계약해제인 경우에는 취소나 계약해제를 양도통지 후에 하였어도 상관없다고 한다(송덕수 채권법총론 제5판 p.392, 지원림 민법강의 제15판 p.1236 참조).

84 **甲은 2020년 1월 29일에 그 소유 토지를 乙에게 10억 원에 매도하는 계약을 체결하면서 계약금은 1억 원으로 하고, 2020년 2월 29일에 중도금 4억 원을 지급받음과 동시에 소유권이전등기를 넘겨주고, 잔금은 2020년 3월 29일까지 지급받기로 하였다. 이에 관한 설명으로 옳은 것을 모두 고른 것은? (다툼이 있으면 판례에 따름)** (2020 변리사)

ㄱ. 乙이 약정대로 중도금까지 지급하고 소유권이전등기를 경료하였으나, 2020년 3월 29일에 잔금을 지급하지 않은 경우, 甲은 즉시 계약을 해제할 수 있다.
ㄴ. 등기를 취득한 乙이 2020년 4월 16일에 丙에게 매도하고 이전등기를 해준 뒤, 甲이 乙의 채무불이행을 이유로 적법하게 계약을 해제한 경우, 丙이 乙과의 계약 당시 乙의 채무불이행 사실을 알았더라도 甲은 丙 명의 등기의 말소를 청구할 수 없다.
ㄷ. 乙이 등기를 취득한 후 甲이 2020년 4월 25일에 乙의 채무불이행을 이유로 적법하게 계약을 해제하였으나 乙 명의의 등기를 말소하기 전에 丙 명의의 저당권등기가 이루어진 경우, 丙이 계약 해제 사실을 몰랐다면 甲은 丙 명의 등기의 말소를 청구할 수 없다.

① ㄱ　② ㄷ　③ ㄱ, ㄴ　④ ㄴ, ㄷ　⑤ ㄱ, ㄴ, ㄷ

해설 ㄱ. (×) : 상당한 기간을 정하여 그 이행을 최고하고 그 기간 내에 이행하지 아니한 때에 한하여 해제할 수 있다(제544조).
ㄴ. (○) : 계약당사자의 일방이 계약을 해제한 경우 그 계약의 해제 전에 그 해제와 양립되지 아니하는 법률관계를 가진 제3자에 대하여는 계약의 해제에 따른 법률효과를 주장할 수 없고, 이는 제3자가 그 계약의 해제 전에 계약이 해제될 가능성이 있다는 것을 알았거나 알 수 있었다 하더라도 달라지지 아니한다(대판 2010. 12. 23, 2008다57746).
ㄷ. (○) : 계약당사자의 일방이 계약을 해제하였을 때에는 계약은 소급하여 소멸하여 해약당사자는 각 원상회복의 의무를 지게 되나 이 경우 (계약해제 후) 계약해제로 인한 원상회복등기 등이 이루어지기 이전에 계약의 해제를 주장하는 자와 양립되지 아니하는 법률관계를 가지게 되었고 계약 해제 사실을 몰랐던 제3자에 대하여는 계약해제를 주장할 수 없다(대판 1985. 4. 9, 84다카130,84다카131).

정답 84 ④

85 **甲과 乙은 2018. 1. 5. 甲 소유 A토지에 관한 매매계약을 체결하였다. 이 계약에서 매매대금은 1억 원으로 하고 乙은 계약금 1,000만 원을 계약 당일, 중도금 4,000만 원을 같은 달 31. 지급하기로 하고, 잔금 5,000만 원은 같은 해 2. 15. 甲의 토지 인도 및 소유권이전등기서류의 교부와 함께 지급하기로 약정하였다. 甲과 乙 사이의 법률관계에 관한 설명 중 옳은 것을 모두 고른 것은? (각 지문은 독립적이며, 다툼이 있는 경우 판례에 의함)** (2019 변호사)

ㄱ. 乙이 甲에게 계약금 중 500만 원만 지급한 경우 甲은 乙에게 자신이 乙로부터 수령한 500만 원의 배액인 1,000만 원을 지급하고 계약을 해제할 수 있다.
ㄴ. 乙은 2018. 2. 15.까지 매매대금을 모두 지급하였고, 甲은 乙에게 토지를 인도해 주었다. 그 후 甲은 같은 해 3. 15. 위 매매계약을 착오를 이유로 적법하게 취소하였다. 이러한 경우 乙은 선의·악의를 불문하고 甲의 토지를 인도받아 취소 시까지 사용·수익한 이익을 甲에게 반환하여야 한다.
ㄷ. 甲은 2018. 2. 15. 잔금 일부인 3,000만 원만 지급받고 乙에게 토지를 인도해 주었다. 이후 乙이 남은 잔금을 끝내 지급하지 아니하여 甲은 같은 해 3. 15. 위 매매계약을 채무불이행을 이유로 적법하게 해제하였다. 이러한 경우 甲은 지급받은 대금을 그 받은 날로부터 이자를 가산하여 乙에게 반환하여야 한다.
ㄹ. 甲은 2018. 2. 15. 잔금 일부인 3,000만 원만 지급받은 채 나머지 대금은 토지를 담보로 대출받아 마련하겠다는 乙의 말을 믿고 乙 앞으로 토지의 소유권이전등기를 마쳐 주었다. 그 후 乙이 남은 잔금을 끝내 지급하지 아니하여 甲은 같은 해 3. 15. 위 매매계약을 채무불이행을 이유로 적법하게 해제하였는데, 이미 乙의 채권자인 丙이 A토지에 대해 가압류 집행을 마쳐 두었다. 이러한 경우 甲은 丙에게 해제의 효과를 주장하지 못한다.

① ㄱ, ㄷ　② ㄴ, ㄷ　③ ㄴ, ㄹ　④ ㄷ, ㄹ　⑤ ㄴ, ㄷ, ㄹ

해설 ㄱ. (×) : 매도인이 '계약금 일부만 지급된 경우 지급받은 금원의 배액을 상환하고 매매계약을 해제할 수 있다'고 주장한 사안에서, '실제 교부받은 계약금'의 배액만을 상환하여 매매계약을 해제할 수 있다면 이는 당사자가 일정한 금액을 계약금으로 정한 의사에 반하게 될 뿐 아니라, 교부받은 금원이 소액일 경우에는 사실상 계약을 자유로이 해제할 수 있어 계약의 구속력이 약화되는 결과가 되어 부당하기 때문에, 계약금 일부만 지급된 경우 수령자가 매매계약을 해제할 수 있다고 하더라도 해약금의 기준이 되는 금원은 '실제 교부받은 계약금'이 아니라 '약정 계약금'이라고 봄이 타당하므로, 매도인이 계약금의 일부로서 지급받은 금원의 배액을 상환하는 것으로는 매매계약을 해제할 수 없다(대판 2015. 4. 23, 2014다231378).
ㄴ. (×) : 쌍무계약이 취소된 경우 선의의 매수인에게 민법 제201조가 적용되어 과실취득권이 인정되는 이상 선의의 매도인에게도 민법 제587조의 유추적용에 의하여 대금의 운용이익 내지 법정이자의 반환을 부정함이 형평에 맞다(대판 1993. 5. 14, 92다45025). ☞ 선의인 경우에는 민법 제201조에 따라 반환할 의무가 없다.
ㄷ. (○) : 민법 제548조(해제의 효과, 원상회복의무) ① 당사자 일방이 계약을 해제한 때에는 각 당사자는 그 상대방에 대하여 원상회복의 의무가 있다. 그러나 제삼자의 권리를 해하지 못한다. ② 전항의 경우에 반환할 금전에는 그 받은 날로부터 이자를 가하여야 한다.
ㄹ. (○) : 민법 제548조 제1항 단서에서 말하는 제3자란 일반적으로 그 해제된 계약으로부터 생긴 법률효과를 기초로 하여 해제 전에 새로운 이해관계를 가졌을 뿐 아니라 등기, 인도 등으로 완전한 권리를 취

85 ④ 《 정답

득한 자를 말하는 것인데, 해제된 매매계약에 의하여 채무자의 책임재산이 된 부동산을 가압류 집행한 가압류채권자도 원칙상 위 조항 단서에서 말하는 제3자에 포함된다(대판 2005. 1. 14, 2003다33004).

86 법률행위의 당사자가 그 법률행위의 무효·취소 또는 해제에 따른 법률효과를 주장할 수 없게 되는 '제3자'에 해당하는 경우로서 옳은 것을 모두 고른 것은? (다툼이 있는 경우 판례에 의함) (2019 변호사)

ㄱ. 丙이 甲을 기망하여 甲이 자신의 명의로 乙 은행으로부터 대출을 받은 다음 乙이 파산선고를 받았고, 그 후 甲이 丙의 사기를 이유로 乙과의 대출계약을 적법하게 취소하였는데, 파산채권자들 전부가 丙이 甲을 기망한 사실을 몰랐을 경우에 있어서의 파산관재인 丁

ㄴ. 甲이 乙에게 그 소유 부동산을 매도하였는데, 乙의 채권자 丙이 乙의 甲에 대한 소유권이전등기청구권을 압류한 뒤 甲이 乙의 계약상 의무위반을 이유로 계약을 적법하게 해제한 경우에 있어서의 丙

ㄷ. 매매계약을 통하여 주택의 소유권을 취득하였다가 그 계약의 해제로 인하여 소유권을 상실하게 된 임대인 甲으로부터 그 계약이 해제되기 전에 그 주택을 임차하고 「주택임대차보호법」상의 대항요건을 갖춘 임차인 乙

ㄹ. 甲이 그 소유 부동산을 친구 乙에게 「부동산 실권리자명의 등기에 관한 법률」에 의해 무효인 명의신탁등기를 하여준 후, 丙이 관계서류를 위조하여 자신이 소유자라고 주장하면서 乙을 상대로 소유권이전등기청구의 소를 제기하여 乙의 인낙을 받아 자신 명의로 소유권이전등기를 한 뒤 이런 사정을 모르는 丁에게 증여하고 소유권이전등기를 한 경우에 있어서의 丁

① ㄴ　② ㄱ, ㄷ　③ ㄷ, ㄹ　④ ㄱ, ㄴ, ㄷ　⑤ ㄱ, ㄴ, ㄹ

해설 ㄱ. (○) : 특별한 사정이 없는 한 파산관재인은 사기에 의한 의사표시에 따라 외형상 형성된 법률관계를 토대로 실질적으로 새로운 법률상 이해관계를 가지게 된 민법 제110조 제3항의 제3자에 해당하고, 파산채권자 모두가 악의로 되지 않는 한 파산관재인은 선의의 제3자라고 할 수밖에 없다(대판 2010. 4. 29, 2009다96083).

ㄴ. (×) : 민법 제548조 제1항 단서에서 말하는 제3자란 일반적으로 그 해제된 계약으로부터 생긴 법률효과를 기초로 하여 해제 전에 새로운 이해관계를 가졌을 뿐 아니라 등기, 인도 등으로 완전한 권리를 취득한 자를 말하므로 계약상의 채권을 양수한 자나 그 채권 자체를 압류 또는 전부한 채권자는 여기서 말하는 제3자에 해당하지 아니한다(대판 2000. 4. 11, 99다51685).

ㄷ. (○) : 매매계약의 이행으로 매매목적물을 인도받은 매수인은 그 물건을 사용·수익할 수 있는 지위에서 그 물건을 타인에게 적법하게 임대할 수 있으며, 이러한 지위에 있는 매수인으로부터 매매계약이 해제되기 전에 매매목적물인 주택을 임차하여 주택의 인도와 주민등록을 마침으로써 주택임대차보호법 제3조 제1항에 의한 대항요건을 갖춘 임차인은 민법 제548조 제1항 단서에 따라 계약해제로 인하여 권리를 침해받지 않는 제3자에 해당하므로 임대인의 임대권원의 바탕이 되는 계약의 해제에도 불구하고 자신의 임차권을 새로운 소유자에게 대항할 수 있다(대판 2008. 4. 10, 2007다38908,38915).

ㄹ. (×) : 부동산 실권리자명의 등기에 관한 법률(이하 '부동산실명법'이라 한다) 제4조 제3항에서 "제3자"라고 함은 명의신탁 약정의 당사자 및 포괄승계인 이외의 자로서 명의수탁자가 물권자임을 기초로

정답 》 86 ②

그와의 사이에 직접 새로운 이해관계를 맺은 사람을 말한다고 할 것이므로, 명의수탁자로부터 명의신탁된 부동산의 소유명의를 이어받은 사람이 위 규정에 정한 제3자에 해당하지 아니한다면 그러한 자로서는 부동산실명법 제4조 제3항의 규정을 들어 무효인 명의신탁등기에 터 잡아 마쳐진 자신의 등기의 유효를 주장할 수 없고, 따라서 그 명의의 등기는 실체관계에 부합하여 유효라고 하는 등의 특별한 사정이 없는 한 무효라고 할 것이고, 등기부상 명의수탁자로부터 소유권이전등기를 이어받은 자의 등기가 무효인 이상, 부동산등기에 관하여 공신력이 인정되지 아니하는 우리 법제 아래서는 그 무효인 등기에 기초하여 새로운 법률원인으로 이해관계를 맺은 자가 다시 등기를 이어받았다면 그 명의의 등기 역시 특별한 사정이 없는 한 무효임을 면할 수 없다고 할 것이므로, 이렇게 명의수탁자와 직접 이해관계를 맺은 것이 아니라 부동산실명법 제4조 제3항에 정한 제3자가 아닌 자와 사이에서 무효인 등기를 기초로 다시 이해관계를 맺은 데 불과한 자는 위 조항이 규정하는 제3자에 해당하지 않는다고 보아야 한다(대판 2005. 11. 10, 2005다34667,34674).

87 **甲은 2017. 1. 10. 자신이 소유하는 X 부동산을 乙에게 매도하는 계약을 체결하면서 乙로부터 계약금을 수령하였다. 이 매매계약서에 의하면 乙은 중도금을 2017. 2. 10. 지급하고, 잔금은 2017. 3. 10. 소유권이전등기에 필요한 서류와 상환하여 지급하기로 되어 있었다. 이에 관한 설명 중 옳은 것(○)과 옳지 않은 것(×)을 올바르게 조합한 것은? (각 지문은 독립적이며, 다툼이 있는 경우 판례에 의함)** (2018 변호사)

ㄱ. "乙이 중도금을 지급하지 않으면 계약은 자동해제되고 계약금은 甲이 몰취한다."라고 약정한 경우, 乙이 2017. 2. 10.까지 중도금을 지급하지 않았다면 계약은 자동으로 해제된다.
ㄴ. 乙이 2017. 2. 10. 중도금을 지급하려 하였으나 甲이 정당한 사유 없이 그 수령을 거절하였을 뿐만 아니라 계약을 이행하지 아니할 의사를 명백히 표시한 경우, 乙은 2017. 3. 3. 이행을 최고하지 않고 계약을 해제할 수 있다.
ㄷ. "乙이 잔금지급을 지체하면 계약은 자동으로 해제된다."라고 약정한 경우, 乙이 2017. 3. 10.까지 잔금을 지급하지 않았다면 甲이 등기이전에 필요한 서류를 제공하지 않더라도 계약은 자동으로 해제된다.

① ㄱ(○), ㄴ(○), ㄷ(○)　② ㄱ(×), ㄴ(×), ㄷ(○)　③ ㄱ(×), ㄴ(○), ㄷ(×)
④ ㄱ(×), ㄴ(○), ㄷ(○)　⑤ ㄱ(○), ㄴ(○), ㄷ(×)

해설 ㄱ.(○) : 매수인이 중도금을 약정한 일자에 지급하지 아니 하면, 계약이 해제된 것으로 한다는 특약이 있는 실권약관부 매매계약에 있어서는 매수인이 약정의 중도금 지급의무를 이행하지 아니하면, 그 계약은 그 일자에 자동적으로 해제된 것으로 보아야 하며, 매도인이 그 후에 중도금의 지급을 최고하였다 하더라도, 이는 은혜적으로 한번 지급의무를 이행할 기회를 준 것에 지나지 아니한다(대판 1980. 2. 12, 79다2035).

ㄴ.(○) : 계약상 채무자가 계약을 이행하지 아니할 의사를 명백히 표시한 경우에 채권자는 신의성실의 원칙상 이행기 전이라도 이행의 최고 없이 채무자의 이행거절을 이유로 계약을 해제하거나 채무자를 상대로 손해배상을 청구할 수 있고, 채무자가 계약을 이행하지 아니할 의사를 명백히 표시하였는지 여부는 계약 이행에 관한 당사자의 행동과 계약 전후의 구체적인 사정 등을 종합적으로 살펴서 판단하여야 한다(대판 2005. 8. 19, 2004다53173).

87 ⑤ 《 정답

ㄷ.(×) : 부동산매매계약에 있어서 매수인이 잔대금 지급기일까지 그 대금을 지급하지 못하면 그 계약이 자동적으로 해제된다는 취지의 약정이 있더라도 특단의 사정이 없는 한 매수인의 잔대금지급의무와 매도인의 소유권이전등기의무는 동시이행의 관계에 있으므로 매도인이 잔대금지급기일에 소유권이전등기에 필요한 서류를 준비하여 매수인에게 알리는 등 이행의 제공을 하여 매수인으로 하여금 이행지체에 빠지게 하였을 때에 비로소 자동적으로 매매계약이 해제된다고 보아야 하고 매수인이 그 약정기한을 초과하였더라도 이행지체에 빠진 것이 아니라면 대금 미지급으로 계약이 자동 해제된다고는 볼 수 없다(대판 1989. 7. 25, 88다카28891).

88 甲과 乙은 甲 소유의 X토지에 대하여 매매계약을 체결하였다. 이에 관한 설명으로 옳지 않은 것은? (다툼이 있으면 판례에 따름) (2021 변리사)

① 甲과 乙이 계약해제로 인한 원상회복의무로 반환할 매매대금에 가산할 이자를 4%로 약정한 경우, 동 약정이율은 매매대금 반환의무의 이행지체로 인한 지연손해금률에도 적용된다.

② 甲이 乙의 채무불이행을 이유로 매매계약을 해제한 후에도 乙은 착오를 이유로 매매계약을 취소할 수 있다.

③ 乙 명의로 소유권이전등기가 경료된 X토지에 대하여 乙의 채권자 丙이 가압류 집행을 마쳐둔 경우, 甲은 丙에 대하여 乙의 채무불이행을 이유로 한 해제의 소급효를 주장할 수 없다.

④ 甲이 乙의 채무불이행에 관하여 원인의 일부를 제공하였다고 하더라도 乙이 이를 이유로 甲의 계약해제에 따른 원상회복청구에 대하여 과실상계하는 것은 인정되지 않는다.

⑤ 乙이 중도금을 약정된 기일에 지급하지 않으면 최고 없이 계약은 자동적으로 해제되는 것으로 약정한 경우, 특별한 사정이 없는 한 그 불이행이 있으면 계약은 자동적으로 해제된다.

해설 ① (×) : 계약해제 시 반환할 금전에 가산할 이자에 관하여 당사자 사이에 약정이 있는 경우에는 특별한 사정이 없는 한 이행지체로 인한 지연손해금도 그 약정이율에 의하기로 하였다고 보는 것이 당사자의 의사에 부합한다. 다만 그 약정이율이 법정이율보다 낮은 경우에는 약정이율에 의하지 아니하고 법정이율에 의한 지연손해금을 청구할 수 있다고 봄이 타당하다(대판 2013. 4. 26, 2011다50509).

② (○) : 매도인이 매수인의 중도금 지급채무 불이행을 이유로 매매계약을 적법하게 해제한 후라도 매수인으로서는 상대방이 한 계약해제의 효과로서 발생하는 손해배상책임을 지거나 매매계약에 따른 계약금의 반환을 받을 수 없는 불이익을 면하기 위하여 착오를 이유로 한 취소권을 행사하여 매매계약 전체를 무효로 돌리게 할 수 있다(대판 1996. 12. 6, 95다24982, 24999).

③ (○) : 민법 제548조 제1항 단서에서 말하는 제3자란 일반적으로 그 해제된 계약으로부터 생긴 법률효과를 기초로 하여 해제 전에 새로운 이해관계를 가졌을 뿐 아니라 등기, 인도 등으로 완전한 권리를 취득한 자를 말하는 것인데, 해제된 매매계약에 의하여 채무자의 책임재산이 된 부동산을 가압류 집행한 가압류채권자도 원칙상 위 조항 단서에서 말하는 제3자에 포함된다(대판 2005. 1. 14, 2003다33004).

④ (○) : 과실상계는 본래 채무불이행 또는 불법행위로 인한 손해배상책임에 대하여 인정되는 것이고, 매매계약이 해제되어 소급적으로 효력을 잃은 결과 매매당사자에게 당해 계약에 기한 급부가 없었던 것과 동일한 재산상태를 회복시키기 위한 원상회복의무의 이행으로서 이미 지급한 매매대금 기타의 급부의 반환을 구하는 경우에는 적용되지 아니한다(대판 2014. 3. 13, 2013다34143).

정답 88 ①

⑤ (○) : 매매계약에 있어서 매수인이 중도금을 약정한 일자에 지급하지 아니하면 그 계약을 무효로 한다고 하는 특약이 있는 경우 매수인이 약정한대로 중도금을 지급하지 아니하면(해제의 의사표시를 요하지 않고) 그 불이행 자체로써 계약은 그 일자에 자동적으로 해제된 것이라고 보아야 한다(대판 1991. 8. 13, 91다13717).

89 **甲은 자기 소유 X 토지를 乙에게 매도하였는데, 약정에 따라 계약금과 중도금만 지급받은 후 乙에게 소유권이전등기를 마쳐주었다. 그 후 甲은 乙의 매매잔대금 지급의무의 지체를 이유로 매매계약을 해제하였다. 이에 관한 설명 중 옳은 것을 모두 고른 것은? (다툼이 있는 경우 판례에 의함)** (2022 변호사)

ㄱ. 乙이 甲을 상대로 이미 지급한 매매대금의 반환을 구하는 소를 제기한 경우, 乙의 과실(過失)이 있다면 甲이 반환해야 할 금액을 산정함에 있어서 법원은 乙의 과실에 대한 甲의 주장이 없더라도 직권으로 이를 참작하여야 한다.
ㄴ. 乙이 甲을 상대로 이미 지급한 매매대금의 반환을 구하는 소를 제기하여 甲의 패소판결이 확정된 경우, 甲은 소가 제기된 때부터 악의의 수익자가 되므로 그 때부터 매매대금에 이자를 붙여 반환하면 된다.
ㄷ. 甲의 매매대금반환의무와 乙의 소유권이전등기말소의무가 동시이행관계에 있는지 여부와 관계없이 甲은 이미 지급받은 매매대금에 이자를 더하여 반환해야 한다.
ㄹ. 乙이 X 토지에 관하여 소유권이전등기를 마친 후 위 매매계약의 해제 전에 丙이 乙과 매매예약을 체결하고 그에 따른 소유권이전등기청구권 보전을 위한 가등기를 마친 경우, 丙은 해제로 인한 원상회복으로부터 보호받는 제3자에 해당하지 않는다.

① ㄷ ② ㄱ, ㄷ ③ ㄴ, ㄹ ④ ㄷ, ㄹ ⑤ ㄱ, ㄴ, ㄷ

해설 ㄱ. (×) : (ⅰ) 과실상계는 본래 채무불이행 또는 불법행위로 인한 손해배상책임에 대하여 인정되는 것이고, 매매계약이 해제되어 소급적으로 효력을 잃은 결과 매매당사자에게 당해 계약에 기한 급부가 없었던 것과 동일한 재산상태를 회복시키기 위한 원상회복의무의 이행으로서 이미 지급한 매매대금 기타의 급부의 반환을 구하는 경우에는 적용되지 아니한다. (ⅱ) 계약의 해제로 인한 원상회복청구권에 대하여 해제자가 해제의 원인이 된 채무불이행에 관하여 '원인'의 일부를 제공하였다는 등의 사유를 내세워 신의칙 또는 공평의 원칙에 기하여 일반적으로 손해배상에 있어서의 과실상계에 준하여 권리의 내용이 제한될 수 있다고 하는 것은 허용되어서는 아니 된다(대판 2014. 3. 13, 2013다34143).
ㄴ. (×) : 해제의 경우 반환할 금전에는 그 받은 날로부터 이자를 가하여야 한다(제548조 제2항).
☞ 지문은 부당이득에 관한 제748조와 제749조의 내용이다.
ㄷ. (○) : 법정해제권 행사의 경우 당사자 일방이 그 수령한 금전을 반환함에 있어 그 받은 때로부터 법정이자를 부가함을 요하는 것은 민법 제548조 제2항이 규정하는 바로서, 이는 원상회복의 범위에 속하는 것이며 일종의 부당이득반환의 성질을 가지는 것이고 반환의무의 이행지체로 인한 것이 아니므로, 부동산 매매계약이 해제된 경우 매도인의 매매대금 반환의무와 매수인의 소유권이전등기말소등기 절차이행의무가 동시이행의 관계에 있는지 여부와는 관계없이 매도인이 반환하여야 할 매매대

89 ① 《 정답

금에 대하여는 그 받은 날로부터 민법 소정의 법정이율인 연 5푼의 비율에 의한 법정이자를 부가하여 지급하여야 하고, 이와 같은 법리는 약정된 해제권을 행사하는 경우라 하여 달라지는 것은 아니다(대판 2000. 6. 9, 2000다9123).

ㄹ. (×) : 민법 제548조 제1항 단서에서 말하는 제3자는 일반적으로 해제된 계약으로부터 생긴 법률효과를 기초로 하여 해제 전에 새로운 이해관계를 가졌을 뿐만 아니라 등기, 인도 등으로 권리를 취득한 사람을 말하는 것인바, 매수인과 매매예약을 체결한 후 그에 기한 소유권이전청구권 보전을 위한 가등기를 마친 사람도 위 조항 단서에서 말하는 제3자에 포함된다(대판 2014. 12. 11, 2013다14569).

Ⅱ. 계약의 해지

CHAPTER

2 계약각칙

POINT

제1절 증 여

90 **증여의 의사가 서면으로 표시되지 않았음을 이유로 한 증여의 해제는 형성권의 제척기간의 적용을 받는다. ( )** (2020 변리사)

> 해설 민법 제555조에서 말하는 해제는 일종의 특수한 철회일 뿐 민법 제543조 이하에서 규정한 본래 의미의 해제와는 다르다고 할 것이어서 형성권의 제척기간의 적용을 받지 않는다(대판 2003. 4. 11, 2003다1755).

91 **증여자에 대해 법률상 부양의무를 지는 수증자가 부양의무를 이행하지 않은 경우, 증여자는 그 사실을 안 날로부터 6개월이 경과한 때에는 해제할 수 없다. ( )** (2020 변리사)

> 해설 민법 제556조(수증자의 행위와 증여의 해제) 제2항

92 **수증자가 증여자에 대하여 범죄행위를 한 경우에 증여자는 그 증여를 해제할 수 있지만, 그 해제는 이미 이행한 부분에는 효력을 미치지 않는다. ( )** (2016 변리사)

> 해설 수증자가 증여자에 대하여 범죄행위를 한 경우에 증여자는 그 증여를 해제할 수 있지만, 그 해제는 이미 이행한 부분에는 효력을 미치지 않는다(제558조).

93 **증여자가 증여의 목적에 대한 담보책임을 진다는 특약은 효력이 있다. ( )** (2020 변리사)

> 해설 증여자의 담보책임에 관한 제559조는 임의규정이다.

94 **정기의 급여를 목적으로 한 증여는 증여자의 사망으로 인하여 그 효력을 잃는다. ( )** (2020 변리사)

> 해설 민법 제560조(정기증여와 사망으로 인한 실효)

95 **부담부증여에서 수증자가 부담의무를 이행하지 않은 경우, 증여자는 자신의 의무를 이행했더라도 증여계약을 해제할 수 있다. ( )** (2020 변리사)

90 (×) 91 (○) 92 (○) 93 (○) 94 (○) 95 (○) 《 정답

> **해설** 상대부담 있는 증여에 대하여는 민법 제561조에 의하여 쌍무계약에 관한 규정이 준용되어 부담 의무 있는 상대방이 자신의 의무를 이행하지 아니할 때에는 비록 증여계약이 이미 이행되어 있다 하더라도 증여자는 계약을 해제할 수 있고, 그 경우 민법 제555조와 제558조는 적용되지 아니한다(대판 1997. 7. 8, 97다2177).

제2절 매 매

Ⅰ. 매매 일반론

96-1 매매의 목적인 재산권과 대금에 관한 합의가 있더라도, 계약비용·채무이행기·이행장소에 관한 합의가 없으면 특별한 사정이 없는 한 매매계약이 성립할 수 없다. ( ) (2020 변리사)

96-2 매매계약체결 당시 목적물과 대금이 구체적으로 확정되지 않았더라도, 이행기 전까지 구체적으로 확정될 수 있는 방법과 기준이 정해져 있다면 계약의 성립을 인정할 수 있다. ( ) (2021 변리사)

> **해설** 매매는 당사자 일방이 재산권을 상대방에게 이전할 것을 약정하고 상대방이 대금을 지급할 것을 약정함으로써 효력이 발생하는 것이므로 매매계약은 매도인이 재산권을 이전하는 것과 매수인이 대가로서 대금을 지급하는 것에 관하여 쌍방당사자의 합의가 이루어짐으로써 성립하는 것이며, 그 경우 매매목적물과 대금은 반드시 계약체결 당시에 구체적으로 특정할 필요는 없고 이를 사후에라도 구체적으로 특정할 수 있는 방법과 기준이 정하여져 있으면 족하다(대판 1993. 6. 8, 92다49447).

97 매매의 일방예약이 성립하려면 그 예약에 터 잡아 맺어질 본계약의 요소가 되는 매매목적물, 그 이전방법, 매매가액, 지급방법 등의 내용이 확정되어 있거나 적어도 확정할 수 있어야 한다. ( ) (2021 변호사)

> **해설** 매매의 예약은 당사자의 일방이 매매를 완결할 의사를 표시한 때에 매매의 효력이 생기는 것이므로 적어도 일방예약이 성립하려면 그 예약에 터잡아 맺어질 본계약의 요소가 되는 매매목적물, 이전방법, 매매가액 및 지급방법 등의 내용이 확정되어 있거나 확정할 수 있어야 한다(대판 1993. 5. 27, 93다4908, 4915, 4922).

98 매매예약 성립 후 당사자일방의 매매예약 완결권의 행사 전에 상대방의 매매목적물이 멸실된 경우, 매매예약 완결의 의사표시가 있더라도 매매의 효력이 생기지 않는다. ( ) (2023 변리사)

> **해설** 매매예약이 성립한 이후 상대방의 매매예약 완결의 의사표시 전에 목적물이 멸실 기타의 사유로 이전할 수 없게 되어 예약 완결권의 행사가 이행불능이 된 경우에는 예약 완결권을 행사할 수 없고, 이행불능 이후에 상대방이 매매예약 완결의 의사표시를 하여도 매매의 효력이 생기지 아니한다. 그리고 채무의 이행이 불능이라는 것은 단순히 절대적·물리적으로 불능인 경우가 아니라 사회생활의 경험법

정답 96-1 (×) 96-2 (○) 97 (○) 98 (○)

칙 또는 거래상의 관념에 비추어 볼 때 채권자가 채무자의 이행의 실현을 기대할 수 없는 경우를 말한다(대판 2015.8.27, 2013다28247).

99-1 **매매예약의 완결권은 일종의 형성권으로서 당사자 사이에 행사기간을 약정한 때에는 그 기간 내에, 약정이 없는 때에는 예약이 성립한 때부터 10년 내에 이를 행사하여야 하고, 그 기간이 지난 때에는 예약완결권은 제척기간의 경과로 소멸한다. ( )** (2021 변호사)

99-2 **매매예약완결권을 가진 자가 그 예약완결권을 제척기간 내에 행사하지 않은 경우에는 예약목적물인 부동산을 이미 인도받은 경우라도 예약완결권은 제척기간의 경과로 인하여 소멸한다. ( )** (2021 변호사)

99-3 **행사기간의 약정이 없는 매매예약 완결권은, 권리자가 예약목적물인 부동산을 인도받은 경우에는 예약이 성립한 때로부터 10년이 경과하더라도 소멸하지 않는다. ( )** (2020 변리사)

해설 매매예약 완결권은 일종의 형성권으로서 당사자 사이에 그 행사기간을 약정한 때에는 그 기간 내에, 그러한 약정이 없는 때에는 그 예약이 성립한 때로부터 10년 내에 이를 행사하여야 하고, 그 기간을 지난 때에는 상대방이 예약 목적물인 부동산을 인도받은 경우라도 예약완결권은 제척기간의 경과로 인하여 소멸한다(대판 1997. 7. 25, 96다47494, 47500)

100 **당사자들이 약정한 예약완결권의 행사기간은 그 매매예약이 성립한 때부터 10년을 초과하더라도 무방하다. ( )** (2023 변리사)

해설 민법 제564조가 정하고 있는 매매의 일방예약에서 예약자의 상대방이 매매예약 완결의 의사표시를 하여 매매의 효력을 생기게 하는 권리, 즉 매매예약의 완결권은 일종의 형성권으로서 당사자 사이에 행사기간을 약정한 때에는 그 기간 내에, 약정이 없는 때에는 예약이 성립한 때로부터 10년 내에 이를 행사하여야 하고, 그 기간을 지난 때에는 예약 완결권은 제척기간의 경과로 인하여 소멸한다. **한편 당사자 사이에 약정하는 예약 완결권의 행사기간에 특별한 제한은 없다**(대판 2017. 1. 25, 2016다42077). ☞ **예약완결권의 행사기간을 30년으로 약정한 사례**. 판례는 "원고가 2002. 4. 30. 이 사건 부동산에 관하여 피고에게 **2002. 4. 26.자** 매매의 일방예약을 원인으로 한 이 사건 가등기를 마쳐 주면서 원고와 피고가 예약 완결권의 행사기간을 **2032. 4. 25.까지 행사하기로 약정**하였으므로 **약정한 2032. 4. 25.이 지나야** 그 예약 완결권이 제척기간의 경과로 인하여 소멸한다고 할 것이어서, 이 사건 가등기가 예약 완결권의 소멸을 이유로 무효라고 할 수는 없다"고 하였다.

101-1 **예약완결권을 그 행사의 의사표시를 담은 소장 부본을 상대방에게 송달함으로써 재판상 행사하는 경우, 소장을 제척기간 내에 법원에 제출하면 예약완결권을 제척기간 내에 적법하게 행사한 것이 된다. ( )** (2021 변호사)

101-2 **예약완결권을 재판상 행사하는 경우, 소장 부본이 제척기간 내에 상대방에게 송달되어야만 제척기간 내에 행사한 것으로 본다. ( )** (2023 변리사)

99-1 (○) **99-2** (○) **99-3** (×) **100** (○) **101-1** (×) **101-2** (○) 《 정답

해설 예약완결권은 재판상이든 재판외이든 그 기간 내에 행사하면 되는 것으로서, 예약완결권자가 예약완결권 행사의 의사표시를 담은 소장 부본을 상대방에게 송달함으로써 재판상 행사하는 경우에는 그 소장 부본이 상대방에게 도달한 때에 비로소 예약완결권 행사의 효력이 발생하여 예약완결권자와 상대방 사이에 매매의 효력이 생기므로, 예약완결권 행사의 의사표시가 담긴 소장 부본이 제척기간 내에 상대방에게 송달되어야만 예약완결권자가 제척기간 내에 적법하게 예약완결권을 행사하였다고 볼 수 있다(대판 2019. 7. 25, 2019다227817). ☞ 소장을 이용하여 사법상의 의사표시를 한 경우 도달주의 원칙에 따라 소장 부본이 상대방에게 송달됨으로써 그 효과가 발생한다.

102-1 계약당사자가 민법 제565조 규정상의 해약권을 배제하는 약정을 한 경우에 그 약정은 유효하다. ( ) (2016 변리사)

102-2 계약당사자가 계약금에 기한 해제권을 배제하기로 하는 약정을 하였다면, 각 당사자는 해제권을 행사할 수 없다. ( ) (2019, 2022 변리사)

해설 민법 제565조 제1항은 "당사자 간에 다른 약정이 없는 한"이라고 하여 명시적으로 임의규정임을 밝히고 있다. 판례도 "민법 제565조의 해약권은 당사자 간에 다른 약정이 없는 경우에 한하여 인정되는 것이고, 만일 당사자가 위 조항의 해약권을 배제하기로 하는 약정을 하였다면 더 이상 그 해제권을 행사할 수 없다(대판 2009. 4. 23, 2008다50615)."고 한다.

103 계약금의 일부만 지급된 경우, 수령자는 실제 지급된 계약금이 아니라 약정계약금의 배액을 상환하고 계약을 해제할 수 있다. ( ) (2019 변리사)

해설 계약이 일단 성립한 후에는 당사자의 일방이 이를 마음대로 해제할 수 없는 것이 원칙이고, 다만 주된 계약과 더불어 계약금계약을 한 경우에는 민법 제565조 제1항의 규정에 따라 임의 해제를 할 수 있기는 하나, 계약금계약은 금전 기타 유가물의 교부를 요건으로 하므로 단지 계약금을 지급하기로 약정만 한 단계에서는 아직 계약금으로서의 효력, 즉 위 민법 규정에 의해 계약해제를 할 수 있는 권리는 발생하지 않는다고 할 것이다. 따라서 당사자가 계약금의 일부만을 먼저 지급하고 잔액은 나중에 지급하기로 약정하거나 계약금 전부를 나중에 지급하기로 약정한 경우, 교부자가 계약금의 잔금이나 전부를 약정대로 지급하지 않으면 상대방은 계약금 지급의무의 이행을 청구하거나 채무불이행을 이유로 계약금약정을 해제할 수 있고, 나아가 위 약정이 없었더라면 주계약을 체결하지 않았을 것이라는 사정이 인정된다면 주계약도 해제할 수도 있을 것이나, 교부자가 계약금의 잔금 또는 전부를 지급하지 아니하는 한 계약금계약은 성립하지 아니하므로 당사자가 임의로 주계약을 해제할 수는 없다 할 것이다(대판 2008. 3. 13, 2007다73611). ☞ 계약금계약은 요물계약이기 때문이다. 이 지문은 출제 당시에는 옳은 지문으로 출제되었던 것이나 행정소송을 통하여 틀린 지문으로 처리되어 복수정답이 인정되었다. "계약금 일부만 지급된 경우 수령자가 매매계약을 해제할 수 있다고 하더라도 해약금의 기준이 되는 금원은 '실제 교부받은 계약금'이 아니라 '약정 계약금'이라고 봄이 타당하므로, 매도인이 계약금의 일부로서 지급받은 금원의 배액을 상환하는 것으로는 매매계약을 해제할 수 없다(대판 2015. 4. 23, 2014다231378)."는 판례는 계약금 일부만 지급된 경우 수령자가 매매계약을 해제할 수 있다는 의미가 아니고, 단지 가정적 판단을 한 것에 불과하다.

정답 102-1 (○) 102-2 (○) 103 (×)

104-1 계약이행의 착수가 있기 전에 매도인이 민법 제565조(해약금) 제1항에 따라 계약을 해제하려면, 계약금의 배액을 상환하거나 적어도 이행제공 상태에 두어야 한다. ( ) (2023 변리사)

104-2 매도인이 계약금의 배액을 상환하고 계약을 해제하려면 계약해제의 의사표시를 하고 계약금 배액을 지급하여야 하며, 상대방이 수령하지 않는 경우에는 이를 공탁하여야 한다. ( ) (2016 변리사)

104-3 계약금을 수령한 매도인이 매수인에 대하여 해제권을 행사하기 위해서는 수령한 계약금의 배액의 이행제공을 하여야 하며 매수인이 수령을 거부하는 경우, 이를 공탁하여야 한다. ( ) (2019, 2022 변리사)

> **해설** 매매당사자 간에 계약금을 수수하고 계약해제권을 유보한 경우에 매도인이 계약금의 배액을 상환하고 계약을 해제하려면 계약해제의 의사표시 외에 계약금 배액의 이행의 제공이 있으면 족하고, 상대방이 이를 수령하지 아니한다 하여 이를 공탁할 필요는 없다(대판 1981. 10. 27, 80다2784).

105-1 계약당사자가 민법 제565조에 따라 매매계약을 해제(해약금 해제)하는 경우, 상대방에 대하여 원상회복은 청구할 수 없으나 채무불이행을 이유로 손해배상은 청구할 수 있다. ( ) (2016 변리사)

105-2 매수인이 매도인에게 지급한 계약금을 포기하고 적법하게 매매를 해제한 경우, 이로 인해 매도인에게 계약금 이상의 손해가 발생한 때에는 매도인은 매수인에 대해 손해배상청구를 할 수 있다. ( ) (2020 변리사)

> **해설** 계약당사자가 위 민법규정에 따라 매매계약을 해제하는 경우(해약금해제=약정해제), 상대방에 대하여 원상회복은 청구할 수 없고(이행의 착수전이기 때문에), 그리고 채무불이행을 이유로 손해배상을 청구할 수 없다(제565조 제2항).

106 계약당사자 일방이 채무의 이행기 전에 이미 채무의 이행에 착수하였다면 특별한 사정이 없는 한 계약당사자는 해제권을 행사할 수 없다. ( ) (2019 변리사)

> **해설** 민법 제565조가 해제권 행사의 시기를 당사자의 일방이 이행에 착수할 때까지로 제한한 것은 당사자의 일방이 이미 이행에 착수한 때에는 그 당사자는 그에 필요한 비용을 지출하였을 것이고, 또 그 당사자는 계약이 이행될 것으로 기대하고 있는데 만일 이러한 단계에서 상대방으로부터 계약이 해제된다면 예측하지 못한 손해를 입게 될 우려가 있으므로 이를 방지하고자 함에 있고, 이행기의 약정이 있는 경우라 하더라도 당사자가 채무의 이행기 전에는 착수하지 아니하기로 하는 특약을 하는 등 특별한 사정이 없는 한 이행기 전에 이행에 착수할 수 있다(대판 2006. 2. 10, 2004다11599).

107 매도인이 매수인에게 매매계약의 이행을 최고하고 매매잔대금의 지급을 구하는 소송을 제기한 것만으로도 이행에 착수한 것이다. ( ) (2016, 2022 변리사)

104-1 (○) 104-2 (×) 104-3 (×) 105-1 (×) 105-2 (×) 106 (○) 107 (×) 《 정답

> **해설** 이행의 착수는 본래 급부의 일부나 전부의 이행을 의미하기 때문에 매도인이 매수인에게 매매계약의 이행을 최고하고 매매잔대금의 지급을 구하는 소송을 제기한 것만으로는 이행의 착수가 아니라는 것이 판례이다(대판 2008. 10. 23, 2007다72274).

108-1 토지거래허가구역 내 토지에 관하여 매매계약을 체결하고 계약금만 주고받은 상태에서 토지거래허가를 받았다면, 매도인은 이제 더 이상 해약금규정에 따른 계약해제를 할 수 없다. ( ) (2016, 2022 변리사)

108-2 토지거래허가구역 내의 토지에 관한 매매계약의 당사자가 토지거래허가신청절차의 협력의무를 이행하여 관할관청으로부터 거래허가를 받았더라도, 그러한 사정만으로는 아직 이행의 착수가 있다고 볼 수 없다. ( ) (2019 변리사)

> **해설** 국토의 계획 및 이용에 관한 법률에 정한 토지거래계약에 관한 허가구역으로 지정된 구역 안의 토지에 관하여 매매계약이 체결된 후 계약금만 수수한 상태에서 당사자가 토지거래허가신청을 하고 이에 따라 관할관청으로부터 그 허가를 받았다 하더라도, 그러한 사정만으로는 아직 이행의 착수가 있다고 볼 수 없어 매도인으로서는 민법 제565조에 의하여 계약금의 배액을 상환하여 매매계약을 해제할 수 있다(대판 2009. 4. 23, 2008다62427).

109 당사자 일방의 귀책사유로 인한 법정해제권을 행사하는 경우, 특별한 사정이 없는 한 계약금은 위약금으로서 상대방에게 귀속된다. ( ) (2022 변리사)

> **해설** 유상계약을 체결함에 있어서 계약금이 수수된 경우 계약금은 해약금의 성질을 가지고 있어서, 이를 위약금으로 하기로 하는 특약이 없는 이상 계약이 당사자 일방의 귀책사유로 인하여 해제되었다 하더라도 상대방은 계약불이행으로 입은 실제 손해만을 배상받을 수 있을 뿐 계약금이 위약금으로서 상대방에게 당연히 귀속되는 것은 아니다(대판 2010. 4. 29, 2007다24930).

110 자전거 매매에 있어 자전거의 인도와 동시에 대금을 지급할 경우에는 자전거 인도장소에서 대금을 지급하여야 한다. ( ) (2020 변리사)

> **해설** 매매의 목적물의 인도와 동시에 대금을 지급할 경우에는 그 인도장소에서 이를 지급하여야 한다(제586조).

111 매매계약 후에도 인도하지 아니한 목적물로부터 생긴 과실은 매도인에 속하므로, 매수인이 매매대금을 완납한 후라도 매매목적물을 인도하기까지는 과실수취권은 매도인에게 귀속된다. ( ) (2020 변리사)

> **해설** 민법 제587조에 의하면, 매매계약 있은 후에도 인도하지 아니한 목적물로부터 생긴 과실은 매도인에게 속하고, 매수인은 목적물의 인도를 받은 날로부터 대금의 이자를 지급하여야 한다고 규정하고 있는바, 이는 매매당사자 사이의 형평을 꾀하기 위하여 매매목적물이 인도되지 아니하더라도 매수인

정답 108-1 (×) 108-2 (○) 109 (×) 110 (○) 111 (×)

이 대금을 완제한 때에는 그 시점 이후의 과실은 매수인에게 귀속되지만, 매매목적물이 인도되지 아니하고 또한 매수인이 대금을 완제하지 아니한 때에는 매도인의 이행지체가 있더라도 과실은 매도인에게 귀속되는 것이므로 매수인은 인도의무의 지체로 인한 손해배상금의 지급을 구할 수 없다(대판 2004. 4. 23, 2004다8210).

112 **매수인이 매매목적물을 대금지급 전에 인도받았다면 대금지급의무와 소유권이전등기의무가 동시이행관계에 있더라도 민법 제587조(과실의 귀속, 대금의 이자)에 의한 매매대금이자를 지급할 의무가 있다. ( )** (2023 변리사)

해설 민법 제587조는 "매매계약이 있은 후에도 인도하지 아니한 목적물로부터 생긴 과실은 매도인에게 속한다. 매수인은 목적물의 인도를 받은 날로부터 대금의 이자를 지급하여야 한다."라고 규정하고 있다. 그러나 매수인의 대금 지급의무와 매도인의 근저당권설정등기 내지 가압류등기 말소의무가 **동시이행관계에 있는 등으로 매수인이 대금 지급을 거절할 정당한 사유가 있는 경우에는 매매목적물을 미리 인도받았다 하더라도 위 민법 규정에 의한 이자를 지급할 의무는 없다**고 보아야 한다(대판 2018. 9. 28, 2016다246800).

113 **甲은 자기 소유 주택을 乙에게 매도하고 계약금을 받았다. 그리고 1개월 후 중도금, 3개월 후 잔금을 지급받고, 잔금지급과 동시에 이전등기를 해 주기로 하였다. 이에 관한 설명으로 옳지 않은 것은? (다툼이 있으면 판례에 따름)** (2015 변리사)

① 계약금은 이를 위약금으로 하기로 하는 특약이 없는 이상 손해배상액의 예정액으로서의 성질을 갖는 것이 아니다.

② 甲이 해제권을 행사하는 경우, 甲이 계약금의 배액을 乙에게 제공하기 전이라도 해제의 의사표시가 乙에게 도달한 때 해제의 효과가 발생한다.

③ 乙이 중도금을 지급한 경우, 甲이 매매계약의 이행에 착수한 바가 없더라도 乙은 계약금을 포기하고 매매계약을 해제할 수 없다.

④ 乙이 중도금 지급기일을 지키지 않자 甲이 상당한 기간을 정해 최고하였음에도 그 기간 내에 지급하지 않은 경우, 甲은 채무불이행을 이유로 계약을 해제하고 손해배상을 청구할 수 있다.

⑤ 乙의 채무불이행을 이유로 계약이 해제되는 경우, 특약이 없는 이상 甲은 채무불이행으로 입은 실제 손해만을 배상받을 수 있을 뿐, 계약금이 위약금으로 甲에게 귀속되는 것은 아니다.

해설 ① (○) : 매매계약에 있어서의 계약금은 민법 제565조 제1항에 의하여 해약금의 성질을 가지고, 다만 당사자의 일방이 위약을 할 경우 그 계약금을 위약금으로 하기로 하는 특약이 있는 경우에 한하여 민법 제398조 제4항에 의하여 손해배상액의 예정으로서의 성질을 가지므로 그와 같은 특약이 없음에도 동 계약금이 손해배상액의 예정임을 전제로 하는 감액 청구는 이유가 없다(대판 1981. 7. 28, 80다2499).

② (×) : 계약금수령자의 배액상환에 의한 계약해제의 의사표시는 그와 아울러 그 배액의 이행의 제공이 있어야 계약해제의 효과가 발생한다(대판 1966. 7. 5, 66다736).

③ (○) : 본조 제1항에서 말하는 당사자의 일방이라는 것은 매매쌍방중 어느 일방을 지칭하는 것이고

112 (×) 113 ② 《 정답

상대방이라고 국한하는 것이 아니므로 매매계약의 일부 이행에 착수한 당사자는 비록 상대방이 이행에 착수하지 않았다 하더라도 해제권을 행사할 수 없다(대판 1970. 4. 18, 70다105).
④ (○) : [민법 제544조] 당사자 일방이 그 채무를 이행하지 아니하는 때에는 상대방은 상당한 기간을 정하여 그 이행을 최고하고 그 기간내에 이행하지 아니한 때에는 계약을 해제할 수 있다. [민법 제395조] 채무자가 채무의 이행을 지체한 경우에 채권자가 상당한 기간을 정하여 이행을 최고하여도 그 기간내에 이행하지 아니하거나 지체후의 이행이 채권자에게 이익이 없는 때에는 채권자는 수령을 거절하고 이행에 갈음한 손해배상을 청구할 수 있다. [민법 제551조] 계약의 해지 또는 해제는 손해배상의 청구에 영향을 미치지 아니한다. ☞ 계약금이 교부되어 있더라도 채무불이행에 의한 계약해제권이 배제되는 것은 아니다.
⑤ (○) : 유상계약을 체결함에 있어서 계약금이 수수된 경우 계약금은 해약금의 성질을 가지고 있어서, 이를 위약금으로 하기로 하는 특약이 없는 이상 계약이 당사자 일방의 귀책사유로 인하여 해제되었다 하더라도 상대방은 계약불이행으로 입은 실제 손해만을 배상받을 수 있을 뿐 계약금이 위약금으로서 상대방에게 당연히 귀속되는 것은 아니다(대판 2010. 4. 29, 2007다24930).

Ⅱ. 매도인의 담보책임

114 **경락인이 강제경매절차를 통하여 부동산을 매수하였으나 강제경매의 집행권원이 된 약속어음공정증서가 위조된 것이어서 경매 부동산에 대한 소유권을 취득하지 못하게 된 경우, 경락인은 경매채권자에게 「민법」 제578조 제2항에 의한 담보책임을 물을 수 있다. ( )**

(2023 변호사)

해설 가. 민법 제578조 제1항, 제2항은 매매의 일종인 경매에 있어서 그 목적물의 하자로 인하여 경락인이 경락의 목적인 재산권을 완전히 취득할 수 없을 때에 매매의 경우에 준하여 매도인의 위치에 있는 경매의 채무자나 채권자에게 담보책임을 부담시켜 경락인을 보호하기 위한 규정으로서, 그 담보책임은 매매의 경우와 마찬가지로 **경매절차는 유효**하게 이루어졌으나 경매의 목적이 된 권리의 전부 또는 일부가 타인에게 속하는 등의 하자로 경락인이 완전한 소유권을 취득할 수 없거나 이를 잃게 되는 경우에 인정되는 것이고, **경매절차 자체가 무효**인 경우에는 경매의 채무자나 채권자의 담보책임은 인정될 여지가 없다. 나. 경락인이 강제경매절차를 통하여 부동산을 경락받아 대금을 납부하고 그 앞으로 소유권이전등기까지 마쳤으나, 그 후 위 강제집행의 채무명의가 된 약속어음공정증서가 위조된 것이어서 무효라는 이유로 그 소유권이전등기의 말소를 명하는 판결이 확정됨으로써 경매 부동산에 대한 소유권을 취득하지 못하게 된 경우 경락인은 경매 채권자에게 경매 대금 중 그가 배당받은 금액에 대하여 일반 부당이득의 법리에 따라 반환을 청구할 수 있을 뿐, 민법 제578조 제2항에 의한 담보책임을 물을 수는 없다(대판 1991. 10. 11, 91다21640).

115-1 **매매계약 내용의 중요부분에 착오가 있는 경우, 매수인은 매도인의 하자담보책임이 성립하는지와 상관없이 착오를 이유로 그 매매계약을 취소할 수 있다. ( )** (2021 변리사)

정답 》 114 (×) 115-1 (○)

115-2 매매계약 내용의 중요부분에 착오가 있는 경우, 매수인은 매도인의 하자담보책임이 성립하는지와 상관없이 착오를 이유로 매매계약을 취소할 수 있다. ( ) (2020 변호사)

> **해설** 착오로 인한 취소 제도와 매도인의 하자담보책임 제도는 취지가 서로 다르고, 요건과 효과도 구별된다. 따라서 매매계약 내용의 중요 부분에 착오가 있는 경우 매수인은 매도인의 하자담보책임이 성립하는지와 상관없이 착오를 이유로 매매계약을 취소할 수 있다(대판 2018. 9. 13, 2015다78703).

116 타인의 권리 매매에서 매도인이 권리를 취득하여 매수인에게 이전하여야 할 의무가 매도인의 귀책사유로 인하여 이행불능이 되었다면, 매수인은 채무불이행 일반의 규정(「민법」 제546조, 제390조)에 따라 계약을 해제하고 손해배상을 청구할 수 있다. ( ) (2020 변호사)

> **해설** 타인의 권리를 매매의 목적으로 한 경우에 있어서 그 권리를 취득하여 매수인에게 이전하여야 할 매도인의 의무가 매도인의 귀책사유로 인하여 이행불능이 되었다면 매수인이 매도인의 담보책임에 관한 민법 제570조 단서의 규정에 의해 손해배상을 청구할 수 없다 하더라도 채무불이행 일반의 규정(민법 제546조, 제390조)에 좇아서 계약을 해제하고 손해배상을 청구할 수 있다(대판 1993. 11. 23, 93다37328).

117-1 매매목적물의 하자로 인하여 확대손해 내지 2차 손해가 발생하였다는 이유로 매도인에게 그 확대손해에 대한 배상책임을 묻기 위해서는 매도인에게 귀책사유가 인정될 수 있어야만 한다. ( ) (2015 변리사)

117-2 매매목적물의 하자로 인하여 확대손해가 발생하였다는 이유로 매도인에게 그 확대손해에 대한 배상책임을 지우기 위하여는 채무의 내용으로 된 하자 없는 목적물을 인도하지 못한 의무위반사실 외에 그러한 의무위반에 대한 매도인의 귀책사유는 요구되지 않는다. ( ) (2017 변호사)

117-3 매매목적물의 하자로 인하여 확대손해 내지 2차 손해가 발생하였다는 이유로 매도인에게 그 확대손해에 대한 배상책임을 지우기 위하여는, 채무의 내용으로 된 하자 없는 목적물을 인도하지 못한 의무위반사실 외에 그 의무위반에 대한 매도인의 귀책사유가 인정되어야 한다. ( ) (2020 변호사)

> **해설** 매수인이 확대손해 내지 2차 손해가 발생하였다는 이유로 매도인에게 그 확대손해에 대한 배상책임을 지우기 위하여는 채무의 내용으로 된 하자 없는 목적물을 인도하지 못한 의무위반사실 외에 그러한 의무위반에 대하여 매도인에게 귀책사유가 인정될 수 있어야만 한다(대판 1997. 5. 7, 96다39455).

118 매매목적물에 하자가 있는 경우, 매수인은 하자담보책임의 제척기간이 지났다고 하더라도 그러한 하자 있는 물건의 인도가 불완전이행에 해당하면 매도인에 대해 채무불이행에 따른 손해배상책임을 물을 수 있다. ( ) (2023 변호사)

115-2 (○) 116 (○) 117-1 (○) 117-2 (×) 117-3 (○) 118 (○) 《 정답

해 설 판례는 하자담보책임과 불완전이행으로 인한 손해배상책임의 경합을 인정하므로 맞는 지문이다.

> [참고판례] 토지 매도인이 성토작업을 기화로 다량의 폐기물을 은밀히 매립하고 그 위에 토사를 덮은 다음 도시계획사업을 시행하는 공공사업시행자와 사이에서 정상적인 토지임을 전제로 협의취득절차를 진행하여 이를 매도함으로써 매수자로 하여금 그 토지의 폐기물처리비용 상당의 손해를 입게 하였다면 매도인은 이른바 불완전이행으로서 채무불이행으로 인한 손해배상책임을 부담하고, 이는 하자 있는 토지의 매매로 인한 민법 제580조 소정의 하자담보책임과 경합적으로 인정된다(대판 2004. 7. 22, 2002다51586).

119 **매매계약 당시 매매목적 토지의 소유권이 매도인에게 속하지 아니함을 알고 있던 매수인은 소유권이전의무의 이행불능에 매도인의 귀책사유가 있더라도 채무불이행을 이유로 계약을 해제하고 손해배상을 청구할 수 없다. ( )** (2017 변리사)

해 설 타인의 권리를 매매의 목적으로 한 경우에 있어서 그 권리를 취득하여 매수인에게 이전하여야 할 매도인의 의무가 매도인의 귀책사유로 인하여 이행불능이 되었다면 매수인이 매도인의 담보책임에 관한 민법 제570조 단서의 규정에 의해 손해배상을 청구할 수 없다 하더라도 채무불이행 일반의 규정(민법 제546조, 제390조)에 좇아서 계약을 해제하고 손해배상을 청구할 수 있다(대판 1993. 11. 23, 93다37328). 매매계약 당시 매매목적 토지의 소유권이 매도인에게 속하지 아니함을 알고 있던 매수인은 민법 제570조 단서에 의하여 담보책임으로서의 손해배상을 청구할 수는 없으나, 매도인에게 귀책사유가 있다면 채무불이행책임으로서의 손해배상을 청구할 수는 있다는 취지의 지문이다.

120 **매도인의 하자담보책임과 채무불이행책임은 경합적으로 인정되므로, 매매목적물인 토지에 폐기물이 매립되어 있어서 매수인에게 폐기물을 처리하기 위한 비용 상당의 손해가 발생한다면, 매수인은 그 비용에 관하여 매도인에게 채무불이행으로 인한 손해배상을 청구할 수 있다. ( )** (2022 변호사)

해 설 매매의 목적물에 하자가 있는 경우 매도인의 하자담보책임과 채무불이행책임은 별개의 권원에 의하여 경합적으로 인정된다. 이 경우 특별한 사정이 없는 한 하자를 보수하기 위한 비용은 매도인의 하자담보책임과 채무불이행책임에서 말하는 손해에 해당한다. 따라서 매매 목적물인 토지에 폐기물이 매립되어 있고 매수인이 폐기물을 처리하기 위해 비용이 발생한다면 매수인은 그 비용을 민법 제390조에 따라 채무불이행으로 인한 손해배상으로 청구할 수도 있고, 민법 제580조 제1항에 따라 하자담보책임으로 인한 손해배상으로 청구할 수도 있다(대판 2021. 4. 8, 2017다202050).

121-1 **하자담보책임에 따른 손해배상에 있어서 하자 발생 및 그 확대에 가공한 매수인의 잘못을 참작하여 손해배상의 범위를 정할 수 있다. ( )** (2015 변리사)

121-2 **매수인이 하자의 발생과 확대에 잘못이 있는 경우, 법원은 매도인의 손해배상액을 산정함에 있어 매수인의 과실을 직권으로 참작하여 그 범위를 정해야 한다. ( )** (2021 변리사)

정답 》 **119** (×) **120** (○) **121-1** (○) **121-2** (○)

해설 민법 제581조, 제580조에 기한 매도인의 하자담보책임은 법이 특별히 인정한 무과실책임으로서 여기에 민법 제396조의 과실상계 규정이 준용될 수는 없다 하더라도, 담보책임이 민법의 지도이념인 공평의 원칙에 입각한 것인 이상 하자 발생 및 그 확대에 가공한 매수인의 잘못을 참작하여 손해배상의 범위를 정함이 상당하다(대판 1995. 6. 30, 94다23920).

122 **타인 권리의 매매로 인한 담보책임으로 매수인이 계약을 해제한 경우, 매수인이 진정한 권리자인 타인에게 직접 목적물을 반환한 때에는 그 반환한 범위에서 매도인에게 반환할 의무를 부담하지 않는다. ( )** (2023 변리사)

해설 타인의 권리의 매매의 경우에 매도인이 그 권리를 취득하여 매수인에게 이전할 수 없는 때에는 매수인은 계약을 해제할 수 있다(민법 제570조). 이러한 해제의 효과에 관하여 특별한 규정은 없지만 일반적인 해제와 달리 해석할 이유가 없다. 따라서 위 규정에 따라 매매계약이 해제되는 경우에, 매도인은 매수인에게 매매대금과 그 받은 날부터의 이자를 반환할 의무를 부담하고, 매수인 역시 특별한 사정이 없는 한 매도인에게 목적물을 반환할 의무는 물론이고 목적물을 사용하였으면 그 사용이익을 반환할 의무도 부담한다. 그리고 이러한 결론은 매도인이 목적물의 사용권한을 취득하지 못하여 매수인으로부터 반환받은 사용이익을 궁극적으로 정당한 권리자에게 반환하여야 할 입장이라 하더라도 마찬가지이다. 다만, 매수인이 진정한 권리자인 타인에게 직접 목적물 또는 사용이익을 반환하는 등의 특별한 사정이 있는 경우에는 매수인은 적어도 그 반환 등의 한도에서는 매도인에게 목적물 및 사용이익을 반환할 의무를 부담하지 않는다고 할 것이다(대판 2017. 5. 31, 2016다240).

123-1 **타인의 권리를 매도한 자가 권리이전을 할 수 없게 된 때에는 매도인은 선의의 매수인에 대하여 계약체결 당시의 시가를 표준으로 그 계약이 완전히 이행된 것과 동일한 경제적 이익을 배상할 의무가 있다. ( )** (2015 변리사)

123-2 **매매의 목적이 된 권리가 타인에게 속하여 매도인이 그 권리를 취득하여 매수인에게 이전할 수 없게 된 경우, 그 권리가 타인에게 속함을 알지 못한 매수인이 매도인에게 배상을 청구할 수 있는 손해에는 매수인이 얻을 수 있었던 이익의 상실은 포함되지 않는다. ( )** (2017 변호사)

123-3 **타인의 권리를 매매한 자가 그 권리를 이전할 수 없게 된 경우, 매도인은 선의의 매수인에 대하여 불능 당시의 시가를 표준으로 이행이익을 배상할 의무가 있다. ( )** (2021 변리사)

해설 타인의 권리를 매매한 자가 권리이전을 할 수 없게 된 때에는 매도인은 선의의 매수인에 대하여 불능 당시의 시가를 표준으로 그 계약이 완전히 이행된 것과 동일한 경제적 이익을 배상할 의무가 있다[대판(전합) 1967. 5. 18, 66다2618]. [참고판례] 매매의 목적이 된 권리의 일부가 타인에게 속함으로 인하여 매도인이 그 권리를 취득하여 매수인에게 이전할 수 없게 된 때에는 선의의 매수인은 매도인에게 담보책임을 물어 이로 인한 손해배상을 청구할 수 있는바, 이 경우에 매도인이 매수인에 대하여 배상하여야 할 손해액은 원칙적으로 매도인이 매매의 목적이 된 권리의 일부를 취득하여 매수인에게 이전할 수 없게 된 때의 이행불능이 된 권리의 시가, 즉 이행이익 상당액이라고 할 것이다(대판 1993. 1. 19, 92다37727). ☞ 판례는 전부타인권리의 매매, 일부타인권리의 매매의 경우 이행이익의 배상을 인정한다.

122 (○) 123-1 (×) 123-2 (×) 123-3 (○) 《 정답

124 **매도인 甲이 계약을 체결할 당시에 매매목적물에 대한 소유권이 자신에게 속하지 않는다는 사실을 알지 못하였고, 그 소유권을 취득하여 매수인 乙에게 이전할 수 없는 경우, 甲은 손해를 배상하고 乙과의 계약을 해제할 수 있다. ( )** (2018 변리사)

> **해설** 민법 제571조(동전-선의의 매도인의 담보책임) 제1항

125 **甲은 자기 소유 17필지의 토지에 대하여 일괄하여 매매대금을 정하고 乙에게 매도하였으나 그 중 2필지가 타인 소유로 밝혀진 경우 매도인 甲이 그 2필지만에 대하여 매매계약을 해제할 수 있다. ( )** (2017 변호사)

> **해설** 민법 제571조 제1항은 선의의 매도인이 매매의 목적인 권리의 전부를 이전할 수 없는 경우에 적용될 뿐 매매의 목적인 권리의 일부를 이전할 수 없는 경우에는 적용될 수 없고, 마찬가지로 수 개의 권리를 일괄하여 매매의 목적으로 정하였으나 그 중 일부의 권리를 이전할 수 없는 경우에도 위 조항은 적용될 수 없다(대판 2004. 12. 9, 2002다33557).

126 **토지의 매매에 있어 목적물을 등기부상 평수에 따라 특정한 경우라도 당사자가 그 지정된 구획을 전체로서 평가하였고 평수에 의한 계산이 대상토지를 특정하고 그 대금을 결정하기 위한 방편에 불과하였다면, 그 매매는 「민법」 제574조에서 규정하는 '수량을 지정한 매매'라고 할 수 없다. ( )** (2020 변호사)

> **해설** 민법 제574조에서 규정하는 '수량을 지정한 매매'라 함은 당사자가 매매의 목적인 특정물이 일정한 수량을 가지고 있다는 데 주안을 두고 대금도 그 수량을 기준으로 하여 정한 경우를 말하는 것이므로, 토지의 매매에 있어 목적물을 등기부상의 면적에 따라 특정한 경우라도 당사자가 그 지정된 구획을 전체로서 평가하였고 면적에 의한 계산이 하나의 표준에 지나지 아니하여 그것이 당사자들 사이에 대상토지를 특정하고 그 대금을 결정하기 위한 방편이었다고 보일 때에는 이를 가리켜 수량을 지정한 매매라 할 수 없다(대판 2003. 1. 24, 2002다65189).

127 **평형별 세대당 건물 및 공유대지가 일정한 면적을 가지고 있다는 데 주안을 두고 대금을 그 면적을 기준으로 정한 아파트 분양계약에서 분양자가 공유대지 면적의 일부를 이전할 수 없게 되었고, 그 일부 이행불능이 분양계약 체결 당시 존재한 사유에 의한 경우, 수분양자는 분양자에게 부족한 면적비율에 따라 대금감액을 청구할 수 있다. ( )** (2017 변호사)

> **해설** [1] 목적물이 일정한 면적(수량)을 가지고 있다는 데 주안을 두고 대금도 면적을 기준으로 하여 정하여지는 아파트분양계약은 이른바 수량을 지정한 매매라 할 것이다. [2] 아파트 분양시 공유대지면적을 지정한 아파트 분양계약을 수량지정매매로 보아 공유대지면적을 부족하게 이전해 준 경우 민법 제574조에 의한 대금감액청구권을 인정한 사례(대판 2002. 11. 8, 99다58136).

128 **수량지정매매에 해당하는 부동산매매계약에서 실제면적이 계약면적에 미달하는 경우, 매수인은 대금감액청구권의 행사와 별도로 부당이득반환청구도 할 수 있다. ( )** (2021 변리사)

정답 124 (○) 125 (×) 126 (○) 127 (○) 128 (×)

해설 부동산매매계약에 있어서 실제면적이 계약면적에 미달하는 경우에는 그 매매가 수량지정매매에 해당할 때에 한하여 민법 제574조, 제572조에 의한 대금감액청구권을 행사함은 별론으로 하고, 그 매매계약이 그 미달 부분만큼 일부 무효임을 들어 이와 별도로 일반 부당이득반환청구를 하거나 그 부분의 원시적 불능을 이유로 민법 제535조가 규정하는 계약체결상의 과실에 따른 책임의 이행을 구할 수 없다(대판 2002. 4. 9, 99다47396).

129-1 매수인 乙이 매도인 甲으로부터 취득한 목적물에 대한 소유권을 제3자의 저당권의 실행으로 잃게 된 경우, 乙은 매매의 목적물에 저당권이 설정되어 있다는 사실을 계약체결 당시에 알고 있었더라도 甲과의 계약을 해제할 수 있다. ( ) (2018 변리사)

129-2 매매의 목적이 된 부동산에 설정된 저당권 또는 전세권의 행사로 인하여 매수인이 그 소유권을 취득할 수 없거나 취득한 소유권을 잃은 때에는 매수인은 계약을 해제할 수 있다. ( ) (2015 변리사)

129-3 저당권이 설정된 부동산의 매수인이 저당권의 행사로 그 소유권을 취득할 수 없는 경우, 악의의 매수인이라도 특별한 사정이 없는 한 계약을 해제할 수 있다. ( ) (2021 변리사)

해설 매매의 목적이 된 부동산에 설정된 저당권 또는 전세권의 행사로 인하여 매수인이 그 소유권을 취득할 수 없거나 취득한 소유권을 잃은 때에는 매수인은 계약을 해제할 수 있다(민법 제576조 제1항).
☞ 제576조의 담보책임의 경우 다른 유형의 담보책임과는 달리 해제든 손해배상이든 매수인의 선·악을 불문하고 인정된다.

130 가압류의 목적이 된 부동산을 甲으로부터 매수한 乙이 그 가압류에 기한 강제집행으로 소유권을 상실하였고, 그로 인해 손해를 입은 경우, 乙은 계약체결 당시에 가압류의 존재를 알고 있었더라도 손해배상을 청구할 수 있다. ( ) (2018 변리사)

해설 가압류 목적이 된 부동산을 매수한 사람이 그 후 가압류에 기한 강제집행으로 부동산 소유권을 상실하게 되었다면 이는 매매의 목적 부동산에 설정된 저당권 또는 전세권의 행사로 인하여 매수인이 취득한 소유권을 상실한 경우와 유사하므로, 이와 같은 경우 매도인의 담보책임에 관한 민법 제576조의 규정이 준용된다고 보아 매수인은 같은 조 제1항에 따라 매매계약을 해제할 수 있고, 같은 조 제3항에 따라 손해배상을 청구할 수 있다고 보아야 한다(대판 2011. 5. 13, 2011다1941).

131-1 강제경매절차에서 매수인이 부동산을 매각받아 대금을 완납하고 그 앞으로 소유권이전등기를 마쳤으나 강제경매의 기초가 된 채무자 명의의 소유권이전등기가 원인무효이어서 강제경매절차가 무효로 된 경우, 그 매수인은 「민법」 제578조 제1항, 제2항에 따라 경매의 채무자나 채권자에게 담보책임을 물을 수 있다. ( ) (2020 변호사)

131-2 경매절차의 무효로 경매 부동산의 소유권을 취득하지 못한 매수인은 매매대금을 배당받은 경매 채권자 또는 채무자를 상대로 배당금 상당의 부당이득반환을 청구할 수 있고, 경매에 따른 담보책임을 물을 수도 있다. ( ) (2022 변호사)

129-1 (○) 129-2 (○) 129-3 (○) 130 (○) 131-1 (×) 131-2 (×) 《 정답

> **해설** 경락인이 강제경매절차를 통하여 부동산을 경락받아 대금을 완납하고 그 앞으로 소유권이전등기까지 마쳤으나, 그 후 강제경매절차의 기초가 된 채무자 명의의 소유권이전등기가 원인무효의 등기이어서 경매 부동산에 대한 소유권을 취득하지 못하게 된 경우, 이와 같은 강제경매는 무효라고 할 것이므로 경락인은 경매 채권자에게 경매대금 중 그가 배당받은 금액에 대하여 일반 부당이득의 법리에 따라 반환을 청구할 수 있고, 민법 제578조 제1항, 제2항에 따른 경매의 채무자나 채권자의 담보책임은 인정될 여지가 없다(대판 2004.6.24,2003다59259). ☞ 담보책임은 계약의 유효를 전제로 한다.

132 **甲의 채권자 丙이 甲소유의 물건에 흠결이 있다는 것을 안 상태에서 담보권 실행을 위한 경매를 신청하였고 乙이 그 물건을 경락받은 경우, 乙은 그 물건에 흠결이 있음을 이유로 丙에게 손해배상을 청구할 수 없다. ( )** (2018 변리사)

> **해설** 민법 제578조(경매와 매도인의 담보책임) ① 경매의 경우에는 경락인은 전8조의 규정에 의하여 채무자에게 계약의 해제 또는 대금감액의 청구를 할 수 있다. ② 전항의 경우에 채무자가 자력이 없는 때에는 경락인은 대금의 배당을 받은 채권자에 대하여 그 대금전부나 일부의 반환을 청구할 수 있다. ③ 전2항의 경우에 채무자가 물건 또는 권리의 흠결을 알고 고지하지 아니하거나 채권자가 이를 알고 경매를 청구한 때에는 경락인은 그 흠결을 안 채무자나 채권자에 대하여 손해배상을 청구할 수 있다.

133 **甲이 변제기에 도달하지 않은 채권을 乙에게 매도하면서 그 채무자의 자력을 담보한 경우, 甲은 변제기의 자력을 담보한 것으로 추정한다. ( )** (2018 변리사)

> **해설** 민법 제579조(채권매매와 매도인의 담보책임) 제2항

134 **건축을 목적으로 매매된 토지에 대하여 법률상 건축허가를 받을 수 없어 건축이 불가능한 경우, 이는 매매목적물의 하자에 해당하고, 그 하자의 존부는 매매계약 성립시를 기준으로 판단한다. ( )** (2015 변리사)

> **해설** 법률상 장애와 관련된 담보책임의 문제이다. 이 경우 물건의 하자인지, 권리의 하지인지 문제되며, 그 판단시점의 문제도 중요하다. 판례는 "건축을 목적으로 매매된 토지에 대하여 법률상 건축허가를 받을 수 없어 건축이 불가능한 경우, 이는 매매목적물의 하자에 해당하고, 그 하자의 존부는 매매계약 성립시를 기준으로 판단한다"고 한다(대판 2000. 1. 18, 98다18506).

135-1 **매매목적물의 하자가 경미하여 수선 등의 방법으로도 계약의 목적을 달성하는 데 별다른 지장이 없고, 매도인에게 하자 없는 물건의 급부의무를 지우면 다른 구제방법에 비하여 매도인에게 현저한 불이익이 발생되는 경우라도 공평의 원칙상 매수인의 완전물급부청구권의 행사를 제한할 수 없다. ( )** (2017 변호사)

135-2 **매매목적물의 하자가 경미하여 수선 등의 방법으로도 계약의 목적을 달성하는 데 별다른 지장이 없는 반면 매도인에게 하자 없는 물건의 급부의무를 지우면 다른 구제방법에 비하여 지나치게 큰 불이익이 매도인에게 발생되는 경우에는 매수인의 완전물급부청구권**

정답 132 (×) 133 (○) 134 (○) 135-1 (×) 135-2 (○)

행사를 제한할 수 있다. ( ) (2020 변호사)

> **해설** 종류매매에서 매수인이 가지는 완전물급부청구권을 제한 없이 인정하는 경우에는 오히려 매도인에게 지나친 불이익이나 부당한 손해를 주어 등가관계를 파괴하는 결과를 낳을 수 있다. 따라서 매매 목적물의 하자가 경미하여 수선 등의 방법으로도 계약의 목적을 달성하는 데 별다른 지장이 없는 반면 매도인에게 하자 없는 물건의 급부의무를 지우면 다른 구제방법에 비하여 지나치게 큰 불이익이 매도인에게 발생되는 경우와 같이 하자담보의무의 이행이 오히려 공평의 원칙에 반하는 경우에는, 완전물급부청구권의 행사를 제한함이 타당하다(대판 2014. 5. 16, 2012다72582).

136-1 하자담보책임에 기한 매수인의 손해배상청구권에는 민법 제582조의 제척기간규정으로 인하여 소멸시효 규정이 적용되지 않는다. ( ) (2015 변리사)

136-2 하자담보에 기한 손해배상청구권은 원칙적으로 10년의 소멸시효에 걸리고 매수인이 매매목적물을 인도받은 때부터 소멸시효가 진행한다. ( ) (2022 변호사)

> **해설** 하자담보에 기한 매수인의 손해배상청구권은 권리의 내용·성질 및 취지에 비추어 민법 제162조 제1항의 채권 소멸시효의 규정이 적용되고, 민법 제582조의 제척기간 규정으로 인하여 소멸시효 규정의 적용이 배제된다고 볼 수 없으며, 이때 다른 특별한 사정이 없는 한 무엇보다도 매수인이 매매 목적물을 인도받은 때부터 소멸시효가 진행한다고 해석함이 타당하다(대판 2011. 10. 13, 2011다10266; 제162조).

137 甲은 乙소유 건물을 丙에게 매도하였으나, 그 소유권을 취득하여 丙에게 이전할 수 없게 되었다. 이에 관한 설명으로 옳은 것은? (다툼이 있으면 판례에 따름) (2015 변리사)

① 丙이 계약을 해제하려면 계약체결일로부터 1년 내에 행사하여야 한다.
② 계약체결 당시 丙이 악의인 경우에도 丙은 계약을 해제할 수 있다.
③ 甲이 선의였다면, 甲과 丙의 계약은 원시적 불능으로서 무효이다.
④ 甲의 귀책사유로 건물이 소실되었더라도, 丙은 채무불이행의 일반규정에 의하여 계약을 해제하고 손해배상을 청구할 수는 없다.
⑤ 丙이 甲의 기망에 의하여 乙의 건물을 甲소유로 알고 매수의 의사표시를 한 경우, 丙은 乙의 건물인 줄 알았더라면 매수하지 아니하였을 때에도 사기를 이유로 그 의사표시를 취소할 수 없다.

> **해설** ① (×), ② (○) : 권리전부가 타인에게 속하는 경우, 매도인의 담보책임이다(제570조). 계약해제는 선악불문하고, 손해배상은 선의인 경우이다. 그리고 제척기간이 없는 점이 본조항의 특징이다. 따라서 丙이 계약을 해제하려 할 때 제척기간이 없고, 계약체결 당시 매수인 丙이 악의의 경우에도 丙은 계약을 해제할 수 있는 것이다.
> ③ (×) : 권리전부가 타인에게 속한 경우는 주관적 불능(유효)으로 이해함이 통설과 판례이다. 따라서 甲과 丙의 계약은 무효가 아니다.
> ④ (×) : 타인의 권리를 매매의 목적으로 한 경우에 있어서 그 권리를 취득하여 매수인에게 이전하여야 할 매도인의 의무가 매도인의 귀책사유로 인하여 이행불능이 되었다면 매수인이 매도인의 담보책임에 관한 민법 제570조 단서의 규정에 의해 손해배상을 청구할 수 없다 하더라도 채무불이행 일반의

136-1 (×) 136-2 (○) 137 ② 《 정답

규정(민법 제546조, 제390조)에 좇아서 계약을 해제하고 손해배상을 청구할 수 있다(대판 1993. 11. 23, 93다37328).
⑤ (×) : 담보책임과 사기의 경합문제이다. 丙이 甲의 기망에 의하여 乙의 건물을 甲소유로 알고 매수의 의사표시를 한 경우, 丙은 乙의 건물인 줄 알았더라면 매수하지 아니하였을 때에는 사기를 이유로 그 의사표시를 취소할 수 있다(대판 1973. 10. 23, 73다268).

138 甲 소유인 A 토지에 대하여 乙이 등기관계서류를 위조하여 자신의 명의로 소유권이전등기를 마쳤다. 그 후 乙은 丙에게, 丙은 丁에게, 丁은 戊에게 A 토지를 순차로 매도하였고 이를 원인으로 한 각 소유권이전등기가 마쳐졌다. 이에 관한 설명 중 옳은 것은? (다툼이 있는 경우 판례에 의함) (2018 변호사)

① 타인의 권리의 매매에서 매도인의 담보책임에 관한 「민법」 제571조 제1항에 따른 계약해제의 효과로 발생하는 매도인의 손해배상의무와 매수인의 토지인도의무 사이에는 동시이행관계가 없다.
② 甲이 乙, 丙, 丁, 戊를 상대로 소유권이전등기말소청구의 소를 제기하는 경우, 이는 필수적 공동소송이다.
③ 丙 명의로 등기하여 등기부취득시효의 요건을 갖춘 기간이 5년, 丁 명의로 등기하여 등기부취득시효의 요건을 갖춘 기간이 3년, 戊 명의로 등기하여 등기부취득시효의 요건을 갖춘 기간이 3년일 때, 위 ②의 소에서 戊가 등기부취득시효의 완성을 주장하는 것은 받아들여질 수 없다.
④ 위 ②의 소에서 丁과 戊 명의의 소유권이전등기의 말소를 명한 판결이 확정됨으로써 丁의 戊에 대한 소유권이전의무가 이행불능되어 戊에게 손해가 발생한 경우, 그 손해배상액 산정의 기준시점은 위 판결이 확정된 때이다.
⑤ 위 ④와 같이 戊에게 손해가 발생한 경우, 戊는 丁을 대위하여 丙에 대하여 손해배상청구를 할 수 없다.

해 설 ① (×) : 민법 제571조에 의한 계약해제의 경우에도 매도인의 손해배상의무와 매수인의 대지인도의무는 발생원인이 다르다 하더라도 이행의 견련관계는 양 의무에도 그대로 존재하므로 양 의무 사이에는 동시이행관계가 있다고 인정함이 공평의 원칙에 합치한다(대판 1993. 4. 9, 92다25946).
② (×) : 순차로 마쳐진 소유권이전등기에 관하여 각 말소등기절차의 이행을 청구하는 소송은 보통공동소송이므로 그 중 어느 한 등기명의자만을 상대로 말소를 구할 수 있고, 최종 등기명의자에게 등기말소를 구할 수 있는지와 관계없이 중간의 등기명의자에게 등기말소를 구할 소의 이익이 있다(대판 2017. 9. 12, 2015다242849).
③ (×) : 등기부취득시효에 관한 민법 제245조 제2항의 규정에 위하여 소유권을 취득하는 자는 10년간 반드시 그의 명의로 등기되어 있어야 하는 것은 아니고 앞 사람의 등기까지 아울러 그 기간 동안 부동산의 소유자로 등기되어 있으면 된다고 할 것이다[대판(전합) 1989. 12. 26, 87다카2176].
④ (○) : 부동산을 매수하고 소유권이전등기까지 넘겨받았지만 진정한 소유자가 제기한 등기말소청구소송에서 매도인과 매수인 앞으로 된 소유권이전등기의 말소를 명한 판결이 확정됨으로써 매도인의 소유권이전의무가 이행불능된 경우, 그 손해배상액 산정의 기준시점은 위 판결이 확정된 때이다(대판 1993. 4. 9, 92다25946).
⑤ (×) 민법 제404조(채권자대위권)

정답 》 138 ④

139 **甲은 乙로부터 800㎡의 X토지를 5천만 원에 매수하여 건물을 신축하기 위한 건축허가를 받았다. 이후 甲은 건물신축을 위한 굴착공사를 하다가 1m 깊이에 300톤의 폐기물이 매립되어 있는 것을 발견하였고, 이를 처리하기 위해 6천만 원을 지출하였다. 이에 관한 설명으로 옳지 않은 것은? (다툼이 있으면 판례에 따름)** (2022 변리사)

① 특별한 사정이 없는 한 乙은 X토지의 객관적 하자뿐만 아니라 주관적 하자에 대해서도 하자담보책임을 부담한다.

② 폐기물로 인해 X토지에 하자가 인정되는 경우, 하자담보책임으로 인한 손해배상청구권은 甲이 X토지를 인도받은 때 발생한다.

③ X토지에 매립된 폐기물로 인해 乙에게 하자담보책임과 채무불이행책임이 모두 인정되는 경우, 특별한 사정이 없는 한 甲은 채무불이행책임에 따른 손해배상청구만 가능하다.

④ 폐기물로 인해 X토지에 하자가 인정되는 경우, 폐기물처리비용이 매매대금을 초과한다는 사정은 원칙적으로 채무불이행으로 인한 甲의 손해배상청구권 행사에 장애가 되지 않는다.

⑤ 乙이 X토지에 폐기물을 불법으로 매립하였음에도 이를 처리하지 않은 상태에서 그 토지를 甲에게 매도한 경우, 특별한 사정이 없는 한 이는 甲에 대한 위법행위로서 불법행위가 성립할 수 있다.

해설 ① (○) : 매매의 목적물이 거래통념상 기대되는 객관적 성질이나 성능을 갖추지 못한 경우 또는 당사자가 예정하거나 보증한 성질을 갖추지 못한 경우에 매도인은 민법 제580조에 따라 매수인에게 그 하자로 인한 담보책임을 부담한다(대판 2021. 4. 8, 2017다202050). ☞ 전자가 객관적 하자, 후자가 주관적 하자에 해당한다.

② (○) : 하자담보책임으로 인한 손해배상청구권은 매수인이 매매 목적물을 인도받은 때 발생한다(대판 2021. 4. 8, 2017다202050).

③ (×) : 매매의 목적물에 하자가 있는 경우 매도인의 하자담보책임과 채무불이행책임은 별개의 권원에 의하여 경합적으로 인정된다. 이 경우 특별한 사정이 없는 한 하자를 보수하기 위한 비용은 매도인의 하자담보책임과 채무불이행책임에서 말하는 손해에 해당한다. 따라서 매매 목적물인 토지에 폐기물이 매립되어 있고 매수인이 폐기물을 처리하기 위해 비용이 발생한다면 매수인은 그 비용을 민법 제390조에 따라 채무불이행으로 인한 손해배상으로 청구할 수도 있고, 민법 제580조 제1항에 따라 하자담보책임으로 인한 손해배상으로 청구할 수도 있다(대판 2021. 4. 8, 2017다202050).

④ (○) : 폐기물처리비용이 매매대금을 초과한다는 사정은 원고의 손해배상청구권 행사에 아무런 장애가 되지 않는다(대판 2004. 7. 22, 2002다51586).

⑤ (○) : 토지의 소유자라 하더라도 토양오염물질을 토양에 누출·유출하거나 투기·방치함으로써 토양오염을 유발하였음에도 오염토양을 정화하지 않은 상태에서 오염토양이 포함된 토지를 거래에 제공함으로써 유통되게 하거나, 토지에 폐기물을 불법으로 매립하였음에도 처리하지 않은 상태에서 토지를 거래에 제공하는 등으로 유통되게 하였다면, 다른 특별한 사정이 없는 한 이는 거래의 상대방 및 토지를 전전 취득한 현재의 토지 소유자에 대한 위법행위로서 불법행위가 성립할 수 있다(대판 2016. 5. 19, 2009다66549).

139 ③ 《 정답

140 甲은 2022. 1. 10. X 토지를 乙에게 1억 원에 매도하는 계약을 체결하였는데, 乙은 계약 당일 계약금 1,000만 원을, 2022. 3. 10. 중도금 4,000만 원을 지급하기로 하고, 2022. 5. 10. 잔금 5,000만 원을 지급하면서 甲으로부터 소유권이전등기에 필요한 서류를 교부받기로 하였다. 이에 관한 설명 중 옳은 것은? (각 지문은 독립적이며, 다툼이 있는 경우 판례에 의함) (2023 변호사)

① 매매계약의 성립 당시 X 토지가 甲의 소유가 아니라면 매매계약은 무효이므로 甲은 乙에게 X 토지의 소유권을 이전해 주어야 할 의무를 지지 않는다.

② 甲이 2022. 2. 10. 丙에게 X 토지를 매도하고 소유권이전등기를 마쳐 주어 甲의 乙에 대한 소유권이전등기의무가 확정적으로 불능이 된 경우, 乙은 甲에 대한 손해배상청구권을 피보전채권으로 하여 甲과 丙의 매매계약을 사해행위로 취소할 수 있다.

③ 매매계약의 성립 후 X 토지가 1억 5천만 원에 수용된 경우, 乙은 1억 원 한도에서 甲에게 대상청구권을 행사하여 토지수용보상금의 지급을 구할 수 있다.

④ X 토지가 「부동산 거래신고 등에 관한 법률」상 토지거래허가구역 내에 있고 그 계약에 관해 토지거래허가를 받지 못한 경우, 乙이 2022. 3. 10.까지 중도금을 지급하지 아니하였더라도 甲은 채무불이행을 이유로 매매계약을 해제할 수 없다.

⑤ 계약체결 당일 乙이 계약금의 일부인 200만 원만 지급하고 이틀 후 나머지 800만 원을 지급하기로 하였다면, 2022. 1. 11. 甲은 수령한 금액의 배액인 400만 원을 지급하면서 계약을 해제할 수 있다.

해설 ① (×) : 민법 제569조, 제570조에 비추어 보면, 양도계약의 목적물이 타인의 권리에 속하는 경우에 있어서도 그 양도계약은 계약당사자간에 있어서는 유효하고, 그 양도계약에 따라 양도인은 그 목적물을 취득하여 양수인에게 이전하여 줄 의무가 있다(대판 1993. 8. 24, 93다24445).

② (×) : 부동산을 양도받아 소유권이전등기청구권을 가지고 있는 자가 양도인이 제3자에게 이를 이중으로 양도하여 소유권이전등기를 경료하여 줌으로써 취득하는 부동산 가액상당의 손해배상채권은 이중양도행위에 대한 사해행위취소권을 행사할 수 있는 피보전채권에 해당한다고 할 수 없다(대판 1999. 4. 27, 98다56690). ☞ 이러한 손해배상채권은 사해행위 이전에 발생한 것이 아니기 때문이다.

③ (×) : 매매의 목적물이 화재로 소실됨으로써 매도인이 지급받게 되는 화재보험금, 화재공제금에 대하여 매수인의 대상청구권이 인정되는 이상, 매수인은 특별한 사정이 없는 한 목적물에 대하여 지급되는 화재보험금, 화재공제금 **전부에 대하여** 대상청구권을 행사할 수 있고, 인도의무의 이행불능 당시 매수인이 지급하였거나 지급하기로 약정한 **매매대금 상당액의 한도 내로 범위가 제한된다고 할 수 없다**(대판 2016. 10. 27, 2013다7769).

④ (○) : 국토이용관리법상 토지거래허가구역 내에 있는 토지에 관하여 소유권 등 권리를 이전 또는 설정하는 내용의 거래계약은 관할 시장·군수 또는 구청장의 허가를 받아야만 효력이 발생하고 허가를 받기 전에는 물권적 효력은 물론 채권적 효력도 발생하지 아니하여 무효라고 보아야 할 것이므로, 따라서 허가받을 것을 전제로 하는 거래계약은 허가를 받을 때까지는 법률상 미완성의 법률행위로서 소유권 등 권리의 이전 또는 설정에 관한 거래의 효력이 전혀 발생하지 않으나 일단 허가를 받으면 그 계약은 소급하여 유효한 계약이 되고, 이와 달리 불허가가 된 때에 무효로 확정되므로 허가를 받기까지는 유동적 무효의 상태에 있다고 볼 것인바, 허가를 받을 것을 전제로 한 거래계약은 허가받기 전의 상태에서는 거래계약의 채권적 효력도 전혀 발생하지 않으므로 권리의 이전 또는 설정에 관한 어떠한 내용의 이행청구도 할 수 없고, 그러한 거래계약의 당사자로서는 허가받기 전의 상태에서 상대방의

정답 》 140 ④

거래계약상 채무불이행을 이유로 거래계약을 해제하거나 그로 인한 손해배상을 청구할 수 없다(대판 1997. 7. 25, 97다4357, 4364).

⑤ (×) : 매매의 주된 계약과 더불어 계약금계약을 한 경우에는 민법 제565조 제1항의 규정에 따라 임의 해제를 할 수 있기는 하나, 계약금 계약은 금전 기타의 유가물의 교부를 요건으로 하므로 단지 계약금을 지급하기로 약정만 한 단계에서는 아직 계약금으로서의 효력, 즉 위 민법 규정에 의해 계약해제할 수 있는 권리는 발생하지 않는다고 할 것이다. 따라서 교부자가 계약금의 잔금 또는 전부를 지급하지 아니하는 한 계약금계약은 성립하지 아니하므로 당사자가 임의로 주계약을 해제할 수는 없다 할 것이다(대판 2008. 3. 13, 2007다73611). 또한 계약금 일부만 지급된 경우 수령자가 매매계약을 해제할 수 있다고 하더라도 해약금의 기준이 되는 금원은 '실제 교부받은 계약금'이 아니라 '약정 계약금'이라고 봄이 타당하므로, 매도인이 계약금의 일부로서 지급받은 금원의 배액을 상환하는 것으로는 매매계약을 해제할 수 없다(대판 2015. 4. 23, 2014다231378).

Ⅲ. 환 매

141 매도인이 계약과 동시에 환매할 권리를 보류한 때에는 환매대금은 매도인이 영수한 대금 및 매수인이 부담한 매매비용에 한정되며, 당사자가 특약으로 환매대금을 다르게 정할 수 없다. ( )

(2018 변리사)

해설 제590조(환매의 의의) ① 매도인이 매매계약과 동시에 환매할 권리를 보류한 때에는 그 영수한 대금 및 매수인이 부담한 매매비용을 반환하고 그 목적물을 환매할 수 있다. ② 전항의 환매대금에 관하여 특별한 약정이 있으면 그 약정에 의한다.

142 환매의 경우, 특별한 약정이 없으면 목적물의 과실과 대금의 이자는 상계한 것으로 본다. ( )

(2018 변리사)

해설 민법 제590조(환매의 의의) 제3항

143 당사자가 부동산에 대한 환매기간을 정하지 않은 때에는 그 기간은 5년으로 되며, 이와 달리 환매기간을 정한 때에는 이를 다시 연장하지 못한다. ( )

(2018 변리사)

해설 민법 제591조(환매기간)

144 부동산 매매계약에서 소유권이전등기와 함께 환매특약에 따라 환매등기가 있은 후, 그 부동산에 제3자의 저당권등기가 마쳐진 경우라도, 매도인이 환매기간 내에 적법하게 환매권을 행사하면 제3자의 저당권은 소멸한다. ( )

(2018 변리사)

141 (×) 142 (○) 143 (○) 144 (○) 《 정답

해설 민법 제592조, [판례] 부동산의 매매계약에 있어 당사자 사이의 환매특약에 따라 소유권이전등기와 함께 민법 제592조에 따른 환매등기가 마쳐진 경우 매도인이 환매기간 내에 적법하게 환매권을 행사하면 환매등기 후에 마쳐진 제3자의 근저당권 등 제한물권은 소멸하는 것이다(대판 2002. 9. 27, 2000다27411).

145 환매특약의 실효는 원칙적으로 매매계약의 효력에 영향을 주지 않는다. ( ) (2018 변리사)

해설 환매의 특약은 매매계약에 종된 계약이므로 매매계약의 실효로 환매의 특약도 효력을 상실한다는 것이 통설이나, 반대로 환매특약의 실효는 당사자가 특히 그 특약의 유효를 조건으로 삼지 않는 이상 매매계약의 효력에 영향을 주지 않는다(통설).

제3절 교 환

제4절 소비대차

146 소비대차는 차주가 현실로 금전 등을 수수하거나 현실의 수수가 있은 것과 같은 경제적 이익을 취득하여야만 성립한다. ( ) (2022 변리사)

해설 민법상 소비대차는 당사자 일방이 금전 기타 대체물의 소유권을 상대방에게 이전할 것을 약정하고 상대방은 그와 같은 종류, 품질 및 수량으로 반환할 것을 약정함으로써 효력이 생기는 이른바 낙성계약이므로, 차주가 현실로 금전 등을 수수하거나 현실의 수수가 있은 것과 같은 경제적 이익을 취득하여야만 소비대차가 성립하는 것은 아니다. 반대로 당사자 일방이 상대방에게 현실로 금전 기타 대체물의 소유권을 이전하였다고 하더라도 상대방이 같은 종류, 품질 및 수량으로 반환할 것을 약정한 경우가 아니라면 이들 사이의 법률행위를 소비대차라 할 수 없다(대판 2018. 12. 27, 2015다73098).

147 이자부 소비대차에서 목적물의 하자가 중대하여 계약의 목적을 달성할 수 없는 경우, 특별한 사정이 없는 한 선의·무과실의 차주는 계약을 해제할 수 있다. ( ) (2022 변리사)

해설 이자있는 소비대차의 목적물에 하자가 있는 경우에는 제580조 내지 제582조의 규정을 준용한다(제602조 제1항) → 매매의 목적물에 하자가 있는 때에는 제575조 제1항의 규정을 준용한다. 그러나 매수인이 하자있는 것을 알았거나 과실로 인하여 이를 알지 못한 때에는 그러하지 아니하다(제580조 제1항). → 매매의 목적물이 지상권, 지역권, 전세권, 질권 또는 유치권의 목적이 된 경우에 매수인이 이를 알지 못한 때에는 이로 인하여 계약의 목적을 달성할 수 없는 경우에 한하여 매수인은 계약을 해제할 수 있다(제575조 제1항).

148 금전대차의 경우에 차주가 금전에 갈음하여 유가증권 기타 물건의 인도를 받은 때에는 반환시의 가액으로써 차용액으로 한다. ( ) (2022 변리사)

정답 145 (○) 146 (×) 147 (○) 148 (×)

해설 제606조(대물대차) 금전대차의 경우에 차주가 금전에 갈음하여 유가증권 기타 물건의 인도를 받은 때에는 그 인도시의 가액으로써 차용액으로 한다.

제5절 사용대차

제6절 임대차

Ⅰ. 민법상 임대차

149 임대차가 종료된 경우, 그 임대목적물이 임대인이 아닌 타인 소유라도 특별한 사정이 없는 한 임차인은 임대인에게 임대차 종료일까지의 연체 차임뿐만 아니라 그 이후부터 인도완료일까지 차임 상당의 부당이득금도 반환할 의무가 있다. ( ) (2023 변리사)

해설 임대인이 국가 소유의 부동산을 임대하였는데 임차인의 차임 연체로 인하여 그 임대차계약이 해지되었다면, 특별한 사정이 없는 한 임차인은 **임대인에게** 그 부동산을 명도하고 해지로 인한 임대차 종료시까지의 연체차임 및 그 이후부터 명도 완료일까지 그 부동산을 점유·사용함에 따른 차임 상당의 부당이득금을 반환할 의무가 있다(대판 1996. 9. 6, 94다54641).

150 임대인의 수선의무 면제특약에 면제되는 수선의무의 범위를 명시하지 않은 경우, 특별한 사정이 없는 한 대파손의 수리, 건물의 주요 구성부분의 대수선, 기본적 설비 교체 등 대규모의 수선은 여전히 임대인이 수선의무를 부담한다. ( ) (2019 변호사)

해설 임대인의 수선의무는 특약에 의하여 이를 면제하거나 임차인의 부담으로 돌릴 수 있으나, 그러한 특약에서 수선의무의 범위를 명시하고 있는 등의 특별한 사정이 없는 한 그러한 특약에 의하여 임대인이 수선의무를 면하거나 임차인이 그 수선의무를 부담하게 되는 것은 통상 생길 수 있는 파손의 수선 등 소규모의 수선에 한한다 할 것이고, 대파손의 수리, 건물의 주요 구성부분에 대한 대수선, 기본적 설비부분의 교체 등과 같은 대규모의 수선은 이에 포함되지 아니하고 여전히 임대인이 그 수선의무를 부담한다고 해석함이 상당하다(대판 1994. 12. 9, 94다34692,94다34708).

151 임대인이 목적물을 사용·수익하게 할 의무를 불이행하여 목적물의 사용·수익에 부분적으로 지장이 생긴 경우뿐 아니라 임대인이 수선의무를 이행함으로써 목적물의 사용·수익에 지장이 생긴 경우에도 임차인은 그 지장의 한도 내에서 차임의 지급을 거절할 수 있다. ( ) (2017 변호사)

해설 임대차계약에서 목적물을 사용·수익하게 할 임대인의 의무와 임차인의 차임지급의무는 상호 대응관계에 있으므로 임대인이 목적물을 사용·수익하게 할 의무를 불이행하여 목적물의 사용·수익이 부분적으로 지장이 있는 상태인 경우에는 임차인은 그 지장의 한도 내에서 차임의 지급을 거절할 수 있고, 이는 임대인이 수선의무를 이행함으로써 목적물의 사용·수익에 지장이 초래된 경우에도 마찬가지이다(대판 2015. 2. 26, 2014다65724).

149 (○) 150 (○) 151 (○) 《 정답

152 **임대인이 임차인에게 필요비상환의무를 이행하지 않는 경우, 임차인은 지출한 필요비 금액의 한도에서 차임의 지급을 거절할 수 있다. ( )** (2023 변리사)

> **해설** 임대차는 타인의 물건을 빌려 사용·수익하고 그 대가로 차임을 지급하기로 하는 계약이다(민법 제618조). 임대차계약에서 임대인은 목적물을 계약존속 중 사용·수익에 필요한 상태를 유지하게 할 의무를 부담한다(민법 제623조). 임대인이 목적물을 사용·수익하게 할 의무는 임차인의 차임지급의무와 서로 대응하는 관계에 있으므로, 임대인이 이러한 의무를 불이행하여 목적물의 사용·수익에 지장이 있으면 임차인은 지장이 있는 한도에서 차임의 지급을 거절할 수 있다. 임차인이 임차물의 보존에 관한 필요비를 지출한 때에는 임대인에게 상환을 청구할 수 있다(민법 제626조 제1항). 여기에서 '필요비'란 임차인이 임차물의 보존을 위하여 지출한 비용을 말한다. 임대차계약에서 임대인은 목적물을 계약존속 중 사용·수익에 필요한 상태를 유지하게 할 의무를 부담하고, 이러한 의무와 관련한 임차물의 보존을 위한 비용도 임대인이 부담해야 하므로, 임차인이 필요비를 지출하면, 임대인은 이를 상환할 의무가 있다. **임대인의 필요비상환의무는 특별한 사정이 없는 한 임차인의 차임지급의무와 서로 대응하는 관계**에 있으므로, **임차인은 지출한 필요비 금액의 한도에서 차임의 지급을 거절할 수 있다**(대판 2019. 11. 14, 2016다227694). ☞ 월 차임 800만 원, 차임 미지급액 2,700만 원, 필요비 1,500만 원인 경우, 미지급액 중 1,500만 원에 대해서는 필요비의 상환과 동시이행을 주장할 수 있어 그 지급을 연체한 것으로 볼 수 없고, 연체한 차임은 1,200만 원(= 2,700만 원 - 1,500만 원)에 불과하므로 2기 이상의 차임을 연체한 것이 아니어서 임대차계약 해지는 부적법하다고 한 사례.

153 **임차인이 임대인의 동의를 얻어 임차물을 전대한 경우, 전대인과 전차인이 전대차계약상의 차임을 감액하여 전차인이 임대인에 대하여 직접 부담하는 의무의 범위가 변경되더라도 특별한 사정이 없는 한 전차인은 변경된 전대차계약의 내용을 임대인에게 주장할 수 있다. ( )** (2023 변리사)

> **해설** [1] 임차인이 임대인의 동의를 얻어 임차물을 전대한 경우, 임대인과 임차인 사이의 종전 임대차계약은 계속 유지되고(민법 제630조 제2항), 임차인과 전차인 사이에는 별개의 새로운 전대차계약이 성립한다. 한편 임대인과 전차인 사이에는 직접적인 법률관계가 형성되지 않지만, 임대인의 보호를 위하여 전차인이 임대인에 대하여 직접 의무를 부담한다(민법 제630조 제1항). 이 경우 전차인은 전대차계약으로 전대인에 대하여 부담하는 의무 이상으로 임대인에게 의무를 지지 않고 동시에 임대차계약으로 임차인이 임대인에 대하여 부담하는 의무 이상으로 임대인에게 의무를 지지 않는다. [2] 전대인과 전차인은 계약자유의 원칙에 따라 전대차계약의 내용을 변경할 수 있다. 그로 인하여 민법 제630조 제1항에 따라 전차인이 임대인에 대하여 직접 부담하는 의무의 범위가 변경되더라도, 전대차계약의 내용 변경이 전대차에 동의한 임대인 보호를 목적으로 한 민법 제630조 제1항의 취지에 반하여 이루어진 것이라고 볼 특별한 사정이 없는 한 **전차인은 변경된 전대차계약의 내용을 임대인에게 주장할 수 있다. 전대인과 전차인이 전대차계약상의 차임을 감액한 경우도 마찬가지이다.** 또한 그 경우, 임대차종료 후 전차인이 임대인에게 반환하여야 할 차임 상당 부당이득액을 산정함에 있어서도, 부당이득 당시의 실제 차임액수를 심리하여 이를 기준으로 삼지 아니하고 약정 차임을 기준으로 삼는 경우라면, 전차인이 임대인에 대하여 직접 의무를 부담하는 차임인 변경된 차임을 기준으로 할 것이지, 변경 전 전대차계약상의 차임을 기준으로 할 것은 아니다(대판 2018. 7. 11, 2018다200518).

정답 》 152 (○) 153 (○)

154 임차인이 임대인 소유 건물의 일부를 임차하여 사용·수익하던 중 임차건물 부분에서 화재가 발생하여 임차건물 부분이 아닌 건물 부분까지 불에 탄 경우에, 건물의 규모와 구조로 볼 때 건물 중 임차건물 부분과 그 밖의 부분이 상호 유지·존립함에 있어서 구조상 불가분의 일체를 이루는 관계에 있다면, 임차인은 임차건물의 보존에 관하여 선량한 관리자의 주의의무를 다하였음을 증명하지 못하는 이상 그 임차 외 건물 부분이 소훼되어 임대인이 입게 된 손해도 채무불이행으로 인한 손해로 배상할 의무가 있다. ( ) (2019 변호사)

> **해설** 임차 외 건물 부분이 구조상 불가분의 일체를 이루는 관계에 있는 부분이라 하더라도, 그 부분에 발생한 손해에 대하여 임대인이 임차인을 상대로 채무불이행을 원인으로 하는 배상을 구하려면, 임차인이 보존·관리의무를 위반하여 화재가 발생한 원인을 제공하는 등 화재 발생과 관련된 임차인의 계약상 의무 위반이 있었고, 그러한 의무 위반과 임차 외 건물 부분의 손해 사이에 상당인과관계가 있으며, 임차 외 건물 부분의 손해가 의무 위반에 따라 민법 제393조에 의하여 배상하여야 할 손해의 범위 내에 있다는 점에 대하여 임대인이 주장·증명하여야 한다. 이와 달리 위와 같은 임대인의 주장·증명이 없는 경우에도 임차인이 임차 건물의 보존에 관하여 선량한 관리자의 주의의무를 다하였음을 증명하지 못하는 이상 임차 외 건물 부분에 대해서까지 채무불이행에 따른 손해배상책임을 지게 된다고 판단한 종래의 대법원판결들은 이 판결의 견해에 배치되는 범위 내에서 이를 모두 변경하기로 한다[대판(전합) 2017. 5. 18, 2012다86895, 86901].

155 토지 임차인의 지상물매수청구권은 임대차기간이 만료된 경우뿐만 아니라, 기간의 정함이 없는 임대차에서 임대인에 의한 해지통고에 의하여 그 임차권이 소멸된 경우에도 인정된다. ( ) (2018 변호사)

> **해설** 건물의 소유를 목적으로 하는 토지 임대차에 있어서, 토지 임차인의 지상물매수청구권은 기간의 정함이 없는 임대차에 있어서 임대인에 의한 해지통고에 의하여 그 임차권이 소멸한 경우에도, 임차인의 계약갱신 청구의 유무에 불구하고 인정된다(대판 1995. 12. 26, 95다42195).

156 건물의 소유를 목적으로 하는 토지임대차계약에서 지상물매수청구권의 행사로 인하여 임대인과 임차인 사이에 지상물에 관한 매매가 성립하게 되며, 임대인은 그 매수를 거절하지 못한다. ( ) (2019 변호사)

> **해설** 지상물매수청구권은 이른바 형성권으로서 그 행사로 임대인·임차인 사이에 지상물에 관한 매매가 성립하게 되며, 임차인이 지상물의 매수청구권을 행사한 경우에는 임대인은 그 매수를 거절하지 못하고, 이 규정은 강행규정이므로 이에 위반하는 것으로서 임차인에게 불리한 약정은 그 효력이 없다[대판(전합) 1995. 7. 11, 94다34265].

157 토지 소유자가 아닌 제3자가 임대차계약의 당사자로서 토지를 임대한 경우, 토지 소유자가 임대인의 지위를 승계하였다는 등의 특별한 사정이 없는 한, 임대인이 아닌 토지 소유자가 직접 지상물매수청구권의 상대방이 될 수는 없다. ( ) (2018 변호사)

154 (×) 155 (○) 156 (○) 157 (○) 《 정답

> **해설** 토지 소유자가 아닌 제3자가 토지 임대행위를 한 경우에는 제3자가 토지 소유자를 적법하게 대리하거나 토지 소유자가 제3자의 무권대리행위를 추인하는 등으로 임대차계약의 효과가 토지 소유자에게 귀속되었다면 토지 소유자가 임대인으로서 지상물매수청구권의 상대방이 된다. 그러나 제3자가 임대차계약의 당사자로서 토지를 임대하였다면, 토지 소유자가 임대인의 지위를 승계하였다는 등의 특별한 사정이 없는 한 임대인이 아닌 토지 소유자가 직접 지상물매수청구권의 상대방이 될 수는 없다(대판 2017. 4. 26, 2014다72449, 72456).

158 임차인 소유 건물이 임대차 대상 토지 외에 임차인 또는 제3자 소유의 토지 위에 걸쳐서 건립되어 있는 경우, 임차지에 서 있는 건물 부분 중 구분소유의 객체가 될 수 있는 부분에 한하여 임차인은 지상물매수청구를 할 수 있다. ( ) (2018 변호사)

> **해설** 무릇 건물 소유를 목적으로 하는 토지임대차에 있어서 임차인 소유 건물이 임대인이 임대한 토지 외에 임차인 또는 제3자 소유의 토지 위에 걸쳐서 건립되어 있는 경우에는, 임차지 상에 서 있는 건물 부분 중 구분소유의 객체가 될 수 있는 부분에 한하여 임차인에게 매수청구가 허용된다[대판(전합) 1996. 3. 21, 93다42634].

159-1 토지 임대차 종료 시 임대인의 건물철거와 그 부지인도 청구에는 건물매수대금 지급과 동시에 건물명도를 구하는 청구가 포함되어 있다고 볼 수 있다. ( ) (2018 변호사)

159-2 건물의 소유를 목적으로 하는 토지임대차계약 종료 시 토지 임대인이 토지 임차인을 상대로 하여 토지 임차인이 그의 비용으로 그 토지 지상에 신축한 건물 철거와 그 부지 인도 청구를 하고, 이에 대하여 토지 임차인은 지상물매수청구권을 행사하는 경우에는 토지 임대인의 청구에 해당 건물 매수대금 지급과 동시에 건물명도를 구하는 청구가 포함되어 있다고 볼 수 없다. ( ) (2019 변호사)

> **해설** 토지임대차 종료시 임대인의 건물철거와 그 부지인도 청구에는 건물매수대금 지급과 동시에 건물명도를 구하는 청구가 포함되어 있다고 볼 수 없다[대판(전합) 1995. 7. 11, 94다34265].

160 임대차계약에서 보증금의 지급약정이 있는 경우, 보증금의 수수는 임대차계약의 성립요건이 아니다. ( ) (2021 변리사)

> **해설** 보증금계약은 임대차에 종된 계약으로서 요물계약이라는 것이 다수의 견해이나, 임대차계약은 어디까지나 낙성계약이다(민법 제618조 참조). 따라서 보증금의 지급약정이 있는 경우라도 보증금의 수수가 임대차계약의 성립요건이 되는 것은 아니다.

161 건물 임차인은 임대인에게 지급한 보증금의 반환을 위하여 그 임차목적물에 대해 유치권을 주장할 수 없다. ( ) (2018 변리사)

정답 158 (○) 159-1 (×) 159-2 (○) 160 (○) 161 (○)

해설 건물의 임대차에 있어서 임차인의 임대인에게 지급한 임차보증금반환청구권이나 임대인이 건물시설을 아니하기 때문에 임차인에게 건물을 임차목적대로 사용 못한 것을 이유로 하는 손해배상청구권은 모두 민법 320조 소정 소위 그 건물에 관하여 생긴 채권이라 할 수 없다(대판 1976. 5. 11, 75다1305).

162-1 임차인의 차임연체를 이유로 임대차계약이 해지되어, 임대인이 임차목적물의 인도와 연체차임의 지급을 구하는 소송을 제기한 경우 그 소송비용은 특별한 합의가 없는 한 보증금에서 당연히 공제될 수 없다. ( ) (2018 변리사)

162-2 임차인 甲이 임대인 乙에 대한 임대차보증금반환채권을 丙에게 양도한 후 내용증명우편으로 乙에게 양도통지를 하였고, 그 통지가 乙에게 도달하였다. 乙은 채권양도통지 도달 이후에는 甲의 연체차임을 임대차보증금반환채권에서 공제할 수 없다. ( ) (2023 변호사)

해설 부동산임대차에서 임차인이 임대인에게 지급하는 임대차보증금은 임대차관계가 종료되어 목적물을 반환하는 때까지 임대차관계에서 발생하는 임차인의 모든 채무를 담보하는 것으로서, 임대인이 임차인을 상대로 차임연체로 인한 임대차계약의 해지를 원인으로 임대차목적물인 부동산의 인도 및 연체차임의 지급을 구하는 소송비용은 임차인이 부담할 원상복구비용 및 차임지급의무 불이행으로 인한 것이어서 임대차관계에서 발생하는 임차인의 채무에 해당하므로 이를 반환할 임대차보증금에서 당연히 공제할 수 있고, 한편 임대인의 임대차보증금 반환의무는 임대차관계가 종료되는 경우에 임대차보증금 중에서 목적물을 반환받을 때까지 생긴 임차인의 모든 채무를 공제한 나머지 금액에 관하여서만 비로소 이행기에 도달하는 것이므로, 임차인이 다른 사람에게 임대차보증금 반환채권을 양도하고, 임대인에게 양도통지를 하였어도 임차인이 임대차목적물을 인도하기 전까지는 임대인이 위 소송비용을 임대차보증금에서 당연히 공제할 수 있다(대판 2012. 9. 27, 2012다49490).

163 임대차계약이 계속되는 동안에 임차인이 차임지급을 연체한 경우, 그 연체차임은 임대인의 별도의 의사표시 없이 보증금에서 당연히 공제되는 것은 아니다. ( ) (2018 변리사)

해설 임대인에게 임대차보증금이 교부되어 있더라도 임대인은 임대차관계가 계속되고 있는 동안에는 임대차보증금에서 연체차임을 충당할 것인지를 자유로이 선택할 수 있다. 따라서 임대차계약 종료 전에는 공제 등 별도의 의사표시 없이 연체차임이 임대차보증금에서 당연히 공제되는 것은 아니고, 임차인도 임대차보증금의 존재를 이유로 차임의 지급을 거절할 수 없다(대판 2016. 11. 25, 2016다211309).

164 부동산 임대차보증금반환채권의 양도에 대하여 임대인이 아무런 이의를 보류하지 아니한 채 이를 승낙하였더라도, 특별한 사정이 없는 한 임대인은 양수인에게 반환할 임대차보증금에서 임대차 목적물의 원상복구비용 상당의 손해배상액을 당연히 공제할 수 있다. ( ) (2019 변호사)

162-1 (×) 162-2 (×) 163 (○) 164 (○) 《 정답

해설 부동산임대차에 있어서 임차인이 임대인에게 지급하는 임대차보증금은 임대차관계가 종료되어 목적물을 반환하는 때까지 그 임대차관계에서 발생하는 임차인의 모든 채무를 담보하는 것으로서, 임대인의 임대차보증금 반환의무는 임대차관계가 종료되는 경우에 그 임대차보증금 중에서 목적물을 반환받을 때까지 생긴 연체차임 등 임차인의 모든 채무를 공제한 나머지 금액에 관하여서만 비로소 이행기에 도달하는 것이므로, 그 임대차보증금 반환 채권을 양도함에 있어서 임대인이 아무런 이의를 보류하지 아니한 채 채권양도를 승낙하였어도 임차 목적물을 개축하는 등 하여 임차인이 부담할 원상복구비용 상당의 손해배상액은 반환할 임대차보증금에서 당연히 공제할 수 있다(대판 2002. 12. 10, 2002다52657).

165 **보증금반환채권에 대해 전부명령이 있은 후, 임대인의 임차인에 대한 연체차임채권이 발생하였다면 그 전부명령은 임차목적물을 반환할 때까지 임대인의 임차인에 대한 그 채권을 보증금에서 공제한 잔액에 대해서만 효력을 가진다. ( )** (2018 변리사)

해설 임차보증금을 피전부채권으로 하여 전부명령이 있을 경우에도 제3채무자인 임대인은 임차인에게 대항할 수 있는 사유로서 전부채권자에게 대항할 수 있는 것이어서 건물임대차보증금의 반환채권에 대한 전부명령의 효력이 그 송달에 의하여 발생한다고 하여도 위 보증금반환채권은 임대인의 채권이 발생하는 것을 해제조건으로 하는 것이므로 임대인의 채권을 공제한 잔액에 관하여서만 전부명령이 유효하다(대판 1988. 1. 19, 87다카1315).

166-1 **임대차계약상의 차임채권이 양도된 경우, 임대차계약 당사자 사이에 별도의 특약이 없는 한 임차인은 임대차계약이 종료되어 목적물을 반환할 때까지 연체된 차임상당액을 보증금에서 공제할 것을 주장할 수 없다. ( )** (2019 변호사)

166-2 **보증금이 수수된 임대차계약에서 임대차가 종료되어 목적물을 반환할 때까지 연체한 차임액이 위 보증금에서 전액 공제된 경우, 임차인은 임대차 종료 전에 차임채권을 양수한 자의 양수금청구에 대해 연체된 차임액이 보증금에서 공제되었음을 주장하여 양수금지급을 거절할 수 없다. ( )** (2017 변호사)

해설 부동산 임대차에서 수수된 보증금은 차임채무, 목적물의 멸실·훼손 등으로 인한 손해배상채무 등 임대차에 따른 임차인의 모든 채무를 담보하는 것으로서 피담보채무 상당액은 임대차관계의 종료 후 목적물이 반환될 때에 특별한 사정이 없는 한 별도의 의사표시 없이 보증금에서 당연히 공제되므로, 보증금이 수수된 임대차계약에서 차임채권이 양도되었다고 하더라도, 임차인은 임대차계약이 종료되어 목적물을 반환할 때까지 연체한 차임 상당액을 보증금에서 공제할 것을 주장할 수 있다(대판 2015. 3. 26, 2013다77225).

167-1 **임대보증금이 지급된 임대차계약에서 차임채권에 관하여 추심명령이 송달된 경우, 당해 임대차계약이 종료되어 목적물이 반환될 때에는 그 때까지 추심되지 않은 잔존 차임채권 상당액도 임대보증금에서 공제된다. ( )** (2018 변리사)

정답 165 (○) 166-1 (×) 166-2 (×) 167-1 (○)

167-2 임대차보증금이 수수된 임대차계약에서 임대인의 차임채권에 관하여 압류 및 추심명령이 있었다 하더라도, 당해 임대차계약이 종료되어 목적물이 반환될 때에는 그때까지 추심되지 아니한 채 잔존하는 차임채권 상당액도 임대차보증금에서 공제된다. ( ) (2021 변호사)

해설 부동산 임대차에 있어서 수수된 보증금은 차임채무, 목적물의 멸실·훼손 등으로 인한 손해배상채무 등 임대차에 따른 임차인의 모든 채무를 담보하는 것으로서 그 피담보채무 상당액은 임대차관계의 종료 후 목적물이 반환될 때에 특별한 사정이 없는 한 별도의 의사표시 없이 보증금에서 당연히 공제되는 것이므로, 임대보증금이 수수된 임대차계약에서 차임채권에 관하여 압류 및 추심명령이 있었다 하더라도, 당해 임대차계약이 종료되어 목적물이 반환될 때에는 그 때까지 추심되지 아니한 채 잔존하는 차임채권 상당액도 임대보증금에서 당연히 공제된다(대판 2004. 12. 23, 2004다56554).

168 민법상 임대인 甲과 임차인 乙의 임대차관계에 관한 설명으로 옳지 않은 것은? (다툼이 있는 경우에는 판례에 의함) (2014 변리사)

① 임대차관계가 소멸한 이후에 乙이 계속하여 임차목적물을 점유하였으나 이를 본래의 임대차계약의 목적에 따라 사용·수익하지 아니하여 실질적인 이득을 얻지 않았다면, 그로 인하여 甲에게 손해가 발생하더라도 乙의 부당이득반환의무는 성립하지 않는다.

② 토지임대인 甲이 乙의 차임연체를 이유로 임대차계약을 해지한 때에는 토지임차인 乙의 지상물매수청구권이 인정되지 않는다.

③ 건물소유를 목적으로 하는 대지 임차인 乙이 甲의 동의없이 丙에게 그 대지 위의 건물에 점유개정의 방법으로 양도담보를 설정한 때에도 甲은 무단양도를 이유로 하여 임대차계약을 해지할 수 없다.

④ 특별한 사정이 없으면, 건물 소유를 목적으로 하는 토지 임대차에서 乙로부터 미등기 무허가건물을 매수하여 점유한 丙은 등기명의가 없더라도 甲에게 지상물매수청구권을 행사할 수 있다.

⑤ 2년을 기간으로 하는 임대차기간이 만료한 후 乙이 계속하여 임차물을 사용·수익하는 경우, 甲이 상당한 기간 내에 이의를 제기하지 않으면 전 임대차와 동일한 조건으로 다시 임차한 것으로 보아야 하므로 임대차는 다시 2년의 기간으로 연장된다.

해설 ⑤만이 부당하다. 제639조의 묵시의 갱신으로 2년이 되는 것이 아니라, 제635조 기간약정이 없는 임대차로 된다. 따라서 당사자는 언제든지 계약해지통지를 할 수 있다(제639조). ① (○) : 부당이득에서 실질설 입장이다. 즉 임대차관계가 소멸한 이후에 乙이 계속하여 임차목적물을 점유하였으나 이를 본래의 임대차계약의 목적에 따라 사용·수익하지 아니하여 실질적인 이득을 얻지 않았다면, 그로 인하여 甲에게 손해가 발생하더라도 乙의 부당이득반환의무는 성립하지 않는다(대판 2008. 4. 10, 2007다76986). ② (○) : 채무불이행의 경우 매수청구권이 부정된다. 따라서 토지임대인 甲이 乙의 차임연체를 이유로 임대차계약을 해지한 때에는 토지임차인 乙의 지상물매수청구권이 인정되지 않는다(대판 1990. 1. 23, 88다카7245). ③ (○) : 건물 소유를 목적으로 한 대지 임차권을 가지고 있는 자가 위 대지상의 자기소유 건물에 대하여 제3자에 대한 채권담보의 목적으로 제3자 명의의 소유권이전등기를 경료하여 준 이른바 양도담보의 경우에는, 채권담보를 위하여 신탁적으로 양도담보권자에게 건물의 소유권이 이전될 뿐 확정적, 종

167-2 (○) 168 ⑤ 《 정답

국적으로 이전되는 것은 아니고 또한 특별한 사정이 없는 한 양도담보권자가 건물의 사용수익권을 갖게 되는 것도 아니므로, 이러한 경우 위 건물의 부지에 관하여 민법 제629조 소정의 해지의 원인인 임차권의 양도 또는 전대가 이루어지지 않았다고 해석함이 상당하다(대판 1995. 7. 25, 94다46428).
④ (○) : 건물을 매수하여 점유하고 있는 사람은 소유자로서의 등기명의가 없다 하더라도 그 권리의 범위 내에서는 그 점유 중인 건물에 대하여 법률상 또는 사실상의 처분권을 가지고 있다. 위와 같은 지상물매수청구청구권 제도의 목적, 미등기 매수인의 법적 지위 등에 비추어 볼 때, 종전 임차인으로부터 미등기 무허가건물을 매수하여 점유하고 있는 임차인은 특별한 사정이 없는 한 비록 소유자로서의 등기명의가 없어 소유권을 취득하지 못하였다 하더라도 임대인에 대하여 지상물매수청구권을 행사할 수 있는 지위에 있다(대판 2013. 11. 28, 2013다48364).

169 甲은 물품보관창고를 필요로 하는 乙의 요청에 따라 그 소유의 X토지를 乙에게 임대함과 동시에 그 지상에 신축한 미등기 Y건물을 乙에게 매도하였고, 그 후 乙은 Y건물에 대한 보존등기를 마쳤다. 다음 설명 중 옳은 것은? (다툼이 있으면 판례에 따름) (2017 변리사)

① 乙의 차임채무불이행으로 임대차가 종료되어도 乙은 甲에게 Y건물의 매수를 청구할 수 있다.
② 乙이 적법하게 Y건물의 매수를 청구한 경우, 甲의 대금지급의무는 乙의 Y건물명도 및 소유권이전의무보다 선이행되어야 한다.
③ 乙이 Y건물에 대한 보존등기를 마친 후 甲이 丙에게 X토지를 매도하고 소유권이전등기를 마쳐 준 경우, 乙의 임차권이 기간만료로 소멸하면 乙은 丙을 상대로 Y건물의 매수를 청구할 수 없다.
④ 만약 乙의 채권자 명의로 근저당권이 설정된 Y건물에 대하여 乙이 적법하게 매수청구권을 행사한 경우, 甲은 근저당권이 말소되지 않았음을 이유로 채권최고액에 상당한 대금의 지급을 거절할 수 없다.
⑤ 만약 Y건물이 미등기 상태에 있더라도 임대차기간이 만료되어 乙이 적법하게 매수청구권을 행사한 경우, Y건물은 그 매수청구의 대상이 될 수 있다.

해설 ① (×) : 토지임차인의 차임연체 등 채무불이행을 이유로 임대차계약이 해지되는 경우 토지임차인으로서는 토지임대인에 대하여 지상건물의 매수를 청구할 수 없다(대판 1997. 4. 8, 96다54249).
② (×) : 민법 제643조(임차인의 갱신청구권, 매수청구권)의 규정에 의한 토지임차인의 매수청구권 행사로 지상건물에 대하여 시가에 의한 매매유사의 법률관계가 성립된 경우에 토지임차인의 건물명도 및 그 소유권이전등기의무와 토지임대인의 건물대금지급의무는 서로 대가관계에 있는 채무이므로 토지임차인은 토지임대인의 건물명도청구에 대하여 대금지급과의 동시이행을 주장할 수 있다(대판 1991. 4. 9, 91다3260).
③ (×) : 민법 제622조(건물등기있는 차지권의 대항력) ; 건물의 소유를 목적으로 한 토지임차인의 건물매수청구권 행사의 상대방은 통상의 경우 기간의 만료로 인한 임차권 소멸 당시 토지소유자인 임대인뿐만 아니라 임차권 소멸 후 임대인이 그 토지를 제3자에게 양도하는 등 그 소유권이 이전되었을 때에는 그 건물에 대하여 보존등기를 필하여 제3자에 대하여 대항할 수 있는 차지권을 가지고 있는 토지임차인은 그 신소유자에 대하여도 위 매수 청구권을 행사할 수 있다(대판 1977. 4. 26, 75다348).
④ (×) : 건물의 소유를 목적으로 한 토지임대차계약의 기간이 만료함에 따라 지상건물 소유자가 임대인에 대하여 행사하는 민법 제643조 소정의 매수청구권은 매수청구의 대상이 되는 건물에 근저당권

정답 》 169 ⑤

이 설정되어 있는 경우에도 인정된다. 이 경우에 그 건물의 매수가격은 건물 자체의 가격 외에 건물의 위치, 주변 토지의 여러 사정 등을 종합적으로 고려하여 매수청구권 행사 당시 건물이 현존하는 대로의 상태에서 평가된 시가 상당액을 의미하고, 여기에서 근저당권의 채권최고액이나 피담보채무액을 공제한 금액을 매수가격으로 정할 것은 아니다. 다만, 매수청구권을 행사한 지상건물 소유자가 위와 같은 근저당권을 말소하지 않는 경우 토지소유자는 민법 제588조에 의하여 위 근저당권의 말소등기가 될 때까지 그 채권최고액에 상당한 대금의 지급을 거절할 수 있다(대판 2008. 5. 29, 2007다4356).

⑤ (○) : 민법 제643조가 정하는 건물 소유를 목적으로 하는 토지 임대차에서 임차인이 가지는 지상물매수청구권은 ...중략... 국민경제적 관점에서 지상 건물의 잔존 가치를 보존하고, 토지 소유자의 배타적 소유권 행사로 인하여 희생당하기 쉬운 임차인을 보호하기 위한 제도이므로, 특별한 사정이 없는 한 행정관청의 허가를 받은 적법한 건물이 아니더라도 임차인의 지상물매수청구권의 대상이 될 수 있다. 그리고 건물을 매수하여 점유하고 있는 사람은 소유자로서의 등기명의가 없다 하더라도 그 권리의 범위 내에서는 그 점유 중인 건물에 대하여 법률상 또는 사실상의 처분권을 가지고 있다. 위와 같은 지상물매수청구청구권 제도의 목적, 미등기 매수인의 법적 지위 등에 비추어 볼 때, 종전 임차인으로부터 미등기 무허가건물을 매수하여 점유하고 있는 임차인은 특별한 사정이 없는 한 비록 소유자로서의 등기명의가 없어 소유권을 취득하지 못하였다 하더라도 임대인에 대하여 지상물매수청구권을 행사할 수 있는 지위에 있다(대판 2013. 11. 28, 2013다48364).

170 甲은 건물을 신축할 목적으로 乙로부터 토지를 임차하면서, 임대차 종료시 건물 기타 지상시설 일체를 대가 없이 포기하고, 만약 지상건물을 철거하지 아니할 경우에는 그 소유권을 乙에게 이전하기로 약정하였다. 임대차가 기간만료로 종료되자 乙은 甲을 상대로 토지인도 및 건물철거 청구소송을 제기하였다. 이에 관한 설명으로 옳지 않은 것은? (다툼이 있으면 판례에 따름)
(2015 변리사)

① 임대차 종료시 대가 없이 건물 기타 지상시설 일체를 포기하겠다는 약정은 특별한 사정이 없는 한 甲에게 불리한 것이어서 무효이다.

② 甲의 채무불이행을 이유로 계약이 해지된 경우에도 甲은 건물매수청구권을 행사할 수 있다.

③ 甲이 그 지상건물에 대하여 적법하게 매수청구권을 행사하더라도 지상건물의 점유·사용을 통하여 그 부지를 계속하여 점유·사용하는 한, 부지의 임료 상당액을 부당이득으로서 반환할 의무가 있다.

④ 건물철거소송 과정에서 甲이 건물매수청구권을 행사할 수 있었는데도 이를 행사하지 않았고, 甲의 패소판결이 확정되었더라도, 건물철거가 집행되기 전이라면 건물매수청구권을 행사할 수 있다.

⑤ 만약 임대차의 존속기간을 정하지 않은 경우, 乙의 해지통고에 의하여 임대차가 종료되었더라도 甲은 계약갱신청구의 유무에 관계없이 건물매수청구권을 행사할 수 있다.

해설 ②는 부당하다. 지상권에서처럼 건물소유자의 차임이나 지료연체 등을 이유로 즉 채무불이행을 이유로 계약이 해지된 경우, 건물소유자의 건물매수청구권을 인정하지 않는다(대판 1990. 1. 23, 88다카7245).

① (○) : 민법상 임대차는 임차인을 보호하는 편면적 강행규정이다(제652조). 특히 지상물매수청구권 등이 이에 해당하는데, 따라서 임대차 종료시 대가 없이 건물 기타 지상시설 일체를 포기하겠다는 약정은 특별한 사정이 없는 한 甲에게 불리한 것이어서 무효이다(제643조).

170 ② 《 정답

③ (○) : 甲이 그 지상건물에 대하여 적법하게 매수청구권을 행사하더라도 매수대금을 받지 못한 경우에는 지상건물의 점유·사용을 통하여 그 부지를 계속하여 점유·사용하게 되는데, 이 때 부지의 임료 상당액을 부당이득으로서 반환할 의무가 있다(대판 2001. 6. 1, 99다60535).
④ (○) : 실체법상의 권리인 매수청구권이 건물철거소송 과정에서 甲이 이를 행사할 수 있었는데도 이를 행사하지 않았고, 甲의 패소판결이 확정되었더라도, 건물철거가 집행되기 전이라면 건물매수청구권을 행사할 수 있다(대판 1995. 12. 26, 95다42195).
⑤ (○) : 만약 임대차의 존속기간을 정하지 않은 경우, 乙의 해지통고에 의하여 임대차가 종료되었다면, 이미 임차인의 갱신요구는 거절된 것과 마찬가지이므로 甲은 계약갱신청구의 유무에 관계없이 건물매수청구권을 행사할 수 있는 것이다(대판 1995. 12. 26, 95다42195).

171 임차인에게 불리한 약정을 하여도 그 효력이 인정되는 것은? (2017 변리사)

① 토지임차인의 지상물매수청구권
② 임차인의 비용상환청구권
③ 임차인의 차임감액청구권
④ 임대차기간의 약정이 없는 임차인의 해지통고
⑤ 임차인의 차임연체로 인한 임대인의 해지권

해설 민법 제652조(강행규정) : 제627조, 제628조(③), 제631조, 제635조(④), 제638조, 제640조(⑤), 제641조, 제643조(①) 내지 제647조의 규정에 위반하는 약정으로 임차인이나 전차인에게 불리한 것은 그 효력이 없다. ☞ ②(민법 제626조)만 임의규정이고 나머지는 모두 편면적 강행규정이다.

172 乙은 건물의 소유를 목적으로 甲소유의 X토지를 임차한 후, 甲의 동의 없이 이를 丙에게 전대하였다. 이에 관한 설명으로 옳은 것은? (다툼이 있으면 판례에 따름) (2019 변리사)

① 甲은 丙에게 X토지의 반환을 청구할 수 없다.
② 甲은 乙에 대한 임대차계약상의 차임청구권을 상실한다.
③ 甲과 乙사이의 임대차계약은 무단전대를 이유로 甲의 해지의 의사표시가 없더라도 해지의 효력이 발생한다.
④ 임대차 및 전대차기간 만료시에 丙이 신축한 건물이 X토지에 현존하고 甲이 임대차계약의 갱신을 거절한 경우, 丙은 甲에게 건물매수를 청구할 수 없다.
⑤ 甲과 乙사이의 임대차계약이 존속하더라도 甲은 X토지의 불법점유를 이유로 丙에게 차임상당의 부당이득반환을 청구할 수 있다.

해설 ① (×) : 무단전대의 경우 임대인은 전차인에게 물권적 청구권을 행사할 수 있다(민법 제213조, 214조). 다만 임대차계약을 해지하지 않는 한 원칙적으로 임대인 자신에게 반환할 것을 청구할 수는 없고, 임차인에게 반환할 것을 청구할 수 있을 뿐이다(민법 제207조).
② (×), ⑤ (×) : 임차인이 임대인의 동의를 받지 않고 제3자에게 임차권을 양도하거나 전대하는 등의 방법으로 임차물을 사용·수익하게 하더라도, 임대인이 이를 이유로 임대차계약을 해지하거나 그 밖의 다른 사유로 임대차계약이 적법하게 종료되지 않는 한 임대인은 임차인에 대하여 여전히 차임청구

정답 171 ② 172 ④

권을 가지므로, 임대차계약이 존속하는 한도 내에서는 제3자에게 불법점유를 이유로 한 차임상당 손해배상청구나 부당이득반환청구를 할 수 없다(대판 2008. 2. 28, 2006다10323).

> **[보충지문] 임차인이 임대인의 동의 없이 임차물을 제3자에게 전대한 경우, 임대인은 임대차계약의 존속 여부를 불문하고 제3자에게 불법점유를 이유로 한 차임상당액의 손해배상청구를 할 수 있다. (×)** (2023 변리사)

③ (×) : 민법 제629조 제2항은 "해지할 수 있다."고 규정하고 있을 뿐이다. 여기서 해지권은 형성권으로서 해지의 의사표시가 있어야만 해지의 효력이 발생한다.

④ (○) : 민법 제644조는 "적법"전대의 경우에만 적용되는 규정이다.

173 甲과 乙은 甲 소유의 건물 중 1층에 대하여 임대차계약을 체결하였으나 乙이 임차하여 점유하고 있던 건물 1층에서 발생한 화재로 건물 1층뿐만 아니라 甲이 점유하고 있던 건물 2층도 전소되었다. 이에 관한 설명 중 옳은 것(○)과 옳지 않은 것(×)을 올바르게 조합한 것은? (다툼이 있는 경우 판례에 의함) (2020 변호사)

ㄱ. 건물 1층에서 발생한 화재가 甲이 지배, 관리하는 영역에 존재하는 하자로 인하여 발생한 것으로 추단된다면, 특별한 사정이 없는 한 甲은 화재로 인한 목적물 반환의무의 이행불능으로 인한 손해배상책임을 乙에게 물을 수 없다.

ㄴ. 건물 1층에서 발생한 화재가 그 발생 원인이 불분명한 경우라면 乙은 원칙적으로 화재로 인한 임대목적물 반환의무의 이행불능에 따른 손해배상책임을 지지 않는다.

ㄷ. 건물 1층과 구조상 불가분의 일체를 이루고 있는 건물 2층에서 발생한 재산상 손해에 대하여 乙에게 채무불이행에 기한 손해배상을 청구하는 경우, 甲은 화재 발생과 관련된 乙의 계약상 의무 위반이 있었다는 사실을 주장·증명하여야 한다.

① ㄱ(○), ㄴ(○), ㄷ(×) ② ㄱ(○), ㄴ(×), ㄷ(○) ③ ㄱ(○), ㄴ(×), ㄷ(×)
④ ㄱ(×), ㄴ(×), ㄷ(○) ⑤ ㄱ(×), ㄴ(×), ㄷ(×)

해설 ㄱ. (○), ㄴ. (×), ㄷ. (○) : [1] 임대차 목적물이 화재 등으로 인하여 소멸됨으로써 임차인의 목적물 반환의무가 이행불능이 된 경우에, 임차인은 이행불능이 자기가 책임질 수 없는 사유로 인한 것이라는 증명을 다하지 못하면 목적물 반환의무의 이행불능으로 인한 손해를 배상할 책임을 지며, 화재 등의 구체적인 발생 원인이 밝혀지지 아니한 때에도 마찬가지이다(ㄴ지문). 또한 이러한 법리는 임대차 종료 당시 임대차 목적물 반환의무가 이행불능 상태는 아니지만 반환된 임차 건물이 화재로 인하여 훼손되었음을 이유로 손해배상을 구하는 경우에도 동일하게 적용된다. 한편 임대인은 목적물을 임차인에게 인도하고 임대차계약 존속 중에 그 사용, 수익에 필요한 상태를 유지하게 할 의무를 부담하므로(민법 제623조), 임대차계약 존속 중에 발생한 화재가 임대인이 지배·관리하는 영역에 존재하는 하자로 인하여 발생한 것으로 추단된다면, 그 하자를 보수·제거하는 것은 임대차 목적물을 사용·수익하기에 필요한 상태로 유지하여야 하는 임대인의 의무에 속하며, 임차인이 하자를 미리 알았거나 알 수 있었다는 등의 특별한 사정이 없는 한, 임대인은 화재로 인한 목적물 반환의무의 이행불능 등에 관

173 ② 정답

한 손해배상책임을 임차인에게 물을 수 없다(ㄱ지문). [2] [다수의견] 임차인이 임대인 소유 건물의 일부를 임차하여 사용·수익하던 중 임차 건물 부분에서 화재가 발생하여 임차 건물 부분이 아닌 건물 부분(이하 '임차 외 건물 부분'이라 한다)까지 불에 타 그로 인해 임대인에게 재산상 손해가 발생한 경우에, 임차인이 보존·관리의무를 위반하여 화재가 발생한 원인을 제공하는 등 화재 발생과 관련된 임차인의 계약상 의무 위반이 있었음이 증명되고, 그러한 의무 위반과 임차 외 건물 부분의 손해 사이에 상당인과관계가 있으며, 임차 외 건물 부분의 손해가 그러한 의무 위반에 따른 통상의 손해에 해당하거나, 임차인이 그 사정을 알았거나 알 수 있었을 특별한 사정으로 인한 손해에 해당한다고 볼 수 있는 경우라면, 임차인은 임차 외 건물 부분의 손해에 대해서도 민법 제390조, 제393조에 따라 임대인에게 손해배상책임을 부담하게 된다 ...중략... 임차 외 건물 부분이 구조상 불가분의 일체를 이루는 관계에 있는 부분이라 하더라도, 그 부분에 발생한 손해에 대하여 임대인이 임차인을 상대로 채무불이행을 원인으로 하는 배상을 구하려면, 임차인이 보존·관리의무를 위반하여 화재가 발생한 원인을 제공하는 등 화재 발생과 관련된 임차인의 계약상 의무 위반이 있었고, 그러한 의무 위반과 임차 외 건물 부분의 손해 사이에 상당인과관계가 있으며, 임차 외 건물 부분의 손해가 의무 위반에 따라 민법 제393조에 의하여 배상하여야 할 손해의 범위 내에 있다는 점에 대하여 임대인이 주장·증명하여야 한다(ㄷ지문). 이와 달리 위와 같은 임대인의 주장·증명이 없는 경우에도 임차인이 임차 건물의 보존에 관하여 선량한 관리자의 주의의무를 다하였음을 증명하지 못하는 이상 임차 외 건물 부분에 대해서까지 채무불이행에 따른 손해배상책임을 지게 된다고 판단한 종래의 대법원판결들은 이 판결의 견해에 배치되는 범위 내에서 이를 모두 변경하기로 한다[대판(전합) 2017. 5. 18, 2012다86895, 86901].

Ⅱ. 주택임대차보호법

174 **「주택임대차보호법」 제3조 제1항의 대항요건과 임대차계약증서상의 확정일자를 갖춘 임차인은 「민사집행법」에 따른 경매를 할 때 임차주택의 환가대금에서 후순위권리자나 그 밖의 채권자보다 우선하여 보증금을 변제받을 권리가 있다. ( )** (2019 변호사)

해설 주택임대차보호법 제3조의2(보증금의 회수) : 제3조 제1항·제2항 또는 제3항의 대항요건과 임대차계약증서(제3조 제2항 및 제3항의 경우에는 법인과 임대인 사이의 임대차계약증서를 말한다)상의 확정일자를 갖춘 임차인은 「민사집행법」에 따른 경매 또는 「국세징수법」에 따른 공매를 할 때에 임차주택(대지를 포함한다)의 환가대금에서 후순위권리자나 그 밖의 채권자보다 우선하여 보증금을 변제받을 권리가 있다.

175-1 **甲이 X주택을 乙에게 임대하였고, 乙은 X주택을 인도받고 전입신고를 하였다. 甲으로부터 X주택을 매수한 戊가 X주택에 대한 소유권이전등기를 마치고 임대인의 지위를 승계하였다면, 甲과 戊는 연대하여 乙에 대한 임대차보증금반환채무를 부담한다. ( )** (2021 변호사)

175-2 **「주택임대차보호법」이 정한 대항요건을 갖춘 임대차의 목적인 주택의 양수인은 임대차보증금반환채무를 면책적으로 인수하고, 양도인은 임대차관계에서 탈퇴하여 임차인에 대한 임대차보증금반환채무를 면한다. ( )** (2022 변호사)

정답 》 174 (○) 175-1 (×) 175-2 (○)

해설 주택임대차보호법 제3조 제3항은 같은 조 제1항이 정한 대항요건을 갖춘 임대차의 목적이 된 임대주택(이하 '임대주택'은 주택임대차보호법의 적용대상인 임대주택을 가리킨다)의 양수인은 임대인의 지위를 승계한 것으로 본다고 규정하고 있는바, 이는 법률상의 당연승계 규정으로 보아야 하므로, 임대주택이 양도된 경우에 양수인은 주택의 소유권과 결합하여 임대인의 임대차 계약상의 권리·의무 일체를 그대로 승계하며, 그 결과 양수인이 임대차보증금반환채무를 면책적으로 인수하고, 양도인은 임대차관계에서 탈퇴하여 임차인에 대한 임대차보증금반환채무를 면하게 된다[대판(전합)2013. 1. 17, 2011다49523].

176 **「주택임대차보호법」 제3조 제1항의 대항요건을 갖춘 임차인의 임대차보증금반환채권에 대한 압류 및 전부명령이 확정되어 임차인의 임대차보증금반환채권이 집행채권자에게 이전된 후 소유자인 임대인이 당해 주택을 제3자에게 매도한 경우 임대인은 전부금 지급의무를 부담하지 않는다. ( )** (2019 변호사)

해설 주택임대차보호법 제3조 제1항의 대항요건을 갖춘 임차인의 임대차보증금반환채권에 대한 압류 및 전부명령이 확정되어 임차인의 임대차보증금반환채권이 집행채권자에게 이전된 경우 제3채무자인 임대인으로서는 임차인에 대하여 부담하고 있던 채무를 집행채권자에 대하여 부담하게 될 뿐 그가 임대차목적물인 주택의 소유자로서 이를 제3자에게 매도할 권능은 그대로 보유하는 것이며, 위와 같이 소유자인 임대인이 당해 주택을 매도한 경우 주택임대차보호법 제3조 제2항에 따라 전부채권자에 대한 보증금지급의무를 면하게 되므로, 결국 임대인은 전부금지급의무를 부담하지 않는다(대판 2005. 9. 9, 2005다23773).

177-1 **「주택임대차보호법」상 대항력을 갖춘 임차인의 임대차보증금반환채권이 가압류된 경우, 임대주택의 양도로 인하여 임대차보증금반환채무가 이전된 때에는, 이미 집행된 가압류의 제3채무자 지위는 양수인에게 승계된다. ( )** (2019 변호사)

177-2 **「주택임대차보호법」상 대항력을 갖춘 임차인의 임대차보증금반환채권이 가압류된 상태에서 임대주택이 양도된 경우, 양수인이 채권가압류의 제3채무자의 지위를 승계하는 것은 아니므로 가압류권자는 임대주택의 양수인이 아니라 양도인에 대하여 위 가압류의 효력을 주장하여야 한다. ( )** (2017 변호사)

177-3 **「주택임대차보호법」상 대항요건을 갖춘 임차인의 임대차보증금반환채권이 가압류된 상태에서 임대주택이 양도되면 양수인이 채권가압류의 제3채무자 지위를 승계하지만, 가압류채권자는 임대주택의 양도인과 양수인 모두에 대하여 위 가압류의 효력을 주장할 수 있다. ( )** (2020 변호사)

해설 주택임대차보호법 제3조 제3항은 같은 조 제1항이 정한 대항요건을 갖춘 임대차의 목적이 된 임대주택(이하 '임대주택'은 주택임대차보호법의 적용대상인 임대주택을 가리킨다)의 양수인은 임대인의 지위를 승계한 것으로 본다고 규정하고 있는바, 이는 법률상의 당연승계 규정으로 보아야 하므로, 임대주택이 양도된 경우에 양수인은 주택의 소유권과 결합하여 임대인의 임대차 계약상의 권리·의무

176 (○) **177-1** (○) **177-2** (×) **177-3** (×) 《 정답

일체를 그대로 승계하며, 그 결과 양수인이 임대차보증금반환채무를 면책적으로 인수하고, 양도인은 임대차관계에서 탈퇴하여 임차인에 대한 임대차보증금반환채무를 면하게 된다. 나아가 임차인에 대하여 임대차보증금반환채무를 부담하는 임대인임을 당연한 전제로 하여 임대차보증금반환채무의 지급금지를 명령받은 제3채무자의 지위는 임대인의 지위와 분리될 수 있는 것이 아니므로, 임대주택의 양도로 임대인의 지위가 일체로 양수인에게 이전된다면 채권가압류의 제3채무자의 지위도 임대인의 지위와 함께 이전된다고 볼 수밖에 없다. 한편 주택임대차보호법상 임대주택의 양도에 양수인의 임대차보증금반환채무의 면책적 인수를 인정하는 이유는 임대주택에 관한 임대인의 의무 대부분이 그 주택의 소유자이기만 하면 이행가능하고 임차인이 같은 법에서 규정하는 대항요건을 구비하면 임대주택의 매각대금에서 임대차보증금을 우선변제받을 수 있기 때문인데, 임대주택이 양도되었음에도 양수인이 채권가압류의 제3채무자의 지위를 승계하지 않는다면 가압류권자는 장차 본집행절차에서 주택의 매각대금으로부터 우선변제를 받을 수 있는 권리를 상실하는 중대한 불이익을 입게 된다. 이러한 사정들을 고려하면, 임차인의 임대차보증금반환채권이 가압류된 상태에서 임대주택이 양도되면 양수인이 채권가압류의 제3채무자의 지위도 승계하고, 가압류권자 또한 임대주택의 양도인이 아니라 양수인에 대하여만 위 가압류의 효력을 주장할 수 있다고 보아야 한다[대판(전합) 2013. 1. 17, 2011다49523].

178 「주택임대차보호법」상 대항력을 갖춘 임차인이 임대차보증금반환채권에 질권을 설정하고 임대인이 그 질권 설정을 승낙한 후 임대주택이 양도된 경우에는 임대인은 임대차관계에서 탈퇴하고 임차인에 대한 임대차보증금반환채무를 면하게 된다. ( ) (2019 변호사)

해설 구 주택임대차보호법(2013. 8. 13. 법률 제12043호로 개정되기 전의 것, 이하 '구 주택임대차법'이라고 한다) 제3조 제3항은 같은 조 제1항이 정한 대항요건을 갖춘 임대차의 목적이 된 임대주택의 양수인은 임대인의 지위를 승계한 것으로 본다고 규정하고 있다. 이는 법률상의 당연승계 규정으로 보아야 하므로, 임대주택이 양도된 경우에 양수인은 주택의 소유권과 결합하여 임대인의 임대차계약상 권리·의무 일체를 그대로 승계한다. 그 결과 양수인이 임대차보증금반환채무를 면책적으로 인수하고, 양도인은 임대차관계에서 탈퇴하여 임차인에 대한 임대차보증금반환채무를 면하게 된다. 이는 임차인이 임대차보증금반환채권에 질권을 설정하고 임대인이 그 질권 설정을 승낙한 후에 임대주택이 양도된 경우에도 마찬가지라고 보아야 한다. 따라서 이 경우에도 임대인은 구 주택임대차법 제3조 제3항에 의해 임대차관계에서 탈퇴하고 임차인에 대한 임대차보증금반환채무를 면하게 된다(대판 2018. 6. 19, 2018다201610).

Ⅲ. 상가건물임대차보호법

제7절 고 용

제8절 도 급

179 제작물공급계약에서 그 제작물이 부대체물인 경우에는 도급에 관한 규정이 적용된다. ( )

(2016 변리사)

정답 》 178 (○) 179 (○)

해설 제작물공급계약에서 그 제작물이 부대체물인 경우에는 도급에 관한 규정, 대체물은 매매에 관한 규정이 적용된다(대판 2006. 10. 13, 2004다21862).

180 **건설공사 도급계약에서 많이 행해지는 지체상금 약정의 법적 성질은 손해배상액의 예정이므로 법원은 이를 감액할 수도 있다. ( )** (2016 변리사)

해설 건설공사 도급계약에서 많이 행해지는 지체상금 약정의 법적 성질은 손해배상액의 예정이므로 법원은 이를 감액할 수도 있다(대판 2012. 10. 11, 2010다34043).

181 **수급인의 하수급인에 대한 하도급 공사대금채무를 인수한 도급인은 수급인의 하수급인에 대한 하자보수청구권 내지 하자에 갈음한 손해배상채권 등에 기한 동시이행의 항변으로 하수급인에게 대항할 수 있다. ( )** (2016 변리사)

해설 수급인의 하수급인에 대한 하도급 공사대금채무를 인수한 도급인은 수급인의 하수급인에 대한 하자보수청구권 내지 하자에 갈음한 손해배상채권 등에 기한 동시이행의 항변으로 하수급인에게 대항할 수 있다(대판 2007. 10. 11, 2007다31914).

182 **수급인이 재료의 전부 또는 주요부분을 제공한 경우 특약이나 기타 특별한 사정이 없으면 완성된 건물의 소유권은 수급인에게 속한다. ( )** (2016 변리사)

해설 수급인이 재료의 전부 또는 주요부분을 제공한 경우 특약이나 기타 특별한 사정이 없으면 완성된 건물의 소유권은 수급인에게 속한다[대판(전합) 2003. 12. 18, 98다43601].

183-1 **자기의 노력과 비용으로 건물을 신축한 자는 그 건축허가가 타인의 명의로 된 경우에도 그 건물의 소유권을 원시취득한다. ( )** (2018 변리사)

183-2 **자기 비용과 노력으로 건물을 신축한 자와 그 건축허가명의자가 다른 경우, 원칙적으로 건축허가명의자가 소유권을 원시취득한다. ( )** (2022 변리사)

해설 건축허가서는 허가된 건물에 관한 실체적 권리의 득실변경의 공시방법이 아니며 추정력도 없으므로 건축허가서에 건축주로 기재된 자가 건물의 소유권을 취득하는 것은 아니므로, 자기 비용과 노력으로 건물을 신축한 자는 그 건축허가가 타인의 명의로 된 여부에 관계없이 그 소유권을 원시취득한다(대판 2002. 4. 26, 2000다16350).

[동지판례] 단지 채무의 담보를 위하여 채무자가 자기의 비용과 노력으로 신축하는 건물의 건축허가명의를 채권자 명의로 하였다면 이는 완성될 건물을 담보로 제공하기로 하는 합의로서 법률행위에 의한 담보물권의 설정과 다름없으므로 완성된 건물의 소유권은 일단 채무자가 이를 원시취득한 후 채권자 명의로 소유권보존등기를 마침으로써 담보목적의 범위 내에서 채권자에게 그 소유권이 이전된다고 보아야 한다(대판 1992. 8. 18, 91다25505).

180 (○) 181 (○) 182 (○) 183-1 (○) 183-2 (×) **정답**

[비교판례] 일반적으로 자기의 노력과 재료를 들여 건물을 건축한 사람은 그 건물의 소유권을 원시취득하는 것이고, 다만 도급계약에 있어서 수급인이 자기의 노력과 재료를 들여 건물을 완성하더라도 도급인과 수급인 사이에 도급인 명의로 건축허가를 받아 소유권보존등기를 하기로 하는 등 완성된 건물의 소유권을 도급인에게 귀속시키기로 합의한 것으로 보여질 경우에는 그 건물의 소유권은 도급인에게 원시적으로 귀속된다(대판 1992. 8. 18, 91다25505).

184 건물신축도급계약에서 완성된 건물의 소유권을 도급인에게 귀속시키기로 합의한 경우에는 그 건물의 소유권은 도급인에게 원시적으로 귀속된다. ( ) (2022 변리사)

해설 일반적으로 자기의 노력과 재료를 들여 건물을 건축한 사람은 그 건물의 소유권을 원시취득하는 것이고, 다만 도급계약에 있어서 수급인이 자기의 노력과 재료를 들여 건물을 완성하더라도 도급인과 수급인 사이에 도급인 명의로 건축허가를 받아 소유권보존등기를 하기로 하는 등 완성된 건물의 소유권을 도급인에게 귀속시키기로 합의한 것으로 보여질 경우에는 그 건물의 소유권은 도급인에게 원시적으로 귀속된다(대판 1992. 8. 18, 91다25505).

185 건축주 사정으로 공사가 중단된 미완성의 건물을 인도받아 완공하였다면, 그 건물이 공사중단 시점에서 사회통념상 독립한 건물이라고 볼 수 있는 형태와 구조를 갖추고 있었더라도 완공자가 그 건물의 소유권을 원시취득한다. ( ) (2016 변리사)

해설 건축주의 사정으로 건축공사가 중단되었던 미완성의 건물을 인도받아 나머지 공사를 마치고 완공한 경우, 그 건물이 공사가 중단된 시점에서 이미 사회통념상 독립한 건물이라고 볼 수 있는 형태와 구조를 갖추고 있었다면 원래의 건축주가 그 건물의 소유권을 원시취득하고, 최소한의 기둥과 지붕 그리고 주벽이 이루어지면 독립한 부동산으로서의 건물의 요건을 갖춘 것이라고 보아야 한다(대판 2002. 4. 26, 2000다16350).

186 건축주의 사정으로 건축공사가 중단되었던 미완성의 건물을 인도받아 나머지 공사를 마치고 완공한 경우, 그 건물이 공사가 중단된 시점에서 아직 사회통념상 독립한 건물이라고 볼 수 있는 형태와 구조를 갖추고 있지 않았더라도 원래의 건축주가 그 건물의 소유권을 원시취득한다. ( ) (2022 변리사)

해설 자기의 비용과 노력으로 건물을 신축한 자는 그 건축허가가 타인의 명의로 된 여부에 관계없이 그 소유권을 원시취득하게 되는바, 따라서 건축주의 사정으로 건축공사가 중단된 미완성의 건물을 인도받아 나머지 공사를 하게 된 경우에는 그 공사의 중단 시점에 이미 사회통념상 독립한 건물이라고 볼 수 있는 정도의 형태와 구조를 갖춘 경우가 아닌 한 이를 인도받아 자기의 비용과 노력으로 완공한 자가 그 건물의 원시취득자가 된다(대판 2006. 5. 12, 2005다68783).

정답 184 (○) 185 (×) 186 (×)

187 **甲은 건축업자 乙에게 단독주택 신축을 도급하였고, 乙은 계약에서 정한 완공기한을 1개월 넘겨 완공하였다. 그 계약에는 지체상금약정이 있었다. 이에 관한 설명으로 옳은 것은? (다툼이 있으면 판례에 따름)** (2015 변리사)

① 지체상금이 부당하게 과다한 경우, 법원은 직권으로 감액할 수 있다.
② 완공된 건물의 하자로 인해 확대손해가 발생한 경우, 특별한 사정이 없는 한 乙의 손해배상채무는 甲의 공사대금채무와 동시이행관계에 있지 않다.
③ 완공된 건물에 하자가 있는 경우, 甲은 이를 이유로 계약을 해제할 수 있다.
④ 乙이 단순 장마로 인하여 공사를 지체한 경우, 지체상금이 발생하지 않는다.
⑤ 지체상금채권과 공사대금채권은 동시이행관계에 있으나 동시이행항변권이 붙어 있는 채권을 자동채권으로 하여 상계하는 것은 금지되므로 甲과 乙은 상계할 수 없다.

해설 ①만이 타당하다. 즉 지체상금은 손해배상의 예정으로 부당하게 과다한 경우, 법원은 직권으로 감액할 수 있다(대판 2012. 10. 11, 2010다34043).

② (×) : 도급도 전형적인 쌍무유상계약이기 때문에 완공된 건물의 하자로 인해 확대손해가 발생한 경우도, 특별한 사정이 없는 한 乙의 손해배상채무는 甲의 공사대금채무와 동시이행관계에 있다(대판 2007. 8. 23, 2007다26455).

③ (×) : 도급의 담보책임 중 특징은 계약해제의 제한이다. 즉 완공된 건물에 하자가 있는 경우, 아무리 중대한 하자가 있어도 계약해제가 되지 않는다(제668조). 따라서 甲은 이를 이유로 계약을 해제할 수 없다.

④ (×) : 우리 판례는 IMF의 경제위기도 불가항력으로 보지 않았다. 따라서 乙이 단순 장마로 인하여 공사를 지체한 경우, 지체상금(=손해배상예정)은 특별한 사유가 없는 한 발생한다(대판 2002. 9. 4, 2001다1386).

⑤ (×) : 공사도급계약상 도급인의 지체상금채권과 수급인의 공사대금채권은 특별한 사정이 없는 한 동시이행의 관계에 있다고 할 수 없다(대판 2015. 8. 27, 2013다81224).

188 **甲은 乙에게 아파트 공사를 맡겼다. 다음 설명 중 옳은 것을 모두 고른 것은? (다툼이 있는 경우에는 판례에 의함)** (2014 변리사)

ㄱ. 하자보수에 갈음한 손해배상청구권은 보수청구권(補修請求權)과 병존하여 처음부터 甲이 가지는 권리로서 甲이 乙에게 아파트의 하자보수를 청구한 때에 성립한다.
ㄴ. 甲이 그가 분양한 아파트의 하자에 관하여 구분소유자들이 제기한 소송에서 그 하자에 대한 손해배상금과 이에 대한 지연손해금을 지급한 경우, 그 지연손해금은 乙의 도급계약상 채무불이행과 상당인과관계가 있는 손해가 될 수 없다.
ㄷ. 乙이 공사를 완성하지 못한 상태로 아파트도급계약이 해제되어 공사비를 정산하여야 할 경우, 특별한 사정이 없으면 그 공사비는 당사자들이 약정한 총공사비 중 乙이 공사를 중단할 당시의 기성고 비율에 의한 금액이다.
ㄹ. 甲과 乙이 지체상금을 약정한 경우, 이는 乙이 약정한 준공일보다 늦게 공사를 마치거나 그의 책임있는 사유로 도급계약이 해제된 경우에 적용되고 甲의 책임있는 사유로 도급계약이 해제된 때에는 적용되지 않는다.

187 ① 188 ③ 《 정답

① ㄱ, ㄴ ② ㄱ, ㄷ ③ ㄴ, ㄷ ④ ㄴ, ㄹ ⑤ ㄷ, ㄹ

해설 ㉠ (×) : 하자보수에 갈음한 손해배상청구권은 하자가 발생하여 보수가 필요하게 된 시점에서 성립한다(대판 2000. 3. 10, 99다55632). 단 그 산정은 청구시점을 기준으로 산정한다.
㉡ (○) : 도급인이 그가 분양한 아파트의 하자와 관련하여 구분소유자들로부터 손해배상청구를 당하여 그 하자에 대한 손해배상금 및 이에 대한 지연손해금을 지급한 경우, 그 지연손해금은 도급인이 자신의 채무의 이행을 지체함에 따라 발생한 것에 불과하므로 특별한 사정이 없는 한 수급인의 도급계약상의 채무불이행과 상당인과관계가 있는 손해라고 볼 수는 없다. 이러한 경우 도급인으로서는 구분소유자들의 손해배상청구와 상관없이 수급인을 상대로 위 하자에 대한 손해배상금(원금)의 지급을 청구하여 그 이행지체에 따른 지연손해금을 청구할 수 있을 뿐이다(대판 2013. 11. 28, 2011다67323).
㉢ (○) : 건축공사도급계약이 중도해제된 경우 도급인이 지급하여야 할 미완성 건물에 대한 보수는 특별한 사정이 없는 한 당사자 사이에 약정한 총 공사비를 기준으로 하여 그 금액에서 수급인이 공사를 중단할 당시의 공사기성고비율에 의한 금액이 되는 것이지 수급인이 실제로 지출한 비용을 기준으로 할 것은 아니다(대판 1992. 3. 31, 91다42630).
㉣ (×) : 지체상금 약정은 수급인이 약정 준공일보다 늦게 공사를 완료하거나 수급인의 귀책사유로 도급계약이 해제된 경우뿐 아니라 도급인의 귀책사유로 도급계약이 해제된 경우에도 적용이 된다 할 것이고, 이 경우에는 도급인의 귀책사유가 발생하지 아니하여 수급인이 공사를 계속하였더라면 완성할 수 있었을 때까지의 기간을 기준으로 하여 당초의 준공예정일로부터 지체된 기간을 산정하는 방법으로 지체일수를 적용해야 할 것이다(대판 2012. 10. 11, 2010다34043,34050). ☞ (판결이유) 공사 도중에 도급계약이 해제되어 수급인이 해제된 상태 그대로 건물을 도급인에게 인도한 사례. 수급인이 도급계약을 해제하였지만 도급인이 그 의무를 다하고 있는 기간 중에도 이미 수급인이 이행을 지체하는 바람에, 도급인이 자재대금을 선지급하는 등 그 의무를 다하여 순조롭게 공사가 진행되었다고 가정하더라도 공사가 지연될 수밖에 없었다. 이 경우 지체상금은 약정준공일 다음날부터 도급계약 해제의 원인이 된 도급인의 귀책사유(자재대금 미지급)가 존재하지 아니하여 수급인이 공사를 계속하였더라면 공사를 완성할 수 있었던 시점까지 발생한다.

189 甲은 2018년 6월 1일 乙에게 건물의 신축공사를 공사대금 10억 원으로 하고, 공사기간 2018년 6월 1일부터 2018년 12월 30일까지로 정하여 도급을 주었는데, 위 공사대금에는 승강기를 설치하는 것이 포함되어 있었다. 丙은 2018년 6월 30일 乙과 사이에 그 건물에 丙이 제작한 승강기를 1억 원에 제작·판매·설치하기로 하는 계약을 체결하고 승강기의 소유권은 그 제작·판매·설치대금을 모두 지급받는 시점까지 丙에게 유보하는 것으로 정하였다. 丙은 2018년 12월 9일 승강기를 설치하여 그 승강기가 건물로부터 분리할 수 없게 되었고, 甲은 2019년 3월 1일 乙에게 공사잔대금을 완불한 뒤 건물을 인도받아 보존등기 없이 丁에게 매도하고 대금 전액 수령과 동시에 인도하였다. 乙은 丙에게 승강기 제작·판매·설치대금을 지급하지 않고 있다. 이에 관한 설명으로 옳은 것은? (다툼이 있으면 판례에 따름) (2020 변리사)

① 乙과 丙은 승강기를 그 대체가 어렵거나 불가능할 정도로 신축건물에 맞추어 일정한 사양으로 특정하였고, 그 제작·판매·설치대금의 구분 없이 총 계약금액을 1억 원으로 정했더라도, 乙과 丙의 계약은 매매와 도급이 혼합된 계약이다.

정답 189 ⑤

② 2020년 5월 30일 丙의 승강기 제작·판매·설치대금 청구에 대해 乙은 그 채무가 시효로 소멸했음을 주장할 수 있다.

③ 丁은 건물에 관해 등기를 취득하지 않았더라도 그 소유권을 취득한다.

④ 위 건물이 戊의 토지 위에 무단으로 건축된 경우, 戊는 건물을 점유하는 丁을 상대로 건물철거를 청구할 수 없다.

⑤ 甲이 승강기 소유권이 丙에게 유보된 사실에 관하여 과실 없이 알지 못한 경우, 丙은 甲을 상대로 승강기 제작·판매·설치대금 상당의 부당이득반환을 청구할 수 없다.

해설 ① (×) : [1] 당사자의 일방이 상대방의 주문에 따라 자기 소유의 재료를 사용하여 만든 물건을 공급하기로 하고 상대방이 대가를 지급하기로 약정하는 이른바 제작물공급계약은 그 제작의 측면에서는 도급의 성질이 있고 공급의 측면에서는 매매의 성질이 있어 대체로 매매와 도급의 성질을 함께 가지고 있으므로, 그 적용 법률은 계약에 의하여 제작 공급하여야 할 물건이 대체물인 경우에는 매매에 관한 규정이 적용되지만, 물건이 특정의 주문자의 수요를 만족시키기 위한 부대체물인 경우에는 당해 물건의 공급과 함께 그 제작이 계약의 주목적이 되어 도급의 성질을 띠게 된다. [2] 甲 회사가 乙 회사와 승강기 제작 및 설치 공사계약을 체결한 사안에서, 甲 회사가 위 계약에 따라 제작·설치하기로 한 승강기가 乙 회사가 신축하는 건물에 맞추어 일정한 사양으로 특정되어 있으므로, 그 계약은 대체가 어렵거나 불가능한 제작물의 공급을 목적으로 하는 계약으로서 도급의 성질을 갖고 있고, 그 계약의 내역상 승강기의 매매 대금과 설치 대금의 구분 없이 총 계약금액이 정해지고, 乙 회사의 승강기에 관한 소유권 취득과 관계없이 계약금 및 중도금의 지급시기가 정하여져 있으므로, 위 계약에 따른 대금 중 승강기 매매에 상응하는 대금만을 별도로 구분하여 乙 회사가 승강기의 소유권을 취득할 때까지 그 대금지급의무의 소멸시효기간이 진행되지 않는다고 할 수는 없음에도 불구하고, 위 계약이 순수한 도급계약이 아니라 매매계약과 도급계약이 혼합된 계약으로 보아, 승강기에 관한 소유권이 대금완불시까지 甲 회사에게 유보되어 있어 승강기 매매에 상응하는 대금지급의무에 대하여는 乙 회사가 승강기의 소유권을 취득할 때까지 그 소멸시효기간이 진행되지 않는다고 한 원심판결에 법리오해의 위법이 있다고 한 사례(대판 2010. 11. 25, 2010다56685).

② (×) : (ⅰ) 공사도급계약에서 소멸시효의 기산점이 되는 보수청구권의 지급시기는, 당사자 사이에 특약이 있으면 그에 따르고, 특약이 없으면 관습에 의하며(민법 제665조 제2항, 제656조 제2항), 특약이나 관습이 없으면 공사를 마친 때로 보아야 한다(대판 2017. 4. 7, 2016다35451). (ⅱ) 도급받은 자, 기사 기타 공사의 설계 또는 감독에 종사하는 자의 공사에 관한 채권의 채권은 3년간 행사하지 아니하면 소멸시효가 완성한다(제163조 제3호). ☞ 사안에서 丙은 2018년 12월 9일 승강기를 설치하였으므로 승강기 제작·판매·설치대금채권의 소멸시효는 그로부터 3년 후인 2021년 12월 9일에 만료한다.

③ (×) : 미등기 무허가건물의 양수인이라도 그 소유권이전등기를 경료하지 않는 한 그 건물의 소유권을 취득할 수 없고, 소유권에 준하는 관습상의 물권이 있다고도 할 수 없으며, 현행법상 사실상의 소유권이라고 하는 포괄적인 권리 또는 법률상의 지위를 인정하기도 어렵다(대판 2006. 10. 27, 2006다49000).

④ (×) : 건물철거는 그 소유권의 종국적 처분에 해당되는 사실행위이므로 원칙으로는 그 소유자(민법상 원칙적으로는 등기명의자)에게만 그 철거처분권이 있다 할 것이고, 예외적으로 건물을 전소유자로부터 매수하여 점유하고 있는 등 그 권리의 범위 내에서 그 점유중인 건물에 대하여 법률상 또는 사실상 처분을 할 수 있는 지위에 있는 자에게도 그 철거처분권이 있다(대판 2003. 1. 24, 2002다61521).

⑤ (○) : 민법 제261조에서 첨부로 법률규정에 의한 소유권 취득(민법 제256조 내지 제260조)이 인정된 경우에 "손해를 받은 자는 부당이득에 관한 규정에 의하여 보상을 청구할 수 있다."라고 규정하고 있는바, 이러한 보상청구가 인정되기 위해서는 민법 제261조 자체의 요건뿐만 아니라, 부당이득 법리에 따른 판단에 의하여 부당이득의 요건이 모두 충족되었다고 인정되어야 한다. 매도인에게 소유권이 유보된 자재가 제3자와 매수인 사이에 이루어진 도급계약의 이행으로 제3자 소유 건물의 건축에 사용되어 부합된 경우 보상청구를 거부할 법률상 원인이 있다고 할 수 없지만, 제3자가 도급계약에 의하여 제공된 자재의 소유권이 유보된 사실에 관하여 과실 없이 알지 못한 경우라면 선의취득의 경우와 마찬가지로 제3자가 그 자재의 귀속으로 인한 이익을 보유할 수 있는 법률상 원인이 있다고 봄이 상당하므로, 매도인으로서는 그에 관한 보상청구를 할 수 없다(대판 2018. 3. 15, 2017다282391).

190 **甲은 주택을 짓기 위하여 건축업자 乙과 도급계약을 체결하면서 지체상금약정도 하였다. 이에 관한 설명으로 옳은 것을 모두 고른 것은? (다툼이 있으면 판례에 따름)** (2021 변리사)

ㄱ. 乙에 의해 완공된 주택에 하자가 있어 계약의 목적을 달성할 수 없는 경우라도 甲은 도급계약을 해제할 수 없다.
ㄴ. 乙에 의해 완공된 주택에 발생한 하자가 중요하지 않는데도 그 보수에 과다한 비용이 드는 경우, 甲은 하자보수에 갈음하는 손해배상을 청구할 수 있다.
ㄷ. 지체상금의 종기는 특별한 사정이 없는 한 乙이 공사를 중단하거나 기타 해제사유가 있어 甲이 실제로 해제한 때로부터 甲이 다른 업자에게 의뢰하여 완공할 수 있었던 시점까지로 제한된다.
ㄹ. 예정된 준공기한 전에 도급계약이 해제되어 乙이 공사를 완료하지 아니한 경우에는 특별한 사정이 없는 한 지체상금약정은 적용되지 않는다.

① ㄱ, ㄴ　② ㄱ, ㄹ　③ ㄴ, ㄷ　④ ㄴ, ㄹ　⑤ ㄷ, ㄹ

해설 ㄱ. (○) : 도급인이 완성된 목적물의 하자로 인하여 계약의 목적을 달성할 수 없는 때에는 계약을 해제할 수 있다. 그러나 건물 기타 토지의 공작물에 대하여는 그러하지 아니하다(민법 제668조).
ㄴ. (×) : 하자가 중요하지 아니하면서 동시에 그 보수에 과다한 비용을 요하는 경우에는 도급인은 하자보수나 하자보수에 갈음하는 손해배상을 청구할 수 없고, 그 "하자로 인하여 입은 손해"의 배상만을 청구할 수 있다. 이러한 경우 하자로 인하여 입은 통상의 손해는 특별한 사정이 없는 한 도급인이 하자 없이 시공하였을 경우의 목적물의 교환가치와 하자가 있는 현재의 상태대로의 교환가치와의 차액이 된다(대판 1998. 3. 13, 97다54376).
ㄷ. (×) : 수급인이 완공기한 내에 공사를 완성하지 못한 채 공사를 중단하고 계약이 해제된 결과 완공이 지연된 경우에 있어서 지체상금은 약정 준공일 다음날부터 발생하되 그 종기는 수급인이 공사를 중단하거나 기타 해제사유가 있어 도급인이 공사도급계약을 해제할 수 있었을 때(실제로 해제한 때가 아니다)부터 도급인이 다른 업자에게 맡겨서 공사를 완성할 수 있었던 시점까지이고, 수급인이 책임질 수 없는 사유로 인하여 공사가 지연된 경우에는 그 기간만큼 공제되어야 한다(대판 2010. 1. 28, 2009다41137,41144).
ㄹ. (○) : 건축도급계약시 도급인과 수급인 사이에 준공기한내에 공사를 완성하지 아니한 때에는 매

정답 》 190 ②

지체일수마다 계약에서 정한 지체상금율을 계약금액에 곱하여 산출한 금액을 지체상금으로 지급하도록 약정한 경우 이는 **수급인이 완공예정일을 지나서 공사를 완료하였을 경우**에 그 지체일수에 따른 손해배상의 예정을 약정한 것이지 **공사도중에 도급계약이 해제되어 수급인이 공사를 완료하지 아니한 경우**에는 지체상금을 논할 여지가 없다(대판 1989. 9. 12, 88다카15901, 15918). ☞ (판결이유) 수급인의 귀책사유 있는 공사지연으로 인하여 준공기일 내에 완공할 수 없어 그 이유로 도급계약이 미시공 공사부분에 대하여 해제되었던 사례

[비교판례] 건물 신축의 도급계약에서 지체상금에 관한 약정이 있는 경우, 수급인이 약정된 기간 내에 그 일을 완성하여 도급인에게 인도하지 않는 한 특별한 사정이 있는 경우를 제외하고는 지체상금을 지급할 의무가 있고, 약정된 기일 이전에 그 공사의 일부만을 완료한 후 공사가 중단된 상태에서 약정 기일을 넘기고 그 후에 도급인이 계약을 해제함으로써 일을 완성하지 못한 것이라고 하여 지체상금에 관한 약정이 적용되지 않는다고 할 수 없다(대판 1989. 7. 25, 88다카6273, 88다카6280, 대판 1995. 9. 5, 95다18376, 대판 1999. 1. 26, 96다6158).

191 甲이 자신이 소유하는 X토지 위에 Y건물을 신축하기 위하여 乙과 건축도급계약을 체결하였다. 이에 관한 설명 중 옳은 것은? (다툼이 있는 경우 판례에 의함) (2021 변호사)

① 약정한 날짜에 Y건물이 완성되어 甲에게 인도되었으나 Y건물이 무너질 위험성이 있어 다시 건축할 수밖에 없다고 하더라도, 甲은 乙에게 Y건물을 철거하고 재건축하는 데 드는 비용 상당액을 하자로 인한 손해배상으로 청구할 수는 없다.

② 乙의 이행지체를 이유로 甲이 계약을 해제하겠다는 통지를 하였다면, 그 통지에 특별히 급부의 수령을 거부하는 취지가 포함되어 있지 않는 한 이로써 이행의 최고가 있는 것으로 볼 수 있으며, 그로부터 상당한 기간이 경과하도록 乙이 이행하지 않았다면 甲은 계약을 해제할 수 있다.

③ 乙이 공사를 완공하지 못한 채 건축도급계약이 해제되어 기성고에 따른 공사비를 乙에게 정산하여야 할 경우, 甲은 乙이 공사를 중단할 당시를 기준으로 乙이 실제로 지출한 비용을 지급하여야 한다.

④ 乙의 공사중단으로 인하여 약정된 공사기한 내의 공사완공이 불가능하다는 것이 명백하고 乙이 미리 이행하지 아니할 의사를 표시한 때에도, 甲은 乙에게 상당한 기간 내에 완공할 것을 최고하지 않고서는 계약을 해제할 수 없다.

⑤ 乙로부터 인도받는 Y건물에 하자가 있다면 甲은 이를 이유로 하자의 보수나 하자의 보수에 갈음하는 손해배상의 청구를 하지 않고 곧바로 보수 전부의 지급을 거절할 수 있다.

해설 ① (×) : 완성된 건물 기타 토지의 공작물(이하 '건물 등'이라 한다)에 중대한 하자가 있고 이로 인하여 건물 등이 무너질 위험성이 있어서 보수가 불가능하고 다시 건축할 수밖에 없는 경우에는, 특별한 사정이 없는 한 건물 등을 철거하고 다시 건축하는 데 드는 비용 상당액을 하자로 인한 손해배상으로 청구할 수 있다(대판 2016. 8. 18, 2014다31691).

② (○) : 채무자의 급부불이행 사정을 들어 계약을 해제하겠다는 통지를 한 때에는 특별히 그 급부의 수령을 거부하는 취지가 포함되어 있지 아니하는 한 그로써 이행의 최고가 있었다고 볼 수 있으며, 그로부터 상당한 기간이 경과하도록 이행되지 아니하였다면 채권자는 계약을 해제할 수 있다(대판 2017. 9. 21, 2013다58668).

191 ② 《 정답

③ (×) : 건축공사도급계약이 중도해제된 경우 도급인이 지급하여야 할 미완성 건물에 대한 보수는 특별한 사정이 없는 한 당사자 사이에 약정한 총 공사비를 기준으로 하여 그 금액에서 수급인이 공사를 중단할 당시의 공사기성고비율에 의한 금액이 되는 것이지 수급인이 실제로 지출한 비용을 기준으로 할것은 아니다(대판 1992. 3. 31, 91다42630).
④ (×) : 공사도급계약에 있어서 수급인의 공사중단이나 공사지연으로 인하여 약정된 공사기한 내의 공사완공이 불가능하다는 것이 명백하여진 경우에는 도급인은 그 공사기한이 도래하기 전이라도 계약을 해제할 수 있지만, 그에 앞서 수급인에 대하여 위 공사기한으로부터 상당한 기간 내에 완공할 것을 최고하여야 하고, 다만 예외적으로 수급인이 미리 이행하지 아니할 의사를 표시한 때에는 위와 같은 최고 없이도 계약을 해제할 수 있다(대판 1996. 10. 25, 96다21393, 21409).
⑤ (×) : 도급인이 인도받은 목적물에 하자가 있는 것만을 이유로, 하자의 보수나 하자의 보수에 갈음하는 손해배상을 청구하지 아니하고 막바로 보수의 지급을 거절할 수는 없다(대판 1991. 12. 10, 91다33056).

192 甲이 乙로부터 건물 소유를 목적으로 乙 소유 X 토지를 임차한 후, 丙에게 지상 건물 신축을 도급하면서 주된 건축자재는 丙이 제공하되 신축건물의 소유권은 甲에게 귀속하기로 약정하였다. 이에 관한 설명 중 옳지 않은 것을 모두 고른 것은? (다툼이 있는 경우 판례에 의함)

(2022 변호사)

ㄱ. 甲이 丙의 저당권설정청구권 행사에 따라 신축된 Y 건물에 공사대금채무를 담보하기 위한 저당권을 설정하는 행위는 특별한 사정이 없는 한 사해행위에 해당하지 않는다.
ㄴ. 甲이 丙에게 선급금을 지급하였으나 도급계약의 해제 등 선급금 반환사유가 발생한 경우, 선급금이 기성고에 해당하는 공사대금에 충당되기 위해서는 원칙적으로 丙의 상계 의사표시가 있어야 한다.
ㄷ. 甲이 신축된 Y 건물에 丁 명의의 저당권을 설정한 후 임대차계약이 만료되어 지상물매수청구권을 갖는 경우, 丁 명의의 저당권설정등기가 말소되지 않았다면 甲의 지상물매수청구권 행사에 대하여 乙은 그 등기가 말소될 때까지 피담보채무액에 상당한 대금의 지급을 거절할 수 있다.
ㄹ. 甲이 임대차기간 중에 신축된 Y 건물을 丁에게 매각하여 소유권이전등기를 마쳐준 후 임대차계약이 만료된 경우, 甲은 乙을 상대로 Y 건물에 관한 지상물매수청구를 할 수 없다.

① ㄴ　② ㄱ, ㄷ　③ ㄴ, ㄷ　④ ㄴ, ㄹ　⑤ ㄱ, ㄷ, ㄹ

해설 ㄱ. (○) : 신축건물의 도급인이 민법 제666조가 정한 수급인의 저당권설정청구권의 행사에 따라 공사대금채무의 담보로 그 건물에 저당권을 설정하는 행위는 특별한 사정이 없는 한 사해행위에 해당하지 아니한다(대판 2008. 3. 27, 2007다78616, 78623).
ㄴ. (×) : 공사도급계약에 따라 주고받는 선급금은 일반적으로 구체적인 기성고와 관련하여 지급되는 것이 아니라 "전체 공사와 관련하여 지급되는" 공사대금의 일부이다. 도급인이 선급금을 지급한 후 도급계약이 해제되거나 해지된 경우에는 특별한 사정이 없는 한 별도의 상계 의사표시 없이 그때까지 기성고에 해당하는 공사대금 중 미지급액은 당연히 선급금으로 충당되고 공사대금이 남아 있으면 도급인은 그 금액에 한하여 지급의무가 있다. 거꾸로 선급금이 미지급공사대금에 충당되고 남는다면 수급인이 남은 선급금을 반환할 의무가 있다(대판 2017. 1. 12, 2014다11574, 11581).

정답 》 192 ①

ㄷ. (○) : 건물의 소유를 목적으로 한 토지임대차계약의 기간이 만료함에 따라 지상건물 소유자가 임대인에 대하여 행사하는 민법 제643조 소정의 매수청구권은 매수청구의 대상이 되는 건물에 근저당권이 설정되어 있는 경우에도 인정된다. 이 경우에 그 건물의 매수가격은 건물 자체의 가격 외에 건물의 위치, 주변 토지의 여러 사정 등을 종합적으로 고려하여 매수청구권 행사 당시 건물이 현존하는 대로의 상태에서 평가된 시가 상당액을 의미하고, 여기에서 근저당권의 채권최고액이나 피담보채무액을 공제한 금액을 매수가격으로 정할 것은 아니다. 다만, 매수청구권을 행사한 지상건물 소유자가 위와 같은 근저당권을 말소하지 않는 경우 토지소유자는 민법 제588조에 의하여 위 근저당권의 말소등기가 될 때까지 그 채권최고액에 상당한 대금의 지급을 거절할 수 있다(대판 2008. 5. 29, 2007다4356).

ㄹ. (○) : 민법 제643조 소정의 지상물매수청구권은 지상물의 소유자에 한하여 행사할 수 있다(대판 1993. 7. 27, 93다6386). ☞ 甲이 임대차기간이 만료하기 전에 이미 신축된 Y 건물을 丁에게 양도하였다면 甲은 Y 건물에 대한 소유자가 아니어서 Y 건물에 대한 매수청구권을 행사할 수 없다.

제9절 여행계약 신설

제10절 현상광고

193 현상광고에 정한 행위의 완료에 조건이나 기한을 붙일 수 있다. ( ) (2021 변리사)

해설 민법 제675조에 정하는 현상광고라 함은, 광고자가 어느 행위를 한 자에게 일정한 보수를 지급할 의사를 표시하고 이에 응한 자가 그 광고에 정한 행위를 완료함으로써 그 효력이 생기는 것으로서, 그 광고에 정한 행위의 완료에 조건이나 기한을 붙일 수 있다(대판 2000. 8. 22, 2000다3675).

제11절 위 임

194 위임계약의 성립은 위임장의 작성·교부를 요한다. ( ) (2020 변리사)

해설 민법상의 위임은 낙성·불요식 계약임이 원칙이다. 위임의 실제에 있어서는 위임장을 교부하는 경우가 대부분이나, 이는 단순한 증거방법에 지나지 않고 위임의 성립요건이 되는 것은 아니다.

195 경찰관이 응급의 구호를 요하는 자를 보건의료기관에게 긴급구호요청을 하고 보건의료기관이 이에 따라 치료행위를 한 경우, 국가와 보건의료기관 사이에 치료위임계약이 체결된 것으로 볼 수 있다. ( ) (2020 변리사)

해설 경찰관이 응급의 구호를 요하는 자를 보건의료기관에게 긴급구호요청을 하고, 보건의료기관이 이에 따라 치료행위를 하였다고 하더라도 국가와 보건의료기관 사이에 국가가 그 치료행위를 보건의료기관에 위탁하고 보건의료기관이 이를 승낙하는 내용의 치료위임계약이 체결된 것으로는 볼 수 없다(대판 1994. 2. 22, 93다4472).

193 (○) 194 (×) 195 (×) 《 정답

196 **변호사에게 소송사건의 처리를 위임함에 있어서 그 보수 지급 및 액수에 관하여 명시적인 약정을 하지 않은 경우, 특별한 사정이 없는 한 변호사는 보수를 청구할 수 없다. ( )**

(2020 변리사)

> **해설** 변호사에게 계쟁 사건의 처리를 위임함에 있어서 그 보수 지급 및 수액에 관하여 명시적인 약정을 아니하였다 하여도, 무보수로 한다는 등 특별한 사정이 없는 한 응분의 보수를 지급할 묵시의 약정이 있는 것으로 봄이 상당하고, 이 경우 그 보수액은 사건 수임의 경위, 사건의 경과와 난이 정도, 소송물 가액, 승소로 인하여 당사자가 얻는 구체적 이익과 소속 변호사회 보수규정 및 의뢰인과 변호사 간의 관계, 기타 변론에 나타난 제반 사정을 참작하여 결정함이 상당하다(대판 1995. 12. 5, 94다50229).

197 **보수를 받지 않는 수임인은 위임사무처리에 관해 자기재산과 동일한 주의의무를 부담한다. ( )**

(2020 변리사)

> **해설** 수임인은 위임의 본지에 따라 선량한 관리자의 주의로써 위임사무를 처리하여야 한다(제681조).
> ☞ 위임에서 수임인은 유·무상을 불문하고 선관주의의무를 부담한다.

198 **변리사는 의뢰받은 사무와 밀접하게 연관되는 범위 안에서는 비록 별도의 위임이 없다 하여도 의뢰인의 이익을 도모하고 손해를 방지하기 위하여 필요한 조치를 취하도록 의뢰인에게 설명하고 조언할 의무가 있다. ( )**

(2015 변리사)

> **해설** 변리사(또는 법무사 등)는 의뢰받은 사무와 밀접하게 연관되는 범위 안에서는 비록 별도의 위임이 없다 하여도 의뢰인의 이익을 도모하고 손해를 방지하기 위하여 필요한 조치를 취하도록 의뢰인에게 설명하고 조언할 의무가 있다(대판 2011. 9. 29, 2010다5892).

199 **수임인이 위임사무의 처리과정에서 받은 물건으로 위임인에게 인도할 목적물이 대체물이더라도 당사자 사이에는 특정된 물건과 같은 것으로 보아야 한다. ( )**

(2021 변리사)

> **해설** 수임인이 위임사무를 처리함에 있어 받은 물건으로 위임인에게 인도한 목적물은 그것이 대체물이더라도 당사자간에 있어서는 특정된 물건과 같은 것으로 보아야 한다(대판 1962.12.16. 67다1525).

200 **보수 약정이 있는 경우, 수임인의 귀책사유 없이 위임이 종료했더라도, 수임인은 이미 행해진 이행의 비율에 따라 보수의 지급을 청구할 수 없다. ( )**

(2015 변리사)

> **해설** 보수약정이 있는 경우, 수임인의 귀책사유 없이 위임이 종료된 때에는, 수임인은 이미 행해진 이행의 비율에 따라 보수의 지급을 청구할 수 있다(제686조 제3항).

201 **위임사무의 처리에 비용을 요하는 때에는 위임인은 수임인의 청구에 의하여 이를 선급하여야 한다. ( )**

(2015 변리사)

정답 196 (×) 197 (×) 198 (○) 199 (○) 200 (×) 201 (○)

해설 위임사무의 처리에 비용을 요하는 때에는 위임인은 수임인의 청구에 의하여 이를 선급하여야 한다(제687조).

202 **수임인이 위임사무의 처리에 관하여 필요비를 지출한 때에는 위임인에 대하여 지출한 날 이후의 이자를 청구할 수 있다. ( )** (2015 변리사)

해설 수임인이 위임사무의 처리에 관하여 필요비를 지출한 때에는 위임인에 대하여 지출한 날 이후의 이자를 청구할 수 있다(제688조 제1항).

203 **수임인이 위임사무를 처리하기 위하여 과실 없이 손해를 입은 때에는 위임인의 과실 유무와 관계없이 손해의 배상을 청구할 수 있다. ( )** (2015 변리사)

해설 수임인이 위임사무를 처리하기 위하여 과실 없이 손해를 입은 때에는 위임인의 과실 유무와 관계없이 손해의 배상을 청구할 수 있다(제688조 제3항).

204 **유상위임의 수임인도 언제든지 위임계약을 해지할 수 있다. ( )** (2020 변리사)

해설 민법 제689조 제1항은 위임계약은 각 당사자가 언제든지 해지할 수 있다고 하면서 제2항에는 당사자 일방이 부득이한 사유 없이 상대방의 불리한 시기에 계약을 해지한 때에는 그 손해를 배상하여야 한다고 규정하고 있는데, 민법상의 위임계약은 그것이 유상계약이든 무상계약이든 당사자 쌍방의 특별한 대인적 신뢰관계를 기초로 하는 위임계약의 본질상 각 당사자는 언제든지 이를 해지할 수 있고 그로 말미암아 상대방이 손해를 입는 일이 있어도 그것을 배상할 의무를 부담하지 않는 것이 원칙이다(대판 2005. 11. 24, 2005다39136).

제12절 임 치

제13절 조 합

205 **부동산의 공동매수인들이 전매차익을 얻으려는 목적으로만 상호 협력하는 경우에도 민법상 조합관계에 있다고 볼 수 있다. ( )** (2021 변리사)

해설 부동산의 공동매수인들이 전매차익을 얻으려는 '공동의 목적 달성'을 위해 상호 협력한 것에 불과하고 이를 넘어 '공동사업을 경영할 목적'이 있었다고 인정되지 않는 경우, 이들 사이의 법률관계는 공유관계에 불과할 뿐 민법상 조합이 아니다(대판 2007. 6. 14, 2005다5140).

206 **조합계약이 성립하기 위한 공동사업이란 조합원 전원이 사업의 성공에 대하여 이해관계를 가지는 것으로 일부 조합원만이 이익분배를 받는 관계는 조합이 아니다. ( )** (2021 변리사)

202 (○) 203 (○) 204 (○) 205 (×) 206 (○) 《 정답

해설 조합관계가 있다고 하려면 서로 출자하여 공동사업을 경영할 것을 약정하여야 하며, 영리사업을 목적으로 하면서 당사자 중의 일부만이 이익을 분배받고 다른 자는 전혀 이익분배를 받지 않는 경우에는 조합관계(동업관계)라고 할 수 없다(대판 2000. 7. 7, 98다44666).

207-1 **공동이행방식의 건설공동수급체의 구성원인 조합원이 그 출자의무를 불이행하면, 특별한 사정이 없는 한 출자의무의 불이행을 이유로 이익분배 자체를 거부할 수 있다. ( )**

(2023 변리사)

207-2 **조합인 공동수급체의 구성원이 출자의무를 이행하지 않더라도 공동수급체는 원칙적으로 출자의무의 불이행을 이유로 이익분배 자체를 거부할 수 없고, 그 구성원에게 지급할 이익분배금에서 출자금이나 그 연체이자를 당연히 공제할 수도 없다. ( )** (2023 변호사)

해설 [1] 당사자들이 공동이행방식의 공동수급체를 구성하여 도급인으로부터 공사를 수급받는 경우 공동수급체는 원칙적으로 민법상 조합에 해당한다. 건설공동수급체 구성원은 공동수급체에 출자의무를 지는 반면 공동수급체에 대한 이익분배청구권을 가지는데, 이익분배청구권과 출자의무는 별개의 권리·의무이다. 따라서 **공동수급체의 구성원이 출자의무를 이행하지 않더라도, 공동수급체가 출자의무의 불이행을 이유로 이익분배 자체를 거부할 수도 없고, 그 구성원에게 지급할 이익분배금에서 출자금이나 그 연체이자를 당연히 공제할 수도 없다.** 다만 구성원에 대한 공동수급체의 출자금 채권과 공동수급체에 대한 구성원의 이익분배청구권이 상계적상에 있으면 상계에 관한 민법 규정에 따라 **두 채권을 대등액에서 상계할 수 있을 따름이다.** [2] **공동수급체의 구성원들 사이에 '출자의무와 이익분배를 직접 연계시키는 특약'을 하는 것도 계약자유의 원칙상 허용된다.** 따라서 구성원들이 출자의무를 먼저 이행한 경우에 한하여 이익분배를 받을 수 있다고 약정하거나 출자의무의 불이행 정도에 따라 이익분배금을 전부 또는 일부 삭감하기로 약정할 수도 있다. 나아가 금전을 출자하기로 한 구성원이 출자를 지연하는 경우 그 구성원이 지급받을 이익분배금에서 출자금과 그 연체이자를 '공제'하기로 하는 약정을 할 수도 있다. 이러한 약정이 있으면 공동수급체는 그 특약에 따라 출자의무를 불이행한 구성원에 대한 이익분배를 거부하거나 구성원에게 지급할 이익분배금에서 출자금과 그 연체이자를 공제할 수 있다. 이러한 '공제'는 특별한 약정이 없는 한 당사자 쌍방의 채권이 서로 상계적상에 있는지 여부와 관계없이 가능하고 별도의 의사표시도 필요하지 않다. 이 점에서 상계적상에 있는 채권을 가진 채권자가 별도로 의사표시를 하여야 하는 상계(민법 제493조 제1항)와는 구별된다. 물론 상계의 경우에도 쌍방의 채무가 상계적상에 이르면 별도의 의사표시 없이도 상계된 것으로 한다는 특약을 할 수 있다. 그러나 공제 약정이 있으면 별도의 의사표시 없이도 당연히 공제되는 것이 원칙이다(대판 2018. 1. 24, 2015다69990).

208-1 **어느 조합원이 출자의무를 이행하지 않은 경우, 다른 조합원은 이를 이유로 조합계약을 해제할 수 있다. ( )** (2021 변리사)

208-2 **조합계약에서는 계약을 해제 또는 해지하고 조합원에게 그로 인한 원상회복의 의무를 부담지울 수는 없다. ( )** (2023 변리사)

정답 207-1 (×) 207-2 (○) 208-1 (×) 208-2 (○)

해설 동업계약과 같은 조합계약에 있어서는 조합의 해산청구를 하거나 조합으로부터 탈퇴를 하거나 또는 다른 조합원을 제명할 수 있을 뿐이지 일반계약에 있어서처럼 조합계약을 해제하고 상대방에게 그로 인한 원상회복의 의무를 부담지울 수는 없다(대판 1994. 5. 13, 94다7157).

209 **동업 목적의 조합체가 부동산을 조합재산으로 취득하면서 조합원들 명의로 공유등기를 하였다면, 그 공유등기는 조합체가 조합원들에게 각 지분에 관하여 명의신탁한 것으로 보아야 한다. ( )** (2019 변호사)

해설 동업을 목적으로 한 조합이 조합체로서 또는 조합재산으로서 부동산의 소유권을 취득하였다면, 민법 제271조 제1항의 규정에 의하여 당연히 그 조합체의 합유물이 되고(이는 민법 제187조에 규정된 '법률의 규정에 의한 물권의 취득'과는 아무 관계가 없다. 따라서 조합체가 부동산을 법률행위에 의하여 취득한 경우에는 물론 소유권이전등기를 요한다.), 다만, 그 조합체가 합유등기를 하지 아니하고 그 대신 조합원들 명의로 각 지분에 관하여 공유등기를 하였다면, 이는 그 조합체가 조합원들에게 각 지분에 관하여 명의신탁한 것으로 보아야 한다(대판 2002. 6. 14, 2000다30622).

210 **조합원이 출자하기로 한 부동산이 조합재산으로 되려면 권리이전절차가 완료되어야 하며, 완료 전에는 제3자에게 그 부동산을 조합재산이라고 주장할 수 없다. ( )** (2022 변리사)

해설 단독으로 임야에 대한 토석채취권을 매수한 자가 그 후 매수자금 조달을 위하여 동업계약을 체결했다면, 설사 그 동업계약의 체결에 의해 매수인이 그 매매계약에 기한 매수인으로서의 권리 일체를 동업체인 조합에 출자한 것으로 본다고 하더라도, 그 권리가 당연히 조합재산으로서 동업자들에게 합유적으로 귀속되는 것은 아니고 별개의 권리이전절차를 밟아야 함은 당연하므로, 매수인 명의 변경에 관한 합의가 이루어졌다거나 달리 권리이전절차를 밟았다고 볼 수 없는 경우, 동업자들로서는 매수인에 대해 출자의무의 이행으로서 권리이전절차를 밟을 것을 청구할 수 있음은 별론으로 하고 매도인에 대해 그 권리가 조합재산임을 주장할 수는 없고, 반대로 매도인 또한 그 권리가 조합재산으로서 매수인 및 동업자들에게 합유적으로 귀속됨을 내세워 매수인 단독 명의로 임야거래허가절차의 이행을 구하는 매수인의 청구를 거부할 수는 없다(대판 1996. 2. 27, 94다27083, 27090).

211 **조합재산에 대한 각자의 지분을 다른 조합원의 동의 없이 양도할 수 있도록 하는 조합원들 상호간의 약정은 유효하다. ( )** (2022 변리사)

해설 2인 이상이 상호 출자하여 공동사업을 경영할 것을 약정함에 따라 성립한 민법상 조합에서 조합원 지분의 양도는 원칙적으로 다른 조합원 전원의 동의가 있어야 하지만, 다른 조합원의 동의 없이 각자 지분을 자유로이 양도할 수 있도록 조합원 상호 간에 약정하거나 사후적으로 지분 양도를 인정하는 합의를 하는 것은 유효하다(대판 2016. 8. 30, 2014다19790).

212 **조합원이 다른 조합원 전원의 동의 하에 조합지분을 양도하면, 조합원 지위의 변동은 조합지분의 양도양수에 관한 약정으로써 바로 효력이 생긴다. ( )** (2023 변리사)

209 (○) 210 (○) 211 (○) 212 (○) 《 정답

해설 조합원은 다른 조합원 전원의 동의가 있으면 그 지분을 처분할 수 있으나 조합의 목적과 단체성에 비추어 조합원으로서의 자격과 분리하여 그 지분권만을 처분할 수는 없으므로, 조합원이 지분을 양도하면 그로써 조합원의 지위를 상실하게 되며, 이와 같은 조합원 지위의 변동은 조합지분의 양도·양수에 관한 약정으로써 바로 효력이 생긴다(대판 2009.3.12, 2006다28454).

213 **조합의 업무집행자가 1인만 있는 경우, 특별한 사정이 없는 한 조합재산의 처분은 그 업무집행자가 단독으로 결정한다. ( )** (2022 변리사)

해설 민법 제272조에 따르면 합유물을 처분 또는 변경함에는 합유자 전원의 동의가 있어야 하나, 합유물 가운데서도 조합재산의 경우 그 처분·변경에 관한 행위는 조합의 특별사무에 해당하는 업무집행으로서, 이에 대하여는 특별한 사정이 없는 한 민법 제706조 제2항이 민법 제272조에 우선하여 적용되므로, 조합재산의 처분·변경은 업무집행자가 없는 경우에는 조합원의 과반수로 결정하고, 업무집행자가 수인 있는 경우에는 그 업무집행자의 과반수로써 결정하며, 업무집행자가 1인만 있는 경우에는 그 업무집행자가 단독으로 결정한다(대판 2010. 4. 29, 2007다18911).

214 **조합원 3분의 2 이상의 찬성으로 일부 조합원을 업무집행자로 선임할 수 있지만, 그를 해임하기 위해서는 조합원의 일치된 의사가 있어야 한다. ( )** (2016 변리사)

해설 조합원 3분의 2 이상의 찬성으로 일부 조합원을 업무집행자로 선임할 수 있지만(제706조 제1항), 그를 해임하기 위해서는 조합원의 일치된 의사가 있어야 한다(제708조).

215 **조합원은 정당한 사유가 있는 경우에 한하여 조합의 업무 및 재산상태를 검사할 수 있다. ( )** (2019 변리사)

해설 민법 제710조(조합원의 업무, 재산상태검사권) : "언제든지" 할 수 있다.

216 **조합원 중에 변제할 자력이 없는 자가 있는 때에는 그 변제할 수 없는 부분에 대해서는 다른 조합원이 출자가액에 비례하여 변제할 책임이 있다. ( )** (2016 변리사)

해설 조합원 중에 변제할 자력이 없는 자가 있는 때에는 그 변제할 수 없는 부분에 대해서는 다른 조합원이 "출자가액에 비례"하여 변제할 책임이 있는 것이 아니라 "균분"하여 변제할 책임이 있다(제713조-입법론상 문제점이 있다는 지적이 있다).

217-1 **조합원의 지분에 대한 압류는 그 조합원의 장래의 이익배당 및 지분의 반환을 받을 권리에 대하여 효력이 있다. ( )** (2022 변리사)

217-2 **조합원의 채권자는 조합재산을 구성하는 개개의 재산에 대한 조합원의 합유지분에 대하여 강제집행을 할 수 있다. ( )** (2021 변리사)

정답 〉 213 (○) 214 (○) 215 (×) 216 (×) 217-1 (○) 217-2 (×)

217-3 조합재산을 구성하는 개개의 재산에 대한 합유지분을 압류 기타 강제집행의 대상으로 삼을 수 있다. ( ) (2023 변리사)

> **해설** 민법 제714조는 "조합원의 지분에 대한 압류는 그 조합원의 장래의 이익배당 및 지분의 반환을 받을 권리에 대하여 효력이 있다."고 규정하여 조합원의 지분에 대한 압류를 허용하고 있으나, 여기에서의 조합원의 지분이란 전체로서의 조합재산에 대한 조합원 지분을 의미하는 것이고, 이와 달리 조합재산을 구성하는 개개의 재산에 대한 합유지분에 대하여는 압류 기타 강제집행의 대상으로 삼을 수 없다할 것이다(대결 2007. 11. 30, 자 2005마1130).

218 조합의 채무자는 그 채무와 조합원에 대하여 개인적으로 가지는 채권과 상계할 수 있다. ( ) (2019 변리사)

> **해설** 민법 제715조(조합채무자의 상계의 금지)

219 조합의 존속기간을 정한 때에도 조합원은 부득이한 사유가 있으면 탈퇴할 수 있다. ( ) (2019 변리사)

> **해설** 민법 제716조(임의탈퇴) 제2항

220 조합원의 제명은 정당한 사유가 있는 때에 한하여 다른 조합원 3분의 2 이상의 찬성으로 결정된다. ( ) (2019 변리사)

> **해설** 민법 제718조(제명) 제1항. 다른 조합원 전원의 찬성이 필요하다.

221 조합원의 제명 결정은 제명된 조합원에게 통지하지 않아도 그 조합원에게 대항할 수 있다. ( ) (2019 변리사)

> **해설** 민법 제718조(제명) 제2항

222-1 2인으로 구성된 조합에서 한 사람이 탈퇴하면, 특별한 사정이 없는 한 조합은 해산되고, 조합재산은 탈퇴로 인한 계산으로 청산된다. ( ) (2022 변리사)

222-2 2인으로 구성된 조합에서 1인이 탈퇴하여 조합관계가 종료되는 경우, 특별한 사정이 없는 한 해산이나 청산을 거쳐야 조합재산은 남은 조합원의 단독소유에 속하게 된다. ( ) (2023 변리사)

222-3 2인으로 구성된 조합에서 1인이 존속기한을 정하지 않고 부동산 사용권을 출자하였다가 탈퇴한 경우, 특별한 사정이 없는 한 탈퇴 시 남은 조합원의 부동산 사용권은 소멸한다. ( ) (2023 변리사)

217-3 (×) 218 (×) 219 (○) 220 (×) 221 (×) 222-1 (×) 222-2 (×) 222-3 (×) 《 정답

해설 조합의 탈퇴란 특정 조합원이 장래에 향하여 조합원으로서의 지위를 벗어나는 것으로서, 이 경우 조합 자체는 나머지 조합원에 의해 동일성을 유지하며 존속하는 것이므로 결국 탈퇴는 잔존 조합원이 동업사업을 계속 유지·존속함을 전제로 한다. **2인으로 구성된 조합에서 한 사람이 탈퇴하면 조합관계는 종료되나** 특별한 사정이 없는 한 조합은 **해산이나 청산이 되지 않고**, 다만 조합원의 합유에 속한 조합재산은 남은 조합원의 단독소유에 속하여 탈퇴 조합원과 남은 조합원 사이에는 **탈퇴로 인한 계산을 해야 한다. 이러한 법리는 부동산 사용권을 출자한 경우에도 적용된다.** 조합원이 부동산 사용권을 존속기한을 정하지 않고 출자하였다가 탈퇴한 경우 특별한 사정이 없는 한 **탈퇴 시 조합재산인 부동산 사용권이 소멸한다고 볼 수는 없고, 그러한 사용권은 공동사업을 유지할 수 있도록 일정한 기간 동안 존속한다**고 보아야 한다. 이때 탈퇴 조합원이 남은 조합원으로 하여금 부동산을 사용·수익할 수 있도록 할 의무를 이행하지 않음으로써 남은 조합원에게 손해가 발생하였다면 탈퇴 조합원은 그 손해를 배상할 책임이 있다(대판 2018. 12. 13, 2015다72385).

223 **조합의 대표조합원이 그 대표자격을 밝히고 어음상의 서명을 하는 경우에는 그 조합의 대표자격을 밝히기만 하면 유효한 것이며 반드시 어음행위의 본인이 되는 전조합원을 구체적으로 표시할 필요는 없다. ( )** (2016 변리사)

해설 조합의 대표조합원이 그 대표자격을 밝히고 어음상의 서명을 하는 경우에는 그 조합의 대표자격을 밝히기만 하면 유효한 것이며 반드시 어음행위의 본인이 되는 전 조합원을 구체적으로 표시할 필요는 없다(대판 2009. 1. 30, 2008다79340).

224 **동업자들이 공동으로 처리해야 할 업무를 동업자 중 1인에게 그 업무집행을 위임하여 처리하도록 한 경우, 다른 동업자는 그 1인의 업무집행 과정에서 발생한 불법행위에 대해 사용자책임을 진다. ( )** (2016 변리사)

해설 동업자들이 공동으로 처리해야 할 업무를 동업자 중 1인에게 그 업무집행을 위임하여 처리하도록 한 경우, 다른 동업자는 그 1인의 업무집행 과정에서 발생한 불법행위에 대해 사용자책임을 진다(대판 2006. 3. 10, 2005다65562).

225 **조합이 그 목적을 달성하여 해산된 경우, 별도로 처리할 조합의 잔무가 없고 다만 잔여재산을 분배하는 일만이 남아 있을 때에는 따로 청산절차를 거칠 필요가 없다. ( )** (2016 변리사)

해설 조합이 그 목적을 달성하여 해산된 경우, 별도로 처리할 조합의 잔무가 없고 다만 잔여재산을 분배하는 일만이 남아 있을 때에는 따로 청산절차를 거칠 필요가 없다(대판 1998. 12. 8, 97다31472).

226 **2인으로 구성된 「민법」상 조합에서 조합원 1인이 자신의 불법행위로 인하여 조합에 대하여 손해배상책임을 지게 되고 그로 인하여 조합관계가 종료되어 조합재산의 분배라는 청산절차만이 남게 된 경우 다른 조합원은 조합에 손해를 가한 조합원을 상대로 불법행위에 따른 손해배상채권액 중 자신의 출자가액 비율에 의한 몫에 해당하는 돈을 청구하는 형식으로 조합관계의 종료로 인한 잔여재산의 분배를 청구할 수 있다. ( )** (2022 변호사)

정답 223 (○) 224 (○) 225 (○) 226 (○)

해설 [1] 조합계약으로 조합원 중 일부 또는 제3자를 업무집행자로 정하지 않은 경우에는 모든 조합원이 원칙적으로 업무집행권을 가진다. 업무를 집행하는 조합원은 조합계약의 내용에 따라 선량한 관리자의 주의로써 조합사무를 처리하여야 한다(민법 제707조, 제681조). [2] 2인으로 구성된 조합의 조합원 중 1인이 선량한 관리자의 주의의무 위반 또는 불법행위 등으로 인하여 조합에 대하여 손해배상책임을 지게 되고 또한 그로 인하여 조합 관계마저 그 목적 달성이 불가능하게 되어 종료되고 달리 조합의 잔여업무가 남아 있지 않은 상황에서 조합재산의 분배라는 청산절차만이 남게 된 경우에, 다른 조합원은 조합에 손해를 가한 조합원을 상대로 선량한 관리자의 주의의무 위반 또는 불법행위에 따른 손해배상채권액 중 자신의 출자가액 비율에 의한 몫에 해당하는 돈을 청구하는 형식으로 조합관계의 종료로 인한 잔여재산의 분배를 청구할 수 있다(대판 2018. 8. 30, 2016다46338, 46345).

227 **공동이행 방식의 공동수급체의 구성원 중 1인이 그 출자의무를 불이행한 경우, 특별한 사정이 없는 한 출자의무의 불이행을 이유로 그 구성원에 대한 이익분배를 거부할 수 있다. ( )**

(2017 변호사)

해설 건설공동수급체는 기본적으로 민법상 조합의 성질을 가지는 것인데, 건설공동수급체의 구성원인 조합원이 그 출자의무를 불이행하였더라도 그 조합원을 조합에서 제명하지 않는 한 건설공동수급체는 조합원에 대한 출자금채권과 그 연체이자채권, 그 밖의 손해배상채권으로 조합원의 이익분배청구권과 직접 상계할 수 있을 뿐이고, 조합계약에서 출자의무의 이행과 이익분배를 직접 연계시키는 특약을 두지 않는 한 출자의무의 불이행을 이유로 이익분배 자체를 거부할 수는 없다(대판 2006. 8. 25, 2005다16959).

228 **공동이행 방식의 공동수급체의 채권자가 구성원 중 1인만을 가압류채무자로 한 가압류명령으로써 위 수급체의 재산에 가압류집행을 할 수는 없다. ( )** (2017 변호사)

해설 민법상 조합에서 조합의 채권자가 조합재산에 대하여 강제집행을 하려면 조합원 전원에 대한 집행권원을 필요로 하고, 조합재산에 대한 강제집행의 보전을 위한 가압류의 경우에도 마찬가지로 조합원 전원에 대한 가압류명령이 있어야 하므로, 조합원 중 1인만을 가압류채무자로 한 가압류명령으로써 조합재산에 가압류집행을 할 수는 없다(대판 2015. 10. 29, 2012다21560).

229 **공동이행 방식의 공동수급체가 공사를 시행함으로 인하여 도급인에 대하여 가지는 채권은 그 구성원들에게 합유적으로 귀속하는 것이어서, 비록 위 수급체와 도급인 사이에 위 수급체가 아닌 개별 구성원으로 하여금 지분비율에 따라 직접 도급인에 대하여 공사대금을 청구할 수 있도록 하는 약정을 한 경우에도, 도급인에 대하여 가지는 채권이 위 수급체 구성원 각자에게 지분비율에 따라 구분하여 귀속될 수는 없다. ( )** (2017 변호사)

해설 공동이행방식의 공동수급체는 기본적으로 민법상 조합의 성질을 가지는 것이므로, 공동수급체가 공사를 시행함으로 인하여 도급인에 대하여 가지는 채권은 원칙적으로 공동수급체 구성원에게 합유적으로 귀속하는 것이어서 특별한 사정이 없는 한 구성원 중 1인이 임의로 도급인에 대하여 출자지분 비율에 따른 급부를 청구할 수 없고, 구성원 중 1인에 대한 채권으로써 그 구성원 개인을 집행채무

227 (×) 228 (○) 229 (×) 《 정답

자로 하여 공동수급체의 도급인에 대한 채권에 대하여 강제집행을 할 수 없다. 그러나 공동이행방식의 공동수급체와 도급인이 공사도급계약에서 발생한 채권과 관련하여 공동수급체가 아닌 개별 구성원으로 하여금 지분비율에 따라 직접 도급인에 대하여 권리를 취득하게 하는 약정을 하는 경우와 같이 공사도급계약의 내용에 따라서는 공사도급계약과 관련하여 도급인에 대하여 가지는 채권이 공동수급체 구성원 각자에게 지분비율에 따라 구분하여 귀속될 수도 있고, 위와 같은 약정은 명시적으로는 물론 묵시적으로도 이루어질 수 있다[대판(전합) 2012. 5. 17, 2009다105406].

230 甲은 영업공간을 제공하고, 乙과 丙은 각 1억원을 출자하여 A식당을 공동운영하기로 하는 조합계약을 체결하였다. 다음 설명 중 옳은 것은? (다툼이 있으면 판례에 따름) (2017 변리사)

① 乙이 출자를 지연한 때에는 연체이자를 지급하면 되고, 그 외에 손해까지 배상할 필요는 없다.
② 乙의 채권자는 특별한 사정이 없는 한, 乙을 집행채무자로 하여 A식당의 채권에 대하여 강제집행을 할 수 있다.
③ 현물을 출자한 甲이 동업에서 탈퇴하게 되면, 甲의 지분은 금전으로 반환할 수 없다.
④ 甲은 동업자로서의 지위를 유지한 채 전체 지분을 제3자에게 처분할 수도 있다.
⑤ A식당이 영업이익으로 구입한 부동산에 대하여 합유등기를 하지 않고 甲명의로 소유권이전등기를 하였다면, 이는 A식당이 甲에게 명의신탁한 것으로 보아야 한다.

해설 ① (×) : 민법 제705조(금전출자지체의 책임) : 연체이자를 지급하는 외에 손해까지 배상해야 한다. ☞ 제397조에 대한 특칙
② (×) : 조합의 채권은 조합원 전원에게 합유적으로 귀속하는 것이어서, 특별한 사정이 없는 한 조합원 중 1인이 임의로 조합의 채무자에 대하여 출자지분의 비율에 따른 급부를 청구할 수 없는 것이므로, 조합원 중 1인의 채권자가 그 조합원 개인을 집행채무자로 하여 조합의 채권에 대하여 강제집행하는 경우, 다른 조합원으로서는 보존행위로서 제3자이의의 소를 제기하여 그 강제집행의 불허를 구할 수 있다(대판 1997. 8. 26, 97다4401).
③ (×) : 민법 제719조 제2항. 출자의 종류여하에 불구하고 금전으로 반환할 수 있다.
④ (×) : 조합원은 다른 조합원 전원의 동의가 있으면 그 지분을 처분할 수 있으나 조합의 목적과 단체성에 비추어 조합원으로서의 자격과 분리하여 그 지분권만을 처분할 수는 없으므로, 조합원이 지분을 양도하면 그로써 조합원의 지위를 상실하게 되며, 이와 같은 조합원 지위의 변동은 조합지분의 양도양수에 관한 약정으로써 바로 효력이 생긴다(대판 2009. 3. 12, 2006다28454).
⑤ (○) : 매수인들이 상호 출자하여 공동사업을 경영할 것을 목적으로 하는 조합이 조합재산으로서 부동산의 소유권을 취득하였다면 민법 제271조 제1항의 규정에 의하여 당연히 그 조합체의 합유물이 되고, 다만 그 조합체가 합유등기를 하지 아니하고 그 대신 조합원 1인의 명의로 소유권이전등기를 하였다면 이는 조합체가 그 조합원에게 명의신탁한 것으로 보아야 한다(대판 2006. 4. 13, 2003다25256).

231 甲·乙·丙은 조합계약을 체결하면서 甲과 乙이 각 1억원, 丙이 3억원을 출연하고 출연재산의 비율로 손익을 분배하기로 하였다. 다음 설명으로 옳은 것은? (다툼이 있는 경우에는 판례에 의함) (2014 변리사)

정답 》 230 ⑤ 231 ④

① 조합계약으로 업무집행자를 정하지 않은 경우에 甲과 乙은 丙의 동의없이 그들만의 협의로 업무집행자를 선임할 수 없다.
② 채권발생시에 甲·乙·丙사이의 손실분담의 비율을 알지 못한 조합채권자는 甲·乙·丙에게 그 지분의 비율에 따라 변제를 청구할 수 있다.
③ 업무집행자로 선임된 甲이 권한을 넘은 행위로 조합자금을 허비한 경우에는 丙은 조합관계를 벗어나 개인의 지위에서 손해배상을 청구할 수 있다.
④ 특별한 사정이 없으면, 丙이 조합을 탈퇴하면 甲과 乙은 탈퇴당시의 조합재산의 3/5을 丙의 지분으로 하여 그에 해당하는 금액을 금전으로 반환하여야 한다.
⑤ 특별한 사정이 없으면, 乙의 사망으로 그의 조합원의 지위는 그 상속인에게 승계된다.

해설 ④만이 타당하다. 탈퇴한 조합원의 지분은 그 출자의 종류여하에 불구하고 금전으로 반환할 수 있고, 이 경우 탈퇴 조합원의 지분계산에 있어서 자산평가의 기준시기는 탈퇴당시이다(대판 1998. 10. 27, 98다15170).

① (×) : 민법 제706조에서는 조합원 3분의 2 이상의 찬성으로 조합의 업무집행자를 선임하고 조합원 과반수의 찬성으로 조합의 업무집행방법을 결정하도록 규정하고 있는바, 여기서 말하는 조합원은 조합원의 출자가액이나 지분이 아닌 조합원의 인원수를 뜻한다(대판 2009. 4. 23, 2008다4247).

② (×) : 채권발생시에 甲·乙·丙사이의 손실분담의 비율을 알지 못한 조합채권자는 甲·乙·丙에게 그 지분의 비율에 따라 변제를 청구하는 것이 아니라 "각 조합원에게 균분하여 청구"할 수 있다(제712조).

③ (×) : 업무집행자로 선임된 甲이 권한을 넘은 행위로 조합자금을 허비한 경우에는 丙은 조합관계를 벗어나 개인의 지위에서 손해배상을 청구할 수 없다(대판 1999. 6. 8, 98다60484).

⑤ (×) : 특별한 사정이 없으면, 乙의 사망으로 그의 조합원의 지위는 그 상속인에게 승계되지 않는다(대판 1996. 12. 10, 96다23238).

232 甲, 乙, 丙은 각각 1억 원씩 출자하여 A사업체를 운영하는 「민법」상 조합계약을 체결하였다. 아래 사항들에 대해 조합계약에서 별도의 특약이 없음을 전제로 할 때, 이에 관한 설명 중 옳지 않은 것은? (각 지문은 독립적이며, 다툼이 있는 경우 판례에 의함) (2018 변호사)

① A사업체가 구입한 부동산에 대하여 甲, 乙, 丙의 명의로 각 지분에 관하여 공유등기를 하였다면 A사업체가 甲, 乙, 丙에게 각 지분에 대하여 명의신탁한 것으로 보아야 한다.
② A사업체에 업무집행자를 두지 않은 경우, 甲과 乙이 A사업체의 명의로 B회사와 매매계약을 체결하였더라도 그 매매계약은 A사업체에 효력이 발생한다.
③ 조합계약으로 업무집행자를 정하지 아니한 경우에는 甲과 乙의 찬성으로 甲을 업무집행자로 선임할 수 있다.
④ A사업체의 업무집행자가 甲으로 정해져 있는 경우에 乙의 임의탈퇴는 甲에 대한 의사표시만으로 효력이 발생한다.
⑤ 甲이 사망한 경우, 甲은 조합을 당연히 탈퇴한 것으로 되고 조합원의 지위가 甲의 상속인에게 승계되지 않는다.

해설 ① (○) : 조합체가 합유등기를 하지 아니하고 그 대신 조합원들 명의로 각 지분에 관하여 공유등기를 하였다면, 이는 그 조합체가 조합원들에게 각 지분에 관하여 명의신탁한 것으로 보아야 한다(대

232 ④ 《 정답

판 2002. 6. 14, 2000다30622).
② (○) 민법 제272조에 따르면 합유물을 처분 또는 변경함에는 합유자 전원의 동의가 있어야 하나, 합유물 가운데서도 조합재산의 경우 그 처분·변경에 관한 행위는 조합의 특별사무에 해당하는 업무집행으로서, 이에 대하여는 특별한 사정이 없는 한 민법 제706조 제2항이 민법 제272조에 우선하여 적용되므로, 조합재산의 처분·변경은 업무집행자가 없는 경우에는 조합원의 과반수로 결정하고, 업무집행자가 수인 있는 경우에는 그 업무집행자의 과반수로써 결정하며, 업무집행자가 1인만 있는 경우에는 그 업무집행자가 단독으로 결정한다(대판 2010. 4. 29, 2007다18911).
③ (○) 민법 제706조(사무집행의 방법) ① 조합계약으로 업무집행자를 정하지 아니한 경우에는 조합원의 3분의 2 이상의 찬성으로써 이를 선임한다.
④ (×) : 민법상 조합에 있어서 조합원은 임의로 탈퇴할 수 있고 그 탈퇴는 다른 조합원 전원에 대한 의사표시로 하여야 하나 조합계약에서 탈퇴의사의 표시 방식을 따로 정하는 특약은 유효하다(대판 1997. 9. 9, 96다16896).
⑤ (○) : 조합에 있어서 조합원의 1인이 사망한 때에는 민법 제717조에 의하여 그 조합관계로부터 당연히 탈퇴하고 특히 조합계약에서 사망한 조합원의 지위를 그 상속인이 승계하기로 약정한 바 없다면 사망한 조합원의 지위는 상속인에게 승계되지 아니한다(대판 1987. 6. 23, 86다카2951).

제14절 종신정기금

제15절 화 해

233 **의사의 수술 후 환자에게 새로이 발생한 증세에 대하여 그 책임소재와 손해배상 여부를 둘러싸고 분쟁이 있다가 화해계약이 체결되었다면, 이후에 그 증세가 수술로 인한 것이 아니라는 것이 밝혀졌더라도 의사는 착오를 이유로 위 화해계약을 취소할 수 없다. ( )** (2023 변리사)

해 설 계약 당사자 사이에 수술 후 발생한 새로운 증세에 관하여 그 책임 소재와 손해의 전보를 둘러싸고 분쟁이 있어 오다가 이를 종결짓기 위하여 합의에 이른 것이라면, 가해자의 수술행위와 피해자의 수술 후의 증세 사이의 인과관계의 유무 및 그에 대한 가해자의 귀책사유의 유무는 분쟁의 대상인 법률관계 자체에 관한 것으로서, 가해자는 피해자의 수술 후의 증세가 가해자의 수술행위로 인한 것이 아니라거나 그에 대하여 가해자에게 귀책사유가 없다는 등의 이유를 들어 그 합의를 취소할 수 없다(대판 1995. 10. 12, 94다42846).

[비교판례] 의사의 치료행위 직후 환자가 사망하여 의사가 환자의 유족에게 거액의 손해배상금을 지급하기로 합의하였으나 그 후 환자의 사망이 의사의 치료행위와는 전혀 무관한 것으로 밝혀진 사안에서, 의사에게 치료행위상의 과실이 있다는 점은 위 합의의 전제이었지 분쟁의 대상은 아니었다고 보아 착오를 이유로 화해계약의 취소를 인정한 사례(대판 2001. 10. 12, 2001다49326).

제16절 리스(lease)계약(신종계약)

정답 》 233 (○)

CHAPTER

3 사무관리

POINT

234-1 甲이 乙과의 계약에 따라 丙의 사무를 처리한 경우에 원칙적으로 甲과 丙 사이에서는 사무관리가 성립하지 않는다. ( ) (2016 변리사)

234-2 제3자와의 약정에 따라 타인의 사무를 처리한 경우에도 그 타인과의 관계에서는 의무 없이 타인의 사무를 처리한 것이므로, 그 타인과의 관계에서 원칙적으로 사무관리가 성립한다. ( ) (2019 변리사)

> **해설** 의무 없이 타인의 사무를 처리한 자는 그 타인에 대하여 민법상 사무관리 규정에 따라 비용상환 등을 청구할 수 있으나, 제3자와의 약정에 따라 타인의 사무를 처리한 경우에는 의무 없이 타인의 사무를 처리한 것이 아니므로 이는 원칙적으로 그 타인과의 관계에서는 사무관리가 된다고 볼 수 없다(대판 2013. 9. 26, 2012다43539).

235-1 사무관리의 성립요건인 '타인을 위하여 사무를 처리하려는 의사'는 관리자 자신의 이익을 도모하려는 의사와 병존할 수 없다. ( ) (2016 변리사)

235-2 타인을 위하여 사무를 처리하는 의사는 관리자 자신의 이익을 위한 의사와 병존할 수 있다. ( ) (2017 변리사)

235-3 타인을 위하여 사무를 처리하는 의사는 관리자 자신의 이익을 위한 의사와 병존할 수 있고, 반드시 외부적으로 표시될 필요가 없으며, 사무를 관리할 당시에 확정되어 있을 필요도 없다. ( ) (2019 변리사)

> **해설** '타인을 위하여 사무를 처리하는 의사'는 관리자 자신의 이익을 위한 의사와 병존할 수 있고, 반드시 외부적으로 표시될 필요가 없으며, 사무를 관리할 당시에 확정되어 있을 필요가 없다(대판 2013. 8. 22, 2013다30882).

236 관리자가 타인의 명예에 대한 급박한 위해를 면하게 하기 위하여 그 사무를 관리한 경우, 그의 경과실로 인하여 본인에게 손해가 발생하여도 그에 따른 손해배상책임을 지지 않는다. ( ) (2017 변리사)

> **해설** 민법 제735조(긴급사무관리). 긴급사무관리의 경우 관리자는 고의나 중대한 과실이 없으면 손해배상책임이 없다.

234-1 (○) 234-2 (×) 235-1 (×) 235-2 (○) 235-3 (○) 236 (○) 《 정답

237 관리자는 본인의 청구가 있는 때에 사무처리의 상황을 보고하여야 하며, 사무처리가 종료된 때에는 지체 없이 그 전말을 보고하여야 한다. ( ) (2019 변리사)

> **해설** 민법 제738조에 의하여 준용되는 민법 제683조(수임인의 보고의무)

238 관리인이 본인에게 인도할 금전을 자기를 위하여 소비한 때에는 소비한 날 이후의 이자뿐만 아니라 그에 따른 손해까지 배상하여야 한다. ( ) (2017 변리사)

> **해설** 민법 제738조에 의하여 준용되는 제685조(수임인의 금전소비의 책임)

239 사무관리자가 본인의 의사에 반하여 사무를 관리한 때에는 본인에 대하여 비용의 상환을 청구할 수 없다. ( ) (2016 변리사)

> **해설** 사무관리자가 본인의 의사에 반하여 사무를 관리한 때에는 본인에 대하여 비용의 상환을 청구할 수 없는 것이 아니라 본인의 현존이익의 한도에서 청구할 수 있다(제739조 제3항).

240 甲이 乙에 대한 자신의 채권을 보전하기 위하여 乙이 다른 상속인 丙과 공동으로 상속받은 부동산에 관하여 공동상속등기를 대위신청하여 그 등기가 행하여진 경우, 특별한 사정이 없는 한 甲은 자신의 채무자가 아닌 丙에게 사무관리에 기하여 그 등기에 소요된 비용의 상환을 청구할 수 없다. ( ) (2017 변호사)

> **해설** 채권자가 자신의 채권을 보전하기 위하여 채무자가 다른 상속인과 공동으로 상속받은 부동산에 관하여 위와 같이 공동상속등기를 대위신청하여 그 등기가 행하여지는 것과 같이 채권자에 의한 채무자 권리의 대위행사의 직접적인 내용이 제3자의 법적 지위를 보전·유지하는 것이 되는 경우에는, 채권자는 자신의 채무자가 아닌 제3자에 대하여도 다른 특별한 사정이 없는 한 사무관리에 기하여 그 등기에 소요된 비용의 상환을 청구할 수 있다고 할 것이다. 이와 같은 경우에 채권자가 채권자대위권에 관한 민법 제404조 제1항에서 정하는 대로 '자기의 채권을 보전하기 위하여' 채무자의 권리를 행사한다는 점은 그것만으로 그 권리 행사의 결과로 행하여지는 위와 같은 공동상속등기에 의한 이익을 공동상속인들에게 귀속시킨다는 채권자의 통상적·일반적 의사를 부인할 만한 사정이 되지 못하는 것이다(대판 2013. 8. 22, 2013다30882).

241-1 사무관리자는 본인에 대하여 비용의 상환을 청구할 수 있는 외에 사무관리에 의하여 결과적으로 사실상 이익을 얻은 다른 제3자에 대하여 직접 부당이득반환을 청구할 수도 있다. ( ) (2016 변리사)

241-2 甲회사가 계약상 의무 없이 乙회사를 위하여 경비사무를 처리한 경우 乙회사에게 이에 따른 비용상환을 청구할 수 있고, 乙회사와의 계약에 의해 경비사무를 담당할 의무가 있었던 丙회사에게도 비용 상당의 부당이득반환을 청구할 수 있다. ( ) (2017 변호사)

정답 》 237 (○) 238 (○) 239 (×) 240 (×) 241-1 (×) 241-2 (×)

241-3 甲이 법률상 의무 없이 乙의 사무를 대신 관리하여 「민법」상 사무관리가 성립한 경우, 그 사무관리행위로 인하여 결과적으로 丙이 사실상 이익을 얻었다면 甲은 丙을 상대로 직접 부당이득반환을 청구할 수 있다. ( ) (2022 변호사)

> **해설** 계약상 급부가 계약 상대방뿐 아니라 제3자에게 이익이 된 경우에 급부를 한 계약당사자는 계약 상대방에 대하여 계약상 반대급부를 청구할 수 있는 이외에 제3자에 대하여 직접 부당이득반환청구를 할 수는 없다고 보아야 하고, 이러한 법리는 급부가 사무관리에 의하여 이루어진 경우에도 마찬가지이다. 따라서 의무 없이 타인을 위하여 사무를 관리한 자는 타인에 대하여 민법상 사무관리 규정에 따라 비용상환 등을 청구할 수 있는 외에 사무관리에 의하여 결과적으로 사실상 이익을 얻은 다른 제3자에 대하여 직접 부당이득반환을 청구할 수는 없다(대판 2013. 6. 27, 2011다17106).

242-1 관리자가 사무관리를 함에 있어서 과실 없이 손해를 받은 때에는 본인의 현존이익의 한도에서 그 손해의 보상을 청구할 수 있다. ( ) (2017 변리사)

242-2 관리자가 사무관리를 함에 있어서 과실 없이 손해를 받은 경우, 본인에게 그 손해 전부의 보상을 청구할 수 있다. ( ) (2019 변리사)

> **해설** 민법 제740조. 현존이익 한도로 제한된다. ☞ 민법 제688조 제3항과 반드시 비교해야 한다. 즉 위임의 경우는 "전부" 청구할 수 있다.

243-1 사무처리의 긴급성 등으로 국가의 사무에 대하여 사인의 개입이 정당화되는 경우, 사인은 국가의 사무를 처리하면서 지출한 필요비를 청구할 수 있으나 유익비의 상환을 청구할 수는 없다. ( ) (2017 변리사)

243-2 사인이 처리한 국가의 사무가 사인이 국가를 대신하여 처리할 수 있는 것으로서 사무처리의 긴급성 등 국가의 사무에 대한 사인의 개입이 정당화되는 경우라도, 사인이 법령상 근거 없이 국가의 사무를 수행할 수 없다는 점을 고려하면, 사인은 국가에 대하여 국가의 사무를 처리하면서 지출한 비용의 상환을 청구할 수 없다. ( ) (2017 변호사)

> **해설** 타인의 사무가 국가의 사무인 경우, 원칙적으로 사인이 법령상 근거 없이 국가의 사무를 수행할 수 없다는 점을 고려하면, 사인이 처리한 국가의 사무가 사인이 국가를 대신하여 처리할 수 있는 성질의 것으로서, 사무 처리의 긴급성 등 국가의 사무에 대한 사인의 개입이 정당화되는 경우에 한하여 사무관리가 성립하고, 사인은 그 범위 내에서 국가에 대하여 국가의 사무를 처리하면서 지출된 필요비 내지 유익비의 상환을 청구할 수 있다(대판 2014. 12. 11, 2012다15602).

244 직업에 의하여 유상으로 타인을 위하여 일하는 甲이 향후 계약이 체결될 것을 예정하여 그 직업의 범위 내에서 乙을 위한 행위를 하였으나 그 후 계약이 체결되지 아니함에 따라 타인을 위한 사무를 관리한 것으로 인정되는 경우, 甲이 다른 사람을 고용하지 않고 직접 사무를 처리하였다면 甲은 乙에게 통상의 보수에 상응하는 금액을 필요비 내지 유익비로 청구할 수 있다. ( ) (2017 변호사)

241-3 (×) **242-1** (○) **242-2** (×) **243-1** (×) **243-2** (×) **244** (○) 《 정답

해설 직업 또는 영업에 의하여 유상으로 타인을 위하여 일하는 사람이 향후 계약이 체결될 것을 예정하여 그 직업 또는 영업의 범위 내에서 타인을 위한 행위를 하였으나 그 후 계약이 체결되지 아니함에 따라 타인을 위한 사무를 관리한 것으로 인정되는 경우에 그 관리자가 사무관리를 위하여 다른 사람을 고용하였을 경우 지급하는 보수는 사무관리 비용으로 취급되어 본인에게 반환을 구할 수 있는 것과 마찬가지로, 다른 사람을 고용하지 않고 자신이 직접 사무를 처리한 것도 통상의 보수 상당의 재산적 가치를 가지는 관리자의 용역이 제공된 것으로서 사무관리 의사에 기한 자율적 재산희생으로서의 비용이 지출된 것이라 할 수 있으므로 그 통상의 보수에 상응하는 금액을 필요비 내지 유익비로 청구할 수 있다(대판 2010. 1. 14, 2007다55477).

245 사무관리 관계의 종료를 위해서는 본인이 명시적으로 관리자에게 그 목적인 사무를 스스로 직접 관리하겠다는 의사표시를 하여야 한다. ( ) (2016 변리사)

해설 사무관리는 혼합사실행위이기 때문에 의사표시가 아니다. 즉 사무관리는 의사표시를 요소로 하는 법률행위가 아니므로 본인이 사무관리의 목적이었던 사무를 본인이 직접 관리하려면 사무관리자에게 그 관리를 종료하여 줄 것을 내용으로 하는 의사표시를 하여야 하는 것이 아니고 본인 자신이 직접 관리하겠다는 의사가 외부적으로 명백히 표현된 경우에는 사무관리는 그 이상 성립할 수 없다(대판 1975. 4. 8, 75다254).

246 甲은 이웃에 사는 乙이 해외여행을 간 사이에 폭우가 내려 乙의 담장이 무너지려는 것을 보고 건축업자인 丙과 위 담장이 무너지지 않도록 보강공사 도급계약을 체결하였고, 丙은 위 보강공사를 완료하였다. 이에 관한 설명 중 옳지 않은 것은? (각 지문은 독립적이며, 다툼이 있는 경우 판례에 의함) (2019 변호사)

① 甲과 乙 사이에 사무관리가 성립하기 위해서는 甲에게 乙을 위하여 사무를 처리한다는 관리의사가 있어야 한다.
② 丙과 乙 사이에는 계약관계가 존재하지 않으므로 丙은 乙을 상대로 위 담장의 보강공사로 인하여 증가한 이득액에 대하여 부당이득반환청구를 할 수 있다.
③ 丙은 甲에게 도급계약에 기하여 위 공사비의 지급을 청구할 수 있다.
④ 甲과 乙 사이에 사무관리가 성립하는 경우에는 甲은 乙을 상대로 丙에게 지급한 공사비를 비용으로 청구할 수 있다.
⑤ 甲과 乙 사이에 사무관리가 성립하는 경우에는 甲은 乙에게 丙에 대한 위 도급계약상의 채무를 자기에 갈음하여 변제할 것을 청구할 수 있다.

해설 ① (○) : 사무관리라 함은 의무 없이 타인을 위하여 그의 사무를 처리하는 행위를 말하는 것이므로, 만약 그 사무가 타인의 사무가 아니라거나 또는 사무를 처리한 자에게 타인을 위하여 처리한다는 관리의사가 없는 경우에는 사무관리가 성립될 수 없다(대판 1995. 9. 15, 94다59943).
② (×) : 계약상 급부가 계약의 상대방뿐만 아니라 제3자의 이익으로 된 경우에 급부를 한 계약당사자가 계약 상대방에 대하여 계약상의 반대급부를 청구할 수 있는 이외에 그 제3자에 대하여 직접 부당이득반환청구를 할 수 있다고 보면, 자기 책임하에 체결된 계약에 따른 위험부담을 제3자에게 전가시키

정답 245 (×) 246 ②

는 것이 되어 계약법의 기본원리에 반하는 결과를 초래할 뿐만 아니라, 채권자인 계약당사자가 채무자인 계약 상대방의 일반채권자에 비하여 우대받는 결과가 되어 일반채권자의 이익을 해치게 되고, 수익자인 제3자가 계약 상대방에 대하여 가지는 항변권 등을 침해하게 되어 부당하므로, 위와 같은 경우 계약상 급부를 한 계약당사자는 이익의 귀속 주체인 제3자에 대하여 직접 부당이득반환을 청구할 수는 없다(대판 2010. 6. 24, 2010다9269).

③ (○) : 민법 제664조(도급의 의의) 도급은 당사자 일방이 어느 일을 완성할 것을 약정하고 상대방이 그 일의 결과에 대하여 보수를 지급할 것을 약정함으로써 그 효력이 생긴다.

④ (○) : 민법 제739조(관리자의 비용상환청구권) ① 관리자가 본인을 위하여 필요비 또는 유익비를 지출한 때에는 본인에 대하여 그 상환을 청구할 수 있다.

⑤ (○) : 민법 제739조(관리자의 비용상환청구권) ① 관리자가 본인을 위하여 필요비 또는 유익비를 지출한 때에는 본인에 대하여 그 상환을 청구할 수 있다. ② 관리자가 본인을 위하여 필요 또는 유익한 채무를 부담한 때에는 제688조제2항의 규정을 준용한다.

민법 제688조(수임인의 비용상환청구권 등) ② 수임인이 위임사무의 처리에 필요한 채무를 부담한 때에는 위임인에게 자기에 갈음하여 이를 변제하게 할 수 있고 그 채무가 변제기에 있지 아니한 때에는 상당한 담보를 제공하게 할 수 있다.

CHAPTER 4

부당이득

POINT

Ⅰ. 일반부당이득

247-1 **임대차계약이 합의해지된 후, 임차인이 임차목적물을 계속 점유하였으나, 이를 사용·수익하지 않았다면 임대인은 임차인에게 차임상당액의 부당이득반환을 청구할 수 없다. ( )** (2018 변리사)

247-2 **임차인이 임대차계약 종료 후 임차건물을 계속 점유하였으나, 임차인의 사정으로 인해 임차건물을 사용·수익하지 아니하여 이익을 얻지 못한 경우, 임차인은 차임 상당액의 부당이득반환의무를 부담하지 않는다. ( )** (2018 변리사)

247-3 **임차인이 임대차계약 종료 후 임대차건물을 계속 점유하였으나, 본래의 임대차계약상의 목적에 따라 사용·수익하지 아니하여 실질적인 이득을 얻은 바가 없는 경우, 임차인은 차임 상당의 부당이득반환의무를 부담하지 않는다. ( )** (2023 변리사)

해설 법률상의 원인 없이 이득하였음을 이유로 한 부당이득의 반환에 있어 이득이라 함은 실질적인 이익을 의미하므로, 임차인이 임대차계약관계가 소멸된 이후에 임차건물 부분을 계속 점유하기는 하였으나 이를 본래의 임대차계약상의 목적에 따라 사용·수익하지 아니하여 실질적인 이득을 얻은 바 없는 경우에는, 그로 인하여 임대인에게 손해가 발생하였다고 하더라도 임차인의 부당이득반환의무는 성립하지 아니하는 것이고, 이는 임차인의 사정으로 인하여 임차건물 부분을 사용·수익을 하지 못하였거나 임차인이 자신의 시설물을 반출하지 아니하였다고 하더라도 마찬가지이다(대판 1998. 7. 10, 98다8554).

248 **타인 소유의 토지 위에 권한 없이 건물을 소유하고 있는 자는 이를 사용·수익하지 않았더라도 특별한 사정이 없는 한, 그 자체만으로 토지소유자에게 토지의 차임에 상당하는 부당이득반환의무를 부담한다. ( )** (2018 변리사)

해설 타인 소유의 토지 위에 권한 없이 건물을 소유하고 있는 자는 그 자체로써 특별한 사정이 없는 한 법률상 원인 없이 타인의 재산으로 인하여 토지의 차임에 상당하는 이익을 얻고 이로 인하여 타인에게 동액 상당의 손해를 주고 있다고 보아야 한다(대판 1998. 5. 8, 98다2389).

정답 247-1 (○) 247-2 (○) 247-3 (○) 248 (○)

249 **甲소유의 토지에 대한 사용권한 없이 미등기 건물을 신축한 乙로부터 그 건물을 丙이 매수하여, 이전등기를 넘겨받지 않았으나 그것에 대하여 사실상의 처분권을 갖고 있는 경우, 乙은 특별한 사정이 없는 한 甲에게 건물 부지부분에 관한 차임에 상당하는 부당이득반환의무를 부담한다. ( )** (2018 변리사)

> **해설** 타인 소유의 토지 위에 권한 없이 건물을 소유하는 자는 그 자체로써 건물 부지가 된 토지를 점유하고 있는 것이므로 특별한 사정이 없는 한 법률상 원인 없이 타인의 재산으로 인하여 토지의 차임에 상당하는 이익을 얻고 이로 인하여 타인에게 동액 상당의 손해를 주고 있다고 할 것이고, 이는 건물 소유자가 미등기건물의 원시취득자로서 그 건물에 관하여 사실상의 처분권을 보유하게 된 양수인이 따로 존재하는 경우에도 다르지 아니하다(대판 2011. 7. 14, 2009다76522,76539).

250 **甲이 신축한 미등기건물을 양수하여 건물에 대한 사실상의 처분권을 보유하게 된 乙은 그 건물의 부지도 함께 점유하고 있다고 볼 수 있다. ( )** (2018 변리사)

> **해설** 미등기건물을 양수하여 건물에 관한 사실상의 처분권을 보유하게 됨으로써 그 양수인이 건물부지 역시 아울러 점유하고 있다고 볼 수 있는 등의 다른 특별한 사정이 없는 한 건물의 소유명의자가 아닌 자로서는 실제로 그 건물을 점유하고 있다고 하더라도 그 건물의 부지를 점유하는 자로는 볼 수 없다(대판 2003. 11. 13, 2002다57935).

251 **확정판결 이후 그 내용에 반하는 다른 확정판결이 있더라도 최초 확정판결이 취소되지 않는 한 최초 확정판결에 기한 강제집행으로 교부받은 금전이 부당이득이라고 할 수는 없다. ( )** (2016 변리사)

> **해설** 소송당사자가 허위의 주장으로 법원을 기망하고 상대방의 권리를 해할 의사로 상대방의 소송관여를 방해하는 등 부정한 방법으로 실체의 권리관계와 다른 내용의 확정판결을 취득하여 그 판결에 기하여 강제집행을 하는 것은 정의에 반하고 사회생활상 도저히 용인될 수 없는 것이어서 권리남용에 해당한다고 할 것이지만, 위 확정판결에 대한 재심의 소가 각하되어 확정되는 등으로 위 확정판결이 취소되지 아니한 이상 위 확정판결에 기한 강제집행으로 취득한 채권을 법률상 원인 없는 이득이라고 하여 반환을 구하는 것은 위 확정판결의 기판력에 저촉되어 허용될 수 없다(대판 2001. 11. 13, 99다32905).

252 **경매신청기입등기 전에 등기된 근저당권자 甲이 배당요구를 해태하여 후순위저당권자 乙에게 甲이 배당받을 수 있었던 금액이 배당된 경우, 甲은 乙에게 부당이득반환을 청구할 수 없다. ( )** (2014 변리사)

> **해설** [1] 경매신청기입등기 전에 등기된 근저당권자가 배당요구를 하지 않은 경우 배당에서 제외되는지 여부(소극) [2] 확정된 배당표에 따라 배당을 실시한 후에도 배당을 받지 못한 우선채권자는 부당이득반환청구권을 가지는지 여부(적극) : 경매신청기입등기 전에 등기된 근저당권자는 경락으로 인하여 그 권리가 소멸하는 대신 별도로 배당요구를 하지 않더라도 그 순위에 따라 경락대금에서 우선변제를 받을 수 있어 당연히 배당요구를 한 것과 같은 효력이 있으므로, 그러한 근저당권자가 배당요구를 하

249 (○) 250 (○) 251 (○) 252 (×) 《 정답

지 아니하였다 하여도 배당에서 제외하여서는 아니 되고, 배당을 받아야 할 자가 배당을 받지 못하고 배당을 받지 못할 자가 배당을 받은 경우에는 배당에 관하여 이의를 한 여부 또는 형식상 배당절차가 확정되었는가의 여부에 관계없이 배당을 받지 못한 우선채권자에게 부당이득반환청구권이 있다(대판 2006. 9. 28, 2004다68427).

253 **집행력 있는 정본을 가진 채권자가 배당요구의 종기까지 적법한 배당요구를 하지 않아 배당에서 제외된 경우, 배당금을 수령한 다른 채권자를 상대로 부당이득반환청구를 할 수 없다. ( )**

(2023 변리사)

해설 배당받을 권리 있는 채권자가 자신이 배당받을 몫을 받지 못하고 그로 말미암아 권리 없는 다른 채권자가 그 몫을 배당받은 경우에는 배당이의 여부 또는 배당표의 확정 여부와 관계없이 배당받을 수 있었던 채권자가 배당금을 수령한 다른 채권자를 상대로 부당이득반환청구를 할 수 있다. 다만 집행력 있는 정본을 가진 채권자 등은 배당요구의 종기까지 배당요구를 한 경우에 한하여 비로소 배당을 받을 수 있고, 적법한 배당요구를 하지 않은 경우에는 매각대금으로부터 배당을 받을 수는 없다. 이러한 채권자가 적법한 배당요구를 하지 않아 배당에서 제외되는 것으로 배당표가 작성되어 배당이 실시되었다면, 그가 적법한 배당요구를 한 경우에 배당받을 수 있었던 금액에 해당하는 돈이 다른 채권자에게 배당되었다고 해서 법률상 원인이 없는 것이라고 할 수 없다(대판 2020. 10. 15, 2017다216523). ☞ 집행력 있는 정본을 가진 채권자, 경매개시결정이 등기된 뒤에 가압류를 한 채권자, 민법·상법, 그 밖의 법률에 따라 우선변제청구권이 있는 채권자는 배당요구의 종기까지 배당요구를 한 경우에 한하여 비로소 배당을 받을 수 있는 배당요구채권자이다(민사집행법 제88조 제1항, 제148조 제2호).

254-1 **저당목적물인 부동산이 수용된 경우 저당권자가 저당권설정자의 토지수용보상금 지급청구권에 관하여 물상대위권을 행사하기 전에 다른 채권자가 위 지급청구권에 대하여 압류·추심명령을 받아 보상금을 지급받은 때에는, 저당권자는 우선변제권을 상실하게 되고 그 다른 채권자에 대하여 부당이득반환도 청구할 수 없다. ( )** (2019 변호사)

254-2 **물상대위권을 행사하지 아니하여 우선변제권을 상실한 저당권자는 저당목적물에 갈음한 보상금으로 이득을 얻은 다른 채권자에 대하여 그 이익을 부당이득으로 반환청구할 수 없다. ( )** (2021 변리사)

해설 민법 제370조, 제342조 단서가 저당권자는 물상대위권을 행사하기 위하여 저당권설정자가 받을 금전 기타 물건의 지급 또는 인도 전에 압류하여야 한다고 규정한 것은 물상대위의 목적인 채권의 특정성을 유지하여 그 효력을 보전함과 동시에 제3자에게 불측의 손해를 입히지 않으려는 데에 그 취지가 있다. 따라서 저당목적물의 변형물인 금전 기타 물건에 대하여 이미 제3자가 압류하여 그 금전 또는 물건이 특정된 이상 저당권자가 스스로 이를 압류하지 않고서도 물상대위권을 행사하여 일반 채권자보다 우선변제를 받을 수 있으나, 그 행사방법은 민사집행법 제273조에 의하여 담보권의 존재를 증명하는 서류를 집행법원에 제출하여 채권압류 및 전부명령을 신청하는 것이거나 민사집행법 제247조 제1항에 의하여 배당요구를 하는 것이므로, 이러한 물상대위권의 행사에 나아가지 아니한 채 단지 수용대상토지에 대하여 담보물권의 등기가 된 것만으로는 그 보상금으로부터 우선변제를 받을 수 없다.

정답 253 (○) 254-1 (○) 254-2 (○)

그렇다면 저당권자가 물상대위권의 행사에 나아가지 아니하여 우선변제권을 상실한 이상, 다른 채권자가 그 보상금 또는 이에 관한 변제공탁금으로부터 이득을 얻었다고 하더라도 저당권자는 이를 부당이득으로서 반환청구할 수 없다(대판 2010. 10. 28, 2010다46756).

255 저당목적물에 갈음하는 금전의 인도청구권에 대하여 저당권자가 압류하기 전에 그 금전이 물상보증인에게 지급되었더라도, 저당권자는 물상보증인에게 부당이득반환을 청구할 수 있다. ( ) (2021 변리사)

해설 저당권자는 저당권의 목적이 된 물건의 멸실, 훼손 또는 공용징수로 인하여 저당목적물의 소유자가 받을 저당목적물에 갈음하는 금전 기타 물건에 대하여 물상대위권을 행사할 수 있으나, 다만 그 지급 또는 인도 전에 이를 압류하여야 하며, 저당권자가 위 금전 또는 물건의 인도청구권을 압류하기 전에 저당물의 소유자가 그 인도청구권에 기하여 금전 등을 수령한 경우 저당권자는 더 이상 물상대위권을 행사할 수 없게 된다. 이 경우 저당권자는 저당권의 채권최고액 범위 내에서 저당목적물의 교환가치를 지배하고 있다가 저당권을 상실하는 손해를 입게 되는 반면에, 저당목적물의 소유자는 저당권의 채권최고액 범위 내에서 저당권자에게 저당목적물의 교환가치를 양보하여야 할 지위에 있다가 마치 그러한 저당권의 부담이 없었던 것과 같은 상태에서의 대가를 취득하게 되는 것이므로, 그 수령한 금액 가운데 저당권의 채권최고액을 한도로 하는 피담보채권액의 범위 내에서는 이득을 얻게 된다. 저당목적물 소유자가 얻은 위와 같은 이익은 저당권자의 손실로 인한 것으로서 인과관계가 있을 뿐 아니라, 공평의 관념에 위배되는 재산적 가치의 이동이 있는 경우 수익자로부터 그 이득을 되돌려받아 손실자와 재산상태의 조정을 꾀하는 부당이득제도의 목적에 비추어 보면 위와 같은 이익을 소유권자에게 종국적으로 귀속시키는 것은 저당권자에 대한 관계에서 공평의 관념에 위배되어 법률상 원인이 없다고 봄이 상당하므로, 저당목적물 소유자는 저당권자에게 이를 부당이득으로 반환할 의무가 있다(대판 2009. 5. 14, 2008다17656).

256 부동산에 대한 점유취득시효가 완성된 경우 소유명의자는 점유자가 시효가 완성되기까지 그 부동산으로부터 얻은 이익에 대하여 부당이득반환청구를 할 수 없다. ( ) (2016 변리사)

해설 부동산에 대한 취득시효가 완성되면 점유자는 소유명의자에 대하여 취득시효완성을 원인으로 한 소유권이전등기절차의 이행을 청구할 수 있고 소유명의자는 이에 응할 의무가 있으므로 점유자가 그 명의로 소유권이전등기를 경료하지 아니하여 아직 소유권을 취득하지 못하였다고 하더라도 소유명의자는 점유자에 대하여 점유로 인한 부당이득반환청구를 할 수 없다(대판 1993. 5. 25, 92다51280).

[참고판례] 취득기간의 만료로 인한 소유권이전등기청구권이 확정적으로 있는 점유자에 대하여 그 소유명의자는 그 등기절차를 이행하여 점유를 개시한 때 소급하여 소유권을 취득케 할 의무가 있으므로 그 소유명의자는 그 부동산의 점유로 인한 손해의 배상을 청구할 수 없다(대판 1966. 2. 15, 65다2189).

257 과반수 지분의 공유자가 다른 공유자들의 허락 없이 공유토지의 전부를 배타적으로 점유·사용하고 있는 경우 다른 공유자들은 부당이득반환채권을 가진다. ( ) (2016 변리사)

255 (○) 256 (○) 257 (○) 《 정답

해설 과반수 지분의 공유자가 다른 공유자들의 허락 없이 공유토지의 전부를 배타적으로 점유·사용하고 있는 경우 다른 공유자들은 부당이득반환채권을 가진다(대판 2001. 12. 11, 2000다13948).

258-1 **계약의 일방당사자 甲이 그 상대방 乙의 지시로 乙과 또 다른 법률관계에 있는 丙에게 직접 급부한 경우, 급부의 원인이 된 甲과 乙간의 계약이 적법하게 취소되면 甲은 丙에게 부당이득반환을 청구할 수 있다. ( )** (2014 변리사)

258-2 **甲이 그 소유건물을 乙에게 매각하는 계약을 체결하고, 乙은 그 건물 일부를 丙에게 분양하는 계약을 체결하였는데, 丙은 분양대금의 일부를 乙의 지시에 따라 甲에게 송금하였다. 乙이 甲에게 매매대금을 지급하지 못하여 丙이 건물을 분양받지 못하자 丙이 乙과의 분양계약을 해제한 경우, 丙은 직접 甲을 상대로 부당이득의 반환을 청구할 수 있다. ( )** (2017 변호사)

해설 계약의 일방 당사자가 계약 상대방의 지시 등으로 급부과정을 단축하여 계약 상대방과 또 다른 계약관계를 맺고 있는 제3자에게 직접 급부한 경우, 그 급부로써 급부를 한 계약 당사자의 상대방에 대한 급부가 이루어질 뿐 아니라 그 상대방의 제3자에 대한 급부로도 이루어지는 것이므로 <u>계약의 일방 당사자는 제3자를 상대로 법률상 원인 없이 급부를 수령하였다는 이유로 부당이득반환청구를 할 수 없다</u>(대판 2003. 12. 26, 2001다46730). ☞ 나아가 판결이유에서 "가사 원고들이 위 분양계약을 적법하게 해제하였다고 하더라도 그 계약관계의 청산은 계약의 상대방인 가인유통과 사이에 이루어져야 하고, 피고를 상대로 분양대금을 지급한 것이 부당이득이라는 이유로 그 반환을 구할 수 없다."고도 하였다.

259 **甲의 乙에 대한 부당이득반환청구권의 대상이 될 수 있는 것은? (각 지문은 독립적이며, 다툼이 있는 경우 판례에 의함)** (2018 변호사)

① X 토지의 소유자인 甲이 丙에게 이를 임대하였는데 丙이 甲의 승낙 없이 乙에게 X 토지를 전대하였으나 甲과 丙의 임대차가 존속하는 경우, 乙의 X 토지에 대한 사용이익

② 乙의 강박에 의해 甲이 乙에게 금원을 증여하였는데, 그 증여의 의사표시가 취소되지 않은 상태에서 乙이 甲으로부터 교부받은 금원으로 자신의 채권자 丙에게 채무를 변제함으로써, 乙이 채무의 소멸로 받은 이익

③ 丙 소유의 X 토지를 甲이 매수하면서 乙과 명의신탁약정을 맺고서 그 이전등기를 丙으로부터 직접 乙에게로 경료하였는데 「부동산 실권리자명의 등기에 관한 법률」상 유예기간이 경과하여 甲과 乙 사이의 명의신탁약정이 무효로 된 경우, 乙 명의의 소유권이전등기

④ 甲회사의 경리부 직원 丙이 甲회사의 공금을 횡령하여 자신의 채권자 乙에게 그 횡령한 돈으로 변제하였고 乙이 그러한 사실을 알면서 수령한 경우, 그 변제대금

⑤ 「부동산 실권리자명의 등기에 관한 법률」 시행 후에 행해진 甲과 乙 사이의 계약명의신탁에 따라, 乙이 명의신탁이 있다는 사실을 알지 못하는 丙으로부터 丙 소유의 X 토지를 매수하고 소유권이전등기까지 경료받은 경우, 그 소유권

정답 〉 **258-1** (×) **258-2** (×) **259** ④

해설 ① (×) : 임차인이 임대인의 동의를 받지 않고 제3자에게 임차권을 양도하거나 전대하는 등의 방법으로 임차물을 사용·수익하게 하더라도, 임대인이 이를 이유로 임대차계약을 해지하거나 그 밖의 다른 사유로 임대차계약이 적법하게 종료되지 않는 한 임대인은 임차인에 대하여 여전히 차임청구권을 가지므로, 임대차계약이 존속하는 한도 내에서는 제3자에게 불법점유를 이유로 한 차임상당 손해배상청구나 부당이득반환청구를 할 수 없다(대판 2008. 2. 28, 2006다10323).

② (×) : 원고가 비록 피고들의 강박에 의한 하자 있는 의사표시에 기하여 금원을 교부하였다 할지라도 그 의사표시가 소멸되지 않는 한 피고들의 위 금원보유가 법률상 원인이 없다고 볼 수 없으므로 피고들은 이를 반환할 의무가 없다(대판 1990. 11. 13, 90다카17153).

③ (×) : 이른바 3자간 등기명의신탁의 경우 부동산 실권리자명의 등기에 관한 법률에서 정한 유예기간 경과에 의하여 그 명의신탁 약정과 그에 의한 등기가 무효로 되더라도 명의신탁자는 매도인에 대하여 매매계약에 기한 소유권이전등기청구권을 보유하고 있어 그 유예기간의 경과로 그 등기 명의를 보유하지 못하는 손해를 입었다고 볼 수 없다. 또한 명의신탁 부동산의 소유권이 매도인에게 복귀한 마당에 명의신탁자가 무효인 등기의 명의인인 명의수탁자를 상대로 그 이전등기를 구할 수도 없다. 결국 3자간 등기명의신탁에 있어서 명의신탁자는 명의수탁자를 상대로 부당이득반환을 원인으로 한 소유권이전등기를 구할 수 없다(대판 2008. 11. 27, 2008다55290,55306).

> [비교판례] 이른바 3자간 등기명의신탁에서 부동산 실권리자명의 등기에 관한 법률에서 정한 유예기간이 경과한 후 명의수탁자가 신탁부동산을 임의로 처분하거나 강제수용이나 공공용지 협의취득 등을 원인으로 제3취득자 명의로 이전등기가 마쳐진 경우, 특별한 사정이 없는 한 제3취득자는 유효하게 소유권을 취득하게 되므로(같은 법 제4조 제3항), 그로 인하여 매도인의 명의신탁자에 대한 소유권이전등기의무는 이행불능으로 되고 그 결과 명의신탁자는 신탁부동산의 소유권을 이전받을 권리를 상실하는 손해를 입게 되는 반면, 명의수탁자는 신탁부동산의 처분대금이나 보상금을 취득하는 이익을 얻게 되므로, 명의수탁자는 명의신탁자에게 그 이익을 부당이득으로 반환할 의무가 있다(대판 2011. 9. 8, 2009다49193,49209).

④ (○) : 경리업무 담당자가 회사자금의 횡령 사실을 은폐할 목적으로 권한 없이 회사 명의로 은행과 대출계약을 체결하여 그 대출금을 편취한 후 이를 회사 또는 그 회사의 채권자인 거래처의 예금계좌에 송금하여 횡령금 상당액을 변제한 경우, 위 송금 당시 이러한 사정에 대하여 회사의 악의 또는 중과실이 없는 한 위 회사가 금전취득 또는 채무소멸의 이익을 얻은 것은 편취행위의 피해자인 은행에 대한 관계에서 법률상 원인이 있다고 판시하였다(대판 2008. 3. 13, 2006다53733,53740).

⑤ (×) : 부동산실권리자명의등기에관한법률 제4조 제1항, 제2항에 의하면, 명의신탁자와 명의수탁자가 이른바 계약명의신탁약정을 맺고 명의수탁자가 당사자가 되어 명의신탁약정이 있다는 사실을 알지 못하는 소유자와의 사이에 부동산에 관한 매매계약을 체결한 후 그 매매계약에 따라 당해 부동산의 소유권이전등기를 수탁자 명의로 마친 경우에는 명의신탁자와 명의수탁자 사이의 명의신탁약정의 무효에도 불구하고 그 명의수탁자는 당해 부동산의 완전한 소유권을 취득하게 되고, 다만 명의수탁자는 명의신탁자에 대하여 부당이득반환의무를 부담하게 될 뿐이라 할 것인데, 그 계약명의신탁약정이 부동산실권리자명의등기에관한법률 시행 후인 경우에는 명의신탁자는 애초부터 당해 부동산의 소유권을 취득할 수 없었으므로 위 명의신탁약정의 무효로 인하여 명의신탁자가 입은 손해는 당해 부동산

자체가 아니라 명의수탁자에게 제공한 매수자금이라 할 것이고, 따라서 명의수탁자는 당해 부동산 자체가 아니라 명의신탁자로부터 제공받은 매수자금을 부당이득하였다고 할 것이다(대판 2005. 1. 28, 2002다66922).

> [비교판례] 부동산 실권리자명의 등기에 관한 법률 시행 전에 명의수탁자가 명의신탁 약정에 따라 부동산에 관한 소유명의를 취득한 경우 위 법률의 시행 후 같은 법 제11조 소정의 유예기간이 경과하기 전까지는 명의신탁자는 언제라도 명의신탁 약정을 해지하고 당해 부동산에 관한 소유권을 취득할 수 있었던 것인데 실명화 등의 조치 없이 위 유예기간이 경과함으로써 같은 법 제12조 제1항, 제4조에 의해 명의신탁 약정은 무효로 되는 한편, 명의수탁자가 당해 부동산에 관한 완전한 소유권을 취득하게 되어 결국 명의수탁자는 당해 부동산 자체를 부당이득하게 되고, 같은 법 제3조 및 제4조가 명의신탁자에게 소유권이 귀속되는 것을 막는 취지의 규정은 아니므로 명의수탁자는 명의신탁자에게 자신이 취득한 당해 부동산을 부당이득으로 반환할 의무가 있다(대판 2008. 11. 27, 2008다62687[소유권이전등기] 종합법률정보 판례).

260 甲은 X 토지의 소유자이고 乙은 Y 토지의 소유자이다. 丙은 甲에 대한 채권을 담보하기 위하여 X 토지와 Y 토지에 공동저당권을 갖고 있다. X 토지와 Y 토지가 모두 수용되어 보상금채권이 발생하였다. 이에 관한 설명 중 옳은 것(○)과 옳지 않은 것(×)을 올바르게 조합한 것은? (각 지문은 독립적이며, 다툼이 있는 경우 판례에 의함) (2018 변호사)

> ㄱ. 甲의 채권자 丁이 X 토지의 보상금채권을 가압류하였고, 이어 丙이 물상대위권에 기하여 위 보상금채권에 대한 압류 및 전부명령을 받은 경우에도 丙은 보상금채권에 관하여 丁보다 우선변제를 받을 수 있다.
> ㄴ. 丙이 Y 토지의 보상금채권에 압류 등 조치를 취하지 아니하던 중 물상보증인 乙이 보상금을 수령하였다면 丙은 乙을 상대로 부당이득반환을 청구할 수 있다.
> ㄷ. 丙이 X 토지의 보상금채권에 압류 등 조치를 취하지 아니하던 중 甲의 채권자 戊가 그 보상금채권에 대하여 압류 및 전부 명령을 받아 보상금을 수령하였다면 丙은 戊를 상대로 부당이득반환을 청구할 수 있다.

① ㄱ(○), ㄴ(○), ㄷ(×) ② ㄱ(○), ㄴ(×), ㄷ(○) ③ ㄱ(○), ㄴ(×), ㄷ(×)
④ ㄱ(×), ㄴ(○), ㄷ(×) ⑤ ㄱ(×), ㄴ(×), ㄷ(○)

해설 ㄱ.(○) : 민법 제370조, 제342조 단서가 저당권자는 물상대위권을 행사하기 위하여 저당권설정자가 받을 금전 기타 물건의 지급 또는 인도 전에 압류하여야 한다고 규정한 것은 물상대위의 목적인 채권의 특정성을 유지하여 그 효력을 보전함과 동시에 제3자에게 불측의 손해를 입히지 않으려는 데 있는 것이므로, 저당목적물의 변형물인 금전 기타 물건에 대하여 일반 채권자가 물상대위권을 행사하려는 저당채권자보다 단순히 먼저 압류나 가압류의 집행을 함에 지나지 않은 경우에는 저당권자는 그 전은 물론 그 후에도 목적채권에 대하여 물상대위권을 행사하여 일반 채권자보다 우선변제를 받을 수가 있고, 그 실행절차는 민사소송법 제733조에서 채권 및 다른 재산권에 대한 강제집행절차에 준하여 처리하도록 규정하고 있으므로, 결국 채권의 압류 및 전부명령을 신청하여 할 것이나 이는 어디까지나

정답 》 260 ①

담보권의 실행절차이므로, 그 요건으로서 담보권의 존재를 증명하는 서류를 집행법원에 제출하여 개시된 경우이어야 한다(대판 1994. 11. 22, 94다25728). ☞ 저당권이 가압류보다 먼저 성립하여 있었기 때문이다.

ㄴ.(○) : 저당권자는 저당권의 목적이 된 물건의 멸실, 훼손 또는 공용징수로 인하여 저당목적물의 소유자가 받을 저당목적물에 갈음하는 금전 기타 물건에 대하여 물상대위권을 행사할 수 있으나, 다만 그 지급 또는 인도 전에 이를 압류하여야 하며, 저당권자가 위 금전 또는 물건의 인도청구권을 압류하기 전에 저당물의 소유자가 그 인도청구권에 기하여 금전 등을 수령한 경우 저당권자는 더 이상 물상대위권을 행사할 수 없게 된다. 이 경우 저당권자는 저당권의 채권최고액 범위 내에서 저당목적물의 교환가치를 지배하고 있다가 저당권을 상실하는 손해를 입게 되는 반면에, 저당목적물의 소유자는 저당권의 채권최고액 범위 내에서 저당권자에게 저당목적물의 교환가치를 양보하여야 할 지위에 있다가 마치 그러한 저당권의 부담이 없었던 것과 같은 상태에서의 대가를 취득하게 되는 것이므로, 그 수령한 금액 가운데 저당권의 채권최고액을 한도로 하는 피담보채권액의 범위 내에서는 이득을 얻게 된다. 저당목적물 소유자가 얻은 위와 같은 이익은 저당권자의 손실로 인한 것으로서 인과관계가 있을 뿐 아니라, 공평의 관념에 위배되는 재산적 가치의 이동이 있는 경우 수익자로부터 그 이득을 되돌려 받아 손실자와 재산상태의 조정을 꾀하는 부당이득제도의 목적에 비추어 보면 위와 같은 이익을 소유권자에게 종국적으로 귀속시키는 것은 저당권자에 대한 관계에서 공평의 관념에 위배되어 법률상 원인이 없다고 봄이 상당하므로, 저당목적물 소유자는 저당권자에게 이를 부당이득으로 반환할 의무가 있다(대판 2009. 5. 14, 2008다17656).

ㄷ.(×) : 민법 제370조, 제342조 단서가 저당권자는 물상대위권을 행사하기 위하여 저당권설정자가 받을 금전 기타 물건의 지급 또는 인도 전에 압류하여야 한다고 규정한 것은 물상대위의 목적인 채권의 특정성을 유지하여 그 효력을 보전함과 동시에 제3자에게 불측의 손해를 입히지 않으려는 데에 그 취지가 있다. 따라서 저당목적물의 변형물인 금전 기타 물건에 대하여 이미 제3자가 압류하여 그 금전 또는 물건이 특정된 이상 저당권자가 스스로 이를 압류하지 않고서도 물상대위권을 행사하여 일반 채권자보다 우선변제를 받을 수 있으나, 그 행사방법은 민사집행법 제273조에 의하여 담보권의 존재를 증명하는 서류를 집행법원에 제출하여 채권압류 및 전부명령을 신청하는 것이거나 민사집행법 제247조 제1항에 의하여 배당요구를 하는 것이므로, 이러한 물상대위권의 행사에 나아가지 아니한 채 단지 수용대상토지에 대하여 담보물권의 등기가 된 것만으로는 그 보상금으로부터 우선변제를 받을 수 없다. 그렇다면 저당권자가 물상대위권의 행사에 나아가지 아니하여 우선변제권을 상실한 이상, 다른 채권자가 그 보상금 또는 이에 관한 변제공탁금으로부터 이득을 얻었다고 하더라도 저당권자는 이를 부당이득으로서 반환청구할 수 없다(대판 2010. 10. 28, 2010다46756).

261 **丙의 甲에 대한 부당이득반환 청구에 관한 설명 중 옳은 것은? (다툼이 있는 경우 판례에 의함)** (2020 변호사)

① 금전채권의 질권자 甲이 자기채권의 범위 내에서 직접청구권을 행사하여 제3채무자인 丙으로부터 자기채권을 변제받은 경우, 질권설정자 乙이 丙에 대해 가지는 입질채권의 발생원인계약이 무효라면, 특별한 사정이 없는 한 丙은 甲을 상대로 직접 변제금 상당의 부당이득반환을 청구할 수 있다.

② 丙이 법률상 의무 없이 乙을 위하여 사무를 관리한 경우, 그 사무관리행위로 甲이 결과적으로 사실상 이익을 얻었다면 丙은 甲을 상대로 직접 그 이익 상당의 부당이득반환을 청구할 수 있다.

261 ③ 《 정답

③ 유효한 도급계약에 기하여 수급인 丙이 도급인 乙로부터 甲 소유의 물건을 인도받아 수리한 결과 그 물건의 가치가 증가한 경우, 丙은 甲을 상대로 직접 증가액 상당의 「민법」 제203조에 의한 비용상환이나 제741조에 의한 부당이득반환을 청구할 수 없다.

④ 丙이 착오로 자신의 乙은행 예금계좌에 예금된 돈을 丁의 甲은행 예금계좌로 송금한 경우, 丙은 甲은행을 상대로 직접 송금액 상당의 부당이득반환을 청구할 수 있다.

⑤ 채무자인 乙이 丙으로부터 횡령한 금전을 자신의 채권자인 甲에게 변제하는 데 사용한 경우, 甲이 변제수령 당시 乙의 횡령사실을 알았더라도 丙은 甲을 상대로 변제금 상당의 부당이득반환을 직접 청구할 수 없다.

해설 ① (×) : [1] 금전채권의 질권자가 민법 제353조 제1항, 제2항에 의하여 자기채권의 범위 내에서 직접청구권을 행사하는 경우 질권자는 질권설정자의 대리인과 같은 지위에서 입질채권을 추심하여 자기채권의 변제에 충당하고 그 한도에서 질권설정자에 의한 변제가 있었던 것으로 보므로, 위 범위 내에서는 제3채무자의 질권자에 대한 금전지급으로써 제3채무자의 질권설정자에 대한 급부가 이루어질 뿐만 아니라 질권설정자의 질권자에 대한 급부도 이루어진다. 이러한 경우 입질채권의 발생원인인 계약관계에 무효 등의 흠이 있어 입질채권이 부존재한다고 하더라도 제3채무자는 특별한 사정이 없는 한 상대방 계약당사자인 질권설정자에 대하여 부당이득반환을 구할 수 있을 뿐이고 질권자를 상대로 직접 부당이득반환을 구할 수 없다. 이와 달리 제3채무자가 질권자를 상대로 직접 부당이득반환청구를 할 수 있다고 보면 자기 책임하에 체결된 계약에 따른 위험을 제3자인 질권자에게 전가하는 것이 되어 계약법의 원리에 반하는 결과를 초래할 뿐만 아니라 질권자가 질권설정자에 대하여 가지는 항변권 등을 침해하게 되어 부당하기 때문이다. [2] 질권자가 제3채무자로부터 자기채권을 초과하여 금전을 지급받은 경우 초과 지급 부분에 관하여는 제3채무자의 질권설정자에 대한 급부와 질권설정자의 질권자에 대한 급부가 있다고 볼 수 없으므로, 제3채무자는 특별한 사정이 없는 한 질권자를 상대로 초과 지급 부분에 관하여 부당이득반환을 구할 수 있지만, 부당이득반환청구의 상대방이 되는 수익자는 실질적으로 그 이익이 귀속된 주체이어야 하는데, 질권자가 초과 지급 부분을 질권설정자에게 그대로 반환한 경우에는 초과 지급 부분에 관하여 질권설정자가 실질적 이익을 받은 것이지 질권자로서는 실질적 이익이 없다고 할 것이므로, 제3채무자는 질권자를 상대로 초과 지급 부분에 관하여 부당이득반환을 구할 수 없다(대판 2015. 5. 29, 2012다92258).

② (×) : 계약상 급부가 계약 상대방뿐 아니라 제3자에게 이익이 된 경우에 급부를 한 계약당사자는 계약 상대방에 대하여 계약상 반대급부를 청구할 수 있는 이외에 제3자에 대하여 직접 부당이득반환청구를 할 수는 없다고 보아야 하고, 이러한 법리는 급부가 사무관리에 의하여 이루어진 경우에도 마찬가지이다. 따라서 의무 없이 타인을 위하여 사무를 관리한 자는 타인에 대하여 민법상 사무관리 규정에 따라 비용상환 등을 청구할 수 있는 외에 사무관리에 의하여 결과적으로 사실상 이익을 얻은 다른 제3자에 대하여 직접 부당이득반환을 청구할 수는 없다(대판 2013. 6. 27, 2011다17106).

③ (○) : [1] 계약상의 급부가 계약의 상대방뿐만 아니라 제3자의 이익으로 된 경우에 급부를 한 계약당사자가 계약 상대방에 대하여 계약상의 반대급부를 청구할 수 있는 이외에 그 제3자에 대하여 직접 부당이득반환청구를 할 수 있다고 보면, 자기 책임하에 체결된 계약에 따른 위험부담을 제3자에게 전가시키는 것이 되어 계약법의 기본원리에 반하는 결과를 초래할 뿐만 아니라, 채권자인 계약당사자가 채무자인 계약 상대방의 일반채권자에 비하여 우대받는 결과가 되어 일반채권자의 이익을 해치게 되

고, 수익자인 제3자가 계약 상대방에 대하여 가지는 항변권 등을 침해하게 되어 부당하므로, 위와 같은 경우 계약상의 급부를 한 계약당사자는 이익의 귀속 주체인 제3자에 대하여 직접 부당이득반환을 청구할 수는 없다고 보아야 한다. [2] 유효한 도급계약에 기하여 수급인이 도급인으로부터 제3자 소유 물건의 점유를 이전받아 이를 수리한 결과 그 물건의 가치가 증가한 경우, 도급인이 그 물건을 간접점유하면서 궁극적으로 자신의 계산으로 비용지출과정을 관리한 것이므로, 도급인만이 소유자에 대한 관계에 있어서 민법 제203조에 의한 비용상환청구권을 행사할 수 있는 비용지출자라고 할 것이고, 수급인은 그러한 비용지출자에 해당하지 않는다고 보아야 한다(대판 2002. 8. 23, 99다66564, 66571).

④ (×) : 송금의뢰인이 수취인의 예금구좌에 계좌이체를 한 때에는, 송금의뢰인은 수취인에 대하여 위 금액 상당의 부당이득반환청구권을 가지게 되지만, 수취은행은 이익을 얻은 것이 없으므로 수취은행에 대하여는 부당이득반환청구권을 취득하지 아니한다(대판 2007. 11. 29, 2007다51239; 대판 2010. 11. 11, 2010다41263,41270).

[보충지문] 송금의뢰인과 수취인 사이에 계좌이체의 원인이 되는 법률관계가 존재하지 않는데도 송금의뢰인의 착오송금으로 인해 수취인이 계좌이체금액에 해당하는 예금채권을 취득한 경우, 송금의뢰인이 수취인에 대하여 부당이득반환청구권을 갖는다. (○) (2023 변리사)

⑤ (×) : 채무자가 횡령한 금전으로 자신의 채권자에 대한 채무를 변제하는 경우 채권자가 그 변제를 수령함에 있어 악의 또는 중대한 과실이 있는 경우에는 채권자의 금전 취득은 피해자에 대한 관계에 있어서 법률상 원인을 결여한 것으로 봄이 상당하나, 채권자가 그 변제를 수령함에 있어 단순히 과실이 있는 경우에는 그 변제는 유효하고 채권자의 금전 취득이 피해자에 대한 관계에 있어서 법률상 원인을 결여한 것이라고 할 수 없다(대판 2003. 6. 13, 2003다8862).

Ⅱ. 특수한 부당이득

262 甲이 그의 과실로 채무 없음을 알지 못하고 乙에게 채무를 변제한 경우, 甲은 그 반환을 청구하지 못한다. ( ) (2014 변리사)

해설 악의의 비채변제는 채무없음을 알고 변제한 경우이지 이처럼 甲이 그의 과실로 채무 없음을 알지 못하고 乙에게 채무를 변제한 경우는 포함되지 않는다. 따라서 甲은 그 반환을 청구할 수 있다(대판 1998. 11. 13, 97다58453).

263 어업권의 임대차를 금지하는 구 수산업법 규정을 위반하여 어업권을 임대한 어업권자는 임차인이 어장을 점유·사용함으로써 얻은 이익을 부당이득으로 반환청구할 수 있다. ( ) (2016 변리사)

해설 구 수산업법(2007. 4. 11. 법률 제8377호로 전부 개정되기 전의 것) 제33조가 어업권의 임대차를 금지하고 있는 취지 등에 비추어 보면, 위 규정에 위반하는 행위가 무효라고 하더라도 그것이 선량한 풍속 기타 사회질서에 반하는 행위라고 볼 수는 없다. 따라서 어업권의 임대차를 내용으로 하는 임대차계약이 구 수산업법 제33조에 위반되어 무효라고 하더라도 그것이 부당이득의 반환이 배제되는

262 (×) 263 (○) 정답

'불법의 원인'에 해당하는 것으로 볼 수는 없으므로, 어업권을 임대한 어업권자로서는 그 임대차계약에 기해 임차인에게 한 급부로 인하여 임차인이 얻은 이익, 즉 임차인이 양식어장(어업권)을 점유·사용함으로써 얻은 이익을 부당이득으로 반환을 구할 수 있다(대판 2010. 12. 9, 2010다57626,57633).

264 **「농지법」에 따른 제한을 회피하고자 「부동산 실권리자명의 등기에 관한 법률」을 위반하여 무효인 명의신탁약정에 따라 명의신탁자가 명의수탁자에게 등기를 넘겨주는 행위는, 사회질서에 반하는 행위여서 「민법」 제746조 본문의 불법원인급여에 해당되어, 명의신탁자가 명의수탁자를 상대로 진정명의 회복을 원인으로 한 소유권이전등기를 구할 수 없다. ( )**

(2021 변호사)

해설 부동산 실권리자명의 등기에 관한 법률(이하 '부동산실명법'이라 한다) 규정의 문언, 내용, 체계와 입법 목적 등을 종합하면, 부동산실명법을 위반하여 무효인 명의신탁약정에 따라 명의수탁자 명의로 등기를 하였다는 이유만으로 그것이 당연히 불법원인급여에 해당한다고 단정할 수는 없다. 이는 농지법에 따른 제한을 회피하고자 명의신탁을 한 경우에도 마찬가지이다[대판(전합) 2019. 6. 20, 2013다218156].

265 **甲은 乙이 운영하는 도박장에서 도박을 하던 중 도박자금이 부족해지자 乙로부터 1억 원을 차용하면서 그 차용금 채무의 담보 목적으로 甲 소유 X 토지에 관하여 乙 앞으로 근저당권설정등기를 마쳐주었다. 이 경우, 甲은 乙을 상대로 위 등기의 말소를 청구할 수 있다. ( )**

(2022 변호사)

해설 [1] 민법 제746조에서 불법의 원인으로 인하여 급여함으로써 그 반환을 청구하지 못하는 이익은 종국적인 것을 말한다. [2] 도박자금으로 금원을 대여함으로 인하여 발생한 채권을 담보하기 위한 근저당권설정등기가 경료되었을 뿐인 경우와 같이 수령자가 그 이익을 향수하려면 경매신청을 하는 등 별도의 조치를 취하여야 하는 경우에는, 그 불법원인급여로 인한 이익이 종국적인 것이 아니므로 등기설정자는 무효인 근저당권설정등기의 말소를 구할 수 있다(대판 1995. 8. 11, 94다54108).

266 **특별한 사정이 없으면, 불법의 원인으로 乙에게 재산을 급여한 甲은 그 불법의 원인에 가공한 乙의 불법행위를 이유로 그 재산의 급여로 인하여 발생한 자신의 손해를 배상할 것을 乙에게 청구할 수 있다. ( )**

(2014 변리사)

해설 특별한 사정이 없으면, 불법의 원인으로 乙에게 재산을 급여한 甲은 그 불법의 원인에 가공한 乙의 불법행위를 이유로 그 재산의 급여로 인하여 발생한 자신의 손해를 배상할 것을 乙에게 청구할 수 없다(대판 2013. 8. 22, 2013다35412).

정답 》 264 (×) 265 (○) 266 (×)

267 **甲은 乙에 대해 금전채권을 가지고 있다. 이에 관한 설명으로 옳지 않은 것은? (다툼이 있으면 판례에 따름)** (2015 변리사)

① 乙이 변제기가 되지 않았음을 모르고 甲에게 변제한 경우, 乙은 甲에게 그로 인한 이익의 반환을 청구할 수 있다.

② 乙이 보관하던 丙소유의 동산을 乙의 소유로 잘못 알고 甲이 강제경매에 의해 매각대금을 배당받은 경우, 丙은 甲을 상대로 부당이득반환을 청구할 수 있다.

③ 丙이 자신의 채무라고 오인하여 甲에게 변제한 경우, 丙은 특별한 사정이 없는 한 甲에게 부당이득반환을 청구할 수 있다.

④ 甲이 乙의 토지에 저당권을 설정 받은 후 그 토지가 수용되었고, 甲이 물상대위권 행사로 乙의 수용보상금을 압류하기 전에 乙이 수령한 경우, 甲은 乙에게 부당이득반환을 청구할 수 없다.

⑤ 甲이 자신의 물건을 乙에게 매도하고 乙이 그 물건을 丙에게 전매하였고, 丙이 乙의 지시에 따라 甲에게 직접 매매대금을 지급하였지만 甲과 乙사이의 계약이 무효인 경우, 丙은 甲에게 부당이득반환을 청구할 수 없다.

해설 ④는 부당하다. 甲이 乙의 토지에 저당권을 설정 받은 후 그 토지가 수용되었고, 甲이 물상대위권 행사로 乙의 수용보상금을 압류하기 전에 乙이 수령한 경우, 甲은 저당목적물소유자인 乙에게 부당이득반환을 청구할 수 있다(대판 2009. 5. 14, 2008다17656).

① (○) : 제743조 기한전의 변제시 중간이자의 반환문제이다. 즉 乙이 변제기가 되지 않았음을 모르고 甲에게 변제한 경우, 乙은 甲에게 그로 인한 이익(=중간이자 또는 중간이익)의 반환을 청구할 수 있다.

② (○) : 채무자 이외의 자의 소유에 속하는 동산을 경매한 경매절차에서 그 동산을 경락받아 경락대금을 납부하고 이를 인도받은 경락인이 동산의 소유권을 선의취득한 경우 그 동산의 매득금은 채무자의 것이 아니어서 채권자가 이를 배당을 받았다고 하더라도 채권은 소멸하지 않고 계속 존속하므로, 배당을 받은 채권자는 이로 인하여 법률상 원인 없는 이득을 얻고 소유자는 경매에 의하여 소유권을 상실하는 손해를 입게 되었다고 할 것이니 그 동산의 소유자는 배당을 받은 채권자에 대하여 부당이득으로서 배당받은 금원의 반환을 청구할 수 있다(대판 1998. 6. 12, 98다6800).

③ (○) : 丙이 자신의 채무라고 오인하여 甲에게 변제한 경우, 丙은 특별한 사정이 없는 한 甲에게 부당이득반환을 청구할 수 있다(제745조).

⑤ (○) : 甲(건설회사)이 자신의 물건을 乙에게 (통으로)매도하고 乙이 그 물건을 丙(등)에게 전매(분양)하였고, 丙이 乙의 지시에 따라 甲에게 직접 매매대금(일부)을 지급하였지만 甲과 乙사이의 계약이 무효인 경우(또는 乙과 丙의 계약이 해제된 경우), 丙은 甲에게 부당이득반환을 청구할 수 없다(대판 2011. 11. 10, 2011다48568).

Ⅲ. 부당이득의 효과(부당이득의 반환)

268 **甲이 乙에게 부동산을 매도하고 목적물을 인도하지 않은 상태에서 乙로부터 중도금까지 받았으나 매매계약이 처음부터 무효였다면, 甲은 선의였더라도 乙로부터 받은 금전에 받은 날로부터 이자를 가산하여 반환하여야 한다. ( )** (2018 변리사)

267 ④ 268 (×) 《 정답

해설 매매계약이 무효인 때의 매도인의 매매대금 반환 의무는 성질상 부당이득 반환 의무로서 그 반환 범위에 관하여는 민법 제748조가 적용된다 할 것이고, 명문의 규정이 없는 이상 그에 관한 특칙인 민법 제548조 제2항이 당연히 유추적용 또는 준용된다고 할 수 없다(토지거래허가를 받지 못해 매매계약이 무효로 된 사안에서, 민법 제548조 제2항을 준용하여 매도인은 매매대금을 받은 날로부터의 이자를 가산하여 지급하여야 한다는 매수인의 주장을 배척한 사례)(대판 1997. 9. 26, 96다54997).

269 매매계약이 무효로 되는 때에는 매도인이 악의의 수익자인 경우 특별한 사정이 없는 한 매도인은 반환할 매매대금에 대하여 「민법」이 정한 연 5%의 법정이율에 의한 이자를 붙여 반환하여야 하는데, 위와 같은 법정이자의 지급의무는 반환의무의 이행지체로 인한 손해배상이므로, 매도인의 매매대금반환의무와 매수인의 소유권이전등기 말소등기절차 이행의무가 동시이행의 관계에 있는 경우에는 발생하지 않는다. ( ) (2021 변호사)

해설 계약무효의 경우 각 당사자가 상대방에 대하여 부담하는 반환의무는 성질상 부당이득반환의무로서 악의의 수익자는 그 받은 이익에 법정이자를 붙여 반환하여야 하므로(민법 제748조 제2항), 매매계약이 무효로 되는 때에는 매도인이 악의의 수익자인 경우 특별한 사정이 없는 한 매도인은 반환할 매매대금에 대하여 민법이 정한 연 5%의 법정이율에 의한 이자를 붙여 반환하여야 한다. 그리고 위와 같은 법정이자의 지급은 부당이득반환의 성질을 가지는 것이지 반환의무의 이행지체로 인한 손해배상이 아니므로, 매도인의 매매대금 반환의무와 매수인의 소유권이전등기 말소등기절차 이행의무가 동시이행의 관계에 있는지 여부와는 관계가 없다(대판 2017. 3. 9, 2016다47478).

[동지판례] 법정해제권 행사의 경우 당사자 일방이 그 수령한 금전을 반환함에 있어 그 받은 때로부터 법정이자를 부가함을 요하는 것은 민법 제548조 제2항이 규정하는 바로서, 이는 원상회복의 범위에 속하는 것이며 일종의 부당이득반환의 성질을 가지는 것이고 반환의무의 이행지체로 인한 것이 아니므로, 부동산 매매계약이 해제된 경우 매도인의 매매대금 반환의무와 매수인의 소유권이전등기말소등기 절차이행의무가 동시이행의 관계에 있는지 여부와는 관계없이 매도인이 반환하여야 할 매매대금에 대하여는 그 받은 날로부터 민법 소정의 법정이율인 연 5푼의 비율에 의한 법정이자를 부가하여 지급하여야 하고, 이와 같은 법리는 약정된 해제권을 행사하는 경우라 하여 달라지는 것은 아니다(대판 2000.6.9, 2000다9123).

[비교판례] 전세권이 소멸한 때에는 그 목적물의 인도 및 전세권설정등기의 말소등기에 필요한 서류의 교부를 받는 동시에 전세금을 반환하여야 하는 동시이행의 관계가 있기 때문에, 전세권자가 그 목적물을 인도하였다고 하더라도 전세권설정등기의 말소등기에 필요한 서류를 교부하거나 그 이행의 제공을 하지 아니하는 이상, 전세권설정자는 전세금의 반환을 거부할 수 있고, 이 경우 다른 특별한 사정이 없는 한 그가 전세금에 대한 이자 상당액의 이득을 법률상 원인 없이 얻는다고 볼 수 없다(대판 2002. 2. 5, 2001다62091).

정답 》 269 (×)

270 甲이 악의의 수익자로 인정되려면, 악의가 의제되는 경우 등을 제외하면, 자신의 이익 보유가 법률상 원인 없는 것임을 인식해야 하고, 부당이득반환의무의 발생요건에 해당하는 사실이 있음을 인식하는 것만으로는 부족하다. ( ) (2022 변호사)

> **해설** 여기서 '악의'라고 함은, 자신의 이익 보유가 법률상 원인 없는 것임을 인식하는 것을 말하고, 그 이익의 보유를 법률상 원인이 없는 것이 되도록 하는 사정, 즉 부당이득반환의무의 발생요건에 해당하는 사실이 있음을 인식하는 것만으로는 부족하다. 부당이득반환의무자가 악의의 수익자라는 점에 대하여는 이를 주장하는 측에서 입증책임을 진다. 따라서 계약명의신탁에서 명의수탁자가 수령한 매수자금이 명의신탁약정에 기하여 지급되었다는 사실을 알았다고 하여도 그 명의신탁약정이 부동산 실권리자명의 등기에 관한 법률 제4조 제1항에 의하여 무효임을 알았다는 등의 사정이 부가되지 아니하는 한 명의수탁자가 그 금전의 보유에 관하여 법률상 원인없음을 알았다고 섣사리 말할 수 없다(대판 2010.1.28, 2009다24187,24194).

Ⅳ. 횡령한 금전을 채권자에 대한 채무변제 등에 사용한 경우

271-1 甲이 乙에게서 횡령한 금전을 자신의 친구 丙에게 무상으로 증여한 경우, 丙이 이를 수령하면서 그 금전이 횡령한 것이라는 사실에 대하여 악의 또는 중대한 과실이 없으면 丙의 금전취득은 乙에 대한 관계에서 법률상 원인이 있다고 하여야 한다. ( ) (2014 변리사)

271-2 甲이 乙로부터 위탁받아 보관 중이던 1,000만 원을 가지고 자신의 채권자인 丙에게 임의로 변제하여 이를 횡령한 경우, 丙이 甲의 횡령사실을 알았더라도 丙은 乙에 대하여 부당이득반환의무를 지지 않는다. ( ) (2022 변호사)

> **해설** 부당이득제도는 이득자의 재산상 이득이 법률상 원인을 결여하는 경우에 공평·정의의 이념에 근거하여 이득자에게 반환의무를 부담시키는 것인데, 채무자가 피해자에게서 횡령한 금전을 자신의 채권자에 대한 채무변제에 사용하는 경우 채권자가 변제를 수령하면서 그 금전이 횡령한 것이라는 사실에 대하여 악의 또는 중대한 과실이 없는 한 채권자의 금전취득은 피해자에 대한 관계에서 법률상 원인이 있는 것으로 봄이 타당하며, 이와 같은 법리는 채무자가 횡령한 돈을 제3자에게 증여한 경우에도 마찬가지라고 보아야 한다(대판 2012. 1. 12, 2011다74246).

270 (○) 271-1 (○) 271-2 (×) 《 정답

CHAPTER 5

불법행위

POINT

Ⅰ. 불법행위 총설

Ⅱ. 일반불법행위

272 **불법행위의 성립요건으로서 위법성은 문제가 되는 행위마다 개별적·상대적으로 판단하여야 하는 것은 아니고, 관련 행위 전체를 일체로 보아 판단하여 결정해야 한다. ( )**

(2023 변호사)

> **해설** 민법 제750조는 "고의 또는 과실로 인한 위법행위로 타인에게 손해를 가한 자는 그 손해를 배상할 책임이 있다."라고 정하고 있다. 위법행위는 불법행위의 핵심적인 성립요건으로서, **법률을 위반한 경우에 한정되지 않고** 전체 법질서의 관점에서 사회통념상 위법하다고 판단되는 경우도 포함할 수 있는 탄력적인 개념이다. 불법행위의 성립요건으로서 위법성은 관련 행위 전체를 일체로 보아 판단하여 결정해야만 하는 것은 아니고, **문제가 되는 행위마다 개별적·상대적으로 판단**하여야 한다. 소유권을 비롯한 절대권을 침해한 경우뿐만 아니라 법률상 보호할 가치가 있는 이익을 침해하는 경우에도 침해행위의 양태, 피침해이익의 성질과 그 정도에 비추어 그 위법성이 인정되면 불법행위가 성립할 수 있다(대판 2021. 6. 30, 2019다268061).

273 **부작위로 인한 불법행위는 객관적 작위의무와 그 존재에 대한 불법행위자의 인식 및 작위의무에 위반한 부작위를 성립요건으로 한다. ( )** (2014 변리사)

> **해설** 부작위로 인한 불법행위가 성립하려면 작위의무가 전제되어야 하지만, 작위의무가 객관적으로 인정되는 이상 의무자가 의무의 존재를 인식하지 못하였더라도 불법행위 성립에는 영향이 없다. 이는 고지의무 위반에 의하여 불법행위가 성립하는 경우에도 마찬가지이므로 당사자의 부주의 또는 착오 등으로 고지의무가 있다는 것을 인식하지 못하였다고 하여 위법성이 부정될 수 있는 것은 아니다(대판 2012. 4. 26, 2010다8709).

274 **타인의 불법행위로 생명을 잃은 피해자의 직계비속의 배우자는 경험칙상 그 직계비속에 비견할 정신적 고통을 받는다 할 것이므로 그에 대한 위자료를 청구할 수 있다. ( )**

(2020 변리사)

정답 》 272(×) 273(×) 274(○)

해설 민법 제752조에 규정된 친족이외의 친족도 그 정신적 고통에 관한 입증을 함으로써 위자료를 청구할 수 있는 바 타인의 불법행위로 생명을 잃은 피해자의 직계비속의 배우자는 경험칙상 그 직계비속에 비견할 정신적 고통을 받는다 할 것이므로 그에 대한 위자료를 청구할 수 있다(대판 1978. 1. 17, 77다1942).

Ⅲ. 책임무능력자의 불법행위에 대한 감독자의 책임

275 책임능력 있는 미성년 자녀가 제3자에게 불법행위 책임을 지게 된 경우, 그 부모 중 비양육자의 면접교섭권에 관한 규정은 제3자와의 관계에서 손해배상책임의 근거가 되는 감독의무를 부과하는 규정이라고 할 수 없다. ( ) (2023 변호사)

해설 미성년자가 책임능력이 있어 스스로 불법행위책임을 지는 경우에도 그 손해가 미성년자의 감독의무자의 의무 위반과 상당인과관계가 있으면 감독의무자는 민법 제750조에 따라 일반불법행위자로서 손해배상책임이 있다. 이 경우 그러한 감독의무 위반사실과 손해 발생과의 상당인과관계는 이를 주장하는 자가 증명하여야 한다. 미성년 자녀를 양육하며 친권을 행사하는 부모는 자녀를 경제적으로 부양하고 보호하며 교양할 법적인 의무가 있다(민법 제913조). 부모와 함께 살면서 경제적으로 부모에게 의존하는 미성년자는 부모의 전면적인 보호·감독 아래 있으므로, 그 부모는 미성년자가 타인에게 불법행위를 하지 않고 정상적으로 학교 및 사회생활을 하도록 일반적, 일상적으로 지도와 조언을 할 보호·감독의무를 부담한다. 따라서 그러한 부모는 미성년자의 감독의무자로서 위에서 본 것처럼 미성년자의 불법행위에 대하여 손해배상책임을 질 수 있다. 그런데 이혼으로 인하여 부모 중 1명이 친권자 및 양육자로 지정된 경우 그렇지 않은 부모(이하 '비양육친'이라 한다)에게는 자녀에 대한 친권과 양육권이 없어 자녀의 보호·교양에 관한 민법 제913조 등 친권에 관한 규정이 적용될 수 없다. 비양육친은 자녀와 상호 면접교섭할 수 있는 권리가 있지만(민법 제837조의2 제1항), 이러한 **면접교섭 제도는** 이혼 후에도 자녀가 부모와 친밀한 관계를 유지하여 정서적으로 안정되고 원만한 인격발달을 이룰 수 있도록 함으로써 자녀의 복리를 실현하는 것을 목적으로 하고, **제3자와의 관계에서 손해배상책임의 근거가 되는 감독의무를 부과하는 규정이라고 할 수 없다.** 비양육친은 이혼 후에도 자녀의 양육비용을 분담할 의무가 있지만, 이것만으로 비양육친이 일반적, 일상적으로 자녀를 지도하고 조언하는 등 보호·감독할 의무를 진다고 할 수 없다. 이처럼 **비양육친이 미성년자의 부모라는 사정만으로 미성년 자녀에 대하여 감독의무를 부담한다고 볼 수 없다.** 다만 비양육친도 부모로서 자녀와 면접교섭을 하거나 양육친과의 협의를 통하여 자녀 양육에 관여할 가능성이 있는 점을 고려하면, ① 자녀의 나이와 평소 행실, 불법행위의 성질과 태양, 비양육친과 자녀 사이의 면섭교섭의 정도와 빈도, 양육 환경, 비양육친의 양육에 대한 개입 정도 등에 비추어 비양육친이 자녀에 대하여 실질적으로 일반적이고 일상적인 지도, 조언을 함으로써 공동 양육자에 준하여 자녀를 보호·감독하고 있었거나, ② 그러한 정도에는 이르지 않더라도 면접교섭 등을 통해 자녀의 불법행위를 구체적으로 예견할 수 있었던 상황에서 자녀가 불법행위를 하지 않도록 부모로서 직접 지도, 조언을 하거나 양육친에게 알리는 등의 조치를 취하지 않은 경우 등과 같이 **비양육친의 감독의무를 인정할 수 있는 특별한 사정이 있는 경우**에는, 비양육친도 감독의무 위반으로 인한 손해배상책임을 질 수 있다(대판 2022. 4. 14, 2020다240021).

275 (○) 《 정답

276-1 책임능력 있는 미성년자의 불법행위로 인하여 손해가 발생한 경우, 그 발생된 손해가 당해 미성년자의 감독의무자의 의무위반과 상당인과관계가 있을 때에는 감독의무자는 일반 불법행위자로서 손해배상책임이 있다. ( ) (2020 변리사)

276-2 미성년자에게 책임능력이 있어 스스로 불법행위책임을 지는 경우에도, 그 손해가 미성년자에 대한 감독의무자의 의무위반과 상당인과관계가 있으면 감독의무자는 「민법」 제750조에 의하여 일반불법행위자로서 손해배상의무를 진다. ( ) (2021 변호사)

> **해설** 미성년자가 책임능력이 있어 그 스스로 불법행위책임을 지는 경우에도 그 손해가 당해 미성년자의 감독의무자의 의무위반과 상당인과관계가 있으면 감독의무자는 일반불법행위자로서 손해배상책임이 있고 이 경우에 그러한 감독의무위반사실 및 손해발생과의 상당인과관계의 존재는 이를 주장하는 자가 입증하여야 한다(대판 1994. 2. 8, 93다13605).

277 책임무능력자의 가해행위에 관하여 그 대리감독자의 불법행위가 성립하는 경우, 피해자는 대리감독자의 사용자에게도 사용자책임을 물을 수 있다. ( ) (2014 변리사)

> **해설** 책임무능력자(초등학교 1학년생)의 대리감독자(담임교사)에게 민법 제755조 제2항에 의한 배상책임이 있다고 하여 위 대리감독자의 사용자 또는 사용자에 갈음한 감독자(위 학교를 설립 경영하는 지방자치단체)에게 당연히 민법 제756조에 의한 사용자책임이 있다고 볼 수는 없으며, 책임무능력자의 가해행위에 관하여 그 대리감독자에게 고의 또는 과실이 인정됨으로써 별도로 불법행위의 일반 요건을 충족한 때에만 위 대리감독자의 사용자 또는 사용자에 갈음한 감독자는 민법 제756조의 사용자책임을 지게 된다(대판 1981. 8. 11, 81다298).

Ⅳ. 사용자책임

278 유효한 고용관계는 없지만 사실상 어떤 사람이 다른 사람을 위하여 그 지휘·감독 아래 그 의사에 따라 사업을 집행하는 관계에 있을 때에도, 사용자책임이 성립하기 위한 사용자와 피용자의 관계가 인정될 수 있다. ( ) (2021 변호사)

> **해설** 민법 제756조의 사용자와 피용자의 관계는 반드시 유효한 고용관계가 있는 경우에 한하는 것이 아니고, 사실상 어떤 사람이 다른 사람을 위하여 그 지휘·감독 아래 그 의사에 따라 사업을 집행하는 관계에 있을 때에도 그 두 사람 사이에 사용자, 피용자의 관계가 있다(대판 1996. 10. 11, 96다30182).

279 민법 제756조(사용자의 배상책임)의 사용관계는 실제로 지휘·감독하고 있는지 여부에 의하여 결정되는 것이 아니라 객관적으로 지휘·감독을 하여야 할 관계에 있는지 여부에 따라 결정된다. ( ) (2023 변리사)

> **해설** 민법 제756조의 사용자와 피용자의 관계는 반드시 유효한 고용관계가 있는 경우에 한하는 것이 아니고, 사실상 어떤 사람이 다른 사람을 위하여 그 지휘·감독 아래 그 의사에 따라 사무를 집행하는

정답 》 276-1 (○) 276-2 (○) 277 (○) 278 (○) 279 (○)

관계가 있으면 인정된다. 또한 타인에게 위탁하여 계속적으로 사무를 처리하여 온 경우 객관적으로 보아 그 타인의 행위가 위탁자의 지휘·감독의 범위 내에 속한다고 보이는 경우 그 타인은 민법 제756조에 규정한 피용자에 해당한다. 민법 제756조의 사용관계에 있어서 실질적인 지휘·감독 관계는 실제로 지휘·감독하고 있느냐의 여부에 의하여 결정되는 것이 아니라 **객관적으로 지휘·감독을 하여야 할 관계에 있느냐의 여부**에 따라 결정된다(대판 2022. 2. 11, 2021다283834).

280-1 **어떤 사업에 관하여 명의사용을 허락받은 자가 그 사업에 관하여 고의로 다른 사람에게 손해를 가한 경우, 이는 명의사용자의 고유사업이므로 명의대여자는 손해배상책임이 없다. ( )** (2014 변리사)

280-2 **명의를 대여받은 사람이 업무수행을 함에 있어 고의 또는 과실로 다른 사람에게 손해를 끼쳤고 객관적으로 보아 명의대여자가 명의를 대여받은 사람을 지휘·감독할 지위에 있었다면, 명의대여자는 사용자로서 그 손해를 배상할 책임이 있다. ( )** (2018 변호사)

해설 타인에게 어떤 사업에 관하여 자기의 명의를 사용할 것을 허용한 경우에 그 사업이 내부관계에 있어서는 타인의 사업이고 명의자의 고용인이 아니라 하더라도 외부에 대한 관계에 있어서는 그 사업이 명의자의 사업이고 또 그 타인은 명의자의 종업원임을 표명한 것과 다름이 없으므로, 명의사용을 허용받은 사람이 업무수행을 함에 있어 고의 또는 과실로 다른 사람에게 손해를 끼쳤다면 명의사용을 허용한 사람은 민법 제756조에 의하여 그 손해를 배상할 책임이 있다고 할 것이고, 명의대여관계의 경우 민법 제756조가 규정하고 있는 사용자책임의 요건으로서의 사용관계가 있느냐 여부는 실제적으로 지휘·감독을 하였느냐의 여부에 관계없이 객관적·규범적으로 보아 사용자가 그 불법행위자를 지휘·감독해야 할 지위에 있었느냐의 여부를 기준으로 결정하여야 할 것이다(대판 2005. 2. 25, 2003다36133).

281-1 **지입차량의 차주가 고용한 운전자의 과실로 인한 불법행위로 인해 타인에게 손해가 발생한 경우, 그 운전자의 불법행위에 대해 지입회사는 사용자책임을 질 수 있다. ( )** (2018 변리사)

281-2 **지입차량의 차주가 고용한 운전자의 과실로 타인에게 물적 손해를 가한 경우에 지입회사는 사용자책임을 부담한다. ( )** (2018 변호사)

해설 지입차량의 차주 또는 그가 고용한 운전자의 과실로 타인에게 손해를 가한 경우에는 지입회사는 명의대여자로서 제3자에 대하여 지입차량이 자기의 사업에 속하는 것을 표시하였을 뿐 아니라, 객관적으로 지입차주를 지휘·감독하는 사용자의 지위에 있다 할 것이므로 이러한 불법행위에 대하여는 그 사용자책임을 부담한다고 할 것이다(대판 2000. 10. 13, 2000다20069).

282 **피용자의 행위가 외관상 사무집행의 범위에 속하는 것으로 보이면 피해자가 그의 중대한 과실로 피용자의 행위가 사용자의 사무집행행위에 해당하지 않음을 알지 못한 때에도 사용자책임이 성립한다. ( )** (2014 변리사)

정답 280-1 (×) 280-2 (○) 281-1 (○) 281-2 (○) 282 (×)

해설 피용자의 행위가 외관상 사무집행의 범위에 속하는 것으로 보이더라도 피해자가 그의 중대한 과실로 피용자의 행위가 사용자의 사무집행행위에 해당하지 않음을 알지 못한 때에는 사용자책임이 부정된다(대판 2007. 4. 12, 2006다21354).

283 **甲 법인이 丙의 피용자인 丁에 의한 불법행위의 피해자인 경우, 甲 법인의 업무에 관하여 일체의 재판상 또는 재판 외의 행위를 할 수 있는 법률상 대리인 乙이 甲 법인에 대한 관계에서 이른바 배임적 대리행위를 하는 과정에서 丁의 가해행위가 丙의 사무집행행위에 해당하지 않음을 알았다 하더라도 피해자인 甲 법인이 이를 알았다고 볼 수는 없으므로, 이 경우 丙은 甲 법인에 대해 사용자책임을 부담한다. ( )** (2018 변호사)

해설 법인이 피해자인 경우 법인의 업무에 관하여 포괄적 대리권을 가진 대리인이 가해자인 피용자의 행위가 사용자의 사무집행행위에 해당하지 않음을 안 때에는 피해자인 법인이 이를 알았다고 보아야 하고, 이러한 법리는 그 대리인이 본인인 법인에 대한 관계에서 이른바 배임적 대리행위를 하는 경우에도 마찬가지이다(대판 2007. 9. 20, 2004다43886).

284-1 **피용자가 제3자와 공동불법행위로 피해자에게 손해를 가한 경우, 피용자와 제3자는 부진정연대관계에 있으나 사용자와 제3자는 그렇지 않다. ( )** (2014 변리사)

284-2 **피용자가 제3자와의 공동불법행위로 피해자에게 손해를 입힌 경우, 사용자가 피용자의 부담부분을 초과하여 피해자에게 손해를 배상하면 사용자는 제3자에게 그 초과부분에 대해 구상권을 행사할 수 있다. ( )** (2018 변리사)

해설 피용자와 제3자가 공동불법행위로 피해자에게 손해를 가하여 그 손해배상채무를 부담하는 경우에 피용자와 제3자는 공동불법행위자로서 서로 부진정연대관계에 있고, 한편 사용자의 손해배상책임은 피용자의 배상책임에 대한 대체적 책임이어서 사용자도 제3자와 부진정연대관계에 있다고 보아야 할 것이므로, 사용자가 피용자와 제3자의 책임비율에 의하여 정해진 피용자의 부담부분을 초과하여 피해자에게 손해를 배상한 경우에는 사용자는 제3자에 대하여도 구상권을 행사할 수 있으며, 그 구상의 범위는 제3자의 부담부분에 국한된다고 보는 것이 타당하다[대판(전합) 1992. 6. 23, 91다33070].

285 **피용자의 불법행위에 기한 손해배상채무가 시효로 인해 소멸하더라도, 그것에 의해 사용자책임에 기한 손해배상채무까지 소멸하는 것은 아니다. ( )** (2018 변리사)

해설 부진정연대채무에 서는 채무자 1인에 대한 이행청구 또는 채무자 1인이 행한 채무의 승인 등 소멸시효의 중단사유나 시효이익의 포기가 다른 채무자에게 효력을 미치지 아니한다(대판 2011. 4. 14, 2010다91886).

286 **업무수행과 관련한 피용자의 불법행위로 사용자가 직접 손해를 입은 경우, 특별한 사정이 없으면 사용자는 발생한 손해 전부의 배상을 피용자에게 청구할 수 있다. ( )** (2014 변리사)

정답 283 (×) 284-1 (×) 284-2 (○) 285 (○) 286 (×)

> **해설** 일반적으로 사용자가 피용자의 업무수행과 관련하여 행하여진 불법행위로 인하여 직접 손해를 입었거나 그 피해자인 제3자에게 사용자로서의 손해배상책임을 부담한 결과로 손해를 입게 된 경우에 있어서, 사용자는 그 사업의 성격과 규모, 시설의 현황, 피용자의 업무내용과 근로조건 및 근무태도, 가해행위의 발생원인과 성격, 가해행위의 예방이나 손실의 분산에 관한 사용자의 배려의 정도, 기타 제반 사정에 비추어 손해의 공평한 분담이라는 견지에서 신의칙상 상당하다고 인정되는 한도 내에서만 피용자에 대하여 손해배상을 청구하거나 그 구상권을 행사할 수 있다(대판 1996. 4. 9, 95다52611).

287 **피용자와 제3자와의 공동불법행위로 인해 손해를 입은 피해자에게 사용자가 채권을 가지고 있으나 사용자가 상계할 수 있음에도 상계하지 않는 경우, 제3자는 사용자의 부담부분 범위 내에서 사용자의 채권을 가지고 피해자에게 상계할 수 있다. ( )** (2018 변리사)

> **해설** 부진정연대채무에 있어서 부진정연대채무자 1인이 한 상계가 다른 부진정연대채무자에 대한 관계에 있어서도 공동면책의 효력 내지 절대적 효력이 있는 것인지는 별론으로 하더라도, 부진정연대채무자 사이에는 고유의 의미에 있어서의 부담부분이 존재하지 아니하므로 위와 같은 고유의 의미의 부담부분의 존재를 전제로 하는 민법 제418조 제2항은 부진정연대채무에는 적용되지 아니하는 것으로 봄이 상당하고, 따라서 부진정연대채무에 있어서는 한 부진정연대채무자가 채권자에 대하여 상계할 채권을 가지고 있음에도 상계를 하지 않고 있다 하더라도 다른 부진정연대채무자가 그 채권을 가지고 상계를 할 수는 없는 것으로 보아야 한다(대판 1994. 5. 27, 93다21521).

288 **사용자가 피용자의 고의에 의한 불법행위로 인하여 사용자책임을 부담하는 경우에 피해자에게 그 손해의 발생과 확대에 기여한 과실이 있더라도 사용자책임의 범위를 정함에 있어서 이러한 피해자의 과실을 고려하여 그 책임을 제한할 수는 없다. ( )** (2018 변호사)

> **해설** 사용자가 피용자의 과실에 의한 불법행위로 인한 사용자책임을 부담하는 경우와 마찬가지로 피용자의 고의에 의한 불법행위로 인하여 사용자책임을 부담하는 경우에도 피해자에게 그 손해의 발생과 확대에 기여한 과실이 있다면 사용자책임의 범위를 정함에 있어서 이러한 피해자의 과실을 고려하여 그 책임을 제한할 수 있다(대판 2002. 12. 26, 2000다56952).

289 **甲은 공인중개사인 乙의 중개보조원으로 일하면서 고객인 丙의 인감증명서와 도장을 업무상 자신이 보유하고 있음을 기화로 허위의 임대차계약을 체결하였고, 이를 통해 6,000만 원을 취득하여 丙에게 동액 상당의 손해를 입혔는데, 乙은 甲의 불법행위에 가담하지 않았다. 丙은 甲과 乙에 대해서 각각 일반불법행위책임과 사용자책임을 근거로 6,000만 원의 손해배상을 청구하였다. 이에 대하여 피해자 丙에게도 주의의무를 다하지 않은 과실이 인정되었고 과실비율은 50%였다. 이에 관한 설명 중 옳은 것은? (다툼이 있는 경우 판례에 의함)** (2019 변호사)

① 甲은 丙의 손해배상청구에 대하여 과실상계를 주장할 수 있다.
② 乙은 丙의 손해배상청구에 대하여 과실상계를 주장할 수 없다.
③ 丙이 乙의 손해배상채무 전부를 면제한 경우 甲은 丙에 대하여 3,000만 원의 손해배상책임을 부담한다.

287 (×) 288 (×) 289 ⑤ 《 정답

④ 乙은 丙에 대하여 가지는 별도의 물품대금채권 2,000만 원으로 丙의 위 손해배상채권을 상계할 수 있다.
⑤ 甲이 丙에 대하여 2,000만 원을 변제한 경우 乙은 丙에 대하여 3,000만 원의 손해배상책임을 부담한다.

해설 ① (×) : 피해자의 부주의를 이용하여 고의로 불법행위를 저지른 자가 바로 그 피해자의 부주의를 이유로 자신의 책임을 감하여 달라고 주장하는 것은 허용될 수 없다(대판 2000. 1. 21, 99다50538).

② (×) : 피해자의 부주의를 이용하여 고의로 불법행위를 저지른 사람이 바로 피해자의 부주의를 이유로 자신의 책임을 줄여 달라고 주장하는 것은 허용될 수 없다. 그러나 이는 그러한 사유가 있는 자에게 과실상계의 주장을 허용하는 것이 신의칙에 반하기 때문이므로, 불법행위자 중의 일부에게 그러한 사유가 있다고 하여 그러한 사유가 없는 다른 불법행위자까지도 과실상계의 주장을 할 수 없다고 해석할 것은 아니다. 또한 중개보조원이 업무상 행위로 거래당사자인 피해자에게 고의로 불법행위를 저지른 경우라고 하더라도, 중개보조원을 고용하였을 뿐 이러한 불법행위에 가담하지 않은 개업공인중개사에게 책임을 묻고 있는 피해자에게 과실이 있다면, 법원은 과실상계의 법리에 따라 손해배상의 책임과 그 금액을 정하는 데 이를 참작하여야 한다. 따라서 과실에 의한 불법행위자인 중개보조원이 고의에 의한 불법행위자와 공동불법행위책임을 부담하는 경우 중개보조원의 손해배상액을 정할 때에는 피해자의 과실을 참작하여 과실상계를 할 수 있고, 중개보조원을 고용한 개업공인중개사의 손해배상금액을 정할 때에는 개업공인중개사가 중개보조원의 사용자일 뿐 불법행위에 관여하지는 않았다는 등의 개별적인 사정까지 고려하여 중개보조원보다 가볍게 책임을 제한할 수도 있다(대판 2018. 2. 13, 2015다242429).

> [동지판례] 사용자가 피용자의 과실에 의한 불법행위로 인한 사용자책임을 부담하는 경우와 마찬가지로 피용자의 고의에 의한 불법행위로 인하여 사용자책임을 부담하는 경우에도 피해자에게 그 손해의 발생과 확대에 기여한 과실이 있다면 사용자책임의 범위를 정함에 있어서 이러한 피해자의 과실을 고려하여 그 책임을 제한할 수 있다(대판 2002. 12. 26, 2000다56952).

③ (×) : 공동불법행위로 인한 손해배상책임은 소위 부진정연대채무관계에 있는 것이므로 그중의 한 채무자에 대한 채무면제는 민법 제419조가 적용되지 아니하여 다른 채무자에게는 그 효력이 미치지 아니하며 공동불법해위자 중 1인의 구상권행사에 대하여 다른 공동불법행위자는 자기의 채무가 면제되었음을 이유로 그 구상을 거절할 수 없다(대판 1980. 7. 22, 79다1107). ☞ 공동불법행위에 관한 판례이지만 부진정연대채무관계라는 점에서 지문과 공통된다.

④ (×) : 민법 제756조에 의한 사용자의 손해배상책임은 피용자의 배상책임에 대한 대체적 책임이고, 같은 조 제1항에서 사용자가 피용자의 선임 및 그 사무감독에 상당한 주의를 한 때 또는 상당한 주의를 하여도 손해가 있을 경우에는 책임을 면할 수 있도록 규정함으로써 사용자책임에서 사용자의 과실은 직접의 가해행위가 아닌 피용자의 선임·감독에 관련된 것으로 해석되는 점에 비추어 볼 때, 피용자의 고의의 불법행위로 인하여 사용자책임이 성립하는 경우에 민법 제496조의 적용을 배제하여야 할 이유가 없으므로 사용자책임이 성립하는 경우 사용자는 자신의 고의의 불법행위가 아니라는 이유로 민법 제496조의 적용을 면할 수는 없다(대판 2006. 10. 26, 2004다63019). ☞ 지문 ②와 ④는 혼동하기 쉬우므로 잘 비교하여 정리해야 할 것이다.

⑤ (○) : 금액이 다른 채무가 서로 부진정연대 관계에 있을 때 다액채무자가 일부 변제를 하는 경우 변제로 인하여 먼저 소멸하는 부분은 당사자의 의사와 채무 전액의 지급을 확실히 확보하려는 부진정연대채무 제도의 취지에 비추어 볼 때 다액채무자가 단독으로 채무를 부담하는 부분으로 보아야 한다. 이러한 법리는 사용자의 손해배상액이 피해자의 과실을 참작하여 과실상계를 한 결과 타인에게 직접 손해를 가한 피용자 자신의 손해배상액과 달라졌는데 다액채무자인 피용자가 손해배상액의 일부를 변제한 경우에 적용되고, 공동불법행위자들의 피해자에 대한 과실비율이 달라 손해배상액이 달라졌는데 다액채무자인 공동불법행위자가 손해배상액의 일부를 변제한 경우에도 적용된다. 또한 중개보조원을 고용한 개업공인중개사의 공인중개사법 제30조 제1항에 따른 손해배상액이 과실상계를 한 결과 거래당사자에게 직접 손해를 가한 중개보조원 자신의 손해배상액과 달라졌는데 다액채무자인 중개보조원이 손해배상액의 일부를 변제한 경우에도 마찬가지이다[대판(전합) 2018. 3. 22, 2012다74236]. → 이와 달리 사용자책임 또는 공동불법행위책임이 문제 되는 사안에서 다액채무자가 손해배상액의 일부를 변제하는 경우 소액채무자의 과실비율에 상응하는 만큼 소액채무자와 공동으로 채무를 부담하는 부분에서도 변제된 것으로 보아야 한다고 판시한 대법원 1994. 2. 22, 93다53696 판결 등은 이 판결의 견해에 배치되는 범위 내에서 이를 변경하기로 한다.

Ⅴ. 도급인의 책임

290 수급인이 도급받은 일에 관하여 제3자에게 손해를 가한 경우, 도급인에게 도급 또는 지시에 관하여 중대한 과실이 있는 때에는 도급인은 제3자에게 손해를 배상할 책임이 있다. ( )

(2020 변리사)

해설 민법 제757조 단서(도급인의 책임)

291 도급인이 수급인의 일의 진행 및 방법에 관하여 구체적으로 지휘·감독을 하는 경우에는, 수급인이 일의 진행을 위하여 고용한 제3자의 불법행위로 인한 손해에 대하여도 도급인이 「민법」 제756조에 의한 사용자책임을 부담한다. ( ) (2021 변호사)

해설 도급인이 수급인의 일의 진행 및 방법에 관하여 구체적인 지휘감독권을 유보한 경우에는 도급인과 수급인의 관계는 실질적으로 사용자 및 피용자의 관계와 다를 바 없으므로 수급인이 고용한 제3자의 불법행위로 인한 손해에 대하여 도급인은 민법 제756조에 의한 사용자 책임을 면할 수 없다(대판 1987. 10. 28, 87다카1185).

292-1 도급인이 수급인에 대하여 특정한 행위를 지휘하는 등의 노무도급의 경우에 도급인은 수급인의 불법행위에 대해 사용자책임을 질 수 있다. ( ) (2018 변리사)

292-2 도급인이 수급인에 대하여 특정한 행위를 지휘하는 이른바 노무도급의 경우에는 수급인의 불법행위에 대하여 비록 도급인이라고 하더라도 사용자로서의 배상책임이 있다. ( )

(2018 변호사)

290 (○) 291 (○) 292-1 (○) 292-2 (○) 《 정답

> **해설** 도급인이 수급인에 대하여 특정한 행위를 지휘하거나 특정한 사업을 도급시키는 경우와 같은 이른바 노무도급의 경우에 있어서는 도급인이라고 하더라도 민법 제756조가 규정하고 있는 사용자책임의 요건으로서의 사용관계가 인정된다(대판 1998. 6. 26, 97다58170).

Ⅵ. 공작물 등의 점유자와 소유자의 책임

293 **공작물 보존의 하자로 인하여 타인에게 손해를 가한 경우, 그 점유자는 손해의 방지에 필요한 주의를 해태하지 아니한 때에도 소유자와 연대하여 손해를 배상할 책임이 있다. ( )**

(2020 변리사)

> **해설** 민법 제758조에 따라 공작물의 설치 또는 보존의 하자로 인하여 타인에게 가한 손해를 배상할 책임은 제1차적으로 공작물을 직접적·구체적으로 지배하면서 사실상 점유관리하는 공작물의 점유자에게 있고, 공작물의 점유자가 손해의 방지에 필요한 주의를 해태하지 아니하였음을 입증함으로써 면책될 때에 제2차적으로 공작물의 소유자가 손해를 배상할 책임을 지게 된다(대판 1993. 1. 12, 92다23551).

294 **제3자의 행위 또는 피해자의 행위와 경합하여 피해자에게 손해가 발생한 경우, 공작물의 설치·보존상의 하자가 공동원인의 하나가 되는 이상 그 손해는 공작물의 설치·보존상의 하자에 의하여 발생한 것이라고 보아야 한다. ( )** (2021 변호사)

> **해설** 공작물의 설치보존의 하자에 인한 손해배상책임은 그 공작물의 설치보존의 손해배상의 때에만 국한되는 것이 아니고 그 하자가 공동원인의 하나가 된 것일 때에도 발생한다(대판 1963. 9. 26, 63다385).

295 **甲과 乙은 2018. 1.경 甲 소유의 건물을 신축하기로 하는 공사도급계약을 체결하여 乙은 공사를 완료한 후 건물을 甲에게 인도하였고, 甲은 그 건물에 관한 소유권보존등기를 마쳤다. 한편 丙은 위 도급계약 시 甲의 乙에 대한 공사대금채무에 대하여 乙과 보증계약을 체결하였다. 이에 관한 설명 중 옳지 않은 것은? (각 지문은 독립적이며, 다툼이 있는 경우 판례에 의함)** (2019 변호사)

① 乙과 丙의 보증계약이 丙의 기명날인 또는 서명이 있는 서면으로 체결되지 않았다면 그 보증계약은 효력이 없다.

② 乙이 공사대금채권을 피보전채권으로 하여 건물에 대하여 가압류한 경우, 그 가압류 사실을 丙에게 통지하지 않았더라도, 丙의 보증채무는 소멸시효가 중단된다.

③ 乙의 甲에 대한 공사대금채권의 소멸시효가 완성된 후 丙이 스스로 보증채무를 이행하였다면 다른 특별한 사정이 없는 한 丙은 乙의 공사대금채권의 소멸시효 완성의 효과를 주장할 수 없다.

④ 건물신축공사 과정에서 乙의 피용자 丁의 과실로 행인인 제3자 戊가 상해를 입은 경우, 甲이 구체적인 공사의 시공 자체를 관리하는 형태로는 관여하지 않았고, 다만 공사가 설계도대로 시행되고 있는지 확인하

정답 》 293 (×) 294 (○) 295 ③

는 정도로만 관여하였다면, 甲은 원칙적으로 사용자책임을 지지 않는다.

⑤ 甲이 건물을 인도받아 점유하던 중 건물의 보존상의 하자로 인하여 행인인 제3자 戊가 상해를 입은 경우 甲은 자신의 과실이 없는 경우에도 불법행위로 인한 손해배상책임을 진다.

해설 ① (○) : 민법 제428조의2(보증의 방식) ① 보증은 그 의사가 보증인의 기명날인 또는 서명이 있는 서면으로 표시되어야 효력이 발생한다. 다만, 보증의 의사가 전자적 형태로 표시된 경우에는 효력이 없다.

② (○) : 민법 제169조는 '시효의 중단은 당사자 및 그 승계인 간에만 효력이 있다.'고 규정하고 있고, 한편 민법 제440조는 '주채무자에 대한 시효의 중단은 보증인에 대하여 그 효력이 있다.'라고 규정하고 있는바, 민법 제440조는 민법 제169조의 예외 규정으로서 이는 채권자 보호 내지 채권담보의 확보를 위하여 주채무자에 대한 시효중단의 사유가 발생하였을 때는 그 보증인에 대한 별도의 중단조치가 이루어지지 아니하여도 동시에 시효중단의 효력이 생기도록 한 것이고, 그 시효중단사유가 압류, 가압류 및 가처분이라고 하더라도 이를 보증인에게 통지하여야 비로소 시효중단의 효력이 발생하는 것은 아니다(대판 2005. 10. 27, 2005다35554, 35561).

③ (×) : 보증채무에 대한 소멸시효가 중단되는 등의 사유로 완성되지 아니하였다고 하더라도 주채무에 대한 소멸시효가 완성된 경우에는 시효완성 사실로써 주채무가 당연히 소멸되므로 보증채무의 부종성에 따라 보증채무 역시 당연히 소멸된다. 그리고 주채무에 대한 소멸시효가 완성되어 보증채무가 소멸된 상태에서 보증인이 보증채무를 이행하거나 승인하였다고 하더라도, 주채무자가 아닌 보증인의 행위에 의하여 주채무에 대한 소멸시효 이익의 포기 효과가 발생된다고 할 수 없으며, 주채무의 시효소멸에도 불구하고 보증채무를 이행하겠다는 의사를 표시한 경우 등과 같이 부종성을 부정하여야 할 다른 특별한 사정이 없는 한 보증인은 여전히 주채무의 시효소멸을 이유로 보증채무의 소멸을 주장할 수 있다고 보아야 한다(대판 2012. 7. 12, 2010다51192).

④ (○) : 도급인은 도급 또는 지시에 관하여 중대한 과실이 없는 한 수급인이 그 일에 관하여 제3자에게 가한 손해를 배상할 책임이 없으나(민법 제757조), 다만 도급인이 수급인의 일의 진행 및 방법에 관하여 구체적인 지휘 감독권을 유보한 경우에는 도급인과 수급인의 관계는 실질적으로 사용자 및 피용자의 관계와 다를 바 없으므로 수급인 또는 그 피용인의 불법행위로 인한 손해에 대하여 도급인은 민법 제756조에 의한 사용자책임을 면할 수 없고 이러한 이치는 하도급의 경우에도 마찬가지인바, 사용자 및 피용자 관계 인정의 기초가 되는 도급인의 수급인에 대한 지휘 감독은 건설공사의 경우에는 현장에서 구체적인 공사의 운영 및 시행을 직접 지시 지도하고 감시 독려함으로써 시공 자체를 관리함을 말하는 것이고, 단순히 공사의 운영 및 시공의 정도가 설계도 또는 시방서대로 시행되고 있는가를 확인하여 공정을 감독하는 데에 불과한 이른바 감리는 여기에 해당하지 않는다(대판 1992. 6. 23, 92다2615).

⑤ (○) : 민법 제758조(공작물등의 점유자, 소유자의 책임) ① 공작물의 설치 또는 보존의 하자로 인하여 타인에게 손해를 가한 때에는 공작물점유자가 손해를 배상할 책임이 있다. 그러나 점유자가 손해의 방지에 필요한 주의를 해태하지 아니한 때에는 그 소유자가 손해를 배상할 책임이 있다.

Ⅶ. 동물점유자의 책임

Ⅷ. 공동불법행위

296 **수인이 공동의 불법행위로 타인에게 손해를 가한 때에는 연대하여 그 손해를 배상할 책임이 있다. ( )** (2019 변리사)

> **해 설** 민법 제760조(공동불법행위자의 책임) 제1항

297 **공동불법행위가 성립하기 위해서는 행위자 사이에 의사의 공통이나 행위공동의 인식은 필요하지 않다. ( )** (2019 변리사)

> **해 설** 공동불법행위가 성립하려면 행위자 사이에 의사의 공통이나 행위공동의 인식이 필요한 것은 아니지만 객관적으로 보아 피해자에 대한 권리침해가 공동으로 행하여지고 그 행위가 손해발생에 대하여 공통의 원인이 되었다고 인정되는 경우라야 한다(대판 1989. 5. 23, 87다카2723). ☞ 판례는 이른바 객관적 공동설의 입장이다.

298 **가해자불명의 공동불법행위의 경우, 개별 행위자가 자기의 행위와 손해발생 사이에 인과관계가 없음을 증명하면 불법행위책임을 면한다. ( )** (2019 변리사)

> **해 설** 민법 제760조 제2항은 여러 사람의 행위가 경합하여 손해가 생긴 경우 중 같은 조 제1항에서 말하는 공동의 불법행위로 보기에 부족할 때, 입증책임을 덜어줌으로써 피해자를 보호하려는 입법정책상의 고려에 따라 각각의 행위와 손해 발생 사이의 인과관계를 법률상 추정한 것이므로, 이러한 경우 개별 행위자가 자기의 행위와 손해 발생 사이에 인과관계가 존재하지 아니함을 증명하면 면책되고, 손해의 일부가 자신의 행위에서 비롯된 것이 아님을 증명하면 배상책임이 그 범위로 감축된다(대판 2008. 4. 10, 2007다76306).

299 **불법행위를 방지할 작위의무 있는 사람이 그것을 방지하여야 할 제반조치를 취하지 아니하는 부작위로 인하여 불법행위자의 실행행위를 용이하게 하는 경우, 공동불법행위책임을 질 수 있다. ( )** (2015 변리사)

> **해 설** 공동불법행위는 방조에 의하여도 성립되는데(제760조 제3항), 불법행위를 방지할 작위의무 있는 사람이 그것을 방지하여야 할 제반조치를 취하지 아니하는 부작위로 인하여 불법행위자의 실행행위를 용이하게 하는 경우, 공동불법행위책임을 질 수 있다(대판 2012. 4. 26, 2020다8709).

300 **환자가 수혈로 인하여 에이즈에 감염된 경우 대한적십자사의 혈액관리상의 주의의무위반으로 인한 에이즈 감염행위와 의사의 수혈 시 설명의무위반으로 인한 환자의 자기결정권침해 행위는 공동불법행위를 구성한다. ( )** (2019 변호사)

> **해 설** 에이즈 바이러스에 감염된 혈액을 환자가 수혈받음으로써 에이즈에 감염될 위험을 배제할 의무 및 그와 같은 결과를 회피할 의무를 다하지 아니하여 감염된 혈액을 수혈받은 환자로 하여금 에이즈 바이러스 감염이라는 치명적인 건강 침해를 입게 한 대한적십자사의 과실 및 위법행위는 신체상해 자체에 대한 것인 데 비하여, 수혈로 인한 에이즈 바이러스 감염 위험 등의 설명의무를 다하지 아니한 의사들의 과실 및 위법행위는 신체상해의 결과 발생 여부를 묻지 아니하는 수혈 여부와 수혈 혈액에 대

정답 》 296 (○) 297 (○) 298 (○) 299 (○) 300 (×)

한 환자의 자기결정권이라는 인격권의 침해에 대한 것이므로, 대한적십자사와 의사의 양 행위가 경합하여 단일한 결과를 발생시킨 것이 아니고 각 행위의 결과 발생을 구별할 수 있으니, 이와 같은 경우에는 공동불법행위가 성립한다고 할 수 없다(대판 1998. 2. 13, 96다7854).

301-1 금전을 대여한 채권자가 고의 또는 과실로 「이자제한법」을 위반하여 최고이자율을 초과하는 이자를 받아 채무자에게 손해를 입힌 경우, 특별한 사정이 없는 한 불법행위가 성립한다. ( ) (2022 변호사)

301-2 금전을 대여한 채권자가 고의 또는 과실로 이자제한법을 위반하여 최고이자율을 초과하는 이자를 받아 채무자에게 손해를 입힌 경우, 특별한 사정이 없는 한 불법행위가 성립한다. ( ) (2023 변리사)

해설 **금전을 대여한 채권자가 고의 또는 과실로 이자제한법을 위반하여 최고이자율을 초과하는 이자를 받아 채무자에게 손해를 입힌 경우**에는 특별한 사정이 없는 한 민법 제750조에 따라 **불법행위**가 성립한다고 보아야 한다. 최고이자율을 초과하여 지급된 이자는 이자제한법 제2조 제4항에 따라 원본에 충당되므로, 이와 같이 충당하여 원본이 소멸하고도 남아 있는 초과 지급액은 이자제한법 위반 행위로 인한 손해라고 볼 수 있다. **부당이득반환청구권과 불법행위로 인한 손해배상청구권은 서로 별개의 청구권으로서, 제한 초과이자에 대하여 부당이득반환청구권이 있다고 해서 그것만으로 불법행위의 성립이 방해되지 않는다.** 나아가 **채권자와 공동으로 위와 같은 이자제한법 위반 행위를 하였거나 이에 가담한 사람**도 민법 제760조에 따라 연대하여 손해를 배상할 책임이 있다(대판 2021. 2. 25, 2020다230239).

302 법원이 피해자의 과실을 들어 과실상계를 함에 있어서 피해자의 공동불법행위자 각인에 대한 과실비율이 서로 다르다면 피해자의 과실을 공동불법행위자 각인에 대한 과실로 개별적으로 평가하여야 한다. ( ) (2019 변호사)

해설 공동불법행위의 성립에는 공동불법행위자 상호간에 의사의 공통이나 공동의 인식이 있을 필요는 없고 객관적으로 각 행위에 관련공동성이 있으면 충분하므로 관련공동성 있는 행위에 의하여 손해가 발생하였다면 손해배상책임을 면할 수 없으며, 공동불법행위책임은 가해자 각 개인의 행위에 대하여 개별적으로 그로 인한 손해를 구하는 것이 아니라 가해자들이 공동으로 가한 불법행위에 대하여 책임을 추궁하는 것이므로, 법원이 피해자의 과실을 들어 과실상계를 하는 경우에는 피해자의 공동불법행위자 각인에 대한 과실비율이 서로 다르더라도 피해자의 과실을 공동불법행위자 각인에 대한 과실로 개별적으로 평가할 것이 아니고 그들 전원에 대한 과실로서 전체적으로 평가하여야 한다(대판 2011. 7. 28, 2010다76368).

303 피해자가 공동불법행위자 중의 일부만을 상대로 손해배상을 청구하는 경우, 과실상계를 함에 있어 피해자에 대한 공동불법행위자 전원의 과실과 피해자의 공동불법행위자 전원에 대한 과실을 전체적으로 평가하여야 하고, 공동불법행위자 간의 과실의 경중이나 구상권행사의 가능 여부 등은 고려할 필요가 없다. ( ) (2017 변호사)

301-1 (○) 301-2 (○) 302 (×) 303 (○) 《 정답

해설 피해자가 공동불법행위자 중의 일부만을 상대로 손해배상을 청구하는 경우에도 과실상계를 함에 있어 참작하여야 할 쌍방의 과실은 피해자에 대한 공동불법행위자 전원의 과실과 피해자의 공동불법행위자 전원에 대한 과실을 전체적으로 평가하여야 하고 공동불법행위자 간의 과실의 경중이나 구상권행사의 가능 여부 등은 고려할 여지가 없다(대판 1991. 5. 10, 90다14423).

304-1 **공동불법행위자 중에 피해자의 부주의를 이용하여 고의로 불법행위를 행한 자가 있는 경우에는 모든 불법행위자가 과실상계의 주장을 할 수 없다. ( )** (2017 변호사)

304-2 **공동불법행위자들 중에 고의로 불법행위를 행한 자가 있는 경우, 모든 공동불법행위자가 과실상계의 주장을 할 수 없다. ( )** (2023 변리사)

해설 피해자의 부주의를 이용하여 고의로 불법행위를 저지른 자가 바로 그 피해자의 부주의를 이유로 자신의 책임을 감하여 달라고 주장하는 것은 허용될 수 없으나, 이는 그러한 사유가 있는 자에게 과실상계의 주장을 허용하는 것이 신의칙에 반하기 때문이므로, 불법행위자 중 일부에게 그러한 사유가 있다고 하여 그러한 사유가 없는 다른 불법행위자까지도 과실상계의 주장을 할 수 없다고 해석할 것은 아니다(대판 2016. 4. 12, 2013다31137).

305 **가해자 甲이 다른 가해자 乙에 비하여 불법행위에 가공한 정도가 경미하더라도 피해자 丙에 대한 관계에서 甲의 책임범위를 손해배상액의 일부로 제한할 수 없다. ( )** (2015 변리사)

해설 공동불법행위의 가해자는 피해자를 보호하기 위하여 부진정연대채무를 부담하는 것으로 보기 때문에 가해자 甲이 다른 가해자 乙에 비하여 불법행위에 가공한 정도가 경미하더라도 피해자 丙에 대한 관계에서 甲의 책임범위를 손해배상의 일부로 제한할 수 없다(대판 2007. 6. 14, 2005다32999).

306 **피해자가 공동불법행위자들 중 일부를 상대로 한 전소에서 승소한 금액을 전부 지급받았다고 하더라도 그 금액이 나머지 공동불법행위자에 대한 후소에서 산정된 손해액에 미치지 못한다면 후소의 피고는 그 차액을 피해자에게 지급할 의무가 있다. ( )** (2019 변호사)

해설 피해자가 공동불법행위자들을 모두 피고로 삼아 한꺼번에 손해배상청구의 소를 제기한 경우와 달리 공동불법행위자별로 별개의 소를 제기하여 소송을 진행하는 경우에는 각 소송에서 제출된 증거가 서로 다르고 이에 따라 교통사고의 경위와 피해자의 손해액산정의 기초가 되는 사실이 달리 인정됨으로 인하여 과실상계비율과 손해액도 서로 달리 인정될 수 있는 것이므로, 피해자가 공동불법행위자들 중 일부를 상대로 한 전소에서 승소한 금액을 전부 지급받았다고 하더라도 그 금액이 나머지 공동불법행위자에 대한 후소에서 산정된 손해액에 미치지 못한다면 후소의 피고는 그 차액을 피해자에게 지급할 의무가 있다(대판 2001. 2. 9, 2000다60227).

307 **공동불법행위자 중 1인의 변제는 변제된 금액의 한도 내에서 다른 공동불법행위자를 위하여 공동면책의 효력이 있다. ( )** (2019 변리사)

정답 〉 **304-1** (×) **304-2** (×) **305** (○) **306** (○) **307** (○)

해설 [1] 공동불법행위자 중 1인의 변제는 변제금액의 한도 내에서 다른 공동 불법행위자를 위하여 공동면책의 효력이 있다. [2] 공동불법행위자 중 1인에 대한 면제는 다른 공동 불법행위자에 대하여 효력이 미치지 아니한다(대판 1982. 4. 27, 80다2555).

308 **피해자가 공동불법행위자 중 1인에게 손해배상을 청구한 경우, 그에 따른 시효중단 효과는 다른 공동불법행위자에게도 미친다. ( )** (2015 변리사)

해설 부진정연대채무에서 절대효는 변제·대물변제·공탁·상계 등이며, 기타는 상대적 효력밖에 없다. 따라서 피해자가 공동불법행위자 중 1인에게 손해배상을 청구한 경우, 그에 따른 시효중단 효과는 다른 공동불법행위자에게도 미치지 않는다(대판 2011. 4. 14, 2010다91886).

309 **피해자가 공동불법행위자 중 1인에 대하여 손해배상에 관한 권리를 포기하거나 채무를 면제하는 의사표시를 하였다 하더라도 다른 불법행위자에 대하여 그 효력이 미치지 않는다. ( )** (2015 변리사)

해설 피해자가 공동불법행위자 중 1인에 대하여 손해배상에 관한 권리를 포기하거나 채무를 면제하는 의사표시를 하였다 하더라도 다른 불법행위자에 대하여 그 효력이 미치지 않는다(대판 1980. 7. 22, 79다1107).

310-1 **공동불법행위자 중 1인인 甲의 손해배상채무가 시효로 소멸한 후에, 다른 공동불법행위자 乙이 피해자에게 자기의 부담부분을 넘는 손해를 배상하였더라도 乙은 甲에게 구상권을 행사할 수 없다. ( )** (2019 변리사)

310-2 **공동불법행위자 중 1인의 손해배상채무가 시효로 소멸한 후에 다른 공동불법행위자 1인이 피해자에게 자기의 부담 부분을 넘는 손해를 배상하였을 경우, 그 공동불법행위자는 손해배상채무가 시효로 소멸한 다른 공동불법행위자에게 구상권을 행사할 수 있다. ( )** (2017 변호사)

해설 공동불법행위자의 다른 공동불법행위자에 대한 구상권은 피해자의 다른 공동불법행위자에 대한 손해배상채권과는 그 발생 원인 및 성질을 달리하는 별개의 권리이고, 연대채무에 있어서 소멸시효의 절대적 효력에 관한 민법 제421조의 규정은 공동불법행위자 상호간의 부진정연대채무에 대하여는 그 적용이 없으므로, 공동불법행위자 중 1인의 손해배상채무가 시효로 소멸한 후에 다른 공동불법행위자 1인이 피해자에게 자기의 부담 부분을 넘는 손해를 배상하였을 경우에도, 그 공동불법행위자는 다른 공동불법행위자에게 구상권을 행사할 수 있다(대판 1997. 12. 23, 97다42830).

311 **공동불법행위자 1인이 공동면책행위를 한 경우, 다른 공동불법행위자에 대한 구상권은 공동면책행위를 한 날로부터 10년이 지나면 소멸시효가 완성된다. ( )** (2015 변리사)

308 (×) 309 (○) 310-1 (×) 310-2 (○) 311 (○) 《 정답

> **해설** 공동불법행위자 1인이 공동면책행위를 한 경우, 다른 공동불법행위자에 대한 구상권은 공동면책행위를 한 날로부터 10년이 지나면 소멸시효가 완성된다(대판 1996. 3. 26, 96다3791).

312-1 **공동불법행위자 중 1인이 피해자에게 전부 변제하여 면책된 경우 그 공동불법행위자에게 과실이 없다면, 그에 대한 다른 공동불법행위자들의 구상의무는 부진정연대관계에 있다. ( )** (2019 변호사)

312-2 **공동불법행위자 중 1인에 대하여 구상의무를 부담하는 다른 공동불법행위자가 수인(數人)인 경우, 구상권자인 공동불법행위자가 과실이 없어 내부적인 부담 부분이 전혀 없다면 그에 대한 수인(數人)의 구상의무 사이의 관계는 부진정연대관계이다. ( )** (2017 변호사)

312-3 **공동불법행위자 중 1인에 대하여 구상의무를 부담하는 다른 공동불법행위자가 수인인 경우에는 특별한 사정이 없는 이상 그들의 구상권자에 대한 채무는 각자의 부담부분에 따른 분할채무로 보는 것이 타당하지만, 구상권자인 공동불법행위자 측에 과실이 없어서 내부적인 부담부분이 전혀 없다면 이와 달리 그에 대한 수인의 구상의무를 부진정연대관계로 보는 것이 타당하다. ( )** (2022 변호사)

> **해설** 공동불법행위자 중 1인에 대하여 구상의무를 부담하는 다른 공동불법행위자가 수인인 경우에는 특별한 사정이 없는 이상 그들의 구상권자에 대한 채무는 각자의 부담 부분에 따른 분할채무로 보는 것이 타당하지만, 구상권자인 공동불법행위자 측에 과실이 없는 경우, 즉 내부적인 부담 부분이 전혀 없는 경우에는 이와 달리 그에 대한 수인의 구상의무를 부진정연대관계로 보는 것이 타당하다(대판 2012. 3. 15, 2011다52727).

313 **甲과 乙은 과실에 의한 공동불법행위자로서 丙에게 5천만원의 손해를 입혔다. 이 손해의 발생에 丙의 과실은 30%로 평가되었고, 甲과 乙사이의 과실비율은 7:3이었다. 이에 관한 설명으로 옳지 않은 것은? (다툼이 있으면 판례에 따름)** (2017 변리사)

① 甲과 乙은 丙에 대하여 3천 5백만원의 손해배상채무를 부담한다.

② 甲이 丙에 대한 대여금채권을 자동채권으로 하여 2천만원을 상계한 경우, 乙은 丙에 대하여 4백 5십만원의 손해배상채무를 부담하게 된다.

③ 甲이 丙에게 손해배상채무를 전액 배상한 경우, 甲의 乙에 대한 구상채권의 소멸시효는 10년으로 완성되고, 그 기산점은 甲이 현실로 丙에게 손해배상금을 지급한 때이다.

④ 甲이 丙에게 1천만원을 배상한 경우, 甲은 乙에 대하여 구상할 수 없다.

⑤ 甲의 보증인 丁이 丙에 대하여 손해배상채무를 변제한 경우, 丁은 乙에게 乙의 부담부분에 한하여 구상권을 행사할 수 있다.

> **해설** ① (○) : 민법 제763조에 의하여 준용되는 제396조에 따라 과실상계를 해야 한다. 5,000만 원×(1−30/100) = 3,500만 원.
> ② (×) : 부진정연대채무자 중 1인이 자신의 채권자에 대한 반대채권으로 상계를 한 경우에도 채권은

정답 312-1 (○) 312-2 (○) 312-3 (○) 313 ②

변제, 대물변제, 또는 공탁이 행하여진 경우와 동일하게 현실적으로 만족을 얻어 그 목적을 달성하는 것이므로, 그 상계로 인한 채무소멸의 효력은 소멸한 채무 전액에 관하여 다른 부진정연대채무자에 대하여도 미친다[대판(전합) 2010. 9. 16, 2008다97218]. 따라서 乙은 丙에 대하여 1,500만 원(3,500만 원 - 2,000만 원)의 채무를 부담하게 된다. ☞ 과실비율이 7:3이라고 해서 乙이 남은 채무 1,500만 원 중 450만 원(1,500만 원×3/10)만 부담하면 된다고 혼동하지 말 것이다. 과실비율과 상관없이 丙에 대하여는 남은 채무 1,500만 원을 전부 변제할 의무가 있는 것이다.

③ (○) : 구상권은 그 소멸시효에 관하여 법률에 따로 정한 바가 없으므로 일반원칙으로 돌아가 일반채권과 같이 그 소멸시효는 10년으로 완성된다고 해석함이 상당하고 그 기산점은 구상권이 발생한 시점, 즉 구상권자가 현실로 피해자에게 지급한 때이다(대판 1994. 1. 11, 93다32958).

④ (○) : 공동불법행위자는 채권자에 대한 관계에서는 연대책임(부진정연대채무)을 지되, 공동불법행위자들 내부관계에서는 일정한 부담 부분이 있고, 이 부담 부분은 공동불법행위자의 과실의 정도에 따라 정하여지는 것으로서 공동불법행위자 중 1인이 자기의 부담 부분 이상을 변제하여 공동의 면책을 얻게 하였을 때에는 다른 공동불법행위자에게 그 부담 부분의 비율에 따라 구상권을 행사할 수 있다(대판 2002. 9. 24, 2000다69712). ☞ 甲의 부담부분은 2,450만 원(3,500만 원×70/100)이므로, 이를 넘지 않은 변제를 한 경우에는 구상할 수 없다.

⑤ (○) : 어느 공동불법행위자를 위하여 보증인이 된 사람이 피보증인을 위하여 손해배상채무를 변제한 경우, 그 보증인은 피보증인이 아닌 다른 공동불법행위자에 대하여 그 부담 부분에 한하여 구상권을 행사할 수 있다(대판 2008. 7. 24, 2007다37530).

314 甲과 乙이 丙의 부주의를 이용하여 고의로 공동불법행위를 저질러 丙에게 1억 원의 손해를 입혔다. 이 손해에 丙이 기여한 과실이 20%이며, 이에 가담하지 않은 丁이 甲의 사용자로서 사용자책임을 진다. 이에 관한 설명 중 옳지 않은 것을 모두 고른 것은? (다툼이 있는 경우 판례에 의함) (2020 변호사)

ㄱ. 甲과 乙은 丙의 과실을 이유로 과실상계를 주장할 수 없고, 丁 역시 甲의 사용자로서 과실상계를 주장할 수 없다.

ㄴ. 丁이 丙에 대하여 대여금채권을 갖고 있는 경우, 丁은 불법행위에 가담하지 않았음을 이유로 고의의 불법행위채권을 수동채권으로 하는 상계 금지 규정인 「민법」 제496조의 적용을 배제하고 위 대여금채권을 자동채권으로 하여 丙의 丁에 대한 손해배상채권을 상계할 수 있다.

ㄷ. 丙의 甲에 대한 손해배상채권만 시효로 소멸한 후 乙이 丙에게 손해를 전부 배상하였다면, 乙은 甲을 상대로 구상권을 행사할 수 있다.

ㄹ. 丙이 甲을 상대로 손해배상청구의 소를 제기한 경우, 丙의 乙에 대한 손해배상채권도 소멸시효가 중단된다.

① ㄱ, ㄴ ② ㄱ, ㄹ ③ ㄴ, ㄷ ④ ㄱ, ㄴ, ㄹ ⑤ ㄱ, ㄷ, ㄹ

해설 ㄱ. (×) : 피해자의 부주의를 이용하여 고의로 불법행위를 저지른 사람이 바로 피해자의 부주의를 이유로 자신의 책임을 줄여 달라고 주장하는 것은 허용될 수 없다(대판 2018. 2. 13, 2015다242429).

314 ④ 《 정답

그러나 사용자가 피용자의 과실에 의한 불법행위로 인한 사용자책임을 부담하는 경우와 마찬가지로 피용자의 고의에 의한 불법행위로 인하여 사용자책임을 부담하는 경우에도 피해자에게 그 손해의 발생과 확대에 기여한 과실이 있다면 사용자책임의 범위를 정함에 있어서 이러한 피해자의 과실을 고려하여 그 책임을 제한할 수 있다(대판 2002. 12. 26, 2000다56952).

ㄴ. (×) : 민법 제756조에 의한 사용자의 손해배상책임은 피용자의 배상책임에 대한 대체적 책임이고, 피용자의 고의의 불법행위로 인하여 사용자책임이 성립하는 경우에 민법 제496조의 적용을 배제하여야 할 이유가 없으므로 사용자책임이 성립하는 경우 사용자는 자신의 고의의 불법행위가 아니라는 이유로 민법 제496조의 적용을 면할 수는 없다. 따라서 사용자책임을 부담하는 은행이 위 손해배상채무를 수동채권으로 상계할 수 없다(대판 2006. 10. 26, 2004다63019).

ㄷ. (○) : 공동불법행위자의 다른 공동불법행위자에 대한 구상권은 피해자의 다른 공동불법행위자에 대한 손해배상채권과는 그 발생 원인 및 성질을 달리하는 별개의 권리이고, 연대채무에 있어서 소멸시효의 절대적 효력에 관한 민법 제421조의 규정은 공동불법행위자 상호간의 부진정연대채무에 대하여는 그 적용이 없으므로, 공동불법행위자 중 1인의 손해배상채무가 시효로 소멸한 후에 다른 공동불법행위자 1인이 피해자에게 자기의 부담 부분을 넘는 손해를 배상하였을 경우에도, 그 공동불법행위자는 다른 공동불법행위자에게 구상권을 행사할 수 있다(대판 1997. 12. 23, 97다42830).

ㄹ. (×) : 부진정연대채무에서 채무자 1인에 대한 재판상 청구 또는 채무자 1인이 행한 채무의 승인 등 소멸시효의 중단사유나 시효이익의 포기는 다른 채무자에게 효력을 미치지 않는다(대판 2017. 9. 12, 2017다865).

Ⅸ. 운행자책임

Ⅹ. 환경오염책임

Ⅺ. 제조물책임

315 일반 소비자는 고도의 기술이 집약되어 대량으로 생산되는 제품의 하자를 원인으로 제조업자에게 민법상 불법행위책임을 묻기 위하여는 구체적인 하자 및 하자와 발생한 손해 사이의 상당인과관계를 증명하여야 한다. ( ) (2014 변리사)

해설 현대불법행위책임에서 입증책임의 완화 문제이다. 즉 "고도의 기술이 집약되어 대량으로 생산되는 제품에 성능 미달 등의 하자가 있어 피해를 입었다는 이유로 제조업자 측에게 민법상 불법행위책임으로 손해배상을 청구하는 경우에, 일반 소비자로서는 제품에 구체적으로 어떠한 하자가 존재하였는지, 발생한 손해가 하자로 인한 것인지를 과학적·기술적으로 증명한다는 것은 지극히 어렵다. 따라서 소비자 측으로서는 제품이 통상적으로 지녀야 할 품질이나 요구되는 성능 또는 효능을 갖추지 못하였다는 등 일응 제품에 하자가 있었던 것으로 추단할 수 있는 사실과 제품이 정상적인 용법에 따라 사용되었음에도 손해가 발생하였다는 사실을 증명하면, 제조업자 측에서 손해가 제품의 하자가 아닌 다른 원인으로 발생한 것임을 증명하지 못하는 이상, 제품에 하자가 존재하고 하자로 말미암아 손해가 발생하였다고 추정하여 손해배상책임을 지울 수 있도록 증명책임을 완화하는 것이 손해의 공평·타당한 부담을 지도 원리로 하는 손해배상제도의 이상에 맞다"(대판 2013. 9. 26, 2011다88870).

정답 315 (×)

XII. 의료과오책임

XIII. 명예훼손

316 **초상권을 부당하게 침해한 경우에도 그 침해가 공개된 장소에서 이루어진 때에는 불법행위가 성립하지 않는다. ( )** (2014 변리사)

> **해설** 초상권을 부당하게 침해한 경우, 설령 그 침해가 공개된 장소에서 이루어진 때에도 불법행위가 성립한다(대판 2013. 6. 27, 2010다31628).

317 **타인의 명예를 훼손한 자에 대하여 법원은 사죄광고를 명할 수 없다. ( )** (2020 변리사)

> **해설** 민법 제764조가 사죄광고를 포함하는 취지라면 그에 의한 기본권제한에 있어서 그 선택된 수단이 목적에 적합하지 않을 뿐만 아니라 그 정도 또한 과잉하여 비례의 원칙이 정한 한계를 벗어난 것으로 헌법 제37조 제2항에 의하여 정당화될 수 없는 것으로서 헌법 제19조에 위반되는 동시에 헌법상 보장되는 인격권의 침해에 이르게 된다(헌재 1991. 4. 1, 89헌마160). ☞ 민법 제764조의 "명예회복에 적당한 처분"에 사죄광고는 포함되지 않는다.

XIV. 불법행위의 효과

318 **위법행위 시점과 손해의 발생 시점에 시간적 간격이 있는 경우, 불법행위로 인한 재산상 손해에 대한 배상책임이 성립하는 시기는 손해의 발생 시점이다. ( )** (2023 변리사)

> **해설** 불법행위로 인한 손해배상책임은 원칙적으로 위법행위 시에 성립하지만, 위법행위 시점과 손해발생 시점 사이에 시간적 간격이 있는 경우에는 손해가 발생한 때에 성립한다. 손해란 위법한 가해행위로 인하여 발생한 재산상의 불이익, 즉 그 위법행위가 없었더라면 존재하였을 재산상태와 그 위법행위가 있은 후의 재산상태의 차이를 말한다. 또한 손해의 발생 시점이란 이러한 손해가 현실적으로 발생한 시점을 의미하는데, 현실적으로 손해가 발생하였는지 여부는 사회통념에 비추어 객관적이고 합리적으로 판단하여야 한다(대판 2018. 9. 28, 2015다69853).

319 **불법행위로 훼손된 건물이 너무 낡아 수리를 통하여 원상으로 회복시키는데 소요되는 수리비가 건물의 교환가치를 초과하더라도 수리가 가능하다면, 가해자는 피해자에게 수리비 상당액을 배상해야 한다. ( )** (2022 변호사)

> **해설** 불법행위 등으로 인하여 건물이 훼손된 경우, 수리가 가능하다면 그 수리비가 통상의 손해이며, 훼손 당시 그 건물이 이미 내용연수가 다 된 낡은 건물이어서 원상으로 회복시키는 데 소요되는 수리비가 건물의 교환가치를 초과하는 경우에는 형평의 원칙상 그 손해액은 그 건물의 교환가치 범위 내로 제한되어야 할 것이고, 또한 수리로 인하여 훼손 전보다 건물의 교환가치가 증가하는 경우에는 그 수리비에서 교환가치 증가분을 공제한 금액이 그 손해이다(대판 2004. 2. 27, 2002다39456).

316 (×) 317 (○) 318 (○) 319 (×) 《 정답

320 乙이 甲 소유의 토지에 관한 등기관계서류를 위조하여 乙 앞으로 원인무효의 소유권이전등기를 마치고 다시 이를 丙에게 매도하여 丙 앞으로 소유권이전등기가 마쳐진 후, 甲이 丙을 상대로 말소등기청구소송을 제기하여 승소판결이 확정된 경우, 乙의 불법행위로 인하여 丙이 입은 손해는 무효인 소유권이전등기를 유효한 등기로 믿고 위 토지를 매수하기 위하여 乙에게 지급하였던 매매대금이다. ( ) (2022 변호사)

해설 타인 소유의 토지에 관하여 매도증서, 위임장 등 등기관계서류를 위조하여 원인무효의 소유권이전등기를 경료하고 다시 이를 다른 사람에게 매도하여 순차로 소유권이전등기가 경료된 후에 토지의 진정한 소유자가 최종 매수인을 상대로 말소등기청구소송을 제기하여 그 소유자 승소의 판결이 확정된 경우 위 불법행위로 인하여 최종 매수인이 입은 손해는 무효의 소유권이전등기를 유효한 등기로 믿고 위 토지를 매수하기 위하여 출연한 금액, 즉 매매대금으로서 이는 기존이익의 상실인 적극적 손해에 해당하고, 최종 매수인은 처음부터 위 토지의 소유권을 취득하지 못한 것이어서 위 말소등기를 명하는 판결의 확정으로 비로소 위 토지의 소유권을 상실한 것이 아니므로 위 토지의 소유권상실이 그 손해가 될 수는 없다[대판(전합) 1992. 6. 23, 91다33070].

[비교지문] 乙의 담보책임을 이유로 丙이 乙에 대하여 청구할 수 있는 손해배상액은 매매대금이 아니라, 이행불능 당시 그 토지의 시가를 기준으로 산정한다. ( ) (2013년 사법시험 변형)

(○) : 타인의 권리를 매매한 자가 권리이전을 할 수 없게 된 때에는 매도인은 선의의 매수인에 대하여 불능 당시의 시가를 표준으로 그 계약이 완전히 이행된 것과 동일한 경제적 이익을 배상할 의무가 있다[대판(전합) 1967. 5. 18, 66다2618]. ☞ 여기서 "불능 당시"는 패소판결 확정시를 말한다. [참고판례] 부동산을 매수하고 소유권이전등기까지 넘겨받았지만 진정한 소유자가 제기한 등기말소청구소송에서 매도인과 매수인 앞으로 된 소유권이전등기의 말소를 명한 판결이 확정됨으로써 매도인의 소유권이전의무가 이행불능된 경우, 그 손해배상액 산정의 기준시점은 위 판결이 확정된 때이다(대판 1993. 4. 9, 92다25946).

321 일반육체노동을 하는 사람 또는 육체노동을 주로 생계활동으로 하는 사람은 특별한 사정이 없는 한 만 60세를 넘어 만 65세까지 가동할 수 있다고 보는 것이 경험칙에 합당하다. ( ) (2022 변호사)

해설 대법원은 1989. 12. 26. 선고한 88다카16867 전원합의체 판결(이하 '종전 전원합의체 판결'이라 한다)에서 일반육체노동을 하는 사람 또는 육체노동을 주로 생계활동으로 하는 사람(이하 '육체노동'이라 한다)의 가동연한을 경험칙상 만 55세라고 본 기존 견해를 폐기하였다. 그 후부터 현재에 이르기까지 육체노동의 가동연한을 경험칙상 만 60세로 보아야 한다는 견해를 유지하여 왔다. 그런데 우리나라의 사회적·경제적 구조와 생활여건이 급속하게 향상·발전하고 법제도가 정비·개선됨에 따라 종전 전원합의체 판결 당시 위 경험칙의 기초가 되었던 제반 사정들이 현저히 변하였기 때문에 위와 같은 견해는 더 이상 유지하기 어렵게 되었다. 이제는 특별한 사정이 없는 한 만 60세를 넘어 만 65세까지도 가동할 수 있다고 보는 것이 경험칙에 합당하다[대판(전합) 2019. 2. 21, 2018다248909].

정답 》 320 (○) 321 (○)

322 **사립고등학교 교사로 근무하던 피해자가 불법행위로 사망한 경우, 「사립학교법」과 「국가공무원법」의 관계규정을 위반하여 영리를 목적으로 한 업무에 종사하여 얻은 소득은 위법 소득에 해당하여 불법행위로 인한 일실수익의 기초로 삼을 수 없다. ( )** (2022 변호사)

> **해설** 사립고등학교 교사로 근무하고 있던 피해자가 사망 당시 유흥업소의 밴드원으로 전속출연하여 급료를 받고 있었다 하더라도 사립학교법과 국가공무원법의 관계규정에 의하면 사립학교 교원은 영리를 목적으로 한 업무에 종사하여서는 아니된다고 할 것이므로 피해자가 받은 위 급료는 위법소득에 해당하여 불법행위로 인한 일실수익의 기초로 삼을 수 없다(대판 1992. 10. 27, 92다34582).

323 **甲의 횡령으로 乙에게 손해가 발생하였으나 乙에게도 손해의 발생에 과실이 있는 때에는 손해배상의 책임과 그 금액을 정함에 이를 참작하여야 한다. ( )** (2014 변리사)

> **해설** 불법행위로 인한 손해의 발생 또는 확대에 관하여 피해자에게도 과실이 있는 때에는 가해자의 손해배상의 범위를 정함에 있어 당연히 이를 참작하여야 하고, 가해행위가 사기, 횡령, 배임 등의 영득행위인 경우 등 과실상계를 인정하게 되면 가해자로 하여금 불법행위로 인한 이익을 최종적으로 보유하게 하여 공평의 이념이나 신의칙에 반하는 결과를 가져오는 경우에만 예외적으로 과실상계가 허용되지 않는다[대판(전합) 2013. 9. 26, 2012다1146,1153].

324 **미성년자 甲이 불법행위의 피해자인 경우에는 다른 특별한 사정이 없는 한 甲의 법정대리인 乙이 甲의 손해 및 그에 대한 가해자를 알아야 甲의 손해배상청구권의 소멸시효가 진행한다. ( )** (2018 변호사)

> **해설** 불법행위의 피해자가 미성년자로 행위능력이 제한된 자인 경우에는 다른 특별한 사정이 없는 한 그 법정대리인이 손해 및 가해자를 알아야 민법 제766조 제1항의 소멸시효가 진행한다고 할 것이다(대판 2010. 2. 11, 2009다79897).

325 **甲이 乙에 대해 상해를 입힌 시점부터 5년이 지난 후에 가해행위 당시 예상할 수 없었던 후유증이 乙에게 발생한 경우, 그 후유증에 대한 손해배상청구권의 소멸시효는 후유증이 판명된 때부터 진행된다. ( )** (2023 변호사)

> **해설** 불법행위로 인한 손해배상청구권은 민법 제766조 제1항에 따라 피해자나 그 법정대리인이 그 손해와 가해자를 안 날부터 3년간 행사하지 않으면 소멸시효가 완성한다. 여기에서 **손해를 안다는 것**은 현실로 손해가 발생한 것을 안 경우뿐만 아니라 손해발생을 예견할 수 있을 때를 포함한다. 이때 그 손해의 정도나 액수를 구체적으로 알아야 하는 것은 아니므로, 일반적으로 상해의 피해자는 상해를 입었을 때 그 손해를 알았다고 보아야 할 것이지만, 그 후 **후유증 등으로 불법행위 당시에는 전혀 예견할 수 없었던 새로운 손해가 발생하였다거나 예상외로 손해가 확대된 경우**에는 그러한 사유가 판명된 때에 새로이 발생하거나 확대된 손해를 알았다고 보아야 한다. 이와 같이 새로이 발생하거나 확대된 손해 부분에 대해서는 **그러한 사유가 판명된 때부터** 민법 제766조 제1항에서 정한 소멸시효기간이 진행된다(대판 2021. 7. 29, 2016다11257).

322 (○) 323 (×) 324 (○) 325 (○) 《 정답

326 **일반 공중의 통행에 공용된 도로의 소유자 아닌 甲이 乙의 통행을 방해하여 불법행위가 성립한 경우, 乙은 甲에게 손해배상 청구를 할 수 있으나 장래에 생길 방해를 예방하기 위하여 통행방해 행위 금지를 청구할 수는 없다. ( )** (2023 변호사)

> **해설** [1] 불특정 다수인인 일반 공중의 통행에 공용된 도로, 즉 공로(공로)를 통행하고자 하는 자는 그 도로에 관하여 다른 사람이 가지는 권리 등을 침해한다는 등의 특별한 사정이 없는 한, 일상생활상 필요한 범위 내에서 다른 사람들과 같은 방법으로 그 도로를 통행할 자유가 있고, **제3자가 특정인에 대하여만 그 도로의 통행을 방해함으로써** 일상생활에 지장을 받게 하는 등의 방법으로 **특정인의 통행의 자유를 침해하였다면 민법상 불법행위에 해당**하며, 침해를 받은 자로서는 **방해의 배제나 장래에 생길 방해를 예방하기 위하여 통행방해 행위의 금지를 소구**할 수 있다. [2] 어떤 토지가 개설 경위를 불문하고 일반 공중의 통행에 공용되는 도로, 즉 공로가 되면 그 부지의 소유권 행사는 제약을 받게 되며, 이는 소유자가 수인하여야 하는 재산권의 사회적 제약에 해당한다. 따라서 **공로 부지의 소유자가 이를 점유·관리하는 지방자치단체를 상대로 공로로 제공된 도로의 철거, 점유 이전 또는 통행금지를 청구**하는 것은 법질서상 원칙적으로 허용될 수 없는 **'권리남용'**이라고 보아야 한다(대판 2021. 3. 11, 2020다229239)(대판 2021. 10. 14, 2021다242154).

327 **甲은 친구 乙이 운전하는 차량에 호의로 동승하여 귀가하던 중 신호를 무시하고 운전하던 丙의 차량과 충돌하는 사고로 부상을 당하였다. 이 사고로 인한 甲의 손해액은 1,000만 원, 乙과 丙의 과실비율은 2:8로 확정되었다. 이에 관한 설명으로 옳지 않은 것은? (단, 자동차 손해배상보장법은 고려하지 않으며, 다툼이 있으면 판례에 따름)** (2021 변리사)

① 甲의 손해에 대하여 乙, 丙은 부진정연대책임을 진다.
② 甲의 호의동승으로 인해 乙의 책임이 제한되는 경우, 이는 丙에게도 인정된다.
③ 甲이 乙의 난폭운전으로 사고발생의 위험성이 상당할 정도로 우려된다는 것을 인식한 경우, 甲에게 안전운전을 촉구할 주의의무가 인정된다.
④ 甲의 호의동승에 따른 책임제한이 30%로 인정되고 丙이 甲에게 600만 원을 변제한 경우, 丙은 乙에게 40만 원을 구상할 수 있다.
⑤ 丙이 甲에게 손해 전부를 배상하고 乙에 대한 구상권을 취득한 후 甲의 乙에 대한 손해배상채권이 시효로 소멸한 경우, 丙은 乙에게 더 이상 구상권을 행사할 수 없다.

> **해설** ① (○), ② (○) : 2인 이상의 공동불법행위로 인하여 호의동승한 사람이 피해를 입은 경우, 공동불법행위자 상호 간의 내부관계에서는 일정한 부담 부분이 있으나 피해자에 대한 관계에서는 부진정연대책임을 지므로, 동승자가 입은 손해에 대한 배상액을 산정할 때에는 먼저 호의동승으로 인한 감액 비율을 참작하여 공동불법행위자들이 동승자에 대하여 배상하여야 할 수액을 정하여야 한다. 따라서 위 법리에 비추어 살펴보면, 이 사건에서 망인 甲의 사망과 관련한 공동불법행위자들인 乙과 丙이 부담할 손해배상액을 산정함에 있어서도 먼저 망인 甲의 호의동승으로 인한 감액 비율을 고려하여 두 사람이 甲의 상속인 A에 대한 관계에서 연대하여 부담하여야 할 손해액을 산정하여야 하고, 그 당연한 귀결로서 위와 같은 책임제한은 동승 차량 운전자인 乙뿐만 아니라 상대방 차량 운전자인 丙 및 그

정답 》 **326** (×) **327** ⑤

보험자에게도 적용된다 할 것이다. 그럼에도 불구하고 원심은 위와 같이 호의동승으로 인한 책임제한이 乙에게만 적용된다고 판단하였는바, 이는 공동불법행위에 있어 호의동승의 책임제한과 관련한 법리를 오해하여 판단을 그르친 것이다(대판 2014. 3. 27, 2012다87263).

③ (○) : 차량의 운전자가 현저하게 난폭운전을 한다거나 그 밖의 사유로 인하여 사고 발생의 위험성이 상당한 정도로 우려된다는 것을 동승자가 인식할 수 있었다는 등의 특별한 사정이 없는 한, 단순한 차량의 동승자에게는 운전자에게 안전운행을 촉구할 주의의무가 있다고 할 수 없다(대판 1996. 4. 9, 95다43181).

④ (○) : 공동불법행위자 중 1인이 자기의 부담 부분 이상을 변제하여 공동의 면책을 얻게하였을 때에는 다른 공동불법행위자에게 그 부담 부분의 비율에 따라 구상권을 행사할 수 있다(대판 2005. 7. 8, 2005다8125). ☞ 위 ①, ②의 해설과 같이 먼저 호의동승으로 인한 감액 비율(30%)을 참작하면 乙과 丙이 甲에 대하여 배상하여야 할 수액은 700만 원이고, 과실비율은 2:8이므로 乙과 丙의 내부적 부담부분은 각각 140만 원, 560만 원이 된다. 따라서 丙이 600만 원을 변제하면 乙에게 40만 원을 구상할 수 있다(초과출재필요설).

⑤ (×) : 피해자에게 손해배상을 한 공동불법행위자의 다른 공동불법행위자에 대한 구상권은 피해자의 다른 공동불법행위자에 대한 손해배상채권과는 그 발생 원인과 법적 성질을 달리하는 별개의 독립한 권리이므로, 공동불법행위자가 다른 공동불법행위자에 대한 구상권을 취득한 이후에 피해자의 그 다른 공동불법행위자에 대한 손해배상채권이 시효로 소멸되었다고 하여 그러한 사정만으로 이미 취득한 구상권이 소멸된다고 할 수 없다(대판 1996. 3. 26, 96다3791).

[동지판례] 공동불법행위자 중 1인의 손해배상채무가 시효로 소멸한 후에 다른 공동불법행위자 1인이 피해자에게 자기의 부담 부분을 넘는 손해를 배상하였을 경우에도, 그 공동불법행위자는 다른 공동불법행위자에게 구상권을 행사할 수 있다(대판 1997. 12. 23, 97다42830).

저자 약력

류 호 권

- 고려대학교 법대 법학과 졸업
- (전) 법무경영평생교육원 민법 전임
- (전) 합격의 법학원 민법 전임
- (현) 변리사스쿨 민법 전임

저 서

- 『포인트 민법』(고시계 刊)
- 『포인트 객관식 민법』(고시계 刊)
- 『포인트 민법 OX지문집』(고시계 刊)

Point 민법 - OX 지문집 -

초 판 발 행 2019년 10월 8일
전면개정판발행 2020년 10월 7일
전면개정판발행 2022년 10월 31일
전면개정판발행 2023년 11월 08일

편 저 류 호 권
발 행 인 정 상 훈
디 자 인 신 아 름
발 행 처 고시계사

서울특별시 관악구 봉천로 472
코업레지던스 B1층 102호 고시계사

대 표 817-2400 팩 스 817-8998
考試界 · 고시계사 · 미디어북 817-0419
www.gosi-law.com
E-mail : goshigye@gmail.com

정가 36,000원 ISBN 978-89-5822-636-9 93360